KW-482-068

Hauptbild des Weimarer Flügelaltars (1553–1555)
Stadtkirche St. Peter und Paul, Weimar

Herbert von Hintzenstern, Lucas Cranach d. Ä. –
Altarbilder aus der Reformationszeit,
Berlin (Evang. Verlagsanstalt), [3]1981 [[1]1972], 5.

de Gruyter Lehrbuch

Gunther Wenz

Theologie der Bekenntnisschriften der evangelisch-lutherischen Kirche

Eine historische und systematische Einführung
in das Konkordienbuch

Band 1

Walter de Gruyter · Berlin · New York
1996

∞ Gedruckt auf säurefreiem Papier,
das die US-ANSI-Norm über Haltbarkeit erfüllt.

Die Deutsche Bibliothek — CIP-Einheitsaufnahme

Wenz, Gunther:
Theologie der Bekenntnisschriften der evangelisch-lutherischen Kirche : eine historische und systematische Einführung in das Konkordienbuch / Gunther Wenz. — Berlin ; New York : de Gruyter.

Bd, 1 (1996)
  ISBN 3-11-015239-8 brosch.
  ISBN 3-11-015238-X Gb.

© Copyright 1996 by Walter de Gruyter & Co., D-10785 Berlin

Dieses Werk einschließlich aller seiner Teile ist urheberrechtlich geschützt. Jede Verwertung außerhalb der engen Grenzen des Urheberrechtsgesetzes ist ohne Zustimmung des Verlages unzulässig und strafbar. Das gilt insbesondere für Vervielfältigun-
gen, Übersetzungen, Mikroverfilmungen und die Einspeicherung und Verarbeitung
in elektronischen Systemen.

Printed in Germany
Satz: Büro für Textgestaltung, Reinhold Werth, München
Druck: W. Hildebrand, Berlin
Buchbinderische Verarbeitung: Lüderitz & Bauer GmbH, Berlin

VORWORT

Die Paragraphen nachfolgender Untersuchung, deren Gliederung Einleitung I erläutern wird, sind im wesentlichen so gestaltet, daß sie je für sich gelesen werden können. Entsprechend ist die Zitatenumerierung paragraphenorientiert. Die jeweils vorangestellten Literaturangaben, die zugestandenermaßen nur bedingt repräsentativ und nach subjektiv gefärbten Kriterien ausgewählt sind, verfolgen vor allem einen doppelten Zweck: zum einen den einer Anleitung zu gezieltem Literaturstudium und zu selbständiger Problemwahrnehmung, zum anderen den einer Entlastung der Anmerkungsteile; die jeweils zu Beginn genannten Titel werden innerhalb des betreffenden Paragraphen im Textzusammenhang unter Nennung des Autorennamens oder eines anderen eingangs hervorgehobenen Kürzels aufgeführt. Der unterschiedliche Umfang der Paragraphen, der auch für ihre ungleiche Verteilung auf die beiden Buchbände verantwortlich ist, erklärt sich aus den abweichenden Formbedürfnissen einer stärker historisch und einer stärker systematisch orientierten Darstellung. Daß die Darstellungsperspektive von spezifisch deutschen Verhältnissen geprägt ist, liegt zum Teil am Gegenstand und seiner Geschichte, zum Teil freilich auch am beschränkten Horizont des Autors. Im übrigen folgt die Untersuchung der Devise, ihre primären Bezugstexte unter Verzicht auf anachronistische Anreicherungen – auch auf den Inhalt aktueller ökumenischer Konvergenz- oder Konsensdokumente wird nicht explizit Bezug genommen – möglichst selbst oder ihrem Literalsinn gemäß zu Wort kommen zu lassen. Das mag da und dort gewisse Längen zur Konsequenz haben. Gleichwohl ist es nicht lediglich ein Kalauer (gem. Duden: fader Wortwitz), wenn betont wird: „Ein Bekenntnis, das nicht bekannt werden kann, weil es nicht bekannt ist..., ist ein Widerspruch in sich."[1]

---

[1] W. Andersen, Die Notwendigkeit einer Entfaltung des christlichen Glaubensbekenntnisses und die Problematik einer detaillierten begrifflichen Festlegung, in: Vom Dissensus zum Konsensus. Die Formula Concordiae von 1577, Hamburg 1980 (Fuldaer Hefte 24), 102–145, hier: 103.

Meinen ehemaligen Augsburger und gegenwärtigen Münchener Mitarbeitern sei für die Hilfe bei der Herstellung der Druckvorlage des Manuskripts sowie bei den Korrekturarbeiten und der Überprüfung der Zitate herzlich gedankt. Mit besonderer Dankbarkeit nenne ich die Namen von Frau Hella Schuch, Herrn Stefan Dieter und Herrn Dr. Bernd Oberdorfer. Herr Dekan i. R. Prof. Dr. Martin Elze war so freundlich, den fertigen Text prüfend durchzusehen.

Gewidmet sei das Buch der St.-Andreas-Gemeinde meiner fränkischen Heimatstadt Weißenburg/Bay.; ihr verdanke ich die erste Bekanntschaft mit der Bekenntnistradition der evangelisch-lutherischen Kirche.

München, 2. Mai 1996   Gunther Wenz

INHALTSVERZEICHNIS

BAND II

EINLEITUNG II

ZUR EINFÜHRUNG

Das konfessionalistische Zeitalter ist vergangen; die Zukunft des Christentums gehört dem Ökumenismus und der fortschreitenden Verwirklichung kirchlicher Einheit. Das ist wahr! Doch richtig ist auch, daß die Christenheit ekklesiologisch wenn nicht ausschließlich, so doch vor allem in der Gestalt unterschiedlicher konfessioneller Kirchentümer existiert, von deren spezifischer Besonderheit zugunsten einer angeblich neutralen transkonfessionellen Allgemeinheit abzusehen m. E. im schlechten Sinne abstrakt und für die kirchliche Einheit nicht förderlich, sondern hinderlich wäre. Ökumenisch produktiv kann demgemäß nach meinen Urteil nur ein theologisches Verfahren sein, welches in den je eigenen Traditionszusammenhängen der einzelnen Konfessionskirchen selbst den Hinweis und das Motiv des Gemeinchristlichen oder besser: den verbindlich-verbindenden Bestimmungsgrund der Einheit der Kirche zu entdecken vermag. Wo solche Entdeckung sich einstellt, ergeben sich ökumenische Öffnung und Aufgeschlossenheit gewissermaßen von selbst und aus innerem Antrieb heraus, wohingegen sie ansonsten äußerlich und von nur geringer Dauer sein müßten.

Ist sonach Allgemeinheit nicht ohne Berücksichtigung des je Besonderen und die Einheit der christlichen Kirche nur im konsequenten Durchgang durch konfessionskirchliche Unterschiede zu erreichen, so kann umgekehrt der Prozeß ökumenischer Verständigung nur dann erfolgreich sein, wenn die Konfessionskirchen ihre jeweilige Besonderheit nicht unmittelbar mit dem Allgemeinchristlichen identifizieren und sich nicht differenzlos-undifferenziert mit der einen Kirche Jesu Christi gleichsetzen. Erfordert sind Differenzierungsleistungen und das solchen Leistungen zugrunde liegende Vermögen, die eigene kirchliche Identität in ihrer faktischen Gegebenheit vom konstitutiven Einheitsgrund der Kirche zwar nicht getrennt, wohl aber unterschieden zu wissen. Was not tut, ist – mit Dietrich Korsch zu reden – eine ökumenische Hermeneutik der Selbstunterscheidung.[1] Sie wird nicht nur zwischen

---

[1] Vgl. D. Korsch, Gottesbegegnung und Selbstunterscheidung. Das protestantische Prinzip in Ökumene und multikultureller Gesellschaft, in:

ZEE 37 (1993), 281–296. Eine ökumenische Hermeneutik der Selbstunterscheidung ist nicht zuletzt für die Leuenberger Konkordie von 1973 kennzeichnend, in welcher die ihr „zustimmenden lutherischen, reformierten
und aus ihnen hervorgegangenen unierten Kirchen sowie die ihnen ver-
wandten vorreformatorischen Kirchen der Waldenser und der Böhmischen Brüder" (LK 1) auf der Basis gemeinsamen Verständnisses des
Evangeliums Kirchengemeinschaft feststellen. (Die den Kirchen zur Annahme zugesandte Textfassung ist abgedruckt in: Konkordie reformatorischer Kirchen in Europa [Leuenberger Konkordie], hg. v. W. Hüffmeier
mit einer Einl. v. F.-O. Scharbau, Frankfurt a. M. 1993. A. a. O., 56–64 findet sich ein Verzeichnis der Signatarkirchen gemäß Stand vom August
1993. Vgl. ferner: W. Lohff, Die Konkordie reformatorischer Kirchen in
Europa: Leuenberger Konkordie, Frankfurt a. M. 1985. Zur Vorgeschichte
der Konkordie vgl. u. a. E. Schieffer, Von Schauenburg nach Leuenberg.
Entstehung und Bedeutung der Konkordie reformatorischer Kirchen in
Europa, Paderborn 1983; M. Lienhard, Lutherisch-reformierte Kirchengemeinschaft heute. Der Leuenberger Konkordienentwurf im Kontext der
bisherigen lutherisch-reformierten Dialoge, Frankfurt a. M. 1972.)

Kirchengemeinschaft im Sinne der Leuenberger Konkordie beinhaltet
neben dem gemeinsamen Verständnis des Evangeliums nach Maßgabe
der Konkordienabschnitte II und III die Feststellung, daß die in den Bekenntnisschriften des 16. Jahrhunderts ausgesprochenen Lehrverurteilungen nicht den gegenwärtigen Stand der Lehre der zustimmenden Kirchen
betreffen, sowie die Gewährung wechselseitiger Kanzel- und Abend-
mahlsgemeinschaft einschließlich der gegenseitigen Anerkennung der
Ordination und der Möglichkeit der Interzelebration. Dabei wird ausdrücklich betont, daß die Erklärung der Kirchengemeinschaft in der Bindung der Kirchen „an die sie verpflichtenden Bekenntnisse oder unter
Berücksichtigung ihrer Traditionen" (LK 30) erfolgt. Eine fortgesetzte
theologisch-kirchliche Besinnung auf den eigenen Bekenntnisstand widerspricht der in Leuenberg erklärten Kirchengemeinschaft demnach
nicht nur nicht, sondern entspricht ihr und ist um ihrer konsequenten
Verwirklichung willen gefordert. Wie es in LK 37 heißt: „Die Konkordie
läßt die verpflichtende Geltung der Bekenntnisse in den beteiligten Kirchen bestehen. Sie versteht sich nicht als ein neues Bekenntnis. Sie stellt
eine im Zentralen gewonnene Übereinstimmung dar, die Kirchengemeinschaft zwischen Kirchen verschiedenen Bekenntnisstandes ermöglicht. Die beteiligten Kirchen lassen sich bei der gemeinsamen Ausrichtung von Zeugnis und Dienst von dieser Übereinstimmung leiten und
verpflichten sich zu kontinuierlichen Lehrgesprächen untereinander."
(Vgl. insgesamt LK 35–49)

Zum Zwecke der theologischen Weiterarbeit und der Verwirklichung der
erklärten Kirchengemeinschaft fanden neben Regionalgruppenarbeit
usw. mittlerweile vier Vollversammlungen der an der Leuenberger Konkordie beteiligten Kirchen statt. Folgende Sammelbände sind hierfür zu
beachten: 1. M. Lienhard (Hg.), Zeugnis und Dienst reformatorischer Kir-

der wesentlich einen Kirche und ihren vielfältigen Erscheinungen differenzieren, um schließlich zu der Einsicht zu gelangen, daß die ekklesiologische Unterscheidung von Wesen und Erscheinung selbst von different-differenzierter Art ist, weil jede kirchliche Erscheinungsgestalt das wesentlich Christliche bzw. die Einheit kirchlichen Wesens je auf ihre Weise versteht; sie wird zugleich deutlich zu machen haben, daß im Vollzug bekennenden Glaubens selbst eine alle weiteren Differenzierungsleistungen fundierende Selbstunterscheidung statthat, insofern sinnvolles Glaubenszeugnis nur möglich ist im gewissen Vertrauen darauf, daß das Bezeugte oder besser: der bezeugte Jesus Christus als Sohn des allmächtigen Vaters in der Kraft seines göttlichen Geistes sich in, mit und unter dem Zeugnis seiner Zeugen selbst zu bezeugen und gegenüber jedermann seine heilsame Wahrheit überzeugend zu bewähren vermag. Ohne solches Vertrauen, welches nicht weniger als das Wesen des Glaubens ausmacht, ist ökumenische Verständigung nicht zu erreichen. Seine Pflege indes als eine unerläßliche Übung des Glaubens trägt die Verheißung in sich, im

chen im Europa der Gegenwart. Texte der Konferenz von Sigtuna (10.–16. Juni 1976), Frankfurt a.M. 1977. 2. A. Birmelé (Hg.), Konkordie der Kirchengemeinschaft reformatorischer Kirchen im Europa der Gegenwart. Texte der Konferenz von Driebergen/Niederlande (18.–24. Februar 1981), Frankfurt a.M. 1982. 3. Ders. (Hg.), Konkordie und Ökumene. Die Leuenberger Kirchengemeinschaft in der gegenwärtigen ökumenischen Situation. Texte der Konferenz von Straßburg (18.–24. März 1987), Frankfurt a.M. 1988. 4. W. Hüffmeier und Chr.-R. Müller (Hg.), Wachsende Gemeinschaft in Zeugnis und Dienst. Reformatorische Kirchen in Europa. Texte der 4. Vollversammlung der Leuenberger Kirchengemeinschaft in Wien (3.–10. Mai 1994), Frankfurt a.M. 1995. Wichtige theologische Ergebnistexte sind und werden gesammelt in der Reihe „Leuenberger Texte" (Heft 1: Die Kirche Jesu Christi. Der reformatorische Beitrag zum ökumenischen Dialog über die kirchliche Einheit. Im Auftrag des Exekutivausschusses für die Leuenberger Kirchengemeinschaft hg. v. W. Hüffmeier, Frankfurt a.M. 1995; Heft 2: Zur Lehre und Praxis der Taufe. Zur Lehre und Praxis des Abendmahls. Amt-Ämter-Dienste-Ordination [Neuendettelsau-Thesen]. Thesen zur Amtsdiskussion heute [Tampere-Thesen], Frankfurt a.M. 1995). Zu den theologischen und kirchenrechtlichen Folgerungen von Leuenberg vgl. zusammenfassend F.-O. Scharbau, Leuenberg. Theologische und kirchenrechtliche Folgerungen, in: ZEvKR 40 (1995) 320–344. Beachtung verdient ferner der Bericht der Gemeinsamen Kommission des Lutherischen Weltbundes und des Reformierten Weltbundes „Auf dem Weg zur Kirchengemeinschaft", Genf 1990.

Ureigensten aufgeschlossen zu werden für anderes und im anderen Ureigenes zu entdecken, um so zu einer kirchlichen Gemeinschaft der Christen zu gelangen, in der die Verschiedenen eins
sein können, weil Verschiedenheit, ohne aufzuhören, ihren trennenden Charakter verloren hat.

Leuchtet das bisher Gesagte ein, dann dürfte plausibel sein, warum eine theologische Beschäftigung mit den Bekenntnisschriften
der evangelisch-lutherischen Kirche nicht nur als mit ökumenischen Intentionen verbunden, sondern selbst als ein ökumenisches Anliegen verstanden werden kann und, wie im gegebenen
Fall, verstanden werden will. Gesteigerte Selbstdurchsichtigkeit –
das ist eine zentrale These nachfolgender Studien – muß im Falle
evangelisch-lutherischer Bekenntnistradition den Umgang mit anderen christlichen Zeugnisgestalten nicht nur nicht erschweren,
sie kann vielmehr, nein: sie wird als die Bedingung und der
Quellgrund der Möglichkeit verständigungsorientierter Gestaltung
eines differenztoleranten und mehr noch: eines für Differentes
prinzipiell aufgeschlossenen Umgangs fungieren. Solche prinzipielle Aufgeschlossenheit für anderes, wie sie – wenn man so will –
recht verstandener lutherischer Identität[2] gemäß ist, wird – gerade
weil sie Kennzeichen eines differenzierten Selbstverhältnisses ist –
von alles affirmierender Gleichgültigkeit sich ebenso kategorisch
unterscheiden wie von pauschaler Kritik. Aufgeschlossen im bezeichneten Sinne verdient überhaupt nur ein solches Verhältnis zu
anderem genannt zu werden, welches Differentem differenziert
und eben nicht in undifferenziert-pauschalierender Weise begegnet. Kurzum: der Modus christlicher Aufgeschlossenheit ist derjenige der offenen Kommunikation. Ihr hat sich auch noch eine
mögliche Exkommunikation als dienlich zu erweisen, welche un-

---

2   Vgl.: Lutherische Identität. Schlußbericht des Studienprojekts: „Die Iden-
       tität lutherischer Kirchen im Kontext der Herausforderungen unserer
       Zeit", Institut für Ökumenische Forschung, Straßburg 1977. In dem Text
       werden zunächst theologische Grundüberzeugungen als wesentliche
       Komponente lutherischer Identität charakterisiert. Ein zweiter Teil ist in
       zeitumgreifender und weltweiter Perspektive den gottesdienstlichen
       Formen lutherischer Kirchen, deren eigentümlichen Frömmigkeitstradi-
       tionen, ihren Verfassungen und Beziehungen zu Staat und Gesellschaft,
       ihrem Ethos, ihren diakonischen und missionarischen Aktivitäten und
       Einstellungen sowie ihrem ökumenischen Engagement gewidmet. Vgl.
       auch: V. Vajta (Hg.), Die evangelisch-lutherische Kirche. Vergangenheit
       und Gegenwart, Stuttgart 1977.

ter bestimmten Bedingungen nicht nur erlaubt, sondern theologisch geboten und notwendigerweise dann fällig ist, wenn den Grundsätzen ekklesialer Communio prinzipiell entgegengewirkt wird. Aber auch und gerade in diesem Fall sind Differenzierungsleistungen zu erbringen, nämlich insonderheit diejenigen einer kirchlichen Selbstunterscheidung von den Zwangsmöglichkeiten der potestas civilis, welche mit den potestates ecclesiasticae zu vermischen als ein ekklesiologischer Grundschaden zu gelten hat, durch den die wahren Vollmachten der Kirche in wesenswidriger Weise unterminiert und verkehrt werden. Noch einmal: was im gegebenen Kontext im Anschluß an eine gleichnamige Studie des Instituts für Ökumenische Forschung in Straßburg als lutherische Identität bezeichnet wurde, läßt sich seinem Wesen nach nicht durch unvermittelte Alternativen und Gegensätze bestimmen, ist vielmehr auf essentiell differenzierte Weise, welche auch dem kirchlich zu Verwerfenden einen – lediglich durch die Grenzen der äußeren, leiblichen Freiheit bemessenen – Rechtsraum beläßt, aufgeschlossen für anderes und offen für einen unterscheidungsfähigen Umgang mit Differentem.

Damit ist das Wichtigste, was zur Einführung beigebracht werden sollte, bereits gesagt. Alles weitere einschließlich einer genaueren Erläuterung des Titels der Untersuchung und seiner Begriffsbestandteile wird Einleitung I beizubringen haben. Zur Titulatur soll einstweilen lediglich angemerkt werden, daß die möglicherweise etwas langwierig anmutende Rede von den Bekenntnisschriften der evangelisch-lutherischen Kirche aus konfessionstheologisch-ekklesiologischen Gründen, von denen noch ausführlich zu reden sein wird, bewußt gewählt und gegenüber der durch E. Schlink, F. Brunstäd, H. Fagerberg, F. Mildenberger u. a. (vgl. § 3,3) vertrauten Wendung, welche kurz und bündig von lutherischen Bekenntnisschriften und ihrer Theologie spricht, absichtlich bevorzugt wurde.

Zitiert werden die Bekenntnisschriften der evangelisch-lutherischen Kirche nach der revidierten Fassung der im Säkularjahr der Augsburgischen Konfession 1930 herausgegebenen Ausgabe (Göttingen 1930; [11]1992 = BSLK), die neben P. Althaus (besonderer Berater) von H. Lietzmann (altkirchliche Symbole), H. Bornkamm (Augsburgische Konfession und Apologie), H. Volz (Kleiner und Großer Katechismus sowie Schmalkaldische Artikel und Tractatus de potestate et primatu papae) und E. Wolf (Konkordienformel)

besorgt wurde (vgl. BSLK III). Für die neubearbeitete zweite Auflage übernahm E. Wolf zusätzlich die Aufgabe des verstorbenen
H. Lietzmann (vgl. BSLK IV). Auch wenn eine grundlegende Neubearbeitung dieses Werkes, das eine große wissenschaftliche Leistung darstellte und weite Anerkennung gefunden hat, „nach so
langer Zeit erforderlich und auch geplant"[3] ist, bleibt es bis zur
Realisierung dieses Plans als Textgrundlage alternativlos.[4]

---

[3] G. Müller, Das Augsburger Bekenntnis: Ausgaben und Auslegungen, in:
ThR 60 (1995), 87–95, hier: 88.

[4] Eine Gemeindeausgabe der BSLK ist 1986 in erster und 1991 in dritter
Auflage erschienen. (Vgl. Unser Glaube. Die Bekenntnisschriften der
evangelisch-lutherischen Kirche. Ausgabe für die Gemeinde. Im Auftrag
der Kirchenleitung der Vereinigten Evangelisch-Lutherischen Kirche
Deutschlands [VELKD] hg. v. Lutherischen Kirchenamt. Bearbeitet von
H. G. Pöhlmann. Dritte und erweiterte Auflage, Gütersloh 1991.) Sie gibt
die lutherischen Bekenntnisschriften auf der Grundlage der Originaltexte
wieder. Die altkirchlichen Bekenntnisse, die Apologie und der Traktat
werden vom Bearbeiter aus dem Lateinischen übersetzt, die Urfassungen
der Confessio Augustana, des Kleinen und Großen Katechismus und
ausgewählte Stücke der Konkordienformel in ein verständliches Deutsch
übertragen. In Anbetracht der Tatsache, daß es sich um kirchliche
Normtexte handelt, wurde auf wörtliche Wiedergabe Wert gelegt. Lese-
und Benutzungshilfen, einleitende Bemerkungen zu den einzelnen Bekenntnissen und kommentierende Erläuterungen in den Fußnoten sowie
ein Stichwort- und Sachregister erleichtern die Lektüre und leiten zu eigener Arbeit an den Schriften an. Abgesehen von einem verbesserten
Register enthält die um ca. 50 Seiten erweiterte dritte Auflage im Unterschied zu den beiden vorhergehenden den fast vollständigen Text der
Kurzfassung (Epitome) der Formula Concordiae mit den entsprechenden
Erläuterungen des Bearbeiters. Bestimmend für diese Ergänzung war die
Absicht, mit jenen Aussagen der eigenen Bekenntnistradition vertraut zu
machen, „die in einprägsamen Formulierungen Unterscheidungslehren
und Verwerfungen enthalten, die die Vorstellungen von der Lehre anderer Kirchen prägten". Damit soll auch der Nichttheologe die Möglichkeit
erhalten, „die geschichtliche Leistung zwischenkirchlicher Dialoge nach-
zuvollziehen und in ihrer Bedeutung zu würdigen" (12). In den Fußnoten
zu den Lehrverurteilungen der Epitome wurden deshalb von dem Bearbeiter vor allem die ökumenischen Aspekte und die Verständigungs-
chancen im Dialog der Kirchen geltend gemacht, ohne daß deshalb die
schon in der Erstauflage zu lesende Devise außer Kraft gesetzt werden
sollte: „Konfessionelle Identität ist Voraussetzung des ökumenischen
Dialogs." (16) Die am meisten verbreitete englischsprachige Ausgabe des
Konkordienbuches ist von Th. G. Tappert (in collaboration with J. Peli-
kan, R. H. Fischer, A. C. Piepkorn) herausgegeben worden: The Book of

„Inhaltlich normiert" (BSLK VII) ist die Jubiläumsausgabe bekanntlich durch das Konkordienbuch von 1580 (= Konk[5]) und die in ihm gesammelten Bekenntnisschriften. Die edierten Texte sind „jedoch nicht jener Ausgabe von 1580 entnommen, sondern bieten jeweils die mit den", wie es in BSLK VII heißt, „heutigen Mitteln der Wissenschaft erreichbare ursprüngliche Gestalt". Das Konkordienbuch hinwiederum – um vorausschickend und unter Verweis auf spätere Erläuterungen (vgl. § 2,4) nur noch dieses zu sagen – enthält alle symbolischen Bücher, die in den einzelnen evangelisch-lutherischen Kirchen in Geltung stehen[6], wenngleich es, ins-

---

Concord. The Confessions of the Evangelical Lutheran Church, Philadelphia (1959) [12]1978.

[5] Der mit der Überschrift Concordia samt Tetragramm versehene Titel des Konk lautet: „Christliche, wiederholte, einmütige Bekenntnüs nachbenannter Churfürsten, Fürsten und Stände Augsburgischer Confession und derselben Theologen Lehre und Glaubens. Mit angeheffter, in Gottes Wort als der einigen Richtschnur wohlgegründeter Erklärung etlicher Artikel, bei welchen nach D. Martin Luthers seligen Absterben Disputation und Streit vorgefallen. Aus einheiliger Vergleichung und Befehl obgedachter Churfürsten, Fürsten und Ständen derselben Landen, Kirchen, Schulen und Nachkommen zum Unterricht und Warnung in Druck vorfertiget." „Pia et unanimi consensu repetita confessio fidei et doctrinae electorum, principum et ordinum Imperii atque eorundem theologorum, qui Augustanam Confessionem amplectuntur. Cui ex sacra scriptura, unica illa veritatis norma et regula, quorundam articulorum, qui post Doctoris Martini Lutheri felicem ex hac vita exitum in controversiam venerunt, solida accessit declaratio. Communi consilio et mandato eorundem electorum, principum ac ordinum Imperii et erudiendis et monendis subditis ecclesiis et scholis suis ad memoriam posteritatis denuo typis vulgata."

[6] Vgl. H. Weissgerber, Die geltenden Bekenntnisschriften. Ein Überblick über die Verfassungen der lutherischen Kirchen, in: Das Bekenntnis im Leben der Kirche. Studien zur Lehrgrundlage und Bekenntnisbildung in den lutherischen Kirchen, hg. v. V. Vajta und H. Weissgerber, Berlin/ Hamburg 1963, 21−53. Zum Begriff der symbolischen Schriften vgl. J. G. Walch (Hg.), Christliches Concordienbuch worinnen sämtliche gewöhnlichste symbolische Schriften der evangelisch-lutherischen Kirche deutsch und lateinisch enthalten sind, mit historischen Einleitungen, Jena 1750, Vorbericht von den symbolischen Schriften der evangelisch-lutherischen Kirche überhaupt: „Symbolische Schriften führen ihren Namen von dem Wort *symbolum*, welches bey den Alten so viel, als ein Zeichen; oder als eine Losung gewesen, dessen sie sich im gemeinen Wesen und beym Gottesdienst, sonderlich im Krieg, zu dem Ende bedienet, damit sich dadurch einer von dem andern unterscheide und anzeige, zu welcher Parthie er müsse gerechnet werden ... Symbolische Bücher sind diejeni-

besondere aufgrund der nur partikularen Rezeption der Konkordienformel, nicht von allen in seinem gesamten Umfang anerkannt wurde und wird. Die Konkordienformel von 1577 (= FC),
mit deren Zustandekommen die Entstehung des Konkordienbuches in engstem Zusammenhang steht[7], ist das Ergebnis zahlreicher Bemühungen, angesichts diverser interner Lehrstreitigkeiten
die doktrinale Einheit der aus der lutherischen Reformation hervorgegangenen Territorialkirchen herzustellen und zu sichern. Sie
bezieht sich also primär nicht auf andere Kirchengemeinschaften,
sondern versucht die nach Luthers Tod im eigenen Lager (vor allem zwischen den Philippisten genannten Melanchthonanhängern
und den von Flacius geführten Gnesiolutheranern) entstandenen
Lehrdifferenzen zu beheben. Gemäß der Vorrede der Konkordienformel (vgl. BSLK 739–766), die im Druck von 1580 an den Beginn des Konkordienbuches gesetzt wurde (vgl. BSLK 3–17), enthält dieses folgende Texte: die drei altkirchlichen Symbole, nämlich Apostolikum, Nizäno-Konstantinopolitanum und das sog.
Athanasianum; die Confessio Augustana von 1530 (= CA) samt
Melanchthons Apologie (= Apol), die (durch die römisch-katholische Confutatio veranlaßt) im darauffolgenden Jahr erschienen
war; die Schmalkaldischen Artikel (= ASm), im Jahre 1537 im Blick
auf das von Papst Paul III. nach Mantua berufene Konzil mit dem
Anspruch eines theologischen Testaments von Luther formuliert;
schließlich Luthers Kleinen und Großen Katechismus (= KK/GK).
Den Schmalkaldischen Artikeln angefügt ist der von Melanchthon
verfaßte „Tractatus de potestate et primatu papae" (= Tract), der
als Zusatz und Ergänzung zur Confessio Augustana konzipiert ist

---

gen öffentliche Schriften, die mit Einstimmung einer Kirche aufgesetzt:
von derselben gebilliget und angenommen werden, zu dem Ende, daß
daraus erkant werde, welches ihre eigenthümliche Lehren seyn, und
worinnen sie also von andern Gemeinen und Religionssecten abgehe."
Unter den älteren Abhandlungen zu Vorgeschichte und Geschichte des
Konkordienwerkes und seiner Apologie sei besonders J. N. Anton, Geschichte der Concordienformel der Evangelisch Lutherischen Kirche,
2 Teile, Leipzig 1779, erwähnt.

7 Dennoch ist der Eindruck unzutreffend, „daß man erst nach Fertigstel-
lung der Konkordienformel (FC) an die Konzeption des Konkordienbu-
ches ging" (W.-D. Hauschild, Corpus Doctrinae und Bekenntnisschriften.
Zur Vorgeschichte des Konkordienbuches, in: M. Brecht/R. Schwarz
[Hg.], Bekenntnis und Einheit der Kirche. Studien zum Konkordienbuch,
Stuttgart 1980, 235–252, hier: 235; vgl. im einzelnen § 2,4).

und auf dem Bundestag in Schmalkalden verhandelt und angenommen wurde. Dazu kommt die Konkordienformel selbst in ihrer komprimierten (Epitome = Ep) und ausführlichen (Solida Declaratio = SD) Fassung sowie ein lange umstrittener Appendix
(Catalogus Testimoniorum), der die Legitimität der Christologie
der Konkordienformel mit Väterzitaten belegen soll. Teilweise ist
noch Luthers Trau- und Taufbüchlein beigegeben.

Wie auch immer: mit dem Konkordienbuch von 1580 liegt das
Corpus Doctrinae, welches nach Maßgabe des Titels der Jubiläumsausgabe die Bekenntnisschriften der evangelisch-lutherischen
Kirche enthält, abgeschlossen vor. Die Rede vom Konkordienbuch und den Bekenntnisschriften der evangelisch-lutherischen
Kirche wird von daher in aller Regel synonym gebraucht. Mit
weiteren Texten bzw. Texten neueren Datums von entsprechen-
dem oder vergleichbarem konfessionsoffiziellen Rang ist dieser
Lesart zufolge offenbar nicht zu rechnen. Dieser Sachverhalt kann
in bestimmter Hinsicht Anlaß kritischer Anfragen zum Umgang
der lutherischen Kirchen mit den Bekenntnistexten der Reformationszeit werden. So hat W. Pannenberg unlängst im Zusammenhang bemerkenswerter „Überlegungen zum Problem der Bekenntnishermeneutik in den evangelischen Kirchen" die verbreitete Neigung zu einer „lutherische(n) Bekenntnisromantik" gerügt,
welche infolge des Fehlens einer festgeschriebenen Fortentwicklung kirchlicher Konsensbildung in der Zeit nach dem Konkordienbuch das lutherische Bekenntnis auf eine Weise behandelt,
„als ob das 16. Jahrhundert als eine einmalige Heilszeit der Bekenntnisbildung von allen folgenden Zeitaltern der Kirche abge-
hoben wäre"[8]. Dabei spreche nichts für die Annahme, „daß die
Väter der Konkordienformel deren zwölf Artikel für den geschichtlich letzten Fall einer ... anwendenden (sc. aktuelle Streitfragen erörternden) Interpretation des lutherischen Grundbe-
kenntnisses auf der Ebene kirchlichen Lehrkonsenses" gehalten
hätten. „Daß derartige Bemühungen", so Pannenberg, „in den lutherischen Kirchen keine Fortsetzung gefunden haben, ist als eine
historisch kontingente Tatsache zu würdigen, deren Erklärung in
den geschichtlichen Umständen der Entwicklung des Luthertums
zu suchen ist. Es handelt sich jedoch nicht um eine theologisch

---

[8] W. Pannenberg, Überlegungen zum Problem der Bekenntnishermeneutik
in den evangelischen Kirchen, in: KuD 42 (1995), 292–301, hier: 297.

verpflichtende Eigenart lutherischen Kirchenverständnisses. In
den Bekenntnisschriften selbst gibt es ... für eine solche Auffassung keinen Anhaltspunkt."[9]

Dem ist zuzustimmen. Angesichts der situativen Herausforderun-
gen der Zeitläufte ist eine auf kirchliche Verbindlichkeit hin angelegte Fortentwicklung kirchlicher Lehrkonsensbildung bezüglich
der Auslegung des in seiner christologisch-trinitätstheologischen
Zentrierung inhaltlich identisch festgelegten und eschatologisch
endgültigen, in seiner aktuellen Ausdrucksform gleichwohl – und
zwar gerade um der Wahrung seiner Selbigkeit willen – variablen
Bekenntnisses der Kirche nicht nur möglich, sondern gegebenenfalls auch ekklesiologisch erfordert. Indes muß solch notwendige Lehrkonsensfortbildung, wenn ich recht verstehe, auch im
Sinne Pannenbergs keineswegs auf eine Auflösung der – nicht
nur in Anbetracht der Rezeptionsgeschichte der FC als lediglich
relativ zu qualifizierenden – Geschlossenheit des Konkordienbuches hinauslaufen – und zwar weder unter historischem Aspekt,
in dessen Perspektive die besagte relative Geschlossenheit ohnehin schlichtes Faktum ist, noch auch in einem theologisch zu
nennenden Sinn. Daß für die relative Geschlossenheit der Bekenntnisschriften der evangelisch-lutherischen Kirche neben historischen auch gute theologische Gründe sprechen, kann jedenfalls dann als eine berechtigte Annahme gelten, wenn sich die
Überzeugung als begründet erweist, daß die im Konkordienbuch
dokumentierten Einsichten reformatorischer Theologie „in die
Konstitution des Glaubens, der Kirche, ihrer Stellung in der Welt
und ihrer Aufgabe in Gottes Heilsplan ausreichen, um gerade
auch die Geschichtserfahrung der Neuzeit in ihren Motiven und
Tendenzen theologisch zu begreifen und daraus die situationsge-
rechten Schlüsse für Zeugnis und Dienst der Kirche hic et nunc
zu ziehen"[10]. Zumindest in heuristischer Form wird jede Theologie
des Konkordienbuchs, die gegenwärtiges dogmatisches Interesse
beansprucht, auf diesen Erweis hin angelegt sein müssen. Umgekehrt müßte die manifeste Falsifikation der besagten Überzeugung wenn schon nicht die Selbstauflösung des Luthertums als

---

9   A. a. O., 296.

10   E. Herms, Konsensustexte und konfessionelle Identität, in: ders., Von der
        Glaubenseinheit zur Kirchengemeinschaft. Plädoyer für eine realistische
        Ökumene, Marburg 1989, 136–187, hier: 156.

einer grundlegend an Bekenntnistexten des 16. Jahrhunderts orientierten konfessionellen Größe, so doch dessen fundamentale –
und in solcher Fundamentalität dann auch theologisch und kirchenrechtlich zu dokumentierende – Transformation bzw. Transsubstantiation zur Folge haben.

Dies zu behaupten und zur Prämisse einer theologischen, will
heißen: primär nicht an archivalischer, sondern an Gegenwarts-
bedeutung orientierten Beschäftigung mit den Bekenntnisschriften
der evangelisch-lutherischen Kirche zu erklären, bedeutet – nota
bene! – nicht deren ebenso vorzeitige wie unzeitgemäße Verhim-
melung als historische Dokumente des 16. Jahrhunderts. Denn
mag auch vieles für die geschichtliche Richtigkeit der Annahme
sprechen, daß „zwischen der Reformation und uns Heutigen ...
kein ursprünglicher Aufbruch christlicher Wahrheitserkenntnis
eingetreten (ist), der neue Bekenntnisse gleichen Vermittlungs-
ranges hervorgebracht hätte"[11], so würde ein enthistorisierender
Selbstabschluß lutherischer Bekenntnisbildung doch gegen Geist
und Buchstaben sowohl des Augsburger Bekenntnisses als auch
der übrigen im Konkordienbuch gesammelten Texte einschließlich der Konkordienformel verstoßen, sofern er als Leugnung si-
tuativer Entwicklungsfähigkeit konfessionellen Luthertums gewertet werden müßte.[12] Wenn nämlich zu sagen ist (was zu sagen

---

[11]   J. Baur, Kirchliches Bekenntnis und neuzeitliches Bewußtsein, in: ders.,
        Einsicht und Glaube. Aufsätze, Göttingen 1978, 269–289, hier: 286.

[12]   Vgl. in einzelnen meinen Beitrag: Kerygma und Dogma. Erwägungen
        zum Verhältnis von Schrift, Bekenntnis und Lehramt in der Perspektive
        lutherischer Theologie, in: KuD 36 (1990), 2–36. Nach Baur erweisen sich
        die lehrhaften Aussagen der Bekenntnisse des 16. Jahrhunderts in einer
        Reihe von Erfahrungen als gegenwärtig, „die – vereinfacht und schemati-
        siert – so zu benennen sind: a) Wir Theologen bemerken, daß in diesen
        Texten respektable Theologie vorliegt. b) Wir erfahren als Christen, daß
        hier aus Glauben gedacht und auf Glauben hin geredet wird. c) Wir er-
        kennen, daß die materialen Aussagen der Bekenntnisse mit zentralen
        Texten der Schrift zusammenkommen. d) Wir identifizieren die histori-
        schen und theologischen Unterschiede zwischen der Schrift und den Sät-
        zen der Bekenntnisse als Differenz in der Identität des Wirklichkeit neu
        qualifizierenden Evangeliums. Mehr noch: Die Bekenntnisse bleiben
        nicht Objekte unseres Urteils. Sie fangen an, uns in Frage zu stellen: Wo
        wir ein ihnen vergleichbares Maß an Einsicht in die Schrift, an Erfahrung
        ihrer glaubengründenden Kraft, an Erkenntnis Christi anzubieten und
        aufzubieten hätten? Als Dokumente einer kirchliche Kontinuität durch
        die Jahrhunderte gewährenden Kraft fragen sie unsere Theologien nach

allerdings Mißverständnisse hervorrufen kann), daß die reformatorische Lehre „in ihrem prinzipiellen Charakter, in ihrer Konzentration auf das Wesentliche, überzeitliche Gültigkeit nicht nur beansprucht, sondern auch besitzt", dann kann das niemals (und zwar aus prinzipiellen Gründen!) die Apotheose dieser Lehre als einer geschichtlichen Zeugnis- und Bekenntnisgestalt bedeuten, sondern ausschließlich dies, „daß sie sich dem gründlichen Studium als immer noch geeignet erweist, die Situation von Welt und Mensch coram deo, wie sie sich im Lichte der Gewißheit des Glaubens zeigen, zu begreifen"[13].

Daß dies so ist, läßt sich freilich nicht ein und für allemal theologisch und kirchenrechtlich dekretieren; es muß sich vielmehr nach Maßgabe des Gewissensgewißheit begründenden Evangeliums Jesu Christi, wie es in der Schrift beurkundet ist, je und je neu erweisen. An dieser geschichtlichen Offenheit hängt nicht weniger als das dogmatische Wesen evangelischen Bekenntnisses.[14] Theologische und historische Betrachtung lassen sich dem-

---

der Konsensus stiftenden, über den morgigen Tag hinaus dauernden Erkenntnis." (J. Baur, a. a. O. 287)

[13]   E. Herms, Ökumene im theologischen Grunddissens, in: ders., a. a. O. 188–215, hier: 204.

[14]   Vgl. dazu den wichtigen Hinweis von Herms, daß reformatorische Lehre „selber auch lehrmäßig fixierte Regeln ihrer ständigen Selbstprüfung einschließt und dadurch eine – selbst lehrmäßig bestimmte und gesteuerte – innere Dynamik besitzt. Die von Rechts wegen verbindliche Lehre der (deutschen) Reformationskirchen bietet nicht nur ein starres System prinzipieller (kategorialer) Aussagen über Welt und Mensch coram deo, sondern zugleich ein System von *Regeln* für die *Gewinnung* von Lehraussagen. Sie beschreibt also selber das Prinzip ihrer eigenen Lebendigkeit; und zwar derjenigen Lebendigkeit, die ihre Suffizienz auch noch für die Existenz des Glaubens und der Kirche in der gesellschaftlichen Situation der ‚Postmoderne' am Ende des 20. Jahrhunderts begründet." (A. a. O. 204f.) Eine genauere Analyse hätte diese Sätze insbesondere daraufhin zu befragen, wie sich zu der dogmatischen Rede von der Rechtsverbindlichkeit der Lehre der deutschen Reformationskirchen die historische Tatsache jahrhundertelanger, auf das 16. Säkulum zurückgehender binnenreformatorischer Divergenzen verhält, die es u. a. mit sich brachten, daß die antireformierten Damnationen des Konkordienbuchs zahlenmäßig weit höher zu veranschlagen sind als die antirömischen. Dieser exemplarische Gesichtspunkt würde sodann Gelegenheit dafür bieten, das Verhältnis von dogmatischer Einsicht und historischer Erkenntnis in kategorialer Hinsicht zu erörtern. Zum Problem vgl. u. a. die Bemerkung von

nach – um vorerst nur dieses zu sagen – bekenntnishermeneutisch nicht auseinanderdividieren, sie bilden vielmehr einen differenzierten Zusammenhang. Diesem Sachverhalt versucht vorliegende Untersuchung in einer noch näher zu begründenden Form
methodisch Rechnung zu tragen. Dabei wird in der besagten Weise von der Annahme ausgegangen, daß die historische Perspektive dem dogmatischen Selbstverständnis evangelisch-lutherischen
Bekenntnisses nicht in jeder Hinsicht äußerlich ist. Äußerlich
müßte dem dogmatischen Begriff, den evangelisch-lutherisches
Bekenntnis von sich selbst hat, lediglich jene Art von Historismus
sein, welcher alles – nur nicht sich selbst – relativiert und dessen
systematisches Vorverständnis daraufhin angelegt ist, die Frage
verbindlicher Wahrheit zu unterlaufen bzw. ihre Beantwortung
dem willkürlichen Belieben zu überlassen. Hingegen gehört die
Erkenntnis und Anerkenntnis geschichtlicher Endlichkeit sowie
der Zweideutigkeit und Fallibilität irdischer Selbstrealisierung in
unveräußerlicher Weise zum reflexen Bewußtsein, welches den
Zeugnisgestalten Wittenberger Reformation eigentümlich ist, und
damit in grundlegender Weise zum Begriff lutherischer Identität.
Ist aber das Bewußtsein unaufgehobener und unter Bedingungen
des alten Äons unaufhebbarer Differenz zwischen der Identitäts-
konstitution, wie sie im Glauben an Jesus Christus statthat, und
konkreter, stets fragmentarisch bleibender und auf die eine oder
andere Weise schuldverstrickter Identitätsverwirklichung ein Wesensmerkmal evangelisch-lutherischen Christentums, dann gehört
neben und zusammen mit der eschatologischen Geschichtsoffen-
heit seiner konfessionellen Zeugnisgestalt auch dies zum Eigentümlichen, welches das Bekenntnis im Gefolge Wittenberger Reformation kennzeichnet: nicht in substanzhafter Unmittelbarkeit
an seine historischen Anfänge gebunden, sondern zu einer geschichtlichen Selbstwahrnehmung befähigt zu sein, welche die
dogmatische Traditionskontinuität zur ursprünglichen Einsicht der

---

Herms im Postskript seines zitierten Beitrages „Ökumene im theologischen Grunddissens": „Geschichtserkenntnis ist für die Theologie – und
darum auch im ökumenischen Gespräch – nur möglich im Horizont eines *theologischen* – und d. h. in concreto immer: *dogmatischen* – Ge-
schichtsbegriffs. Gegensätze auf der Ebene der Dogmatik können also
durch historische Untersuchungen nicht beseitigt werden, sondern kehren – wenn die historische Forschung methodisch korrekt, unter ausdrücklicher Berücksichtigung ihres systematischen Vorverständnisses betrieben wird – in diesen selbst wieder." (212)

Reformation auf vermittelte Weise, nämlich so wahrt, daß das in
der Schrift beurkundete Evangelium aktuell und viva voce sagen
kann, was an der Zeit ist.[15]

---

[15]   „Bekenntnisse müssen, um sachgemäß zu sein, zugleich zeitgemäß sein.
Die Auslegung der Bekenntnisse hat diese geschichtliche Eingebundenheit zu berücksichtigen. Dazu gehören sprachliche und stilistische Eigen-
arten, die besondere Bedeutung der verwendeten Begrifflichkeit, die
Abhängigkeit von einem anderen Weltbild und überhaupt von der kulturellen Eingebundenheit, aber auch polemische Zuspitzungen oder gar
Mißverständnisse im Blick auf gegnerische Positionen. Es wird dann im
einzelnen sehr sorgfältig darauf zu achten sein, daß mit der Relativierung
solcher zeitbedingter Elemente nicht auch die Intention der Aussagen
und ihre Beziehung auf die Schrift verloren gehen ...
Andererseits kann anhand der Bekenntnisse aus den verschiedenen Zeiten und Situationen der Kirche die Kontinuität und Selbigkeit des einen
Glaubens an Jesus Christus und des Bekennens der Christenheit durch
die Zeiten hindurch namhaft gemacht werden. Ein etwaiges Abweichen
kirchlichen Lehrens und Handelns von dieser Kontinuität und dessen
Folgen sind demzufolge ebenfalls feststellbar. Darum kann von den Kriterien her, die in den Bekenntnissen selbst enthalten sind, beurteilt werden, welche Entwicklung des Bekennens zu einer bestimmten Zeit der
Wahrheit des Christuszeugnisses der ganzen Kirche dienlich war und
welche sich vor allem auf Fragehorizonte einer vergangenen Zeit bezieht, die nicht mehr die unseren sind." (Vom Gebrauch der Bekenntnisse. Zur Frage der Auslegung von Bekenntnissen der Kirche. Ein Beitrag
der Kammer für Theologie der Evangelischen Kirchen in Deutschland,
Hannover 1995 [EKD-Texte 53], 8)

EINLEITUNG I

Daß es eine besondere Schwierigkeit sei, einen vernünftigen Anfang zu machen und das Werk verständigen Begreifens zu eröffnen, ist nicht erst der Neuzeit zu Bewußtsein gekommen, sondern war den Mäeuten und Hermeneutikern aller Zeiten klar. „Magna enim vis est principii, ut vulgo dicunt, ἀρχὴ ἥμισυ παντός ...“ (Apol IV,72). Auf deutsch: „Groß ist ... die Kraft des Anfangs, wie man allgemein sagt, ‚der Anfang ist ... die Hälfte des Ganzen‘...“ (Unser Glaube, 159) Denn wer zu denken und zu verstehen beginnt, greift damit – wenn er denn überhaupt begreift – stets aufs Ganze vor. Insofern hat der Athener, dessen sprichwörtliche Rede Melanchthon am angegebenen Ort seiner Apologie der Confessio Augustana aus dem sechsten Buch von Platons „Nomoi“ zitiert, durchaus recht, wenn er an Kleinias gewendet hinzufügt, ihm scheine ein gelungener Anfang nicht nur das halbe Werk, sondern mehr als die Hälfte zu sein (Platon, Nomoi VI,753e: πλέον ἢ τὸ ἥμισυ). Ein guter Beginn könne daher nicht genug gepriesen werden.

Doch wie, so ist zu fragen, soll ein solch preiswürdiger Anfang gemacht werden, der bereits anfänglich das Ganze zur Geltung bringt und schon am Beginn das schließliche Ergebnis des Gesamtvorhabens antizipiert? Zwingt nicht die Diskursivität des Denkens und Sprechens dazu, alles der Reihe nach und eben nicht auf einmal zu sagen und zu schreiben? So ist es in der Tat. Und wahr ist auch dies: Wer alles auf einmal auf den Begriff und zum Ausdruck bringen möchte, der macht Verständigung schon im Ansatz unmöglich und liefert das Denken einer prinzipiellen Unbestimmtheit aus. Um solches zu verhindern und dennoch bereits im Anfang eine Vorstellung vom Ganzen zu vermitteln, kann, wie ich meine, das Bild als Zusatzmedium von Sprache und Begriff höchst hilfreich sein. Gute Pädagogen haben das immer schon gewußt, und auch in lutherischer Theologie ist – allen Bilderfeinden zum Trotz – die theologische Dienlichkeit bildlicher Betrachtung niemals in Abrede gestellt worden. Die Kunst von Luthers Freund Lucas Cranach d. Ä. ist dafür der beste Beweis. Mit der Betrachtung eines seiner Werke soll daher der Anfang gemacht werden (vgl. § 1); es geschieht dies in der gewissen Erwartung, damit bereits das Ganze Wittenberger Theologie in den Blick zu bekommen.

Worauf es im übrigen ankommt, ist vor allem eine sachgemäße Gliederung und Anordnung des Materials, in deren Zusammenhang in einzelnen Gedankenschritten entwickelt werden kann, was als Ganzes vorstellig gemacht wurde. Um noch einmal mit Melanchthon auf Platon Bezug zu nehmen: „Socrates in Phaedro Platonis ait se maxime cupidum esse divisionum, quod sine his nihil neque explicari dicendo, neque intelligi possit, ac si quem deprehenderit peritum dividendi, hunc inquit se assectari, eiusque tamquam Dei vestigia sequi. Et iubet dividentem in ipsis articulis membra secare, ne quod membrum mali coqui more quassatum frangat." (Apol XXIV,16) Tatsächlich sagt Sokrates in Platons „Phaidros", daß er ein leidenschaftlicher Liebhaber der Einteilungen und Zusammenfassungen („ἐραστής ... τῶν διαιρέσεων καὶ συναγωγῶν") sei, weil ohne diese weder etwas verstanden noch in gedanklicher Rede entwickelt werden könne. Der Philosoph fährt sinngemäß fort: „Und wenn ich einen in dieser Hinsicht Kundigen" – Sokrates nennt ihn einen Dialektiker – „ausfindig mache, welcher das Eine und das Viele zu ordnen und zuzuordnen versteht, dann folge ich seiner Spur wie der eines Gottes." (Platon, Phaidros 266b)

Charakteristisches Kennzeichen eines sokratischen Dialektikers ist es, das Vermögen vereinender Zusammenschau mit der Fähigkeit präziser Unterscheidung und differenzierter Teilung zu verbinden. Ein Dialektiker hält es, kurz gesagt, wie ein guter Koch: Er zerbricht nicht organisch Verbundenes, um auf diese Weise die Speise zu verderben und Unverdauliches zu produzieren, sondern er trennt die Glieder naturgemäß an den Gelenken. Diesem Beispiel folgt die Weisung des Sokrates: „iubet dividentem in ipsis articulis membra secare". Melanchthon machte sich diese Weisung zu eigen und versuchte sie stets nach Kräften zu befolgen; so soll dies auch im gegebenen Zusammenhang geschehen. In diesem Sinne ist die Gliederung des Buches um eine behutsame Aufteilung der materialen Themenbestände bemüht, die – ohne auf Systematisierungen einfachhin zu verzichten – gewachsene Kontexte nicht gewaltsam zerreißt, sondern verbunden sein läßt, was zusammengehört.

Nach einem ersten Abschnitt, welcher das Konkordienbuch in der Kontinuität des in den altkirchlichen Symbolen exemplarisch zum

Ausdruck gebrachten christlichen Zeugnisses betrachtet[1] und mit
der ihm eigenen Schriftbasis zugleich das normative Selbstverständnis evangelisch-lutherischen Bekenntnisses zu erfassen sucht
(vgl. §§ 2 und 3), wird an der Auslegung der drei Hauptstücke
christlicher Lehre in Luthers Katechismen die ursprüngliche Einsicht Wittenberger Reformation und der fundamentale Bestimmungsgrund ihrer Theologie erhoben (vgl. §§ 4 und 5). Insofern
dies unter Bezug auf Dekalog, Credo und Vaterunser geschieht,
bestätigt der zweite Abschnitt wie schon der erste den gegebenen
Kontinuitätszusammenhang mit dem gesamtchristlichen Zeugnis,
der für evangelischen Glauben insgesamt konstitutiv und unverzichtbar ist. Die materialen Bestände dieses Glaubens werden sodann in einem dritten Abschnitt expliziert (vgl. §§ 6–11). Das geschieht in gebotener thematischer Breite und im Anschluß vor allem an die Confessio Augustana und ihre Apologie, welche
Konzentration vom Konkordienbuch selbst nicht nur nahegelegt,
sondern vorgeschrieben ist.[2] Neben Melanchthons Traktat „De

---

[1] Dabei teile ich die Auffassung Th. Koldes, Historische Einleitung in die
Symbolischen Bücher der evangelisch-lutherischen Kirche, Gütersloh
³1913, Vorrede IV, derzufolge historische Abschnitte über die altkirchlichen Symbole „in eine Einleitung in die symbolischen Bücher der lutherischen Kirche gar nicht gehören, und es völlig genügt, zu zeigen, wie
man dazu gekommen ist, die altkirchlichen Symbole dem Konkordienbuch einzuverleiben". (Vgl. dazu Art. Apostolisches Glaubensbekenntnis
[F. E. Vokes; H.-M. Barth; H. Schroer], in: TRE 3, 528–571; Art. Athanasiani-
sches Symbol [R. J. H. Collins], in: TRE 4, 328–333; Art. Nicäno-Konstanti-
nopolitanisches Glaubensbekenntnis [W.-D. Hauschild], in: TRE 24, 444–
456.)

[2] Es duldet keinen Zweifel, daß neben den Katechismen die CA, die nach
der Einschätzung ihrer Apologie fast so etwas wie eine Summe der ganzen christlichen Lehre enthält (Apol XII,124: „Nam cum non in confessione fere summam doctrinae christianae universae complexi simus"), „das
lutherische Grundbekenntnis ist, von dem her alle weiteren Bekenntnisschriften gelesen und interpretiert werden müssen. Damit aber ist ein
hermeneutischer Schlüssel und eine Vorentscheidung gegeben. Man
kann und darf sie (sc. die CA) nicht isoliert sehen, aber man kann und
darf die weiteren Artikulationen lutherischer Lehre nicht gegen sie erklären. Aus diesem Prinzip wären Folgerungen zu ziehen, die bis jetzt kaum
gesehen worden sind." (W. Beinert, Auf 2030 hoffen? Literarische Nachlese zum Augustana-Jubiläum in: ThGl 71 [1981], 1–16, hier: 12 f.; auf zwei
weitere inhaltsreiche Nachlesen zum Augustana-Jubiläum sei eigens
verwiesen: W.-D. Hauschild, Vergegenwärtigtes Bekenntnis. Der literarische Ertrag des CA-Jubiläums, in: LM 20 [1981], 546–550; E. Koch, Der

potestate et primatu papae" und dem vierten und fünften Hauptstück der Katechismen sollen im gegebenen Zusammenhang auch
Luthers Schmalkaldische Artikel gebührende Berücksichtigung
finden, um auf diese Weise der nicht selten begegnenden Annahme sachlicher Unvereinbarkeit der irenischen CA („katholisie-
rendes Unionsbekenntnis"³) und der polemischen ASm schon
konzeptionell zu widersprechen. Unter der Überschrift „Lutheri-

wissenschaftliche Ertrag des Confessio-Augustana-Gedenkjahres 1980, in:
ThLZ 106 [1981], Sp. 705–732. Vgl. in diesem Zusammenhang auch:
R. Kolb [Hg.], Confessio Augustana – den Glauben bekennen. 450-Jahr-
Feier des Augsburger Bekenntnisses: Berichte – Referate – Aussprachen,
Gütersloh 1980; K. Mohaupt [Hg.], Wir glauben und bekennen. Zugänge
zum Augsburger Bekenntnis, Göttingen 1980; G. Heckel [Hg.], Orientierung für den Glauben. Das Augsburger Bekenntnis in Predigten ausgelegt, München 1979. In unterschiedlichen konfessionellen Perspektiven
wird die CA gewürdigt in: H. Meyer [Hg.], Augsburgische Konfession im
ökumenischen Kontext. Beiträge aus anglikanischer, baptistischer, katholischer, methodistischer, orthodoxer und reformierter Sicht, Stuttgart
1979 [KWB-Report 1979/6. u. 7]) Zur Hierarchie der Texte innerhalb des
Corpus lutherischer Bekenntnisschriften vgl. auch den Hinweis Georg
Kretschmars, Die Bedeutung der Confessio Augustana als verbindliche
Bekenntnisschrift der Evangelisch-Lutherischen Kirche, in: H. Fries u. a.,
Confessio Augustana. Hindernis oder Hilfe?, Regensburg 1979, 31–77,
hier: 63, auf die „geradezu statistisch zu erhebende Beobachtung, daß
die Confessio Augustana, zusammen mit dem Kleinen Katechismus, in
fast allen Lutherischen Kirchen gültiges Bekenntnis ist; von den anderen
Schriften des Konkordienbuches, etwa auch den Schmalkaldischen Arti-
keln Luthers, gilt dies eben nicht. Damit soll die Bedeutung gerade dieses Bekenntnisses, das Luthers ureigenstes Denken festhält, für unsere
Kirchen nicht herabgemindert werden. Und generell gilt, daß auch in
Orts- und Territorialkirchen, die nicht das ganze Konkordienbuch rezipiert haben, die Confessio Augustana nicht einfach isoliert zu sehen ist.
Die ganze Geschichte der Ausbildung einer eigenen evangelischen
Konfessionskirche ist faktisch präsent, samt den damit verbundenen Abgrenzungen, auch wenn sie im Augsburgischen Bekenntnis so gerade
noch nicht ausgesprochen sind. Und dennoch wird es dabei bleiben
müssen, daß sich die später notwendig gewordenen schärferen Abklä-
rungen an den positiven Lehraussagen von Augsburg und im Kleinen
Katechismus messen lassen müssen und nicht umgekehrt." Zur Frage der
„Stellung der CA im Ganzen der lutherischen Bekenntnisschriften" vgl.
auch die interessanten „Anmerkungen zur Frage einer ‚Anerkennung' der
Confessio Augustana durch die katholische Kirche" von Joseph Kardinal
Ratzinger, in: MThZ 29 (1978), 225–237, bes. 226–229.

³   W. H. Neuser, Die Confessio Augustana. Apologie – Bekenntnis – Leisetreterei, in: MEKGR 30 (1981), 21–39, hier: 37.

sche Konfession" wird in einem vierten und letzten Abschnitt
schließlich die das Konkordienbuch vollendende Konkordienformel behandelt (vgl. §§ 12 und 13), womit u. a. zum Ausdruck gebracht werden soll, daß die Konfessionalisierung im Sinne spezifischen Luthertums zwar Bestandteil der Bekenntnisbildung Wittenberger Reformation ist, zugleich aber nur ein Element bzw. ein
Moment dieser Bekenntnisbildung darstellt, ohne sie gänzlich zu
bestimmen und bestimmen zu können. Daraus ergibt sich der eigentümliche Stellenwert der Konkordienformel als eines Einzel-
textes im Gesamtzusammenhang des Konkordienbuches. Es gilt
die als Rechtsnorm zwar überholte, der Intention nach aber nach
wie vor relevante Regel, daß Bekenntnisgemeinschaft unter evangelisch-lutherischen Bedingungen „wohl ohne die Konkordienformel, aber nicht gegen sie möglich"[4] ist.

Ist die Gliederung sonach verhältnismäßig schlicht gestaltet und
ohne größere fundamentaltheoretischen Ansprüche konzipiert,
wie sie etwa der umstrittenen Unterscheidung eines protestantischen Formal- und Materialprinzips anhaften[5], so ist für die Ge-

---

4   G. Kretschmar, a. a. O., 76 Anm. 61.

5   Nach A. Ritschl (Ueber die beiden Principien des Protestantismus. Ant-
     wort auf eine 25 Jahre alte Frage [1875], in: ders., Gesammelte Aufsätze,
     Freiburg i. Br./Leipzig 1893, 234–247) handelt es sich bei dieser Unter-
     scheidung nicht um ein reformatorisches, sondern um ein Produkt sehr
     späten Ursprungs, dessen systematische Geltung im wesentlichen auf
     Zufällen und Mißverständnissen beruhe. Trotz der ungemeinen Gunst,
     deren sich die Distinktion eines formalen und eines materialen Prinzips
     im Protestantismus seit geraumer Zeit erfreue (246: „die Formel ging um,
     und suchte, welchen Inhalt sie verschlingen könnte"), müsse daher auf
     sie verzichtet werden. „Nebenbei aber", so Ritschl abschließend (247),
     „darf man sich überlegen, ob eine Formel für das Wesen des Protestan-
     tismus zweckmäßig sein kann, welche nicht an dem Begriff von der
     Kirche und an dem christlichen Lebensideal orientiert ist." Mit Gründen
     widersprochen haben Ritschl u. a. C. Stange, A. Ritschls Urteil über die
     beiden Prinzipien des Protestantismus, in: ThStKr 70 (1897), 599–621, und
     I. A. Dorner (vgl. hierzu und zur Geschichte des Gesamtproblems die
     detaillierten Ausführungen bei Chr. Axt-Piscalar, Der Grund des Glau-
     bens. Eine theologiegeschichtliche Untersuchung zum Verhältnis von
     Glaube und Trinität in der Theologie Isaak August Dorners, Tübingen
     1990, 7 ff.). Als reformatorisches Materialprinzip wurde in der Regel die
     Rechtfertigungslehre, als Formalprinzip die Lehre von der Schrift ange-
     geben. Zur Problematik des Protestantismusbegriffs vgl. unten § 2 sowie
     die Bemerkung Ritschls a. a. O., 244, man wisse bei den Vertretern der

samtdarstellung allerdings die durchgängige Verbindung historischer und systematischer Perspektiven[6] grundlegend, welche der
Untertitel verheißt. Wer sich mit dem Bekenntnisschriften des
16. Jahrhunderts sinnvoll und redlich beschäftigen will, darf –
auch wenn, wie im vorliegenden Fall, ein dogmatisches Interesse
erkenntnisleitend ist – die gegebene geschichtliche Distanz nicht
leichtfertig überspringen; er muß sich vielmehr dem elementaren
Fremdheitseindruck aussetzen, den die Texte des Konkordienbuches bei einem heutigen Zeitgenossen mehr oder minder
zwangsläufig hinterlassen.[7] Selbst mit dem Augsburger Bekenntnis

---

besagten Unterscheidung nie, „ob die beiden Principien für den Protestantismus oder für die lutherische Dogmatik gelten sollen".

[6]   Diese Verbindung trägt die Verpflichtung in sich, den Literalsinn, der den
Bekenntnistexten eigen ist, ernst zu nehmen. Bemerkenswerterweise
schließt die Dokumentation des internationalen Symposiums zur Confessio Augustana und Confutatio von 1980 mit den mahnenden Worten des
Herausgebers, man hätte sich „noch enger an den Text der Augustana
und der Confutatio halten sollen" (E. Iserloh, Schlußwort, in: ders. [Hg.],
Confessio Augustana und Confutatio. Der Augsburger Reichstag 1530 und
die Einheit der Kirche, Münster [1980] ²1981, 720–723, hier: 721). Das soll
im folgenden in bezug auf alle Texte des Konkordienbuches geschehen
unbeschadet der – im Zusammenhang der Auseinandersetzungen um
den Liebesbegriff geübten – Konfutatorenkritik Melanchthons, welche
das reformatorische Literalprinzip keineswegs aufhebt, sondern durchaus
bestätigt: „Prorsus, quid dicant, non intelligunt, tantum vocabulum di-
lectionis non intellectum reddunt, sicut parietes." (Apol IV,302)

[7]   Als durch Erfahrungswerte gesicherte Faustregel kann die Annahme gelten: Eine Interpretation ist umso zeitbedingter, je mehr sie das Bewußtsein, es zu sein, verdrängt oder gar nicht erst aufkommen läßt. Der sinn-
vollste Weg, sich der geschichtlich-situativ vermittelten Anteile der eigenen Interpretation zu vergewissern und zu verhindern, daß den
überlieferten Gehalten nurmehr der Status von Materialien eines Gegen-
wartsinteresses von vermittlungsloser Unmittelbarkeit zukommt, wäre
zweifellos die durchgeführte Rekonstruktion der Rezeptionsgeschichte
der Bekenntnistexte des 16. Jahrhunderts. Dies ist jedoch weder hier
noch überhaupt von einem einzelnen angemessen zu leisten. Umso
wichtiger ist es, sich die unvermeidbare Positionalität der eigenen Perspektive und Darstellungsweise zu Bewußtsein zu bringen und beständig
im Bewußtsein zu halten. Denn nur so läßt sich eine Position vermeiden,
die den Bekenntnistexten geschichtlich unvermittelt gegenübertritt und
so zwangsläufig in Gefahr steht, jedweden Anhalt an deren Ursprungssinn zu verlieren. Sowenig sich vom konstruierend-rekonstruierenden
Subjekt des Auslegers abstrahieren und die Annahme eines substantiellen
Vorgegebenseins der Textgehalte unkritisch behaupten läßt (vgl. im ein-

als dem vergleichsweise vertrautesten unter diesen Texten dürfte sich für den normalen Leser ein solcher Fremdheitseindruck verbinden: „Die Confessio Augustana spricht nicht unsere Sprache, weder in der deutschen noch in der lateinischen Fassung, sie verhandelt auf weiten Strecken, besonders im 2. Teil, nicht unsere Themen, sie pflegt mit ihren dicta probantia und ihren Anathematisierungen nicht unseren Stil der Argumentation, wenn sie überhaupt argumentiert und sich nicht einfach mit thetischen Feststellungen begnügt. Die Confessio Augustana ist in ihrem Motivgeflecht, ihrer Interessenlage und ihrer Zielrichtung weit entfernt von den Problemen und Aufgaben, die die protestantische Theologie in der Gegenwart bedrängen."[8] Sich solcher – für alle übrigen Bekenntnisschriften des Konkordienbuchs entsprechend in Anschlag zu bringenden – Fremdheitserfahrung bewußt auszu-

---

zelnen unter § 3,3), sowenig kann eine Auslegung überzeugen, die einseitig am Prozeß aktueller Verwertung orientiert ist: denn eine solche Exegese dient im Grunde nur einer dergestalten „Vermittlung", die Inhalten gegenüber tendenziell gleichgültig und dazu geneigt ist, mit der – gegebenenfalls verständnissperrigen – Differenz des Textes anderes als anderes überhaupt zum Verschwinden zu bringen. Demgegenüber ist es die unaufgebbare, gerade auch in dogmatisch/systematisch-theologischer Hinsicht unaufgebbare Aufgabe historischer Kritik, einen solchen Umgang mit Texten zu pflegen, in dem anderes als anderes und damit möglicherweise auch als Fremd-Befremdliches unverstellt wahrgenommen wird. Historisch-kritische Methodik dient dem Verständnis, indem sie es momentan erschwert und ideologischen Vereinnahmungen widerstrebt.

[8] H. Fischer, Bekenntnis und Argumentation. Hermeneutische Probleme heutigen Umgangs mit dem Augsburger Bekenntnis, in: B. Lohse/O. H. Pesch (Hg.), Das ‚Augsburger Bekenntnis' von 1530 damals und heute, München/Mainz 1980, 237–252, hier: 237. – Diese Diagnose findet sich übrigens nicht erst in der aktuellen Gegenwart. Vgl. etwa den Beitrag H. Stephans zum Augustanajubiläum von 1930 (Das Bekenntnis als Aufgabe der lebendigen Gemeinde, in: ZThK 11 [1930], 417–436, hier: 425), wo es im Blick auf die CA heißt: „Wir müssen selbst gegenüber diesem Bekenntnis als unbestreitbare Tatsache feststellen, daß es der heutigen Gemeinde innerlich fremd ist." Historisch beachtenswert ist ferner der Beitrag von F. Traub (437–446: Kirchliches Bekenntnis und Theologie. Vortrag bei der Augustanafeier der Tübinger Fakultät), in dem u. a. daran erinnert wird, daß David Friedrich Strauß 1830 in der Tübinger Schloßkirche die Festpredigt zur 300jährigen Augustanajubelfeier gehalten hat, ohne „den künftigen Kritiker" auch nur ahnen zu lassen (443). Traub schließt seinen Artikel mit Breitseiten gegen Barth, Gogarten und Brunner (445 ff.).

setzen, verhindert ein an aktueller Geltung orientiertes Verständnis nicht nur nicht, ist vielmehr dessen notwendige Voraussetzung. Denn jede unmittelbare, nicht durch historisches Distanzbewußtsein vermittelte Aneignung etwa der CA ist – um es unumwunden zu sagen – ein reaktionäres Unternehmen. Auch wenn es sicher zu weit geht, die Tradition und die Tradenten der CA insgesamt „auf einer relativ einheitlichen konservativen Motiv- und Wirkungslinie"[9] anzusetzen, so läßt sich doch nicht leugnen, daß sich das Interesse an der Augustana und an den übrigen Bekenntnisschriften des 16. Jahrhunderts mit restaurativen Tendenzen, ja mit „Reaktionsbewegungen"[10] verbinden konnte und tatsächlich verbunden hat. Das war stets dann der Fall, wenn die Neuzeit durch unmittelbaren Rückgriff auf die Reformation übergangen und die Gegenwart direkt auf Lehrtexte des 16. Jahrhunderts festgelegt werden sollte. Entgegen seinem Anspruch tut ein solches Verfahren nicht nur der eigenen Gegenwart, sondern auch den Bekenntnistexten der reformatorischen Väter Gewalt an, indem diese nicht als sie selbst, sondern lediglich als Funktionen eines aktuellen Antimodernismus zur Geltung gebracht werden.

---

9   M. Kroeger, Das Augsburger Bekenntnis in seiner Sozial- und Wirkungsgeschichte, in: B. Lohse/O. H. Pesch (Hg.), a. a. O., 99–122, hier: 119. Nach Kroeger waren die Bekenntnisse stets „Schibboleth der theologisch mit dem ständischen Konservativismus verbundenen Kräfte der Beharrung" (110). Rekonfessionalisierung und politische Restauration gehörten sonach geschichtlich zusammen. Das gelte für das 20. Jahrhundert nicht minder als für das 19. Jahrhundert. So stehe etwa zweifelsfrei fest, „daß die konfessionell orientierten Kirchen und ihre Geistlichkeit seit 1918 fast ausnahmslos dem die neue Staatsform und *die Demokratie ablehnenden Volksteil* zugehörten und dem rechten Parteienspektrum zuneigten" (113). In analoger Weise sei die *„Konzentration auf (die Bibel und das) Bekenntnis* seit der Mitte der sechziger Jahre ... wiederum eine Reaktion auf die Liberalisierung und Öffnung der konfessionellen Grenzen innerhalb Theologie und Kirche" (115). Die restaurativen Motive und Wirkungen der mit den Bekenntnisschriften und der CA verbundenen theologischen und kirchlichen Kräfte sind nach Kroeger insofern nicht überraschend, als die Augustana ein eindeutig vorneuzeitliches Dokument sei, in bezug auf welches die Moderne im wesentlichen nur ihren „Gegensatz zum altprotestantischen Lebensgefüge" betonen könne (105): „Wäre es nach der CA und ihren Repräsentanten gegangen – wir wären noch heute im Mittelalter (oder in jener vorneuzeitlichen Übergangszeit)." (110) Darüber wird zu reden sein.

10   A. a. O., 119.

Eine solche antimodernistische Funktionalisierung des Bekenntnisses läßt sich nach meinem Urteil nicht dadurch überwinden,
daß man die Bestände des Konkordienbuches und mit ihnen die
Ursprünge der Reformation schierer Vergangenheit überläßt, wie
das in der Konsequenz der im 19. Jahrhundert aufgekommenen
Unterscheidung von Alt- und Neuprotestantismus liegt.[11] Denn
diese Unterscheidung reproduziert auf sozusagen spiegelverkehrte
Weise genau jenes durch unvermittelte Gegensätze bestimmte
und darin unhistorische Geschichtsbild, welches an der antimo-
dernistischen Bekenntnisrestauration zu kritisieren ist. Was demgegenüber gefordert werden muß, ist theologische Verständigungsarbeit auf der Basis präziser historischer Kenntnisse. Es gilt
die Maxime, die Heiko Oberman für die Interpretation der CA
ausgegeben hat, die aber analog für die Auslegung aller Texte des
Konkordienbuches zutrifft: „Wir haben der Versuchung zu widerstehen, das Augsburger Bekenntnis auf kurzfristige Relevanz zu
erpressen, denn seine Vitalität steht nicht am Anfang, sondern am
Ende des Weges historischer Nachfrage."[12]

Die Notwendigkeit geschichtlicher Verständigungsarbeit läßt sich
auch nicht durch die Feststellung abweisen, daß die Bekenntnis-

---

[11] Vgl. R. H. Grützmacher, Altprotestantismus und Neuprotestantismus, in:
NKZ 26 (1915), 709–753. 789–825. 865–914. Als den eigentlichen Begrün-
der des Problems von Alt- und Neuprotestantismus identifiziert Grützmacher F. Chr. Baur (724–729); die radikale Problemlösung „durch die rest-
lose Einordnung des Altprotestantismus in das Mittelalter und seine
schroffe Unterscheidung vom modernen Geistesleben" (794; bei G. gesperrt) findet er bei Strauß, Feuerbach, Lagarde, Nietzsche und Hartmann. Zu Ritschl und seiner Schule einschließlich E. Troeltsch vgl. 811 ff.
sowie 901 ff., hier: 909: „Tröltsch' Bedeutung für die Entwicklung des
Problemes Alt- und Neuprotestantismus besteht darin, daß er die haupt-
sächlichsten Gedankenreihen, die im 19. und 20. Jahrhundert auf eine
dogmatisch-historische Unterscheidung von Alt- und Neuprotestantismus
hinauslaufen, von denen der erstere mit dem Katholizismus, der zweite
mit dem modernen Geistesleben auf das Engste verknüpft werden soll,
noch einmal wiederholt und systematisch zusammenarbeitet." (909; bei
G. gesperrt)

[12] H. A. Oberman, Die Reformation. Von Wittenberg nach Genf, Göttingen
1986, 208. Im Mangel historischer Tiefenschärfe liegt die eigentümliche
Schwäche aller um unmittelbare Aneignung bemühten Auslegungen der
Bekenntnisschriften (vgl. etwa die im übrigen durchaus inhaltsreiche
Studie von G. W. Forell, Die Augsburgische Konfession. Ein Kommentar
für unsere Zeit, Berlin 1970).

schriften des Konkordienbuches und insonderheit die CA als dessen – neben den Katechismen – zentralster Bestandteil normative
Texte der Gegenwart mit offiziell verbindlichem Geltungscharak-
ter sind. Diese Feststellung ist zwar richtig, wie sich an der
„Lehrgrundlage" des Lutherischen Weltbundes ebenso schnell und
problemlos zeigen ließe wie an den Verfassungen lutherischer
Kirchen, wobei Abstufungen zwischen den einzelnen Bekenntnisschriften im allgemeinen und namentlich in bezug auf die nicht in
allen lutherischen Kirchen rezipierte FC in Rechnung zu stellen
sind.[13] Dennoch wäre es in hohem Maße mißverständlich und irreführend, ohne weitere Erläuterung zu sagen: „Die CA ist nicht
verbindlich, weil sie aktuell ist, sondern sie ist aktuell, weil sie

---

[13]   Um als Beispiel nur die CA zu erwähnen: „Die Pfarrer der lutherischen
       Kirchen werden bei ihrer Ordination ... auf (sie) verpflichtet. Sie dient
       Kirchenverfassungen und anderen kirchlichen Rechtsvorschriften als
       Grundlage. Zahlreiche in breitem Konsensus formulierte und rezipierte
       Lehrdokumente sind unter Bezugnahme auf Struktur und Inhalt der CA
       formuliert worden (Leuenberger Konkordie, Gemeinsame theologische
       Erklärung usw.)." (Bedeutung und Funktion der Confessio Augustana
       heute. Bericht einer Konsultation der VELKD. März 1979, in: Texte aus
       der VELKD 7 [1979], 3) Die rechtliche Geltung der Bekenntnisschriften in
       den Verfassungen, Kirchengesetzen und Ordinationsformularen der lu-
       therischen Kirchen ist unter Voraussetzung der Verhältnisse um die Mitte
       des 20. Jahrhunderts dokumentiert bei H. Weissgerber, Die geltenden
       Bekenntnisschriften. Ein Überblick über die Verfassungen der lutheri-
       schen Kirchen, in: V. Vajta/ders. (Hg.), Das Bekenntnis im Leben der
       Kirche. Studien zur Lehrgrundlage und Bekenntnisbindung in den luthe-
       rischen Kirchen, Berlin/Hamburg 1963, 21–53. Zur Wittenberger Praxis der
       Ordinandenverpflichtung in der Frühzeit der Reformation vgl. die nach
       wie vor lesenswerte Studie von P. Drews, Die Ordination, Prüfung und
       Lehrverpflichtung der Ordinanden in Wittenberg 1535, in: DZKR 15 (1905)
       66–90; 273–321. Drews kommt zu dem Ergebnis, daß anfänglich
       „nirgends und niemals ... von einer Verpflichtung auf die altkirchlichen
       Symbole oder auf die Augsburgische Konfession" (285) die Rede ist, son-
       dern immer nur allgemein von der Bindung an die eine, wahre und un-
       verfälschte Lehre der ecclesia catholica. Zum Streit um „das älteste Ordi-
       nationsformular der lutherischen Kirche" vgl. den gleichnamigen Beitrag
       von P. Vetter, in: ARG 12 (1915), 64–75. Zu möglichen Zweifeln an der
       Datierung des Wittenberger Doktoreids vgl. die Hinweise bei W.-D.
       Hauschild, Corpus doctrinae und Bekenntnisschriften. Zur Vorgeschichte
       des Konkordienbuches, in: M. Brecht/R. Schwarz (Hg.), Bekenntnis und
       Einheit der Kirche. Studien zum Konkordienbuch, Stuttgart 1980, 235–252,
       hier: 237 f.

verbindlich ist."[14] Denn fest steht, daß sich die Verbindlichkeit der
CA unter gegenwärtigen Bedingungen ebensowenig wie diejenige
der anderen Bekenntnisschriften einfach kirchenrechtlich dekretieren läßt; vielmehr muß sich ihre Geltung und schriftfundierte
Überzeugungskraft „in theologischer Lehre und Frömmigkeit immer neu durchsetzen"[15] und als wirksam erweisen. Davon wird
man auch und gerade dann auszugehen haben, wenn man daran
interessiert ist, die Bekenntnisschriften als die „auch rechtlich verbindliche Lehrgrundlage"[16] lutherischer Kirchen zu erhalten. Um
es zugespitzt zu formulieren: An der rechtlichen Verbindlichkeit
der Bekenntnistexte läßt sich sinnvollerweise überhaupt nur dann
festhalten, wenn von ihnen primär kein lehrgesetzlicher, sondern
ein auf theologische Verständigung abzielender Gebrauch gemacht wird. Daß dies gerade nach geltendem Kirchenrecht gefordert ist, läßt sich m. E. unschwer aus dem Grundsatz folgern, daß
der Inhalt des Bekenntnisses nicht Gegenstand kirchlicher Ge-
setzgebung sein kann und als solcher rechtlich nicht zur Disposition steht.

Im übrigen gilt für die kirchenrechtliche Würdigung der Bekenntnisschriften des Konkordienbuches in besonderer Weise, was für
deren angemessenes Verständnis im allgemeinen vorauszusetzen
ist: Es läßt sich nur auf der Basis der Bereitschaft erreichen, historisch möglicherweise Befremdliches wahrzunehmen. Zu solcher
Wahrnehmung gehört z. B. die Einsicht in den Funktionswandel,
den die CA bereits in ihrer frühen Geschichte durchgemacht hat.
Nicht nur, daß die Augustana sich in wenigen Jahrzehnten von
einem „Dokument des Einheitswillens wenigstens mit der alten
Kirche" zum „Dokument einer anderen Einheit", nämlich „derjenigen einer abgesonderten Gruppe" entwickelt hat[17]; im Zusam-

---

14 H. Meyer, Die Aktualität des Augsburger Bekenntnisses in ökumenischer
    Sicht, in: B. Lohse/O. H. Pesch (Hg.), a. a. O., 255–260, hier: 257. Zu
    Meyers Erläuterung des zitierten Satzes vgl. bes. seine Thesen 3 und 4
    (a. a. O., 258 ff.).

15 Texte aus der VELKD 7 (1979), a. a. O., 3.

16 U. Kühn, Wie bleibt die Kirche in der Wahrheit? Eine lutherische Ant-
    wort, in: Concilium 17 (1981), 630–633, hier: 630.

17 W. Reinhard, Konfession und Konfessionalisierung in Europa, in: ders.
    (Hg.), Bekenntnis und Geschichte. Die Confessio Augustana im histori-
    schen Zusammenhang, München 1981, 165–189, hier: 168. Vgl. ferner das
    scharfe Urteil von O. Scheib, Die Auslegung der Augsburgischen Konfes-

menhang dieser Entwicklung konnte es auch dazu kommen, daß
der theologische hinter den „politischen Bedarf nach Regulierung
von Lehre und Leben"[18] zurücktrat, was zweifellos im Gegensatz
stand zu den genuinen, auf Abwehr politischer und kirchenpoliti-
scher Funktionalisierung von Evangelium und Theologie gerichteten Intentionen Wittenberger Reformation. Erwähnt sei etwa der
binnenreformatorische Zusammenhang von Bündnis und Bekenntnis, der schon in der Vorgeschichte der CA eine Rolle
spielte und dann erneut virulent werden sollte in bezug auf den
Schmalkaldischen Bund, der zwar nicht als ein im strengen Sinne
bekenntnisbestimmter begründet wurde, in den aber seit 1535
niemand mehr aufgenommen werden sollte, es sei denn, er bekannte sich zur Augustana. In reichsrechtlicher Hinsicht sei ferner
auf die politische Bedeutung verwiesen, die der CA bereits in den
Anständen von 1533 und 1539 und sodann im Passauer Vertrag von
1552 sowie in dem schließlichen Religionsfrieden von Augsburg
1555 zukam, der bekanntlich neben den sog. Altgläubigen nur die

---

sion auf den Religionsgesprächen, in: E. Iserloh (Hg.), a. a. O., 652–667,
hier: 663: Die CA „wurde nach 1555 zum Spezialbekenntnis der ‚Lutera-
ner', deren unnachgiebiges Festhalten am Text von 1530 jede Einigungs-
bemühung nicht nur mit Katholiken, sondern auch mit Orthodoxen, Calvinisten und anderen scheitern ließ; sie verstanden nämlich Einigung nur
als Unterwerfung unter den Text der CA invariata im lutherischen Sinne.
Die CA ist darum schon wenige Jahre nach ihrer Abfassung kein ökumenischer Text mehr, sondern ein konfessioneller Text, eben das Bekenntnis der protestierenden Stände oder ‚Augsburger Konfessionsverwandten'. Die Ergänzungen und die Zusammenstellung der CA mit anderen
lutherischen Bekenntnisschriften legte zudem ihre konfessionelle Auslegung und Funktion schon seit 1537 immer mehr fest."

[18] W. Reinhard, a. a. O., 166. Detailliert dargestellt sind die „Bedeutungswandlungen der Confessio Augustana zwischen 1530 und 1580" in der
gleichnamigen Studie von E. Koch, in: ders., Aufbruch und Weg – Studi-
en zur lutherischen Bekenntnisbildung im 16. Jahrhundert, Stuttgart 1983,
20–33. Koch charakterisiert die CA „als Bestandteil eines politischen
Bündnisses" (20 ff.), „als Grundlage für kirchliche Ordnung" (24 ff.) und
„als wörtlich verbindliches Lehrdokument" (27 ff.). Er gelangt zu dem
Urteil, „daß die sich bemerkbar machende Tendenz hin zum Verständnis
von Bekenntnis als einem wirklich verbindlichen Dokument zwischen
1530 und 1580 die genuine Form des Umgangs mit Bekenntnissen im Zeitalter der Konfessionen gewesen ist" (31). Zur Augustana im Kontext von
Konk vgl. 31 ff.

Anhänger der Augsburger Konfession umfaßte.[19] Daß infolgedessen die Tatsache der verschiedenen Fassungen der CA zu einem nicht lediglich theologischen, sondern auch, ja primär rechtspolitischen Problem werden mußte, läßt sich historisch ebenso leicht ersehen wie die politisch-rechtliche Relevanz möglicher Divergenzen der CA, wie sie in den nachlutherischen Lehrstreitigkeiten innerhalb der Wittenberger Reformation wirksam wurden. Der Kampf zwischen Luthertum und Calvinismus in den Jahren nach 1555 und die konkordistische Bewegung innerhalb des Luthertums können – unnötig dies zu betonen – geschichtlich angemessen nicht ohne Wahrnehmung dieser Aspekte gewürdigt werden. Das gilt umso mehr, als die Confessio Augustana noch im Westfälischen Frieden von 1648 und mehr oder minder formell weit darüber hinaus, nämlich bis zum Ende des Alten Reiches, reichsrechtlich in dem Sinne verbindlich blieb, daß sie Kriterium für die Zugehörigkeit zu den lutherischen Reichsständen war.

---

[19] Zum Funktionswandel der CA vgl. auch B. Lohse, Glaube und Bekenntnis bei Luther und in der Konkordienformel, in: W. Lohff/L. W. Spitz (Hg.), Widerspruch, Dialog und Einigung. Studien zur Konkordienformel der Lutherischen Reformation, Stuttgart 1977, 13–40, hier: 26 f.: „War sie (sc. die CA) ursprünglich als eine Verteidigungsschrift konzipiert worden und dann während der Auseinandersetzungen auf dem Reichstag zu Augsburg von 1530 zu einem Bekenntnis umgeformt worden, so hatte sie durch die Unterschrift der evangelischen Reichsstände sowie durch die Übergabe an den Kaiser den Charakter einer ‚Staatsschrift' erhalten; durch die Bestimmung des Religionsfriedens aber mußte sie zur Lehrnorm sowohl gegenüber dem Reich als auch innerhalb der protestantischen Gebiete werden: Wer nicht auf dem Boden des Augsburgischen Bekenntnisses stand, lief Gefahr, nicht mehr unter die Bestimmung des Religionsfriedens über die Toleranz zu fallen. Die Auswirkungen des Religionsfriedens auf die Entstehung einer lutherischen Orthodoxie dürften nicht geringer sein als der innere Trend, der seit dem späten Melanchthon ohnehin in die Richtung der Orthodoxie wies." Hinzuweisen ist ferner auf einen Aspekt der Beziehung von Augsburger Religionsfrieden und Confessio Augustana, den G. Kretschmar besonders akzentuiert hat, wenn er sagt, daß der 1555 erfolgte reichsrechtliche Rückgriff auf die Augustana „das Versinken evangelischen Kirchentums in reinen Provinzialismus" verhindert habe. In der CA liege „der Ansatz zu einer die Territorien, die zu Landeskirchen werden, übergreifenden Einheit evangelischer Kirche im Rahmen des Reiches" (G. Kretschmar, a. a. O., 43).

Daß von einer solchen oder einer ähnlichen Rechtsverbindlichkeit der CA heute nicht mehr die Rede sein kann, ist klar.[20] Nichtsdestoweniger bleibt es für eine um gegenwärtige Aneignung bemühte Interpretation von Relevanz, sich die vergangene territorial- bzw. reichsrechtliche Bedeutung des Bekenntnisses historisch bewußt zu machen. Ein entsprechendes Bewußtsein nämlich ist die unverzichtbare Voraussetzung nicht nur für die Einsicht in die geschichtlichen Gründe des Vergehens eines ehemals wichtigen Bedeutungsaspekts des Bekenntnisses; es ist auch die Bedingung dafür, jenes Vergehen differenziert und damit so zu beurteilen, daß es mit einer bestimmten rechtlichen nicht zugleich die theologische Bedeutung des Bekenntnisses überhaupt betrifft. Daß das verwickelte und vielschichtige Verhältnis der theologischen und juristischen Aspekte, welches die Multifunktionalität des Bekenntnisses im Alten Reich und in seinen Territorien begründet, selbst einen Anhalt für ein derart differenziertes Urteil bietet, läßt sich im einzelnen durchaus zeigen und ist in rechtshistorischer Perspektive auch schon gezeigt worden.[21] Soweit im folgenden darauf einzugehen ist, wird die Aufmerksamkeit neben dem allgemeinen „Auseinanderklaffen von Bekenntnis und Bekenntnisverwirklichung", das nach M. Heckel „geradezu ein Charakteristikum des Konfessionellen Zeitalters geworden"[22] ist, vor allem auf den eigentümlichen, nur scheinbar widersprüchlichen Zusammenhang von Konfessionalisierung und Entkonfessionalisierung zu richten sein, der sich folgendermaßen umschreiben läßt: „Einerseits steigt

---

20   „Die Krise des Verständnisses von Bekenntnis als Lehrnorm in einem
      staatsrechtlich abgesicherten Raum kam, als eben diese staatsrechtliche
      Sicherung zerbrach. In Deutschland geschah dies in mehreren Etappen.
      So fiel 1803 die reichsrechtliche Klammer. Man pflegt sie in der Kirchen-
      geschichte nicht allzu hoch zu werten; aber es läßt sich wohl zeigen, daß
      die landeskirchlichen Entwicklungen im Deutschland des 19. Jahrhun-
      derts, auch der Zusammenschluß von Lutheranern und Reformierten zu
      unierten Landeskirchen, vom alten Reichsrecht seit 1648 her nicht mög-
      lich gewesen wären. Die nächste Krise brachte das Ende des landesherr-
      lichen Kirchenregimentes nach 1918. Seitdem ist die 1530 erstmals deutlich
      gewordene Erscheinung, daß Territorialherren als solche Repräsentanten
      von Kirche sind, für unser Land Vergangenheit." (G. Kretschmar, a. a. O.,
      44 f.)

21   Vgl. etwa M. Heckel, Die reichsrechtliche Bedeutung des Bekenntnisses,
      in: M. Brecht/R. Schwarz (Hg.), a. a. O., 57–88.

22   A. a. O., 57.

der Einfluß des Religiösen auf die Welt des Rechts im Gefolge der Reformation, verglichen mit den Zeiten der Renaissance, ja teilweise auch des Mittelalters. Mit dem Aufbruch der Bekenntnisfragen wird das Recht im Reich und in den Territorien zum zentralen Kampffeld und zum entscheidenden Kampfmittel der konfessionellen Streitigkeiten. Das hat zu einer prinzipiellen Konfessionalisierung der Rechtsordnung geführt: Das Recht wird in seiner Geltungskraft und Sinnrichtung konfessionell beurteilt und begrenzt, legitimiert und interpretiert. Andererseits aber ist das Konfessionelle Zeitalter rechtlich weithin unkonfessionell geblieben – oder vielmehr unkonfessionell geworden, weil sich der Anspruch der einen Konfession an dem der anderen brach. So wurde das Recht ambivalenten Zielen zugeordnet: Einerseits trat es ganz in den Dienst der Konfession, wurde – insbesondere im Territorium – wesensmäßig bekenntnisbestimmt und bekenntnisgebunden und so zum Aufbau der Kirchenordnungen und des konfessionellen Staates benützt. Andererseits wurde es dem Bekenntnis übergeordnet und von ihm abstrahiert, wurde neutralisiert und relativiert und diente zur weltlich-politischen Begrenzung und Entmachtung des Bekenntnisanspruchs beider Konfessionen.“[23]

---

[23] A.a.O., 57f. – Vgl. ferner H. Lehmann, Das Zeitalter des Absolutismus. Gottesgnadentum und Kriegsnot, Stuttgart/Berlin/Köln/Mainz 1980, der unter Berufung auf Heckel ausführt: „Es gehörte zu den Besonderheiten des Augsburger Religionsfriedens, daß er politisch durchaus unterschiedliche Entwicklungen zuließ: Auf Reichsebene schuf er ... ein Provisorium, das den konfessionellen Streit zunächst beendete, das aber die Entscheidung über den neuen Glauben offenhielt. Diese vorläufige Ordnung ermöglichte es den Reichsjuristen in den folgenden Jahrzehnten aber, auf der Basis konfessioneller Parität und Gleichberechtigung von Lutheranern und Katholiken einen unkonfessionellen Reichs- und Rechtsgedanken zum System auszubauen. Auf der Ebene der Territorien wurde die Regelung von 1555 dagegen zur Grundlage geschlossener Konfessionsstaaten. Hier entwickelten die protestantischen Juristen die Episkopaltheorie, das heißt die Lehre von der Übertragung der Bischofsrechte auf den Fürsten; hier verbohrten sie sich in die Theorie von der *duplex persona* des Fürsten, der zugleich weltliche und geistliche Obrigkeit sei; hier sollte sich der Streit um den Einfluß des Calvinismus entzünden; und hier, auf der Ebene der Territorien, sollten schließlich auch die katholische Reform und die Gegenreformation ihre größte Wirkung, aber auch ihre größte Bedeutung als Konfliktpotential, entfalten." (53)

Wie dieser dialektische Prozeß und das Verhältnis der Wittenberger Reformation zu ihm zu beurteilen ist, wird Gegenstand genauerer Erörterungen sein müssen. Diese Erörterungen werden zugleich die konkrete Gestalt darstellen, in welcher zum strittigen Problem des Verhältnisses von Reformation und Neuzeit Stellung bezogen wird, dessen isolierte Wahrnehmung in der Regel zu bloßen Abstraktionen führt, welche historisch und theologisch gleichermaßen unergiebig sind. Einstweilen mag folgende Feststellung genügen: Eine Diskussion über den aktuellen juridischen Charakter von Bekenntnissen, wie er etwa im kirchlichen Recht der Lehrbeanstandung in Erscheinung tritt[24], ist nur sinnvoll, wenn man sich den grundstürzenden Strukturwandel der politischen Ordnung vergegenwärtigt, der nachgerade auch das Kirchenrecht erst zu dem machte, was es gegenwärtig unbeschadet aller Bestimmungsdifferenzen im einzelnen ist. Dieser Prozeß politischen Strukturwandels, der die wesentliche Modernität der Neuzeit ausmacht und sie vom Mittelalter und dem mittelalterlichen Corpus Christianum dauerhaft unterschieden sein läßt, ist durch die Geschichte der Reformation sicherlich nicht direkt bewirkt worden. Doch soll gezeigt werden, daß er sich ebensowenig in einem prinzipiellen Gegensatz und in völliger Diskontinuität zum genuinen Anliegen der Reformation und ihrer Theologie realisiert hat. Ein solcher Beweis ist nicht nur im Interesse gegenwärtigen Aktualitätsanspruches reformatorischen Bekenntnisses unentbehrlich. Im Vollzug seiner Entwicklung wird sich auch zeigen, daß es ein genuines, von der geschichtlichen Ursprungsgestalt dieses Bekenntnisses selbst gefördertes Anliegen ist, seine mögliche rechtliche auf seine theologische Bedeutung zu gründen und nicht umgekehrt. Indem Art und Umfang ihrer Geltung nach Maßgabe des Selbstzeugnisses evangelisch-lutherischer Bekenntnisschriften vom Kriterium der Schriftgemäßheit im Sinne der Übereinstimmung mit dem apostolischen Evangelium abhängig zu machen sind[25], ist

---

[24]   Vgl. K. Schlaich, Das Recht der kirchlichen Lehrbeanstandung heute, in: M. Brecht/R. Schwarz (Hg.), a. a. O., 491–512.

[25]   Vgl. dazu G. Hoffmann, Zum Geltungsanspruch der lutherischen Bekenntnisschriften, in: W. Trillhaas (Hg.), Verständigung. FS H. Lilje, Hamburg 1969, 29–39. Hoffmann macht an der Entstehungsgeschichte der lutherischen Bekenntnisschriften verständlich, warum „Reflexionen über Sinn und Geltung kirchlicher Bekenntnisse erst in der letzten Phase der Entwicklung angestellt wurden, in den früheren aber noch fehlten." (30) Unbeschadet dessen aber gilt für alle im Konkordienbuch gesammelten

vom Bekenntnis selbst bereits ein deutlicher Hinweis in dieser Richtung gegeben. Denn dadurch wird eine Differenz eingeführt bzw. offengehalten, die einen lehrgesetzlichen Selbstabschluß des Bekenntnisses im Ansatz unterbindet und stattdessen einen geschichtsoffenen Prüfungsprozeß kirchlicher Öffentlichkeit erschließt, wie er durch allgemeinen Schriftbezug ebenso begründet wie begrenzt ist. Das Bekenntnis geschichtlich in den Blick zu fassen, wird so in dogmatisch bestimmter und dogmatisch zu begreifender Weise durch dessen Theologie selbst nahegelegt.

Durchgehalten wird die – wie gesagt: auch dogmatisch nahegelegte, ja geforderte – geschichtliche Perspektive im nachfolgenden zumindest insofern, als die Bekenntnisschriften theologisch gewürdigt werden, nicht ohne sie als historische Dokumente ihrer Zeit dargestellt zu haben. Hingegen können wirkungs- und rezeptionsgeschichtliche Aspekte nur bedingt und kaum über den Abschluß des Konkordienbuches hinaus in Betracht gezogen werden, so wichtig dies zweifellos wäre.[26] Es bleibt sonach bis auf

---

Bekenntnisse: Nur weil sie „in der Schrift verwurzelt sind, Schriftauslegung und zugleich ‚Summa' der Schrift, Zusammenfassung des Evangeliums als der Mitte der Heiligen Schrift und darin immer wieder Wegweiser in die Schrift, Hinführung zum rettenden Wort Gottes, kommt ihnen Ansehen und Geltung zu. Prinzipiell ist allem Traditionalismus gewehrt. Nicht: Schrift und Bekenntnis, sondern Schrift *über* und *vor* dem Bekenntnis, Bekenntnis *aus* der Schrift und *zur* Schrift." (32)

[26] Das gilt sowohl bezüglich der altlutherischen Orthodoxie als auch bezüglich des vom Pietismus im Grundsatz geteilten aufgeklärten Protests gegen die lehrgesetzliche Stellung der Bekenntnisse sowie in bezug auf alle nachfolgenden Ent- bzw. Rekonfessionalisierungsbestrebungen. Einen skizzenhaften Überblick über die Frage der Bedeutung der reformatorischen Bekenntnisschriften in der protestantischen Kirchengeschichte gibt W. Sommer, Die Stellung Semlers und Schleiermachers zu den reformatorischen Bekenntnisschriften. Ein theologiegeschichtlicher Vergleich, in: KuD 35 (1989), 296–315, bes. 299 ff. Vgl ferner: M. Ohst, Schleiermacher und die Bekenntnisschriften. Eine Untersuchung zu seiner Reformations- und Protestantismusdeutung, Tübingen 1989. Zu Semler äußert sich Ohst einleitend a. a. O., 12–18. Von der bei Ohst, a. a. O., 2–10, besprochenen Literatur zur Frage neuzeitlicher Bekenntnisrezeption seien eigens erwähnt: W. Karowski, Das Bekenntnis und seine Wertung – Eine problemgeschichtliche Monographie, Bd. I: Vom 18. bis zum 20. Jahrhundert, Berlin 1939; Bd. II ist nicht erschienen. H.-J. Resse, Bekenntnis und Bekennen – Vom 19. Jahrhundert bis zum Kirchenkampf der nationalsozialistischen Zeit, Göttingen 1974. Von besonderem ökumenischem Interesse sind Anlaß und Wirkung der Confessio Augustana

weiteres dabei: „Die ‚Nachgeschichte' der Confessio Augustana
(sc. und entsprechend aller übrigen evangelisch-lutherischen Bekenntnisschriften) ist noch zu schreiben."[27] Trotz dieses und manchen anderen Desiderats, welches sie nicht zu beheben vermochte, wird nachfolgende Untersuchung dem Publikum in der
Hoffnung übergeben, einen bescheidenen historischen und systematischen Beitrag zum Verständnis der Theologie der Bekenntnisschriften der evangelisch-lutherischen Kirche leisten zu
können. Damit dieser hoffnungsfrohen Selbsteinschätzung nicht
leichtfertig widersprochen werde, sei potentiellen Rezensenten
dieses Buches am Schluß seiner ersten Einleitung folgendes Diktum aus der Vorrede der Schmalkaldischen Artikel zu besonderer
Meditation anempfohlen: „Ich denke", sagt Luther dort, „oft an
den guten Gerson, der zweifelt, ob man etwas Guts sollt öffentlich schreiben: Tut man's nicht, so werden viel Seelen versäumet,
die man kunnte erretten. Tut man's aber, so ist der Teufel da mit
unzähligen giftigen, bösen Mäulern, die alles vergiften und verkehren, daß doch die Frucht verhindert wird." (BLSK 410,19–25;
vgl. BSLK 410, Anm. 10)

Graeca. Vgl. dazu bes. G. Kretschmar, Die Confessio Augustana Graeca,
in: KO 20 (1977), 11–39; A. Kallis, Confessio Augustana Graeca. Orthodoxie und Reformation in ihrer theologischen Begegnung 1559–1581, in:
E. Iserloh (Hg.), a. a. O., 668–672 sowie vor allem: D. Wendebourg, Reformation und Orthodoxie. Der ökumenische Briefwechsel zwischen der
Leitung der Württembergischen Kirche und Patriarch Jeremias II. von
Konstantinopel in den Jahren 1573–1581, Göttingen 1986. „Zur Wirkungsgeschichte der Confessio Augustana im 19. Jahrhundert" vgl. die gleichnamige „historisch-theologische" Skizze von J. Mehlhausen, in: MEKGR
30 (1981), 41–71.

[27] H. Raab, Die Nachwirkungen der Confessio Augustana am Beispiel der
irenischen Bemühungen des Basler Weihbischofs Thomas Henrici, in:
E. Iserloh (Hg.), a. a. O., 692–705, hier: 692. Zur ekklesialen Relevanz der
Confessio Augustana vom 16. bis zum 20. Jahrhundert vgl. die knappen
Bemerkungen bei W.-D. Hauschild, Das Selbstverständnis der Confessio
Augustana und ihre kirchliche Relevanz im deutschen Protestantismus,
in: K. Lehmann/E. Schlink (Hg.), Evangelium – Sakramente – Amt und
die Einheit der Kirche. Die ökumenische Tragweite der Confessio Augustana, Freiburg i. Br./Göttingen 1982, 133–163, hier: 144 ff.

§ 1

GESETZ UND EVANGELIUM: LUCAS CRANACH D. Ä.

ALS MALER DER WITTENBERGER REFORMATION

Lit.:

C. Grimm u. a. (Hg.), Lucas Cranach. Ein Maler-Unternehmer aus Franken, Augsburg 1994. – *D. Koepplin/T. Falk,* Lukas Cranach – Gemälde, Zeichnungen, Druckgraphik, 2 Bde., Basel/Stuttgart 1974/76.

Am 4. Dezember 1521 verläßt Martin Luther die Wartburg, um für einige Tage heimlich nach Wittenberg zu kommen. Cranach, so geht die Kunde[1], hinterbringt er die Nachricht, ein durchreisender Reitersmann wolle sich rasch konterfeien lassen. Der Maler skizziert eilig den 38jährigen, der ihm seit geraumer Zeit kein Unbekannter ist, und fertigt nach der Skizze einen Holzschnitt an: der Reformator als Junker Jörg. „Der bärtige Kopf des ritterlichen Luther wurde von Cranach so massiv angelegt und kräftig durchgezeichnet, das Wams so schmissig angegeben, dass das Bild Respekt einflössen sollte." (Koepplin/Falk, 1, 98 [Nr. 42, Abb. 38])

Respekteinflößende Durchsetzungskraft sollte Jörg-Martinus bald außerordentlich nötig haben. Etwa einen Monat nach Luthers heimlichem Wittenberg-Aufenthalt, am 10. und 11. Januar 1522, werden in der Kirche des dortigen Augustinerklosters und bald auch in anderen Gotteshäusern Gemälde verbrannt und Altäre verwüstet. Bilderstürmer unter der Führung des radikalen Augustinermönchs Gabriel Zwilling und des Professors Andreas Bo-

---

[1] Vgl. H. v. Hintzenstern, Lucas Cranach d. Ä. – Altarbilder aus der Reformationszeit, Berlin ³1981, 20 f. Ferner: M. Warnke, Cranachs Luther. Entwürfe für ein Image, Frankfurt a. M. 1984.

denstein aus Karlstadt, der unter dem Namen seiner am Main gelegenen Geburtsstadt in die Reformationsgeschichte eingehen
sollte, treiben ihr zerstörerisches Unwesen. Zur Rechtfertigung des
Vernichtungswerkes dient Karlstadt, dem einstigen Mitstreiter Luthers bei der Leipziger Disputation², das alttestamentliche Gebot,
sich kein Bild von der Gottheit zu machen und keine anderen
Götter zu haben neben dem einen und wahren Gott. Alle Ölgöt-
zen, so Karlstadt, seien deshalb nach Maßgabe der Schrift aus den
Gotteshäusern zu entfernen. Dieses harsche Urteil ruft Luther auf
den Plan. So sehr er seinerseits gegen abgöttische Bildervereh-
rung und die Meinung polemisiert, durch Stiften von Altären und
Kirchengemälden könne man ein Gott wohlgefälliges Werk tun,
so wenig läßt er sich jede Form gewaltsamer, unter dem Vorwand
der Reformation betriebener Bilderstürmerei gefallen. Anfang
März kehrt er gegen den Willen seines Kurfürsten endgültig von
der Wartburg nach Wittenberg zurück, um in seinen berühmten
Invokavit-Predigten, die er am 9. März 1522 beginnt, der Zerstörung ein Ende zu bereiten und die Unruhestifter in Schranken zu
weisen. Zwilling und Karlstadt müssen aus Wittenberg weichen;
auch wenn die Fehde literarisch noch eine Weile fortgeführt
wird – das Stürmen von Bildern bleibt in der Wittenberger Reformation Episode, ja mehr noch: es war fernerhin grundsätzlich
verpönt.³ Zwar sind Bilder in keiner Weise heilsnotwendig oder

---

2   Karlstadts Name ist unter anderem mit einem Holzschnitt Cranachs aus
     dem Jahr 1519 verbunden: Vgl. Koepplin/Falk, 2, 504 (Nr. 351); ferner:
     H. Zschelletzschky, Vorgefecht des reformatorischen Bildkampfes. Zu
     Cranachs Holzschnitt „Himmelwagen und Höllenwagen des Andreas Bo-
     denstein von Karlstadt" von 1519, in: E. Ullmann (Hg.), Kunst und Refor-
     mation, Leipzig 1982, 67–75.

3   Zum Thema Reformation und bildende Kunst vgl. zusammenfassend
     R. Wohlfeil, Einführung in die Geschichte der deutschen Reformation,
     München 1982, 133 ff. Über „Luthers Beziehungen zu Kunst und Künst-
     lern" informiert im einzelnen E. Starkes gleichnamiger Beitrag in:
     H. Junghans (Hg.), Leben und Werk Martin Luthers von 1526 bis 1546.
     Festgabe zu seinem 500. Geburtstag, 2 Bde., Göttingen 1983, hier: Bd. 1,
     531–548 und Bd. 2, 905–916; zu den Anknüpfungspunkten zwischen Lu-
     ther und Cranach d. Ä. bes. 534 ff. Mit Recht wird neuerdings immer wie-
     der betont, daß „das Verhältnis von Kunst und Reformation ... weitaus
     komplexer (ist), als es gemeinhin erscheinen mag. Vor allem der Allge-
     meinplatz einer ablehnenden, ja bilderstürmerischen Haltung gegenüber
     den kirchlichen Kunstwerken läßt sich in dieser Pauschalität nicht auf-
     rechterhalten, gingen doch die Auffassungen innerhalb der verschiede-

für den Kultus unentbehrlich, dennoch können sie dem Glauben in mancherlei Hinsicht förderlich und nutzbar sein. Neben der gottgefälligen Freude am Schönen ist dabei für Luther besonders der volkspädagogische Aspekt bedeutsam, wie er namentlich für die Laienbibeltradition kennzeichnend ist. Im übrigen aber gilt es dem Reformator als „ein Ding der Unmöglichkeit, im religiösen Leben auf alle Anschauung zu verzichten"[4]. Theologische Begriffe ohne Anschauung sind leer; eine spiritualisierende Aufhebung der religiösen Vorstellungswelt propagiert Luther daher nirgends. Deshalb kann im Verein mit dem – gegebenenfalls musikalisch gestimmten und ausdrucksgesteigerten[5] – Wort durchaus auch das Bild evangelische Dienste verrichten.

Lucas Cranach wird über Luthers Bewertung der Bilderfrage, die nicht erst im Bilderstreit erkennbar wird, sondern in ihren theologischen Grundlagen seit Beginn der reformatorischen Bewegung feststeht und „durchgehend gleich geblieben"[6] ist, nicht gering erfreut gewesen sein und sie mit Genugtuung begrüßt haben: War die Angelegenheit für ihn doch auch eine Sache des Geschäfts. Freilich nicht nur, denn der geordnete Fortgang der Reformation lag ihm durchaus persönlich und aus religiösen Gründen am Herzen, wie denn auch seine Beziehung zu Luther sich nicht aufs gelegentliche Porträtieren beschränkte, sondern in einer Freundschaft gründete, die durch gemeinsame Überzeugung fundiert

---

nen reformatorischen Strömungen in diesem Punkt – und nicht nur hier – weit auseinander." (A. Kunz, Gedruckte und andere Heilige. Zur Rolle der Graphik im Werk Cranachs des Älteren, in: A. Tacke [Hg.], Cranach. Meisterwerke auf Vorrat. Die Erlanger Handzeichnungen der Universitätsbibliothek, München 1994, 93–104, hier: 93 f.)

4   H. Frhr. v. Campenhausen, Die Bilderfrage in der Reformation, in: ZKG 68 (1957), 96–128, hier: 121.

5   „Neben der zentralen Stellung der Predigt darf man in der festen Installierung des volkssprachlichen Liedes im evangelischen Gottesdienst die wichtigste und folgenreichste *liturgische* Neuerung des Reformators erblicken ... Daß Luthers Hochschätzung des geistlichen Liedes aber über den gottesdienstlichen Rahmen hinaus eine für die *Kulturgeschichte* dieser Konfession höchst folgenreiche Bedeutung gewinnen sollte, wird sich in der Epoche des Konfessionalismus zeigen". (H.-G. Kemper, Deutsche Lyrik der frühen Neuzeit. Bd. 1: Epochen- und Gattungsprobleme. Reformationszeit, Tübingen 1987, 182)

6   M. Stirm, Die Bilderfrage in der Reformation, Gütersloh 1977, 60.

war. Was die freundschaftliche Beziehung von Luther und Cranach betrifft, so gehörte nicht nur der Reformator zu den Taufpa-
ten von Cranachs ältester Tochter, der Künstler seinerseits war
Taufpate bei Luthers Sohn Hans, nachdem er bereits anläßlich der
Vermählung Luthers mit Katharina von Bora 1525 zusammen mit
seiner ersten Frau Barbara Brengbier – einer Gothaer Ratsherren-
tochter, die er um 1512/13 geheiratet hatte – als Zeuge der Braut-
werbung und geladener Hochzeitsgast aufgetreten war. Diese
Freundschaft basierte, wie gesagt, nicht nur auf individueller Zu-
neigung, sondern auf einer gemeinsamen Grundüberzeugung.
Zwar darf Cranach nicht unkritisch und ohne Vorbehalte zum
Maler der Wittenberger Reformation stilisiert werden. Immerhin
war er nicht mehr der Jüngste, sondern mit 45 Jahren bereits fast
so alt wie der Autor dieses Buches – ein „senex" demnach, wie
die Humanisten sagen würden –, als Luther 1517 mit seinen Ablaßthesen erstmals an die Öffentlichkeit trat. Charakter und Stil
sind in solchermaßen fortgeschrittenem Alter im wesentlichen
festgelegt; und so verwundert es nicht, wenn im Hinblick auf
Stellung und Wirkung der Kunst Cranachs in der reformatorischen
Bewegung gesagt wurde, „dass manche seiner besten Bilder reformatorische Gedanken in sich tragen, ohne dass es der Betrachter unbedingt merkt" (Koepplin/Falk 2, 499). Exemplarisch
hat man hierfür auf Cranachs Melancholie-Darstellungen verwiesen (vgl. Koepplin/Falk 1, 292 f. [Nr. 171 f., Abb. 133, Farbtafel 13]),
und sie sind in ihrer antimelancholischen und insbesondere anti-
astrologischen Anlage in der Tat ein signifikantes, wenngleich
verhaltenes Beispiel reformatorischer Anschauungen, namentlich
wenn man sie mit Dürers berühmtem „Melancholie"-Kupferstich
von 1514 vergleicht. Im übrigen wird man sich auch heute noch
die Frage gefallen lassen müssen, ob die verbreitete Einordnung
der beiden Cranachs als „Maler der Reformation" nicht auch deshalb einer Einschränkung bedarf, weil sich ihr Schaffen „in seiner
Gesamtheit … besser aus den wechselnden Auftragsvorstellungen
der mitteldeutschen Fürstenhöfe, ihres dienstbaren Adels und der
von den Herrschaften abhängigen Bürger ableiten (läßt)"[7].

---

7   W. Schade, Die Malerfamilie Cranach, Wien/München 1977, 10; zur höfi-
schen Komponente der Cranachschen Existenz vgl. auch D. Stievermann,
Lucas Cranach und der kursächsische Hof, in: Grimm (Hg.), 66–77. Zum
„katholischen Cranach", der auch Aufträge für Kardinal Albrecht von
Brandenburg und Herzog Georg den Bärtigen ausführte, vgl. A. Tacke,

Wahr ist, daß Cranach kein autonomer Künstler im modernen Sinne, sondern soziokultureller Repräsentant eines frühmodernen Territorialfürstentums war; und wahr ist auch, daß nackte Frauen (eine von ihnen hat keinen geringeren als Pablo Picasso zu einer Gouache gereizt) in seinem Werk weitaus häufiger begegnen[8] als die würdigen Häupter von Kirchenreformern. Nichtsdestoweniger – spezifisch Reformatorisches läßt sich nicht übersehen; insonderheit drei bestimmende Themenkreise sind es, die als protestantische Bildaufgabe begegnen[9]: Neben den Fürstenporträts, erstens, wie schon erwähnt, die zahlreichen Porträts Wittenberger Reformatoren, allen voran Luthers (samt Familie), aber auch Melanchthons, Bugenhagens, Spalatins usf.[10] Zu erwähnen sind zweitens die Revision und Modifikation überkommener Bildmotive im Sinne neugewonnener theologischer Einsicht, wofür der Holzschnitt „Die Himmelsleiter des hl. Bonaventura" ein anschauliches Beispiel gibt[11], sowie die Einführung einzelner, bislang vernachlässigter Szenen in der bildenden Kunst wie etwa des antianabaptistischen Bildmotivs der Kindersegnung Jesu nach Mk 10, „das erst durch Cranach in die Tafelmalerei eingeführt worden ist"[12]. Hinzu kommen, drittens, neben Holzschnitten für polemische Flugblätter etc. illustrative Veranschaulichungen und bildliche Ausformungen zentraler liturgischer und theologischer Gehalte wie des Vollzugs der Heilsmittel sowie der ursprünglichen Einsicht der Reformation, welche durch das Evangelium von der Rechtfertigung des Sünders aus Gnade um Christi willen durch Glauben veranlaßt und begründet ist. Einschlägig sind hier vor allem die Sequenzen zur Gesetz-Evangeliums- bzw. Sündenverhängnis-Erlösungs-Thematik, die im Altarbild der Stadtkirche

---

Der katholische Cranach. Zu zwei Großaufträgen von Lucas Cranach d. Ä., Simon Franck und der Cranach-Werkstatt (1520–1540), Mainz 1992.

[8]   Vgl. A.-M. Bonnet, Der Akt im Werk Lucas Cranachs. Bedeutung und Spezifität der „nacketen Bilder" innerhalb der deutschen Renaissance-Malerei, in: Grimm (Hg.), 139–149.

[9]   Vgl. H. Düfel, Art. Cranach, Lucas d. Ä., in: TRE 8, 218–225; hier: 224.

[10] Vgl. E. Rebel, Lucas Cranachs Porträtkunst. Personendarstellungen zwischen Vitalität und Formel, in: Grimm (Hg.), 131–138.

[11] Vgl. G. Seebaß, Die Himmelsleiter des hl. Bonaventura von Lukas Cranach d. Ä. Zur Reformation eines Holzschnitts, Heidelberg 1985.

[12] H. Düfel, a. a. O., 222.

St. Peter und Paul zu Weimar zur Vollendung gelangen. Bevor
darauf einzugehen ist, noch ein Wort zu Cranachs Person.

Cranach kommt von Kronach. Er, den wir Cranach den Älteren
nennen, ist dort wahrscheinlich am 4. Oktober 1472 (Zweifel an
Geburtsdatum und jeweiligen Altersangaben gibt es bis heute)
geboren und hat seit 1504 den Namen seiner Heimatstadt als Mo-
nogramm auf seine Werke gesetzt: LC. Da die Oberfranken das O
bekanntlich noch heute so offen aussprechen, „daß beim Auf-
schreiben des Vokals leicht ein A gewählt werden kann"[13], verwundert es nicht, wenn aus Lucas von Kronach Lucas Cranach
wurde. Der Vater, seinem erlernten Beruf entsprechend als Hans
Maler bezeichnet, war vermutlich aus dem bairischen Sprachraum
nach Kronach zugewandert.[14] Daß er seinen ältesten Sohn auf den
Namen Lucas taufen ließ, ist sicherlich vor allem darin begründet,
daß der biblische Lukas im Mittelalter als Schutzheiliger der Maler
verehrt wurde[15], weil er der Legende nach ein Mann von hoher
Kunstfertigkeit gewesen sein soll. Kein Wunder, daß sich bald
auch Gemälde von· des Apostels eigener Hand einfanden: Rom
gar rühmte sich, ein von St. Lukas gemaltes Christus-Bild zu besitzen. (Freising kann immerhin mit einem lukanischen Marien-
Porträt aufwarten.)

Als der Kronacher Malersohn Lucas geboren wurde, war seine
Heimatstadt mit der Veste Rosenberg in ihrer Mitte zwar ein
„wichtiger Stützpunkt der Landesverteidigung nahe der sächsischen Grenze", im übrigen aber „auch für damalige Verhältnisse
eine Kleinstadt", die im Territorium der Bischöfe von Bamberg,
dem sie zugehörte, klar hinter den Städten Forchheim und Bamberg zurückstand.[16] Dennoch hat es Cranach geraume Zeit in
Kronach gehalten, ohne daß wir Genaueres über sein künstleri-
sches Wirken in der Heimatstadt wüßten. Am ehesten wird man

---

13   H. v. Hintzenstern, a. a. O., 10.

14   Vgl. im einzelnen E. Schepers, Die Maler von Kronach, in: Grimm (Hg.),
      45−51.

15   Vgl. dazu St. Kleidt, Die Lukasbruderschaft in Würzburg am Ende des
      Mittelalters, in: Grimm (Hg.), 124−130.

16   W. Schade, a. a. O., 12; zur Bamberger Malerei in der Jugendzeit Lucas
      Cranachs vgl. den gleichnamigen Beitrag von M. Hörsch, in: Grimm
      (Hg.), 96−110 sowie die Studien von H. N. Franz-Duhme und U. Hengel-
      haupt, in: Grimm (Hg.), 89−95 bzw. 111−115.

an Gemeinschaftsarbeiten mit dem Vater zu denken haben, der
ihn in der Malerei unterrichtet haben dürfte. Nach einer für das
Jahr 1500 vermuteten Beschäftigung im nahegelegenen Coburg[17]
(dessen Veste verbreiteter Annahme zufolge ein von Herzog Johann dem Beständigen, dem Mitregenten und späteren Nachfolger seines Bruders Friedrich des Weisen, seit 1499 gerne besuchter
kursächsischer Residenzort war) ist Cranach dann bald nach Wien
gezogen, wo er unter den Einfluß des sog. Donaustils geriet und
Zugang zu den humanistischen Kreisen um Conrad Celtis fand,
deren religiös-naturphilosophische Gedankenwelt er als Maler
und Buchillustrator ins Bild setzte.

Bereits 1504 wird Cranach vom sächsischen Kurfürsten Friedrich
dem Weisen – möglicherweise durch Vermittlung von Celtis – als
Hofmaler nach Wittenberg berufen, wohin er 1505 übersiedelt und
wo er fortan die meiste Zeit seines Lebens verbringt – sehr erfolgreich übrigens, was soziales Ansehen und materiellen Reichtum
betrifft: Seine Steuererklärung weist ihn als Immobilienspezialisten
mit Apothekenprivileg und als einen der reichsten Männer der
Stadt an der Elbe aus, in der er – kommunalpolitisch ständig aktiv – einige Jahre lang sogar als Bürgermeister amtierte. Von 1505
bis 1547 und von 1550 bis zu seinem Tode 1553 steht Cranach in beständigem Dienst der sächsischen Kurfürsten, denen er persönlich
und in seinem künstlerischen Schaffen treu – zu treu, wie manche
Kritiker meinen – ergeben war. So ließ er es sich nicht nehmen,
seinem dritten Dienstherrn nach Friedrich dem Weisen und Johann dem Beständigen, dem Kurfürsten Johann Friedrich (Johann
des Beständigen Sohn), nach anfänglicher krankheitsbedingter
Verzögerung trotz hohen Alters in die Gefangenschaft zu folgen.
Johann Friedrich, bereits 1546 zusammen mit dem hessischen
Landgrafen Philipp vom Kaiser geächtet, hatte am 24. April 1547
im Verein mit dem Schmalkaldischen Bund der Protestanten in
der Schlacht bei Mühlberg an der Elbe eine verheerende Niederlage erlitten. Die Kurwürde geht den Ernestinern verloren und auf
den Albertiner Moritz von Sachsen – den „Judas von Meißen", wie
er genannt wird – über, der zudem den Kurkreis erhält, zu dem
Wittenberg gehört. Der gefangene Johann Friedrich, zu dessen
Gunsten Cranach im Lager Karls kniefällig, doch ohne Erfolg sich

---

[17]   Anders R. Hambrecht, Lucas Cranach in Coburg?, in: Grimm (Hg.), 52–58.

verwendet hatte, zieht mit dem Kaiser nach Augsburg, wo er sich
über längere Zeit aufhält. 1550 folgt ihm Cranach dorthin, um erneut als sein Hofmaler tätig zu sein, nachdem das Dienstverhältnis
seit 1547 unterbrochen war. Unter dem Einfluß Tizians, dem Cranach 1550/51 in Augsburg begegnet, entsteht ein Bildnis des Kaisers. Als er, der Kaiser, noch ein Kind war, ist ihm jener, Cranach,
angeblich schon das erste Mal begegnet: Im Jahre 1508, in welchem Friedrich der Weise seinem Hofmaler das Zeichen der ge-
flügelten Schlange (von nun an Cranachsches Firmenemblem[18])
als Wappenbild verlieh, gelangte dieser, wie man hört, in einer
diplomatischen Mission, zu der ihn sein Kurfürst beauftragt hatte,
an den Hof Kaiser Maximilians I. in die Niederlande, wo er nicht
nur prägende Kunsteindrücke gewonnen, sondern auch den
achtjährigen Erzherzog und nachmaligen Kaiser Karl porträtiert
haben soll.

44 Jahre danach befindet sich Karl, der sich eben noch kurz vor
der Realisierung seiner universalmonarchischen Pläne und der
Wiederherstellung der religiösen Einheit des Reiches wähnte, in
ärgster Bedrängnis. Am 3. April 1552 zieht Kurfürst Moritz von
Sachsen, der heimlich die Fronten gewechselt hatte, in Augsburg
ein, gibt den Protestanten ihre von Karl V. entzogenen Kirchen
zurück, um sich sodann gegen den Kaiser in Richtung Innsbruck
zu wenden, wo sich mittlerweile auch Cranach und Johann Fried-

---

18   1537 wurde die Signaturform leicht verändert; an die Stelle der zwei Fle-
    dermausflügel trat eine horizontale Vogelschwinge. Diese Veränderung
    hängt wahrscheinlich damit zusammen, daß zu dieser Zeit Lucas Cranach
    d. J. zu einer führenden Person in der Wittenberger „Factory" aufrückte:
    Der Sohn teilte von 1537 an Wappen, Zeichen und modifizierte Petschaft
    des Vaters. Sein Bruder Hans, nicht minder begabt als Lucas d. J., war am
    9. Oktober selbigen Jahres in Bologna plötzlich zu Tode gekommen,
    welcher Schicksalsschlag den gebeugten Cranach zur Umorganisation
    seiner Kunstwerkstatt bewogen haben mag. Man lese dazu die
    „Consolatio Lutheri ad consulem Lucam Khranach de filio suo in Italia
    mortuo" vom 1. Dezember 1537 (WA TR 4, 505–508 [Nr. 4787]), Luthers
    Trostspruch für „den Bürgermeister Lucas Maler, der sehr traurig und be-
    kümmert war uber seins liebes gehorsams Sohns Abscheid, so mit der
    Aeltern und anderer Gottfürchtigen Rath, Wissen und Willen in Italien
    gezogen, und zu Bononien den 9. Tag Octobris aufn Abend in schönen,
    herrlichen, christlichen Bekenntniß gestorben war. Aber die Aeltern wa-
    ren uber ihre natürliche Liebe und Neigung auch im Gewissen geplaget
    und gemartert, gleich als wären sie seines Todes ein Ursach gewesen,
    weil sie ihn hätten da hinein geschickt ..." (507 f.)

rich befinden. Der Kaiser entflieht mit knapper Not nach Kärn-
ten – im Handstreich um alle seine Erfolge gebracht. Nach dem
Passauer Friedensvertrag vom 2. August 1552 wird Johann Friedrich
als Herzog wiedereingesetzt und trifft Ende September mit Cranach und Gefolge im Triumphzug in Weimar ein, wo er künftig
residiert. Cranach wohnt im Hause seiner Tochter Barbara, die
1543 den Sohn des kursächsischen Altkanzlers Gregor Brück, Dr.
Christian Brück, seines Zeichens Weimarer Kanzler, geehelicht
hatte. Dort stirbt der alte Cranach. Der Grabstein des Kronachers
trägt die lateinische, hier in sinngemäßem Deutsch wiedergegebene Inschrift: „Im Jahre 1553, am 16. Oktober, starb gläubig Lucas
Cranach I., sehr schnell schaffender Maler und Wittenberger Bürgermeister, der wegen seines tugendvollen Charakters von drei
sächsischen Kurfürsten sehr geliebt war, im 81. Lebensjahr."

Die letzten Monate seines Schaffens hatte der „pictor celerrimus"
dem großen Flügelaltar der Weimarer Stadtkirche St. Peter und
Paul (heute u. a. auch Herderkirche[19] genannt) gewidmet, dessen
Mittelbild *(s. Abb. 1)* mit Recht die „großartigste Zusammenfassung
von Cranachs Themen auf evangelischen Altarbildern"[20] genannt
wurde. Das Altarwerk ist konzipiert als Epitaph für Kurfürst Johann Friedrich von Sachsen und seine Familie.[21] Während die In-

---

[19]   Zu J. G. Herders Reformations- und Lutherbild in seiner Weimarer Zeit
       (1776–1805) vgl. M. Embach, Das Lutherbild Johann Gottfried Herders,
       Frankfurt a. M./Bern/New York/Paris 1987, 203 ff.

[20]   H. v. Hintzenstern, a. a. O., 106.

[21]   „Die Innenseiten der Altarflügel geben in ihrer dunkleren Tönung dem
       farbenreichen Mittelbild einen festen Rahmen. Die phantasievolle far-
       benfrohe Tracht der zwanziger Jahre ist unter dem Einfluß der wesent-
       lich auf schwarzen Grundton eingestellten strengeren spanischen Hof-
       tracht entsprechend gewandelt. Auf dem linken Flügel ... kniet vor einer
       kostbaren Stoffkulisse Johann Friedrich, die Narbe aus der Schlacht bei
       Mühlberg im Gesicht, am Schluß seines Lebens durch Krankheit sehr
       dick geworden, mit seiner Gemahlin Sibylle, die beide dem älteren Cra-
       nach bald im Tode gefolgt waren, während auf dem rechten Flügel ...
       die drei Söhne Johann Friedrich der Mittlere, Johann Wilhelm und Jo-
       hann Friedrich der Jüngere dargestellt sind ..." (O. Thulin, Cranach-
       Altäre der Reformation, Berlin 1955, 57) Über Luthers Beziehung zu Kur-
       fürst Johann Friedrich und Kurfürstin Sibylle unterrichtet detailliert
       G. Wartenberg, Luthers Beziehungen zu den sächsischen Fürsten, in:
       H. Junghans (Hg.), a. a. O., Bd. 1, 549–571, bes. 554 ff. sowie Bd. 2, 916–
       929.

nenseite des linken Altarflügels Johann Friedrich und Sibylle von
Jülich-Cleve, die des rechten deren Söhne darstellt, ist das Zentrum der Mitteltafel und damit die Gesamtkonzeption beherrscht
von einem raum- und zeitumgreifenden Crucifixus, angesichts
dessen die Repräsentanten der weltlichen Macht in feierlicher Anbetung verharren. Seinem aus frischem Rundholz gefertigten und
auf fruchtbarem Boden errichteten Kreuz ist in der Tiefe des Bild-
raumes rechts oben antitypisch das Kantholz der Ehernen Schlange inmitten der in einer unbewachsenen Felsenwüste lagernden
Israeliten zugeordnet. Um zu verstehen, was damit gemeint ist, lese man Num 21,4–9 und Joh 3,14 f. Wie der Stab des Mose auf die
Eherne Schlange deutet, so verweist Johannes der Täufer auf den
Gekreuzigten als das geopferte Gotteslamm, welches – so steht es
auf dem Banner geschrieben – der Welt Sünde trägt (Joh 1,29)
und damit jene Erlösung schafft, die dem Volk des Alten Bundes
nur gleichnis- und schattenhaft sich ankündigte.

Eine weitere Szene zeigt erneut Mose, diesmal in seiner Eigenschaft als alttestamentlichen Gesetzgeber, der den von Tod und
Teufel gehetzten Menschen mit den am Sinai übergebenen Tafeln
des göttlichen Gesetzes konfrontiert, ohne ihm dadurch freilich
die ersehnte Hilfe zuteil werden zu lassen und ihn von jenem
ziellosen Kreislauf der Verzweiflung abbringen zu können, welcher zwangsläufig im Feuer der Hölle enden muß. Dem bodenlo-
sen Fall in den Abgrund der Hölle zu entkommen, wird, so lautet
die Botschaft des Bildes, durch die Werke des Gesetzes nicht nur
nicht möglich, sondern schlechterdings unmöglich gemacht, weil
das Gesetz den Menschen, indem es ihn auf sich selbst und sein
Eigenvermögen verweist, immer tiefer in die Selbstverkehrung
und die ausweglose Enge der Angst treibt. Mit Luther zu reden:
„Dem Teufel ich gefangen lag,/im Tod war ich verloren,/mein
Sünd mich quälte Nacht und Tag,/darin ich war geboren./Ich fiel
auch immer tiefer drein,/es war kein Guts am Leben mein,/die
Sünd hatt' mich besessen./Mein guten Werk, die galten nicht,/es
war mit ihn' verdorben;/der frei Will haßte Gotts Gericht,/er war
zum Gutn erstorben;/die Angst mich zu verzweifeln trieb,/daß
nichts denn Sterben bei mir blieb,/zur Höllen mußt ich sinken."
(Evang. Gesangbuch 341, Str. 2 u. 3)

Aus dem teuflischen Schlund höllischer Verzweiflung und den
mörderischen Fängen der Todesangst zu erretten vermag, das ist
die andere, die heilsame, evangelische Botschaft des Bildes, allein

der auferstandene Gekreuzigte, der – dem offenen Grabe entstie-
gen – Tod und Teufel in machtvoller Mühelosigkeit sich unterwirft. Nichts anderes als dies will der uns im rechten unteren Bildrand entgegentretende Reformator mit seinem auf Worte des
Neuen Testaments verweisenden, die Haltung Moses zugleich
aufnehmenden und in den Hintergrund drängenden Zeigegestus
bezeugen: „Das Blut Jesu Christi reinigt uns von allen Sünden.
Darum laßt uns hinzutreten mit Freudigkeit zu dem Gnadenstuhl,
auf daß wir Barmherzigkeit empfangen innen und Gnade finden
auf die Zeit, wann uns Hilfe not sein wird. Gleich wie Moses in
der Wüste eine Schlange erhöhet hat, also muß auch des Menschen Sohn erhöhet werden, auf daß alle, die an ihn glauben,
nicht verloren werden, sondern das ewige Leben haben." (vgl. 1.
Joh 1,7; Hebr 4,16; Joh 3,14 f.) Eben dies sind die Worte, welche
die betrachtende Gemeinde in dem aufgeschlagenen Bibelbuch
des Reformators auf deutsch mit eigenen Augen und unter den
offene Zuwendung signalisierenden Blicken ihres lebendigen
Herrn nachlesen kann.

Es würde zu weit führen, die auch nicht annähernd erschöpfte
Fülle der auf Grundeinsichten reformatorischer Theologie basie-
renden Bildelemente im einzelnen zu benennen.[22] Daß das Weimarer Altarbild das Grundsatzprogramm reformatorischer Theologie von der Rechtfertigung des Sünders aus Gnade um Christi
willen durch Glauben abbildet, dürfte offensichtlich sein. In diesem Sinne hat es zugleich als das künstlerische Testament von
Lucas Cranach d. Ä. zu gelten, der uns an der Seite Luthers, dem
er über lange Jahre hinweg nicht nur sachlich, sondern auch persönlich aufs engste verbunden war, vom Blutstrahl der Gnade
getroffen in Anbetung Jesu Christi entgegenblickt. Wie gesagt:
Cranach d. Ä. hatte das Gemälde – nach mehrjähriger, zusammen
mit seinem Landesherrn Johann Friedrich infolge der protestantischen Niederlage im Schmalkaldischen Krieg unter Karl V. erdul-
deter Gefangenschaft von Wittenberg nach Weimar umgesiedelt –
noch als Achtzigjähriger begonnen, starb aber über der Durchführung, so daß die Vollendung im Jahre 1555 seinem Sohn Lucas
Cranach d. J. (1515–1586) vorbehalten blieb, wobei man die Mitar-

---

[22]   Eine ins Detail gehende Bildbetrachtung findet sich z. B. bei F. Ohly, Ge-
       setz und Evangelium. Zur Typologie bei Luther und Lucas Cranach. Zum
       Blutstrahl der Gnade in der Kunst, Münster 1985, bes. 28 ff.

beit anderer Künstler (Peter Roddelstedt etwa) nicht ausschließen
kann. In Anbetracht dieses Umstandes hat man mit Recht gesagt,
daß das Weimarer Altarwerk zu einem „Epitaph und Glaubenszeugnis" nicht nur für den kurfürstlichen Stifter Johann Friedrich,
sondern ebenso „für Cranach selbst"[23] geworden ist. Das wird
durch die Tatsache bestätigt, daß die das Werk bestimmende
Thematik von Gesetz und Evangelium bzw. Gesetz und Gnade,
Sündenfall und Erlösung den Künstler über viele Jahre hinweg
beschäftigt hat und für lange Perioden seines Schaffens in besonderer Weise theologisch signifikant ist.

Das Grundmotiv des Lehr- und Merkbilds von der Rechtfertigung
des Sünders vor dem Gesetz durch die Gnade Gottes und den
Glauben geht auf das Jahr 1529[24] zurück, in welchem Cranach

---

[23]   O. Thulin, a. a. O., 54.

[24]   Man hat 1529 das „Bilderjahr der Reformation" (M. Hoberg, Die Gesang-
        buchillustration des 16. Jahrhunderts. Ein Beitrag zum Problem Reforma-
        tion und Kunst, Straßburg 1933 [Neudruck: Baden-Baden 1973], 13) ge-
        nannt. Ein Beleg für diese Annahme sind u. a. Cranachs Illustrationen zu
        Luthers Katechismen. Bildbeispiele zum ersten bis dritten Gebot hatte
        Cranach bereits um 1527 auf Veranlassung Melanchthons angefertigt, der
        damals seinerseits an einem − Fragment gebliebenen − Katechismus ar-
        beitete. „1529 erscheinen die ursprünglich für Melanchthon bestimmten
        und möglicherweise sogar von ihm skizzierten Illustrationen in der er-
        sten niederdeutschen und zweiten hochdeutschen Ausgabe des Großen
        Katechismus Luthers bei Georg Rhau in Wittenberg. Auffallend ist, daß
        die Holzschnitte Cranachs zum Dekalog wenig mit den spätmittelalterli-
        chen Vorbildern gemein haben. Sie beschränken sich auf die Darstellung
        biblischer Beispiele im Sinne von Luthers Vorrede zum Kleinen Kate-
        chismus, daß , ... imer viel exempel aus der schrifft, ...' den Lesern vor
        Augen geführt werden sollen." (E. Starke, a. a. O., 536 unter Verweis auf
        WA 30 I, 350, 19) Diese Konzeption unterscheidet sich wesentlich von
        Cranachs traditioneller Zehn-Gebote-Tafel aus dem Jahre 1516, „auf der
        Einhaltung bzw. Übertretung der Zehn Gebote in das 16. Jahrhundert
        hineinverlegt werden und der Künstler sich zur Veranschaulichung des
        jeweiligen Sachverhaltes der Personifizierung von Gut und Böse eines
        Engels bzw. des Teufels bedient" (ebd.). Gemalt wurde die Werkstattar-
        beit, die heute in der Wittenberger Lutherhalle zu sehen ist, für die Ge-
        richtsstube des dortigen Rathauses. Dabei ist der zeitliche Zusammen-
        hang mit Luthers Gebotspredigten „Decem praecepta Wittenbergensi
        praedicata populo" (WA 1, [394] 398−521; vgl. 9, 780f.) auffällig und gibt
        zu der Vermutung Anlaß, daß bereits vor dem Thesenjahr „inhaltliche
        Verbindungen zwischen Luthers und Cranachs Schaffen anzunehmen"
        sind (a. a. O., 534).

„den Bildgegenstand ‚Gesetz und Evangelium' in zwei der Anlage
und dem Konzept nach recht verschiedenen und sich doch nahe-
stehenden Gemälden mit einer jeweils überaus weit reichenden
Wirkung ausgeprägt"[25] hatte. Um nur den ersten, den sog.
Gothaer Typus ins Auge zu fassen, wie er durch ein auf Schloß
Friedenstein zu sehendes Bildwerk ursprünglich repräsentiert[26],
durch einen kurz danach angefertigten Holzschnitt weit verbreitet
(vgl. Koepplin/Falk 2, 505 [353; Abb. 275a]) und von Cranachs
Werkstatt immer wieder variiert wurde, etwa in einem um 1535
entstandenen Gemälde auf Buchenholz, das heute als Leihgabe
des Wittelsbacher Ausgleichsfonds im Germanischen Nationalmuseum Nürnberg zu sehen ist[27]: Das Bild *(s. Abb. 2)* ist durch den
Stamm eines Baumes klar in zwei Kontrasthälften geteilt, die den
beiden Titelbegriffen Gesetz und Gnade entsprechen und sich
wie Altes und Neues zueinander verhalten. Das dürre Geäst zur
Linken verweist auf die Zeit und Sphäre des Todes und des Teufels, aus welchem das Gesetz des Moses nicht erretten konnte.
Das grünbelaubte Geäst zur Rechten hingegen deutet auf die Zeit
und Sphäre der Gnade hin, in deren Mittelpunkt der auferstandene Gekreuzigte steht. Betrachtet man die einzelnen Bildelemente
etwas genauer, so sind auf der linken Bildhälfte Adam und Eva –
die Stammeltern der Menschheit – nackt beim Sündenfall an dem
Paradiesesbaum mit der Schlange zu sehen. Am oberen Bildrand,
zwischen Höllenrauch und dürren Ästen, thront Christus beim
Jüngsten Gericht, während Engel die Gerichtsposaunen über die
verlorenen Sünder blasen. Darunter treiben vor einem finstern
Wald Tod und Teufel den mittlerweile seine Blöße schamvoll be-
deckenden, geängstigten und händeringend nach Hilfe flehenden
Menschen über einen steinigen und abschüssigen Weg in den
bodenlos dunklen Abgrund des Höllenfeuers. Links am Fuße des
Baumes steht Moses mit den beiden Gesetzestafeln, umringt von
Jesaja und zwei weiteren Propheten. Ihrer Schar ist rechterseits –

---

25 Vgl. F. Ohly, a. a. O., 16.

26 W. Schade/A. Schuttwolf, Malerei und Plastik, in: Gotteswort und Men-
    schenbild. Werke von Cranach und seinen Zeitgenossen. Teil 1: Malerei –
    Plastik – Graphik – Buchgraphik – Dokumente, Gotha 1994, 15–94, hier:
    20 f. (35).

27 Vgl. Martin Luther und die Reformation in Deutschland. Ausstellung zum
    500. Geburtstag Martin Luthers, Nürnberg 1983, 356 (474).

bereits jenseits der Trennlinie des Stammes – Johannes der Täufer
zugeordnet, durch den der entscheidende Blickwechsel herbeigeführt wird: weg von der gebannten Rückschau auf Tod und
Teufel, welcher auch noch die Gottesmänner des Alten Bundes
verhaftet sind, hin- und vorwärtsweisend auf den Gekreuzigten,
dem schon heute die Zukunft gehört und der aus Vergänglichkeit,
Verwesung und höllischer Sündenpein vollmächtig zu erretten
vermag. Durch den doppelten, auf den Crucifixus und das Osterlamm zugleich gerichteten Fingerzeig des Johannes ist die gesetzliche Weisung des Moses aufgehoben im dreifachen Sinne des
Begriffs: bewahrt, überhöht und in ihrer Eigengesetzlichkeit erledigt.

Was das näherhin heißt, ist nicht leicht zu fassen. Sehen wir genauer zu, dann werden wir auf der rechten Bildhälfte in der oberen Mitte eine Darstellung der Inkarnation entdecken in Gestalt
von Mariens Empfängnis, der vom Himmel das Christkind mit
dem Kreuzesbalken zufliegt; darunter verkündigt der Weihnachts-
engel den Hirten auf dem Felde die nahende Ankunft des Herrn.
Die in mehrfacher Hinsicht hintergründige Geschichte der
Menschwerdung wird dann sogleich zentriert auf das über der
Weltkugel aufgerichtete Kreuz, dem antitypisch das Bildnis der
Ehernen Schlange zugeordnet wird gemäß Joh. 3,14, wo es heißt:
„Und wie Mose die Schlange in der Wüste erhöht hat, so muß der
Menschensohn erhöht werden, damit jeder, der an ihn glaubt, in
ihm das ewige Leben hat." Aus der Seitenwunde des Gekreuzigten dringt – von der Taube des Heiligen Geistes geleitet – das
Blut der Versöhnung unmittelbar ins Herz des in getroster Anbetung verharrenden Menschen, ihm das Heil der Erlösung berei-
tend. Die betonte Parallelführung des Gnadenblutes mit dem To-
despieß zur Linken unterstreicht diese Aussage. Das Osterlamm
zu Füßen des Kreuzes schließlich zeigt an, was dann auch noch
eigens bildnerisch ausgeführt wird, daß nämlich der Gekreuzigte
in siegreicher Auferstehung das Grab verlassen, Tod und Teufel
sich unterworfen hat und durch seine Himmelfahrt ins ewige Leben eingegangen ist, um zur Rechten Gottes zu sitzen und denen,
die im Glauben an ihm hängen, Recht und dauerhaften Bestand
vor Gott zu vermitteln.

Im übrigen ist es wichtig zu sehen, daß die gesamte bildliche
Darstellung auf dem Wort der Schrift basiert, das wir am unteren
Bildrand mehrfach und ausdrücklich zitiert finden. Diese Zitate

geben auch die entscheidenden Hinweise, wie die innerste Sinnmitte des Bildes und der in ihm dargestellten biblischen Geschichte zu verstehen ist. Ich erwähne nur den Vers aus dem 3.
Kapitel des Römerbriefes, der im Bild dem Beginn der Heilsgeschichte grundgelegt wird und wo zu lesen steht: „So halten wir
nun dafür, daß der Mensch gerecht werde ohne des Gesetzes
Werke, allein durch den Glauben" (Röm 3,28). Vergleichbare
Bildfundierungen finden sich in allen Cranachschen Serienbildern
zur Gesetz- und Evangeliums-Thematik. Stets „sind in der Sok-
kelzone, zuweilen auch am oberen Bildrand, Bibelzitate in einer
bestimmten, sich wiederholenden Auswahl und Plazierung beigegeben"[28]. Dieses Verfahren entspricht ganz den Forderungen Luthers und lutherischer Bildtheologie: „Allein das lesbare Wort
Gottes, als theologische Kategorie eingebracht in das Bild über
‚sichtbare Wörter', schien zu gewährleisten, daß ihm die lehrmä-
ßige Grundaussage unzweideutig und unverfälscht, sachbezogen
und korrekt zu entnehmen war ... Auch wenn einerseits das
Einfügen von Texten in das Bild keinesfalls eine unabdingbare
Forderung für religiöse Bilder im Bereich der lutherischen Lehre
war, wie Bilder und Altäre ohne Inschriften erkennen lassen, und
andererseits die reformatorische Konzentration auf die theologische Kategorie ‚Wort' Aufschriften nicht ausschließlich direkt bewirkt zu haben brauchte, fiel den ‚sichtbaren Wörtern' eine sich
von Inschriften vor der Reformation wesentlich unterscheidende
Funktion zu. Die Texte waren aus theologischer Sicht die eigentliche, offenbarungsgebundene und zugleich lehrmäßig zentrale
Aussage der lutherischen ‚Merkbilder', die verbildlichte Anschau-
lichkeit der Grundaussagen des neuen Glaubens dagegen *ein*
zweckentsprechendes Mittel zur Unterrichtung in der Lehre."[29]
Auch wenn man hier zurückhaltender urteilen und der bildenden
Kunst ein größeres Maß an reformatorischer Eigenständigkeit attestieren möchte, so ändert das doch nichts an der entscheidenden
Tatsache, daß die Serienbilder Cranachs bzw. der Cranach-
Werkstatt zur Gesetz- und Evangeliums-Thematik, wie sie in dem
singulären Altarwerk von Weimar sich vollenden, einem didaktischen Konzept Wittenberger Theologie folgen und als bedeutsa-

---

[28] Ebd.

[29] R. Wohlfeil, Lutherische Bildtheologie, in: V. Press/D. Stievermann (Hg.),
Martin Luther. Probleme seiner Zeit, Stuttgart 1986, 282–293, hier: 287 f.

me ikonographische Ausdrucksgestalten reformatorischer Lehre
zu werten sind.

Vieles spricht für die Annahme, daß Cranachs Merkbildkomposi-
tionen zur Rechtfertigungsthematik in direkter Zusammenarbeit
mit Luther entstanden sind, der damit Werkgerechtigkeit tatsächlich oder vermeintlich befördernde Bildkonstruktionen des Spät-
mittelalters beseitigen und einen neuen Typus evangeliumsgemä-
ßen Glaubensbildes schaffen wollte. Daß dabei der durch keine
Dialektik zu beseitigenden und gleichwohl von Beziehungslosig-
keit gänzlich unterschiedenen Antithetik von Gesetz und Evangelium zentrale Bedeutung zukommen mußte, ist für niemanden eine Überraschung, der auch nur irgend etwas von lutherischer
Theologie zur Kenntnis genommen hat.[30] Ist doch für Luther die

---

[30]   Es steht in eigentümlichem Kontrast zu dieser Erwartung, daß mittlerweile nicht nur die sog. Zwei-Reiche-Lehre (vgl. J. Heckel, Im Irrgarten
der Zwei-Reiche-Lehre. Zwei Abhandlungen zum Reichs- und Kirchenbegriff Martin Luthers, München 1957), sondern auch die mit ihr verwandte (vgl. W. Joest, Das Verhältnis der Unterscheidung der beiden
Regimente zu der Unterscheidung von Gesetz und Evangelium, in: Dank
an Paul Althaus, Gütersloh 1958, 79–97) Lehre von Gesetz und Evangelium mit einem kunstvoll angelegten und gerade in unserem Jahrhundert
„sorgsam gepflegte(n)" (E. Wolf, Habere Christum Omnia Mosi. Bemerkungen zum Problem „Gesetz und Evangelium", in: ders., Peregrinatio
Band II: Studien zur reformatorischen Theologie, zum Kirchenrecht und
zur Sozialethik, München 1965, 22–37, hier: 22) Irrgarten verglichen wurde, der Orientierung nicht nur nicht ermöglicht, sondern systematisch
unmöglich macht. Die eher verwirrende bzw. desorientierende Wirkung
aktueller Gesetz-Evangeliums-Debatten hängt nicht nur mit den im Vergleich zum 16. Jahrhundert grundlegend veränderten situativen Rahmenbedingungen der Theologie zusammen, sondern auch mit der in neueren
Zeiten zu beobachtenden zunehmenden Formalisierung der Thematik
und ihrer tendenziellen Ablösung von den materialen Beständen der
Dogmatik. Um diese Tendenz nicht weiter zu befördern, soll die Frage
von Gesetz und Evangelium im folgenden konzeptionell nicht in abgehobenen Prolegomena für sich, sondern in jenen Kontexten verhandelt
werden, in denen sie tatsächlich begegnet und in deren spezifischem
Zusammenhang allein sie ihre traditionelle Funktion angemessen wahrnehmen kann, Unterschied und Beziehung von Gott und Mensch sowie
Unterschied und Beziehung von Glaube und humanem Selbstbewußtsein
durchsichtig zu regeln. Dieses Vorgehen ist durch die Texte selbst gefordert, insofern gilt: „Die Lehre der lutherischen Bekenntnisschriften über
‚Gesetz und Evangelium' begegnet in einzelnen Sätzen, verschiedenen
Anwendungen und in zusammenfassender Formulierung. Sie ist in den
Katechismen und in den Schmalkaldischen Artikeln (Luther), in der

rechte Unterscheidung von Gesetz und Evangelium wie „die höchste kunst jnn der Christenheit" (WA 36, 9, 28 f.), so auch die notwendigste Aufgabe christlicher Theologie, von deren Wahrnehmung allein jene Glaubensorientierung zu erwarten ist, welche Irrtum und Verirrung zu vermeiden hilft.

Um im Anschluß an die Schmalkaldischen Artikel nur das Wichtigste zu sagen: Nach ASm III,2 f. (BSLK 435,17 ff.) hat das Gesetz die ursprüngliche Aufgabe, durch Strafandrohung und Lohnangebot der Sünde zu steuern. Indes habe diese Funktion des Gesetzes „der Bosheit halben, so die Sunde im Menschen gewirkt", zu üblen Folgen geführt. Unter postlapsarischen Bedingungen fungiert das Gesetz Gottes demnach in bestimmter Weise kontraproduktiv, und zwar in zweierlei Hinsicht: bei den einen nämlich, den „rohen, bosen Leute(n), die Boses tun, wo sie Stätt und Raum haben", bewirkt es eine Steigerung ihrer Bosheit, so daß sie ärger werden als zuvor. Weil ihnen nämlich das Gesetz verbietet, was sie gerne tun, und gebietet, was sie ungern tun, sind sie ihm feind und handeln daher, sofern sie die Strafe nicht daran hindert, nur noch mehr dem Gesetz zuwider. Die anderen hinwiederum werden „blind und vermessen, lassen sich dunken, sie halten und konnen das Gesetz halten aus ihren Kräften, wie itzt droben gesagt ist von den Schultheologen. Daher kommen die Heuchler und falsche Heiligen." In Anbetracht dieser kontraproduktiven Folgen des Gesetzes gelangt Luther zu einer theologischen Umbestimmung der wesentlichen Gesetzesfunktion. Die vornehmste Aufgabe oder Kraft des Gesetzes sieht er nun darin, „daß es die Erbsunde mit Fruchten und allem offenbare und dem Menschen zeige, wie gar tief und grundlos seine Natur gefallen und verderbet ist, als dem das Gesetz sagen muß, daß er keinen Gott habe noch achte oder bete frembde Gotter an, welchs er zuvor und ohn das Gesetz nicht gegläubt hätte. Damit wird er (sc. der Mensch) erschreckt, gedemutigt, verzagt, verzweifelt, wollt gern,

---

Apologie (Melanchthon) und in der Konkordienformel (V und VI) nicht gleichlautend vertreten." (E. Wolf, a. a. O., 26) Ihre funktionale Einheitlichkeit kann daher nur aus dem Zusammenhang spezifischer Kontexte erhoben werden. Auszugehen ist dabei von dem Grundsatz: „Durch das Gesetz fordert Gott von uns alles; durch das Evangelium schenkt er uns alles. Durch das Gesetz fordert Gott, daß wir uns ihm darbringen; durch das Evangelium bringt Gott sich selbst in Christus uns dar." (E. Schlink, Ökumenische Dogmatik. Grundzüge, Göttingen 1983, 522)

daß ihm geholfen wurde, und weiß nicht, wo aus, fäht an, Gotte feind zu werden und murren etc." Es gilt Röm 4,15 u. 5,20. Der eigentliche theologische Gebrauch des Gesetzes ist entsprechend der usus elenchticus legis: Das Gesetz, das den Sünder zum peinlichen Bewußtsein seiner Schuld führt und nicht allein durch das Alte, sondern, wie Luther unter Berufung auf Röm 1,18; 3,19 f. und Joh. 16,8 darlegt, auch durch das Neue Testament ausgeübt wird, schlägt als eine Donneraxt und als ein Hammer Gottes (Jer 23,29) „beide, die offenbärlichen Sunder und die falschen Heiligen in einen Haufen und läßt keinen recht haben"; es treibt sie vielmehr „allesampt in das Schrecken und Verzagen", wobei solches Schrecken und Verzagen nicht die gemachte Reue der activa contritio ist, sondern die „passiva contritio, das recht Herzeleid, Leiden und Fuhlen des Todes". Wie rechte Buße dem Büßer jede Möglichkeit selbsttätiger Rechtfertigung entzieht, so relativiert der gesetzliche Urteilsspruch Gottes, wie das Gewissen ihn wahrnimmt, alle Differenzen innerweltlicher Sittlichkeit, so daß gilt: „Es ist nichts mit Euch allen, Ihr seid offentliche Sunder oder Heiligen, Ihr mußt alle anders werden und anders tun, weder Ihr itzt seid und tut, Ihr seid wer und wie groß, weise, mächtig und heilig, als Ihr wollt, hie ist niemand fromm …"

Angesichts dessen gibt es nur eine Rettung und einen einzigen Trost: das Evangelium von der unbedingten und bedingungslosen Gnade Gottes. Nur im Zusammenhang mit ihm kommt schließlich auch dem Gesetz ein heilsamer Wert zu[31]; denn wo – um noch einmal ASm III,2 f. (BSLK 437,24–26) zu zitieren – das Gesetz sein überführendes Amt „allein treibt ohn Zutun des Evangelii, da ist

---

[31] Ferner gilt: „Des einen Gottes Repräsentant wird das Gesetz erst durch seine Erfüllung in Jesus Christus. Unter der Zweideutigkeit, die das durch das Fleisch geschwächte Gesetz für den sündigen Menschen hatte, konnte es zu einem Mittel der Sünde werden und so wirken, daß die Sünde vermehrt wurde." (R. Bring, Die Erfüllung des Gesetzes durch Christus. Eine Studie zur Theologie des Apostels Paulus, in: KuD 5 [1959], 1–22, hier: 20) Der Evangeliumsbezug ist schließlich auch bestimmend für das Verhältnis von natürlichem und gepredigtem Gesetz bei Luther: „Das Besondere des gepredigten Gesetzes im Vergleich zum natürlichen Gesetz ist – so könnte man zugespitzt sagen – allein das Dabeisein des Evangeliums." (M. Schloemann, Natürliches und gepredigtes Gesetz bei Luther. Eine Studie zur Frage nach der Einheit der Gesetzesauffassung Luthers mit besonderer Berücksichtigung seiner Auseinandersetzung mit den Antinomern, Berlin 1961, 128; bei Sch. gesperrt.)

der Tod und Helle, und muß der Mensch verzweifeln", wie Röm 7,10 und die Beispiele von Saul und Judas dies zeigen. Grund und personaler Inbegriff des Evangeliums hinwiederum ist niemand anders als allein der gekreuzigte und auferstandene Jesus Christus, wie er uns in Cranachs Weimarer Altarwerk vor Augen gestellt wird. Nur im Blick auf den auferstandenen Gekreuzigten ist demnach Heil und beständiger Trost zu finden.[32]

Das ist, um zum Schluß und in diesem Zusammenhang noch einmal auf den Ursprungsort lutherischer Reformation zu kommen, auch die entscheidende Botschaft des großen Flügelaltars der Wittenberger Stadtkirche, den Cranach in Zusammenarbeit mit seinem Sohn und seiner Werkstatt 1547 – ein Jahr nach Luthers Tod und „in dem Augenblick des ausbrechenden Krieges"[33] – fer-

---

[32] Vgl. D. Koepplin, Kommet her zu mir alle. Das tröstliche Bild des Gekreuzigten nach dem Verständnis Luthers, in: H. Löcher (Hg.), Martin Luther und die Reformation in Deutschland. Vorträge zur Ausstellung im Germanischen Nationalmuseum Nürnberg 1983, Schweinfurt o. J., 153–190.

[33] W. Schade, a. a. O., 91. Nach der Niederlage der Protestanten im sog. Schmalkaldischen Krieg, die durch das Gefecht bei Mühlberg besiegelt wurde, finden wir den alten Cranach, wie erwähnt, im Heerlager Karls V. vor Wittenberg untertänigst vor dem Kaiser knien, Gnade für seinen gefangenen Landesherrn Johann Friedrich erbittend. Anschaulich ist die bewegende Szene in einem zeitgenössischen Bericht geschildert, der bei Restaurierungsarbeiten der Turmknäufe der Wittenberger Stadtkirche gefunden wurde. Der Grund, warum Karl den betagten Maler unter hohen Ehren zu sich bat, war neben dem Respekt vor dessen künstlerischer Leistung ein eher prosaischer: Der Kaiser wollte, weil niemand von den Kunstsachverständigen seiner Umgebung es ihm zu sagen vermochte, durch authentische Belehrung in Erfahrung bringen, „ob ein bestimmtes Cranach-Gemälde, das Johann Friedrich ihm einst geschenkt hatte, vom Vater oder Sohn Cranach stamme". Der Kommentar des Cranach-Kenners O. Thulin: „Das Problem der Cranach-Werkstatt existierte also auch damals schon." (O. Thulin, a. a. O., 5) Zu erwarten ist, daß dieses Problem auch in ferner Zukunft noch existieren wird, sofern von Ausnahmen abgesehen nur wenige erhaltene Frühwerke und einige singuläre Einzelwerke und Bildpartien eindeutig und ausschließlich des Meisters eigener Hand zuzuweisen sind. „Die Regel ist die Ausführungsdelegation": Cranachs Kunst beruht zum größten Teil auf kooperativer und serieller Breitenproduktion auf hohem Niveau, für die Arbeitsteiligkeit kennzeichnend ist; der Meister „war erfolgreich als Maler-Unternehmer – in der Verbindung von eigenem, sicherem Entwurf und geschickter Arbeitsdelegation. Seine eingängigen Bilder beruhen auf wenigen Kompositionsschemata und einfacher Montage aus dem angeleg-

tiggestellt hat. Auf der Predella, welche die Basis der Gesamtkonzeption bildet, sieht man den Reformator, mit dem ausgestreckten Finger die Gemeinde auf den Inhalt aller evangelischen Predigt und das Zentrum jedweden Christentums verweisen: auf den gekreuzigten Herrn. In ihm gründet die Kirche, deren sakramentale Heilsvollzüge sodann zusammen mit der Predigt des Wortes auf den Einzeltafeln dargestellt werden. Das Hauptfeld zeigt die Stiftung des Herrenmahls. Wir sehen die Schar der Jünger am runden Tisch ihres Herrn versammelt und zur Einheit zusammengeschlos-

---

ten Vorbild- und Studienvorrat. Seine Gemälde sind fast ausnahmslos Auftragswerke, bei denen Thema, Format und Ausführung von Auftraggebern oder durch Bildtradition festgelegt sind." (C. Grimm, Lucas Cranach 1994, in: Grimm [Hg.], 19–43, hier: 42) Mag es auch zu weit gehen, Cranach den Andy Warhol des 16. Jahrhunderts zu nennen, ein Reproduktionskünstler war er allemal, seit er als Hofmaler in die kursächsische Residenzstadt Wittenberg zog, wo er 45 Jahre seines Lebens zubringen sollte: „Seit etwa 1510 baute Cranach in Wittenberg eine große Malerwerkstatt auf, mit der er die unterschiedlichsten Aufträge erfüllen konnte, die sich aus seiner Stellung als Hofbeamter, aber auch als Bürger und Maler in Wittenberg ergaben. Die Zahl der Gesellen wuchs schnell entsprechend der Auftragslage, und so sind in den Rechnungen des Hofes bald drei bis vier, bald acht oder neun Mitarbeiter genannt." (M. u. D. Lücke, Lucas Cranach in Wittenberg, in: Grimm [Hg.], 59–65, hier: 59) Interessant ist, daß Cranachs Werkstatt nach einem privatwirtschaftlichen Modell arbeitete. Die Arbeitskräfte waren keine Hofangestellten, sondern wurden direkt vom Meister besoldet, der das Beschäftigungsrisiko der Gesellen trug, dafür aber den Auftraggebern gegenüber als Alleinunternehmer auftrat. An Aufträgen mangelte es in aller Regel nicht; im Gegenteil: die Tatsache, daß Cranach infolge konsequenter Rationalisierung seines Betriebs neben überzeugender Qualität auch Preisvorteile zu bieten vermochte, führte zu einer wahren Flut von Aufträgen. Es gilt: „Von keinem Menschen des 16. Jahrhunderts ist … heute noch so viel Wahrnehmbares erhalten wie von Lucas Cranach, auch … wenn das, was wir sehen, nur ausnahmsweise von seiner Hand ausgeführt ist." (C. Grimm, a. a. O., 42) Hinzuzufügen ist, daß die Auftragsflut im Falle Cranachs durch die Reformation keineswegs eingeschränkt, sondern viel mehr gesteigert wurde und das umso mehr, als der Künstler unbeschadet seiner persönlichen Freundschaft zu Luther auch weiterhin für katholische Auftraggeber arbeitete. Entscheidend freilich ist, daß die Cranach-Werkstatt – begünstigt durch den Standort Wittenberg – ab etwa 1530 zur zentralen Bildproduktionsstätte des sich formierenden evangelischen Kirchentums wurde. „Während andere Werkstätten durch die Reformation ihre Existenzbasis verloren, profitierte Cranach von der Entscheidung des sächsischen Hofes für die Erneuerung der Kirche." (J. Erichsen, Eine Flut von Aufträgen, in: Grimm [Hg.], 326)

sen – unter ihnen Luther, wie er gerade den gefüllten Kelch ent-
gegennimmt, das biblische Recht der communio sub utraque specie dokumentierend. Auf dem linken Flügel ist das Taufsakrament
abgebildet, welches Melanchthon im Beisein der Gemeinde einem
Kleinkind spendet. Der andere Seitenflügel schließlich zeigt Bugenhagen, den Wittenberger Stadtpfarrer und Beichtvater Luthers,
wie er das „Amt der Schlüssel" verwaltet – Sünde vergebend und
Sünde behaltend. Hinzugefügt sei, daß auf dem Bildwerk neben
Luther, Melanchthon und Bugenhagen auch noch Katharina von
Bora samt Sohn sowie andere bekannte und unbekannte Glieder
der Wittenberger Gemeinde der Reformationszeit leibhaftig begegnen. Auch in dieser Hinsicht ist der Flügelaltar ein bemer-
kenswertes reformationsgeschichtliches Dokument. Im übrigen
aber zeigt Cranach, der sich wie kein anderer Maler seiner Zeit „in
den Dienst der Reformation gestellt" hat[34], auch dieses Mal analog
zum späteren Weimarer Altarwerk „etwas sehr Wesentliches vom
Selbstverständnis der Reformatoren. Nicht sie haben eine neue
Kirche geschaffen, sondern sie führen das richtig weiter, was in
der alten, katholischen Kirche verdeckt und verfälscht war"[35].

Man verstehe recht: Die mit der Wiedergabe dieses Zitats verbundene Absicht ist es nicht, jenes historisch sicher unangemessene
Bild hochzuhalten oder zu erneuern, das Cranachs Sohn, Lucas
d. J., 1569 als Epitaph für Bugenhagens Nachfolger Paul Eber angefertigt hat und das im Chor der Wittenberger Stadtkirche
m. W. noch heute zu sehen ist: Es zeigt die Reformatoren als rechte und sorgfältig hegende Arbeiter im Weinberg des Herrn, den
die Papisten veröden ließen bzw. auf mannigfache Weise verwüstet haben. Dieses pauschalierende Geschichtsbild weiterzupfle-
gen, besteht, wie gesagt, bei allem Respekt vor „drastischer Polemik und feinem Humor"[36] und bei allem Respekt auch vor der
kirchengeschichtlichen Leistung der Reformatoren keine Absicht.
Intendiert ist lediglich der im folgenden zu erbringende Erweis
der Annahme, daß die Wittenberger Reformation keine Kirchen-

---

[34]   P. Poscharsky, Lucas Cranach, in: M. Greschat (Hg.), Gestalten der Kir-
       chengeschichte Bd. 5: Die Reformationszeit I, Stuttgart/Berlin/Köln/Mainz
       1981, 77–88, hier: 77.

[35]   A. a. O., 87.

[36]   O. Thulin, Die Reformatoren im Weinberg des Herrn. Ein Gemälde Lucas
       Cranachs d. J., in: LJ 25 (1958), 141–145, hier: 141.

neugründung erstrebte, sondern eine Reform der einen, heiligen, katholischen und apostolischen Kirche, von der CA VII sagt, daß sie allezeit sein und bleiben müsse.

I.

DAS KONKORDIENBUCH:

CHRISTLICHES ZEUGNIS
ALS SCHRIFTAUSLEGUNG
IN DER
KONTINUITÄT
DER
ALTKIRCHLICHEN SYMBOLE

§ 2

DIE WITTENBERGER REFORMATION
UND IHR BEKENNTNIS

Lit.:

W.-D. Hauschild, Corpus Doctrinae und Bekenntnisschriften. Zur Vorgeschichte des Konkordienbuches, in: M. Brecht/ R. Schwarz (Hg.), Bekenntnis und Einheit der Kirche. Studien zum Konkordienbuch im Auftrag der Sektion Kirchengeschichte der Wissenschaftlichen Gesellschaft für Theologie, Stuttgart 1980, 235–252. – *G. Kretschmar,* Der christliche Glaube als Confessio. Die Herkunft des lutherischen Bekenntniskonzepts, in: P. Neuner/H. Wagner (Hg.), In Verantwortung für den Glauben. Beiträge zur Fundamentaltheologie und Ökumenik, Freiburg/Basel/Wien 1992, 87–116. – *W. Reinhard,* Konfession und Konfessionalisierung in Europa, in: ders. (Hg.), Bekenntnis und Geschichte. Die Confessio Augustana im historischen Zusammenhang, München 1981, 165–189. – *H. Schilling,* Aufbruch und Krise. Deutschland 1517–1648, Berlin 1988. – *E. W. Zeeden,* Grundlagen und Wege der Konfessionsbildung in Deutschland im Zeitalter der Glaubenskämpfe, in: HZ 185 (1958), 249–299.

1. Kirchenreform und Reformationskirchen

Die Notwendigkeit einer Reform der christlichen Kirche des Abendlandes an Haupt und Gliedern wurde in der Zeit des ausgehenden Mittelalters wiederholt betont. Dennoch wird der Begriff der Reformation[1] als historische Kategorie in aller Regel jener

---

[1]   Zum Reformationsbegriff des 15. und 16. Jahrhunderts, zur Übernahme des Wortes in die Historiographie durch Veit Ludwig von Seckendorf (1626–1692) sowie zum Begriff der Reformation als einer geschichtswis-

geschichtlichen Bewegung² des 16. Jahrhunderts vorbehalten, in
deren Verlauf es zur konfessionellen Spaltung der westlichen
Christenheit und zur Entstehung und Konsolidierung eigenständiger Kirchentümer neben der römisch-katholischen Kirche kam.
Dieses reformationsgeschichtliche Ergebnis, das von den Reformatoren ursprünglich keineswegs intendiert war, konnte auch
durch die erheblichen Erfolge der Gegenreformation nicht mehr

---

senschaftlichen Epochenbezeichnung vgl. R. Wohlfeil, Einführung in die
Geschichte der deutschen Reformation, München 1982, 46 ff. sowie
Th. Mahlmann, Art. Reformation, in: HWPh 8, Sp. 416–427. Vgl. ferner
Wohlfeils Hinweise zu den Begriffen „Gegenreformation" (60 f.), „Zweite
Reformation" (61 f.) sowie „Protestantismus", „Calvinismus" und „Luther-
tum" (77 ff.) und die ausführlichen bibliographischen und sonstigen
Hinweise a. a. O., 205 ff. Einen Überblick auch nur über die neuere Lite-
ratur zur Reformationsgeschichte zu geben, ist hier unmöglich. Wichtige
Gesamtdarstellungen und Einzelbeiträge hat G. Müller zu besprechen
begonnen in: ThR 42 (1977), 93–130: Neuere Literatur zur Reformationsgeschichte. 1. Teil.

2   Ob man sagen kann, daß es sich dabei um eine Umsturzbewegung gehandelt hat, ist in hohem Maße fraglich. Nach W. Becker (Reformation
und Revolution. Die Reformation als Paradigma historischer Begriffsbildung, frühneuzeitlicher Staatswerdung und moderner Sozialgeschichte,
Münster ²1983, hier: 7 f.) „ist es den Reformationshistorikern bisher nicht
gelungen, in der ersten Hälfte des 16. Jahrhunderts einschneidende soziale Veränderungen aufgrund umfassender gesellschaftlicher Krisen
nachzuweisen, die über ansatzhafte Entwicklungen und wichtige Einzel-
motive hinaus sich zu einem Gesamtbild revolutionären Wandels zu-
sammenfügen ließen". Becker fügt hinzu: „Durch die Relativierung der
Epochenscheide Reformation ist die langdauernde Diskussion um den
noch mittelalterlichen oder schon neuzeitlichen Charakter der Glaubensspaltung nicht eben erleichtert worden …" (8; vgl. ferner 144 ff.) Zur Eigenart des Kompositums „Neuzeit", zum Mittelalterbegriff und zur Bedeutung der Reformation für die Entstehung der modernen Welt vgl.
meine Geschichte der Versöhnungslehre in der evangelischen Theologie
der Neuzeit, 2 Bde., München 1984/86, bes. I, 33 ff., 89 ff. und die dort gegebenen Literaturhinweise. Die Frage der Modernität bzw. Modernitäts-
förderlichkeit der Reformation wird im folgenden vorrangig im Zusammenhang des Themas von Religionsstreit und politischer Ordnung abge-
handelt, wobei der sog. Zwei-Reiche-Lehre besondere Aufmerksamkeit
zukommt, ohne daß sie deshalb notwendigerweise „als die Wasserschei-
de zwischen Mittelalter und Neuzeit" gelten müßte (G. Ebeling, Der kontroverse Grund der Freiheit. Zum Gegensatz von Luther-Enthusiasmus
und Luther-Fremdheit in der Neuzeit, in: B. Moeller [Hg.], Luther in der
Neuzeit, Gütersloh 1983, 9–33, hier: 32).

rückgängig gemacht werden. Indes blieb die Reformation bekanntlich keine einheitliche Erscheinung, sondern führte – abgesehen vom Anglikanismus – zu zwei unterschiedlichen Konfessionstypen, dem Luthertum und dem Calvinismus. Zu den sog. schwärmerischen Nebenströmungen der Reformation zählen neben mystisch-spekulativen Einzelgestalten die sozialrevolutionär-apokalyptisch gestimmten Täufer oder Anabaptisten sowie die Antitrinitarier, welche die kirchliche Dreieinigkeitslehre im Interesse der Einheit Gottes für schrift- und vernunftwidrig erklärten. Reformationsgeschichtlich höchst einflußreich erwies sich ferner der – Motive der Renaissance fortführende – Humanismus[3], dessen Rückkehr zu den geschichtlichen Ursprüngen das Studium der biblischen Ursprachen und der Kirchenvätertexte reichlich förderte.

Überblickt man den skizzierten Gesamtzusammenhang der Reformationsgeschichte, so erscheint als sein wichtigstes Resultat die Begründung konfessioneller Kirchentümer, ja mehr noch die Konfessionalisierung des öffentlichen Lebens überhaupt. Dabei spricht manches für eine vergleichende Betrachtung, „weil ungeachtet eines zeitlichen Vorsprungs der Reformation vor der Regeneration der alten Kirche und gewisser Besonderheiten der drei Konfessionen der Vorgang doch im wesentlichen parallel nach denselben Regeln abläuft und das Ergebnis überall dasselbe ist: die calvinistische, katholische oder lutherische Konfessionskirche" (Reinhard, 179). Fügt man zu der Annahme einer historischen Funktionsäquivalenz der Konfessionen die zutreffende Beobachtung hinzu, daß in der europäischen und namentlich in der deut-

---

3 Zum Themenkreis „Humanismus – Reformation – Stadt" vgl. R. Wohlfeil, a. a. O., 114 ff., hier 117 f.: „Unbestritten bleibt, daß sich Humanisten und humanistisch gebildete Theologen, vor allem jüngere, der evangelischen Reformation anschlossen und über ihre literarisch-pädagogischen Interessen humanistisches Gedankengut in die sich später ausbildenden Konfessionen einbrachten – allen voran Melanchthon. Humanistisch geprägt waren ebenfalls Vertreter der radikalen Reformation. Außerdem blieben Humanisten weiterhin in kirchlichen Fragen tätig – auf dem Augsburger Reichstag von 1530, bei Religionsgesprächen, in der Zweiten Reformation – und ohne sie lassen sich kulturelle und politische Prozesse nicht erklären; aber entscheidende Bedeutung errangen sie nicht mehr. Entscheidend für die evangelische Reformation war insgesamt nur, daß sie von der humanistischen Bewegung während ihrer Anfangsjahre bewußt mitgetragen worden war." Vgl. hierzu bes. Einleitung II.

schen Geschichte des 16. und 17. Jahrhunderts „das bekenntnis-
mäßige Moment ... für einige Generationen das geschichtliche
Leben nach seiner Breite und nach seiner Tiefe hin" (Zeeden, 249)
umgriff, so daß von einer Konfessionalisierung der gesamten Lebenswelt gesprochen werden kann, so läßt sich der statthabende
Prozeß in systemtheoretischer Terminologie und mit den Worten
W. Reinhards wie folgt beschreiben: „Als ... das umfassende
System ‚Christenheit' der zunehmenden Komplexität der sich
wandelnden Welt nicht mehr gewachsen war, reagierte es mit
Differenzierung. Diese Ausdifferenzierung konnte jedoch nicht
mit einem Schritt zum heutigen Zustand führen; ein Gesellschafts-
system, das ein autonomes Teilsystem Religion neben ebensol-
chen Teilsystemen Familie, Wirtschaft, Politik, Wissenschaft usf.
umschließt, war noch nicht einmal denkbar. Näher lag die Ausdifferenzierung neuer Totalsysteme des bisherigen Typs, aber mit
religiöser oder räumlicher Begrenzung. Obwohl diese neuen Sy-
steme am Totalanspruch des alten festhalten, verlieren sie doch
durch ihren partikularen Charakter an Plausibilität und geraten
durch die bloße Tatsache ihrer Pluralität unter Konkurrenzdruck.
Beides ist Anlaß zu verschärfter Anwendung systemstabilisieren-
der Verfahren. Zum selben Ergebnis führt die geringe Differenzierung zwischen Glaube und Politik. Da religiöses und politisches
Handeln nach ihrer Sinnstruktur noch kaum zu trennen sind,
hängt die Ausdifferenzierung von Konfessionen aus dem Ganzen
aufs engste mit derjenigen von Territorien oder Nationalstaaten
zusammen." (Reinhard, 176 f.)[4]

Letzteres begründet Reinhard bezüglich der verspäteten deutschen
Nation am Beispiel des frühneuzeitlich-katholischen Territorialstaats Baiern und in bezug auf die bereits weiterentwickelten europäischen Nationalstaaten unter Verweis namentlich auf Spanien
und England sowie auf Irland, Polen und Schweden: „Für den
Zusammenhang des Katholizismus mit der politischen Integration
Spaniens ist", so Reinhard, „der beste Beweis die eigentümliche
Stellung und Tätigkeit der Inquisition als staatskirchlicher Einrichtung. In England wird der Protestantismus je länger desto

---

4   Die Frage nach der Art der wachsenden Komplexität und den Ursachen
    ihrer Zunahme beantwortet Reinhard mit dem Hinweis auf Bevölke-
    rungswachstum, wachsende Städte sowie die zunehmende gesellschaftli-
    che Arbeitsteilung.

mehr zum Inbegriff nationaler Integration gegenüber der Bedrohung durch papistische Verschwörer und aufständische irische
Untertanen; eindrucksvolle Restbestände dieses Bewußtseins haben sich bis heute erhalten. Umgekehrt entwickelte sich der Katholizismus später in Irland und Polen zur letzten Stütze der na-
tionalen Identität unterdrückter Völker. Ein besonders lehrreiches
Beispiel bietet Schweden, das die Reformation aus politischen
Gründen zunächst eher verhalten betrieben hat, sich aber angesichts der Bedrohung durch das katholische Polen 1593 zur Annahme der CA entschließt, 1595 das Nationalheiligtum Vadstena
beseitigt und die Katholiken des Landes verweist." (Reinhard, 188)
Koinzidiert demnach der Prozeß der Herstellung konfessioneller
Homogenität mit dem der Ausbildung frühneuzeitlicher Staatlichkeit – sei es des Territoriums, sei es der Nation –, so kann und
muß im Sinne Reinhards davon ausgegangen werden, daß
„konfessionelle und politische Identität … beinahe dasselbe
(sind)" (ebd.).

Inwieweit dies dem theoretischen Selbstverständnis der Wittenberger Reformation entspricht, wird sorgfältig zu prüfen sein. Dabei muß dann auch erörtert werden, ob die Geschichte der Glau-
bensreform tatsächlich ohne Wahrnehmungsverluste als Funktion
der Ausbildung frühmoderner Staatlichkeit beschrieben werden
kann mit der Folge, daß die einzelnen Konfessionen als funktionsäquivalent und ihre inhaltlichen und bis heute fortdauernden
Differenzen als in historisch-faktischer Hinsicht letztlich irrelevant
erscheinen. Im gegebenen Zusammenhang soll gegenüber der
eindrucksvollen Geschichtskonstruktion Reinhards, die von nicht
wenigen Frühneuzeithistorikern geteilt wird, einstweilen nur der
Vorbehalt angemerkt werden, daß die Zwangsläufigkeit, die dem
Konfessionalisierungsprozeß von seinem Resultat her rückblickend eignet, nicht als von Anfang an und notwendigerweise
gegeben in Anschlag gebracht werden darf. Es ist von daher der
Versuchung zu widerstehen, die offenen Möglichkeiten etwa jenes historischen Moments vorschnell zu verdecken, wie er in
Augsburg 1530 gegeben war: „1530 gab es zwar Zwiespalt, aber
noch keine Spaltung … Die oft wiederholten Behauptungen, es
habe sich in Augsburg nur um ein politisch begründetes Spiel der
Protestanten auf Zeitgewinn gehandelt und zumindest Luther
selbst sei sich über die Unüberbrückbarkeit des Glaubensgegen-
satzes von vornherein im klaren gewesen, treffen den historischen

Sachverhalt nicht. Solche Deutung liest das spätere Scheitern der
Einigung in die Situation von Augsburg hinein als etwas vermeintlich von vornherein Festgelegtes, Unabänderliches."[5] Daß
Kirche nachreformatorisch nur noch als Konfession vorkommt,
liegt jedenfalls nicht in der genuinen Absicht der Reformation, die
auf Kirchenreform und nicht auf Gründung von Reformationskirchen ausgerichtet war. „Die Reformatoren wollten keine neue Kirche auf ein neues Bekenntnis gründen, sondern die alte von ihren
Mißständen in Lehre, Kultus und Leben reinigen. Bekenntnisschriften sind darum nicht als eine Art von Gründungsurkunden
oder Statuten der lutherischen Landeskirchen anzusehen. Die
Confessio Augustana konstituiert nicht eine schriftgemäß lehrende
Kirche, sondern bezeugt ihr Vorhandensein."[6]

Was die in der Augustana vorausgesetzte ursprüngliche Einsicht
der Reformation anbelangt, so gründet sie in dem – im Zusammenhang der Auseinandersetzungen um das Bußsakrament –
neugewonnenen Vertrauen auf das Evangelium von der Rechtfertigung des Sünders aus Gnade um Christi willen, wie die Schrift
es beurkundet. Manifest geworden ist diese Einsicht spätestens in
den Jahren nach 1517, mag der Thesenanschlag nun stattgefunden
haben oder nicht.[7] Aus ihr ergeben sich nicht nur alle wesentli-

---

5   W. Pannenberg, Die Augsburger Konfession und die Einheit der Kirche,
     in: Confessio Augustana. Hindernis oder Hilfe?, Regensburg 1979, 259–
     279, hier: 261 f.

6   H. Bornkamm, Die Bedeutung der Bekenntnisschriften im Luthertum, in:
     ders., Das Jahrhundert der Reformation. Gestalten und Kräfte, Frank-
     furt a. M. 1983, 286–293, hier: 287. Das gilt mit Einschränkungen sogar
     noch für die Konkordienformel: „Die Formula Concordiae will ihrem
     Wesen und Inhalt nach nicht ein spezifisch lutherisches Bekenntnis sein,
     sondern ein Bekenntnis des allgemeinen christlichen Glaubens, wie die
     lutherischen Theologen und Stände 1577 nach langem Streit zu for-
     mulieren vermochten." (G. Klapper, Bericht über die Konventssitzungen
     1976 und 1977, in: E. Koch u. a., Vom Dissensus zum Konsensus. Die
     Formula Concordiae von 1577, Hamburg 1980 [Fuldaer Hefte 24], 154–176,
     hier: 162.)

7   Vgl. E. Iserloh, Luther zwischen Reform und Reformation. Der Thesenan-
     schlag fand nicht statt, Münster ³1968; R. Bäumer, Die Diskussion um
     Luthers Thesenanschlag. Forschungsergebnisse und Forschungsaufgaben,
     in: A. Franzen u. a., Um Reform und Reformation. Zur Frage nach dem
     Wesen des „Reformatorischen" bei Martin Luther, Münster ²1983, 53–95;
     vgl. auch 96 ff.

chen Bestimmungen reformatorischer Lehre, aus ihr folgt zugleich
die Kritik der Reformation an der kirchlichen Theorie und Praxis
ihrer Zeit. Unter theologischen Gesichtspunkten läßt sich diese
Kritik insonderheit drei thematischen Bereichen zuweisen, der
Soteriologie, der Sakramentenlehre und der Lehre vom kirchlichen Amt. Soteriologisch ergibt sich aus der reformatorischen
Grundeinsicht konsequent die Abgrenzung gegen jegliche Form
von Werkgerechtigkeit bzw. emanzipativer Selbstbefreiung. Wie
der Mensch sich nicht aus eigener Kraft vor Gott gerecht machen
kann, so kann auch seine Freiheit nach reformatorischer Lehre
nur als Befreiung durch Gott ausgesagt werden. Dies impliziert
die generelle Bestreitung einer eigenmächtigen Wirkung oder
Mitwirkung des Menschen zur Beschaffung seines Heils. Die göttliche Befreiung trifft den Menschen indes keineswegs wie ein Keil
den Klotz. Der befreiende göttliche Zuspruch in Jesus Christus
bekehrt den Menschen vielmehr zu seiner eigenen Bestimmung
und nimmt ihn als freies Vernunftwesen in Anspruch, das zu sein
er in sündiger Selbstverkehrung versagte. Im Rahmen der Sakramentenlehre hatte die der Reformation eigentümliche Soteriologie
u. a. die entschiedene Bestreitung des Opfercharakters des Herrenmahls zur Folge. Theorie und Praxis des Meßopfers empfand
und wertete man als Elementarverkehrung des Altarsakraments,
weil dadurch an die Stelle der göttlichen Gnadengabe ein Anspruch auf menschliches Sühnehandeln Gott gegenüber getreten
und die Vollgenügsamkeit des Kreuzesopfers Christi bestritten sei.
Abendmahlstheologische Kritik galt ferner der Transsubstantiationstheorie sowie dem Kelchentzug, in dem man einen Verstoß
gegen die ausdrückliche Stiftung Christi sah. Hinzuzufügen ist,
daß sich die Zahl der sakramentalen Handlungen in den Reformationskirchen erheblich reduzierte. Der Sakramentsbegriff wurde
in der Regel Taufe und Abendmahl vorbehalten und gegebenenfalls noch auf das Bußinstitut ausgedehnt. Wie die Sakramentalität
von Firmung, Ehe und Krankensalbung, so wurde auch der sakramentale Charakter der Ordination zumeist in Abrede gestellt,
ohne daß deshalb die gottgestiftete Besonderheit des ordinationsgebundenen Amtes dem durch die Taufe begründeten Priestertum
aller Gläubigen gegenüber bestritten wurde. Allerdings wurde es
entschieden abgelehnt, das Verhältnis von allgemeinem Priester-

tum und besonderem Amt im Sinne einer geistlichen Standesdifferenz zu deuten.[8]

Trotz gemeinsamer antirömischer Haltung kam es, wie gesagt, auch im binnenreformatorischen Bereich bald zu erheblichen Differenzen, die zur Spaltung der reformatorischen Bewegung in getrennte Konfessionen und Kirchentümer führte. Ein gegenüber dem Wittenberger selbständiger Typus evangelischen Christentums war zuerst in der deutschsprachigen Schweiz entstanden, wo der von Erasmus geprägte und stark ethisch orientierte Ulrich Zwingli (1484–1531) seit Anfang der 20er Jahre Zürich zu einem zweiten Zentrum der Reformation gemacht hatte; die theologische Differenz zu Luther wurde vor allem in der Abendmahlsfrage offenkundig, über die es auf dem Marburger Religionsgespräch von 1529 zu keiner Verständigung kam. Ein weiterer Mittelpunkt der Reformation wurde schließlich das Genf Calvins (1509–1564), der durch die mit Zwinglis Züricher Nachfolger Bullinger im Consensus Tigurinus von 1549 erreichte Verständigung in der Abendmahlsfrage die Union des später so genannten Reformiertentums zustande brachte und so zum Gründer eines dem lutherischen gegenüber eigenständigen reformatorischen Kirchenwesens wurde. Lediglich angemerkt sei, daß die reformierte Konfessionalisierung bisweilen als „Zweite Reformation" bezeichnet wird.[9] Nach

---

[8]   Die sog. altgläubigen Antworten auf diese reformatorischen Positionen wurden vor allem auf dem Konzil von Trient (1545–1563) formuliert, auf dem sich der römische Katholizismus in theoretischer und praktischer Hinsicht konsolidierte und sich eine wichtige Basis für gegenreformatorische Bestrebungen schuf.

[9]   Vgl. bes. H. Schilling, Die „Zweite Reformation" als Kategorie der Geschichtswissenschaft, in: ders. (Hg.), Die reformierte Konfessionalisierung in Deutschland. Das Problem der „Zweiten Reformation", Gütersloh 1986, 387–437. Weichenstellend für die reformierte Konfessionalisierung in Deutschland war nach Schilling die an eine – von den späten 1540er bis zu den frühen 1570er Jahren reichende – vorkonfessionelle Phase anschließende Übergangsphase der 1570er Jahre, „in der die vororthodoxe Mittelfraktion oberdeutsch-reformierter, philippistischer und humanistischer Provenienz in die Krise geriet und zerrieben wurde" (405). Die Durchführung der „Zweiten Reformation" wird infolgedessen etwa für die Jahre 1580 bis 1619 angesetzt. Zur sozialgeschichtlichen Eigenart der reformierten Konfessionalisierung vgl. a.a.O., 428 ff. Zu den Einwänden gegen das Postulat einer „Zweiten Reformation" vgl. u.a. W.H. Neuser, Die Erforschung der „Zweiten Reformation" – eine wissenschaftliche

seiner endgültigen Durchsetzung in Genf (1555) und in der Schweiz entwickelte sich der Calvinismus zu einer religiösen Großmacht in ganz Europa. Während das Luthertum außerhalb Deutschlands vor allem in den skandinavischen und baltischen Ländern zur Alleinherrschaft gelangte, wurden die Grundsätze Calvins in klassischer Weise in der unter Führung von John Knox errichteten reformierten schottischen Staatskirche verwirklicht. In Frankreich befanden sich die reformierten Hugenotten zwar auf lange Zeit in der Situation einer unterdrückten Minderheit; doch darf ihr soziokultureller Einfluß ebensowenig wie der ihrer niederländischen Glaubensgenossen unterschätzt werden. Zu gewissen Erfolgen gelangte die Reformation überdies in Ost- und Südosteuropa, währenddessen Italien und insbesondere Spanien von evangelischen Einflüssen weitgehend unberührt blieben.

Sieht man von der Sondergestalt des Anglikanismus[10] ab, der für die kontinentale Entwicklung des Kirchenwesens im 16. Jahrhundert eher indirekt bedeutsam geworden ist, dann hat sich die Wittenberger Reformation neben dem Gegensatz zu Rom vor allem durch die Differenz zum Calvinismus zu einem besonderen

---

Fehlentwicklung, in: a. a. O., 379–386; vgl. auch Schilling, a. a. O., 393 ff. Den harten Kern der Kritik hat M. Heckel, Reichsrecht und „Zweite Reformation": Theologisch-juristische Probleme der reformierten Konfessionalisierung, in: a. a. O., 11–43, hier: 11 Anm. 1, formuliert: „Der Terminus ‚Zweite Reformation' repristiniert eine Kampfposition der reformierten Theologen des 16./17. Jahrhunderts gegen die lutherische Orthodoxie, um die Reformation Luthers als bloßen Anfang und als steckengebliebenes, torsohaftes kirchengeschichtliches Ereignis zu charakterisieren, das erst durch die Reformierten seine Vollendung zur eigentlichen Reformation des Glaubens und der Kirche erfahren habe …"

[10] Der äußere Anlaß für die Entwicklung der anglikanischen Staatskirche war der politische Bruch zwischen König Heinrich VIII. und dem Papsttum. In der Suprematsakte von 1534 erkannte das Parlament den König als „supreme head in earth of the Church of England" an. Zu einer eigentlich religiös-kirchlichen Reform im protestantischen Sinne kam es indes nur allmählich und in sehr gemäßigter Form; hervorzuheben ist in diesem Zusammenhang u. a. das 1549 erschienene „Book of Common Prayer". Zu dauerhafter Stabilität gelangte die von Rom unabhängige Staatskirche nach einer scharfen Reaktion des Katholizismus unter Maria Tudor erst in der Zeit der Regentschaft von Elisabeth I. (1558–1603).

Konfessionstypus im Sinne des Luthertums[11] entwickelt. Wie der
Begriff des Luthertums, so ist auch der Calvinismus-Begriff ursprünglich polemisch geprägt und keine Selbstbezeichnung der
von ihren Gegnern Calvinisten Genannten. Zugleich ist der mit
„calvinistisch" heutzutage in der Regel synonym verwendete Begriff „reformiert" ursprüngliches Prädikat aller Reformationskirchen und erst später denen vorbehalten worden, die wesentlich
der Tradition Zwinglis und Calvins folgten. Analog zur lutherischen Konfession wurde die verbindliche Lehrüberlieferung auch
im Calvinismus durch Bekenntnisschriften normiert. Doch unterscheiden sich die Bekenntnisschriften der reformierten Kirche
durch eine Reihe von Punkten schon formal von den lutherischen: Sie sind nicht in einem Buch von dogmenkanonischem
Rang zusammengefaßt, haben keinen festumrissenen Umfang,
sind nicht in einer kurzen Epoche entstanden, stammen nicht von
einem zeitlich und lokal umgrenzten Theologenkreis und sind
infolgedessen weniger auf einen Hauptton gestimmt; ferner erheben sie nicht für alle reformierten Kirchen Gültigkeitsanspruch.
Hinzu kommt, daß Kirchenordnungen in der reformierten Tradition in Bekenntnisrang und Bekenntnisschriften häufig in engem
Bezug zu Kirchenordnungen stehen; auch blieb das reformierte
Corpus Doctrinae stets offen, weil die Bekenntnisse nach ihrem
Selbstverständnis nichts anderes sein wollen als grundsätzlich re-
vidierbare Zeugnisse des Glaubens zu einer bestimmten Zeit an
einem bestimmten Ort. Signifikanterweise lauten einschlägige Titel nicht „Theologie der reformierten Bekenntnisschriften", sondern lediglich: „Theologie reformierter Bekenntnisschriften"[12].

---

[11]   Zu dem Stichwort „Luthertum" vgl. den gleichnamigen, sehr lehrreichen
Artikel in: LThK VI, Sp. 1231–1241 (E.-W. Zeeden, E. Kinder, A. Brandenburg). Ferner: H. Heppe, Ursprung der Geschichte der Bezeichnungen
„reformierte" und „lutherische" Kirche, Gotha 1859.

[12]   Vgl. P. Jacobs, Theologie reformierter Bekenntnisschriften in Grundzügen, Neukirchen 1959; J. Rohls, Theologie reformierter Bekenntnisschriften. Von Zürich bis Barmen, Göttingen 1987; dgg.: Die Bekenntnisschriften der reformierten Kirche. In authentischen Texten mit geschichtlicher
Einleitung und Register hg. v. E. F. K. Müller, Leipzig 1903. Im folgenden
seien einige der wichtigsten reformierten Bekenntnistexte des 16. Jahrhunderts chronologisch aufgelistet und knapp charakterisiert: 1. Die
„Confessio Tetrapolitana" von 1530, das Bekenntnis der Städte Straßburg,
Memmingen, Lindau und Konstanz anläßlich des Reichstags zu Augsburg, welche sich von der Confessio Augustana insbesondere durch eine

Was die Inhalte betrifft, so wußte sich der Namensgeber des Calvinismus mit der zentralen Einsicht Luthers, wie sie durch die Kürzel „sola fide", „sola scriptura" und „solus Christus" umschrieben ist, im wesentlichen eins und als dessen Schüler. Als Reformationstheologe der zweiten Generation zeichnet sich Calvin weniger durch Originalität als durch systematische Integrations- und Organisationskraft aus, wie er sie nicht nur im Bereich der Kirchenordnung, sondern ebenso als Dogmatiker eindrucksvoll unter Beweis gestellt hat. Seine 1536 erstmals und 1559 in ihrer Endfassung erschienene „Institutio religionis christianae" beinhaltet eine klassische Gesamtdarstellung reformatorisch-reformierter Grundanschauungen.[13] Eigentümlich für Calvin ist neben seiner Abend-

---

zwischen Luther und Zwingli vermittelnde Sakramentenlehre unterscheidet. 2. Zwinglis Privatbekenntnis zum Augsburger Reichstag, die sog. „Fidei ratio". 3. Die „Confessio Helvetica prior" von 1536, die im Bemühen um Annäherung an die lutherische Abendmahlslehre verfaßt wurde und lange Zeit als wesentlicher Ausdruck des schweizerisch-reformierten Glaubens in Geltung stand. 4. Von den durch Calvin (und Farel) verfaßten Bekenntnisschriften sind insbesondere das „Genfer Bekenntnis" von 1537 sowie der „Genfer Katechismus" von 1542/45 zu erwähnen. Genannt werden muß ferner Calvins „Institutio religionis Christianae", die in den reformierten Kirchen durchaus Bekenntnisrang genießt. 5. Der sog. „Consensus Tigurinus" von 1549 als Ergebnis der Unionsverhandlungen zwischen Calvin und Bullinger. 6. Die „Confessio Helvetica posterior" von 1566, in der Bullinger die Theologien Zwinglis und Calvins zum Ausgleich zu bringen versuchte. 7. Unter den westlichen Bekenntnissen sind hervorzuheben die ‚Confessio Gallicana" von 1559, die eng an sie anschließende „Confessio Belgica" von 1561, schließlich die von John Knox mitverfaßte „Confessio Scotica prior" von 1560. 8. Zu den wichtigsten Zeugnissen der anglikanischen Kirche ist neben den Artikeln von 1552 und 1563 der Katechismus von 1549 im „Book of Common Prayer" zu rechnen. 9. Ein entscheidendes Dokument des Presbyterianismus ist die „Westminster Confession" von 1647. 10. Für die deutschen Gebiete sei schließlich noch der „Heidelberger Katechismus" von 1563 genannt.

[13] Die calvinistisch reformierte Orthodoxie setzte nach Calvins Tod mit seinem Genfer Nachfolger Theodor Beza ein und bestimmte mit ihrer auf der Synode von Dordrecht (1618/19) gegen den Arminianismus durchgesetzten doppelten Prädestinationslehre neben Frankreich und Schottland vor allem die Niederlande, während die deutsche Tradition eher auf Ausgleich angelegt war. Einen Höhepunkt der theologischen Entwicklung stellte neben der mehr und mehr ausgearbeiteten Verbalinspirationstheorie die heilsgeschichtlich-eschatologisch orientierte und namentlich vom Bundesgedanken geprägte Föderaltheologie des Coccejus dar. Wie die lutherische, so findet auch die calvinistische Orthodoxie ihr

mahlslehre, in der er zwischen Luther und Zwingli zu vermitteln
sucht (allerdings weitaus näher beim ersteren als beim letzteren
steht), seine schroffe Betonung der Lehre von der (doppelten)
Prädestination (praedestinatio gemina), der gemäß das göttliche
Erwählungsdekret von Ewigkeit her einige Menschen zur Seligkeit, andere zur Verdammnis vorherbestimmt hat. Geprägt ist diese Annahme von einem theologischen Begriff der gloria Dei,
demzufolge alles, was ist, der unmittelbaren Selbstbestimmung
und Selbstverherrlichung Gottes zu dienen hat. Dem entspricht
die typische, stark alttestamentarisch geprägte calvinistische
Frömmigkeit, deren Bewußtsein, Werkzeug in der Hand des allmächtigen Gottes zu sein, sie zu heroischem Aktivismus und
durchsetzungsstarker Härte im Kampf für die Ehre Gottes befä-
higte. Während Luthers Verhältnis zum traditionellen kirchlichen
Kultus eher konservativ war, haben Zwingli und Calvin die römische Messe gänzlich beseitigt. Die Genfer Gottesdienstordnung
von 1542 sieht außer der Predigt nur Gebet und Gesang von alttestamentlichen Psalmen vor. Das Abendmahl, das nach Berner
Vorbild viermal im Jahr von der ganzen Gemeinde gefeiert werden soll, wird vom Predigtgottesdienst getrennt. Bilder, Altäre und
sonstiges kirchliches Gerät einschließlich der Orgeln werden aus
den Kirchen entfernt, die Feiertage zum großen Teil abgeschafft.
Charakteristisch für das genuin calvinistische Kirchenwesen sind
ferner strenge Sittenzucht und Festigkeit des Dogmas.

Die Verfassung der Kirche ist im Sinne Calvins im wesentlichen
durch vier geistliche Ämter bestimmt: das Amt der Pastoren für
Predigt und Seelsorge, das der Doktoren für den Unterricht, das
der dem weltlichen Rat entnommenen Ältesten für die Kirchenzucht, schließlich das der Diakone für die Armenpflege. Der im
Calvinismus weitaus früher als im Luthertum realisierte Gedanke
der Synodalverfassung und kirchlichen Selbstregierung entstammt
der französischen Hugenottenkirche und ist besonders im eng-

Ende mit Aufklärung und Pietismus. An die Stelle des Konfessionalismus
tritt zunehmend die Idee einer konfessionsübergreifenden Union zumindest der Reformationskirchen, die sich ihres gemeinsamen Protestantismus versichern (vgl. etwa Altpreußische Union von 1817). Allerdings kam
es im 19. Jahrhundert namentlich in den Niederlanden und in der angel-
sächsischen Welt auch zu neocalvinistischen Reaktionen, die teilweise
bis ins 20. Jahrhundert nachwirkten.

lisch-amerikanischen Presbyterianismus wirksam geworden. Ferner haben die Ideen der Volkssouveränität sowie des Widerstandsrechtes ihre Wurzeln bereits im Altcalvinismus, dessen kirchlich-bürgerlicher Antifeudalismus der Entstehung moderner Demokratien insgesamt günstig war. Besonders wirkungsmächtig hat sich in dieser Hinsicht die presbyterianische und die kongregationalistische Gestalt des Calvinismus in England und Nordamerika erwiesen. Von puritanischer Religiosität gingen nach Max Webers berühmten Studien über protestantische Ethik und den Geist des Kapitalismus ferner wichtige Impulse für das Wirtschaftsleben aus, sofern die durch die Prädestinationsfrage motivierte innerweltliche Askese die Voraussetzung rationaler Lebensführung und einer erfolgreichen kapitalistischen Ökonomie gewesen sein soll. Wie immer man diese These beurteilt, fest steht, daß der städtisch geprägte Calvinismus zu Unternehmertum sowie Zins- und Geldwirtschaft von vorneherein ein offeneres Verhältnis hatte als das in überwiegend agrarischen Ländern verbreitete Luthertum.[14]

Hält man sich an die Lehrdifferenzen im engeren Sinne, so betreffen die Gegensätze zwischen Luthertum und Calvinismus, wie bereits angedeutet, insbesondere die Abendmahlslehre, die Christologie und die Lehre von der Prädestination. Im Zentrum des Abendmahlsstreits stand das Problem der rechten Bestimmung der sakramentalen Gegenwart Jesu Christi; die damit eng verbunde-

---

[14] Die Auswirkungen des Calvinismus auf die Kunst lassen sich exemplarisch an der holländischen Malerei studieren, deren Vorliebe für realistische Alltagsdarstellungen wesentlich durch das kirchliche Bilderverbot bestimmt ist; von schlechterdings singulärer Bedeutung ist der existentielle Biblizismus Rembrandts. Ähnlich wie in der Malerei bewirkte der Calvinismus auch in der Musik eine Entsakralisierung und betonte Weltlichkeit; ferner ist auf den großen Einfluß alttestamentlicher Themen namentlich in der Oratorienproduktion zu verweisen. Für die calvinistisch geprägte Literatur sind besonders die an den Psalmen geschulten Poeme und gewaltigen epischen Werke John Miltons (1608–1674) signifikant. Zum eigentümlichen Charakter des Calvinismus vergleiche insgesamt: J. T. Mc Neill, The History and Character of Calvinism, New York ²1967; E. Troeltsch, Die Soziallehren der christlichen Kirchen und Gruppen (Gesammelte Schriften. Erster Band), Tübingen 1912; W. Walker, John Calvin the Organizer of Reformed Protestantism, 1509–1564, New York ³1969; M. Weber, Gesammelte Aufsätze zur Religionsphilosophie I, Tübingen (1920) ⁹1988.

nen christologischen Streitigkeiten behandeln namentlich die Frage, in welcher Weise und inwieweit die menschliche Natur des erhöhten Gottmenschen der Hoheitseigenschaften seiner göttlichen Natur teilhaftig wird. In der Lehre von der göttlichen Vorherbestimmung stritt man vor allem um die Annahme einer sog. doppelten Prädestination, d. h. einer Vorherbestimmung sowohl zum Guten als auch zum Bösen, die vom Calvinismus im Grundsatz gelehrt, vom Luthertum hingegen abgelehnt wurde. Es ist hier nicht darüber zu befinden, wie diese Lehrgegensätze, über deren inhaltliche Bestimmtheit noch im einzelnen zu reden sein wird, sich in der Gegenwart darstellen bzw. inwiefern sie durch die 1973 abgeschlossene Konkordie reformatorischer Kirchen in Europa (Leuenberger Konkordie) als grundsätzlich überwunden gelten können. (Vgl.: Zur Einführung, Anm. 1) Festgehalten werden soll lediglich, daß sie mit dem Prozeß der Konfessionalisierung und der Ausbildung, Stabilisierung und Steigerung konfessioneller Identität untrennbar verbunden sind.

Im Protestantismusbegriff kündigt sich demgegenüber ein neues, nachkonfessionalistisches Zeitalter an, wenngleich auch dieser Terminus nicht selten auf einen konstitutiven Gegensatz hin angelegt ist. Glaubt man nämlich dem Urteil von Th. Nipperdey[15], dann fühlen sich „im Anti-Katholizismus ... auch die Nicht-Christen noch ‚protestantisch‘". Dieses bemerkenswerte und m. E. zutreffend beobachtete Faktum ist eine Folge der terminologiegeschichtlichen Tatsache, daß für den neuzeitlichen und auch gegenwärtig noch geläufigen Protestantismusbegriff neben einer von konfessionellen Inhalten tendenziell abgehobenen Formalität in der Regel die ausgesprochene Alternative zum Katholizismus kennzeichnend ist. Erste Versuche, einen gegenüber innerreformatorischen Lehrstreitigkeiten indifferenten, lediglich auf die Antithese zum Katholizismus bezogenen Begriff des Protestantismus zu finden, gehen bereits in vorneologische Zeit zurück; seit der Aufklärung wurde die so verstandene und so zu verstehende Rede vom Protestantismus und seinem Wesen bzw. Prinzip dann allgemein und in ihrer Verwendung keineswegs mehr auf den engeren Kontext der Neologie beschränkt, wie etwa Schleiermachers Beispiel beweist. Nach seiner einflußreichen Definition

---

15   Th. Nipperdey, Deutsche Geschichte 1800–1866. Bürgerwelt und starker Staat, München 1983, 432.

„kann man den Gegensatz zwischen Protestantismus und Katholizismus vorläufig so fassen, daß ersterer das Verhältnis des Einzelnen zur Kirche abhängig macht von seinem Verhältnis zu Christo, der letztere aber umgekehrt das Verhältnis des Einzelnen zu Christo abhängig von seinem Verhältnis zur Kirche"[16]. Wie immer man über das theologische Recht dieser Formel urteilen mag, charakteristisch ist, daß sie – wie ähnlich lautende andere – von der auf Union der Reformationskirchen abzielenden Voraussetzung ausgeht, daß die Lehrverschiedenheit namentlich zwischen Luthertum und Calvinismus keineswegs eine Prinzipiendifferenz, sondern lediglich eine Sache von Schulen darstelle, deren Einheit hinwiederum im wesentlichen durch den Unterschied zum Katholizismus bestimmt sei. Sucht man neben der Ablehnung einzelner katholischer Glaubensbestände die Gemeinsamkeiten des Protestantismus inhaltlich näher zu bestimmen, so kann u. a. auf eine Hochschätzung der Hl. Schrift als öffentlicher, allgemeines Priestertum ermöglichender Norm des Glaubens, auf eine mehr oder minder ausgeprägte Reformwilligkeit, auf die traditionell kritische Haltung gegenüber kirchenleitenden Hierarchien und Monopolansprüchen, auf die Reduktion der sakramentalen Handlungen und die entschiedene Wortbestimmtheit kirchlicher Vollzüge, auf die zu bewußter Entscheidung drängende Glaubenshaltung usw. verwiesen werden. Solche Charaktisierungen dürfen aber nicht darüber hinwegtäuschen, daß sich unter dem Namen Protestantismus in historischer und sachlicher Hinsicht eine komplexe und differenzierte Fülle vielfältiger religiöser Erscheinungsgestalten verbirgt, welche zu übergehen oder einem abstrakten Sammelbegriff zu subsumieren mit dem in der Regel ebenso zum Wesenskennzeichen erklärten protestantischen Individualismus unvereinbar sein dürfte. Man muß daher nicht unbedingt ein Anhänger der Dialektischen Theologie sein, um ein gewisses Verständnis aufzubringen für den Wunsch Karl Barths: „Die Worte ‚protestantisch' und ‚Protestantismus' sähe ich gerne aus unserem Sprachschatz verschwinden ..."[17]

---

[16]   F. D. E. Schleiermacher, Der christliche Glaube nach den Grundsätzen der evangelischen Kirche im Zusammenhange dargestellt, Berlin ²1830, §24.

[17]   K. Barth, Ad Limina Apostolorum, Zürich 1967, 17.

Im Blick auf das 16. Jahrhundert ist der Verzicht auf den moder-
nitätsspezifischen Protestantismusbegriff aus Gründen der Ana-
chronismusvermeidung ohnehin obligat. Denn im Kontext des
Reformationszeitalters verweist der Protestantismusbegriff nicht
auf einen reformationskirchlichen Generalnenner, sondern auf ein
spezifisches reformationsgeschichtliches Ereignis, nämlich auf die
„Protestation", welche sechs evangelisch gesinnte Fürsten und 14
Städte Deutschlands im April 1529 auf dem Reichstag zu Speyer
gegen einen wider die Reformation gerichteten Beschluß der katholischen Majorität einlegten.[18] Davon wird im Zusammenhang

---

[18]   Zu beachten ist, daß es sich bei der „protestatio" um eine bei mittelalterlichen Reichstagen geläufige und regelmäßig vorkommende Rechtsfigur
handelte. „Die ‚protestierenden Stände', wie es fortan hieß, beriefen sich
jedoch zugleich auf ein landesherrliches Gewissensprinzip in Religionsfragen, die so auf lange Sicht ganz einer Mehrheitsentscheidung entzogen wurden. Das Auseinandertreten der Reichsstände in zwei Religionsparteien, ein religionsgeschichtlich wie verfassungsrechtlich folgenreicher
Vorgang, hat hier seinen Anfang." (J. Burkhardt, Frühe Neuzeit, 16.–
18. Jahrhundert, Königstein/T. 1985, 85; vgl. E. Heuser, Die Protestation
gegen den Reichstagsabschied von Speier, Neustadt 1904; H.-J. Becker,
Protestatio, Protest. Funktion und Funktionswandel eines rechtlichen In-
struments, in: Zeitschrift für historische Forschung 5 [1978], 385–412; ferner: H. Bornkamm, Die Geburtsstunde des Protestantismus. Die Protestation von Speyer [1529], in: ders., Das Jahrhundert der Reformation,
a. a. O., 146-162. Zum Protestantismusbegriff vgl. im einzelnen J. Boeh-
mer, Protestari und protestatio, protestierende Obrigkeiten und protestantische Christen. Zur Würdigung von Sinn und Auswirkung der Protestation[en] des Speierer Reichstags von 1529, in: ARG XXXI [1934], 1–22
sowie F. W. Graf, Einleitung – Protestantische Freiheit, in: ders./K. Tanner [Hg.], Protestantische Identität heute, Gütersloh 1992, 13–23.) Während bis 1648 nur die Angehörigen der lutherischen Religionspartei und
noch nicht die Reformierten Protestanten genannt wurden, änderte sich
dies mit dem Westfälischen Frieden, der neben den lutherischen auch
den calvinistisch-reformierten Ständen eine „exacta mutuaque aequali-
tas", also eine religiöse Gleichbehandlung mit dem Katholizismus im Alten Reich gewährte. Diese rechtliche Gleichstellung der beiden wichtigsten reformatorischen Religionsparteien war eine entscheidende historische Voraussetzung eines für den seit dem ausgehenden 17. Jahrhundert
geläufigen und in der Aufklärungszeit allgemein gewordenen Protestantismusbegriffs, der von nun an das bezeichnet, was Reformierte und Lutheraner im Gegensatz zum römischen Katholizismus miteinander verbindet. Dabei tritt im Laufe der Zeit der ursprüngliche reichsrechtliche
Gehalt des Begriffs gänzlich zurück, mit welcher Entwicklung zugleich
seine tendenzielle Entkonfessionalisierung einhergeht. Die Folge davon
ist, daß der Begriff nicht nur in Oppositionen wie derjenigen von freiem

der Vorgeschichte des Augsburger Reichstages 1530 zu reden sein.
Im gegebenen Kontext genügt der Hinweis, daß die Anhänger der
Reformation anfangs nur von ihren Gegnern Protestanten genannt
wurden, während sie sich selbst am liebsten als „evangelici" bezeichneten. Zu erwähnen ist erneut, daß auch der Begriff
„Lutheraner" keineswegs eine ursprüngliche Selbstbezeichnung
der solchermaßen Benannten darstellt. Vielmehr handelt es sich
dabei – wie bei der Rede von Calvinisten – um eine polemische,
von den Gegnern geprägte Begriffsbildung. Erst später wird Luthertum zur Sammelbezeichnung für die Gesamtheit der Kirchen
und ihrer Glieder, die in der, wenn auch nicht ausschließlich, so

---

Protestantismus und verfaßter evangelischer Kirche Verwendung finden
kann, sondern schließlich auch jene Kirchen und kirchlichen Gemein-
schaften zu umfassen vermag, die sich nicht direkt von der Wirksamkeit
der Reformatoren Luther, Zwingli und Calvin herleiten lassen, sondern
reformationsgeschichtliche Sonderbildungen darstellen, wie in Deutschland die baptistischen Gruppierungen oder die Sozinianer in Polen. Zu
nennen wären ferner die Freikirchen der Brüdergemeine, der Quäker
oder der Methodisten und vor allem die anglikanische Kirche, die üblicherweise dem Protestantismus zugerechnet wird, obwohl sie in der
Reformationsgeschichte eine Stellung gänzlich eigener Art einnimmt.
Selbst von einem Protestantismus innerhalb des römischen Katholizismus
bzw. innerhalb der orthodoxen Kirchen kann unter den Bedingungen
dieses Sprachgebrauchs die Rede sein. Anzumerken ist ferner, daß das
Bewußtsein innerer Entwicklung des Protestantismusbegriffs in diesen
selbst eingegangen ist, etwa in Gestalt der im 19. Jahrhundert aufgekommenen, nicht nur historiographisch bedeutsamen Unterscheidung
von Alt- und Neuprotestantismus, mit der sich vielfach der Streit verbindet, ob der genuine Protestantismus des 16. Jahrhunderts eine eher mittelalterliche oder neuzeitliche Erscheinung war. Während etwa bei
Strauß, Feuerbach, Lagarde, Nietzsche und Hartmann der Altprotestantismus, wie erwähnt (Einleitung, Anm. 11), restlos in das Mittelalter ein-
geordnet und schroff vom modernen Geistesleben unterschieden wird,
wird das Problem bei Hegel, Baur, Schelling u. a. entwicklungsge-
schichtlich gelöst. Ambivalent schätzten Troeltsch und Weber die Bedeutung des Protestantismus für die Entstehung der modernen Welt ein.
Davon bleibt die Tatsache unberührt, daß die primär religiös motivierte
Erscheinung des Protestantismus schon bald zu einer einflußreichen
Kulturmacht geworden ist, worauf u. a. die – allerdings noch recht junge
und in der Regel im polemischen Interesse der Unterscheidung eines
wahren, evangelischen und eines falschen, der Moderne angepaßten
Protestantismus gebrauchte – Wortschöpfung „Kulturprotestantismus"
hinweist. (Vgl. insgesamt: G. Hornig, Art. Protestantismus, in: HWPh 7,
Sp. 1529–1536.)

doch primär von Luther geprägten reformatorischen Tradition gründen, bzw. zur Sammelbezeichnung der von diesen Kirchentümern vertretenen Glaubenslehren und praktischen Lebenshaltungen. Auch wenn Luther den Ausdruck „Lutheranismus" nicht generell verworfen hat, wollten er und seine Anhänger etwa die Wendung „lutherische Kirche", die erst nach 1580 allmählich unter den „Lutheranern" in Gebrauch kam, ausdrücklich vermieden wissen.[19]

Konzeptionell wird dem im folgenden dadurch Rechnung getragen, daß von Protestantismus nur gelegentlich[20] und von lutheri-

---

[19] Zu den bemerkenswerten Zusammenhängen zwischen Konfessionsbezeichnungen und konfessionellem Identitäts- bzw. Abgrenzungswillen vgl. Reinhard, 187 f.: „Die vagen Gruppenbezeichnungen der Frühzeit, denen wir heute noch mit Begriffen wie ‚Altgläubige' oder ‚Neugläubige' Tribut zollen müssen, weichen ... den bekannten Konfessionsnamen. Die Lutheraner bevorzugen zunächst ‚Evangelische' oder aus juristischen Gründen ‚Augsburger Konfessionsverwandte'. Der zuerst von Eck 1520 gebrauchte Begriff ‚lutherisch' wurde wegen theologischer Bedenken und wegen des polemischen Gebrauchs durch Katholiken und Reformierte als Selbstbezeichnung lange abgelehnt. Erst nach der Konkordie wurde ‚lutherisch' als stolzes Prädikat des Besitzes der nunmehr gesicherten reinen Lehre des Reformators angenommen, der Begriff ‚lutherische Kirche' aber vermieden. Soweit sich die Anhänger Calvins nicht wie diejenigen Luthers als ‚Evangelische' oder im Gegensatz zu den Altgläubigen schlicht als ‚Christen' bezeichneten, nannten sie ihre Gemeinden ‚églises réformées' und sich selbst ‚Reformierte'. Damit sollte die Überlegenheit über das Luthertum betont werden, das dem Papismus noch Zugeständnisse gemacht hatte. ‚Calvinist' war eine 1553 auftauchende polemische Fremdbezeichnung beider Gegner und blieb es noch lange. Die ehrwürdige Bezeichnung ‚katholisch' wurde zunächst von allen Richtungen in Anspruch genommen. Es gelang jedoch der alten Kirche, diesen Begriff für sich zu retten, so daß er heute in evangelischen Glaubensbekenntnissen nur in übersetzter Form als ‚allgemein' auftauchen darf, um nicht konfessionelle Verwirrung zu stiften."

[20] Den Ausfall des Protestantismusbegriffs stets als ein manifestes Indiz dafür zu deuten, „daß das Verhältnis von Christentum und moderner Kultur weithin negativ, als Gegensatz wahrgenommen wird", halte ich im Unterschied zu F. W. Grafs wiederholtem Interesse, dichotomische Gegenüberstellungen zu identifizieren, nicht für zwangsläufig (F. W. Graf, a. a. O., 19; vgl. 22). Ich gehe im Gegenteil davon aus, daß eine protestantisch geprägte Kultur der Moderne nur im Verein mit einer im Sinne konfessionsbestimmten Kirchentums verfaßten und nicht auf konstitutiven Antikatholizismus festgelegten evangelischen Kirche theologische Zukunftsaussichten hat.

scher Konfession erst in bezug auf die Konkordienformel explizit geredet wird, während das Bekenntnis der Wittenberger Reformation in seinen zentralen Gehalten ansonsten und zuvor im Zusammenhang der altkirchlichen Symbole, an denen nachgerade die Katechismen Luthers und die in ihnen komprimiert zusammengefaßte ursprüngliche Einsicht der Reformation unmittelbar orientiert sind, und unter der Überschrift „Der evangelische Glaube" entfaltet wird. Sachlich ist damit zum Ausdruck gebracht, daß die Wittenberger Reformation ihrer genuinen Intention und ihrem originären Selbstverständnis nach nicht auf konfessionskirchliche Etablierung, sondern auf gesamtkirchliche Reform zielte. Dabei richtete sich der in solchem Reformbestreben implizite Protest gegen bestehende kirchliche Mißstände keineswegs gegen den „Katholizismus" als solchen; die vorgebrachte Kritik sollte im Gegenteil einzig und allein der einen, heiligen, apostolischen und katholischen Kirche und ihrer Erbauung dienen. Statt einem antikatholisch fixierten Protestantismusbegriff in anachronistischer Weise das Wort zu reden, soll deshalb im folgenden in der Regel die Wendung „Wittenberger Reformation" gebraucht werden, wobei mit Wittenberg zunächst nur der Herkunftsort der anfänglichen reformatorischen Bewegung und noch nicht der Gegenpol zu Zürich und Genf gemeint ist. Eine solche Weite der Perspektive, die nicht vorweg auf antikatholische bzw. antireformierte Aspekte festgelegt ist, hat mangelnde Tiefenschärfe keineswegs zur zwangsläufigen Folge; sie ist vielmehr die entscheidende Voraussetzung, das eigentümliche theologische Profil der Wittenberger Reformation historisch überhaupt in den Blick zu bekommen.

2. Bekenntnis und Konfession

Die Begriffe Bekenntnis und Konfession haben im Laufe der durch die Reformation bestimmten Geschichte einen Bedeutungswandel erfahren, an dem sich nicht lediglich ein semasiologischer Befund ablesen läßt, sondern das historische Gesetz einer Epoche. Wenngleich beide Termini bis heute einen personalen Akt der Glaubensäußerung sowie dessen inhaltliche Dokumentation benennen können (vgl. §3,1), so ist doch im Zuge der neueren Wortgeschichte die Verwendung der Begriffe als kirchliche Gruppenbezeichnung führend geworden. Konfession heißt dann

soviel wie Denomination, nämlich eine bestimmte christliche
Glaubensgemeinschaft. Eine analoge Primärkonnotation hat sich
mittlerweile auch mit dem Begriff des Bekenntnisses verbunden.

Nun läßt sich die Bedeutung von Konfession als Bezeichnung einer Sonderorganisation zwar „nicht vor 1800 nachweisen"
(Reinhard, 165, Anm. 1)[21], was als ein Beleg dafür gewertet werden
mag, daß die lebendige Erinnerung an genuine Bedeutungsge-
halte des Bekenntnis- oder Konfessionsbegriffs einseitig gruppenspezifische Fixierungen im Sinne denominationeller Verwendung
geraume Zeit verhindert hat.[22] Nichtsdestoweniger existiert „die
Sache ..., um die es geht, die Konfessionskirche, ... lange vorher"
(Reinhard, 165). Die gruppenspezifische Festlegung des Konfessionsbegriffs, wie sie sich für das 19. und 20. Jahrhundert nachweisen läßt, ist daher keine eigentliche Neuerung, sondern zieht nur
die Konsequenz aus einer Entwicklung, die das Reformationszeitalter charakteristisch kennzeichnete und deren terminologische
Folge durch Wendungen wie „Anhänger der Augsburger Konfession" gleichsam vorherbestimmt war. In signifikanter Weise ist
sonach der Bedeutungswandel des Konfessionsbegriffes paradigmatisch für das, was üblicherweise und nicht von ungefähr als
Prozeß der Konfessionalisierung umschrieben wird.

---

[21]   Dort finden sich auch Verwendungshinweise für nichtdeutsche europäi-
      sche Sprachen. Zur Vielgestaltigkeit und Vieldeutigkeit des Bekenntnis-
      begriffs und seiner rechtlichen Handhabung im konfessionell gespalte-
      nen Reichskirchenrecht vgl. M. Heckel, Reichsrecht und „Zweite Refor-
      mation", in: H. Schilling (Hg.), Die reformierte Konfessionalisierung in
      Deutschland, a. a. O., 11–43, bes. 15 ff., 19 ff. Sehr bemerkenswerte Erwä-
      gungen zum evangelisch-theologischen Bekenntnisbegriff finden sich
      26 f.

[22]   Nach Reinhard hängt der Begriff der Konfession als einer kirchlichen
      Gruppenbildung „in Deutschland mit den evangelischen Unionen, der
      neulutherischen Reaktion und dem ‚klassischen' Zeitalter konfessioneller
      Auseinandersetzung im 19. Jahrhundert" ursächlich zusammen. (Reinhard,
      165, Anm. 1) Dieser Befund wird bestätigt durch F. W. Graf, „Restaura-
      tionstheologie" oder neulutherische Modernisierung des Protestantismus?
      Erste Erwägungen zur Frühgeschichte des neulutherischen Konfessiona-
      lismus, in: W.-D. Hauschild (Hg.), Das deutsche Luthertum und die Uni-
      onsproblematik im 19. Jahrhundert, Gütersloh 1991, 64–109, wo es 66 f.,
      Anm. 15 heißt: „,Konfession' als Gruppenbezeichnung löst um 1800 die
      bis dahin dominierenden Begriffe ‚Religionspartei', ‚Glaubenspartei',
      ‚Konfessionsverwandte' und ‚Protestantische Hauptparteien' ab."

Der Prozeß der Konfessionalisierung, den die Terminologiegeschichte des Bekenntnis- und Konfessionsbegriffs in nuce, wenngleich mit eigentümlicher Verspätung reflektiert, schreitet spätestens seit der Mitte des 16. Jahrhunderts laufend fort, um im
17. Jahrhundert sowohl seinen Höhepunkt als auch seinen historischen Niedergang zu erleben. Dabei ist unter Konfessionalisierung nicht nur Konfessionsbildung im Sinne „geistige(r) und or-
ganisatorische(r) Verfestigung der seit der Glaubensspaltung aus-
einanderstrebenden verschiedenen christlichen Bekenntnisse zu
einem halbwegs stabilen Kirchentum nach Dogma, Verfassung
und religiös-sittlicher Lebensform" (Zeeden, 251) zu verstehen,
sondern eine konfessionalistische Durchdringung und Formierung
der gesamten Sozialgemeinschaft einschließlich des Rechtslebens
und der Wissenschaft. Eng verbunden ist dieser Prozeß der
„Durchkonfessionalisierung" (Zeeden, 297)[23] in Deutschland mit
Genese und Ausbildung des frühabsolutistischen territorialen Für-
stenstaats und seiner institutionell und flächenmäßig organisierten
Sozialdisziplinierung, die historisch als epochaler Modernierungs-
schub zu beurteilen sind. Folgt man H. Schilling, dann sind es vor
allem drei komplexe Zusammenhänge, die der deutschen Geschichte im Aufgang der Neuzeit die Richtung gewiesen haben:
„– die frühmoderne Staatsbildung, die in den meisten europäischen Ländern Nationalstaatsbildung, in Deutschland dagegen
Territorialstaatsbildung unter dem Dach eines vorstaatlichen Reiches war; – die frühneuzeitliche, den endgültigen Umbruch Ende

---

[23]   „Die Herausbildung konfessionell unterschiedlicher Kirchentypen gehört
mit zu den Hauptvorgängen der europäischen wie besonders der deutschen Geschichte im 16. und 17. Jahrhundert. Sie vollzieht sich in einem
Prozeß, der nicht nur das Kirchliche berührt, sondern auch die Lebensbereiche des Politischen und Kulturellen, überhaupt alles Öffentliche
und Private, in Mitleidenschaft reißt." (Zeeden, 249) Das Verfahren der
Konfessionalisierung ist unter Berufung auf Zeeden beschrieben worden
bei Reinhard, 179 ff. Zur Verbreitung und Durchsetzung der konfessionellen Normen bediente man sich neben Propaganda und Zensur insonderheit der Ausbildungstätten. „Ziel war eine konfessionell homogene
Bevölkerung" (Reinhard, 184), welche die Konfessionswerte bereits im
Sozialisationsprozeß internalisiert hatte. Als Instrumente der Disziplinie-
rung der Geistlichen sind insbesondere Vereidigungen und Visitationen
zu nennen. Vgl. W. Schulze, Gerhard Oestreichs Begriff „Sozialdisziplinierung in der frühen Neuzeit", in: Zeitschrift für historische Forschung
14 (1987), 265–302.

des 18., Anfang des 19. Jahrhunderts vorbereitende Modernisierung, die über die mit Staatsbildung bezeichnete politische Modernisierung hinaus einen gesellschaftlichen, kulturellen und
ökonomischen Fundamentalvorgang der europäischen Neuzeit
ausmacht; – die Konfessionalisierung, die nicht als Rückschlag,
sondern als ein spezifischer Teil der frühneuzeitlichen Modernisierung begriffen wird, der in dem zwischen drei Konfessionskirchen gespaltenen Reich besonders ausgeprägt war und daher innerhalb einer deutschen Geschichte besondere Beachtung verlangt. Das alles läuft auf die These von einer Vorachsenzeit im
letzten Drittel des 16. Jahrhunderts hinaus, in der sich bereits vieles an staatlicher und gesellschaftlicher Formierung anbahnte, das
in der nachfolgenden Krise nochmals in Frage gestellt wurde und
sich daher erst seit dem ausgehenden 17. und im 18. Jahrhundert
fest zu etablieren vermochte." (Schilling, 11 f.)[24]

---

[24] In Anbetracht dieses Sachverhaltes stellt sich der neueren Forschung „das
Problem der *historischen Periodisierung* wesentlich komplizierter dar, als
es die (dem jeweiligen Modernitätsbewußtsein verpflichtete) Schematik
von ‚Mittelalter' und ‚Neuzeit' suggeriert. Insbesondere handelt es sich
bei dem ‚langen' 16. und dem ‚krisenhaften' 17. Jahrhundert, politisch
und sozial, religiös und theologisch, um mehr und anderes als eine Re-
prise des Mittelalters: um eine Epoche eigener Physiognomie, in der alte
und neue Motive, Faktoren und Formen des geschichtlichen Lebens sich
eigentümlich konstellieren. Sie erscheint als gesamtgesellschaftlicher *Mo-
dernisierungsprozeß*, in dem die *Konfessionalisierung* der in der Reformationszeit gespaltenen Kirche zu drei juridisch und organisatorisch
selbständigen, dogmatisch und spirituell eigenartigen Kirchen ein konsti-
tutives Element bildet. Die Unterscheidung von Alt- und Neuprotestantismus hat, jedenfalls im Sinne der Prädikate ‚mittelalterlich' und
‚neuzeitlich' ihre erschließende Kraft verloren. Als fruchtbarer hat es sich
erwiesen, eine *Frühe Neuzeit* (‚Early Modern History') zwischen der Reformation des 16. und den Revolutionen des 18. Jahrhunderts zu rekonstruieren." (W. Sparn, Preußische Religion und lutherische Innerlichkeit.
Ernst Troeltschs Erwartungen an das Luthertum, in: F. W. Graf/T. Rendtorff [Hg.], Ernst Troeltschs Soziallehren. Studien zu ihrer Interpretation
[Troeltsch-Studien Bd. 6], Gütersloh 1993, 152–177, hier: 167 unter Verweis
auf E. Hinrichs, Einführung in die Geschichte der Frühen Neuzeit, München 1980 sowie K. v. Greyertz [Hg.], Religion and Society in Early Modern Europe, London 1984.) Einen guten Überblick über „die geistesge-
schichtliche Einordnung der Reformation" gibt H. Rückerts gleichnamiger
Beitrag in: ders., Vorträge und Aufsätze zur historischen Theologie, Tübingen 1972, 52–70. Zu dem Versuch, „aus der Unterscheidung zwischen
Entstehungsbedingungen und eigenem Grund der Neuzeit" die „Differen-

In der Konsequenz dieser These hat Schilling dem Zustandekommen der Konkordienformel von 1577 und des Konkordienbuches von 1580 den Charakter eines epochal zu nennenden Datums
zuerkannt. Bezeichnend dafür ist, daß er seine Darstellung der
Konfessionalisierung Deutschlands unter der Überschrift „Trient,
Genf und Kloster Bergen" beginnt (vgl. Schilling, 267 ff.). Mit katholischer Erneuerung[25], dem Aufstieg des Calvinismus und der
Neuformierung des deutschen Luthertums sind nach seinem Urteil
die äußerlich betrachtet vielfach konträr verlaufenden, genauer
besehen aber sachlich weitgehend korrespondierenden Entwicklungen benannt, die im letzten Viertel des Reformationsjahrhun-
derts zur Ausdifferenzierung dreier bekenntnismäßig und rechtlich
scharf abgegrenzter Konfessionskirchen und zur Verfestigung ihres institutionellen und ideologischen Gegensatzes führten. „Nun
existierten in sich geschlossene Weltanschauungssysteme mit Aus-
schließlichkeitsanspruch. Das betraf nicht nur den jeweils als einzig richtig angesehenen Weg zum Heil mit seinen religiösen
Praktiken und kirchlichen Institutionen, sondern auch weite Bereiche des staatlichen und gesellschaftlichen Lebens." (Schilling,
274) Dessen ideologisch exklusive weltanschauliche Strukturie-
rung und Durchorganisation hinwiederum war nach Schilling eine
der wesentlichen Voraussetzungen für die Etablierung und Befestigung des frühmodernen Fürstenstaates, dessen Bürokratie und
Zentralregierung eine immer differenziertere und effektivere Gestalt annimmt. In diesem Sinne bedeutet nach seinem Urteil die

---

zierung zwischen früher N(euzeit) und der als *Moderne* sich selbst erfassenden N(euzeit)" zu gewinnen, vgl. F. Wagner, Art. Neuzeit, in: EKL[3]
Bd. III, Sp. 699–704, hier: 700.

[25]   Die Ursprünge einer Restauration des Katholizismus liegen in Spanien,
       wo Ignatius von Loyola den 1540 päpstlich bestätigten Regularklerikeror-
       den „Societas Jesu" stiftete, dessen straff militärische Verfassung einzig
       auf die Herstellung der Alleinherrschaft der römisch-katholischen Kirche
       durch Bekehrung der Ketzer und Heiden ausgerichtet war. Auch ander-
       wärts kam es zu antireformatorischen Reaktionsbewegungen großen
       Stils, wobei das Konzil von Trient mit der theoretischen und praktischen
       Abgrenzung gegen den „Protestantismus" zugleich eine ernsthafte Re-
       form der innerkatholischen Verhältnisse erbrachte. Auf dieser Grundlage
       basierte die Gegenreformation, welche das über 100 Jahre während
       Zeitalter der freilich keineswegs nur religiös, sondern mindestens eben-
       sosehr politisch motivierten europäischen Konfessionskämpfe herauf-
       führte.

Konfessionalisierung „einen jener Fundamentalvorgänge, die die
europäische Neuzeit hervorbrachten" (Schilling, 275).

Daß der im Rahmen der Konfessionalisierung statthabende politische und gesellschaftliche Wandel das späte 16. Jahrhundert als
Vorsattelzeit der Moderne kennzeichnet, wird nach dem Urteil
Schillings durch das Schicksal des mittelalterlichen Kaiserreiches
bestätigt, das als vor- und überstaatliche Institution zwar noch
weit in die Frühmoderne und Moderne hineinragt, machtpolitisch
aber seit der Abdankung Karls mehr und mehr hinter den Einfluß
der Fürsten zurücktritt, die in ihren Territorien zu Trägern der
neuzeitlichen Staatlichkeit werden. Zwar sah es nach der großen
Zeit der Fürstenreformation in den vierziger Jahren bzw. um die
Mitte des Jahrhunderts noch einmal so aus, als könne es dem Kaiser gelingen, „Reformation und Fürstenmacht zu brechen und an
die Stelle von Territorialität und Mehrkonfessionalität doch noch
die Katholizität eines einheitlichen Kaiserstaates zu setzen"
(Schilling, 227). Doch schon der nach Maßgabe des Passauer Ver-
trags zustande gekommene Augsburger Religionsfrieden, in dessen Folge Bikonfessionalität, später dann sogar Trikonfessionalität
und Multiterritorialität unter dem Dach des vorstaatlichen Reiches
gewährleistet wurden, beendete Karls Pläne katholisch-cäsaristi-
scher Einheitlichkeit. Sein Bruder, Ferdinand I., anerkannte das
historische Vorrecht der Fürsten auf frühmoderne Staatsbildung
und Machtakkumulation in ihren Territorien an, für welche
Staatsbildung die fortschreitende, im letzten Drittel des Jahrhunderts sich vollendende Konfessionalisierung ein entscheidendes,
wenn nicht das entscheidende Datum darstellt.

Während vom Niedergang des universalmonarchischen, an der
Idee der unio imperii et ecclesiae orientierten Herrschaftspro-
gramms Karls sogleich noch ausführlich die Rede sein wird, sei
hier nur vermerkt, daß zu einem gerechten Urteil über die Epoche
der Konfessionalisierung die Einsicht in die Unvermeidbarkeit einer Phase der Reaktion gegen Auflösung und Ordnungsverlust im
Anschluß an die Veränderungen der ersten Hälfte des 16. Jahrhunderts notwendig hinzugehört. Die territorialstaatliche Konfessionalisierung, die angesichts der unzureichenden Ausbildung anderer gesellschaftsintegrativer Elemente als ein wesentliches Instrument sozialer Sinnstiftung und frühneuzeitlicher Herrschafts-
technik zu betrachten ist, kann in dieser Perspektive als der Versuch gewertet werden, vielfältige Innovationen des „langen"

16. Jahrhunderts zu kontrollieren und zu entschärfen.[26] Hält man sich vor Augen, daß die Rückbesinnung auf einheitliche Ordnungsprinzipien, wie sie in der konfessionellen Unifizierung der Territorien sich als wirksam erwies, ihrerseits keineswegs bloß traditionalistische, sondern modernitätsförderliche Folgen zeitigte, so wird man auch in dieser Hinsicht das ausgehende 16. und das beginnende 17. Jahrhundert nicht länger als eine Periode bloßer Epigonen betrachten, sondern als eine Zeit, in der sich Traditionalität und Modernität in eigentümlicher Weise verschränkten.[27]

---

[26] Vgl. im einzelnen W. Schulze, Deutsche Geschichte im 16. Jahrhundert. 1500–1618, Frankfurt a. M. 1987, 7 ff. sowie ders., Die ständische Gesellschaft des 16./17. Jahrhunderts als Problem von Statik und Dynamik, in: ders. (Hg.), Ständische Gesellschaft und soziale Mobilität, München 1988. Über den Zusammenhang zwischen religiösen und ökonomischen Verschiebungen des 16. und 17. Jahrhunderts vgl. H. R. Trevor-Roper, Religion, Reformation und sozialer Umbruch. Die Krisis des 17. Jahrhunderts, Frankfurt a. M./Berlin 1967. Am Beispiel der Hexenverfolgungen versucht Trevor-Roper zu belegen, daß Reformation und Gegenreformation, auf deren Konflikt er die Wiederbelebung des Hexenwahns während der sechziger Jahre des 16. Jahrhunderts vor allem zurückführt, die Lebensdauer der mittelalterlichen Synthese künstlich verlängerten. Zerstört worden sei sie erst in der Mitte des 17. Jahrhunderts – „und durch die durchbrochene Kruste floß das verschlammte Wasser ab" (179).

[27] Erst neuerdings ist besagte Zeit wieder Gegenstand intensiver Forschungen geworden, nachdem vorher zumeist die Absagen und Verdikte einhellig waren, auch wenn sie inhaltlich verschieden ausfielen. Signifikant ist allein schon die Tatsache, daß es abgesehen von knappen Überblikken in Lexika, Lehrbüchern und Kompendien in unserem Jahrhundert nur drei wissenschaftliche Werke über die Kirchen- und Theologiegeschichte des späten 16. und des nachfolgenden 17. Jahrhunderts gibt, nämlich die theologiegeschichtlich angelegten Arbeiten von Otto Ritschl (Dogmengeschichte des Protestantismus I–IV, Leipzig 1908/12, Göttingen 1926/27) und Hans Emil Weber (Reformation, Orthodoxie und Rationalismus I–II, Gütersloh 1937–1951, Darmstadt 1966) sowie die Kirchengeschichte Karl Müllers, die eine umfangreiche Darstellung der abendländischen Kirchengeschichte von 1560–1688 enthält (vgl. K. Müller, Kirchengeschichte II,2, Tübingen 1923, 11 ff.). Zu nennen wäre ferner als ein Werk eigener Art Werner Elerts „Morphologie des Luthertums" (Erster Band: Theologie und Weltanschauung des Luthertums hauptsächlich im 16. und 17. Jahrhundert, München 1931. Zweiter Band: Soziallehren und Sozialwirkungen des Luthertums, München 1932). Über die Philosophiegeschichte der Zeit vgl. u. a. S. Wollgast, Philosophie in Deutschland zwischen Reformation und Aufklärung 1550–1650, Berlin 1988, ²1993. Zur deutschen Lyrik im konfessionalistischen Zeitalter vgl. das inhaltsreiche

Was das Luthertum bzw. die lutherischen Territorien betrifft, so ist
der Prozeß ihrer Konfessionalisierung bereits eingehend untersucht und detailliert beschrieben worden.[28] Orientiert man sich
vorrangig an Lehrfragen, so liegt es nahe, zwischen einer Konfessionalisierung nach innen und einer Konfessionalisierung nach
außen zwar nicht zu trennen, wohl aber zu unterscheiden. Für erstere ist nach W. Sparn namentlich die im Kontext der Abendmahlslehre entwickelte Christologie, für letztere der Erwählungs-
gedanke wichtig und charakteristisch.[29] Beide konfessionsspezifi-
schen Lehrbildungen haben – wenn auch noch nicht definitiv, so
doch im Grundsatz erkennbar – bereits in der Konkordienformel
ihren Niederschlag gefunden. Was die Christologie betrifft, die
den zumindest bis ins erste Drittel des 17. Jahrhunderts am inten-
sivsten bearbeiteten theologischen Topos des Luthertums darstellt,
so wurde sie durch FC VIII zu einem eigentümlichen Kennzeichen der sich umbildenden lutherischen Konfessionskirche erklärt, dessen „Anerkennung ein unabdingbares Moment der Kir-
chenzugehörigkeit war, und zwar nicht nur für Theologen und
Pfarrer, sondern darüber hinaus für die politischen Eliten und
kulturellen Multiplikatoren"[30]. Analoges ist – bei stärkerer Beto-

---

Werk von H.-G. Kemper, Deutsche Lyrik der frühen Neuzeit, Bd. 2:
Konfessionalismus, Tübingen 1987. Berechtigte Einwände gegen Kemper
finden sich bei J. Baur, Lutherisches Christentum im konfessionellen
Zeitalter – ein Vorschlag zur Orientierung und Verständigung, in: ders.,
Einsicht und Glaube. Bd. 2, Göttingen 1994, 57–74, hier bes. 58, 62 ff.

[28]   H.-C. Rublack (Hg.), Die lutherische Konfessionalisierung in Deutschland, Gütersloh 1992. Weitere Literatur enthält in diesem Band der Beitrag von J. Wallmann, Lutherische Konfessionalisierung – ein Überblick,
a. a. O., 33–53. Rublack selbst bietet a. a. O., 13– 32 eine Übersicht zur
Problemlage der Forschung zur lutherischen Orthodoxie in Deutschland.

[29]   Vgl. im einzelnen W. Sparn, Die Krise der Frömmigkeit und ihr theologischer Reflex im nachreformatorischen Luthertum, in: H.-C. Rublack (Hg.),
a. a. O., 54–82; zur Konfessionalisierung des theologischen Berufs vgl.
71 ff.

[30]   „Eine differenzierte Christologie wird zum qua ‚Bekenntnis' zu internali-
sierenden Identifikationsmerkmal einer Kirche erhoben, die sich aber
dadurch nicht als eine neben anderen Konfessionskirchen konstituiert
sieht, sondern als vera ecclesia catholica versteht. Andere Kirchen, die
diesem Christusverständnis in ihrer offiziellen Lehre widersprechen und
durch die ihnen zugehörigen Theologen bestreiten, gelten als häretisch
oder zumindest – in abgestufter Weise – als schismatisch." (J. Baur, Lu-

nung des Außenbezugs des Konfessionalisierungsprozesses – im Blick auf die in FC XI entwickelte Erwählungslehre zu sagen, die auf den polemischen Gegensatz zur calvinistischen Prädestinationslehre fixiert ist, welche ihrerseits zum Zentrum spezifischer Ausgestaltung reformierter Tradition werden sollte. Kurzum: Die Entwicklung der evangelischen Bekenntnisbewegung tendiert auf Konfessionen im denominationellen Sinne des Begriffs. Für das Luthertum ist die Konkordienformel im Verein mit dem Konkordienbuch ein exemplarisches Beweisdokument für diesen Trend.

Stellt sonach Konfessionalisierung zweifellos einen festen Bestandteil der Bekenntnisbildung Wittenberger Reformation dar, wie er funktionsäquivalent auch im Hinblick auf Genf und Trient zu konstatieren ist, so wäre es doch verkehrt, den besagten Bekenntnisbildungsprozeß ausschließlich in konfessionalistischer Perspektive erfassen zu wollen. Denn daß Konfessionalisierung im Sinne spezifischen Luthertums nur als ein Element bzw. als ein Moment Bestandteil der Bekenntnisbildung Wittenberger Reformation ist, bestätigt auf ihre Weise auch und gerade die Konkordienformel als das sozusagen konfessionalistischste Bekenntnis im Konkordienbuch.[31] Denn die Konkordienformel weiß sich nach Maßgabe ihres Inhalts nicht nur in einer für ihr Selbstverständnis konstitutiven Weise vom Zeugnis der Schrift unterschieden, an dem überprüft zu werden ihr ausgesprochener Wille ist; sie will zugleich nicht für sich allein, sondern im Kontext mit anderen Bekenntnisschriften, namentlich im Kontext der CA gelesen werden, wofür bereits der historische Zusammenhang von FC und Konkordienbuch ein eindeutiger Beleg ist. Dabei kann der erho-

---

therische Christologie, in: H.-C. Rublack [Hg.], a.a.O., 83–124, hier: 88 f. Zum Thema „Die lutherische Christologie im Kontext der Gestaltwerdung lutherischen Christentums" vgl. die gleichnamige Studie Baurs in: ders., Luther und seine klassischen Erben. Theologische Aufsätze und Forschungen, Tübingen 1993, 164–203 sowie die a.a.O., 115–289 gesammelten Texte, auf die noch zurückzukommen sein wird.)

[31] „Auch die Konkordienformel hat ja die Idee der die streitenden Religionsparteien umfassenden gemeinsamen Christenheit noch keineswegs preisgegeben, wie ja diese Idee bekanntlich gerade den Lutheranern selbst im 17. Jahrhundert noch teuer war." (G. Kretschmar, Die Bedeutung der Confessio Augustana als verbindliche Bekenntnisschrift der Evangelisch-Lutherischen Kirche, in: H. Fries u.a., Confessio Augustana. Hindernis oder Hilfe?, Regensburg 1979, 31–77, hier: 64)

bene Anspruch auf Auslegungsauthentizität nicht bedeuten, die
Stimme der CA sei differenzlos in diejenige der FC zu überführen.
Der Authentizitätsanspruch der FC ist vielmehr deren Selbstverständnis zufolge überhaupt nur unter der Bedingung rechtens zu
erheben und angemessen wahrzunehmen, daß er den Text, dessen verbindliche Interpretation er zu leisten beansprucht, nicht
eskamotiert, sondern buchstäblich zur Geltung bringt. Insofern ist,
um es zu wiederholen, der historische Zusammenhang zwischen
der Genese der Konkordienformel und der Entstehung des Konkordienbuchs auch in inhaltlicher Hinsicht außerordentlich signifikant und aufschlußreich. Der Text der FC kann nur kontextuell,
im Kontext weiterer Bekenntnisschriften recht verstanden werden – und zwar nach Maßgabe seines eigenen Verständnisses.
Entsprechend gilt, daß das eigentümliche Wesen des Luthertums
nur aus jenem evangelischen Glauben heraus sich erschließt, welcher nach reformatorischer Einsicht mit dem christlichen Grund-
zeugnis übereinkommt, wie es in der Schrift beurkundet und in
den altkirchlichen Symbolen komprimiert zum Ausdruck gebracht
ist. Eine Theologie der Bekenntnisschriften der evangelisch-
lutherischen Kirche wird dies bereits in der Konzeption ihrer
Gliederung zu berücksichtigen haben, will sie ihren materialen
Themenbeständen nicht in formaler Äußerlichkeit begegnen. Sie
wird fernerhin die Erinnerung eines sozusagen präkonfessionellen
Bekenntnisbegriffs zu pflegen haben, dessen Gedächtnis, wie es
namentlich durch die Augustana und ihre Genese nahegelegt
wird, auch in der Konkordienformel noch keineswegs vergangen
ist.

Was die terminologiegeschichtliche Bedeutung der Augustana-
Genese für den Konfessionsbegriff angeht, so ist zunächst darauf
aufmerksam zu machen, daß confessio nach üblichem mittelalterlichen Sprachgebrauch einen der drei Elementarbestandteile des
Bußsakraments neben contritio und satisfactio bezeichnet. Im Zusammenhang des Verständnisses von confessio als Beichte steht
ferner die auf Augustin zurückzuführende Gegenüberstellung von
confessio laudis und confessio peccatorum, von Lobpreis und
Sündenbekenntnis. Daneben ist die Terminologie mittelalterlicher
Meßerklärungen bedeutsam, „für die der dreifache Heiligruf der
Seraphen, das Sanctus am Ende der Präfation, ‚Confessio‘, Bekenntnis der Trinität ist, im ‚Benedictus‘ weitergeführt zum Kanon
als ‚Bekenntnis‘ zu dem im eucharistischen Mahl, in Brot und

Wein, gegenwärtigen Christus"[32]. Folgt man Georg Kretschmar, dann schließt der für die anfängliche Wittenberger Reformation charakteristische Bekenntnisbegriff insonderheit an letztgenannte Redeweise kirchlicher Tradition an.[33] Kretschmar belegt dies vor allem mit Luthers 1528 erschienener Schrift „Vom Abendmahl Christi", deren dritter und abschließender Teil den Titel „Bekenntnis" trägt: Daran zeige sich in der nötigen Deutlichkeit, wie eng für den Reformator Bekenntnis zur Gegenwart Christi im Herrenmahl und Trinitätsbekenntnis zusammengehörten. Aus dem gottesdienstlich situierten und mit der dankbaren Annahme sakramentaler Heilspräsenz Christi untrennbar verbundenen Bekenntnis zum dreieinigen Gott entwickelt Luther nach Kretschmar sodann „unverbrüchlich gültige Lehraussagen, also eine Lehrnorm, und bemüht sich, alle Kontroverspunkte in dieses Schema einzufangen"[34]. Damit war eine neue theologische Weise, vom Bekenntnis zu reden, ausgeprägt. Bekenntnis heißt nun jenes Gefüge von

---

[32] G. Kretschmar, a. a. O., 34 unter Verweis auf Gabriel Biel, Canonis missae expositio, hom. XIX, ed. H. A. Oberman/W. G. Courtenay, Wiesbaden 1963, I, 164 ff.

[33] Im Unterschied zu Kretschmar ist W. Brandmüller bemüht, mit Nachdruck den Kontinuitätsbruch zwischen reformatorischem Bekenntnis und patristisch-mittelalterlicher confessio fidei herauszustellen. Die Confessio Augustana ist ihm dafür exemplarisches Beispiel: „Im Gegensatz zur Überlieferung formulierten weder Papst noch Konzil den Text des Bekenntnisses, sondern die der Häresie verdächtigen Gläubigen, nämlich Fürsten und Städte, bzw. von diesen beauftragte Theologen und Juristen. Dieses so entstandene Bekenntnis wurde auch nicht der obersten glaubensrichterlichen und für die Wahrung der kirchlichen Einheit zuständigen Instanz, also Papst oder Konzil, sondern Kaiser und Reichsständen vorgelegt. Im Gegensatz zur Überlieferung werden überdies gerade nicht die bestrittenen Glaubensinhalte zum Gegenstand des Bekenntnisses gewählt, sondern wird vielmehr der Nachweis versucht, daß die Unterzeichner nichts anderes glaubten und lehrten als die katholische Kirche. Aus diesem Grunde wurden gerade die besonders heftig bestrittenen Materien bewußt übergangen. Allein schon an diesen formalen Merkmalen wird, unabhängig vom Inhalt der Confessio Augustana, die Tatsache eines fundamentalen Bruches mit der kirchlichen Überlieferung sichtbar – eines Bruches, dessen Nichtvorhandensein zu beweisen die CA abgefaßt worden war." (W. Brandmüller, Der Weg zur Confessio Augustana, in: W. Reinhard [Hg.], Bekenntnis und Geschichte, 31–62, hier: 39)

[34] G. Kretschmar, a. a. O., 35.

Glaubensaussagen über Trinität, Christologie, Soteriologie, Pneumatologie, Ekklesiologie etc. bis hin zur Eschatologie, welche den
katechismusartig aufgelisteten Inhalt des dritten Teils der Schrift
„Vom Abendmahl Christi. Bekenntnis" ausmachen. Dieser Sprachgebrauch sollte für das Bekenntniskonzept Wittenberger Reformation insgesamt kennzeichnend werden.[35]

Trifft diese Rekonstruktion zu, dann steht der reformatorische Begriff des Bekenntnisses in einem engen traditionsgeschichtlichen
Zusammenhang mit dem im sakramentalen Mahl zentrierten gottesdienstlichen Geschehen, und es kann namentlich im Hinblick
auf das ursprüngliche Confessio-Verständnis Luthers, wie es sich
1528 in testamentarischer Form zu erkennen gibt, gesagt werden:
„Das Bekenntnis schlägt die Brücke vom Gottesdienst der Gemeinde zur eschatologischen Verantwortung des Lehrers in der
Gemeinschaft der ganzen rechtgläubigen Kirche, eben weil das
Bekenntnis stets, im Gottesdienst und im Endgericht, den Bekennenden vor Gottes Majestät stellt, den gegenwärtigen und den
künftigen Richter." (Kretschmar, 104) Dieses genuine Bekenntnis-
verständnis Wittenberger Reformation ist nach Kretschmar mehr
oder minder latent auch dort noch vorauszusetzen, wo sich Bekenntnis „zur Bezeichnung für eine bestimmte literarische Gattung

---

[35] Hervorzuheben ist, daß Kretschmar in Konsequenz seiner Beobachtung,
daß das Wort „Bekenntnis" seinen festen Ort in der mittelalterlichen
Meßliturgie hat, nachdrücklich den engen Bezug der Termini „Bekenntnis" und „bekennen" zum Sakrament des Altars akzentuiert, wie er in
Luthers Abendmahlsschrift von 1528 gegeben ist. (Zum Zusammenhang
von Bekenntnis und Sakrament vgl. auch die Studie von W. Maurer, Bekenntnis und Sakrament. Ein Beitrag zur Entstehung der christlichen
Konfessionen. Teil I: Über die treibenden Kräfte in der Bekenntnisentwicklung der abendländischen Kirche bis zum Ausgang des Mittelalters,
Berlin 1939.) Das Bekenntnis zu dem im sakramentalen Mahl realpräsen-
ten Herrn hinwiederum ist für Luther „nicht abzulösen vom Glauben und
Bekenntnis gegenüber dem dreieinigen Gott und der Menschwerdung
des Sohnes Gottes, wie sie im zweiten Artikel des Apostolischen Symbols beschrieben wird. Damit erhält das Wort Bekenntnis für Luther implizit die Ausrichtung auf das Ganze des christlichen Glaubens, nicht nur
einen einzelnen, vielleicht isolierten Streitpunkt. Umgekehrt wird gerade
unter diesem Gesichtspunkt deutlich, daß Glaube nicht ein Wissen um
Glaubenswahrheiten ist – so unbestreitbar er solche Gewißheiten einschließt –, sondern unmittelbare Ausrichtung auf Gott selbst; Glaube ist
Anbetung und Lobpreis und fordert deshalb auch Bekenntnis."
(Kretschmar, 103 f.)

kirchlicher Texte" (Kretschmar, 105) entwickelte, wie das bereits im Vorfeld der Confessio Augustana der Fall war. Trotz und unbeschadet der fortschreitenden terminologischen Festlegung des Wortes im Sinne einer literarischen Gattung sei die Erinnerung an den genuinen – gottesdienstlich, gesamtkirchlich und eschatologisch ausgerichteten – Sitz im Leben des Begriffs durchaus erhalten geblieben, auch wenn das doktrinelle Interesse an verbindlichen Lehrformeln, wie es schließlich in der Sammlung von Bekenntnisschriften zu normativen, auf Abgrenzung bedachten Corpora Doctrinae am Werke ist, diese Erinnerung gelegentlich verblassen ließ.

Dieses Gedächtnis des originären Bekenntnisverständnisses Wittenberger Reformation gilt es auch fernerhin wachzuhalten bzw. zu erneuern und das umso mehr, als der Begriff der Konfession im Laufe der Zeit, wie erwähnt, „zum Kennzeichen und dann geradezu zur Bezeichnung für partikulares Kirchentum" (Kretschmar, 87) geworden ist. Wenn Bekenntnis nicht aus der Koinonia des Leibes Christi heraustritt, sondern, wie das bei Luther 1528 der Fall ist, dezidiert in deren Zusammenhang geübt und gepflegt wird, trägt es die Verheißung in sich, „die gegeneinander stehende Partikularität denominationeller Kirchentümer" (Kretschmar, III) statt zu befestigen zu beheben und in jene universale Gemeinschaft zu überführen, zu der die Kirche als der durch die Gegenwart des Herrn beseelte Leib Christi ihrem Wesen nach bestimmt ist.[36]

---

[36] In diesem Zusammenhang ist auch auf den konstitutiven Gemeindebezug reformatorischen Bekenntnisses zu verweisen, wobei der Begriff Gemeinde als differenzierte Einheit orts- und universalkirchlicher Bezüge zu fassen ist. Vgl. dazu bes. M. Brecht, Bekenntnis und Gemeinde, in: ders./R. Schwarz (Hg.), a. a. O., 45–56, hier: 55: „Die Geschichte der reformatorischen Bekenntnisse hat viele, weithin auch wohlbekannte Aspekte, politische, rechtliche, zwischenkirchliche, momentane, theologische usw. Über all dem sollte jener schwer zu greifende, weithin verborgene Bezug des Bekenntnisses zu Lehre, Leben und Ordnung der Gemeinde nicht übersehen werden, in dem sich seine eigentliche Funktion erfüllte. Ließe man dies außer Betracht, wären die reformatorischen Kirchen lediglich von außen verstanden." (Vgl. § 11)

3. Konfessionsstreit und politische Ordnung

Als Kaiser Karl V. am 21. September 1558 in der Einsamkeit von San Jerónimo de Yuste starb, sank mit ihm „das alte Kaiserideal ins Grab der Geschichte"[37]. Der Niedergang des nach dem Urteil Hugo Rahners „letzten abendländischen Kaiser(s)", dessen auf eine religiöse Einheitskultur im Sinne der unio imperii et ecclesiae angelegter Reichsgedanke durch die noch in der Sterbestunde seinem Testament beigegebene Verfügung strenger Bestrafung der Häretiker ein letztes Mal bekräftigt wurde, begann bereits Jahre vorher und ist veranlaßt nicht nur durch wachsende physische Hinfälligkeit des Regenten, sondern zumindest ebensosehr durch den fortschreitenden Verfall politischer Realisierungsmöglichkeiten jener Kaiseridee, welche Karls Wirken von Anbeginn kennzeichnete (vgl. dazu im einzelnen § 6,1). Hatte Karl bereits den Passauer Vertrag nur mit Vorbehalt angenommen, so lehnte er den Augsburger Religionsfrieden, der die Protestanten als paritätischen Religionsstand anerkannte, dezidiert ab, wofür die förmliche Resignation, deren erster Akt unmittelbar auf den Augsburger Religionsfrieden erfolgte, der offenkundige Beleg ist.

Nicht zuletzt weil es wegen der Abdankung Kaiser Karls V. (der sich in jenem Jahr aus der Politik zurückzog und die Führung der Geschäfte in Deutschland seinem einzigen Bruder Ferdinand, in seinen übrigen Reichen seinem Sohn Philipp anvertraute) einen wichtigen Einschnitt nicht nur deutscher, sondern gesamteuropäischer Geschichte darstellt[38], bezeichnet das Jahr 1555 ein wenn auch nicht „kanonisches"[39], so doch epochal zu nennendes Datum. Was Deutschland betrifft, so besiegelte der Augsburger

---

[37]   H. Rahner, Der Tod Kaiser Karls V., in: ders., Abendland. Reden und Aufsätze, Freiburg i. Br./Basel/Wien 1966, 219−235, hier: 219.

[38]   Vgl. G. Müller, Die Reformation als Epoche europäischer Geschichte, in: ders., Causa Reformationis. Beiträge zur Reformationsgeschichte und zur Theologie Martin Luthers, hg. v. G. Maron und G. Seebaß, Gütersloh 1989, 9−24.

[39]   E. W. Zeeden, Die Deutung Luthers und der Reformation als Aufgabe der Geschichtswissenschaft, in: TThQ 140 (1960), 154; zit. n. G. Müller, a. a. O., 11.

„Präventivfriede(n)"[40] die konfessionelle Spaltung insofern, als er „beständigen, beharrlichen, unbedingten, für und für ewig währenden" Frieden sowohl für die altgläubigen Reichsstände als auch für die ständischen Vertreter der Augsburgischen Konfession rechtlich zusicherte. Kein Reichsstand sollte künftig wegen seiner Zugehörigkeit zur Confessio Augustana reichsrechtlich belangt oder mit Krieg überzogen werden. Ausdrücklich vom Frieden ausgeschlossen blieben hingegen alle, die nicht als „Verwandte des Augsburgischen Bekenntnisses" galten.

Damit ist bereits angezeigt, daß mit der Freistellung der CA keineswegs die Gewährung allgemeiner Religionsfreiheit verbunden war. Vielmehr blieb nach Maßgabe des Grundsatzes, der später mit der Formel „cuius regio, eius religio" umschrieben wurde, der Religionsentscheid, das sog. ius reformandi, ausdrücklich dem Landesherrn vorbehalten, während den Untertanen für die Lande der Reichsstände lediglich das Auswanderungsrecht eingeräumt wurde. Allenfalls in Reichsstädten läßt sich eine „Frühform des modernen, konfessionell paritätischen Staates (erkennen), weil in ihrem Bereich am ehesten die Voraussetzungen für individuelle Glaubensfreiheit geschaffen war"[41].

Hinzuzufügen ist, daß der Fortbestand der geistlichen Fürstentümer im Reichstagsabschied durch das „reservatum ecclesiasticum" gesichert wurde, demgemäß ein die alte Glaubensgemeinschaft verlassender Fürstbischof sein Territorium aufzugeben hatte; das Zugeständnis einer Duldung von zur CA gehörigen Rittern, Städten und Gemeinden in geistlichen Territorien wurde lediglich in Gestalt einer Deklaration König Ferdinands, der sog. Declaratio Ferdinandea, gegeben. Anzumerken ist ferner, daß der Augsbur-

---

[40]   H. Bornkamm, Der Augsburger Religionsfriede (1555), in: ders., Das Jahrhundert der Reformation. Gestalten und Kräfte, Frankfurt a. M. 1983, 315– 330, hier: 316. „Der Verzicht auf Waffengewalt, die Anerkennung der beiden Glaubensformen, der Katholiken und der Anhänger der Augsburgischen Konfession, im Reich, das Recht der ungehinderten Übersiedlung in ein Land des eigenen Glaubens, Parität in den Reichsstädten –, das war gegenüber dem kirchlichen Zwangsrecht des Mittelalters ein neues Blatt der Geschichte." (325)

[41]   E. Koch, Der Weg zur Konkordienformel, in: Vom Dissensus zum Konsensus. Die Formula Concordiae von 1577, Hamburg 1980, 10–46, hier: 17. Vgl. ferner die Verhältnisse in der Schweiz nach 1531.

ger Religionsfriede nicht ohne weiteres als jenes „sakrosankte
Reichsfundamentalgesetz" in Geltung stand, „das die evangelischen Juristen in ihm verherrlichten und das die moderne Historiographie im Rückblick in ihm sieht. Die katholische Seite hielt
noch bis tief in das 18. Jahrhundert daran fest, daß die eigentliche
Reichsverfassung des Sacrum Imperium iure divino katholisch
bleiben müsse und im unlöslichen Verbund mit der katholischen
Kirche verblieben sei. Sie hat deshalb den Religionsfrieden nur als
eine begrenzte Ausnahmeregelung kraft Notrechts mit interimisti-
scher Vorläufigkeit bis zur Rückkehr der Abtrünnigen verstanden ..."⁴² Faktisch freilich wurde diese Annahme immer mehr zur
Fiktion, wozu der Religionsfrieden von 1555 historisch durchaus
das Seine beigetragen hat, so daß es bei aller gegebenen Diffe-
renzierungsbedürftigkeit sachlich legitim bleibt, ihn ein epochales
Datum zu nennen.⁴³

---

⁴²   M. Heckel, Religionsbann und Landesherrliches Kirchenregiment, in: H.-
      C. Rublack (Hg.), a. a. O., 130–162, hier: 147 f.

⁴³   Dies wird u. a. auch durch die einschlägigen Forschungen von Heinrich
      Lutz bestätigt. Bereits in seinem Werk „Christianitas afflicta", das die un-
      mittelbar um den Augsburger Religionsfrieden gruppierten Ereignisse eu-
      ropäischer Geschichte von der französisch-protestantischen Offensive im
      Frühjahr 1552 bis zu den Abdankungen Kaiser Karls V. und seiner Abreise
      aus den Niederlanden nach Spanien 1556 behandelt, hat Lutz gezeigt, daß
      mit dem Scheitern der universalmonarchischen, an der unio imperii et
      ecclesiae orientierten Reichsidee Karls die Möglichkeit, die Einheit und
      Totalität der Christenheit im Sinne des Corpus Christianum politisch zu
      realisieren, definitiv erledigt und vergangen war. (Vgl. H. Lutz, Christia-
      nitas afflicta. Europa, das Reich und die päpstliche Politik im Niedergang
      der Hegemonie Kaiser Karls V. [1552–1556], Göttingen 1964. Interessant ist,
      daß Lutz universalmonarchische Intentionen nicht nur Karl V., sondern
      auch seinem Gegner Franz I. zuschreibt. „Nicht im Zusammenstoß eines
      mittelalterlichen Universalismus mit dem modernen Nationalstaat" sieht
      er daher „den Sinn der habsburgisch-französischen Rivalität ..., sondern
      im Ringen zweier sich ähnlicher Systeme, die beide Altes und Neues
      vermischt enthalten: mittelalterliches Erbe an Eigenstaatlichkeit und neu-
      erwachten Universalismus – so könnte man die üblichen Gegensatzpaare
      hier in einer nur scheinbaren Paradoxie vertauschen." [A. a. O., 22; vgl.
      auch die Bezüge auf ältere Forschungen Anm. 14]) So konfliktreich und
      keineswegs geradlinig sich der Weg auch darstellt, „der von der Macht-
      höhe der kaiserlichen Hegemonie zu der neuen Entfaltung eines Plura-
      lismus politischer und auch kirchlicher Lebenszentren in Europa führte"
      (a. a. O., 484), eindeutig ist, daß mit Karl zugleich die von ihm program-
      matisch vertretene Einheitsordnung von Politia und Ecclesia an ihr ge-

Das gilt in bestimmter Hinsicht sogar unter Toleranzgesichtspunkten und unter Aspekten von Religions- und Gewissensfreiheit. Dieses Urteil mag überraschen: Räumte doch, wie erwähnt, der Augsburger Religionsfriede lediglich den Landesherren das Recht freier Religionswahl ein, während er die Untertanen nach wie vor dem Religionsbann unterstellte.[44] „Kraft des Jus reformandi konnte der Landesherr die konfessionelle Geschlossenheit seines Territoriums gewaltsam durchsetzen. Widerstrebenden Bürgern verblieb nur das reichsverfassungsrechtlich garantierte Recht zur Auswanderung unter gewissen erleichterten Bedingungen.

---

schichtliches Ende gelangt war. Dabei verdient es bemerkt zu werden, wie nachdrücklich Lutz die nicht nur faktische, sondern auch ideelle Bedeutung der Reformation für die Genese des frühneuzeitlichen Europa hervorhebt. Namentlich Luther sei es gewesen, der, „um der Unverfälschtheit der christlichen Existenz den Weg zu öffnen, den Gedanken des christlichen Staates leidenschaftlich abgelehnt und unerbittlich die Verschiedenheit von politia und ecclesia verfochten" habe. „Das war", so Lutz, „ein Beitrag zum Werdeprozeß des neuzeitlichen Europa, mit dessen herausfordernder Radikalität von nun an jeder Versuch, die religiös–ethische Wertwelt der Christenheit in politisch-rechtliche Ordnungen zu übersetzen, zusammenstoßen mußte." (A. a. O., 32 f. mit Verweis auf die thematischen Auseinandersetzungen Karl Holls mit Sohm, Meinecke und Troeltsch)

44   M. Heckel, Religionsbann und Landesherrliches Kirchenregiment, legt Wert auf die Feststellung, daß sich der Begriff „ius reformandi" nicht bei den Reformatoren findet. „Wenn sie, Melanchthon vorab, von der custodia utriusque tabulae und von der cura religionis sprachen, hatten sie anderes im Sinn als den Bekenntnisbann und das Kirchenregiment der nachfolgenden Generationen von Juristen und Theologen der lutherischen Orthodoxie." (A. a. O., 133) Zu ergänzen ist, daß das Episkopalsystem, welches aus der Suspension der iurisdictio ecclesiastica von 1555 in den evangelischen Territorien den Übergang aller iura episcopalia vom katholischen Bischof auf die evangelischen Reichsstände folgerte, anders als der spätere Territorialismus das regimen ecclesiae nicht zu einem Teil der Staatsgewalt erklärte, sondern scharf unterschied zwischen iurisdictio saecularis und iurisdictio ecclesiastica. Hinzuzufügen ist ferner, daß „Episkopalismus wie Territorialismus ... *staatsrechtliche, nicht kirchliche* Theorien (sind) – aus dem weltlichen Recht mit säkular-juristischen Argumentationen und Ergebnissen gefolgert" (a. a. O., 141). Das ändert freilich nichts an der Tatsache, daß der Augsburger Religionsfriede von 1555 das ius reformandi ausschließlich auf die Landesherren, genauer gesagt auf die weltlichen Fürsten des Heiligen Römischen Reiches deutscher Nation beschränkte, den Bürgern hingegen kein Recht auf freie Religionsausübung zuerkannte.

Die von der späteren Publizistik zur Interpretation dieses Sachverhalts gebrauchte Formel ‚cuius regio eius religio' umschrieb
daher die Rechtslage verhältnismäßig präzis."[45] Von Religionsfreiheit und Toleranz im modernen Sinne kann demnach unter den
Bedingungen des Augsburger Religionsfriedens, der aus Deutschland „eine Art Mosaik katholischer und protestantischer Fürstentümer"[46] machte, offenbar nicht die Rede sein[47], zumal da der Re-
ligionszwang in den Territorien im Zuge der Ausbildung des
frühabsolutistischen Fürstenstaates, als dessen Funktion man die
territoriale Konfessionalisierung samt der mit ihr verbundenen Sozialdisziplinierung historiographisch beschrieben hat, vergleichsweise eher verstärkt wurde.

Dennoch und unbeschadet dessen spricht einiges für die Vermutung, daß der Verzicht auf die alte Glaubenseinheit im Reich, wie

---

45   Chr. Link, Toleranz im deutschen Staatsrecht der Neuzeit, in: P. F. Barton
(Hg.), Im Zeichen der Toleranz. Aufsätze zur Toleranzgesetzgebung des
18. Jahrhundert in den Reichen Josephs II., ihren Voraussetzungen und
ihren Folgen. Eine Festschrift, Wien 1981, 17–38, hier: 18; vgl. ferner:
F. Spiegel-Schmidt, Vom „beneficium emigrandi" zur Toleranz, in:
a. a. O., 39–75.

46   J. Lecler SJ, Geschichte der Religionsfreiheit im Zeitalter der Reformation.
2 Bde., Stuttgart 1965, hier: Bd. 1, 346. Zu den reformatorischen Theorien
von der landesherrlichen „Cura religionis" vgl. a. a. O., 349 ff., hier: 361 f.:
„Ganz allgemein orientierten sich die großen deutschen Reformatoren
nach dem Prinzip, das zur Grundlage des Augsburger Religionsfriedens
werden sollte: In einem Staat oder einem Fürstentum kann nur eine einzige Religion bestehen, die des Fürsten, der ihr Organisator ist. Schon
Luther erklärte 1526, daß auf einem Territorium nur eine einzige Art der
Predigt bestehen könne; als Grund gab er die Notwendigkeit der öffentlichen Ordnung an. Sowohl die Fürsten als auch die anderen Reformatoren haben die Lektion wohl behalten." Zur Herkunft der Formel „cuius
regio, eius religio" vgl. a. a. O., 367 f., wo sie auf den lutherischen
Rechtsgelehrten Joachim Stephani (1577–1623) zurückgeführt wird. Zum
Thema „Der Augsburger Religionsfriede im Dienste der Gegenreformation" vgl. a. a. O., 392 ff.

47   Vgl. N. Paulus, Religionsfreiheit und Augsburger Religionsfriede (1912),
in: H. Lutz (Hg.), Zur Geschichte der Toleranz und Religionsfreiheit.
Darmstadt 1977, 17–41, hier: 41: „Für den Gedanken der Religionsfreiheit
in modernem Sinn hat man auf dem Augsburger Reichstag von 1555 weder auf katholischer noch auf protestantischer Seite ein Verständnis gehabt." Vgl. ders., Protestantismus und Toleranz im 16. Jahrhundert, Freiburg i. Br. 1911.

er mit dem Augsburger Religionsfrieden faktisch geworden war, und die Anerkennung konfessionellen Dissenses eine der entscheidenden historischen Voraussetzungen für die Ausbildung und Realisierung der Toleranzidee darstellen. Mit W. Schulze zu reden: „Toleranzideen ... haben ihren Ursprung in einer komplizierten Gemengelage verschiedener Argumente. Sie können – wie der Blick auf das europäische 16. Jahrhundert zeigt – durchaus auf der Basis einer humanistischen Grundüberzeugung von der Würde und der Gottähnlichkeit des Menschen entwickelt werden. Dies scheint jedoch die Ausnahme zu sein, so bemerkenswert solche Auffassungen auch sind. Im viel bedeutsameren Kontext der konkreten konfessionspolitischen Auseinandersetzungen, in denen ja erst die Duldung anderer Konfessionen durchgesetzt werden mußte, scheint Toleranz erst denkmöglich zu werden nach der Legitimierung und Akzeptierung des konfessionellen Dissenses und im Verzicht auf die alte Einheit des Glaubens. Erst auf dieser Grundlage konnten dann Auffassungen entwickelt werden, die aus politischen und wirtschaftlichen Motiven heraus verschiedene Bekenntnisse in einem Gemeinwesen akzeptierten."[48] In diesem Sinne ist der Augsburger Religionsfriede, der das

---

[48] W. Schulze, Deutsche Geschichte im 16. Jahrhundert. 1500–1618, Frankfurt a. M. 1987, 264. Zur tendenziellen Säkularisierung des Reichsrechts seit 1555 vgl. G. Oestreich, Verfassungsgeschichte vom Ende des Mittelalters bis zum Ende des alten Reiches, in: H. Grundmann (Hg.), Handbuch der deutschen Geschichte (Gebhardt), Bd. 2, Stuttgart ⁹1970, 360–436 sowie M. Heckel, Weltlichkeit und Säkularisierung. Staatskirchenrechtliche Probleme in der Reformation und im Konfessionellen Zeitalter, in: B. Moeller (Hg.), Luther in der Neuzeit, Gütersloh 1983, 34–54. Ferner: H. Bornkamm, Der Augsburger Religionsfriede (1555), in: ders., Das Jahrhundert der Reformation. Gestalten und Kräfte, Frankfurt a. M. 1983, 315–330. Mit der Säkularisierung des Reichsrechts verbindet sich dessen schrittweise Loslösung „von der äußeren Bestimmung durch die kirchliche Gewalt und zugleich von der inneren Bindung an den geistlichen Anspruch dieser wie jener Konfession" (M. Heckel, a. a. O., 46). Zum Begriff der Säkularisierung als einem Schlüsselbegriff der neueren Geschichte vgl. im einzelnen W. Schulze, Einführung in die Neuere Geschichte, Stuttgart 1987, 48 ff. Unter dieser und faktisch nur unter dieser Voraussetzung konnte der Augsburger Religionsfriede eine Koexistenzordnung begründen, deren – immerhin jahrzehntelang bewährte – Leistung nachgerade darin bestand, „daß der Glaubensstreit, der weder theologisch beigelegt noch politisch-militärisch entschieden werden konnte, doch mit Hilfe des Rechts im Reich neutralisiert und äußerlich befriedet worden ist, während der geistliche, theologische Kampf weiter

Scheitern der Reichsidee Karls und das Ende der mittelalterlichen
unio imperii et ecclesiae ratifizierte, auch im Hinblick auf die Geschichte der Toleranz und der Religionsfreiheit ein epochal zu
nennendes Datum.

Das gilt analog für die Reformation im allgemeinen, insofern sie
für die Auflösung der religiösen Einheitskultur des Mittelalters ur-
sächlich war.[49] Nun hat freilich die Reformation, deren genuine

---

loderte" (M. Heckel, a. a. O., 47). Diese Leistung konnte, wie gesagt, nur
durch eine ansatzweise geschehende Säkularisierung des Reichsrechts
erbracht werden, die primär die Einheitsidee des Reiches betraf, sofern
diese nicht mehr mit der unio imperii et ecclesiae gleichzusetzen war.
„So hat die Säkularisierung der Reichsidee das mittelalterliche Einheits-
denken von Kirche, Reich und Recht zerrissen." (A. a. O., 47 f.) Dies geschah ebenso zwangsläufig wie notwendig, sofern unter Bedingungen
mittelalterlichen Einheitsdenkens von einer Gleichheit differenter Religionsparteien prinzipiell nicht hätte die Rede sein können. Entsprechend
wird man behaupten dürfen, daß mit der wie auch immer einge-
schränkten Anerkennung religiöser Parität ein historischer Schritt getan
worden ist, der die mittelalterliche Einheitskultur im Grundsatz vergangen sein ließ. Die Umbestimmung der mittelalterlichen pax christiana zu
einer Friedensidee, welche auch kirchlich Exkommunizierte zu erfassen
vermag und damit die Zuständigkeiten des Ketzerrechts entscheidend
einschränkt, bestätigt diese Entwicklung einer Ausdifferenzierung von
Recht und Religion, deren geschichtliche Zukunftsträchtigkeit gerade
darin zu suchen ist, daß mit der Emanzipation des Rechts von unmittelbaren Einflüssen und Dominanzansprüchen der Religion auch eine Befreiung der Religion einhergeht, sofern deren Belange nicht mehr unter
der direkten Bedrohung möglichen Rechtszwangs stehen.

49   Tatsache ist, daß die Reformation die abendländische Christenheit mit
      dem den Status einer historischen Novität begründenden Faktum einer
      unter den überkommenen kirchlich-gesellschaftlichen Strukturbedingun-
      gen nicht mehr behebbaren Differenz konfrontierte, indem sie in ihrem
      geschichtlichen Verlauf eine religiöse Zweiheit bzw. Dreiheit bewirkte,
      welche die relative Einheitskultur des Mittelalters, in der bestehende
      Unterschiede im wesentlichen durch gradualistische Stufenordnungen
      bewältigt wurden, progressiv auflöste bzw. in neue Struktursysteme
      transformierte. Dem reformationsgeschichtlichen Differenzierungs- und
      Pluralisierungsschub, der durch die Situation im ausgehenden Mittelalter
      des 15. und des beginnenden 16. Jahrhunderts bereits vorbereitet war,
      ohne daß dadurch allerdings der Gradualismus der mittelalterlichen Stu-
      fenordnungen schon gesprengt worden wäre, entspricht eine das bishe-
      rige Normengefüge auflösende Zentrierungsqualität und -intensität. (Vgl.
      B. Hamm, Reformation als normative Zentrierung von Religion und Ge-
      sellschaft, in: Jahrbuch für Biblische Theologie [JBTH] Bd. 7: Volk Gottes,

Intention zweifellos auf binnenkirchliche Reform hin angelegt
war, die Kirchenspaltung und die konfessionelle Differenzierung
des Reichs mit Sicherheit nicht ursprünglich bezweckt und ge-
wollt. Insofern kann, wie die Genese der neuzeitlichen Welt
überhaupt, so auch die Entstehung moderner Toleranz und Religionsfreiheit nur als „unbeabsichtigte Folge der Reformation"[50]
bezeichnet und gesagt werden: „Dieses Resultat ist so von niemandem geplant worden. Es läßt sich nicht als direkte Wirkung

---

Gemeinde und Gesellschaft, Neukirchen/Vluyn 1992, 241–279; vgl. auch
ders., Das Gewicht von Religion, Glaube, Frömmigkeit und Theologie
innerhalb der Verdichtungsvorgänge des ausgehenden Mittelalters und
der frühen Neuzeit, in: M. Hagenmaier/S. Holtz [Hg.], Krisenbewußtsein
und Krisenbewältigung in der Frühen Neuzeit – Crisis in Early Modern
Europe [FS H.-C. Rublack], Frankfurt a. M./Bern/New York/Paris 1992,
163–196) Das prozessuale Zusammenwirken gesteigerter Differenzierung
und Pluralisierung und sich verdichtender Zentrierung hatte zur Folge,
daß Einheit und Verschiedenheit nicht länger gradualistisch vermittelt
werden konnten. Hamm macht diesen „Bruch mit dem Gradualismus"
(Normative Zentrierung, 260) in theologisch-frömmigkeitsgeschichtlicher
Hinsicht ebenso plausibel im Blick auf Prozesse obrigkeitlicher Herr-
schaftszentrierung und -intensivierung im frühabsolutistischen Territorialstaat samt der damit verbundenen Rationalisierung, Bürokratisierung und
Sozialdisziplinierung, die nicht selten mit forcierten Bedürfnissen der
Abgrenzung und Diskriminierung verbunden war. In diesem Zusammenhang weist Hamm mit Recht auf eine gegenüber dem Spätmittelalter
enorm „gesteigerte Verflechtung von politia und ecclesia" in der Entwicklung des 16. Jahrhunderts und auf die dementsprechende Tatsache
hin, „daß, beginnend mit den späten zwanziger Jahren, die machtpoliti-
sche Zentrierung und Abgrenzung des frühmodernen Territorialstaats eine Symbiose mit dem normativen Verdichtungs- und Abgrenzungsschub
der reformatorischen Theologie, Kirchen- und Bekenntnisbildung eingeht" (a. a. O., 255 f.). Dieser Entwicklungstrend findet nicht nur in der
nachmaligen Ausdifferenzierung zweier wechselseitig sich ausschließen-
der Reformationstypen seine Bestätigung, sofern auch in diesem Prozeß
Staatsräson und ausgrenzende Bekenntnisfixierung einen auf Koinzidenz
hin angelegten Zusammenhang darstellen; er erfaßt auch die spätestens
seit dem Tridentinum zur Religionspartei formierte altgläubige Seite, so
daß sich „in katholischen Gebieten ein vergleichbares Zusammenwirken
von staatlicher und konfessioneller Zentrierung ergeben" (a. a. O., 273)
konnte.

[50] W. Pannenberg, Reformation zwischen gestern und morgen, Gütersloh
1969, 13.

dieser oder jener erhabenen Idee begreifen."[51] So richtig dies ist,
so ändert es gleichwohl nichts an der Tatsache, daß die Reformation über theoretische Potentiale verfügte, auf das Scheitern ihrer
gesamtkirchlichen Reformbemühungen und auf die nachfolgende
Konfessionsspaltung konstruktiv und in einer Weise zu reagieren,
welche den Gedanken von Toleranz und Religionsfreiheit als mit
der reformatorischen Einsicht nicht nur vereinbar, sondern ursprünglich vereint erkennen läßt. Grundlegend hierfür ist, wie
u. a. H. Lutz zutreffend hervorgehoben hat, die namentlich von
Luther geforderte strikte, wenngleich nicht als Trennung mißzu-
verstehende Unterscheidung von politia und ecclesia, der leiblich-
äußeren Sphäre zivil-politischer Freiheit und der geistlichen, die
innere Seele des Menschen betreffenden Sphäre des Glaubens,
hinsichtlich derer jeder Zwang konsequent zu vermeiden ist. Anders gesagt: Das im Gewissensbezug zu Gott begriffene Innere
der Menschenseele kann und darf nicht zur Disposition der Politik (auch nicht der Kirchenpolitik!) und ihrer Machtmittel gestellt
werden, deren Zuständigkeit vielmehr auf Erhalt und Förderung
von Leib und Leben zu beschränken ist, welche antitotalitäre Beschränkung die eigentümliche Grenze, aber auch Würde allen
weltlichen Geschäfts ausmacht. Man vergleiche in diesem Zusammenhang exemplarisch Luthers Haltung zu den Türkenkrie-
gen: „Der gerechte Krieg ist kein Religionskrieg, und der Religionskrieg ist kein gerechter Krieg – das ist eine Konsequenz seiner
Zweireichelehre, die Luther in bezug auf den Türkenkrieg gezogen hat. Daß der Kaiser keinen Glaubenskrieg zu führen, sondern
seine Fürsorgepflicht zu erfüllen hat, daß er also nicht mit falschem Selbst- und Berufungsbewußtsein zu Felde ziehen darf,
daß ist der Sinn der Mahnungen, die Luther an seinen Karolus
richtet: ‚Denn der keiser ist nicht das heubt der Christenheit noch
beschirmer des Euangelion odder des glaubens'."[52] Zu verweisen
wäre ferner auf die unter mittelalterlichen Bedingungen durchaus
revolutionäre Forderung der Abschaffung des sog. Großen Ban-

---

[51]   Ders., Reformation und Neuzeit, in: H. Renz/F. W. Graf (Hg.), Troeltsch-
        Studien Bd. 3: Protestantismus und Neuzeit, Gütersloh 1984, 21–34, hier:
        30.

[52]   W. Maurer, Historischer Kommentar zur Confessio Augustana, Bd. 1,
        Gütersloh 1979, 155 mit Verweis auf WA 30 II, 130, 27 f.

nes[53], dessen mangelnde Unterscheidung geistlicher und weltlicher Strafe Luther ebenfalls als unstatthafte Vermengung von potestas ecclesiastica und potestas civilis kritisierte. Nicht von ungefähr hat sich Castellio in seiner – aus Anlaß der Genfer Hinrichtung Servets verfaßten – Schrift „De haereticis an sint persequendi" von 1554, „die als Fanal der Forderung nach Toleranz in der Neuzeit gilt", mit Nachdruck auf Luther und seine Forderung berufen, Häretikern sei „nicht mit dem Ketzerrecht, d. h. mit Feuer und Schwert, sondern mit der Predigt, dem Versuch der inneren Gewinnung für den rechten Glauben gegenüberzutreten"[54].

---

53 „Das Rechtsverhältnis, in welchem Staat und Kirche im Mittelalter zueinander standen, läßt für den Toleranzgedanken keinen Raum übrig. Staat und Kirche sind Glieder des einen Corpus christianum, und imperium wie sacerdotium haben die Aufgabe, mit den ihnen zu Gebote stehenden Mitteln die Einheit desselben aufrecht zu erhalten. Mochte man zu dem das ganze Mittelalter beherrschenden Problem ,Staat und Kirche' als Kurialist oder Imperialist, als Welfe oder Ghibelline Stellung nehmen, mochte zwischen Monarchen und Päpsten wegen dieser oder jener Rechtskompetenz ein heftiger Streit entbrennen, so stand doch die Frage außerhalb jeglicher Diskussion, daß beide Gewalten gegen Ketzer, Schismatiker und Apostaten zusammengehen müssen." (K. Völker, Toleranz und Intoleranz im Zeitalter der Reformation, Leipzig 1912, 3)

54 K. Aland, Toleranz und Glaubensfreiheit im 16. Jahrhundert, in: M. Greschat/J. F. G. Goeters (Hg.), Reformation und Humanismus. FS R. Stupperich, Witten 1969, 67–90, hier: 83. „Luther hat damals diese Haltung auch in der Praxis bewährt. In seinem ,Sendbrief an die Fürsten zu Sachsen von dem aufrührerischen Geist' wendet sich Luther 1524 an Kurfürst Friedrich den Weisen und seinen Bruder Johann, um sie zu Maßnahmen gegen die vordringende Propaganda Müntzers aufzurufen, in welcher er den Teufel am Werk sieht. Aber die staatliche Obrigkeit soll nur dafür sorgen, daß die Schwärmer nicht Kirchen und Klöster zerstören, sich ,mit gewallt setzen widder die oberkeyt und stracks daher eyne leypliche auffruhr anrichten'. In die geistige und geistliche Auseinandersetzung sollen die Fürsten sich jedoch keinesfalls einmischen: ,Jtzt sey das die summa, gnedigsten herrn, das E. F. G. soll nicht weren dem ampt des worts. Man lasse sie nur getrost und frisch predigen, was sie connen, und widder wen sie wöllen. Denn, wie ich gesagt habe, Es müssen secten seyn (1 Kor 11,19), und das wort Gottes mus zu felde ligen und kempffen, daher auch die Euangelisten heyssen heerscharen, Ps. 68,12, und Christus eyn heerkönig ynn den Propheten. Ist yhr geyst recht, so wird er sich fur uns nicht furchten und wol bleyben. Ist unser recht, so wird er sich fur yhn auch nicht noch fur yemand fürchten. Man lasse die geyster auff eynander platzen und treffen. Werden ettlich ynn

In elementarer Form grundgelegt ist diese und vergleichbare Kritik in dem, was man später die Zwei-Reiche- oder Zwei-Regimente-Lehre Luthers genannt hat, mit welcher Lehre nach vielfacher Auskunft das „umfassende *Orientierungsschema für die Politische Ethik* lutherischer Herkunft"[55] bzw. der „*Maßstab für jede evangelische politische Theologie*"[56] formuliert ist. Man lese dazu beispielsweise Luthers 1523 erschienene Schrift „Von weltlicher Oberkeit" (WA 11, [229] 245–281), die als paradigmatisch gelten kann, auch wenn sich ihr Ansatz bei Luther nicht konsequent durchgehalten hat. Man lese ferner – um auf das Corpus Doctrinae des Luthertums und seine wichtigste Schrift direkten Bezug zu nehmen – den letzten und umfangreichsten Artikel der Confessio Augustana, der für deren Entstehungsgeschichte von entscheidender Bedeutung ist[57]: CA XXVIII, De potestate ecclesiastica, Von der Bischofen Gewalt. Einer seiner – an späterer Stelle im Detail zu behandelnden – Grundsätze lautet: „Sine vi humana, sed verbo" (CA XVIII,21), „ohn menschlichen Gewalt, sonder allein durch Gottes Wort" (BSLK 124,4 f.) soll ein Bischof wirken und sein kirchliches Amt ausüben. Dieser Grundsatz plädiert, wie durch die Vorgeschichte des Artikels bestätigt wird[58], für eine klare Unterscheidung weltlicher und geistlicher Vollmachten, deren Vermischung für eines der zu reformierenden Grundübel der Kirche der Zeit erachtet wird. Mögen auch Päpste und Bischöfe geistliches und weltliches Amt in Personalunion geschichtlich vereint haben und noch vereinen, so ändert die Anerkennung dieses historischen Faktums, wie sie von seiten der Wittenberger Reformation keineswegs grundsätzlich verweigert wurde, nichts an der Tatsache, daß auch bei gegebener personaler Vereinigung theolo-

---

des verfüret, Wolan, so gehets noch rechtem kriegs laufft. Wo eyn streyt und schlacht ist, da müssen ettlich fallen und wund werden. Wer aber redlich ficht, wird gekrönet werden.'" (A. a. O., 84 mit Verweis auf WA 15, 212, 14 f. u. 218, 17 ff.)

[55]   G. Sauter (Hg.), Zur Zwei-Reiche-Lehre Luthers, München 1973, Einführung: VII–XIV, hier: VII.

[56]   A. Pawlas, Evangelische politische Theologie. Zwei-Reiche-Lehre und Lehre von der Königsherrschaft Christi als ihre Kriterien und Interpretamente, in: KuD 36 (1990), 313–332, hier: 318.

[57]   Vgl. W. Maurer, a. a. O., 15 ff.

[58]   Vgl. a. a. O., 27 ff., 73 ff.

gisch strikt zwischen potestas ecclesiastica und potestas civilis zu unterscheiden ist. Mit der Pflicht zu solcher Differenzierungsleistung ist der Theologie eine ihrer entscheidenden Aufgaben gestellt, nämlich nach ihren Möglichkeiten für die Vermeidung totalitärer Entwicklungen zu sorgen, wie sie zwangsläufig aus der Vermischung von potestas ecclesiastica und potestas civilis folgen. Um es abgrenzend zu formulieren: „Einer Kirche, die mit Zwangsmaßnahmen auch über die äußere Existenz herrschen will, entspricht ein Staat, der auch die innere Gesinnung mit Terror erzwingen will. In der Vermischung der beiden Gewalten besteht das Wesen des Totalitarismus."[59] Diesen – in seinen theokratischen, cäsaropapistischen oder welchen Formen auch immer – zu verhindern und zu bekämpfen, ist der wesentliche Sinn lutherischer Zwei-Reiche- oder besser: Zwei-Regimente-Lehre und ihres Grundsatzes: „Sine vi humana, sed verbo." Noch einmal: Dieser Grundsatz besagt, daß der Streit der Gewissen durch keine menschlichen Zwangs- und Gewaltmittel entschieden werden kann und entschieden werden darf und deshalb „durch eine nichttotalitäre Ordnung des Gemeinwesens *politisch* respektiert werden muß"[60]. Die politische Option des Glaubens muß in diesem Sinne dezidiert antitotalitär und auf die prinzipielle Anerkennung einer weltanschaulichen Pluralität ausgerichtet sein. Dies klarzustellen ist die wesentliche Bedeutung der Zwei-Reiche-Lehre als einer reformatorischen Theorie spezifisch christlicher Politik.

Es gehört neben dem Scheitern gesamtkirchlicher Reform und der folgenden abendländischen Kirchenspaltung zur – mit schuldhaftem Versagen untrennbar verbundenen – geschichtlichen Tragik der Wittenberger Reformation, das mit der sog. Zwei-Reiche-Lehre formulierte Theorieprogramm in ihrer politischen Einflußsphäre nicht konsequent realisiert und zur Durchsetzung gebracht zu haben. Historisch steht fest, daß die Durchführung der Reformation

---

59   W. von Loewenich, Luthers Stellung zur Obrigkeit, in: W. P. Fuchs (Hg.), Staat und Kirche im Wandel der Jahrhunderte, Stuttgart/Berlin/Köln/Mainz 1966, 53–68, hier: 57 f.

60   E. Herms, Theologie und Politik. Die Zwei-Reiche-Lehre als theologisches Programm einer Politik des weltanschaulichen Pluralismus, in: ders., Gesellschaft gestalten. Beiträge zur evangelischen Sozialethik, Tübingen 1991, 95–124, hier: 101 f.

in den Territorien und Städten „alles andere als ein Paradebeispiel für eine Anwendung der Zwei-Reiche-Lehre"[61] war. Das hat nicht lediglich äußere Gründe. Zeigt sich doch, daß in der Wittenberger Reformation die Grundsätze der sog. Zwei-Reiche-Lehre auch in theoretischer Hinsicht nicht durchweg eingehalten wurden. Hieß es ursprünglich: „Haereticos comburi est contra voluntatem spiritus" (WA 7, 139, 14) – ein Satz Luthers, der in die Bannandrohungsbulle „Exsurge domine" vom 15. Juni 1520 aufgenommen (vgl. DH 1483) und später vom Reformator nachdrücklich verteidigt wurde – so weist etwa die Schrift „Von den Schleichern und Winckelpredigern" von 1532 (WA 30 III, [510] 518–527) „eine charakteristische Verengung in bezug auf die Behandlung der Schwärmer"[62] auf. Obwohl Luther, wie gesagt, den Gedanken des christlichen Staates im Unterschied zu den Erasmianern

---

[61]   G. Müller, Luthers Zwei-Reiche-Lehre in der deutschen Reformation, in: ders., Causa Reformationis. Beiträge zur Reformationsgeschichte und zur Theologie Martin Luthers. Hg. v. G. Maron und G. Seebaß, Gütersloh 1989, 417–437, hier: 425. Nach G. Müller ist das primär bedingt durch die noch allzu deutlichen Nachwirkungen mittelalterlicher Einheitskultur, derzufolge der Gedanke einer ständischen Verfassung der Gesamtgesellschaft weitaus vertrauter war als das komplexe und innovative Differenzierungsgefüge der Lehre von den zwei Regimenten. Vgl. auch die Lutherdarstellung in dem erwähnten Standardwerk von J. Lecler SJ, a. a. O., Bd. 1, 231–252, welches signifikanterweise die Überschrift trägt: „Von der ‚christlichen Freiheit' zur Staatskirche". Seit dem Jahr 1525 rechnet Lecler mit einem „Fortschreiten der lutherschen Intoleranz" (241). Entscheidend hierfür sei Luthers „Trennung zwischen Gewissensfreiheit und Kultfreiheit" (243), welche Annahme zur Folge habe, daß des öffentlichen Friedens wegen nur eine Religion in jedem Fürstentum zu dulden sei: „So bilden sich in den deutschen Fürstentümern unter dem Patronat Luthers, in dem allmählich alle Skrupel und jedes Zögern erlöschen, die Staatskirchen heraus." (246) Daß man auch andere Konsequenzen aus der sog. Zwei-Reiche-Lehre ziehen konnte, bestätigt u. a. der bemerkenswerte Fall jenes gebildeten Nürnbergers, den Verfolgungen und drohende Religionskriege als Konsequenzen intoleranter Konfessionalisierung Anfang 1530 dazu brachten, deren Grundvoraussetzungen in Frage zu stellen: „Unter Berufung auf die lutherische Zwei-Reiche-Lehre bestritt er die cura religionis der Obrigkeit und wollte sie auf die eigene Konfession beschränkt wissen. Die Obrigkeit sei nicht für das ewige, sondern für das zeitliche Heil zuständig." (G. Seebaß, Stadt und Kirche in Nürnberg im Zeitalter der Reformation, in: B. Moeller [Hg.], Stadt und Kirche im 16. Jahrhundert, Gütersloh 1978, 66–86, hier: 81)

[62]   K. Aland, a. a. O., 85.

„zeitlebens mit Leidenschaft von sich gewiesen"[63] hat, wollte er ab
einem bestimmten Zeitpunkt seiner Entwicklung gleichwohl öf-
fentliche Lehre der Ketzerei als strafwürdig verboten wissen.
Zwar wurde die Notwendigkeit obrigkeitlichen Einschreitens gegen die
Häresie nicht mit der aufgegebenen Bewahrung der Seelen vor
ewigem Verderben, sondern mit der Verpflichtung begründet, der
Unordnung und dem Aufruhr zu wehren. Insofern hielt der Reformator an seiner ursprünglichen Überzeugung fest, daß der
Glaube unerzwingbar und das Evangelium nicht mit Mitteln der
Gewalt zur Durchsetzung zu bringen sei. Faktisch aber führte seine namentlich im Zusammenhang der Erfahrungen der Bauern-
kriege[64] sich ausbildende Annahme, um der Ordnung und Einheit
im Lande willen sei Ketzerei auch mit weltlichen Maßnahmen zu
bekämpfen, zu der Konsequenz, daß Luther die obrigkeitliche
Todesstrafe für hartnäckige Anhänger insonderheit der anabapti-
stischen Bewegung für rechtens erklären konnte. „Vom späteren
Luther führt also kein direkter Weg zur Toleranz im Sinne der öffentlichen Lehrfreiheit. Wohl gibt es für ihn eine unabdingliche
persönliche Gewissens- und Glaubensfreiheit. Aber sie erhält keinen Raum, sich anderen gegenüber zu betätigen. Der gewaltige
Unterschied gegenüber dem Mittelalter besteht darin, daß er keine
von der Kirche durchgeführte Befragung und Verfolgung des einzelnen um seines Glaubens willen kennt. Luther hat dem Ketzer-
prozeß ein Ende gemacht, aber die Überzeugung von der politi-

---

[63]   H. Bornkamm, Das Problem der Toleranz im 16. Jahrhundert, in: ders.,
       a. a. O., 342–379, hier: 349.

[64]   „In einem Punkt blieb Luther … der mittelalterlichen Auffassung verhaf-
       tet, und dieser Punkt gewann bei ihm je länger umso mehr an Gewicht:
       Luther war mit dem Mittelalter der Ansicht, daß die Ketzerei die Allge-
       meinheit gefährdet. Gerade die Erfahrungen mit den Schwärmern im
       Bauernkrieg sowie später bei dem Abenteuer der Wiedertäufer in Mün-
       ster haben diese Sorge bei Luther von neuem groß werden lassen. Luther
       hat darum später gefordert, daß die öffentliche Lehre der Ketzerei doch
       verboten werden müsse. Luther hat von hier aus in reformatorischen
       Gebieten eine Beschränkung der katholischen Lehre gefordert, war aber
       andererseits auch zu dem Zugeständnis bereit, daß in katholischen Ter-
       ritorien die reformatorische Predigt sich gewisse Beschränkungen gefal-
       len lassen müsse." (B. Lohse, Evangelische Wahrheit und Toleranz, in:
       Luther. Zeitschrift der Luther-Gesellschaft 37 [1966], 50–64, hier: 55)

schen Gefahr der Ketzerei, die natürlich auch im Mittelalter als eine der Begründungen mitgewirkt hatte, nicht überwunden."[65]
Nun ist die Gefahr einer Zersetzung der politischen Ordnung ziviler Öffentlichkeit und ihrer äußeren Rechts- und Freiheitssphäre
durch „Ketzerei" in der Tat nicht einfach in Abrede zu stellen.
Offenkundig gegeben ist sie dann, wenn etwa die Herrschaft
Gottes mit Mitteln weltlicher Macht und Gewalt aufgerichtet werden soll, wie das z. B. im radikal-eschatologischen Enthusiasmus
eines Thomas Müntzer durchaus der Fall war, welcher „das Got-
tesreich im Sturm, wenn nötig mit Gewalt, herbeizwingen wollte",
wobei er eine Duldung Andersdenkender nicht kannte, sondern
eine „massive Intoleranz" zugunsten der Auserwählten vertrat.[66]
Dies wird man Luther zugute halten müssen; auch heute gehört
die Markierung seiner Grenzen im Sinne festgelegter Ordnung im
Umgang mit intoleranter Gewalttat unveräußerlich zur Bestimmung des Toleranzbegriffs. Kritisch ist gegen Luther indes die
Tatsache zu wenden, daß er die Strafwürdigkeit der Ketzerei nicht
klar auf manifest totalitäre, die zivile Ordnung durch erklärte Auf-
hebungsbestrebungen elementar gefährdende Häresien beschränkte[67] und den Gedanken schuldig blieb, „daß der Glaube
um seiner selbst willen dem Andersdenkenden die Freiheit für
Glauben und Gottesdienst einräumen solle"[68]. Darin, so scheint
mir, liegt es vor allem begründet, daß Luther in bezug auf das
Problem der Gewissensfreiheit und Toleranz sein Reformations-

[65]   H. Bornkamm, a.a.O., 355f.

[66]   A.a.O., 367. Vgl. J. Baur, Ratlos vor dem Erbe – Die Reformation: Last
und Chance, in: ders., Einsicht und Glaube. Bd. 2, Göttingen 1994, 9–20,
hier: 17: „Indem Luther die sakrale Reichsidee Karls V. ebenso verneinte
wie den Umsturz Müntzers, machte er deutlich, daß verantwortliches politisches Handeln weder die Spur eines legitimistischen Konservatismus
noch die blutige Verneinung alles Vorgegebenen wählen kann."

[67]   „Praktisch ... verwischten sich doch auch für Luther die Unterschiede
zwischen einer bloßen Lehre, die von der offiziellen abweicht, und dem
Aufruhr gegen die Obrigkeit. Es ist darum kein Zufall, wenn von Luther
keine entscheidenden Impulse für die Verwirklichung der Toleranz ausgegangen sind, obwohl er mit seiner Differenzierung zwischen geistlichem und weltlichem Bereich eine saubere theologische Begründung für
die Propagierung des Toleranzgedankens geliefert hat." (B. Lohse,
a.a.O., 56)

[68]   H. Bornkamm, a.a.O., 376.

werk trotz hochbedeutender und auch heute noch gültiger Ansätze „nicht ideologisch widerspruchslos zu fundamentieren vermocht"[69] hat. Solches zu leisten aber bleibt damals wie heute die entscheidende Aufgabe einer Theologie der Toleranz, welche die Gewißheit des Glaubens und die Freiheit des Gewissens nicht nur als äußerlich übereinstimmend, sondern aus einem Grunde hervorgehend und daher als unveräußerlich einig zu denken hat. Weil dies – obwohl die prinzipiellen Möglichkeiten dafür vorhanden gewesen wären – im 16. Jahrhundert nicht in der nötigen Eindeutigkeit zustande gekommen ist, konnte der Weg zur Toleranz aus dem Glauben zu keinem Ziel von geschichtlicher Dauer gelangen. „So war das Feld frei für die Motive einer Toleranz aus Relativismus und Skepsis, die bei den Humanisten und Spiritualisten aufgebrochen waren. Sie bestimmten den Weg in die Zukunft."[70]

---

[69] H. Hoffmann, Reformation und Gewissensfreiheit, in: ARG 37 (1940), 170–188, hier: 178.

[70] H. Bornkamm, a. a. O., 376; vgl. ders., Art. Toleranz II, in: RGG³ VI, Sp. 933–946, hier: 943: „Da der Weg zu ihr (sc. der Toleranz) vom Glauben her, wozu es bei Luther Ansätze gab, nicht gefunden wurde, war sie aus der Skepsis gegenüber dem Dogma erwachsen." Nachgetragen sei, daß sich das deutsche Wort Toleranz wie viele seiner Äquivalente im europäischen Sprachraum vom lateinischen tolerantia, tolerare herleitet, womit „ursprünglich das Ertragen, das Erdulden von Übeln und Unrecht (gemeint ist), und zwar nicht durch einen willenlos oder widerwillig Leidenden, sondern so, daß das Leiden bejaht, die Last willentlich getragen wird, also nicht aus Schwäche, sondern kraft einer virtus, einer Tugend, die von innen her bewältigt, was einen von außen her überfällt. So verstanden, berührt sich tolerantia eng mit patientia." (G. Ebeling, Die Toleranz Gottes und die Toleranz der Vernunft, in: T. Rendtorff [Hg.], Glaube und Toleranz. Das theologische Erbe der Aufklärung, Gütersloh 1982, 54–73, hier: 56.) Die antike Bedeutungsnähe von tolerantia und patientia wird übrigens noch durch J. Altenstaigs „Vocabularius theologiae" von 1517 bestätigt, wo zum Stichwort Toleranz lediglich der eine Satz zu lesen steht: „Tolerantia idem est quod patientia, venitque a tolero, quod est patienter fero." (Vgl. a. a. O., 60, Anm. 22; zum mittelalterlichen Sprachgebrauch und zum Sprachgebrauch der Vulgata vgl. a. a. O., 59 f. In theologisch elementarster und konzentriertester Form tritt die Bedeutung von tolerantia als leidendem Erdulden in der Wendung tolerantia Dei zutage, wie sie in Luthers 3. Thesenreihe über Röm 3,28 von 1536 [WA 39 I, 82 f.] begegnet. Gerhard Ebeling hat in einer eindringlichen Analyse dieses Textes gezeigt, daß der Sinn der Rede von der tolerantia Dei in Gottes abgründiger Leidensgüte offenbar ist, die um des Heils des sündigen

Dabei waren es vor allem die aus dogmatischer Intoleranz hervorgehenden Konfessionskriege und ihre Schreckenserfahrungen, welche dazu veranlaßten, Toleranz und vernünftige Allgemeinheit auf tendenzielle Glaubensindifferenz zu gründen. Dies gilt es zu berücksichtigen, wenn man die historische Leistung der Aufklärung theologisch gerecht beurteilen will. Es war „das überaus schwere Erbe des konfessionellen Zeitalters, mit welchem sich die Aufklärung unter sehr verschiedenen Gesichtspunkten und mit unterschiedlichen Tendenzen auseinanderzusetzen hatte"[71]. In

---

Menschen willen den unerträglichen Widerspruch der Sünde auf sich nimmt und in göttlicher Passion, die mit überlegener Gleichgültigkeit schlechterdings nichts gemein hat, schmerzlichst erduldet. „Im Christusgeschehen kommt die Toleranz Gottes zu innerster Verdichtung. Tolerantia Dei ist letztlich tolerantia crucis." [A. a. O., 65])

Die zu konstatierende weitgehende Bedeutungskoinzidenz von tolerantia und patientia in der antiken und mittelalterlichen Terminologiegeschichte sollte, so meine ich, ein bleibender Anlaß dafür sein, den Begriff entgegen bestimmten Tendenzen des Zeitgeistes nicht zu leicht zu nehmen, sondern ihn mit Assoziationen des schwer Erträglichen zu verbinden. Wo die Devise „anything goes" herrscht, kann von Toleranz recht eigentlich überhaupt nicht die Rede sein. Denn gestellt ist das Problem der Toleranz nur dort, wo Anderes als Differierendes, ja als Widerstreitendes begegnet. Der erste Nachweis sprachlicher Eindeutung von tolerantia in Luthers Gutachten über die Regensburger Artikel von 1541 (WA Br 9, 437–439 bzw. 440–442; dazu: H. Bornkamm, Die religiöse und politische Problematik im Verhältnis der Konfessionen im Reich, in: H. Lutz [Hg.], Zur Geschichte der Toleranz und Religionsfreiheit, 252–262, hier: 256 sowie G. Ebeling, a. a. O., 61 Anm. 31) ist ein signifikanter Beleg hierfür. Zugleich ist die anfängliche Verwendung des deutschen Begriffs Toleranz ein klarer Hinweis darauf, daß das durch ihn bezeichnete moderne Problem im frühneuzeitlichen „Spannungsfeld von Kirche und Staat, von Religion und politisch-sozialer Ordnung" (H. Lutz, [Hg.], Einleitung, a. a. O., VII–XXIV, hier: IX.) seinen Ursprung hat. Sich des Toleranzproblems in diesem historischen Zusammenhang anzunehmen, dürfte daher auch für die aktuelle Urteilsbildung sachlich nicht unbedeutsam sein.

[71]   H. Lutz, Das Toleranzedikt von 1781 im Kontext der europäischen Aufklärung, in: T. Rendtorff (Hg.), a. a. O., 10–29, hier: 13. Im Ursprungsland der Reformation endete der Konfessionskampf des Dreißigjährigen Krieges (1618–1648) mit dem Westfälischen Frieden, der die Bestimmungen des Augsburger Religionsfriedens unter ausdrücklicher Ausdehnung auf das reformierte Bekenntnis, das seit 1560 in einer Anzahl von westdeutschen Territorien bestimmend geworden war, anerkannte. Religionsgeschichtlich entscheidend ist, daß damit der Protestantismus im Ursprungsland der Reformation seine paritätische Existenz gegenüber dem

Katholizismus behaupten konnte. Dies gelang allerdings nur mit Hilfe des Schwedenkönigs Gustav II. Adolf, in dessen Land die Gegenreformation ohne jeden Erfolg geblieben war, während im Hl. Röm. Reich die seit etwa den 60er Jahren des 16. Jahrhunderts wirksam werdende katholische Reaktion bedeutende Erfolge erzielte, was u. a. auf die innere Uneinigkeit des deutschen Luthertums und seine Differenzen mit dem stärker werdenden Calvinismus zurückzuführen ist. Dieser sah sich in seinen westeuropäischen Gestalten bereits in der zweiten Hälfte des 16. Jahrhunderts in mannigfache Religionskriege verwickelt, in Frankreich und den Niederlanden sowohl als auch in England und Schottland. Die französischen Hugenottenkriege (1562–1598) endeten unter Heinrich IV. (von Navarra) mit dem Edikt von Nantes, das beschränkte Toleranz in Religionsfragen gewährte, unter Ludwig XIV. allerdings 1685 wieder aufgehoben wurde, woraufhin der größte Teil der französischen Calvinisten außer Landes floh. Der in unmittelbarer Auseinandersetzung mit der spanischen Herrschaft geführte niederländische Freiheitskampf (1566–1609; 1621–1648) erbrachte die Loslösung der sieben nördlichen Provinzen von Spanien, die nach mancherlei Wechselfällen und im Unterschied zu den mittleren und südlichen Provinzen, die spanisch und rein katholisch blieben, ihre Selbständigkeit als unabhängige Republik und ihre calvinistische Religionszugehörigkeit behaupten konnten. In Schottland gewann nach dem Tod Maria Stuarts die reformierte Kirche endgültige staatsrechtliche Anerkennung, während England und der Bestand der anglikanischen Staatskirche durch die Katastrophe der spanischen Armada im Kanal im Jahre 1588 gerettet wurden. Allerdings erwuchsen bereits unter Elisabeth I. dem Anglikanismus ernsthafte Gegner in den streng calvinistisch geprägten Puritanern, zu deren wichtigster religiöser Erscheinungsgestalt die ihrer Verfassungsgrundsätze wegen so genannten Presbyterianer wurden. Ihr religiös motivierter Kampf gegen den königlichen Absolutismus und für politische Freiheit leitete in Großbritannien eine zweite Phase reformationsgeschichtlich bedingter Konfessionskämpfe ein, welche noch einmal zu wichtigen protestantischen Neubildungen, etwa den Quäkern, führte und erst 1688 mit der „glorious revolution" Wilhelms III. von Oranien endete. Schien es nach Ausbruch der Revolution (1642) und zu Beginn der sog. Westminster Synode (1643–1647) noch so, als sollte die bisherige episkopal verfaßte englische Staatskirche durch eine presbyterial verfaßte ersetzt werden, so kam des weiteren mit den Kongregationalisten oder Independenten eine neue Religionspartei auf, die jedes der Einzelgemeinde übergeordnete Amt verwarf und mit der strikten Ablehnung des Staatskirchentums die Forderung der Religionsfreiheit verband. Zwar erlebte das Land nach der Ära Oliver Cromwells, in der mit dem Independentismus die enthusiastisch-apokalyptisch, mystisch-anabaptistischen Nebenströmungen des Protestantismus einen ihrer religionspolitischen Höhepunkte erreichten, noch einmal zu einer Restauration der Stuarts, aber mit der „glorreichen Revolution" scheiterte auch dieser letzte Versuch, England dem Katholizismus wiederzugewinnen. Die 1689 erlassene Toleranzakte gewährte den

Anbetracht „konfessionell gespaltenen Absolutheitsanspruch(s)
christlicher Wahrheit"[72], der nicht selten mit Mitteln der Gewalt
durchgesetzt werden sollte und schließlich völker- und länderverheerende Religionskriege zur Folge hatte, kann es nicht überraschen, „wenn im 18. Jahrhundert die Kritik am zwangskirchlichen
Erbe des konfessionellen Zeitalters nicht bei einer Neuausarbeitung christlicher und innerkirchlich-evolutionärer Toleranzideen
stehen blieb ..., sondern weiter eskalierte. Bald wurde vielerorts
nicht nur die Bedeutung der kirchlichen Formen des Christentums
mit zunehmender Schärfe in Frage gestellt, sondern auch die
Prinzipien und die Inhalte der Offenbarungsreligion. Es wurde also der Gedanke der Toleranz nicht mehr nur im Sinne von
Zwangsfreiheit und mildem Verständnis zwischen den Konfessionen gelehrt. Das Pendel schlug viel weiter aus: Die Konfessionskirchen selbst und bald auch grundlegende Positionen des Christentums werden im Namen einer besseren, glücklicheren Zukunft der Menschheit mit Skepsis behandelt. Und stets schwingt
in dieser aufgeklärten, sich radikalisierenden Kritik die Erinnerung
an das konfessionelle Zeitalter mit."[73]

Es sind also durchaus nicht unverständliche Gründe, die dazu
führten, daß die aus humanistisch-spiritualistischem Relativismus
geborene Toleranzidee nicht nur zu einer bestimmten Art von Latitudinarismus, sondern zu einer fortschreitenden Entleerung
christlicher Glaubensinhalte, ja zu einem völligen religiösen Indifferentismus führen konnte. Solchem Indifferentismus ist christlich m. E. nicht dadurch zu begegnen, daß man an die Notwendigkeit zivilreligiöser Verbindlichkeiten für Begründung und Erhalt eines funktionsfähigen Gemeinwesens appelliert. Denn zum

---

protestantischen Dissenters ebenso wie inneranglikanischen Oppositionsparteien das Recht auf öffentlichen Gottesdienst und religiöse Duldung, von der allerdings neben den Antitrinitariern auch Katholiken ausgeschlossen waren. Zu ergänzen ist, daß die von England ausgehende
Auswanderungsbewegung unterdrückter religiöser Minderheiten im
Laufe der Zeit die religiösen Gegensätze Europas nach Nordamerika exportierte und dem Protestantismus ein ungeheures Ländergebiet eröffnete, was seine weltgeschichtliche Bedeutung endgültig besiegelte.

[72]   Ebd.

[73]   A. a. O., 13 f.; vgl. H. Kamen, Intoleranz und Toleranz zwischen Reformation und Aufklärung, München 1967.

einen ist religiöser Indifferentismus samt seinem Wahlspruch „anything goes" in bestimmter Weise selbst zu einer Art von postmoderner Zivilreligion geworden. Zum anderen ist mit dem Begriff der Zivilreligion auch noch in seiner Indifferentismusgestalt die Annahme einer notwendig zu fordernden Anerkennung metaphysischer Restbestände (und sei es auch nur der eines prinzipiellen Relativismus) verbunden, welche Forderung wie eine Schwundstufe der – auch noch in ihrem Schwundstufencharakter quasi kategorischen – Maxime wirken muß, daß es aus Gründen öffentlicher Ordnung und Einigkeit nur eine Konfession bzw. Religion im jeweiligen obrigkeitlichen Territorium geben dürfe. Die evidente Tatsache, daß die offenkundigsten Gestalten moderner Zivilreligion in unserem Jahrhundert nationalistisch-faschistischer bzw. kommunistisch-stalinistischer Art waren, sollte sensibel dafür machen, daß die Forderung staatstragender Zivilreligion stets mehr oder minder totalitäre Tendenzen zeitigt, sofern sie dem Staat Züge wenn nicht einer Kirche, so doch einer Weltanschauungsgemeinschaft zu verleihen sucht. Demgegenüber ist als ein Elementarprinzip ziviler Toleranz der Grundsatz zu verteidigen, daß Bürgerrechte weder von religiösen noch von religionskritischen Bekenntnissen direkt abhängig gemacht werden dürfen. Damit wird keineswegs geleugnet, daß der Staat unbeschadet seiner zu fordernden Allgemeinheitsorientierung eine geschichtliche Gestaltungsgröße darstellt, die nicht in abstrakter Ahistorizität, sondern in traditional bestimmten Herkunftszusammenhängen religiös-weltanschaulicher Art existiert, von denen er, der Staat, je und je in besonderer Weise geprägt ist. Daß diese Tatsache die Aufgabe christlicher Gesellschaftsprägung einschließt, die konsequent wahrzunehmen ist, bedarf keiner Betonung. Indes hat die Wahrnehmung dieser Aufgabe nach meinem Urteil gemäß der Maxime zu geschehen, daß ein Verständnis des Staates aus Geist und Überlieferung der Reformation dessen Bestand und Rechtsordnung niemals unmittelbar auf das Prinzip einer gegebenen bzw. vermeintlich gegebenen Einheit gründen wird, welche Differierendes zumindest der Tendenz nach zwangsläufig ausschließen muß.[74] Statt ihn auf die Fundamente einer allen Staatsangehörigen

---

[74] Zugestandenermaßen mißverständlich bzw. erklärungsbedürftig ist der Satz von A. Vermeersch (La Tolérance, Paris 1912, 214), den ich in meinem Beitrag über Toleranz und Intoleranz im Umkreis der Wittenberger Reformation (KuD 41 [1995], 136–157, hier: 153, Anm. 61) im Anschluß an

gemeinsamen Überzeugungseinheit stellen zu wollen, ist dem
Staat gerade umgekehrt „die Aufgabe zuzuweisen, durch die Mittel des sanktionsbewehrten Rechts elementare Kooperations- und
Verständigungsmöglichkeiten allererst sicherzustellen, die von
weltanschaulich-ethischen Konsensen in der Weise unabhängig
sind, daß sie über alle jeweils erreichten derartigen Konsense hin-
ausreichen und neue ermöglichen; die also den weltanschaulich-
ethischen Konsens weniger voraussetzen als ihm vor allem erlau-
ben, sich zu bilden, fortzuentwickeln."[75]

Insofern die reformatorische Zwei-Reiche-Lehre mit ihrer strikten
Unterscheidung von potestas ecclesiastica und potestas civilis und
der solcher Unterscheidung sowohl in kirchlicher als auch staatlicher Hinsicht grundsätzlich eigenen antitotalitären Tendenz prinzipiell mit dieser Aufgabenzuweisung übereinstimmt, läßt sie sich
mit Recht und guten Gründen als theologisches Programm einer
Politik des weltanschaulichen Pluralismus deuten. Dabei ist hinzuzufügen, was im Vergleich zu Pluralismus- bzw. Toleranzkon-
zepten, die einen tendenziellen Indifferentismus zur Voraussetzung haben, als die entscheidende Pointe dieses Programms gelten kann, daß nämlich die Zwei-Reiche-Lehre „das politische
Eintreten für einen prinzipiellen weltanschaulich-ethischen Pluralismus nicht aus religiöser oder ethischer Indifferenz (verlangt),
sondern aufgrund und in Kraft einer spezifischen religiös-
ethischen Bindung"[76]. Die Zwei-Reiche-Lehre ist in diesem Sinne
„nicht die Theorie der Trennung von Glaube und Politik, sondern ... die theologische Theorie spezifisch christlicher Politik",
welche die „Ganzheitlichkeit einer Lebensorientierung an der
Gewißheit des Glaubens ... mit der prinzipiellen Anerkennung
des weltanschaulichen Pluralismus"[77] insofern verbindet, als zu

---

J. Lecler SJ, a.a.O., Bd. 2, 612 zustimmend zitiert habe, ohne ihn im einzelnen zu kommentieren: „Da die Religion nicht der Zweck des Staates
ist, findet der Staat in der Religion nicht das Prinzip seiner Einheit."

[75]   E. Herms, a.a.O., 98.

[76]   A.a.O., 123.

[77]   A.a.O., 122. Vgl. ders., Vom halben zum ganzen Pluralismus. Einige bisher übersehene Aspekte im Verhältnis von Staat und Kirche, in: EvTh 54
(1994), 134–157; vgl. ferner a.a.O., 105–119 den Beitrag von W. Jaeschke,
Der Glaube als Hüter der Verfassung, hier: 106: „Alle Begriffe, in denen
man das Verhältnis von Staat und Kirche fassen kann, sind keine unver-

den unveräußerlichen Gehalten des Glaubens die Überzeugung gehört, daß Gewißheit nicht zu erzwingen ist, der Streit der Gewissen daher durch kein Gewaltmittel entschieden werden kann und darf, sondern einzig und allein gewaltlos auszutragen ist. Daß dies entsprechend geschehen kann, dafür hat eine prinzipiell nichttotalitäre Ordnung des Gemeinwesens politisch zu sorgen, welche Sorge den möglichen Einsatz rechtlich geordneter, auf Schutz und Erhalt von Leib und Leben ausgerichteter und der Gewaltlimitierung und -minimierung dienender Zwangsmittel nicht aus-, sondern einschließt.

Wehrhafter Antitotalitarismus und konsequentes Eintreten für zivile Toleranz gehören in diesem Sinne untrennbar zusammen, wie denn auch das Plädoyer für die Freiheit des Gewissens aus der Gewißheit des Glaubens selbst hervorgeht.[78] Solches zu behaup-

---

änderlichen Wesensbegriffe, sondern historisch geprägt. Sie sind geprägt durch ein Ereignis, das primär der Theologiegeschichte und der Kirchengeschichte angehört: nicht durch den eigentümlichen Lehrbegriff, sondern durch das bloße Faktum der Reformation."

[78] Daß darin, wie immer man über mögliche Begründungsdifferenzen urteilen mag, grundsätzliches ökumenisches Einverständnis herrscht, kann in bezug auf den nachreformatorischen römischen Katholizismus spätestens seit der Erklärung über die Religionsfreiheit „Dignitatis humanae personae" des II. Vatikanischen Konzils gesagt werden. (Vgl. LThK Erg. Bd. II, 712–747; dazu K. Rahner u. a., Religionsfreiheit. Ein Problem für Staat und Kirche, München 1966 sowie die Einleitung zur Textausgabe der „Erklärung über die Religionsfreiheit" von E.-W. Böckenförde, in: H. Lutz [Hg.], a. a. O., 401–421. Böckenförde stellt mit Recht den Kontinuitätsbruch heraus, den die Erklärung „De libertate religiosa" bezüglich der vormaligen römisch-katholischen Lehre zur Toleranzfrage darstellt. Vgl. ders., Religionsfreiheit als Aufgabe der Christen. Gedanken eines Juristen zu den Diskussionen auf dem Zweiten Vatikanischen Konzil, in: StZ 176 [1965], 199–212, hier: 203: „Die traditionelle katholische Lehre bis hin zur sog. Toleranzansprache Pius' XII. von 1953 hat die Anerkennung der Religionsfreiheit oder, was auf dasselbe hinausliefe, der Toleranz als Prinzip im Ergebnis immer abgelehnt. Sie geht dabei von dem Primat der Wahrheit gegenüber der Freiheit aus und von der These, daß der Irrtum an sich kein Recht hat gegenüber der Wahrheit. Nur besondere Gründe – ‚graves causae' – im Hinblick auf das Gemeinwohl können es gestatten, daß dem Irrtum gleichwohl Existenz zuerkannt werde, dies aber niemals de iure als Prinzip, sondern immer nur de facto als Hinnahme eines Übels. Das ist, im Grundsätzlichen, noch die gleiche Lehre wie zu Zeiten der Reformation und Gegenreformation. Auch in der Konzilsaula ist sie von etlichen Vätern, einer Minderheit allerdings, mit Nachdruck vertreten

ten und in Beziehung zu setzen zu Grundeinsichten Wittenberger Reformation kann nicht bedeuten, die Ambivalenz von deren geschichtlicher Selbstrealisierung in Abrede zu stellen. Auch geht es nicht an, tolerante und intolerante Anteile der Reformationsgeschichte historisch fein säuberlich zu sondern. Es ist vielmehr ein Gebot der Wahrhaftigkeit, es beim Eindruck einer nicht behebbaren Zweideutigkeit zu belassen. Um zum epochalen Ausgangsbeispiel zurückzukehren: Auf der einen Seite ist die nach Grundsätzen des Augsburger Religionsfriedens erfolgte konfessionelle Differenzierung des Heiligen Römischen Reiches deutscher Nation zweifellos als ein erster Schritt zu Toleranz und Pluralitätsanerkennung zu werten; auf der anderen Seite hatte das faktische Ende der überkommenen religiösen Reichseinheitskultur eine gesteigerte Uniformierung in den Territorien zur nicht nur tatsächlichen, sondern zur durchaus intendierten Folge. Die Gemengelage des Historischen – „Toleranz im Reich, Intoleranz in den Ländern"[79] – erlaubt demnach auch hinsichtlich des reformationsgeschichtlichen Epochendatums von 1555 nur ein eindeutiges theologisches Urteil, nämlich das der Zweideutigkeit. Dieses Urteil kann freilich nicht daran hindern, klar zwischen dem Begründungs- und den Realisierungszusammenhängen reformatorischer Einsicht zu unterscheiden, wobei noch einmal zu betonen ist, daß es zu den konstitutiven Eigentümlichkeiten reformatorischer Theologie gehört, die Erkenntnis der Zweideutigkeit ihrer historischen Verwirklichung ins Bewußtsein ihrer religiösen Identität selbst aufzunehmen. Die dadurch erschlossene Komplexität der Selbstwahr-

---

worden." Ferner R. Bäumlin/E.-W. Böckenförde, Das Grundrecht der Gewissensfreiheit, in: Veröffentlichungen der Vereinigung der Deutschen Staatsrechtslehrer, Heft 28, Berlin 1970, 3–88, hier: 80: „Der moderne Staat steht unter dem Gesetz der ‚Entzweiung', das die moderne Welt bestimmt. Er gründet sich nicht auf eine geoffenbarte Wahrheit, sondern auf vernünftige Zwecke. Er bleibt, nach den Erfahrungen der konfessionellen Bürgerkriege, bewußt im Bereich der *Setzungen*, im *vor*letzten Raum. Eben deshalb kann er seine Bürger nicht mit der Unbedingtheit und Kraft einer offenbaren Wahrheit verbinden, sondern nur mit der Kraft seiner Zwecke." Über „die Entstehung des modernen Gewissens" informiert H. Kittsteiner in seinem gleichnamigen Buch [Frankfurt a.M./Leipzig 1991]. Zu Luther vgl. bes. 159 ff.)

79   H. Bornkamm, a.a.O., 376. Bornkamm fährt fort: „der Religionsfriede war weder ein Produkt der Intoleranz noch der Toleranz, sondern der erste (und damit entscheidende) Schritt von der einen zu(r) anderen."

nehmung sollte es ermöglichen, die vorbehaltlose Anerkennung
der Ambiguität geschichtlicher Realisierung des Eigenen mit dem
unzweideutigen Festhalten an der Ursprünglichkeit gewonnener
theologischer Einsicht zu verbinden.

Unter dieser Voraussetzung sei ein abschließender Versuch unter-
nommen, die geschichtliche Rolle der Reformation im Reich und
in den Territorien sowie ihre Folgen für die politische Ordnung in
Grundzügen zu skizzieren. Was sich schon seit dem späten Mittelalter abzeichnet, wird im Verlauf des 16. Jahrhunderts zuse-
hends manifest: Die Territorien, im Vergleich zu denen die Städte
eine mehr und mehr nachgeordnete Rolle spielen, bestimmen die
geschichtliche Entwicklung im Reich und werden zu „Vorrei-
ter(n)" des modernen Staates.[80] Daß diese vom Augsburger Religionsfrieden ebenso belegte wie beschleunigte Entwicklung unter
dem entfalteten Gesichtspunkt der Religionsfreiheit betrachtet
auch äußerst kontraproduktive Aspekte aufweist, wird man selbst
dann nicht in Abrede stellen können, wenn man im Hinblick auf
die vergangene mittelalterliche Einheitskultur keine Restaurat-
ionsinteressen hegt und die Emanzipation der Territorien von der
mittelalterlichen Reichsidee für einen geschichtlich notwendigen
und unter den Bedingungen reformatorischer Theologie grundsätzlich zu begrüßenden Prozeß bewertet. Unleugbar ist, daß der
durch Anerkennung paritätischer Zweiheit auf Reichsebene zugunsten ansatzweiser Pluralität behobene religiöse Einheitszwang
auf der Ebene der Territorien häufig potenziert auftrat; und ebensowenig läßt sich die Tatsache leugnen, daß die territoriale Konfessionalisierung entscheidend durch Gründe der Staatsraison
motiviert war, der eine Glaubenseinheit im Lande politisch unverzichtbar erschien. Landesordnung und Kirchenordnung stehen
daher vielfach in engstem Zusammenhang: „Es werden separate
Landeskirchen gebildet, an deren Spitze der Fürst als ‚summus
episcopus' tritt und die das schulische und kulturelle Leben weitgehend beherrschen. Dem Landesherrn fällt nunmehr die Entscheidung über Lehre und Kultus zu und die Wahrnehmung der
geistlichen Gerichtsbarkeit, insbesondere in Ehesachen, wofür er
Visitationen veranstaltet und als besondere Behörden Konsistorien

---

[80] V. Press, Der Kaiser, das Reich und die Reformation, in: K. Löcher (Hg.), Martin Luther und die Reformation in Deutschland, Schweinfurt o.J., 61– 94, hier: 62.

oder Kirchenräte einrichtet."[81] Insgesamt gilt, daß das bisherige
Kirchenregiment der Fürsten durch die Reformation sehr gesteigert wurde, wozu nachgerade auch die Säkularisierung des Kir-
chenguts entscheidend beitrug. Gleichwohl darf die üblich gewordene Rede von der deutschen Fürstenreformation[82] nicht darüber hinwegtäuschen, daß die Steigerung landesherrlichen
Kirchenregiments im Zuge der Reformation keineswegs nur in
protestantischen Ländern statthat und im übrigen einen Prozeß
betrifft, der, wie gesagt, weit ins 15. Jahrhundert zurückreicht.
Hinzukommt, daß die Realisierung des landesherrlichen Summ-
episkopats den ursprünglichen theologischen Einsichten der Reformation weder in ekklesiologischer noch auch in politischer
Hinsicht entspricht. Auch wenn man im Verlauf der Reformation
„die Gemeinschaft mit der bischöflich verfaßten katholischen Kirche nicht mehr als um des Evangeliums willen notwendig
(anerkannte) und … daraus das Recht ab(leitete), in der konkreten Notsituation eine neue, eigene Kirchenordnung einzurich-
ten"[83], setzte man doch in der Regel gegenüber der Notlösung des
landesherrlichen Episkopats auf ein kircheneigenes Ordnungsamt.

Man wird daher die refomatorische Bewegung nicht undifferenziert mit dem Prozeß landesherrlicher bzw. territorialstaatlicher
Emanzipation vom Reich gleichsetzen dürfen. Entsprechend unangemessen wäre es, die Reformation – ob nun im Sinne eines
positiven oder eines negativen Werturteils – unmittelbar für den
Niedergang des Reiches verantwortlich zu machen. Wenn hier ein
reformatorisch bestimmter Gegensatz vorliegt, dann betrifft er
nicht die Reichsidee als solche, sondern lediglich die Reichsidee,
welche Karl V. repräsentierte, wobei auch hier noch einmal zwischen der kaum oder allenfalls mit äußerster Zurückhaltung geübten Kritik an der Person des frommen Kaisers und der Ableh-

---

[81]   G. Oestreich, Verfassungsgeschichte vom Ende des Mittelalters bis zum
        Ende des alten Reiches, in: H. Grundmann (Hg.), Handbuch der deut-
        schen Geschichte (Gebhardt), Bd. 2, Stuttgart 1970, 360–436, hier: 398.

[82]   Vgl. etwa E. Iserloh, Die deutsche Fürstenreformation, in: ders. u. a.,
        Reformation, Katholische Reform und Gegenreformation, Freiburg i. Br./
        Basel/ Wien 1967, 217 ff.

[83]   W. Kasper, Das Augsburger Bekenntnis im evangelisch-katholischen Ge-
        spräch, in: TThQ 160 (1980), 82–95, hier 90: „Damit war die Kirchenspal-
        tung gegeben."

nung der politischen Folgen seines ideologischen Programms zu unterscheiden ist. Die manifesten Schwierigkeiten im reformatorischen Lager mit der Frage des Rechts eines möglichen Widerstands gegen den Kaiser, von denen noch zu reden sein wird (vgl. § 8,2), sind ein Beleg hierfür, und auch die in den Jahren nach dem Augsburger Reichstag 1530 von der Mehrheit favorisierte schließliche Lösung dieser Frage ist nicht gegen das Reich, sondern lediglich gegen dessen vorbehaltlose Identifizierung mit dem Kaiser und der persönlichen Reichsidee Karls gerichtet.

Unter historischen Gesichtspunkten ist es ohnehin Faktum, daß nachgerade die Reichsverfassung wesentliche Bedingungen für den Erfolg der Reformation enthielt; keineswegs kann dieser einseitig oder gar ausschließlich den protestantischen Fürsten zugerechnet werden: Waren die Territorien, in denen die Reformation durchgeführt wurde, doch selbst „ein Bestandteil der Reichsverfassung und durch diese in ihren internen Entscheidungen geschützt"[84]. Zu einem prinzipiellen reformatorischen Gegensatz gegen das Reich, das sich im Zuge der Reichsreformbewegung zu einer wirklichen Rechtsgemeinschaft und zu einem durchaus differenziert geordneten Gemeinschaftsgefüge entwickelt hatte, gab es also keinen Anlaß. Wahr freilich ist, daß die Reformation gegen den erklärten Willen Karls V. durchgesetzt werden mußte. Doch der Kaiser war nicht das Reich, wofür Wahl und Wahlkapitulation Karls selbst ein Beweis sind. An diesem Sachverhalt mußte der reformatorischen Bewegung in partikularer Übereinstimmung mit ständischen Interessen gelegen sein; und in diesem Sinne war die Resignation Karls im Zusammenhang mit dem Augsburger Religionsfrieden von 1555 für die Reformation zweifellos ein entscheidender Erfolg, der in bestimmter Hinsicht auch dem Reich zugerechnet werden kann, dessen differenziertes Gefüge ein friedliches Zusammenleben kirchlich getrennter Konfessionen auf deutschem Boden zumindest bis auf weiteres ermöglichen sollte, was unter den Bedingungen der programmatischen Reichsidee Karls ausgeschlossen war.

---

[84] W. Becker, Reformation und Revolution. Die Reformation als Paradigma historischer Begriffsbildung, frühneuzeitlicher Staatswerdung und moderner Sozialgeschichte, Münster ²1983, 72.

Unbestreitbar ist freilich auch, daß der Augsburger Kompromiß von 1555, der dem Reich immerhin 60 Jahre lang den äußeren Frieden erhielt, weitere konfessionell bedingte Verfassungskonflikte zur Folge hatte, die Anfang des 17. Jahrhunderts zum offenen Ausbruch kamen und schließlich einen dreißigjährigen Krieg für Deutschland heraufführten. Das erste Jahrzehnt dieses Krieges brachte Kaiser Ferdinand II. wichtige Erfolge, die er im Sinne einer dezidiert monarchischen Ausgestaltung der Reichsverfassung nutzen wollte. „Es wiederholte sich die Entwicklung der Jahre 1546–1552 im größeren Rahmen."[85] Am schließlichen Ende des Krieges kommt man auf das Ergebnis von 1555 zurück. Der Augsburger Religionsfriede wird bekräftigt und auf die Calvinisten ausgedehnt. Zwei in allen die Religion berührenden Fragen auseinandertretende und nur zu gütlichem Ausgleich befugte Reichstagskurien, das Corpus Catholicorum und das Corpus Evangelicorum, sollen die konfessionelle Parität repräsentieren und gewährleisten. Auch zeigen sich zum Zweck des Ausgleichs der fixen Konfessionsverleihungsregel des Normaljahres 1624 gewisse Ansätze einer Stärkung der religiösen Rechte des einzelnen, sofern unter Wahrung des konfessionell bedingten Auswanderungsrechts ein landesherrlicher Auswanderungszwang abgewiesen und den von der Konfession des Landesherrn abweichenden Untertanen Möglichkeiten der Religionsausübung gewährt werden. Obwohl die erreichte Lösung der religiösen Frage den ausdrücklichen Protest des Papstes hervorrief, brachte der Westfälische Friede „die große politisch-konfessionelle Krise des europäischen Staatslebens im 17. Jahrhundert, die eine ihrer Ursachen im Versuch des Aufbaus einer römisch-katholischen Universalmonarchie hatte, für das deutsche Reich zu einem gewissen Ab-

---

[85]   G. Oestreich, a. a. O., 376. Vgl. in diesem Zusammenhang die Bemerkung J. Baurs, Lutherisches Christentum im konfessionellen Zeitalter – ein Vorschlag zur Orientierung und Verständigung, in: ders., Einsicht und Glaube. Bd. 2, Göttingen 1994, 57–74, hier: 72: „Im Blick auf die religiös verschärfte Aggressivität der altgläubigen und reformierten Kontrahenten, die nach 1618 in den Krieg umschlug, mag zwar das lutherische Festhalten am Religionsfrieden von 1555 als ‚Fiktion' taxiert werden können, aber der nicht nur das Problem der historischen Schuld am Religionskrieg tangierende Umstand einer theologischen und gerade nicht indifferenten Begründung des äußeren Religionsfriedens und der damit akzeptierten Pluralität des Christentums könnte zum Anlaß werden, die Bedingungen der Genese der Moderne noch einmal zu überdenken."

schluß"[86]. Erneut wurde damit die epochale Bedeutung des Augsburger Religionsfriedens geschichtlich bestätigt, mit dem die alte unio imperii et ecclesiae im Prinzip bereits an ihr Ende gelangt und das Mittelalter dem Ansatz nach vergangen war.[87]

4. Das Konkordienbuch und seine Bestände

Bekennen ist ein Grundvollzug der Kirche aller Zeiten, Bekenntnisschriften zu verfassen und zu sammeln eine spezifische Erscheinung der reformatorischen und nachreformatorischen Zeit. Versteht man unter Bekenntnisschriften das in einer Kirche

---

[86] A. a. O., 378. Zur Voraussetzung und mehr noch zur tatsächlichen Folge hatte diese Lösung eine über den Friedensschluß von 1555 weit hinausführende Säkularisierung des Rechts und der sonstigen Lebensordnungen sowie eine massive Beschränkung des ehemals beherrschenden Einflusses der institutionalisierten Religion auf die soziokulturelle Ordnung. Die Katastrophe des Dreißigjährigen Krieges, in die die europäischen Religionskriege des späten 16. und des 17. Jahrhunderts mündeten, ohne eine wirkliche Entscheidung des konfessionellen Streits erbracht zu haben, markiert so in bestimmter Weise den Ausgangspunkt für die endgültige Entstehung der modernen Welt, der Neuzeit, für welche die gesellschaftliche Emanzipation von dogmatischem Einheitszwang und kirchlichen Monopolansprüchen charakteristisch werden sollte. Das konnte dann unter anderem auch dazu führen, daß sich die politischen, ökonomischen und kulturellen Lebensformen der Gesellschaft von religiösen Bindungen überhaupt ablösten, wie das für jenen modernen Säkularismus kennzeichnend ist, der Religion allenfalls als Privatsache gelten läßt.

[87] Ob man in der Reformation „nur einen Durchbruch durch das Mittelalter" (E. Wolf, Reformatorische Religiosität und neue Weltlichkeit, in: Peregrinatio. Band II: Studien zur reformatorischen Theologie, zum Kirchenrecht und zur Sozialethik, München 1965, 300–317, hier: 307) oder bereits dessen definitives Ende zu sehen hat, ist im Grund eine Frage systematischer Gewichtung, die sich historisch ebensowenig eindeutig entscheiden läßt wie das Problem, ob die Idee des Corpus Christianum reformatorischerseits anfangs nur umgedeutet oder von vorneherein und grundsätzlich problematisiert wurde. Als Kompromiß bietet sich etwa folgende, monokausale Erklärungen historisch in Schranken weisende Formel an: „Das, was ... als ‚moderne Welt' entsteht, ist *nicht das Erzeugnis, aber die Folge* des protestantischen Geistes, der durch die Reformation herbeigeführten Befreiung von normativen Autoritäten traditionell-institutioneller Art." (A. a. O., 316)

„offiziell anerkannte urkundliche Corpus christlicher Lehraussagen, durch das die betreffende Kirchengemeinschaft ihre spezielle
Heilserkenntis zum Ausdruck bringt, sich zugleich gegen anders-
artige Lehren abgrenzt und so die eigene Verkündigung zu normieren sucht"[88], dann sind Texte dieser Gattung dem Begriff und
der Sache nach nur durch den reformatorischen Glauben hervorgebracht worden.[89] Das besagt indes nicht, daß die reformatorischen Bekenntnisschriften von ihrem Inhalt her lediglich als Dokumente bestimmter Reformationskirchen Geltung beanspruchen.
Ihrer ursprünglichen Intention und anfänglichen Gestalt gemäß
sind sie vielmehr als gesamtkirchliche Zeugnisse konzipiert, die
sich an die „una, sancta, catholica et apostolica ecclesia" wenden,
von der sie herkommen und in deren Zusammenhang sie sich in
räumlicher und zeitlicher Hinsicht unveräußerlich gestellt wissen.
Das ändert sich erst im Laufe des Prozesses fortschreitender Konfessionalisierung, an dessen Ende verfaßte Konfessionskirchen im
geläufigen Sinne des Begriffs stehen. Nun erscheinen die Bekenntnisschriften als Lehrnormen eines separaten Kirchentums,
deren doktrineller Begründung und Abgrenzung sie dienen, wobei theologische und rechtliche Interessen sich nicht selten aufs
engste verbinden. Aber selbst unter diesen Bedingungen, wie sie
im konfessionalistischen Zeitalter faktisch geworden sind und in
modifizierter Form bis heute nachwirken, hat sich der genuine
Ansatz reformatorischen Bekenntnisses, durch evangelisches
Zeugnis dem christlichen Glauben der gesamten Kirche zu dienen, nicht einfachhin verflüchtigt. Er bleibt vielmehr, wie im folgenden an den Bekenntnisschriften der evangelisch-lutherischen
Kirche zu erweisen sein wird, als kritisch-konstruktiver Anspruch
erhalten, der wahrgenommen werden will, weil von solcher
Wahrnehmung nicht weniger als die Ökumenizität konfessionellen Kirchentums abhängt.

Zu ergänzen ist, daß Ökumenizität nach Maßgabe biblischen
Zeugnisses vom Wesen der Kirche kein ekklesiologisches Beiwerk darstellt, sondern konstitutiv zum Kirchesein der Kirche hin-

---

[88] J. Wirsching, Art. Bekenntnisschriften, in: TRE 5, 487–511, hier: 488.

[89] Ebd.: „Erst unter seinem Einfluß sind für nichtreformatorische (‚katholische') Partikularkirchen sowie für postreformatorische Denominationen
den Bekenntnisschriften vergleichbare Lehrdokumente zusammengestellt
worden."

zugehört. Dieser Einsicht wird jede konfessionskirchliche Selbstverständigung Rechnung zu tragen haben, will sie schriftgemäß
sein. Eine Theologie der Bekenntnisschriften der evangelisch-
lutherischen Kirche wird daher den Beweis nicht schuldig bleiben
dürfen, daß eine Kirche, die als evangelisch-lutherisch gelten will,
ihrer Wesensbestimmung nach ökumenisch ausgerichtet ist. Das
Gelingen dieses Beweises entscheidet über nichts Geringeres als
über die ekklesiologische Geltung des kirchlichen Anspruchs
evangelisch-lutherischer Konfession. Als gelungen kann der Beweis dann gelten, wenn die ökumenische Ausrichtung evangelisch-lutherischer Kirche auf der Grundlage ihrer Bekenntnisschriften als ein Akt konfessionell gebotener Selbstentsprechung
dargetan werden kann.

Was das Konkordienbuch von 1580 angeht, so ist es seinem
Selbstverständnis gemäß die „verbindliche Sammlung von Lehr-
schriften der Wittenberger Reformation in der Gestalt der Neuzu-
sammenstellung von bereits publizierten Texten unter Hinzufügung einer Erläuterung und Entscheidung von Streitfragen, die
unter den der Augsburgischen Konfession verpflichteten Reichsständen nach dem Tode Martin Luthers aufgebrochen waren. Diese Erläuterung, die Konkordienformel von 1577, ist zusammen mit
einem Anhang, der Kirchenväterzitate zur Lehre von der Person
Christi zusammenstellt, der einzige für die Publikation neu geschaffene Text des Konkordienbuchs."[90] Die Endphase der Ge-

---

[90] E. Koch, Art. Konkordienbuch, in: TRE 19, 472–476, hier: 472. An anderer
Stelle hat Koch unter Hinweis auf dessen Überterritorialität nachdrücklich
betont, „daß das Konkordienwerk ein ökumenisches Unternehmen ist,
das im 16. Jahrhundert einzigartig dasteht" (Ökumenische Aspekte im
Entstehungsprozeß der Konkordienformel, in: ders., Aufbruch und Weg.
Studien zur lutherischen Bekenntnisbildung im 16. Jahrhundert, Stuttgart
1983, 34–47, hier: 47). An vier Beispielen wird zunächst aufgezeigt, „wie
der Einigungsprozeß der Augsburgischen Konfessionsverwandten auf
den westeuropäischen Protestantismus gewirkt hat, mit welchen Augen
er von Westeuropa her beobachtet worden ist und wie Westeuropa auf
ihn eingewirkt hat" (34). Auch wenn sich die Augsburgischen Konfessionsverwandten einer gesamtprotestantischen Einheitsfront im Widerstand
gegen Spanien, Frankreich und die Gegenreformation aus politischen
Gründen verweigert hätten, beweise ihr Bemühen um eine gemeinsame
überterritoriale Lehrbasis gleichwohl, daß ihr Horizont nicht lediglich
landeskirchlich, sondern ökumenisch ausgerichtet sei. Daß Konk und in
bestimmter Weise schon FC symbolmorphologisch als ein Corpus doctrinae angesehen werden müssen, findet Koch u. a. durch die konsequente

schichte der Konkordienformel ist mit der Vorgeschichte des
Konkordienbuchs bis zu seiner Veröffentlichung unmittelbar verbunden, wofür die Tatsache ein Beleg ist, daß „noch über die
Fertigstellung des Druckes des Konkordienbuchs hinaus ... im
zeitgenössischen Sprachgebrauch die Bezeichnungen ‚Konkordienformel‘ und ‚Konkordienbuch‘ wechselweise gebraucht werden"[91] konnten. Dennoch ist die Annahme unzutreffend, daß man
erst nach Fertigstellung der FC an die Konzeption von Konk ging.
Die Vorgeschichte des Konkordienwerkes reicht vielmehr bis in
die dreißiger Jahre des 16. Jahrhunderts zurück. Durch Einfügung
von Lehrbestimmungen in die Kirchenordnung eines Territoriums
wurde damals der Anfangsgrund für die Entstehung von Corpora
Doctrinae gelegt. Zu erwähnen ist auch die mögliche Beeinflus-
sung dieser Entwicklung durch den Wittenberger Doktoreid, der
die dortigen Promovierten lehrmäßig auf die altkirchlichen Symbole und die CA verpflichtete.[92] An ihm, dem Augsburgischen Bekenntnis, nehmen charakteristischerweise alle frühen Konzeptionen autoritativer Zusammenfassung der evangelischen Position im
Sinne eines Corpus Doctrinae ihren Ansatz. „Sie (sc. die CA) ist

---

Streichung des Terminus Corpus doctrinae im Torgischen Buch von 1576
belegt, „die vorgenommen wurde, um das Argument zögernder Territori-
en zu beseitigen, sie hätten ja schon ein Corpus doctrinae. Freilich", so
Koch, „haben die Konkordienformel und das Konkordienbuch den territorialen Charakter der bisher geltenden Corpora doctrinae abgestreift
zugunsten einer überterritorialen Lehrbasis." (46 f.)

[91]   E. Koch, Art. Konk., a. a. O., 473.

[92]   Vgl. H. Heppe/G. Kawerau, Art. Corpus doctrinae, in: RE³ IV. Band, 293–
298, hier: 293: „Die Confessio Augustana, ursprünglich die Urkunde, in
der die evangelischen Stände in Augsburg vor dem Kaiser das gute Recht
ihrer Lehre und ihrer Kultusreformen verteidigt hatten, dann die Bundesurkunde des schmalkaldischen Bundes, war sehr schnell zur Bedeutung
eines Lehrgesetzes für die lutherischen Landeskirchen gelangt ... Mit ihr
war frühzeitig auch die Apologie als ihr Kommentar zu gleicher Bedeutung gekommen, z. B. in den sächsischen Visitationsartikeln von 1533 und
in der Pommerschen K(irchen)O(rdnung) von 1535. Andererseits verpflichtete man sich zugleich auf die Trias Apostolicum, Nicaenum und
Athanasianum ..."

strenggenommen das Corpus und wird allenfalls ergänzt durch authentische Interpretationen." (Hauschild, 238)[93]

Eine Entwicklungszäsur stellen sodann die Jahre um die Jahrhundertmitte im Zusammenhang der Auseinandersetzungen um das Interim dar. Sie brachten „eine doktrinäre Verhärtung gegenüber dem Katholizismus, wobei erst die darauf folgenden innerprotestantischen Lehrstreitigkeiten das Gefüge der Lehrnormen einschneidend tangierten" (Hauschild, 238). Vor allem Melanchthon war es, der sich in den 50er Jahren um Sammlung autoritativer Schriften bemüht hat, wie namentlich das Corpus Doctrinae Philippicum von 1560 beweist. Zwei Jahre vorher war im Frankfurter Rezeß die Idee des Corpus Doctrinae erstmals offiziell propagiert worden, um die beim Wormser Religionsgespräch zu Tage getretenen theologischen Differenzen und Uneinigkeiten zwischen den verschiedenen evangelischen Landeskirchen zu beheben. Erst jetzt wurde „der Begriff ‚Corpus Doctrinae' zu einem allgemein rezipierten terminus technicus und bekam kirchenpolitische Bedeutung" (Hauschild, 240). Ferner verband sich mit ihm ein lehrgesetzlicher Sinn, den Melanchthon ursprünglich in dieser Weise nicht intendiert hatte. Das Corpus Doctrinae sollte seiner Bestimmung nach den evangelischen Lehrstand normativ festschreiben und allgemeine doktrinäre Uniformität sichern. Das betraf zuallererst die Territorien; doch kam es mitunter auch zu Versuchen der Verständigung auf eine Sammlung lutherischer Bekenntnisschriften, welche verschiedene Landeskirchen umgreifen sollte. Dies geschah seit den sechziger Jahren. Indes blieb ein durchschlagender Erfolg zunächst aus, da die aus der Wittenberger Reformation hervorgegangenen theologischen Parteien zwar in der traditionalistischen Idee des Corpus Doctrinae übereinstimmten, diesem aber durch gnesiolutherische oder philippistische Ausformung unterschiedliche Gestalt gaben, wobei zur CA ergänzende und zum Teil auf die aktuellen Kontroversen bezogene Schriften hinzugenommen wurden.[94]

---

93 Vgl. E. Koch, Bedeutungswandlungen der Confessio Augustana zwischen 1530 und 1580, in : ders., a. a. O., 20–33, hier: 32, wo der Satz zustimmend zitiert und kommentiert wird.

94 Insgesamt gilt, daß „das Schwergewicht im kirchlich-konfessionellen Bereich ... seit dem Augsburger Religionsfrieden für lange Zeit ohne jeden

Eine Wende erfolgte erst seit den ersten Jahren des 7. Dezenniums, nachdem J. Andreae sich entschlossen hatte, sein Konkordienwerk an der norddeutschen Konzeption von M. Chemnitz zu orientieren. Erklärtes Ziel ist es nun, statt einer gesamtevangelischen Konkordie auf der Basis eines neuen Bekenntnisses eine lutherische Einigung anzustreben auf der Grundlage eines antiphilippistischen Corpus Doctrinae und unter Einschluß einer ergänzenden Lehrformel, die aktuelle Streitfragen behandeln soll. Das Ergebnis dieses Prozesses, von dem im Detail noch eigens die Rede sein wird (vgl. § 12), sind Konkordienformel und Konkordienbuch.[95] Folgt man W.-D. Hauschild, der Entstehung und

Zweifel bei den einzelnen Territorien" lag. (B. Lohse, Lehrentscheidung ohne Lehramt. Die Konkordienformel als Modell theologischer Konfliktbewältigung, in: KuD 26 [1980], 174–187, hier: 176) So war und blieb die evangelische Kirche im wesentlichen jeweils auf ein bestimmtes Territorium begrenzt, während es zu ekklesiologischen Organisationsformen überlandeskirchlicher Art kaum oder nur wenige Ansätze gab. (Zu nicht zu leugnenden negativen Konsequenzen territorialkirchlicher Fixierung vgl. etwa das scharfe Urteil von G. Ritter, Die Reformation und das politische Schicksal Deutschlands, in: ders., Die Weltwirkung der Reformation, Darmstadt ³1969, 112-133, hier 128: „Der großartige Schwung, mit dem die reformatorische Bewegung gerade in Deutschland anhob, verkümmerte rasch in der erstickenden Enge und Dürftigkeit der politischen Verhältnisse, unter denen die neuen Landeskirchen der deutschen Klein- und Mittelstaaten entstanden. Niemals wäre das dogmatische Gezänk der protestantischen Theologen verschiedenster Richtung schon zu Lebzeiten des alternden Luther und vollends nach seinem Tode zu so grotesker Häßlichkeit entartet, wären die deutschen Landeskirchen in größeren und freieren politischen Verhältnissen aufgewachsen.") Wesentliche Sorge reformatorischer Landesherren und ihrer Pfarrer und Theologen war es, für die fortschreitende Konsolidierung des Kirchentums innerhalb des territorialen Herrschaftsgebietes Sorge zu tragen. Dem dienten Kirchenordnungen, Visitationen, die über Amtsführung und rechte Lehre der Pfarrer wachten, sowie die geregelte Ausbildung des theologischen Nachwuchses. Ein weiteres Mittel innerer Befestigung territorialer Kirchentümer war die besagte Zusammenstellung normativer Texte zu sog. Corpora Doctrinae, mit denen einzelne Landeskirchen ihre Lehreinheit festzuschreiben und zu sichern trachteten.

95   Mit Abschluß des Konkordienbuchs verloren die Corpora Doctrinae der einzelnen Landeskirchen mehr und mehr an Bedeutung. Zwar lehnte eine erhebliche Minorität der Stände Augsburgischen Bekenntnisses die Konkordienformel ab, wobei der eine Teil vom Philippismus zum Calvinismus überging, ein anderer Teil durch Erhalt des überkommenen oder durch Konstitution eines neuen Corpus Doctrinae sich als ein Luthertum

Begriff der Corpora Doctrinae (CD) unter besonderer Berücksichtigung von norddeutschen Quellen genauestens untersucht hat, dann entsprach das von Andreae, Chemnitz u. a. betriebene und zum Abschluß gebrachte Konkordienwerk „auf einer neuen Stufe dem Ausgangspunkt, den die Idee des CD in den dreißiger Jahren genommen hatte. Zunächst war dieses identisch mit der CA; in einem zweiten Stadium (seit 1560) waren dann mancherlei Ergänzungen durch auf die aktuellen Kontroversen bezogene Schriften – hier melanchthonischer, dort gnesiolutherischer Färbung – (hinzu)getreten, die eine Verständigung verhinderten; im dritten Stadium seit 1573 dann als Interpretation der CA ein traditionalistisches CD, erweitert um eine es interpretierende zeitgemäße Konkordienformel. ‚Corpus Doctrinae‘ bedeutete jetzt ganz im ursprünglichen Sinne Melanchthons, aber mit eindeutig lutherischem Inhalt: Zusammenfassung der evangelischen Lehre als der wahren Schriftauslegung in Kontinuität mit der altkirchlichen Lehre. Norm der Lehre ist die Schrift, doch neben sie tritt als aus ihr abgeleitete Norm das Bekenntnis der Kirche in zwei Teilen, als

---

ohne Konkordienformel zu definieren versuchte. Gleichwohl war und blieb das Konkordienbuch das wohl wichtigste Dokument eines spezifisch lutherischen Bekenntnisstandes. Reichsrechtlich war das Konkordienwerk im wesentlichen dadurch motiviert, mittels authentischer Auslegung der CA die durch den Augsburger Religionsfrieden gewährte paritätische Stellung der Stände AC gegenüber der katholischen Konfession und deren ständischen Bekennern zu sichern. „Freilich sind die orthodoxen Lutheraner jenen letzten Schritt dann doch nicht gegangen, mit Hilfe von Kaiser und Reich all jene Stände AC aus dem Frieden zu drängen, die sich jener ‚offiziellen‘, mehrheitlichen CA-Auslegung verweigerten und damit, aus der Sicht der Konkordisten, nicht mehr auf dem Boden des protestantischen Zentralsymbols standen." (W.-U. Deetjen, Concordia Concors – Concordia discors. Zum Ringen um das Konkordienwerk im Süden und mittleren Westen Deutschlands, in: M. Brecht/R. Schwarz [Hg.], a. a. O., 303–349, hier: 323) Daß man dazu weder willens noch politisch in der Lage war, hatte sich bereits am Übergang der Pfalz zum Calvinismus gezeigt. Von einer unmittelbaren reichsrechtlichen Bedeutung des Konkordienwerks kann insofern nicht die Rede sein, da dessen Nichtunterzeichnung sogar dann, wenn sie auf explizite Ablehnung beruhte, keine reichsrechtlichen Folgen zeitigte. Damit aber hat die FC „auch die Interpretation der Augsburgischen Konfession als Grundlage des Augsburger Religionsfriedens als innertheologische Angelegenheit bestätigt" (E. Koch, Art. Konkordienformel, in: TRE 19, 476–483, hier: 479). Jedenfalls gilt dies in der Perspektive des Reichs. Daß sich die Lage in den konfessionell geschlossenen Territorien anders darstellt, ist klar.

altkirchliches   und   evangelisch-zeitgenössisches   Bekenntnis."
(Hauschild, 249 f.) Hauschild wertet diese Konzeption, in der er
die spezifisch lutherische Auffassung von Lehre als ausgleichende
Mitte zwischen Biblizismus und Dogmatismus fixiert findet, als
gleichermaßen dynamisch und durch Kontinuitätsinteressen bestimmt und kommt zu dem Schluß: „Eine archivalische Fixierung
auf den Inhalt und die Sprachgestalt des Konkordienbuchs von
1580 würde nicht den Intentionen seiner Väter entsprechen."
(Hauschild, 250)

Diese Wertung steht in einer gewissen Spannung zu dem Urteil
von Reinhard Schwarz, der im Konkordienwerk die bereits vor
Ende der 70er Jahre zu beobachtende Neigung bestätigt findet,
„die Einheit der Lehre nicht nur in bezug auf die Sache, sondern
auch hinsichtlich der Lehrform" gewährleisten zu wollen: „durch
das Hinzufügen einer weiteren Lehrschrift zum eigentlichen Bestand der Bekenntnisschriften, die selber schon einen Interpretationsrahmen um die CA bildeten, wollte man kein neues Bekenntnis schaffen; dafür normierte man die bereits artikulierten Lehren
auch noch in den Redeweisen."[96] Belegt wird dies u. a. mit einem
Hinweis auf die in BSLK zweimal abgedruckte (BSLK 3–17 ohne
und BSLK 739–766 mit textkritischem Apparat und Anmerkungen)
konkordistische Vorrede, in der die unterzeichnenden evangelischen Reichsstände erklären, sie seien gesonnen, „durch dieses
Concordienwerk nichts neues zu machen noch von der einmal ... erkannten und bekannten göttlichen Wahrheit ... gar nicht,
weder in rebus noch phrasibus, abzuweichen, sondern vielmehr ... einmütiglich dabei zu vorharren und zu bleiben, auch
alle Religionsstreit und deren Erklärungen darnach zu regulie-
ren ..." (BSLK 760 f.,38 ff.) Dieser programmatische Satz verdient
Aufmerksamkeit.

---

[96]   R. Schwarz, Lehrnorm und Lehrkontinuität. Das Selbstverständnis der
lutherischen Bekenntnisschriften, in: M. Brecht/ders. (Hg.), a. a. O., 253–
270, hier: 263. Vgl. ferner die Bemerkungen G. Sauters in seiner Studie
„Confessio – Konkordie – Consensus. Perspektiven des Augsburger Bekenntnisses für das Bekennen und Lehren der Kirche heute", in: EvTh 40
(1980), 478–494, hier bes. 485, demzufolge mit der konfessionalistischen
Fixierung des Bekenntnisses in FC die vor-konfessionelle Bekenntnis-
haltung der CA verlassen ist.

Auszugehen ist dabei von der Tatsache, auf die auch Schwarz ausdrücklich hinweist, daß nämlich nicht erst die Ständevorrede zum Konkordienbuch, sondern bereits der Titel der Konkordienformel, wie er in ihrer Gestalt als Solida Declaratio gegeben ist, ausdrücklich besagt, daß man nichts anderes zu bieten beabsichtige als eine „allgemeine, lautere, richtige und endliche Wiederholung und Erklärung (repetitio et declaratio) etlicher Artikel Augsburgischer Konfession, in wölchen ein Zeither unter etlichen Theologen Streit vorgefallen, nach Anleitung Gottes Worts und summarischen Inhalt unser christlichen Lehre beigelegt und verglichen" (BSLK 829; vgl. 767). Die BSLK 829–832 abgedruckte FC-Präfation beeilt sich nach einer knappen Skizze der reformationsgeschichtlichen Entwicklung bis zum Jahr 1530 hinzuzufügen: „Zu derselbigen christlichen und in Gottes Wort wohlgegründeten Augsburgischen Konfession bekennen wir uns nachmals hiemit von Grund unsers Herzen, bleiben bei der selben einfältigen, hellen und lauterm Verstand, wie solchen die Wort mit sich bringen, und halten gedachte Konfession für ein rein christlich Symbolum, bei dem sich dieser Zeit rechte Christen nächst Gottes Wort sollen finden lassen." (BSLK 830,40 ff.) Bei ihr, der Confessio Augustana, wolle man beständig verharren und zwar ohne Abweichung und ohne eine andere und neue Konfession zu erstellen. Das werde durch die Notwendigkeit der Behebung angefallener Lehrstreitigkeiten, wie die Konkordienformel sie versucht, nicht in Abrede gestellt, sondern vielmehr bestätigt.

Worum es der Konkordienformel ihrem eigenen Selbstverständnis zufolge geht, ist demnach weder eine materiale Ergänzung noch gar eine revidierende Fortschreibung der CA, sondern deren wiederholende Erklärung. Daß eine solche wiederholende Erklärung, so sehr sie sich auf den Grundgehalt der reinen Lehre und damit auf das Corpus Doctrinae im primären, inhaltlichen Sinne des Begriffs zu konzentrieren hatte, auch den Buchstaben festhalten und konservieren mußte, davon gingen die Väter des Konkordienwerkes zweifellos aus, wie vor allem ihr dezidiertes Interesse am genuinen, nicht variierten Textbestand der Confessio Augustana beweist. Gleichwohl wird man sagen dürfen, daß die intendierte Normierung des äußeren Buchstabens nicht die Absicht archivalischer Fixierung der Sprachform der Lehre verfolgte, sondern an einer solchen Festlegung buchstäblicher Lehrgestalt nur insoweit

interessiert war, als sie für die Wahrnehmung und Sicherung des
authentischen Lehrgehalts unentbehrlich erschien.

Daß den Konkordisten die Lehrgestalt als eine Funktion des Lehrgehalts galt, welchem sie ausschließlich zu dienen hatte, wird
nicht nur durch die buchstäbliche Unterschiedenheit der im Konkordienwerk vereinten Schriften bestätigt, sondern im bereits erwähnten Vorwort von Konk von Anfang an explizit und in der
nötigen Deutlichkeit ausgesprochen. Danach ist alles Bemühen,
dessen Ergebnis in FC und Konk dokumentiert ist, im wesentlichen darauf gerichtet, den heilsamen Inhalt „fest und beständig"
(BSLK 742,13 f.) zu erhalten, wie er im Augsburger Bekenntnis von
1530 authentisch bezeugt ist, ohne doch mit dessen Buchstaben
unmittelbar in eins gesetzt werden zu können. Denn erstens ist
die CA dem Verständnis der Konkordisten zufolge nichts anderes
als ein biblisches Konzentrat – „aus göttlicher, prophetischer, apostolischer Schrift … zusammengefasset" (BSLK 740,14 ff.) –, zum
anderen ist, was die CA bekennt, zuvor schon „in den bewährten
alten Symbolis" (BSLK 742,8 f.) bezeugt worden, deren „kurz vor-
faßte Lehr" von der rechten Kirche stets geglaubt werde und stets
geglaubt worden sei. Auch unter den Bedingungen mannigfachen
Streits, welcher nach dem „christlichen Abschied des hocherleuchteten und gottseligen Mannes Dokt. Martini Luthers" (BSLK
742,16 ff.) die Wittenberger Reformation erschütterte, galt daher
die primäre Aufmerksamkeit jener rechten Glaubenskämpfer, in
deren kontinuierlichen Lehrzusammenhang sich die Konkordisten
gestellt wissen, der unveränderbaren Wahrheit des alleinseligma-
chenden göttlichen Worts (vgl. BSLK 745,7 ff; 746,1 f.). Dieser
Wahrheit „nachzuforschen, beizupflichten und zu ihrer Seelen
Heil und ewigen Wohlfahrt darbei ohne einige fernere disputation
und Gezänk christlich zu bleiben und zu verharren" (BSLK
746,2 ff.), dazu sahen sich wie die Konkordisten selbst, so auch
deren Vorbilder zuallererst aufgerufen, und die Versuche der
Wiederherstellung und Repetition der Confessio Augustana dienten und dienen zuletzt allein diesem Zweck. Was aber das Bemühen um Sicherung des ursprünglichen Textbestandes der CA betrifft, zu welchem Zweck Kurfürst August von Sachsen 1576 eigens
die Kopie einer deutschen CA-Handschrift aus der Mainzer Erz-
kanzlei beschaffen ließ, so gilt dieses Unternehmen im wesentlichen der Abwehr des Vorwurfs, „als sollten wir unseres Glaubens
und Religionsbekenntnüs so ungewiß sein und dasselbe so viel

und oft vorändert haben, daß weder wir noch unsere Theologen wissen mögen, welches die rechte und einmal übergebene Augsburgische Confession sei ..." (BSLK 746,21 ff.)[97]. Das Interesse an Textsicherung und Festschreibung ursprünglicher Lehrform verdankt sich sonach recht besehen keinem genuin theologischen Impuls, sondern ist im wesentlichen historisch, nämlich durch aktuelle Kontroversen bedingt. Auch in dieser Hinsicht bestätigt sich sonach die These, daß für die Konkordisten – trotz ihrer unbestritten konservierend-konservativen Grundhaltung – die Lehrform eine Funktion des Lehrgehaltes darstellt.

Weitere Belege für diese These wären beizubringen. Doch lese man, um zu einem eigenen Urteil zu gelangen, selbst, was im Vorwort des Konkordienbuchs über dessen geschichtliche Genese, über den konstitutiven Schriftbezug reformatorischen Glaubens, über die beanspruchte Kontinuität zu den altkirchlichen Symbolen, über die Confessio Augustana invariata bzw. variata und dabei namentlich über den umstrittenen Abendmahlsartikel und seine christologischen Folgeprobleme sowie über den Gesamtzusammenhang des Konkordienbuches gesagt wird. Auf Details wird an geeigneter Stelle jeweils noch einzugehen sein; hier mag es einstweilen genügen, das für die Konzeption des Konkordienwerkes Wesentliche festzuhalten: Wie die Konkordienformel, so will nach Maßgabe seines Vorworts das Konkordienwerk insgesamt der authentischen Wahrnehmung und Bewahrung ursprünglicher Einsicht der Reformation dienen, wie sie im Wort Heiliger Schrift begründet, durch die Kraft des im leiblichen Wort wirkenden Geistes zur Gewißheit gebracht und namentlich von der Confessio Augustana invariata in Kontinuität zum Bekenntnis der alten Kirche bezeugt ist. In diesem Sinne legen die Konkordisten Wert auf die Feststellung, „daß wir mit vielgedachter jetziger Erklärung der streitigen Artikel keine neue oder andere Confession dann die, so einmal Kaiser Carolo dem V. christlicher Gedächtnüs zu Augsburg Anno etc. 30 übergeben, gemacht, sondern unsere Kirchen und Schulen zuvörderst auf die Heilige Schrift und

---

97 Zu den Einzelmaßnahmen der Textsicherung vgl. BSLK 750,19 ff. Als bestimmendes Motiv wird erneut das apologetische Interesse namhaft gemacht, sich gegen den Vorhalt der Gegner zu verteidigen, „als ob wir unsers Glaubens ungewiß seien und deswegen fast alle Jahr oder Monat eine neue Confession machen sollten" (BSLK 751,25 ff.).

Symbola, dann auch auf erstermelte Augsburgische Confession
gewiesen und hiermit ernstlich vermahnet haben wollen" (BSLK
758,32 ff.). Der bereits erwähnte Grundsatz, daß es in der Konsequenz Wittenberger Reformation Kirchengemeinschaft zwar nicht
gegen, wohl aber ohne die Formula Concordiae geben könne,
widerspricht demnach in keiner Weise dem Selbstverständnis des
Konkordienwerkes, sondern entspricht ihm zumindest insofern,
als dieses nicht Ergänzung, materiale Anreicherung oder gar Ersatz intendierte, sondern Auslegungsauthentizität. Daß solche
Auslegungsauthentizität weder im Hinblick auf die Schrift noch im
Hinblick auf die Confessio Augustana ohne Festhalten des externen Buchstabens herzustellen ist, davon gingen die Konkordisten
allerdings aus; und von daher versteht sich auch ihre bereits zitierte, das Vorwort von Konk abschließende Wendung, von der
„erkannten und bekannten göttlichen Wahrheit" „weder in rebus
noch phrasibus" abweichen zu wollen (BSLK 761,3 f.,13 f.). Indes
zeigt der Zusammenhang, in welchem die besagte Wendung vorgetragen wird, daß es primär nicht um formale Fixierung von
Wortlaut und buchstäblicher Sprachgestalt geht. Denn statt einzelne Texte durch Isolierung zu sanktionieren und etwa die CA
ihres Kontextes zu entkleiden, wird solche Kontextualität ausdrücklich hergestellt und zur Rahmenbedingung authentischen
Verständnisses der die Wittenberger Reformation tragenden
Wahrheit erklärt, wenn es heißt, diese Wahrheit sei „in prophetischer und apostolischer Schrift gegründet und in den dreien Symbolis, auch der Augburgischen Confession, Anno etc. 30. Kaiser
Carolo dem V. hochmilder Gedächtnüs übergeben, der darauf
erfolgten Apologia, in den Schmalkaldischen Artikeln und dem
großen und kleinen Catechismo des hocherleuchteten Mannes D.
Lutheri ferner begriffen" (BSLK 761,4 ff.).

Mit der Benennung der drei altkirchlichen Symbole, der CA invariata und ihrer Apologie, der Schmalkaldischen Artikel und von
Luthers Katechismen sind neben der Konkordienformel und einem angehängten Catalogus Testimoniorum im Grunde bereits
alle Bekenntnisschriften aufgezählt, die dem Konkordienbuch von
1580 zugehören. Nicht explizit erwähnt ist lediglich Melanchthons
Traktat, was darin seine Erklärung findet, daß dieser unter geflis-
sentlicher Ignorierung melanchthonischer Verfasserschaft mit den
ASm zusammengenommen wurde. Überhaupt ist auffällig, daß
der reformatorische Interpretationsrahmen, den man der CA an-

gedeihen läßt, um über Kontextbezüge die Authentizität ihrer Auslegung zu gewährleisten, neben Apol und Tract nur Luthertexte umfaßt. „Luthers ASm und seine Katechismen gelten als öffentliche, allgemein anerkannte Schriften. In einem weiteren Umkreis werden generell Luthers Schriften als Interpretationsrahmen für die CA empfohlen. Die innerprotestantischen Streitigkeiten, die nach Luthers Tod und besonders seit dem Interim soviel Zwiespalt gebracht haben, sollen im Rückgriff auf Luther entschieden werden. Freilich sollen Luthers Schriften immer dem Wort Gottes unterworfen bleiben. Die Schriften anderer Reformatoren – Melanchthon, Brenz, Urbanus Rhegius, Bugenhagen – werden von Luther deutlich abgesetzt. Sie werden nicht verworfen; sie müssen aber der Lehrnorm der Bekenntnisschriften standhalten."[98] Im Hinblick auf Konkordienformel und Konkordienwerk ergibt demnach die Rede von der lutherischen[99] Konfession einen guten Sinn, wie überhaupt das Konkordienbuch „historisch gesehen ein klassisches Dokument des konfessionellen Zeitalters"[100] ist.

---

[98] R. Schwarz, a. a. O., 264 f. unter Verweis auf BSLK 752,15 ff. und 837,17 ff. – „Die Konkordienformel ist der wirksame Riegel gegen eine – mittels der CA mögliche – sogenannte ‚Melanchthonisierung Luthers'. Ihre Vorrede hält denn auch – in einer allerdings damals sehr umstrittenen Passage – ‚dies Concordienbuch für den rechten christlichen Verstand der Augsburgischen Confession'." (J. Baur, Luther und die Bekenntnisschriften, in: ders., Einheit und Glaube. Bd. 2, Göttingen 1994, 44–56, hier: 51 unter Verweis auf BSLK 749,8–10 und P. Manns, Zum Vorhaben einer „katholischen Anerkennung der Confessio Augustana": Ökumene auf Kosten Martin Luthers?, in: ÖR 26 [1977], 426 ff.)

[99] Gleichwohl darf der Einfluß des praeceptor Germaniae nicht gering geschätzt werden, wie sich unter anderem an der Aufnahme der altkirchlichen Symbole das Konkordienbuch zeigen läßt. „Sie ist letztlich auf Melanchthon zurückzuführen, der, um die Einigkeit mit der gesamten Kirche zu betonen, unter ausdrücklicher Hervorhebung des seit alters als Grundlage der Orthodoxie geltenden Nicänums sogleich im ersten Artikel der Augustana die Zustimmung der Evangelischen zu diesem und zu Aussagen des Athanasianum erklärt." (Th. Kolde, Historische Einleitung in die Symbolischen Bücher der evangelisch-lutherischen Kirche, LXXVIII; verwiesen wird ferner auf den von Melanchthon herrührenden Wittenberger Doktoreid, auf die Confessio Saxonica von 1551 und auf das Corpus Philippicum.)

[100] E. Koch, Art. Konkordienbuch, in: TRE 19, 474.

Dennoch sprechen nicht nur Gründe aktueller Aneigenbarkeit, sondern auch geschichtliche Gründe dagegen, die in Konk gesammelten Bekenntnisschriften der evangelisch-lutherischen Kirche ausschließlich oder auch nur primär unter dem Gesichtspunkt konfessionalistischer Lehrgesetzlichkeit zu betrachten. Denn daß sich sein Normierungsinteresse auf die Lehrform nur insofern bezieht, als dies für den Lehrgehalt als notwendig erscheint, läßt sich für das Konk nicht nur aus systematischen Motiven, sondern durchaus auch aus historischen und konzeptionellen Gründen geltend machen.[101] Das trifft selbst unter dem Gesichtspunkt vollzogener Lehrverwerfungen und Damnationen zu. Da ich zu diesem wichtigen Problemfeld, das in den letzten Jahren gesteigerte theologische Aufmerksamkeit auf sich gezogen hat, eine gesonderte Detailstudie vorgelegt habe[102], soll zum theologischen Status der Verwerfungssätze unter Bezug auf die Vorrede von Konk lediglich bemerkt werden, daß zwar die theologische Notwendigkeit der „condemnationes, Aussetzung und Vorwerfung falscher unreiner Lehre" (BSLK 755,18 f.) uneingeschränkt behauptet wird, auch hinsichtlich der aus theologischen und politischen Gründen lange umstrittenen Anathemata in FC VII (Vom heiligen Abend-

---

[101] „Seiner eigenen Intention nach stellt das Konkordienbuch ein mehrfach gestuftes Normengefüge dar, das gleichzeitig eine historische Tiefendimension hat: Auf den Inhalt des Alten und Neuen Testaments bezogen, stellen die Glaubensbekenntnisse der Alten Kirche in theologischer Identität mit der biblischen Überlieferung die Brücke zur Wiederentdeckung des Evangeliums in der Reformation dar. Diese Wiederentdeckung im Zeichen des Endes der Welt hat in der *Confessio Augustana* ihren Ausdruck gefunden und wird im Konkordienbuch erläutert und aktualisiert." (E. Koch, a. a. O., 474)

[102] Vgl. G. Wenz, Damnamus? Die Verwerfungssätze in den Bekenntnisschriften der evangelisch-lutherischen Kirche als Problem des ökumenischen Dialogs zwischen der evangelisch-lutherischen und der römisch-katholischen Kirche, in: K. Lehmann (Hg.), Lehrverurteilungen – kirchentrennend? II. Materialien zu den Lehrverurteilungen und zur Theologie der Rechtfertigung, Freiburg i. Br./Göttingen 1989, 68–127; ferner: W. Maurer, a. a. O., 61–70 sowie H.-W. Gensichen, Damnamus. Die Verwerfung von Irrlehre bei Luther und im Luthertum des 16. Jahrhunderts, Berlin 1955. Zur aktuellen theologischen Urteilsbildung vgl. bes. K. Lehmann/W. Pannenberg (Hg.), Lehrverurteilungen – kirchentrennend? I. Rechtfertigung, Sakramente und Amt im Zeitalter der Reformation und heute, Freiburg i. Br./Göttingen 1986 sowie die dazugehörigen Materialbände (1989/90) und die bisherige Diskussion des Projekts.

mahl; vgl. BSLK 755, Anm. 3 sowie CA X [improbant!]); zugleich
aber wird klargestellt, „daß hiemit die Personen, so aus Einfalt irren und die Wahrheit des göttlichen Worts nicht lästern, vielweni-
ger aber ganze Kirchen in- oder außerhalb des Heiligen Reichs
Deutscher Nation gemeint, sondern daß allein damit die falschen
und vorführischen Lehren und derselben halsstarrige Lehrer und
Lästerer, die wir in unsern Landen, Kirchen und Schulen keines-
weges zu gedulden gedenken, eigentlich vorworfen werden, dieweil dieselbe dem ausgedrücktem Wort Gottes zuwider und neben solchem nicht bestehen können, auf daß fromme Herzen für
derselben gewarnet werden möchten" (BSLK 756,2 ff.; vgl. BSLK
756, Anm. 1 u. 2). Damit wird die von den Gnesiolutheranern
vielfach geforderte bestimmte „Personalkondemnation" in Schranken gewiesen und deutlich gemacht, daß sich das „Damnamus"
primär gegen Irrlehren und nicht in erster Linie gegen Personen
oder gar ganze Kirchen richtet. „So ist es grundsätzlich auch möglich, daß Theologumena verdammt werden, ohne daß ihr Urheber
verdammt wird." (Schlink, 290) Erst jener, der eine das Evangelium in seiner Mitte verkehrende Lehre „halsstarrig" („pertinax"),
d. h. auch nach mehrfacher Ermahnung und Zurechtweisung
hartnäckig in der Öffentlichkeit vertritt, ist qua persona durch den
Bann aus der Kirche auszuschließen. (Vgl. § 13,6)

Sachlich ähnlich argumentieren neben FC auch die anderen BSLK.
Zwar erklärt etwa Apol VII den Irrlehrer schonungslos zum Wi-
derchristen, den man „nicht annehmen oder hören" dürfe (BSLK
246,20–23). Aber nicht jeder Vertreter irriger Lehrmeinungen sei eo
ipso schon ein zu verwerfender Irrlehrer; unterschieden werden
müsse in diesem Zusammenhang vielmehr zwischen „inutiles
opiniones" (BSLK 238,20) und „perniciosus error" (BSLK 238,21).
Denn „wiewohl nu in dem Haufen, welcher auf den rechten
Grund, das ist, Christum und den Glauben gebauet ist, viel
schwache sein, welche auf solchen Grund Stroh und Heu bauen,
das ist, etliche menschliche Gedanken und Opinion, mit welchen
sie doch den Grund, Christum, nicht umstoßen noch verwerfen,
derhalben sie dennoch Christen sind und werden ihnen solche
Feihl vergeben, werden auch etwa erleucht und besser unterricht:
also sehen wir in den Vätern, daß sie auch beiweilen Stroh und
Hau auf den Grund gebauet haben, doch haben sie damit den
Grund nicht umstoßen wollen." (BSLK 239,2–13). Zum verdammli-
chen Irrlehrer werde erst, wer unbelehrbar den rechten Grund

aller Lehre umstößt, „das Erkenntnis Christi und den Glauben"
(BSLK 239,14). Eben dies aber ist nach Apol bei den Widersachern
der Fall: „Denn sie verwerfen und verdammen den hohen, größten Artikel, da wir sagen, daß wir allein durch den Glauben, ohne
alle Werke Vergebung der Sunde durch Christum erlangen ... Wer
nu den Glauben nicht nötig achtet, der hat Christum bereits verloren" (BSLK 239,14–20). Dem kirchlichen Verwerfungsurteil geht also gewissermaßen die Selbstverwerfung des Ketzers bereits voraus. Das kirchliche Urteil begründet somit eigentlich keinen Sachverhalt, sondern deklariert ihn nur öffentlich.[103] Maß und Ziel
eines evangelisch-lutherischen Verwerfungsurteils ergibt sich sonach allein aus dem Zusammenhang dessen, was über Mitte und
Grenze evangelisch-lutherischen Bekenntnisses überhaupt, nämlich über aller Lehre Hinordnung und Bindung an die viva vox
evangelii, die bedingungslose Zusage der Gnadentat Gottes in Jesus Christus für den Menschen zu sagen ist. Dieser Bezug impliziert zwei Forderungen an alles christliche Bekennen: Entschiedenheit in der Sache und liebendes Entgegenkommen gegenüber
dem Irrenden gleichermaßen.[104] Nur wo dem entsprochen wird,
kann das Bekenntnis eine sachgemäße Deutung des Glaubens leisten, in welcher dessen Gemeinschaft und Grenze zugleich zur
Geltung kommen.[105]

---

[103]   Vgl. Chr. Link, Art. Bann V, in: TRE 5, 182–190, hier: 187.

[104]   Vgl. im einzelnen H.-W. Gensichen, a.a.O., 145 ff. Unter § 13,6 wird auf
das Problem von Häresie und Lehrverurteilung erneut zurückzukommen
sein.

[105]   Vgl. R. Slenczka, Bekenntnis als Deutung, Gemeinschaft und Grenze des
Glaubens, in: KuD 26 (1980), 245–261.

§ 3

DIE URKUNDE DES GLAUBENS

Lit.:

F. Brunstäd, Theologie der lutherischen Bekenntnisschriften, Gütersloh 1951. – *B. Dittrich,* Das Traditionsverständnis in der Confessio Augustana und in der Confutatio, Leipzig 1983. – *H. Fagerberg,* Die Theologie der lutherischen Bekenntnisschriften von 1529 bis 1537, Göttingen 1965. – *T. Holtz,* Beobachtungen zu Umfang und Charakter der Schriftbegründung in der Confessio Augustana, in: F. Hoffmann/U. Kühn (Hg.), Die Confessio Augustana im ökumenischen Gespräch, Berlin 1980, 73–85. – *F. Mildenberger,* Theologie der Lutherischen Bekenntnisschriften, Stuttgart/Berlin/Köln/Mainz 1983. – *E. Schlink,* Theologie der lutherischen Bekenntnisschriften, München (1940) ³1948.

1. Glaubensbekenntnis und kirchliche Tradition

Bekennen ist nächst dem Gebet (vgl. etwa Apol IV,332), in dessen Kontext es gehört (vgl. § 5,3), das erste und ursprünglichste Werk des Glaubens. Wessen der Glaube innegeworden ist und wessen er sich im Gebet beständig vergewissert, das wird im Bekenntnis geäußert, um erkennbares Zeugnis zu geben vom heilsamen Grund, auf welchen der Glaube sich verläßt: nämlich Zeugnis von Gott, wie er in Jesus Christus in der Kraft des Geistes offenbar ist, damit dem Menschen samt der kreatürlichen Welt, welche in Sünde und Bosheit zu vergehen droht, Rettung und ewiges Leben zuteil werde. Indem er solchermaßen den dreieinigen Gott als den im auferstandenen Gekreuzigten offenbaren Grund des Heils bekennt, entspricht der Glaube dem Evangelium, durch das er hervorgerufen wurde und dessen Antwort er ist.[1] Dabei hat als innerstes Zentrum und erstes Moment bekennender Glaubensantwort auf die Zusage des Evangeliums nichts anderes und nicht weniger zu gelten als die Selbstübereignung des Glaubenden an den göttlichen Grund des Glaubens, den er im Bekenntnis bezeugt. Selbstentäußerung in hingebungsvollem Vertrauen ist die Grundlage aller Äußerungsformen bekennenden Glaubens. Kurzum: „Im Bekenntnis vollzieht der Glaubende die Selbsthingabe an den, den er bekennt."[2]

Daß ein Bekenntnis, welches dem Evangelium glaubend entspricht und sich von dessen Zusage bestimmt sein läßt, in elementarer Weise mit dem Vollzug einer abnegatio sui im Sinne vertrauensvollen Sich-Verlassens auf Gott verbunden ist, läßt sich am confessio-Begriff des jungen Luther eindrücklich zeigen, etwa wenn es in den Ausführungen der Römerbriefvorlesung heißt: „Confessio enim est opus fidei precipuum, Qua homo negat se et confitetur Deum ac ita negat et confitetur, Ut etiam vitam et omnia neget, antequam se affirmet. Moritur enim in confessione Dei et abnegatione sui. Quomodo enim potest fortius se abnegare quam moriendo pro confessione Dei? Tunc enim relinquit se, ut stet Deus et confessio eius." (WA 56, 419, 21 ff.) Nach Erich Vogelsangs Kommentar wird in der zitierten Passage ein Doppeltes sichtbar und zwar im Zuge fortgeschrittener reformatorischer Einsicht deutlicher noch als in vergleichbaren vormaligen Ausführungen Luthers zum Thema: „Einmal die strengere Beziehung der confessio auf den Glauben, der für Luther zunehmend zu dem letzten, alles zur Einheit zusammenspannenden Ausdruck der Gottesbeziehung wird, auf der anderen Seite die weitere Vertie-

---

[1] „Das Bekenntnis ist nicht das erste, sondern das zweite Wort, es ist reactio. Das erste Wort ist Gottes ‚Bekenntnis' zu uns ..." (E. Kinder, Das Bekenntnis als Gabe und Aufgabe, in: Die Einheit der Kirche. Referate und Vorträge, vorgelegt auf den Sitzungen der theologischen Kommission des Lutherischen Weltbundes, Berlin 1957, 69–78, hier: 71) „Das Bekenntnis ist Antwort auf das Handeln Gottes." (J. Triebel, Strukturen des Bekennens. Beobachtungen zur Confessio Augustana und unserem Bekennen, in: KuD 26 [1980], 317–326, hier: 326)

[2] E. Schlink, Ökumenische Dogmatik. Grundzüge, Göttingen 1983, 647.

fung des Gerichtsgedankens: Bekennen heißt *alles* Eigene, ja, *sich selbst verleugnen*, mutvoll sich selber *sterben!*"[3]
Zu entnehmen ist diesem Kommentar, ohne daß auf die langwierige Debatte um die genaue Datierung reformatorischer Ursprungserkenntnis eigens eingegangen werden müßte, folgende bemerkenswerte Einsicht: Indem er die zweifache Bedeutung des überkommenen confessio-Begriffs, nämlich Sündenbekenntnis und Gott lobendes Bekennen, in einem Gedanken zusammenfaßt und differenzierend vereint, strukturiert Luther den reformatorischen Bekenntnisbegriff analog zu seiner Rechtfertigungslehre: „Es gibt kein herrlicheres Lobbekenntnis Gottes als das Bekenntnis unserer Sünde und Schwachheit. Zweierlei verschiedenes Bekenntnis gibt es also im Grunde gar nicht; es sind nur zwei Seiten derselben Sache: Bekennen heißt einfach zum Bewußtsein, zur Erkenntnis, zur Anerkenntnis des wahren Verhältnisses zwischen Gott und Mensch kommen: Gott der Alleinheilige, der Mensch Sünder vor ihm! Diesen Tatbestand sehen, verkünden und darum mit ungeteiltem Herzen leben, das heißt bekennen."[4]

Heilsam ist solches Bekennen freilich nur, wo Gott der Allheilige dem sündigen Menschen als der Versöhner und Erlöser begegnet, als welcher er in Jesus Christus in der Kraft des Hl. Geistes in einer allem menschlichen Bekennen zuvorkommenden Weise offenbar ist. Diese Erkenntnis gehört zu reformatorischem Bekenntnis untrennbar hinzu und unterscheidet es zugleich von allen überanstrengten Versuchen, das Heil durch eigenmächtige Selbstnegation erschwingen zu wollen etwa im Sinne einer imitatio, welche der Selbsthingabe Jesu bis zur resignatio ad infernum meint nachahmend folgen zu können, ohne vorher des auferstandenen Gekreuzigten, der stellvertretend für uns gelitten hat, in seiner Unvergleichlichkeit österlich gewahr zu werden. Im Zu-

---

3 E. Vogelsang, Der confessio-Begriff des jungen Luther (1513–22), in: LJ 12 (1930), 91–108, hier: 99. Weitere „Aspekte zum Bekenntnisproblem in der Theologie Luthers" entfaltet F. W. Kantzenbach in: LJ 30 (1963), 70–96. „Die spezifische Form des ‚Bekenntnisses' aus der Sicht der katholischen Tradition" behandelt der gleichnamige Beitrag von K. Lehmann in: ders./E. Schlink (Hg.), Evangelium – Sakramente – Amt und die Einheit der Kirche. Die ökumenische Tragweite der Confessio Augustana, Freiburg i. Br./Göttingen 1982, 164–183.

4 E. Vogelsang, a. a. O., 94 f.

sammenhang der Buß- und Beichttheologie, aus deren Kontext sich die reformatorische Rechtfertigungslehre bekanntlich entwikkelt hat, wird darauf noch im einzelnen einzugehen sein (vgl. § 9,7–9). Hier genügt es, auf den nicht nur traditionellen, sondern sachlich-konstitutiven Bezug des reformatorischen confessio-Begriffs zur Thematik von Sündenbekenntnis und Rechtfertigung einstweilen hingewiesen und angezeigt zu haben, daß der für ihre Bußtheologie elementare Zusammenhang von contritio und fides auch den Bekenntnisbegriff der Wittenberger Reformation grundlegend bestimmt.

Nun ist – das sei im Vorgriff auf Späteres vorausgeschickt – die im sacramentum absolutionis gründende und sich erfüllende Buße nach reformatorischer Lehre nicht ohne ausdrückliche Beichte und entsprechende Äußerungen tätiger Besserung denkbar, so sehr contritio cordis und herzlicher Glaube sie im Innersten bestimmen. Die confessio oris gehört, auch wenn eine enumeratio omnium peccatorum nicht gefragt oder doch zumindest nicht notwendig ist, demnach untrennbar zu evangelischer Buße hinzu. In analoger Weise läßt sich reformatorisches Bekenntnis von Formen expliziter Äußerung nicht trennen. Bekenntnis erschöpft sich nicht in innerer Selbstverständigung; es will und muß sich äußern, auch wenn Bekennen ohne Zweifel zunächst heißt: „sich *innerlich,* im Geist, im Herzen, im Glauben ... gebunden (zu) wissen"⁵. Um es mit Paulus (Röm 10,10) und im Anschluß an Apol IV,383 zu sagen: „Corde creditur ad iustitiam, ore fit confessio ad salutem." In seiner Erläuterung dieses biblischen Grundsatzes betont Melanchthon zwar einerseits mit Nachdruck, daß es nicht auf den bloßen äußeren Geschehensvollzug des Bekenntnisses, sondern auf die fides cordis ankomme, welche den inneren Sinn der confessio ausmache. Er macht aber ebenso deutlich, daß ein Glaube, der sich nicht bekennend äußert, keine Stärke hat: „Non est autem firma fides, quae non ostendit se in confessione." (Apol IV,385) Um zu bestehen, darf der Glaube die explizite Äußerung des Bekenntnisses nicht schuldig bleiben. Das ist nachgerade deshalb der Fall, weil der Glaube seinem Wesen nach hingeordnet ist auf die Gemeinschaft des Glaubens, an welcher sein Bestand hängt. Das dritte Gebot homologischer Feiertagsheiligung

---

⁵   J. Steinbeck, Kirche und Bekenntnis. Eine grundsätzliche Erörterung, in: ZThK 18 (1937), 97–111, hier: 98.

gehört deshalb für Luther, wovon aus Anlaß seiner Katechismusauslegung noch ausführlich zu reden sein wird, notwendig in den Zusammenhang des ersten und zweiten Gebots, welche den Glauben und sein Bekenntnis gebieten. Nicht umsonst hat das Bekenntnis seinen genuinen Sitz im Leben in der gottesdienstlich versammelten Gemeinde, deren Gemeinschaft jeder Getaufte unveräußerlich angehört, um im Glauben gestärkt und bewahrt sowie zu christlicher Weltsendung bereitet zu werden.

Individualität und Sozialität gottbezogenen Glaubens gehören gleichursprünglich zusammen. Das gilt auch für das Bekenntnis des Glaubens, welches seinem Wesen nach nicht lediglich die private Überzeugung eines einzelnen, sondern kirchlichen Gemeinsinn zu artikulieren beansprucht, wie er aus dem gemeinsamen Hören des Evangeliums hervorgeht und gehorsame Verantwortlichkeit dem Evangelium gegenüber zur notwendigen Folge hat. Von daher hat es seine Richtigkeit zu sagen, daß das Bekenntnis ein hörendem Glauben folgender, vom Geist hervorgerufener Gehorsamsvollzug ist, in welchem die Kirche als die Gemeinschaft der Gläubigen ihren in Jesus Christus gelegten Grund explizit und in Abgrenzung gegenüber Widersprüchen, welche diesen Grund leugnen, anerkennt, um auf diese Weise einzustimmen in die Urkunde des Glaubens bzw. ihre Übereinstimmung zu bezeugen mit der Urkunde des Glaubens, wie sie die Hl. Schrift kanonisch dokumentiert.[6]

Was über die ekklesiologischen Dimensionen christlichen Bekennens und über die Vermittlung der Gemeinschaft der Glaubenden durch das gemeinsame Bekenntnis[7], kurzum: was über das Bekenntnis als eine „Urfunktion der Kirche aller Zeiten und Zonen"[8] nach Maßgabe Wittenberger Reformation näherhin zu sagen ist, läßt sich in bündiger Weise dem VII. Artikel der Confessio Augustana (vgl. BSLK 45,31f.: „unsers Glaubens Bekenntnus" [nostra confessio]) entnehmen, der im wesentlichen auf die Thematik nötiger Bedingungen der Einheit der Kirche hingeordnet ist und

---

[6] Vgl. K. Barth, Das Bekenntnis der Reformation und unser Bekennen, München 1935.

[7] Vgl. W. Pannenberg, Systematische Theologie, Bd. 3, Göttingen 1993, 129 ff.

[8] J. Wirsching, Art. Bekenntnisschriften, in: TRE 5, 487–511, hier: 487.

deshalb am besten mit „De unitate ecclesiae" zu überschreiben
wäre. Um der späteren Detailinterpretation dieses Artikels (vgl.
§ 11,4) nicht vorzugreifen, sei hier lediglich der entscheidende
Lehrsatz registriert, demgemäß es für die christlichen Kirchen
notwendig, aber auch hinreichend ist, „daß da einträchtiglich
nach reinem Verstand das Evangelium gepredigt und die Sakrament dem gottlichen Wort gemäß gereicht werden" (BSLK 61,9–12;
CA VII,2: „Et ad veram unitatem ecclesiae satis est consentire de
doctrina evangelii et de administratione sacramentorum."). Mit
diesem Satz spricht die Augustana nicht nur eine allgemeine
evangelische Wahrheit aus, sondern definiert auch die Bestimmungsgründe der eigenen Geltung. Zugleich und in Übereinstimmung damit beansprucht sie, den Konsens in bezug auf rechte
Evangeliumspredigt und stiftungsgemäße Sakramentsverwaltung,
der nach Maßgabe ihres VII. Artikels zur Einheit der Kirche notwendig und hinreichend ist, an sich selbst und in der ihr eigenen
Bestimmtheit zum Ausdruck gebracht zu haben, wie denn CA I
mit der bezeichnenden Wendung beginnt: „Ecclesiae magno consensu apud nos docent …" (CA I,1) Was die Augustana über den
zur Einheit der Kirche gehörigen Konsens, wie er im gemeinsamen Bekenntnis laut wird, lehrt, ist daher stets reflexiv zu nehmen, nämlich als Ausdruck ihres konfessorischen Eigenverständ-
nisses und als selbstbezügliche Bestimmung ihres Bekenntnisan-
spruches.

Das erste und wichtigste, was über diesen Anspruch gesagt werden muß, ist dies, daß er nicht undifferenziert, sondern nur auf
differenzierte Weise gelten will. Das Bekenntnis und der kirchliche Konsens, der sich in ihm artikuliert, beanspruchen Geltung
nur in der Weise der Selbstunterscheidung Wort und Sakrament
gegenüber, deren rechter Gestalt sie zu dienen haben. Was im
Zusammenhang der Lehre von der Schrift als der inspirierenden
Quelle und inspirierten Urkunde des Glaubens, durch welche das
Bekenntnis des Glaubens kanonisch normiert ist, im einzelnen
noch zu erörtern sein wird, läßt sich doch jetzt schon in Umrissen
skizzieren: Die Konsensaussagen des Bekenntnisses sind allesamt
hingeordnet auf den schriftgemäßen Vollzug der Evangeliumspredigt und der Sakramentsverwaltung, dem sie sich dienstbar zu
erweisen haben. Signifikanterweise wird in den lutherischen Bekenntnisschriften das Bekenntnis daher nur gelegentlich (vgl. etwa Apol VII,3) und ohne Benennung einzelner Bekenntnisschrif-

ten den Kennzeichen der Kirche zugerechnet, während in der Regel und stricte dictu nur Wort und Sakrament zu notae ecclesiae erklärt werden. Sachlich ist daraus zu folgern: Das Bekenntnis ist Kennzeichen der Kirche nicht zusätzlich zu, sondern „*in* den alleinigen beiden Kennzeichen der Evangeliumspredigt und Sakramentsverwaltung" (Schlink, 299).[9]

Nun sind freilich Wort und Sakrament in ihrer schriftgemäßen Gestalt keine unbestimmten, sondern bestimmte Größen, die in ihrer Bestimmtheit wahrgenommen und anerkannt werden wollen, damit recht gepredigt und stiftungsgemäß der sakramentale Vollzug geübt werde. Obwohl daher das Bekenntnis die Kirche weder konstituiert noch die Kirchengemeinschaft schafft, welches vielmehr allein Christus in der Kraft des göttlichen Geistes durch Wort und Sakrament ausrichtet, so ist es als die explizite Wahrnehmungs- und Anerkennungsgestalt der in Wort und Sakrament ergehenden Zusage doch die unentbehrliche Voraussetzung verantwortlicher Erfüllung des kirchlichen Auftrags zur Evangeliumsverkündigung und Sakramentsverwaltung und als solche die conditio sine qua non geklärter und erklärter Kirchengemeinschaft. So wahr echte Kirchengemeinschaft wesentlich als Verkündigungs- und Sakramentsgemeinschaft besteht, so wahr kann sie nicht ohne Bekenntnisgemeinschaft zustande kommen und erhalten bleiben. Das Grundgesetz, welchem solche Bekenntnisgemeinschaft unter reformatorischen Bedingungen zu folgen und an dem es sich beständig zu orientieren hat, ist Schriftgemäßheit und zwar Schriftgemäßheit in einem durchaus buchstäblichen Sinn. Ist es doch der Literalsinn der Schrift, in welchem das Wort Gottes, wie es in Jesus Christus kraft des göttlichen Geistes offenbar ist, nach Auffassung der Reformatoren urkundlich bezeugt ist. Ohne den Buchstaben der Schrift ist daher weder ein Urteil über die Reinheit der Verkündigung noch über die stiftungsgemäße Richtigkeit der Sakramentsverwaltung zu gewinnen. Entsprechend ist und bleibt die Schrift äußere Norm jeder Kirchengemeinschaft

---

[9] „Da die Bekenntnisschriften wesensgemäß der Erhaltung der Evangeliumspredigt und der rechten Sakramentsverwaltung in der Kirche zu dienen haben, sind sie nota ecclesiae *in* diesem ihren Dienst. Die Bekenntnisschriften sind insofern wiederum kein Kennzeichen der Kirche, als diese nota mit den beiden ersten notae ecclesiae zusammenfällt und nur *in* ihnen als nota ecclesiae erkannt werden kann." (Schlink, 299)

und buchstäblich das Gesetz, welchem das Bekenntnis inhaltlich zu entsprechen hat.

Zu solcher Entsprechung gehört nun freilich – soll sie nicht im Gesetz des Buchstabens gefangen bleiben, sondern dem evangelischen Sinngehalt der Schrift gemäß sein – der Ausdruck der gewissen Wahrheit elementar hinzu, welche den Buchstaben der Schrift zum österlich-pfingstlichen Geistzeugnis werden läßt, um in Wort und Sakrament fortzeugend verkündigt zu werden, daß nämlich der im Bekenntnis schriftgemäß bezeugte Jesus Christus nicht tot, sondern lebendig ist und daher sich selbst und von sich aus überzeugend zu bezeugen vermag. Anders formuliert: Rechtes Bekenntnis ist ohne Zeugnis gläubigen Vertrauens auf die pneumatische Selbstbewährungsfähigkeit der in Jesus Christus offenbaren göttlichen Wahrheit nicht denkbar. Die Gewißheit solchen Selbstbewährungsvermögens der im Bekenntnis bezeugten Wahrheit macht die kirchliche Verantwortung für Evangeliumsverkündigung und Sakramentsverwaltung keineswegs zu einer überflüssigen und marginalen Angelegenheit. Es ist und bleibt wahr: Wort und Sakrament wirken „nicht automatisch in der Kirche und für die Kirche, sondern sie wirken durch menschliche Verantwortlichkeit hindurch ... Darum kann sich die Kirche hinsichtlich des Evangeliums und der ‚Gnadenmittel‘ nicht auf einen reinen Objektivismus zurückziehen, sondern sie ist durch das sie tragende und ihr aufgetragene Evangelium auch zur bekennenden Wahrheitsentscheidung gerufen."[10] Nichtsdestoweniger und unbeschadet, ja in Bestätigung dessen ist es so, daß von rechter Evangeliumsverkündigung und stiftungsgemäßer Sakramentsverwaltung überhaupt nur unter der Bedingung sinnvoll die Rede sein kann, daß der spirituelle Erweis der Wahrheit von Wort und Sakrament, deren Literalsinn dem Buchstaben der Schrift zu entnehmen ist, einzig und allein von dem erwartet wird, welchen die media salutis bezeugen: vom Mittler selbst und seinem Geist. Dies zu bekennen, gehört zu evangelischem Bekenntnis unveräußerlich hinzu. Es lebt von dem glaubensgewissen Vertrauen, daß der im Zeugnis Bezeugte sich selbst lebendig zu bezeugen vermag. Evangelisches Bekenntnis bindet daher nicht unmittelbar und in

---

10   E. Kinder, Grundsätzliche Gedanken über die Einheit der Kirche an Hand von Confessio Augustana, Artikel VII, in: Die Einheit der Kirche, a. a. O., 79–92, hier: 87.

formalautoritativer Weise an sich und seine äußere Formgestalt;
seine Vermittlungsaufgabe ist vielmehr stets dadurch bestimmt,
jene Freiheit zu eröffnen, die es dem Adressaten des Bekenntnisses ermöglicht, sich selbst von der Wahrheit des Evangeliums zu
überzeugen, um zu jener inneren Glaubensgewißheit zu gelangen, welche die Grundlage äußerer Zustimmung ist.[11]

Was dies für die Bekenntnishermeneutik im allgemeinen und für
das Konzept einer Theologie der lutherischen Bekenntnisschriften
im besonderen bedeutet, soll seiner entscheidenden Wichtigkeit
halber in einem eigenen und gesonderten Abschnitt erörtert werden.[12] Zuvor jedoch ist der Überschrift des Abschnitts gemäß zu
fragen, wie das Bekenntnis des Glaubens – dem unbeschadet seiner Vermittlung durch Wort und Sakrament Gottunmittelbarkeit
eignet und dessen innere Gewißheit gekennzeichnet ist von un-
teilbarer Individualität – sich verhält zur kirchlichen Tradition.

---

[11] In diesem Sinne gilt: „Das Bekenntnis bindet mit der Kraft der Wahrheit
des in ihm bezeugten Evangeliums den Glauben in Freiheit an eben diese Wahrheit und an sonst nichts." (R. Prenter, Was bedeutet Bindung an
das lutherische Bekenntnis heute?, in: Die Einheit der Kirche. Referate
und Vorträge, vorgelegt auf den Sitzungen der theologischen Kommission des Lutherischen Weltbundes, Berlin 1957, 103–109, hier: 106. Vgl. ferner den gleichnamigen Artikel von P. Brunner, a. a. O., 28–38, hier: 28:
„Das lutherische Bekenntnis bindet die Gemeinden, ihre Hirten und Lehrer ausschließlich an das apostolische Evangelium." [Wiederabgedruckt
in: V. Vajta/H. Weissgerber (Hg.), Das Bekenntnis im Leben der Kirche.
Studien zur Lehrgrundlage und Bekenntnisbindung in den lutherischen
Kirchen, Berlin/Hamburg 1963, 11–20.])

[12] Vgl. § 3,3. Abgrenzend sei einstweilen nur soviel gesagt: Unter der Voraussetzung der skizzierten bekenntnistheologischen Grundsätze sind
Monopolansprüche eines einzelnen Zeugen oder einer Gruppe von Zeugen auf alleiniges Wahrheitszeugnis ebenso ausgeschlossen wie jedwede
Form von Gewissenszwang, weil beides die Kommunikations- und Konsensgemeinschaft der Kirche sprengen und ihre Homologie, ihr gemeinsames und einvernehmliches Zeugnis unmöglich machen würde. Hinzuzufügen ist, daß das Zeugnishandeln des Glaubens keineswegs auf das
verbale Bekenntnis beschränkt werden kann, sondern das Ganze der Lebensführung des Glaubenden umfassen soll. Dennoch kommt dem Bekenntnis und seiner lehrhaften Reflexionsgestalt eine unersetzbare und
vom nichtverbalen Zeugnishandeln der Christen spezifisch unterschiedene Bedeutung zu, sofern allein die Sprache explizit und in differenzierte-
rer Weise jenen Grund zum Ausdruck zu bringen vermag, von welchem
der Glaube samt all seinen Werken lebt.

Folgt man CA VII, dann scheint dieses Verhältnis auf den ersten
Blick negativ bestimmt zu sein. Ist doch der Satz über die notwendige Bedingung kirchlicher Einheit mit dem direkt anschließenden Zusatz verbunden, wonach es zur unitas ecclesiae nicht
nötig sei, daß überall die gleichen Traditionen herrschen: „Nec
necesse est ubique similes esse traditiones humanas seu ritus aut
ceremonias ab hominibus institutas ..." (CA VII,3). Wie immer
man die Wendung „nec necesse" in ihrem Bezug zum „satis est"
von CA VII,2 genau zu verstehen hat (vgl. § 11,4), terminologisch
ist, um sachliche Mißverständnisse zu vermeiden, als erstes zur
Kenntnis zu nehmen, daß der Traditionsbegriff der CA primär
nicht das im Evangelium Jesu Christi beschlossene Glaubensgut
der Kirche bzw. dessen aktuelle Vermittlung im geschichtlichen
Laufe der Zeiten bezeichnet, sondern im wesentlichen durch den
Gegensatz von göttlichem Gebot und göttlicher Verheißung einerseits und Menschensatzungen andererseits charakterisiert ist. Das
wird nicht nur durch CA VII,3, sondern durch den Gesamtbefund
der Augustana eindeutig bestätigt. Während die Singularform
„traditio" im lateinischen Text der CA nur ein einziges Mal im Anschluß an den Sprachgebrauch der Vulgata Verwendung findet
(CA XXVI, 22), ist von „traditiones" 27 mal die Rede (CA XV,4;
XXVI,3.6.8 [zweimal].12 [zweimal].13.14.15.16.19.40; XXVIII,35.37.39.42
[zweimal].43.46.47.49 [zweimal].64.67.68.69) und zwar zumeist in
der Bedeutung, die durch die Wendungen „traditiones humanae"
oder „traditiones hominum" angezeigt ist (vgl. CA VII,3; XV,3;
XXVI,1.5.21; XXVIII,74). Danach sind „traditiones" Gebräuche, die
lediglich von der kirchlichen Autorität angeordnet und nicht
durch das Wort der Heiligen Schrift geboten sind. „Die CA zählt
dazu die Fastengebote der Kirche, liturgische Bestimmungen, das
Ordensleben, Bruderschaften, Wallfahrten, die Heiligenverehrung,
das Rosenkranzgebet, Abstinenztage, liturgische Kleidervorschrif-
ten, das Sonntagsgebot sowie die Feiertagsordnung der Kirche."[13]

---

[13]   Dittrich, 16 f. unter Verweis auf CA XX,3; XXVI,2.8; XXVIII,30. Dittrich
moniert in diesem Zusammenhang (Anm. 79) zurecht, „daß *H. Bornkamm* das ‚traditionibus' von CA XXVI,3 mit ‚Überlieferung' wiedergibt.
Verdeutlichend müßte man wenigstens sagen ‚menschliche Überlieferung'." Vgl. auch H. Meyer/H. Schütte, Die Auffassung von Kirche im
Augsburgischen Bekenntnis, in: Confessio Augustana. Bekenntnis des einen Glaubens. Gemeinsame Untersuchung lutherischer und katholischer
Theologen, Paderborn/Frankfurt a. M. 1980, 168–197, hier: 187: „Unter die

Solche und ähnliche „traditiones" können in der lateinischen Fassung der CA auch mit den Begriffen „observationes" (CA XXVII,3.37.44; XXVIII,35.36.57.60.63.75.77), „caeremoniae" (CA VII,3; XXIV,2.5), „ritus" (CA VII,3; Beschl. I,3.4.5; XXVI,8; XXVIII,53; auch in der Überschrift zu Artikel CA XV findet sich der Terminus „ritus"), „persuasio" (CA XXVIII,37.61), „consuetudo" (CA XXVIII, 72) umschrieben werden, womit sie eindeutig als bloß menschliche Satzung charakterisiert sind. Durch den deutschen Text der CA wird dieser Sachverhalt bestätigt: Der an sieben Stellen verwendete Terminus „Tradition" (BSLK 70,3; 83d,20; 100,15; 101,16; 104,1.8; 106,25), der zweimal ausdrücklich als „menschliche Tradition" (BSLK 101,16; 104,8) näherbestimmt wird und in den verschiedenen Textausgaben gelegentlich mit der Pluralform (und umgekehrt) vertauscht werden kann, kennzeichnet stets sogenannte Menschensatzungen. „Der Begriff ‚Tradition' im deutschen und der Begriff ‚traditiones' im lateinischen Text der CA weisen also keine Bedeutungsunterschiede auf." (Dittrich, 18)

Ein differenter Sinngehalt eignet hingegen der dreimal verwendeten Verbform „tradere" (vgl. CA XX,22; CA XXVII,48.57), welche

---

Kategorie der von Menschen gesetzten Zeremonien und Riten fallen zunächst und vor allem Erscheinungsformen der Frömmigkeit wie z. B. Vorschriften im Blick auf Speisen, Fasten, Enthaltsamkeit, Einrichtungen kirchlicher Feste, Feiern und ihre Termine, Kleidungsverordnungen, Gebrauch von Bildern in Kirche und Gottesdienst, Gebetzeiten, Wallfahrten, Prozessionen, Lieder, Glockengeläut, Ordnung von Perikopen oder Lektionen, kirchenrechtliche Bestimmungen, Fragen äußerer Ordnung, die der Zucht und dem rechten Zusammenleben dienen. Es geht also um den weiteren Bereich geschichtlich entstandener, zeit- und situationsbedingter kirchlicher Sitten, Gebräuche und Bestimmungen. Sie mögen ihre Berechtigung und ihr Gutes haben, aber sie machen das Wesen der Kirche nicht aus und sind darum weder zur Existenz noch zur Einheit der Kirche nötig."

Zur speziellen Frage des Sonntagsgebots bzw. zur Ablösung des Sabbats durch den Sonntag vgl. bes. BSLK 130,7–25, sowie den einschlägigen Kommentar von Holtz, 75: „Diese ganze Argumentation, besonders aber der letzte Satz, der die Ablösung des Sabbats durch den Sonntag geradezu zum Zeichen der christlichen Freiheit von jeder kultischen Ordnung macht und das als die Intention des geschichtlichen Vorgangs reklamiert, muß freilich als verfehlt bezeichnet werden. Hier schießen die Verfasser über das Ziel hinaus. Die geschichtliche Entwicklung auch in den reformatorischen Kirchen ist denn auch – berechtigterweise – einen anderen Weg gegangen."

zum einen der Verkündigung und Predigt des Evangeliums, zum
anderen dem im Offenbarungsgeschehen begründeten göttlichen
Mandat zugeordnet wird. Nach Dittrich könnte man deshalb
„etwas überspitzt ... interpretieren: Wahre Tradition muß immer
Überlieferung der Offenbarung sein und nicht die Weitergabe
menschlicher Satzungen, also dessen, was unter den Begriff
‚traditiones‘ zu zählen ist.“ (Dittrich, 19) Unmißverständlicher umschrieben sind nach meinem Urteil theologische Absicht und Begründung der kritischen Verwendung des Traditionsbegriffs in der
CA, wenn Dittrich im Anschluß an deren XXVI. Artikel sinngemäß
folgendes sagt: Wo menschliche Überlieferungen und Satzungen –
und seien sie auch durch bischöfliche Amtsautorität abgesegnet –
Heilsbedeutung erlangen, verliert die Kirche ihre evangelische
Mitte, wie sie in der Lehre von der Gnade und der Gerechtigkeit
aus Glauben bezeichnet ist; zugleich werden die Gebote Gottes
verdunkelt und die Gewissen großer Gefahr und Bedrückung
ausgesetzt (vgl. Dittrich, 24). Kurzum: „Die Polemik der CA
zielt ... darauf, alles aus dem Weg zu räumen, was zwischen den
rettenden Gott und den erlösungsbedürftigen Menschen getreten
ist“ (vgl. Dittrich, 26). Von daher versteht sich sowohl der reformatorische Kampf gegen ein die evangelische Glaubensgewißheit
beschränkendes bischöfliches Lehr- und Leitungsamt (vgl. Dittrich, 20 ff.), als auch das Verdikt gegen die „traditiones“ als Antithese zum Wort Gottes (vgl. Dittrich, 30 f.) und als Hindernis für
die kirchliche Einheit (vgl. Dittrich, 31 ff.). [14]

War bisher von Tradition im wesentlichen als von „traditiones
hominum“ im Sinne kirchlicher Zeremonien die Rede, deren
„relative Geltung“ zwar anzuerkennen, deren Erhebung „zu etwas
Verpflichtendem oder gar Heilsnotwendigem“ aber strikt zu be-

---

[14] Trotz dieses Verdikts finden sich in der CA durchaus auch positive Wer-
tungen der „traditiones“, etwa wenn es in Art. XXVI,40 heißt: „Servantur
tamen apud nos pleraeque traditiones, ut ordo in lectionum in missa, fe-
riae etc., quae conducunt ad hoc, ut res ordine geratur in ecclesia.“ Damit sind Wert, aber auch Maß und Grenze menschlicher Überlieferungen
festgelegt: „Sie müssen und dürfen lediglich eine Ordnungsfunktion in
der Kirche ausüben. Die ‚traditiones‘ haben außerdem Berechtigung und
Gültigkeit, wenn sie eine pädagogische Funktion erfüllen, d. h. wenn sie
eine Hilfe in der Glaubensunterweisung sind.“ (vgl. Dittrich, 34) Grundvoraussetzung hierfür ist erneut, daß sie keinerlei soteriologische Digni-
tät beanspruchen.

kämpfen sei[15], so ändert sich die Perspektive grundlegend, wenn nach dem Zusammenhang der CA mit der sog. altkirchlichen Tradition und insonderheit nach ihrer Rezeption der altkirchlichen Symbole gefragt wird. „Gegenüber der älteren, seit Albrecht Ritschl nahezu zur communis opinio gewordenen Auffassung, wonach die CA aus formalen rechtlichen Gründen (Berücksichtigung des Reichsketzerrechts, Gesprächstaktik gegenüber den Andersgläubigen) auf das altkirchliche Dogma rekurrierte, hat heute – vor allem im Anschluß an die Arbeiten von Wilhelm Maurer – die Meinung an Boden gewonnen, daß unbeschadet der Richtigkeit dieses Hinweises der Rekurs zutiefst sachlich begründet sei."[16] W.-D. Hauschild hat das Recht dieser Forschungsentwicklung durch eine genaue Aufbauanalyse der CA bekräftigt, welche eindeutig zeigt, daß die Augsburger Konfession sich als Auslegungsgestalt des altkirchlichen Bekenntnisses versteht und ihren konfessionellen Anspruch auf Katholizität primär nicht durch formale Anknüpfung an das geltende römische Staatsrecht (nämlich an das erste Gesetz des Codex Justinians, das Edikt „cunctos populos" des Theodosius von 380) zu verifizieren gedenkt, sondern vor allem durch den theologischen Nachweis vorhandener Glaubenskontinuität zur Alten Kirche. Besonders deutlich wird diese Kontinuität in den Art. I und III, wo unbeschadet gegebener Modifi-

---

[15] A. Sperl, Zur Geschichte des Begriffes „Tradition" in der evangelischen Theologie, in: W. Andersen (Hg.), Das Wort Gottes in Geschichte und Gegenwart, München 1957, 147–159, hier: 151. Vgl. ders., Die Bedeutung der kirchlichen Lehrtradition bei Melanchthon und in der Konkordienformel, in: Widerspruch, Dialog und Einigung, Studien zur Konkordienformel der Lutherischen Reformation, Stuttgart 1977, 89–106. Zum Wandel von Melanchthons Traditionsverständnis im Hinblick auf die Entscheidungsjahre seiner Entwicklung vgl. ders., Melanchthon zwischen Humanismus und Reformation. Eine Untersuchung über den Wandel des Traditionsverständnisses bei Melanchthon und die damit zusammenhängenden Grundfragen seiner Theologie, München 1959. Über „die geschichtliche Wurzel von Melanchthons Traditionsverständnis" informiert der gleichnamige Beitrag von W. Maurer in: E. Schlink/A. Peters (Hg.), Zur Auferbauung des Leibes Christi. FS für P. Brunner, Kassel 1965, 166–180; ferner: ders., Geschichte und Tradition bei Melanchthon, in: F. C. Fry (Hg.), Geschichtswirklichkeit und Glaubensbewährung. FS F. Müller, Stuttgart 1967, 167–191.

[16] W.-D. Hauschild, Die Confessio Augustana und die altkirchliche Tradition, in: KuD 26 (1980), 142–163, hier: 143.

kationen, die in einer dezidiert soteriologischen Rezeptionsperspektive ihren wesentlichen Grund haben, „nicht nur in der Aussageabsicht, (sondern) auch in der Terminologie ... deutliche Abhängigkeiten der CA von der altkirchlichen Vorlage" (Dittrich, 37) offenkundig sind. Aber auch in den übrigen Artikeln läßt sich eine Fülle von Sachzusammenhängen nachweisen.

Es entspricht daher der Position der CA, wenn im Konkordienbuch den drei altkirchlichen Symbolen die erste Stelle im Corpus Doctrinae eingeräumt wird. Daß dies unter der auf Nikolaus Selnecker zurückgehenden Überschrift „Tria Symbola catholica sive oecumenica" geschah, ist nicht nur ein weiterer Beleg für den Katholizitätsanspruch evangelischen Bekenntnisses, sondern auch insofern bemerkenswert, als hier der Begriff „ökumenisch" zum ersten Mal als Attribut für Glaubensbekenntnisse Verwendung findet. „Von da aus ist die Redeweise von den ‚drei ökumenischen Symbolen' eine bis heute allgemein übliche geworden. In der Bedeutungsgeschichte von ‚ökumenisch' ist dies jedoch ein Novum. Es ist, so kann man sagen, der spezifisch lutherische Beitrag zu ihr."[17] Zu ergänzen ist, daß eine förmliche Rezeption der drei altkirchlichen Symbole als geltende Lehrnormen auch schon in offiziellen evangelischen Kirchenordnungen vor dem Konkordienbuch stattfand, was insofern nicht überraschend kam, als bereits in CA I und Apol I bzw. CA III und Apol III dem Nizäno-Konstantinopolitanum und dem Apostolikum autoritative Aner-

---

[17] E. Kinder, Der Gebrauch des Begriffs „ökumenisch" im älteren Luthertum. Zugleich ein Beitrag zur Frage der Rezeption der altkirchlichen Symbole durch die lutherische Reformation, in: KuD 1 (1955), 180–207, hier: 180f. In dem „Von dem summarischen Begriff" überschriebenen Eingangsabschnitt der Konkordienformel wird die Rezeption des Symbolum Apostolicum, des Symbolum Nicaenum und des Symbolum Athanasii mit einer ausdrücklichen Affirmation ihres Inhalts begründet und mit einem zustimmenden Verwerfungsurteil über alle Ketzereien versehen, „so denselben zuwider in der Kirche Gottes eingeführt worden seind" (BSLK 768,20 f.). Man bekennt sich zu den Symbolen „als zu der kurzen, christlichen und in Gottes Wort gegründeten herrlichen Bekanntnus des Glaubens", in welchem „vor alters die wahre christliche Lehr in reinem, gesunden Vorstande aus Gottes Wort in kurze Artikel oder Häuptstück wider der Ketzer Verfälschung zusammengezogen ist" (BSLK 834,26 ff.). Dabei geht man davon aus, daß es zu solchen Ketzereien „gleich nach der Apostelzeit, auch noch bei ihrem Leben" (BSLK 768,8 f.) gekommen ist.

kennung zuteil geworden war (zum Athanasianum vgl. ASm I).
Indes darf dies nicht zu der Annahme verleiten, als sei die Rezeption der altkirchlichen Bekenntnisse einseitig dem Einfluß und Ausgleichswillen Melanchthons als des wichtigsten Autors von CA und Apol zuzuschreiben. Daß Luthers Beitrag wesentlich mitzuberücksichtigen ist, zeigen in exemplarischer Weise seine Katechismusauslegungen des Apostolikums, dem als einer Kurzformel der Schrift und Summa evangelii seine besondere Liebe und Wertschätzung galt. Mit der Bezeichnung des Apostolikums als einer Summa evangelii ist bereits angezeigt, in welcher Weise die „drei Haupt-Symbola" in der evangelischen Kirche Geltung beanspruchen, nämlich als „Bekenntnis des Glaubens Christi in der Kirchen einträchtiglich gebraucht", wie es in der ursprünglichen und offiziellen deutschen Fassung der einschlägigen Überschrift des Konkordienbuches unter Bezug auf einen gleichlautenden Titel Luthers (vgl. WA 50, 255–283) heißt. „Ökumenische" Symbole sind „sonach solche Glaubensbekenntnisse, durch die die in der Heiligen Schrift bezeugte Christuswirklichkeit als Evangelium von der konkreten Kirche derart exemplarisch bekannt ist, daß an ihnen in hervorragender Weise die wahre Kirche, wie und wo sie auch sonst immer sei, geschichtlich zu erkennen und der Consensus mit ihr regulativ zu bemessen ist"[18]. Die altkirchlichen Symbole stellen also recht eigentlich nicht eine dem in der Schrift beurkundeten Evangelium koordinierte Autorität, sondern eine Funktion des Schriftzeugnisses dar, welche zu dessen rechter Wahrnehmung anzuleiten hat, ohne die Rolle der normierenden Norm zu usurpieren, welche allein der Schrift selbst zukommt.

Sind die altkirchlichen Symbole dem Schriftzeugnis unterzuordnen und strikt von diesem her zu interpretieren, so gilt dies umso mehr für die sonstige Vätertradition, auf welche in der CA zum Zwecke „generelle(r) Argumentations- und Legitimationshilfe"[19] gerne zurückgegriffen wird. Neben einigen allgemeinen Hinweisen auf „veteres scriptores", „patres" etc. beruft sich die CA namentlich „21 mal positiv auf einen Theologen der alten Kirche oder dessen Werk" (vgl. CA VI,3 ; XVIII,4ff; XX,13.14.26.30; XXII,5.6.7; XXIII,25; XXIV,33.36.41.45; XXV,10f.; XXVI,17.44 [zweimal];

[18] E. Kinder, a.a.O., 192.

[19] W.-D. Hauschild, a.a.O., 156; bei H. kursiv.

XXVII,2.35 ; XXVIII,28), wobei mit Ausnahme von Johannes Chrysostomos nur Väter der westlichen Tradition zu Wort kommen.
„Mit sieben Zitaten oder Hinweisen ist Augustinus der am meisten
genannte Kirchenvater." (CA XVIII,4 f; XX,13.26; XXVI,17; XXVII,2.
35; XXVIII,28) „Mit vier Berufungen folgt Ambrosius in der Liste
der autorisierten Zeugen." (CA VI,3; XX,14.30; XXIV,33). „Je zweimal stützen sich die Konfessoren auf Cyprian" (CA XXII,5;
XXIII,25), „Chrysostomos" (CA XXIV,36; XXV,10 f.) „und die ‚Historia Tripartita' Cassiodors" (CA XXIV,41; XXVI,45). „Je einmal werden genannt Eirenaios" (CA XXVI,44), „Hieronymus" (CA XXII,6)
„und die beiden Päpste Gelasius" (CA XXII,7) „und Gregor der
Große" (CA XXVI,44). „Der älteste Kirchenvater, auf den sich die
Konfessoren berufen, ist Eirenaios von Lyon († 202), der jüngste
Papst Gregor der Große († 604)." (Dittrich, 39 f.)[20]

Vergleichsweise unbedeutend ist demgegenüber die Berufung auf
einzelne Autoritäten der mittelalterlichen Kirche. Genannt werden
J. Gerson (CA XXVI,13; XXVII,60), Papst Pius II. (CA XXIII,2) und
Nikolaus von Kues (CA XXII,4). „Alle drei sind Theologen der
Spätscholastik, so daß Hinweise auf Theologen der Hochscholas-
tik, geschweige ihre Rezeption, in der CA völlig ausfallen." (Dittrich, 42). Das ist zweifellos auch ein Zeichen theologischer Geringschätzung; doch verdient der Aspekt beachtet zu werden, daß
„Melanchthon beispielsweise nicht die Angriffe auf Thomas von
Aquin (wiederholt), wie sie noch in den Torgauer Artikeln formuliert wurden" (Dittrich, 43). Daß das Verhältnis der Reformation
zum Mittelalter keineswegs durch einen undifferenzierten Gegensatz bestimmt war, ließe sich im übrigen neben Bezügen auf das
Sentenzenwerk des Lombarden (vgl. Dittrich, 44 f.) an der Rezeption des Lateransymbols von 1215 (vgl. DH 800 ff.: „Firmiter credi-
mus et simpliciter confitemur") belegen, das unter den mittelalterlichen Glaubensbekenntnissen den eindeutigen, in seiner Art nur
mit dem Nizäno-Konstantinopolitanum vergleichbaren Höhepunkt
markiert.[21]

---

[20]   Vgl. P. Fraenkel, Testimonium Patrum. The Function of the Patristic Ar-
       gument in the Theology of Philip Melanchthon, Genf 1961.

[21]   „Zum ersten Mal, nachdem sich der Graben zwischen den Griechen und
       Lateinern aufgetan hatte – und in der Illusion wiedergewonnener Ein-
       heit – definierte ein Allgemeines Konzil den Glauben vermittels einer
       Entfaltung der grundlegenden Dogmen, wie sie in den Symbolen von

B. Moeller hat im einzelnen gezeigt, wie intensiv Melanchthon „bei der Abfassung des Augsburgischen Bekenntnisses die Canones des 4. Laterankonzils, das ‚Innocentianum', vor Augen gehabt und berücksichtigt hat"[22]. Zu erwähnen ist hierbei vor allem der deutsche Abendmahlsartikel[23]; Spuren des Innocentianum finden sich ferner u. a. in CA I und XIX sowie in der Gesamtanlage des Augsburger Bekenntnisses.[24] All das zeigt, daß Melanchthon offenkundig bemüht war, einen offenen Konflikt mit der „dogmatische(n) Autorität der mittelalterlichen Kirche und ihres größten Papstes"[25] zu vermeiden. Hinzuweisen ist in diesem Zusammenhang ferner auf sachliche Parallelen zwischen der CA und dem Florentiner Decretum pro Jacobitis von 1442 (DH 1330 ff.) sowie auf die vielfältigen Bezugnahmen auf das Decretum Gratiani, das im lateinischen Text der CA achtmal ausdrücklich und mit genauer Stellenangabe (CA XXII,7.9; XXV,10.12; XXVI,44; XXVII,35; XXVIII,27.34) häufiger noch in allgemeiner Form (CA Beschl. I,2;

Nizäa und Konstantinopel zum Ausdruck gekommen waren, und legte zugleich eine Ekklesiologie vor, wie sie aus der sakramentstheologischen Reflexion im Umkreis der Pariser Theologen erwachsen war – eines Petrus Lombardus, Petrus Cantor und Stephan Langton. Ihr verdankt auch die scholastische Theologie ihre Fundamente: Thomas v. Aquin sollte in seinem Opusculum XIX dazu einen gleichsam buchstäblichen Kommentar liefern, damit zugleich auch ihre dogmatische Tragweite gegen die Vielzahl der häretischen Lehren unter Beweis stellen." (R. Foreville, Art. Glaubensbekenntnis[se] VI. Mittelalter, in: TRE 13, 412–416, hier: 415.)

[22]   B. Moeller, Das Innocentianum von 1215 in der Confessio Augustana, in: ZKG 75 (1964), 156–158, hier: 156.

[23]   Vgl. K. Thieme, Die Augsburgische Konfession und Luthers Katechismen auf theologische Gegenwartswerte untersucht, Gießen 1930, 265 ff; W. Maurer, Zum geschichtlichen Verständnis der Abendmahlsartikel in der Confessio Augustana, in: FS G. Ritter, Tübingen 1950, 161–209, hier: 163 f.

[24]   Vgl. W. Maurer, Studien über Melanchthons Anteil an der Entstehung der Confessio Augustana, in: ARG 51 (1960), 158–207, hier: 181, 200 f.

[25]   Ders., Zum geschichtlichen Verständnis der Abendmahlsartikel in der Confessio Augustana, a. a. O., 163.

Vorrede II,1; XXIII,13.16.21.26; XXIV,11; XXVII,1.4.9.23.31.32.40; XXVI; XVIII,41.67) zitiert wird.[26]

Wie die Berufung auf Gratians Sammlung von Rechtsvorschriften der Alten Kirche, so diente auch die Bezugnahme auf patristische und ausgewählte mittelalterliche Autoritäten im wesentlichen dem Wunsche theologischer Legitimation der reformatorischen Bewegung bzw. dem Interesse, die Kirche der Zeit mit authentischen Gestalten rechtmäßiger Lehre und Kirchenordnung zu konfrontieren, um auf diese Weise die Notwendigkeit von Reformen einzuschärfen. Dem korrespondiert in negativer Hinsicht die Abgrenzung gegen Irrlehre, welche die Reformation in Übereinstimmung mit der kirchlichen Tradition in erklärten Damnationen vorgenommen hat. Nun hat die Forschung im reformatorischen Anathem gegen Häretiker eine Zeitlang vor allem kirchenpolitische Rücksichten am Werke gesehen. In der Tat steht – um ein Beispiel zu geben – außer Frage, „daß die weltliche Obrigkeit sich verpflichtet gefühlt hat, den Antitrinitarismus ... zu unterdrükken"[27]. Ohne Zweifel würde daher die Nichtanerkennung der altkirchlichen Symbole, „insonderheit der Trinitätslehre und der Lehre von den zwei Naturen Christi, die in specie als Inhalt jener altkirchlichen Documente betrachtet wurden, von verhängnißvollen Folgen für Luther und sein Werk geworden sein"[28]. Vergleichbares ließe sich in bezug auf das Verhältnis der Reformation zu den Anabaptisten geltend machen.[29] Nichtsdestoweniger wäre es kurz-

---

[26] Beabsichtigt ist dabei vor allem, „die Einführung oder Abschaffung bestimmter Riten und Gebräuche zu rechtfertigen" (Dittrich, 45). Während sich die Augustana nur auf das Corpus Juris Canonici selbst und namentlich auf das Dekret bezieht, finden sich in der Apologie auch gelegentliche Hinweise auf Glossatoren und spätere Kanonisten.

[27] F. Kattenbusch, Luthers Stellung zu den oecumenischen Symbolen, Gießen 1883, 1. „Ob man sich dabei der Decrete, die im ersten Buche des Codex Justinianus den ersten resp. fünften Titel bilden und welche die Entscheidung der Concilien von Nicaea, Konstantinopel, Ephesus und Chalcedon für jeden Angehörigen des römischen Reiches für verbindlich erklären, entsonnen hat oder ob man auf Grund des alten deutschen Rechtes verfuhr, vermag ich nicht zu entscheiden." (1 f.)

[28] A. a. O., 1.

[29] Daß Luther und die Wittenberger Reformation in der Verteidigung der Kindertaufe ausgesprochen traditionsorientiert argumentieren, ist häufig festgestellt worden, etwa von Paul Althaus (Martin Luther über die Kin-

schlüssig, die theoretische und praktische Verteidigung der Kindertaufe sowie die Abwehr des Antitrinitarismus und die dieser Abwehr entsprechende Affirmation des altkirchlichen Dogmas ausschließlich oder auch nur primär mit juridisch-kirchenpolitischen Motiven zu begründen. Denn zweifellos ist – um die Aufmerksamkeit auf den letztgenannten Aspekt zu beschränken – die „bekannte Thatsache, daß Luther wie die Reformatoren überhaupt die später sogenannten oecumenischen Symbole, d. h. die aus der alten Kirche stammenden, von der abendländischen Kirche des Mittelalters besonders bevorzugten Symbole, das apostolische, Nicaeno-Konstantinopolitanische, Athanasianische …, nicht nur nie angetastet, sondern im Gegentheil ausdrücklich anerkannt"[30] haben, im wesentlichen theologisch begründet. Der Sachbeweis hierfür wird im einzelnen noch zu erbringen sein, nicht zuletzt an den Katechismen, „die natürlich für eine Hauptquelle zur Beleuchtung von Luthers Stellung zu den oecumenischen Symbolen, in specie des apostolischen, zu erachten sind"[31]. Dabei wird sich

---

dertaufe, in: ThLZ 73 [1948], Sp. 705–714, bes. 705–708). Zwar sei die eigentliche Basis der Argumentation auch im gegebenen Zusammenhang die Schrift bzw. das Wesen des Evangeliums, dessen Universalismus nur eine universale und alle menschlichen Altersstufen umfassende Taufpraxis entspreche; in diesem Sinne findet Luther nach Althaus das Gebot der Kindertaufe trotz Fehlens einer expliziten Anordnung im Taufbefehl samt dem Kinderevangelium Mt 19, Mk 10 und Lk 18 implizit begründet. Zugleich wisse der Reformator das Recht dieser Annahme durch gemeinchristliche Tradition verifiziert und bestätigt, da diese stets und an allen Orten, also nach Weise der Katholizität, die Kindertaufe geübt habe, welche Übung von Gott aller Erfahrung nach gesegnet sei, wie die Tatsache beweise, „daß er (sc. Gott) allezeit vielen, die als Kinder getauft sind, offenkundig seinen Heiligen Geist gegeben und sie geheiligt hat, bis auf den heutigen Tag" (a. a. O., Sp. 706).

[30]   F. Kattenbusch, a. a. O., 1.

[31]   A. a. O., 8. Neben den Ausführungen zu Luthers Rezeption des Apostolikums (14 ff.) und der anderen ökumenischen Symbolen (35 ff.) sind Kattenbuschs Bemerkungen zu den Schmalkaldischen Artikeln besonders aufschlußreich. Zur Stellung des jungen Luther zum apostolischen (76–97) und athanasianischen Glaubensbekenntnis (98–100), zum Concilium Nicaenum (122–162), aber etwa auch zum V. Laterankonzil (100–115) vgl. die genannten Abschnitte bei W. Köhler, Luther und die Kirchengeschichte nach seinen Schriften, zunächst bis 1521. Teil 1, Abt. 1: Die Ablassinstruktion, die Bullen, Symbole, Concilien und die Mystiker, Erlangen 1900.

zeigen, daß der Gehalt der altkirchlichen Symbole nicht nur äußerlich übernommen, sondern in den Gesamtzusammenhang eigener theologischer Einsicht integriert wurde, so daß gesagt werden kann: „Die Reformation hat die trinitarischen und christologischen Entscheidungen der ersten vier ökumenischen Konzile und
der drei altkirchlichen Glaubensbekenntnisse so rezipiert, daß sie
sie im Sinne der reformatorischen Rechtfertigungslehre als der
soteriologischen Mitte der Heiligen Schrift interpretierte."[32] Die
Lehre von der Rechtfertigung als der soteriologischen Mitte der
Heiligen Schrift und die Sinngehalte der Symbole als einer
„Summa des Glaubens und der Predigt der Kirche"[33] werden auf
diese Weise in ein nicht lediglich formales (vom iuridischen Interesse legitimierenden Rechtgläubigkeitserweises bestimmtes) Verhältnis gesetzt, sondern in ein Verhältnis inhaltlicher Art, was
nicht nur für die reformatorische Aneignung der Symbole, sondern auch für die spezifische Fassung reformatorischer Rechtfertigungslehre von elementarer Bedeutung ist. Läßt sich diese – wie
am Zusammenhang von CA IV mit den vorhergehenden Artikeln
der Augustana unschwer und exemplarisch zu erweisen ist – doch
nur unter den trinitätstheologisch-christologischen Voraussetzungen recht erfassen und begreifen, wie sie mit den altkirchlichen
Symbolen und den in ihnen enthaltenen Lehrentscheidungen gegeben sind.

Konnten die Reformatoren deshalb durchaus aus inhaltlichen
Gründen der Überzeugung sein, daß ihr Zentralartikel nicht nur
mit den prophetischen und apostolischen Schriften Alten und
Neuen Testaments übereinstimmt, sondern zugleich mit der altkirchlichen Tradition, so wertet man diese Überzeugung nur
recht, wenn man sie im Sinne gegebener Katholizitätsgewißheit
deutet. Es ist nicht weniger als die Gewißheit, mit der Überlieferung der einen und allgemeinen Kirche übereinzustimmen, wel-

---

[32]   E. Kinder, Die soteriologischen Motive der altkirchlichen Glaubensbe-
        kenntnisse in: LR II (1961), 20–27, hier: 20. So u. a. auch K. E. Skydsgaard,
        Das apostolische Glaubensbekenntnis als Lehrnorm und als Gotteswort,
        in: E. Schlink/A. Peters (Hg.), Zur Auferbauung des Leibes Christi,
        a. a. O., 41–60, hier: 58: „*Luthers* Auffassung von der Rechtfertigung durch
        den Glauben wirkt auch auf sein Verständnis des apostolischen Symbols
        ein."

[33]   F. Kattenbusch, a. a. O., 43.

che hinter der ursprünglichen Einsicht der Reformation steht und dieser ihr Pathos verleiht.[34] Dabei verdient es eigens bemerkt zu werden, daß die Reformatoren die eine und allgemeine Kirche in ihrer Heiligkeit und Apostolizität nicht auf vergangene Zeiten fixieren; auch der kirchlichen Gegenwart wird die Teilhabe an ihr bei aller Schärfe der Kritik keineswegs pauschal abgesprochen. Um Apol IV,390 zu zitieren: „Nec statim censendum est Romanam ecclesiam sentire, quidquid papa aut cardinales aut episcopi aut theologi quidam et monachi probant." Auch die römische Kirche der Zeit darf sonach nicht undifferenziert mit denen gleichgesetzt werden, welche sie dem Urteil der Reformatoren gemäß durch falsche Lehre und Praxis verkehren. Mögen die obersten Amtsrepräsentanten der Kirche in ihrer Mehrzahl dem Epikureismus huldigen und sich ihre weltliche Herrschaft mehr angelegen sein lassen als das Evangelium Christi, mögen die Theologen die Glau-

---

[34] Vgl. dazu u. a. J. Bernard, Zur Katholizität der Confessio Augustana, in: F. Hoffmann/U. Kühn (Hg.), Die Confessio Augustana im ökumenischen Gespräch, Berlin 1980, 29–40, hier: 29: „Nach reformatorischem Selbstverständnis ist die Katholizität der Confessio Augustana …, die 1530 dem Kaiser und Reichstag und damit der Öffentlichkeit vorgelegt wurde, nicht zu bestreiten, da sie in Übereinstimmung mit der altkirchlichen Lehre das reformatorisch Neue im Grunde als Eigengut der wahren Ecclesia catholica erweist, um die ursprüngliche Gestalt und reine Lehre der Kirche – von Mißbrauch gereinigt – wieder herzustellen. Diese Absicht wird in der CA mehrfach ausgesprochen und inhaltlich durch die Rezeption des Nicaenums und des Apostolicums belegt. Nach dem Selbstverständnis der CA kommt ihre Katholizität klar zum Ausdruck in der Übernahme der altchristlichen Symbola, im häufigen Verweis auf die Väter, im Anathem gegen Häretiker sowie in der fundamentalen Bedeutung, die dem Trinitätsdogma beigemessen wird." Das Urteil über die gesamtchristliche Relevanz der CA (vgl. P. Meinhold, Die gesamtchristliche Relevanz der Confessio Augustana, in: J. Finkenzeller u. a., Die Kirchen und ihre Bekenntnisse. Die Confessio Augustana – Ein Weg zur Einheit?, Augsburg 1980 [Akademiepublikationen Nr. 52], 82–100; vgl. auch P. Meinhold [Hg.], Studien zur Bekenntnisbildung. Vortragsreihe aus den Jahren 1979–1980, Wiesbaden 1980, hier: 67–83) muß von diesem Anspruch auf Katholizität seinen Ausgang nehmen (vgl. ferner V. Vajta, Das Bekenntnis der Kirche als ökumenisches Anliegen, in: ders./H. Weissgerber [Hg.], Das Bekenntnis im Leben der Kirche. Studien zur Lehrgrundlage und Bekenntnisbindung in den lutherischen Kirchen, Berlin/Hamburg 1963, 243–276.). Zu „Ökumenizität und Partikularismus in der protestantischen Bekenntnisentwicklung" äußert sich W. Maurer in seinem gleichnamigen Beitrag in: FS Rudolf Otto, hg. v. H. Frick, Gotha 1931, 12–43.

benslehren philosophisch überfremden und mit zahllosen Irrtü-
mern vermengen, mögen zuletzt auch Mönche und selbsternannte
Asketen der Hoffart der Werkerei frönen – dennoch ist bei einigen Frommen die Christuserkenntnis stets erhalten geblieben:
„mansit tamen apud aliquos pios semper cognitio Christi" (Apol
IV,392). Die Frommen werden sich von ihr auch künftig nicht abbringen lassen und das umso weniger, als der Abfall von der
Glaubensgerechtigkeit zu allerlei Formen der Werkerei, wie man
ihn nach Melanchthons Urteil etwa in der Bulle „Exsurge Domine"
(vgl. Apol IV,397; BSLK 233, Anm. 2) dokumentiert findet, bereits
in der Schrift vorhergesagt sei (vgl. Apol IV,393): „Quare etiamsi
vindicant sibi adversarii nomen ecclesiae, tamen nos sciamus ecclesiam Christi apud hos esse, qui evangelium Christi docent, non
qui pravas opiniones contra evangelium defendunt" (Apol IV,400
mit Verweis auf Joh 10,27; vgl. auch BSLK 233, Anm. 5) Melanchthon kann daher den zentralen Rechtfertigungsartikel nicht
nur in getrostem Eingedenken der Autorität der heiligen Väter
(auctoritas sanctorum patrum), sondern auch in der gewissen Zuversicht des Zeugnisses frommer Herzen (piarum mentium testimonia) beschließen, welches allen Widersachern zum Trotz auf
dem Grund des Evangeliums bestehen bleibt (vgl. Apol IV,400).
Auch in dieser Hinsicht bestätigt sich der Grundsatz von CA VII,
daß nämlich „alle Zeit musse ein heilige christliche Kirche sein
und bleiben" (BSLK 61,1–3; CA VII,1: „quod una sancta ecclesia
perpetuo mansura sit.").

Die Rezeption kirchlicher Tradition in reformatorischer Theologie
stellt sich in dieser Perspektive nicht als ein lediglich aus juri-
disch-kirchenrechtlichen Rücksichten erfolgtes und auch nicht als
ein primär durch humanistische Bildungsideale motiviertes Unternehmen dar, sondern als eine Angelegenheit, welche durch die
Ekklesiologie der Reformatoren ebenso notwendig wie unmittelbar gefordert ist. Weil die Kirche dank der Treue dessen, auf den
sie gründet, nicht nur alle Räume, sondern auch alle Zeiten umgreift, hat sich die für die Reformation kennzeichnende, „am Ursprung in Christus orientierte Innovation mit dem Prinzip der
Kontinuität zu verbinden"[35]. Die lutherische Bekenntnisentwicklung bis hin zum Konkordienbuch liegt nicht nur in der Konse-

---

[35]   W.-D. Hauschild, a. a. O., 161.

quenz dieser Konzeption, sie bestätigt sie in ihrem Ergebnis noch einmal auf explizite Weise, insofern für das Corpus Doctrinae von 1580 folgendes dreifache Normengefüge gilt: „Heilige Schrift, als deren Auslegung die altkirchlichen Symbola und wiederum als deren Auslegung die CA, die dann durch die späteren Bekenntnisschriften ausgelegt wurde."[36]

Die Gliederung vorliegender Arbeit orientiert sich in der Abfolge ihrer Textinterpretationen an diesem Normengefüge und bekräftigt es dadurch in seiner hermeneutischen Relevanz: Während vom altkirchlichen Symbol in Gestalt des Apostolikums, welches im Zentrum von Luthers Katechismusauslegung steht, als erstes gehandelt wird, widmet sich ein weiterer Hauptteil vornehmlich der Augustana, in deren Zusammenhang sodann auch die übrigen Bekenntnisschriften erörtert werden bis hin zur Konkordienformel, die Gegenstand des Schlußteils ist. Da aber alle Bekenntnisschriften der evangelisch-lutherischen Kirche einschließlich der altkirchlichen Symbole gelten wollen und gültig sind „nur quia, ja quatenus sie mit dem Worte Gottes übereinstimmen"[37], wie es in der Hl. Schrift beurkundet ist, muß von dieser als der Grundlage des Ganzen zuerst die Rede sein. Das soll in dreifacher Weise geschehen, nämlich so, daß die Hl. Schrift als kanonische Norm, als Urkunde des Evangeliums und als Glaubenszeugnis göttlichen Geistes in Betracht kommt. Ziel der Erörterung ist der Erweis des gemein-reformatorischen Grundsatzes: „Bekenntnis ist Schriftauslegung."[38] Im Hintergrund steht die an Cranachs Altarbildnis auf-

---

[36]   A. a. O., 162.

[37]   H. Stephan, Das Bekenntnis als Aufgabe der lebendigen Gemeinde, in: ZThK 11 (1930), 417–436, hier: 420. Zur Geschichte dieser Unterscheidungsformel und der entsprechenden Frage, ob die Bekenntnisschriften verbindlich seien, entweder weil oder soweit sie mit der Heiligen Schrift übereinstimmen, vgl. die Hinweise bei G. Kretschmar, Die Bedeutung der Confessio Augustana als verbindliche Bekenntnisschrift der Evangelisch-Lutherischen Kirche, in: H. Fries u. a., Confessio Augustana – Hindernis oder Hilfe?, Regensburg 1979, 31–77, hier: 52 sowie Anm. 44a.

[38]   K. Barth, a. a. O., 12. Indem reformatorisches Bekenntnis nichts anderes als Schriftauslegung zu sein beansprucht, bestätigt es an sich selbst und in concreto die Maxime, daß „die aufgeschlossene Schrift als alleiniger Richter über alle Traditionen" (P. Brunner, Schrift und Tradition, in: Viva vox evangelii. FS H. Meiser, München 1951, 119–140, hier: 135) fungieren soll. Daß dies nach Maßgabe reformatorischen Bekenntnisses auch für

gewiesene Einsicht in den Doppelcharakter des Wortes Gottes als
Gesetz und Evangelium, welchem das Bekenntnis als Antwort des
Glaubens in der differenzierten, aber untrennbaren Einheit von
Sündenbekenntnis und Bekenntnis widerfahrenen göttlichen Heils
entspricht.[39]

2. *Die Heilige Schrift als evangelisches Geistzeugnis und kanonische Norm des Glaubens*

Während weder die Confessio Augustana und ihre Apologie,
noch auch die Katechismen, die Schmalkaldischen Artikel und
Melanchthons Traktat ein besonderes Lehrstück von der Hl.
Schrift enthalten[40], stellt die Formula Concordiae als einziges der

---

die eigene Bekenntnistradition zu gelten hat, versteht sich von selbst und
ist ein Implikat der Bestimmung des Bekenntnisses als Schriftauslegung.
Nicht zuletzt im Blick auf die Texte des Konkordienbuches gilt daher:
„Alle Lehrformen sind prinzipiell überholbar aufgrund neuer und besse-
rer Einsicht in die Hl. Schrift." (G. Kretschmar, a. a. O., 51) Eine interessante historisch-systematische Analyse der synchronischen und diachro-
nischen Textzusammenhänge der Augustana bietet S. Wiedenhofer unter
dem Titel: Bekenntnis, Schrift, Tradition. Zu Form, Funktion und Kriteri-
en der Confessio Augustana, in: ThPh 55 (1980), 161–203. Wiedenhofer
zufolge lautet die Grundregel, von welcher der Rückgriff der CA auf die
Schrift begründet und gesteuert wird, folgendermaßen: „Die Vermittlung
(= menschliche Tradition) darf nicht an die Stelle des Zu-Vermittelnden
(= Wort Gottes, Gnade) treten." (176; vgl. 199)

39 Vgl. H. Diem, Schrift und Bekenntnis, in: EvTh 2 (1935), 442–467, hier:
445 f. Die beiden Regeln angemessenen evangelischen Schriftgebrauchs
lauten demnach: „1. Nur diejenige Lehre ist schriftgemäß, die von der Ehre Christi Zeugnis gibt; und 2. Nur diejenige Lehre ist schriftgemäß, die
sich an den angefochtenen Gewissen bewährt." (C. Stange, Das Problem
der dogmatischen Autorität im Augsburger Bekenntnis, in: ZSTh
10 [1932/33], 613–641, hier: 626. Zum Bekenntnisbegriff der Schrift vgl. neben Artikeln in einschlägigen Lexika etwa die knappen Hinweise bei
L. Temmel, Schrift und Bekenntnis, in: ZSTh 23 [1954], 39–58.)

40 Dieses Schweigen ist zunächst einmal nichts weiter als ein Indiz dafür,
daß das sog. reformatorische Schriftprinzip im 16. Jahrhundert kein Gegenstand der Kontroverstheologie war. Denn „die *Formel Sola Scriptura
war vulgärkatholisch*, wenn sie auch nicht gerade im Vordergrund der

Dogmatik stand. Aber prinzipiell hätte kein Scholastiker etwas gegen die Formel eingewendet." (F. Kropatschek, Das Schriftprinzip der lutherischen Kirche, I. Bd.: Die Vorgeschichte. Das Erbe des Mittelalters, Leipzig 1904, 439 f. Zu den hermeneutischen Voraussetzungen Kropatscheks und der von ihm intendierten Dissoziierung von Schrift- und Heilsverständnis vgl. die kritischen Bemerkungen bei J. Baur, Sola Scriptura – historisches Erbe und bleibende Bedeutung, in: ders., Luther und seine klassischen Erben. Theologische Aufsätze und Forschungen, Tübingen 1993, 46–113, hier: 51 ff.) Die Schrift war mithin sowohl für die Reformatoren als auch für ihre Gegner eine selbstverständliche und unstrittige Autorität. Kropatschek zieht daraus die einleuchtende Folgerung: „Das Wesen der Reformation muß daher wohl in etwas anderem bestehen als in der Aufstellung des Schriftprinzips." (A. a. O., 459)

Zu einem entsprechenden Ergebnis gelangt u. a. auch W. Elert, wenn er in bezug auf die Augustana sagt: „Eine Voranstellung besonderer Sätze über die Schrift, etwa, daß sie Gottes Wort, daß sie inspiriert, daß sie notwendig zur Gottes- und Heilserkenntnis sei, hätte den römischen Gegnern gegenüber offene Türen eingerannt. An alledem zweifelte auch bei jenen niemand. Das wahrhaft Reformatorische am lutherischen Schriftprinzip war das *Nil nisi Christus praedicandus*. Dies konnte man aber wiederum nicht so formulieren, als ob es der Schriftauffassung, wie sie in jenen Sätzen Gemeingut der mittelalterlichen Theologie war, *entgegengesetzt* sei. Das war weder objektiv noch in der Überzeugung der Konfessoren der Fall. Man mußte also das traditionelle Schriftprinzip als selbstverständliche gemeinsame Basis voraussetzen und das spezifisch Reformatorische an der christozentrischen Handhabung im einzelnen bewähren. Das ist in der soteriologischen Gesamthaltung der Augustana, der Apologie und vollends in Luthers Schmalkaldischen Artikeln geschehen." (W. Elert, Morphologie des Luthertums. Bd. I: Theologie und Weltanschauung des Luthertums hauptsächlich im 16. und 17. Jahrhundert, München 1931, 167) Inwieweit das Fehlen eines besonderen Artikels von der Heiligen Schrift in den lutherischen Bekenntnisschriften der ersten Reformationsgeneration „auch eine Lehraussage" im Sinne dessen ist, was Schlink „das genuin lutherische sofortige Hindrängen auf die viva vox evangelii selbst" nennt (Schlink, 24, Anm. 2, in Auseinandersetzung mit dem Ansbacher evangelischen Ratschlag von 1524), wäre im einzelnen zu erwägen. Zweifellos richtig ist, daß sich die Primärintention nicht auf einen fest umschriebenen Biblizismus richtet, sondern auf einen konkreten Schriftgebrauch, der im Evangelium Jesu Christi seine Mitte hat. Dabei gehen die Konfessoren davon aus, daß das evangelische Zeugnis nicht nur ursprünglich die Gestalt mündlicher Rede hatte, sondern stetig auf aktuelle Predigt und Verkündigung zielt. Indes wissen sie auch um die sozusagen buchstäblichen Vorzüge dauerhafter Schriftform, von denen die Konservierungsfunktion die zweifellos wichtigste ist. Eine Entgegensetzung von mündlicher und schriftlicher Gestalt des Evangeliums und eine Beschränkung der viva vox evangelii auf mündliche Rede

im Konkordienbuch enthaltenen Dokumente ihren Artikeln eine
kurze Einleitung voran mit dem Titel: „Von dem summarischen
Begriff, Regel und Richtschnur, nach welcher alle Lehr geurteilet,
und die eingefallene Irrungen christlich erkläret und entscheiden
werden sollen." (BSLK 767,8 ff.; vgl. BSLK 833,1 ff.) Darin wird unter Verweis auf Ps 119,105 und Gal 1,8[41] bekannt, „daß die einige
Regel und Richtschnur, nach welcher zugleich alle Lehren und
Lehrer gerichtet und geurteilet werden sollen, seind allein die
prophetischen und apostolischen Schriften Altes und Neues Testamentes" (BSLK 767,14–19). Sie sind der reine und lautere
„Brunnen Israels" (BSLK 834,19), der alleinige Richter und
„Probierstein" (BSLK 769,24) rechter und unrechter Lehre. „Andere
Schriften aber der alten oder neuen Lehrer, wie sie Namen haben,
sollen der Heiligen Schrift nicht gleich gehalten, sondern alle zumal miteinander derselben unterworfen und anders oder weiter
nicht angenommen werden, dann als Zeugen, welchergestalt nach
der Apostel Zeit und an welchen Orten solche Lehre der Propheten und Apostel erhalten worden." (BSLK 767,25 – 768,7) Das gesamte christliche Glaubenszeugnis findet demzufolge an der Hl.
Schrift als der Urkunde des Evangeliums seinen suffizienten Inhalt
und kritischen Maßstab, dem es zu entsprechen hat. Solche Entsprechung geschieht im Bewußtsein des Unterschieds göttlichen
und menschlichen Wortes, wie es denn heißt, „daß alleine Gottes
Wort die einige Richtschnur und Regel aller Lehr sein und bleiben
solle, welchem keins Menschen Schriften gleichgeachtet, sondern
demselbigen alles unterworfen werden soll" (BSLK 837,10–15).

---

kommt daher, was das Wesen der Sache angeht, nicht in Frage: „Soweit
man ... feststellen kann, sehen die BK das gesprochene Wort inhaltlich
nicht als etwas anderes an als das Wort der *Schrift*." (Fagerberg, 30) Das
Fehlen einer expliziten Schriftlehre in den älteren BS wird man daher
nicht als eine Geringschätzung der Schriftgestalt des Evangeliums deuten
dürfen (was Schlink auch nicht beabsichtigt), sondern vor allem als ein
schlichtes Zeichen für die Selbstverständlichkeit gegebener Normativität
der Hl. Schrift.

[41]   Vgl. ASm II,2: „Es heißt, Gottes Wort soll Artikel des Glaubens stellen
und sonst niemand, auch kein Engel." (BSLK 421,23–25).

Ist damit die explizite Schriftlehre der Konkordienformel[42] bereits vollständig referiert, so kann von einer mit ihr innerhalb des Luthertums einsetzenden Formalisierung des reformatorischen Schriftprinzips nur sehr bedingt die Rede sein. Für eine solche, häufig attestierte Formalisierungstendenz spricht allenfalls die Tatsache, daß die Schriftlehre überhaupt explizit und in Gestalt eines summarischen Vorspruchs entfaltet wurde. Indes wird man nicht sagen können, daß dies losgelöst vom soteriologischen Schriftgebrauch und im primären Interesse an einer formalautoritativen Legitimierungsinstanz und ihrer ebenso formalen Begründung geschah. Die schrifttheologischen Prolegomena der FC sind vielmehr eindeutig orientiert an dem durch die Schrift bezeugten Heil und damit hingeordnet auf die heilsmittlerische Funktion des Schriftzeugnisses, deren Wahrnehmung sie zu dienen haben und in deren Wahrnehmung sie sich erfüllen. Dafür sprechen nicht nur die zur Begründung der Normativität der Schrift beigebrachten Schriftzitate, die beide auf Rettung und Heil des Menschen ausgerichtet sind (vgl. Schlink, 34), dafür spricht bereits die gegebene Kürze der Ausführungen. Inhaltlich zu entnehmen ist ihnen im wesentlichen nur, daß allein die prophetischen und apostolischen Schriften Alten und Neuen Testaments, welche als inhaltlich heilssuffizient zu gelten haben und weder einer materialen Ergänzung noch gar kritischer Zusätze kirchlicher Tradition bedürfen (vgl. BSLK 768,3: „anders oder weiter"), kanonischen Rang haben und Norm aller kirchlichen Lehre sind. Dabei wird die Einheit von Altem und Neuem Testament, deren Schriften auch in einem absoluten Sinn als die Schrift angesprochen werden, als selbstverständlich und untrennbar vorausgesetzt.[43] Als ebenso selbstverständlich vorausgesetzt wird freilich auch, daß es sich bei der gegebenen kanonischen Einheit der Testamente um einen differenzierten und d. h. ebenso differenzierungsbedürftigen wie differenzierungsfähigen Zusammenhang handelt, worauf nicht nur

---

[42]   Vgl. H. Günther, Das Schriftverständnis der Konkordienformel, in: J. Schöne (Hg.), Bekenntnis zur Wahrheit. Aufsätze über die Konkordienformel, Erlangen 1978, 25–33.

[43]   Vgl. H. Graf Reventlow, Die Bedeutung der Schrift für die Begründung der Ekklesiologie in den lutherischen Bekenntnisschriften, in: W. Lohff/ L. Mohaupt (Hg.), Volkskirche – Kirche der Zukunft? Leitlinien der Augsburgischen Konfession für das Kirchenverständnis heute, Hamburg 1977, 85–91, hier: 91.

die Unterscheidung zwischen alt und neu, sondern auch die zwischen prophetisch und apostolisch hinweist.

Herrscht soweit Klarheit, so wird die weitergehende Frage, welche Schriften im einzelnen dem als kanonisch erachteten Alten
und Neuen Testament angehören, weder beantwortet noch überhaupt gestellt. Über Bestandteile und Grenzen des Kanons wird
wie im gesamten Konkordienbuch so auch in der Konkordienformel nicht explizit befunden. Eine förmliche Kanonliste fehlt,
was angesichts der zeitgenössischen Auseinandersetzungen um
die Unterscheidung proto- und deuterokanonischer Schriften, die
Stellung der sog. alttestamentlichen Apokryphen[44] und nachgerade angesichts des in Trient[45] definitiv bestätigten Florentiner Kanons sowie des inhaltlich divergenten, aber formal vergleichbaren
Kanonentscheids der reformierten Confession de Foy[46] immerhin

---

[44]   Was Luthers Stellung zu den Apokryphen des Alten Testaments betrifft,
       so war er mit diesen – freilich ohne sie als solche zu kennzeichnen – in
       dem der Verdeutschung des Pentateuchs beigegebenen programmati-
       schen Gesamtverzeichnis der Bücher des Alten Testaments von 1523
       analog verfahren wie mit dem Hebräer-, Jakobus- und Judasbrief sowie
       mit der Offenbarung des Johannes im Index des Septembertestaments.
       „Thobia, Judith, Baruch, Esra, Das buch der weyßheyt, Weyse man,
       Machabeus" (WA DB 8,34) werden unbeziffert an den Schluß der alttes-
       tamentlichen Bücher gestellt. In der Wittenberger Vollbibel vom Herbst
       1534 werden unter dem Titel „Apocrypha. Das sind Bucher: so nicht den
       heiligen schrift gleichgehalten: und doch nützlich und gut zu lesen sind"
       schließlich folgende Bücher aufgeführt: Judith, Weisheit Salomonis, To-
       bias, Jesus Sirach, Baruch, 1. und 2. Makkabäerbuch, Stücke zu Esther,
       Stücke zu Daniel, Gebet Manasses (vgl. im einzelnen: H. Volz, Luthers
       Stellung zu den Apokryphen des Alten Testaments, in: LJ XXVI [1959], 93–
       108; H. Bornkamm, Luther und das Alte Testament, Tübingen 1948, bes.
       158 ff. Zum Thema insgesamt und zum weiteren Verlauf der Entwicklung
       vgl. H.-P. Rüger, Art. Apokryphen I, in: TRE 3, 289–316). In den Be-
       kenntnisschriften spielen die Apokryphen kaum eine Rolle.

[45]   Zum Verlauf der Trienter Kanondebatte vgl. im einzelnen: A. Maichle,
       Der Kanon der biblischen Bücher und das Konzil von Trient. Eine quel-
       lenmäßige Darstellung, Freiburg i. Br. 1929 sowie H. Jedin, Geschichte
       des Konzils von Trient. Bd. II: Die erste Trienter Tagungsperiode 1545/47,
       Freiburg i. Br. 1957, 42–82. Zur vortridentinischen Entwicklung vgl.
       W. Brandmüller, Traditio Scripturae Interpres. Die Lehre der Konzilien
       über die rechte Schriftinterpretation bis zum Konzil von Trient, in: Die
       Kraft der Hoffnung. Gemeinde und Evangelium. Festschrift für Alterzbi-
       schof DDr. Josef Schneider zum 80. Geburtstag, Bamberg, 1986, 108–122.

46 Das reformierte Interesse an einer definitiven Bestimmung von Umfang und Grenzen der Bibel ist anfangs ähnlich gering wie in der Wittenberger Reformation. Noch in Calvins Entwurf des Hugenottenbekenntnisses sucht man bezeichnenderweise eine Kanonliste vergeblich. Daß die von der ersten französischen Nationalsynode 1559 verabschiedete hugenottische Confession de Foy (Confessio Gallicana) dann doch in Abweichung von der ansonsten weitgehend übernommenen Vorlage Calvins und als erstes reformiertes Bekenntnis überhaupt eine Liste kanonischer Bücher enthält, ist zunächst nichts anderes als eine Reaktion auf den Kanonentscheid des Konzils von Trient, durch den man sich zu einer expliziten Stellungnahme gezwungen glaubte. In der Folge dessen kommt es dann allerdings auch zu wesentlichen theologischen Akzentverschiebungen. Im Unterschied zu Calvin wird nun das innere Zeugnis des Geistes nicht mehr nur auf den Sinngehalt des Schriftwortes, sondern zugleich auf den Kanonentscheid selbst, auf die Unterscheidung biblischer und außerbiblischer bzw. apokrypher Bücher bezogen. Der getroffene Kanonentscheid, so befindet der 4. Artikel der Confession de Foy, sei „nicht so sehr (non tant) ... durch die allgemeine Übereinkunft und Übereinstimmung der Kirche, als (que) durch das Zeugnis und die inwendige Überzeugung des Heiligen Geistes" erfolgt, „der sie (sc. die kanonischen Bücher) uns von den andern kirchlichen Büchern unterscheiden läßt, auf die man, wenn sie schon nützlich sind, keinen Glaubensartikel gründen kann". (P. Jacobs [Hg.], Reformierte Bekenntnisschriften und Kirchenordnungen in deutscher Übersetzung, Neukirchen o. J. [1949], 111 f.; vgl. ferner: E. F. K. Müller [Hg.], Die Bekenntnisschriften der reformierten Kirchen, Leipzig 1903, 171,42 ff.; 222,5 ff.; 233 f.; 507,19 ff.; 526,22 ff.; 544,11 ff.)
Damit war der Kanon nicht nur qualitativ, sondern auch in quantitativer Hinsicht definitiv als Werk des Heiligen Geistes sanktioniert. Vergleicht man die solchermaßen auf das testimonium Spiritus sancti internum zurückgeführte Kanonliste des Hugenottenbekenntnisses mit dem Trienter Kanon, so fällt sogleich die vollständige Ausgrenzung der alttestamentlichen Apokryphen auf. Im 6. Artikel der Confessio Belgica von 1561 wird diese Ausgrenzung präzisiert und genauer erläutert: Die Apokryphen – als da sind: „das 3. und 4. Buch Esra, die Bücher Tobias, Judith, der Weisheit und des Predigers (Jesus Sirach), Baruch samt dem Briefe Jeremias, die Zusätze zu Esther, das Lied der drei Knaben im glühenden Ofen, die Geschichte von Susanna, vom Götzen Bel und von dem Drachen, das Gebot Manasses, dazu die beiden Bücher der Makkabäer" – möge „die Gemeinde wohl lesen ... und daraus auch Beweise entnehmen, die da übereinstimmen mit den kanonischen Büchern. Doch haben sie mitnichten Kraft und Geltung aus sich selber, so daß sich auf kein Zeugnis daraus irgendwelche Lehre vom Glauben oder der christlichen Religion mit Gewißheit gründen läßt, weit gefehlt, sie könnten der Geltung jener göttlichen Bücher etwa Eintrag tun" (P. Jacobs, a. a. O., 156). Diese Beurteilung stimmt mit derjenigen Calvins im wesentlichen überein (vgl. W. Neuser, Calvins Stellung zu den Apokryphen des Alten Te-

bemerkenswert ist. Offenbar bestand in der Wittenberger Reformation bis hin zur Konkordienformel an einer genauen numeri-
schen Festlegung und exakten Auflistung der einzelnen kanonischen Bücher kein vorrangiges theologisches Interesse. War das
Zentrum der Bibel infolge konkreten Schriftgebrauchs gewiß geworden, konnte die Frage nach den Rändern des Kanons getrost
eine Randfrage bleiben.

Unbeschadet dessen verbanden die Väter der Wittenberger Reformation mit dem Begriff Heilige Schrift zweifellos die Vorstellung eines bestimmten quantifizierbaren Ganzen. Hingegen traten
sie nie für eine schlechthinnige Offenheit des Kanons ein, auch
wenn Luther bei Gelegenheit die Auffassung äußern konnte, er
halte die Loci communes seines Freundes Philipp Melanchthon
für kanonwürdig („canone quoque Ecclesiastico dignum"; WA 18,
601, 6). Sollte die kodifizierte Gestalt der Bibel demnach keineswegs aufgelöst werden, so fand man sich angesichts verbleibender Randunschärfen des Kanons gleichwohl nicht bereit, die
theologisch unverzichtbare Notwendigkeit der Annahme einer die
Kanonizität des Kanons begründenden oder verbindlich vergewis-
sernden schriftexternen Autorisierungsinstanz anzuerkennen.
Durch die betonte Feststellung der Konkordienformel, daß als kanonische Instanz einzig, allein und nur die Schrift zu gebrauchen
sei, wird eine solche Annahme vielmehr wenn auch nicht ausdrücklich, so doch indirekt und der Sache nach ausgeschlossen.
Denn mit der kanonischen Einzigkeit der Schrift ist neben und
zusammen mit ihrer materialen Heilssuffizienz implizit auch ihr
Vermögen behauptet, sich selbst – um es mit einer Wendung Karl
Barths (KD I/1, 110) zu sagen – als Kanon zu imponieren, will
heißen: sich in ihrer Kanonizität selbst zu begründen und zu vergewissern.

Die in der normativen Einzigkeit der Schrift inbegriffene Selbstka-
nonisierungsfähigkeit hat indes, um es zu wiederholen, nicht primär den Charakter einer Selbstquantifizierung, sondern den einer
Selbstqualifizierung, welche entscheidende Quantifizierungsmög-
lichkeiten einschließt, ohne in dieser Hinsicht zu einer definitiven

---

staments, in: M. Brecht [Hg.], Text – Wort – Glaube. Studien zur Überlieferung, Interpretation und Autorisierung biblischer Texte. Kurt Aland
gewidmet, Berlin/New York 1980, 298–323).

Abgeschlossenheit gelangen zu müssen. Das Fehlen einer definitiven Kanonliste im Konkordienbuch einschließlich der Konkordienformel beweist dies. Umgekehrt findet sich in der Konkordienformel und im sonstigen Konkordienbuch aber auch keine explizite Kritik an überkommenen Kanonlisten, was abermals den dogmatisch sekundären Rang der Thematik anzeigt. Nicht ausdrücklicher Gebrauch gemacht wird ferner von dem in seiner Gültigkeit freilich auch nicht bestrittenen Grundsatz, daß die Schrift wie ihre eigene Verbindlichkeitsnorm, so auch ihr eigene Kritikerin sei. Folgt man E. Schlink, so hat zu gelten: „Die Bekenntnisschriften stellen die Norm des Evangeliums nicht dem Kanon der Schrift gegenüber, sie verwenden das Evangelium im Unterschied zu Luthers bekannten Aussagen nicht als kritische Norm gegenüber bestimmten Schriften des Neuen Testamentes, wodurch deren Zugehörigkeit zum Kanon in Frage gestellt würde. Jakobus-, Hebräerbrief und Apokalypse werden mehrfach zitiert, ja es findet sich eine beachtliche Bemühung um eine evangelische Deutung der umstrittenen Stelle Jak 2,21 und 24."[47] So zutreffend diese Beobachtungen sind, sie wären mißverstanden, wollte man sie als Beleg für eine abgesehen vom Inhalt zu erhebende und zu achtende Formalautorität der Bibel und ihrer Schriften deuten. Hält man sich hingegen, wie das auch von Schlink nachdrücklich gefordert wird, an die inhaltliche Bestimmtheit der biblischen Schriften, so wird man weder im Blick auf das Alte noch im Blick auf das in den Bekenntnisschriften sehr viel umfänglicher verwendete Neue Testament ohne die für jeden konkreten Schriftgebrauch charakteristischen sachlichen Differenzierungen auskommen, die von kritischer, d. h. formale Gleichgültigkeit auflösender Art auch dann sind, wenn im einzelnen keine explizite Kanonkritik geübt wird. Theologisch legitim ist diese Kritik allerdings nur dann, wenn sie nicht äußerlich an die Schrift herangetragen, sondern aus ihrem Inhalt selbst gewonnen ist, von dem her die kanonische Autorität der Schrift sich begründet und auf den hin sie zielt. Die kanonische Form der Schrift wird sonach, kurz gesagt, nur in Wahrnehmung ihres Inhalts geachtet. Ihr Sinn kann sich demgemäß nur im konkreten Schriftgebrauch bewähren. Solch konkreter Schriftgebrauch be-

---

47 Schlink, 33, unter Verweis auf Apol IV,244.252, SD III,43; vgl. M. E. Schild, Abendländische Bibelvorreden bis zur Lutherbibel, Gütersloh 1970.

wegt sich zwar stets in einem kanonischen Kontext, von dessen
Unbestimmtheitshorizont gerade im Interesse bestimmter Konkretion nicht abstrahiert werden darf; insofern wäre es in der Tat
nicht unbedenklich, festgelegte autoritative Rangfolgen innerhalb
der kanonischen Schriften einzuführen. Gleichwohl kann im Sinne konkreten Schriftgebrauchs ebensowenig von einer formal zu
sichernden autoritativen Parität aller als kanonisch geltenden
Schriften die Rede sein. Insofern trifft zu, was G. Ebeling gesagt
hat, daß nämlich reformatorisches Kanonverständnis, das die Autorität dem als kanonisch rezipierten Schriftkorpus läßt, das kirchliche Kanondekret, ohne das ein numerisch klar bemessenes und
fix umschriebenes kanonisches Textquantum allerdings nicht zu
haben ist, „nur in dem Sinne als kanonisch gelten lassen (kann),
daß es, weil Auslegung, an der Schrift selbst geprüft, darin aber in
seinem Urteil über die Kanonizität der Schrift gerade beim Wort
genommen wird."[48]

Mit der entwickelten These eines qualitativen Selbstkonstitutions-
vermögens der Hl. Schrift, welche die Annahme einer zumindest
in den Grundbeständen möglichen Selbstquantifizierung kanonischer Texte enthält, ist die kritische Konsequenz verbunden, daß
es zur Fundierung und Beglaubigung der Kanonizität des Kanons
einer formalen Autorisierungsinstanz schriftexterner Art nicht bedarf. Die Überzeugung, mit der sich reformatorische Theologie
nicht nur gegen Rom, sondern auch gegen die Schwärmer und ihre Bindung der Schriftautorität an die unmittelbare Geistbegabung
einzelner abgrenzt, begegnet in der Gestalt des in den Bekenntnisschriften freilich nicht explizit entwickelten reformatorischen
Theorems der Autopistie und Selbstauslegungsfähigkeit der Schrift
erneut und in strukturanaloger Weise wieder im Zusammenhang
der Thematik des Schriftgebrauchs, aus dem sie sich konkret herleitet. Sie beinhaltet die Gewißheit, die nichts anderes ist als die
Gewissensgewißheit des Glaubens, daß nämlich der Sinngehalt
des Kanons kraft seiner materialen Evidenz sich selbst durchzusetzen fähig und in der Lage ist. Vermag aber, so wird gefolgert,

---

[48]   G. Ebeling, „Sola scriptura" und das Problem der Tradition, in: ders.,
        Wort Gottes und Tradition. Studien zu einer Hermeneutik der Konfessio-
        nen, Göttingen ²1966, 91–143; wiederabgedruckt in: E. Käsemann (Hg.),
        Das Neue Testament als Kanon. Dokumentation und kritische Analyse
        zur gegenwärtigen Diskussion, Göttingen 1970, 282–335, hier: 303.

die Schrift ihre Wahrheit selbst zu erschließen, dann ist zur authentischen Wahrnehmung und Auslegung der Schriftwahrheit die Annahme keiner Autorität als der ihr selbst eigenen nötig. Folgerichtig ist die Autorität der Kirche und ihrer Amtsträger in allem der des Schriftwortes unterstellt und der Überprüfung an diesem freigegeben. Damit ist nicht nur das kirchliche Recht ausgeschlossen, ein neues – nicht durch das Schriftzeugnis beglaubigtes – Dogma zu verkünden, sondern zugleich die Möglichkeit bestritten, daß ein einziges Glied oder eine Gruppe von Gliedern der Kirche von Amts oder Person wegen autoritativ beanspruchen können, exklusiv über die Rechtmäßigkeit bzw. Schriftgemäßheit des Glaubens zu befinden. Die Bestimmung, daß es Kirche nur innerhalb der Grenzen des reinen Schriftwortes gibt, schließt solchen Monopolanspruch grundsätzlich aus. Die Folge ist zwar nicht die Statuierung eines Fallibilitätsdogmas, wohl aber die konsequente Bestreitung der Unfehlbarkeit und Unwidersprechlichkeit kirchlicher Lehrentscheide, seien sie auch durch Päpste und Konzilien abgesegnet. Errare humanum est – irren ist menschlich: das gilt nach reformatorischem Urteil auch für kirchliche Leitungsinstanzen, und das christliche Bekenntnis zu solcher Irrtumsfähigkeit ist durch die von der Verantwortung gegenüber dem Schriftwort hervorgerufene Verantwortungsgemeinschaft aller Kirchenglieder, zuletzt durch die theologische Notwendigkeit rechter Unterscheidung von Gott und Mensch gefordert. Zwar wird den Entscheidungen kirchlicher Lehrinstanzen keineswegs ihr Gewicht bestritten: sie haben durchaus als Präjudize zu gelten; indes dürfen sie den Prozeß fortlaufender Prüfung am Schriftwort nicht hindern und keinen blinden Gehorsam fordern. Es ist sonach Recht und Pflicht jedes Gläubigen, sich durch Lektüre und Studium der Schrift selbst ein sachliches Urteil zu bilden. Das elementare Interesse der Reformatoren, die Bibel in die jeweilige Landessprache zu übersetzen und im Volk zu verbreiten, entspricht diesem theologischen Sachverhalt und ist eine Folge von ihm. Vorausgesetzt war dabei stets die Überzeugung, daß die Schrift ihre Wahrheit selbst zu bewähren vermag.

Es kommt daher nicht von ungefähr, sondern entspricht dem Selbstverständnis lutherischer Bekenntnisschriften und ihrer Schrifttheologie, wenn die Confessio Augustana ihr gegebenes Bekenntnis mit dem Anerbieten beschließt: „Und ob jemands befinden wurde, der daran Mangel hätt, dem ist man fernern Bericht

mit Grund gottlicher heiliger Geschrift zu tun urpietig." (BSLK
134,34 – 135,2) Das Bekenntnis, so ist damit gesagt, trägt den Grund
seiner Geltung nicht in sich, sondern verdankt es dem Wort der
Schrift, dem es sich unterstellt und an dem es zu prüfen ist. Nur
wenn es vom Schriftbeweis getragen ist, ist das Bekenntnis seiner
eigenen Annahme zufolge theologisch verbindlich. Das belegt wie
der Schluß so auch die Vorrede der CA, wo erklärt wird, daß das
vorgelegte Glaubensbekenntnis gepredigt und gelehrt werde „aus
Grund gottlicher heiligen Schrift" (BSLK 45,33; Vorrede 8: „ex
scripturis sanctis et puro verbo Dei"); als weiterer Beleg läßt sich
anführen, was zum Beschluß des I. Teiles von den vorangegan-
genen Artikeln des Glaubens und der Lehre gesagt wird, daß sie
nämlich „dem reinen gottlichen Wort und christlicher Wahrheit
gemäß" und „in heiliger Schrift klar gegrundet" seien (BSLK
83c,16 – 83d,1).[49] Diese Zitatauswahl zeigt, daß die Aussagen zum
Schriftbezug „sämtliche Artikel der Augsburgischen Konfession
(umklammern)" (Schlink, 23) und ihre zentrale theologische Mitte
bilden. War es doch, um mit Altkanzler Brück zu reden, von Anfang an kursächsisches Programm, die als Antwort auf die
Reichstagsausschreibung konzipierte Apologie bzw. Confessio
„mit gründlicher bewerung ... aus göttlicher schrift"[50] auszustatten.

Fragt man im einzelnen nach Umfang und Charakter der Schriftbegründung in der Confessio Augustana[51], so fällt neben dem er-

---

[49] Umgekehrt ist es der wichtigste Einwand gegen eine Lehrmeinung, daß
      sie „sine auctoritate scripturae" (Apol XXII,119) vertreten werde.

[50] W. Maurer, Historischer Kommentar zur Confessio Augustana. Bd. I,
      Gütersloh ²1979, 22 f.

[51] Auf der Basis welcher Bibeltexte bzw. welcher Übersetzungen sich die
      schrifttheologische Argumentation der CA vollzog, ist bisher nicht präzise
      geklärt. Nach Stuhlmacher gehen „die Anspielungen und Zitate im latei-
      nischen Text ... von der Vulgata aus, wobei nicht selten aus dem Ge-
      dächtnis heraus zitiert zu werden scheint. Im deutschen Text finden sich
      sowohl freie Übersetzungen aus der Vulgata als auch Stellen, die Luthers
      Septembertestament und den nachfolgenden Revisionen dieser Erstlings-
      übersetzung folgen. Man kann also nicht davon ausgehen, daß die Lu-
      therübersetzung 1530 bereits zum deutschen Standardtext der protestanti-
      schen Seite aufgerückt war; sie scheint bei der Abfassung der deutschen
      Textversion nur gelegentlich aufgeschlagen worden zu sein." (P. Stuhl-
      macher, Schriftauslegung in der Confessio Augustana. Überlegungen zu
      einem erst noch zu führenden Gespräch, in: KuD 26 [1980], 188–212, hier:
      189, Anm. 8; Anm. 9 finden sich weitere Literaturhinweise. Vgl. in diesem

wähnten Fehlen eines eigenen Schriftartikels, durch welches alle
theologische Aufmerksamkeit auf den tatsächlich geübten Schriftgebrauch ausgerichtet wird (vgl. Schlink, 24; Brunstäd, 18), zunächst die ungleiche, eindeutig den II. Teil der CA bevorzugende
Verteilung begründender Schriftzitate auf die Einzelartikel auf. CA
XXVIII kommt auch in diesem Zusammenhang eine Sonderstel-
lung zu: mit 24 Zitaten im deutschen und 26 im lateinischen Text
wird „eine alle übrigen Artikel weit übertreffende Häufung"
(Holtz, 76) erreicht. Auffällig ist ferner die sehr geringe Verwendung alttestamentlicher Schriftbelege in der CA. „Im deutschen
Text finden sich 5 Zitate aus dem Alten Testament, im lateinischen 7. Eines der Zitate indessen wird zweimal angeführt, nämlich Ps. 19,13 in Art. XI und in Art. XXV. So sind es tatsächlich nur
4 bzw. 6 verschiedene alttestamentliche Schriftstellen, die die CA
bietet." (Holtz, 78) Was das Neue Testament betrifft, so steht im
Vordergrund der Aufmerksamkeit der CA eindeutig Paulus. In den
Artikeln II−X meinte man sogar „Grundelemente des Aufbaues
vom Römer- und Galaterbrief" wiedererkennen zu können.[52] Die
häufigsten Zitate aus dem Corpus Paulinum, dem die Pastoral-
briefe und der Epheserbrief, nicht hingegen der Hebräerbrief zugerechnet werden, sind indes nicht dem Römer- oder Galater-,
sondern dem 1. Korintherbrief entnommen. Dies hängt damit zusammen, daß dieser Brief am ausführlichsten auf Probleme des
Gemeindelebens eingeht, die im Zentrum der Artikel XXII-XXVIII
stehen, wo sich insgesamt die klare Mehrheit der Schriftzitate befindet. Für den ersten Teil der CA kommt hingegen in der Tat neben dem Galater- dem Römerbrief entscheidende Bedeutung zu.
So ist signifikanterweise der erste Hinweis der CA auf bestimmte
Schriftaussagen überhaupt „ein solcher auf den Römerbrief. Der
Art. IV, der ‚von der Rechtfertigung' handelt, und der das theologische Fundament für das ganze folgende Bekenntnis gleichermaßen in seiner Position wie in seiner Negation bildet, schließt
seine Sätze mit der Aussage: ‚wie Sant Paul sagt zun Romern am
3. und 4.' (56,14 f.). Die benutzte Ausgabe der CA verweist am
Rande auf Röm. 3,21 ff.; 4,5. Das ist gewiß nicht gänzlich unbe-

---

Zusammenhang ferner die Fehlzitate in Luthers Schmalkaldischen Artikeln: BSLK 428, Anm. 2; 436, Anm. 4.)

[52] J. Becker, Zum Schriftgebrauch der Bekenntnisschriften, in: W. Lohff und
L. Mohaupt (Hg.), Volkskirche – Kirche der Zukunft?, 92−103, hier: 95.

rechtigt, schwerlich aber auch ganz im Sinne der Verfasser der
CA. Sie denken doch wohl zumindest auch, wenn nicht ganz vornehmlich an den Gesamtzusammenhang der theologischen Aussage, wie Paulus ihn in Röm. 3 und 4 entfaltet. Es ist auch sonst
sichtbar, daß die CA die Bibelstellen nicht punktuell versteht, sie
vielmehr aus ihrem Kontext heraus begreifen will." (Holtz, 79 f.)

Im Hinblick auf Paulus bedeutet dies sachlich, daß er nicht nur
mit Einzelversen, sondern mit seinem Gesamtzeugnis für die
Rechtfertigungslehre der Reformatoren in Anspruch genommen
wird. So heißt es beispielsweise in CA XX von der Lehre vom
Glauben, sie sei „offentlich und klar im Paulo an vielen Orten gehandelt, sonderlich zum Ephesern 2", welches Kapitel dann mit
Vers 8 f. wörtlich zitiert wird. In noch allgemeinerer Form wird CA
XXIV (BSLK 94,9–11) auf die Lehre des hl. Paulus verwiesen, „daß
wir für Gott Gnade erlangen durch Glauben und nicht durch
Werk". Generalisierender Art sind schließlich auch die theologisch
zentralen Verweise in CA XXVI (BSLK 101,14 ff.) und CA XXVII
(BSLK 116,5 ff.), wo Paulus mit seiner Gesamtbotschaft als biblischer Gewährsmann für die reformatorische Lehre von der Rechtfertigung des Sünders aus Gnade um Christi willen durch Glauben
aufgerufen wird.

Verglichen mit dem Corpus Paulinum ist die Auswahl aus den
katholischen Briefen, der Apostelgeschichte, aber auch aus den
Evangelien erheblich schmaler. Dabei steht das erste Evangelium
nicht nur unter den Synoptikern, sondern auch im Vergleich mit
Johannes obenan. „Während Matthäus 10mal mit 9 Stellen zitiert
wird (Matth. 15,9 wird zweimal geboten, in Art. XXVI und XXVII),
begegnen Anführungen aus dem Johannesevangelium nur je im
deutschen wie im lateinischen Text 5mal. Im deutschen Text ist
eine Stelle, nämlich Joh. 8,44, zweimal geboten, in Art. XIX und
XXIII (an der letzten Stelle nicht im lateinischen Text). Nur im lateinischen Text in Art. XX findet sich Joh. 14,6. Daneben ist Lukas
mit 4 Anführungen vertreten, Markus im deutschen Text mit einer
(Mark. 9,29 in Art. XXVI), im lateinischen mit zweien (zusätzlich
[Mark.] 16,15 in Art. XXVIII)." (Holtz, 79) Hinzuzufügen ist, daß abgesehen von spezifischen geschichtlichen Umständen in der Regel
diejenigen Personen eigens namhaft gemacht werden, auf die der
Wortlaut eines Zitats zurückgeführt wird. Indes läßt sich nirgends
entdecken, daß die Verbindlichkeit der Botschaft der Schrift abhängig gemacht wird von einer etwaigen Rangordnung der bibli-

schen Autoren. Die Autorität der Schrift besteht allein in ihrem Sinngehalt.

Dieser Sinngehalt ist nach dem Urteil der Reformatoren offenkundig begründet und gegeben in dem Rechtfertigungsevangelium, das Jesus Christus, der auferstandene Gekreuzigte, in Person ist. Weil aber das Evangelium rückbezogen ist auf das Gesetz, muß um des Evangeliums und seines Verständnisses willen nachgerade dieser Bezug angemessen erfaßt werden, so daß es zur wichtigsten schrifttheologischen Aufgabe gehört, Gesetz und Evangelium recht zu unterscheiden.[53] Wie Melanchthon Apol IV,5 sagt: „Universa scriptura in hos duos locos praecipuos distribui debet: in legem et promissiones. Alias enim legem tradit, alias tradit promissionem de Christo ..." Apol XII,53 fügt er erläuternd hinzu: „Haec enim sunt duo praecipua opera Dei in hominibus, perterrefacere, et iustificare ac vivificare perterrefactos. In haec duo opera distributa est universa scriptura. Altera pars lex est, quae ostendit, arguit et condemnat peccata. Altera pars evangelium, hoc est, promissio gratiae in Christo donatae, et haec promissio subinde repetitur in tota scriptura, primum tradita Adae, postea patriarchis, deinde a prophetis illustrata, postremo praedicata et exhibita a Christo inter Judaeos et ab apostolis sparsa in totum mundum." In Gesetz und Evangelium besteht sonach die Summe der Schrift. Weil aber das den Menschen erschreckende Handeln Gottes im Gesetz, welches die Sünde aufdeckt, anklagt und verdammt, auf die Verheißung der Rechtfertigung als des eigentlichen Wortes Gottes angelegt ist, kann mit gutem Grund bündig auch dies gesagt werden: Die Summe der Schrift ist das Evangelium. Vom Evangelium her begründet sich daher auch die Normativität der Schrift, so daß gilt: „Die heilige Schrift ist Norm als prophetische und apostolische Bezeugung des Evangeliums."[54] Weil

---

[53] Über dieses Unterscheidungsvermögen nicht zu verfügen, wird zum schwerwiegendsten Vorwurf gegenüber den Widersachern, die infolge dieses Mangels zwangsläufig das Evangelium verkennen und ihre Lehre der lex oder dem Gesetz der menschlichen ratio entnehmen: „Tota enim doctrina adversariorum partim est a ratione humana sumpta, partim est doctrina legis, non evangelii. Duos enim modos iustificationis tradunt, quorum alter est sumptus a ratione, alter ex lege, non ex evangelio seu promissione de Christo." (Apol IV,287; vgl. ferner: Apol IV,334 ff. zu Lk 17,101 [BSLK 225,18 ff.] sowie Apol IV,375 [BSLK 230,51 ff.])

[54] Schlink, 28; bei Sch. gesperrt; vgl. ferner: Brunstäd, 23.

sie Zeugnis des Evangeliums ist, ist sie kanonische Norm aller kirchlichen Lehre. Kurzum: sie ist, was sie ist, als göttliche Frohbotschaft für den Menschen, wie sie im Namen Jesu Christi beschlossen und im Hl. Geist zum Heil des Sünders erschlossen ist. Mit dieser Wendung ist bereits angedeutet, was im Zusammenhang der lutherischen Rezeption der altkirchlichen Symbole und anderwärts noch eingehender zu begründen ist, daß nämlich das Rechtfertigungsevangelium ohne trinitarisches und christologisches Dogma nicht zu denken ist, wie denn auch CA IV eindeutig auf CA I und CA III zurückverweist und sachlich mit diesen Artikeln untrennbar verbunden ist.

Daß mit dem christologisch und trinitätstheologisch fundierten Rechtfertigungsevangelium die innere Sinnmitte und damit der Sinn der Schrift überhaupt erfaßt ist, galt den Reformatoren, wie gesagt, als evident und nicht nur durch Einzelverse, sondern durch das Gesamtzeugnis der ganzen Bibel (vgl. Schlink 25), die Summe des Neuen sowohl als auch des Alten Testamentes bewiesen; „sicut Petrus inquit: Huic (sc. Christo) omnes prophetae perhibent testimonium, in nomine ipsius accipere remissionem peccatorum omnes, qui credunt in eum." (Apol XX,2; BSLK 313,34–38) Insofern kommt dem Rechtfertigungsartikel, der strukturanalog freilich auch im Zusammenhang etwa der Freiheitsthematik entfaltet werden konnte, in der Tat eine hermeneutische Leitfunktion für reformatorisches Schriftverständnis zu, die ihn in bestimmter Weise zum Kanon im Kanon und zu jenem Artikel werden läßt, der „in die ganze Bibel allein die Tür auftut" (BSLK 159,11 f.). Allerdings soll der Rechtfertigungsgedanke in dieser Funktion nicht nach der Weise eines axiomatischen Deduktionsprinzips oder Selektionskriteriums in Anschlag gebracht werden, sondern eher in der Weise einer regulativen Idee, die der Schrift selbst entnommen ist, um an ihr je und je sich neu zu bewähren.[55] Der

---

[55] Insofern hat Fagerberg mit dem Hinweis recht, niemals sei in den Bekenntnisschriften der Rechtfertigungsgedanke bzw. die Lehre von Gesetz und Evangelium „als ein übergreifendes, hermeneutisches Prinzip verwandt oder gar als höhere Instanz über die Hl. Schrift gesetzt" worden (Fagerberg, 38). Irrig hingegen ist seine damit verbundene Annahme, die hermeneutische Funktion beider Topoi lasse sich auf ein bestimmtes Kapitel und eine Teilmenge biblischer Theologie restringieren. Der Rechtfertigungsartikel will offenkundig dem Bibelleser nicht nur „dazu verhelfen, sich in den Aussagen der Hl. Schrift über gute Werke zurecht zu

Rechtfertigungsgedanke im Sinne reformatorischer Theologie wird sich daher niemals lehrmäßig in sich selbst abschließen und vom Schriftzeugnis emanzipieren können, er ist vielmehr dadurch charakterisiert, daß er stets wieder auf das zurückkommt, wovon er seinen Ausgang genommen hat. Insofern ist er recht eigentlich nicht oder jedenfalls nicht nur Gedanke, sondern die Lebensbewegung, wie sie dem Glauben eigentümlich ist.

Indes bleibt auch und gerade unter diesen Bedingungen das Problem der sachlichen Differenzierung, sei es zwischen den beiden Testamenten, sei es innerhalb der Testamente, erhalten. Daß dies so ist, beweist die vorgestellte Zitationspraxis der CA eindeutig. Auch wenn die kanonische Gleichrangigkeit aller biblischen Schriften förmlich unangetastet bleibt, werden im Hinblick auf Sachgewichtigkeit doch ohne jeden Zweifel Unterschiede gemacht. Aber das ist, wie erwähnt, ein notwendiges und unumgängliches Implikat jedes konkreten und inhaltlich bestimmten Schriftgebrauchs und daher auch kein Einwand gegen die reformatorische Schriftlehre. Um es mit W. Elert zu sagen: „Ein einfaches Aneinanderreihen von Schriftaussagen schützt noch nicht vor Irrfahrt – es führt sogar sicher dazu, wenn dabei nicht der evangelische Schwerpunkt und Richtpunkt gefunden und gewahrt wird."[56]

---

finden und ihnen einen guten und eindeutigen Sinn zu geben" (ebd.); sein Ziel ist es vielmehr, zum rechten Verständnis der Schrift insgesamt anzuleiten. Dabei ist der Rechtfertigungsgedanke nach evangelischer Lehre stets hingeordnet auf den konkreten Vollzug der Zusage des in Heiliger Schrift urbezeugten Evangeliums Jesu Christi durch Predigtwort und Sakrament, auf die viva vox evangelii, von welcher er sich selbst herleitet. Die rechte Predigt und die stiftungsgemäße Verwaltung der Sakramente dadurch zu gewährleisten, daß er beide, Predigtwort und Sakramentsgeschehen, zu Medien der unbedingten und vorbehaltlosen göttlichen Gnade bestimmt, wie sie in Jesus Christus offenbar und in Heiliger Schrift beurkundet ist, dies ist die Funktion des Rechtfertigungsgedankens, in welcher er seinem theologischen Gehalt entspricht, um zugleich das rechte Maß zu gewähren, Mitte und Grenze der Schrift zu bestimmen. (Vgl. § 10)

56 W. Elert, Morphologie des Luthertums. Erster Band: Theologie und Weltanschauung des Luthertums hauptsächlich im 16. und 17. Jahrhundert, München 1931, 168.

Um die methodische Verfaßtheit des reformatorischen Schriftgebrauchs noch etwas genauer zu erkunden, empfiehlt es sich, seinen Vollzug einmal anders als unter primär statistischen Gesichtspunkten ins Auge zu fassen. Es soll dies geschehen am Beispiel
des bereits mehrfach zitierten, sehr umfänglichen Apologieartikels
IV, wo die reformatorische Rechtfertigungslehre in großem Stil als
Schriftauslegung entfaltet wird. Zwar ist der Gang der Darlegung
„nicht bestimmt von der inneren Ordnung der biblischen Rechtfertigungslehre, sondern von Gesichtspunkten der Polemik her:
Die von den Gegnern aufgestellten Argumente sollen Zug um
Zug widerlegt und überwunden werden."[57] Doch lassen sich aus
den Abgrenzungen und Vorwürfen den Konfutatoren gegenüber
durchaus einige positive methodische Grundsätze reformatorischer Schriftauslegung folgern.

Eingewendet wird gegen den Schriftgebrauch der Widersacher
vor allem, sie würden den buchstäblichen Sinngehalt des Schriftzeugnisses nicht respektieren, sondern eigene Meinungen in den
Text hineinlesen (Apol IV,224: „Adversarii corrumpunt pleraque
loca, quia suas opiniones ad ea afferunt, non sumunt ex ipsis
locis sententiam."). Kritisiert wird ferner die willkürliche Auswahl
von Belegstellen, die mangelhafte Berücksichtigung des Kontextes
sowie die Neigung zu Zusätzen im Sinne der eigenen Vorurteile
(Apol IV,221 zu 1. Kor 13,2: „Ac praepostere faciunt adversarii:
hunc unum locum citant, in quo Paulus docet de fructibus, alios
locos plurimos omittunt, in quibus ordine disputat de modo iustificationis. Ad hoc in aliis locis, qui de fide loquuntur, semper
adscribunt correctionem, quod debeant intelligi de fide formata.
Hic nullam adscribunt correctionem, quod fide etiam opus sit
sentiente, quod reputemur iusti propter Christum propitiatorem.").
Auch beklagt Melanchthon, daß die meisten Stellen, welche die
Gegner anführen, nur verstümmelt zitiert werden, wobei eine bestimmte Vorliebe für dunkle Passagen, deren Literalsinn nicht offen zu Tage liege, erkenntlich sei, während völlig klare Stellen
nicht selten unberücksichtigt blieben (Apol IV,286: „Sed speramus
nos piis conscientiis satis ostendisse, quod hi loci non adversentur
nostrae sententiae, quod adversarii male detorqueant scripturas ad
suas opiniones, quod plerosque locos citent truncatos, quod

---

57   J. Roloff, Apologie IV als Schriftauslegung, in: LR 11 (1961), 56–73, hier: 58.

omissis clarissimis de fide tantum excerpant ex scripturis locos de
operibus eosque depravent, quod ubique affingant humanas
quasdam opiniones praeter id, quod verba scripturae dicunt,
quod legem ita doceant, ut evangelium de Christo obruant.") Gegenüber solchen und ähnlichen Mißbräuchen fordert Melanchthon eine Exegese, die u. a. folgenden Grundsatz sich aneignet:
„Requirendi ... sunt integri loci, quia, iuxta vulgare praeceptum,
incivile est, nisi tota lege perspecta, una aliqua particula eius proposita, iudicare vel respondere. Et loci integri prolati plerumque
secum afferunt interpretationem." (Apol IV,280) Eine nicht durch
interessegeleitete Erkenntnis unstatthaft selektierte und verstüm-
melte Belegstelle wird, so Melanchthon, nicht nur ihren eigenen
Sinn von sich aus erschließen und somit ihre Selbstinterpretati-
onsfähigkeit bewähren, sondern auch ihre Übereinstimmung mit
dem Gesamtzeugnis der Schrift unter Beweis stellen. An Luk 11,41
(vgl. Apg 15,9) wird dies exemplarisch gezeigt mit dem Ergebnis:
„Sed totus locus inspectus sententiam offert consentientem cum
reliqua scriptura" (Apol IV,284). Daß solche kontextorientierte,
zuletzt auf die tota scriptura und die Gesamtheit des Schriftzeugnisses ausgerichtete Perspektive keinen Gegensatz, sondern die
Voraussetzung sinnvoller Detailanalysen darstellt, wird am angegebenen Ort ebenfalls belegt und zwar durch die subtilen Erörterungen zur Funktion der, wie es heißt, universalen Partikel
„omnia" in dem Satz: „Date eleemosynam, et ecce omnia munda
sunt vobis." (Apol IV,281ff.) Einen weiteren Beleg dafür, daß das
Interesse am gelehrten Detail keinen Widerspruch darstellt zur
geforderten Globalperspektive der Schriftauslegung, stellt die
Auseinandersetzung mit Hieronymus um die rechte Übersetzung
von Dan 4,24 in Apol IV,264 dar. Sie zeigt zugleich, daß Melanchthon den Urtext gelegentlich kritisch zu wenden vermag.
Doch ist das historisch-differenzierende Interesse auch hier nur
ein Moment der Absicht, die innere Sinnmitte der Schrift im Ganzen wie im Detail entsprechend zur Geltung zu bringen. Die
knappste Zusammenfassung dieser Sinnmitte fand Melanchthon in
dem in den Bekenntnisschriften häufig zitierten Diktum Christi
aus Joh 15,5: „Sine me nihil potestis facere." (vgl. BSLK 1140) Dieser Satz zeigt nicht nur an, daß zu einem reformatisch verstandenen sola scriptura das solus Christus elementar hinzugehört[58], er

---

[58]   Vgl. u. a. H. Liebing, Sola scriptura – die reformatorische Antwort auf das

komprimiert zugleich all das, was im Kontext von Gesetz und
Evangelium über die Rechtfertigung des Sünders als innere Sinnmitte der Schrift gesagt wurde und zu sagen ist.

In seiner Paraphrase der Apologie der CA formulierte Justus Jonas
unter Bezug auf IV,87 („Paulus in epistola ad Romanos ... propo-
nit, quod gratis iustificemur fide, credentes nobis Deum placatum
propter Christum.") und in deutlicher Abhängigkeit von einer einschlägigen Bibelrandglosse Luthers[59]: „Und diesen gewaltigen Beschluß, diese Proposition, in welcher gefasset ist die Häuptsache
der ganzen Episteln, ja der ganzen Schrift, setzet er im dritten Kapitel mit dürren klaren Worten also: ‚So halten wir es nu, daß der
Mensch gerecht werde ohne des Gesetzes Werk, allein durch den
Glauben.'" (BSLK 178,51 – 179,4) Im lateinischen Original hatte es
vor Zitation von Röm 3,28 lediglich geheißen: „Et hanc propositio-
nem capite tertio, quae statum universae disputationis continet,
tradit" (BSLK 178,49–51). Jonas hat damit auf seine Weise noch
einmal hervorgehoben und besonders unterstrichen, was unter
reformatorischen Bedingungen als „Häuptsache" der ganzen
Schrift zu gelten hat. Zugleich bestätigt er die schrifttheologischen
Maximen, die sich aus der in der CA praktizierten biblischen
Hermeneutik ergeben und auch für die übrigen Bekenntnisschriften grundlegend sind: „(1) Das Evangelium von der Gnade
Gottes in Jesus Christus ist die perspektivische Mitte der ganzen
Schrift. (2) Dieses Evangelium und die Verheißungen Gottes sind
durch die ganze Bibel hindurch sauber vom Gesetz und den Ge-
richtsdrohungen Gottes zu unterscheiden. (3) Niemand in der
Welt hat das Recht, in der Kirche ‚etwas wider das Evangelium zu
setzen und aufzurichten' (CA XXVIII,126,5 f.)."[60]

Letzteres hat seinen Grund schlicht darin, daß es sich beim Evangelium um Gottes eigenes Wort handelt, das durch keine Menschensatzung außer Kraft zu setzen ist und außer Kraft gesetzt

---

Problem der Tradition, in: C.-H. Ratschow (Hg.), Sola scriptura. Ringvor-
lesung der theologischen Fakultät der Philipps-Universität, Marburg 1977,
81–95.

[59]   Vgl. M. Schloemann, Die Mitte der Schrift. Luthers Notabene, in:
W. E. Müller/H. Schulz (Hg.), Theologie und Aufklärung. FS G. Hornig,
Würzburg 1992, 29–40, hier: 36, Anm. 17; vgl. ferner: Schlink, 29.

[60]   P. Stuhlmacher, a. a. O., 191 f.

werden darf, wenn anders Gott Gott und der Mensch Mensch ist.
Die Qualifikation des Evangeliums als Wort Gottes kann schließ-
lich auch auf die Schrift als Urkunde des Evangeliums übertragen
werden. Zwar ist der Sprachgebrauch in der Regel so, daß der
Begriff Hl. Schrift die ganze Sammlung der biblischen Bücher, der
Begriff Wort Gottes hingegen zumeist eine bestimmte Textstelle
bezeichnet. Zuweilen können die Termini Wort Gottes und Hl.
Schrift freilich auch sinnidentisch gebraucht werden. Der darin
zum Ausdruck gebrachte „enge Zusammenhang zwischen Gottes
Wort und der Schrift" (Fagerberg, 17) wird auch dadurch nicht in
Frage gestellt, daß die Bekenntnisschriften u. a. das Apostolikum
(GK I,89) sowie die Absolutionsformel (GK, Beichte, 22) und die
Predigt Wort Gottes nennen können. Denn dies geschieht unter
der entschiedenen Voraussetzung sachlicher Übereinstimmung je-
ner Zeugnisse mit dem Zeugnis der Schrift.

Schwierige und nur im Zusammenhang einer Gesamtdarstellung
der Theologie der Bekenntnisschriften zu lösende Probleme wirft
hingegen die Frage auf, wie sich die verschiedenen Wirkgestalten
des in der Schrift beurkundeten Wortes Gottes präzise zueinander
verhalten. Zur Gesetz-Evangeliums-Thematik wurden bereits einige Hinweise gegeben. Zu erörtern wäre in diesem Zusammenhang u. a. auch, wie sich lex und evangelium resp. promissio zu
dem verhalten, was in der Bekenntnistradition mandatum Dei genannt wird. Es muß vorerst genügen, auf eine diesbezügliche In-
terpretationskontroverse lediglich aufmerksam zu machen: Während für W. Maurer ein göttliches Mandatswort immer ein evangelisches Verheißungswort ist[61], ist nach Fagerberg im Sinne der
Bekenntnisschriften klar zwischen mandatum als einem Befehlswort und promissio als einem Verheißungswort zu unterscheiden.
Fagerberg gibt dazu folgende Erläuterung: „Damit etwas als Verheißung gelten kann, muß die Voraussetzung gegeben sein, daß
es auf den in der Schrift ausgesprochenen Willen Gottes zurückgeht, wobei zu bedenken ist, daß Verheißung und Befehl nicht
miteinander identisch sind." (Fagerberg, 20) Der in Form eines
Befehls in der Schrift dokumentierte göttliche Wille ist sonach,
wie aus dem Gesamtzusammenhang der Argumentation deutlich

---

[61]   Vgl. W. Maurer, Pfarrerrecht und Bekenntnis. Über die bekenntnismäßige
        Grundlage eines Pfarrerrechtes in der Evangelisch-Lutherischen Kirche,
        Berlin 1957, 97.

hervorgeht, die Basis auch eines Verheißungszuspruches. Worauf
es schrifttheologisch im entscheidenden ankommt, ist daher der
in der Bibel ausgesprochene göttliche Befehl. „Mandatum braucht
nicht unbedingt etwas von Rechtfertigung zu enthalten; entscheidend ist vielmehr seine direkte und indirekte Anknüpfung an die
Bibel." (Fagerberg, 21) Die weitreichenden Konsequenzen dieser
Feststellung zeigen sich besonders offenkundig in der Bestimmung des zentralen Kontroverspunktes reformatorischer Theologie. „Im Kampf gegen die Werkgerechtigkeit hieß die Alternative
nicht: Werke oder keine Werke, sondern: rechte Werke gegenüber falschen. Nur die Werke, die Gott in seinem Wort befiehlt,
können in Frage kommen ..." (Fagerberg, 22) Zwar sagt Fagerberg
im folgenden auch, daß Gottes Befehl nicht nur rechte von falschen Werken scheidet, sondern gegen das Vertrauen auf die
Werkgerechtigkeit insgesamt gerichtet sei: „Gott ermahnt uns", so
heißt es, „an seinen gnädigen Willen uns gegenüber zu glauben;
er befiehlt uns zu glauben, daß er uns um Christi willen unsre
Sünde vergibt." (ebd.) Aber damit wird doch nur bestätigt, daß
das göttliche Befehlswort die Grundlage des göttlichen Verheißungswortes dergestalt ist, daß die promissio Dei recht eigentlich
eine bloße Sonderform des mandatum Dei darstellt und der Unterschied von promissio und mandatum selbst unter der Voraussetzung des mandatum steht, auf welchen er prinzipiell reduzier-
bar ist. Signifikanterweise sagt Fagerberg selbst: „Das mandatum
erscheint in solchen Zusammenhängen (sc. in denen es uns die
Sündenvergebung aus Gnade um Christi willen zu glauben befiehlt) fast als identisch mit dem Evangelium; Gottes Befehl, an
die Vergebung der Sünden aus Gnade um Christi willen zu glauben, ist ja doch der eigentliche Inhalt des Evangeliums." (ebd.)
Man wird nicht sagen können, daß Fagerberg mit Sätzen dieser
Art das von ihm wahrgenommene Problem bereits einer überzeugenden Lösung im Sinne reformatorischer Theologie zugeführt
hat. Immerhin hat er darauf aufmerksam gemacht, daß die Unterscheidung zwischen Gesetz und Evangelium weiterer, vor allem
den Gesetzesbegriff betreffender Differenzierungen bedarf, um
dem Zeugnis der Schrift gerecht zu werden. Darauf wird sachlich
zurückzukommen sein. (Vgl. § 10 u. § 13,3)

Im gegebenen Zusammenhang soll lediglich dies noch etwas eingehender bedacht werden, was in ihrer Qualifikation als Wort
Gottes ja bereits mitenthalten ist, daß nämlich die Hl. Schrift als

Zeugnis des Geistes zu gelten hat. Daß dem so ist, davon gehen die Bekenntnisschriften zweifellos aus: Die Schrift, so heißt es, enthält „klare Wort des heil. Geistes" (BSLK 143,7 f.). Den Gegnern wird entsprechend nachgesagt, „contra manifestam scripturam spiritus sancti" (Apol Vorrede 9) zu handeln, was zu der unter Bezug auf das Schriftzeugnis gestellten Frage Anlaß gibt: „Num frustra haec praemonuit spiritus sanctus?" (CA XXVIII,49) „Num arbitrantur excidisse spiritui sancto non animadvertenti has voces?" (Apol IV,108) Die Inspiration der Schrift wird also zweifellos vorausgesetzt; gleichwohl „fehlt eine ausgeführte Inspirationslehre" (Schlink, 28), welche Wirkung und Urheberschaft des Hl. Geistes einer genauen schrifttheologischen Bestimmung zuführt. Auch wird nirgends versucht, die Heiligkeit der Hl. Schriften auf die im Faktum gegebener Inspiration gründende personale Autorität ihrer Verfasser zurückzuführen, deren Bedeutung vielmehr ganz in ihrem Charakter als Propheten bzw. Apostel des Evangeliums aufgeht, wie mit Rücksicht auf den Unterschied beider Testamente gesagt wird. Das Zeugnis des Geistes wird stets und konzentriert auf den besagten christologisch-rechtfertigungstheologischen Sinngehalt der Schrift und dessen zur Gewißheit des Glaubens führende Begeisterungskraft bezogen. Der Inspirationsbegriff der Bekenntnisschriften ist sonach primär keine formale Autorisierungskategorie, sondern ein auf sachliche Überzeugung angelegtes Theorem. Dem entspricht es, daß der Inspirationsgedanke der Bekenntnisschriften nicht einseitig auf die Herstellung einer untrüglichen Lehrquelle zielt: „die Schrift ist nicht ein Kodex, aus dem man nur zu zitieren braucht, um Kirchenlehre zu haben"[62]; sie ist vielmehr primär und im wesentlichen ein geistgetragenes, geisterfülltes und begeisterndes Gnadenmittel, welches als Evangelium das im Namen Jesu Christi beschlossene Heil nicht nur bezeichnet, sondern in der Kraft des göttlichen Geistes auch – und zwar dauerhaft – bewirkt. In diesem Sinne trifft es zu, wenn gesagt wurde: „Die Geltendmachung der Heil. Schrift als Organ des Heil. Geistes in den lutherischen Symbolen muß ... (als) völlig ungenügend gewertet werden, solange nicht zugleich mit ins Auge gefaßt wird, daß dieselbe nach den Symbolen auch insofern

---

[62] W. Elert, a. a. O., 164.

dauernd ein instrumentum Spiritus Sancti ist, als sie beständig ein
göttliches Gnadenmittel ist."[63]

Daß sie die Hl. Schrift primär als wirksames Gnadenmittel betrachten, bestätigen die Bekenntnisschriften u. a. dadurch, daß sie
ihren Inspirationsgedanken ganz auf die effektive Selbstbezeu-
gung des Wortes Gottes konzentrieren. „So wenig und zufällig in
den Bekenntnisschriften von der Inspiration des biblischen Buches die Rede ist, so überaus nachdrücklich und planmäßig wird
von der Augsburgischen Konfession ab bis zur Konkordienformel
die Inspiration der Hörer durch Gottes Wort und zwar die Inspiration durch das Wort des Evangeliums gelehrt. Beides läßt sich
zwar nicht trennen. In beiden Fällen geht es um Wirken des Geistes durch das Wort. Aber das Gewicht der Aussagen liegt offensichtlich bei dem zweiten: ‚Durch Wort und Sakramente als durch
Instrumente wird der heilige Geist gegeben' (CA V,2 vgl. z. B. Ap.
XXIV,70)." (Schlink, 32) Die Inspiration der Hl. Schrift erweist sich
sonach primär in ihrer inspirierenden Wirkung, und an ihr vor
allem ist dem Glauben gelegen, weil an ihr sein ureigenes Wesen
hängt. Indes hängt der Glaube nicht minder an der Einsicht, daß
die in ihm bewirkte Inspiration, welcher er sein Wesen verdankt,
wirklich durch das Schriftwort selbst als eine ihm externe Bezugs-
größe hervorgerufen wurde und hervorgerufen wird. Daher kann
der Inspirationsgedanke nicht auf den Wirkungszusammenhang
der Schrift restringiert werden, sondern muß der Sache nach bereits für deren Begründung in Anschlag gebracht werden, und
zwar im Hinblick sowohl auf die Konstitutionsbedingungen des
prophetischen und apostolischen Bewußtseins als auch im Blick
auf den Inhalt der prophetischen und apostolischen Botschaft,
wie sie im Wort der Schrift bezeugt ist. Von daher erscheint es

---

[63]   D. Nösgen, Die Lehre der lutherischen Symbole von der Heiligen Schrift,
in: NKZ VI (1895), 887–921, hier: 907. In Nösgens Studie wird mehr oder
minder das gesamte einschlägige Textmaterial gesichtet sowie im Anschluß an Hutters Kompendium schematisch angeordnet und nach Art
der traditionellen Komparatistik mit der Schriftlehre anderer Konfessionen verglichen. Wesentliches Ziel ist der Erweis, daß „die Lehre von der
Inspiration der Heil. Schrift als ein in das Ganze der lutherischen Lehre
notwendig hineingehöriger Lehrpunkt und nicht als ein nur äußerlich mit
der evangelischen Lehre zusammenhängendes Moment" zu betrachten ist
(909). Weitere ältere Literatur zur Schriftlehre der Bekenntnisschriften ist
genannt bei Schlink, 23, Anm. 1.

fraglich, ob man unter Berufung auf die Bekenntnisschriften behaupten kann, „im Subjekt des Glaubens als solchem ... (sei) für
Reflexionen über den schriftstellerischen Ursprung der (s. c. biblischen) Berichte gar kein Raum"[64]. Denn so sehr die dem Schriftwort inhärierende Geistes- und Begeisterungskraft bewirkt, daß
der Mensch die gehörte Botschaft im Glauben verinnerlicht, so
wenig wird durch solche Verinnerlichung doch die Externität des
Schriftworts beseitigt, wenn anders sich der Glaube gerade im Innersten als ein vertrauensvolles Sich-Verlassen realisiert und der
Geist bleibend an der Äußerlichkeit des Buchstabens als des,
wenn man so will, Gedächtniszeichens der irdischen Erscheinung
des Logos hängt. Daß dies die Meinung lutherischer Bekenntnistradition ist, beweist mehr noch als der Lehrtext von CA V die
ihm beigegebene Damnation.[65]

Mit der Verwerfung derer, welche lehren, „daß wir ohn das leibliche Wort des Evangelii (sine verbo externo) den heiligen Geist
durch eigene Bereitung, Gedanken und Werk erlangen" (BSLK
58,12–15), ist der Sache nach auch schon die erst später förmlich
verurteilte Auffassung zurückgewiesen, daß „das göttliche Wort
innerlich keine Krafft hätte, den Menschen zu erleuchten und zu
bekehren; sondern wo dieses geschehen solte, so müste der heilige Geist das Gnaden-Licht und seine Krafft zur Schrifft bringen"[66]. Zwar sind in den Bekenntnisschriften keinerlei Ansätze
der späteren Lehre von einer dauernden, prinzipiell auch extra
usum gegebenen Inhärenz bzw. Immanenz des Geistes in der
Schrift zu erkennen; die Vorstellung ist vielmehr eindeutig die,
daß „der Geist beim Wort nur gegenwärtig ist, wenn es gebraucht

---

[64]   W. Elert, a. a. O., 172 f.

[65]   „Mag dieses Urteil formal das Selbstverständnis des ‚linken Flügels der
        Reformation' nicht treffen, deutet doch die weitgehende Verwerfung des
        Alten Testaments und die Herausbildung einer auf das Neue Testament
        konzentrierten Nachfolgeethik durch die ‚Täufer' eine folgenschwere
        Gewichtsverlagerung gegenüber dem zentralen reformatorischen Anlie-
        gen an." (H. Graf Reventlow, a. a. O., 87)

[66]   J. G. Walch, Historische und Theologische Einleitung in die Religions-
        Streitigkeiten der Evangelisch-Lutherischen Kirche, Faksimile-Neudruck
        der Ausgabe Jena 1733–1739, Bd. I, Jena 1733, 524–531, hier: 525; vgl. fer-
        ner: Bd. II, 112–127.

wird"[67]. Ausgeschlossen wird dabei allerdings die Vorstellung von einem Nebeneinander oder einer Parallelwirkung von äußerem Wort und Geist.[68] Ihr Verhältnis ist vielmehr das eines perichoretischen Ineinanders, demgemäß der Geist nicht nur mit dem Wort, sondern durch dasselbe wirkt. Dies gilt, auch wenn ansonsten „abgesehen davon, daß das Wort dem Geiste immer vorangeht", das Verhältnis beider noch nicht einheitlich bestimmt ist, so daß es „bald ... im Schema der Koordination, bald dem von causa und

---

[67]   R. Grützmacher, Wort und Geist. Eine historische und dogmatische Untersuchung zum Gnadenmittel des Wortes, Leipzig 1902, hier: 70.

[68]   Das trifft, wie im einzelnen noch zu zeigen sein wird, auch für die Konkordienformel zu. Damit ist eine Grundthese der Dissertation von J. C. Ebel (Wort und Geist bei den Verfassern der Konkordienformel. Eine historisch-systematische Untersuchung, München 1981) problematisiert, wonach das mit Recht vor allem Martin Chemnitz zuerkannte Einigungskonzept der FC (vgl. a. a. O., 35 ff.) grundlegend bestimmt ist von einer, wie es heißt, generischen Trennung zwischen Wort Gottes und Geist Gottes, derzufolge gilt: „Das Wort Gottes an sich ist geistleer und ohne eine Wirkung, die auch nur annäherungsweise dem gleicht, was der Geist tut." (a. a. O., 143) Nach Ebels FC-Interpretation verläuft die Rezeption des Geistes lediglich parallel zu der des Wortes; im strengen Sinne *im* Wort wirkt der Geist aber nicht. Kompensiert wird die Geistleere des Wortes, die mit einer „Entwörtlichung des Geistes" (a. a. O., 263) in der Pneumatologie der FC einhergehe, gemäß Ebels Urteil u. a. durch eine ihrer Tendenz nach subjektivistische Fassung der inhabitatio des Gottesgeistes im Menschen, welche die Externität des Pneuma unterbestimme und nicht mehr angemessen zum Ausdruck zu bringen vermöge, daß die Geistpräsenz nur auf mittelbare Weise und nicht in vermittlungsloser Unmittelbarkeit gegeben sei. Ein Indiz für den tendenziellen Subjektivismus der FC findet Ebel nachgerade in ihrem gegenüber den sonstigen Texten des Konkordienbuches gesteigerten Objektivitätsanspruch, welcher das eigene und für recht befundene Bekenntnis zwar mit einer minderen sufficientia, certitudo, claritas und auctoritas (vgl. a. a. O., 54 ff.) versieht als die mit dem Wort Gottes unmittelbar identifizierte Hl. Schrift, in Wirklichkeit aber die damit geltend gemachte Unterscheidung dadurch wieder einzieht, daß sie die Fähigkeit und Vollmacht authentischer Auslegung der Schrift exklusiv sich selbst vorbehält, was nicht nur im Widerspruch steht zu dem gegebenen Zugeständnis der als Kollektivsubjekt fungierenden Autoren, fallibel zu sein, sondern mit reformatorischen Grundeinsichten überhaupt inkompatibel ist. In bezug auf Luther macht Ebel das selbst geltend. Man wird hinzufügen müssen, daß die in seinem Sinne gedeutete Konkordienformel in einem unvereinbaren Gegensatz auch zu der CA und den sonstigen lutherischen Bekenntnisschriften stehen würde.

instrumentum"[69] gefaßt wird, wie das bei Melanchthon die Regel und daher auch in CA V der Fall ist. Ob man in diesem Zusammenhang das ‚ubi et quando visum est Deo' im Sinne der Vorstellung eines „jedesmalige(n) Willensakt(es) Gottes zum Kommen des Geistes durchs Wort"[70] zu deuten hat, kann dahingestellt bleiben, solange klar ist, daß ein solcher Willensakt nicht im Sinne eines arbiträren Vorbehalts Gottes seiner Absicht gegenüber verstanden wird, in, mit und unter dem äußeren Wort verläßlich das Heil aller Menschen zu wirken.

Daß die nachdrückliche Betonung der theologischen Bedeutung des äußeren Schriftworts, dessen buchstäblicher Bestand der irdischen Erscheinung des Logos verbunden ist, um – wie diese – zum Vermittlungsorgan des Geistes zu werden, die verpflichtende hermeneutische Regel einschließt, die Schrift nach ihrem Wortlaut und Literalsinn auszulegen, gilt wie für Luther selbst, so auch für die lutherischen Bekenntnisschriften. Schriftauslegung darf sonach niemals subjektivistisch im Sinne eines bloßen Reflexes eigener Glaubensunmittelbarkeit sein. Die Externität des Schriftworts und dessen inhaltlich bestimmter eigener Sinn sind vielmehr ernst zu nehmen auch und gerade dann, wenn sie der subjektiven Selbstwahrnehmung als befremdlich erscheinen. Solch strikt geforderte Nichtbeliebigkeit der Schriftauslegung schließt die Kenntnis bestimmter Regeln der Texterschließung notwendig ein, die nicht nur die Syntax, sondern auch die Semantik und Pragmatik von Texten betreffen. Auch wenn ein solcher hermeneutischer Regelkanon den Sinngehalt des Textes nicht verfügbar macht, ist seine Befolgung doch die Grundvoraussetzung dafür, daß sich der unverfügbare Sinngehalt des Textes im Medium der Kenntnis seiner äußeren Bedeutung von sich aus erschließt.

Gibt sich der Sinn der Schrift nur in der Einheit von äußerem Wort und geistlichem Bedeutungsgehalt zu verstehen, dann ist damit zugleich die unverzichtbare Notwendigkeit des buchstäblichen Bestandes der Bibel für den Glauben behauptet. Der Grund dieser Notwendigkeit ist mit der äußeren, irdischen, gewissermaßen buchstäblichen Erscheinungsgestalt Jesu Christi als des Inbegriffs des Evangeliums selbst gegeben. Wie der Sinn des Evange-

---

[69] R. Grützmacher, a. a. O., 71.

[70] A. a. O., 65.

liums sich vom Buchstaben des Schriftwortes nicht lösen läßt, so
hängt das Zeugnis des Geistes am Namen Jesu Christi, um in, mit
und durch diesen Namen sich wirksam zu erweisen. Man wird
daher – um auf das schrifttheologische Ausgangsthema zurückzukommen – bei der Erhebung der Kanonizität des Kanons von der
Bedeutung raum-zeitlicher Nähe zur Erscheinungsgestalt Jesu
Christi nicht einfach abstrahieren können. Es ist nicht unerheblich,
wenn die Konkordienformel in der zitierten Passage ,Von dem
summarischen Begriff' die betonte Unterscheidung zwischen der
Hl. Schrift und anderen Schriften alter und neuer Lehre mit dem
Hinweis versieht, letztere seien der Bibel nicht gleichzuhalten,
sondern lediglich „als Zeugen (anzunehmen), welchergestalt nach
der Apostel Zeit und an welchen Orten solche Lehre der Propheten und Apostel erhalten worden" (BSLK 768,4–7). Indirekt ist
damit Ursprungsnähe zum Heilsereignis Jesu Christi zu einem
Autoritätskriterium der Schrift erklärt, auch wenn eine durchgeführte Begründung der normativen Bedeutung des Schriftkanons
bzw. der einzelnen kanonischen Schriften aus der Art und Geschichte ihrer Entstehung weder in der FC noch sonst in den Bekenntnisschriften geboten wird. Zugleich ist angedeutet, daß die
Kodifizierung der Schrift etwas zu tun hat mit dem Perfekt des
Christusereignisses. Wie aber die Vollendung Christi dessen irdische Erscheinung, ohne ihre geschichtliche Verfassung abzustrei-
fen, keineswegs zu einer bloßen Vergangenheitsgestalt herabsetzt,
vielmehr in ihrer gegenwärtigen Wirkmacht und zukunftserschlie-
ßenden Kraft erweist, so ist Ursprungsnähe zum perfekten Heilsereignis zwar ein unentbehrliches, keineswegs aber ein hinrei-
chendes Kriterium für die Kanonizität der Schrift. Wahrhaft kanonischen Rang erhält die biblische Geschichte vielmehr erst, wenn
sie die fides historica zum Fiduzialglauben führt und das Gesetz,
auch und gerade das Vergänglichkeitsgesetz der Geschichte, in
das Evangelium von der Rechtfertigung des Sünders aus Gnade
um Christi willen durch Glauben aufhebt, welches unvergängli-
ches Heil und Leben demjenigen verheißt, der sich in der Kraft
des göttlichen Geistes auf den auferstandenen Gekreuzigten verläßt.

3. Theologie der lutherischen Bekenntnisschriften

In der Alten Kirche ist ein Papagei zu großer Berühmtheit gelangt – Isaak von Edessa hat ihn in einem 2137[71] bzw. 2136[72] Verse
langen Gedicht verherrlicht –, der auf dem Marktplatz zu Antio-
chien das Trishagion mit theopaschitischen Zusätzen zu singen
pflegte.[73] Man wird nicht bestreiten können, daß der seltsame Vogel damit einem – wenngleich häretischen – Bekenntnis Gehör
verschafft hat; zum Bekenner wurde er deshalb freilich nicht –
und er wäre es auch dann nicht geworden, hätten seine Auslas-
sungen als orthodox und theologisch einwandfrei zu gelten.
„Denn was der Bekenntnispapagei aufzusagen hat, ist eben ein
Papageienbekenntnis, mehr nicht. Der Papagei hat etwas aufzusagen; aber er hat nichts zu sagen."[74]

Bekenntnishermeneutisch ergibt sich daraus die Erkenntnis, daß
mit bloßer Rezitation und Repetition konfessorisch nichts gewonnen, sondern das Wichtigste verloren ist, nämlich die Subjektförmigkeit und mit ihr die situative Zeitgemäßheit des Bekenntnisses.[75] Um sie zu erhalten, darf für die Sprachgestalt christlichen

---

[71] W. Wright, A Short History of Syriac Literature, London 1894, 54.

[72] E. Nestle, in: ThLZ 20 (1895), Sp. 496.

[73] Vgl. W. Elert, Der Ausgang der altkirchlichen Christologie. Eine Untersuchung über Theodor von Pharan und seine Zeit als Einführung in die
alte Dogmengeschichte. Aus dem Nachlaß hg. v. W. Maurer und E. Berg-
sträßer, Berlin 1957, 126.

[74] E. Jüngel, Bekennen und Bekenntnis, in: S. Herrmann/O. Söhngen (Hg.),
Theologie in Geschichte und Kunst. FS W. Elliger, Witten 1968, 94–105,
hier: 94.

[75] Mit Gerhard Ebeling zu reden: „Das Entscheidende ist nicht das formelle
Bestehen der Bekenntnisbindung, sondern deren faktischer Gebrauch.
Und das Fixiertsein kirchlicher Lehre enthebt keineswegs der Aufgabe,
sie interpretierend und konkretisierend zu gewinnen. Nicht anders als
der Heiligen Schrift gegenüber stellt sich auch in bezug auf die Texte
kirchlicher Lehrüberlieferung das hermeneutische Problem, wonach es
mit Repetieren nicht getan ist. Vielmehr muß überlieferte Sprache frei-
machen zu eigenem Sprechen; und *dasselbe* kann möglicherweise nur
dadurch gesagt werden, daß es *anders* gesagt wird." (G. Ebeling, Wort
Gottes und kirchliche Lehre, in: ders., Wort Gottes und Tradition. Studien

Zeugnisses und kirchlich-theologischer Lehre der Zeitbezug auf die Subjektivität realer Individuen – sei es des Sprechers, sei es des Hörers der Botschaft – nie äußerlich sein. Mit Recht ist deshalb betont worden, wie wichtig für das christliche Wahrheitszeugnis im Unterschied zu der Annahme einer „sprachlichen Epiphanie der Wahrheit allein in der Aussage" die Rücksicht „auf das *Verhältnis der Personen* (ist), die in wortsprachlichem Verkehr miteinander stehen"[76]. Nimmt man dies ernst, dann ist damit nicht nur ein lediglich rezitierend-repetierender Umgang mit dem Bekenntnis als unangemessen erkannt, sondern zugleich jede, wenn man so will, „*substantialistische* Interpretation"[77], welche die kognitiven Satzwahrheiten der überlieferten Bekenntnisse transhistorisch richtig und den geschichtlich-situativen Vollzug dem Wesen des Bekenntnisses gegenüber bloß akzidentiell sein läßt. Die Aporien eines solchen hermeneutischen Modells von zeitinvarianter Bekenntnissubstanz und zeitvarianter Formgestalt (im Sinne äußerer sprachlicher Einkleidung des substantiellen Gehalts) lassen sich exemplarisch an einem Streit studieren, der die Theologie des konfessionellen Luthertums Mitte des 19. Jahrhunderts z. T. heftig bewegte.

Anlaß der Auseinandersetzung war die eigenwillige Fassung, die der Erlanger J. Chr. K. von Hofmann der traditionellen Versöhnungslehre gegeben hatte[78], mit der Folge, daß unter den Kolle-

---

zu einer Hermeneutik der Konfessionen, Göttingen 1964, 155–174, hier: 167).

[76]   H.-G. Geyer, Thesen zu einer kritisch-systematischen Revision des Begriffs der kirchlichen Lehre im Protestantismus, in: EvTh 42 (1982), 265–270, hier: 266 f.– „Wie das Bekenntnis kann auch die Verkündigung als Anrede nicht aus ihrem personalen Bezugsfeld gelöst werden." (M. Beintker, Verbindlichkeit im Glauben, in: Glauben und Lernen. Zeitschrift für theologische Urteilsbildung 3 [1988], 94–104, hier: 101.)

[77]   W. Sparn, Evangelium und Norm. Über die Perfektibilität des Bekenntnisses in den reformatorischen Kirchen, in: EvTh 40 (1980), 494–516, hier: 513.

[78]   Vgl. G. Wenz, Geschichte der Versöhnungslehre in der evangelischen Theologie der Neuzeit, Bd. 2, München 1986, 32 ff. Zu den Symbolstreitigkeiten im Zeitalter der Neologie und der späten 60er und frühen 70er Jahre des 18. Jhs. vgl. F. W. Graf, „Restaurationstheologie" oder neulutherische Modernisierung des Protestantismus? Erste Erwägungen zur Frühgeschichte des neulutherischen Konfessionalismus, in: W.-D. Hauschild

gen Zweifel an seiner Bekenntnistreue geweckt wurden. Nun
hatte Hofmann tatsächlich von Anfang an mit Entschiedenheit
deutlich gemacht, daß die Theologie nach seiner Auffassung nie
bloß restaurativ wirken könne. Gleichwohl glaubte er seine Bekenntnistreue durch den Hinweis gewahrt, er habe stets nur die
Form der Kirchenlehre verbessern, niemals hingegen deren Substanz verändern wollen. An dieser Unterscheidung bzw. ihrer kritischen Verwendung übte sein Kollege, der auf äußerste konfessionelle Strenge bedachte F.A. Philippi scharfe Kritik. Zwar gesteht er zu, „daß nur im inspirirten Gotteswort selber Inhalt und
Form in vollendeter, vom Geist Gottes selbst geschaffener und
darum unauflöslicher unzerstörbarer Einigung und Harmonie verknüpft sind"[79]; aber das Bekenntnis der Kirche sei notwendiger
historischer Ausdruck des Schriftinhalts. Wer also dessen Form
verwerfe, verwerfe das Bekenntnis selbst. Damit soll zwar die
Unterscheidung von norma normans und norma normata nicht
gänzlich eingezogen, wohl aber ihre bekenntniskritische Funktion
unterbunden werden. Das Normiertsein des Bekenntnisses bedeutet für Philippi primär seine affirmative Bestätigung und nicht
etwa eine Relativierung seiner verbindlichen Autorität. Hofmann
konterte daraufhin mit spitzer Feder: „Wessen systematische Thä-
tigkeit in der Theologie darin besteht, überlieferte Sätze in über-
lieferter Form aneinanderzuschieben, der wird allerdings nicht
leicht in den Fall kommen, Fehler zu machen, wenn er nur wohl
Acht gibt, daß ihm nicht unversehens ein Stück abhanden komme: dafür ist er aber auch zu der Aengstlichkeit verurtheilt, welche dem gesetzlichen Wesen in der Wissenschaft wie im Leben
anhaftet."[80]

Zugunsten Hofmanns meldete sich sodann der uns als Herausgeber der Dogmatik der altlutherischen Orthodoxie bekannte Hein-

---

(Hg.), Das deutsche Luthertum und die Unionsproblematik im 19. Jahrhundert, Gütersloh 1991, 64–109, hier: 77 ff. sowie K. Aner, Die Theologie
der Lessingzeit, Halle 1929, 254–269. Zusammenfassende Informationen
über „Das Bekenntnisproblem in der lutherischen Theologie des
19. Jahrhunderts" bietet F.W. Kantzenbach, in: NZSTh 4 (1962), 243–317.

79 F.A. Philippi, H. Dr. v. Hofmann gegenüber der lutherischen Versöh-
nungs- und Rechtfertigungslehre, Frankfurt a.M./Erlangen 1856, 16.

80 J. Chr. K. v. Hofmann, Schutzschriften für eine neue Weise, alte Wahrheit
zu lehren. Erstes Stück, Nördlingen 1856, 2 f.

rich Schmid zu Wort. Auch in den Symbolen sei zu differenzieren „zwischen dem, was im eigentlichen Sinne Bekenntniß, Substanz des Glaubens ist, und dem, was das Bekenntniß erläutern will und der Dogmatik angehört"[81]. Es höre insofern nicht zwangsläufig auf, ein kirchlicher Theologe zu sein, wer sich eine bestimmte dogmatische Theorie, selbst wenn sie in den Bekenntnisschriften stehe, nicht aneignen könne.[82] Gegen Schmids Differenzierung zwischen Glaubenssubstanz und dogmatischer Artikulationsweise innerhalb des Symbols hatte wiederum Theodosius Harnack Bedenken geäußert: Bekenntnismäßig theologisieren heiße wohl, „Substanz und Form, Sache und Ausdruck unterscheiden, aber nicht beide so von einander scheiden, daß die Substanz nicht mehr als die formfreie, sondern als die formlose behandelt wird, indem man ihre Form ins Unbestimmte zieht oder als etwas rein Accidentelles oder bloß Theoretisches zerschlägt, in der irrigen Voraussetzung, den Inhalt dennoch finden, richtig bestimmen und angemessen wiedergeben zu können"[83].

Man sieht leicht, daß sich der so geführte Streit um Unterscheidung und Zuordnung von Substanz und Form des Bekenntnisses unendlich fortführen ließe, ohne je zu einer allseits befriedigenden Lösung zu gelangen. Es ist denn auch bemerkenswert und für das Selbstverständnis einer sich im strengen Sinne konfessionell definierenden Theologie nicht eben rühmlich, wenn Harnack zugestehen muß, daß die schwierige Frage des Verhältnisses von Gebundenheit und Freiheit bekenntnistreuer kirchlicher Lehre eine „noch zu wenig prinzipiell erörterte"[84] sei. Zu bezweifeln ist allerdings, ob diese prinzipielle Erörterung überhaupt erfolgversprechend sein kann, wenn sie ihren Ausgang, wie Harnack ausdrücklich fordert, erneut von der Frage nehmen soll: *„Was ist Bekenntnißsubstanz und wie ist dieselbe zu gewinnen?"* [85] Denn

---

[81]   H. Schmid, Dr. von Hofmanns Lehre von der Versöhnung in ihrem Verhältniß zum kirchlichen Bekenntniß und zur kirchlichen Dogmatik, Nördlingen 1856, 38.

[82]   Vgl. a. a. O., 39.

[83]   Das Bekenntniß der lutherischen Kirche von der Versöhnung und die Versöhnungslehre D. Chr. K. v. Hofmanns von D. G. Thomasius. Mit einem Nachwort von D. Th. Harnack, Erlangen 1857, 119 f.

[84]   A. a. O., 124.

[85]   A. a. O., 127.

eben diese Frage hatte ja aufgrund ihrer unterschiedlichen Beantwortung den Streit allererst heraufgeführt.

Die Aporetik dieses Streits liegt, wenn ich recht sehe, im wesentlichen darin begründet, daß unter der Voraussetzung des hermeneutischen Substanz-Form-Modells der sprachpragmatische Charakter des Bekenntnisses nicht hinreichend wahrgenommen wird.
Um es am Beispiel des Konkordienbuchs zu verdeutlichen: Die
primäre Funktion der einzelnen Bekenntnisschriften, wie sie im
Konkordienbuch vereint sind, besteht zweifellos darin, durch Beschreibung kognitiver Inhalte jenem Konsens, zu dem sich die
Wittenberger Reformation im 16. Jahrhundert zusammenfand, äußeren Ausdruck zu verleihen, um so die Möglichkeit seiner Fort-
dauer zu gewährleisten und damit auch die Kontinuität der Verkündigung des Evangeliums von der Rechtfertigung des Sünders,
dem die ursprüngliche Einsicht der Reformation galt. Ohne äußeren Ausdruck erfahrener Verbindlichkeit nämlich ist deren bleibender Bestand unter geschichtlichen Bedingungen nicht denkbar. In diesem Sinne sind die Lehrgehalte der lutherischen Bekenntnisschriften, wie immer man ihr Verhältnis zueinander im
einzelnen beurteilen mag, eine unverzichtbare Bedingung der
Möglichkeit der Beständigkeit jenes Zeugnisses, um dessentwillen
sie formuliert wurden. Dennoch kann nach dem Selbstverständnis
lutherischen Bekenntnisses und seiner Lehre von der Schrift bzw.
der Autopistie ihres organisierenden Zentrums und Inhalts „der
kognitive Charakter der Bekenntnisüberlieferung nicht als zureichender Grund der Kontinuität des Bekenntnisses der Einheit im
Glauben beansprucht werden. Denn er kann niemals mehr bedeuten, als er innerhalb des konkreten Konsenses bedeutet, der
seine Formulierung hervorgebracht hat – den er benennen, den er
aber nicht als solchen überliefern kann, weil wohl der Ausdruck
der Vermittlung von Lehre und Leben, die sich im Bekenntnis der
Einheit im Glauben verdichtet, nicht aber diese Vermittlung selbst
auf Dauer gestellt werden kann. Dementsprechend kann die
normative Bedeutung des kognitiven Inhalts der überlieferten Bekenntnisse nicht absolut, sondern immer nur relativ zu dem konkreten Konsens in Anspruch genommen werden, der auch diesem

ihrem kognitiven Inhalt seine Bedeutung, nämlich seine geschichtlich bestimmte Bedeutung gegeben hat."[86]

Damit ist nicht nur der systematische Sinn einer historisch bestimmten Bekenntnishermeneutik zum Ausdruck gebracht, wie sie
für das hier verfolgte Konzept grundlegend ist; es ist zugleich gesagt, daß es theologisch nicht darum gehen kann, Bekenntnisaus-
sagen geschichtlicher Strittigkeit prinzipiell und definitiv zu entziehen und sie mit der Aura der Infallibilität zu versehen. Der
verbindliche Charakter ihres Gehalts kann niemals autoritativ-
administrativ, sondern stets nur argumentativ gewahrt und gewährleistet werden. Die Bejahbarkeit der Wahrheit des Bekenntnisses hängt nämlich daran, daß seine Sätze nicht im Sinne indis-
kutabler Vorschrift eines Lehrgesetzes Geltung beanspruchen.
„Denn Sätze, die dem prüfenden Denken, nachdem sie einmal da
sind, schlechthin entzogen wären, würden eigentlich nicht mehr
bejahbar sein. Man müßte sie als wahr hinnehmen, ohne ihre
Wahrheit wahrgenommen zu haben."[87] Wie jeder Wahrheitsan-
spruch, so ist deshalb auch der des Bekenntnisses argumentati-
onspflichtig, will er selbst dem entsprechen, was er beansprucht.
Kurzum: „Wer ,Wahrheit' zur Sache einer rein autoritativen Instanz macht, der löst sie als Wahrheit auf."[88] Darauf wird zurückzukommen sein. (Vgl. bes. § 11)

Die Einsicht, daß der Sinngehalt evangelischen Bekenntnisses
nach Maßgabe eines Substanz-Form-Modells nicht zu fassen ist[89],

---

[86] W. Sparn, a. a. O., 511.

[87] E. Jüngel, Irren ist menschlich. Zur Kontroverse um Hans Küngs Buch
„Unfehlbar? Eine Anfrage", in: ders., Unterwegs zur Sache. Theologische
Bemerkungen, München 1972, 189–205, hier: 204; vgl. ders., Die Autorität
des bittenden Christus. Eine These zur materialen Begründung der Ei-
genart des Wortes Gottes. Erwägungen zum Problem der Infallibilität der
Theologie, in: a. a. O., 179–188.

[88] T. Koch, Die Freiheit der Wahrheit und die Notwendigkeit eines kirchenleitenden Lehramtes in der evangelischen Kirche, in: ZThK 82 (1985),
231–250, hier: 239.

[89] Gegen dieses Modell erheben sich nicht nur philologische und philosophische, sondern insbesondere theologische Einwände, die in Luthers
Aristoteleskritik mehrfach zur Sprache kamen und auch nach „Wiederkehr der Metaphysik" (Vgl. W. Sparn, Wiederkehr der Metaphysik. Die
ontologische Frage in der lutherischen Theologie des frühen 17. Jahr-

weil in diesem Modell zwangsläufig der sprachpragmatische Zeitbezug auf die subjektive Realität realer Individuen und ihres Kommunikationsvollzugs verkannt wird, kann freilich, wie bereits angeklungen ist, nicht bedeuten bzw. nicht die Folgerung nach sich ziehen, das Bekenntnis christlichen Glaubens sei in seiner sprachlichen Form „niemals ein Lehrsatz oder eine Aussage"[90]. Zwar ist es in der Tat niemals nur eine lehrsatzmäßige Aussage; indes muß es nach dem Gesetz sprachlicher Verständigung und geschichtlicher Vermittlung die semantisch-syntaktische Dimension notwendig enthalten, um überhaupt etwas zu besagen. Das ist u.a. gegen die im Protestantismus verbreitete Neigung geltend zu machen, Bekenntnis und Dogma einander kontrastierend entgegenzusetzen. Mit dem Begriff des Dogmas wird dann in der Regel eine Tendenz zur „Verobjektivierung der Heilswahrheit" und einer „Vergegenständlichung" des christlichen Glaubensgehaltes assoziiert, während am Bekenntnis „das personal-existentielle Moment" besonders hervorgehoben wird.[91] Daß sich diese Gegenüberstellung nicht ohne weiteres kontroverstheologisch auf das Verhältnis zwischen Protestantismus und Katholizismus abbilden läßt, gesteht man in der Regel zu, zumal da man in der eigenen Bekenntnistradition einen Trend zum Dogmatischen einräumen muß. „Die lutherischen wie die reformierten Bekenntnisse", so wird konstatiert, „werden immer umfangreicher – man vergleiche nur die Confessio Augustana mit der Konkordienformel –, und zwar ist zu beachten, daß sie zu ganzen Lehrdarstellungen anschwellen, so daß sich die Grenze zwischen Bekenntnis und Dogmatik kaum mehr ziehen läßt ..."[92] Angesichts dessen wird daran erinnert, daß das deutsche Wort „Bekenntnis" ebenso wie das lateinische „confessio" und das griechische „ὁμολογία" primär den Akt des Bekennens meint, gegenüber dessen lebendigem

hunderts, Stuttgart 1976) in der altlutherischen Orthodoxie keineswegs in Vergessenheit gerieten.

[90] H.-G. Geyer, a.a.O., 270.

[91] Vgl. etwa W. Dantine, Bekennendes Bekenntnis. Form und Formulierung christlichen Glaubens (Vorlesung aus Anlaß der 450-Jahr-Feier der Confessio Augustana), in: E. Hultsch/K. Lüthi, Bekennendes Bekenntnis. Form und Formulierung christlichen Glaubens, Gütersloh 1982, 15–60, hier bes.: 19 ff.

[92] A.a.O., 39.

Vollzug „die lehrgesetzliche Gestalt des Bekenntnisses oder das Dogma abgelehnt werden müssen", weil „der Versuch, im Dogma oder im Lehrbekenntnis eine Manifestation einer objektivierbaren theologischen Wahrheit zu besitzen, ... die Wahrheit des Evangeliums (verzerrt)"[93].

Man wird dieser Argumentation ein Wahrheitsmoment nicht bestreiten können; gleichwohl ist sie in mehrfacher Hinsicht differenzierungsbedürftig. Es läßt sich nun einmal, um nur einen Aspekt zu benennen, nicht leugnen, daß bereits in der frühesten Geschichte der neutestamentlichen Tradition das aktuelle Bekennen in festen Formen sich artikulierte, die als beständige Paradosis überliefert worden sind. Bekenntnishermeneutisch enthält dieser Sachverhalt die Aufforderung, das aktuelle Bekenntnis in ein nicht lediglich durch Abgrenzung bestimmtes Verhältnis zu jenem fixierten Gefüge von Worten zu setzen, in dem es sich ausspricht und auf Dauer stellt. Für eine solche Würdigung der semantisch-syntaktischen Dimension christlichen Bekenntnisses gibt es im übrigen auch gute systematische Gründe: Der wichtigste ist der, daß der Glaube, welcher im Bekenntnis bekannt wird, an sich selbst nicht den Charakter vermittlungsloser Unmittelbarkeit hat, sondern durch das verbum externum vermittelt ist, ohne welches das Christuszeugnis des Geistes nicht zustande kommt. Der materiale Gehalt des Bekenntnisses hat entsprechend zu bezeugen, daß der Akt des Bekennens nicht in der Spontaneität des gegebenen Eigenvermögens des Konfessors gründet, um dessen Innerlichkeit in unmittelbarer Selbstbestimmung zum Ausdruck zu bringen, sondern sich der Vermittlung des äußeren Wortes verdankt, welches von der Offenbarung Gottes in Jesus Christus herkommt, um im Geiste jene Neukonstitution des Menschen und seiner Welt zu schaffen, die Anlaß allen christlichen Bekenntnisses ist. Indem es solches materialiter zum Ausdruck bringt, bezeugt das Bekenntnis nicht nur die mediale – in ihrer Vermittel-

---

93   A. a. O., 53. Diesen Aspekt betont mit besonderem Nachdruck auch H. Gollwitzer, Die Bedeutung des Bekenntnisses für die Kirche, in: ders./H. Traub (Hg.), Hören und Handeln. FS E. Wolf, München 1962, 153–190, hier: 156: „Geht das Dogma dem Kerygma vorher, ist das Evangelium nur noch Auslegung und Applikation des Dogmas, dann richtet sich der Glaube auf die Lehre, nicht auf den Herrn; er wäre dann primär Annahme des Lehrsatzes, ein quantitatives Fürwahrhalten, gegründet auf der Autorität der Kirche und zuerst Glauben an die Kirche."

barkeit ohne die Gemeinschaft des Glaubens gar nicht denkbare –
Genese des bekennenden Glaubens, es dient zugleich dessen
konkreter Weitervermittlung. In diesem Sinne ist dem Glaubensbekenntnis verheißen, selbst zum Medium des Glaubens zu werden.

Das gilt freilich nur unter der Voraussetzung, daß der Unterschied
zwischen Zeugen und Bezeugtem durch das Zeugnis nicht eingezogen, sondern aufrechterhalten wird. Dies zu leisten ist die
wichtigste Funktion inhaltlicher Bestimmtheit des Bekenntnisses
überhaupt. Denn nur, indem es die Differenz zwischen Wahrheitszeugen und bezeugter Wahrheit wahrt, ist das Bekenntnis
wahrhaftig, womit zugleich deutlich wird, daß die semantisch-
syntaktische und die sprachpragmatische Dimension konfessorisch nicht zu trennen sind, sondern untrennbar zusammengehören. Das ist deshalb der Fall, weil rechtes Bekenntnis in seinen
Aussagen nicht nur einen äußeren Sachverhalt, sondern mit diesem zugleich den konstitutiven Bestimmungsgrund der eigenen
Geltung namhaft macht.

Um es konkret und unter Bezug auf das kerygmatische Urteil
„Jesus ist der Herr" zu sagen, in dem sich das Bekenntnis
urchristlichen Glaubens kurz und bündig zusammenfaßt[94]: Dieses
Bekenntnis steht, wie der Jesusname zeigt, im Zeichen konkreter
Erinnerung, welche ein – über Traditionskontinuen auch heute
noch zugängliches und überprüfbares – materiales Wissen enthält,
das in Worten aussagbar ist. Zugleich bezeugt es, daß der am
Kreuz gestorbene Jesus keine bloße Vergangenheitsgestalt ist, der
lediglich mittels der Gedächtnisleistung derer, die sich ihrer erinnern, Gegenwärtigkeit zukommt. Das urchristliche Bekenntnis bezeugt den gekreuzigten Jesus vielmehr als den österlichen Herrn,
welcher in der Kraft des Geistes[95] sich selbst lebendig in Erinnerung bringt, um als gegenwarts- und zukunftsmächtiges Subjekt
seines Gedächtnisses zu fungieren. Das Bekenntnis zum Herrsein
Jesu befindet sich demgemäß nur dann in Übereinstimmung mit

94 Vgl. F. Hahn, Bekenntnisse im Neuen Testament. Die urchristlichen
    ‚Kurzformeln des Glaubens' und ihr Verhältnis zur Bekenntnistradition
    der Kirche, in: J. Finkenzeller u. a., a. a. O., 35–53.

95 Die Pneumatologie ist mit Recht *„als dogmatischer Ort des Bekennens"*
    (W. Dantine, a. a. O., 32) bezeichnet worden.

sich selbst und entspricht nur dann dem, was es besagt, wenn es
von der Gewißheit getragen ist, daß der Bezeugte in, mit und
unter dem Zeugnis sich selbst und von sich aus lebendig zu bezeugen vermag. Hingegen wird kein geisterfüllter Osterzeuge sich
selbst (bzw. eine vorgefaßte Idee) zum Fundament und Garanten
der Wirklichkeit der von ihm bezeugten Wahrheit erklären wollen
und können. Überzeugt vom lebendigen Selbsterweis des Herrn
und seiner vollmächtigen Selbstbewährungsfähigkeit wird er sich
vielmehr von der Sorge, Bestand und Geltung seines Zeugnisses
eigenmächtig gewährleisten zu müssen, gründlich enthoben wissen und jedem die Möglichkeit einräumen, zwanglos von der
überwältigenden österlichen Herrlichkeit Jesu Christi sich selbst
zu überzeugen. Die Differenz zwischen Wahrheitszeugen und bezeugter Wahrheit ist, um es zu wiederholen, grundlegend für die
Wahrhaftigkeit österlichen Zeugnisses. „Das wahre Zeugnis wahrt
den Unterschied zur Wahrheit, die es bezeugt."[96] Kann deshalb
zwar nicht ohne weiteres gesagt werden, „daß Bewußtsein und
Bekenntnis dieses qualitativen Unterschiedes eine menschliche
Äußerung als evangelisches Zeugnis qualifizieren, so gilt doch die
negative Konsequenz, daß seine Leugnung ihre Disqualifizierung
bedeutet"[97].

Um solcher Leugnung qualifiziert begegnen zu können, bedarf es
einer inhaltlichen Bestimmtheit des Bekenntnisses, welche als
Ausweis dafür gelten kann, daß es nicht unmittelbar in der Sub-
jektivität seines Bekenners, sondern in der Offenbarung Gottes in
Jesus Christus und dem von ihr ausgehenden pneumatologischen
Prozeß zu gründen beansprucht. Zwar ist der Inhalt des Bekennt-
nisses nicht substanzkategorisch festzulegen, sondern in seiner
Subjektförmigkeit wahrzunehmen; nichtsdestoweniger ist es seine
Bestimmung, dem Bekenntnisadressaten wie dem Bekenner selbst
die Einsicht vorstellig zu machen, daß das menschliche Subjekt

---

[96]   H.-G. Geyer, Einige Überlegungen zum Begriff der kirchlichen Lehre, in:
       Gemeinschaft der reformatorischen Kirchen. Berichte und Dokumente
       des lutherisch-reformierten Gespräches in Europa (Auf dem Weg II; Polis
       41), Zürich 1971, 25–68, hier: 46.

[97]   A. a. O., 54 f.; vgl. dazu im einzelnen meinen Beitrag: Vom apostolischen
       Osterzeugnis. Notizen zu Gedanken Hans-Georg Geyers, in: D. Korsch/
       H. Ruddies (Hg.), Wahrheit und Versöhnung. Theologische und philoso-
       phische Beiträge zur Gotteslehre, Gütersloh 1989, 167–189.

des Bekenntnisses nicht produktiver Ursprung und zureichender Grund für dessen Wahrheit ist. Es dürfte unschwer einzusehen sein, daß nachgerade diese Einsicht die Grundvoraussetzung auf einvernehmlichen Konsens zielender Kommunikation des Evangeliums ist.

„Ecclesiae magno consensu apud nos docent" (CA I,1), heißt es zu Beginn des ersten Artikels der CA, und in CA VII,2 ist das „consentire de doctrina evangelii et de administratione sacramentorum" der Inbegriff des zur Einheit der Kirche Notwendigen. Die reformatorischen Väter haben also offenkundig „den Konsensus als kommunikatives Prinzip" grundsätzlich bejaht.[98] Daß sich darin auch ein positiver Zusammenhang zeigt mit einer „Entwicklung, die in den Gedanken der Religions- und Gewissensfreiheit der Aufklärung sich auch als politische Schubkraft erweist"[99], wird man bei aller gebotenen Zurückhaltung sagen dürfen. Allerdings ist Gewissensfreiheit in der Reformation nicht als ein natürliches Recht des Menschen im allgemeinen verstanden worden, „sondern als die Verfaßtheit des durch Gottes Wort befreiten und getrösteten Gewissens"[100]. Entsprechend gilt „als Kriterium der Wahrheit der kirchlichen Lehre ... allerdings nicht der Konsensus als solcher, sondern die Übereinstimmung mit der Lehre des

---

[98]   H.M. Müller, Magno consensu docent ... Zum Konsensusbegriff nach evangelischem Verständnis, in: KuD 28 (1982), 113–126, hier: 118. Das gilt im Prinzip auch für die FC: „Mit der Konkordienformel haben die lutherischen Kirchen unter Beweis gestellt, daß sie bei Lehrstreitigkeiten Entscheidungen fällen können und daß sie dies in der dem reformatorischen Christentum gemäßen Form des Consensus tun. Damit ist, nachdem sich seit der ausgehenden alten Kirche mehr und mehr das Papsttum durchgesetzt hatte, teilweise in Anknüpfung an altkirchliche Tradition, eine Form der Lehrentscheidung zur Geltung gebracht worden, die sich in der Neuzeit in weiten Teilen der Christenheit mehr und mehr durchgesetzt hat. Insofern kann man in der Konkordienformel ein Modell für theologische Konfliktbewältigung erblicken." (B. Lohse, Lehrentscheidungen ohne Lehramt. Die Konkordienformel als Modell theologischer Konfliktbewältigung, in: KuD 26 [1980], 174–187, hier: 187)

[99]   H. M. Müller, a.a.O., 120.

[100]   Ders., Lehrverpflichtung und Gewissensfreiheit. Zur Frage der Bekenntnisbindung in der deutschen evangelischen Kirche, in: KuD 26 (1980), 230–244, hier: 234. Vgl. ders., Bindung und Freiheit kirchlicher Lehre, in: ZThK 77 (1980), 479–501, wo die geschichtliche Entwicklung der Lehrbeanstandung im Protestantismus in Grundzügen skizziert wird.

Evangeliums"[101]. Von daher besteht die Mahnung auch heute noch zu Recht: „Consensus ... darf nie neben Gottes Wort Motiv und Inhalt christlichen Bekennens sein ... Christlicher *Consensus* steht unter dem Wort, er kann nur in Betracht kommen soweit er Übereinstimmung in der richtigen Schriftauslegung ist. Abgesehen davon ist die Stimme der Einmütigkeit Stimme des Versuchers."[102] Und unzweifelhaft richtig ist auch, daß es „keine Personen oder Instanzen dieser Welt (gibt), mit denen als solchen übereinzustimmen *conditio sine qua non* christlichen Bekennens wäre"[103]. Aber sosehr diese Einsicht nicht die Aufhebung, sondern die äußerste Vertiefung der Gewissensfreiheit und Gewissenspflicht darstellt, wie sie dem einzelnen in seiner singulären Stellung vor Gott zukommt, sowenig sprengt die Bindung des Konsens an das Wort Gottes prinzipiell den Rahmen einer Theorie und Praxis verständigungsorientierter Kommunikation; sie erweitert ihn vielmehr gewissermaßen ins eschatologisch Grenzenlose, um zu verhindern, daß ein erreichter Konsens im Selbstabschluß der Konsentierenden endet, die Wahrheit sektiererisch sich selbst vorbehalten, statt allgemeinen Anteil an ihr zu geben.

Gerade in der Perspektive notwendiger inhaltlicher Bestimmtheit des Bekenntnisses ist demnach ein Doppeltes zugleich zur Geltung zu bringen: „Wahrheit ist gar nicht anders da als je meinige. Sie ist nicht ohne Relation zum individuellen Bewußtsein, nicht ohne diese ‚Relativität'", welche als der Wahrheit selbst notwendig zugehörig zu begreifen ist.[104] „Wahr, gut und richtig ist mir aber nie nur etwas Meiniges – nie etwas, das ich nur aus mir habe, das allein von mir her ist. Ich wäre sonst eigensinnig borniert und gerade nicht gut und gerade nicht in der Wahrheit."[105] Das Bewußtsein unersetzbarer, weder teil- noch verdoppelbarer Individualität, wie es dem Gewissen des einzelnen vor Gott eignet, geht mit der

---

[101]   W. Pannenberg, Systematische Theologie I, Göttingen 1988, 23.

[102]   E. Schlink, Pflicht und Versuchung christlichen Bekennens, München 1935, 24.

[103]   Ebd.

[104]   T. Koch, a. a. O., 241.

[105]   Ders., Autonomie des Gewissens als Prinzip einer evangelischen Ethik?, in: Was ist das: Gewissen? Zwei Beiträge von Gerhard Ebeling und Traugott Koch, Hannover 1984 (EKD-Texte 8), 12–23, hier: 19.

Anerkennung einer irreduziblen, prinzipiell unaufhebbaren Subjektpluralität völlig konform. Pluralität darf daher nicht vorweg als ein der Wahrheit unangemessenes Datum verdächtigt und mit Beliebigkeit gleichgesetzt werden.[106] Denn der Geist Jesu Christi schafft eine Gemeinschaft, in der die Verschiedenen als Verschiedene eins sein können, weil die Verschiedenheit, ohne je aufgehoben zu werden, ihr Trennendes verloren hat. Wo solcher Gemeingeist lebendig ist, da ist evangeliumsgemäße Kirche geworden und das Reich Gottes nicht fern.

Die in der Kirche manifeste Geistgemeinschaft des auferstandenen Gekreuzigten läßt sich unter solchen Voraussetzungen als ein universalgeschichtlich ausgerichteter Sozialzusammenhang beschreiben, der sich in unauflöslicher Verbindung von traditionsgeprägten Bildungsprozessen und individuellen Sinngestaltungen allein über das Medium verständigungsorientierter Sprachvollzüge (Wort) und Zeichenhandlungen (Sakrament) reproduziert, in denen Jesus Christus in der Kraft des Geistes sich zu vergegenwärtigen verheißen hat. Die „communio sanctorum" realisiert sich demnach als kommunikative Konsensgemeinschaft, wobei im Blick auf die besondere Bedeutung der Lehre innerhalb dieser Gemeinschaft hinzuzufügen ist, „daß (zwar) keine Konsensarti-

---

[106] „Ein Bekenntnis der reformatorischen Tradition läßt, negativ gesagt, im Bereich seiner Gültigkeit ein unfehlbares Lehramt nicht zu, und es macht, positiv gesagt, gerade unter Voraussetzung seiner Gültigkeit eine *Mehrzahl von Bekenntnissen* im räumlichen Nebeneinander und zeitlichen Nacheinander der christlichen Kirchen nicht nur möglich, sondern sogar wünschenswert. Daß die Existenz einer Vielzahl verschiedener Bekenntnisse des Glaubens normal ist, setzt freilich voraus, daß die einzelnen Bekenntnisse die Einheit des Glaubens, die sie jeweils zum Ausdruck bringen, als *geschichtlich bestimmte Einheit* verstehen und die Verschiedenheit des Glaubens, wie er jeweils räumlich und zeitlich bestimmt gegeben ist, selbst schon berücksichtigen. Vorausgesetzt ist also, daß jedes Bekenntnis ein geschichtlich bestimmtes Verhältnis zwischen der *Wahrheit* des Glaubens, die es allerdings auszusprechen meint, und der *Einheit* des Glaubens vollzieht, die es in Unterscheidung de(r) jeweiligen, eben geschichtlich bestimmten Situation des Glaubens feststellt oder richtiger: die es in diese geschichtlich bestimmte *Verschiedenheit* freiläßt." (W. Sparn, Evangelium und Norm, 506f., unter Verweis auf G. Sauter, Bekenntnis heute – Erwartungen an die Theologie [1970], in: ders., Erwartung und Erfahrung. Predigten, Vorträge und Aufsätze, München 1972, 208–241.)

kulation den identitätsstiftenden Konsens über sie herbeiführen, definieren oder garantieren kann. Keine Konsensartikulation ist in sich die hinreichende Bedingung für den Konsens über sie. Aber sehr wohl eine notwendige Bedingung. Denn zum Konsens über den elementaren Glaubenskonsens der Gemeinde kommt es so wenig ohne vorausgehende Versuche der Artikulation des Glaubenskonsenses, wie es zu dem elementaren Konsens des Glaubens über die Offenbarung ohne das vorgängige Lautwerden des äußeren Wortes kommt."[107]

Bevor abschließend die Frage zu erörtern ist, wie unter diesen Bedingungen über Bekenntniskonformität geurteilt und abweichende Lehre gegebenenfalls beanstandet werden kann, sollen die skizzierten bekenntnishermeneutischen Grundsätze zunächst ins Verhältnis gesetzt werden zu den wichtigsten jüngeren Konzeptionen einer Theologie der Bekenntnisschriften im deutschsprachigen Raum. Ich beginne mit der Konzeption *Edmund Schlinks* und dessen Auseinandersetzung mit den vielfältigen Möglichkeiten, das Studium lutherischer Bekenntnisschriften zu betreiben. Man kann, so Schlink, zum einen die Geschichte der Genese und der Wirkung des Bekenntnisses untersuchen, wie dies unter kirchenhistorischen Aspekten die Regel ist; indes stehe eine Beschränkung auf diese Perspektive, obwohl sie unentbehrlich sei, in der Gefahr einer Unterschätzung des konfessorischen Geltungsanspruchs, der den Bekenntnisschriften aktuell innewohne. Man könne die Aufmerksamkeit ferner vor allem auf Terminologie und Denkmethode, Aufbau und innere Systematik der Texte richten, wie dies in der dogmen- und begriffsgeschichtlichen Forschung geschehe, deren Studien dem rechten Verständnis ebenfalls unentbehrlich seien; doch würde eine ausschließliche Konzentration auf ihren begrifflich-gedanklichen Aussagegehalt auf andere Weise den konfessorischen Charakter der Bekenntnisschriften verfehlen. Wahrgenommen wird dieser konfessorische Charakter und Geltungsanspruch nach Schlink nur, wenn die Bekenntnisschriften „als Schriftauslegung ernst genommen werden, und zwar als Schriftauslegung der Kirche" (Schlink, 6). Denn in der den Sinngehalt der ganzen Heiligen Schrift in der Vielfalt ihrer Aussagen zusammenfassenden Bezeugung des Evan-

---

[107]   E. Herms, Die Lehre im Leben der Kirche, in: ZThK 82 (1985), 192–230, hier: 211.

geliums liegt das Wesen des Bekenntnisses begründet. Hinzuzufügen ist, daß als Subjekt dieses – die Schrift auslegenden und
Irrlehre abwehrenden – Bekenntnisses im Sinne Schlinks recht eigentlich kein einzelner (und sei er auch der Autor des betreffenden Textes) fungiert, sondern die Kirche. „Darauf, daß hier die
Kirche (nicht ein Einzelner) die Summa der Heiligen Schrift (nicht
ein beiläufiges exegetisches Fündlein) bezeugt, gründet der Anspruch der Bekenntnisschriften, die Regel zu sein, an der das
Denken und Reden der Glaubenden zu prüfen und auszurichten
ist. Insbesondere lautet ihr Anspruch, verpflichtendes Vorbild aller
kirchlichen Verkündigung und Lehre zu sein. Dieser Anspruch ist
weder räumlich noch zeitlich zu begrenzen. Die Bekenntnisschriften, die im Konkordienbuch vereinigt sind, erheben diesen
Anspruch jedenfalls nicht nur gegenüber den Gliedern der lutherischen Kirchen, sondern gegenüber der ganzen Christenheit auf
Erden. Denn nicht die ‚lutherische‘ Kirche – diese Bezeichnung
wird in den Bekenntnisschriften selbst abgewehrt –, sondern die
una sancta catholica et apostolica ecclesia hat in den Bekenntnisschriften gesprochen. Die Bekenntnisschriften erheben darum
diesen ihren Anspruch auch nicht nur für die Zeit ihrer Entstehung, sondern für alle folgenden Zeiten bis zu Christi Wiederkunft. Mit einem umfassenden Anspruch traten die Bekenntnisschriften von vornherein allen Menschen gegenüber, um denselben umfassenden Anspruch auch gegenüber jedem Menschen
heute zu erheben." (Schlink, 7)

Aus diesen Sätzen läßt sich bereits Wesentliches über die Konzeption der Schlinkschen Theologie der Bekenntnisschriften entnehmen, die 1940 erstmals publiziert wurde und im folgenden wie
üblich nach der 1948 erschienenen 3. Auflage zitiert wird. Sieht
man genauer zu, dann ist der Anspruch der Bekenntnisschriften,
verpflichtende Schriftauslegung der Kirche zu sein, nach Schlink
in zweifacher Hinsicht zu würdigen: Zum einen dadurch, daß
man ihn überhaupt zur Kenntnis nimmt, zum zweiten dergestalt,
daß man Stellung zu ihm bezieht. Ersteres geschieht nur dann,
wenn die Einheit des in den Bekenntnisschriften bezeugten Konsenses nicht durch die atomisierende Betrachtung der Zeugen
zersetzt und der veränderte Kontext und Geltungszusammenhang
beachtet wird, wie er mit der Aufnahme eines Einzelzeugnisses in
das kirchliche Corpus Doctrinae gegeben ist. In diesem Sinne ist
nach Schlinks Exemplifikation „im Rahmen des Konkordienbu-

ches die Abendmahlslehre der Augsburgischen Konfession nicht
mehr nur als Artikel *Melanchthonischer* Theologie, sondern auch
in unlösbarer Verbindung mit *Luthers* Katechismen zu interpretieren, wenn die Augsburgische Konfession als Bekenntnisschrift
ernst genommen wird" (Schlink, 8). Mit dieser hermeneutischen
Regel hängt Schlinks Forderung eng zusammen, sich hinsichtlich
einer systematischen Fortschreibung bzw. theologischen Vervoll-
ständigung der gegebenen Bekenntnisschriften durch Rückgriff
auf persönliche Theologumena ihrer Autoren äußerste Zurückhaltung aufzuerlegen. Die Warnung vor bedenkenlosen Historisie-
rungstendenzen schließt sich folgerichtig an: „Im Gegensatz zu
der verbreiteten Gepflogenheit, Bekenntnisschriften von vornherein dadurch zu relativieren, daß man sie als einen zeitlich gültigen, da zeitlich bedingten Reflex auf eine damals herrschende
Irrlehre deutet, sind ihre Aussagen herauszuarbeiten und zur
Kenntnis zu nehmen als solche, durch die die Kirche die Verkündigung aller folgenden Zeiten ein für allemal verpflichten wollte.
Dies wird dann geschehen, wenn aus solchen polemischen Ausführungen, die sich gegen eine heute nicht mehr in gleicher Weise akute Gefahr wenden, vor allem die positiven Grundsätze der
Lehre erhoben werden, die hinter dieser Polemik stehen, während gleichzeitig die Konsequenzen, die sich aus den Bekenntnisschriften gegenüber inzwischen akut gewordenen neuen Irrlehren
ergeben, aufzuzeigen oder doch zum mindesten pointierend anzudeuten sind ..." (Schlink, 9f.)

Ist der Anspruch der Bekenntnisschriften, verpflichtende Schriftauslegung der Kirche zu sein, in dieser Weise zur Kenntnis genommen, so wird eine Stellungnahme zu ihm notwendig folgen
müssen. Soll diese Stellungnahme hinwiederum dem Selbstverständnis der Bekenntnisschriften nicht gänzlich äußerlich sein,
wird sie ihrerseits auf der Basis des Schriftzeugnisses Alten und
Neuen Testaments vorzunehmen sein. „Erst im Nachvollzug der
Schriftauslegung der Bekenntnisschriften wird eine legitime Stellungnahme zu Bekenntnisschriften möglich." (Schlink, 10) Dabei
wird man sich nicht auf die Überprüfung der Schriftstellen beschränken können, welche die Bekenntnisschriften selbst zitieren;
denn ihr Anspruch, eine Summa doctrinae zu sein, hängt an ihrer
Übereinstimmung mit der Mitte der Heiligen Schrift, die Schlink
mit dem Evangelium der Sündenvergebung identifiziert, welches
Jesus Christus in Person ist. Präzisierend fügt er hinzu: „Die Mitte

der Schrift ist das Evangelium aber nicht in abstracto, sondern Gesetz und Evangelium, genauer: das vom Gesetz unterschiedene und dem Gesetz endgültig überlegene Evangelium. Die Mitte der Heiligen Schrift ist so auch nicht Jesus Christus in abstracto, sondern der Christus, der Buße und Vergebung predigt, der richtet und rettet, – dessen eigentliches Amt aber Vergeben und Retten ist." (Schlink, 56) Zu ergänzen ist, daß das Evangelium nach Schlink nicht nur und nicht primär Botschaft von einer in der Vergangenheit erfolgten, sondern einer gegenwärtigen Zusage der Sündenvergebung zu sein beansprucht, wie sie in Predigtwort und Sakramentsvollzug der Kirche wirksam wird. Zu ergänzen ist ferner, daß das Wort Gottes „nicht nur der objektive Erkenntnisgrund für alle Aussagen über Gott" ist, sondern zugleich in der Kraft des Heiligen Geistes die subjektive Möglichkeit erschließt, „den offenbaren Gott zu erkennen" (Schlink, 57 f.).

Damit sind die Grundlagen, auf denen die nötige Stellungnahme zu den Bekenntnisschriften zu erfolgen hat, skizziert. Entscheidend für Schlinks Konzeption ist fernerhin die im wesentlichen methodisch begründete Entscheidung, die Ausarbeitung und den Vollzug einer solchen Stellungnahme der Dogmatik, näherhin einer bekenntnisgebundenen Dogmatik vorzubehalten, wobei er Bekenntnisgebundenheit im erörterten Sinn als Verpflichtung dem Evangelium und dem kirchlichen Konsens gegenüber interpretiert (vgl. Schlink, 58 ff.), um sie dem, wie es heißt, „Individualismus neuprotestantischer Glaubenssätze" (Schlink, 12) zu kontrastieren. Eine Theologie der lutherischen Bekenntnisschriften hingegen soll ihre Aufgabe nach Schlink lediglich darin haben, „daß sie in aller Bescheidenheit des Hörens und Lernens die Aussagen der Bekenntnisschriften in systematischer Ordnung zusammenfaßt und wiedergibt." (Schlink, 15, bei Sch. gesperrt) Daraus folgt, „daß zwischen einer Theologie der lutherischen Bekenntnisschriften und einer Dogmatik wohl zu unterscheiden ist" (Schlink, 62). Schlink bringt das insbesondere dadurch zum Ausdruck, daß er seine Theologie der lutherischen Bekenntnisschriften zu Prolegomena der Dogmatik (vgl. Schlink, 15 u. 63) erklärt – nach ursprünglichem Plan sollte in der Lehrbuchreihe, in der Schlinks Theologie der lutherischen Bekenntnisschriften publiziert wurde, auch seine Dogmatik erscheinen – wobei der Begriff ‚Prolegomena' hier weder einen Teil der Dogmatik noch deren allgemeinverständlichen Vorbau bezeichnen (vgl. Schlink, 64 f.), sondern im wesentlichen

darauf hinweisen soll, daß „jeder Lehrer und Schüler der Dogmatik ‚vor' allen andern Schriftauslegungen auf die Bekenntnisse als
auf die Schriftauslegungen der Kirche zu hören" hat (Schlink, 63).
Bereits an früherer Stelle hatte Schlink klargestellt, daß „dieses
‚vor ...' im Entscheidenden selbstverständlich kein zeitliches, sondern ein bleibendes logisches prius" (Schlink, 15) darstellt, und für
diese These folgende theologische Begründung angegeben: „Da
in den Bekenntnisschriften die Kirche ihren Gliedern die Schrift
auslegt und nicht ein Einzelner, ist es wohl begründet, wenn das
einzelne Glied der Kirche diese ihre Anrede zunächst einmal ohne eigene Ergänzungen, weiterführende Sinndeutungen, Korrekturen und Bestreitungen – und beruhten diese auch auf guten
exegetischen Beobachtungen – als Schüler hört. Ist doch die Kirche immer schon da vor dem einzelnen Christen." (Schlink, 14)
Dies ist für Schlink der sachliche Grund, einer Theologie der Bekenntnisschriften eine im wesentlichen rezeptiv-reproduktive Aufgabe zuzuweisen und „die Zurkenntnisnahme der Lehre der Bekenntnisschriften und die Stellungnahme zu ihnen methodisch zu
trennen" (ebd.). Indes soll solche Trennung in keiner Weise die
Erlaubnis bedeuten, „das eine vom andern zu isolieren" (Schlink,
15). Prolegomena zur Dogmatik und Dogmatik verweisen vielmehr aufeinander, so daß Schlink nun auch ausdrücklich sagt:
„Theologie der Bekenntnisschriften kann nur dann als Prolegomena zur Dogmatik bezeichnet werden, wenn die Dogmatik von
vornherein im Blickpunkt der Beschäftigung mit den Bekenntnisschriften steht, das heißt, wenn diese in dem Akt des kritischen
Nachvollzugs der reformatorischen Schriftexegesen dann auch zu
Ende gedacht werden, und wenn nicht unversehens und ohne
weiteres die Theologie der Bekenntnisschriften in blinder Repristination als Dogmatik ausgegeben wird." (Schlink, 15)

In Formulierungen wie dieser treten systematisches Interesse und
Schwierigkeiten von Schlinks Konzeption gleichermaßen zutage:
die Schwierigkeiten liegen vor allem darin begründet, daß die
methodische Scheidung zwischen rezeptiver Zurkenntnisnahme
und kritisch-konstruktiver Stellungnahme faktisch nicht durchführbar ist. Denn jeder Verstehensvorgang, der diesen Namen
verdient, ist stets zugleich auch kritisch-konstruktiv. Deshalb kann
aus Gründen, die dem Verstehensvorgang selbst inhärent sind
und nicht allein der spezifischen Eigenart des Verstehensgegenstandes zugerechnet werden dürfen, niemals von der „Subjekti-

vität der Darstellung" (Schlink, 16), die auch Schlink einräumen
muß, zugunsten reiner Objektivität, was immer dies sei, abstrahiert werden. Ist aber Rezeption mit kritischer Konstruktion im
Verstehensvorgang untrennbar vereint, dann kann die von Schlink
propagierte Unterscheidung von Prolegomena zur Dogmatik und
Dogmatik sinnvollerweise nur den Charakter einer Verfahrens-
technik zum Zwecke der Materialorganisation haben. Hingegen
darf sie nicht vom notwendigen dogmatischen Geltungsanspruch
einer Theologie der Bekenntnisschriften ablenken. Angemessen
realisiert werden kann dieser Geltungsanspruch, wie bereits gesagt, nur in der entsprechenden Wahrnehmung der im hermeneutischen Prozeß und Verstehensvorgang selbst inbegriffenen
Einheit von Rezeption und kritischer Konstruktion, wohingegen
ein auf bloßer Rezeption und Hinnahme beruhender dogmatischer Anspruch in der Tat als repristinativ und reaktionär gewertet
werden müßte. Insofern ist dann freilich auch die erwähnte
„Subjektivität der Darstellung" nicht nur unvermeidbar, sondern
ausdrücklich gefordert. Diese Forderung impliziert freilich auch,
„sich von vornherein darüber im klaren zu sein, daß jede einzelne
darstellende Herausarbeitung der *einen* Lehre der lutherischen
Bekenntnisschriften nur *eine* Stimme im Chor der Ausleger der
Bekenntnisschriften sein kann" (Schlink, 19). Indes spricht dies
ebensowenig gegen den notwendigerweise dogmatischen Anspruch einer Theologie der Bekenntnisschriften, wie es gegen deren theologische Verbindlichkeit spricht, daß in ihnen selbst „ein
Chor von Zeugen direkt oder indirekt zu Worte kommt" (ebd.).
Kurzum: Jede Theologie der Bekenntnisschriften, die den Theolo-
giebegriff nicht nur als schmückendes Beiwort verwendet, sondern um theologisches Verständnis bemüht ist, ist eo ipso mit einem dogmatischen Geltungsanspruch verbunden. In diesem Sinne
kann die Aufgabe einer Theologie der Bekenntnisschriften keine
wesentlich andere sein als die der Dogmatik.

Indem er von seiner „Theologie der lutherischen Bekenntnisschriften" gesagt hat, sie sei „in gewisser Weise auch ein Repetito-
rium der Dogmatik" (Brunstäd, 17), hat *Friedrich Brunstäd* diese
Annahme mehr oder minder bestätigt. Brunstäds im Jahre 1951,
sieben Jahre nach dem Tod des Verfassers, veröffentlichtes Kol-
legmanuskript will eigenen Angaben zufolge von der überlieferten Lehrgestalt der Bekenntnistexte ausgehen, um in ihr die Lehrintention zu ergreifen und von dieser Lehrintention her die Lehr-

gestalt zu prüfen. „*Lehrintention* ist die Bezeugung der Wahrheit
des Evangeliums, die sich dem reformatorischen Zeugnis neu erschlossen hat. *Lehrgestalt* ist die Art, wie sich diese Bezeugung in
der geistesgeschichtlichen Situation der Zeit ausformt, innerhalb
ihrer Denkmittel, diese, indem sie sie ergreift, vielleicht umge-
staltend und eingrenzend, vielleicht aber auch durch sie ge-
hemmt, gebrochen, verborgen, so daß der Ausdruck unzulänglich ... wird. Dann gilt es, aus der Lehrintention, die auch in dieser Gestalt erfaßt ist, neue Gestalt hervorzubringen, weil andere
Mittel zur Verfügung stehen, welche eine andere geistige Lage
darbietet oder aus Notwendigkeit solchen Tuns hervorzubringen
die Fähigkeit gewinnt. Man weicht dann vom Bekenntnis ab und
ist ihm doch treuer, als es sich selbst zu sein vermochte.“
(Brunstäd, 9) Charakteristisch für Brunstäds Bekenntnishermeneutik ist sonach die Unterscheidung zwischen dem intendierten
Sinngehalt und der buchstäblichen Gestalt des Bekenntnisses. Jener, der Sinngehalt, „gibt dem Bekenntnis die bleibende auctoritas ... Diese, die Gestalt, ist vergänglich, unzulänglich und insofern auch unverbindlich“ (ebd.). Infolgedessen kann die Lehrgestalt des Bekenntnisses nach Brunstäd niemals Gegenstand des
Glaubens sein. „Sowenig wir aus Werken gerecht werden, so wenig werden wir gläubig und gewinnen wir ... die Wahrheit aus
der Lehre.“ Sie ist „nicht Gegenstand, aber Erweis, Folge, Frucht
des Glaubens.“ (Brunstäd, 11)

Sinn und Ziel aller theologisch-kirchlichen Lehre kann es daher
nur sein, zu jenem aktuellen, in der Evangeliumverkündigung
gründenden und mit dem Glauben selbst identischen Bekenntnis-
vollzug anzuleiten, von welchem alle Lehre als ihrem konstitutiven Ursprung bereits herkommt. Anders gesagt: Theologie ist die
„Lehre, die aus der Verkündigung, aus der Predigt folgt und der
rechten Predigt – von der Predigt her, auf die Predigt hin – dient.
Sie ist Vollzug der Glaubenswahrheit, leitet zur Predigt des Evangeliums an, wie sie aus ihr folgt. Sie ist Bekenntnis im Denken,
bekennendes Denken.“ (ebd.) Dem hat nach Maßgabe Brunstäds
auch eine ‚Theologie der Bekenntnisschriften‘ zu entsprechen. Sie
„ist der in de(n) B. S. (= Bekenntnisschriften) sich ereignende Ansatz und Ursprung der Lehre aus dem Glauben an Gottes Wort.
Der Genetivus ist genetivus subjectivus, es ist die von den B. S.
angesetzte, von ihnen begründete und vollzogene Theologie; er
ist aber zugleich genetivus objectivus, indem wir selber die B. S.

theologisch erfassen, d.h. in die von ihnen eingeleitete Bewegung eintreten, indem wir ihre Lehrgestalt an ihrer Lehrintention prüfen und messen. Wenn wir danach in ihrem ‚Sinn und Geist' verfahren, geht der genetivus objectivus in den genetivus subjectivus auf. *Wir* setzen das fort, was *sie* begonnen haben." (Brunstäd, 12) Gerade darin besteht nach Brunstäd die rechte und treue Wahrnehmung der Geltung und Verbindlichkeit der Bekenntnisschriften. Eine solche Fortsetzung der Bekenntnistradition im aktuellen Bekennen ist besonders notwendig und dringlich, „wenn die Wahrheit des Evangeliums durch Menschenlehre verdeckt und beseitigt zu werden droht" (Brunstäd, 16). Dann ist der status confessionis gegeben.

Da Brunstäd von der Annahme einer gemeinsamen Lehrintention aller Bekenntnisschriften ausgeht und den der Privattheologie ihrer Verfasser entnommenen kirchenoffiziellen Charakter nachdrücklich betont, behandelt er auch die Theologie des Konkordienbuches „als ein einheitliches Ganzes, als ein Lehrganzes, das sich gliedert und ordnet in seiner Bezogenheit auf das grundlegende Stück, die Augustana. Wir nehmen dementsprechend", so heißt es, „nicht die einzelnen Schriften vor, sie der Reihe nach analysierend, sondern fassen den Gesamtbestand unter systematischem Blickpunkt zusammen, so wie die Anordnung der Artikel der Augustana es an die Hand gibt. Wir erheben dann aus *allen* B. S. die einschlägigen Aussagen und stellen, soweit erforderlich, das Verhältnis der Schriften zueinander in diesem Lehrpunkt klar." (ebd.)

Mit dieser methodischen Festlegung ist vorweg entschieden, daß für weitreichende historische Differenzierungen in Brunstäds Konzept ebensowenig Platz ist wie in demjenigen Schlinks. Der sachliche Grund hierfür ist im wesentlichen der, daß beide, Brunstäd und Schlink, die Einheit ihres Gegenstandes recht eigentlich nicht als Resultat und in der Konsequenz eines geschichtlichen Verständnisses zur Darstellung bringen wollen, sondern mit dem Hinweis darauf als gegeben voraussetzen, daß es sich bei den Bekenntnisschriften um Lehre der Kirche handelt. Daran ändern im Prinzip auch hermeneutische Unterscheidungen wie diejenige zwischen Lehrintention und Lehrgestalt nichts. Auch sonst lassen sich – vom gleichlautenden Titel ihrer Werke einmal abgesehen – viele Gemeinsamkeiten zwischen der Konzeption Schlinks und derjenigen Brunstäds entdecken: Beide Darstellungen sind, wie

erwähnt, „nicht historisch, sondern thematisch gegliedert", beide
behandeln die Bekenntnisschriften „nicht der Reihe nach, sondern
als ein einheitliches Ganzes"[108]. Zwar läßt sich auf unterschiedliche Gliederungsaspekte verweisen[109]; doch ändern solche Differenzen kaum etwas an der grundsätzlichen konzeptionellen
Übereinstimmung, nämlich die Bekenntnisschriften „als Lehre der
Kirche und darum (!) als Lehreinheit"[110] verstehen und darstellen
zu wollen. Eine andere Frage ist es, ob man in solch ekklesiologischem Einheitspostulat sogleich eine lehrgesetzliche Tendenz zu
entdecken hat.[111] Soviel jedenfalls ist klar, daß weder Schlink noch

---

[108]   P. Althaus, Rez. Brunstäd, in: ThLZ 77 (1952), Sp. 177–179, hier: 177.

[109]   Vgl. ebd.: Brunstäds Gliederung „ergibt sich wesentlich vom Aufbau der
        Augustana her: Schrift und Bekenntnis; Gott und Christus; der Mensch
        und die Sünde; die Rechtfertigung; von der Kirche (die Kirche und ihr
        Amt, die Gnadenmittel; Kirchengewalt und Kirchenordnung; geistliches
        und weltliches Regiment); Vollendung und Prädestination. Diese Eintei-
        lung scheint mir glücklicher als die bei Schlink: dieser ordnet die Lehre
        von der Sünde seltsamerweise dem Kapitel ‚Die Offenbarung Gottes des
        Schöpfers' ein, dessen Überschrift weniger aus dem Bekenntnis als aus
        modernem theologischen Interesse erwachsen ist. Noch bedenklicher ist
        es, wenn Schlink die Christologie nicht in einem Kapitel für sich bietet,
        sondern in dem großen, rund 100 Seiten umfassenden Doppelkapitel
        ‚Gesetz und Evangelium' versteckt, in das er außerdem, ohne weitere an
        Überschriften erkennbare Untergliederung, alles hineingepackt hat, was
        Brunstäd unter dem Titel ‚Die Rechtfertigung' in den drei Kapiteln ‚Die
        Rechtfertigungslehre', ‚Gesetz und Evangelium', ‚Von den guten Werken
        und der Heiligung' bringt. Das scheint mir sowohl sachlich wie vollends
        pädagogisch wenig glücklich. In beiderlei Hinsicht verdient Brunstäds
        Einteilung den Vorzug."

[110]   K. Haendler, Rez. Fagerberg, in: ThLZ 92 (1967), Sp. 687–693, hier: 688.

[111]   Gegen ein Verständnis der Bekenntnisschriften als Lehrgesetz der Kirche,
        wie er es bei Brunstäd und Schlink vorzufinden meint, wendet sich be-
        sonders nachdrücklich E. Schott in seiner „Kontroverstheologische(n)
        Untersuchung zum Konkordienbuch": „Die zeitliche und die ewige Ge-
        rechtigkeit" (E. Schott, Die zeitliche und die ewige Gerechtigkeit. Eine
        kontroverstheologische Untersuchung zum Konkordienbuch, Berlin 1955).
        Nach ihrem Selbstverständnis, so Schott, proklamieren die Bekenntnis-
        schriften kein mit kirchenamtlichem Autoritätsanspruch verbundenes
        Lehrgesetz, sondern ein gemeinsames Zeugnis evangelischen Glaubens,
        welches sich allein an der Schriftwahrheit zu verifizieren hat und verifi-
        zieren will (vgl. 12 f.). Wo dies verkannt werde, drohe eine verhängnis-
        volle „Verrechtlichung des Kerygmas" (126). Um dies zu vermeiden, läßt
        Schott die kirchliche Jurisdiktion ihrem theologischen Sinn nach gänzlich

auch Brunstäd die Bekenntnisschriften „als Zeugnisse eines harten, sich scharf absetzenden Luthertums" interpretierten, was durch ihre gemeinsame Reserve bestimmten Tendenzen der Konkordienformel gegenüber unterstrichen wird.[112] Weitere Gesichtspunkte, die der Annahme gegebener Lehrgesetzlichkeit entgegen-

im evangelischen Zeugendienst aufgehen, während alle anderweitigen Rechtsansprüche der Kirche ihm zufolge nur iure humano Geltung beanspruchen können und sich nicht grundsätzlich von der zivilen Rechtsordnung unterscheiden, in deren Zusammenhang sie vielmehr gehören, sofern sich Kirchengesetze als Gesetze stets „auf eine von der weltlichen Obrigkeit gewährte öffentliche Rechtsstellung der Kirche" (140) stützen. In ihrer spezifisch kirchlichen, vom weltlichen Recht unterschiedenen Eigenart könne die Kirchenordnung niemals Gegenstand gesetzlichen, sondern stets nur Gegenstand pneumatisch-agapischen Gehorsams sein. Das Problem ist, ob unter solchen Bedingungen der Rechtsbegriff überhaupt noch Anwendung auf die spezifische Ordnung der Kirche finden kann (vgl. unten § 11,8). Schott reagiert auf dieses Problem, indem er zwischen Liebesrecht und Gesetzesrecht unterscheidet; er sieht aber selbst, daß damit die Problematik nur auf die Frage verschoben ist, „ob der juristische Rechtsbegriff so weit gespannt werden kann, daß er auch dort anwendbar bleibt, wo von Gesetz nicht mehr die Rede sein kann, ob nicht das Liebesrecht ein metajuristischer ethischer oder geistlicher Begriff ist" (141). Schott läßt diese Frage unbeantwortet und beschränkt sich darauf, noch einmal seine Grundnegation zu markieren, nämlich daß „ein vermeintlich aus dem Wesen der Kirche abgeleitetes arteigen kirchliches Gesetzesrecht dem staatlichen Gesetzesrecht" keineswegs entgegengesetzt werden dürfe. „Wo die Kirche sich des Gesetzesrechtes bedient, da schöpft sie nicht autark aus ihrem eigenen Wesen, sondern hat Teil am Wesen weltlicher Obrigkeit. Die Eigenart der Kirche liegt nicht auf dem Felde des Gesetzesrechtes, auf welchem sie vielen andern rechtlich verfaßten Lebensbereichen notwendigerweise in vielem gleicht, sondern auf dem des Glauben weckenden, neues Leben schaffenden Kerygma." (141)

[112]   F. Lau, Rez. Schlink (2. Aufl.), in: ThLZ 74 (1949), Sp. 552–554, hier: 553. Nachdrücklich betont Lau insbesondere das Fehlen eines „schroffe(n) Gegensatz(es) gegen die reformierte Lehre" bei Schlink (ebd.). Zu beachten ist in diesem Zusammenhang ferner Laus Bemerkung zur Substitution der traditionellen Funktion der Prolegomena zur Dogmatik, welche Schlink durch seine Theologie der Bekenntnisschriften ersetzt: „Daß Schlink diesen Austausch vornimmt, ist zutiefst in seiner Theologie – die nicht nur die seine ist, sondern Ausdruck des Offenbarungspositivismus, der jüngstens in der Theologischen Erklärung von Barmen festgelegt wurde – begründet: Eine außerhalb der kirchlichen Lehre einsetzende Hinführung zur Dogmatik ist innerhalb der evangelischen Theologie überhaupt keine legitime Angelegenheit." (552)

stehen, ließen sich unschwer geltendmachen. Daß entsprechende
Vermutungen gleichwohl nicht gänzlich fehlgehen, sondern sich
auf bestimmte Verdachtsmomente berufen können, läßt sich u. a.
an Schlinks Verständnis der Selbstbezeichnung des Bekenntnisses
als forma doctrinae deutlich machen. Auch wenn sie in FC „nicht
in einem philosophisch prägnanten, sondern in einem abge-
schliffenen Sinn gebraucht" sei, will Schlink die Bezeichnung
„forma" „von der aristotelisch-scholastischen Tradition her"
(Schlink, 54) verstanden wissen: „Wie die Form das aus der Fülle
der mannigfachen Erscheinungsweisen herausgehobene und begrifflich erfaßte substantielle Wesen eines Gegenstandes ist, so ist
das Bekenntnis die aus der Mannigfaltigkeit des Schriftzeugnisses
herausgehobene und in der doctrina evangelii ‚begriffene‘ ousia
dieses Zeugnisses. Und wie die aristotelisch-scholastische forma
die Entelechie ist, die als formendes Prinzip aktiv in den Dingen
wirkt, so ist das Bekenntnis gleichzeitig die formende, gestaltende
energeia für alle gegenwärtige und zukünftige Predigt der Kirche,
wenngleich Bekenntnis – wie Predigt – Schriftauslegung, Wieder-
bezeugung des von der Schrift zuvor bezeugten Evangeliums ist."
(Schlink, 54 f.)

Gegen dieses Verständnis von forma doctrinae hat Eberhard Jüngel[113] – nicht ohne auf spätere Modifikationen der Schlinkschen

---

[113]   Vgl. auch die kritischen Anfragen gegenüber der zitierten Schlink-
        Passage bei W. Kreck, Was heißt Bekenntnisbindung?, in: Libertas Chri-
        stiana. FS F. Delekat, München 957, 100–113, hier: 104. „Ist es so gemeint,
        daß das Bekenntnis zwar als wichtige Hilfe für die Auslegung der Schrift
        und als Vorbild rechter Lehre in dem Sinn verstanden ist, daß es seine
        Autorität nur als von der Schrift geliehene hat und darum auch immer
        zugleich kritisch nur zu handhaben ist? Oder weisen die obigen starken
        Aussagen darauf hin, daß das Bekenntnis (bis zu einer von der Kirche
        eventuell zu vollziehenden Korrektur auf Grund besserer Exegese) für
        die Zeit seiner kirchenrechtlichen Geltung diese Autorität nun doch ge-
        pachtet hat und nun seinerseits ‚die formende und gestaltende energeia
        für alle gegenwärtige und zukünftige Predigt der Kirche‘ ist, also eine Art
        vicarius scripturae?" Seine eigene Antwort auf diese Frage formuliert
        Kreck wie folgt: „Das protestantische sola scriptura verträgt keine solche
        systematische Summierung des Lehrgehalts, mittels derer man das bibli-
        sche Zeugnis ein für allemal oder auch bis auf weiteres im Griff hätte –
        mag man sich noch so sehr dabei auf die biblische Legitimation der Aus-
        sagen berufen." (109)

Position zu verweisen[114] – den theologischen Einwand erhoben, daß der unmittelbare Anspruch des Bekenntnisses auf substantielle Wahrheit den Schein seiner zeitlosen Identität erzeuge. Ein zeitloses Bekenntnis aber „widerspricht dem Wesen des Bekenntnisses. Denn Bekenntnisse sollen jeweils zum Bekennen provozieren. In ein Bekenntnis muß man einstimmen können, an seinem eigenen geschichtlichen Ort einstimmen können. Sonst kann das Bekenntnis diesen geschichtlichen Ort niemals verändern. Nur als Veränderung des geschichtlichen Ortes aber verwirklicht das Bekenntnis die vom Evangelium ermöglichte ‚Versammlung der Heiligen‘, die wir Kirche nennen."[115] Grundriß der Lehre können die Bekenntnisse daher nur sein, wenn sie gleichermaßen schriftgemäß und zeitgemäß sind. „Würde die Schrift nicht stets aufs Neue für die jeweilige Zeit bekennend ausgelegt, sondern *nur in ihrer Ausgelegtheit* durch die überlieferten Bekenntnisse unkritisch zur Geltung gebracht, so bliebe die Wirklichkeit der Kirche *Vergangenheit*."[116] Sie ist aber dazu bestimmt, als zukunftsmächtige Gegenwart zu wirken. Entsprechend muß kirchliches Bekenntnis, um Ereignis zu werden, schriftgemäß und zeitgemäß zugleich sein. Jüngel findet diese Auffassung nicht zuletzt durch die Formula Concordiae und ihren Grundsatz bestätigt, demzufolge die altkirchlichen Symbole und die andern im Konkordienbuch versammelten Schriften „allein Zeugnis und Erklärung des Glaubens (seien), wie jderzeit die Heilige Schrift in streitigen Artikuln in der Kirchen Gottes von den damals Lebenden vorstanden und ausgeleget, und desselben widerwärtige Lehr vorworfen und vordambt worden" (FC [Ep]: Von dem summarischen Begriff; BSLK 769,30–35). „Jderzeit" (singulis temporibus) heißt nach Jüngel „nicht: immerfort, sondern ‚zu Zeiten‘, ‚je und dann‘, und weist darauf hin, daß die Schrift" – gerade um als einiger Richter, Regel und Richtschnur in Geltung zu stehen – „immer

---

[114] Vgl. E. Schlink, Die Struktur der dogmatischen Aussage als ökumenisches Problem, in: ders., Der kommende Christus und die kirchlichen Traditionen. Beiträge zum Gespräch zwischen den getrennten Kirchen, Göttingen 1961, 24–79.

[115] E. Jüngel, a. a. O., 99.

[116] Ebd.

wieder verstanden und ausgelegt werden muß, daß also kein
‚Zeugnis und Erklärung des Glaubens‘ endgültig ist"[117].

Haben demnach Bekenntnisse als ihren Sitz im Leben einen Ort
in der Zeit und läßt sich ihre Schriftgemäßheit von ihrer Zeitgemäßheit nicht trennen, weil beides nur zusammen bestehen kann,
dann kann die historische Perspektive einer sinnvollen Hermeneutik der überlieferten Bekenntnisse niemals äußerlich sein.
Zwar ist mit Jüngel festzuhalten, daß „zeitgemäß" keineswegs nur
„historisch zeitbedingt" heißt[118]; insofern wäre die hermeneutische
Aufgabe in der Tat verfehlt, wollte man sich damit begnügen, den
konfessorischen Anspruch und Zuspruch der überlieferten Bekenntnisse chronologisch zu distanzieren. Gleichwohl ist die
Wahrnehmung chronologischer Distanz und die Einsicht, „daß
nicht zu jeder Zeit jedes an der Zeit ist"[119], die Bedingung der
Möglichkeit zeitgemäßer Aneignung der Bekenntnistradition und
die Voraussetzung sinnvoller Würdigung der ihr eigenen Zeitgemäßheit. Ein geschichtliches Verständnis der Bekenntnisschriften
ist daher aus systematischen Gründen oder – wenn man so will –
dogmatisch gefordert. Was damit gesagt werden soll, ist folgendes: Der Vorbehalt gegen die Konzeptionen Schlinks und Brunstäds besteht nicht darin, daß sie die Theologie der lutherischen
Bekenntnisschriften im Sinne von Prolegomena zur Dogmatik
oder als regelrechte Dogmatik entwerfen. Der Vorbehalt besteht
lediglich darin, daß ihre Methode sie „zu einer Zurückdrängung,
ja oft auch zu einer Verdrängung der historischen Seite der Be-
kenntnisbetrachtung"[120] veranlaßt hat, obwohl diese nachgerade
zu einer dogmatischen Würdigung der Wahrheit des Bekenntnisses unveräußerlich hinzugehört.

In dem Versuch, die angezeigten Aporien der Konzeptionen
Schlinks und Brunstäds zu vermeiden, liegt die eigentümliche Bedeutung des Neuansatzes von *Holsten Fagerberg,* dessen Werk
über „Die Theologie der lutherischen Bekenntnisschriften von 1529
bis 1537" im Jahre 1965 publiziert wurde. Der Titel verweist bereits

---

[117]   A. a. O., 98.

[118]   Ebd.

[119]   Ebd.

[120]   F. Winter, Confessio Augustana und Heidelberger Katechismus in ver-
       gleichender Betrachtung, Berlin 1954, 7.

auf die historische Ausrichtung, die pragmatisch verstanden werden will. Fagerberg beschränkt sich ausschließlich auf die innerhalb eines knappen Jahrzehnts von Melanchthon und Luther verfaßten Bekenntnisschriften, während die Konkordienformel unberücksichtigt bleibt. „Dahinter steht das systematische Interesse, die reformatorische Theologie so beleuchten zu können, wie sie während der Jahre der Konsolidierung, d. h. während der dreißiger Jahre des 16. Jahrhunderts in Erscheinung trat. Wie verschieden diese Dokumente auch untereinander sein mögen, so haben sie doch das miteinander gemeinsam, daß sie entweder in der Auseinandersetzung mit der zeitgenössischen Theologie der katholischen Kirche oder des linken Flügels der Reformation geschrieben sind oder mit der Absicht, das eigene Gemeindeleben aufzubauen, verfaßt wurden. Diese Bekenntnisschriften sind in einem begrenzten Zeitabschnitt von Männern verfaßt worden, die einander persönlich nahe standen, und erheben den Anspruch, nicht nur Schriften einzelner Theologen, sondern der Kirche selbst zu sein. Da die einzelnen Schriften von ihren Urhebern geprägt sind, müssen ihre durchaus vorhandenen Verschiedenheiten beachtet werden; vor allem aber müssen die gemeinsamen Intentionen, ohne die keine Kirchenbildung auf lutherischen Boden zustandegekommen wäre, ins Auge gefaßt werden." (Fagerberg, 12)

Fagerberg will sonach die Lehreinheit der Bekenntnisschriften nicht lediglich ekklesiologisch postulieren, sondern historisch verifizieren, weshalb er unter anderem auf eine Behandlung der FC verzichtet, die durch ein halbes Jahrhundert von den anderen im Konk gesammelten Texte getrennt ist. Sein methodologischer Ansatz gebietet es ferner, von der spezifischen Theologie der Verfasser der einzelnen Bekenntnistexte nicht generalisierend zu abstrahieren und das Zeugnis der Bekenntnisschriften als einen mehr- bzw. vielstimmigen Chor von Zeugen zur Geltung zu bringen. Letzteres ist nachgerade deshalb unverzichtbar, um die Lehreinheit als eine differenzierte zur Darstellung zu bringen, nämlich als eine Einheit, die für Verschiedenheit aufgeschlossen ist. Gerade indem ihre Einheit als Einheit der Verschiedenen erkennbar wird, erweist sich die Bekenntnistradition als Ausdrucksgestalt jener communio sanctorum, deren Erhaltung und Förderung sie zu dienen hat. Der in vorliegender Konzeption schon im Titel ausdrücklich akzentuierte und auch von Fagerberg durch die Annahme einer bei den Konfessoren gegebenen gemeinsamen In-

tention auf Kirchenbildung vorausgesetzte ekklesiologische
Aspekt begründet insofern keinen Gegensatz zu einer geschichtlichen Bekenntnishermeneutik, vielmehr ist eine geschichtliche Bekenntnishermeneutik um der rechten Wahrnehmung des Zusammenhangs von Bekenntnistradition und Kirche obligat. Es bestätigt sich der Grundsatz, daß auch und gerade eine von einem
primär dogmatischen Erkenntnisinteresse geleitete Bekenntnishermeneutik auf die dem historischen Bewußtsein eigene Differenziertheit nicht verzichten kann. Daran erinnert zu haben, ist
ein zweifelloses Verdienst Fagerbergs. Als „Beitrag einer sich bewußt konfessionell verstehenden Theologie zur Anerkennung und
Inangriffnahme der Aufgabe eines geschichtlichen Verständnisses
ihrer selbst wie ihres Kirchentums" ist seine „Theologie der lutherischen Bekenntnisschriften von 1529 bis 1537" insofern „uneingeschränkt zu begrüßen"[121].

Gleichwohl hat der zitierte Rezensent recht, wenn er meint, auch
einige kritische Bemerkungen zu Fagerbergs methodischem Ansatz machen zu müssen. Sie betreffen neben der Thematik der
kirchen- und theologiegeschichtlichen Einordnung und der Inten-
sität der Berücksichtigung differenzierter Verfasserschaft vor allem
das Problem, ob „das Kriterium der ‚äußeren Übereinstimmung‘
(Fagerberg, 10) der Entstehungsverhältnisse der behandelten
B(ekenntnis)S(chriften) als vorlaufendes Indiz ihrer generellen
(allerdings nicht ausnahmslosen!) Einheitlichkeit"[122] fungieren
kann. Hier sind in der Tat Zweifel am Platze, die unter anderem
zu der Frage Anlaß geben, ob Fagerberg – mit Jüngel zu reden –
hinreichend zwischen äußerer Zeitbedingtheit und innerer Zeitgemäßheit des Bekenntnisses unterscheidet. Wie auch immer: Bei
Fagerberg „dürfte die Abhängigkeit theologischer Aussagen von
‚äußeren‘ Umständen doch wohl in methodologisch unerlaubter
Weise überbewertet sein unter Hintanstellung ihrer Abhängigkeit
vom ‚inneren‘ Duktus und von der ‚inneren‘ Sequenz und Konsequenz der Sacherörterung selbst"[123]. Damit mag es zusammenhängen, daß dem redlichen Bemühen Fagerbergs, die Bekenntnisschriften durch historische Interpretation „der Allgemeinheit und

---

[121]   K. Haendler, a. a. O., 688.

[122]   A. a. O., 689.

[123]   Ebd.

teilweisen Verschwommenheit einer a priori uniformierenden Systematisierung"[124] zu entnehmen, eine eigentümliche Flächigkeit der systematischen Darstellung kontrastiert. Daß es ihm in rundum überzeugender Weise gelungen ist, in seinem Werk die nötige differenzierte Einheit von historischer und systematisch-theologischer Interpretation herzustellen, wird man jedenfalls nicht sagen können. Dieser Vorbehalt wird durch die thematische Gliederung der Textbestände, welche deren historische Differenziertheit eher verdeckt, statt sie explizit zu reflektieren, nicht behoben, sondern verstärkt.

Stimmen in der thematischen Anordnung des Materials Schlink, Brunstäd und Fagerberg zumindest äußerlich überein, so macht die 1983 erschienene „Theologie der Lutherischen Bekenntnisschriften" von *Friedrich Mildenberger* eine offenkundige Ausnahme von diesem Verfahren. Mildenberger ist nach eigenen Worten primär darum bemüht, Bekenntnis in seiner Bedeutung für den die Kirche konstituierenden Verkündigungsvorgang näher zu erfassen, wobei Verkündigung nicht nur die gottesdienstliche Kanzelrede, sondern „alle Äußerungen des Glaubens (meint), mit denen Gottes gnädige Zuwendung in Jesus Christus bezeugt wird" (Mildenberger, 14). Ziel der Darstellung ist es sonach, „das Bekenntnis in seiner Beziehung auf das den Glauben wirkende Evangelium zu erfassen. Da dieses Evangelium wieder das in der Schrift bezeugte Evangelium ist, muß das Bekenntnis verstanden werden in der Bedeutung, die es für die Auslegung und Anwendung der Schrift hat." (ebd.) Das erfordert nach Mildenberger „eine Abgrenzung des methodischen Vorgehens gegenüber der Dogmatik" (ebd.). Während diese eine schulmäßige Behandlung „aller möglichen Inhalte der Verkündigung bzw. des kirchlichen Glaubensbewußtseins" zur Aufgabe hat, wollen die Bekenntnisschriften „nicht die kirchliche Normallehre darbieten, sondern den Vollzug der Evangeliumsverkündigung aufgrund der Schrift normieren" (ebd.) Mildenberger verzichtet daher auf eine am Schema der Dogmatik orientierte systematische Anordnung der Bekenntnisinhalte und konzentriert sich ganz, wie er sagt, „auf im Bekenntnis getroffene Entscheidungen ... und die Folgerungen aus diesen Entscheidungen" (Mildenberger, 15). Insonderheit geht es

---

[124] A.a.O., 692.

dabei um die reformatorische Grundentscheidung der alleinigen
Heilswirksamkeit Gottes und ihre theologischen, anthropologi-
schen, ekklesiologischen und sonstigen Implikationen, ferner um
die von der Biblischen Geschichte bezeugte Grundentscheidung
der Alten Kirche, daß Welt und Heil Gaben desselben Gottes
sind. „Dabei muß", wie Mildenberger anfügt, „auch die Problematik dieser Entscheidungen gerade angesichts der gegenwärtig immer stärkeren Frage nach der Einheit der Kirche mit bedacht werden. Es genügt sicher nicht, den ökumenischen Anspruch des eigenen Bekenntnisses zu betonen und dann in der konfessionellen
Abgrenzung zu verharren. Vielmehr wird die historische Nötigung
zu solcher Abgrenzung genauso zu bedenken sein wie die Intention auf mehr Gemeinsamkeit der Konfessionskirchen. Diese wird
sich freilich nicht in einem Übergehen der seinerzeit vollzogenen
Abgrenzungen verwirklichen können, sondern gerade in der verstehenden Aneignung des eigenen Erbes, das in seiner Aktualität
in den konziliaren Prozeß der Ökumene eingebracht werden
muß." (ebd.)

Wird man letzterem Gesichtspunkt nicht widersprechen wollen,
so stellt sich im Hinblick auf die Gesamtkonzeption gleichwohl
die Frage, ob die reduktive, historische und dogmatische Differenzierungen tendenziell einziehende Konzentration auf sog.
Grundentscheidungen in der Lage ist, das eigentümlich konfesso-
risch-konfessionelle Profil der lutherischen Bekenntnisschriften
theologisch und geschichtlich präzise genug in den Blick zu bekommen. Ist die Rückführung der Reformation auf den Grundent-
scheid alleiniger Heilswirksamkeit Gottes in Anbetracht ihres
Verlaufs und der in diesem Verlauf auftretenden – nicht zuletzt
soteriologischen – Differenzen wirklich plausibel oder verdankt
sich solche Reduktion nicht im wesentlichen dem Vorentscheid
des Autors, die reformatorische Tradition als einheitlichen Block
vom römischen Katholizismus abzusetzen und den Sachgehalt
traditioneller Kontroversen namentlich zwischen Luthertum und
Calvinismus eher gering zu veranschlagen, was die Ablehnung
bzw. negative Beurteilung der Konkordienformel, wie sie bei Mildenberger zu registrieren ist, zur naturgemäßen Konsequenz hat?
Wie immer man diese Frage beantworten und Mildenbergers
Kontrastierung theozentrischen und anthropozentrischen Denkens
bewerten mag: Eine detaillierte historische und systematische
Einführung ins Konkordienbuch, wie sie im vorliegenden Kon-

zept intendiert ist, wird von Mildenberger nicht geboten und offenbar auch gar nicht erstrebt.

Der skizzierte Überblick über Konzeptionen einer „Theologie lutherischer Bekenntnisschriften" der letzten 50 Jahre ergibt, wie nicht anders zu erwarten, ein plurales Bild, das Divergenzen nicht ausschließt. Dieser Sachverhalt muß nicht notwendig als defizitär und die Einheit des theologischen Gegenstandes auflösend gedeutet werden. Man kann in ihm in bestimmter Weise auch eine Bestätigung des Grundsatzes entdecken, von dem die bekenntnishermeneutische Erörterung ihren Ausgang nahm: Wie *„ein blo- ßes Schriftzitat … niemals schriftgemäß"* (ist), so ist auch „ein bloß repetiertes ‚Bekenntnis', das an den Fragen der Zeit vorbeigeht, … eben nicht an der Zeit, … unzeitgemäß und deshalb kein Bekenntnis mehr"[125]. Gehört der Zeitbezug konstitutiv zum Wesen des Bekenntnisses, so kann er auch den Entwürfen einer Bekenntnistheologie nicht bloß äußerlich bleiben. Zu fordern ist von einer angemessenen Konzeption demnach als erstes, daß sie die konstitutive Zeitbezüglichkeit ihres Gegenstands in den Begriff und das Bewußtsein ihrer selbst integriert, statt sich den Anschein zeitabgehobener Geltung zu verleihen. Ist durch solche Integration zwar noch nicht die Sachgemäßheit der Interpretation garantiert, so muß ihr Fehlen doch als eindeutiges Indiz hermeneutischer Unangemessenheit gewertet werden.

Unter diesem Vorzeichen ist schließlich auch die noch anstehende Frage zu erörtern, ob und gegebenenfalls wie in der Bekenntnistradition Wittenberger Reformation Lehrentscheide getroffen und erforderliche Abgrenzungen gegenüber Irrlehre vorgenommen werden können. Dabei ist von der ebenfalls bereits thematisierten Einsicht auszugehen, daß sich die Reformation zwar weitgehend im Kampf gegen das kirchliche Amt durchgesetzt hat, doch keineswegs die für die Moderne vielfach charakteristische Privatisierung des religiösen Bekenntnisses beabsichtigte: „Die subjektivistische Auffassung der Reformation, die Luthers Auftreten als Kampf der Glaubensindividualität gegen objektive Bindung schlechthin, als Auflehnung des zur Selbständigkeit erwachten Einzelnen gegen das verpflichtende Dogma als solches deutet, ist und bleibt eine auf tiefem Mißverständnis beruhende Fehldeu-

---

[125] E. Jüngel, a. a. O., 99.

tung ..."[126] Das bestätigt bereits die dezidierte Bindung des reformatorischen Bekenntnisses an die äußere Autorität des Schriftwortes, welchem die oberste Lehrgewalt in der Kirche ausschließlich zukommen soll gemäß der Devise: „Wenn das Wort der Schrift klar und ausreichend ist, unser Heil zu tragen, dann ist es auch eindeutig genug, undeutliches und falsches Wort zu beurteilen."[127] In diesem Sinn hat die Schrift entsprechend dem Theorem ihrer Autopistie als die einzige Gewährleistungsinstanz ihrer rechten Wahrnehmung zu gelten. Eine der wichtigsten Folgen dieses Vertrauens in das Selbstdurchsetzungsvermögen des Schriftinhalts ist es, daß keine irdische Größe die Fähigkeit authentischer Schriftauslegung allein sich selbst vorbehalten darf, welcher Vorbehalt als zugespitzter Subjektivismus und als Verabschiedung der Objektivität des Schriftgehalts gewertet werden müßte. Recht und Pflicht, die Lehrautorität der Schrift wahrzunehmen, hat nach reformatorischer Auffassung jeder bibelkundige Christ. Einen Monopolanspruch sowie einen Anspruch auf unhintergehbare Authentizitätsgarantie kann ein kirchliches Lehramt deshalb in keiner seiner möglichen Formen und auf keiner Ebene seiner Ausgestaltung erheben. Vielmehr ist jedem Christen die Möglichkeit zuzugestehen, sich auf der Basis des Schriftwortes selbst ein Sachurteil zu bilden. Die von den Reformatoren nie geleugnete

---

[126] G. Hoffmann, Die Frage des Lehramts und der Lehrgewalt im Luthertum, in: ZSTh 17 (1940), 37–70, hier: 39. Zur Frage von „Lehramt und Theologie im 16. Jahrhundert" vgl. den von R. Bäumer hg. Sammelband, Münster 1976. Über „Verbindliches Lehren der Kirche heute" informiert in ökumenischer Perspektive das Beiheft zur ÖR Nr. 33, Frankfurt 1978.

[127] J. Baur, Lehre, Irrlehre, Lehrzucht, in: ders., Einsicht und Glaube. Aufsätze, Göttingen 1978, 221–248, hier: 235. Vgl. ders., Luther und die Bekenntnisschriften, in: ders., Einsicht und Glaube. Aufsätze Bd. 2. Göttingen 1994, 44–56, hier: 49: „Der Eindeutigkeit der qualifizierten Situation entspricht die Notwendigkeit expliziter Rede und benennbarer Inhalte. So dringlich der Gehorsam des Gewissens gesucht wird, so klar muß die material entfaltende Rede in der Darstellung der Doctrina Christi sein." Zugleich gilt: „Die lutherischen Bekenntnisschriften sagen – gegenständlich – Wahrheit des Evangeliums an. Doch diese Wahrheit bleibt nicht Evangelium, wenn sie nicht verflüssigt wird – hermeneutisch – als Perspektive für den Umgang mit der Schrift angesichts der geschichtlich wechselnden Gegenwart des Auslegers und angesichts der immer neuen Veränderungen, die der Christenheit in dieser alten Welt zugemutet werden ..." (56)

Tatsache der Notwendigkeit eines besonderen Lehramtes in der Kirche darf dieser allen Gläubigen gegebenen und aufgegebenen Teilhabe an der Lehrtätigkeit der Kirche nicht nur nicht widersprechen, sie hat ihr vielmehr konsequent zu entsprechen. Der Unterschied zwischen dem allen aufgetragenen und dem besonderen Lehramt der Kirche kann deshalb nicht mit einer spezifischen Differenz geistlichen Standes bzw. einem durch solche Differenz verbürgten fraglosen Kompetenzvorrang, sondern nur damit begründet werden, daß die Kirche Jesu Christi gerade um der Wahrheit, der Allgemeinheit und Einheit des Priestertums aller willen einer amtlich geordneten Wahrnehmung spezifischer Lehrfunktionen bedarf. Davon wird im einzelnen noch zu reden sein (vgl. § 11, bes. 5).

Hier genügt es festzuhalten, daß die Abwehr subjektivistischer Fehldeutungen des reformatorischen Ansatzes nicht gegen, sondern im Gegenteil für die Richtigkeit des Satzes spricht, daß unter reformatorischen Bedingungen jeder das Recht und die Pflicht hat, eine eigene Überzeugung auszubilden und sie assertorisch zu bezeugen. Denn wahrgenommen wird die Wahrheit, von der reformatorisches Bekenntnis lebt, überhaupt nur dort, wo sie „Inhalt eines gegenwärtigen Wahrheitsbewußtseins"[128] ist. Diese – um es zu wiederholen – unveräußerliche Subjektförmigkeit reformatorischer Wahrheit steht in keinem Gegensatz zu deren Objektivität und dem Anspruch transsubjektiver Geltung. Handelt es sich doch bei jener transsubjektive Geltung begründenden Objektivität reformatorischer Wahrheit zuletzt um nichts anderes als um die Wirklichkeit des in Jesus Christus offenbaren Gottes, der im Heiligen Geist dem Menschen und seiner Welt ureigensten und innersten Anteil geben will an sich selbst. Man kann das dann auch so sagen: „Im Bekenntnis wird wahrgenommen in des Wortes doppelter Bedeutung, daß es im christlichen Glauben nicht um die Beziehung eines selbständigen Subjektes zu abständigen, supranaturalen oder auch nur historischen Objekten geht, vielmehr um den gegenwärtigen Vorgang der Einholung von in ihrer Selbstidentität verkümmernden Subjekten in das geschichtlich vermit-

---

[128] E. Herms, a. a. O., 207. Bei H. gesperrt.

telte Geschehen des sich auf Kommunikation hin öffnenden Gottes."[129]

Für das konkrete Problem der Lehrbeanstandung und der Abgrenzung gegen Irrlehre bedeutet das folgendes: Kommt es „zum Streit um Lehre, dann kann die Frage nicht sein, ob und welcher Kern unbedingt zu vertreten und zu fordern sei. Die Anfrage ist vielmehr, ob das Geschehen des Evangeliums in seiner Macht als Ende der Selbstidentität und Anfang der Kommunikation der Liebe, die in der Geschichte Jesu ihre konkrete Anwesenheit hat, in dem strittigen Reden und Handeln – noch – zum Zuge kommen kann, ob also Menschen von sich selbst weg auf den in Jesus tragenden Grund verwiesen und in ihn versetzt werden."[130] Ist es damit unter reformatorischen Bedingungen ausgeschlossen, die Notwendigkeit kirchlicher Lehr- und Rechtsentscheide mit dem „Zwangsgesetz der Identitätssicherung"[131] zu begründen, welches Gesetz vom Evangelium aufgehoben ist, so ist von solchen Entscheiden, so nötig und unvermeidbar sie sein mögen und unter bestimmten Umständen tatsächlich sind, zugleich der Schein unfehlbarer und irreversibler Geltung strikt fernzuhalten. Das gilt auch für Prozesse kirchenamtlicher Lehrbeanstandung gegenüber lehrverpflichteten Amtsträgern[132]. Was oberflächlicher Betrachtung als Prinzipienschwäche und vorweggenommener Ruin des Verfahrens erscheinen mag, erweist sich bei genauerem Zusehen als unschätzbarer Vorteil: das offene Eingeständnis der zuständigen kirchenleitenden Lehraufsichtsbehörde, die Pluralität der Wahrnehmungsgestalten des Evangeliums weder aufheben zu können noch aufheben zu wollen. Dieses Eingeständnis stellt nämlich keineswegs das Ende, sondern die Bedingung der Möglichkeit je-

---

[129]   J. Baur, Kirchliches Bekenntnis und neuzeitliches Bewußtsein, in: ders., Einsicht und Glaube, a. a. O., 269–289, hier: 284.

[130]   Ders., Freiheit und Bindung. Zur Frage der Verbindlichkeit kirchlicher Lehre, in: a. a. O., 249–268, hier: 267.

[131]   A. a. O., 265.

[132]   Vgl. K. Schlaich, Das Recht der Lehrfreiheit und Lehrbeanstandung in der Kirche, in: M. Brecht/R. Schwarz (Hg.), Bekenntnis und Einheit der Kirche. Studien zum Konkordienbuch, Stuttgart 1980, 491–512 sowie die umfangreiche Dokumentation von W. Härle/H. Leipold (Hg.), Lehrfreiheit und Lehrbeanstandung, Bd. 1: Theologische Texte, Bd. 2: Kirchenrechtliche Dokumente, Gütersloh 1985.

den Konsensbildungsprozesses dar. Um einen Konsensbildungs-
prozeß aber soll es sich unter evangelischen Bedingungen auch
bei einem Lehrbeanstandungsverfahren handeln. Es ist daher in
seiner rechtlichen Verfahrensform im wesentlichen als Lehrge-
spräch zu gestalten. Damit ist nicht einem harmonisierenden Ausgleich um jeden Preis das Wort geredet; die Chance der Verständigung liegt im Gegenteil nur im konsequenten Ernstnehmen be-
stehender Differenzen. Indes kommt alles darauf an, den Streit
um die Wahrheit diskutabel zu gestalten. Diese Maxime gilt wie
für alle Aktivitäten eines kirchenleitenden Lehramtes in der evangelischen Kirche, so auch und in besonderer Weise für ein evangelisches Lehrbeanstandungsverfahren. Das schließt die Möglichkeit von Trennungen nicht aus, sondern ein. Nötig werden solche
Trennungen insonderheit dort, wo die Teilnahme an dem kom-
munikativen Prozeß der Wahrheitsverantwortung prinzipiell verweigert wird, sei es durch die Behauptung unmittelbarer Identität
der eigenen Position mit der Wahrheit selbst, sei es durch Preis-
gabe der Wahrheit an den Standpunkt dezisionistischer Beliebigkeit. Im übrigen wird man gerade unter evangelischen Bedingungen das Recht und die Pflicht kirchenleitenden Lehramtes nicht
bestreiten können, notfalls mit administrativen und disziplinari-
schen Rechtsmaßnahmen Sorge dafür zu tragen, daß sich ordi-
nierte Amtsträger fähig und willens erweisen, ihren Dienst öffentlicher Verkündigung in jenem Sprachkontext und Kommunikati-
onsrahmen zu versehen, wie er durch das verbum externum
bestimmt ist, welches in der Schrift beurkundet ist, um durch das
Bekenntnis in Übereinstimmung mit dem Literalsinn der Schrift
bezeugt zu werden. Solche – im wahrsten Sinne des Wortes:
buchstäbliche – Sorge ist in der Einsicht begründet, auch als Kirche nur geschichtlich existieren zu können, und sie ist im übrigen
eine notwendige Folge der Tatsache, daß der glaubensgründende
Geist nicht am Buchstaben vorbei, sondern in, mit und unter diesem wirkt, wenn anders er als der Geist zu gelten hat, der Jesus
als den Christus bezeugt. Konvergenz mit dem buchstäblichen
Sinn des verbum externum und eine auf solcher Konvergenz basierende Konsistenz und Kohärenz sind daher unter evangelischen Voraussetzungen notwendige Bedingungen kirchlicher
Konsensfähigkeit einer Lehraussage. Zwar kann durch solche
Konvergenz und die durch sie geforderte Konsistenz und Kohärenz der Lehre deren konsensbildende und -erhaltende Überzeugungskraft nicht garantiert werden. Aber ohne diese Bestim-

mungsmomente sind die Grundbedingungen kirchlicher Konsensfähigkeit einer Lehraussage definitiv nicht gegeben. Genau dies hätte eine Lehrüberprüfung zu beanstanden und zwar im Dienste jener Diszipliniertheit, die man „das entscheidende Qualitätsmerkmal gesunder Lehre"[133] genannt hat. Gefordert ist dabei sowohl sprachliche, hermeneutische als auch kritische Disziplin, mit welch letzterer Bedingung konsensfähiger Lehraussagen die Notwendigkeit bezeichnet ist, sie so zu formulieren, „daß ihre Wahrheit oder Falschheit evident werden kann"[134].

Im übrigen wird man in Anbetracht konkreter Geschichtlichkeit, wie der ekklesiologische Begriff der Kirche sie fordert, nicht umhin können zu sagen, daß der in seiner Kontinuität einsichtige Zusammenhang mit der Konsenstradition eines real-existierenden Kirchentums eine weitere unentbehrliche Bedingung konsensfähiger kirchlicher Lehre darstellt. Für Lehre innerhalb evangelisch-lutherischer Kirchen bedeutet dies, daß ihre Assertionen nicht in kontradiktorischem Widerspruch bzw. in einem Verhältnis unvermittelter Diskontinuität zur Bekenntnistradition Wittenberger Reformation stehen dürfen. Andernfalls hätten sie Gegenstand einer evangelisch-lutherischen Lehrzucht zu sein. Es gilt der Grundsatz, daß um des Erhalts konkreter Kommunikation willen „Exkommunikation" nicht prinzipiell auszuschließen ist. Indes ist in einem solchen Falle nicht nur peinlich darauf zu achten, daß dem Betroffenen keine zivilen Rechtsnachteile entstehen; es ist ferner zu bedenken, daß es evangelische Lehrzucht nur im Kontext „des permanent in der Christenheit zu führenden Lehrgespräches"[135] geben kann. Im Unterschied zu der Auffassung, die den eigentümlichen Wert und das bindende Ansehen symbolischer Bücher im Protestantismus durch den ausgesprochenen Gegensatz zum Katholizismus bestimmt sein läßt[136], ist daher zu beto-

---

[133]   E. Herms, a. a. O., 230.

[134]   A. a. O., 229.

[135]   J. Baur, Lehre, Irrlehre, Lehrzucht, in: ders., Einsicht und Glaube, a. a. O., 243.

[136]   Vgl. F. Schleiermacher, Ueber den eigenthümlichen Werth und das bindende Ansehen symbolischer Bücher (1819), in: ders., Schriften zur Kirchen- und Bekenntnisfrage, bearb. v. H. Gerdes, Berlin 1969 (F. Schleiermacher, Kleine Schriften und Predigten, hg. v. H. Gerdes und E. Hirsch, Bd. 2), 141–166.

nen, daß der ökumenische Dialog auch unter dem Gesichtspunkt
der Lehrzucht eine unentbehrliche Realisationsgestalt evangelischer Identität darstellt. Auch hier hat zu gelten, was Edmund
Schlink so gesagt hat: „Der Glaube an Christus befreit den Menschen von der Sucht, sein Wissen eigenmächtig zum Abschluß zu
bringen und sich hinter dem Wahn eines umfassenden Wissens-
ganzen, hinter dogmatischen Weltanschauungen und anderen Systemen menschlicher Angst gegen den aktuellen Anruf Gottes zu
verschanzen."[137]

---

[137] E. Schlink, Weisheit und Torheit, in: KuD 1 (1955), 1–22, hier: 21. Auf die
nach Abschluß des Manuskripts erschienene „Theologie der Lutherischen
Bekenntnisschriften" von Horst Georg Pöhlmann, Torleif Austad und
Friedhelm Krüger (Gütersloh 1996) wird im 2. Band eingegangen werden.

II.

Reformatorische

Einsicht:

Der Kleine und
der Große Katechismus

§ 4

ZUR ENTSTEHUNGSGESCHICHTE
VON LUTHERS KATECHISMEN

Lit.:

O. Albrecht, Luthers Katechismen, Leipzig 1915. – *J. Meyer,* Luthers Großer Katechismus. Textausgabe mit Kennzeichnung seiner Predigtgrundlagen und Einleitung, Leipzig 1914 (repr. Nachdruck Darmstadt 1968). – *A. Peters,* Kommentar zu Luthers Katechismen. Bd. *I:* Die Zehn Gebote. Luthers Vorreden. Hg. v. G. Seebaß, Göttingen 1990; Bd. *II:* Der Glaube. Hg. v. G. Seebaß, Göttingen 1991; Bd. *III:* Das Vaterunser. Hg. v. G. Seebaß, Göttingen 1992; Bd. *IV:* Die Taufe. Das Abendmahl. Hg. v. G. Seebaß, Göttingen 1993; Bd. *V:* Die Beichte. Die Haustafel. Das Traubüchlein. Das Taufbüchlein. Mit Beiträgen v. F. Schulz u. R. Keller. Hg. v. G. Seebaß, Göttingen 1994.

Zum hundertjährigen Reformationsjubiläum erschien 1617 in Holland ein mit schriftlichem Kommentar versehener Kupferstich, auf dem eine Tafelrunde zu sehen ist, die dicht gedrängt um ein den Bildmittelpunkt markierendes Kerzenlicht gruppiert ist: „t' Licht", so steht zu lesen, „is op den kandelaer gestelt". Dem Betrachter den Rücken zuwendend, eben noch im Vordergrund und doch schon an den äußersten Bildrand geschoben, repräsentieren ein anonymer Papst, ein Kardinal und ein Mönch, denen ein teuflischer Luzifer beigesellt ist, die Mächte der Finsternis und des falschen Scheins, welche das helle Licht der Reformation mit dem faulen Atem ihres Lügengeistes, wie es u. a. heißt, vergeblich auszublasen versuchen. Ihnen gegenüber und erleuchtet von dem klaren und warmen Licht, in welchem das vor ihm aufgeschlagene Bibelbuch erstrahlt, finden wir – in bewegt-bewegender Weise die offene Schrift auslegend – Martin Luther, daneben Calvin, der auf den (geschlossenen) Kanon verweist, und im Verein mit beiden eine Schar weiterer Reformatoren, die im Unterschied zu den

feindseligen Dunkelmännern allesamt als individuelle Lichtgestal-
ten mit unterschiedlicher Ausstrahlung dargestellt und namentlich
benannt sind: Den Hauptpersonen eng verbunden Melanchthon
und Beza, anschließend Hus, Bucer und Wyclif, dahinter Bullinger, Vermigli, Knox, Hieronymus von Prag, Zwingli und im zweiten Glied Zanchi, Perkins, Flacius und Oekolampad, ergänzt
durch Georg von Anhalt, Jan Laski, Wilhelm Farel, Johannes Slei-
dan, Philipp Marnix und Franz du Jon, deren Porträts gesondert
beigegeben sind. Alles in allem: ein Reformationsbild lichter Eintracht.

Daß sich das Problem von Einheit und Vielfalt der Reformation im
Blick auf die historische Wirklichkeit komplexer und komplizierter darstellt, zeigt ein exemplarischer Disput, den drei Kirchenhi-
storiker unlängst aus gegebenem Anlaß geführt haben. Die Fragen, um die es dabei im wesentlichen ging, sind im Vorwort der
Disputationsveröffentlichung folgendermaßen umschrieben: „Was
ist das − *die* Reformation? Kann man von der einen Reformation
überhaupt sprechen? Zerfällt sie nicht vielmehr bei genauerem
Hinsehen in eine Vielzahl von Impulsen, Bewegungen, Konfessionen und Interessen? Oder ist das Verbindende und Gemeinsame so grundlegend, daß man sie als Einheit verstehen muß?"[1]

Folgt man Bernd Moeller[2], dann ist letztere Frage zumindest in
bezug auf die Frühzeit der Reformation eindeutig zu bejahen.
Unter modifizierter Bestätigung seiner 1984 entwickelten These,
„in der Geschichte der Reformationsbewegung seien die Jahre vor
1525 als eine Phase der ‚lutherischen Engführung' zu charakterisieren"[3], spricht Moeller nun von einer „evangelische(n) Engführung"[4]. Der der Musikwissenschaft entstammende Begriff der
Engführung soll dabei das Phänomen benennen, „daß voneinan-

---

[1]   B. Hamm/B. Moeller/D. Wendebourg, Reformationstheorien. Ein kir-
        chenhistorischer Disput über Einheit und Vielfalt der Reformation, Göt-
        tingen 1995, 5.

[2]   B. Moeller, Die Rezeption Luthers in der frühen Reformation, in:
        B. Hamm u. a., a. a. O., 9−29.

[3]   A. a. O., 21. Vgl. ders., Was wurde in der Frühzeit der Reformation in den
        deutschen Städten gepredigt?, in: ARG 75 (1984), 176−193.

[4]   B. Moeller, Die Rezeption Luthers in der frühen Reformation, 21,
        Anm. 22.

der entfernte Linien zusammengeführt und verdichtet werden und durch diese Zusammenführung zu neuer Wirkung kommen. Etwas Vergleichbares", so Moeller, „hat sich ... in den Verständigungsprozessen der frühen Reformation ereignet."[5] Anders als etwa Franz Lau, der die frühe Reformation als „Wildwuchs" kennzeichnete[6], ist Moeller daher der entschiedenen Meinung, „die Reformation sei in ihren Ursprüngen nicht in erster Linie als ein multiformer, sondern als ein kohärenter Vorgang einzuschätzen"[7], bei dem Luther eine unersetzliche, nicht austauschbare geschichtliche Rolle gespielt habe. Sei es doch die von diesem wiederentdeckte Rechtfertigungslehre gewesen, welche die Massen bewegt und in Kritik und Konstruktion zu einer jedenfalls anfangs gemeinsamen und keineswegs divergenten oder gar in sich widersprüchlich-feindseligen geschichtlichen Bewegung – eben der Reformation – vereint habe.

Die Antithese zu dieser Auffassung formuliert Dorothea Wendebourg, deren Beitrag die gekupferte Reformationsconcordia späterer Zeiten sogleich mit den Realitäten der originären Historie zu konfrontieren sucht: „Nicht Eintracht, sondern Streitigkeiten, nicht Gemeinschaft, sondern Verweigerung der Abendmahlscommunio – so sah die Wirklichkeit aus."[8] Dem korrespondiert die historiographische Grundannahme Wendebourgs: „Eine Einheit ist die Reformation nicht in sich; was sie zur Einheit macht, ist vielmehr das Urteil der Gegenreformation. Darin, daß die Führer der zeitgenössischen Kirche sich von den Reformatoren und reformatorischen Gemeinden trennten, die kirchliche Gemeinschaft mit ihnen aufhoben – in den individuellen Exkommunikationen von der Bannbulle gegen Martin Luther an bis zu den Anathemata des Trienter Konzils –, darin wurden diese in all ihrer Unterschiedlichkeit und Gegensätzlichkeit zusammengefaßt."[9] Verdankt sich

---

5   B. Moeller, Replik, in: B. Hamm u. a., a. a. O., 128–131, hier: 130.

6   Vgl. F. Lau, Reformationsgeschichte bis 1532, in: ders./E. Bizer, Reformationsgeschichte Deutschlands bis 1555, Göttingen ²1969, bes. § 2.

7   B. Moeller, Die Rezeption Luthers in der frühen Reformation, 27.

8   D. Wendebourg, Die Einheit der Reformation als historisches Problem, in: B. Hamm u. a., a. a. O., 31–51, hier: 32. Der eingangs erwähnte Kupferstich findet sich auf S. 30.

9   A. a. O., 34. Vgl. dies., Die Ekklesiologie des Konzils von Trient, in: W. Reinhard/H. Schilling (Hg.), Die Katholische Konfessionalisierung.

demnach die Einheit der Reformation, welche sich binnenperspektivisch nicht identifizieren läßt, dem außenperspektivischen
Urteil der Gegenreformation, so ist es nur konsequent zu sagen,
daß schon der Begriff der Reformation selbst nichts anderes ist als
eine Funktion gegenreformatorischer Reaktion. Ohne sie und ohne die durch sie bezeichnete Alternative wäre es nach Wendebourg angemessener, den Singular „Reformation" durch den Plu-
ral „Reformationen" zu ersetzen. Daß diese Schlußfolgerung nicht
zu ziehen ist, basiert, wie gesagt, nicht auf der von Wendebourg
ausdrücklich geleugneten Möglichkeit, die Reformation vermittels
eines theologischen oder genetischen Ansatzes binnenperspektivisch als Einheit zu begründen; vielmehr gelangt, um es zu wiederholen, die Reformation zur Einheit ihrer selbst und damit zu
einem identischen Begriff erst durch das alternative Externurteil
der Gegenreformation, dessen Außen nun freilich „gerade nicht
äußerlich"[10], sondern so geartet sein soll, daß es die Singularform
der Reformation und ihre Einheit nicht nur ermöglicht, sondern
notwendigerweise hervorruft. „Die Reformation gibt es nur als eine Seite jenes Geschehens, in dem die westliche Christenheit aus-
einandertrat. Deshalb ist die Bruchlinie, an der das geschah, konstitutiv für die Sache selbst. Weil diese Bruchlinie aber als kir-
chentrennender Schnitt durch das Urteil der Gegenreformation
gezogen wurde, wurde sie aus deren Sicht gezogen – nach dem
Maßstab der Stellung zur kirchlichen Tradition als letztverbindli-
cher Instanz. Daran gemessen trat die westliche Kirche in zwei

---

Wissenschaftliches Symposion der Gesellschaft zur Herausgabe des Corpus Catholicorum und des Vereins für Reformationsgeschichte 1993, Gütersloh 1995, 70−87, hier: 85: „Mit der Abgrenzung Roms gegen die Reformation trat die westliche Christenheit in mehrere Konfessionen auseinander, entstand die römisch-katholische Konfessionskirche. Der
abschließende, endgültige Vollzug jener Abgrenzung, die mit dem Lu-
therbann begann, war das Trienter Konzil." In diesem Sinne stelle sich
die römisch-katholische Konfessionskirche „wurzelhaft als tridentinische
Kirche" (86) dar. Zur Frage historischer Äquivalenzen zwischen lutherischer, reformierter und römisch-katholischer Konfessionalisierung vgl.
unter den sonstigen Beiträgen des genannten Sammelwerkes bes.
H. Schilling, Die Konfessionalisierung von Kirche, Staat und Gesellschaft – Profil, Leistung, Defizite und Perspektiven eines geschichtswis-
senschaftlichen Paradigmas, in: a. a. O., 1−49 sowie W. Reinhard, Was ist
katholische Konfessionalisierung?, in: a. a. O., 419−452.

[10]   D. Wendebourg, Die Einheit als historisches Problem, 50.

Teile auseinander, ist das eine Ergebnis der Trennung die reformatorische Christenheit und die gesamte Entwicklung, auf die dieser Teil zurückgeht, die eine Reformation – ebenso eine, wie die dem anderen Teil zugrundeliegende Gegenreformation. Und an jenem Maßstab gemessen sind alle Gegensätze innerhalb der Reformation zweitrangig, wie auch immer sie aus der Innenperspektive zu gewichten sind und von den Beteiligten eingeschätzt wurden."[11] Was immer dies genau bedeuten mag, klar ist neben der kirchen- und konfessionsgeschichtlichen Orientierung der Perspektive die offenkundige Differenz zu der von Moeller bekräftigten Auffassung, die Reformation sei binnenperspektivisch und nicht zuletzt aufgrund ihres Schriftprinzips und ihrer Rechtfertigungslehre als ursprüngliche Einheit zu betrachten und von den Zeitgenossen auch als solche betrachtet worden.

Man muß kein Hegelianer sein, um die Erwartung zu hegen, daß dort, wo zwei sich streiten, ein dritter wenn nicht sich freuen, so zumindest darum bemüht sein wird, den vorhandenen Gegensatz zu vermitteln und dadurch aufzuheben, daß er dessen Bestimmungsgründe als Momente eines synthetischen Zusammenhangs vereint. Berndt Hamm enttäuscht diese Erwartung nicht: in seinem zu einer umfangreichen Studie ausgearbeiten Referat[12] bezieht er eine mediatorische Position, welche Gemeinsamkeit und Differenz verbindet und die Reformation als ein Geschehen zu würdigen sucht, in welcher gegebener Widerspruch umfassende Kohärenz nicht ausschließen und Einheit nicht gleichförmige Einheitlichkeit bedeuten muß. Was die kohärente Einheit der Reformation betrifft, so rechnet Hamm erklärtermaßen und in betontem Unterschied zu Wendebourg mit einem „inneren Zusammenhang der reformatorischen Bewegungen und Konfessionsrichtungen"[13], der es möglich und erforderlich macht, von der Reformation und ihrer sozusagen intrinsischen Identität zu sprechen. Dabei findet er das Gemeinsame der Reformation vor allem in dem fundamentalen Bruch mit dem mittelalterlichen Gradualismus. Ihm ge-

---

[11]   Ebd.

[12]   B. Hamm, Einheit und Vielfalt der Reformation – oder: Was die Reformation zur Reformation machte, in: ders. u. a., a. a. O., 57–127.

[13]   A. a. O., 63.

genüber stelle die normative Zentrierung[14], wie sie die Reformation mit ihrer Betonung der Alleinwirksamkeit Gottes, der Heiligen
Schrift als alleiniger Normquelle, der Rechtfertigung aus Glauben
und nicht aus Werken, schließlich auch mit ihrem Gemeindeprin-
zip erbringe – um vom sonstigen 33-Punkte-Katalog Hamms zum
„Gemeinsam-Reformatorischen" zu schweigen –, eine nicht mehr
zu integrierende und damit systemsprengende Alternative dar, deren alternativer Charakter durchaus in der Eigendynamik der Reformation selbst begründet liege und keineswegs erst durch den
gegenreformatorischen Kontext in Erscheinung trete. Bestätigt
wird die reformationsinterne Gemeinsamkeit normativer Zentrierung durch dies, was Hamm als Durchdringungsvermögen und
Überschreitungsfähigkeit der Theologie, Frömmigkeit und Kirchlichkeit der Reformation beschreibt, um zum Ausdruck zu bringen, daß die Reformation tradierte soziale, politische, ökono-
mische und kulturelle Unterschiede zu integrieren bzw. zu trans-
zendieren und sich nicht zuletzt auf diese Weise als identische
Geschichtseinheit zu konstituieren vermochte. Erwähnt wird in
diesem Zusammenhang besonders „die große Durchlässigkeit
zwischen den Stadtreformationen, den territorialfürstlichen Reformationen, dem ritterschaftlichen Eintreten für die Reformation
und den bäuerlichen Reformationsvorgängen auf dem Dorfe,
weiter die Durchlässigkeit zwischen einer sog. ,Reformation von
oben' und einer ,Reformation von unten', der Reformation des
,Gemeinen Mannes' und der obrigkeitlichen Reformation", ferner
„de(r) Austausch zwischen den verschiedenen Reformations-
gegenden Deutschlands und schließlich die Durchlässigkeit zwischen verschiedenen Phasen der Reformation, besonders die
Kontinuität zwischen den Jahren vor und nach der Zäsur von
1525/1526"[15].

Belegt dieses und vieles mehr die intensive und extensive Kohärenz der in sich einen Reformation, so möchte Hamm doch
auch – stärker als ihm dies unter der Voraussetzung der scharf
kritisierten Moellerschen „Engführungsthese" als möglich erscheint – die mannigfach differierende und divergierende Vielfalt

---

[14]   Vgl. B. Hamm, Reformation als normative Zentrierung von Religion und
         Gesellschaft, in: Jahrbuch für Biblische Theologie 7 (1992), 241–279.
[15]   B. Hamm, Einheit und Vielfalt der Reformation, 112.

herausgestellt wissen: „Sobald die Reformationsbewegung eine
gewisse Breite und Vielstimmigkeit erreicht, sobald neben Luther
auch zahlreiche Prediger und neben ihnen auch viele Laien das
Wort ergreifen, d. h. besonders nach dem Wormser Reichstag
1521/22 und kulminierend in den Jahren 1523–25, zeigt sich auch
sofort – und zwar nicht nur in latenten Spannungen, sondern
auch in offenen Konflikten – eine innerreformatorische Vielfalt
und Divergenz. Es gab nie eine ‚enggeführte‘ Reformationsbewegung, nie eine Einheitlichkeit der Reformation."[16]

Ergebnis: „Zur genuinen Reformation gehört das Gemeinsame
ebenso wie die Vielfalt."[17] In diesem von Hamm auf den Begriff
gebrachten Resultat wissen sich die Kontrahenten bei allem vorhergehenden Streit zum Schluß alle gut aufgehoben und auffällig
einig. Offen scheinen im wesentlichen nurmehr das Problem,
„wie das Gemeinsame, wie das Verschiedene und Gegensätzliche
zu gewichten" ist, und die Frage, „nach welchem Maßstab solche
Gewichtung zu erfolgen hat"[18]. „Solange diese Fragen nicht erörtert werden", meint Dorothea Wendebourg, „besteht die Gefahr,
daß ein Disput über unser Problem ein Schattenboxen darstellt,
bei dem jeder auf einer anderen Ebene streitet, und schließlich
Begriffe, die alle verwenden, aber unterschiedlich füllen –
‚Einheit‘, ‚Gemeinsamkeit‘, ‚Differenz‘ usw. – hin- und hergescho-
ben werden."[19] Dem dürfte in der Tat so sein: doch lassen sich
bekanntlich nicht nur Begriffe, sondern auch Gewichtungen einschließlich der Gewichtsmaße, nach denen sie erfolgen, verschie-
ben, solange man kein kanonisches Richtmaß einzuführen gedenkt. Daß es ein solches kanonisches Richtmaß im Zusammenhang historischer Urteilsbildung nicht gibt und nicht geben kann,
bestätigt sich auch in reformationsgeschichtlicher Hinsicht. Wenn
der in Auswahl referierte Diskurs etwas evidentermaßen erwiesen
hat, dann dies, daß ein von konstruktiver Interpretation losgelö-
ster Begriff der Reformation eine Abstraktion darstellt, die sich als
solche gerade nicht zur Anschauung bringen und historisch verifizieren läßt. Auch unter reformationsgeschichtlichen Bedingungen

---

[16]   A. a. O., 122 f.

[17]   A. a. O., 127.

[18]   D. Wendebourg, Replik, in: B. Hamm u. a., a. a. O., 132–139, hier: 132.

[19]   A. a. O., 132 f.

gilt: rezipierende Anschauung und produktive Begriffskonstrukti-
on lassen sich nicht auseinanderdividieren, sondern sind ebenso
untrennbar wie originär verbunden. Damit ist gesagt: die Reformation gibt es nicht – und zwar von Anfang an nicht – ohne das
Bewußtsein derer, die sich – sei es kritisch, sei es affirmativ, sei es
in welchen Mischformen auch immer – zu dem verhalten, was
man (und auch dies war selbstverständlich ein Prozeß mit entsprechenden konstruktiven Anteilen) auf den Begriff der Reformation bzw. auf die diesem Begriff entsprechenden terminologischen Funktionsäquivalente gebracht hat. Von daher gewinnt der
Reformationsbegriff etwas Fließendes, ohne deshalb aufzuhören
eine identifizierbare Größe zu sein, sofern sich auch noch der jeweilige Wandel seiner Bestimmungen aus der Bewußtseinskon-
stellation erklären läßt, deren allgemeiner Ausdruck er ist.

Ist der Begriff der Reformation in dem skizzierten Sinne als ein hi-
storisch-dynamischer Bewegungsbegriff verfaßt, so steht zu erwarten, daß auch die ursprüngliche Einsicht der Reformation,
wenn man sie denn so nennen will, nicht in gleichsam naturhaft-
statischer Weise vorhanden und zur Darstellung zu bringen ist.
Wie der Begriff der Reformation selbst – sofern es sich bei ihm
um einen historisch bestimmten und nicht um einen ideologisch
abgehobenen handelt –, so erschließt sich offenbar auch der ihrer
genuinen Einsicht nicht unter Absehung von dem in vielfältiger
Weise vermittelten und intern und extern reflexiven Bewußt-
seinsprozeß, in welchem diese Einsicht aufgegangen, wahrgenommen und expliziert wurde, um in der Gestalt einer gleichsam
vermittelten Unmittelbarkeit in Erscheinung zu treten. Wie die
Gottunmittelbarkeit des Glaubens nach reformatorischer Lehre
keine vermittlungslose, sondern eine mediatisierte, durch die
kirchliche Verkündigung in Wort und Sakrament vermittelte Unmittelbarkeit darstellt, so läßt sich nach dem Selbstverständnis der
Reformation auch die ihr gegebene und aufgegebene Glaubens-
einsicht unbeschadet ihres gotterleuchteten Charakters offenbar
nicht abgelöst von innerweltlich-sozialen Vermittlungszusammenhängen erfassen. Es kommt daher nicht von ungefähr, daß für die
im gegebenen Zusammenhang primär interessierende Lutherisch-
Wittenberger Reformation die Entwicklung des ihr eigenen Begriffs mit einer erzählbaren Geschichte von Anbeginn verbunden
war.

An Melanchthons Entwürfen zur Vorrede der Augustana ließe sich
dies exemplarisch belegen: Kirchliche Mißbräuche (BSLK 37,21 ff.:
„Dann unter andern ihren unschandbaren Furgebungen dorfen
etlich offentlich auf der Kanzel sagen und ausschreien, wann das
Geld ins Becken fiel, so fuhr die Seel, dafür das Geld eingewor-
fen, alsbald gein Himmel." Vgl. BSLK 37,42 f.), Luther und die
Wittenberger Ablaßthesen von 1517 (BSLK 38,37 ff.: „Als nu Luther
dieses ungeschickt Predigen und Ausschreiben von Indulgentien,
wie er schuldig gewesen, mit einer kurzen lateinischen Predigt
gestraft hat ..." Vgl. BSLK 38,1 ff.) – das sind historische Initialen,
die in dem Begriff, den die Reformation von sich selbst hat, nicht
fehlen dürfen. Ihrem Selbstverständnis gemäß – das beweisen bereits die beiden beigebrachten Belege – ist die Wittenberger Reformbewegung nicht nur mit der religiösen Entwicklung ihrer
Hauptgestalt Martin Luther aufs engste verbunden, sondern zugleich eine ursprünglich und wesentlich kirchliche Bewegung,
welche den Überlieferungszusammenhang der Kirche voraussetzt
und in erneuerter Weise fortzuführen gedenkt. Die reformatorische Kritik kirchlicher Tradition weiß sich also keineswegs auf
deren Verabschiedung hin angelegt. Die Behauptung der Widersacher, „als hätten wir alle Ceremonias ernieder gelegt und zu-
rutten alle geistliche Ordnung und Satzung" (BSLK 42,19 f.), wird –
um erneut aus einem Vorredenentwurf zur CA zu zitieren – von
Melanchthon ausdrücklich als irrig und verleumderisch abgewiesen. Zur Begründung verweist der Praeceptor Germaniae u. a. auf
„Katechismus oder Kinderlehr" (BSLK 42,43), „welche vor Zeiten
in der Christenheit mit sonderm Fleiß gebraucht worden, aber
nachfolgend aus Unfleiß der Pfarrer und des Volks ganz unterlassen" (BSLK 42,41 – 43) und erst im Zusammenhang der reformatorischen Bewegung wieder zu neuem Ansehen gelangt seien. In
der Tat ist die reformatorische Katechismuspflege, wie sie namentlich von Luther seit 1516 geübt wurde (seit 1523 durch regel-
mäßige Katechismuspredigten in Wittenberg) ein paradigmati-
scher Beweis dafür, daß Melanchthons Einschätzung der Traditi-
onsverbundenheit der reformatorischen Bewegung nicht dessen
Privatmeinung darstellt, daß vielmehr die auf die Gottunmittelbarkeit des Glaubens konzentrierte ursprüngliche Einsicht der Wittenberger Reformation auch nach Luthers eigener repräsentiver
Einschätzung keine vermittlungslose Größe ist, sondern ein Datum, das von bestimmten Vermittlungszusammenhängen herkommt und auf bestimmte Vermittlungszusammenhänge hin an-

gelegt ist. „Der Glaube der Einfachen und der einfache Glaube in
Luthers Katechismen"[20] bestätigen gleichermaßen, daß die von
Luther angestoßene Bewegung nicht auf Destruktion, sondern auf
Reform kirchlicher Tradition bezogen ist. Inhaltlich läßt sich dies
nicht zuletzt an der Tatsache belegen, daß in Luthers Katechismuspredigten „Trinitäts- und Zweinaturenlehre ungewöhnlich
breit vor der Gemeinde entfaltet werden. Der Grund dafür liegt in
Luthers Offenbarungsverständnis im allgemeinen und in der
Rechtfertigungslehre im besonderen, deren Basis die Trinitätslehre
ist. Wenn das so ist, dann bekommen Luthers Predigten und die
aus ihnen hervorgegangenen Katechismen einen besonderen
ökumenischen Rang, weil es ihm darum geht, mit der reformatorischen Predigt und den Katechismen die Verbindung mit der ein-
helligen Glaubensüberlieferung der Kirche darzustellen. Dabei
sind Trinitäts- und Zweinaturenlehre die Summe der Heiligen
Schrift. Das Geheimnis der Predigten ist darum die Synchronisie-
rung von biblischer Überlieferung und kirchlicher Tradition im eigentlichen und ursprünglichen Sinn gegen alle späteren Entstel-
lungen."[21]

Gibt es sonach eine Reihe von Sachgründen, die reformatorische
Einsicht anhand von Luthers Katechismen zu entwickeln, so werden diese Gründe durch die Tatsache bestärkt, daß nachgerade
der Kleine Katechismus als „die mit Abstand am weitesten verbreitete Schrift"[22] der Reformation zu gelten hat und daß der Reformator rückblickend unter allen seinen Schriften neben „De ser-
vo arbitrio" nur den Katechismus als recht und erhaltenswert anerkannt hat.[23] Dabei dachte er neben dem Großen Katechismus
(= GK), dessen eschatologische Ausrichtung mit Recht hervorge-

---

[20]   Vgl. den gleichnamigen Beitrag von H. Meyer, in: Weisheit Gottes –
       Weisheit der Welt. FS J. Kard. Ratzinger, Bd. 2, St. Ottilien 1987, 863–874.

[21]   U. Asendorf, Luthers Theologie nach seinen Katechismuspredigten, in:
       KuD 38 (1992), 2–19, hier: 2 f.; vgl. ders. Die Theologie Martin Luthers
       nach seinen Predigten, Göttingen 1988. Zu „Luthers Katechismuslieder(n)"
       vgl. etwa den gleichnamigen Beitrag von W. v. Meding, in: KuD 40
       (1994), 250–271.

[22]   J. Schilling, Art. Lutherausgaben, in: TRE 21, 594–599, hier: 594.

[23]   Vgl. den Brief an Wolfgang Capito vom Sommer 1537 (WA Br 8, 99, 5–8)
       sowie WA 30 I, 426 f.

hoben wurde[24], sicher auch an den Kleinen (= KK), der nicht nur als Abriß der Theologie Luthers, sondern zusammen mit dem der großen Abendmahlsschrift beigefügten persönlichen Bekenntnis von 1528 und den Schmalkaldischen Artikeln von 1537 als sein Glaubenstestament gelten darf.[25] Den Charakter einer Bekenntnisschrift erhielten die Katechismen, als sie in eine Reihe von Kirchenordnungen und Corpora Doctrinae aufgenommen wurden. Im Jahre 1580 wurden sie schließlich Bestandteil der deutschen und 1584 der lateinischen Konkordie.[26]

Die Entstehung der Katechismen Luthers (vgl. im einzelnen BSLK XXVIII – XXXI sowie Peters I, 15 ff.) fällt in die Phase der Reformationsgeschichte, in der nach vorläufig erreichter äußerer Bestandssicherung der evangelischen Kirche vermehrtes Bedürfnis nach innerer Konsolidierung entstand.[27] Dem diente bereits Me-

---

[24] U. Seeger, Die eschatologische Grundhaltung in Luthers großem Katechismus, in: EvTh 2 (1935), 67−95.

[25] G. Hoffmann, Der Kleine Katechismus als Abriß der Theologie Martin Luthers, in: Luther. Mitteilungen der Luthergesellschaft 30 (1959), 49−63, hier bes. 52 f.

[26] Vgl. A. Peters, Die Bedeutung der Katechismen Luthers innerhalb der Bekenntnisschriften, in: Luther 50 (1979), 27−32. Mag es auch schwierig sein, einen Katechismus nach der Confessio Augustana zu machen (F. E. Friemel, Über die Schwierigkeit, einen Katechismus nach der Confessio Augustana zu machen, in: F. Hoffmann/U. Kühn [Hg.], Die Confessio Augustana im ökumenischen Gespräch, Berlin 1980, 87−108), so darf für deren Verständnis als Bekenntnisschrift der evangelisch-lutherischen Kirche der Kontext, wie er u. a. durch Aufnahme der Katechismen in Konk gegeben ist, nicht unbeachtet bleiben.

[27] Um nur das historisch Wichtigste knapp zu rekapitulieren: Die Wittenberger Reformation, so wurde gesagt, ist ihrem skizzierten Selbstverständnis nach eine im wesentlichen kirchliche Bewegung und mit der religiösen Entwicklung ihrer überragenden Hauptgestalt Martin Luther (1483−1546) aufs engste verbunden. Nach seinem Eintritt in das Kloster der Augustinereremiten zu Erfurt und seiner Versetzung in den Konvent zu Wittenberg übernahm Luther nach seiner Promotion zum Doktor der Theologie die dortige biblische Professur und erlangte nach heftigen inneren Kämpfen über intensivem Studium der Schrift und der Tradition namentlich Augustins an Röm 1,17 die grundlegende reformatorische Einsicht von der Rechtfertigung des Sünders aus Gnade um Christi willen durch Glauben. Diese Einsicht brachte er 1517 in 95 Thesen gegen den damaligen Mißbrauch des kirchlichen Bußwesens zur Geltung. Der nachfolgende Ablaßstreit endete 1521 mit dem römischen Bann und der Ver-

lanchthons ‚Unterricht der Visitatoren an die Pfarrherrn im Kurfürstentum Sachsen' (WA 26, 195–240) von 1528, in dem nicht nur die wesentlichen Grundzüge reformatorischer Lehre entwickelt, sondern auch Wege zu einer die offenkundigen Notstände behebenden Ordnung des Kirchenwesens gewiesen wurden. Luther schrieb hierzu die Vorrede und deckte das Ganze mit seinem

hängung der Reichsacht über Luther und seine Anhänger durch das Wormser Edikt. Beide Maßnahmen verfehlten indes nicht nur ihre Wirkung, sondern lösten recht eigentlich erst die Reformation im Sinne einer Neuformung des Kirchenwesens aus. Spätestens nach dem Ende des Bauernkriegs nahm das reformatorische Kirchentum in den Territorien und Städten feste organisatorische Gestalt an. Zwar brachte, um auf Nachfolgendes kurz vorzugreifen, der Augsburger Reichstag von 1530 nicht den von reformatorischer Seite erwünschten Erfolg eines Ausgleiches der Religionsparteien. Gleichwohl kommt es in den Jahren nach 1530 unter dem Schutz des Schmalkaldischen Bundes zu einer ungeahnten Ausbreitung evangelischen Kirchentums. Die anschließenden Jahre bringen zunächst zwar die tiefe Krise des Protestantismus infolge seiner Niederlage im Schmalkaldischen Krieg und aufgrund des Augsburger Interims, sodann aber seine glückliche Errettung im Zusammenhang des berühmt-berüchtigten Frontwechsels Moritz' von Sachsen. Die Resignation Karls V. im Jahre 1556 bekundet in dramatischer Form das endgültige Scheitern seines Versuchs, die Reformation in Deutschland, zu der sich mittlerweile etwa 80% der Bevölkerung bekannten, zu annullieren.

Hinzuzufügen ist, daß die weltpolitische Situation zu Beginn der Reformation neben der Großmachtbildung des Hauses Habsburg, das seit 1496 durch Heirat mit dem spanischen Königshaus verbunden war, durch starke nationalstaatliche Tendenzen geprägt wurde, welche der mittelalterlichen Einheitskultur und der Idee eines Corpus Christianum mit seinen zwei Häuptern Papst und Kaiser fortschreitend den Boden entzogen. Zwar kam es im Ursprungsland der Reformation ähnlich wie in Italien nicht zur Bildung eines eigenen Nationalstaats, doch lag auch im Hl. Röm. Reich die wirkliche Macht weniger beim Kaiser als vielmehr bei den Ständen, insonderheit bei den großen geistlichen und weltlichen Territorialfürsten. Nachdem der junge spanische König Karl I. als Karl V. (1519–1556) zum Kaiser gekürt worden war, verschärfte sein Programm eines katholischen Universalkaisertums nicht nur das Spannungsverhältnis zwischen den deutschen Ständen und dem Kaisertum, sondern führte zugleich zu einem Dauerkonflikt Habsburgs mit dem Großmachtstreben Frankreichs (sog. Italienische Kriege), in welchen auch der Papst als Repräsentant des Kirchenstaates auf mannigfache Weise verwickelt war, was für den Verlauf der Reformationsgeschichte ebenso bedeutsam wurde wie die wiederholte Bedrohung des christlichen Europas durch das islamische Osmanische Reich.

Namen (vgl. WA 26, 175 ff.). Völlig in eigene Regie nahm er schließlich nach einigen unerledigten Ansätzen von anderer Seite die Ausarbeitung des Katechismus. Zwar reicht Luthers Beschäftigung mit diesem Stoff lange Jahre zurück; die unmittelbare Vorarbeit stellen jedoch erst die drei Predigtreihen dar[28], die der Reformator über die fünf Hauptstücke in der Zeit vom 18. bis 30. Mai (P[1]), 14. bis 25. September (P[2]) und 30. November bis 19. Dezember 1528 (P3) in Vertretung Bugenhagens in Wittenberg hielt. 1894 hatte Georg Buchwald (vgl. WA 30 I, 1) zugleich mit der Veröffentlichung der von ihm handschriftlich in Jena aufgefundenen Nachschriften der drei Katechismuspredigtreihen den Nachweis erbracht, daß der GK aus deren Synthese entstand.[29] J. Meyer hat diesen Nachweis bestätigt und u. a. dahingehend zu präzisieren versucht, daß Luther einen nach P[1.2] begonnenen GK nachträglich aufgrund von P3 überarbeitete. Eine eigene Textausgabe von Luthers GK mit Kennzeichnung seiner Predigtgrundlagen dient als Beleg hierfür. Dabei zeigt sich, wie Meyer einleitend erläutert, die auffälligste Differenz zwischen dem von P3 unabhängigen GK[1] und dem wesentlich von P3 bestimmten GK[2] beim ersten Gebot: namentlich die Bedeutung der Furcht vor Gottes Zorn für die Gebetserfüllung wurde in der zweiten Version ungleich schärfer herausgestellt als in der ersten. Insgesamt sollte gelten: „P3 und GK[2] verfahren viel mehr unter dem Gesichtspunkte einer kirchlichen Volkspädagogik an Massen im Rahmen der Volkskirche und reden mehr von guten und schlechten Betätigungen in einzelnen Situationen, während GK[1] trotz aller konkreten Einzelzüge ... viel mehr auf die religiöse Innerlichkeit des gottgewollten Lebens verwies ..." (Meyer 20)

Im April 1529 lag GK unter dem Titel ‚Deudsch Catechismus' als fertiges Buch in Wittenberg zum Versand bereit. Noch im selben Jahr erschien eine durchgesehene und namentlich um die ‚Kurze

---

[28] Vgl. WA 30 I, 2–122 sowie W. Jetter, Art. Katechismuspredigt, in: TRE 17, 744–786, bes. 748 ff.; zur Bedeutung des ‚Katechismus-Gottesdienst(es) im Reformationsjahrhundert' vgl. den gleichnamigen Beitrag von B. Jordahn, in: Luther. Mitteilungen der Luthergesellschaft 30 (1959), 64–77.

[29] G. Buchwald, Die Entstehung der Katechismen Luthers und die Grundlage des Großen Katechismus, Leipzig 1894.

Vermahnung zur Beichte' (vgl. BSLK 725 – 733; Peters V, 17 ff.)[30]
erweiterte zweite Ausgabe. Sie war erstmals mit Holzschnitten
u. a. von Lucas Cranach d. Ä. ausgeschmückt: „Doch ist diese Illustration recht eigenartig, weil sie aus dem Katechismus Melanchthons in ihrer ursprünglichen Form bzw. in genauen Nach-
bildungen einfach übernommen wurde."[31] Die dritte Auflage von
1530 ist mit einer umfangreichen, von Luther vermutlich auf der
Coburg verfaßten (vgl. BSLK 548, Anm. 1) Vorrede versehen (BSKL
545 – 553).[32] Die knappere ältere Vorrede basiert auf der Predigt

---

[30]   Zur Geschichte und Vorgeschichte des in BSLK 517,8 – 519,34 aufgenommenen Beichtabschnitts von KK vgl. Peters V, 15 ff. Zur genauen Gliederung der Beichtvermahnung in GK vgl. Peters V, 18 ff. Über die spätere
Ausgestaltung der katechetischen Beichtanweisungen zur Lehre vom
Schlüsselamt sowie über deren Stellung im Kontext der Theologie Luthers äußert sich Peters ausführlich in V, 22 ff. Dabei konzentriert er sich
vor allem auf die spezifischen Probleme der Einzelbeichte, wobei im
einzelnen folgendes ausgeführt wird: „1) Die Einzelbeichte hat ihren Ort
zwischen der Taufe und dem Abendmahl. In ihr konkretisiert sich die
‚significatio' der Taufe, das tägliche Ersäufen des alten Menschen im
Aufdecken der Schuld vor einem Christenbruder sowie das tägliche Her-
vorbrechen des neuen Menschen kraft der göttlichen Absolution; in ihr
rüsten wir uns auf das Abendmahl. 2) Die Einzelbeichte ist zugleich ein
Ort, an welchem unser Bekennen vor Gott und vor den Menschen wirklich praktiziert wird. Dieses Bekennen unserer Verfehlungen ist uns geboten, jener besondere Ort ist uns gütig gewährt. 3) Die Einzelbeichte ist
ferner ein Ort, an welchem sich uns der gnädige Herr durch einen Men-
schenbruder leibhaft zuwendet und uns die Vergebung zuspricht. So ist
sie als unser Erkennen und Bekennen der Verstöße gegen Gottes Gebote
eine spezifische Übung am Gesetz, als gläubiges Ergreifen des göttlichen
Zuspruchs und Trostes ist sie konkreter Vollzug des Evangeliums. 4) In
diesem Dreifachen ist die geordnete Einzelbeichte eine spezielle Ausprä-
gung des neutestamentlichen Schlüsselamtes. Unter Verhör, Bekenntnis
und Lossspruch – wenn notwendig auch unter Verweigerung der Absolution und Zurückweisung vom Abendmahl – erfüllt die Kirche den Auftrag ihres Herrn, Sünden vor Gott zu binden und zu lösen." (Peters V, 35)
Über die gottgewollte Freiheit zur heimlichen Beichte und über die Absolution als ihr Kernstück handelt Peters V, 51 ff. Darauf wird in § 9,7 – 9
sachlich zurückzukommen sein und zwar in dem historischen Bewußtsein: „Am Bußsakrament entzündete sich die Reformation." (Peters V, 36)

[31]   E. Grüneisen, Grundlegendes für die Bilder in Luthers Katechismen, in LJ
20 (1938), 1 – 44, hier: 41; vgl. ferner: WA 30 I, 631 ff.

[32]   Vgl. O. Albrecht, Neue Katechismusstudien II. Handschriftliches Material
zu dem sogenannten Großen Katechismus Luthers, in: ThStKr 81 (1908),
565 – 576.

vom 18. Mai 1528 (vgl. Peters I, 21 ff.). Über die weitere Publikationsgeschichte des deutschen Textes, seine lateinische Übertragung und die Textgestalt des GK im Konkordienbuch informiert BSLK XXIX (Vgl. ferner WA 30 I, 491 ff., 499 ff.; Albrecht, 75 ff.).

Noch während er mit der Ausarbeitung des GK beschäftigt war, brachte Luther im Januar 1529 die drei ersten Hauptstücke in Plakatform, also in Gestalt von zum Aufhängen an der Wand bestimmten Tafeldrucken, unters Volk. [33] Zwei Monate später folgten zwei weitere Tafeln, die von den Sakramenten handelten. In Buchform erschienen alle diese Stücke im Mai 1529 unter Hinzufügung einer Vorrede (BSLK 501–507, vgl. Peters I, 19 ff.), die gleichzeitig mit textverwandten Passagen des Schlusses des fünften Hauptstückes in GK (vgl. BSLK 715 ff.) verfaßt sein dürfte. Beigegeben wurde ferner neben zwei Gebetstafeln Luthers Haustafel, als deren Vorbild ein Traktat Gersons fungiert, der allerdings im Sinne der reformatorischen Grundanschauungen von christlicher Ethik und Sittlichkeit umgestaltet wurde. [34] „Der Kleine Katechis-

---

[33] Eine vor allem in textkritischer Hinsicht außerordentlich detaillierte Einführung in die Entstehungsgeschichte von KK gibt J. Meyer, Historischer Kommentar zu Luthers Kleinem Katechismus, Gütersloh 1929, 1–70. Zu Luthers Rezeption des Erbes mittelalterlicher Katechese und insbesondere zu Auswahl und Anordnung der kirchlichen Lehrstücke vgl. 70–107, zur Frage der Auslegungsmethode vgl. 107–119.

[34] Vgl. im einzelnen O. Albrecht, Katechismusstudien I. Luthers Haustafel, in: ThStKr 80 (1907), 71–106; zur Erklärung des Wortes „Haustafel" vgl. a.a.O., 79, Anm. 1; vgl. ferner WA 30 I, 635 ff. Einen ausführlichen Kommentar zur Haustafel von KK (vgl. BSLK 523–527) im Kontext neutestamentlicher Vorbilder und antik-stoischer sowie jüdisch-hellenistischer Vorformen bietet Peters V, 95–118, hier: 98: „Die Haustafel greift … nach dem Credo und dem Vaterunser zurück auf den Dekalog und schließt damit den Katechismus zur Einheit zusammen; sie entfaltet die aus dem Christusglauben herausfließende Liebe und rückt die geschöpfliche Lebensgemeinschaft ins Licht des ‚usus practicus evangelii'." Zu dem mit Luthers Haustafel entstehungsgeschichtlich verbundenen Traubüchlein vgl. im einzelnen Peters V, 119–155. In den Ausgaben des Konk ist das Traubüchlein, das sachlich in den Zusammenhang der Auslegung des 6. Gebotes gehört, „nicht durchgehend aufgenommen" (Peters V, 120 unter Verweis auf BSLK 528, Anm. 1) worden. Auch das Taufbüchlein gehört „nur sehr bedingt" zum Corpus Doctrinae Wittenberger Reformation. (Peters V, 157; vgl. im einzelnen 157–190. Peters V, 191–204 ist ein Beitrag von F. Schulz zu Luthers Hausgebeten [Morgen- und Abendsegen, Gebete vor und nach Tisch] aus dem KK von 1529 beigegeben.)

mus überschreitet also das durch den Großen und durch die Predigten vom Jahre 1528 festgelegte Schema der fünf Stücke durch
Angliederung von drei weiteren, den zwei Gebetstafeln und der
Haustafel; diese erscheinen somit als eine Art Anhang zu den
fünf, nicht gleichen Ranges und Wertes mit ihnen, aber doch auch
nicht als solche mehr zufällige, leicht ablösbare Beidrucke, wie
das Trau- und Taufbüchlein, sondern als wesentliche Bestandteile
des aus den Tafeln zu einer Bucheinheit herausgewachsenen
Kleinen Katechismus, die auch wohl ebenso wie die voranste-
henden Hauptstücke zum Memorieren bestimmt waren."[35] Über
weitere Ergänzungstexte sowie die Publikations- und Überset-
zungsgeschichte von KK bis zu Konk informiert BSKL XXX f.[36]
Abgedruckt sind dort auch die nötigen Hinweise zur Textgestalt
von KK und GK in BSLK.

Was das genaue chronologische und sachliche Verhältnis von KK
und GK betrifft, so ist nach O. Albrecht KK einschließlich der ersten Tafelreihe recht eigentlich „kein Auszug aus dem Großen
Kat. ..., sondern eher eine programmatische Grundschrift desselben, und zwar näher wohl eine während oder gegen Ende der
Niederschrift der umfangreichen Auslegung des Dekalogs entstandene" (WA 30 I, 484; vgl. ferner 549 f.). Dabei setzt Albrecht
folgende Entwicklungsgeschichte der Katechismen voraus: Mit der
Niederschrift des GK begann „Luther frühestens nach dem 18. Mai
1528, aber wohl erst gegen Ende des Jahres förderte er sie einigermaßen, vielleicht bis gegen das Ende der Auslegung des Dekalogs hin, mit besonderer Berücksichtigung der Dekalogauslegung der zweiten Predigtreihe, doch auch schon Pr.3 mitbenut-
zend. Um Neujahr formte er die drei ersten Tafeln und ließ sie
sofort drucken; ob damals schon der Anfang des Großen Katechismus gedruckt war, steht dahin, sein Manuskript dürfte höch-

---

[35]   O. Albrecht, a. a. O., 75.

[36]   Vgl. ergänzend O. Albrecht, Katechismusstudien II./III. Handschriftliches
        zum Kleinen Lutherschen Katechismus, in: ThStKr 80 (1907), 434–466
        sowie 564–608. Ferner WA 30 I, 559 ff., 666 ff. sowie Albrecht, 112 ff. Zur
        Rezeptionsgeschichte von KK vgl. J. M. Reu, D. Martin Luthers Kleiner
        Katechismus. Die Geschichte seiner Entstehung, seiner Verbreitung und
        seines Gebrauchs, München 1929 sowie H.-J. Fraas, Katechismustradition.
        Luthers Kleiner Katechismus in Kirche und Schule, Göttingen 1971. (Dort
        findet sich S. 327–370 auch eine sehr umfangreiche Bibliographie zum
        Thema.) Vgl. auch ders., Art. Katechismus I/1, in: TRE 17, 710–722.

stens bis zum Ende des ersten Hauptstücks gefördert gewesen sein. Als Luther am 15. Januar 1529 schrieb ‚Modo in parando catechismo pro rudibus paganis versor', war er dabei, auf Grund der vorjährigen Predigten, namentlich der dritten Reihe, und mit Rücksicht auf die in drei Tafeldrucken bereits gelieferte Probeauslegung am Manuskript weiterzuarbeiten. Andere Pflichten und seine Kränklichkeit hemmten den Fortschritt. Laut Brief vom 3. März hoffte er bald fertig zu sein. Als aber am 16. März die zweite gedruckte Tafelreihe versandt wurde, war anscheinend das Hauptmanuskript noch nicht fertig, es wurde wahrscheinlich erst bald nach dem 22., 24. und 25. März – an welchen Tagen wohl die Predigten noch Material für das fünfte Hauptstück bis zum Schluß des Buches lieferten – vollendet. Der Druck, der Ende März weit fortgeschritten war, kam frühestens in der ersten Aprilwoche zum Abschluß; vielleicht hatte Stephan Roth schon am 8. April in Wittenberg ein fertiges Exemplar erhalten, während Rörer am 23. April an ihn noch drei Exemplare nach Zwickau sandte." (WA 30 I, 485 f.)

Zu einer abweichenden Auffassung gelangt J. Meyer, dem sich BSLK XXIX anschließt. Er hält es für wahrscheinlich, „daß vom GK schon die drei ersten Hauptstücke vorlagen, als Luther mit der Weiterarbeit abbrach, um erst einmal in Tafeln aufs allerkürzeste den Inhalt seiner Katechismusauslegung zusammenzufassen (KK)" (Meyer, 27). Die Chronologie von Luthers Katechismusarbeiten stellt sich für ihn näherhin so dar: „1. Im Mai und September 1528: P¹ und P². 2. Im Oktober: Ausarbeitung des GK in der Form von GK¹; der Beginn der Kirchenvisitation am 22. Oktober 1528 mag diese Ausarbeitung unterbrochen haben, als sie bis zum Anfange des 2. Hauptstücks gelangt war. 3. Anfang Dezember: P³. 4. Im Laufe des Dezember 1528: die Ausarbeitung des GK² zu den ersten 3 Hauptstücken, d. h. im 1. Hauptstück die Nachträge und Einschübe, dann selbständige Ausarbeitung des 2. und 3. Hauptstücks. 5. Um Neujahr 1529: die Katechismustafeln zu den 3 ersten Hauptstücken (KK)." Meyer fährt fort: „Neue Visitationen kamen im Januar. Dann kam die Krankheit. Das alles hemmte die schnelle Fertigstellung und verzögerte sie fast um ein Vierteljahr gegen die anfänglichen Pläne. So wurde Luther schließlich mit seinem GK erst fertig, als er schon die Karwochepredigten hinter sich hatte. Dagegen hatte er die tabulae zu den Sakramenten

schon Anfang März, also vor dem Abschlusse der entsprechenden
Arbeit am GK fertiggestellt." (Meyer, 28 f.)

Was die Adressaten der beiden Katechismen angeht (vgl. Peters I,
24 ff.), so ist GK „in erster Linie geschrieben und bestimmt für die
Geistlichen; ihnen soll er zunächst persönlich zu tieferem Interesse und Verständnis für die Elementarstücke der christlichen Lehre
helfen, aber nicht minder zur Unterlage für Predigten über diese
Stücke dienen. Natürlich kann und soll ein solches Buch dann
auch weiteren Kreisen dienen, z. B. dem Hausvater zu seiner eigenen Belehrung und für die Unterweisung von Kindern und Ge-
sinde. Aber für die Hand der Kinder selber ist der Große Katechismus durchaus nicht gedacht."[37] Dem scheint zu widersprechen, wenn es in der ursprünglichen Vorrede von GK gleich zu
Beginn heißt: „Diese Predigt ist dazu geordnet und angefangen,
daß es sei ein Unterricht für die Kinder und Einfältigen. Darümb
sie auch von Alters her auf griegisch heißet Katechismus, das ist
ein Kinderlehre ..." (BSLK 553,33 – 37) Indes ist dies nicht so zu verstehen, daß GK direkt für die Kinder verfaßt und bestimmt ist.
Vielmehr ist er als Predigthilfe (bzw. -ersatz) konzipiert mit dem
Ziel, die mit dem Predigtamt Beauftragten zu katechetischer Ele-
mentarunterweisung der Jugend fähig zu machen. Unterstützung
sollen sie dabei bei den Hausvätern finden, von denen die ursprüngliche Vorrede verlangt, 1. daß sie ihren Schützlingen die
drei grundlegenden Hauptstücke durch ständige Repetition fest
einprägen, 2. für das Erlernen der Einsetzungsworte von Taufe
und Abendmahl sorgen, 3. durch Vorlage einschlägiger Psalmen
und Gesänge erworbene Kenntnisse bestärken und zum Schriftgebrauch anleiten und 4. auf den regelmäßigen Besuch insonderheit der Katechismuspredigten durch die Jugend achten: „Es soll
aber nicht an dem gnug sein, daß man's alleine den Worten nach
fasse und verzählen künnde, sondern lasse das junge Volk auch
zur Predigt gehen, sonderlich auf die Zeit, so zu dem Katechismo
geordnet, daß sie es hören auslegen und verstehen lernen, was
ein iglich Stück in sich habe, also, daß sie es auch können aufsa-
gen, wie sie es gehört haben, und fein richtig antworten, wenn
man sie fraget, auf daß es nicht ohn Nutz und Frucht gepredigt

---

[37]   Ph. Bachmann, Zu Luthers Katechismen 1. Für wen und wozu sind die
        beiden Katechismen geschrieben?, in: NKZ 26 (1915), 244–253, 311–320,
        hier: 248 f. Bei B. gesperrt.

werde. Denn darümb tuen wir den Fleiß, den Katechismum oft furzupredigen, daß man solchs in die Jugend bleue, nicht hoch noch scharf, sondern kurze und aufs einfältigst, auf daß es ihn wohl eingehe und im Gedächtnis bleibe. Derhalben wollen wir nu die angezeigten Stücke nacheinander fur uns nehmen und aufs deutlichst davon reden, soviel not ist." (BSLK 559,16–35)

Die Tatsache, daß es sich beim GK weder um ein Kinder- noch um ein Schul- oder Lernbuch, sondern um ein Werk handelt, das den Ertrag von Luthers primär an Erwachsene adressierten Katechismuspredigten vor allem Geistlichen nahebringen will, wird durch die Titelinschrift der Buchausgabe des KK bestätigt, welche diesen „fur die gemeine Pfarrherr und Prediger" (vgl. BSLK 501,3) bestimmt. Gleichwohl hat es mit diesem Titel „eine etwas rätselhafte Bewandnis"[38], sofern er der Bestimmung des KK zum Haus-, Schul- und Kinderbuch, für welche die Form der Tafeldrucke eindeutig steht, zu widersprechen scheint. Das Rätsel löst sich, wenn man mit Bachmann[39] von der Annahme ausgeht, daß es Luther bald für unentbehrlich hielt, den KK nicht lediglich dem Hausunterricht zu überlassen, sondern als Unterrichtsmittel auch und gerade den Geistlichen anzuempfehlen. Unbeschadet dessen behält es seine Richtigkeit zu sagen, daß die Antworten des KK ursprünglich „als das Bekenntnis des Hausvaters auf dem Bauernhof im kursächsischen Dorf" gemeint waren.[40] Hinzuzufügen ist, daß Luther unter ‚Katechismus' auch nach dem Erscheinen seiner beiden solchermaßen betitelten Bücher „durchaus nicht immer ein Buch (versteht), sondern zuweilen noch den Unterricht in den Hauptstücken, als Handlung vorgestellt"[41].

---

[38]   A. a. O., 314.

[39]   Vgl. ebd.

[40]   K. Bornhäuser, Der Ursinn des Kleinen Katechismus D. Martin Luthers, Gütersloh 1933, 24. Bei B. gesperrt.

[41]   O. Albrecht, Neue Katechismusstudien I. Was versteht Luther unter ‚Katechismus'?, in: ThStKr 81 (1908), 542–564, hier: 549; vgl. ferner: WA 30 I, 448 ff. sowie Peters I, 15 ff. Zu den Methoden rechter Katechismusunterweisung in ihrem pädagogischen und theologischen Horizont sowie zu einer von Luther übergangenen Möglichkeit eines Katechismusentwurfs vgl. Peters I, 29 ff. bzw. 33 ff.

Die Väter der Konkordienformel bekannten sich zu Luthers Kleinem und Großem Katechismus „als zu der Laien Bibel, dorin alles begriffen, was in Heiliger Schrift weitläuftig gehandelt und einem Christmenschen zu seiner Seligkeit zu wissen vonnöten ist" (BSLK 769,6 – 10; vgl. 836,27 – 35). Das entspricht der Einschätzung Luthers, der seine zweite Katechismuspredigtreihe am 14. September 1528 mit den Worten einleitete: „Das sol heissen die kinder predigt oder der leyen biblia, quae conducit pro simplici turba. Qui ergo ista nescierit, ut recensere et intelligere possit, non est habendus pro Christiano. Ideo etiam dicitur Catechismus i. e. ein unterweisung oder Christlicher unterricht, das yhn alle Christen zum allerwenigsten wissen sollen, post hoc sollen sie weiter ynn die schrifft gefurt werden ..." (WA 30 I, 27)

Was die Auswahl des Lehrbestandes betrifft, so folgte Luther im wesentlichen der mittelalterlichen Tradition, die den Überlieferungsstoff am Ende des 15. Jahrhunderts in der Regel in vier Hauptstücke zusammenfaßte: Credo, Oratio Dominica, Dekalog und Ave Maria. Da Luther seit 1523 das Ave Maria aus der Zahl der Hauptstücke streicht, verbleiben das Glaubensbekenntnis, das Vaterunser und die Zehn Gebote als „zusammenfassende klassische Beispiele für das, was der Christ tun, glauben und bitten soll. Dabei lagen Credo und Vaterunser seit der Urchristenheit fest. Sie spielten bei Katechumenenunterricht in der alten Kirche die entscheidende Rolle, waren der Mittelpunkt der mit dem Schleier des Geheimnisses umgebenen Lehrüberlieferungen (Arkandisziplin). Anders stand es mit dem Dekalog. Er ist erst durch die Beichtpraxis am Ende des Mittelalters als drittes Lehrstück in ausschließlichen Gebrauch gekommen. Vor allem das Doppelgebot der Liebe hat lange mit ihm um diesem Platz gerungen." [42]

Die Tatsache, daß sich Luther weitgehend der vorgefundenen Tradition angeschlossen hat, verdient nicht zuletzt deshalb Beachtung, weil sie ein Indiz für die „gemeinkirchliche Anlage" [43]

---

[42]   H. Girgensohn, Katechismus-Auslegung. „Was zum Christsein zu wissen notwendig ist", Witten 1956, 10.

[43]   Ph. Bachmann, Luthers Kleiner Katechismus als Aufgabe für die Gegenwart. Ein Wort zum Katechismusjubiläum, Leipzig 1929, 10; bei B. gesperrt. Vgl. ders., Luthers Kleiner Katechismus als Urkunde evangelischer Frömmigkeit, Leipzig 1929, bes. 4 ff.

von Luthers Katechismen ist und „den Willen zur Einheit und zur Ökumenizität der Kirche"[44] verrät. Die bewußt auf das innere Personleben des Christen in seiner prinzipiellen Individualität ausgerichteten Katechismusauslegungen Luthers wollen die herkömmlichen Regelstoffe des kirchlichen Volksunterrichts nicht sprengen, sondern sich aus ihrem Kontext begreifen. Dabei hat Luther „den christlichen Lehrstoff so beurteilt, daß in den als altkirchlich betrachteten drei ersten Hauptstücken alles Christentum enthalten sei, aber so, daß eine Zufügung weiterer Lehrstoffe damit nicht ausgeschlossen würde"[45]. Entsprechend konnte Luther den Katechismusstoff u. a. mit einem Taufe und Herrenmahl gewidmeten vierten und fünften Hauptstück anreichern. Unbeschadet dessen ging er davon aus, daß die ersten drei Hauptstücke „fur den gemeinen Haufen" (BSLK 554,26 f.) genug seien und den eigentlichen Katechismus ausmachen. Auf sie wird sich deshalb auch die nachfolgende Auslegung beschränken, während die Tauf- und Abendmahlsthematik § 9,3 ff. zugewiesen wird.

Was die Reihenfolge der Behandlung der ersten drei Hauptstücke anbelangt, so wurde der Dekalog als der am verhältnismäßig spätesten dem kirchlichen Volksunterricht eingefügte Stoff in der Regel auch zuletzt behandelt. GK und KK hingegen beginnen mit der Erörterung der Zehn Gebote, so daß sie zu der Abfolge gelangen: Zehn Gebote, Glaube, Vaterunser.[46] Von dieser Anord-

---

[44]   G. Hoffmann, a. a. O. 62.

[45]   H. Girgensohn, a. a. O, 11.

[46]   Zur unterschiedlichen Anordnung der drei Elementarstücke in den vorlutherschen evangelischen Katechismusversuchen vgl. die einschlägigen, von F. Cohrs herausgegebenen und eingeleiteten Quellenbände: Die evangelischen Katechismusversuche vor Luthers Enchiridion, 5 Bde, Berlin 1900 f. (Monumenta Germaniae Paedagogica Bd. 20–23 u. 29); vgl. ferner E.-W. Kohls (Hg.), Evangelische Katechismen der Reformationszeit vor und neben Martin Luthers Kleinem Katechismus, Gütersloh 1971. Zu Konzeptionsdifferenzen zwischen Luther und Erasmus, der 1533 einen umfangreichen Katechismus (Explanatio Symboli) herausgab, vgl. K. Bornkamm, Das Verständnis christlicher Unterweisung in den Katechismen von Erasmus und Luther, in: ZThK 65 (1968), 204–230. Zusammengefaßt und zu einer bemerkenswerten eigenen These verarbeitet ist die langwierige Diskussion um die Zuordnung der drei zentralen Hauptstücke in Luthers Katechismen bei Peters I, 38–49 (vgl. auch A. Peters, Die Theologie der Katechismen Luthers anhand der Zuordnung ihrer Hauptstücke, in: LJ 43 [1976], 7–35). Die differenzierte Grundannahme

nung hat Luther schon in seiner ‚Kurzen Form der Zehn Gebote‘
von 1520 Gebrauch gemacht, wenn er schreibt: „Dan drey dingk
seyn nott eynem menschen zu wissen, das er selig werden muge:
Das erst, das er wisse, was er thun und lassen soll. Zum andernn,
wen er nu sicht, das er es nit thun noch lassen kan auß seynen
krefften, das er wisse, wo erß nehmen und suchen unnd finden
soll, damit er dasselb thun und lassen muge. Zum drittenn, das er
wisse, wie er es suchen und holen soll. ... Alßo leren die gepott
den menschen seyn kranckheit erkennen, das er siht und empfindet, was er thun und nit thun, lassen und nit lassen kan, und erkennet sich eynen sunder und bößen Menschen. Darnach helt
yhm der glaub fur und leret yhn, wo er die ertzney, die gnaden,
finden sol, die yhm helff frum werden, das er die gepott halte,
Und tzeygt yhm gott und seyne barmhertzickeyt, in Christo ert-
zeygt und angepotten. Zum dritten leret yhn das vatter unßer, wie
er die selben begeren, holen und zu sich bringen soll, nemlich
mit ordentlichem demutigen trostlichem gepeet ...“ (WA 7, 204,
13–205, 2). Man hat in dieser Stelle nicht selten einen Beleg für
die These gefunden, daß auch die Reihenfolge der Hauptstücke
in GK und KK streng systematisch, nämlich nach Maßgabe eines
rechtfertigungstheologischen Ordnungsprinzips zu deuten seien.
In diesem Sinne hat sich neben Theodosius Harnack etwa G.
v. Zezschwitz[47] ausgesprochen, der in der Abfolge der Hauptstük-
ke die Genealogie der Rechtfertigung des Sünders zum Ausdruck
gebracht sah mit der Folge, daß er etwa Luthers Gebotsauslegung
im wesentlichen unter dem Gesichtspunkt des usus elenchticus
legis erörterte. Solchen und ähnlichen Systematisierungsversuchen
wurde schon zur damaligen Zeit entgegengehalten, daß die
„Gliederung des Lutherschen Katechismus ... das Gegenteil eines
eigentlich systematischen Aufbaus" darstelle, da „in jedem Haupt-

---

von Peters lautet: „Luther bietet weder einen systematischen Ordo salutis: Mose – Christus – der Geist, noch hat er die einzelnen Hauptstücke
blockartig nebeneinandergestellt; vielmehr erschließt uns der Reformator
mit Hilfe jener Trias den eschatologischen Weg der Christenheit wie des
einzelnen Gläubigen von unserem Geschöpfsein bis hin zur letzten Vollendung. Dabei ist das Christuszentrum ständig im Blick; vom zweiten
Glaubensartikel aus enthüllt Luther die Tiefendimensionen unserer Chri-
stenexistenz." (Peters I, 48)

47   G. v. Zezschwitz, System der christlich kirchlichen Katechetik, Bd. I und
       II, 1.2, Leipzig 1863/72.

stück ... der Gedankenkern derselbe" sei[48], wobei gelte: „Eins
kann nicht ohne das andere da sein, sie setzen sich gegenseitig
voraus."[49] Namentlich der Tübinger Theologe und ehemalige Herausgeber der ZThK, J. Gottschick, hatte sich schon frühzeitig in
dieser Weise ausgesprochen, etwa wenn er sagt: „die 3 Hauptstücke (sind) erschöpfender Ausdruck dessen, was einem Christen
zur Seligkeit zu wissen Noth ist, nicht so, daß jedes von ihnen einen von dem andern verschiedenen Gehalt einprägte, verschiedene Stücke gewissermaßen, die zusammenaddirt das Ganze des
Christenthums ausmachten, sondern in jedem von ihnen ist das
Ganze des Christenthums enthalten, jedesmal unter einem anderen Gesichtspunkt aufgefaßt ..."[50] In diesem Sinne lasse sich der
Dekalog nicht auf die Funktion der Sündenerkenntnis restringieren, um schließlich vom evangelischen Glauben als überwunde-
nes Gesetz hintangestellt zu werden. Bestehe doch bei „allem Gegensatz der Form und Wirkung zwischen Gesetz und Evangelium
... in Bezug auf den Inhalt Gleichheit. Der Geist Gottes, die Gabe,
in deren Verleihung die dem an Christus Gläubigen sich zuwen-
dende Huld (favor) Gottes sich verwirklicht, ist die Kraft, welche
das Herz des Menschen so wandelt, daß es in dem Inhalt des Gesetzes mit Lust und Freude sein höchstes Gut ergreift."[51] Entsprechend habe die Seligkeit der Sündenvergebung ihr Leben in der
vom Dekalog gekennzeichneten Gottesgemeinschaft mit der Folge, daß der „Glaube an die Vergebung unmittelbar der Antrieb
und die Fähigkeit den Dekalog zu erfüllen (ist); denn das ist der
einzige Weg die von Gott uns eröffnete Seligkeit wirklich zu genießen"[52].

Die Auffassung, daß Luthers Katechismen keine nach systematischen Prinzipien geordnete Laiendogmatik darstellen, hat sich
heute weitgehend durchgesetzt. Unter Bezug auf KK hat K. Frör

---

[48] G. v. Rohden, Zur Gliederung des Lutherschen Katechismus, in: Zeitschrift für den evangelischen Religionsunterricht 4 (1893), 108–126, hier:
124.

[49] A. a. O., 123; bei R. teilweise gesperrt.

[50] J. Gottschick, Luther als Katechet, Gießen 1883, 35.

[51] Ders., Katechetische Lutherstudien I. Die Seligkeit und der Dekalog, in:
ZThK 2 (1892), 171–188; 438–468, hier: 184.

[52] A. a. O., 468.

den gegebenen common sense in folgende ‚Grundsätze' zusammengefaßt: „1. Die Hauptstücke des KK bilden nach der Intention Luthers kein in sich zusammenhängendes Lehrsystem. Sie bilden vielmehr eine blockartige, inselförmige Zusammenstellung der für die elementare und exemplarische Unterweisung wichtigsten Texte der Überlieferung. 2. Jedes einzelne Hauptstück setzt immer gleichzeitig das Ganze der Überlieferung voraus. Es enthält zwar selbst nicht das Ganze, bringt es aber jeweils von einer spezifischen Fragestellung aus zur Sprache. 3. Kein Hauptstück ist ohne den Kontext aller übrigen zu verstehen. Die vorfindliche Reihenfolge im KK ist nicht eine sachlich vorgegebene und notwendige. Die Auslegung im Unterricht ist deshalb an diese Reihenfolge nicht gebunden. 4. Der exemplarische Charakter der Hauptstücke läßt erkennen, daß es im KK darum geht, Verständnisfelder anzulegen, von denen aus jeweils das Ganze des Glaubens und Lebens der Gemeinde in das Blickfeld des Lernenden tritt."[53] Konsequenz dieser Grundsätze kann es indes nicht sein, jede systematische Perspektive überhaupt aus der Behandlung des Katechismus zu verbannen. Dagegen spricht die Tatsache, daß Luther die drei aus der Überlieferung übernommen Hauptstücke zwar in wechselnder Reihenfolge aufzählen konnte (vgl. etwa BSLK 502,4 f.18. 43 f.; 503,5 f.20 f.; 547,37 f.), daß er aber dann, wenn er sie im Zusammenhang auslegte, abgesehen von einer sachlich begründeten Ausnahme immer die in der Tradition nur ganz vereinzelt anzutreffende Ordnung gewählt hat: Gebote, Glaube, Vaterunser. „Dies spricht nicht unbedingt für völlige Gleichgültigkeit der Reihenfolge."[54] Wichtiger noch ist die Beobachtung, daß sich nicht nur in der zitierten ‚Kurzen Form', sondern auch in GK Ansätze einer systematischen Verknüpfung der Hauptstücke ausmachen lassen. Was das Verhältnis der beiden ersten betrifft, so hält uns nach Luthers Ausführungen das eine vor Augen, „was Gott von uns will getan und gelassen haben" (BSLK 646,5 f.; BSLK 661,23 f.: „was wir tuen sollen"), während uns das andere sagt, „was uns Gott tue und gebe" (BSLK 661,24 f.). Dabei betont Luther, „daß der Glaube gar viel ein andere Lehre ist denn die zehen Gepot"

---

53   K. Frör, Theologische Grundfragen zur Interpretation des Kleinen Katechismus D. Martin Luthers, in: MPTh 52 (1963), 478–487, hier: 482.

54   W. Krusche, Zur Struktur des Kleinen Katechismus, in: LM 4 (1965), 316–331, hier: 322.

(BSLK 661,21–23). Beide unterscheiden sich nach seinem Urteil nicht weniger als das Werk Gottes und dasjenige des Menschen. Während die Zehn Gebote, welche „auch sonst in aller Menschen Herzen geschrieben" (BSLK 661,25 f.) sind, noch keinen Christen machen, ist das beim Glaubensbekenntnis, welches keine menschliche Klugheit zu fassen vermag und das nur der Heilige Geist lehren kann, der Fall; denn das Glaubensbekenntnis „bringet eitel Gnade, machet uns fromm und Gott angeneme" (BSLK 661,34 f.), während nach Maßgabe der Gebote „noch immer Gottes Zorn und Ungnade über uns (bleibt), weil wir's nicht halten können, was Gott von uns fodert" (BSLK 661,31–33). Indes streift der Glaube die Verbindlichkeit der Gebote nicht ab; christliche Existenz auf antinomistische Weise gibt es nicht: „Es ist wertvoll, sich daran zu erinnern, daß um die Zeit der Lutherschen Katechismen erstmals ein Streit über die Bedeutung des Gesetzes im Christenleben durch das Lager der Reformation ging."[55] Spezifischer Dienst des zweiten Hauptstücks ist es vielmehr, „daß wir dasselbige tuen können, so wir lauts der zehen Gepot tuen sollen" (BSLK 646,11 f.). Denn durch die im Glaubensbekenntnis inbegriffene „Erkenntnis kriegen wir Lust und Liebe zu allen Gepoten Gottes, weil wir hie sehen, wie sich Gott ganz und gar mit allem, das er hat und vermag, uns gibt zu Hülfe und Steuer, die zehen Gepot zu halten: der Vater alle Kreaturn, Christus alle sein Werk, der heilige Geist alle seine Gaben." (BSLK 661,36–42)

Das zweite Hauptstück läßt also das erste nicht einfach hinter sich, sondern greift in bestimmter Weise auf es zurück. Vorausgesetzt ist dabei, daß der Mensch die Gebote, obwohl er sie zu halten verpflichtet ist, aus eigenen Kräften nicht zu halten vermag. Vermöchte er dies, bedürfte er weder des zweiten noch des dritten Hauptstücks. „Denn so wir künnten aus eigenen Kräften die zehen Gepot halten, wie sie zu halten sind, dürften wir nichts weiter, wider Glauben noch Vaterunser." (BSLK 646,19–22) Die Anerkennung der Notwendigkeit des zweiten und dritten Hauptstücks impliziert für Luther daher die notwendige Anerkennung der Tatsache, daß die rechte Erfüllung der Zehn Gebote für uns nicht möglich ist. Eine solche postlapsarische Möglichkeit hingegen zu behaupten, müßte nach seinem Urteil eine faktische Leug-

---

[55] Ph. Bachmann, Luthers Kleiner Katechismus als Aufgabe für die Gegenwart, 47.

nung des im zweiten und dritten Artikel des Credo Bekannten zur
zwangsläufigen Konsequenz haben. Schon die bloße Existenz
bzw. unaufhebbare und nicht synthetisierbare Differenz der ersten
beiden Hauptstücke will deshalb als ein Datum von entscheidender inhaltlicher Bedeutung begriffen sein, insofern dadurch zur
Erkenntnis gebracht und zu bekennen aufgegeben wird, daß unter den gegebenen Bedingungen von Mensch und Welt ein bloßes und isoliertes Beharren auf den Geboten nicht nur nicht hilfreich, sondern kontraproduktiv und theologisch verkehrt ist.
Theologisch unentbehrlich hingegen ist die Einsicht, daß an der
Metabasis vom ersten zum zweiten Hauptstück bzw. vom ersten
zum zweiten und dritten Glaubensartikel kein Heilsweg vorbei-
führt und zwar nachgerade deshalb nicht, weil erst nach Vollzug
dieses Übergangs in einer sinnvollen, dem dritten Hauptstück entsprechenden Weise auf die Gebote und die Möglichkeit ihrer
menschlichen Erfüllung zurückzukommen ist. Noch einmal: Die
Gebote sind „so hoch gestellet, daß aller Menschen Vermügen
viel zu gering und schwach ist, dieselbigen zu halten. Darümb ist
dies (sc. das zweite) Stück ja so nötig als jenes zu lernen, daß
man wisse, wie man dazu komme, woher und wodurch solche
Kraft zu nehmen sei." (BSLK 646,13 – 19)

Es ist also durchaus nicht so, als ob sich der Gesichtspunkt des
usus elenchticus legis in Luthers Katechismusauslegung der Gebote nicht finden lasse. Auch belegen die zitierten ‚Nahtstellen‘
des GK eindeutig, „daß die Ordnung, die Luther den Hauptstük-
ken in seinen Katechismen gibt, augenscheinlich doch keine bloße Zufallsordnung ist"[56]. Nichtsdestoweniger bestätigt auch GK,
was für Luthers katechetische Versuche insgesamt gilt: „An eine
starre Regel für die Bestimmung des Zusammenhangs der drei
Hauptstücke bindet sich Luther nicht. Bald ist es *mehr* der Zusammenhang einfach didaktischer Natur: die späteren Hauptstük-
ke vervollständigen die in den früheren enthaltene Lehre. Bald
stellen die Hauptstücke in ihrer Aufeinanderfolge die Wirkungen
dar, unter deren Wechselspiel das innere Leben des Christen seine Fülle und Wahrheit gewinnt. Dabei aber wird bald mehr ein
usus elenchticus dem Gesetz zugeschrieben, indem es den Menschen von seiner Ohnmacht oder auch von seiner Schuld über-

---

[56]   Ph. Bachmann, Zu Luthers Katechismen. 2. Die Reihenfolge der drei er-
        sten Hauptstücke, in: NKZ 26 (1915), 367–382, hier: 370.

führt und ihn Glauben und das Gebet als Mittel suchen heißt, die
Vergebung bzw. Kräftigung zum neuen Leben von Gott zu erlangen. Bald wird ohne besondere Betonung solch eines durch das
Gesetz gewirkten Zusammenbruches des Menschen in sich dem
Gesetz die Bedeutung zugeschrieben, daß es die göttliche Forderung in ihrer Idealität mahnend und lockend enthüllt, dem Glauben (und Gebete) aber die, daß er dem Menschen die Kraft vermittelt, dieser Forderung zu genügen."[57] Ähnlich urteilt
O. Albrecht, wenn er WA 30 I, 447 schreibt: „Zu einer scharfen lo-
gischen Sonderung der beiden Gesichtspunkte aber, daß das Gesetz ein Beichtspiegel und daß es ein Abriß christlicher Sittlichkeit
sei, hatte Luther keine Veranlassung, beides fließt für ihn als sich
gegenseitig bedingend ineinander; in demselben Jahr 1520, wo er
in der Kurzen Form den Beichtspiegelcharakter des Dekalogs
hervorhebt, hat er ihn im Sermon von den guten Werken als Abriß christlicher Ethik ausgelegt; auch die Erklärung des 1. Gebots
in den Katechismen verknüpft beide Gesichtspunkte."[58]

Eine Interpretation der drei Hauptstücke in Luthers Katechismus
hat diesem multiperspektivischen Zusammenhang Rechnung zu
tragen. Auf das Ergebnis vorgreifend läßt sich über das Gebots-
verständnis der Katechismen bereits jetzt folgendes sagen: „Der
usus legalis und der usus evangelicus, die Gebote erst auf das
Evangelium hinzielend *und* dann doch bereits vom Evangelium
her verstanden – das ist die eigentümliche Brechung und Dop-
pelung, in der Luthers Aussagen im ersten Hauptstück erscheinen ..."[59] Oder anders und in Anbetracht des Ganzen der drei
Hauptstücke gesagt: „Im christlich-frommen Leben liegen und

---

[57] A. a. O., 375.

[58] Vgl. schon M. Reischle, Die katechetische Behandlung des dritten Artikels von Luthers kleinem Katechismus, in: ZThK 6 (1896), 1–46. 111–166,
hier: 3 ff., Anm. 2.

[59] G. Hoffmann, a. a. O., 56. Vgl. schon E. Troeltsch, Vernunft und Offenbarung bei Johann Gerhard und Melanchthon. Untersuchung zur Geschichte der altprotestantischen Theologie, Göttingen 1891, 141: „Es kann
nicht bezweifelt werden, dass der Dekalog des kleinen Katechismus einerseits das Leben des gerechtfertigten Christen und das prinzipielle
Verhältnis des versöhnten Gottes zu seinen Christen schildern soll, aber
es kann auch andrerseits nicht geleugnet werden, dass Luther den so
gedeuteten Dekalog mit seiner Forderung freiwilliger Liebe zur Erwek-
kung der Busse und terrores conscientiae gebraucht wissen wollte."

wirken nebeneinander das Gesetz, der Glaube, das Gebet; sie bilden dauernde Inhalte und jedes in seiner Weise einen erschöpfenden Ausdruck des christlichen Seins ... Aber jene Größen liegen doch nicht bloß nebeneinander, sie wirken aufeinander und ordnen sich in eine innere Reihe."[60] Was sich Luther von einem wirksamen Katechismusunterricht erhofft, ist sonach „nicht Mitteilung eines einfachen Inhalts, der zugleich Gesetz und Kraft ist, je nach der Seite, nach der man ihn wendet, sondern ist Anregung eines inneren Vorgangs, in welchem sich die Seele von der klaren leichten Erfassung des göttlichen Gesetzes fortbewegt zum Glauben und zum Gebetsumgange mit Gott als den Quellen der Kraft für die Verwirklichung des erkannten Gesetzes."[61]

Es bleibt also dabei: die Art der Verknüpfung der Hauptstücke unterliegt keinem Systemzwang, ist aber auch „kein Zufallsgedanke"[62]. Das gilt nicht nur für GK, sondern auch für KK: Zwar hat Luther es im KK „unterlassen, von einem Hauptstück zum anderen Verbindungslinien zu ziehen. Er fragt nicht, in welch innere Beziehung das Gesetz und der Glaube, die Beobachtung der Gebote Gottes und der Glaube an die Heilstaten Gottes zueinander treten; er bespricht auch nicht das innere Verhältnis von Glauben und Beten. Er stellt die Hauptstücke einfach nebeneinander, jedes eine Größe für sich."[63] Gleichwohl sind die Verbindungen, die Luther in GK insonderheit zwischen dem ersten und dem zweiten Hauptstück herstellt, auch für das Verständnis von KK von Wichtigkeit. Dabei ist die Pointe des Verhältnisses von Gebot und Glaube auch in KK eine dezidiert anti-antinomistische: „Der Glaube ist zwar gewiß auch Trost und Friede, aber in unserem Zusammenhang bewertet ihn Luther als Kraft zu handeln ...; nicht Freiheit vom Gesetz, sondern Erfüllung des Gesetzes ist der Zweck des Christseins. Es ist sicher, daß Luther die Dinge auch noch anders gesehen hat: Das Gesetz ist der große Verkläger der Menschen und das allezeit Unerfüllbare, der Glaube aber spricht

---

[60]   Ph. Bachmann, Zu Luthers Katechismen. 2. Die Reihenfolge der drei ersten Hauptstücke, in: a.a.O., 379.

[61]   A.a.O., 380.

[62]   Ders., Luthers Kleiner Katechismus als Aufgabe für die Gegenwart, 31.

[63]   Ders., Luthers Kleiner Katechismus als Urkunde evangelischer Frömmigkeit, 16.

los von aller Schuld des Gesetzes, verzichtet aufs Werk und ruht still und selig in der vergebenden Gnade. Aber in seinen Katechismen hat Luther ganz die andere Seite herausgehoben: Frommsein heißt die zehn Gebote (in aller ihrer Unermeßlichkeit) erfüllen und die Kraft dazu holen aus dem Glauben an Gottes Liebe und Gnade. *So* hat Luther das erste und das zweite Stück miteinander verbunden."[64]

---

[64]   A. a. O., 17.

§ 5

DIE HAUPTSTÜCKE
CHRISTLICHER LEHRE

Lit.:

J. Meyer, Historischer Kommentar zu Luthers Kleinem Katechismus, Gütersloh 1929. – *A. Peters I, II* und *III* (wie Lit. § 4).

1. Das erste Hauptstück: die Zehn Gebote

Zwischen den Zehn Geboten, wie sie den Inhalt des ersten
Hauptstücks in Luthers Katechismen darstellen[1], und dem Dekalog
als dem Inbegriff des im Alten Testament an verschiedenen Stellen tradierten Zehngebots bestehen nicht unerhebliche Differenzen. Nicht nur ist das sogenannte zweite Gebot des Dekalogs, das
Bilderverbot (vgl. Peters I, 137 – 143), ersatzlos gestrichen; auch
sonst werden Eingriffe in den überlieferten Textbestand vorgenommen. „Es kann nicht geleugnet werden, daß Luther bei seiner
Zusammenstellung der Zehn Gebote mit dem geheiligten Wort
der Schrift sehr souverän umgegangen ist. Er hat sich nicht ge-
scheut, in den überlieferten Text einzugreifen, hat Umstellungen
vorgenommen, gestrichen und den Wortlaut verändert, so daß wir
wohl berechtigt und verpflichtet sind, abschließend zu urteilen:
die Zehn Gebote und der Dekalog sind keineswegs einfach identisch, wie man weithin unbesorgt anzunehmen pflegt."[2] Dieser

---

[1]   Vgl. zum folgenden meinen Beitrag: Die Zehn Gebote als Grundlage
       christlicher Ethik. Zur Auslegung des ersten Hauptstücks in Luthers Kate-
       chismen, in: ZThK 89 (1992), 404–439.

[2]   W. Dreß, Die Zehn Gebote in Luthers theologischem Denken, in: Wis-
       senschaftliche Zeitschrift der Humboldt-Universität zu Berlin. Gesell-

Sachverhalt ist nicht nur „eine eigentümliche Illustration des reformatorischen Schriftprinzips", das mit fundamentalistischem Biblizismus nicht gleichgesetzt werden darf, er berechtigt und verpflichtet darüberhinaus zu der Feststellung, „daß die Zehn Gebote
des Lutherschen Katechismus ... dem alttestamentlichen Dekalog
gegenüber wenn auch nicht etwas völlig Neues, so doch etwas
wesentlich Anderes darstellen"[3]. Folgt man Dreß, dann bildet das
Kriterium der Differenzierung Luthers Verständnis des Evangeliums, demzufolge unter neutestamentlichen Bedingungen der Dekalog nur noch gilt, „weil und soweit er identisch ist mit dem
natürlichen Gesetz, das Gott in der Menschen Herz geschrieben
hat"[4], wohingegen alles temporal und lokal alttestamentlich-
jüdisch Bestimmte, wie Zeremonialvorschriften und Judizialgeset-
ze, zu streichen sei. Unter Naturgesetz verstehe Luther dabei jenes
Gesetz, das den Menschen von Natur aus, also um seines
Menschseins und seiner kreatürlichen Bestimmung willen, und
damit allgemein verbindlich verpflichtet.

Das betont in analoger Weise auch Peters, der Luthers Verständnis des Dekalogs im Zusammenhang der kirchlichen Deutung auf
der Basis des alttestamentlichen und neutestamentlichen Befundes
detailliert untersucht hat (Peters I, 53 – 85): Als „paradigmatische
Fassung des allen Menschen ins Herz geschriebenen Gottesgebo-
tes" (Peters I, 74) behalten die Zehn Gebote auch für die Christenheit ihre Bedeutung und Gültigkeit. In diesem Sinne kann gesagt werden: „Der Dekalog ist ewig, ausser den Zehn Geboten
gibt es kein gutes Werk, wer ihn kennt, der kennt die ganze
Schrift. Luther kann sich keine Lehre vorstellen, die den Dekalog
übertreffen würde, ja selbst Christus hat kein größeres Gesetz gebracht."[5] Das neutestamentliche Gottesgebot der Liebe koinzidiert

---

schafts- und sprachwissenschaftliche Reihe Nr. 3, III (1953/54), 213 – 218,
hier: 213.

[3]   W. Dreß, Die Zehn Gebote und der Dekalog. Ein Beitrag zu der Frage
nach den Unterschieden zwischen lutherischem und calivinistischem
Denken, in: ThLZ 79 (1954), Sp. 415 – 422, hier: Sp. 417.

[4]   A. a. O., 419.

[5]   H. Röthlisberger, Kirche am Sinai. Die Zehn Gebote in der christlichen
Unterweisung, Zürich/Stuttgart 1965, 82; vgl. auch: Chr. Burger, Gotteslie-
be, Erstes Gebot und menschliche Autonomie bei spätmittelalterlichen
Theologen und bei Martin Luther, in: ZThK 89 (1992), 280 – 301, hier: 300:

infolgedessen für Luther vollkommen mit dem alttestamentlichen Zehngebot. Zugleich erweist sich die biblische Sittenlehre als identisch mit der lex naturae, deren Ausdruck sie ist.

Trotz solcher materialen Einheit wäre es falsch, Luthers Ethik eigengesetzlich nach Art moderner Vernunftautonomie zu nennen. Denn was er unter Naturgesetz versteht, ist konstitutiv auf den theologischen Zusammenhang eines trinitarisch verfaßten und damit christologisch-pneumatologisch ausgerichteten Schöpfungsgedanken bezogen. Als jene lex charitatis, welche zu sein sie schöpfungsmäßig bestimmt ist, kann die lex naturae daher nach Luther recht wahrgenommen werden nur im Geiste Jesu Christi und in Anbetracht des Exempels der Gebotserfüllung, welches Jesu irdisches Leben gegeben hat. „Erst der beharrliche Aufblick zu dem einen Menschen der vollkommenen Gottes- und Nächstenliebe läßt uns die durch den Urfall nahezu unlesbar gewordene Urschrift der lex naturae in unserem eigenen Gewissen erneut klar erkennen." (Peters I, 72) Die, wie er sie nennt, anthropologisch-existentiale Dimension des Gesetzes ist daher nach Peters mit der heilsgeschichtlich-historischen Gesetzesdimension, welche durch Predigt an den Menschen gelangt, bei Luther elementar verbunden zu denken. „Gott erweckt die ‚lex indita' durch die ‚lex praedicata'. Das durch den satanischen Widersacher wie durch die eigene Vernunft ständig niedergehaltene und verzerrte Gewissen muß unermüdlich geweckt und geschärft werden durch die Predigt des Gesetzes." (Peters I, 76) Personaler Inbegriff solcher Gesetzespredigt ist, wie gesagt, „das Christusexemplar, das Urbild des erfüllten Doppelgebotes selbstloser Gottes- und Nächstenliebe. In der Gestalt dieses einen Menschen, welcher ungespalten vor dem unsichtbaren Gott für seine Menschenbrüder lebte und starb, ist das Urgebot, welches von Anbeginn in aller Herzen und Gewissen eingezeichnet war, erneut leibhaft herausgetreten aus allen sündigen Verkehrungen und dämonischen Verzerrungen. Als in Jesus Christus erfülltes Gesetz ist die ‚lex naturae' identisch mit der ‚lex charitatis' und darin nicht mehr durch

---

„Im Unterschied zu seinen spätmittelalterlichen Universitätskollegen ist für Luther der Dekalog nicht überbietbar. Er lehnt es im Unterschied zu ihnen ab, daß ein Mensch mehr leisten könne, als Gott in den Zehn Geboten von ihm fordert." (Vgl. Meyer 153 ff.: Die zehn Gebote als vollkommenes Gottesgesetz)

die Sünde entstelltes Wissen um die Gottesforderung, sondern
‚lex naturae sanae et incorruptae'." (Peters I, 77 unter Verweis auf
WA 1, 502, 22) Indes wäre es ein unseliges Mißverständnis, durch
selbsttätige Nachahmung des Beispieles Christi Heil vor Gott erlangen zu wollen. Wie der Dekalog ohne Credo und Vaterunser
nicht Rechttun, sondern Gericht schafft, so wirkt das exemplum
Christi, wenn es ohne Kreuz und Auferstehung in Betracht
kommt, nichts als Hochmut oder schiere Verzweiflung (vgl. Meyer
157 ff.: Die soteriologische Unzulänglichkeit des Gesetzes).

Luthers Gliederung des Dekalogs (vgl. Peters I, 86–98) folgt der
traditionellen Unterscheidung der Gebote der ersten (I–III) und
der zweiten Tafel (IV–X). Bei den ersten drei Geboten handelt es
sich um solche, „die da gegen Gott gerichtet sind: Zum ersten,
daß man ihn von ganzen Herzen vertraue, furchte und liebe in
alle unserm Leben. Zum andern, daß man seines heiligen Namens
nicht mißbrauche zur Lügen noch einigem bösen Stücke, sondern
zu Gottes Lob, Nutz und Seligkeit des Nähisten und seiner selbs.
Zum dritten, daß man an der Feier und Ruge Gottes Wort mit
Fleiß handle und treibe, auf daß alle unser Tuen und Leben darnach gehe." (BSLK 586,36–46) Auf diese drei gegen Gott gerichteten Gebote folgen sodann die sieben Gebote der zweiten Tafel,
die „gegen unserm Nähisten gestellet" sind (BSLK 586,47 f.). Dabei
wird man sich allerdings sogleich klarmachen müssen, daß der
Dekalog mit Gottesbezug und Beziehung zum Nächsten „nicht
zwei selbständige Relationen (thematisiert), sondern nur die beiden konstitutiven Elemente eines ursprünglich einheitlichen Rela-
tionengefüges"[6]. Dabei ist die Relation zum Nächsten in der Gottesrelation deshalb mitgesetzt, weil gerade die Gottesrelation den
Menschen auf ein innerweltliches Sein in Beziehung, nämlich
darauf verpflichtet, ein endlicher Mensch unter endlichen Menschen in einer gemeinsam gegebenen Welt zu sein. Insofern stehen die Gebote der zweiten Tafel zu denen der ersten in einem

---

[6]   E. Herms, Die Bedeutung des Gesetzes für die lutherische Sozialethik, in:
ders., Erfahrbare Kirche. Beiträge zur Ekklesiologie, Tübingen 1990, 1–24,
hier: 8. Die ersten drei Gebote entfaltet Luther im Anschluß an Augustin
„zwar nicht in einem trinitarischen wohl aber in einem anthropologi-
schen Dreischritt. Das erste Gebot richtet unser Herz mit seinen Gedanken zu Gott empor, das zweite lenkt unseren Mund mit seinen Worten,
das dritte unterwirft sich unseren Leib mit seinen Werken." (Peters I, 88)

Explikationsverhältnis, wobei hinwiederum, was die Gebote der ersten Tafel betrifft, das zweite und dritte Gebot das erste explizieren.

Damit ist bereits gesagt, daß das erste Gebot (vgl. Peters I, 99 – 144; Meyer 170 – 192) allen folgenden als Basis zugrunde liegt, weil die dort ausgesprochene Regel alle weiteren einschließt. Das bestätigt Luther ausdrücklich, wenn es heißt, daß „das erste Gepot das Häupt und Quellborn ist, so durch die andern alle gehet, und wiederümb alle sich zurückziehen und hangen in diesem, daß End und Anfang alles ineinander geknüpft und gebunden ist" (BSLK 644,17 – 22). Luther widmet dem ersten Gebot, das man mit Recht zur Mitte seiner Theologie (vgl. Peters I, 109) erklärt hat, dementsprechend eine vergleichsweise sehr umfängliche Erklärung, „weil daran", wie er betont, „allermeist die Macht liegt, darümb, daß ... wo das Herz wohl mit Gott dran ist und dies Gepot gehalten wird, so gehen die andern alle hernach" (BSLK 572,10 – 14). Eine weitere Auszeichnung des ersten Gebots findet der Reformator darin, daß Gott ihm „zum ersten ein schrecklich Dräuen, darnach ein schöne, tröstliche Verheißung" (BSLK 567,17 f.) beigefügt hat (vgl. Ex 20,5; BSLK 567,26 – 33; 641,38 – 44). Zwar ist dieses Droh- und Verheißungswort prinzipiell „ümb aller Gepot willen gesetzt" (BSLK 641,48 f.). Gleichwohl sind die Worte der Drohung und Verheißung mit göttlichem Bedacht „zu diesem Häuptgepot gesetzt, darümb daß daran am meisten leigt, daß ein Mensch ein recht Häupt habe; denn wo das Häupt recht gehet, da muß auch das ganze Leben recht gehen, und wiederümb." (BSLK 567,36 – 40)

Was die umstrittene Bedeutung des besagten Droh- und Verheißungswortes bzw. der wiederholten Formel, Gott zu fürchten und zu lieben, betrifft, so soll durch sie, wie immer man sie interpretieren mag (vgl. im einzelnen § 5,3), primär dies eingeschärft werden, daß sich am Verhältnis zum ersten Gebot schlechterdings alles entscheidet. „Denn es gilt Dir entweder ewigen Segen, Glück und Seligkeit oder ewigen Zorn, Unglück und Herzleid." (BSLK 570,10 – 13) Daß es Gott mit seinen Geboten im Guten wie im Bösen ernst ist, beweisen dabei nach Luther nicht nur die Worte der Schrift, sondern auch genügend Exempel der Historie (vgl. BSLK 568,21 ff.) sowie die Lebenserfahrung alter Leute (vgl. BSLK 571,5 f.). „Darümb", schließt Luther, „lasset uns das erste Gepot wohl lernen, daß wir sehen, wie Gott keine Vermessenheit noch Vertrau-

en auf einig ander Ding leiten will und nicht Höhers von uns fodert denn ein herzliche Zuversicht alles Guten, also daß wir richtig und stracks fur uns gehen und aller Guter, so Gott gibt, brauchen nicht weiter, denn wie ein Schuster seiner Nadel, Ahl und
Draht brauchet zur Erbeit und darnach hinweg legt oder wie ein
Gast der Herberge, Futter und Lager, allein zur zeitlichen Notdurft, ein iglicher in seinem Stand nach Gottes Ordnung, und lasse nur keines sein Herren oder Abgott sein." (BSLK 571,40 – 572,8)
Hinzuzufügen ist, daß Luther die hervorgehobene und einheits-
stiftende Funktion des ersten Dekaloggebots im Kleinen Kate-
chismus dadurch ausdrückt, daß er die bündige Antwort auf die
Frage nach dem Sinn dieses Gebots (BSLK 507,43 f.: „Wir sollen
Gott über alle Ding fürchten, lieben und vertrauen.") in bezug auf
alle weiteren je neu aufgreift, wenn er deren Auslegung stets mit
„Wir sollen Gott fürchten und lieben" einleitet (vgl. BSLK 508,5 ff.).
Damit ist in knappster Form zur Geltung gebracht, was der Große
Katechismus so sagt: „Also soll nu das erste Gepot leuchten und
sein Glanz geben in die andern alle. Darümb muß Du auch dies
Stück lassen gehen durch alle Gepot als die Schele oder Bögel im
Kranz, daß End und Anfang zuhaufe füge und alle zusammen-
halte, auf daß man's immer wiederhole und nicht vergesse."
(BSLK 643,24 – 30)

Ist damit die zentrale Stellung des Ersten Gebots im Rahmen des
Dekalogs hinreichend verdeutlicht, so beweist die Tatsache, daß
mit der geforderten Abkehr von den geschöpflichen Mächten und
der Hinwendung zum Schöpfer (vgl. Peters I, 110 ff.) nicht weniger
als Glaube gefordert ist, die Geltung dieser Zentralposition für die
Hauptstücke des Katechismus insgesamt. Gott und Glaube bilden
einen theologischen Zusammenhang und stellen als solcher die
innere Sinnmitte allen Christentums dar. Luther scheut sich dabei
nicht, die fides creatrix divinitatis (WA 40 I, 360, 5: „non in persona, sed in nobis") zu nennen und zu sagen: „alleine das Trauen
und Gläuben des Herzens machet beide Gott und Abegott" (BSLK
560,16 f.). Um die Wendung in ihrem Gesamtkontext zu zitieren:
„Was heißt ein Gott haben oder was ist Gott? Antwort: Ein Gott
heißet das, dazu man sich versehen soll alles Guten und Zuflucht
haben in allen Nöten. Also daß ein Gott haben nichts anders ist,
denn ihm von Herzen trauen und gläuben, wie ich oft gesagt habe, daß allein das Trauen und Gläuben des Herzens machet beide
Gott und Abegott. Ist der Glaube und Vertrauen recht, so ist auch

Dein Gott recht, und wiederümb, wo das Vertrauen falsch und unrecht ist, da ist auch der rechte Gott nicht. Denn die zwei gehören zuhaufe, Glaube und Gott. Worauf Du nu (sage ich) Dein Herz hängest und verlässest, das ist eigentlich Dein Gott." (BSLK 560,10 – 24)

Entsprechend richtet sich die Forderung des ersten Gebots nach Luther auf „rechten Glauben und Zuversicht des Herzens, welche den rechten einigen Gott treffe und an ihm alleine hange" (BSLK 560,31 – 34). Was das näherhin bedeutet und daß es „die rechte Auslegung dieses Stücks sei, daß ein Gott haben heißet etwas haben, darauf das Herz gänzlich trauet" (BSLK 562,1 – 4), erörtert Luther zunächst an „gemeinen Exempeln des Widerspiels" (BSLK 561,8 f.), wie am Beispiel derer, die ihr Herz an den Mammon bzw. an andere irdische Güter hängen (vgl. BSLK 561,9 – 46); sodann kritisiert er neben Teufelsbündlern auch diejenigen, die in ihrer Not Heilige anrufen und anbeten, statt bei Gott allein ihre Hilfe zu suchen. Von ihnen allen gilt, daß sie „ihr Herz und Vertrauen anderswo (setzen) denn auf den wahrhaftigen Gott" (BSLK 562,26 – 28). Aus Beispielen solchen ‚Widerspiels‘ sei leicht zu verstehen, „was und wieviel dies Gepot fodert, nämlich das ganze Herz des Menschen und alle Zuversicht auf Gott allein und niemand anders" (BSLK 562,39 – 563,2) zu setzen. Ebenso gelte, daß man Gott nicht anders zu begreifen und zu erfassen vermag, als indem man ihm herzlich anhängt. „Mit dem Herzen aber an ihm hangen, ist nichts anders, denn sich gänzlich auf ihn verlassen. Darümb will er uns von allem andern abwenden, das außer ihm ist, und zu sich ziehen, weil er das einige ewige Gut ist." (BSLK 563,8 – 13)

Luther unterstreicht dies, indem er es als einen Vorzug der deutschen Sprache rühmt, Gott von alters her nach dem Wörtlein ‚gut‘ zu benennen „als der ein ewiger Quellbrunn ist, der sich mit eitel Güte übergeußet und von dem alles, was gut ist und heißt, ausfleußt" (BSLK 565,40 – 566,2). Fernerhin kommt alles darauf an, recht zwischen Gott als dem Ursprung aller Güte und den guten Gaben seiner Kreatur zu unterscheiden. „Denn die Kreaturn sind nur die Hand, Rohre und Mittel, dadurch Gott alles gibt ..." (BSLK 566,20 – 22) Als Grundindiz der Abgötterei und des falschen Gottesdienstes gilt Luther insofern der Mangel bzw. das Fehlen rechter Unterscheidung zwischen Gottes Schöpfergüte und den kreatürlichen Gütern der Welt. Zwar hält er die Gottesthematik für ein

anthropologisches Universale. „Denn es ist nie kein Volk so
rauchlos gewesen, das nicht einen Gottesdienst aufgerichtet und
gehalten habe." (BSLK 563,37 – 40) Für allgemeingültig hält Luther
auch seine Grundbestimmung, derzufolge die Stelle und Funktion
Gottes durch denjenigen oder dasjenige eingenommen wird, worauf der Mensch jeweils all sein Vertrauen setzt. „Also daß eigentlich, auch nach aller Heiden Meinung, ein Gott haben heißet
trauen und gläuben ..." (BSLK 564,9 – 11) Der Fehler liege aber
darin, „daß ihr Trauen falsch und unrecht ist; denn es ist nicht auf
den einigen Gott gestellet, außer welchem wahrhaftig kein Gott
ist im Himmel noch auf Erden" (BSLK 564,12 – 15). Als Kriterium
des theologischen Urteils zwischen falsch und recht gilt dabei erneut die konsequente Unterscheidung zwischen Gott und Welt,
die überall dort mißachtet wird, wo man „Hülfe und Trost suchet
bei den Kreaturn, Heiligen oder Teufeln" (BSLK 564,23 f.) und sein
Heil nicht Gott allein anvertraut. Die „Wechselbeziehung zwischen rechtem Gott und rechtem Glauben"7 tritt damit klar zutage:
„Wo die Einzigkeit Gottes angetastet wird, da ist der Glaube in
die Brüche gegangen; das Herz ,gaffet' anderswohin (BSLK
564,23). Und umgekehrt, wo Gott nicht mehr das ganze Herz und
alle Zuversicht gehört, da hat man den einigen Gott verloren.
Sondergötter sind nicht vertrauenswürdig, und halber Glaube hat
den rechten Gott nicht. Nur der Glaube ist recht, der den rechten
einigen Gott hat; und nur der Gott ist der rechte, an dem ich mit
ganzem ungeteilten Glauben hänge."8

---

7   E. Schott, Luthers Verständnis des ersten Gebots. Gott und Glaube im
     Großen Katechismus, in: ThLZ 72 (1947), Sp. 199 – 204, hier: 201.

8   Ebd. Die Wechselbeziehung zwischen Glauben und Gott darf nun frei-
     lich nicht so aufgefaßt werden, daß der Glaubensinhalt als Produkt des
     Glaubensaktes erscheint. Zwar gilt nach Luther der Grundsatz: „Nihil di-
     vinitatis, ubi non fides" (vgl. E. Jüngel, Nihil divinitatis, ubi non fides. Ist
     christliche Dogmatik in rein theoretischer Perspektive möglich? Bemer-
     kungen zu einem theologischen Entwurf von Rang, in: ZThK 86 [1989],
     204 – 235), doch muß man seiner Auffassung nach zugleich „den Glauben
     an ihm selbs fassen und verstehen lernen" (BSLK 646,25 f.; vgl.
     W. Pannenberg, Den Glauben an ihm selbs fassen und verstehen. Eine
     Antwort, in: ZThK 86 [1989], 355 – 370.). Das bestreitet auch Gerhard Ebe-
     ling nicht, obgleich er in einem einschlägigen Beitrag zum Thema, wel-
     cher allgemeiner Lektüre anempfohlen sei, nachdrücklich betont, das er-
     ste Gebot bzw. Luthers Auslegung desselben habe „nicht die Frage theo-
     retischer Gotteserkenntnis im Blick, sondern die Frage der Gottesver-

Verläßlicher Grund gläubiger Ganzhingabe und vorbehaltlosen Vertrauens ist allein der eine Gott und nichts in der Welt, auch nicht die Welt als Inbegriff dessen, worauf der Mensch leibhaften Bezug nehmen kann. Aber auch dem Ich des Menschen als der Basis aller leibhaften Weltbezüge und Selbsttätigkeitsweisen kommt keine Verläßlichkeit im strengen theologischen Sinn zu. Vielmehr hält es Luther für grundverkehrt und ursündig, sich auf sich selbst wie auf einen Gott zu verlassen. Seine Kritik an der Annahme einer Rechtfertigung durch Werke zielt genau darauf. Aus diesem Grund hat man mit Recht die Zusammengehörigkeit von Rechtfertigungsgedanken und Auslegung des ersten Gebots betont. Sieht Luther doch eine elementare Mißachtung des ersten Gebots auch und gerade dort gegeben, wo das Gewissen „Hülfe, Trost und Seligkeit suchet in eigenen Werken", Gott den Himmel abzuzwingen sich vermißt und darauf pocht, „als wolle es nichts von ihm geschenkt nehmen, sondern selbs erwerben oder überflüssig verdienen, gerade als mußte er uns zu Dienst stehen und unser Schuldner, wir aber seine Lehenherrn sein. Was ist das an-

---

ehrung" (G. Ebeling, ‚Was heißt ein Gott haben oder was ist Gott?'. Bemerkungen zu Luthers Auslegung des ersten Gebots im Großen Katechismus, in: ders., Wort und Glaube. 2. Bd.: Beiträge zur Fundamentaltheologie und zur Lehre von Gott, Tübingen 1969, 287–304, hier: 292.). Gemäß dieser praktischen Ausrichtung könne es ohne Wahrnehmung des soteriologischen Problems und der faktischen Notsituation des Menschen einen rechten Gebrauch des Wortes ‚Gott' im Sinne von Luthers Auslegung des ersten Gebots nicht geben. Daß er die praktisch-soteriologische Perspektive der Gotteslehre der Katechismen für christologisch geboten und theologisch sachgemäß hält, daran läßt Ebeling keinen Zweifel aufkommen. Zwar klinge es verwegen, „daß das ‚sola fide' Kriterium des rechten Redens von Gott sein soll" (a. a. O., 303). Doch sei im Sinn der durch die Erscheinung Jesu gegebenen Auslegung des ersten Gebots entschieden daran festzuhalten, daß eine Unterscheidung von Gott und Abgott nur auf der Basis des betonten einigen Zusammenhangs von Gott und Glaube möglich ist. Dem naheliegenden Projektionsverdacht Feuerbachs sei nicht durch objektivistischen Widerspruch, sondern durch den Hinweis zu begegnen, daß „die Relation des Externen ... nicht zum Menschen hinzu(kommt), sondern ... sein Wesen (konstituiert)" (A. a. O., 299.). Weil der Mensch, so Ebeling, sein Sein im extra-se-Sein hat, ist er selbst immer schon extra se. Auf etwas Verläßliches zu setzen, gehöre sonach zum Menschsein des Menschen. Die entscheidene theologische Frage könne daher nur lauten, wer oder was verläßlich genug sei, um sich selbst gänzlich und vorbehaltlos darauf verlassen zu können.

ders, denn aus Gott einen Götzen, ja einen Apfelgott gemachet
und sich selbs fur Gott gehalten und aufgeworfen? Aber", fügt
Luther hinzu, „das ist ein wenig zu scharf, gehöret nicht für die
jungen Schüler." (BSLK 565,2−16) Für sie und die Einfältigen ge-
nügt es, sich in den gegebenen Lebensbereichen in die rechte
Unterscheidung zwischen Gott und Welt einzuüben, um auf diese
Weise sich zum Gehorsam gegenüber dem ersten Gebot zu bereiten: „Frage und forsche dein eigen Herz wohl, so wirst du wohl
finden, ob es allein an Gott hange oder nicht. Hast du ein solch
Herz, das sich eitel Guts zu ihm versehen kann, sonderlich in
Nöten und Mangel, dazu alles gehen und fahren lassen, was nicht
Gott ist, so hast du den einigen rechten Gott. Wiederümb hanget
es auf etwas anders, dazu sich's mehr Guts und Hülfe vertröstet
denn zu Gott, und nicht zu ihm läuft, sondern fur ihm fleugt,
wenn es ihm ubel gehet, so hast du ein andern Abegott." (BSLK
566,47−567,8)

Ich rekapituliere, was bereits deutlich herausgestellt wurde, daß
nämlich „das erste Gepot das Häupt und Quellborn ist, so durch
die andern alle gehet, und wiederümb alle sich zurückziehen und
hangen in diesem, daß End und Anfang alles ineinander geknüpft
und gebunden ist" (BSLK 644,17−22; vgl. 643,31 ff.). Namentlich
das zweite und das dritte Gebot stehen in einem Explikationsverhältnis zum ersten, um dann ihrerseits wieder im Zusammenhang
der Gebote der ersten Tafel durch diejenigen der zweiten expliziert zu werden: Was das Verhältnis des ersten und zweiten Gebots betrifft, so unterweist nach Luther jenes das Herz und lehrt
den Glauben, während dieses nach außen führt und den Mund
und die Zunge in das richtige Verhältnis zu Gott bringt (vgl. BSLK
572,26−29). Indem das zweite Gebot (vgl. Peters I, 145−161; Meyer
192−205) darauf verpflichtet, daß das Gottesverhältnis des inneren
Menschen sich äußern und leibhafte Gestalt annehmen muß,
kann man sagen, daß es „zugleich auch das systematische Prinzip
der *Vielzahl* von Regeln (ist), die der Dekalog umfaßt. Die im *ersten Gebot* ausgesprochene Regel der Ganzhingabe der Geschöpfe
an ihren Schöpfer formuliert die eine und einheitliche Forderung
Gottes und begründet somit die Einheit des Dekalogs. Die Expli-
kation dieser Grundforderung durch das *zweite Gebot* genau als
Forderung der Ganzhingabe der leibhaften − mit und für andere −
seienden Existenz begründet die innere Mannigfaltigkeit des De-

kalogs."[9] Geltend gemacht wird diese Forderung dabei insonderheit in bezug auf verbale Mitteilungsformen: „Denn das erste, so aus dem Herzen bricht und sich erzeigt, sind die Wort." (BSLK 572,30 f.) Allerdings betont Luther ausdrücklich, daß Bekenntnis und rechter Brauch des göttlichen Namens „nicht allein in Worten, sondern auch in der Übung und Leben" (BSLK 580,1 f.) bestehen soll. Insofern hat das zweite Gebot neben seiner engen Beziehung zum ersten und zum dritten, welches den primären Sitz im Leben des Bekenntnisses näher charakterisiert, auch einen direkten Bezug zu den Geboten der zweiten Gesetzestafel, insofern deren Erfüllung selbst Bekenntnischarakter hat.

Gleichwohl kommt nach Luthers Auffassung dem mündlichen, verbal verfaßten Bekenntnis eine hervorragende und unersetzbare Bedeutung unter den Konfessionsformen zu. Das zeigt sich auch daran, daß er den Mißbrauch des göttlichen Namens, den das zweite Gebot unter Zusatz eines „ernstlich(en) Dräuwort(s)" (BSLK 574,26) verbietet, vor allem mit sprachlichen Formen der Verlogenheit in Verbindung bringt. Verbalen Lug und Trug im Namen Gottes sieht Luther in allen Bereichen des menschlichen Daseins in mannigfacher Weise gegeben. Genannt werden neben Flüchen, Lästerungen und Zaubereien solche Sünden des Mundwerks, die weltliche Händel, Geld, Gut und Ehre betreffen. Was den Schwur angeht, so dürfte Luther das Verb ‚schwören' im KK im Sinne von ‚verwünschen' gebraucht haben, während er im GK den leichtfertigen Eid bzw. den Meineid vor Gericht untersagt.[10] Am schlimmsten allerdings sei der Mißbrauch des göttlichen Namens in geistlichen, das Gewissen betreffenden Belangen, „wenn falsche Prediger aufstehen und ihren Lügentand für Gottes Wort dargeben" (BSLK 573,27 – 29). Insgesamt gilt: „liegen und triegen ist an ihm selbs große Sund, wird aber viel schwerer, wenn man sie noch rechtfertigen will und sie zu bestätigen Gottes Namen anzeucht und zum Schanddeckel machet, also daß aus einer Lügen ein zwiefältige, ja vielfältige Lügen wird." (BSLK 574,13 – 19)

Liegt Mißbrauch des göttlichen Namens überall dort vor, wo unter Berufung auf ihn versucht wird, „Bosheit auszurichten" (BSLK

---

9   E. Herms, a. a. O., 10.

10 Vgl. A. Ebeling, Das zweite Gebot in Luthers Kleinem Katechismus, in: ThStKr 74 (1901), 229 – 241.

576,1 f.), so besteht der rechte Gebrauch in dem Bemühen, im Namen Gottes Gutes zu wirken. Daß ein solcher Gebrauch nicht nur erlaubt, sondern geboten ist, daß also Gottes Namen auch und gerade im Tun des Guten nicht verschwiegen werden kann und darf, setzt Luther dezidiert voraus: „Denn er ist uns eben darümb offenbaret und gegeben, daß er im Brauch und Nutz soll stehen. Darümb schleußt sich nu selbs, weil hie (sc. im zweiten Gebot) verpoten ist, den heiligen Namen zu Lügen und Untugend zu fuhren, daß wiederümb gepoten ist, ihn zur Wahrheit und allem Guten zu brauchen." (BSLK 576,7−14) Das gilt für den Schwur (vgl. BSLK 576,14 ff.; 37 ff. etc.), das gilt aber insonderheit für jenen geistlichen Gebrauch des Namens Gottes, in welchem dieser als Quelle alles Guten bezeugt wird, wie das im Bekenntnis des Glaubens der Fall ist. Dabei fällt auf, wie eng Luther den rechten Gebrauch des Namens Gottes im Bekenntnis mit dem Gebet in Verbindung bringt. Eine Schlüsselstellung kommt in diesem Zusammenhang der Weisung Ps 50,15 zu (vgl. BSLK 576,20 ff.): die rechte Ehrung und Heiligung des Namens Gottes, wie sie das Vaterunser erbittet, erweist sich nämlich nachgerade darin, „daß man sich alles Trosts zu ihm versehe und ihn darümb anrufe, also daß das Herz ... zuvor durch den Glauben Gotte seine Ehre gebe, darnach der Mund durch das Bekenntnis" (BSLK 577,51 − 578,3). Die Übung des Gebets als einer Anrufung des göttlichen Namens ist sonach für den Glauben nicht nur unverzichtbar, sondern zugleich Basis und dauerhafter Ermöglichungsgrund seines öffentlichen Bekenntnisses. Deshalb ist dem rechten Bekenntnis die Nähe zum Gebet eigentümlich, und es hat seinen primären Sitz im Leben dort, wo zur Anrufung Gottes und zum Hören seines Namens eine Gemeinde sich versammelt, um dem dritten Gebot gemäß den Feiertag zu heiligen.

Während das spezifische Gebot der Sabbatheiligung nach Luther lediglich für die Juden gilt (vgl. BSLK 580,12 ff.) und unter christlichen Bedingungen abgetan ist, sind auch Christen dazu angehalten, zumindest einmal in der Woche einen allgemeinen Feier- und Ruhetag zu wahren und zu gewähren (vgl. Peters I, 162−179; Meyer 205−213. Zu kritischen Vorbehalten gegenüber Luthers Sonntagstheologie vgl. Peters I, 177 f.). „Weil aber von Alters her der Sonntag dazu gestellet ist, soll man's auch dabei bleiben lassen, auf daß es in einträchtiger Ordnung gehe und niemand durch unnotige Neuerung ein Unordnung mache." (BSLK 582,1 − 6)

Die wichtigste Funktion eines solchen Ruhetages sei es, die sonst häufig entbehrte Muße zu geben, am öffentlichen Gottesdienst der Gemeinde teilzunehmen, „also, daß man zuhaufe komme, Gottes Wort zu hören und handeln, darnach Gott loben, singen und beten" (BSLK 581,19 – 21). Den Feiertag heiligen bzw. heilig halten, wie dies geboten ist, bedeutet sonach „nichts anders denn heilige Wort, Werk und Leben fuhren. Denn der Tag darf fur sich selbs kein Heiligens nicht, denn er ist an ihm selbs heilig ge-schaffen. Gott will aber haben, daß er Dir heilig sei. Also wird er Deinethalben heilig und unheilig, so Du heilig oder unheilig Ding daran treibest. Wie gehet nu solchs Heiligen zu? Nicht also, daß man hinder dem Ofen sitze und keine grobe Erbeit tue oder ein Kranz aufsetze und sein beste Kleider anziehe, sondern (wie ge-sagt) daß man Gottes Wort handle und sich darin ube." (BSLK 582,25 – 37) Zu solcher Handlung und Übung rechnet Luther auch den Katechismusunterricht, welcher „eben die zehen Gepot, den Glauben und Vaterunser treibe und also unser ganzes Leben und Wesen nach Gottes Wort richte" (BSLK 583,2 – 5). Der vom Kate-chismus sich selbst zugewiesene Ort, an dem er seiner theologi-schen Bestimmung gerecht wird, ist sonach im Kontext des dritten Gebots zu suchen, dessen Erfüllung er insonderheit dienlich sein will. Zu merken sei daher als das Wichtigste, „daß die Kraft und Macht dieses Gepots stehet nicht im Feiren, sondern im Heili-gen ..." (BSLK 584,17 – 19) Solches Heiligen hinwiederum geschieht durch das Wort Gottes. „Denn das Wort Gottes ist das Heiligtumb über alle Heiligtumb, ja das einige, das wir Christen wissen und haben. Denn ob wir gleich aller Heiligen Gebeine oder heilige oder geweihte Kleider auf einem Haufen hätten, so wäre uns doch nichts damit geholfen, denn es ist alles tot Ding, das nie-mand heiligen kann. Aber Gottes Wort ist der Schatz, der alle Ding heilig machet, dadurch sie selbs, die Heiligen alle, sind ge-heiligt worden. Welche Stund man nu Gottes Wort handlet, pre-diget, höret, lieset oder bedenket, so wird dadurch Person, Tag und Werk geheiligt, nicht des äußerlichen Werks halben, sondern des Worts halben, so uns alle zu Heiligen machet. Derhalben sage ich allezeit, daß alle unser Leben und Werk in dem Wort Gottes gehen müssen, sollen sie Gott gefällig oder heilig heißen; wo das geschicht, so gehet dies Gepot in seiner Kraft und Erfüllung. Wie-derümb, was fur Wesen und Werk außer Gottes Wort gehet, das ist fur Gott unheilig, es scheine und gleiße, wie es wolle, wenn man's mit eitel Heiligtumb behinge, als da sind die erdichte geist-

liche Stände, die Gottes Wort nicht wissen und in ihren Werken
Heiligkeit suchen." (BSLK 583,26–584,5) Werke aber können die
gesuchte Heiligkeit nicht geben, denn sie schaffen Heilige nur,
wenn der Mensch zuvor schon heilig ist, was allein durch Gottes
Wort geschieht. Um des Wortes Gottes und seiner öffentlichen
Verkündigung willen sind daher auch „Stätte, Zeit, Personen und
der ganze äußerliche Gottsdienst" (BSLK 584,27 f.) geordnet. Dabei
hebt Luther eigens hervor, daß Gottes Wort nicht nur gehört,
sondern auch gelernt und behalten werden will. Auch läßt er keinen Zweifel daran, daß es sich dabei um einen lebenslangen
Lernprozeß handelt. Scharf kritisiert er daher jene eingebildeten
Geister, „welche, wenn sie ein Predigt oder zwo gehört haben,
sind sie es satt und überdruß, als die es nu selbs wohl können
und keines Meisters mehr dürfen" (BSLK 585,31–34). Weil nämlich
der Kampf wider den Teufel unter irdischen Bedingungen anhal-
te, müssen wir „immerdar Gottes Wort im Herzen, Mund und fur
den Ohren haben" (BSLK 586,5–7). Geschieht dies nicht, so richtet der Teufel Schaden an, ehe man es gewahr wird; geschieht es,
so bleibt es nicht ohne große Frucht für Herz und Sinn.

Das vierte Gebot (vgl. Peters I, 180–208; Meyer 213–223) eröffnet
nicht nur die auf das Wohl des Nächsten bezogenen Gebote der
zweiten Tafel, sondern es ist nach Luthers Urteil zugleich „das erste und hohiste" unter ihnen (BSLK 586,48 f.). Unter allen menschlichen Ständen in der Welt nämlich ragt nach Gottes Willen der
Elternstand derart hervor, daß Vater und Mutter nicht nur Nächstenliebe, sondern die Ehre gebührt, sie „nach Gott fur die Öber-
sten" (BSLK 587,25) zu achten. Diese Achtung gebührt den Eltern
auch dann, wenn sie „gering, arm, gebrechlich und seltsam"
(BSLK 587,31) sind. Denn auch unter diesen Bedingungen bleiben
sie für ihre Kinder in alternativloser Faktizität Eltern, die zu ehren
von Gott geboten ist. „Darümb ist nicht anzusehen die Person,
wie sie sind, sondern Gottes Willen, der es also schaffet und ordnet." (BSLK 587,35–37)

Worin die gottgebotenen Pflichten der Elternliebe näherhin bestehen, läßt sich mit den Worten der Auslegung des KK in Kürze wie
folgt umschreiben: „nicht verachten noch erzürnen, sondern ... in
Ehren halten, ... dienen, gehorchen, lieb und wert haben" (BSLK
508,23–25). Wo man die Eltern in herzlicher Liebe in Wort und Tat
um Gottes willen ehrt (vgl. BSLK 588,1 ff.), da bedarf es keiner
vermeintlich überpflichtigen Werke, sondern es ist zu sagen: „Soll

ich gute und heilige Werke tuen, so weiß ich je kein bessers,
denn meinen Eltern alle Ehre und Gehorsam zu leisten, weil es
Gott selbst geheißen hat." (BSLK 589,1 – 4) Statt sich mit selbster-
dachten Werken abzumartern, habe man sich an das von Gott
nach Maßgabe seines untrüglichen Wortes Gebotene zu halten in
der Gewißheit, daß ein Kind, welches das vierte Gebot befolgt
und Vater und Mutter bzw. diejenigen, welchen es „an ihr Statt
untertan" (BSLK 589,45 f.) ist, von Herzen ehrt, die Heiligkeit allen
Klosterlebens und aller geistlichen Stände bei weitem übertrifft.
Aber auch Almosen geben und alle anderen gebotenen Werke
gegen den Nächsten kommen dem Elterngehorsam nicht gleich,
welcher „das hohest Werk ist, so man tuen kann nach dem hohen
Gottesdienst, in den vorigen Gepoten gefasset" (BSLK 592,35 – 37).
Ja, Luther steht nicht an zu behaupten, Gott habe den Elternstand
„obenan gesetzt, ja an seine Statt auf Erden gestellet" (BSLK
592,40 f.; vgl. 587,29 f.). Nächst Gottes Wort und Willen soll deshalb
„keines mehr gelten denn der Eltern Willen und Wort, also daß er
dennoch auch unter Gottes Gehorsam bleibe und nicht wider die
vorigen Gepot gehe" (BSLK 590,16 – 19). Insofern hat die Verbindlichkeit den Eltern gegenüber dort ihre Grenze, wo sie in Widerspruch gerät zu der Gehorsamspflicht gegenüber Gott, in dessen
Gebot die Verpflichtung zur Elternehrung ihren wahrhaften und
einzig beständigen Grund findet, wie ihn die Welterfahrung nicht
zu vermitteln vermag: denn wenn man die Eltern „will ansehen,
wie sie Nasen, Augen, Haut und Haar, Fleisch und Bein haben, so
sehen sie Türken und Heiden gleich, und möcht' auch imand zu-
fahren und sprechen: ‚Warümb sollt' ich mehr von diesem halten
denn von andern?' Weil aber das Gepot darzu kömmpt: ‚Du sollt
Vater und Mutter ehren', so sehe ich ein andern Mann, ge-
schmückt und angezogen mit der Majestät und Herrligkeit Gottes.
Das Gepot (sage ich) ist die gülden Ketten, so er am Hals träge, ja
die Krone auf seinem Häupt, die mir anzeigt, wie und warümb
man dies Fleisch und Blut ehren soll." (BSLK 694,45 – 695,8; vgl.
698,39 ff.)

Zu ergänzen ist, daß wir den Eltern durchaus auch aus gewissermaßen innerweltlichen Gründen Ehre schulden und nicht genügend dankbar sein können. Dennoch bedarf es nach Luther der
Erinnerung des göttlichen Gebots und der Erleuchtung des heiligen Geistes, daß der Mensch solche Dankesschuld nicht vergesse,
sondern beständig dessen eingedenk sei, „daß er Leib und Leben

von ihn (sc. den Eltern) habe, dazu auch ernähret und aufgezo-
gen sei, da er sonst hundertmal in seinem Unflat erstickt wäre"
(BSLK 593,25–28). Zu ergänzen ist ferner, daß Gott die Bedeutung
des vierten Gebotes durch die ausdrücklich beigefügte Verheißung langen Lebens noch eigens unterstrichen hat. Dabei bedeutet langes Leben nach Maßgabe der Schrift „nicht alleine wohl
betaget werden, sondern alles haben, so zu langem Leben gehöret, als nämlich Gesundheit, Weib und Kind, Nahrung, Friede, gut
Regiment etc., ohn welche dies Leben nicht fröhlich genossen
werden noch die Länge bestehen kann" (BSLK 594,38–44; vgl.
602,31 ff.). Es mag dahingestellt bleiben, ob Luther den Zusammenhang von Elternehrung und langem Leben tatsächlich im
strengen Sinne einer proportional sich selbst lohnenden Gerechtigkeit verstanden wissen wollte. Eine Erfahrungstatsache scheint
ihm zumindest die sprichwörtliche Redensart zum Ausdruck zu
bringen, daß nämlich „ein Tor den anderen (zeugt)" (BSLK
592,10), was im gegebenen Zusammenhang heißen soll, daß mangelnde Elternliebe in den eigenen Kindern sich fortzeugt, während umgekehrt das elterliche Vorbild entsprechende Früchte bei
den eigenen Kindern zeitigt (vgl. BSLK 595,27 ff.). Unzweifelhaft
fest aber steht ihm, daß am Elterngehorsam das Leben und seine
Ordnung hängt, während die Mißachtung des vierten Gebots tödliche Unordnung zur Folge hat. So gilt analog zu der Verheißung
wie sie dem Gebetsgehorsam gegeben ist: „Willt Du nu nicht Vater und Mutter gehorchen und Dich lassen ziehen, so gehorche
dem Henger, gehorchest Du dem nicht, so gehorche dem Strek-
kebein, das ist der Tod." (BSLK 594,44–48)

Den letzten Bemerkungen war bereits andeutungsweise zu entnehmen, daß Luther den Elternstand als exemplarische Basis aller
Obrigkeit auffaßt (vgl. Peters I, 191 ff.). Dies wird ausdrücklich bestätigt, wenn es heißt: „In dieses Gepot gehöret auch weiter zu
sagen von allerlei Gehorsam gegen Oberpersonen, die zu gepie-
ten und zu regieren haben. Denn aus der Eltern Oberkeit fleußet
und breitet sich aus alle andere." (BSLK 596,17–21) Luther denkt
dabei an das Hausregiment, auch an die Magistri, die Schulmeister, denen man, wie es heißt (vgl. BSLK 593,30 ff.), nebst Gott und
den Eltern am meisten zu danken habe, schließlich an den Magi-
strat im Sinne des obrigkeitlichen Regiments. „Also daß alle, die
man Herrn heißet an der Eltern Statt sind und von ihn Kraft und
Macht zu regieren nehmen müssen. Daher sie auch nach der

Schrift alle Väter heißen, als die in ihrem Regiment das Vaterampt treiben und väterlich Herz gegen den Ihren tragen sollen." (BSLK 596,30–37) Kurzum: Aus dem Patriarchat im Verein mit dem Matriarchat erwachsen nach Luther alle legitimen Herrschaftsgestalten. Näherhin sind es „dreierlei Väter" (BSLK 601,24), denen wir durch das vierte Gebot zum Gehorsam verpflichtet werden: „des Gebluts, im Hause und im Lande" (BSLK 601,25 f.). Deshalb gilt: „Was nu ein Kind Vater und Mutter schuldig ist, sind auch schuldig alle, die ins Hausregiment gefasset sind." (BSLK 597,9–11) Ferner: „Desgleichen ist auch zu reden von Gehorsam weltlicher Oberkeit, welche ... alle in den Vaterstand gehöret und am allerweitesten ümb sich greifet." (BSLK 598,39–599,2) Die Analogie zwischen Elternstand und weltlicher Obrigkeit wird von Luther damit begründet, daß Gott uns durch letztere „gibt und erhält ... als durch unsere Eltern Nahrung, Haus und Hof, Schutz und Sicherheit" (BSLK 599,5–8). Was den gebotenen Gehorsam gegenüber Hausregiment und Obrigkeit betrifft, so ist er nach Luther Gott in hohem Maße wohlgefällig, so daß zu sagen ist: „Wenn Du dein tägliche Hauserbeit tuest, das besser ist denn aller Monche Heiligkeit und strenges Leben." (BSLK 598,1–3) Neben den leiblichen Vätern, den Hausvätern und den Patres patriae (vgl. BSLK 596,42) nennt Luther schließlich auch noch die „geistliche(n) Väter, die uns durch Gottes Wort regieren und furstehen" (BSLK 601,30 f. mit Verweis auf 1. Kor 4,15). Im Hinblick auf sie bringt Luther das vierte Gebot allerdings lediglich so zur Geltung, daß er die Christen an ihre Pflicht erinnert, ihre Pfarrer und Prediger zu ehren und für ihr äußeres Auskommen Sorge zu tragen.

Luther schließt seine Auslegung des vierten Gebots nicht, ohne alle, die das Elternamt oder eines seiner Derivate ausüben, eindringlich zu ermahnen, ihren Auftrag in gottbefohlener Weise zu erfüllen. Daß der Elternstand auch eine Verpflichtung enthalte, sei zwar nicht in den zehn Geboten, wohl aber an vielen anderen Orten der Schrift explizit zur Geltung gebracht. „Auch will es Gott eben in diesem Gepot mit eingebunden haben, als er Vater und Mutter nennet; denn er will nicht Buben noch Tyrannen zu diesem Ampt und Regiment haben, gibt ihn auch nicht darümb die Ehre, das ist Macht und Recht zu regieren, daß sie sich anbeten lassen, sondern denken, daß sie unter Gottes Gehorsam sind, und fur allen Dingen sich ihres Ampts herzlich und treulich annehmen, ihre Kinder, Gesind, Untertanen etc. nicht allein zu nähren

und leiblich zu versorgen, sondern allermeist zu Gottes Lob und
Ehre aufzuziehen. Darümb denke nicht, daß solchs zu Deinem
Gefallen und eigener Willköre stehe, sondern daß Gott strenge
gepoten und aufgelegt hat, welchem Du auch dafür wirst müssen
antworten." (BSLK 603,25–42) Welche Folgerungen daraus zu ziehen sind, hat Luther im Anschluß daran (vgl. BSLK 603,50–605,21)
eindringlich dargestellt. Tritt der Fall ein, daß man entweder den
Vater oder Gott fahren lassen muß, so steht Luther der absolute
„Vorrang des ersten Gebots vor allen anderen"[11] fest.

---

[11]   E. Mülhaupt, Elternehre und Elternpflicht in reformatorischer Sicht, in:
Luther. Zeitschrift der Luther-Gesellschaft 35 (1964), 49–60, hier: 56. In
dem Anm. 1 erwähnten Beitrag habe ich zu zeigen versucht, daß das
Verhältnis des ersten und vierten Gebots (vgl. auch Peters I, 189 ff.) im
Sinne Luthers analog ist zu dem von innerem und äußerem Menschen
(vgl. H. Bornkamm, Äußerer und innerer Mensch bei Luther und den
Spiritualisten, in: ders. [Hg.], Imago Dei. Beiträge zur theologischen Anthropologie. FS G. Krüger, Gießen 1932, 85–109). Im ersten Gebot, so
lautet die zunächst entfaltete These (vgl. a. a. O., 415 ff.), wird dem inneren Menschen als dem Inbegriff meiner selbst jenes – das inkommensu-
rable Gesetztsein des Ureigenen betreffende – Konstitutionsverhältnis in
seinem Verbindlichkeitsgehalt vorstellig, in welchem sich der Schöpfer
als absoluter Grund kreatürlichen Selbstseins zur Geltung bringt. Während das zweite und dritte Gebot dementsprechend das innere Verhal-
tensmuster gottgegründeten Menschseins zu gestalten suchen, ist das
vierte Gebot (vgl. a. a. O., 419 ff.) in ursprünglicher Weise auf das
Grunddatum leibhaften Daseins des Menschen in der Welt bezogen. Was
das vierte Gebot gebietet, ist dabei recht eigentlich nichts anderes als die
rechte Wahrnehmung und Gestaltung jener Grundgegebenheit äußeren
Daseins menschlichen Lebens, welche darin besteht, daß jeder Mensch
in einer singulären Weise, deren Einzigartigkeit auch durch das Faktum
möglicher Geschwister nicht relativiert wird, Kind von Eltern, genauer
gesagt: eines ganz bestimmten Mannes und einer ganz bestimmten Frau
ist, ohne welche er nicht auf der Welt wäre und kein leibhaftes Dasein
hätte. Daß es dabei um mehr und um anderes als um einen vom eigenen Leben distanzierbaren biologischen Sachverhalt geht, unterstreicht
Luthers Auslegung dadurch, daß er im gegebenen Zusammenhang immer stärkeres Gewicht auf das Personalpronomen ‚Dein' legt: „Im vorläufigen Text des GK fehlt es noch wie in den meisten mittelalterlichen
Texten, im GK steht es nur beim Vater, im KK lautet das Gebot: ‚Du
sollst Deinen Vater und Dein Mutter ehren'. Im Anschluß an den Bibeltext Ex 20,12 akzentuiert der Reformator die gottgesetzte Zuordnung der
Kinder zu ihren Eltern." (Peters I, 180)

Das mit der gottgesetzten Zuordnung der Kinder zu ihren je eigenen Eltern aufgegebene Grundgebot der zweiten Gesetzestafel bezieht sich

demnach, so läßt sich im Sinne Luthers folgern, auf das für alle äußeren Handlungsmuster gottgegründeter Subjektivität elementarste Datum, nämlich auf das allen Handlungsvollzügen des äußeren Menschen bereits kontingent zugrundeliegende Faktum seines leibhaften Daseins als solches. Was das vierte Gebot als sittliche Grundaufgabe und Basishandlung für alles weitere verlangt, ist recht eigentlich dies, sich durch Ehrung elterlicher Herkunftsbeziehung ins rechte Verhältnis zum kontingenten Datum eigenen leibhaften Seins in der Welt zu setzen. Solche Elternehrung ist der Mensch gewissermaßen sich selbst schuldig, will er zur Leibhaftigkeit seines Daseins stehen und sich in dieser von den Eltern empfangenen Leibhaftigkeit als Geschöpf Gottes annehmen, welche Selbstannahme die Voraussetzung für die gebotene liebende Hinwendung zum Nächsten und zu allem Kreatürlichen darstellt.

Die skizzierte Deutung dürfte trotz gewisser Widerständigkeiten des Textes nicht zuletzt deshalb einen guten Anhalt an Luthers Katechismusauslegung haben, weil sie die ausdrücklich hervorgehobene Leitfunktion des vierten Gebotes für alle Gesetze der zweiten Tafel einschließlich des Tötungsverbotes m. E. besser zur Geltung bringt als eine unmittelbar am Begriff sozialer Abhängigkeit orientierte Interpretation, die das Eltern-Kind-Verhältnis primär als Grundparadigma asymmetrischer Beziehungen wertet, wie sie nachgerade auch für alle denkbaren Interaktionen von Bürger und Staat prinzipiell charakteristisch sein sollen (vgl. E. Herms, Die Bedeutung des Gesetzes für die lutherische Sozialethik, in: ders., Erfahrbare Kirche. Beiträge zur Ekklesiologie, Tübingen 1990, 1–24, bes. 12 ff.). Zwar läßt sich die Tatsache, daß Luther im Eltern-Kind-Verhältnis den exemplarischen Fall einer mit der gegebenen Verfassung der kreatürlichen Welt notwendig verbundenen Ungleichheit gesehen hat, ebensowenig leugnen wie ausgeprägte, für die Situation des frühen 16. Jahrhunderts kennzeichnende Tendenzen zu einem patriarchalischen Verständnis der sog. Oberpersonen in Staat und Kirche, denen gehorsam zu sein der Reformator die Untertanen in analoger Weise verpflichtet wie die Kinder zum Elterngehorsam (vgl. etwa K. D. Schmidt, Luthers Staatsauffassung, in: Luther 32 [1961], 97–109; ferner: W. Elert, Zur Terminologie der Staatslehre Melanchthons und seiner Schüler, in: ZSTh 9 [1932], 522–534). Indes ist zu bedenken, daß Eltern (und mit ihnen die besagten Oberpersonen) ihrerseits allesamt dem vierten Gebot untertan sind, sofern auch sie – und zwar ausnahmslos – Kinder von Eltern sind. Damit wird die im Eltern-Kind-Verhältnis inbegriffene asymmetrische Ungleichheit zwar nicht aufgehoben, aber doch in einer Weise relativiert, welche das Mißverständnis unmöglich macht, die Elternrolle undifferenziert mit derjenigen Gottes zu vergleichen. Man sollte daher nicht sagen, daß Gott die Eltern bzw. elterlich Vorgesetzten „zwischen uns und Gott" (Peters I, 187) gestellt hat. Auch scheint es mir unangemessen, im Blick auf das Elternamt von einer „*Stellvertretung der Wirklichkeit Gottes* unter den Menschen gegenüber Menschen zu sprechen" (E. Kinder, Luthers Ableitung der geistlichen und weltlichen ‚Oberheit' aus dem 4. Gebot, in:

Nachdem mit dem vierten Gebot die Fragen des geistlichen und
weltlichen Regiments (vgl. BSLK 605,37 f.) andeutungsweise verhandelt sind, schreiten wir nach Luther mit dem fünften Gebot
(vgl. Peters I, 209 – 226; Meyer 223 – 231) „aus unserm Haus unter
die Nachbarn, zu lernen, wie wir unternander leben sollen, ein
iglicher fur sich selbs gegen seinem Nähesten" (BSLK 605,40 –
606,1). Damit ist zugleich der Geltungsbereich des fünften Gebots
bestimmt und gesagt, daß Gott und die Obrigkeit nicht einbegrif-
fen sind, so daß ihnen ihre Macht zu töten nicht genommen wird.
Was im Gebot untersagt ist, ist deshalb „einem gegen dem andern
verpoten und nicht der Oberkeit" (BSLK 606,10 f.), der „Gott sein
Recht, Ubeltäter zu strafen, ... an der Eltern statt befohlen hat"
(BSLK 606,4 – 6; vgl. auch 606,21 – 27). Das entspricht insofern
dem alttestamentlichen Ursprungssinn des Gebots, als auch ihm
zufolge „das gesetzliche Töten des Schuldigen und das Töten im
Krieg ... die Bereiche (sind), die vom Verbot des Tötens nicht erfaßt wurden"[12].

Was das Verhältnis der Einzelpersonen untereinander betrifft, so
gilt im Sinne der Auslegung Christi in Mt 5,20 – 26 (vgl. BSLK 606,
Anm. 7), „daß man nicht töten soll wider mit der Hand, Herzen,
Mund, Zeichen, Gebarden noch Hülfe und Rat" (BSLK 606,19 – 21;
vgl. 608,3 – 18). Danach läuft dieses Gebot darauf hinaus, „daß
man niemand kein Leid tue ümb irgend eines böses Stücks willen,
ob er's gleich höchlich verdienet; denn wo Totschlag verpoten ist,

---

S. Grundmann [Hg.], Für Kirche und Recht. FS J. Heckel, Köln/Graz 1959,
270 – 286, hier: 277). Die ihm gemäße Leitfunktion für die zweite Deka-
logtafel kann das vierte Gebot nur wahrnehmen, wenn es in unverwech-
selbarer Weise vom ersten, in dem es seinen Grund hat, unterschieden
wird (vgl. fernerhin § 11,10).

[12]   J. J. Stamm, Sprachliche Erwägungen zum Gebot ‚Du sollst nicht töten'.,
in: ThZ 1 (1945), 81 – 90, hier: 90. Zum Tötungsverbot im Alten und Neuen
Testament und zu den Charakteristika der Deutung Luthers vgl. Peters I,
212 ff., hier: 215 unter Verweis auf BSLK 606,2 ff.: „Im Tötungsverbot erweist sich Gott als Schutzherr des menschlichen Zusammenlebens; er
stellt dieses Gebot ‚zwischen Gut und Böse'. Er bewahrt uns vor dem
Verderben, welches aus dem Trieb zur Vergeltung erwächst. Die Obrigkeit läßt er teilhaben an diesem Schutzamt, darum nimmt er sie heraus
aus dem Verbot; sie hat Macht, Recht und Pflicht, die Todesstrafe zu
vollstrecken, sie soll schelten, zürnen und strafen." Vgl. hierzu sowie zur
Problematik der Gewaltanwendung im sog. bellum iustum § 11,10.

da ist auch alle Ursach verpoten, daher Totschlag entspringen mag" (BSLK 607,20 – 25). In der Konsequenz dessen deutet Luther den Sinn des fünften Gebots auf die Feindesliebe (vgl. etwa BSLK 609,30 – 37), mit deren Forderung Gott den tödlichen Antagonismus von Haß und Gegenhaß unterbinden will (BSLK 606,50 – 607,2: „Da kömpt nu Gott zuvor wie ein freundlicher Vater, legt sich ins Mittel und will den Hader geschieden haben, daß kein Unglück daraus entstehe noch einer den andern verderbe." Demgemäß wendet er schließlich das Gebot ins Positive: Ein Übeltäter des Gesetzes sei nicht allein der, welcher dem Nächsten Böses tue, „sondern auch, wer dem Nähisten Guts tuen, zuvorkommen, wehren, schützen und retten kann, daß ihm kein Leid noch Schaden am Leibe widerfahre, und tuet es nicht" (BSLK 608,23 – 27 mit späterem Verweis auf Mt 25,42 f.). Alle weiteren Gebote sind nach Meinung Luthers aus dem Vorhergehenden leicht zu verstehen, weil sie alle darauf hinauslaufen, „daß man sich hüte für allerlei Schaden des Nähisten" (BSLK 610,43 – 611,1). Dabei ist die Ordnung der Zusammenstellung folgende: Wird im fünften Gebot unmittelbar auf die eigene Person Bezug genommen, so bezieht sich das sechste Gebot (vgl. Peters I, 227 – 254; Meyer 231 – 239) „auf die nähiste Person oder das nähiste Gut nach seinem Leibe, nämlich sein ehelich Gemahl, welchs mit ihm ein Fleisch und Blut ist, also daß man ihm an keinem Gut höher Schaden tuen kann" (BSLK 611,4 – 8). Gegenstand des siebten Gebots (vgl. Peters I, 255 – 278; Meyer 239 – 244) ist sodann das „zeitliche Gut" (BSLK 616,13), welches Gott ebenfalls verwahren will, weshalb er geboten hat, „daß niemand dem Nähisten das Seine abbreche noch verkürze. Denn stehlen heißet nicht anders, denn eins andern Gut mit Unrecht zu sich bringen, damit kürzlich begriffen ist allerlei Vorteil mit des Nähisten Nachteil in allerlei Händeln." (BSLK 616,16 – 20) Das unterstreichen auch die Gebote neun und zehn (vgl. Peters I, 296 – 309; Meyer 252 – 256), die Luther, abgesehen von KK, „stets als eine Einheit behandelt" (Peters I, 296) hat. Da wir aber außer unserem eigenen Leib, unserem Ehegemahl und unserem zeitlichen Gut auch der Ehre und des guten Rufs nicht entbehren können, da es für uns wichtig ist, nicht in öffentlicher Schande und allgemeiner Verachtung zu leben, darum will Gott nach Maßgabe des achten Gebots (vgl. Peters I, 279 – 295; Meyer 244 – 252) „des Nähisten Leumund, Glimpf und Gerechtigkeit so wenig als Geld und Gut genommen und verkürzt haben, auf daß

ein iglicher fur sein Weib, Kind, Gesind und Nachbar ehrlich bestehe" (BSLK 624,34–38).

Was die Einzelauslegungen zu den jeweiligen Geboten betrifft, so
folgen sie einem mehr oder minder einheitlichen Muster: Nach
dem Vorbild Christi zielt Luthers Interpretation stets auf eine nicht
nur äußerliche, sondern herzliche Aneignung der Gebote, deren
Gehalt er schließlich ins Positive wendet, so daß es nicht länger
nur um Schadensabwehr für den Nächsten, sondern um Mehrung
und Förderung seines Nutzens zu tun ist. So wird das Ehebruchs-
verbot zu einer Untersagung jedweder Unkeuschheit vertieft und
zugleich gesagt, „daß ein iglicher beide fur sich selbs keusch lebe
und dem Nähisten auch dazu helfe, also daß Gott durch dies Gepot eines iglichen ehelich Gemahl will ümbschränket und bewahret haben, daß sich niemand daran vergreife" (BSLK 611,42–612,2).
Zu ergänzen ist, „daß dies Gepot nicht alleine fodert, daß idermann mit Werken, Worten und Gedanken keusch lebe in seinem,
das ist allermeist im ehelichen Stande, sondern auch sein Gemahl,
von Gott gegeben, lieb und wert halte. Denn wo eheliche
Keuschheit soll gehalten werden, da mussen Mann und Weib fur
allen Dingen in Liebe und Eintracht beinander wohnen, daß eines
das ander von Herzen und mit ganzer Treue meine." (BSLK
615,26–35)[13]

---

[13] Das wird bestätigt durch Luthers Katechismusauslegung zum sechsten
      Gebot, derzufolge der Ehestand in der Ordnung der Schöpfung gründet,
      wonach Gott in evidenter und jedermann ersichtlicher Weise (BSLK
      612,27: „wie fur Augen") „unterschiedlich Mann und Weib geschaffen"
      hat, damit sie „sich zusammen halten, fruchtbar seien, Kinder zeugen,
      nähren und aufziehen zu Gottes Ehren" (BSLK 612,26–31). Der Ehestand
      ist sonach der erste und vornehmste aller Stände, der „vor und über sie
      alle gehet, es seien Kaiser, Fürsten, Bischofe und wer sie wollen" (BSLK
      613,17 f.), wie dies auch durch das vierte Gebot bestätigt werde (vgl.
      BSLK 612,18 ff.). Dazu ist die Ehe mit Ausnahme einiger weniger (BSLK
      613,40–44: „welche Gott sonderlich ausgezogen, daß sie zum ehelichen
      Stand nicht tüchtig sind, oder durch hohe, übernatürliche Gabe befreiet
      hat, daß sie außer dem Stande Keuschheit halten können") für alle Men-
      schen notwendig. „Denn wo die Natur gehet, wie sie von Gott einge-
      pflanzt ist, ist es nicht müglich, außer der Ehe keusch zu bleiben; denn
      Fleisch und Blut bleibt Fleisch und Blut, und gehet die natürlich Neigung
      und Reizung ungewehret und unverhindert, wie idermann siehet und
      fühlet." (BSLK 613,44–50) Das ist der Grund, warum Luther den priester-
      lichen Pflichtzölibat ablehnt und behaupten kann, daß durch das sechste

Im Blick auf das Verbot des Diebstahls ist eine analoge Tendenz erkennbar: „Darümb wisse ein iglicher, daß er schuldig ist bei Gottes Ungnaden, nicht allein seinem Nähisten kein Schaden zu tuen noch sein Vorteil zu entwenden noch im Kauf oder irgend einem Handel allerlei Untreu oder Tücke zu beweisen, sondern auch sein Gut treulich zu verwahren, seinen Nutz zu verschaffen und fodern, sonderlich, so er Geld, Lohn und Nahrung dafur nimmpt." (BSLK 619,13 – 22) Bemerkenswert ist ferner die Weite der Auslegungsperspektive: Luther denkt nicht nur an den gemeinen Dieb, sondern auch an Betrügereien des Markts, wo einer „Geld ümb Ware oder Arbeit nimmpt und gibt" (BSLK 616,33 f.), schließlich an die Herrn und Fürsten, „die nicht eine Stadt oder zwo, sondern ganz Deutschland täglich ausstehlen" (BSLK 618,22 – 24). Zuletzt wird das Gebot gegen die Kirche und ihre Repräsentanten gewendet, wenn es heißt: „Ja, wo bliebe das Häupt und öberster Schutzherr aller Diebe, der heilige Stuhl zu Rom mit alle seiner Zugehöre, welcher aller Welt Güter mit Dieberei zu sich bracht und bis auf diesen Tag inne hat?" (BSLK 618,24 – 28) Die Meinung, daß man die Kleinen hängt, während man die Großen laufen läßt, kann sich durchaus auf Luther berufen. Dennoch ist er gewiß, daß sich Unrecht nicht lohnt; im Gegenteil: Die Erfahrung beweise, daß es so etwas wie ausgleichende Gerechtigkeit gebe. „Denn die Kunst kann Gott meisterlich, weil idermann den andern beraubt und stiehlet, daß er einen Dieb mit dem andern strafet." (BSLK 622,7 – 10) Zuletzt jedenfalls wird Gott keinen Verstoß gegen sein Wort ungestraft lassen.

Zu erwähnen ist fernerhin, daß Luther in den beiden letzten Geboten, sofern er ihre Geltung nicht auf das Judentum beschränkt (BSLK 633,38 ff.), Ergänzungen des siebten Gebots sieht. „Denn droben im siebenden Gepot ist die Untugend verpoten, da man frömbde Gut zu sich reißet oder dem Nähisten furhält, dazu man kein Recht haben kann. Hie aber ist auch gewehret, dem Nähi-

---

Gebot nicht nur „aller unehlichen Keuschheit Gelübd verdammpt und Urlaub gegeben", sondern auch „allen armen gefangenen Gewissen, so durch ihre Klöstergelubde betrogen sind, (geboten sei), daß sie aus dem unkeuschen Stand ins ehliche Leben treten ..." (BSLK 614,32 – 37). Für Luthers Auslegung des 6. Gebots ist fernerhin relevant, was in der Haustafel (vgl. Peters V, 95 ff.) und im Traubüchlein (vgl. Peters V, 119 ff.) zu lesen steht.

sten nichts abzuspannen, ob man gleich mit Ehren fur der Welt
dazu kommen kann, daß Dich niemand zeihen noch tadeln tarr,
als habst Du's mit Unrecht eröbert" (BSLK 634,34 – 43; Beispiele
werden 636,5 ff. aufgeführt).[14] Worauf es ankommt, ist auch hier,
dem Nächsten nicht zu nahe zu treten, sondern ihm sein Eigentum zu belassen. Neben materiellen Gütern gehört zum Eigenen
schließlich auch der gute Ruf. Für seinen Schutz steht das achte
Gebot ein. Was dessen Geltungsbereich betrifft, so denkt Luther
zunächst an die Sphäre der Jurisprudenz, in der man den Nächsten nach Kräften zu seinem Recht verhelfen soll (vgl. BSLK
625,6 ff.), sodann an Fälle geistlichen Gerichts (vgl. BSLK
626,17 ff.), schließlich aber und vor allem an all das, was durch ein
loses und falsches Mundwerk angerichtet werden kann. Statt
heimliche Verfehlungen durch üble Nachrede ans Licht zu ziehen,
soll man sie in ebenso schamvoller Weise vor anderen verbergen,
wie man die eigene Blöße verdeckt. Nicht in Schweigen zu hüllen
braucht und soll man sich hingegen im Hinblick auf öffentliche
Laster, wie es denn überhaupt nicht der Sinn des Gebots ist, das
Böse ungestraft zu lassen. Ihm zu wehren haben deshalb
„weltliche Öberkeit, Prediger, Vater und Mutter" (BSLK 629,27 f.)
nicht nur das Recht, sondern die Pflicht. Außer den dazu Verordneten indes ist niemand beauftragt, „seinen Nähisten offentlich zu
urteilen und strafen, ob er ihn gleich siehet sundigen" (BSLK
627,19 f.). Vielmehr sollen wir unsern Nächsten „entschüldigen und
Guts von ihm reden und alles zum Besten kehren" (BSLK 509,22 –
24).

2. Das zweite Hauptstück: der Glaube

Indem es uns Wesen und Wirklichkeit des dreieinigen Gottes, wie
er in Jesus Christus kraft des Heiligen Geistes als schöpferische
Vatergüte zu unserem Heil offenbar ist, nahebringt, bildet das

---

[14]   Vgl. K. Ahrens, Was heißt ‚abspannen' in Luthers Erklärung zum 10. Gebot? in: Zeitschrift für den evangelischen Religionsunterricht 4 (1893),
149 f.; H. Malo, ‚Abspannen, abdringen, abwendig machen', in: a. a. O.
228 f.

zweite Hauptstück die innere Sinnmitte des Katechismus[15], in der zugleich seine christliche Eigenart begründet liegt. Wie uns das Glaubensbekenntnis Gott „ganz und gar" erkennen lehrt, so legt uns das zweite Hauptstück gemäß Luthers Katechese all das vor, „was wir von Gott gewarten und empfahen müssen" (BSLK 646,7 f.). In diesem Sinne kann Luther seine Auslegung der drei Glaubensartikel mit der Feststellung beschließen, darin sei kurz und trefflich „das ganze göttliche Wesen, Willen und Werk" als eine Weisheit über alle menschliche Weisheit beschrieben (BSLK 660,18 f.). Was die Welt vergeblich zu erfassen trachtete, nämlich „was doch Gott wäre und was er im Sinn hätte und täte" (BSLK 660,25 f.), hier ist es manifest: „Denn da hat er (sc. Gott) selbs offenbaret und aufgetan den tiefsten Abgrund seines väterlichen

---

[15] Zu dieser communis opinio der Lutherforschung vgl. zusammenfassend Peters II, 47. Peters II, 55 sind die Textangaben und Literaturhinweise zu Luthers Trinitätsanschauung aufgelistet. Daß diese Anschauung trotz unterschiedlicher Akzentsetzung in der Wertung und Zuordnung der drei Artikel in sich einheitlich ist und kontinuierlich festgehalten wurde, hat Peters unter detaillierter Berücksichtigung der historischen und philologischen Textentwicklung deutlich gemacht: „Zentrum der Katechismen Luthers ist nicht ein verengter und isolierter zweiter Artikel im Credo, wie es nach dem Wortlaut von KK scheinen könnte, sondern die gnädige Zuwendung Gottes als unseres Vaters durch den Sohn im Heiligen Geist. Dieses Sich-Offenbaren und Sich-Schenken des dreieinigen Gottes wird jeweils als ein Ganzes von seiner sich uns zuwendenden Seite her anvisiert." (Peters II, 53) Von daher kann ich die Bedenken nicht teilen, die Appropriation von Schöpfung, Erlösung und Heiligung zu jeweils einer trinitarischen Hypostase könnte sich in den Katechismen zu speziellen Handlungen der jeweiligen Person verfestigen (vgl. Peters II, 42), zumal Peters selbst sagt, daß Appropriation bei Luther niemals ausschließliche Zuordnung heißt und den augustinischen Grundsatz, daß die Werke der Hl. Trinität nach außen unteilbar sind, keinesfalls aufhebt (vgl. Peters II, 45.42 f.). Im übrigen wird Luther weder vom Vorwurf des Modalismus, noch von dem des Tritheismus getroffen: „Ein Gott und Glaube, aber drei Personen." (BSLK 647,18) Dieser Beleg zeigt nicht nur, daß Luthers Trinitätslehre orthodox ist, er deutet durch Erwähnung des Glaubensbegriffs zugleich an, was Peters mit Recht hervorhebt (II, 39), daß nämlich der Reformator „die augustinisch-scholastischen Trinitätsspekulationen erneut ausrichtet auf das biblische Zeugnis. Hierdurch setzt er nicht ein bei der immanenten Bewegung der drei Personen in dem einen Gott-Wesen, sondern blickt streng auf die Weltzuwendung Gottes des Vaters durch den Sohn Jesus Christus im Heiligen Geist." Zu Luthers Rezeption des Filioque der abendländischen Tradition vgl. Peters II, 41, Anm. 194.

Herzens und eitel unaussprechlicher Liebe in allen dreien Artikeln." (BSLK 660,28–32) Erster, zweiter und dritter Artikel,
Schöpfung, Erlösung und Heiligung bilden sonach einen Zusammenhang, außerhalb dessen und ohne welchen von Gottes wah-
rem Wesen nicht die Rede sein kann. „Denn wir künnden ...
nimmermehr dazu kommen, daß wir des Vaters Hulde und Gnade erkenneten ohn durch den HERRN Christum, der ein Spiegel
ist des väterlichen Herzens, außer welchem wir nichts sehen denn
einen zornigen und schrecklichen Richter. Von Christo aber
künnten wir auch nichts wissen, wo es nicht durch den Heiligen
Geist offenbaret wäre." (BSLK 660,38–47)

Ist der in der Erlösungswirklichkeit Jesu Christi in der Kraft des
Heiligen Geistes als anhaltend schöpferische Vaterliebe für uns
todverfallene Sünder heilsam offenbare dreieinige Gott Thema
des zweiten Hauptstücks und bestimmende Mitte des ganzen Katechismus, so sind es auch die drei Glaubensartikel, welche die
Christen, wie es heißt, von allen anderen Leuten auf Erden unterscheiden und sondern. „Denn was außer der Christenheit ist, es
seien Heiden, Türken, Jüden oder falsche Christen und Heuchler,
ob sie gleich nur einen wahrhaftigen Gott gläuben und anbeten,
so wissen sie doch nicht, was er gegen ihn gesinnet ist, können
sich auch keiner Liebe noch Guts zu ihm versehen, darümb sie in
ewigem Zorn und Verdammnis bleiben. Denn sie den HERRN
Christum nicht haben, dazu mit keinen Gaben durch den heiligen
Geist erleuchtet und begnadet sind." (BSLK 661,7–18) Anzumerken ist, daß bereits Luthers förmliche Dreiteilung des Glaubensbekenntnisses als ein Hinweis auf die trinitätstheologischen Gehalte seiner Auslegung verstanden sein will. Während man, wie
der Reformator vermerkt (BSLK 646,35ff.), das apostolische Glaubensbekenntnis nach alter Tradition in der Regel in zwölf Artikel
unterteilte, wobei die Überlieferung jedem Apostel je einen Artikel zuschrieb (vgl. BSLK 646, Anm. 8), faßt er zur Erleichterung
der Übersicht und aus den besagten trinitätstheologischen Gründen das ganze Apostolikum[16] in drei Hauptartikel zusammen

---

[16] Zum Thema „Luther und das Apostolikum" vgl. den gleichnamigen,
Kattenbuschs Studie über „Luthers Stellung zu den ökumenischen Symbolen" von 1883 fortführenden Vortrag von J. Meyer (Berlin-Lichterfelde
1918) sowie vor allem Peters II, 13–27, wo auch einiges über Name und
Herkunft des Apostolikums und seine Geschichte in der Alten Kirche
und im Mittelalter gesagt wird.

„nach den dreien Personen der Gottheit, dahin alles, was wir gläuben, gerichtet ist, also daß der erste Artikel von Gott dem Vater verkläre die Schepfung, der ander von dem Sohn die Erlösung, der dritte von dem heiligen Geist die Heiligung" (BSLK 647,7–12). In Kurzfassung läßt sich sonach das Bekenntnis des Glaubens so wiedergeben: „,Ich gläube an Gott Vater, der mich geschaffen hat, ich gläube an Gott den Sohn, der mich erlöset hat, ich gläube an den heiligen Geist, der mich heilig machet.' Ein Gott und Glaube, aber drei Person, darümb auch drei Artikel oder Bekenntnis." (BSLK 647,14–19)

Insofern das Credo das wahre Wesen Gottes als des dreieinigen zum Ausdruck bringt, ist es nach Luther „nichts anders ... denn ein Antwort und Bekenntnis der Christen, auf das erst Gepot gestellet. Als wenn man ein jung Kind fragete: ,Lieber, was hast Du fur ein Gott, was weißest Du von ihm?', daß es künnde sagen: ,Das ist mein Gott, zum ersten der Vater, der Himmel und Erden geschaffen hat. Außer diesem einigen halte ich nichts fur Gott, denn sonst keiner ist, der Himmel und Erde schaffen künnde.'" (BSLK 647,36–46).[17] Neben dem betonten Zusammenhang von Gebotsverpflichtung und Schöpfungsbekenntnis ist an der erwähnten Zuordnung von erstem und zweitem Hauptstück insbesondere die Tatsache bemerkenswert, daß nach Luthers Urteil die Zehn Gebote für sich und unter den gegebenen Verhältnissen von Menschheit und Welt genommen das Wesen Gottes offenbar nicht oder doch nur unzureichend erschließen. Damit hängt zusammen, daß die Gebote – um es zu wiederholen und noch einmal auf den Zusammenhang von erstem und zweitem Hauptstück näher einzugehen – die Bedingung der Möglichkeit ihrer Erfüllung nicht vermitteln, vielmehr für den postlapsarischen Menschen die Gestalt anklagenden Gesetzes annehmen und ihm ihre faktische Unerfüllbarkeit demonstrieren. Tatsache ist, daß nach Luther die Zehn Gebote abgesehen von ihrem politischen Gebrauch im Sinne äußerer Ordnungsregeln unter postlapsarischen

---

[17] Zu beachten ist in diesem Zusammenhang die Frage- und Antwort-Struktur des KK, die „nicht nur didaktischen Erfordernissen Rechnung tragen (will), sondern auch von theologischer Relevanz (ist), insofern sie etwas von dem dialogischen Charakter des Wortes Gottes, das als Anrede ergeht und unsere Antwort will, widerspiegelt" (W. Krusche, Zur Struktur des Kleinen Katechismus, in: LM 7 [1965], 316–331, hier: 324).

Bedingungen ihre primäre Funktion in der alle Ansprüche selbstätiger Moral zugrunderichtenden Anklage haben. Indes kann auch diese tötende Gesetzesfunktion von den Geboten auf theologisch sinnvolle Weise nur erfüllt werden, wenn ein Zusammenhang mit dem Evangelium hergestellt wird, ohne welchen nichts als Verzweiflung gewirkt wird.

Verbietet sich sonach unter christlichen Bedingungen jedweder theologische Gebrauch des ersten Hauptstücks, der von dem zweiten abstrahiert, so läßt der Glaube, wie bereits gesagt, die Gebote doch keineswegs in antinomistischer Weise hinter sich, er läßt vielmehr ihre Verbindlichkeit dezidiert gelten, um sie gehorsam zu befolgen. Wie ernst es ihm damit sein muß, zeigt nachgerade das dritte Hauptstück, das in Aufbau und Durchführung mit dem ersten Hauptstück nicht nur aufs engste verbunden ist, sondern präzise den Realitätsmodus christlicher Gebotsbefolgung beschreibt. Das Herrengebet wird von Luther als der exemplarische Fall vorgestellt, sich in der Erfüllung der Gebote zu üben. Damit ist noch einmal gesagt: ohne vorausschauende Berücksichtigung des dritten Hauptstücks, das im Zusammenhang mit dem pneumatologischen Prozeß, den der dritte Artikel bekennt, konsequent und stimmig aus dem zweiten Hauptstück hervorgeht, kann es ein christliches Verständnis der Gebote und einen entsprechenden Gebrauch derselben nicht geben. Denn obgleich der Dekalog Geltung für alle Menschen und damit Allgemeingültigkeit beansprucht, bedarf es nach Luther gleichwohl des evangelischen Glaubens und eines dem Glauben entsprechenden Gebets, um die Gültigkeit dieses Anspruchs anzuerkennen und gehorsam zu befolgen. Die Erfüllung des Gebots hängt daher am Glauben. Umgekehrt gilt ebenso, daß Gebotsgehorsam dem Glauben als der „Kraftquelle zur Gebotserfüllung" (Meyer, 273) elementar zugehört. Von einer Gesetzlosigkeit des Glaubens kann nicht die Rede sein. Vielmehr bedarf der Glaube der Gebote, um zu sein und zu bleiben, was er kraft des Evangeliums geworden ist. Es gibt und muß sonach auch einen christlichen Brauch der Gebote geben, wobei es vorerst unentschieden bleiben kann, ob es sinnvoll ist oder nicht, diesen Brauch tertius usus legis zu nennen und in eine Reihe mit einem usus politicus und usus elenchticus legis zu stellen.[18] Was als grundlegend für alles Folgende festzuhalten ist, ist vorerst nur dies, daß in Luthers Katechismen der Dekalog im Sinne einer christlichen Sozialethik ausgelegt und in Gebrauch genommen wird.

Dabei befolgt der christliche Brauch der Gebote indes keine anderen Regeln als die dem Dekalog selbst eigenen. Er darf das nach Luther auch gar nicht tun. Mit großer Schärfe wendet der Reformator sich daher in der Auslegung einer ganzen Reihe von Geboten gegen den nach seinem Urteil nicht christlichen, sondern unchristlichen Anspruch, die Gebote sittlich überbieten zu wollen. Die Behauptung von im Vergleich zum Gebotsgehorsam überschüssigen Werken wird nachdrücklich verworfen. Es bleibt bei dem Grundsatz, mit dem Luther im Großen Katechismus den Beschluß seiner Dekalogauslegung einleitet: „So haben wir nu die zehen Gepot, ein Ausbund göttlicher Lehre, was wir tuen sollen, daß unser ganzes Leben Gott gefalle, und den rechten Born und Rohre, aus und in welchen quellen und gehen müssen alles, was gute Werk sein sollen, also daß außer den zehen Gepoten kein Werk noch Wesen gut und Gott gefällig kann sein, es sei so groß und köstlich fur der Welt, wie es wolle." (BSLK 639,11 – 19). Für überpflichtige Taten oder opera supererogationis ist in Luthers Ethik kein Platz. Es sei vielmehr eine „verfluchte Vermessenheit der verzweifelten Heiligen, so da sich unterstehen, ein höher und besser Leben und Stände zu finden, denn die zehen Gepot lehren ..." (BSLK 640,31 – 35) Jede Form eines ethischen Zweiklassensystems wird daher kompromißlos abgelehnt. Jeder möge zusehen, sich an den Dekalog zu halten: „Ich meine je, man sollt' hie alle Hände voll zu schaffen haben" (BSLK 639,25 ff.). Denn niemand – es sei denn „ein himmlisch, engelisch Mensch weit über alle Heiligkeit der Welt" (BSLK 641,16 f.) – könne es auf Erden auch nur soweit bringen, „daß er eins von den zehen Gepoten halte, wie es zu halten ist, sondern noch beide der Glaube und das Vaterunser zu Hülfe kommen muß ..., dadurch man solchs suche und bitte und ohn Unterlaß empfahe." (BSLK 640,40 – 45)

Ist mit der Erhebung der inneren Ordnung des zweiten Hauptstücks und seines komplexen, mit der Wendung „Gesetz und

---

[18]   Kritisch hierzu: E. Herms, Luthers Auslegung des Dritten Artikels, Tübingen 1987, 86 ff.

Evangelium" nur kürzelhaft umschriebenen Bezugs zum ersten
und dritten Hauptstück bereits das Entscheidende über die Verfaßtheit christlichen Glaubens in der Nachfolge der Apostel gesagt, so ist des weiteren vornehmlich darauf zu achten, was
A. Peters „das Reflexwerden des Glaubensbezuges in Luthers Cre-
do-Auslegungen" (Peters II, 27; vgl. 27–36) genannt hat, wodurch,
wie er meint, die eigentümlich „personale Dimension des Glaubens" (Peters II, 28) erst angemessen erkennbar werde. Dabei sei
zur leichteren Verständigung zunächst auf das Problem der zutreffenden Verdeutschung der Wendung „Credo in Deum" aufmerksam gemacht, um dessen Klärung sich vor Peters namentlich
J. Meyer[19] verdient gemacht hat. Danach hatte Luther bereits Anfang der 1520er Jahre die im 15. Jahrhundert sehr verbreitete Verwendung ‚in Gott glauben' durch die vorher übliche ‚an Gott
glauben' ersetzt und dafür insbesondere sprachliche Gründe geltend gemacht. Allerdings stieß diese Änderung auch in evangelischen Kreisen auf anfänglichen Widerstand, wie u. a. Bugenhagens Vorwort zu der von ihm im Jahre 1531 edierten niederdeut-
schen Lübecker Ausgabe von GK beweist. Die Ursachen für
diesen Widerstand könnten damit zusammenhängen, daß man
damals ‚an Gott glauben' möglicherweise als Übersetzung nicht
von ‚credere in deum', sondern von ‚credere deum' und damit als
Ausdruck eines vergleichsweise minderwertigen Glaubens verstand. Hatte doch die mittelalterliche Tradition im Anschluß an
Augustin „credere deum", „credere deo" und „credere in deum"
dergestalt unterschieden, daß erstere Formel lediglich die Anerkenntnis göttlichen Daseins, die zweite die Zustimmung zu seiner
Offenbarung und erst die dritte und letzte die liebende Bewegung
und Versenkung der Seele in Gott hinein bezeichnete. „Es bedarf
nicht viel Nachdenkens, um zu begreifen, daß wenn man mit der
Augustinischen Definition wirklich Ernst machte und in das credere in deum die Vorstellung eines liebenden Eingehens in Gott
hineinlegen wollte, dann nicht die seit 900 üblich gewordene
deutsche Wendung ‚an Gott glauben' genügte, sondern nur die" –
wie es bei Meyer heißt – „räumlich verstandene Wendung ‚in Gott

---

[19]   Vgl. J. Meyer, ‚In Gott' und ‚an Gott glauben' als Verdeutschungen des
         credere in deum bei Luther, in: ThStKr 92 (1919), 262–278.

glauben'"[20]. Sollte dies zutreffen, dann wäre damit die besagte Reserve gegen die Wendung ‚an Gott glauben' plausibel gemacht.

Fraglicher erscheint die von J. Meyer fernerhin vertretene Annahme, Luther sei zu seiner Verdeutschung ‚an Gott glauben' außer durch sprachliche Gründe durch eine im Vergleich zur Tradition andere Begriffsbestimmung von Glauben veranlaßt worden, „bei welcher nicht die Liebe, sondern das Zutrauen zu Gott im Vordergrunde stand, also die Vorstellung nicht gegeben war von einem Eindringen in Gott, sondern von einem vertrauenden Hangen an Gott als dem, an dem man sich festhält, um nicht hin- und her geweht zu werden"[21]. Überzeugend ist diese These einer nicht nur sprachlichen, sondern sachlichen Differenz zwischen beiden Wendungen nur, wenn man – was zumindest für die apostrophierten kritischen Anhänger Luthers sich nicht von selbst versteht – mit der Formel ‚in Gott glauben' zugleich und eindeutig den spezifischen Sinn der ‚fides charitate formata' assoziiert, demgegenüber die Formel ‚an Gott glauben' dann die für Luther eigentümliche Fiduzialbedeutung des Glaubens herausstellen würde. Nur weil Meyer genau von dieser Voraussetzung ausgeht, kann er zu dem Ergebnis gelangen, „daß sich in der Geschichte der beiden Verdeutschungsformeln für das lateinische credere in deum eine Geschichte des Glaubensbegriffes spiegelt. Indem das 15. Jahrhundert im Anschluß an Augustins Formeln die fides charitate formata preist und somit die Krone des Glaubensaktes im liebenden Eindringen in Gott selbst erblickt, kommt es dazu, an Stelle des früher üblichen ‚an Gott glauben' zu setzen ‚in Gott glauben' und zwar unter teilweiser Abstempelung der abgeschafften Wendung ‚an Gott glauben' als einer Bezeichnung für den minderwertigen Historienglauben. Indem aber Luther im Glaubensakte das Vertrauen zu Gott als Krone heraushebt, gelangt er, ohne von der älteren Verdeutschung durch ‚an Gott glauben' eine Kenntnis zu verraten, zu einer Wiederherstellung dieser Formel, weil sie für seinen Glaubensbegriff den besseren sprachlichen Ausdruck in der deutschen Muttersprache bot."[22]

---

[20] A. a. O., 273.

[21] A. a. O., 275.

[22] A. a. O., 277 f. Zum Zusammenhang von „Glauben und Fürwahrhalten", der im folgenden näher entwickelt wird und den Meyer im Gegensatz zu

Wie immer es sich damit verhalten mag, klar ist, daß für Luther der Begriff der fides in dem der fiducia sich erfüllt, welche ganz den (Leib und Seele des Menschen erfassenden und ihn umgreifenden) promissiones Gottes hingegeben ist, um sich auf sie zu verlassen und nichts zu sein als reines Vertrauen. In diesem Sinne hat es dann auch seine Richtigkeit zu sagen: „Je stärker dem Reformator ... die Zuordnung von Verheißung und Glaube ... deutlich wird, um so mehr tritt Gott als Handelnder hervor. Nicht eigentlich der Mensch strebt dem in sich ruhenden Gott entgegen, sondern Gott der Vater ergreift durch Christus im Heiligen Geist von uns Besitz und zieht uns zu sich empor." (Peters II, 32) Indes heißt das keineswegs, daß dem Vollzug der Erhebung des Glaubens selbsttätige Beteiligung des von Gott auf- und emporgerichteten Menschen abgehe; zutreffend ist vielmehr das Gegenteil, wie denn auch der fiducia als der gotterhobenen Erfüllung des Glaubens die Momente kognitiver Kenntnisnahme und voluntativer Zustimmung unveräußerlich zugehören, um aufgehoben zu werden in ihr. Demgemäß ist beides richtig beobachtet und sachlich angemessen, daß nämlich Luther – der inneren Bestimmtheit des Glaubensvollzuges entsprechend und diesem folgend – „über die Fides als ‚notitia historiae seu dogmatum' hindrängt auf die ‚Fides specialis' der Fiducia promissionum Dei" (Peters II, 34 unter Verweis auf Apol IV: BSLK 232,14 und 168,54), ohne deshalb die Glaubensdimension sachhaltiger Erkenntnis und Anerkenntnis auszublenden. Peters' Schlußbemerkung zielt, ohne auf sonderliche Begriffsschärfe Wert zu legen, in die richtige Richtung: Fiducia, assensus und notitia „sind nur die unterschiedlichen Dimensionen eines und desselben Glaubensvollzuges. Deshalb läßt sich der im Credo bekennend-berichtete Glaubensinhalt (fides,

---

Ritschl und seiner Schule bei Luther als sehr eng und unauflöslich gefaßt sieht, vgl. Meyer (Lit. § 5), 263–271, hier: 265: „Aber wie die promissio der Vergebung ihre Grundlage hat in Tatsachen und Wirklichkeiten des Evangeliums, die uns erst den Mut machen zu glauben und der promissio Vertrauen entgegenzubringen, so kann der Glaube nicht existieren, wenn er nicht zugleich ein Fürwahrhalten dieser Tatsachen und Wirklichkeiten ist." In diesem Sinne gilt: „Wie die Gottestaten erst in ihrer Verbindung mit der Sündenvergebung Evangelium werden, so steht und fällt andererseits das Evangelium der Sündenvergebung mit den *Gottestaten,* auf denen es ruht." (Meyer, 262)

quae creditur) nicht ablösen vom Credo als akthaft-personalem Glaubensvollzug (fides, qua creditur)." (Peters II, 35 f.)

Um die Zusammengehörigkeit von Glaubensinhalt und Glaubensvollzug genauer zu erfassen, ist es wichtig zu sehen, daß der Hingabe des Glaubens an seinen Gegenstand, in welchem er gründet und welcher der Inhalt der fides, quae creditur, ist, nach Luther die Selbstinnewerdung der fides, qua creditur, in Form der Glaubensgewißheit dergestalt korrespondiert, daß in ihr, der Glaubensgewißheit, die Trennung von fides qua und fides quae behoben ist, ohne daß ihr Verhältnis deshalb differenzlos zu nennen wäre; ist doch in der Gewißheit des Glaubens in ursprünglicher und endgültiger Weise das Wissen um den Unterschied von Schöpfer und Geschöpf und darin wiederum das Wissen um die irreduzible und unaufhebbare Unterschiedenheit der Geschöpfe untereinander mitgesetzt, welche anzuerkennen die Grundvoraussetzung dafür darstellt, in theologisch angemessener Weise von einer menschlichen Welt sprechen zu können. Indem die fides sich ganz auf ihren Gegenstand verläßt, der kein anderer ist als der dreieinige Gott in seiner im auferstandenen Gekreuzigten offenbaren Gottheit, läßt sie mit der väterlichen Schöpfergüte Gottes den Glaubenden in der Kraft des göttlichen Geistes, der den Glauben hervorgerufen hat, zugleich seiner selbst und seiner geschöpflichen Bestimmung innewerden. In der Gottesgewißheit ist der Glaubende mithin seines unvordenklichen und aller Selbsttätigkeit zuvorkommenden Grundes gewahr und zum Bewußtsein seiner selbst als einer sich gegebenen Person gelangt.

Indes hat diese Wahrnehmung nach Luther nicht den Charakter vermittlungsloser Unmittelbarkeit. Sie eröffnet sich vielmehr wie der Glaube, mit dem sie wesenseins ist, nur in, mit und durch jenes trinitarische Selbsterschließungsgeschehen, welches die drei Katechismushauptstücke, deren Zentrum das Credo darstellt, bedenken. Luthers Katechismus, dessen Inhalte der Glaubende nach Weisung des Autors zu memorieren hat, um seinen Glauben in Beständigkeit zu üben, lehrt denn auch ausdrücklich, daß die österliche Gewißheit des Glaubens im Zusammenhang einer bestimmten Geschichte Gottes mit Menschheit und Welt steht, ohne welche sie weder zu erlangen noch zu erhalten ist. So ist die Gewißheit des Osterglaubens ursprünglich verbunden mit dem, was man Schöpfungsanamnese nennen könnte bzw. Erinnerung der Zehn Gebote, welche die Ordnung der Schöpfung in ihrer origi-

nalen und von Jesu Menschsein exemplarisch zur Darstellung gebrachten Form umschreiben, um dem Menschen zu einem Leben
zu verhelfen, welches seiner kreatürlichen Bestimmung, die Gott
ihm gegeben hat, entspricht. Solche erinnernde Anamnese des
status integritatis wiederum kann für den Menschen, der durch
göttliche Offenbarung zur Selbsterkenntnis gelangt, unter den gegebenen Bedingungen von Selbst und Welt nur Einsicht in den
unhintergehbaren Fall des Bösen bedeuten, der Sünde und Übel
zur Herrschaft und denjenigen, der ohne Sünde und kein Übel zu
wirken gewillt war, ans Kreuz brachte. Luther ist dazu geneigt,
die Herrschaft jener Mächte des Bösen in schwer überbietbarer
Realistik zu charakterisieren, so daß der Anschein einer – wie
man gelegentlich sagte – mythologischen Äußerlichkeit sich einstellen konnte. Daß es sich in Wahrheit nicht so verhält, ist
gleichwohl offenkundig, weil nachgerade Luther es war, der den
altbösen Feind im Inneren des Menschen entdeckte. Des Teufels
ebenso abgründiger wie bodenloser Sitz im Leben – das wußte
der Reformator, sonst wäre er nicht zum Reformator der christlichen Kirche geworden – ist das menschliche Herz, dessen Verkehrtheit den Tod übermächtig werden ließ, um sich selbst samt
seiner Welt höllisches Verderben zu bereiten. Das Kreuz Jesu
Christi ist das Wahrzeichen hierfür und als solches zugleich das
Wirkzeichen des göttlichen Gesetzes, welches beständig anklagt
und die Sünde mit ihrer Schuld identifiziert.

Vom Gesetz zum Evangelium gibt es keinen kontinuierlichen
oder dialektisch zu vermittelnden Weg. Ihr Verhältnis gleicht einem Zusammenhang nichtsynthetisierbarer Differenz, welche Gott
allein zu beheben vermag. Darin ist das Verhältnis von Gesetz
und Evangelium ganz demjenigen von Kreuz und Auferstehung
analog. Wie unter dem Gesetz des Kreuzes jede protologische
Perspektive an ihr heilloses Ende gelangt ist, ohne von sich aus
verbleibende soteriologische Aspekte erschließen zu können, so
ist es allein das Evangelium vom auferweckten und auferstandenen Gekreuzigten, welches dem Glauben eine eschatologische
Aussicht eröffnet, in welchem das Alte nicht nur in einem anderen
Lichte erscheint, sondern mit der Verheißung, tatsächlich neu zu
werden, versehen ist. Die Krise von Protologie und Eschatologie,
welche das Kreuz Jesu Christi sowohl darstellt als auch bewirkt,
scheidet Altes und Neues, aber der Geist, der von dem im auferstandenen Gekreuzigten als Vater seiner verlorenen Menschen-

kinder offenbaren Gott ausgeht, überläßt das Vergangene nicht
der Verwesung und dem Verderben, sondern führt alle, welche
im Glauben an Jesus Christus hängen, auf den Weg zur ewigen
Seligkeit. Dabei ist eigens hervorzuheben, was andeutungsweise
bereits gesagt wurde, daß nämlich im Osterereignis, welches der
Pfingstgeist beglaubigt, der Gekreuzigte nicht nur als exemplarisches Geschöpf, sondern in der gottmenschlichen Einheit seiner
Person als der offenbar ist, der Sohn Gottes nicht sein wollte ohne seine verlorenen Menschenbrüder und -schwestern und deshalb in stellvertretendem Strafleiden den Fluchtod des Kreuzes
erduldete. Weil Gott ihn in solch unvergleichlicher Passion als
sein Eigen, als die Schmerzensgestalt seiner göttlichen Liebe erkannte, die in unveräußerlicher Weise der Gottheit Gottes zugehört, ist das Kreuz nicht nur als Exempel verlorener menschlicher
Ursprungsgüte, sondern auch als Sakrament der Versöhnung
Gottes mit den Menschen aufgerichtet, um in der Kraft des Geistes Glauben an Gottes Vaterliebe zu seinen sündigen Menschen-
kindern zu wecken und dadurch Gegenliebe zu wirken in denen,
die von sich aus nicht nur zu lieben unfähig, sondern Gott, den
Nächsten und sich selbst zu hassen willens sind. Der dritte Artikel
führt dies im Hinblick auf Kirche, Welt und das eschatologische
Ziel aller Dinge im einzelnen aus, um vom dritten Hauptstück dahingehend ergänzt zu werden, daß der pneumatologische Prozeß
ganz und gar im Zeichen des Gebets steht, das im Namen des
Herrn Gott unseren Vater nennen darf. Ich behaupte nicht, daß
der hier skizzierte systematische Gedankengang in jeder Hinsicht
oder gar dem Wortlaut nach in GK und KK expliziert ist; ich bin
aber der Auffassung, daß seine argumentative Grundstruktur trotz
verschiedenartiger Modifikationen und unterschiedlicher Akzentsetzungen wie für Luthers Theologie insgesamt, so auch für die
ersten drei Hauptstücke der Katechismen bestimmend ist.

Was die Stellung des ersten Artikels im Gesamtzusammenhang
des Katechismus und insbesondere im Kontext des 2. Hauptstücks
betrifft, so wurde mit Recht auf eine bestimmte Doppelgestaltig-
keit hingewiesen.[23] Sie spiegelt sich auch in der Auslegungsge-
schichte wider: auf der einen Seite interpretiert man den ersten
Artikel als vollgültigen Ausdruck evangelischen Christenglaubens,

---

[23]   J. Meyer, Die Doppelgestalt des 1. Artikels bei Luther, in: NKZ 28 (1917),
530–555.

auf der anderen Seite sieht man in ihm eher den Vorhof zum zweiten Artikel. Um einen historischen Ausgleich dieser Differenz hat sich J. Meyer bemüht: Er versteht die Entwicklung der katechetischen Auslegung des ersten Artikels bei Luther von 1520 – 1538 „als eine *Kurvenlinie* ..., die zwischen den Extremen der Gruppierung aller Gedanken um den Vaterbegriff und der einseitigen Einschränkung auf den Schöpfergedanken schwankt"[24]. Während die ursprünglich beherrschende Akzentuierung des Vaterbegriffs 1528 aus den auch andererwärts erkennbaren, namentlich durch die Visitationserfahrungen veranlaßten volkspädagogischen Gründen in eine noch einseitigere Hervorhebung der Vorstellung göttlicher Schöpfungsallmacht umgeschlagen sei, komme in GK und mehr noch in KK der Gedanke väterlicher Fürsorge Gottes zu erneuter und paritätischer Geltung, wenngleich er im Unterschied zu früher auf die irdisch-zeitlichen Güter beschränkt werde; erst 1538 wurde nach Meyer der Begriff der Gotteskindschaft wieder in Beziehung gesetzt zu den ewigen Gütern.[25] Nun wird man sich al-

---

[24]   A. a. O., 553.

[25]   Vgl. a. a. O., 553 f. Zum Verhältnis der Aussagen über Gottes Schöpferallmacht zu denen über des Schöpfers Vatergüte in KK vgl. fernerhin Meyer (Lit § 5), 287 – 294, in welchem Zusammenhang die These von der Doppelgestalt des ersten Artikels bei Luther wiederholt (279 – 284) und eine detaillierte Einführung in das Sachverständnis der Textworte (273 – 278) und in den Aufbau der Erklärung des KK (284 – 287) gegeben wird. Zur Dankespflicht des Christen in der Auslegung des ersten Artikels in KK vgl. 294 ff., wo es abschließend heißt: „So wird der 1. Artikel mit dem 1. Hauptstück verbunden, zwar nicht unter dem Gesichtspunkt, der in der Regel bei Luther für die Beziehung der beiden ersten Hauptstücke untereinander voransteht, wonach das 2. Hauptstück die Kraftquelle der Gebotserfüllung zeigt ..., vielmehr so, daß die Gebotserfüllung zur Dankespflicht gemacht wird. Das aber liegt darin begründet, daß der 1. Art. nicht mehr den durch Christus vermittelten Gottesglauben als die Höhe des Christentums zeigt, sondern im Bereiche leiblicher Wohltaten des Schöpfers bleibt. Dem älteren Auslegungstypus hätte es entsprochen zu sagen: Weil wir Gottes Kinder durch Christus sind, haben wir die Kraft der Gebotserfüllung. Dem jüngeren Auslegungstypus entspricht es, die Gebotserfüllung als Dankespflicht zu fordern. Wie es zur Kraft der Gebotserfüllung kommt, zeigen nun erst die beiden folgenden Artikel, die ins Heiligtum unseres Erlösungsglaubens führen."

Mag diese Erläuterung in historisch-philologischer Hinsicht auch ihre Richtigkeit haben, so entbindet sie doch nicht von der Aufgabe, die differenten Aspekte systematisch zusammenzudenken. Zur Thematik „Der

lerdings nicht damit begnügen können, die Schwankungen in Luthers Auslegung des ersten Artikels historisch nachzuweisen und mit lediglich volkspädagogischen Motiven in Verbindung zu bringen. Man wird das historische Schwanken vielmehr auch als Ausdruck einer sachlich begründeten Schwierigkeit zu werten haben. Diese Schwierigkeit ist mit der Tatsache gegeben, daß für die kreatürliche Selbstwahrnehmung und Welterfahrung auch des gläubigen Christen die Gedanken schöpferischer Allmacht und väterlicher Güte nicht ohne weiteres zur Deckung zu bringen sind. Ihre Koinzidenz erschließt sich erst und allein im Geiste Jesu Christi, der erweist, daß Gottes Vatergüte allmächtig und Gottes schöpferische Allmacht nichts als Vatergüte ist. Im Blick auf Selbst und Welt hingegen muß auch und gerade dem Christen das Verhältnis von göttlicher Allmacht und Güte erfahrungsgemäß wenn nicht als zweideutig, so doch als uneindeutig erscheinen. Diese in der Sache begründete Uneindeutigkeit muß im ersten Artikel – und zwar gerade aus Gründen sachlicher Deutlichkeit – zum Ausdruck kommen. Von daher kann man sagen, daß die Doppelgestalt des ersten Artikels bei Luther ein nicht lediglich historisches Faktum, sondern ein dem aufgegebenen Inhalt selbst entsprechendes Datum ist. Um im Zusammenhang des zweiten und dritten Artikels seine eindeutige Stellung einzunehmen, muß der erste Artikel ein Moment zu behebender Uneindeutigkeit zum Ausdruck und im Kontext des zweiten Hauptstücks zu sachlicher Geltung bringen. Das ist er, wenn man so sagen darf, der Erscheinung Jesu Christi und dem Bekenntnis zu seinem Herrsein schuldig. Dabei bringt, um nur noch dieses anzufügen, nach meinem Urteil die erwähnte, dem ersten Artikel um der Sache willen zugehörige Uneindeutigkeit die unaufgehobene Spannung der Gedanken göttlicher Schöpferallmacht und Vatergüte besser zum Ausdruck als die Unterscheidung lediglich zeitlicher Güter des Kreatürlichen und ewiger Güter, wie sie durch den Geist Christi im pneumatologischen Prozeß vermittelt werden. Denn diese

---

Gott dankende und dienende Mensch als in Christus erneuertes Ebenbild Gottes" vgl. ferner Peters II, 83 ff. Schwierigkeiten hat Peters mit der begrifflichen Präzisierung seiner Aussage, daß nach Luther die Gottebenbildlichkeit des Menschen „mit dem Fall nicht völlig verspielt ist" (Peters II, 87). Zu Luthers Ringen um die rechte katechetische Form der Deutung des ersten Artikels und die Rezeption der Aussagen des Apostolikums vom „Pro me" her vgl. Peters II, 56–71.

Unterscheidung ist nicht hinreichend gegen das Mißverständnis gesichert, als sei die Zeit der Schöpfung dazu bestimmt, in Gottes Ewigkeit schlechterdings aufzuhören, was so christlich gerade nicht gesagt werden kann: Denn mögen auch die Welt des Übels und die Geschlechter der Sünde vergehen, so bleibt Gottes gute Schöpfung doch ebenso erhalten wie die Schöpfergüte des göttlichen Vaters.

Ist nach dem Gesagten erkenntlich, warum der erste Artikel des zweiten Hauptstücks auf dessen zweiten Artikel hin angelegt ist, so kann das Bekenntnis zum Herrsein Jesu Christi nun seinerseits nicht vom Schöpfungscredo isoliert werden, soll es angemessen in Betracht kommen. In diesem Sinne verweist der zweite Artikel als die erschließende Mitte des Ganzen von sich aus auf den ersten Artikel als auf seine Voraussetzung und bestätigt somit die traditionelle Reihenfolge, in der die Sinngehalte und Themenbestände christlicher Überlieferung üblicherweise vorgestellt werden. Zugleich ist klargestellt, daß die präzise Bedeutung des ersten Artikels erst aus dem Zusammenhang mit den beiden nachfolgenden hervorgeht. Sie erschließt sich, um das Entscheidende sogleich zu benennen, erst aus dem christologisch-pneumatologischen Kontext, daß nämlich christliche Schöpfungsanamnese ihren Skopus in dem zu persönlicher Einsicht gelangten Bewußtsein hat, daß der Mensch den Fall der Sünde als Schuld verantworten muß, ohne die Möglichkeit zu haben, hinter ihn zurückzugehen bzw. ihn rückgängig zu machen. In seiner prächristologischen Stellung dient der erste Artikel unter christlichen Bedingungen also primär der Sündenerkenntnis. (Vgl. Peters II, 89) Das bestätigt Luthers Auslegung, wenn auf die demütigende und die erschreckende Funktion des Artikels (vgl. BSLK 649,33 f.) und auf den Vorteil der Christen in seiner Wahrnehmung (vgl. BSLK 649,38 ff.) verwiesen wird. Wesentlicher Auslegungssinn („soviel den Einfältigen erstlich not ist zu lernen") ist es, zur Erkenntnis und gewissensmäßigen Aneignung zu bringen, „beide was wir von Gott haben und empfahen und was wir dafür schuldig sind" (BSLK 650,22 ff.).

Was wir von Gott haben und empfangen, ist in dem Bekenntnis zu ihm als dem Schöpfer des Himmels und der Erde bündig ausgesagt. Denn in diesem Bekenntnis bezeugt sich der Glaube, „daß ich Gottes Geschepfe bin, das ist, daß er mir geben hat und ohn Unterlaß erhält Leib, Seele und Leben, Gliedmaße klein und groß, alle Sinne, Vernunft und Verstand und so fortan, Essen und Trinken, Kleider, Nahrung, Weib und Kind, Gesind, Haus und Hof etc., dazu alle Kreatur zu Nutz und Notdurft des Lebens dienen lässet, Sonne, Mond und Sternen am Himmel, Tag und Nacht, Luft, Feuer, Wasser, Erden und was sie trägt und vermag, Vogel, Fisch, Tier, Getreide und allerlei Gewächs, item, was mehr leibliche und zeitliche Güter sind, gut Regiment, Friede, Sicherheit" (BSLK 648,12 – 26). Als zusammenfassender Inbegriff dessen, was das Wort ‚Schöpfer' beinhaltet und das Bekenntnis zum Schöpfergott besagt, ist also zu merken, „daß unser keiner das Leben noch alles, was itzt erzählet ist und erzählt mag werden, von ihm selbs hat noch erhalten kann, wie klein und gering es ist" (BSLK 648,27 – 30). Hinzugefügt wird, daß sich Gottes Gabe nicht auf das beschränkt, „was wir haben und fur Augen sehen" (BSLK 648,43 f.), sondern daß er uns „auch täglich fur allem Ubel und Unglück behütet und beschützet, allerlei Fährligkeit und Unfall abwendet, und solchs alles aus lauter Liebe und Güte, durch uns unverdienet, als ein freundlicher Vater, der für uns sorget, daß uns kein Leid widerfahre" (BSLK 648,45). Nachgerade in solchem Handeln gibt sich Gottes Schaffen als väterliche Liebe, Gott der Schöpfer als allmächtiger Vater zu erkennen, womit, wie in Luthers Auslegung explizit vermerkt wird, der Zusammenhang der Einzelstücke des ersten Artikels sachlich hergestellt ist.

Aus der Wahrnehmung dieses Zusammenhangs und der Erkenntnis der allmächtigen Vaterliebe Gottes ergibt sich nach Luther die selbstverständliche Verpflichtung, die Gebote Gottes zu halten. Diese Verpflichtung tritt zum Bekenntnis des Glaubens an Gott, den allmächtigen Vater und Schöpfer des Himmels und der Erden, nicht äußerlich hinzu, sondern inhäriert ihm. Der entscheidende, nach Luthers Urteil von selbst erfolgende Schluß lautet: „Weil uns das alles, so wir vermügen, dazu was im Himmel und Erden ist, täglich von Gott gegeben, erhalten und bewahret wird, so sind wir ja schüldig, ihn darümb ohn Unterlaß zu lieben, loben und danken und kürzlich ihm ganz und gar damit zu dienen, wie er durch die zehen Gepot fodert und befohlen hat" (BSLK 649,8 – 15). Damit ist gesagt, daß unser kreatürliches Dasein, recht verstanden, als solches eine gebotene Verpflichtung enthält, nämlich in Gottesfurcht und Gottesliebe ein endlicher Mensch unter endlichen Menschen in einer gemeinsam gegebenen Welt zu sein und sein zu wollen. Der Zentralgehalt der Zehn Gebote, wie Luther

sie versteht, ist damit umschrieben. Erwiesen ist ferner der direkte
Bezug, in dem in Luthers Katechismen der erste Artikel des
zweiten Hauptstücks zum ersten Hauptstück steht. Darauf wird im
einzelnen noch einzugehen sein.

Zuvor ist der Hinweis wichtig, daß Luther sogleich, nachdem er
den Verpflichtungscharakter des im ersten Artikel gegebenen
Glaubensbekenntnisses herausgestellt hat, nachdrücklich betont,
„wie wenig ihr sind, die diesen Artikel gläuben" (BSLK 649,17 f.).
Die herzliche Wahrnehmung dessen, was in ihm bekannt wird, ist
also offenbar nicht weiter verbreitet oder leichter als die rechte
Annahme des zweiten und dritten Artikels, aus deren Kontext der
Schöpfungsartikel ohnehin nicht gelöst werden kann. Nüchtern
registriert Luther im Hinblick auf Schöpfungsglauben und Gebotsverpflichtung: „Wir gehen all überhin, hören's und sagen's, sehen
aber und bedenken nicht, was uns die Wort fürtragen. Denn wo
wir's von Herzen gläubten, würden wir auch darnach tun und
nicht so stolz hergehen, trotzen und uns brüsten, als hätten wir
das Leben, Reichtumb, Gewalt und Ehre etc. von uns selbs, daß
man uns furchten und dienen müßte, wie die unselige verkehrte
Welt tuet, die in ihrer Blindheit ersoffen ist, aller Güter und Gaben Gottes allein zu ihrer Hoffart, Geiz, Lust und Wohltagen miß-
braucht und Gott nicht einmal ansehe, daß sie ihm dankete oder
fur ein Herrn und Schepfer erkennete. Darümb sollt' uns dieser
Artikel alle demütigen und erschrecken, wo wir's gläubten. Denn
wir sundigen täglich mit Augen, Ohren, Händen, Leib und Seele,
Geld und Gut und mit allem, das wir haben, sonderlich diejenigen, so noch wider Gottes Wort fechten. Doch haben die Christen
den Vorteil, daß sie sich des schüldig erkennen, ihm dafur zu
dienen und gehorsam zu sein." (BSLK 649,18 – 41) Abschließend
mahnt Luther zu täglicher Übung und Einprägung dieses Artikels.
Bei allem, was uns vor Augen kommt und an Gutem widerfährt,
auch wenn wir aus Nöten oder Gefahr kommen, sollen wir dessen eingedenk sein, daß Gott uns das alles gibt und tut, damit wir
daraus sein väterliches Herz und seine überschwengliche Liebe
gegen uns spüren und sehen. „Davon würde das Herz erwarmen
und entzündet werden, dankbar zu sein und aller solcher Güter
zu Gottes Ehren und Lob zu brauchen." (BSLK 650,17 – 21)

Überblickt man Luthers Auslegung des ersten Artikels des zweiten
Hauptstücks, so ergibt sich als erster Gesichtspunkt, daß ihr beab-
sichtigter Sinn und Zweck offenbar nicht in kosmologischer Spe-

kulation, sondern in der Anleitung zu rechter Wahrnehmung eigener Kreatürlichkeit besteht. „Die Entfaltung der Lehre von der Schöpfung beginnt bei der Erfahrung der eigenen Geschöpflichkeit"[26], wobei hinzuzufügen ist: „nicht eine subjektlose Natur, sondern die darin gegebene Subjektivität des Menschen ist durch die ‚Geschöpflichkeit' angesprochen"[27]. Erfahren aber wird Geschöpflichkeit als ein ursprüngliches Sichgegebensein des Daseins, welches Datum unter irdischen Bedingungen unhintergehbar und auf nichts in der Welt zurückgeführt werden kann, weil es aller Welterfahrung schon zugrunde liegt. Um diese im ersten Artikel bekannte kreatürliche Selbstwahrnehmung des Menschen herum gruppiert Luther in der Weise konzentrischer Kreise die sonstigen Schöpfungsaussagen, beginnend mit der leiblichen und geistlichen Grundausstattung über „Kleider und Schuch, Essen und Trinken, Haus und Hofe, Weib und Kind, Acker, Viehe und alle Güter" (BSLK 510,37 – 39) bis hin zu „Vogel, Fisch, Tier... und allerlei Gewächs" (BSLK 648,23 f.) sowie „Sonne, Mond und Sternen am Himmel, ... Luft, Feuer, Wasser, Erden" (BSLK 648,20 – 22). Bedeutsam ist, daß in diesem Zusammenhang auch „gut Regiment, Friede, Sicherheit" (BSLK 648,25 f.) erwähnt werden; denn diesem Hinweis läßt sich entnehmen, daß Luthers Schöpfungsverständnis eine eigentümliche, an der Kreatürlichkeitsbestimmung von Mensch und Welt orientierte Ethik enthält.

Nun ist die Gottes Willen entsprechende Schöpfungsbestimmung von Menschheit und Welt allerdings nach Luthers Urteil, wie bereits gesagt, unter gegebenen Bedingungen keineswegs in unzweideutiger Weise zu erfassen. Nicht nur zu ihrer Befolgung, schon zu ihrer eindeutigen Wahrnehmung bedarf es daher des Glaubens und christologisch-pneumatologisch-trinitätstheologi-

---

[26]   Chr. Link, Schöpfung. Schöpfungstheologie in reformatorischer Tradition, Gütersloh 1991, 32; ferner O. Bayer, Schöpfung als Anrede. Zu einer Hermeneutik der Schöpfung, Tübingen 1986, insbesondere den ausgezeichneten Abschnitt 6: „Ich glaube, daß mich Gott geschaffen hat samt allen Kreaturen. Beispiel einer Katechismussystematik" (80 – 108). Vgl. auch Peters II, 77 ff.: Der Mensch dieses Leibeslebens als gottgesetztes Zentrum der Kreatur. Von „naive(r) Anthropologie" (Peters II, 79; vgl. 78) sollte man in diesem Zusammenhang m. E. nicht reden.

[27]   Tr. Rendtorff, Zum ethischen Sinn evangelischer Theologie – Ein Diskussionsbeitrag, in: ders., Vielspältiges. Protestantische Beiträge zur ethischen Kultur, Stuttgart/Berlin/Köln 1991, 11 – 18, hier: 17.

scher Vermittlung und Einsicht. Kurzum: Der erste Artikel ist, was
er ist, nur im Zusammenhang mit dem zweiten und dritten. „Im
Unterschied zu manchen seiner modernen Interpreten hat Luther
den ersten Artikel des Credo nicht vom Bekenntnis zu Jesus Christus isoliert"[28] – und ebensowenig, wie man ergänzen darf, vom
Bekenntnis zum Heiligen Geist. Schon das Schöpfungscredo, wie
es in GK und KK entfaltet ist, steht mithin „im Einzugsbereich des
Evangeliums"[29]. Infolgedessen entsteht „zwangsläufig die Frage,
ob wir als *Sünder* überhaupt nachvollziehen können, was das
Schöpfercredo uns bewußt machen will"[30]. Unter den theologischen Voraussetzungen Luthers ist darauf zu antworten, daß solches jedenfalls nicht ohne die Hilfe des Geistes gelingt, welcher
von dem im Sohne offenbaren Vater ausgeht. Ja, es ist sogar so,
daß ohne solche Hilfe der Sünder auch zu keinem klaren Bewußtsein seiner Schuld und zu keinem rechten Wissen um sich
als einen Sünder gelangen würde. Auch unter diesem Aspekt ist
daher „sorgfältig darauf zu achten, daß das Credo ein Ganzes bildet"[31].

Unbeschadet dessen hält Luther entschieden daran fest, daß
Mensch und Welt auch unter postlapsarischen Bedingungen

---

[28]   Chr. Link, a. a. O., 27. Daß im ersten Artikel „der zweite und dritte schon
        heimlich gegenwärtig" sind, betont auch Peters (II, 88), wobei er hinzu-
        fügt: „Wie wir nur in Christus durch den Heiligen Geist Gott Vater als
        gütigen Schöpfer und barmherzigen Erhalter zu erkennen vermögen, so
        vermögen wir auch allein im Sohn durch den Geist die Gebote des Va-
        ters zu erfüllen und Gott darin ohne Unterlaß zu lieben und zu loben,
        ihm zu danken und zu dienen." Dennoch, so Peters, finde sich in Luthers
        katechetischen Schriften nirgendwo „knapp formuliert: allein im Sohn sei
        Gott unser Vater; hierin bewahrt er (sc. Luther) dem ersten Artikel eine
        gewisse Eigenständigkeit ..." (Peters II, 70) Ob dies zu der Annahme ei-
        nes „doppelten Ansatzes" bei der Schöpfung und bei der Erlösung be-
        rechtigt, wie Peters unter Berufung auf G. Wingren (vgl. Peters II, 70,
        Anm. 147) voraussetzt, ist mir zweifelhaft. Heißt es doch an späterer
        Stelle auch bei Peters: „Gottes gnädiges Vaterherz finden wir allein im
        Sohn, und zum Sohn – müssen wir hinzufügen – geleitet uns allein der
        Heilige Geist." (Peters II, 95 unter Verweis auf BSLK 660,18 – 661,18)

[29]   M. Beintker, Das Schöpfercredo in Luthers Kleinem Katechismus. Theo-
        logische Erwägungen zum Ansatz seiner Auslegung, in: NZSTh 31 (1989),
        1–17, hier: 2.

[30]   A. a. O., 6.

[31]   A. a. O., 7.

„uneingeschränkt als *Schöpfung* Gottes anzusprechen"[32] sind. Das geschieht auch, aber nicht nur um der Zurechenbarkeit der Sünde als Schuld willen. Besteht doch die soteriologische Funktion des im zweiten und dritten Artikel Entfalteten nach Maßgabe der Katechismen nachgerade darin, die kreatürliche Ursprungsbestimmung des Menschen zu eschatologischer Vollendung zu führen. Christologie und Pneumatologie stehen dafür ein, daß Gott seine Schöpfung auch unter den Bedingungen sündiger Verkehrung nicht verloren geben, sondern als Schöpfung von Ewigkeit zu Ewigkeit erhalten will. Der Erhaltungsgedanke hat sonach einen eschatologischen Sinn und darf nicht mit einer solchen Vorstellung von Gottes creatio continua gleichgestellt werden, die lediglich eine zeitlich befristete, chronologisch erfaßbare Bestandssicherung von Menschheit und Welt in Betracht zieht. Von daher wäre noch einmal genau zu durchdenken, was es bedeutet, daß Luther die traditionelle Scheidung von Schöpfung und Erhaltung aufhebt und creatio ex nihilo und creatio continua als einen, wenngleich differenzierten Zusammenhang erfaßt.[33]

Eine solche Reflexion hätte dann auch präzise zu erwägen, was es heißt, daß Gott als Gott Schöpfer ist, daß also Gottes Schöpfersein der Gottheit Gottes unveräußerlich hinzugehört. Daß dies so ist, hat Luther in Übereinstimmung mit der trinitätstheologischen Tradition. stets betont, wie er denn auch an der traditionellen Annahme vorbehaltlos festhielt, daß die Schöpfung als ungeteiltes Werk der Trinität, also als Werk des in drei Personen einen Gottes zu gelten habe. Wenn in diesem Zusammenhang vom Sohn als Schöpfungsmittler die Rede ist, dann bezieht sich dies im lutherischen Sinne nicht auf einen welt- und menschenfernen Logos asarkos, sondern auf den zur Welt gekommenen und menschgewordenen Christus Jesus, der im übrigen nach Auffassung Luthers nicht lediglich exemplarisches Vorbild der Schöpfung ist, an welchem deren ursprüngliche Bestimmung sichtbar wird, sondern der zugleich jenes sakramentale Wirkzeichen darstellt, durch welches Gott die sündige Verkehrung kreatürlicher Bestimmung überwindet und deren eschatologische Erfüllung erschließt; im Blick auf sie steht zu erwarten, daß die Schöpfung als Schöpfung zur ein-

---

[32] Chr. Link, a. a. O., 34.

[33] Vgl. Chr. Link, a. a. O., 31 ff.

deutigen Offenbarungsgestalt Gottes wird, in welcher der Schöpfer selbst real präsent ist. Solange solche eschatologische Veränderung indes noch aussteht, sind Menschheit und Welt, so sehr sie von der bereits angebrochenen Dynamik göttlichen Vollendungsgeschehens leben, nur zweideutige Zeichen schöpferischer Gegenwart Gottes, deren ursprünglicher Integritätsstatus erfahrungsgemäß zweifelhaft bleibt. Damit ist zugleich gesagt, daß sich die Identifikation von Menschheit und Welt als Schöpfung nicht ohne weiteres und von selbst versteht, sondern in unzweideutiger Weise nur von Gott her einleuchtet. Eine ausgearbeitete Lehre von der Erkenntnis der Schöpfung hätte diese im einzelnen zu entfalten. Sie hätte dabei auch den „Unterschied zwischen der Verfassung der Welt als *Natur* und ihrer theologischen Bestimmung als *Kreatur*"[34] zur Geltung zu bringen. Dabei braucht nicht geleugnet zu werden, daß dem kreatürlichen Menschen das Seine von Natur aus zukommt und der geschaffenen Welt eine natürliche Eigengesetzlichkeit innewohnt. Aber zu einer qualifizierten und eindeutigen theologischen Aussage wird dies erst und nur dann, wenn die besagte Unterscheidung zwischen der natürlichen, unmittelbar aus ihr selbst heraus erschließbaren Welt des Menschen und ihrer offenbarungstheologischen, nämlich durch Gottes Selbstvermittlung erschlossenen Bestimmung als Kreatur mit einbezogen wird.

Die eigentliche Mitte sowohl von GK als auch von KK, so wurde gesagt, „ist das zweite Hauptstück mit den drei Artikeln des Glaubens. Hier wieder ist das Kern- und Herzstück der zweite Artikel mit den Aussagen über Christi Person und Werk."[35] Das entspricht dem Bekenntnis urchristlichen Glaubens, welches sich in dem kerygmatischen Urteil „Jesus ist der Herr" zusammenfaßt. Auf dieses Bekenntnis konzentriert auch Luther seine Auslegung des zweiten Artikels (BSLK 650,42 – 653,24), in dem wir „die andere Person der Gottheit kennen(lernen), daß wir sehen, was wir über (= außer) die vorigen zeitlichen Guter von Gott haben, nämlich wie er sich ganz und gar ausgeschüttet hat und nichts behalten, das er nicht uns gegeben habe" (BSLK 651,10 – 15). Um den, wie

---

34   Chr. Link, a. a. O., 63.

35   G. Hoffmann, Der Kleine Katechismus als Abriß der Theologie Martin Luthers, in: Luther 30 (1959), 49 – 63, hier: 57.

zweimal betont wird (BSLK 651,16; 653,14), sehr reichen und weiten Artikel, auf dessen rechter Erfassung die ganze Evangeliumspredigt basiert und „an dem alle unser Heil und Seligkeit liegt" (BSLK 653,13 f.), „kurz und kindlich" (BSLK 651,17) behandeln zu können, beschränkt sich der Reformator auf eine, den Gesamtinhalt zusammenfassende Wendung, eben auf das Urbekenntnis des Glaubens „an Jesum Christum, unsern HERRN" (BSLK 651,22), der uns Erlösung bereitet hat. „Wenn man nu fragt: ‚Was gläubst Du im andern Artikel von Jesu Christo?', antwort' aufs kürzste: ‚Ich gläube, daß Jesus Christus, wahrhaftiger Gottessohn, sei mein Herr worden.' Was ist nu das ‚ein Herr werden?' Das ist's, daß er mich erlöset hat von Sunde, vom Teufel, vom Tode und allem Unglück. Denn zuvor habe ich keinen Herrn noch König gehabt, sondern unter des Teufels Gewalt gefangen, zu dem Tod verdammpt, in der Sunde und Blindheit verstrickt gewesen." (BSLK 651,29 – 40)[36]

Auffällig und bemerkenswert an dieser Erläuterung ist vor allem der auch in KK zu betrachtende Wechsel von der Apostolikumsformel ‚unser Herr' zur Wendung ‚mein Herr'. Worum es Luther geht, ist „die Anwendung des im Symbol Gegebenen auf das gläubige Subjekt": „Der Herr der Christenheit will und soll von jedem Einzelnen als Herr erkannt und bekannt werden."[37] Eine entsprechende Tendenz läßt sich im Blick auf den Gesamtkatechismus namhaft machen, insofern er durchgängig von der Maxime bestimmt ist: „Ins Eigene und Innere muß alles hineingreifen, aus einem Erlernten zu einem innerlichst Verstandenen, mit Herz und Seele Ergriffenen werden."[38] Mit Recht ist daher immer wieder darauf hingewiesen worden, wie sehr überall im Katechismus die erste und zweite Person hervortritt. Indes steht die Absicht individueller Applikation der Katechismuswahrheit in keinem Gegen-

---

[36] Vgl. Peters II, 111–115: „Unser Herr als Stichwort für die Applikation." Zu anderen Applikationsweisen in der kirchlichen Auslegungstradition vgl. Peters II, 101 ff. Peters II, 92 ff. finden sich übersichtliche Aspekte zur Gliederung in GK und KK sowie Ausführungen zu Luthers Verständnis des Skopus des zweiten Artikels.

[37] C. v. Buchrucker, Zur katechetischen Behandlung des zweiten Artikels, in: NKZ 3 (1892), 831–845, hier: 844.

[38] Ph. Bachmann, Luthers Kleiner Katechismus als Urkunde evangelischer Frömmigkeit, Leipzig 1929, 11. Bei B. gesperrt.

satz zum christlichen Gemeinschaftsbewußtsein, stimmt vielmehr
exakt mit diesem zusammen.

An die zitierte knappe Erklärung des zweiten Artikels schließt sich
sodann eine etwas ausführlichere Erläuterung an, in der die
wichtigsten Stadien menschlicher Unheils- und Heilsgeschichte
zitiert werden. Es beginnt mit der Anamnese von Schöpfung und
Fall: „Denn da wir geschaffen waren und allerlei Guts von Gott,
dem Vater, empfangen hatten, kam der Teufel und bracht' uns in
Ungehorsam, Sunde, Tod und alle Unglück, daß wir in seinem
Zorn und Ungnade lagen, zu ewigem Verdamnis verurteilet, wie
wir verwirkt und verdienet hatten." (BSLK 651,42 – 48) Damit ist
gesagt, daß der Fall der Sünde mit seinen üblen Folgelasten für
den gefallenen Menschen unhintergehbar, die geschöpfliche Ursprünglichkeit schuldhaft verloren ist. Die Realisierung seiner
gottgewollten kreatürlichen Bestimmung steht nicht länger in den
Möglichkeiten des Menschen, sie ist vielmehr vertan. Das Resu-
mee kann daher nur lauten: „Da war kein Rat, Hülfe noch
Trost ..." Solche Rat-, Hilf- und Trostlosigkeit hielt an, „bis daß
sich dieser einige und ewige Gottessohn unsers Jammers und
Elends aus grundloser Güte erbarmete und von Himmel kam, uns
zu helfen" (BSLK 651,48 – 652,2). Wie und wodurch solche Hilfe
geschah, wird im gegebenen Zusammenhang nicht gesagt und
auch später nur knapp skizziert. Luther widmet seine Aufmerksamkeit vielmehr sogleich den soteriologischen Konsequenzen:
„Also sind nu jene Tyrannen und Stockmeister alle vertrieben,
und ist an ihre Statt getreten Jesus Christus, ein Herr des Lebens,
Gerechtigkeit, alles Guts und Seligkeit, und hat uns arme, verlor-
ne Menschen aus der Helle Rachen gerissen, gewonnen, frei gemacht und wiederbracht in des Vaters Huld und Gnade und als
sein Eigentumb unter seinen Schirm und Schutz genommen, daß
er uns regiere durch seine Gerechtigkeit, Weisheit, Gewalt, Leben
und Seligkeit." (BSLK 652,2 – 12) Als summarische Zusammenfassung ergibt sich sonach, „daß das Wortlin ‚HERR' aufs einfältigste
soviel heiße als ein Erloser, das ist, der uns vom Teufel zu Gotte,
vom Tod zum Leben, von Sund zur Gerechtigkeit bracht hat und
dabei erhält." (BSLK 652,26 – 30) Wie und wodurch solche Erlösung geschehen sei, d. h. was sie den Herrn gekostet und was er
daran gewendet und gewagt hat, uns zu gewinnen und unter seine Herrschaft zu bringen, sieht Luther in den folgenden Stücken
des zweiten Artikels des Apostolikums entfaltet: „nämlich, daß er

Mensch worden, von dem heiligen Geist und der Jungfrauen ohn alle Sunde empfangen und geporen, auf daß er der Sunden Herr wäre, darzu gelidden, gestorben und begraben, daß er fur mich genug täte und bezahlete, was ich verschuldet habe, nicht mit Silber noch Gold, sondern mit seinem eigenen teuren Blut. Und dies alles darümb, daß er mein HERR würde. Denn er fur sich der keines getan noch bedurft hat. Darnach wieder aufgestanden, den Tod verschlungen und gefressen und endlich gen Himmel gefahren und das Regiment genommen zur Rechten des Vaters, daß ihm Teufel und alle Gewalt muß untertan sein und zu Füßen liegen, solang bis er uns endlich am jüngsten Tage gar scheide und sondere von der bösen Welt, Teufel, Tod, Sunde etc." (BSLK 652,37 – 653,3) Die Auslegung und eingehende Behandlung dieser einzelnen Stücke des zweiten Artikels gehört für Luther indes nicht in die kurze Kinderpredigt des Katechismus, sondern ist den großen Predigten im Verlauf des Kirchenjahrs – insonderheit zu den jeweiligen Hochfesten – zu überlassen.[39]

---

[39] Zur Entfaltung des zweiten Artikels im christologischen Festkreis vgl. das reiche – hier nicht erneut auszubreitende – Material bei Peters II, 139 ff. Peters zeigt im einzelnen, wie Luther im Kontext der von ihm rezipierten Vorstellungen der Inkarnation und Jungfrauengeburt (140–151), der Höllenfahrt Jesu Christi (151–157), seiner Himmelfahrt und seines Sitzens zur Rechten des Vaters (157–165) sowie seiner Wiederkunft zum Gericht (165–170; vgl. insgesamt die wichtigen Literaturhinweise 170–174) konsequent „zum Christuszentrum zurück(ruft)" (146) und alles auf die Person des auferstandenen Gekreuzigten konzentriert, der für uns gestorben und um unseres Heils willen auferweckt wurde. Infolgedessen steht, wie II, 116 ff. ausgeführt wird, Luthers gesamte Rezeption der altkirchlichen Christologie unter dem Richtpunkt des „Für uns", und der Akzent der Auslegung des zweiten Artikels liegt eindeutig auf Erlösung und Versöhnung (vgl. Peters II, 122 ff.). Obwohl sich die Tiefen und Abgründe im Erlösungs- und Versöhnungsgeschehen nach Peters in den Katechismen „nur zart" (Peters II, 138) andeuten, läßt sich erkennen, welche beiden soteriologischen Motivreihen Luther aufnimmt: „Christus einerseits als Bezwinger der Verderbensmächte und Todesgewalten und Christus andrerseits als unser Stellvertreter und unser Sühnopfer gegenüber dem heiligen Gerichtszorn Gottes. Luther verknüpft seine beiden Aspekte derart, daß der heimliche Akzent auf der abendländisch-mittelalterlichen Linie des Strafleidens Christi verbleibt." (Peters II, 137) Es gilt, daß „die Machtfrage letztlich in der Schuldfrage gelöst" (Peters II, 165) ist: „Sind wir im Herzen und Gewissen befreit von der Anklage des Gesetzes und von dem in ihr hereinbrechenden Gotteszorn, so sind wir auch frei zum Kampf gegen die satanischen Dämonien; diese sind für uns entmächtigt,

In seinem – nach Luthers trinitarisch strukturierter Einteilung –
dritten Artikel, der gewiß mehr und anderes ist als ein „Hilfsartikel
für den 2." (Meyer, 339), reiht das Apostolikum sechs Bezugsgrö-
ßen des Glaubens parataktisch aneinander: (1) den Heiligen Geist,
(2) die eine heilige christliche Kirche, (3) die, wie es in den Katechismen heißt, Gemeine der Heiligen, (4) die Vergebung der
Sünden, (5) die Auferstehung des Fleisches und (6) das ewige Leben. Luther löst diese Parataxe auf, indem er durch Zusammenfassung der Punkte 2 und 3 sowie 5 und 6 die Zahl der Einzelthe-
men von 6 auf 4 reduziert, wobei er Kirche, Sündenvergebung
und eschatologische Vollendung als Mittel und Weisen versteht,
„durch welche der Geist sein Heiligungswerk ausrichtet" (Peters
II, 175). Dabei läßt sich zeigen, daß Kirche (2), Sündenvergebung
(3) und eschatologische Vollendung (4) als Mittel und Weisen des
Heiligungswerkes des Geistes (1) diesem nicht nur akzidentell,
sondern als wesentliche Momente seiner Realisierung zugehören.
Sie sind mithin dem pneumatologischen Prozeß der Heiligmachung (sanctificatio), in welchem der Geist Gottes sich als Heiliger Geist und damit als das, was er ist, wirksam erweist, nicht äu-
ßerlich, sondern inhärieren ihm in unveräußerlich innerer Weise.[40]

---

weil hinter ihnen nicht mehr der Zorn Gottes steht." (Peters II, 138) Das
auf die „Erlösung von den feindlichen Mächten" (Meyer 315; zum genau-
en Befund in KK vgl. 315–329) gerichtete Christus-Victor-Motiv der sog.
klassischen Erlösungslehre tritt demnach hinter den Gedanken der Versöhnung des Menschen mit Gott zurück, wobei Luther die anselmsche
Satisfaktionslehre zu einer Lehre vom Strafleiden Jesu Christi „vertieft
und personalisiert" (Peters II, 138).

[40]   Eine bemerkenswerte Exegese von „Luthers Auslegung des Dritten Artikels" im Großen Katechismus hat E. Herms in seiner gleichnamigen Studie (Tübingen 1987) vorgelegt. Im Unterschied zu einer Auffassung, die
den „3. Artikel zum Hilfsartikel von Anfang an gestempelt" (J. Meyer,
Luther und das Apostolikum, 43) sieht, betont Herms nachdrücklich, daß
innerhalb des Credos als des einheitgebenden Zentrums des Gesamtkatechismus der Dritte Artikel durch Luthers Auslegung die Stellung und
Funktion einer Summe gewinnt: „Erst in ihm werden die Aussagen des
Ersten und Zweiten Artikels so *festgehalten und zusammengefaßt*, daß
dadurch die *Gesamt*aussage des Glaubensbekenntnisses in ihrer *Einheit*
sichtbar und verständlich wird." (VI f.) Diese Annahme widerspricht nach
Herms „*nicht* der durch Luthers Selbstzeugnis reichlich belegten Einschätzung des Zweiten Artikels als ‚Kern- und Herzstück' des Apostolikums (und dann des gesamten Katechismus)": „Denn sie besagt nur, daß
erst durch Luthers Auslegung des Dritten Artikels verständlich wird,

warum und in *welchem Sinne* diese Einschätzung des Zweiten Artikels
überhaupt gilt, nämlich deshalb und insofern, als die in ihm zur Sprache
gebrachte Herrschaft Christi der eine und einzige *Inhalt* desjenigen exi-
stenzumwandelnden Offenbarungsgeschehens ist, das Luthers Verständnis zufolge im Dritten Artikel dargestellt wird." (VII, Anm. 5) Da die in
der Kraft des Geistes Gottes statthabende Selbstvergegenwärtigung des
Christusgeschehens, welche der Dritte Artikel pneumatologisch bedenkt,
nur im Kontext jenes einheitlichen Sachverhalts recht zu erfassen ist,
„der Luthers Einsicht zufolge Gegenstand und Thema der drei Hauptstücke im ganzen ist" (2), wendet sich Herms zunächst der Interpretation
von deren differenziertem Zusammenhang zu. Ihr gemeinsamer Gegenstand ist, so das Ergebnis der Analyse der Auslegungen Luthers in GK,
KK und deren Vorformen, „nichts anderes als jenes einheitliche ‚Subjekt'
der Theologie, das Luther in einer bekannten summarischen Formel so
bestimmt: ‚Homo peccator et Deus justificans'." (17) Indem die drei Katechismushauptstücke *diesen* Sachverhalt zum einheitlichen Aussagegegenstand haben, sind sie in der Tat die „Summe der christlichen Lehre" (17
unter Verweis auf WA 30 I, 27, 33 f.; BSLK 557,23 ff.), in welcher *„das
Gnadenwerk des dreieinigen Gottes an ‚mir' als Grund ‚meines' Gottesverhältnisses"* (15) sich erschließt. Im Zusammenhang der drei Hauptstücke stellt nach Luther das Credo sowohl die *umfassende* Beschreibung
von deren einheitlichem Aussagegegenstand dar, als auch die Beschreibung von deren grundlegendem Aspekt. Dies – so Herms – scheint ein
Widerspruch, ist es aber nicht: Denn „das Geschehen, das den einheitlichen Gegenstand des Katechismus *konstituiert,* umfaßt ihn auch und
schließt ihn auch zur *Gänze* ein" (18). In seiner Darstellung des Credos
als umfassender Beschreibung des Katechismusgegenstandes hebt Herms
hervor, „daß sowohl die Zehn Gebote als auch das Vaterunser nur einen
genau bestimmten Teilsachverhalt aus demjenigen Ganzen zur Sprache
bringen ..., welcher der Gesamtgegenstand des Symbolums ist" (18). Um
es an den Zehn Geboten zu exemplifizieren: „Der den Menschen unbedingt verpflichtende Wille Gottes, wie ihn die Zehn Gebote darstellen,
wird von Luther *im strengen Sinne als Implikat* seines im ersten Artikels
beschriebenen Schöpferwirkens begriffen. Oder: Der in den Zehn Geboten dargestellte, als heilsnotwendig unbedingten Gehorsam fordernde
Wille Gottes ist genau und ausschließlich der sich *durch* die Schöpfung
selbst *an* das gottebenbildliche Geschöpf richtende Wille des *Schöpfers.*
Der dreieinige Gott ist gerade *als* Schöpfer der *Autor der Zehn Gebote*
und zugleich *als* der Autor der Zehn Gebote *der unverbrüchlich auf das
Heil seiner Geschöpfe gerichtete Schöpfer."* (20) Dem ist nicht zu widersprechen. Schwieriger wird die Sache erst, wo es um die genaue Bestimmung des Verhältnisses zwischen der Annahme des Impliziertseins
des Gegenstandes der Zehn Gebote im Gegenstand des Symbolums und
der Behauptung einer konstitutiven Funktion des im Credo beschriebenen Gegenstandes für Wahrheit und Wirklichkeit der Gebote geht. Hier
wäre u. a. zu fragen und im einzelnen zu prüfen, wie sich die auf Gänze
gerichtete Allgemeinheitsperspektive der Interpretation zur Besonderheit

312   § 5 Die Hauptstücke

Einheitsstiftendes Vollzugsprinzip und Subjekt des pneumatologischen Prozesses ist nach Luther, wie bereits angesprochen, der
Heilige Geist als die dritte Person des wesenseinen Gottes.[41] Er
entspricht seinem Begriff, indem er im Werk der Heiligung sich
als er selbst realisiert. Der Heilige Geist ist was er ist, indem er
heiligt. Luther kann deshalb den dritten Artikel nach eigenen
Worten nicht besser betiteln „denn ... von der Heiligung, daß dadurch der heilige Geist mit seinem Ampt ausgedrückt und abge-
malet werde, nämlich daß er heilig machet" (BSLK 653,33–36).
Heiligmachung ist das Werk des Geistes Gottes, in dem sich sein
Wesen als wirksam erweist und durch welches er sich von allen
sonstigen Geistern in singulärer Weise unterscheidet. „Denn es
sind sonst mancherlei Geist in der Schrift als Menschengeist,
himmlische Geister und böser Geist. Aber Gottes Geist heißet allem ein heiliger Geist, das ist, der uns geheiligt hat und noch hei-
liget." (BSLK 653,39–654,1). Alles, was pneumatologisch gesagt
werden kann, ist deshalb in dem Wort ‚Heiliger Geist' inbegriffen,
welches „so kurz gefasset ist, daß man kein anders haben kann"
(BSLK 653,38 f.). Hinzuzufügen ist lediglich, was keinen Zusatz be-

---

des Konstitutionsaspekts verhält. Diese Problematik läßt sich unschwer
auch innerhalb der Credoauslegung identifizieren, etwa wenn gesagt
wird: „So fügt das Werk des Sohnes und des Geistes nichts zum Werk
des Schöpfers hinzu, sondern ist in diesem, recht verstanden, bereits
enthalten." (31) Hier muß erörtert werden, ob sich in dieser und vergleichbaren Formulierungen nicht eine Tendenz zur Subsumtion chri-
stologisch-pneumatologischer Besonderheit unter schöpfungstheologi-
sche Allgemeinheit andeutet, welche zu vermuten auch im Blick auf
Herms' Verhältnisbestimmung vom Ersten und Zweiten Hauptstück nicht
schlechterdings abwegig ist (vgl. W. Gräb/D. Korsch, Selbsttätiger Glaube. Die Einheit der Praktischen Theologie in der Rechtfertigungslehre,
Neukirchen 1985, 11 ff.). Eine diesbezügliche Erörterung hätte sich
schließlich auch auf die Frage zu richten, wie Herms die Einheit und
Einheitlichkeit des Werkes Gottes auffaßt mit den entsprechenden Konsequenzen für die Bestimmung des Wirkens des dreieinigen Gottes als
Heiliger Geist (35 ff.) und der im pneumatologischen Kontext vorgenommenen Verhältnisbestimmung von Gesetz und Evangelium (90 ff.). Die
einschlägigen Ausführungen seien dringend der Eigenlektüre anempfohlen.

[41]   Zum Zusammenwachsen des dritten Artikels, dessen Gesamtaufbau in
GK und KK bei Peters II, 178 ff. übersichtlich erläutert wird (zum genau-
en Befund in KK vgl. ferner Meyer 340 ff., bes. 357 ff.), sowie der Zuordnung seiner Glieder zum Hl. Geist vgl. im einzelnen Peters II, 183 ff.

deutet, sofern es dem Heiligen Geist als Geist Gottes direkt eigen ist, daß er nämlich seinem Wesen nach wirksam ist und seine Heiligkeit nicht anders als im Heiligen wirklich sein und wirklich werden läßt. Der Geist Gottes ist Heiliger Geist als heiligmachender Geist. Die Bezeichnungen Heiliger und Heiligmacher werden deshalb von Luther pneumatologisch synonym verwendet und bestimmen gerade in dieser synonymen Verwendung die trinitätstheologische Stellung der dritten Person der Gottheit. „Denn wie der Vater ein Schepfer, der Sohn ein Erlöser heißet, so soll auch der heilige Geist von seinem Werk ein Heiliger oder Heiligmacher heißen." (BSLK 654,1 – 4)

Das Werk der Heiligung, das seinem Wesen essentiell zugehört, vollbringt der Heilige Geist in einer der Sendung Jesu Christi und damit der manifesten Gottheit des dreieinigen Gottes entsprechenden Weise. „Gleichwie der Sohn die Herrschaft überkömmpt, dadurch er uns gewinnet durch seine Gepurt, Sterben und Auferstehen etc., also richtet der heilige Geist die Heiligung aus durch die folgenden Stücke, das ist durch die Gemeine der Heiligen oder christliche Kirche, Vergebung der Sunden, Auferstehung des Fleischs und das ewige Leben ..." (BSLK 654,6 – 13) Dieser vom trinitätstheologischen Gesamtkontext der Apostolikumsauslegung Luthers umgriffene christologisch-pneumatologische Zusammenhang ist ein bemerkenswerter Hinweis dafür, daß das wirksame Heiligungswesen des Gottesgeistes eben darin besteht, die Heilswirklichkeit Jesu Christi als der Offenbarungsgestalt der schöpferischen Vaterliebe Gottes uns zum Heil zu präsentieren bzw. uns dem vollendeten Perfekt dieser Heilswirklichkeit in einer Weise anzunähern, welche nicht nur die namentlich im Tode manifesten Raum-Zeit-Schranken unseres irdischen Daseins, sondern auch die Grenzen überwindet, welche durch die Verkehrtheit der Sünde aufgerichtet sind. Der Heilige Geist macht uns Christus und Christus uns gegenwärtig, wobei man allerdings nicht sagen sollte, daß dies in gleichursprünglicher Weise geschieht, insofern der erhöhte Christus im Unterschied zum sündigen Menschen im Geist lediglich empfängt, was ihm selbst eigen ist, und damit also selbst über eine Geistesgegenwart verfügt, von der entfremdet zu sein ausschließlich der Sünde zuzurechnen ist.[42]

---

[42] Vgl. Peters II, 196: „Der Gottesgeist macht uns dem Christusereignis gleichzeitig." Dabei ist es weniger der chronologische Fortgang der Zei-

In der Vermittlung solch heilsamer Präsenz, wie sie die Gegenwart Christi darstellt, erfüllt der Heilige Geist die seinem Wesen gemäße Sendung. Das meint Luther, wenn er sagt: „Darümb ist das Heiligen nicht anders, denn zu dem HERRN Christo bringen ..." (BSLK 654,38–40) Indes wird damit der pneumatologische Prozeß nicht zum bloßen Appendix der Christologie herabgesetzt. Von einem Christomonismus, wie so gerne gesagt wird, kann hier wie auch sonst bei Luther nicht die Rede sein. Wie der Geist nichts ist noch sein will ohne Jesus Christus, den er verherrlicht, so könnte sich auch der Herr – im wahrsten Sinne des Wortes und mit Luther zu reden – begraben lassen, würde der Geist ihn nicht pfingstlich als den österlich Lebendigen erweisen. In der Kraft des göttlichen Geistes ist das Werk Jesu Christi als vollendetes Perfekt manifest; ohne das Wirken des Geistes wäre es lediglich ein imperfektes Datum der Vergangenheit. Indes soll damit nichts anderes gesagt sein, als daß jegliche Trennung von Christologie und Pneumatologie unbeschadet ihrer relativen Unterschiedenheit eine die Theologie zugrunde richtende Geistlosigkeit darstellt. Theologisch kommt eine solche Trennung für Luther unter keinen Umständen in Frage. Wo sie auftritt, ist sie nach seinem Urteil ein durch den Ungeist sündiger Verkehrung hervorgerufener Schein, der jedenfalls nicht zu Lasten des theologischen Gegenstandes geht, sondern einzig und allein der Verkehrtheit der Sünde zuzurechnen ist. Das ist bei der Interpretation nachfolgender Zentralpassage zu bedenken, wenn es heißt: „Das Werk (sc. Christi) ist geschehen und ausgericht; denn Christus hat uns den Schatz erworben und gewonnen durch sein Leiden, Sterben und Auferstehen etc. Aber wenn das Werk verborgen bliebe, daß niemand wüßte, so wäre es ümbsonst und verloren. Daß nu solcher Schatz nicht begraben bliebe, sondern angelegt und genossen würde, hat Gott das Wort ausgehen und verkünden lassen, darin den heiligen Geist geben, uns solchen Schatz und Erlösung heimzubringen und zueignen." (BSLK 654,27–38) Nicht daß der Schatz nicht gegeben wäre oder jemals aufhören würde, gegeben zu sein. Christi Werk ist vollbracht, seine Person vollendet. Wor-

---

ten und damit die historische Differenz, die uns von Christus trennt, als vielmehr die Sünde und ihr widersetzliches Sträuben, christuskonform zu sein (vgl. Peters II, 197 f.; zu Amt und Werk des Geistes insgesamt vgl. Peters II, 188 f.).

um es geht, ist, daß jener Schatz, dessen Wirklichkeit Jesus Christus in Person ist, auch für uns gegeben und wirksam sei. Indes handelt es sich bei jener Zueignung des in Jesus Christus gegebenen Schatzes für uns nicht um eine Angelegenheit, die das Wesen des Herrn unberührt ließe. Denn es ist eben das ureigene Wesen Jesu Christi, nicht nur an sich, sondern für uns gegeben zu sein. Auch dies wäre demnach theologisch gänzlich unangemessen, das Gegebensein des christologischen Schatzes lediglich in distanzierter Objektivität vorstellig zu machen. Gehört doch der Fürbezug zum objektiven Wesen Jesu Christi und damit zu seinem An-sich-sein selbst hinzu. Das christologische Perfekt kann sonach nur in Verein mit der Offenheit des pneumatologischen Prozesses behauptet werden. Dabei kommt theologisch alles darauf an, das Verhältnis zwischen Christus und Geist als einen zwar differenzierten, aber gleichwohl einigen Zusammenhang zu begreifen; es hat deutlich zu werden, daß die Vollendung Christi in seiner Aufgeschlossenheit im Geiste besteht und die Eröffnung und Offenheit des pneumatologischen Prozesses eine Bestätigung des christologischen Perfekts bedeutet.

In dem zuletzt zitierten Katechismuswort wurde bereits angezeigt, daß der Heilige Geist sein Werk der Christusvergegenwärtigung nicht unmittelbar, sondern mittels des äußeren Wortes leistet, durch welches er die Herzen erleuchtet und Glauben wirkt.[43] „Denn wider Du noch ich künnten immermehr etwas von Christo wissen noch an ihn gläuben und zum Herrn kriegen, wo es nicht durch die Predigt des Evangelii von dem heiligen Geist würde angetragen und uns in Bosam (Busen) geschenkt." (BSLK 654,22 – 27) Um der heilsamen Präsenz Christi im Glauben innezuwerden,

---

43 Mit Recht betont Peters II, 198, daß Luther „gerade beim äußerlichen Wort an(setzt), um von dorther ... zum inwendigen Glauben vorzustoßen". Daß beim äußeren Wort zusammen mit der Predigt auch an das verbum visibile des Sakraments zu denken ist, steht für Luther fest. Als Maßstab rechter Verkündigung in Predigtwort und Sakrament hat die Hl. Schrift als Urkunde des Glaubens zu gelten. Zu ergänzen ist, daß das Verhältnis von äußerem Wort und inwendigem Glauben nicht angemessen erfaßt ist, wenn man es im Sinne eines Additionsverhältnisses bestimmt. Insofern ist es unglücklich formuliert, wenn Peters II, 200 sagt, daß die Erleuchtung (illuminatio) des Glaubens „zur ‚praedicatio' hinzu(tritt)". Das verbum externum wirkt, ohne je äußerlich zu zwingen, in der Kraft des Geistes als äußeres Wort inwendigen Glauben.

bedarf es deshalb der Verkündigung, mittels derer sich der Geist als mächtig erweisen will. Sowenig wir von uns aus zu Christus gelangen können, so wenig können wir daher des Wortes der Evangeliumspredigt entbehren. Wo die Predigt fehlt, fällt auch der Glaube, weil ohne sie weder der Geist noch auch Christus für uns da sind. Dem der heilsamen Geistgegenwart Christi entbehrenden Menschen hinwiederum bleibt nichts, als sich an sich selbst und seine Werke zu halten mit der zwangsläufigen Folge, jeden begründeten und beständigen Anhalt zu verlieren und in der Bodenlosigkeit des Abgrundes höllischer Verzweiflung zu versinken. Christus als einen Herrn und den Heiligen Geist für denjenigen zu erkennen, der heilig macht, ist nicht unmittelbar, sondern nur auf vermittelte Weise möglich. Insofern ist auch christliche Kirche nur dort, wo gepredigt wird. „Denn wo man nicht von Christo predigt, da ist kein heiliger Geist, welcher die christliche Kirche machet, berüfet und zusammen bringet, außer welcher niemand zu Herrn Christo kommen kann." (BSLK 655,29 – 33) Realisierungmoment im Werk des Heiligen Geistes ist die Kirche sonach, weil und insofern in ihr gepredigt wird. Weil und insofern in ihr die Predigt zuhause ist, ist die christliche Kirche als eine „sonderliche Gemeine in der Welt" denn auch die Mutter zu nennen, „so einen iglichen Christen zeugt und trägt durch das Wort Gottes, welches er offenbaret und treibt, die Herzen erleucht und anzündet, daß sie es fassen, annehmen, daran hangen und dabei bleiben." (BSLK 655,2 – 8) In diesem Sinne ist die Kirche nebst Sündenvergebung und eschatologischer Vollendung ein unentbehrliches Realisierungsmoment des pneumatologischen Prozesses zu nennen.

Weil sie „fur die Einfältigen nicht so gar klar sind" (BSLK 655,35 f.), hat Luther die bisher summarisch beschriebenen Aspekte des Heiligungswirkens des Geistes im folgenden noch einmal eigens erläutert. Was den ekklesiologischen Aspekt betrifft, so erklärt er zunächst die Wendung ‚communio sanctorum', die er im Sinne des deutschen Sprachgebrauchs seiner Zeit mit ‚Gemeinschaft der Heiligen' nur unzureichend wiedergegeben findet, für einen späteren Zusatz des Apostolikums (vgl. BSLK 656, Anm. 1; Meyer 349 ff.), der inhaltlich nichts anderes besage als das vorhergehende Bekenntnis zur heiligen christlichen Kirche, wobei nach Luther statt von Kirche auf gut Deutsch besser von einer christlichen Gemeinde oder Versammlung oder – „aufs allerbeste und klärste"

(BSLK 656,25) – von einer heiligen Christenheit die Rede sein solle. Entsprechend möchte er ‚communio sanctorum' mit ‚eine Gemeine der Heiligen' oder lieber noch ‚eine heilige Gemeine' übersetzt wissen. Gemäß dieser terminologischen Klarstellung läßt sich
der wesentliche Sinngehalt des Bekenntnisses zur Kirche, wie es
im Apostolikum ausgesprochen ist, folgendermaßen umschreiben:
„Ich gläube, daß da sei ein heiliges Häuflein und Gemeine auf
Erden eiteler Heiligen unter einem Häupt, Christo, durch den heiligen Geist zusammenberufen, in einem Glauben, Sinne und Verstand, mit mancherlei Gaben, doch einträchtig in der Liebe, ohn
Rotten und Spaltung. Derselbigen bin ich auch ein Stück und Ge-
lied, aller Güter, so sie hat, teilhaftig und Mitgenosse, durch den
heiligen Geist dahingebracht und eingeleibet dadurch, daß ich
Gottes Wort gehört habe und noch höre, welchs ist der Anfang
hineinzukommen. Denn vorhin, ehe wir dazu kommen sind, sind
wir gar des Teufels gewesen, als die von Gott und von Christo
nichts gewußt haben. So bleibt der heilige Geist bei der heiligen
Gemeine oder Christenheit bis auf den jüngsten Tag, dadurch er
uns holet, und brauchet sie dazu, das Wort zu fuhren und treiben,
dadurch er die Heiligung machet und mehret, daß sie täglich zu-
nehme und stark werden im Glauben und seinen Früchten, so er
schaffet." (BSLK 657,26 – 658,2)

Dieser inhaltsreiche Abschnitt macht bereits deutlich, daß die
mittels des Wortes statthabende Einverleibung in die Kirche und
Teilhabe am Leibe Christi als eine Wandlung sich vollzieht, die
nicht weniger beinhaltet als die Abkehr vom Teufel und die Hin-
kehr zu Gott. Inbegriff dieser unvergleichlichen – alle Kategorien
sittlicher Selbsttätigkeit sprengenden – Bekehrung ist die Sündenvergebung; in ihr „schließt sich das Werk der Trinität zusammen"
(Meyer, 351). Nun läßt sich allerdings darauf verweisen, daß Luther
im gegebenen Zusammenhang, wo er von der Sündenvergebung
als dem nächst der Kirche zweitgenannten Realisierungsmoment
des pneumatologischen Prozesses redet, von unserem Glauben
spricht, „daß wir in der Christenheit haben Vergebung der Sunde"
(BSLK 658,10 f.). Dies könnte die Deutung veranlassen, hier sei
nicht von der den Christenstand begründenden, sondern lediglich
von jener Sündenvergebung die Rede, die in den Realisierungszu-
sammenhang des Christseins gehört. Indes entspräche die Unterscheidung nicht Luthers primärer Argumentationsintention. Diese
zielt vielmehr darauf, Sündenvergebung zu jener dauerhaften

Konstitutionsbedingung und zu jenem unter irdischen Bedingungen permanent unverzichtbaren Realisationsmoment des Geisteswirkens zu erklären, welches die Christenheit sein und bleiben läßt, was sie ist. Die Christenheit steht und fällt in diesem Sinne mit der Sündenvergebung und in ihrer Wirklichkeit und nirgend sonst hat die Kirche ihre Realität. „Außer der Christenheit aber, da das Evangelion nicht ist, ist auch kein Vergebung nicht, wie auch keine Heiligkeit da sein kann. Darümb haben sich alle selbs erausgeworfen und gesondert, die nicht durchs Evangelion und Vergebung der Sund, sondern durch ihre Werke Heiligkeit süchen und verdienen wöllen." (BSLK 658,35 – 42)

Trotz dieser klaren Aussage beschränkt Luther die Thematik der Sündenvergebung nicht so auf das Problem des Grundes des Christseins und der Kirche, daß darunter der Folgezusammenhang des Glaubens außer Acht gerät. Indes ist seine Meinung offenkundig die, daß im Folgezusammenhang des Glaubens sich aufdrängende Fragen nur dann eine sachgerechte theologische Beachtung finden, wenn sie umgriffen sind und umgriffen bleiben von der Begründungsthematik. „Darümb ist alles in der Christenheit dazu geordnet, daß man da täglich eitel Vergebung der Sunden durch Wort und Zeichen hole, unser Gewissen zu trösten und aufrichten, solang wir hie leben." (BSLK 658,25 – 29) Unter Wort und Sakrament, durch welche sich die Vergebung der Sünde vollzieht, sind näherhin zu verstehen „die heiligen Sakrament und Absolution, dazu allerlei Trostsprüche des ganzen Evangelii. Darümb gehöret hieher, was von den Sakramenten zu predigen ist, und Summa das ganze Evangelion und alle Ämpter der Christenheit." (BSLK 658,12 – 18) Letztere haben ihre Bestimmung darin, Dienst an den Heilsmitteln zu sein zur Erbauung und Erhaltung der Gemeinde und ihrer Glieder. Die Unentbehrlichkeit solchen Dienstes ist in der stetigen Notwendigkeit des Gebrauchs von Wort und Sakrament im Leben der christlichen Kirche begründet. „Denn wiewohl Gottes Gnade durch Christum erworben ist und die Heiligkeit durch den heiligen Geist gemacht durch Gottes Wort in der Vereinigung der christlichen Kirchen, so sind wir doch nimmer ohne Sund unsers Fleischs halben, so wir noch am Hals tragen." (BSLK 658,19 – 25) Das christliche Gewissen bedarf in diesem Sinne der lebenslangen Tröstung und Aufrichtung durch den täglichen Zuspruch der Sündenvergebung in Wort und Sakrament, mittels derer der Heilige Geist sich als wirksam erweist.

„Also machet der heilig Geist, daß, ob wir gleich Sunde haben,
doch sie uns nicht schaden kann, weil wir in der Christenheit
sind, da eitel Vergebung der Sund ist, beide das uns Gott vergibt
und wir unternander vergeben, tragen und aufhelfen." (BSLK
658,30 – 35) Der Geist der Sündenvergebung bestimmt also nicht
nur das Gottesverhältnis, sondern im Folgezusammenhang mit
dem zurechtgebrachten Gottesverhältnis auch das Verhältnis der
Menschen untereinander.

Obwohl der pneumatologische Prozeß, in welchem der von dem
in Jesus Christus offenbaren Vatergott ausgehende Geist durch
Wort und Sakrament Sünde vergibt, um auf diese Weise Kirche zu
gründen und zu erhalten, unter irdischen Bedingungen zu keinem
Ende kommt, stellt sein Verlauf doch keinen infiniten, in
schlechter Unendlichkeit vergehenden Progreß dar, sondern eine
begeistert-begeisternde Bewegung, in der Fortschritte erzielt und
schließliche Vollendung erreicht wird.[44] Zum dritten Artikel und
dem christlichen Bekenntnis zum Hl. Geist gehört deshalb der
eschatologische Aspekt wesensmäßig hinzu. Auch Luthers Auslegung hebt das Bekenntnis zur Auferstehung und einem ewigen
Leben eigens hervor, wobei er statt von ‚Auferstehung des Fleisches‘, welche Wendung nach seinem Urteil an die „Scherren"
(BSLK 659,27), d. h. an Metzgerläden denken läßt, lieber von
‚Auferstehung des Leibs oder Leichnams‘ spricht. Die angefangene

---

[44]   Zum Heilswirken des Gottesgeistes in der Kirche vgl. zusammenfassend
Peters II, 212 ff. Zur möglichen Vorstellung der Kirche als einer coope-
ratrix des Hl. Geistes vgl. Peters II, 230 ff., bes. 238 f.; zur Eschatologie
von GK und KK im allgemeinen und zur eschatologischen Ausrichtung
von Rechtfertigung und Heiligung im besonderen vgl. Peters II, 240 ff. In
letzterer Hinsicht „gilt es beides zugleich festzuhalten, auf der einen
Seite den ‚Total-Aspekt‘ des Kampfes zwischen dem neuen und dem alten Menschen, auf der anderen Seite den ‚Partial-Aspekt‘ des ständigen
Wachsens in der Heiligung" (Peters II, 241). Die Gesamtdeutung des
dritten Artikels in Luthers Katechismen versucht Peters abschließend in
folgende These zusammenzuraffen: „Durch die entfalteten ‚Stücke‘,
durch die Kirche als geheiligte Christenheit, durch den mannigfaltigen
Zuspruch der Vergebung in allen Ämtern und Ständen, durch die leibhafte Totenauferweckung und das ewige Leben vor Gott wandelt uns
der Gottgeist hinein in das Urbild des für uns Geopferten und Auferweckten. So bleibt der dritte Artikel rückgekoppelt an den zentralen
zweiten Artikel von unserer Erlösung als dem Zentrum des Apostolikums
sowie des gesamten Katechismus." (Peters II, 250)

und fortschreitende Heiligkeit des Christenlebens wird durch den Hl. Geist vollendet werden. So richtet sich die christliche Erwartung darauf, „daß unser Fleisch hingerichtet und mit allem Unflat bescharret werde, aber herrlich erfurkomme und auferstehe zu ganzer und volliger Heiligkeit in einem neuen ewigen Leben. Denn itzt bleiben wir halb und halb reine und heilig, auf daß der heilig Geist immer an uns erbeite durch das Wort und täglich Vergebung austeile bis in jenes Leben, da nicht mehr Vergebung wird sein, sondern ganz und gar rein und heilige Menschen, voller Frommkeit und Gerechtigkeit, entnommen und ledig von Sund, Tod und allem Unglück in einem neuen unsterblichen und verklärten Leib." (BSLK 659,2–16) So wie es Amt des Geistes ist, durch die christliche Kirche und die Vergebung der Sünde die Heiligkeit auf Erden anzufangen und täglich zu mehren, so wird er nach diesem irdischen Dasein sein Werk durch Auferstehung und ewiges Leben „ganz auf einem Augenblick vollführen und ewig dabei erhalten" (BSLK 659,21–23).

Luther fügt hinzu, daß gerade der dritte Artikel immerfort wirksam sein und bleiben muß. Während wir nämlich die Schöpfung hinter uns haben und die Erlösung bereits ausgerichtet ist, treibt der Hl. Geist „sein Werk ohn Unterlaß bis auf den jüngsten Tag, dann er verordnet eine Gemeine auf Erden, dadurch er alles redet und tuet" (BSLK 659,48–660,3). Die Unabgeschlossenheit des Wirkens des Hl. Geistes, dessen zukunftsoffenes Wesen der Gottheit Gottes unbeschadet des schöpfungstheologischen und christologischen Perfekts wesensmäßig zugehört, wird dabei mit einem dem Widerstand der Sünde zuzurechnenden soteriologischen Defizit begründet: Weder sei die Christenheit vollständig zusammengebracht noch die Sündenvergebung gänzlich ausgeteilt. „Darümb gläuben wir an den, der uns täglich erzuholet durch das Wort und den Glauben gibt, mehret und stärkt durch dasselbige Wort und Vergebung der Sunde, auf daß er uns, wenn das alles ausgericht und wir dabei bleiben, der Welt und allem Unglück absterben, endlich gar und ewig heilig mache, welchs wir itzt durchs Wort im Glauben warten." (BSLK 660,5–13)

Blickt man abschließend noch auf Luthers Auslegung des dritten Artikels im Kleinen Katechismus, der eine eigenständige Bedeutung nicht abzusprechen ist, weil ihr ein „absichtsvoller Umbau" von GK zugrundeliegt[45], so fällt besonders ins Auge, daß Luther die dem pneumatologischen Prozeß korrespondierende Genese des Glaubens mit den Worten beschreibt: berufen, erleuchtet, geheiliget (vgl. BSLK 512,3 ff.; Meyer 359 ff.). Damit sollte nicht der Meinung Vorschub geleistet werden, „als wäre eine Tätigkeit des Geistes beschrieben, von der ein Teil Berufung wäre, ein Teil Erleuchtung, ein Teil Heiligung". Vielmehr sind die Termini Berufung und Erleuchtung lediglich Näherbestimmungen, durch welche die Weise verdeutlicht wird, in der der Hl. Geist im Glauben heiligt. Der Sinn der Begriffsreihe läßt sich daher folgendermaßen umschreiben: „Der heilige Geist hat mich auf die Weise im rechten Glauben geheiligt, daß er durch das Evangelium berufen und mit seinen Gaben erleuchtet hat."[46] Zu ergänzen ist, daß der Ausdruck ‚Heiligung' bei Luther in der Regel die Begriffe ‚Rechtfertigung' und ‚Erneuerung' umfaßt. Man wird also davon ausgehen können, daß er „auch in der Erklärung des dritten Artikels unter Heiligung beides, Rechtfertigung und Erneuerung, verstanden hat"[47]. KK beschreibt den ordo salutis mithin nicht als Stufenfolge oder chronologische Reihe, sondern als einheitlichen, wenngleich differenzierungsfähigen und differenzierungsbedürftigen Zusammenhang.

Abschließend ist noch einmal zu betonen, daß Luthers Auslegung des zweiten Hauptstücks sowohl in KK als auch in GK trinitarisch strukturiert ist, auch wenn die Trinitätslehre nicht explizit entfaltet wird. „*Luther* hat seinen ... katechetischen Takt darin bewährt, daß er, der überzeugte Anhänger der kirchlich festgestellten Trinitätslehre, in seinem Katechismus alle dogmatischen Bestim-

---

[45]   J. Meyer, Luthers Ringen um das Gesamtverständnis des 3. Artikels, in: NKZ 31 (1920), 359–376, hier: 376.

[46]   J. Meyer, Berufen, erleuchtet, geheiligt, in: NKZ 27 (1916), 343–365, hier: 358 f. Auch wenn Meyer und andere sich mit Recht dagegen ausgesprochen haben, eine Heilsordnung im Sinne der „ordo salutis"-Lehre der altprotestantischen Orthodoxie in KK einzutragen, so sollte gleichwohl die „echte Dynamik im Wirken des Gottesgeistes nicht wieder preisgegeben" (Peters II, 207) werden. Als Grundsatz rechter Erfassung dieser Dynamik hat die Devise zu gelten: „der Heilige Geist führt uns nicht hinaus über Jesus Christus, sondern nur immer tiefer in ihn hinein." (Peters II, 211)

[47]   Th. Hardeland, Die Heilsordnung in Luthers kleinem Katechismus, in: NKZ 6 (1895), 495–511, hier: 497.

mungen über die ‚drei unterschiedlichen Personen in einem einigen ewigen unzertrennlichen Wesen' bei Seite ließ, vielmehr mit
der Schilderung des Heilswaltens von Vater, Sohn und Geist ‚das
ganze göttliche Wesen, Willen und Werk' ... zur Genüge abgemalt
fand."[48]

3. Das dritte Hauptstück: das Vaterunser

In den zwanziger Jahren unseres Jahrhunderts konzentrierten sich
die Verhandlungen über den Sinn von Luthers Katechismuserklä-
rung im allgemeinen und seiner katechetischen Erklärung des ersten Gebots im besonderen in eigentümlicher Weise auf die
Streitfrage, welche Bedeutung der Begriff der Gottesfurcht in den
Katechismen habe (vgl. Peters I, 123–137). Angeregt wurde die
Debatte durch die These August Hardelands, timor dei bezeichne
bei Luther im wesentlichen nicht die Furcht vor Gottes Zorn, sondern vertrauensvolle Ehrfurcht im Sinne eines vom timor servilis
klar zu unterscheidenden timor filialis. Dies lasse sich trotz einer
gewissen Unbestimmtheit von GK und KK an der Entwicklung
von Luthers Katechismusgedanken bis zum Jahre 1529 klar aufzei-
gen.[49] Nicht minder deutlich zeige sich, daß timor poenae nach
Luther niemals als Erfüllung des ersten Gebots gelten könne. Als
Erfüllung des ersten Gebots sei Gottesfurcht vielmehr „nichts anderes als eine Begleiterscheinung und Frucht des Glaubens und
nicht ein Gegensatz zu ihm, also nicht Furcht vor Gottes Zorn"[50].
Dies festzuhalten, ist nach Hardeland durch die ursprüngliche
Einsicht der Reformation verbindlich gefordert: sei es doch „nichts
Geringeres als der Kern der Rechtfertigungslehre, daß Luther die
Furcht vor dem Zorn des richtenden Gottes durch das Vertrauen
auf den versöhnten Vater überwunden hat"[51]. Daran könne auch

---

[48]   M. Reischle, Die katechetische Behandlung des dritten Artikels von Luthers kleinem Katechismus, in: ZThK 6 (1896), 1–46. 111–166, hier: 160 f.

[49]   A. Hardeland, Luthers Katechismusgedanken in ihrer Entwicklung bis
zum Jahre 1529, Gütersloh 1913, bes. 6–53.

[50]   Ders., Der Begriff der Gottesfurcht in Luthers Katechismen, Gütersloh
1914, 42.

[51]   A. a. O., 6.

die Tatsache nichts ändern, daß Luthers Stellung zur Gottes-
furchtthematik infolge des Streites mit Agricola und angesichts der
betrüblichen Visitationserfahrungen an Durchsichtigkeit verloren
habe, was an seinem Epilog zum ersten Hauptstück besonders
nachteilig zutage trete (BSLK 510,16 f.: „darumb sollen wir uns
fürchten für seinem Zorn"). Mag schließlich auch „empirisch … im
Christenherzen nur der timor mixtus vorhanden"[52] sein, der sich
aus timor filialis und timor poenae zusammensetzt, so bleibt nach
Hardeland doch bestehen, daß die im ersten Gebot geforderte
Gottesfurcht allein die Ehrfurcht des Glaubens ist, der Gott als einem Vater vertraut, dessen Wesen nichts als reine Liebe ist. Wo
Luther seiner genuinen theologischen Einsicht folge, da „ist … der
Zorn Gottes immer als Vaterzorn zu verstehen, und alle Furcht
vor diesem Zorn, mag sie so genannt sein oder nicht, wird zur
kindlichen Furcht", die von timor servilis und timor poenae kategorial zu unterscheiden sei.[53]

Hinzuzufügen ist, daß die skizzierte Interpretation auf der von
Th. Hardeland bereits 1895 vertretenen Annahme basiert, „daß
Luther den Dekalog nicht zunächst als Sündenspiegel aufgefaßt
hat, sondern als das, was man Norm des christlichen Verhaltens
oder christliches Lebensideal nennt"[54]. Die Zehn Gebote fungieren
danach in den Katechismen trotz gewisser Unausgeglichenheiten
der Argumentation nicht als bloße Propädeutik für das Evangeli-

---

[52]   A. a. O., 25.

[53]   A. Hardeland, Das erste Gebot in den Katechismen Luthers. Ein Beitrag
zur Geschichte der Rechtfertigungslehre, Leipzig 1916, 178. Vgl. ferner:
ders., Furcht, Liebe und Vertrauen in Luthers Katechismen, in: Hannover-
sche Pastoralkorrespondenz 42 (1914), 17–20, 29–32; Noch einmal: Was
heißt ‚Gott fürchten' in Luthers Katechismen?, in: a. a. O., 101–106; Der
timor dei als Erfüllung des ersten Gebots bei Melanchthon, in: a. a. O., 43
(1915), Nr. 11. 13 f.; Der timor dei als Erfüllung des ersten Gebots in den
älteren Lutherischen Katechismen, in: ebd. Nr. 15; Das erste Gebot in
Luthers Tischreden, in: MPTh 12 (1915/16), 441–454; Zum ersten Hauptstück des Kleinen Katechismus. Eine Erwiderung, in: Neues Sächsisches
Kirchenblatt 24 (1917), Sp. 145–152; Zum ersten Hauptstück des Kleinen
Katechismus. Wider D. Karl Thieme, in: a. a. O., Sp. 327–330; Das
Furchtproblem in Luthers Katechismus vom Jahre 1529 in: Luther. Vier-
teljahrsschrift der Luthergesellschaft 11 (1929), 97–118.

[54]   Th. Hardeland, Der Dekalog in Luthers kleinem Katechismus, in: NKZ 6
(1895), 387–407, hier: 390.

um, sondern „als die Hauptsumma des christlichen Lebens, das
auch in seiner Ewigkeitsgestalt hieran seine Norm hat, so daß
dann das Evangelium die Propädeutik des Dekalog würde"[55].
A. Hardeland spricht sich infolgedessen entschieden dagegen aus,
den Dekalog im Anschluß an die Dogmatik altprotestantischer
Orthodoxie im locus de lege zu behandeln; denn nach Luthers
dezidiert neutestamentlicher Auffassung der Zehn Gebote gehörten diese in den locus de bonis operibus.[56]

Unter den Kritikern A. Hardelands ist neben K. Thieme[57] besonders J. Meyer hervorzuheben[58], der auf der Grundlage detaillierter
historischer Analysen zu den Katechismuspredigtreihen des Jahres
1528 zu dem Ergebnis kommt, daß Gottesfurcht in GK und KK
durchaus als eine eigenständige Erfüllungsgestalt des ersten Gebotes neben dem Glauben zu gelten hat: „... während Luther in
den Jahren 1518–1524 mehrfach die Erfüllung des 1. Gebotes auch
in dem timor filialis erblickt und diesen als eine Seite des vertrauensvollen Verhältnisses des Christen zu Gott angesehen hat, hat
er später die Scheidung von timor filialis und servilis verworfen
und seit der 3. Predigtreihe von 1528 *neben* das Vertrauen als
zweite selbständige Weise der Erfüllung des 1. Gebotes die Furcht
gesetzt: timor et fides. Aus dieser Zweiheit wurde, indem zum
Vertrauen die Liebe trat, eine scheinbare Dreiheit, die aber in
Wahrheit eine Zweiheit blieb: dort die Furcht vor dem drohenden
Gott, hier die Liebe und das Vertrauen gegenüber dem verhei-
ßenden Gott. Darum werden nun die folgenden Gebote in ihrer

---

[55]   A. Hardeland, Luthers Katechismusgedanken, VII.

[56]   Ders., Luthers Erklärung des ersten Gebots im Lichte seiner Rechtferti-
       gungslehre, in: ThStKr 92 (1919), 201–261, hier: 219.

[57]   Zum ersten Hauptstück des Kleinen Katechismus, in: Neues Sächsisches
       Kirchenblatt 24 (1917), Nr. 3; Zum ersten Hauptstück des Kleinen Kate-
       chismus. Antwort auf D. Hardelands Erwiderung, in: ebd. Nr. 13.

[58]   J. Meyer, „Fürchten, lieben und vertrauen". Eine geschichtliche Erörte-
       rung zu Luthers Katechismen, in: NKZ 24 (1913), 793–811; ‚Gottesfurcht' in
       Luthers Katechismen, in: Hannoversche Pastoralkorrespondenz 1914, Nr.
       4; Luthers Dekalogerklärung 1528 unter dem Einfluß der sächsischen Kir-
       chenvisitation, in: NKZ 24 (1915), 546–570; Das erste Gebot bei Luther, in:
       MPTh 13 (1916/17), 357–376; Das erste Gebot bei Luther, in: Luther. Vier-
       teljahrsschrift der Luthergesellschaft 11 (1929), 2–25; vgl. ferner die Lite-
       raturhinweise unter § 4 und 5.

Erfüllung nicht abhängig gemacht von dem Einheitsbegriffe des Vertrauens, sondern von dem Doppelbegriffe der Furcht und Liebe."[59] Die Furcht vor dem strafenden Zorne Gottes bekommt also in Meyers Deutung ungleich stärkeres sachliches Gewicht als bei Hardeland, der die Katechismusrede von der Zornesfurcht als einen mehr oder minder störenden Zusatz zur Grundaussage vom timor filialis gedeutet hatte.

Unbeschadet dieser Differenz stimmen die Kontrahenten in der Auffassung überein, daß es im wesentlichen der Einfluß der sächsischen Kirchenvisitation gewesen sei, der Luther zu seiner Neubewertung des timor dei geführt habe. Unter ausdrücklichem Verweis auf Hardeland stellt Meyer fest: „Gegenüber der religiösen und sittlichen Gleichgültigkeit der Massen mußte die Zornesdrohung Gottes eine vorher nicht so betonte pädagogische Bedeutung erhalten."[60] Namentlich Luthers Dekalogerklärung sei durch Motive kirchlich-religiöser Volkspädagogik nachhaltig beeinflußt worden, „da die Frage nach der Predigt des Gesetzes gerade von den Visitatoren rege erörtert wurde und zwar in Auseinandersetzung mit Agricola"[61]. Entsprechende historische Hinweise finden sich, wie gesagt, auch bei Hardeland. Während dieser indes die volkspädagogisch bedingte Bedrohung mit Strafe ebenso wie die Verheißung von Lohn für theologisch zweitrangig und dem eigentlichen Sinngehalt des ersten Gebotes äußerlich qualifiziert, sind Straffurcht und Lohnerwartung nach dem Urteil Meyers „nicht Motive, die später als unterchristlich abgetan werden müßten, sondern Motive, die zwar durch höhere Motive überboten, aber, wie die Dinge liegen, nie außer Kurs gesetzt werden dürfen" – und das umso weniger als „auch der idealste Mensch ... um des Fleisches willen, das er an sich trägt, diese eudämonistischen Motive nicht ganz entbehren kann"[62]. Denn so richtig es sei, „daß der timor poenae im Fortschritt des Christenlebens allmählich mehr und mehr zum timor filialis werden kann"[63], so unbestreit-

---

59   Ders., „Fürchten, lieben und vertrauen", 809f.

60   A.a.O., 809.

61   Ders., Luthers Dekalogerklärung 1528 unter dem Einfluß der sächsischen Kirchenvisitation, 551.

62   A.a.O., 565.

63   A.a.O., 564.

bar sei es doch zugleich, daß „über die Gottesfurcht als Straffurcht
... nach Luther kein empirischer Christ hinaus (wächst)"⁶⁴. Der timor poenae sei mithin keineswegs nur transitorisches Durch-
gangsmoment einer Religiosität reinen Liebesvertrauens, welchem
keine Furcht mehr innewohne. Vertrauen und Furcht seien vielmehr die beiden unter irdischen Bedingungen unverzichtbaren
Regulatoren, „die uns auf der rechten Mittelstrecke erhalten und
vor den beiden Abwegen der Verzweiflung zur Linken und der
Hoffart zur Rechten bewahren"⁶⁵.

A. Hardeland hat demgegenüber noch einmal seine Auffassung
bekräftigt, „daß Luther bis zur Abfassung seiner Katechismen keine
andere Auffassung von der Furcht Gottes, sofern diese Erfüllung
des ersten Gebotes ist, gehabt hat als die, wonach sie am besten
mit dem Namen ‚Ehrfurcht' (reverentia) bezeichnet wird, ein
Wort, das aber einen sehr weiten Umfang hat und das rechte
Verhalten gegenüber einem Höheren bezeichnet, der hier der
allmächtige Gott (ist), der selbstverständlich auch als Richter angesehen werden soll, aber um der Rechtfertigung willen nicht
mehr so gefürchtet werden kann, daß diese Furcht Angstgefühl
wäre"⁶⁶. Denn Angst stimmt nach Hardeland mit Liebe und Vertrauen unter keinen Umständen zusammen. „Es muß demnach in
dem Begriffe ‚Furcht Gottes', wo dieser in Verbindung mit Liebe
und Vertrauen auftritt, der timor sacer oder filialis gemeint sein,
wie ihn der noch nicht in Sünde gefallene Mensch bei voller
Übereinstimmung seines Willens mit dem Gottes empfindet."⁶⁷
Eben jene Einstimmigkeit göttlichen und menschlichen Willens
sieht Hardeland im Rechtfertigungsgedanken wiederhergestellt. In
diesem Sinne kommt er zu dem Schluß, „daß Luther die Trias
Furcht, Liebe und Vertrauen in der Erklärung des ersten Gebots
als den Anfang des neuen Lebens angesehen haben muß", als
„die erste grundlegende Wirkung des heiligen Geistes". „Von der
Buße", so heißt es, „ist hier nicht die Rede, also auch nicht von
der Furcht, die zur Rechtfertigung hinleiten soll, nicht von dem,

---

⁶⁴ Ders., Das erste Gebot bei Luther, 22.

⁶⁵ A. a. O., 16.

⁶⁶ A. Hardeland, Das Furchtproblem in Luthers Katechismus vom Jahre 1529,
116.

⁶⁷ Ders., Luthers Erklärung des ersten Gebots, 228 f.

was timor poenae und timor irae heißt"[68]. Nun leugnet zwar auch Hardeland nicht, daß der mit Gottesfurcht, -liebe und -vertrauen gemachte Anfang im Christenleben noch nicht zur Vollendung gelangt ist, sondern sich unter irdischen Bedingungen im beständigen Kampf mit der Widerständigkeit verbliebener Sünde befindet. Indes ist es nach seiner Auffassung nicht die Meinung Luthers, „als stünde der neue Mensch um der reliquiae peccati willen noch unter dem Gesetz. Er ist nicht Objekt, sondern Subjekt der mortificatio, Glaube und durch den Glauben frei gewordener Wille üben das Werk der täglichen Reue und Buße aus, der Kampf gegen die Sünde ist Betätigung frommer Autonomie und nicht durch die spezifischen Motive des Gesetzes, die nur auf dem Standpunkte der Heteronomie wirksame sein können, hervorgerufen."[69] Timor poenae und nova voluntas schließen sich daher gegenseitig aus. Entschieden widerspricht Hardeland daher der Meinung, „die Furcht vor Gottes Zorn im Christenleben müsse ebenso andauernd sein als die Sünde"[70].

Wie nicht anders zu erwarten, nahm der Streit damit kein Ende. Namentlich O. Albrecht, der Herausgeber und Kommentator der Katechismen in WA 30 I, bekräftigte die von Hardeland in Abrede gestellte Auffassung ausdrücklich als die angemessene. In Übereinstimmung mit Thieme und Meyer deutet er die Erklärungen des 1. Gebots und des Katechismusepilogs als „wesentlich gleichartig"[71] mit dem Ergebnis, „daß Luther im 1. Gebot die Furcht vor Gottes Zorn im Sinne hat"[72]. Begründet wird dies erstens mit dem methodischen Grundsatz, den Katechismus nach seinem eigenen Wortlaut, den Furchtbegriff des ersten Gebots also im Kontext des Epilogs zu verstehen, zweitens mit dem Hinweis, daß die dritte Predigtreihe des Jahres 1528 als die Hauptquelle für Luthers Dekalogauslegung im KK den Begriff timor als timor poenae enthält und drittens mit der systematisch entscheidenden Feststellung,

---

[68]   A. a. O., 231.

[69]   A. a. O., 256.

[70]   A. a. O., 259.

[71]   O. Albrecht, Streiflichter auf Luthers Erklärung des ersten Gebots im Kleinen Katechismus. Mit Bezug auf neuere Verhandlungen, in: ThStKr 90 (1917), 445.

[72]   A. a. O., 448.

„daß die Furcht vor Gottes Zorn in der Gesamtauffassung Luthers vom christlichen Leben (im Zusammenhang seiner Lehre von der immerwährenden Buße und von der Glaubensgerechtigkeit) ein unentbehrliches Moment ist"[73]. Insofern sieht Albrecht in dem im Sinne des timor poenae verwendeten Begriff der Gottesfurcht primär nicht volkspädagogische, sondern zentrale theologische Sachgründe wirksam. Diese genau zu erfassen und präzise zu klären, falle allerdings nicht leicht. Denn, so Albrecht, „der Begriff der Gottesfurcht hat nach ihm (sc. Luther) im Hinblick auf den empirischen Christenstand etwas Elastisches, Mehrdeutiges an sich; es handelt sich, wie er anderswo öfter sagt, um einen timor mixtus. Diesen Begriff muß man als Schlüssel gebrauchen, um in das Verständnis des 1. Gebots einzudringen. Wer, wie Hardeland, hier nur den timor sanctus, die pia reverentia denken will, möge sich der Erklärung Luthers erinnern: unmöglich kann in diesem Leben der timor Dei ohne timor poenae sein. Und wer hier in erster Linie den timor poenae ausgedrückt findet, denke daran, daß der timor poenae für sich allein zur Verzweiflung führt und wertlos ist ohne die fromme Gottesfurcht. Die Furcht vor Gottes Zorn kann nur in dem Sinne geboten sein, daß sie einen starken Reiz bewirkt, sich zu Gottes Barmherzigkeit zu flüchten mit dem Vertrauen, welches die Ehrfurcht vor Gott, den timor filialis, in sich schließt."[74] Das terminologische Problem habe seinen sachlichen Grund mithin im wesentlichen darin, daß der Christenstand keinen stabilen Subjektstatus darstelle, sondern durch immerwährende Buße im Werden begriffen und nur als solchermaßen im Werden begriffener zu begreifen sei. Auch und gerade das Sich-Fürchten vor dem Zorn Gottes ist daher nach dem Urteil Albrechts für Luthers Verständnis der Glaubensgerechtigkeit von entscheidender Bedeutung; „es ist ihre Vorbereitung und Voraussetzung, und wenn sie auch vom Glauben überwunden wird, lebt sie doch immer wieder auf als fiducialis desperatio, so daß die beiden ihrer Natur nach ganz entgegengesetzten Erregungen, Furcht (aber nicht bloß Ehrfurcht) und Glauben, oder Furcht und Liebe ... zugleich in demselben Herzen sich zusammenfinden"[75].

---

73 Ebd.

74 A. a. O., 447 f.

75 A. a. O., 477. Vgl. Peters I, 134 f.: „Ständig ist der rechte Christ in einem eschatologischen Transitus begriffen von der befleckten Furcht der Got-

Ich lasse den weiteren Fortgang der Debatte auf sich beruhen, da sie – unbeschadet ihrer Katechismuszentrierung – sachlich in den Kontext von Streitigkeiten gehört, die im Entstehungszusammenhang des Konkordienbuchs trotz Luthers Kontroverse mit Agricola vergleichsweise spät virulent und erst in der Formula Concordiae einer als definitiv geltenden Lösung zugeführt wurden (vgl. § 13). Unerörtert bleiben muß fernerhin die theologiegeschichtlich höchst interessante Frage, in welch reflexiver, durch die Situation des ausgehenden 19. und beginnenden 20. Jahrhunderts bedingter

---

tesknechte zur reinen und ehrfürchtigen Liebe der Gotteskinder." „Die Dekalog-Deutung der Katechismen vollzieht diesen eschatologischen Transitus von der Furcht zur Liebe, vom äußeren zum inneren Gesetzesgehorsam, welche (sic!) jedoch möglich ist allein aus der Gnade des Christusgeistes heraus."– Um dasselbe in eigenen Worten und zunächst abgrenzend zu sagen: Die im Katechismus gemeinte Gottesfurcht darf mit der vom usus elenchticus legis gewirkten Gewissensverzweiflung nicht einfachhin gleichgesetzt werden. Vielmehr gehört sie in den Kontext jener Liebe und jenes Vertrauens, wie sie für den evangelischen, vom tötenden Gesetz befreiten Glauben charakteristisch sind. Gleichwohl erweist sich die Differenzierung zwischen Gottesfurcht und Gottesliebe bzw. Gottvertrauen als theologisch notwendig, sofern die Gottesfurcht das Moment am Glauben darstellt, das den Glaubenden beständig innewerden läßt, seinen Grund nicht in sich selbst zu haben, sondern schlechterdings von Gott abhängig zu sein; indes wird solch schlechthinniges Abhängigkeitsbewußtsein den Glaubenden, der dem Evangelium vertraut, nicht in Nichtigkeitsängste und Selbstwertdefizite stürzen, sondern ihn – ohne aufzuhören, schlechthinniges Abhängigkeitsbewußtsein zu sein – seines ewigen Bestandes und unveräußerlichen Rechtes bei Gott selbst gewiß machen. Die „zwei Stück, Gottes Fürcht und Vertrauen", auf die nach Luther die Gebotspredigt der gesamten Schrift hinlenkt (BSLK 643,10 mit Verweis auf Ps 147,11), beschreiben demnach einen zwar differenzierten, weil eschatologisch gespannten, in solcher Differenziertheit und eschatologischen Spannung aber gleichwohl einigen, weil einheitlich bestimmten Zusammenhang. Ebenso ist die Zielrichtung „des ersten und furnehmsten Gepots, daraus alle anderen quellen und gehen sollen" (BSLK 642,46–48), nicht etwa ambivalent, sondern von unzweifelhafter Eindeutigkeit: „,Du sollst als Deinen einigen rechten Gott fürchten, lieben und mir vertrauen'. Denn wo ein solchs Herz gegen Gott ist, das hat dieses und alle andere erfüllet. Wiederümb wer etwas anders in Himmel und auf Erden fürchtet und liebet, der wird wider dieses noch keines halten." (BSLK 643,1–7) Was Gott will, ist herzlicher Glaube, der alles fernerhin Gebotene aus eigenem innerem Antrieb erfüllen wird, während ohne solchen Glauben von Gesetzeserfüllung im strengen Sinne nicht die Rede sein kann.

Brechung sich in der referierten (im Lichte bzw. Schatten Ritschls
geführten) Auseinandersetzung die Kontroverslage des 16. Jahrhunderts widerspiegelt. Im Blick auf die diskutierte Problematik
des Verhältnisses von Gottesfurcht und Gottesliebe rsp. von timor
poenae und timor filialis soll lediglich auf einen – allerdings entscheidenden – Sachaspekt aufmerksam gemacht werden, nämlich
auf die Tatsache, daß ein angemessenes Urteil über die eigentümliche Verfaßtheit christlichen Lebens und seine Bestimmung
zur Gebotserfüllung überhaupt nur möglich ist unter dem Vorzeichen des Gebets, das dem Christen als erstes und wichtigstes
Werk des Glaubens aufgetragen ist und das sich zum Bekenntnis,
welches ihm untrennbar zugehört, wie Glaubensinnewerdung
und Glaubensäußerung verhält. Im Zeichen des Gebets, zu dessen Vollzug der Glaube vornehmlich beauftragt ist, um seiner
Konstitution entsprechend sich verwirklichen zu können, wird –
das scheint mir die zentrale Einsicht von Luthers (in pneumatolo-
gischer Perspektive den Dekalog rekapitulierender) Auslegung
des dritten Katechismushauptstückes zu sein – ein Zweifaches zugleich, d. h. als differenziertes Internverhältnis einer einheitlichen
theologischen Wahrheit erkenntlich: Deutlich wird zum einen,
daß der gläubige Mensch nie als unmittelbar selbstidentisches
Subjekt seines Christenlebens fungiert, wie dies nach Maßgabe
einiger Wendungen Hardelands den Anschein haben könnte. Im
Vollzug des Gebets nimmt der Glaubende vielmehr wahr, daß er
„recht bei Trost", will heißen: recht gläubig und aus Glauben heraus tätig nur ist bzw. nur sein kann, wenn er sich – und eben diese Hingabe wird im Gebet aktuell – ganz auf Jesus Christus verläßt, um durch solch – im wahrsten Sinne des Wortes – ekstati-
sches Außersichsein in der Kraft des göttlichen Geistes ganz zu
sich zu kommen und zu dauerhafter Gewißheit seines unver-
gänglichen Grundes in Gott zu gelangen. In jener Gewißheit hinwiederum, deren Manifestwerden nichts anderes ist als Gebetser-
hörung, tritt – das ist das zweite – ein Glaubens-Ich zutage, das
außer von der Neigung zur Selbstüberhebung auch von dem zur
Verzweiflung tendierenden Grundsatzzweifel am Sinn des Eigenen und der dem Eigenen zugesellten kreatürlichen Welt befreit
ist. Zwar ist das besagte Ich des Glaubens als eine spirituell-
pneumatologische Größe, deren individuierte Leibhaftigkeit allein
im Geiste, welchen das Gebet erschließt, offenbar ist, in der empirischen Perspektive einer irdischen Welt- und Selbsterfahrung,
welche unter den Bedingungen des alten Äons sich vollzieht, nie

rein identifizierbar, so daß scheinbar zwangsläufig der – von einzelnen Formulierungen nun nicht Hardelands, sondern der zitierten Hardelandgegner nahegelegte – Eindruck entsteht, es handle sich beim Christenherzen um eine Mixtur, in der Gut und Böse und entsprechend timor poenae und timor filialis unscheidbar vermischt seien. Aber die Annahme eines unaufhebbaren status permixtus, in dem der Christ sich zeitlebens befindet, müßte dessen Entwicklungsfähigkeit im Sinne fortschreitender Heiligung wenn nicht unmöglich machen, so doch entscheidend einschränken und hemmen, würde ihm nicht mit dem Gebet (und namentlich mit dem Gebet des Herrn) ein Medium anvertraut sein, mittels dessen er sich des beständigen Grundes seines Glaubens und seiner selbst als eines Glaubenden, dessen Ich einen bleibenden und unveräußerlichen Namen bei Gott hat, vergewissern könnte (welche Glaubensgewißheit – um auch dieses noch zu sagen – die Bedingung der Möglichkeit sinnvoller Werke der Liebe und damit eines zielstrebigen Fortschritts der Heiligung ist). Kurzum: Das Gebet und nur das Gebet gewährleistet die Kontinuität und Unumkehrbarkeit des auf leib-seelisches Heil von Selbst und Welt hingeordneten Prozesses der Heiligung, in welchem der pneumatologische Prozeß des Ausgangs des Hl. Geistes von dem im Sohne offenbaren Vater, an welchen das Herrengebet sich wendet, um göttlichen Zuspruch zu empfangen, sich realisiert.

In der Abfolge der Katechismushauptstücke Dekalog, Credo und Oratio dominica kann man, wenn man so will, eine formale Entsprechung zu dieser inhaltlichen Einsicht entdecken. Was das vom Herrn selbst gebotene Gebet erbittet, ist – das werden die nachfolgenden Ausführungen verdeutlichen – eigentlich nichts anderes als die Erfüllung dessen, was der Dekalog gebietet. Insofern kommen erstes und drittes Hauptstück materialiter völlig überein. Gleichwohl bedarf es ihrer förmlichen Differenzierung, wie sie das zweite Hauptstück vollzieht, welches dem Glauben gewidmet ist, der Gesetz und Evangelium zu unterscheiden vermag. Von jener inneren Mitte her, welche das Credo bezeichnet (dessen drei Artikel die drei Hauptstücke fokussieren, um sie auf die Mitte aller Mitten, auf Jesus Christus hin, auszurichten), erschließt sich daher, um es zu wiederholen, die von Luther gewählte Reihenfolge der Katechismushauptstücke als durchaus sinnvoll und das nicht zuletzt deshalb, weil sie das durch das Credo markierte Zentrum nicht statisch festlegt, sondern in ei-

nen – durch die Begriffe Gesetz und Evangelium kürzelhaft benannten – dynamischen Zusammenhang hineinstellt, als dessen
bewegende Richtgröße es fungiert und dessen Bestimmungsmomente nachgerade das zur Geltung bringen, was das Credo intern
bestimmt: die Geschichte Gottes mit den Menschen in Schöpfung,
Erlösung und Heiligung. Das Gebet nimmt diese Geschichte in
anamnetisch-epikletischer Weise wahr und vergewissert sich ihres
Sinnzieles, auf daß der die Mission Jesu Christi erfüllenden Sendung des Geistes gemäß für uns und in uns wahr werde, was an
sich selbst die Wahrheit ist.

Nachdem zur Stellung des dritten Hauptstücks im Gesamtzusammenhang des Katechismus in genereller Hinsicht das Nötige gesagt ist, kann im folgenden in die – mehr oder minder direkt am
Wortlaut von KK und GK orientierte – Einzelexegese eingetreten
werden. Dabei darf ich mich damit begnügen, im Anschluß an
den in BSLK dokumentierten Text gedankliche Grundlinien nach-
zuzeichnen, da textgeschichtliche und sonstige Details durch die
Kommentare insbesondere von Meyer und Peters[76] (vgl. Lit. § 5)
bereits hinreichend erörtert sind. Um erneut in globaler Perspektive und mit einem den Katechismus insgesamt betreffenden form-
geschichtlichen Gesichtspunkt einzusetzen: Luthers Katechismen
sind nicht nur Lehr- und Lern-, sondern in bestimmter Weise An-
dachts- und Gebetsbücher, die als solche gebraucht werden wollen und von ihrem Verfasser selbst tatsächlich derart gebraucht
worden sind.[77] Nicht nur von den Unterwiesenen, auch und gera-

---

[76]   Peters hat es im ersten Satz seines Kommentars zu Luthers Vaterunser-
        auslegung mit Recht bedauert, daß in den bisherigen Theologien der lu-
        therischen Bekenntnisschriften „das Gebet nur flüchtig gestreift" (Peters
        III, 13) wird. Bevor er auf die einzelnen Bitten eingeht, wobei er im An-
        schluß an den Reformator „die absolute Vor- und Überordnung der
        Dein-Bitten den Unser-Bitten gegenüber" (Peters III, 21) herausstellt, er-
        örtert Peters ausführlich die Gebetsanrede des Vaterunsers und das
        Amen, wie Luthers – die Vaterunserauslegung in GK einleitende – Ge-
        betsvermahnung (BSLK 662,17 – 670,21) sie entfaltet (vgl. Peters III, 13 – 39;
        bes. 22 ff.: Gottes Gebot und Verheißung als Grund unserer Erhörungs-
        gewißheit. Zu weiterer Literatur zu Luthers Verständnis des Gebets sowie
        zur Exegese und kirchengeschichtlichen Rezeption des Vaterunsers vgl.
        Peters III, 40 f; ferner: 189 – 198).

[77]   Vgl. I. Henkys, Ist der Katechismus ein Gebetsbuch?, in: MPTh 53 (1964),
        204 – 213.

de von den Unterrichtenden möchte Luther die Katechismusstük-
ke (nach)gebetet haben: so sollen die Pfarrer, wie Luther in der
zweiten Vorrede zu GK von 1530 sagt, statt des Breviers „morgens,
mittags und abends etwa ein Blatt oder zwei aus dem Katechismo, Betbüchlin, Neu Testament oder sonst aus der Biblia lesen
und ein Vaterunser fur sich und ihr Pfarrkinder beten" (BSLK
546,18 – 23). Nachdrücklich schärft der Reformator ein, „daß man
mit dem Katechismus umgehen, sich in ihm üben, ihn lesen, bedenken und betrachten, sich ihn vorsprechen, ihm nachsinnen
und ihn als geistliche Waffe benützen müsse, so wie er das selbst
auch tue"[78]. Daß dies auf andächtige Weise und nach Art des Gebets zu geschehen habe, hat Luther u. a. dadurch bekräftigt, daß
er in seinen Anweisungen für den Morgen- und Abendsegen den
Gebeten bestimmte Katechismusstücke zugeordnet hat.

Namentlich im dritten Hauptstück bilden Lehre und andächtige
Übung des Glaubens einen untrennbaren Zusammenhang. Was
die Anordnung der Katechismusstücke betrifft, so hat die Tatsache, daß das dritte Hauptstück – welches anhand des Vaterunsers
lehrt, „wie man beten soll" (BSLK 662,19 f.)[79] – der Thematik von
Gebot und Glaube folgt, einen guten, von Luther eigens hervorgehobenen theologischen Grund: „Denn weil es also mit uns getan ist, daß kein Mensch die zehen Gepot vollkommen halten
kann, ob er gleich angefangen hat zu gläuben, und sich der Teufel mit aller Gewalt sampt der Welt und unserm eigenen Fleisch
dawider sperret, ist nichts so not, denn daß man Gott immerdar in
Ohren liege, rufe und bitte, daß er den Glauben und Erfüllung
der zehen Gepot uns gebe, erhalte und mehre und alles, was uns

---

[78] W. Krusche, Zur Struktur des Kleinen Katechismus, in: LM 4 (1965), 316–
331, hier: 317, mit Verweis auf die entsprechenden Belegstellen.

[79] Vgl. E. Fischer, Luther und das Vaterunser, in: Deutsch-Evangelische
Blätter 30 (1905), 35–65, der die These vertritt, daß Luthers Auslegung des
dritten Hauptstücks in KK weit „hinter dem zurückgeblieben ist, was er
sonst zur tiefgründigen Erfassung des Vaterunsers beizutragen vermochte" (56). Die Revisionsbedürftigkeit dieses Urteils wird spätestens dann
erkennbar, wenn man im Anschluß an Meyer (375–429) die komplexe
Entstehungsgeschichte von KK in Betracht zieht, die den genetischen
Kontext nicht zuletzt dessen darstellt, was schließlich in bündiger Form
zur Oratio dominica als dem „Gebetsmuster" (Meyer, 375) der Christenheit gesagt wird.

im Wege liegt und daran hindert, hinwegräume." (BSLK 662,20 –
31)

Das Gebet ist in diesem Sinne jene Übung des Glaubens, welche
die wichtigste Bedingung der Möglichkeit für die Fortschritte auf
dem Wege der Heiligung ist. Ihm ist daher auch in besonderer
Weise die Gabe des Geistes verheißen. Entsprechend und analog
der Verbindung zwischen erstem Hauptstück und erstem Glaubensartikel gehört daher das dritte Hauptstück in einer sachlich
ausgezeichneten Weise dem dritten Artikel zu. Der Fortschritt des
pneumatologischen Prozesses vollzieht sich vornehmlich im Medium des Gebets. „Denn das sollen wir wissen, daß alle unser
Schirm und Schutz allein in dem Gebete stehet." (BSLK 669,18 –
20). Ohne beständiges Gebet sind wir dem täglichen Kampf mit
dem Teufel nicht gewachsen, sondern unterliegen zwangsläufig.
Auch die reformatorische Sache wäre nach Luthers Urteil schon
längst verloren, würde sie nicht von treuen Betern getragen und
geschützt (vgl. BSLK 669,26 ff.). Zum Gebet zu mahnen und zu
reizen („wie auch Christus und die Apostel tan haben" [BSLK
663,1 f.]), hat Luther deshalb stets für eine der entscheidenden reformatorischen Aufgaben erachtet. Er tut dies, indem er unter
Verweis auf den Dekalog und die zum ersten Hauptstück, namentlich zum zweiten Gebot gegebene Auslegung einschärft,
„wie wir ümb Gottes Gepots willen schüldig sind zu beten" (BSLK
663,3 f.). Niemand möge daher denken, es sei gleichviel, ob er
bete oder nicht. „Denn durch das Anrufen und Bitten wird der
Name Gottes geehret und nützlich gebraucht." (BSLK 663,48 ff.)

Ist es sonach nicht unserer Willkür überlassen, „zu tuen und zu
lassen, sondern soll und muß gebetet sein" (BSLK 664,11 f.), weil
das Gebet in Gottes Gebot und Willen gründet, so darf um Gottes
willen niemand in Anbetracht eigener Unwürdigkeit sein Gebet
gering schätzen und verachten. Denn nicht das Verdienst gelei-
steter Werke, sondern die Not ist es, die recht beten lehrt. Durch
Bitte und Anrufung in allen Nöten wird Gottes Name recht geehrt.
Denn der Ehrung des Namens Gottes ist nicht werkgerechtes
Selbstvertrauen, sondern das herzliche Empfinden eigener Bedürftigkeit angemessen. Eindringlich mahnt Luther daher, das Gebet nicht selbst als ein Werk zu mißbrauchen, sondern es seiner
von Gott gegebenen Bestimmung gemäß in der Haltung reinen
Empfangens zu vollziehen. Daß das von Gott gebotene Gebet
auch eine göttliche Verheißung enthält, ist Luther dabei nicht

zweifelhaft. „Denn wo er Dich nicht erhören wöllte, würde er Dich nicht heißen beten und so streng Gepot darauf schlagen." (BSLK 666,32 – 34) So deutet Luther Ps 50,15 und Mt 7,7 f. als Selbstzeugnis Gottes im Wort, „daß ihm unser Gebete herzlich wohl gefalle, dazu gewißlich erhöret und gewährt sein soll, auf daß wir's nicht verachten noch in Wind schlagen und auf ungewiß beten" (BSLK 666,47 – 667,1). Weil das Gebet, so es seiner Bestimmung entspricht, nicht auf eigenem Verdienst und Würdigkeit basiert, sondern auf Gottes Gebot und Verheißung, wohnt ihm bzw. seinem Vollzug die Gewißheit der Erhörung inne, welche mit der Gottesgewißheit des Glaubens koinzidiert. Deshalb sagt Luther zum Beschluß seiner Vaterunserauslegung: Wo der „Glaube nicht ist, da kann auch kein recht Gebete sein" (BSLK 690,23 – 25). Denn wie der Glaubende, so verläßt sich auch der Betende nicht auf sich selbst und mithin auch nicht auf die eigene Glaubensstärke und Gebetsvollmacht, wodurch alles ins Ungewisse gezogen würde; er setzt sein Vertrauen vielmehr einzig und allein auf Gott und die Verläßlichkeit seines Gebots und seiner Verheißung, auf welchem Wege er in Andacht und Zuversicht zur Gewißheit der Erhörung seines Gebetes gelangt. Nicht daß solche Gewißheit keiner Anfechtung ausgesetzt wäre und dem Gebet bereits so zugrunde läge, daß dieses letztlich überflüssig würde: Wie der Glaube, um erhalten zu werden, des Gebets bedarf, so stellt sich die dem gottgebotenen Gebet verheißene Erhörungsgewißheit nicht ohne den Gebetsvollzug her. Nicht von ungefähr steht das ‚Amen' am Ende des Gebets und nicht an dessen Anfang. Es bedarf daher der fortgesetzten Übung des Gebets, „daß wir auch lernen AMEN dazu zu sagen, das ist: nicht zweifeln, daß es gewißlich erhöret sei und geschehen werde" (BSLK 690,16 – 19). Denn zu jener Gewißheit der Erhörung, wie sie sich im Amen ausspricht und nichts anderes ist als die Gottesgewißheit des Glaubens (weshalb denn Luther das Amen „ein ungezweifelte[s] Glaubens Wort" [BSLK 690,20 f.] nennt), verhilft nur die konsequente Abstandnahme von allem – auch frommen – Selbstvertrauen und das schonungslose Wahrnehmen, Anerkennen und Bekennen der Not radikaler Bedürftigkeit, die gänzlich Gott anzuvertrauen ist. Denn die eigene Bedürftigkeit für sich zu behalten, wäre nichts anderes als eine bestimmte Form verkehrten Selbstvertrauens. „Darümb ist's ein schädlicher Wahn deren, die also beten, daß sie nicht dürfen von Herzen Ja dazu sagen und gewißlich schließen, daß Gott erhöret, sondern bleiben in dem

Zweifel und sagen: ,Wie sollt' ich so kühne sein und rühmen, daß
Gott mein Gebete erhöre? Bin ich doch ein armer Sunder' etc. Das
macht, daß sie nicht auf Gottes Verheißung, sondern auf ihr Werk
und eigene Würdigkeit sehen, damit sie Gott verachten und Lügen strafen.‟ (BSLK 690,25 – 36) Das aber sei eine Verunehrung
Gottes und ein Verstoß gegen das zweite Gebot. Es gelte daher
Jak 1,6 f. (vgl. BSLK 690,36 ff.) und die Gebetsdevise: „Hie komme
ich, lieber Vater, und bitte nicht aus meinem Fürnehmen noch auf
eigene Wirdigkeit, sondern auf Dein Gepot und Verheißung, so
mir nicht feilen noch liegen kann.‟ (BSLK 667,2 – 6). Solches Beten kann seiner Erhörung so gewiß sein wie der Glaube seines
Heils: „Denn wo irgendein frommer Christ bittet: ,Lieber Vater, laß
doch deinen Willen geschehen,‘ so spricht er droben: ,Ja, liebes
Kind, es soll ja sein und geschehen, dem Teufel und aller Welt
zum Trotz.‘‟ (BSLK 669,42 – 47)

Eine besondere Bestätigung von Gebot und Verheißung, wie sie
dem Gebet gegeben sind, findet Luther in der Tatsache, daß uns
mit dem Vaterunser Christus persönlich gelehrt und vorgetragen
hat, „was und wie wir beten sollen‟ (BSLK 662,31 f.). Insofern uns
damit Gott selbst die Worte und Weisen zu beten in den Mund
legt, sollen wir erkennen, „wie herzlich er sich unser Not an-
nimmpt, und je nicht daran zweifeln, daß ihm solch Gebete gefällig sei und gewißlich erhöret werde. Welchs gar ein großer
Vorteil ist fur allen andern Gebeten, so wir selbs erdenken
möchten.‟ (BSLK 667,17 – 22) In inhaltlicher Hinsicht erweist sich
für Luther das vom Herrn selbst vorgeschriebene Vaterunser insonderheit deshalb als das Gebet der Gebete, weil es uns die Not
sehen und bedenken lehrt, „so uns dringen und zwingen soll,
ohn Unterlaß zu beten. Denn wer da bitten will, der muß etwas
bringen, furtragen und nennen, des er begehret, wo nicht, so
kann es kein Gebete heißen‟ (BSLK 667,37 – 42). Es liegt für Luther im Begriff und Wesen des Gebets, seiner primären Gestalt
nach Bittgebet zu sein.[80] Indes will auch und gerade das Bitten
gelernt sein, weil zu bitten dem Anspruch menschlicher Selbst-

---

[80]   Vgl. Meyer 376: „Das VU ist ein reines Bittgebet; die Doxologie ist ja von
       Luther nicht als Bestandteil des VU aufgefaßt ... und darum auch nicht
       mit ausgelegt. Alle Bittgebete haben es zu tun mit *Nöten*, in denen Got-
       tes Hilfe erbeten wird.‟ Zur Stellung der Vaterunser-Doxologie bei Luther
       vgl. Meyer 380.

mächtigkeit am meisten widerspricht. Zwar lehrt Not unzweifelhaft beten, doch nur wenn sie als Not auch wahrgenommen wird.
Zu solcher Wahrnehmung will uns das Vaterunser bringen, um
uns den rechten Weg zu Gott zu führen: „Denn wir haben alle
gnug, das uns manglet, es feilet aber daran, daß wir's nicht fühlen
noch sehen. Darümb auch Gott haben will, daß Du solche Not
und Anliegen klagest und anziehest, nicht daß er's nicht wisse,
sondern daß Du Dein Herz entzündest, deste stärker und mehr zu
begehren, und nur den Mantel weit ausbreitest und auftuest, viel
zu empfahen." (BSLK 668,31 – 40)

Daß Bitten unter den Bedingungen des Falls gelernt sein will, findet Luther am Beispiel seiner Gegner bestätigt, die mit ihren Gebeten nach seinem Urteil nichts anderes bezweckten, „denn ein
gut Werk zu tuen, damit sie Gott bezahleten, als die nicht von
ihm nehmen, sondern nur ihm geben wollten" (BSLK 668,9 – 11).
Das gottgefällige Gebet hingegen wird im Bewußtsein der Bedürftigkeit und in dem Gefühl der Not vor Gott verrichtet. Dieses
Gefühl trägt das Motiv, sich zu äußern, unmittelbar in sich, so daß
das Gebet gewissermaßen von selbst aus ihm hervorgeht. „Die
Not aber", sagt Luther, „so uns beide fur uns und idermann anliegen soll, wirst Du reichlich gnug im Vaterunser finden." (BSLK
668,26 – 28) Auch aus diesem Grund erweise sich das Vaterunser
als das edelste aller Gebete und das um so mehr, als Bitte und
Fürbitte in seinem Kontext einen Zusammenhang darstellten (vgl.
BSLK 668,50 ff.). Aus diesem Grunde sei es beständig zu üben und
die Jugend zu mahnen, dasselbe zu tun. Hinzuzufügen ist, daß
Not dazu anhält, sich kurz zu fassen. Dem entspricht das Vaterunser. Es zeigt „ein rechten Unterscheid (auf) ... zwischen dem
Plappern und etwas Bitten", indem es alles „Geheule", „Gemurre"
und „lang Gewäsche" abtut und in sieben Artikeln oder Bitten
kurz und bündig alle Not zusammenfaßt, „so uns ohn Unterlaß
belanget, und ein igliche so groß, daß sie uns treiben sollt', unser
Leben lang daran zu bitten" (BSLK 670,9 – 21).

Um auch im Nachfolgenden Luthers Vorbild gemäß „aufs kürzst
und klärlichste" (BSLK 670,16) zu handeln, ist zunächst das struk-
turelle Ordnungsgefüge seiner Vaterunserauslegung zu erheben.

Vom ‚Amen' Gottes und des Beters bekräftigter[81] Skopus des Vaterunsers ist nach Luther die siebente und letzte Bitte („sondern
erlöse uns von dem Übel, Amen"), die er unter Berufung auf den
Urtext auf den Kampf wider den Teufel bezieht, so daß sich sagen läßt, „daß die ganze Summa alles Gebets gehe wider diesen
unsern Häuptfeind. Denn er ist der, so solchs alles, was wir bitten, unter uns hindert: Gottes Namen oder Ehre, Gottes Reich und
Willen, das täglich Brot, fröhlich gut Gewissen etc." (BSLK 689,8 –
13) Zu den unglücklichen Widerfahrnissen des Bösen im Reich
des Teufels, von denen erlöst zu werden wir bitten, gehören nach
Luther auch „Armut, Schande, Tod und kürzlich aller unseliger
Jammer und Herzleid, so auf Erden unzählig viel ist" (BSLK
689,19 – 21). Die siebente Bitte umfaßt daher neben dem geistlichen auch die Belange des zeitlichen irdischen Daseins; ist der
Teufel doch nicht nur ein Lügner, der das durch Gottes Wort erschlossene Verhältnis des Menschen sündig verkehrt, sondern
auch ein „Totschläger" (BSLK 689,23; vgl. Joh 8,44) und Feind allen
Lebens auf der Welt (vgl. Meyer 425 – 429, hier bes.: 425 f.).

Die Bitte an Gott, Leib und Seele aus der Macht des Teufels zu
erlösen, umfaßt, wie gesagt, alle vorhergehenden Artikel des Vaterunsers und setzt sie zugleich als ihre Bestimmungsmomente
voraus. Deshalb ist die siebente Bitte zurecht „zum letzten gestellet. Denn sollen wir von allem Übel behütet und los werden, muß
zuvor sein Name in uns geheiligt, sein Reich bei uns sein und
sein Wille geschehen. Darnach will er uns endlich für Sunden
und Schanden behüten, darneben von allem, was uns wehe tuet
und schädlich ist." (BSLK 690,3 – 10) Damit sind die Bitten 1 bis 6
nicht nur der siebten Bitte als ihrem Skopus zugeordnet, sondern
unter sich in zwei Teile gegliedert: während die drei ersten Bitten
sich auf die Not beziehen, „so Gotte selbs betrifft" (BSLK 678,7 f.),
wird mit und ab der vierten Bitte auf alles Bezug genommen,
„was zu diesem ganzen Leben in der Welt gehöret" (BSLK 679,34 –
36). Indes darf diese Unterscheidung nicht als Trennung mißverstanden werden, sowenig sich Gottesbezug und Weltverhältnis
des Menschen auseinanderdividieren lassen. Das zeigen etwa bereits Stellung und Inhalt der fünften Bitte, welche die in der vor-

---

[81]   Vgl. Meyer 380 – 383, hier: 380 f.: „Die in ‚Amen' liegende *Bekräftigung* hat
       Luther in einem doppelten Sinne ausgelegt, nämlich als Bekräftigung
       entweder im Munde Gottes oder des Gläubigen."

hergehenden Bitte angesagte Weltbeziehung sogleich auf die Gottesbeziehung zurückverweist.

Was die drei Stücke des Vaterunsers anbelangt, welche die Not artikulieren, die „Gotte selbs" betrifft[82], so ist mit Luther sogleich zu betonen, daß die geäußerten Bitten nicht um Gottes, sondern allein um unsertwillen geäußert werden (vgl. Meyer 390): „denn es gilt allein uns, was wir bitten, nämlich also..., daß auch in uns geschehe, das sonst außer uns geschehen muß." (BSLK 678,9–11) In diesem Sinne heißt es: „Gottes Name ist zwar an ihm selbs heilig" (BSLK 512,28 f.), „Gottes Reich kömmpt wohl ohn unser Gebet von ihme selbs" (BSLK 513,7 f.), „Gottes guter, gnädiger Wille geschicht wohl ohn unser Gebet" (BSLK 513,20 f.), aber wir bitten in diesem Gebet, daß Gottes Wille „bei uns auch heilig werde" (BSLK 512,30), Gottes Reich „auch zu uns komme" (BSLK 513,9) und Gottes Wille „auch bei uns geschehe" (BSLK 513,22). Das Verhältnis der drei Bitten zueinander wird von Luther sodann so bestimmt, daß er den Gehalt der ersten beiden Bitten als Inbegriff dessen deutet, „was Gottes Ehre und unser Seligkeit belanget, daß wir Gott sampt allen seinen Gütern zu eigen kriegen" (BSLK 676,2–4). Die dritte Bitte hingegen habe es mit dem notvollen Problem zu tun, „daß wir solchs feste halten und uns nicht lassen davon reißen" (BSLK 676,5–7). Handelt es sich das eine Mal um das Problem von Aufbau und Neukonstitution, so das andere Mal um Erhaltung und Schutz.

Aufbau und Neukonstitution des Menschen vollziehen sich vornehmlich durch Heiligung des Namens Gottes und durch das Kommen seines Reichs, welche in den beiden ersten Stücken des Vaterunsers erbeten werden. Dabei gilt, daß Gottes Name unter uns geheiligt wird, „wenn beide unser Lehre und Leben gottlich und christlich ist" (BSLK 671,13 f.) oder – wie es in KK heißt – „wo das Wort Gottes lauter und rein gelehrt wird und wir auch heilig als die Kinder Gottes darnach leben" (BSLK 512,32–34). Beides

---

[82] Zu Luthers Deutung der drei Dein-Bitten in ihrer Eigenart und ihrem Wandel vgl. Peters III, 42–55. Während er den frühen Vaterunser-Auslegungen Luthers eine *„anthropologische Engführung"* attestiert (46 ff.), sei der Reformator später zu einer *„heilsgeschichtliche(n) Sicht"* gelangt (49 ff.), in welcher die frühen „existentialen Analysen" „in den weltübergreifenden eschatologischen Kampfhorizont des Gebetes" (49) eingefügt seien.

nicht bzw. auf die verkehrte Weise der Sünde zu tun, heißt hingegen Gottes Namen durch Wort und Werk zu „verunheilig(en)"
(BSLK 671,20) und ihm die Ehre und den gebührenden Lobpreis
zu entziehen. Die erste Bitte kommt daher von der Sache her mit
dem zweiten Gebot überein, indem „wir eben das in diesem
Stück bitten, so Gott im andern Gepot fodert" (BSLK 672,6–8).[83]
Die zweite Bitte, die sich auf das Kommen des Reiches ausrichtet,
zieht die Frage nach sich, was Gottes Reich sei und wie sein
Kommen geschehe. Die erste Frage beantwortet Luther mit einer
knappen Rekapitulation des zweiten Hauptstücks. Die Bitte um
das Kommen des Reichs richtet sich sonach auf die ebenso individuelle wie universale Realisierung und Bekräftigung dessen,
was in Jesus Christus in der Vollmacht des Hl. Geistes manifest ist
(vgl. BSLK 673,27–674,6). Zwei Weisen sind es nach Luther, durch
welche sich die Ankunft des Reiches Gottes vollzieht: „einmal hie
zeitlich durch das Wort und den Glauben, zum andern ewig
durch die Offenbarung." (BSLK 674,8–10; vgl. BSLK 513,10–14).
Bemerkenswert an dieser Bestimmung ist zum einen, daß der
Offenbarungsbegriff im gegebenen Zusammenhang für die Wiederkunft Christi steht, so daß sein eschatologischer Charakter
auch für seine sonstigen christologisch-pneumatologischen Verwendungsweisen anzunehmen ist. Zu bedenken ist andererseits,
daß mit der eschatologischen Fassung des Offenbarungsbegriffs
auch die beiden gekennzeichneten Realisationsweisen der Ankunft des Reiches Gottes und damit Zeit und Ewigkeit dergestalt
in ein unumkehrbar gerichtetes Spannungsverhältnis gesetzt wer

---

[83] Das wird von Meyer (vgl. 391–396, hier: 394) und Peters (III, 62 ff.; vgl.
auch III, 66 ff.) betont herausgestellt. Von Wichtigkeit ist ferner der Hinweis, daß der Name Gottes als Inbegriff seiner manifesten Selbstkundgabe zu gelten hat. Zur Frage, ob und inwiefern „beim Namen Gottes insbesondere an seinen Vaternamen zu denken" ist, vgl. ebd. Sachlich steht
fest, daß es der Glaube ist, der an dem im Sohne in der Kraft des Hl.
Geistes als Vater offenbaren Gott hängt, welcher Gottes Namen wahrhaft
die gebührende Ehre erweist und welcher deshalb in der ersten Vaterunserbitte vornehmlich erbeten wird. Vergleichbares trifft für Luthers Auslegung der zweiten Vaterunserbitte zu: „Im Mittelpunkt des Verständnisses steht der Glaube; das Reich kommt zu uns, wenn der Geist uns glauben lehrt, und wenn wir glauben, folgt daraus das Leben in diesem
Reiche." (Meyer 399) Zu Wortlaut und Sinn der ersten beiden Bitten sowie zu den Charakteristika der Deutung Luthers vgl. Peters III, 56 ff. und
70 ff.

den, daß die mediale Funktion von Evangeliumspredigt und Glaube in der vollendeten Manifestation des in Jesus Christus offenbaren dreieinigen Gottes sich erfüllt, um – das Zeitliche segnend – in Gott selbst verewigt zu werden. Dabei ist es, wie die Auslegung der zweiten Bitte im Kleinen Katechismus bestätigt, namentlich der Geist, der jenes Vollendungswerk betreibt.[84] Der Geist ist es auch, der dem Gebet selbst seine unverzichtbare Funktion im pneumatologischen Prozeß der Vollendung des Reiches Gottes zuweist, indem er in der Erhörungsgewißheit des Beters bereits jetzt das Eschaton zum Vorschein bringt und damit die Verheißung bestätigt, daß das Reich Gottes nachgerade dort anbricht, wo für sein Kommen gebetet wird. Gerade das Gebet um das Kommen des Reiches Gottes soll sich der Beter deshalb besonders angelegen sein lassen. Sei doch klar ersichtlich, „daß wir hie nicht ümb eine Parteken oder zeitlich vergänglich Gut bitten, sondern ümb einen ewigen, überschwenglichen Schatz und alles, was Gott selbs vermag, das viel zu groß ist, daß ein menschlich Herz solch türrste in Sinn nehmen zu begehren, wo er's nicht selbs geboten hätte zu bitten" (BSLK 674,32 – 39).

Als Ausdruck „höhiste(r) Not" (BSLK 676,11) sind die beiden ersten Bitten direkt und unmittelbar auf das Notwendigste ausgerichtet, was es für Menschheit und Welt gibt, nämlich auf Gott selbst bzw. die Realmanifestation seiner Gottheit in der Heiligung seines Namens und der Ankunft seines Reichs. Die dritte Bitte als die „Bitte um das Sich-Durchsetzen des göttlichen Heilsratschlusses" (Peters III, 88; vgl. 88 – 110) setzt insofern die beiden ersten voraus, als sie primär nicht auf die Konstitution, sondern auf die Erhaltung der dort erbetenen Gabe gerichtet ist. Indes ist solche Bitte um Erhaltung der Gabe nicht minder nötig als die Bitte um die Gabe selbst. „Denn es wird sich gar wünderlich anlassen, wenn wir dabei bleiben sollen, daß wir viel Anstöße und Büffe darüber

---

[84] „In beiden Katechismen greift Luthers Deutung dieser Bitte höchst bewußt zurück auf den zweiten und vor allem auf den dritten Artikel. Die Entfaltung des Skopus der Bitte nimmt betont die zentralen Stichworte der Credo-Auslegung auf, auch der Duktus der Gedankenführung ist parallel gestaltet. Dort wie hier schildert der Reformator die Gnadenherrschaft Gottes des Vaters durch Jesus Christus den Sohn im Heiligen Geist, welche hier auf Erden anhebt und sich in der Ewigkeit vollendet." (Peters III, 78. Zum differenzierten Zusammenhang von Reich Gottes und Kirche in Luthers Katechismusauslegung vgl. Peters III, 78 ff.)

müssen leiden von dem allen, so sich unterstehet, die zwei vorigen Stücke zu hindern und wehren." (BSLK 676,16–21) Damit ist gesagt, daß das dauerhafte Gegebensein der im Glauben empfangenen Gabe nicht der Eigenmächtigkeit und dem Selbstvermögen des Menschen zu Gebote steht, sondern ständig erbeten werden will. Unterstrichen wird dies durch den Hinweis, daß der Teufel selbst es ist, der sich gegen die Durchsetzung des göttlichen Willens sperrt, wobei er die Welt und unser eigenes Fleisch zu Hilfe nimmt. „Denn unser Fleisch ist an ihm selbs faul und zum Bösen geneigt, ob wir gleich Gottes Wort angenommen haben und gläuben. Die Welt aber ist arg und böse." (BSLK 676,46–50) Während sonach Welt und Fleisch gemäß ihrer eigenen Verfaßtheit den Absichten des Teufels entgegenkommen, sperren sie sich von sich aus gegen Gottes Willen, dessen Verwirklichung sie mit Unlust begegnen. Tun doch die vom Willen Gottes im Zeichen des Kreuzes („Denn wo Gottes Wort gepredigt, angenommen oder gegläubt wird und Frucht schaffet, da soll das liebe heilige Kreuz auch nicht außen bleiben." [BSLK 677,19–22]) zugefügten äußeren und inneren Verluste „unserm Fleisch und alten Adam wehe" (BSLK 677,26 f.). Um so wichtiger ist es, beständig zu bitten, daß Gottes Wille, der es in Wahrheit „gut mit uns meint" (Meyer 406), für uns geschehe. „Wie geschicht das? Antwort. Wenn Gott allen bösen Rat und Willen bricht und hindert, so uns den Namen Gottes nicht heiligen und sein Reich nicht kommen lassen wollen, als da ist der Teufel, der Welt und unsers Fleischs Wille, sondern stärket und behält uns feste in seinem Wort und Glauben bis an unser Ende; das ist sein gnädiger, guter Wille." (BSLK 513,24–32) Beziehen sich die ersten drei Bitten des Vaterunsers nach Luthers Auslegung im wesentlichen auf Begründung und Erhaltung des Gottesverhältnisses, wie es im Glauben den inneren Menschen bestimmt[85], so hat es die vierte Bitte als die Bitte um die Gabe des

---

[85] Zum „einheitliche(n) Verständnis der Dein-Bitten von Gottes Retterwillen sowie von den widerstreitenden Chaosgestalten her" vgl. Peters III, 98 ff. Peters unterstreicht erneut die soteriologische Bedeutung des Motives des Kampfes gegenüber den gottfeindlichen Chaosmächten Teufel, Sünde und Welt, welche überwunden zu haben den Heilssieg Christi und die Erlösung des Menschen im wesentlichen ausmacht. Darüber darf nicht vergessen werden, daß neben und zusammen mit dem Kampfmotiv der Gedanke stellvertretenden Strafleidens, zu welchem Luther die traditionelle Vorstellung einer satisfactio vicaria vertieft, und damit der

täglichen Brots primär mit dem leibhaft geprägten Weltbezug des äußeren Menschen und sonach mit jener Sphäre zu tun, in der er selbst tätig zu handeln vermag.[86] Das ist sachlich gemeint, wenn Luther sagt: „Hie bedenken wir nu den armen Brotkorb, unsers Leibs und zeitlichen Lebens Notdurft, und ist ein kurz, einfältig Wort, greifet aber auch sehr weit ümb sich." (BSLK 679,12–15) Letzteres ist deshalb der Fall, weil nach Luther unter dem erbetenen täglichen Brot nicht nur Nahrungs-, sondern auch solche Lebensmittel zu verstehen sind, ohne welche eine leibhafte Existenz in der Welt nicht möglich ist. In diesem Sinne ist es der vierten Bitte um Gottes Schöpfergaben zu tun, so daß das erbetene tägliche Brot „gleichbedeutend (wird) mit den kreatürlichen Gaben, die der Schöpfergott seinen Kreaturen zuwendet" (Meyer 409 f.).

Nun gehört freilich, wie Luther ausdrücklich sagt, „nicht allein zum Leben, daß unser Leib sein Futter und Decke und andere Notdurft habe, sondern auch, daß wir unter den Leuten, mit welchen wir leben und ümbgehen in täglichem Handel und Wandel und allerlei Wesen, mit Ruge und Friede hinkommen, Summa, alles, was beide häuslich und nachbarlich oder bürgerlich Wesen und Regiment belanget." (BSLK 679,37–46) Insofern beinhaltet die vierte Bitte des Vaterunsers auch das Gebet für die Obrigkeit. Wenn Luther in diesem Zusammenhang den Vorschlag macht, fürstliche Insignien mit dem ‚lieben Brot' (BSLK 680,19 ff.: „Darümb möchte man billich in eines iglichen frommen Fürsten Schild ein Brot sehen fur ein Lawen oder Rautenkranz oder auf die Münze fur das Gepräge schlagen ...") auszuzeichnen, dann ist

---

Versöhnungsgedanke ins Zentrum reformatorischer Soteriologie gehört (so auch Meyer 301).

[86] Zum umstrittenen biblischen Sinn der Brotbitte, zu ihrer Geschichte in der kirchlichen Tradition sowie zum Wandel ihres Verständnisses bei Luther vgl. Peters III, 111 ff. Wichtig ist vor allem der Hinweis, daß Luther das tägliche Brot statt auf panis spiritualis mehr und mehr auf das leibliche Brot (panis corporalis) hin deutet, worunter er den Bedarf unserer gesamten weltlichen Existenz versteht mit der Folge, daß er der Oeconomia die Politia, dem häuslichen und nachbarlichen Wesen das weltliche Schwertregiment, das Schutz- und Friedensamt der Obrigkeit zuordnen kann (vgl. Peters III, 128 ff.). Über die Nähe der vierten Bitte, deren Auslegung Luther vornehmlich an den Lebenskreisen des Ackerbürgers orientiert, zum – vom zweiten und dritten allerdings nicht zu isolierenden (vgl. Peters III, 131) – ersten Artikel vgl. Peters III, 124 ff.

das nicht zuletzt deshalb bemerkenswert, weil im Zeichen des Brotes Würde und Grenze obrigkeitlichen Amtes in schöner Weise zur Darstellung kommen und zum Ausdruck gebracht wird, daß die theologische Bestimmung der politischen Führungsaufgabe nach reformatorischem Verständnis gerade darin besteht, sich konsequent auf die äußere Sphäre der Freiheit, auf die „Notdurft und Nahrung dies Leibs und Lebens" zu beschränken (BSLK 510,39 f.). Was dieser Sphäre sonst noch zugehört, von Essen und Trinken über Kleidung und Behausung, Familie und Arbeitsleben bis hin zu den Makrosystemen des politischen und sozialen Lebens, ist im einzelnen BSLK 680,39–681,23 oder BSLK 514,1–10, aber analog auch den Auslegungen des ersten Artikels des zweiten Hauptstücks zu entnehmen.

Bleibt noch einmal zu betonen, was bereits anderweitig bemerkt wurde, daß nämlich auch die auf das leibhaftige Weltverhältnis bezogene Bitte um tägliches Brot den Kampf wider den Teufel gilt, dem es nicht genügt, durch Verführung der Seele das geistliche Regiment zu hindern, sondern der auch den Leib, das weltliche Regiment, ja die ganze Welt zugrunde richten will. „Summa, es ist ihm leid, daß jemand ein Bissen Brots von Gott habe und mit Frieden esse ..." (BSLK 681,49–51) Dabei gelten wie überhaupt so auch hier die Nachstellungen des Teufels insonderheit denen, „so Gottes Wort haben und gerne wollten Christen sein" (BSLK 682,2 f.). Um so größer werden sie die Notwendigkeit empfinden, neben der Bitte um das tägliche Brot auch die Bitten um Schuldnachlaß sowie Befreiung aus Schuldverstrickung und Versuchungsgefahr vor Gott zu bringen.[87] Diese Bitten zeigen zugleich

---

[87] Die Bitte um Sündenvergebung, die nicht nur äußerlich zum Vaterunser hinzugehört, sondern für dessen inneren Sinn unerläßlich ist, da „wir als Sünder kein Recht auf Erhörung haben" (Meyer 418), ist die Grundvoraussetzung dafür, daß das Christenleben von der „rechten via media zwischen der desperatio zur Linken und der superbia zur Rechten" (Meyer 421) nicht abkommt, wozu es durch allerlei Anfechtungen beständig versucht ist. Zu Beginn seiner Interpretation der Auslegung des Glaubensbekenntnisses in KK hat Meyer darauf aufmerksam gemacht, daß das Apostolikum Luther weniger wegen seiner vermeintlichen Abfassung durch die Apostel als vielmehr deshalb als Zusammenfassung des Evangeliums galt, weil es die Sündenvergebung zum Skopus hat: „Der große Jubelhymnus des Credo auf den dreieinigen Gott und seine großen Werke, nämlich auf den Vatergott und seine Kreaturen, auf Christus und sein Menschwerden, Sterben und Triumphieren und auf den Geist und die

an, daß sich Christen als diejenigen, die im Glauben bereits mit Gottes Reich vereint sind, nicht selbstgefällig derer, „die noch nicht darinne sind" (BSLK 674,12), überheben können und dürfen. Nicht nur, daß der Schöpfer seine Sonne für jedermann aufgehen und seine Schöpfungsgabe „auch den Gottlosen und Buben" (BSLK 682,16) zuteil werden läßt, wenngleich diese darin nicht seine väterliche Güte gegen uns spüren; auch und gerade, daß Gott uns beständig um Schuldvergebung bitten heißt und zu Vergebungsbereitschaft verpflichtet, hat nach Luther seinen wesentlichen Zweck darin, daß er uns „den Stolz breche und in der Demut halte. Denn er hat ihm fürbehalten das Vorteil, ob jemand wöllte auf seine Frommkeit bochen und andere verachten, daß er sich selbs ansehe und dies Gebete fur Augen stelle, so wird er finden, daß er ebenso fromm ist als die andern, und müssen alle fur Gott die Federn niederschlagen und froh werden, daß wir zu der Vergebung kommen, und denke es nur niemand, solang wir hie leben, dahin zu bringen, daß er solcher Vergebung nicht dürfe. Summa: Wo er nicht ohn Unterlaß vergibt, so sind wir verloren." (BSLK 683,44 – 684,9) Deshalb müssen auch diejenigen, welche die göttliche Zusage des Evangeliums, „darin eitel Vergebunge ist" (BSLK 683,19 f.), im Glauben empfangen haben, Gottes Willen tun und leiden und sich von Gottes Gabe und Segen nähren, beständig um Vergebung bitten, da sie trotz des Beginnens des Geistes wegen der Schwachheit ihres Fleisches „noch täglich strauchlen" (BSLK 683,6). Die Vergebungsbitte Gott gegenüber trägt die Verpflichtung in sich, dem Nächsten Vergebung nicht schuldig zu bleiben, wie das im Zusatz der fünften Bitte ausdrücklich gesagt ist. Es gilt: „Vergibst Du nu nicht, so denke auch nicht, daß dir Gott vergebe. Vergibst Du aber, so hast Du den

---

von ihm geschaffene Kirche, klingt also aus in das Finale von der Sündenvergebung, die ihrerseits ihren Abschluß hat in der Auferstehung und dem ewigen Leben (danach Luthers Wort: Wo Vergebung der Sünden ist, da ist auch Leben und Seligkeit)." (Meyer, 261) Aus diesem Zusammenhang erhellt zugleich die hervorragende Bedeutung der fünften Bitte im Vaterunser. Mit Recht wurde gesagt: Die Vergebungsbitte legt „die Grundordnung unserer Existenz aus dem Christusgeschehen noch einmal bloß und enthüllt damit den geistlichen Kern der Rechtfertigungsbotschaft" (Peters III, 147). Es verdient bemerkt zu werden, daß „Luthers Interpretation der Vergebungsbitte in ihrer Kernstruktur von Anfang an festliegt und deshalb auch geringeren Akzentverschiebungen unterworfen ist als bei allen anderen Bitten ..." (Peters III, 145).

Trost und Sicherheit, daß Dir im Himmel vergeben wird, nicht
ümb Deines Vergebens willen, denn er tuet es frei ümbsonst aus
lauter Gnade, weil er's verheißen hat, wie das Evangelion lehret,
sondern daß er uns solchs zu Stärk und Sicherheit als zum Wahrzeichen setze neben der Verheißunge, die mit diesem Gebete
stimmet" (BSLK 684,41 – 685,7 mit Verweis auf Lk 6,37 und Mt
6,14).[88] Luther steht nicht an, jenes Wahrzeichen, welches der Zusatz zur fünften Bitte darstellt, mit Absolution, Taufe und Altarsakrament zu vergleichen.

Weil es sich aber mit dem Leben so verhält, „daß einer heut stehet und morgen darvon fället" (BSLK 685,49 f.), müssen wir auch
nach Versicherung des erbetenen Schulderlasses noch eine weitere, die sechste Bitte des Vaterunsers vor Gott bringen, nämlich
„daß er uns nicht lasse zurückfallen und der Anfechtung oder
Versuchunge weichen" (BSLK 686,2 – 4). Dreifacher Art ist die
Versuchung: „des Fleischs, der Welt und des Teufels" (BSLK
686,6 f.).[89] Im Fleisch, in dem wir wohnen, schleppen wir den alten Adam mit uns herum, der uns zu allerlei bösen Lüsten reizt,
die uns von Natur anhaften und überdies durch das schlechte
Beispiel der bösen Welt erregt werden, deren Gesetz zufolge

---

88   „Die innere Begründung dafür, daß Gott uns diese Bedingung stellt, liegt
      darin, daß es undenkbar ist, daß ein Unversöhnlicher sich solcher Ver-
      gebung Gottes getrösten könne ... Natürlich weist Luther den Gedanken,
      als sei unser Vergeben ein Mittel, um Gottes Vergeben zu verdienen,
      weit ab ..." (Meyer, 419) Über die Zuordnung der beiden Teile der Ver-
      gebungsbitte durch Luther vgl. im einzelnen Peters III, 146. Mit Recht
      wird betont: „Unser zwischenmenschliches Verzeihen soll und darf ver-
      standen werden als ein subjektives Wahrzeichen für Gottes vorgängiges
      und ungeschuldetes Vergeben, hierin ordnet es sich dienend der souve-
      ränen Gnadenzusage zu." (Peters III, 155) Daß Luther „unser mit-
      menschliches Ethos in die Dimension des Sakramentes" (Peters III, 156)
      gerückt habe, kann man hingegen nach meinem Urteil trotz entspre-
      chender Anklänge bei Luther, auf welche der folgende Satz im Text be-
      zogen ist, nur unter dem Vorbehalt weiterer Präzisierung sagen.

89   Zur Stufung der Anfechtungen nach der Trias der Verderbensmächte vgl.
      Peters III, 175 ff. Mit Recht verweist er im übrigen auf die Zentrierung der
      satanischen Anfechtungen in der Glaubensdimension (III, 172 ff.). Nur der
      im Gebet geübte Glaube vermag angesichts dessen davor bewahrt zu
      werden, sich zwischen desperatio und praesumptio, Verzweiflung und
      Vermessenheit aufzureiben. Zur Notwendigkeit bleibenden Kampfes ge-
      gen die Sünde im Gebet und im tätigen Leben vgl. Peters III, 178 ff.

niemand der geringste sein, sondern jedermann obenan sitzen will. All dies macht sich der Teufel zunutzte, „aber sonderlich treibt er, was das Gewissen und geistliche Sachen betrifft, nämlich daß man beide Gottes Wort und Werk in Wind schlage und verachte, daß er uns vom Glauben, Hoffnung und Liebe reiße und bringe zu Mißglauben, falscher Vermessenheit und Verstockung oder wiederümb zur Verzweifelung, Gottes Verleugnen und Lästerung und andern unzählichen greulichen Stücken" (BSLK 686,28–37). Dabei betont Luther abermals, daß unter der teuflischen Anfechtung in geistlichen Dingen vor allem „die starken Christen" (BSLK 687,44) zu leiden hätten. Da sie unter irdischen Bedingungen niemals ein Ende hat, sondern den Menschen immer wieder und plötzlich überfällt, kann sie durchgestanden und überwunden werden nur, wenn Gott Kraft und Stärke zum Widerstand gibt, worum beständig zu bitten ist. Ohne Gebet nämlich, „wo Du mit Deinen Gedanken und eigenem Rat unterstehest, Dir zu helfen, wirst Du's nur ärger machen und dem Teufel mehr Raum geben. Denn er hat ein Schlangenkopf, welcher, wo er ein Lücken gewinnet, darein er schliefen kann, so gehet der ganze Leib hinnach unaufgehalten, aber das Gebete kann ihm wehren und zurücktreiben." (BSLK 688,29–37)

Es bleibt dabei: Nach Luthers Auslegung des dritten Hauptstücks ist es das Gebet und vor allem das Vaterunser, welches allein den Erhalt und das fortschreitende Wachstum des Glaubens und des gläubigen Christenlebens gewährleistet. Die Bitte um Erlösung von dem Bösen, die – „wie schon Origenes erkannte" (Peters III, 159 unter Verweis auf Origenes, De oratione II, 30, 1) – mit der vorhergehenden eine Einheit bildet und wie diese auf eschatologische Errettung ausgerichtet ist, bestätigt dies noch einmal, indem sie, wie erwähnt, die zuvor geäußerten Gebetsanliegen bündig zusammenfaßt und gegen alles sich wendet, „was uns daran hindert, daß Gottes Name unter uns geheiligt werde, sein Reich zu uns komme, sein Wille unter uns geschehe und wir unser täglich Brot in Frieden und mit gutem Gewissen essen können" (Peters III, 185 f. mit Verweis auf BSLK 689,11–13). Amen: So ist es.

III.

Evangelischer Glaube:

Das Augsburger Bekenntnis, die Apologie der Confessio Augustana, die Schmalkaldischen Artikel und der Traktat von der Gewalt und Obrigkeit des Papstes

§ 6

DER AUGSBURGER REICHSTAG 1530

Lit.:

K. E. Förstemann, Urkundenbuch zu der Geschichte des Reichstages zu Augsburg im Jahre 1530. Bd. *I* u. *II,* Halle 1833/35; reprografischer Nachdruck Hildesheim 1966. – *W. Gußmann,* Die Ratschläge der evangelischen Reichsstände zum Reichstag von Augsburg 1530. *I.* Untersuchungen; *II.* Texte, Leipzig und Berlin 1911 (Quellen und Forschungen zur Geschichte des Augsburgischen Glaubensbekenntnisses: Erster Band). – *E. Honée,* Der Libell des Hieronymus Vehus zum Augsburger Reichstag 1530. Untersuchung und Texte zur katholischen Concordia-Politik, Münster 1988. – *H. Immenkötter,* Die Confutatio der Confessio Augustana vom 3. August 1530, Münster (1979) ²1981 (= Conf.). – *F. W. Schirrmacher,* Briefe und Acten zu der Geschichte des Religionsgespräches zu Marburg 1529 und des Reichstages zu Augsburg 1530, nach der Handschrift des Joh. Aurifaber nebst den Berichten der Gesandten Frankfurts a. M. und den Regesten zur Geschichte dieses Reichstages, Gotha 1876; unveränderter Nachdruck Amsterdam 1968.

1. Der Universalmonarch

Am dreißigsten Jahrestag seiner Geburt, der zugleich Gedenktag der Schlacht bei Pavia war, wurde Karl (1500–1558), der älteste Sohn Philipps des Schönen, des Herzogs von Burgund, und Juanas (Johanna die Wahnsinnige), einer Tochter des spanischen Königspaares Ferdinand von Aragon und Isabella von Kastilien, am 24. Februar 1530 in Bologna von Papst Clemens VII. zum Kaiser des Heiligen Römischen Reiches deutscher Nation gekrönt, nachdem er zwei Tage zuvor – am „Feste Petri Cathedra"[1] – bereits die eiserne lombardische Krone empfangen hatte. Karls Krönung zum römisch-deutschen Kaiser sollte die letzte sein, die ein Papst vollzog.[2]

Nach erfolgten kirchlichen Feierlichkeiten ließ es sich Karl dem Vernehmen nach trotz beflissener Abwehrgeste von Clemens nicht nehmen, diesem „den Steigbügel zu halten und den Zelter des Papstes einige Schritte zu führen; dann bestieg er", wie es heißt, „mit jugendlicher Schnelligkeit sein Roß"[3]. Wie immer man diese illustre Szene zu beurteilen hat, in einer Hinsicht ist sie unzweideutig und in charakteristischer Weise signifikant: Obwohl Karl bereits mehrfach unter Beweis gestellt hatte, daß er alles andere als papsthörig war, so war er doch auch ehrlich und vorbehaltlos gesonnen, seinen Eid zu halten, den er vor seiner Krönung unter Berufung auf das Zeugnis der Evangelien bei Gott und dem Hl. Petrus geschworen hatte, nämlich allezeit und mit allen Kräften ein Beschützer und Behüter der päpstlichen Hoheit und der römischen Kirche zu sein[4], deren Freiheit er nicht nur nicht anzugreifen, sondern beständig zu erhalten und zu fördern sich verpflichtete. Die Verpflichtungskraft dieses Eidschwures erwuchs unmittelbar aus Karls Kaiseridee, deren Implikat sie war.

Nach K. Brandi ist die ideologische Basis von Karls Regentschaft bestimmt durch die Vorstellung der „Einheit eines rechtgläubigen kaiserlichen Weltreiches in den Händen der burgundischen Dynastie"[5]. In seiner Studie zur Kaiseridee Karls V. hat P. Rassow diese

---

[1]   L. Freiherr von Pastor, Geschichte der Päpste seit dem Ausgang des Mittelalters. Vierter Band: Geschichte der Päpste im Zeitalter der Renaissance und der Glaubensspaltung von der Wahl Leos X. bis zum Tode Klemens' VII. (1513–1534). Zweite Abteilung: Adrian VI. und Klemens VII., Freiburg i. Br. ⁸1925, 385.

[2]   Vgl. F. X. Seppelt, Das Papsttum im Spätmittelalter und in der Renaissance von Bonifaz VIII. bis zu Klemens VII., neu bearbeitet von G. Schwaiger, München ²1957, 444.

[3]   L. Fr. v. Pastor, a. a. O., 386.

[4]   Vgl. W. Goez, Imperator advocatus Romanae ecclesiae, in: H. Mordek, Aus Kirche und Reich. Studien zu Theologie, Politik und Recht im Mittelalter. FS F. Kempt, Sigmaringen 1983, 315–328.

[5]   K. Brandi, Karl V., in: PrJ 214 (1928), 23–31, hier: 31; vgl. ders., Die deutsche Reformation, Leipzig 1927 sowie: Kaiser Karl V., Bd. 1: Werden und

These aufgegriffen und dahingehend modifiziert, daß das dynasti-
sche Streben des Monarchen selbst ein bloßes Moment seiner in-
tegralen Weltreichsidee darstellte. „In der Tatsache, daß alle jene
Reiche und Länder durch den Erbgang in seiner Hand zusam-
mengekommen waren, sah Karl im religiösen Sinne die Bestätigung dafür, daß er berufen sei, auf einer Ebene, die *oberhalb* der
einzelnen Staaten lag, seinen Standpunkt zu nehmen und seine
Wirksamkeit auszuüben."[6] Diese Wirksamkeit Karls wurde durch
eine seiner Kaiseridee entsprechende große Doppelaufgabe geprägt: Die Wahrung bzw. Wiederherstellung der „Einheit des
Glaubens im Inneren der Christenheit, die Beschirmung der Christenheit gegen die von außen anstürmenden Ungläubigen, im
Ganzen die Sicherung und Ausbreitung des christlichen Glaubens"[7].

Mit den kaiserlichen Zentralaufgaben der Befriedung der Christenheit im Inneren und der Abwehr der Ungläubigen im Äußeren
sind zugleich die beiden Themenbereiche benannt, die den
Augsburger Reichstag von 1530 programmatisch bestimmen sollten. Nachdem ein überzeugender Sieg gegen Frankreich erreicht,
die Ordnung in Italien einigermaßen hergestellt und ein Arrange-
ment mit dem Papst getroffen war, konnte sich Karl nach fast
zehnjähriger Abwesenheit den deutschen Verhältnissen widmen.
Neben der kurfürstlichen Wahl von Erzherzog Ferdinand, dem
Bruder des Kaisers, zum römischen König stand auf der Tages-
ordnung vor allem der Beitrag der Reichsstände zum bevorstehenden Krieg gegen die Türken, die vom 21. September bis zum
16. Oktober 1529 mit großer Heeresmacht Wien belagert hatten,
sowie die Glaubensfrage, von der die beiden erstgenannten
Punkte je auf ihre Weise mitbetroffen waren. Zwar wird man
nicht ohne weiteres sagen können, die Glaubensfrage habe den
Reichstag „gänzlich beherrscht"[8]; gerade in der neueren Forschung wird immer wieder vor einer einseitig religions- und kir-

---

Schicksal einer Persönlichkeit und eines Weltreiches, München [7]1964.
Bd. 2: Quellen und Erörterungen, München 1941.

6   P. Rassow, Die Kaiser-Idee Karls V. dargestellt an der Politik der Jahre
      1528–1540, Berlin 1932, 5 f.

7   Ders., Die politische Welt Karls V., München 1942, 38.

8   A. a. O., 41.

chengeschichtlich ausgerichteten Betrachtungsweise gewarnt und auf die wichtige reichs- und reichsverfassungsgeschichtliche Bedeutung des Augsburger Reichstags von 1530 hingewiesen, wie sie abgesehen von der angestrebten Wahl Ferdinands zum rex Romanorum vivente imperatore etwa in den Fragen des Reichsregiments, der Reichskreise, des Reichskammergerichts, der Halsgerichts- sowie der Reichspolizeiordnung zutage tritt.[9] Indes ändern diese zutreffenden und gewichtigen Hinweise nichts an der zentralen Bedeutung der Glaubensfrage und das um so weniger, als die Religionsthematik für Karl nicht einen differenzierten Separatbereich innerhalb seines Reichsverständnisses, sondern dessen Integral darstellte.[10] Dies hinwiederum hat seinen Grund darin, daß Karls Reichsidee „die mittelalterliche Idee des Kaisertums (war), die dem Papsttum zugeordnete Führungsaufgabe in der Christenheit".[11]

Von daher – nämlich aus dem für Karl gottgegebenen Zusammenhang von Religion und Politik bzw. aus der Tatsache, daß ihm sein Kaisertum eine religiöse Funktion war – lassen sich auch die in Bologna unternommenen Bemühungen verstehen, mögliche Gegensätze mit dem Papst bezüglich der Frage, wie im Glaubensstreit zu verfahren sei, von vorneherein auszugleichen. „Man darf nicht sagen, daß der Kaiser mit politischer Macht den Papst hinter sich hergezogen habe. Er hat vielmehr ernstlich versucht, dem Papst die Identität der ihnen beiden gestellten Aufgabe klar zu machen."[12] In diesem Sinne hat der Kaiser seine Rolle im Glaubensstreit eigentlich nie als eine neutrale definiert. Darüber darf auch die in Bologna verfaßte Ausschreibung an alle Reichs-

---

9   Vgl. H. Neuhaus, Der Augsburger Reichstag des Jahres 1530. Ein Forschungsbericht, in: Zeitschrift für Historische Forschung 9 (1982), 167–211, bes. 192 ff.

10   Insgesamt gilt: „Die Scheidung von allgemeiner Geschichte und Kirchengeschichte kann für das gesamte europäische Mittelalter einschließlich des 16. Jahrhunderts nur pragmatischer Art sein." (G. Müller, Die Bedeutung der Nuntiaturberichte für die Kirchengeschichte, in: ders., Causa Reformationis. Beiträge zur Reformationsgeschichte und zur Theologie Martin Luthers. Hg. v. G. Maron und G. Seebaß, Gütersloh 1989, 67–78, hier: 78)

11   P. Rassow, Die politische Welt, 39.

12   Ders., Kaiseridee, 30.

stände vom 21. Januar 1530 nicht hinwegtäuschen, mit der Karl den Reichstag für den 8. April nach Augsburg einberief und in der er neben der gemeinsamen Front gegen die Türkenbedrohung die Überwindung des Glaubenszwiespalts zum wichtigsten Verhandlungsziel erklärte. Was den Glaubensstreit betreffe[13], so sei es aufgegeben, „die zwitrachten hinzulegen ..., ains yeglichen gutbeduncken: opinion und maynung zwischen uns selbs in liebe und gutligkeit zuhoren, zuverstehen und zuerwegen" und „alles, so zu baide tailen nit recht ist ausgelegt oder gehandelt, abzuthun" (Förstemann I, 8). Die zur Reichstagseröffnung am 20. Juni 1530 verlesene Proposition bekräftigte unter Hinzufügung verfahrenstechnischer Angaben diesen versöhnlichen Ton, wenn es hieß, ein jeder möge „sein gutbedunken, Opinion unnd Meinung der berurten Irrung unnd zwispalt, auch misbreuch halben ... zu Teutsch unnd latein Inn schrifft stellen unnd uberanntworten, damit diese Irrung unnd Zwispalt dester besser vernuhmen und erwegen, auch zu einem einmutigen Cristlichen wesen dester schleuniger also wider pracht unnd verglichen mugern werden" (Förstemann I, 295–309, hier: 309).

So erfreulich diese unerwartet milden Formulierungen auf seiten derer empfunden werden mochten, die seit der sogenannten Protestation auf dem Speyerschen Reichstag im April 1529 von ihren Gegnern Protestanten genannt wurden, so vorsichtig muß doch die politische Tragweite der kaiserlichen Milde eingeschätzt werden. Nach W. Reinhard handelt es sich bei Karls Bereitschaft, eine friedliche und verständigungsorientierte Einigung mit den reformatorischen Ständen anzustreben, um eine zwar „ernstgemeinte Alternative zu anderen Lösungsmöglichkeiten, aber eine Alternative von begrenzter Reichweite, keine Grundsatzentscheidung für den Weg des Ausgleichs"[14]. Bereits frühzeitig habe

---

[13]   Vgl. insgesamt: H. Baumgarten, Karl V. und die deutsche Reformation, Halle 1889.

[14]   W. Reinhard, Die kirchenpolitischen Vorstellungen Kaiser Karls V., ihre Grundlagen und ihr Wandel, in: E. Iserloh (Hg.), Confessio Augustana und Confutatio. Der Augsburger Reichstag 1530 und die Einheit der Kirche, Münster ²1980, 62–100, hier: 98. Vgl. ders., Der Augsburger Reichstag im politischen Zusammenhang, in: H. Jesse (Hg.), Das Augsburger Bekenntnis in drei Jahrhunderten 1530–1630–1730, Stuttgart 1980, 32–50, hier 33f.: „Karl ist und bleibt von einer etwas primitiv anmutenden handfesten altgläubigen Kirchlichkeit; seine bekannte Schwerblütigkeit mach-

der Kaiser begonnen, für den Fall einer nicht zu erreichenden
gütlichen Einigung die Möglichkeit eines Religionskrieges zu erwägen. Daß dieser vorerst nicht zustande kam, lag nach Reinhard
im wesentlichen an den gegebenen politischen Rahmenbedingungen und nicht zuletzt an dem für Karl inakzeptablen finan-
ziellen Aufwand einer gewaltsamen Lösung der Glaubensfrage im
Reich. Es waren also im wesentlichen Sachzwänge, die ein zeit-
weiliges Entgegenkommen des Kaisers den Protestanten gegenüber nahelegten. An der kontinuierlichen Linie harter und im
Grundsatz kompromißloser kaiserlicher Religionspolitik, wie sie
sich auch auf dem Reichstag durch „Druck auf lutherische Stände,
Anspruch auf eine Richter-, nicht nur Schiedsrichterrolle in der
Bekenntnisfrage, demonstrativ bis aggressiv altgläubiges Verhalten
und eine strenge Tonlage gegenüber den neugläubigen Städten"[15]
bald schon zu erkennen gab, änderte solches Entgegenkommen
prinzipiell gesehen nichts. Auch Karls versöhnliche Politik steht in
einem festen ideologischen Bezugsrahmen, den sie nicht sprengt,
sondern bestätigt, und dieser feste Bezugsrahmen ist, um es zu
wiederholen, begründet durch die Idee eines katholischen Universalkaisertums, das mit dem Anspruch religiöser Einheit des
Abendlandes unzertrennlich verbunden war. Diese Idee be-

te ihn zudem in Grundsatzfragen unbeweglich. Nun haben aber Ketzer
ihren festen Platz in diesem traditionellen Weltbild, ein Sachverhalt, der
dadurch noch bedrohlicher wird, daß Karl sich als Kaiser und weltliches
Haupt der Christenheit für deren Wohl auch in geistlicher Hinsicht verantwortlich fühlt. Aber strenge Kirchlichkeit und hoher Anspruch der
Kaiseridee weisen doch zwei zeittypische Eigentümlichkeiten auf, die
ihm einen gewissen Operationsspielraum lassen, ohne daß er mit seinen
Grundsätzen in Widerspruch geraten müßte. Zum einen bedeutet kirchliche Gesinnung nicht Klerikalismus; Karl hat ungeachtet seiner Rechtgläubigkeit doch ein kritisch-distanziertes Verhältnis zum Klerus im allgemeinen und den Päpsten im besonderen, das durch die ständigen
Konflikte mit Rom nicht gemildert wird. Zum anderen steht damals im
vortridentinischen Zeitalter ja noch nicht mit völliger Sicherheit fest, was
als rechtgläubig zu gelten habe. Falls es nun den Protestanten gelänge,
ihre korrekte Altkirchlichkeit nachzuweisen? Genau dies versucht ja die
CA und genau dies ist die einzige Bedingung, unter der der Kaiser den
Protestanten entgegenkommen könnte." (Zu dem von E. Iserloh hg.
Sammelband vgl. H.J. Urban, Confessio Augustana und Confutation, in:
Th Rev 77 [1981], 441–458.)

[15]   W. Reinhard, Die kirchenpolitischen Vorstellungen Kaiser Karls V., 64.

stimmte Karls herrscherliches Selbstbewußtsein[16] ebenso wie die
Grundlinien seiner Religionspolitik.

Was die Durchführung dieser Religionspolitik auf dem Augsburger Reichstag von 1530 angeht, so ist mit Leopold von Ranke zu
urteilen, daß es zunächst die Absicht des Kaisers war, „in aller
Güte einen Versuch zu machen, ob man nicht die Protestanten
zur Einheit der lateinischen Christenheit, die nun wieder inneren
Frieden hatte und als ein großes System erschien, zurückführen
könne; für den Fall aber, daß das nicht gelinge, stellte man sich
selbst die Anwendung von Gewalt in Aussicht und behielt sich
das Recht dazu sorgfältig vor."[17] In dieses Konzept passen grundsätzlich alle Einzelmaßnahmen des Kaisers, u. a. auch sein Verhalten dem sächsischen Kurfüsten gegenüber, welches sich auf
strategisch durchaus stimmige Weise zwischen huldvoller Kompromißbereitschaft (für die etwa die Einladung, noch vor offiziellem Reichstagsbeginn zu Separatverhandlungen nach Innsbruck
zu kommen, ein Beleg ist) und gänzlich ungnädigen Ausgren-
zungsversuchen (wie in der Lehensfrage) hin und her bewegte.
Entsprechendes gilt für Karls Strategie gegenüber dem protestantischen Lager insgesamt, welche sich des Mittels entgegenkom-
mender Werbung ebenso bediente wie unverhüllter Drohungen,
wobei hinzuzufügen ist, daß für den Kaiser ohnehin nur die Unterzeichner der Confessio Augustana machtpolitisch ins Gewicht

---

16   Vgl. H. Rabe, Befunde und Überlegungen zur Religionspolitik Karls V.
     am Vorabend des Augsburger Reichstages 1530, in: E. Iserloh (Hg.),
     a. a. O., 101–112.

17   L. v. Ranke, Deutsche Geschichte im Zeitalter der Reformation (1839 ff.),
     3. Bd., München 1925, 181. Nach E. W. Mayer, Forschungen zur Politik
     Karls V. während des Augsburger Reichstags von 1530. I. Krieg oder Kon-
     zil? Vorbereitende Unterhandlungen, in: ARG 13 (1916), 40–73, hier: 60 f.,
     duldet es „keinen Zweifel, daß der Kaiser, seitdem die Hoffnung auf die
     Nachgiebigkeit der Protestanten sich als eine Illusion erwiesen hatte, die
     Sache am liebsten mit dem Schwert ausgetragen hätte. Aber seine Politik
     empfing ihr Gesetz von fremden Gewalten, vor allem doch von dem
     ständischen Geist des Deutschen Reiches. Es erhellt aus den Verhand-
     lungen mit Deutlichkeit, daß die katholischen Fürsten die Treibenden bei
     der Konzilsforderung des Kaisers waren, und daß der Kriegsplan vor al-
     lem an ihrem Widerstand scheiterte. Diese Stellungnahme war für sie ein
     Gebot der Selbsterhaltung. Wäre die Macht der protestantischen Stände
     gemindert worden, so hätten auch die katholischen unter den Rückwir-
     kungen zu leiden gehabt."

fielen, während er auf die zwinglische und oberdeutsche Minorität ungleich weniger Rücksicht zu nehmen gewillt war.

2. Campeggio, die Kurie und das Konzil

In den Lebenserinnerungen, die er zwei Jahrzehnte nach dem Augsburger Reichstag für seinen Sohn Philipp verfaßte, schrieb Karl V., er habe es seit seinem ersten Treffen mit Papst Clemens im Jahre 1529 niemals unterlassen, ich zitiere auf deutsch: „sooft er mit diesem und Papst Paul[18] zusammenkam, desgleichen auf allen Reichstagen, die er in Deutschland hielt, wie zu jeder anderen Zeit und Gelegenheit, persönlich oder durch seine Minister, auf die Einberufung eines allgemeinen Konzils zu dringen, um Deutschland zu helfen und die Irrtümer, die sich in der Christenheit immer weiter verbreiteten, zu beseitigen"[19]. H. Jedin hat diese autobiographische Notiz zum Anlaß genommen, nicht nur auf den vom Monarchen spätestens seit 1529 beharrlich verfolgten Plan eines Universalkonzils aufmerksam zu machen, sondern auch auf die enge Verbindung, die zwischen dem kaiserlichen Konzilsplan und dem herrscherlichen Selbstverständnis Karls als eines Beschützers und Beschirmers der Christenheit statthatte: „Wie der Kaiser sich als weltliches Haupt der Respublica Christiana und als Schutzherr, als Advokat und Protektor der Kirche fühlte, so sah er im Konzil die Repräsentation eben dieser Christenheit, die, weil zugleich Kirche, unter der geistlichen Leitung des Papstes stand, aber als Versammlung der Christenheit der Mitwirkung des weltlichen Hauptes bedurfte."[20] So wenig diese Konzilsidee, für die nicht nur die Annahme päpstlicher Leitung und Einberufung, sondern auch die prinzipielle Verwahrung gegen eine Laien- und

---

[18]   Vgl. W. Friedensburg, Kaiser Karl V. und Papst Paul III. (1534–1549), Leipzig 1932.

[19]   Zit. n. H. Jedin, Die Päpste und das Konzil in der Politik Karls V., in: ders., Kirche des Glaubens. Kirche der Geschichte. Ausgewählte Aufsätze und Vorträge. Bd. II: Konzil und Kirchenreform, Freiburg i. Br./Basel/Wien 1966, 148–159, hier: 148. Vgl. insgesamt A. M. Fatio, Historiographie de Charles Quint, Paris 1913, 256 ff.

[20]   H. Jedin, a. a. O., 151.

Nationalversammlung grundlegend war (das von den Ständen auf
den 11. November 1524 nach Speyer einberufene deutsche Nationalkonzil wurde von Karl noch vor dem Einspruch des Papstes
verboten), in einem grundsätzlichen Gegensatz zu Papsttum und
römischer Lehre stand, so sehr führte sie doch faktisch zu erheblichen Differenzen gegenüber der päpstlichen Auffassung – und
zwar zu Differenzen, die desto erheblicher wurden, je mehr der
Kaiser die Aufgabe einer reformatio in capite et membris in den
Mittelpunkt eines künftigen Konzils gestellt wissen wollte. Kurzum: „Die Konzilsfrage bildete das zentrale Problem in den Beziehungen Karls zum Papstum."[21]

Bedenkt man, „daß das Renaissance-Papsttum aus der Antithese
gegen die Reformkonzilien hervorgegangen war", so wird verständlich, warum „die Idee des Konzils am römischen Hofe einfach als das böse Prinzip"[22] schlechthin gelten mußte. Entsprechend standen schon die Bologneser Konzilsverhandlungen zwischen Kaiser und Papst, die während dieser Zeit über Wochen
Haus an Haus wohnten, von Anbeginn trotz zeitweiligen päpstlichen Entgegenkommens unter keinem guten Stern. „Der ganze
antipäpstliche Ursprung der Konzilsbewegung machte sie Clemens VII. verdächtig; nicht minder schienen es ihre Ziele."[23] Im
wesentlichen blieb diese Abwehrhaltung während des gesamten
Pontifikates von Clemens konstant.[24] Während der Kaiser in der

---

[21]   A. Kohler, Kaiser Karl V., in: M. Greschat (Hg.), Gestalten der Kirchenge-
       schichte Bd. 6: Die Reformationszeit II, Stuttgart/Berlin/Köln/Mainz 1981,
       147–170, hier: 148.

[22]   P. Rassow, Kaiser-Idee, 34.

[23]   A. Korte, Die Konzilspolitik Karls V. in den Jahren 1538–1543, Halle 1905,
       5.

[24]   Vgl. im einzelnen: G. Müller, Zur Vorgeschichte des Tridentinums.
       Karl V. und das Konzil während des Pontifikates Clemens' VII., in: ders.,
       Causa Reformationis, 315–353. Mit Giulio de Medici, der als Clemens VII.
       von 1523 bis 1534 auf der Cathedra Petri saß, hatte ein eher unentschlos-
       sener und opportunistischer Mann das Papstamt inne, dessen ausge-
       prägte Abscheu vor einem Konzil u. a. in der Furcht begründet lag, von
       diesem wegen seiner außerehelichen Herkunft und seiner unter Simo-
       nieverdacht stehenden Wahl abgesetzt zu werden. Das historische
       Gesamturteil über sein Pontifikat fällt zumeist sehr negativ aus: „Weder die
       Kirchenreform brachte Clemens voran, noch gelang es ihm, den Einfluß
       ausländischer Mächte auf Italien zurückzudrängen. ... die europäischen

allgemeinen Kirchenversammlung angesichts des Glaubensstreites wenn auch nicht die einzige, so doch eine wichtige Hilfe für die Christenheit erkannte, erschien sie dem Papst als ein Übel, das es nach Möglichkeit zu verhindern galt. Entsprechend lautete der – ob nun mit oder ohne schriftliche Instruktion gegebene – päpstliche Auftrag für den Kardinallegaten auf dem Augsburger Reichstag; Lorenzo Campeggios (1474 – 1539)[25] Aufgabe war unzweideutig die, alles daran zu setzen, ein Konzil auf absehbare Zeit unmöglich zu machen.

Monarchen hat er weder zur Abwehr der Türken noch zur Unterdrükkung der Reformation zu einigen vermocht." (G. Müller, Art. Clemens VII., in: TRE 8, 98 – 101, hier: 100) Doch schien es im Vorfeld des Augsburger Reichstages zunächst so, als werde die päpstliche Politik eine entschlossene und dauerhafte Umorientierung erfahren und eine Einheitsfront zwischen Clemens und Kaiser Karl zustande kommen. Die neue Verbindung zwischen beiden dokumentierte am offenkundigsten die Bologneser Krönung; sie wird aber auch daraus ersichtlich, daß der Papst dem Kaiser „den besten Kenner der deutschen Verhältnisse unter den Kurienkardinälen" (G. Müller, Die römische Kurie und die Reformation 1523 – 1534. Kirche und Politik während des Pontifikates Clemens' VII., Gütersloh 1969, 87) als Legaten schickte: Kardinal Lorenzo Campeggio.

[25] Campeggio, Professor utriusque iuris, der als Vater dreier Söhne und zweier (unehelicher) Töchter nach dem Tode seiner Frau 1511 Kleriker und bereits sechs Jahre später Kardinal geworden war, zeichnete sich bei seinen zahlreichen Missionen in päpstlichem Auftrag als ein erfolgreicher Vertreter kurialer Interessen aus wie er sich überdies – wie im Falle Karls V. – in der Regel auch der Wertschätzung der Monarchen, zu denen er gesandt war. Wie stets, so vertrat er auch auf dem Augsburger Reichstag 1530 „nüchtern und konsequent die ihm von den Päpsten auferlegte Politik. Seine Beweglichkeit war dabei größer, als man früher gemeint hat. So hat er zwar zu einer Verschärfung der kaiserlichen Antwort auf das Augsburger Bekenntnis beigetragen, zugleich aber Sonderverhandlungen mit Melanchthon geführt und die Ausgleichsverhandlungen während des Augsburger Reichstages 1530 nicht grundsätzlich abgelehnt. Er hat es lediglich vermieden, die kirchliche Billigung einer Übereinkunft auszusprechen, die der Kaiser suchte." (G. Müller, Art. Campeggio, Lorenzo, in: TRE 7, 604 – 606, hier: 605) Im einzelnen gehen die Urteile über Campeggios Tätigkeit in Augsburg 1530 gleichwohl weit auseinander. Fest steht, daß er abgesehen von seiner verordneten Haltung in der Konzilsfrage es nicht vermocht hat, „den Papst zu einer rechtzeitigen Gewährung von Konzessionen an die Lutheraner zu veranlassen" (a. a. O., 604).

Daß er diese Aufgabe nach Kräften zu erfüllen gedachte, beweist
neben seiner berüchtigten Denkschrift vom Mai 1530[26] u. a. der
Brief, den Campeggio am 20. desselben Monats noch von Innsbruck aus an J. Salviati, einen „der engsten Vertrauten des Papstes, der großen Einfluß auf die kuriale Politik hatte"[27], schrieb
und in dem er den Ruf nach einem allgemeinen Konzil, auf welchem die Kirche reformiert und die Glaubensdifferenz friedlich
beigelegt werden sollte, als reine Arglist abstempelte: würden die
Gegner doch lediglich – um das Breve im Anschluß an Ehses in
Regestenform zu zitieren – darauf rechnen, „dass bis zum Beginn
eines allgemeinen Konzils viele Zeit vergehen werde und der Kaiser nicht so lange in Deutschland bleiben könne. Das Erste und
Notwendigste sei und bleibe, mit der Irrlehre ein Ende zu machen; alles andere lasse sich dann mit Leichtigkeit ins Werk setzen."[28] Dieser Linie blieb der Kardinallegat bei aller im einzelnen
gegebenen Flexibilität während des gesamten Reichstages treu.
Zwar war er vom irenischen Geist der Humanisten um Erasmus[29]
nicht gänzlich unberührt und stand Vermittlungsbemühungen jedenfalls unter der Voraussetzung nicht unaufgeschlossen gegenüber, daß etwaige Konzessionen ohne eigentliche dogmatische
Zugeständnisse möglich oder in der Weise zeitweiliger Dissimula-
tion zu leisten seien; aber das änderte nichts an der Tatsache, daß
Campeggio den Wunsch von Clemens vorbehaltlos teilte, eine allgemeine Kirchenversammlung zu verhindern und die reformatorische Bewegung zu beseitigen, wobei er eine gewaltsame Lösung
zu keiner Zeit generell ausschloß. Ohne auf die Berichterstattung

---

[26]   Vgl. W. Maurenbrecher, Karl V. und die deutschen Protestanten, Düssel-
dorf 1865, Anhang, 3 ff.

[27]   Nuntiaturberichte aus Deutschland 1533–1559 nebst ergänzenden Aktenstücken. I. Ergänzungsband 1530–1531: Legation Lorenzo Campeggios
1530–1531 und Nuntiatur Girolamo Aleandros 1531. Im Auftrage des Deutschen Historischen Instituts in Rom bearbeitet von G. Müller, Tübingen
1963, LXXXIX.

[28]   St. Ehses, Kardinal Lorenzo Campeggio auf dem Reichstage von Augsburg 1530, in: RQ 17 (1903), 383–406; 18 (1904), 358–384; 19 (1905), 129–152;
20 (1906), 54–80; 21 (1907), 114–139; hier: 17 (1903), 389; vgl. Nuntiaturberichte aus Deutschland 1533–1559. I. Erg. Bd., 36–40.

[29]   Vgl. C. Augustijn, Die Stellung der Humanisten zur Glaubensspaltung
1518–1530, in: E. Iserloh (Hg.), a. a. O., 36–48.

des Legaten an die Kurie näher einzugehen[30], kann doch zusammenfassend gesagt werden, daß Campeggio bei aller Pragmatik seiner Reichstagspolitik nie das entscheidende Ziel seiner Mission aus dem Auge verlor: „Wiederherstellung der römischen Obödienz in ganz Deutschland. Die Mittel, die dazu erreichbar schienen, prüfte der Jurist recht unvoreingenommen. Lediglich das allgemeine Konzil schied wegen der ihm bekannten Einstellung des Papstes aus. Die Möglichkeit, die reformatorischen Gruppen mit Hilfe einiger, recht unbedeutender Konzessionen wieder mit der übrigen abendländischen Kirche zu versöhnen, stand einige Tage als die große Unbekannte zur Diskussion. In dem entscheidenden Zeitraum war die Kurie aber nicht bereit, diesen Preis zu zahlen. An offizielle Konzessionen ihrerseits hat sie auch später, Ende August und Anfang September nicht gedacht, nur an ein stillschweigendes Gewährenlassen des Kaisers, dem man vorher die Grenzen in bezug auf Veränderungen im kirchlichen Raum gesetzt hatte."[31]

Anzumerken ist, daß die Briefe Campeggios eine wertvolle Ergänzung erfahren durch die Depeschen, die der venezianische Gesandte am Kaiserhof und Augenzeuge des Augsburger Reichstages, Nicolò Tiepolo, in seine Heimat schrieb. J. v. Walter hat gezeigt, daß „Tiepolos Hauptquelle bei seinen Nachrichten über die kirchliche Lage ... der Legat und sein Stab gewesen (ist)"[32]; als selbständiger Zeuge ist der Venezianer, der als Vertreter einer fremden Macht an den Reichstagsverhandlungen über die religiöse Frage nicht direkt beteiligt war, daher zwar nur unter Vorbehalt zu gebrauchen; wegen seiner nahen Beziehung zu Campeggio und der Gefolgschaft des Legaten sind seine Nachrichten gleichwohl von hohem Interesse. Auf ihre Weise sind sie zugleich ein Beleg dafür, daß das Reichstagsgeschehen nicht nur als nationaler

---

[30]   Vgl. allgemein G. Müller, Die Bedeutung der Nuntiaturberichte für die Kirchengeschichte, in: ders., Causa Reformationis, 67–78.

[31]   G. Müller, Kardinal Lorenzo Campeggio, die römische Kurie und der Augsburger Reichstag 1530, in: ders., Causa Reformationis, 194–213, hier: 211 f.

[32]   J. v. Walter (Hg.), Die Depeschen des venezianischen Gesandten Nicolò Tiepolo über die Religionsfrage auf dem Augsburger Reichstage 1530, Berlin 1928 (Abhandlungen der Gesellschaft der Wissenschaften zu Göttingen. Phil.-Hist. Klasse NF Bd. 23,1), 32.

Vorgang, sondern als ein Geschehen von europäischer oder doch mitteleuropäischer Dimension zu betrachten ist, wobei für die Kurie gilt, daß sie nicht im Ernst daran dachte, „ihre Interessen in Italien dem theologischen Streit in Deutschland unterzuordnen"[33].

Eine weitere Schranke produktiver kurialer Politik in Augsburg lag darin begründet, daß das Problem der religiösen Entscheidungskompetenzen des Reichstags und seiner Gremien nicht hinreichend und auf stabile Weise geklärt war. Immerhin schloß der Text der kaiserlichen Ausschreibung die Möglichkeit nicht generell aus, den einberufenen Reichstag nun eben doch als eine Art von Nationalversammlung in Sachen Religion zu betrachten: „nicht das offizielle Lehramt der Kirche, keine ordnungsgemäß delegierte Theologenkommission, ja nicht einmal ein einziger Gelehrter, sondern die Reichsstände wurden um verbindliche Meinungsäußerung in der Glaubensfrage gebeten. Und in der Tat waren es dann ausschließlich Laien, die die verschiedenen Bekenntnisse unterzeichneten: sieben Fürsten und je zwei Bürgermeister und Stadträte die Confessio Augustana bzw. je vier Bürgermeister und Räte als Vertreter ihrer Städte die Confessio Tetrapolitana."[34] Dieser Sachverhalt, der insonderheit mit dem wachsenden Einfluß weltlicher Herrschaft auf die Leitung des Kirchenwesens zusammenhängt, verdient bemerkt zu werden, auch wenn die erwähnten Dokumente 1530 keine reichsrechtliche Anerkennung erlangten. Bemerkenswert ist aber auch, daß Bedenken gegen eine kaiserliche Schiedsrichterrolle in Religionsangelegenheiten bzw. gegen eine religiöse Entscheidungskompetenz des Reichstages keineswegs nur und nicht einmal primär von altgläubiger Seite vorgebracht wurden, sondern auch und vor allem von

---

33 G. Müller, Die Reformation als Epoche europäischer Geschichte, in: ders., Causa Reformationis, 9–24, hier: 19. Vgl. ders., Die römische Kurie und die Reformation 1523–1534. Kirche und Politik während des Pontifikates Clemens' VII., 93: „Den transalpinen Vorgängen im rauhen und barbarischen Norden widmete Rom nur wenig Aufmerksamkeit. Das Weltgeschehen war entscheidend. Und ‚Welt' war für Clemens VII. zuerst einmal Italien."

34 H. Immenkötter, Der politische und reichsrechtliche Hintergrund des Reichstages von 1530, in: P. Meinhold (Hg.), Kirche und Bekenntnis. Historische und theologische Aspekte zur Frage der gegenseitigen Anerkennung der lutherischen und der katholischen Kirche auf der Grundlage der Confessio Augustana, Wiesbaden 1980, 9–25, hier: 17.

protestantischer Seite, wie nicht nur das Beispiel Luthers oder dasjenige Philipps von Hessen beweist. Mag es auch überspitzt sein, mit H. Oberman zu formulieren: „Nicht der Papst, sondern Luther stemmt sich gegen die Neuauflage der kaiserlichen Kirchenherrschaft, gegen die Vermischung von Reichstag und Konzil, gegen die Verwechslung von Christus und Kaiser"[35], so ist die Devise: „Reichstag bleibt Reichstag und wird nicht zum Konzil"[36], keineswegs römisch-katholisches Sondergut, sondern durchaus im Sinne der Wittenberger Reformation.[37]

3. 15. Juni 1530: der Einzug des Kaisers

Als er im Oktober 1529 nach erfolglosem Versuch, das Zerwürfnis zwischen Heinrich VIII. und dem Papst zu beheben, England verlassen hatte, begab sich Campeggio über Paris nach Bologna, der nach Rom zweitgrößten Stadt des Kirchenstaates, wo Kaiser und Papst bereits seit geraumer Zeit ihre Gespräche aufgenommen hatten. Spätestens im Januar 1530 traf Campeggio in Bologna ein. Bei der Krönung Karls fungierte er als einer der Assistenten des Papstes. Am 16. März wurde er zum päpstlichen Legaten beim Kaiser ernannt. Sechs Tage danach verließ er Bologna, um Karl zu dem angesagten Reichstag nach Deutschland zu begleiten.

Die Reise führte indes keineswegs sogleich nach Augsburg. „Am 8. April, dem Tage, an dem der Reichstag eröffnet werden sollte,

---

[35]   H. A. Oberman, Die Reformation. Von Wittenberg nach Genf, Göttingen 1986, 211; bei O. gesperrt.

[36]   A. a. O., 212; bei O. gesperrt.

[37]   Es ist infolgedessen unangebracht, lediglich aus der formalen Tatsache, daß die CA „nicht der obersten glaubensrichterlichen und für die Wahrung der kirchlichen Einheit zuständigen Instanz, also Papst oder Konzil, sondern Kaiser und Reichsständen vorgelegt" wurde, bereits auf einen „fundamentalen Bruch ... mit der kirchlichen Überlieferung" zu schließen. (W. Brandmüller, Der Weg zur Confessio Augustana, in: W. Reinhard [Hg.], Bekenntnis und Geschichte. Die Confessio Augustana im historischen Zusammenhang, München 1981, 31–62, hier: 39. Vgl. auch H. Gülzow, Eschatologie und Politik. Zum religiösen Pluralismus im 16. Jahrhundert, in: B. Lohse/O. H. Pesch, Das Augsburger Bekenntnis von 1530 damals und heute, München/Mainz 1980, 32–63, bes. 42 ff.)

befand sich Karl V. noch in Mantua. Der Reichstagsbeginn wurde auf den 1. Mai verlegt, aber drei Tage später erst traf der Kaiser in Innsbruck ein, auch hier wieder zu längerem Aufenthalt."[38] Grund des Verweilens war eine auf Initiative des Bischofs von Trient, Bernhard von Cles, zustande gekommene „Reichstags-Vorbereitungskonferenz"[39], zu der sich zahlreiche geistliche und weltliche Fürsten in Innsbruck eingefunden hatten, um mit dem Kaiser zu beratschlagen und ihre Interessen zu Gehör zu bringen. Auch Kursachsen war auf seine Weise vertreten, allerdings nicht durch den Kurfüsten selbst, sondern durch dessen Rat Hans von Dolzig, von dessen wenig erfolgreichen Aktivitäten noch zu reden sein wird.

Am 6. Juni brach der Kaiser von Innsbruck auf und gelangte über Schwaaz, Kufstein, Rosenheim, München („terra molto alegra et ben edificata et abbundevole de tutte quelle cose, de quali ha bisogno la vita"[40]) und Fürstenfeldbruck – durch großangelegte Jagden und anderweitige Festivitäten mehrmals aufgehalten – am 15. Juni endlich nach Augsburg. Gestärkt durch ein Mittagessen,

---

[38]   J. v. Walter, Der Reichstag zu Augsburg 1530, in: LJ XII (1930), 1–90, hier: 12 f., unter Verweis auf: Schirrmacher, 34. – Zur Dokumentation des Reichstagsgeschehens vgl. neben Schirrmacher, Förstemann I/II und Honnée (Vehus) ferner u. a.: G. Brück, Geschichte der Handlungen in der Sache des heiligen Glaubens auf dem Reichstage zu Augsburg im J. 1530, hg. v. K. E. Förstemann, Halle 1831; V. v. Tetleben, Protokoll des Augsburger Reichstages 1530, hg. v. H. Grundmann, Göttingen 1958. In deutscher Übersetzung liegen viele der relevanten Dokumente gesammelt bei J. G. Walch (Hg.), Dr. Martin Luthers Schriften; XVI. Bd: 1525–1537, (Halle 1747) Neudruck St. Louis/Groß-Oesingen 1987, Sp. 612–1767. Diese Ausgabe zeichnet, wie mit Recht gesagt wurde, nach wie vor ein „hohe(r) Gebrauchswert" aus (J. Schilling, Art. Lutherausgaben, in: TRE 21, 594–599, hier: 597). Neben von Walters guter Darstellung des äußeren Verlaufs des Reichstagsgeschehens vgl.: H. v. Schubert, Der Reichstag von Augsburg im Zusammenhang der Reformationsgeschichte, Leipzig 1930.

[39]   H. Neuhaus, a. a. O., 180.

[40]   Schreiben Campeggios an Salviati vom 14. Juni 1530, in: Nuntiaturberichte aus Deutschland 1533–1559, 1. Ergänzungsband: 1530–1531. Legation Lorenzo Campeggios 1530–1531 und Nuntiatur Girolamo Aleandros 1531, Tübingen 1963, 61. Mit berechtigtem lokalpatriotischen Stolz vermerkt bei R. Bauerreis OSB, Abtei St. Bonifaz München. Sechster Band: Das sechzehnte Jahrhundert, Augsburg 1965, 155.

das er im Dorfe Kissing, eine Meile vor Augsburg, eingenommen hatte, wurde der Kaiser gegen 16 Uhr, nach anderer Überlieferung erst zwischen 18 und 19 Uhr, an der Lechbrücke im Beisein der versammelten Kurfürsten und Fürsten vom Erzkanzler und Primas des Hl. Röm. Reichs, dem Mainzer Erzbischof Albrecht von Brandenburg (1490–1545), empfangen, der durch Beförderung exzessiven Ablaßhandels die kirchliche Krise einst mit heraufbeschworen hatte, in Augsburg indes „als Vertreter eines gemäßigten politischen Kurses"[41] betrachtet wurde. Es folgte ein festlicher Einzug, wie er prächtiger kaum vorzustellen ist. Lange schon wurde über die einzuhaltende Ordnung heftig gestritten; der schließlich zustande gekommene „Ordo in Caesarea Maiestatis ingressu servatus" kann u. a. bei Georg Coelestin[42] im einzelnen in Erfahrung gebracht werden. Abgesehen von der Tatsache, daß die Kleidung des Kaisers den Augsburgern etwas spanisch vorkam und die Repräsentanten Baierns sich beim Einritt art-, aber unstandesgemäß vordrängten[43], verlief die Angelegenheit im großen und ganzen[44]

---

[41] G. A. Benrath, Art. Albrecht von Mainz, in: TRE 2, 184–187, hier: 186; vgl. WA 30 II, 397–412.

[42] G. Coelestin, Historia Comitiorum Anno M.D. XXX. Augustae Celebratorum, IV Tom., Frankfurt 1577, hier: Tom. I, 75 ff. Der erste Band von Coelestins (1525–1579) Werk stellt die Ereignisse des Augsburger Reichstages 1530 bis zur Verlesung der CA dar, während ein weiterer die Akten vom 25. Juni bis Ende Juli, ein dritter diejenigen der Monate August und September und ein vierter schließlich Schriftstücke der Zeit von der Apologie des 22. September bis zum Schluß des Reichstages dokumentiert. Bereits 1576, also ein Jahr vor Coelestin, hatte David Chyträus (1530–1600) eine „Historia der Augspurgischen Confession" in deutscher Sprache publiziert, der 1578, ein Jahr nach Coelestin, eine lateinische Fassung („Historia Augustanae Confessionis") folgte. Bald tobte zwischen beiden Historikern ein heftiger, im Plagiatsvorwurf gipfelnder Streit um die geistige Urheberschaft ihrer Werke, der ihrer ehemals engen Freundschaft ein definitives Ende bereitete. (Vgl. hierzu sowie zur genaueren Analyse beider Texte: R. Keller, Die Confessio Augustana im theologischen Wirken des Rostocker Professors David Chyträus [1530–1600], Göttingen 1994 [FKDG 60]; ferner CR 26, 101 ff.)

[43] Vgl. J. G. Walch (Hg.), a. a. O., 733.

[44] Ein Augenzeuge, der Benediktinermönch Sender, berichtet mit gehörigem Spott, daß sechs als Himmelsträger fungierende Ratsmitglieder „zu Fuß neben dem Kaiser, der auf seinem Pferd saß, dahertrippeln mußten und daß alle, bis auf einen, aus Müdigkeit aufgaben und ihren Knechten das Himmeltragen überlassen mußten, die ihrerseits wieder ihre Schuhe

ohne Zwischenfälle. Eine gewisse Unzufriedenheit zeigte sich lediglich beim päpstlichen Legaten. War bereits der ursprüngliche
Wunsch Karls V., beim Einzug Ferdinand (1503–1564), den Statthalter des Kaisers im Reich, auf der einen und Campeggio auf der
anderen Seite direkt neben sich zu haben, auf Widerstand gesto-
ßen, so mußte diesen, den Legaten, vor allem die Tatsache brüs-
kieren, daß ihm nicht alle Fürsten die gebotene Reverenz erwiesen: Johann von Sachsen etwa, um ein Beispiel zu geben, „nahm
den Hut nicht ab und blieb, während die anderen knieten, beim
Empfang des Segens stehen"[45]. Campeggio mag es schließlich
auch gewesen sein, auf dessen Einflüsterung hin Karl noch am
Tage seines Einzugs den evangelisch gesinnten Fürsten durch seinen Bruder Ferdinand die Einhaltung eines bereits vorher ergangenen Predigtverbots einschärfen ließ, was zu einer ersten dramatischen Reichstagsszene führte und Markgraf Georg von Ans-
bach-Brandenburg – neben dem Landgrafen von Hessen ein
Sprecher der Protestanten in der besagten Angelegenheit – zu
dem Bekenntnis veranlaßte, eher wolle er vor dem Kaiser nieder-
knien und sich an Ort und Stelle den Kopf abschlagen lassen, als
seinen Gott und das Evangelium zu verleugnen. „Ey nit koppa, nit
koppa" (Nicht Kopf ab!) soll daraufhin nach Schwäbisch Haller
Überlieferung (die nach traditionsgeschichtlichen Erkenntnissen
M. Brechts „auf den Marktgrafen direkt zurückgehen dürfte"[46]) der
des Deutschen kaum mächtige Monarch geantwortet haben, nicht
ohne allerdings das ergangene Predigtverbot zu bekräftigen.[47] In

---

stückweise verloren" (M. Liebmann, Urbanus Rhegius und die Anfänge
der Reformation. Beiträge zu seinem Leben, seiner Lehre und seinem
Wirken bis zum Augsburger Reichstag von 1530 mit einer Bibliographie
seiner Schriften, Münster 1980, 205).

[45] J. v. Walter, a. a. O., 38.

[46] M. Brecht, Johannes Brenz auf dem Augsburger Reichstag 1530, in: R. Decot (Hg.), Vermittlungsversuche auf dem Augsburger Reichstag 1530. Melanchthon – Brenz – Vehus, Stuttgart 1989, 9–28, hier: 12.

[47] Vgl. im einzelnen M. Liebmann, a. a. O., 218 ff. Das kaiserliche Predigtverbot, wie es am 18. Juni für die Dauer des Reichstages in Kraft trat,
„richtete sich keineswegs nur gegen die Anhänger der Reformation, sondern ebenso auch gegen die führenden Kontroverstheologen der altkirchlichen Seite. Zweck der Maßnahme war die Verhinderung von Polemik, um die Lösung der Glaubensfrage nicht zu erschweren" (B. Lohse,
Die Einheit der Kirche nach der Confessio Augustana [1982], in: ders.,
Evangelium in der Geschichte. Studien zu Luther und der Reformation.

diesem Sinne verkündete am 18. Juni der erste Herold des Kaisers, Caspar Sturm, unter Posaunenschall und unter Androhung hoher Strafen einen Erlaß, demzufolge in der Stadt Augsburg bis auf weiteres niemand mehr predigen dürfe außer den vom Kaiser eigens dafür Verordneten, wobei bemerkt zu werden verdient, daß die kaiserlichen Prediger angewiesen waren, lediglich den Bibeltext zu verlesen.

Evangelischer Bekennermut war neben dem kaiserlichen Predigtverbot des weiteren durch den ebenfalls noch in den Stunden seines Augsburger Einzugs energisch zum Ausdruck gebrachten Wunsch Karls herausgefordert, am darauffolgenden Tag der Fronleichnamsprozession nach der Väter Sitte in Gefolgschaft aller Reichsstände beizuwohnen. Die protestantischen Stände mußten diese Verfügung als eine Zumutung empfinden, der sie sich nicht guten Gewissens beugen konnten. Die Bedenken, welche namentlich von den kursächsischen Theologen geltend gemacht wurden, bezogen sich vor allem auf zwei Mißbräuche des Altarsakraments, wie man sie im Fronleichnamsfest gegeben sah: Bedenklich fand man zum einen, daß bei der Prozession wider das Schriftzeugnis und den erklärten Befehl Gottes, ja selbst im Widerspruch zum überkommenen Kirchenrecht, das Sakrament geteilt, wie es hieß, umhergetragen werde, also allein das Brot bzw. der Leib ohne den Kelch bzw. das Blut Christi, obwohl doch Christus ausdrücklich das ganze Sakrament zum gleichzeitigen Gebrauch eingesetzt habe. In CA XXII,12 wird dieser Gesichtspunkt eigens erwähnt und zur Begründung dafür angeführt, warum evangelischerseits „die gewohndlich Prozession mit dem Sa-

---

Hg. v. L. Grane, B. Moeller und O. H. Pesch, Göttingen 1988, 315–336, hier: 333). Betroffen waren „nicht nur die auswärtigen Theologen ..., die sich in großer Zahl im Gefolge ihrer Landesherren in der Stadt aufhielten, auch die ortsansässigen Prediger, sogar diejenigen, welche vom Augsburger Rat für ihre Tätigkeit besoldet wurden, mußten schweigen" (H. Zschoch, Reformatorische Existenz und konfessionelle Identität. Urbanus Rhegius als evangelischer Theologe in den Jahren 1520 bis 1530, Tübingen 1995, 348). Der 18. Juni markiert daher auch das Ende der Wirksamkeit von Urbanus Rhegius als reformatorischer Prediger in Augsburg; er trat Ende Juni in die Dienste des Herzogs von Braunschweig-Lüneburg und verließ Augsburg am 26. August in Richtung Celle. Zu seiner Teilnahme an den Abschlußberatungen zum Text der CA und seiner Gesinnungsgenossenschaft dem hessischen Landgrafen gegenüber vgl. a. a. O., 349 f.

krament unterlassen" (BSLK 86,16 f.) wird; die Textgeschichte (vgl.
BSLK 86, Anm. 2) macht wahrscheinlich, daß dieser Passus direkt
durch die Ereignisse vom 15./16. Juni veranlaßt wurde. Der zweite
protestantische Einwand gegen die geforderte Beteiligung an der
Fronleichnamsprozession ist durch die Einsicht bedingt, daß das
Altarsakrament überhaupt nicht zum Zwecke der Prozession und
der Anbetung gestiftet sei, sondern zum Zwecke leibhaftiger
Kommunion und Mahlgemeinschaft. Damit sind die beiden entscheidenden Gründe benannt, mit denen man seitens der Protestanten am frühen Morgen des 16. Juni dem erzürnten Kaiser gegenüber den Boykott der Fronleichnamsprozession verteidigte,
wobei man sich erbot, die theologischen Ursachen im einzelnen
schriftlich darzulegen.

4. Protestantische Fürsten und ihr Gefolge

Trotz aller bestehenden Spannungen und Diskrepanzen in der
Glaubensfrage hatte der mächtigste Führer der Protestanten, der
sächsische Kurfürst, in seiner Eigenschaft als Reichsmarschall dem
Kaiser bei dessen Einzug in Augsburg das blanke Reichsschwert
vorangetragen. Auf dieses ehrenvolle Geschäft, das ihm traditi-
onsgemäß zukam, hatte sich Johann von Sachsen lange genug
vorbereiten können: wartete er doch bereits seit eineinhalb Monaten vergeblich auf die Ankunft des Kaisers in Augsburg, wo er,
Johann, am 2. Mai in Begleitung seines Sohnes, des Kurprinzen
Herzog Johann Friedrich, als erster Fürst eingetroffen war. Schon
am 23. März hatte der Kurfürst ungeachtet der Bedenken seines
Alt- bzw. Titularkanzlers Gregor Brück[48], dem wir eine
„Geschichte der Handlungen in der Sache des heiligen Glaubens
auf dem Reichstage zu Augsburg im J. 1530" verdanken[49], und des
Landgrafen Philipp von Hessen dem Kaiser sein persönliches Er-
scheinen auf dem Reichstag angekündigt, nachdem er am 14. des
Monats von Torgau aus einen Befehl der Vorbereitung an seine
Theologen hatte ergehen lassen, von dem noch die Rede sein
wird. Unter den gelehrten Räten, die schließlich Anfang April zu-

---

[48]   Vgl. E. Fabian, Art. Brück, Gregor, in: TRE 7, 212–216.

[49]   Vgl. oben Anm. 38.

sammen mit Johann und seinem Sohn, befreundeten Adeligen
sowie einer stattlichen Ritterschaft in Richtung Augsburg aufbra-
chen, befanden sich neben Melanchthon[50] und Luther, der wegen
päpstlichen Banns und kaiserlicher Acht nur einen Teil der Strek-
ke folgen konnte, u. a. Georg Spalatin und Justus Jonas.

Der in Spalt bei Nürnberg geborene, in Erfurt humanistisch ge-
schulte Georg Spalatin (1484–1545) war im Jahre 1509 auf Empfeh-
lung Mutians als Erzieher des nachmaligen Kurfürsten Johann
Friedrich an den kursächsischen Hof gekommen und im Laufe der
Zeit zum engsten Vertrauten Friedrichs des Weisen geworden,
den er in wichtigen politischen Fragen, namentlich in allen die
Wittenberger Universität und die Reform der Kirche betreffenden
Angelegenheiten beriet. Für Luther wurde er zur entscheidenden
Kontaktperson zum kursächsischen Hof, dem Spalatin auch unter
den nachfolgenden Regenten als Berater verbunden blieb. Sein
Freund, der Jurist und Theologe Justus Jonas (1493–1555)[51], als Repräsentant des Erfurter Humanistenkreises ursprünglich vor allem
durch Mutian und Erasmus geprägt, hatte sich im Laufe der 20er
Jahre immer entschiedener der Wittenberger Reformation angeschlossen und war zu einem engen Mitarbeiter Luthers geworden,
der vor allem wegen seiner Übersetzungstätigkeit und seines Ver-
handlungsgeschicks geschätzt wurde. Nachdem er am Marburger
Religionsgespräch bereits als Beobachter teilgenommen und als
erster der Reformatoren die Priesterehe verteidigt hatte, sollte er
Melanchthon schließlich auch bei der Vorbereitung des Augsburger Bekenntnisses hilfreich sein, dessen Apologie er später ins
Deutsche übersetzte.

Neben Spalatin und Justus Jonas ist unter den Gefolgsleuten des
Kurfürsten ferner Johann Agricola (1492/4–1566) aus Eisleben zu
erwähnen, der bereits 1526 und 1529 offizieller Reichstagsprediger
des kurfürstlich-sächsischen Hofes war und 1530 erneut in dieser
Funktion tätig wurde. Zum Bruch zwischen Luther und Agricola,
der eine abrogatio legis für den Glauben forderte, kam es be-

[50]   Zur Person des „Praeceptor Germaniae" vgl. etwa H. Scheible, Philipp
       Melanchthon, in: M. Greschat (Hg.), Gestalten der Kirchengeschichte
       Bd. 6: Die Reformationszeit II, Stuttgart/Berlin/Köln/Mainz 1981, 75–101
       (Lit.).

[51]   Vgl. H.-G. Leder, Art. Jonas, Justus, in: TRE 17, 234–238.

kanntlich erst im 2. Antinomistenstreit in den Jahren 1537 ff., wohingegen der Konflikt mit Melanchthon, in dem es ebenfalls bereits um die Deutung des Gesetzes bzw. der Gesetzespredigt ging,
vom Reformator noch relativ schnell beigelegt werden konnte.[52]

Was schließlich den Leiter der kursächsischen Delegation, Johann
von Sachsen selbst betrifft, so ist zu seiner dynastischen Stellung
zunächst folgendes zu bemerken: Zwischen Johanns Vater, dem
Wettiner[53] Ernst (1441–1486), und dessen, Ernsts, Bruder Albrecht
war 1485 das sächsische Territorium in zwei etwa gleich große
Hälften aufgeteilt worden, wobei Ernst als der ältere und Stamm-
vater der ernestinischen Linie den Kurkreis Wittenberg samt Kurwürde erhielt. Nach dem Tode des Vaters regierte Herzog Johann
(1468–1532) fast vierzig Jahre lang gemeinsam mit seinem älteren
Bruder Kurfürst Friedrich (1463–1525) die ernestinischen Gebiete,
was „in bemerkenswerter Eintracht"[54] geschah. 1513 wurde eine die
politische Einheit nicht berührende Verwaltungteilung vollzogen,
derzufolge Johann der Süden zufiel, den er hauptsächlich von
Weimar aus selbständig leitete. Nach dem Tode Friedrichs des
Weisen „übernahm Johann als Kurfürst die Regierungsgeschäfte
allein und verlegte seine Residenz nach Torgau, wo sich seit 1485
die kursächsische Kanzlei befand"[55].

Johann, der bei seinem Tode die Grundlagen eines geordneten
evangelischen Kirchenwesens innerhalb des kursächsischen Territoriums geschaffen hatte, war von Anbeginn und zeit seines Lebens ein entschiedener Förderer der Reformation. Im krassen Gegensatz zu seinem Antipoden, dem Albertiner Herzog Georg dem
Bärtigen[56], war Johanns Beziehung zum Reformator durchweg

---

[52]   Vgl. im einzelnen etwa: E. Koch, Johann Agricola neben Luther. Schüler-
       schaft und theologische Eigenart, in: G. Hammer/K.-H. zur Mühlen (Hg.),
       Lutheriana, Köln/Wien 1984, 131–150.

[53]   Eine Übersicht über die wichtigeren Mitglieder des Hauses Wettin zur
       Reformationszeit findet sich bei K. Blaschke, Sachsen im Zeitalter der
       Reformation, Gütersloh 1970, 129.

[54]   H. Junghans, Art. Johann von Sachsen, in: TRE 17, 103–106, hier: 103.

[55]   Ebd.

[56]   „War Herzog Georg unter den weltlichen katholischen Reichsfürsten die
       herausragende Gestalt und ein lebenslanger Gegner, so ist für Luther auf
       der Seite der geistlichen Fürsten Albrecht von Mainz und Magdeburg der
       hauptsächliche Widerpart gewesen." (E. Wolgast, Luther und die katholi-

gut, wofür es nicht nur persönliche, sondern auch sachliche
Gründe gab. Denn „daß der politische Weg Kursachsens zwischen
1525 und 1532 mit Luthers Überlegungen so oft übereinstimmte,
war nicht darauf zurückzuführen, daß das Entscheidungszentrum
in Wittenberg lag, sondern daß der Kurfürst und wichtige Räte
wie Brück die anstehenden Fragen ähnlich beurteilten"[57]. Das be-
stätigte sich auch auf dem Augsburger Reichstag, auf dessen Verlauf Luther von der fernen Veste Coburg aus nur beschränkten
Einfluß ausüben konnte. Der Kurfürst ließ sich von seinem evangelischen Bekenntnis auch dann nicht abbringen, als „ihm Karl V.
deshalb die feierliche Belehnung mit der ererbten Kurwürde und
die Bestätigung von Erbansprüchen auf das Herzogtum Jülich-
Cleve versagte. Selbst Drohungen, ihn durch Krieg von Land und
Leuten zu jagen, erreichten nichts. Diese Standhaftigkeit hob Luther hervor und sie wurde – nachweisbar seit 1580 – in seinem
Beinamen ‚der Beständige' festgehalten"[58].

Was die Genese des Bekenntnisses anbelangt, das Johann der Beständige mit seinem Sohn Johann Friedrich, der als Hanfried resp.
der Großmütige in die Geschichte einging[59], auf dem Augsburger

---

schen Fürsten, in: E. Iserloh/G. Müller [Hg.], Luther und die politische
Welt, Stuttgart 1984, 37–63, hier: 51)

[57]   G. Wartenberg, Luthers Beziehungen zu den sächsischen Fürsten, in:
H. Junghans (Hg.), Leben und Werk Martin Luthers von 1526 bis 1546,
Bd. I, Göttingen 1983, 549–571 sowie 916–929, hier: 554.

[58]   H. Junghans, Art. Johann von Sachsen, TRE 17, 105.

[59]   Johann Friedrich (1503–1554) trat unter Mitbeteiligung seines Halbbruders
Johann Ernst I. 1532 als Kurfürst die Nachfolge seines Vaters an. 1547 ver-
lor er infolge der Niederlage im Schmalkaldischen Krieg die Kurwürde
und weite Gebiete seines Territoriums an den Albertiner Moritz von
Sachsen. Er selbst geriet in kaiserliche Gefangenschaft, aus der er erst
1552 freikam. Am 3. März 1554, wenige Tage nach einer im Naumburger
Vertrag mit Kurfüst August von Sachsen erzielten Verständigung, starb
Johann Friedrich und wurde in der Weimarer Stadtkirche St. Peter und
Paul beigesetzt.– Nachdem er in Augsburg zusammen mit seinem Vater
die Confessio Augustana unterzeichnet und die evangelische Sache im
sog. Vierzehnerausschuß offensiv vertreten hatte, brachte er Ende Dezember 1530 in Köln die kursächsischen Einwände gegen den habsburgischen Plan vor, Ferdinand durch die Kurfürsten zum römischen König
wählen zu lassen. „An dem Ausbau des Schmalkaldischen Bundes zu einem Instrument protestantischer Politik im Reich wirkte er aktiv mit ...
An dem Grundsatz, ein politisches Bündnis setze Übereinstimmung in

Reichstag ablegen sollte, so ist sie identisch mit der Entwicklungsgeschichte der Confessio Augustana, die noch eigens zu erörtern sein wird. Vorerst mag daher der pauschale Hinweis auf
eine intensive kursächsische Reichstagsvorbereitung und auf die
„unanfechtbare Tatsache" genügen, „daß Johann schriftliche Darstellungen seiner Theologen mit nach Augsburg brachte" (Gußmann I, 89).

Ganz anders stand die Angelegenheit beim hessischen Landgrafen; er war nur zögernd und widerstrebend nach Augsburg gekommen und hatte seine Vorbehalte bei seinem Einritt in die
Lechmetropole am 12. Mai sinnenfällig dadurch zum Ausdruck
gebracht, daß er sich und die etwa 120 Mann seiner mit Schießei-
sen gerüsteten Gefolgschaft aschgrau kleidete, wobei an den Är-
meln der Waffenröcke als gemeinsame Kampfparole zu lesen
stand: V-D-M-I-E, will heißen: Verbum Dei manet in eternum. Da
Landgraf Philipp (1504–1567), den man gerne den „fähigste(n)
Kopf unter den evangelischen Fürsten" nennt[60], im Unterschied
zum sächsischen Kurfürsten dem kaiserlichen Ausschreiben äußerst skeptisch begegnete und jede „Vermengung von Reichstag
und Konzil als einen groben Irrtum, ja als eine offenkundige
Rechtsverletzung" (Gußmann I, 52) verwarf, waren seinen – die
Verteidigung in Religionsangelegenheiten betreffenden – Aktivitäten von vornherein enge Grenzen auferlegt und das um so
mehr, als er von den künftigen Reichstagsverhandlungen eher ein
weiteres Auseinanderdividieren der reformatorischen Kräfte als
eine Einigung mit den Altgläubigen erwartete. Es überrascht daher
nicht, „daß Landgraf Philipp von Hessen mit leeren Händen auf
dem Reichstag erschien. Weder er selbst noch seine Gesandten

---

theologischen Fragen voraus, hielt Johann Friedrich wie die Wittenberger
Theologen fest." (G. Wartenberg, Art. Johann Friedrich von Sachsen, in:
TRE 17, 97–103, hier: 99) Hervorzuheben sind neben den Bemühungen
um Luthers sog. Schmalkaldische Artikel im Zusammenhang des Bundestages vom Februar 1537 vor allem seine Verdienste um die weitere
Ausgestaltung des evangelischen Kirchenwesens, die trotz gravierender
politischer Mißerfolge Bestand hatten. „Johann Friedrich ist der *lutherische* Fürst unter den Wettinern." (A. a. O. 101)

[60] W. P. Fuchs, Das Zeitalter der Reformation, in: H. Grundmann (Hg.),
Handbuch der deutschen Geschichte, Band 2, Stuttgart ⁹1970, 2–117, hier:
93.

brachten eine Konfession, eine Apologie oder sonst etwas Ähnliches mit nach Augsburg." (Gußmann I, 54)

Hält man sich an die Ergebnisse der großangelegten Monographie von H. Grundmann, dann war Philipps Vorbereitung auf den Augsburger Reichstag von einem ganz anderen Zweck bestimmt als dem der Ausarbeitung eines Bekenntnisses. Das wichtigste Ziel, das der hessische Landgraf in seinen zusammen mit Herzog Heinrich von Braunschweig geschmiedeten Plänen und Verträgen verfolgte, war die baldige Rückführung Herzog Ulrichs nach Württemberg. Um sie hatte er sich offenbar noch bis zum Einzug des Kaisers in Augsburg „viel eifriger bemüht als um eine Verständigung mit Kursachsen und seinem Anhang in der Glaubensfrage"[61]. Nicht von ungefähr konnte am Kaiserhof und bei der Kurie in Rom der Eindruck einer Entzweiung zwischen dem hessischen Landgraf und dem Kurfürsten von Sachsen entstehen. Daß es hierzu trotz verbleibender Differenzen nicht kam, daß vielmehr der Reichstag Hessen und Kursachsen schließlich in einem gemeinsamen Bekenntnis vereint sehen sollte, dazu haben gerade die ersten schroffen Maßnahmen des Kaisers nach seiner Ankunft am 15. Juni wesentlich beigetragen. Nun erst, im Schatten von Predigtverbot und Fronleichnamskonflikt, begannen „ernsthafte hessisch-kursächsische Besprechungen über das gemeinsame Bekenntnis. Am 19. Juni meinte Melanchthon, der Landgraf werde sich noch genugsam lenken lassen; am 20. schrieb Sturm an Zwingli: Sachsen und Hessen bereiten ihr Glaubensbekenntnis vor; am 23. morgens kamen die Fürsten mit ihren Räten und Theologen und die Vertreter Reutlingens und Nürnbergs zur Schlußberatung zusammen. Der zwei Tage später verlesene Text der Confessio zeigt beim Vergleich mit seinen Vorstufen, daß es dem Landgrafen wenigstens noch gelang, die Forderung eines Konzils und die Ablehnung der Kompetenz des Reichstages in der Glaubensfrage durchzusetzen, auch die Verurteilung der übers Abendmahl anders Denkenden ein wenig zu mildern. Allerdings verhehlte er auch nach der Verlesung der Confessio nicht, daß er mit der Formulierung des Sakramentsartikels nicht zufrieden

---

[61] H. Grundmann, Landgraf Philipp von Hessen auf dem Augsburger Reichstag 1530, Gütersloh 1959, 25.

war."[62] Diese Unzufriedenheit hat ihren Grund in Philipps Furcht vor einer Gefährdung bzw. endgültigen Zerschlagung seines lange verfolgten Planes eines gesamtprotestantischen und antihabsburgischen[63] Bündnisses von europäischem Ausmaß. Ihm sollte nicht nur das Marburger Religionsgespräch von 1529, sondern auch das zähe Bemühen um eine Restitution Ulrichs dienen, dessen Vertreibung Philipp stets als einen Rechtsbruch betrachtet hat und „als warnendes Beispiel für andere Fürsten und Stände, wie ihre hergebrachte Freiheit durch die Habsburgermacht bedroht sei. Dagegen sich zu wehren, hielt er für seine fürstliche Rechts- und Gewissenspflicht, vollends da es nun zugleich um die Freiheit und Verantwortung für den rechten Glauben ging, über den

---

[62] A. a. O., 30 mit Belegen. Daß die erneute Konzilsappellation, mit der die Vorrede zum Augsburgischen Glaubensbekenntnisses schließt, auf Anregung Philipps angefügt wurde, hat bereits Gußmann I, 56 (vgl. 393 f., Anm. 17) wahrscheinlich gemacht. Im Hinblick auf die weitere Redaktionsgeschichte der CA heißt es ferner: „in den entscheidenden Sitzungen vom 21. bis 23. Juni 1530 tat er (sc. der hessische Landgraf), wie wir gewiß annehmen dürfen, noch sein Bestes, um wenigstens verletzende Wendungen auszumerzen, durch die den vier (sc. oberdeutschen) Städten der Weg zur Unterzeichnung für immer verbaut worden wäre." (Gußmann I, 60) An der Solidarität mit Oberdeutschen und Schweizern wollte Philipp trotz gegebener dogmatischer Differenzen zwischen ihnen und den Vertretern der Wittenberger Reformation entschieden festhalten. Der Grund hierfür ist nach Gußmann ein primär politischer: „Die Zusammenfassung der äußeren Machtmittel, nicht mehr die innerliche Einigung in Glauben und Lehre bildet für ihn (sc. Philipp) nun den höchsten Gesichtspunkt, dem sich alles andere, die religiösen Fragen nicht ausgenommen, unterordnen muß." (Gußmann I, 49)

[63] Philipps Verhältnis zum habsburgischen Kaiserhaus war durch sein ausgesprochen territorialstaatliches Denken geprägt. „Sein kleines Land regierte er im Geiste eines frühen aufgeklärten Absolutismus." (W. Heinemeyer, Art. Philipp, Landgraf von Hessen, in: RGG³ V., Sp. 332 f., hier: 332) Als Anhänger Luthers seit Sommer 1524 reformierte er sein Land nach dessen und nach dem Vorbild des ernestinischen Sachsens, mit dem Philipp seit dem Gotha-Torgauischen Verteidigungspakt (1526) verbündet war. Erwähnenswert ist in diesem Zusammenhang u. a. die im Herbst 1526 von Philipp bestellte sog. Homberger Synode, von der eine umfassende Kirchenordnung stammt, die zwar nie praktische Wirksamkeit erlangte, wegen ihrer synodalen Verfassung aber von hohem Interesse ist. Zur Persönlichkeit des Landgrafen vgl. u. a. H. J. Hillerbrand, Philipp von Hessen, in: M. Greschat (Hg.), a. a. O., 185–196 sowie G. Egelhaaf, Landgraf Philipp der Großmütige, Halle 1904.

er sich durch eigenes Bibelstudium eifrig zu vergewissern bemüht hatte, weniger sich auf die Ratschläge seiner Theologen verlassend als andere Fürsten, zumal der sächsische Kurfürst. Luther hat ihn einmal 1532 im Tischgespräch deshalb gerühmt, daß er ‚uns‘ nicht mehr konsultiert, sondern denkt: ‚Predig, Luther, so will ich die weill sehen, das man die pferd satle‘ ...“[64]

Philipps plötzlicher und allgemeine Unruhe verbreitender, gleichwohl mittels fiktiver Krankheitsgeschichten seiner Gattin von langer Hand vorbereiteter Aufbruch vom Reichstag am 6. August paßt in dieses Konzept: als ihm ein weiterer Verbleib politisch eher schädlich als nützlich erscheint, ist der Landgraf „heimlich davon gewuscht, eher man es ist innen worden, und hat sich des nachts aus Augsburg durch ein pfortlein ausfüren lassen“ (Schirrmacher, 190).[65]

Dem Dritten im Verein der protestantischen Reichstagsfürsten, „die allein als selbständige Größen in Betracht kommen“ (Gußmann I, 47), Georg von Brandenburg-Ansbach, Landesherr „des bedeutendsten weltlichen Territoriums in Franken“[66], waren vergleichbar spektakuläre Auftritte bzw. Abgänge wie diejenigen Philipps nicht vergönnt. „Der Markgraf ging andere Wege.“ (Gußmann I, 62) War Philipps Interesse an reformatorischer Bekenntnisgemeinschaft stark von Bündnisplänen motiviert, so dominierte für den fränkischen Markgrafen eindeutiger noch als im Falle Kursachsens die Bekenntnisfrage alle Bündnisabsichten; auch in seinem Verhältnis zur kaiserlichen Autorität unterschied sich Georg erheblich vom hessischen Landgrafen. Aus beiden Gründen empfand er, „wie schon früher bei andern Anlässen, das lebhafte Bedürfnis, sich mit der Geistlichkeit seines Landes über

---

[64]   H. Grundmann, a. a. O., 75 mit Verweis auf Luther, WA TR 2, 108 Nr. 1476 vom April 1532. Zu Luthers Kontakten mit Philipp von Hessen vgl. im einzelnen: G. Müller, Luther und die evangelischen Fürsten, in: ders., Causa Reformationis, 438–456.

[65]   Zu den Vorgängen in der Nacht vom 6. zum 7. August 1530 vgl. H. Steitz, Die Confessio Augustana als kirchenpolitisches Instrument Landgraf Philipps von Hessen, in: MEKGR 30 (1981), 73–90.

[66]   B. Moeller, Luthers Stellung zur Reformation in deutschen Territorien und Städten außerhalb der sächsischen Herrschaft, in: H. Junghans (Hg.), Leben und Werk Martin Luthers von 1526–1546, Bd. I., Göttingen 1983, 573–589; 930–934, hier: 574.

die beste Art der Rechtfertigung auf dem kommenden Reichstag zu verständigen"; bereits am 29. Januar 1530 erließ er daher „einen Befehl an sämtliche Superattendenten unterhalb und auf dem Gebirge, sie sollten sich unverzüglich gefaßt machen, Grund und Ursach ihrer Lehre wie der Kirchenordnung Punkt für Punkt aus der heiligen Schrift anzuzeigen, und ähnliche Darstellungen auch von den ihrer Aufsicht unterstehenden Pfarrern einfordern" (Gußmann I, 64).[67]

Mit der Wendung „unterhalb und auf dem Gebirge" ist auf die beiden zu keiner Zeit vereinten Teile des Territoriums der fränkischen Hohenzollern verwiesen, nämlich auf das ansbachische Herrschaftsgebiet „unterm Gebirg" und das kulmbach-bayreuther Besitztum „oberm Gebirg", welche durch das Gebiet der Reichsstadt Nürnberg getrennt waren. Neben dieser Teilung und der Durchsetzung mit reichsritterlichen Liegenschaften und kleineren Reichsstädten stellte der Gegensatz zu den Hochstiften Würzburg,

---

[67]   Ediert ist das Ausschreiben Georgs bei Gußmann I, 274f. Als Einsendeschluß war ursprünglich der Sonntag Reminiscere (13. März) vorgesehen; wegen mangelnder Resonanz wurde der Termin schließlich bis zum Sonntag Laetare (27. März) verlängert. Genaue Angaben zu Anlaß, Inhalt und Empfängern finden sich bei B. Schneider, Gutachten evangelischer Theologen des Fürstentums Brandenburg-Ansbach/Kulmbach zur Vorbereitung des Augsburger Reichstags von 1530. Zugleich ein Beitrag zur fränkischen Reformationsgeschichte, Neustadt/Aisch 1987 (Einzelarbeiten aus der Kirchengeschichte Bayerns 62), 1–7. Im wesentlichen kam es dem Markgrafen darauf an, „daß seine Maßnahmen (sc. zur Kirchenreform) von den evangelisch gesinnten Geistlichen nachträglich theoretisch gerechtfertigt und biblisch untermauert würden. Dabei geht die Fragestellung schon davon aus, daß der weltlichen Obrigkeit ein Reformationsrecht in kirchlichen Angelegenheiten, den Bischöfen jedoch nicht ihre bisher gehandhabte Jurisdiktion zustehe." (A. a. O., 4) Von den mehr als zwei Dritteln der eingegangenen Gutachten, die sich zum Reformationsrecht der Obrigkeit äußern, bejahten bis auf fünf alle, daß es dem weltlichen Regiment erlaubt sei, „Mißbräuche in der Kirche und im Gottesdienst ohne Mithilfe oder sogar gegen den Willen der Bischöfe abzustellen" (152). Allerdings geschieht dies – wie B. Schneider in Abhebung namentlich von Gußmann hervorhebt – mit teilweise unterschiedlichen Begründungen samt differenten praktischen Folgen. Dabei spielt Luthers Gedanke von der Obrigkeit als Notepiskopat eine durchaus erhebliche Rolle, so daß von einer durchgängigen Verwischung des Unterschiedes von weltlichem und geistlichem Amt bei aller in dieser Hinsicht gegebenen Problematik nicht gesprochen werden kann (vgl. insgesamt a. a. O., 152–157).

Bamberg und Eichstätt ein politisches Dauerproblem dar, mit dem
auch Georg laufend zu kämpfen hatte. Hinzuzufügen ist, daß die
Trennung der fränkischen Lande von der Mark Brandenburg, mit
welcher die Hohenzollern in ihrer Eigenschaft als Nürnberger
Burggrafen unter Übertragung der Kurwürde zu Beginn des
15. Jahrhunderts belehnt worden waren, seit dem Tode des Markgrafen und Kurfürsten Albrecht Achilles bei der Königswahl Maximilians im März 1486 gemäß des sog. Dispositio Achillea vollzogen war. Der zweite Sohn von Albrecht Achilles, Friedrich d. Ä.,
der zunächst nur im Ansbacher Unterland, später auch im Kulmbach-Bayreuther Oberland regierte, hatte als Politiker nicht annähernd die Statur seines Vaters; statt dessen tat er sich durch orgia-
stische Trinkgelage und Zeugung zahlreicher Nachkommen hervor – unter ihnen Markgraf Georg, der nach dem Tod seines
älteren Bruders Casimir die Herrschaft in den fränkischen Hohen-
zollernlanden, die er durch Erwerbungen in Schlesien bereicherte,
übernahm und von 1527 bis 1543 regierte.[68]

Georg, der der Fromme genannt wurde, trat im Unterschied zur
indifferenten und opportunistischen Haltung Casimirs entschieden
für die reformatorische Sache ein, wofür nicht erst die Einführung
der Brandenburg-Nürnbergischen Kirchenordnung im Jahre 1533,
sondern schon seine aufrechte und standhafte Haltung während
des Augsburger Reichstages ein überzeugender Beweis ist. Wie
bereits gesagt, ließ Georg zur Vorbereitung des Reichstags in den
ersten Monaten des Jahres 1530 „von der Geistlichkeit seiner fränkischen Länder Gutachten erstatten über die Fragen der Reformbedürftigkeit der Kirche und über die Rechte der weltlichen Obrigkeit zur Durchführung von Reformmaßnahmen"[69]. Die fünfzig
erhaltenen Gutachten, welche insgesamt mehr als zweitausend
Seiten umfassen, sind zusammen mit früheren Ratschlägen (vgl.
§ 7,3) in Auswahl in dem Sammelband „Die fränkischen Bekennt-

---

[68]   Eine vereinfachte genealogische Übersicht über das Geschlecht der
        Markgrafen von Brandenburg-Ansbach und Brandenburg-Kulmbach 1415–
        1603 findet sich in: G. Schuhmann, Die Hohenzollern-Grablege in Heils-
        bronn und Ansbach, München/Zürich 1989, 63.

[69]   G. Pfeiffer, Art. Brandenburg-Ansbach/Bayreuth, in: TRE 7, 131–136, hier:
        132.

nisse" dokumentiert und analysiert.[70] Ihre Unterteilung in zwei theologische Richtungen, nämlich in einen biblizistischen und einen erfahrungsorientiert-erlebnisbetonten Typ, wie W. F. Schmidt sie vornimmt, ist wenig überzeugend.[71] Was eine mögliche literarische Beziehung zur Confessio Augustana betrifft, so gibt es zwar Anhaltspunkte, daß die Gutachten der fränkischen Geistlichkeit in Augsburg vorgelegen haben und Melanchthon zur Kenntnis gelangt sind. Ein direkter Einfluß läßt sich indes allenfalls in der für die späte Entwicklungsgeschichte der CA charakteristischen „Tendenz auf Verstärkung des Schriftbeweises und auf Vermehrung der Väterstellen"[72] nachweisen. Das ändert jedoch – vielleicht ab-

---

[70] Die fränkischen Bekenntnisse. Eine Vorstufe der Augsburgischen Konfession, hg. vom Landeskirchenrat der evangelisch-lutherischen Kirche in Bayern r. d. Rhs., Erster Teil: Untersuchungen, bearb. v. W. F. Schmidt; Zweiter Teil: Texte, bearb. v. K. Schornbaum, München 1930; vgl. bes. 474–655, Nr. XIV–XXVI. Zur Qualität der Schornbaumschen Texteditionen sowie zur Auswertung des Gesamtmaterials einschließlich des bislang nicht edierten Gutachten vgl. B. Schneider, a. a. O., 21 f., 22 ff., 27 ff. Das Hauptgewicht der Arbeit Schneiders liegt auf der „inhaltlichen Beschreibung und Darstellung eines jeden einzelnen Gutachtens" nach der Ordnung der Ausschreibungsempfängerlisten, wobei um der rechten Lagebeurteilung willen in Rechnung zu stellen ist, daß „kaum der zehnte Teil der Geistlichen auf das Ausschreiben geantwortet hat" (23). Zur systematischen Zusammenfassung vgl. 140 ff.

[71] Vgl.: Die fränkischen Bekenntnisse, 104 ff., hier: 115: „Vielleicht haben sie selbst (sc. die Verfasser der Gutachten) den vorhandenen Unterschied gar nicht so gefühlt." Zur Kommmentierung einzelner Lehrstücke der Gutachten vgl. 120 ff. Kritische Bedenken zu den Untersuchungen Schmidts finden sich im Detail bei B. Schneider, a. a. O., 18 ff., der insgesamt einen guten Überblick zum gegenwärtigen Forschungsstand bietet (17–22).

[72] Die fränkischen Bekenntnisse, 137 f. – Zu den in den Gutachten verarbeiteten Quellen, namentlich zu dem geübten Schriftgebrauch, zum Umgang mit Kirchenvätern und mittelalterlichen Theologen, dem Kanonischen Recht sowie den reformatorischen Schriften des 16. Jahrhunderts vgl. im einzelnen B. Schneider, a. a. O., 161 ff. Was das erwähnte Verhältnis zur CA betrifft, so nimmt Schneider mit Gußmann an, daß die Sammlung der brandenburgischen Gutachten mit nach Augsburg genommen und dort von anderen Theologen, wahrscheinlich auch von Melanchthon, eingesehen wurde. Gleichwohl sei der Einfluß auf die CA (und mutatis mutandis auf die Apologie), wie gesagt, nur als verschwindend gering zu veranschlagen. („Fragt man ... nach der Bedeutung der Gutachten hinsichtlich des Augsburger Reichstags und der Confessio Augustana, so bleibt nur die harte und lapidare Feststellung: Sie hatten kei-

gesehen von der pointierten Auffassung der Franken vom landesherrlichen Kirchenregiment – nichts an der gegebenen Übereinstimmung in den theologischen Sachaussagen, so daß bei allen Vorbehalten zumindest in dieser Hinsicht nicht ohne Recht behauptet werden konnte, im Chor der Augsburger Bekenner klinge „nach Sachsen am hellsten und deutlichsten die Stimme der fränkischen Reformatoren"[73].

Faktum jedenfalls ist, daß Franken und der Markgraf auf dem Augsburger Reichstag die Sache der Wittenberger Reformation entscheidend förderten. „Während der Landgraf Philipp von Hessen noch lange schwankte, ob er den Reichstag überhaupt besuchen sollte oder nicht, und Kurfürst Johann von Sachsen seine Gelehrten erst nach Empfang des kaiserlichen Ausschreibens zur Arbeit aufrief, war der Markgraf" wenn auch nicht „schon in umfassender Weise gerüstet" (Gußmann I, 64 f.), so doch mit beachtlicher theologischer Rückendeckung versehen. Als Georg schließlich unmittelbar nach Rückkehr von einer Ostreise am 24. Mai in Augsburg einritt, brachte er – zur Verwunderung der Zuschauer und wie zum Zeichen dafür, „daß er in erster Linie religiös-kirchliche Entscheidungen von dem Reichstag erwartete" – „nicht weniger als drei Theologen mit sich ..., Rurer von Ansbach, Weiß von Crailsheim und Meglin von Kitzingen, während ein vierter, Brenz von Hall, noch nachkommen sollte" (Gußmann I, 81).[74] Letzterer verdient es, eigens hervorgehoben zu werden: dürfte doch Johannes Brenz (1499–1570), der langjährige Prediger an der Schwäbisch Haller Hauptkirche und Württemberger Reformator, „unter den lutherischen Theologen ... nach Melanchthon der bedeutendste gewesen sein"[75]. Seit Ende der 20er Jahre als Berater in Angelegenheiten der Kirchenreform von Brandenburg-Ansbach

---

ne Bedeutung." [184]) Mögliche inhaltliche Differenzen betreffen nach Schneider vor allem die Frage der bischöflichen Jurisdiktion; doch könne man auch in der Lehre von der Obrigkeit und ihrem Verhältnis zur episkopalen Vollmacht „keinen prinzipiellen Unterschied zwischen dem Bekenntnis und den Gutachten" (181) behaupten.

73 Die fränkischen Bekenntnisse, 151.

74 Vgl. K. Schornbaum, Zur Politik des Markgrafen Georg von Brandenburg vom Beginne seiner selbständigen Regierung bis zum Nürnberger Anstand 1528–1532, München 1906, 112.

75 M. Brecht, Art. Brenz, Johannes, in: TRE 7, 170–181, hier: 173.

tätig und namentlich über Lazarus Spengler auch Nürnberg verbunden, hatte Brenz auf Initiative Markgraf Georgs bereits am
Marburger Religionsgespräch teilgenommen. Auch auf dem Augsburger Reichstag gehörte er, wie gesagt, zur ansbachischen Gesandtschaft. Obwohl Brenz insonderheit durch seine Beiträge zur
Abendmahlslehre und Christologie zu einem Vater lutherischer
Frühorthodoxie wurde, finden sich doch gerade bei ihm auch
„echte Ansätze zu einer Verständigung mit den altgläubigen Partnern"[76], wofür seine zeitweise sehr nachgiebige Haltung auf dem
Reichstag ein Beleg ist, auch wenn sie sich im wesentlichen dem
Einfluß Melanchthons verdanken mag.[77]

Was hinwiederum Brenzens Dienstherrn, den Markgrafen Georg,
angeht, so ist es nicht zuviel gesagt, wenn man ihn – trotz einiger
Anzeichen künftiger Zermürbung – den „eigentliche(n) Träger des
evangelischen Einheitsgedankens" (Gußmann I, 82) auf dem
Reichstag nennt, der entscheidend dazu beitrug, daß ein gemeinsames Glaubensbekenntnis auf der Basis der Schwabacher Artikel
zustandekam und dem Kaiser übergeben werden konnte. Zu erreichen suchte er sein Ziel durch Gewährleistung wechselseitiger
Einsichtnahme in die protestantischerseits mitgebrachten Religi-
onsakten, durch Bemühen um verfahrenstechnische Einheit und
gemeinsame Vorgehensweise sowie nicht zuletzt durch eifrige
Vermittlung zwischen Fürsten und Städten.

---

[76]   A. a. O., 174.

[77]   Vgl. im einzelnen: F. W. Kantzenbach, Johannes Brenz im markgräflichen
       Dienst auf dem Reichstag in Augsburg, in: Jb. des hist. Vereins für Mit-
       telfranken 82 (1965), 50–80; ders.: Johannes Brenz und die Reformation
       in Franken, in: ZBKG 31 (1962), 149–169; ferner M. Brecht, Johannes
       Brenz auf dem Augsburger Reichstag 1530, in: R. Decot (Hg.), Vermitt-
       lungsversuche auf dem Augsburger Reichstag 1530, Stuttgart 1989, 9–28.
       Bemerkenswert ist das abschließende Urteil Brechts: „Insgesamt war es
       Brenz und Melanchthon in Augsburg nicht so sehr um eine Einigung als
       um den durch einen politischen Frieden abgesicherten Freiraum für eine
       Kirche im evangelischen Sinn gegangen." (28)

5. Repräsentanten städtischer Reformation

Auf der vorletzten Station seines Weges nach Augsburg machte
Kurfürst Johann von Sachsen samt Gefolgschaft am 29. April 1530
in Weißenburg Quartier. Bevor man am nächsten Tag nach
Donauwörth weiterreiste, predigte Agricola in der St. Andreaskirche anläßlich eines Morgengottesdienstes. Ähnlich verhielt es
sich, als der hessische Landgraf am 10. Mai seinen Weg durch die
kleine Freie Reichsstadt in Richtung Augsburg nahm.[78] Die Weißenburger Reichstagsgesandten folgten den Fürsten erst in gemes-
senem Abstand. Am Nachmittag des 22. Juni kamen sie in der
Lechmetropole an, um tags darauf sogleich die Vertreter Nürnbergs zu konsultieren, „das für die fränkischen kleineren Reichsstädte in allen öffentlichen Angelegenheiten geradezu die oberste
Instanz gewohnheitsmässig geworden war"[79]. Zwar wagte man
deren Einladung, der eben zustandegebrachten Bekenntnisgemeinschaft beizutreten, mangels ausdrücklicher Weisung des Rats
nicht sofort anzunehmen, doch finden wir Weißenburg in der
zweiten Julihälfte neben Heilbronn, Kempten und Windsheim
(vgl. Gußmann I, 163 ff.; II, 171 ff.) sowie den Konfessionsstädten
der ersten Stunde, Nürnberg (vgl. Gußmann I, 127 ff.; 278 ff.; II,
207 ff.) und Reutlingen (vgl. Gußmann I, 150 ff.; 313 ff.; II, 225 ff.),
im Kreise der Unterzeichner der CA.[80]

---

[78] Aus ökumenischen Gründen sei ergänzend bemerkt: „Am 21. Juni kam
Erzbischof Christoph von Bremen durch (sc. Weißenburg), der mit Dul-
dung des Rates in der Andreaskirche eine hl. Messe halten ließ."
(K. Ried, Die Durchführung der Reformation in der ehemaligen freien
Reichsstadt Weißenburg i. Bay., München/Freising 1915, 44.) Hinzuweisen
ist ferner darauf, daß die Theologen des sächsischen Kurfürsten auf der
Rückreise auf Bitten des Rates eine Visitation der Weißenburger Kirchen
und Schulen durchführten.

[79] W. Vogt, Antheil der Reichsstadt Weißenburg a. Nordgau an der refor-
matorischen Bewegung in den Jahren 1524–1530, Erlangen 1874, 3. Zum
Abhängigkeitsverhältnis Weißenburgs gegenüber Nürnberg vgl.
G. Schmidt, Die kleineren fränkischen Reichsstädte und der allgemeine
Städtetag, in: R. A. Müller (Hg.), Reichsstädte in Franken. Bd. 1: Verfas-
sung und Verwaltung, München 1987, 159–168, bes. 162 f. sowie 165.

[80] Bestätigt wurde dieser Entscheid durch eine Abstimmung der Weißenburger Bürgerschaft über den Septemberabschied des Augsburger
Reichstages, der mit überwältigender Mehrheit abgewiesen wurde.

Vergleicht man die Zahl der städtischen Unterzeichner der CA mit
der Zahl der Städte, die sich auf dem Reichstag von Speyer der
Protestation der Landesherren angeschlossen hatten, so wird man
leicht erkennen, daß die Schar der Protestanten in sich uneinig
und zerstritten war. Auffällig ist insbesondere der Ausfall Straßburgs und Ulms, deren Weigerung, die Schwabacher Artikel als
religiöse Bundesurkunde anzunehmen, die Spaltung der Protestanten einstweilen besiegeln sollte. Zwar waren die Vertreter
Straßburgs auf dem Reichstag im Prinzip durchaus gewillt, die CA
zu unterzeichnen; doch sollte dies ohne den Abendmahlsartikel
geschehen, was nicht akzeptiert wurde. Daraufhin verfaßten M.
Bucer und W. Capito[81] ein zwar sehr eng an die CA anschließen-
des, im umstrittenen Art. X aber um Eigenständigkeit bemühtes
Bekenntnis, das nach gewissen Modifikationen neben Straßburg
von den süddeutschen Städten Memmingen, Konstanz und Lindau
unterzeichnet wurde und daher den Namen Confessio Tetrapolitana erhielt.[82] Am 9. Juli wurde die endgültige Fassung dem kaiserlichen Vizekanzler Balthasar Merklin vorgelegt. Tagszuvor war
bereits Zwinglis „Fidei Ratio ad Carolum Imperatorem" dem Kaiser übergeben worden.[83] Was Ulm betrifft (vgl. Gußmann I, 177 ff.;

„Nachdem beide Räte sich auf Ablehnung des Abschiedes vom 22. und
23. September, den der Gesandte schon vor Wochen übermittelt hatte,
geeinigt hatten, wurde am 15. November, am St. Leopoldstage, durch ein
Zeichen mit der Sturmglocke die gesamte Bürgerschaft morgens 6 Uhr in
die Andreaskirche berufen. Es erschienen 454 Bürger. Bürgermeister Ulrich Hagen teilte nach Verlesung des Abschiedes durch den Stadtschrei-
ber Hans Schlecht den Beschluß des Rates mit und forderte auf, durch
itio in partes die Meinung kundzugeben. Wer dem Rate folge, möge in
den Chor kommen; die übrigen sollten zum Frauenaltar treten; die Namen würden daselbst aufgezeichnet. Diese Art der Abstimmung ergab
424 Gegner des Abschiedes und somit Anhänger der Konfession, während 9 Bürger erst nach einigem Bedenken sich zur Partei im Chore ge-
sellten. Am Frauenaltar standen 21 Personen, von denen jedoch 14 drei
Tage später ebenfalls widerriefen ..." (K. Ried, a. a. O., 49).

81 Vgl. R. Stupperich, Art. Bucer, Martin, in: TRE 7, 258–270; M. Lienhard,
    ˙Art. Capito, Wolfgang, in: TRE 7, 636–640.

82 Vgl. Gußmann I, 21–46; ferner H. Tüchle, Die oberdeutschen Städte, der
    Reichstag von Augsburg und die Confessio Augustana, in: E. Iserloh
    (Hg.), a. a. O., 279–285 sowie J. M. Kittelson, Art. Confessio Tetrapolitana,
    in: TRE 8, 173–177.

320 ff.; II, 289 ff.), so rechnete es sich zwar grundsätzlich dem
evangelischen Lager zu, bemühte sich aber vor und lange Zeit
auch auf dem Reichstag nach Kräften um eine taktierende Neu-
tralitätspolitik und suchte – zum Teil recht kläglich – „seine Stellung zwischen den Parteien zu behaupten" (Gußmann I, 192).

Von den drei gewichtigeren Städten der Speyrer Protestation verblieb sonach einstweilen nur Nürnberg[84], welches neben dem
wackeren, aber verhältnismäßig unbedeutenden Reutlingen die
Confessio Augustana unterzeichnete. Sogar im Falle Nürnbergs
war diese Unterzeichnung keineswegs selbstverständlich und von
Anfang an klar gewesen. Nachgerade signifikant für die Situation
der Protestanten vor Beginn des Reichstags war die Weigerung
des Nürnberger Rats, Luther Schutz und Unterkunft innerhalb der
Mauern der Stadt zu gewähren, was eine anhaltende Verärgerung
des Kurfürsten zur Folge hatte. Auch sonst versuchten die Nürnberger alles zu unterlassen, was in Gefahr stand, den Kaiser un-
gnädig zu stimmen. In diesem Sinne ging man nur zögernd und
widerwillig an die Reichstagsvorbereitungen. Erst in der zweiten
Aprilhälfte wurde ein juristisches und ein theologisches Gutachten
in Auftrag gegeben bezüglich der Frage, wie man die vom Rat
vorgenommenen kirchlichen Neuerungen am besten verantworten könne. Ein Ergebnis dieser Gutachten war der erklärte Wille,
sich unter keinen Umständen mehr unter die bischöfliche Jurisdiktion beugen zu wollen; darüber hinaus enthielten sie aber
auch den Impuls, verfehlter Sonderpolitik des weiteren möglichst
zu entsagen und zu einer gemeinsamen Linie protestantischen
Vorgehens zurückzufinden. Über den Ratschlag der Nürnberger
Prediger, der ihm in Augsburg vorlag, sollte Melanchthon später
urteilen, er sei „dem ihren nicht widerwärtig, sondern fast dieselbe Meinung, nur daß die sächsische Apologie noch glimpflicher
rede" (Gußmann I, 134).

---

[83]   Vgl. im einzelnen: M. Lienhard, Evangelische Alternativen zur Augustana?
        Tetrapolitana und Fidei Ratio, in: W. Reinhard (Hg.), Bekenntnis und
        Geschichte. Die Confessio Augustana im historischen Zusammenhang,
        München 1981, 81–100.

[84]   Vgl. im einzelnen: K. Schornbaum, Zur Politik der Reichsstadt Nürnberg
        vom Ende des Reichstages zu Speyer 1529 bis zur Übergabe der Augsbur-
        gischen Konfession 1530, in: Mitteilungen des Vereins für Geschichte der
        Stadt Nürnberg 17 (1906), 178–245.

Lag es unter solchen Voraussetzungen für die Nürnberger nahe, die sächsische Sache zu ihrer eigenen Angelegenheit zu machen, so bedurfte es doch noch angestrengten diplomatischen Einsatzes der beiden Vertreter des Rats auf dem Reichstag, Kreß und Volkamer, um argwöhnische Vorbehalte namentlich auf seiten des Kurfürsten zu beseitigen. In Besitz der sächsischen Apologie in ihrer lateinischen Form, soweit sie damals fertiggestellt war, kamen die Nürnberger erst am 30. Mai, nachdem sie den Sachsen bereits Tage zuvor Einblick in ihre eigenen Ratschläge gewährt hatten. „Am 3. Juni ging die Abschrift nach Nürnberg. Tags darauf befand sie sich bereits in den Händen des Rates. Dieser tat, wie ihm Kreß anempfohlen hatte. Auf der einen Seite ließ er die Apologie durch Juristen und Theologen begutachten. Auf der andern befahl er, eine deutsche Übersetzung für ihn selber anzufertigen. Während aber diese Arbeiten noch im Gange waren, stellte Kreß schon die entscheidende Frage. Er wollte wissen, ob der Rat eine eigene Schrift einzulegen beabsichtige oder ob er es für besser halte, wenn der Markgraf und er dem Kurfürsten den Vorschlag machten, er möge die sächsische Apologie als das gemeinschaftliche Bekenntnis aller an dem Handel beteiligten Stände übergeben. Da galt es Farbe zu bekennen." (Gußmann I, 137) Das Ergebnis des nachfolgenden Entscheidungsprozesses ist bekannt: trotz bleibender Zögerlichkeit wies der Rat Mitte Juni seine Reichstagsgesandten an, „mit dem Markgrafen darüber zu verhandeln, ob der Kurfürst wohl geneigt wäre, sie alle, die sich mit ihm im Glauben verglichen haben, in das Bekenntnis aufzunehmen, und diesen zusagenden Falls zu bitten, Nürnberg in der gestellten Schutzschrift namentlich mit aufzuführen" (Gußmann I, 138 f.)[85], wie es schließlich auch geschah.

Das Beispiel Nürnbergs, das sich im Blick auf sein Territorium, seine Wirtschaft, seine Bevölkerung und seine Verfassung im 14. und 15. Jahrhundert zu einer der größten und mächtigsten Städte im Reich entwickelt hatte und dessen reformatorische Bewegung sich auf breite Bevölkerungsteile stützen konnte[86], zeigt, daß auf

---

[85] Zur Rolle Osianders, der erst nach Verlesung der CA in Augsburg eintraf, vgl. Gußmann I, 140 ff.; 295 ff.

[86] Vgl. im einzelnen G. Seebaß, Stadt und Kirche in Nürnberg im Zeitalter der Reformation, in: B. Moeller (Hg.), Stadt und Kirche im 16. Jahrhundert, Gütersloh 1978, 66–86.

dem Reichstag von Augsburg recht eigentlich nicht die Städte als
die wichtigsten Träger der reformatorischen Sache fungierten,
sondern die Fürsten, wobei auf dem Kurfürsten von Sachsen eindeutig die schwerste Last ruhte: „Er war ‚Haupt und Prinzipal der
ganzen Handlung‘." (Gußmann I, 86) Mag die Reformation in bestimmter Hinsicht durchaus ein primär städtisches Ereignis gewesen sein[87] (sofern sie nämlich vielfach mit demokratischen bzw.
antipatrizistisch-antiklerikalen Bewegungen städtischer Politik
konform ging und den Gemeinschaftscharakter der Stadt weiter
ausbaute), so bleibt trotz der unbestreitbaren „Schrittmacherfunk-
tion der deutschen Städte, insbesondere der Reichsstädte, in der
Frühphase der Reformation"[88] die Tatsache bestehen, daß die reformatorische Bewegung den bereits seit längerem in Gang be-
findlichen Bedeutungsabstieg der Städte nicht nur nicht aufgehalten, sondern möglicherweise noch beschleunigt hat. „Die Bedeutung kommunaler Autonomie ging zu Ende." Das dürfte auch
Luther gesehen oder doch geahnt haben. „Wenn der Reformator
sein Werk retten wollte, dann mußte er auf die politischen Kräfte
setzen, denen die Zukunft gehören sollte. Seit 1525 wußte er, daß
das nur die Fürsten sein konnten."[89] Während die Städte in den
Anfängen der Reformation eine entscheidende Rolle spielten[90],
gibt es gute historische Gründe, ab Mitte der 20er Jahre von der
deutschen Fürstenreformation zu sprechen.[91] Eine selbständige

---

[87]   Vgl. dazu im einzelnen den „Forschungsbericht Stadt und Reformation"
       von H.-C. Rublack, in: B. Moeller (Hg.), a. a. O., 9–26.

[88]   A. a. O., 24; vgl. besonders B. Moeller, Reichsstadt und Reformation, Gü-
       tersloh 1962.

[89]   W. Reinhard, Luther und die Städte, in: E. Iserloh/G. Müller (Hg.), Luther
       und die politische Welt, Stuttgart 1984, 95–112, hier: 112; vgl. dazu das
       Korreferat von B. Moeller, a. a. O., 113–121.

[90]   Folgt man K. Blaschke, Die Auswirkungen der Reformation auf die städ-
       tische Kirchenverfassung in Sachsen, in: B. Moeller (Hg.), Stadt und Kir-
       che, 162–167, dann hat zu gelten, „daß auch im ernestinischen Sachsen,
       dem Prototyp des protestantischen Fürstenstaates, die Reformationsbe-
       wegung von den Städten ausgegangen sei und hier ständig ihre intensiv-
       ste populäre Verwurzelung gehabt habe; der Kurfürst habe, so könne
       man sagen, die städtische Initiative übernommen, als er die Visitation
       veranstaltete." (178, Diskussionsbericht)

Rolle neben den Territorien haben die evangelischen Städte seit-
her nicht mehr gespielt. Das bestätigt nicht zuletzt der Verlauf des
Augsburger Reichstags: „Ein Teil der Städte tat sich mit Kursachsen, Hessen und Brandenburg-Ansbach zusammen. Getrennt davon blieb die oberdeutsche Städtegruppe. Dazwischen gab es
unter den Städten einige isolierte Einzelgänger. Was es auf diesem
Reichstag eigentlich nicht gab, war ein gemeinsames Handeln der
Städte."[92]

Entsprechend waren die entscheidenden Bezugspartner kaiserlicher Reichstagspolitik nicht die Städte, sondern die Fürsten, was
für Karl nicht zuletzt deshalb besondere Probleme in sich schloß,
als die Solidarität der Fürsten auch über Konfessionsgrenzen hinweg erhalten blieb: „gegen einen allzu mächtigen Kaiser konnten
katholische Stände durchaus die Standessolidarität über die konfessionelle stellen."[93] Das deutlichste Beispiel hierfür ist Baiern,
das den konfessionellen Gegensatz trotz dezidiert gegenreformatorischer Positionen weithin den Zielen seiner antihabsburgischen
Politik unterordnete. Ferner zeigen die Verhältnisse in Baiern paradigmatisch, daß das landesherrliche Kirchenregiment bereits
lange vor 1517 voll entwickelt und die fürstliche Regierung zum
entscheidenden Faktor in allen kirchlichen Fragen geworden war.
Dies verhält sich im antireformatorischen Baiern „nicht anders als

---

[91]   Vgl. etwa E. Iserloh, Die deutsche Fürstenreformation, in: H. Jedin (Hg.),
       Handbuch der Kirchengeschichte Bd. IV: Reformation, Katholische Re-
       form und Gegenreformation, Freiburg i. Br./Basel/Wien 1967, 217 ff.

[92]   M. Brecht, Die gemeinsame Politik der Reichsstädte und die Reformation,
       in: B. Moeller (Hg.), a. a. O., 87–90, hier: 90. „Erst der rauhe Augsburger
       Abschied hat die protestantischen Städte und Fürsten zum großen Teil
       wieder im Schmalkaldischen Bund zusammengebracht, wobei Straßburg
       und Ulm die führenden Bundesstädte waren, während Nürnberg sich
       nunmehr abseits hielt. Die Städte gerieten dabei alsbald wieder in den
       Sog des Luthertums. Reichspolitisch erscheint der städtische Zwinglia-
       nismus als Episode." (Ebd.)

[93]   V. Press, Reformatorische Bewegung und Reichsverfassung. Zum Durch-
       bruch der Reformation – soziale, politische und religiöse Faktoren, in:
       ders./D. Stievermann (Hg.), Martin Luther. Probleme seiner Zeit, Stuttgart
       1986, 11–42, hier: 39.

in Sachsen oder Hessen"[94], was ein weiterer Beleg ist für die fort-
geschrittene Machtfülle der Territorialfürsten im Reich. Aufs Ganze gesehen läßt sich daher sagen: „Das Reich war vor allem ein
Reich der Fürsten, in dem kleinere Stände wie Reichsgrafen,
Reichsritter und Reichsprälaten einerseits, Freie und Reichsstädte
andererseits ihren Platz, vielleicht besser: ihre Nische gefunden
hatten."[95] Die Reichstage aber, zu dem die alten Hoftage im Zuge
der sog. Reichsreform aus- und umgeformt worden waren, hatten
ihre wesentliche Funktion darin, dem Reichsverband eine Platt-
form zu verleihen, „die den Ausgleich zwischen der Territorial-
struktur des Reiches und der fortwirkenden kaiserlichen Stellung
ermöglichte. Dies war freilich ein labiles Gleichgewicht, das sehr
empfindlich war und von einer Bewegung wie der Reformation
sogleich tangiert werden mußte – mit dem Reichstag sollten die
Auseinandersetzungen um die Glaubensspaltung ein weithin wir-
kendes Forum erhalten."[96]

Blickt man zuletzt noch auf die Stadt, in der sich 1530 – und nicht
nur in diesem Jahr! – der Reichstag versammelte, so führt nichts
an dem Urteil vorbei: „Die Stadt Augsburg hat nicht denjenigen
Anteil an der Reformationsgeschichte, welchen die Volkstümlich-
keit ihres Namens gerade für diese Geschichtsepoche anzudeuten
scheint. Obwohl neben Nürnberg und Strassburg die grösste und
wichtigste Stadt Süddeutschlands, hat sie doch an der grossen
Wende der deutschen Geschichte eine sehr zurückhaltende Stellung eingenommen."[97] Offiziell ist Augsburg erst 1533 zur Reformation übergegangen. Um so bemerkenswerter ist es, daß der zur
Zeit des Reichstages amtierende Bischof der Stadt, Christoph von
Stadion, die reformatorische Sache entgegenkommend beurteilt

---

94   H. Lutz/W. Ziegler, Das konfessionelle Zeitalter. Erster Teil: Die Herzöge
      Wilhelm IV. und Albrecht V., in: Handbuch der bayerischen Geschichte
      Bd. 2, München ²1988, 322–392, hier: 341.

95   V. Press, a. a. O., 15.

96   A. a. O., 19 unter Verweis auf weitere einschlägige Literatur.

97   K. Wolfart, Die Augsburger Reformation in den Jahren 1533/34, Leipzig
      1901, 1; vgl. dazu den Ausstellungskatalog: Welt im Umbruch. Augsburg
      zwischen Renaissance und Barock, 3 Bde., Augsburg 1980/81 sowie die
      einschlägigen Beiträge in dem Sammelwerk: G. Gottlieb u. a. (Hg.), Ge-
      schichte der Stadt Augsburg. 2000 Jahre von der Römerzeit bis zur Ge-
      genwart, Stuttgart 1984.

und die CA nicht ungünstig aufgenommen zu haben scheint. Folgt man einem Bericht von Justus Jonas vom 30. Juni 1530, dann soll Stadion in Privatgesprächen über die CA sogar geäußert haben: „illa, quae (Juni 25) recitata sunt, vera sunt, sunt pura veritas, non possumus infitiari."[98]

6. 25. Juni 1530: evangelisches Bekenntnis in historischem Kontext

Am 20. Juni wurde der Reichstag von Augsburg mit einem Gottesdienst feierlich eröffnet. Alle protestantischen Fürsten waren anwesend, ließen es aber, wie das Beispiel des hessischen Landgrafen zeigt, zum Teil an dem geforderten Respekt fehlen. Nuntius Pimpinella hielt eine von Campeggio angeregte eineinhalbstündige Rede, in der er den Kaiser und Erzherzog Ferdinand mahnte, „ihre Schwerter zum Kampf gegen die Ketzer zu schärfen"[99]. Antiprotestantische Passagen enthielt auch die Ansprache, die Pfalzgraf Friedrich im Namen und in Gegenwart des Kaisers anläßlich der Eröffnungssitzung an die Stände hielt; gleichwohl wurde das im Ausschreiben gegebene Versprechen förmlich erneuert und in bestimmter Hinsicht ergänzt: während der erste Propositionspunkt den Türkenkrieg betraf, verlangte der zweite von den Religionsparteien, nicht nur die vorhandene Meinung vorzutragen, sondern auch zu Deutsch und Latein in Schrift zu stellen, damit Irrung und Zwiespalt in den Glaubensangelegenheiten desto besser vernommen und erwogen und umso schneller zu einem christlichen Ausgleich gebracht werden könnten (vgl. Förstemann I, 295 ff., bes. 307 ff.).

---

[98]   Zit. n. F. Zoepfl, Das Bistum Augsburg und seine Bischöfe im Reformationsjahrhundert (Geschichte des Bistums Augsburg und seiner Bischöfe, Bd. II), München/Augsburg 1969, 88; vgl. ferner: H.P. Schmauch, Christoph von Stadion. Bischof von Augsburg und seine Stellung zur Reformation, Diss. München 1956; H. Jesse, Christoph von Stadion, Bischof zu Augsburg während der Reformationszeit (1517–1544), in: ZBKG 49 (1980), 86–122.

[99]   J. v. Walter, a.a.O., 45.

Mit der Übergabe der beiden Fassungen ihrer Konfession haben
die Unterzeichner des sog. Augsburger Bekenntnisses diesem Begehren wortgetreu entsprochen. „Anders als die Altgläubigen be-
folgten die lutherischen Fürsten und ihre Ratgeber genauestens
die vom Kaiser erbetene Verfahrensweise. Ihr Bekenntnis, das der
sächsische Kanzler Christian Beyer am Nachmittag des 25. Juni in
der dritten allgemeinen Sitzung in deutscher Sprache verlas, gab
sich nach Form und Inhalt als Meinungsäußerung einer Partei
unter den Reichsständen und wandte sich formell an den Kaiser,
um dessen Gunst für ein von ihm erhofftes vorteilhaftes Urteil zu
erwirken. Die Vorrede bezieht sich ausdrücklich auf diejenigen
Passagen im Ausschreiben und in der Reichstagseröffnungsrede,
die die am Kaiserhof erwünschte Methode für eine Behandlung
der Glaubensfrage bezeichneten." (Immenkötter, 14 f.) Die katholischen Stände hingegen weigerten sich mit der Begründung, dem
alten Glauben stets treu geblieben zu sein, als Religionspartei auf-
zutreten und eine schriftliche Darlegung ihres Standpunktes vorzulegen. Dies war bereits bei der Geschäftsordnungsdebatte vom
22. Juni deutlich geworden, bei der es die Protestanten hatten
durchsetzen können, die Glaubensfrage vor der Thematik der
Türkenhilfe zu erörtern. Im Gegensatz zu der von den altgläubigen Ständen in Vorschlag gebrachten Vorgehensweise, welche
den Anliegen der Protestanten wenig Chancen eingeräumt hätte,
entwickelten diese daraufhin den Plan einer öffentlichen Verlesung jenes gemeinsamen Bekenntnisses, zu dem sich die Unterzeichner der Confessio Augustana nach vielfältigen Widerstän-
den – nicht zuletzt von seiten des sächsischen Kurfürsten – endlich doch noch zusammengefunden hatten. Dabei äußerten die
protestantischen Konfessoren die Auffassung, es lasse sich – um
mit Leopold von Ranke zu reden – „durchaus nicht leugnen, daß
die Lehre, wie sie hier (sc. in der CA) erscheint, noch ein Produkt
des lebendigen Geistes der lateinischen Kirche ist, das sich sogar
noch innerhalb der Grenzen derselben hält"[100].

Inwieweit diese Auffassung, daß nämlich der Religionsstreit die
gegebene Einigkeit des Glaubens nicht in Frage stelle, sondern
lediglich kirchliche Mißbräuche betreffe, aufrechtzuerhalten ist,
wird traditionellerweise unterschiedlich beurteilt. H. Bornkamm

---

[100]   L. v. Ranke, a. a. O., 192.

zögerte nicht, die Wendung am Schluß des ersten Teils der CA, in der gesagt wird: „Tota dissensio est de paucis quibusdam abusibus" (BSLK 83c,14 f.; vgl. BSLK 83c, Anm.2), einen „unwahren Satz"[101] zu nennen. Vergleichbare Einschätzungen finden sich auch bei katholischen Forschern.[102] Umstritten ist dabei insbesondere die Rolle Melanchthons als des irenischen Humanisten und Hauptautors der Confessio Augustana. Das gilt nachgerade auch hinsichtlich der von ihm in den Tagen zwischen der Ankunft Karls und der offiziellen Reichstagseröffnung geführten Sonder-

---

[101] H. Bornkamm, Art. Augsburger Bekenntnis, in: RGG³ I, Sp. 733–736, hier: 735. Nach E. Mülhaupt, Das Augsburger Bekenntnis 1530 in gesund ökumenischer Sicht, in: MEKGR 30 (1981), 1–20, hier: 13 (bei M. gesperrt), handelt es sich bei der Schlußpassage des 1. Teils der CA um eine „Schutzbehauptung Melanchthons". Vgl. ferner: W. M. Neuser, Die Confessio Augustana. Apologie – Bekenntnis – Leisetreterei, in: MEKGR 30 (1981), 21–39, hier: 24: „Die Aussage, der Dissens bestehe in etlichen Traditionen und Mißbräuchen, ist entschuldigende Apologie und zudem unwahr." Neuser gelangt zu der abschließenden Feststellung, „daß die Confessio Augustana ebenso klare konfessorische Sätze enthält – es ist besonders an Artikel 20 zu denken – wie sie zahlreiche Differenzen zu Rom verschweigt und zweideutige und katholisierende Formeln verwendet. Luthers zwiespältige Haltung zur Confessio Augustana ist verständlich. Wo sie das evangelische Bekenntnis darlegt, gefällt sie ihm sehr; wo sie den Gegnern nachgibt, verfällt sie dem Verdikt der Leisetreterei." (36 f.; zur Wendung „Leisetreterei" vgl. a. a. O., 32 ff., zur Vorgeschichte von CA XX vgl. a. a. O., 28 ff.)

[102] So schreibt etwa J. Lortz unter der Überschrift „Confessio Augustana: Einbruch des Humanismus in das Luthertum": „Die ‚Confessio Augustana' ist der bedeutendste Versuch des Humanismus, in das Luthertum einzudringen, ohne es aufzuheben. Es ist für die große geschichtliche Entwicklung ohne entscheidende Bedeutung, daß Melanchthon gegen Ausgang des Reichstags unter der Einwirkung Luthers sturer wurde. Die Grundhaltung der ‚Confessio' wurde nicht geändert, und sie wirkte durch die Jahrhunderte. Das war für den Protestantismus verhängnisvoll. Denn so wurde das Abgründige und die gewaltsame, paradoxale Kraft der Lehre Luthers zu einem sehr viel dünneren und formelhafteren Lutheranismus der Mittelmäßigkeit geschwächt, der sich trotz oft auf allzu glatte Formeln zurückzog. Die rauhen Knoten und inneren Widersprüche, dafür aber auch das Unverwüstliche an Luthers Aussprüchen, das ungebunden Wachsende, das Nicht-Lehrhafte, kurz das Urtümliche war angetastet. Luthers Freund Baumgärtner meinte, niemand habe in Augsburg dem Evangelium so viel geschadet wie Melanchthon." (J. Lortz, Die Reformation in Deutschland. 2. Bd.: Ausbau der Fronten. Unionsversuche. Ergebnis, Freiburg i. Br./Basel/Wien 1940, 52 f.)

verhandlungen mit den kaiserlichen Sekretären, namentlich mit Alphonso Valdés, in dem der Geist des am 4. Juni in Innsbruck verstorbenen Großkanzlers Gattinara am Hofe fortwirkte. Folgt man Th. Brieger[103], so läßt sich zugunsten Melanchthons geltend machen, daß er nicht eigenmächtig, sondern unter Zustimmung der kurfürstlichen Räte aktiv wurde und die Initiative zu den Verhandlungen von seiten der kaiserlichen Sekretäre ausging. Auch hat Melanchthon nach Brieger keineswegs eine Verständigung in aller Stille angestrebt; ebensowenig könne von einer Unterbrechung seiner Arbeit an der zu öffentlicher Verlesung bestimmten CA die Rede sein.[104] Dieser Einschätzung hat Th. Kolde energisch widersprochen.[105] Wichtig ist vor allem seine Interpretation eines einschlägigen Berichts der Nürnberger Reichstagsgesandten vom 21. Juni (vgl. CR 2, 121 ff.) sowie einer am 19. Juni ebenfalls von Kreß und Volkamer notierten Äußerung Melanchthons, derzufolge „vielleicht die Sach zu keiner so weitläuftigen Handlung gelangen, sondern noch enger eingezogen und kürzer gefaßt und gehandelt werden" wird (CR 2, 112). Gegenüber Brieger[106], der diese Passage auf den Vorschlag des markgräflichen Kanzlers Vogler vom 16. Juni bezieht, dem Kaiser einstweilen nur die ausgearbeiteten Artikel des Glaubens vorzulegen, betont Kolde deren eindeutige Verbindung zu den Verhandlungen mit den kaiserlichen Sekretären und bekräftigt, „daß Melanchthon, nachdem er am 18. Juni durch Valdés vom Kaiser beauftragt worden war, aufs kürzeste ein Verzeichnis der Streitpunkte vorzulegen, eben deshalb mit der Fertigstellung des Bekenntnisses zögerte und in der Tat einen Augenblick glauben konnte, man werde von seiner Übergabe ganz absehen können"[107]. Daß er von dieser Annahme schließlich doch wieder Abstand nahm, sei Folge seines Entschlusses, vor weiteren

---

103 Th. Brieger, Zur Geschichte des Augsburger Reichstages von 1530, Leipzig 1903, 1−46: Alfonso de Valdés und Melanchthon. Zur Entstehungsgeschichte der Augsburgischen Confession.

104 „Die Arbeit am Bekenntnis ist ... durch die Verhandlungen mit Valdés auch nicht einen einzigen Tag ins Stocken geraten." (A. a. O., 9)

105 Th. Kolde, Melanchthons Verhandlungen mit Alph. Valdés und Lor. Campeggio, in: ders., Die älteste Redaktion der Augsburger Konfession mit Melanchthons Einleitung, Gütersloh 1906, 76−106.

106 Vgl. Th. Brieger, a. a. O., 11 ff.

107 A. a. O., 88 f.

Verhandlungen die Zustimmung des Kanzlers Brück und des
Kurfürsten einzuholen. Der Erfolg war die Ablehnung der Sonderverhandlungen und geheimen Abmachungen, mit denen der
Rechtsboden des Ausschreibens verloren zu gehen drohte, und
der Entscheid, „nunmehr endlich das Bekenntnis fertigzustellen,
und dies sofort ins Werk zu setzen"[108]. Das war am 21. Juni der
Fall. Zu ergänzen ist, daß sich Melanchthons Kompromißvor-
schläge in der Tradition der Torgauer Artikel ganz auf praktische
Reformfragen konzentrierten. Die schwerwiegendsten, aber bei
gutem Willen durchaus zu lösenden Problempunkte sah er neben
dem Streit um die Kirchengüter bzw. der Forderung eines allgemeinen Konzils in den Fragen des Zölibats, der communio sub
utraque und des Meßkanons, näherhin der Einzelmessen.[109]

Das bestätigen übrigens auch die nachfolgenden geheimen Sonderverhandlungen Melanchthons mit Campeggio, die dem päpstlichen Legaten teilweise wichtiger zu sein schienen als die offizielle Behandlung der Glaubensfrage auf dem Reichstag. Jedenfalls
unterrichtete Campeggio die Kurie über diese Verhandlungen
weitaus ausführlicher als über den Inhalt der CA. Auch in diesen
Gesprächen ging es neben der Generalkonzilsforderung primär
um Fragen der Kirchenreform, nämlich um die Gewährung des
Laienkelchs, um die Zulassung Verheirateter zum ordinationsgebundenen Amt der Kirche sowie um die Änderung des Meßkanons. Dogmatische Differenzen wurden von Melanchthon in Abrede gestellt. Am 6. Juli erklärte er in einem von der protestantischen Reformationsgeschichtsschreibung häufig als berüchtigt
eingestuften[110] Brief an Campeggio: „Dogma nullum habemus di-

---

[108] A. a. O., 98.

[109] Insgesamt gilt: „Die Verhandlungen um die Probleme der Art. XXII–
       XXVIII nehmen sowohl in der Vorgeschichte wie in der unmittelbaren
       Geschichte des Reichstages von Augsburg einen ungleich größeren Raum
       ein als die Mehrzahl der Art. I–XXI. Das bedeutet, daß bei der Lektüre
       der Art. I–XXI ständig die Ausführungen der Art. XXII–XXVIII als Kom-
       mentar und Begleittext gegenwärtig gehalten werden müssen." (E. Koch,
       Confessio Augustana – Confutatio – Apologie. Das Gespräch über die Ek-
       klesiologie im Kontext des Reichstages von Augsburg, in: F. Hoffmann/
       U. Kühn [Hg.], Die Confessio Augustana im ökumenischen Gespräch,
       Berlin 1980, 41–62, hier: 49)

[110] Vgl. etwa J. v. Walter, Luther und Melanchthon während des Augsburger
       Reichstags, Gütersloh 1931, 58 sowie Th. Kolde, a. a. O., 100.

versum ab Ecclesia Romana ... Parati sumus obedire Ecclesiae
Romanae, modo ut illa pro sua clementia, qua semper erga omnes gentes usa est, pauca quaedam vel dissimulet, vel relaxet,
quae iam mutare ne quidem si velimus queamus ... Ad haec Ro-
mani Pontificis auctoritatem et universam politiam ecclesiasticam
reverenter colimus, modo nos non abiiciat Romanus Pontifex.
Cum autem concordia facile possit constitui, si aequitas vestra
paucis in rebus conniveat, et nos bona fide obedientiam redda-
mus, quorsum opus est, supplices abiicere?" (CR 2, 170). Wenig
später konnte Melanchthon sogar noch weiter gehen und sich mit
der stillschweigenden Duldung des Laienkelchs in den protestantischen Gebieten bis zur endgültigen Konzilsentscheidung sowie
der vorläufigen Aufhebung der obligatorischen Zölibatsforderung
für Priester und Ordensleute begnügen. Im Gegenzug sei man
protestantischerseits gewillt, nicht nur die bischöfliche Rechtsho-
heit, sondern auch die Konkomitanzlehre anzuerkennen und alle
öffentlichen Zeremonien beizubehalten.

Es ist hier nicht von den Gründen zu reden, warum weder die
Verhandlungen mit Valdés noch mit Campeggio zu dauerhaften
Erfolgen führten. Auch soll das häufig verhandelte Problem unerörtert bleiben, wie Melanchthons Verhalten charakterologisch zu
beurteilen ist und ob seine Gegner nicht lediglich ein Ziel verfolgten, nämlich den Praeceptor Germaniae zur römisch-
katholischen Kirche zurückzuführen.[111] Sachlich gewichtiger ist die
Frage, ob sich über den Reformator Melanchthon nicht mit Recht
urteilen läßt: „er ist und bleibt in erster Linie Humanist"[112]; am
wichtigsten aber ist die Erwägung, ob man sagen kann, daß ihm,
Melanchthon, „als der oberste Gesichtspunkt alles kirchenpolitischen Planens und Handelns der durch und durch mittelalterliche,
an der Geschichte der griechischen Union, sowie vor allem der
Böhmischen Brüder orientierte Gedanke genügte, den Bekennern

---

[111]   Vgl. G. Kawerau, Die Versuche, Melanchthon zur katholischen Kirche
        zurückzuführen, Halle 1902.

[112]   A. a. O., 65. Zur Frage, warum Erasmus 1530 nicht in Augsburg war, vgl.
        B. Lohse, Erasmus und die Verhandlungen auf dem Reichstag zu Augs-
        burg 1530, in: H. Immenkötter/G. Wenz (Hg.), Sammelband zu einem
        Expertengespräch über die Augsburger Ausschußverhandlungen von 1530
        (Augsburg, 24. – 26. Juni 1994); erscheint 1996 in der Aschendorffschen
        Verlagsbuchhandlung Münster. Vgl. ferner Einleitung II.

des Evangeliums die Rechte einer von Kaiser und Kurie anerkannten Religionsgenossenschaft innerhalb des Verbandes der
päpstlichen Kirche zu erringen" (Gußmann I, 101).

Um diese Frage beantworten und Melanchthons Rolle bei den
Sonderverhandlungen gerecht einschätzen zu können, wird man
sich zu vergegenwärtigen haben, daß die kursächsische Reichstagspolitik insgesamt und über längere Zeit von einer „unverkennbaren Doppelseitigkeit" (Gußmann I, 105) gekennzeichnet war.
Während in dem Abgrenzungsbedürfnis gegenüber dem Zwinglianismus Einigkeit bestand, gab es Differenzen darüber, ob Sonderverhandlungen mit dem Ziel eines besonderen Abkommens
mit dem Kaiser oder gemeinsame öffentliche Verhandlungen den
Vorzug verdienten. Noch Ende Mai war, wovon zu reden sein
wird, die werdende Augustana eine „sächsische ... Schutzschrift
im ausschließlichsten Sinne des Wortes" (Gußmann I, 110), deren
entscheidendes Anliegen es war, „den Kaiser nicht zu verletzen,
die Häupter der römischen Hierarchie schonend zu behandeln,
die Übereinstimmung mit dem Glauben der alten Kirche nach allen Seiten zu wahren und dafür das Feld der Verhandlungen ...
auf ein vorsichtig gewähltes Programm kirchlich diskutierbarer
Verbesserungspunkte einzuschränken" (Gußmann I, 109). Wichtiger noch als die solchem Anliegen entsprechende Taktik des
Ausgleichs war der politische Grundsatz, den Kursachsen lange
Zeit befolgte, nämlich dem Kaiser ohne Rücksicht auf ein künftiges Konzil das Recht zuzuschreiben, „die religiöse Frage auf dem
Reichstag zu erörtern, beide Parteien abzuhören und auf Grund
dieser Vernehmungen der Christenheit den kirchlichen Frieden zu
diktieren" (Gußmann I, 110).

Durchbrochen oder doch zumindest relativiert wurde diese politische Basisannahme erst durch die endgültige Integration Philipps
von Hessen in den Bund der Augsburger Bekenner. Denn der
Landgraf verneinte bekanntlich und mit der für ihn kennzeich-
nenden Durchsetzungsstärke den Leitsatz der kurfürstlichen Politik ausdrücklich. „Nicht dem Kaiser, sondern der Gesamtvertre-
tung der Kirche gebührte nach seiner Überzeugung die oberste
Rechtsgewalt in Glaubenssachen. Sein Erbieten ging deshalb auf
ein allgemeines christliches Konzil." (Gußmann I, 112) Daß er sich
damit im Kreise der Augsburger Konfessoren weitgehend durchgesetzt hat, beweist die erst in den letzten Tagen vor der Übergabe an den Kaiser fertiggestellte Vorrede der CA, deren Endredak-

tion auf Kanzler Brück zurückgeht. Der Landgraf erreichte „erstens, daß der Kaiser als Richter in Glaubenssachen abgelehnt, und zweitens, daß eben deshalb die Berufung auf ‚ein gemein frei christlich Concilium‘ in allen Formen des Rechts erneuert wurde" (Gußmann I, 116). Damit schien das ursprüngliche kursächsische Reichstagsprogramm erledigt zu sein: und doch hat dieses Programm nicht nur bleibende Spuren in der CA selbst hinterlassen, sondern sich auch ansonsten als sehr zählebig erwiesen, wie u. a. die besagten Sonderverhandlungen beweisen. Man wird diese Sonderverhandlungen historisch nur dann richtig bewerten können, wenn man sie nicht einer Charakterschwäche Melanchthons zuschreibt, sondern sie im Zusammenhang der kursächsischen Politik würdigt. Daß diese Politik in einem Spannungsverhältnis stand zu derjenigen Philipps von Hessen, ja in bestimmter Weise auch zur Nürnberger und sogar zur Brandenburger Politik, ist offenkundig. Während Kurfürst Johann und auf seine Weise Melanchthon die konservativen „Mächte der Beharrung", der „Einheit des Reichs und der Kirche" (Gußmann I, 208) repräsentieren, verkörpert der hessische Landgraf die eher innovativen Kräfte protestantischer Politik, die in engem Zusammenhang mit dem Prozeß wachsender landesherrlich-territorialer Emanzipation stehen. Auch läßt sich Philipps Ablehnung der kaiserlichen Richterfunktion in Glaubensfragen im Sinne strikter, die mittelalterliche Einheitskultur virtuell auflösender Unterscheidung weltlicher und geistlicher Befugnisse deuten, wie Luthers sog. Zwei-Reiche-Lehre sie vornimmt, die ihrerseits freilich auch Melanchthon verficht, etwa wenn er im Unterschied zu gegenläufigen Tendenzen insbesondere im Kreise der Brandenburger Theologen die landesherrlichen Reformationsrechte zu beschränken und obrigkeitliche Übergriffe auf die geistliche Gewissenssphäre zu verhindern sucht. Kurz und gut: Wer die historische Bedeutung der Augustana im Kontext ihrer Zeit und der dieser Zeit eigenen Signatur zu erfassen sucht, wird bestehende, für den Kreis der Augsburger Bekenner ebenso wie für die Augustana selbst kennzeichnende Spannungsverhältnisse wahrzunehmen haben, wobei, wie sich noch genauer erweisen wird, dem die Geschichte des deutschen Protestantismus zwischen den beiden Reichstagen von Speyer und Augsburg beherrschenden Antagonismus von Sachsen und Hessen besondere Bedeutung zukommt.

Zur Differenziertheit des historischen Urteils gehört deshalb auch die Einsicht, auf die im gegebenen Zusammenhang noch einmal hinzuweisen ist, daß nämlich die Augustana auch als Text keine beziehungslose Größe darstellt, sondern in den historischen Zusammenhang der vielfältigen Ratschläge evangelischer Reichsstände gehört, denen neben den „Gravamina" besondere Bedeutung für die schriftliche Vorbereitung des Reichstages von Augsburg 1530 zukommt. Darauf hat, wie mehrfach erwähnt, namentlich W. Gußmann unter Aufwand subtilster historischer Gelehrsamkeit aufmerksam gemacht.[113] Was das genaue Verhältnis der Ratschläge zur Augustana betrifft, so hat Gußmann gezeigt, daß Melanchthon verschiedene Schriftstücke wie etwa den Ratschlag der Nürnberger Prediger nicht nur gesichtet, sondern im Zuge der Endredaktion der Augustana in dieser oder jener Form auch benutzt hat (vgl. Gußmann I, 222 ff., bes. 234 ff.). Auch dies will wahrgenommen und gewürdigt werden, wenn es darum geht, den historischen Sinn der Augustana in ihrem Übergang von einer kursächsischen Separatapologie zu einem auf protestantische Integration bedachten Bekenntnis zu erfassen. Nachgerade in dieser Hinsicht kommt den Tagen zwischen der Ankunft des Kaisers und der Übergabe des Bekenntnisses eine besondere Bedeutung zu.

Was den äußeren Verlauf der Ereignisse anbelangt, so gilt folgendes: Ursprünglich für Freitag, den 24. Juni, geplant, aber durch einige Hindernisse, namentlich durch eine Mission türkenbedrängter Österreicher sowie bestimmte Widerstände von kaiserlicher Seite verzögert, kam es in den Spätnachmittagsstunden des 25. Juni zur öffentlichen Verlesung der Confessio Augustana vor Kaiser Karl und König Ferdinand sowie allen Kurfürsten, Fürsten und Ständen des Reichs. Der Ort der Handlung war die Kapitelstube des bischöflichen Hofes, wo der Kaiser wohnte und zu der nur die Mitglieder der Reichsversammlung Zutritt fanden. Die Bitte der evangelischen Fürsten nach einem größeren Raum und der Zulassung von Fremden wurde abschlägig beschieden. Durchsetzen konnten sie sich hingegen mit ihrem Wunsch nach deutschem Vortrag, obwohl der Kaiser aus Gründen geringerer Öffentlichkeitswirksamkeit die lateinische Sprache favorisiert hatte.

---

[113] Mit Recht sind Gußmanns Untersuchungen zu einer „Schatzkammer der Reformationsgeschichtsforschung" (B. Moeller, Augustana-Studien, in: ARG 57 [1966], 76–95, hier: 77, Anm. 4) erklärt worden.

Nach der etwa zweistündigen Verlesung durch den amtierenden kursächsischen Kanzler Christian Beier, die nach Spalatins Bericht so laut und deutlich geschah, daß man ihren Inhalt nicht allein in dem Saal, sondern auch draußen vernommen hat, wollte Altkanzler Brück den deutschen und lateinischen Text über den kaiserlichen Sekretär, Alexander Schweiß, an den Erzbischof von Mainz reichen; indes nahm der Kaiser die Konfessionsschrift selbst in Empfang und ließ den Konfessoren durch Pfalzgraf Friedrich ausrichten, er wolle ihr Bekenntnis mit Bedacht und allem Fleiß erwägen und beratschlagen und gnädige Antwort erteilen. Verbunden wurde dies mit dem Auftrag an die Unterzeichner, ihr Bekenntnis nicht ohne kaiserliche Zustimmung in Druck kommen zu lassen.

Die kaum weniger als sechs Wochen, die dann zwischen der Übergabe der Confessio Augustana und der am 3. August erfolgten Antwort des Kaisers vergehen sollten, mögen äußerer Betrachtung als bloße Wartezeit erscheinen; sie waren in Wirklichkeit aber angefüllt mit vielfältigen diplomatischen Aktivitäten. Der Kaiser versuchte einerseits Druck auf die dissentierenden Städte auszuüben und die protestantischen Fürsten auseinanderzudividieren sowie durch Drohungen und Versprechungen zum Nachgeben zu bewegen; andererseits sah er sich angesichts der erkennbaren Erfolglosigkeit dieser Bemühungen und einer mangels Mittel nur geringen Neigung zu gewaltsamen Lösungen veranlaßt, Möglichkeiten kommunikativer Übereinkunft offenzuhalten und erneute Bewegung in die Konzilsfrage zu bringen, was insbesondere ein persönliches Schreiben an den Papst vom 14. Juli eindrucksvoll belegt. Die Kurie und ihr Legat hingegen setzten auf diplomatisch mehr oder minder flexible Weise ihre Konzilsverweigerungspolitik fort und zeigten sich im übrigen den Protestanten gegenüber weitgehend kompromißlos. Darüber konnte sich auch Melanchthon nur kurzfristig hinwegtäuschen: seine erwähnten Audienzen bei Campeggio brachten nicht den gewünschten Ausgleich; selbst das nicht unbedenkliche Zugeständnis, man sei protestantischerseits bereit, sich unter Neutralisierung der Meßopferfrage mit der bloßen Duldung von Priesterehe und Laienkelch zufriedenzugeben und als Gegenleistung für solche Duldung die bischöfliche Jurisdiktion wiederherzustellen, vermochte daran nichts zu ändern.

Eigens hervorzuheben ist, daß die wohl wichtigste politische Rolle in der mit der Verlesung der CA gegebenen Reichstagssituation den katholischen Ständen zufiel. Sie unterstützten den Kaiser gegenüber der Kurie und dem Legaten in seinen Konzilsbemühungen und zeigten noch weniger Neigung als Karl zu einem Religionskrieg, den sie vielmehr nicht zuletzt aus ständischen Interessen nach Kräften zu vermeiden suchten; zugleich beharrten sie auf ihrer erklärten Auffassung, bei dem im Glaubensstreit einzuschlagenden Verfahren des Reichstags könne es sich unter keinen Umständen um ein kaiserliches Schiedsgericht zwischen gleichberechtigten Parteien handeln, da nicht sie, die katholischen Stände, sondern allein die Protestanten vom gemeinsamen Glauben abgewichen seien. Für den weiteren Verlauf der Reichstagsereignisse einschließlich der konzeptionellen Gestaltung der offiziellen Reaktion auf die Confessio Augustana sollte diese Haltung der altgläubigen Ständemehrheit von entscheidender Bedeutung sein.

7. 3. *August 1530: die Confutatio*

Bereits am 26. Juni, dem Tag nach der Übergabe der CA, „versammelte der Kaiser die katholischen Stände und begehrte ihren Rat, wie jetzt mit den Protestanten zu verfahren sei"[114]. Dar-

---

114 Th. Brieger, Beiträge zur Geschichte des Augsburger Reichstages von 1530. Archivarische Mitteilungen, in: ZKG XII (1891), 123–187, hier: 124. Ferner: J. Ficker, Die Konfutation des Augsburgischen Bekenntnisses. Ihre erste Gestalt und ihre Geschichte, Leipzig 1891. Nach einer kurzen Skizze der Editionsgeschichte (XI–XIV) entfaltet Ficker detailliert die Vorgeschichte der Confutatio (XIV–CIX), die er dann verbunden mit einigen anderen Beilagen (141–190) sowie einem Anhang zu den Handschriften (CX–CXXXIV) in ihrer ersten Redaktionsgestalt (1–140: Catholica et quasi extemporalis responsio etc.) zusammen mit einer für neun Artikel erhaltenen deutschen Übersetzung (vgl. XLVII) ediert. Was die authentische Textgestalt der Confutatio angeht, so ist der Hinweis wichtig, daß es zu einer vollständigen Fertigstellung des lateinischen Textes nicht kam. Die letzten Arbeiten an der deutschen Widerlegung, die am 3. August schließlich auch zur Verlesung kam, „nahmen die kurze Zeit und die verfügbaren Kräfte so völlig in Anspruch, dass an die Fertigstellung einer korrespondierenden lateinischen Reinschrift nicht mehr gedacht werden konnte. Eine gründliche Vergleichung mit dem deutschen Text wäre nötig gewesen, um die lateinische Fassung völlig gleichwertig zu

aufhin empfahl die altgläubige Ständemehrheit, diese wichtige
Angelegenheit etlichen gelehrten, verständigen und nicht gehässi-
gen Personen zu übergeben, damit sie am Maßstabe des Evangeliums, des Wortes Gottes und der heiligen christlichen Kirche
Übereinstimmung und etwaige Abweichungen der CA überprüf-
ten.[115] Dieser Ratschlag bestätigt erneut, daß die katholischen
Stände zur Vorlage eines eigenen Bekenntnisses nicht bereit waren.[116] Als authentische Vertreter des überkommenen christlichen
Glaubens, die sie ihrer Selbsteinschätzung gemäß waren, wollten
sie eine paritätische Verhandlung mit den Protestanten nicht akzeptieren. In diesem Sinne wurden noch Ende Juni auf Vorschlag
entweder ihrer Landesherren oder des kaiserlichen Hofes sowie

---

machen, namentlich die Zusätze nachzutragen." (LXXXVII) Der theologische Wert der Confutatio ist in der Regel gering veranschlagt worden.
„Gleichwohl muß sie als von den deutschen Führern der römischen
Partei unter den Augen des päpstlichen Legaten geschriebenes, von dem
Kaiser, den deutschen Bischöfen und den römisch gesinnten Fürsten ge-
billigtes Bekenntnis zu den historisch wichtigsten Dokumenten römisch-
katholischen Glaubens jener Zeit gerechnet werden. Denn damals erklärte der Kaiser, der darin ausgesprochene Glaube sei sein Glaube,
verlangte seine Annahme von den Evangelischen und drohte, im Falle
des Widerstrebens als ein ‚Vogt christlicher Kirche' gegen sie vorzuge-
hen." (Th. Kolde, Historische Einleitung in die Symbolischen Bücher der
evangelisch-lutherischen Kirche, Gütersloh 1913, XXXV)

Die Confutatio der Confessio Augustana vom 3. August hat H. Immenkötter in Fortführung der historischen Vorarbeiten Fickers und in Ablösung der „nicht zureichende(n) Ausgabe" (J. Rogge, Zur Wirkungsgeschichte der Confessio Augustana, in: ThLZ 105 (1980), 401–408, hier: 404)
im „Corpus Reformatorum" (vgl. CR 27, 1ff.) bearbeitet und herausgegeben (vgl. Lit. § 6). Auf der in dieser Edition erreichten Textgrundlage basiert auch Immenkötters Übertragung der Confutatio ins Neuhochdeutsche (H. Immenkötter, Der Reichstag zu Augsburg und die Confutatio.
Historische Einführung und neuhochdeutsche Übertragung, Münster
1979).

[115]   Vgl. Th. Brieger, a. a. O., 126 f.

[116]   Daraus folgt: „Die Confutatio ist keine Bekenntnisschrift. Die katholischen Stände lehnten es ab, eine solche umfassende positive Darstellung
ihres Glaubens vorzulegen. Sie sahen keinen Anlaß, Rechenschaft über
die von ihnen festgehaltene Glaubenslehre abzulegen oder eine Rechtfertigung des eigenen Verhaltens zu geben." (E. Iserloh, Schicksalstage
des Augsburger Reichstags, in: B. Lohse/O. H. Pesch [Hg.], Das „Augsburger Bekenntnis" von 1530 damals und heute, München/Mainz 1980, 64–
78, hier: 71)

des päpstlichen Legaten, der naturgemäß ebenfalls auf den modus
procedendi Einfluß nehmen wollte und dies in dezidierter Weise
auch tat, mehr als zwanzig altgläubige Theologen mit der Anfertigung einer Widerlegung der CA beauftragt, ohne daß über die
endgültige Form der Erwiderung bereits Einigkeit bestanden hätte.
Die ausgewählten Gelehrten „hatten sich durch apologetische und
kontroverstheologische Schriften, Predigten oder Disputationen
als Verteidiger des alten Glaubens ausgewiesen und so für eine
Mitarbeit empfohlen. Einige von ihnen hatten sich darüber hinaus – dem kaiserlichen Ausschreiben folgend – speziell auf diese
Arbeit vorbereitet und für eine Auseinandersetzung mit den Protestanten mehr oder weniger umfangreiche Kataloge von häretischen Sätzen aus den Schriften der Gegner zusammengestellt. Sie
griffen dazu entweder auf eigene Arbeiten zurück oder benutzten
irgendeine der vielen Sammlungen dieser Gattung, die seit 1520
ebenso beliebtes wie erfolgloses Mittel der literarischen Fehde mit
den Reformatoren war." (Immenkötter, 15)

Neben Wimpina, Mensing, Dietenberger, Julius Pflug und Bartho-
lomäus Arnoldi von Usingen[117] verdienen besonders drei der an
den Vorarbeiten der Confutatio beteiligten Theologen (BSLK
289,27 f.: „Esel, so die Confutation gestellet haben") erwähnt zu
werden, nämlich Fabri, Cochläus und Eck, der den Hauptanteil
der anfallenden Arbeiten übernahm. Der aus Egg an der Günz
stammende Johannes Eck (1486–1543), seit 1510 Theologieprofessor
in Ingolstadt – „neben Köln der bedeutendste theologische Vor-
posten der bedrängten katholischen Kirche"[118] –, Kontrahent Luthers in der Leipziger Disputation vom Sommer 1519 und neben
Aleander mit der Bekanntgabe der Bannandrohungsbulle
„Exsurge Domine" in Deutschland beauftragt, hatte 1525 sein auf
Fragen der Ekklesiologie konzentriertes „Enchiridion locorum
communium adversus Lutherum et alios hostes ecclesiae" erscheinen lassen, das er Heinrich VIII. von England widmete und persönlich überreichte. „Von diesem ‚Handbuch' sind uns 121 Ausga-

---

117 Von B. A. von Usingen stammt eine lange vergessene, 1978 von P. Simo-
    niti herausgegebene und bearbeitete Entgegnungsschrift zu Melan-
    chthons Apologie der CA (Responsio contra Apologiam Philippi Melan-
    chthonis, Würzburg 1978). Zu den übrigen Theologen und ihren Vorar-
    beiten vgl. im einzelnen Immenkötter, 16 ff.

118 G. Schwaiger, Art. Ingolstadt, Universität, in: TRE 16, 154–156, hier: 155.

ben und Übersetzungen bekannt. Es ist damit die verbreitetste und meistgelesene Schrift nicht nur Ecks, sondern der katholischen Literatur des 16. Jh. überhaupt."[119] Auch als Apologet des Meßopfers gegen die Angriffe der Reformatoren (De Sacrificio Missae, 1526) hatte sich Eck hervorgetan. Unmittelbar bedeutsam für das Reichstagsgeschehen und die Entstehungsgeschichte der Confessio Augustana wurde der bewährte Häresiomache durch seine berühmt-berüchtigten 404 Artikel, in denen er wahrscheinlich auf Veranlassung der bairischen Herzöge für den Kaiser die Irrtümer von Lutheranern, Zwinglianern und Schwärmern ohne große Rücksicht auf Kontext und Aussageintention auflistete. Im wesentlichen kam es Eck darauf an, „die Protestanten als Häretiker zu entlarven, vor allem sie als eine Einheit erscheinen zu lassen. Die Anhänger Luthers und die Schweizer sollten ebenso revolutionär erscheinen wie die Täufer, damit den Fürsten der obrigkeitsfeindliche Charakter der Protestanten deutlich werde."[120] Das „Gekecke", von dessen Unaufhörlichkeit Luther in seinen brieflichen Vergleichen zwischen dem Reichstag und der alltäglichen Versammlung von Dohlen und Krähen vor seinem Coburger Festungszimmer in Anspielung auf Dr. Eck spricht[121], sollte den Protestanten auch fernerhin zu schaffen machen; indes ließ der Ingolstädter Professor zu Zeiten auch Anzeichen gegebener Kompromißbereitschaft erkennen. Im einzelnen ist, was sich über Johannes Eck auf dem Reichstag in Augsburg 1530 in Erfahrung bringen läßt, zusammengefaßt in der einschlägigen Monographie von K. Rischar[122], der auch die entsprechenden Quellenverweise zu entnehmen sind.

Johannes Cochläus (von lt. cochleae: Wendeltreppe; 1479–1552), auf deutsch: „der Mann aus Wendelstein", einem kleinen Ort bei Nürnberg, dessen Name noch im 16. Jahrhundert zugleich Be-

---

[119]   E. Iserloh, Art. Eck, Johannes, in: TRE 9, 249–258, hier: 253.

[120]   E. Iserloh, Johannes Eck (1486–1543). Scholastiker, Humanist, Kontroverstheologe, Münster, ²1985, 66. Vgl. W. Gußmann (Hg.), Quellen und Forschungen zur Geschichte des Augsburgischen Glaubensbekenntnisses. Zweiter Band: D. Johann Ecks Vierhundertvier Artikel zum Reichstag zu Augsburg 1530, Kassel 1930.

[121]   Vgl. J. G. Walch (Hg.), a. a. O., 1750 ff.

[122]   K. Rischar, Johann Eck auf dem Reichstag zu Augsburg 1530, Münster 1968.

zeichnung für eine Wendeltreppe war, hatte mit Eck anfangs wenig im Sinn, stand vielmehr im Ruf, in der Zeit seines Aufenthalts
in der Frankenmetropole von August 1519 bis Mitte Januar 1520 an
der Endredaktion von Willibald Pirckheimers Satire „Eckius dedolatus" beteiligt gewesen zu sein; der Leipziger Disputator und
Luthergegner („quem vos keckium, et iuste quidem appellatis")
soll in diesem Schmähstück – einem der „schärfsten und beißend-
sten Dialoge der Reformationszeit"[123] – auf teils sehr drastische
Weise „ent-eckt" und auf sein eigentliches Format zurechtgestutzt
werden.[124] Wenig später trat indes auch Cochläus in entschiedenen Widerspruch zur Reformation[125] und wurde einer der
„produktivsten literarischen Verteidiger ... der alten Kirche"[126],
dessen Schriftenverzeichnis mehr als 200 Titel umfaßt. 1528 wurde
er als Nachfolger seines Freundes Hieronymus Emser (1478–
1527)[127] theologischer Berater von Herzog Georg von Sachsen
(1471–1539), seinerseits ein bei allem Reformwillen kompromißloser Bekenner des alten Glaubens und hartnäckiger Widersacher
Luthers, der Rom ebenso unbedingt ergeben war wie dem Kaiser,
von dem er die konsequente Durchführung des Wormser Edikts
wiederholt energisch einforderte.[128] In Georgs Diensten hat
Cochläus am Augsburger Reichstag „von Anfang bis zum Ende
teilgenommen"[129].

Als dritter im Bunde der sog. Konfutatoren sei schließlich noch
der von dem „Scholastiker Eck und de(m) Schulmeister

---

[123]   H. Holstein, Die Reformation im Spiegelbilde der dramatischen Literatur
des sechzehnten Jahrhunderts, Halle 1886, 179.

[124]   Vgl. W. Pirckheimer, Eckius dedolatus. Der enteckte Eck. Lateinisch.
Deutsch. Übers. u. hg. v. N. Holzberg, Stuttgart 1983, hier: 32 sowie 18 ff.,
101 u. 126.

[125]   Zur Frage „Wie wurde Cochleus zum Gegner Luthers?" vgl. den gleichnamigen Beitrag von Th. Kolde, in: ders., Beiträge zur Reformationsgeschichte, Leipzig 1888, 197–201.

[126]   R. Bäumer, Art. Cochläus, Johannes, in: TRE 8, 140–146, hier: 144.

[127]   Vgl. J. Steinruck, Art. Emser, Hieronymus, in: TRE 9, 576–580.

[128]   Vgl. H. Junghans, Art. Georg von Sachsen, in: TRE 12, 385–389.

[129]   R. Bäumer, Johannes Cochläus (1479–1552). Leben und Werk im Dienst
der katholischen Reform, Münster 1980, 33; ferner: M. Spahn, Johannes
Cochläus. Ein Lebensbild aus der Zeit der Kirchenspaltung, Berlin 1928.

Cochläus"[130] allerdings in vieler Hinsicht charakteristisch unter-
schiedene, zum Doktor beider Rechte promovierte Allgäuer
Schmiedsohn Johannes Heigerlein (1478–1541) vorgestellt, der sich
nach Manier seiner humanistischen Freunde, zu denen auch
Erasmus gehörte, ab 1525 (filius) Fabri nannte. Der Hofrat und
Beichtvater Erzherzog Ferdinands (welcher ihn am 3. Juli 1530 als
Bischof der seit der Türkenbelagerung von 1529 weithin zerstörten
Diözese Wien präsentierte[131]) war „einer der profiliertesten Vertreter der Altgläubigen"[132] und hatte sich als Kontroverstheologe
durch eine Fülle von Schriften und insbesondere durch seinen
„Malleus in haeresim Lutheranam" (1524; unter anderem Titel bereits 1522) empfohlen: „es verwundert daher nicht, daß ihm auf
dem Augsburger Reichstag 1530, für dessen Religionsverhandlungen er sich durch Anfertigung mehrerer Häresienkataloge ... besonders gründlich vorbereitet glaubte, große Verantwortung bei
der Erwiderung auf das Augsburger Bekenntnis zufiel. Unter seinem Vorsitz tagten die Konfutatoren, ihm oblag die entscheidende Redaktionsarbeit, er überwachte die Übersetzung ins Deutsche
und die Anfertigung der offiziellen Reinschriften. Schließlich
überließ man ihm nach den Ausschußverhandlungen, an denen er
nicht beteiligt war, die nochmalige Revision der Confutatio vor
der vom Kaiser gewünschten Drucklegung, die jedoch weder in
Augsburg noch zwei Jahre später in Regensburg verwirklicht
wurde."[133]

Auch wenn man von den Problemen ihrer Drucklegung absieht
(vgl. Immenkötter, 50 ff.), ist die Geschichte der Confutatio immer
noch kompliziert genug. Nach Erhalt einer Abschrift der CA hatten sich die altgläubigen Theologen noch Ende Juni an die Arbeit
gemacht, ohne daß ihnen bereits ein klarer Plan ihres Auftrages
bezüglich der endgültigen Form des Unternehmens vorgelegen
hätte. Da die ersten beiden, auf der Basis von Häresienkatalogen

---

[130]   H. Immenkötter, Art. Fabri, Johann, in: TRE 10, 784–788, hier: 785.

[131]   Vgl. Ch. Radey, Dr. Johann Fabri. Bischof von Wien (1531–1541), Wegbereiter der katholischen Reform, Rat König Ferdinands, Diss. Wien 1976;
L. Heilbling, Dr. Johann Fabri, Generalvikar von Konstanz und Bischof
von Wien 1478–1541. Beiträge zu seiner Lebensgeschichte, Münster 1941.

[132]   H. Immenkötter, a. a. O., 786.

[133]   Ebd.

und einigen kontroverstheologischen Standardwerken, namentlich
Ecks „Enchiridion", angefertigten Widerlegungsschriften, nämlich
die äußerst weitschweifige „Responsio Theologorum", von der die
Art. 1 – 4 überliefert sind (vgl. CR 27, 85–97), sowie die am 12. Juli
fertiggestellte „Catholica et quasi extemporalis responsio"[134], die
ausgleichende Mäßigung schuldig geblieben waren, wie sie
„durch die Politik geboten"[135] war, kam es Mitte Juli zu einer völligen Neukonzeption der Widerlegungsarbeiten. In Abwendung
vom bisherigen Versuch einer systematischen Generalabrechnung
schlossen sich die Theologen nun erstmals streng an die CA an.
„In gleicher Reihenfolge nahmen sie zu jedem Artikel von dem
Dogma der Kirche aus Stellung und setzten so zustimmend oder
verwerfend die katholische Lehre daneben."[136]

Im einzelnen läßt sich über die komplizierte Redaktionsgeschichte, an deren Ende die Confutatio steht, folgendes sagen: Kurz
nachdem der Kaiser die „Catholica et quasi extemporalis responsio" erhalten hatte, schickte er sie an die altgläubigen Stände zur
Kenntnisnahme und Beurteilung. Die erfolgten Einwände betrafen
weniger den Inhalt als vielmehr die Form des Textes. Wie angedeutet, war es ein wesentliches Interesse der katholischen Stände,
polemische Verlautbarungen der Kontroverstheologen, die in der
„Extemporalis responsio" fortwährend als Ankläger der Evangelischen dem Kaiser gegenüber aufgetreten waren, im Interesse of-
fenzuhaltender Verständigung nach Möglichkeit zu unterbinden.
Ferner – und das ist ein nicht minder gewichtiger Gesichtspunkt –
sollte die entscheidende Verantwortung für den bevorstehenden
Konfutationsakt unmittelbar dem Kaiser anheimgestellt werden.
Zu diesem Zweck wurden ein Prolog und ein Epilog entworfen,
„in denen der Kaiser als Kundgeber der von den Theologen verfaßten Antwort aufgeführt wurde"[137]. Der Kaiser fügte sich am 22.
Juli diesem Wunsch nach direkter Identifikation mit dem Kon-
futationstext, wenngleich nur widerstrebend und unter der Aufla-

---

[134] Vgl. die erwähnte Edition Fickers (oben Anm. 114)

[135] K. Behringer, Etliches zur Confutatio, in: Luther 12 (1930), 71–83, hier: 72.

[136] A. a. O., 73.

[137] E. Honée, Die theologische Diskussion über den Laienkelch auf dem
Augsburger Reichstag 1530. Versuch einer historischen Rekonstruktion 1,
in: NAK NS 53 (1972/73), 1–96, hier: 43.

ge, daß die katholischen Stände ihrerseits Mitverantwortung über-
nähmen, was zu entsprechenden Modifikationen im Vor- und
Nachwort führte.[138] Die im Haupttext der „Extemporalis responsio"
in durchaus einschneidender Weise vorgenommenen Eingriffe
und Korrekturen[139] hinwiederum dienten, um es zu wiederholen,
im wesentlichen dem Zweck einer möglichst maßvollen Antwort,
deren Kritik sich ausschließlich auf das vorgelegte Bekenntnis der
Protestanten beschränken und nicht, wie von der Theologenkommission ursprünglich intendiert, auf etwaige Diskrepanzen
zwischen CA und vormaligen anderweitigen Äußerungen reformatorischer Theologen Bezug nehmen sollte. „Offenbar waren die
Stände vor allem interessiert an einer Abgrenzung von zu billigenden und nicht zu billigenden Artikeln und verlangten, dass
diese Abgrenzung in einem kaiserlichen Machtwort formuliert
wurde, das im übrigen ihnen selbst genügend Spielraum lassen
musste, um nach dem Konfutationsakt doch noch das Gespräch
mit den Protestanten aufzunehmen."[140] Auch wenn die Theologenkommission diesem Anliegen nicht sogleich und in jeder Hinsicht Rechnung trug, setzten sich die Stände doch mit ihren Vorstellungen in bezug auf die Endgestalt der Confutatio Confessionis
Augustanae weitgehend durch. Hinzuzufügen ist, was aus dem
bereits Erwähnten im Grunde ohne weiteres hervorgeht, daß es
sich nämlich bei der besagten Widerlegungsschrift der Augsburgischen Konfession trotz der unbestreitbar gegebenen Einflußnah-
me des päpstlichen Legaten recht eigentlich nicht – wie vielfach
zu lesen – um eine Confutatio Pontificia handelt, sondern viel
eher um eine Confutatio Caesarea.[141]

---

[138] Mit der Entscheidung, die Confutatio als Antwort des Kaisers zu konzi-
pieren, waren zugleich die neuen Adressaten der Widerlegungsschrift
festgelegt: „die fünf protestierenden Fürsten und die zwei mit ihnen
sympathisierenden Städte, die Unterzeichner der CA." (Immenkötter, 39)

[139] Zu den Vorlagen, die außer den Resten der Extemporalis responsio für
die Confutatio herangezogen wurden, vgl. Immenkötter, 40 f. sowie
J. Ficker. a. a. O., LVI–LVIII.

[140] E. Honée, a. a. O., 46.

[141] So mit Recht G. Müller, Die Anhänger der Confessio Augustana und die
Ausschußverhandlungen, in: E. Iserloh (Hg.), a. a. O., 243–257, hier: 243,
Anm. 2.

Am 3. August 1530 wurde die Confutatio in ihrer deutschen Fassung – in demselben Kapitelsaal des bischöflichen Palais wie mehr als fünf Wochen zuvor die CA – durch den kaiserlichen Sekretär Alexander Schweiß vor Vertretern aller Stände in der fünften allgemeinen Reichstagssitzung verlesen. Die Langwierigkeit der Entstehung der Confutatio, für die, wie gesagt, „nicht so sehr Unsicherheiten über ihren Inhalt ..., als vielmehr lange Diskussionen über die zu ihrem Inhalt passende Form" (Honée, 50)[142] verantwortlich sind, konnte auch durch das eilige Zusammensetzen des für den Vortrag bestimmten Exemplars nicht wettgemacht werden. Die Hast führte vielmehr zu dem Mißgeschick, daß der Schluß von Artikel XXIV über die Messe sowie die Artikel XXV und XXVI über Beichtpraxis und Fastengebote ausfielen. Die Verlesung des XXIV. Artikels endete daher mit dem allgemein als „peinlich empfundene(n) Beweis, der von einer arg konstruierten Bedeutungsgeschichte des Wortes ‚facere' auf den Opfercharakter der Messe schließt" (Immenkötter, 47; vgl. 170, 5–14). Ungeachtet dieses Mißgeschicks, das die Protestanten in ihrer Geringschätzung bestärkte, wird man sagen dürfen, „daß die Confutatio einen repräsentativen Querschnitt dessen liefert, was die katholischen Reformationsgegner 1530 zu leisten vermochten"[143]. Entgegen ur-

---

142 Die lange Zeitspanne zwischen der Verlesung der CA und derjenigen der Confutatio ist u. a. dadurch bedingt, daß die Aufmerksamkeit der Akteure in den dazwischenliegenden Wochen vielfach anderweitig gebunden war. Mit H. Immenkötter zu reden: „Nicht die Artikel der CA, sondern die Minimalforderungen Melanchthons waren Hauptgegenstand der internen Beratungen am Kaiserhof und der Korrespondenzen zwischen Melanchthon und Luther sowie zwischen Campeggio und Salviati." (Immenkötter, 31) Was den päpstlichen Legaten betrifft, so erschien er zumindest in den Fragen des Laienkelches und des Zölibats unter bestimmten Bedingungen, die mit den Prager Kompaktaten bzw. dem Florentiner Unionsdekret konform zu gehen hatten, als nicht völlig unbeweglich, wobei der gelehrte Streit namentlich zwischen Müller und Honée um die Motivation von Campeggios Verhalten hier ebenso unentschieden bleiben kann, wie die traditionelle protestantische Auseinandersetzung über die Beurteilung der Rolle Melanchthons. Jedenfalls führte der eingeschlagene Weg der Sonderverhandlungen zu keinem Ziel und zwar aus Gründen, die man sowohl in der ablehnenden Haltung der Kurie als auch in wachsenden Reserven innerhalb der protestantischen Stände zu suchen hat.

143 H. Immenkötter, Der Reichstag zu Augsburg und die Confutatio. Historische Einführung und neuhochdeutsche Übertragung, Münster ²1979, 29.

sprünglichem Plan wurde die Confutatio nach ihrer öffentlichen
Verlesung den lutherischen Ständen nicht ausgehändigt, weil der
Kaiser auf Drängen insbesondere des päpstlichen Legaten die
Überlassung einer Abschrift von der Erfüllung unannehmbarer
Bedingungen abhängig machte: „vorherige Unterwerfung, Ver-
zicht auf eine Erwiderung und auf Drucklegung von CA und
Confutatio" (Immenkötter, 48). Weil sie unter solchen Vorausset-
zungen auf die Annahme einer Kopie verzichteten und eine
Drucklegung der Confutatio erst im Jahre 1559 erfolgte, blieben die
Protestanten vorerst auf die Mitschrift von Joachim Camerarius
und anderer Schnellschreiber (vgl. CR 27, 67–70 sowie 227–240)
angewiesen; Melanchthon selbst war bei der öffentlichen Verlesung nicht anwesend.

Die theologische Wertung der Confutatio ist bis heute umstritten:
Während H. Immenkötter an dem Beweis „für den aufrichtigen
Friedenswillen der Konfutatoren" liegt, sieht H. A. Oberman unter
Berufung auf Luther in ihrem Werk „eine klare Absage ... an jedes
Bemühen um eine evangelische Reformation der Kirche"[144]. Wie

Zu „Wert und Grenzen der katholischen Kontroverstheologie in der ersten Hälfte des 16. Jahrhunderts" vgl. den gleichnamigen Beitrag von
J. Lortz, in: ders., Erneuerung und Einheit. Aufsätze zur Theologie- und
Kirchengeschichte, hg. v. P. Manns, Stuttgart 1987, 9–32. Einen Überblick
über die Schriften katholischer Kontroverstheologen und Reformer des
16. Jahrhunderts bietet ein von W. Klaiber hg. und von R. Bäumer ein-
geleitetes Werkverzeichnis, Münster 1978.

Als Original der Confutatio ist, wie gesagt, der verlesene deutsche Text
zu betrachten. Zwar wurde eine lateinische Version dem Kaiser übergeben, doch ist sie weniger sorgfältig redigiert als der deutsche Text und
entspricht nicht in allen Passagen dessen Revisionsstand (Immenkötter,
45 f.). Die Form der Textbearbeitung in H. Immenkötters Edition will vor
allem zwei Zielen dienen: „außer dem deutschen Original und der dieser
Textform am meisten entsprechenden lateinischen Version soll die Edition auch die überlieferten Textformen der älteren Redaktionen der Confutatio für die Reformationsforschung bereitstellen." (Immenkötter, 68;
vgl. ferner: ders., Zur Theologie der Confutatio, in: W. Reinhard [Hg.],
Bekenntnis und Geschichte. Die Confessio Augustana im historischen
Zusammenhang, München 1981, 101–113)

[144]   H. Immenkötter, Die Confutatio – ein Dokument der Einheit, und H. A.
Oberman, Dichtung und Wahrheit. Das Wesen der Reformation aus der
Sicht der Confutatio, in: E. Iserloh (Hg.), a. a. O., 205–213 bzw. 217–231,
hier: 212 u. 218.

immer man hier urteilen mag, unstrittig ist, daß „die Confutatio, anders als die CA, wohl als einmaliges Reichstagsereignis aktenkundig, nicht aber als theologisches Dokument inhaltlich geschichtswirksam geworden (ist)"[145].

8. Ausgleichsverhandlungen und Reichstagsabschied

Es mag als ein Zeichen fortgesetzten Ausgleichsbemühens gewertet werden, wenn mehrere Quellen glaubwürdig versichern, „der Kaiser habe sich neutral verhalten, indem er bei der Verlesung der Confutatio wie früher bei der der Confessio Augustana schlief"[146]. Tatsache jedenfalls ist, daß es im August und September 1530 auf dem Augsburger Reichstag zu bemerkenswerten Verständigungsversuchen um die Einheit im Glauben kam.[147] Nachdem der kaiserliche Urteilsspruch der Confutatio von den Protestanten nicht anerkannt und die vom Kaiser am 14. Juli erbetene Zustimmung zu einem Konzil vom Papst nur unter unerfüllbaren

---

145 H. A. Oberman, a. a. O., 217. Zur Gesamtthematik vgl. den Artikel von M. Marcocchi, La risposta alla „Confessio Augustana": la „Confutatio Pontificia" (1530), in: Aevum. Rassegna di scienze storiche linguistiche e filologiche 56 (1982), 395–406. Ferner: M. Cassese, Augusta 1530: il dibattito Luterano-Cattolico. La Confessione Augustana e la Confutazione Pontificia, Mailand 1981; M. M.ᵃ Garijo Guembe (Ed.), La Confesion de Fe de Augsburgo ayer y hoy. Congreso internacional luterano-católico (Salamanca, 23–26 de setiembre de 1980), Salamanca 1981.

146 M. Brecht, Johannes Brenz auf dem Augsburger Reichstag 1530, in: B. Decot (Hg.), a. a. O., 18.

147 Vgl. zusammenfassend H. Immenkötter, Um die Einheit im Glauben. Die Unionsverhandlungen des Augsburger Reichstages im August und September 1530, Münster ²1974; ferner: E. Honée, Die katholischen Berichte über die Ausschußverhandlungen, in: E. Iserloh (Hg.), a. a. O., 258–272; G. Müller, Die Anhänger der Confessio Augustana und die Ausschußverhandlungen, in: ders., Causa Reformationis, 179–193; ders. (Hg.), Die Religionsgespräche der Reformationszeit, Gütersloh 1980; ders., Zwischen Konflikt und Verständigung. Bemerkungen zu den Sonderverhandlungen während des Augsburger Reichstages 1530, in: ders. (Hg.), a. a. O., 21–34; E. Honée, Die Vergleichsverhandlungen zwischen Katholiken und Protestanten im August 1530, in: QF 42/43 (1963), 412–434.

Kautelen erteilt wurde, die faktisch einer Ablehnung gleichkamen, mußte Karl wohl oder übel den Weg weiterer gütlicher Verhandlungen einschlagen, den die katholischen Fürsten von vornherein ins Auge gefaßt hatten.[148]

Bei den geraume Zeit nach der Übergabe der Confutatio veranstalteten Unionsverhandlungen handelt es sich näherhin um Religionsgespräche, wie sie als Mittel der konfessionellen und politischen Auseinandersetzung im Deutschland des 16. Jahrhunderts noch häufiger begegnen.[149] Vorbereitet wurden sie durch den sog. Großen Ausschuß, eine siebzehnköpfige Delegation, welche die katholischen Stände kurz nach Verlesung der Confutatio aus ihrer

---

[148]   Vgl. J. v. Walter, a. a. O., 76.

[149]   Vgl. M. Hollerbach, Das Religionsgespräch als Mittel der konfessionellen und politischen Auseinandersetzung im Deutschland des 16. Jahrhunderts, Frankfurt a. M./Bern 1982. Hollerbach weist allerdings mit Recht darauf hin, daß der Begriff „Religionsgespräch" nicht zeitgenössisch ist. Zu den auf Druck der Stände erfolgten Augsburger Augustverhandlungen vgl. im einzelnen H. Immenkötter, Die Rahmenbedingungen der Augsburger Religionsverhandlungen, in: ders./G. Wenz (Hg.), Sammelband (vgl. Anm. 112). Offizielle Verhandlungs- bzw. Ergebnisprotokolle liegen nicht vor, da die beiden Berichterstatter Sebastian Heller (vgl. Förstemann II, 230 ff.) und Hieronymus Vehus (vgl. Honée, 213 ff.) nur im Auftrag ihrer jeweils eigenen Delegationen handelten. Auch wenn man ihren Texten mehr als einen lediglich provisorischen Status zu attestieren geneigt ist, bleibt die Relevanz der erzielten Übereinkünfte dennoch unsicher: „Es gibt kein von beiden Seiten verabschiedetes gemeinsames Dokument, in dem die Übereinkünfte festgehalten worden sind." (R. Decot, Confessio Augustana und Reichsverfassung. Die Religionsfrage in den Reichstagsverhandlungen des 16. Jahrhunderts, in: H. Immenkötter/G. Wenz [Hg.], Sammelband) Zum inneren Zusammenhang zwischen den Ausschußverhandlungen und den Beratungen über den Abschied vgl. E. Honée, Kontinuität und Konsistenz der katholischen Concordiapolitik während des Augsburger Reichstags 1530, in: H. Immenkötter/G. Wenz (Hg.), Sammelband. Bemerkenswert ist in diesem Zusammenhang ferner die Notiz von G. Müller, Das Augsburger Bekenntnis: Ausgabe und Auslegungen, in: ThR 60 (1995), 87–95, hier: 94: „Bei den Vehus-Papieren muß man sich klarmachen, daß es um ‚katholische' Einigungspolitik ging. Die konnte 1530 aber eigentlich nur als Rückkehr unter die Jurisdiktion des Papstes verstanden werden. Deswegen ist es wichtig, sich klar zu machen, daß während der Verständigungsbemühungen in Augsburg gleichzeitig die Antwort auf die Confutatio erarbeitet wurde, durch die ja die Aussagen der Confessio Augustana aufrecht erhalten werden sollten." (Vgl. § 7,6)

Mitte wählten und der fünf katholische Kurfürsten (bzw. deren
Botschafter) und zwölf Fürsten (bzw. deren Vertreter) angehörten.
Zu ihnen zählte neben Truchseß von Waldburg[150] als Repräsentant
Österreichs der badische Kanzler Hieronymus Vehus[151], der den
abwesenden Markgrafen Philipp I. vertrat. Der Herausgeber der
auf Initiative König Ferdinands am Vorabend des Reichstages zu
Regensburg 1532 von Vehus zusammengestellten Dokumente, die
sich zum einen auf die Augsburger Ausschußverhandlungen vom
August 1530, zum anderen auf die diplomatischen Gespräche beziehen, die im anschließenden Monat über einen Religionsab-
schied geführt worden sind, hat mit Recht darauf hingewiesen,
daß der vom 6. bis zum 14. August arbeitende Große Ausschuß
seine Aufgabe im wesentlichen darin gesehen habe, „die Protestanten zur Annahme der Confutatio zu bewegen" (Honée, 56).
Dies änderte sich erst, als die Verantwortlichkeiten des Großen
Ausschusses einer kleineren Delegation übertragen wurden, die
seit dem 16. August versuchte, die Meinungsverschiedenheiten zu
einem sachlichen Ausgleich zu bringen. „Dieses neue Gebilde
wird gemeinhin als der ‚Vierzehner-Ausschuß' bezeichnet, und
man geht davon aus, daß die Tätigkeiten dieser Kommission am
24. August von einem ‚Sechser-Ausschuß' übernommen wurden."
(Honée, 57)[152] Indes darf nicht übersehen werden, daß die auf
beiden Seiten im Hinblick auf das Religionsgespräch gebildeten
Delegationen nicht in dem größeren Verband eines gemeinsamen
Ausschusses aufgingen, sondern selbständige Größen blieben.

150 Vgl. J. Vochezer, Georg III. Truchseß von Waldburg, in: ADB 40 (1896),
     660–665; U. Walchner und J. Bodent, Biographie des Truchseßen Georg
     III. von Waldburg, Konstanz 1812.

151 Vgl. E. Honée, Hieronymus Vehus. Seine Vermittlerrolle während der
     Augsburger Einigungsverhandlungen, in: R. Decot (Hg.), a. a. O., 29–49;
     ferner: H. Immenkötter, Hieronymus Vehus. Jurist und Humanist der
     Reformationszeit, Münster 1982, bes. 46 ff., sowie: G. Kattermann, Mark-
     graf Philipp I. von Baden (1515 bis 1533) und sein Kanzler Dr. Hieronymus
     Vehus. Ein Beitrag zur deutschen Reichs- und Reformationsgeschichte,
     Diss. Freiburg i. Br. 1932; ders., Die Kirchenpolitik Markgraf Philipps I.
     von Baden (1515–1533), Lahr 1936.

152 Vgl. in diesem Zusammenhang auch H. Immenkötter, Friedrich Nausea
     und die Augsburger Religionsverhandlungen, in: R. Bäumer (Hg.), Re-
     formatio Ecclesiae. Beiträge zu kirchlichen Reformbemühungen von der
     Alten Kirche bis zur Neuzeit. FS E. Iserloh, Paderborn/München/Wien/
     Zürich 1980, 467–486.

„Der eingebürgerte Sprachgebrauch ist somit mit Vorbehalt zu
handhaben; es gilt zu bedenken, daß der ‚Vierzehner-‘ oder
‚Sechser-Ausschuß‘ keine übergreifenden Gremien waren, sondern der Treffpunkt zweier geschlossener Delegationen, die je ihren eigenen Vorsitzenden und Wortführer hatten und nie gemeinsam sich nach außen hin präsentierten." (Ebd.) Bestätigt wird diese Sicht durch das bis Mitte Oktober 1530 reichende Reichstags-
protokoll des Mainzer Kanonikers und nachmaligen Bischofs von
Hildesheim, Valentin von Tetleben.[153]

Den Delegationen, die seit dem 16. August fünf Tage lang ver-
handelten und in denen man eine „erste, frühe Vorwegnahme der
viel später etablierten konfessionellen Corpora: des Corpus Reformatorum und des Corpus Catholicorum"[154] sehen kann, gehörten katholischerseits der Augsburger Bischof Christoph von Stadion, Herzog Heinrich II. von Braunschweig-Wolfenbüttel (später
Georg von Sachsen), Vehus, der kurkölnische Kanzler Bernhard
von Hagen, Johannes Eck[155], Konrad Wimpina[156] und Johannes
Cochläus an, evangelischerseits Herzog Johann Friedrich von
Sachsen für seinen Vater, den Kurfürsten, Markgraf Georg von

---

[153]   Valentin von Tetleben, Protokoll des Augsburger Reichstages 1530, hg. u.
        eingeleitet von H. Grundmann, Göttingen 1958, bes. 117 ff.

[154]   H. Immenkötter, Vehus, 49, unter Verweis auf G. Oestreich, Zur parla-
        mentarischen Arbeitsweise der deutschen Reichstage unter Karl V. (1519 –
        1556). Kuriensystem und Ausschußbildung, in: Mitteilungen des Österrei-
        chischen Staatsarchivs 25 (1972), 217 – 243. Ferner: H. Immenkötter, Der
        politische und reichsrechtliche Hintergrund des Reichstages von 1530, in:
        P. Meinhold (Hg.), Kirche und Bekenntnis. Historische und theologische
        Aspekte zur Frage der gegenseitigen Anerkennung der lutherischen Kir-
        che auf der Grundlage der Confessio Augustana, Wiesbaden 1980, 9 – 25.

[155]   Auf einen interessanten Bericht J. Ecks an Lorenzo Campeggio über die
        Verhandlungen des Vierzehner-Ausschusses vom 22./23.8. hat G. Müller
        aufmerksam gemacht. (Johann Eck und die Confessio Augustana – zwei
        unbekannte Aktenstücke vom Augsburger Reichstag 1530, in: Quellen
        und Forschungen aus italienischen Archiven und Bibliotheken 38 [1958],
        205 – 242, hier: 239 ff. S. 225 – 239 findet sich ein Gutachten Ecks über die
        CA aus der Zeit zwischen 4. und 10. August 1530.)

[156]   Konrad Wimpina war zusammen mit Johannes Mensing (vgl. im einzel-
        nen die Beiträge von R. Bäumer und V. Pfnür, in: E. Iserloh [Hg.], Ka-
        tholische Theologen der Reformationszeit Bd. 3, Münster 1986, 7 ff. u.
        48 ff.) als theologischer Berater des Kurfürsten Joachim von Brandenburg
        in Augsburg.

Brandenburg-Ansbach, der kursächsische Altkanzler Brück, der brandenburg-ansbachische Kanzler Sebastian Heller, Philipp Melanchthon, Johannes Brenz sowie Erhard Schnepf. Die nachfolgende Drei-Männer-Delegation, die vom 24. bis zum 30. August konferierte, bestand auf katholischer Seite aus Vehus, Hagen und Eck, auf evangelischer Seite aus Brück, Heller und Melanchthon, also jeweils aus zwei Juristen und nur einem Theologen, während sich die Fürsten völlig zurückgezogen hatten. Die Ergebnisse beider Ausschüsse sind in theologischer Hinsicht höchst bemerkenswert und werden jeweils im entsprechenden Sachzusammenhang Berücksichtigung finden. Was den sog. Vierzehner-Ausschuß betrifft, so hatte man sich am ersten Tag bereits in elf, am zweiten in einundzwanzig Artikeln verglichen. Vergleichsbasis war die CA, deren Unterzeichner bereits in der ersten Julihälfte hatten erklären lassen, daß man nicht mehr Artikel übergeben, sondern es bei der vorliegenden Konfession bewenden lassen wolle. Weitaus schwieriger stellte sich die Behandlung der sieben Reformartikel des zweiten Teils der CA dar, die nicht einzeln, sondern insgesamt zur Diskussion gestellt wurden. Strittig waren, wie gehabt, neben kircheneigentumsrechtlichen Fragen insbesondere die Probleme von Laienkelch und Priesterehe sowie die Meßthematik. Die Protestanten machten ihre grundsätzliche Bereitschaft, die Jurisdiktion der Bischöfe anzuerkennen, von der Voraussetzung abhängig, daß diese die in den evangelischen Gemeinden ihrer jeweiligen Diözese durchgeführten Reformen respektieren und nicht rückgängig machen würden. Nachdem bleibender Dissens in diesen Fragen bereits die Ausgleichsgespräche des sog. Vierzehner-Ausschusses am 18. August ins Stocken gebracht und schließlich zu einem Abbruch der ersten Verhandlungsrunde geführt hatte, konnte auch die Fortsetzung im kleineren Kreis letztlich keinen Durchbruch erzielen. Forciert durch einschlägige Stellungnahmen aus Coburg verstärkte sich auf lutherischer Seite mehr und mehr die Tendenz, die bestehenden Kontroversen einem Konzil zu überantworten und im übrigen den Abschluß eines Reichsanstands, also eines auch ohne geleisteten „Religionsausgleich" verbindlichen politischen Friedens anzustreben. Wie sich diese Tendenz und die sie bestimmende theologisch-juristische Theorie zu dem namentlich von Melanchthon vertretenen Unionsprogramm verhält, das in der am 20. August erfolgten protestantischen Antwort auf die tags zuvor vorgelegten, von Vehus und Eck redigierten katholischen Vermittlungsvorschläge (vgl. Förstemann II, 250–263; Honée, 226–241) noch einmal offenkundig wurde[157], ist eine in der Forschung nicht einheitlich bewertete Frage. Unbestreitbare Tatsache allerdings ist, daß es in den Unionsverhandlungen des Augsburger Reichstages vom August 1530 weder zu einem beständigen „Religionsvergleich" noch zu einer Einigung über die Wiederherstellung der bischöflichen Jurisdiktion kam: „Am Ende stand ... nicht die Verständigung, sondern der Konflikt."[158] Nicht ausschließlich, aber nachgerade unter diesen Bedingungen erscheint das Streben nach einer „Pax politica" als der eigentlich produktive und zukunftsträchtige Lösungsansatz, sofern allein er die Möglichkeit eröffnete, den Religionskrieg zu verhindern, den das Scheitern der Glaubensunionsprogramme mit heraufbeschworen hatte. Man darf es also nicht nur als Ausdruck einer Verlegenheit oder als einen lediglich taktischen Schachzug bewerten, wenn am Ende der festgefahrenen Ausschußverhandlungen protestantischerseits „eine politische Lösung vorgeschlagen und das Nebeneinander von Altkirchlichen und Evangelischen als grundsätzlich durchaus möglich hingestellt (wurde), da sich ja auch das Zusammenleben mit Nichtchristen als durchführbar gezeigt hat"[159].

Daran, daß die von den Ständen bestimmten Ausschußverhandlungen, über deren Resultat am 31. August dem Kaiser mündlicher und schriftlicher Bericht erstattet wurde, schließlich scheiterten, konnten auch diplomatische Aktivitäten des Kaiserhofs und diverse Sonderverhandlungen im September nichts mehr ändern. Neben eher privaten Vorstößen, wie etwa dem Vermittlungsversuch des mit Melanchthon befreundeten Kanonikers Otto Beckmann

---

[157] Vgl. E. Honée, H. Vehus, 37: „Nirgends tritt der innere Zusammenhang des zweiten Teils der CA so klar zutage, wie in dem Gutachten, das die protestantische Delegation zu Beginn der Diskussion über die Reformartikel vorgelegt hat. Tatsächlich war das Gutachten eine neue, zugespitzte Formulierung von Melanchthons Unionsprogramm."

[158] G. Müller, Zwischen Konflikt und Verständigung. Bemerkungen zu den Sonderverhandlungen während des Augsburger Reichstages 1530, in: ders., Causa Reformationis, 166–178, hier: 177.

[159] Ders., Die Anhänger der Confessio Augustana und die Ausschußverhandlungen, in: ders., a. a. O., 189.

vom 4./5. September[160], und der Fortsetzung während des gesamten Reichstags gepflegter Kontakte zwischen führenden Vertretern der beiden Lager verdient besonders eine von Truchseß von Waldburg, dem württembergischen Statthalter Ferdinands, und Vehus im Auftrag namentlich des Erzherzogs durchgeführte Unternehmung erwähnt zu werden, da sie „den unter allen Sonderverhandlungen sicher bedeutsamsten Vermittlungsversuch"[161] darstellte. Ein Ziel der Aktion von Truchseß und Vehus, die erst nach einer letzten Intervention wenige Minuten vor Beginn der offiziellen Verlesung des Reichstagsabschiedes vom 22. September endgültig aufgegeben wurde, war es, den in den Ständeberatungen erreichten Teilkonsens schriftlich zu dokumentieren, um ihm reichsrechtliche Anerkennung zu verschaffen und ihn zur festen Grundlage späterer Ausgleichsverhandlungen machen zu können. Aber selbst dieses Ziel ließ sich nicht realisieren: Das Scheitern der Ausschußverhandlungen sollte sich als so radikal erweisen, „daß es nicht einmal dazu kam, daß man, wie an sich beschlossen, die ‚verglichenen' und die nur ‚zum Teil verglichenen' Artikel in den Reichstagsabschied aufnahm"[162].

Im Abschied, den der Kaiser am Nachmittag des 22. September durch Alexander Schweiß verlesen ließ, wird lediglich mit lakonischen Worten festgestellt, die evangelischen Stände hätten sich mit dem Kaiser und der altgläubigen Reichstagsmehrheit in etlichen Artikeln verglichen und vereinigt, in anderen nicht; sodann ergeht der kaiserliche Beschluß, den Protestanten eine siebenmonatige Bedenkfrist einzuräumen, ob sie sich auch in bezug auf die nichtverglichenen Artikel einigen wollen oder nicht: „daneben woll sich Ir kay.^{e} M(aiesta)t dieselben Zeitlang auch daruf bedencken, was Irer M(aiesta)t darInnen zethon gebürn woll, unnd das der Churf. zu Sachssen, die funf fursten, und Sechs Stet vor außgang des XV. tags des Aprils Inn dem Ir gemut under Iren Insigeln Irer M(aiesta)t zuschreiben und eroffnen, so woll sie Ir

---

160 Vgl. K. Honselmann, Otto Beckmanns Vermittlungsversuch beim Reichstag zu Augsburg 1530, in: E. Iserloh/K. Repgen (Hg.), Reformata Reformanda. FS H. Jedin, Bd. I, Münster o. J., 428–444.

161 H. Immenkötter, Vehus, 54.

162 E. Iserloh, Eck, 70.

kay.^e M(aiesta)t Irer Maynung dagegen und darauf auch schriftlich berichten" (Förstemann II, 476).

Wie das im Septemberabschied angebotene Moratorium zu deuten ist, darüber gehen die Meinungen der Interpreten weit auseinander. Während es auf der einen Seite als verkapptes Ultima-
tum gewertet wird, mit welchem der Kaiser die Protestanten vor
die Alternative stellen wollte, entweder sich dem Mehrheitsstand-
punkt zu fügen oder einen bewaffneten Konflikt zu riskieren,
werden von anderer Seite die irenischen und auf Interimslösun-
gen bzw. künftigen Ausgleich bedachten Intentionen des Kaisers
herausgestellt. Namentlich E. Honée hat auf der Basis detaillierter
Untersuchungen zur Entstehungsgeschichte des ersten Augsburger
Religionsabschieds die Auffassung vertreten, es müsse ernsthaft
mit der Möglichkeit gerechnet werden, „daß der Kaiser um fast
jeden Preis den Frieden wollte"[163]. Dem hat G. Müller entgegengehalten, daß Ende September 1530 nicht nur unter den Protestanten, sondern auch bei den italienischen Gesandten am
Kaiserhof mit der Möglichkeit eines militärischen Eingreifens Karls
V. gerechnet wurde.[164] Wie immer man hier urteilt, Faktum ist,
daß die protestantischen Stände nach der Verlesung des Ab-
schieds unverzüglich durch Kanzler Brück erklären ließen, daß
dessen Inhalt für sie nicht annehmbar sei. Daran konnte auch die
bereits erwähnte diplomatische Mission von Truchseß und Vehus
nichts mehr ändern, welche die Protestanten mit einer Note möglichen kaiserlichen Entgegenkommens aufhielten, als diese bereits
auf dem Weg zur bischöflichen Pfalz waren, um den kaiserlichen
Abschied zu vernehmen. Unannehmbar war für die Protestanten
weniger das besagte Moratorium als vielmehr die einleitende Behauptung, ihr Glaubensbekenntnis sei durch die Evangelien und
die kanonischen Schriften mit gutem Grund widerlegt und abge-

---

[163]   E. Honée, H. Vehus, 41; vgl. im einzelnen: ders., Zur Vorgeschichte des
        ersten Augsburger Reichsabschieds. Kardinal Lorenzo Campeggio und
        der Ausgang der Glaubensverhandlungen mit den Protestanten im Jahre
        1530, in: NAK NS 54 (1973/74), 1–63; ders., „Pax Politica" oder Wiederver-
        einigung im Glauben? Die Vorüberlegung der katholischen Mehrheit auf
        dem Reichstag von Augsburg über den recessus imperii vom 22. Septem-
        ber 1530, in: Reformatio Ecclesiae, 441–466.

[164]   G. Müller, Duldung des deutschen Luthertums? Erwägungen Kardinal Lo-
        renzo Campeggios vom September 1530, in: ders., a. a. O., 214–228, hier:
        225, Anm. 58.

lehnt worden. Dem wurde durch Brück entgegengehalten, daß die CA durch die Confutatio keineswegs überwunden, sondern im Hl. Worte Gottes fest gegründet sei, weshalb sie, die Konfessoren, im Jüngsten Gericht vor Gott zu bestehen hofften. Zum Erweis gegebener Rechtgläubigkeit sollte dem Kaiser eine Vorform der in späterer Fassung ebenfalls in den Rang einer lutherischen Bekenntnisschrift aufgerückten Apologie der CA überreicht werden, wie sie auf der Grundlage einiger Notizen bei der Verlesung der Confutatio, insonderheit auf der Basis der Nachschrift von Joachim Camerarius angefertigt wurde: indes verweigerte der Kaiser im letzten Augenblick die Annahme (vgl. Schirrmacher, 313–315).

Nachdem auch neuerliche Beratungen weniger zur Annäherung der Standpunkte als vielmehr zu weiteren, zum Teil sehr scharfen Auseinandersetzungen geführt hatten, wozu vor allem eine im Namen des Kaisers vorgetragene Drohrede des Kurfürsten Joachim von Brandenburg[165] beitrug, verließen der sächsische Kurfürst (der – um Entscheidungsdruck auf den Kaiser auszuüben – schon am 17. des Monats ostentative Vorbereitungen zur Abreise hatte treffen lassen) und die Seinen noch am Spätnachmittag des 23. September die „Hellen zu Augspurg", wie Luther in einem diesbezüglichen Gratulationsbrief an seinen Landesherrn schrieb (Förstemann II, 668). Daraufhin dekretierte der Kaiser am 19. November in Abwesenheit der evangelischen Stände einen endgültigen Reichstagsabschied, in dem die protestantischen Reformen im Geiste des erneuerten Wormser Edikts ausnahmslos als unstatthafte Neuerungen verurteilt wurden.[166] Daß dieser Abschied kei-

---

[165]   K. H. Hammer, Kurfürst Joachim I. von Brandenburg auf dem Reichstag von Augsburg 1530, in: Wichmann-Jahrbuch 1 (1930), 116–133.

[166]   „Um zum Wohl des Reiches Friede und Einigkeit zu erhalten, wird den Anhängern der Confessio Augustana betreffs der ‚unverglichenen Artikel' bis zum 15. April 1531 Bedenkzeit gegeben (§ 1). Bis dahin dürfen sie aber keine weiteren Neuerungen einführen und die Ausübung des alten Glaubens nicht behindern (§ 3). Weiter sollen sie mit gegen die Sakramentarier und Wiedertäufer vorgehen (§ 4). Innerhalb von 6 Monaten soll ‚zu christlicher Reformation ein gemein christlich Concilium' ausgeschrieben und in Jahresfrist danach abgehalten werden (§ 5). Mit Gewalt entfremdetes Kloster- und Kirchengut ist zurückzugeben. Der Kaiser, als oberster Vogt der Christenheit, und die ‚gehorsamen Kurfürsten, Fürsten und Stände' sind zur Durchführung des Wormser Ediktes entschlossen und wollen vor ‚Entscheidung nächstkunftigen Generalkonzils kein Änderung tun lassen' (§ 10). Das alte Kirchenwesen wird unter den Schutz des

nen Erfolg, sondern im Gegenteil ein Scheitern der Politik des Kaisers bedeutete, wußte dieser selbst am besten. Es hat seine Richtigkeit, wenn W. Gußmann sagt: „Als Karl V. die Stadt, die ihn wie einen Halbgott in ihren Toren empfangen hatte, verließ, um, tief verstimmt über die erlittene Niederlage, die Straße nach dem Rhein aufzusuchen, war die Säule der mittelalterlichen Glaubenseinheit geborsten." (Gußmann I, 242)[167]

Landfriedens gestellt (§ 65) und gegen die Ungehorsamen soll das damals in Augsburg reorganisierte Reichskammergericht vorgehen (§ 67)." (E. Iserloh, Die deutsche Fürstenreformation, in: ders. u. a., Reformation, Katholische Reform und Gegenreformation, Freiburg i. Br./Basel/Wien 1975, 273)

[167] Angemerkt sei, daß Karl V. nach Ende des Reichstages zusammen mit seinem Bruder Ferdinand, den er am 5. September vor den Toren Augsburgs, in Wellenburg, feierlich mit den österreichischen Erblanden des Hauses Habsburg belehnt hatte (vgl. dazu den Brief Melanchthons an Luther vom 8. September in: CR 2, 355; vgl. J. G. Walch (Hg.), a. a. O., 1513 f.), nach Köln reiste, wohin er die Kurfürsten schriftlich auf den 21. Dezember zum Zwecke der Wahl des römischen Königs bestellte. Die Wahl Erzherzog Ferdinands erfolgte am 5. Januar 1531, wurde aber nicht nur von Kursachsen und Hessen, sondern auch – und zwar in Koordination mit diesen – von Baiern angefochten, dessen Haus Wittelsbach in einem dynastischen Gegensatz zu den Habsburgern stand. (Zur Frage der Zulassung des sächsischen Kurfürsten zur Königswahl ist E. W. Meyers gleichnamiger Beitrag im Rahmen seiner „Forschungen zur Politik Karls V. während des Augsburger Reichstags von 1530", in: ARG 13 [1916], 124–146, zu vergleichen.) Für den weiteren Verlauf der Reformationsgeschichte ist Ferdinand, der bereits vor seiner förmlichen Kaiserkrönung am 14. März 1558 und auch schon vor der im September 1556 erfolgten offiziellen Resignation Karls faktisch die Funktion des Reichsoberhauptes wahrnehmen sollte, insbesondere durch seine Vermittlerrolle im Fürstenaufstand von 1552 und seine Kompromißbereitschaft in den Passauer Verhandlungen sowie durch seine Haltung zum Augsburger Religionsfrieden von 1555 bedeutsam geworden. (Vgl. R. Wohlfeil, Art. Ferdinand I., in: TRE 11, 83–87)

§ 7

DIE CONFESSIO AUGUSTANA
UND IHRE APOLOGIE

Lit.:

M. Brecht, Die ursprüngliche Gestalt der Apologie der Confessio Augustana und ihre Entstehung, in: R. Decot (Hg.), Vermittlungsversuche auf dem Augsburger Reichstag 1530. Melanchthon – Brenz – Vehus, Stuttgart 1989, 50–67. – *D. Johann Ecks* Vierhundertvier Artikel zum Reichstag von Augsburg 1530 nach der für Kaiser Karl V. bestimmten Handschrift hg. und erläutert mit zwei Exkursen I. Elias, Daniel, Gottesmann II. Hieronymus von Berchnishausen von W. Gußmann, Kassel 1930 (Quellen und Forschungen zur Geschichte des Augsburgischen Glaubensbekenntnisses: Zweiter Band). – *Förstemann I* u. *II* (wie Lit. § 6). – *Gußmann I* u. *II* (wie Lit. § 6). – Die Augsburgische Konfession in ihrer ersten Gestalt (= Nb) als gemeinsames Bekenntnis deutscher Reichsstände zum 25. Juni 1930 in Lichtdrucktafeln hg. im Einverständnis der v. Scheurl'schen Familie von der Gesellschaft der Universität Halle-Wittenberg, mit einer Einleitung von *J. Ficker,* Halle 1930. – Die älteste Redaktion der Augsburger Konfession mit Melanchthons Einleitung (= Na) zum erstenmal hg. und geschichtlich gewürdigt von *Th. Kolde,* Gütersloh 1906. – *W. Maurer,* Historischer Kommentar zur Confessio Augustana. *I:* Einleitung und Ordnungsfragen, Gütersloh (1976) ²1979; *II:* Theologische Probleme, Gütersloh 1978. – *Schirrmacher* (wie Lit. § 6).

1. Verteidigung kursächsischer Kirchenreform: die sog. Torgauer Artikel

Drei Tage nach Eintreffen des kaiserlichen Ausschreibens am kursächsischen Hof zu Torgau forderte Kurfürst Johann am 14. März

1530 Luther, Melanchthon, Justus Jonas und Bugenhagen auf, sich
umgehend und ohne Verzug zu den mutmaßlichen Gegenständen
der Religionsverhandlungen des Augsburger Reichstages zu äußern. „So erwegenn wir bey unns", heißt es in dem kurfürstlichen
Schreiben, „das die hohe und unmeidliche notturfft erfordern wil,
weil villeicht solcher Reichstag an eins Concilij ader Nacional ver-
samblung stadt gehaltenn wil werdenn, Das wir aller der artickel
halbenn, Darumb sich angezaigter Zwispalt, baide Im glauben
unnd auch In andern euserlichenn kirchen breuchen und Ceremonien, erheldet, Zum furderlichsten dermassenn gefast werdenn,
damit wir vor anfang solchs Reichstags bestenndiglich unnd
grundtlich entslossen sein, ob oder welcher gestalt, auch wie
weith wir unnd andere Stende, so die Rayne leher bey Inen angenomen unnd zugelassenn, mit Got, gewissen unnd gutem fug,
auch an beswerlich ergerniß handlung leidenn mugen und konnen" (Förstemann I, 42 f.). Wie die Nebeneinanderstellung von
Glauben und Zeremonien, die sich entsprechend auch in den
Aufforderungen anderer Obrigkeiten zur Vorbereitung auf den
Reichstag findet[1], im zitierten Text zu verstehen ist, wird in der
Forschung nicht einheitlich beantwortet. Während einige Gelehrte
darin bereits eine Antizipation der späteren Zweiteilung der CA
entdecken, erwartete der Kurfürst nach Auffassung W. Maurers
lediglich „eine theologische Begründung für die durchgeführten
kultischen und rechtlichen Neuerungen" (Maurer I, 29, Anm. 1),
wobei einer solchen Begründung ein eigenständiger Lehrcharakter durchaus zu attestieren sei. Wie immer man hier urteilt, sicher
ist, daß die infolge des kurfürstlichen Ausschreibens von den
Wittenberger Theologen verfaßten Artikel nur die Problematik der
Kirchenbräuche erörterten. „Was die Lehrdifferenzen betrifft, so
meinte man anscheinend, daß die sog. Schwabacher Artikel aus-
reichten."[2] Dabei kann es im Grunde unentschieden bleiben, „ob

---

[1]   Darauf hat G. Seebaß, Die reformatorischen Bekenntnisse vor der Con-
      fessio Augustana, in: P. Meinhold (Hg.), Kirche und Bekenntnis. Histori-
      sche und theologische Aspekte zur Frage der gegenseitigen Anerken-
      nung der lutherischen und der katholischen Kirche auf der Grundlage
      der Confessio Augustana, Wiesbaden 1980, 26–55, hier: 49 f., mit Recht
      hingewiesen. Gleichwohl sagt auch er: „Faktisch aber stand wohl dann
      meist die Verteidigung des inzwischen Gewordenen doch im Vorder-
      grund." (49)

[2]   B. Lohse, Augsburger Bekenntnis I, in: TRE 4, 616–628, hier: 617; vgl.
      ders., Dogma und Bekenntnis in der Reformation: Von Luther bis zum

die Wittenberger Theologen schon in Wittenberg oder Torgau (sc. also Ende März 1530) auf die Schwabacher (Artikel) hingewiesen haben, oder ob man sich erst später entschlossen hat, auf sie zurückzugreifen ... Die Thatsache, dass diese ursprünglich zu anderem Zweck verfassten Artikel für das Glaubensbekenntnis in ausgiebigster Weise verwendet sind, bleibt davon ganz unberührt, und was die Wittenberger infolge der Aufforderung des Fürsten neu ausgearbeitet haben, wäre doch auch für den Fall, daß jene Frage zu bejahen wäre, immer nur der Aufsatz über die Ceremonien."[3]

Nur am Rande soll erwähnt werden, daß am Schluß des noch näher vorzustellenden Gutachtens, der sog. Torgauer Artikel, die Möglichkeit einer Ergänzung der Apologie kirchlicher Neugestaltung in Kursachsen durch ausgesprochene Lehrartikel ins Auge gefaßt wird. Melanchthon schreibt: „So man nun dabey begert zuwissen, was mein gnedigster herr sunst predigenn laß, mage man artickel uberantworten, darein die gannz Cristlich lahr ordennlich gefasset, damit man sehen moge, das mein gnedigster her kain ketzerisch Lar zugelassen, sonder hab das heilig Euangelium unnsers herrn Cristi aufs Rainest lassen predigen ..." (Förstemann I, 83) Dem Text des kurfürstlichen Schreibens analog ist auch das Verständnis dieser Bemerkung in der Forschung umstritten: Während es etwa G. Seebaß „unmittelbar einleuchtend" findet, daß man bei den im Zitat erwähnten Artikeln in Kursachsen „nur an die ,Schwabacher Artikel' denken konnte"[4], stellt W. Maurer (I, 32) dies mit Hinweis auf den eigenständigen Lehrcharakter der späteren „spänigen Artikel" ausdrücklich in Abrede.

Um auf den historischen Gang des Geschehens zurückzukommen: Die kurfürstliche Aufforderung an die Wittenberger Theologen vom 14. März erfolgte wahrscheinlich auf Anraten Brücks, der

Konkordienbuch, in: C. Andresen (Hg.), Handbuch der Dogmen- und Theologiegeschichte, Bd. 2: Die Lehrentwicklung im Rahmen der Konfessionalität, Göttingen 1980, 1–164, hier: 83.

3   Th. Brieger, Die Torgauer Artikel. Ein Beitrag zur Entstehungsgeschichte der Augsburgischen Confession, in: ders. u. a. (Hg.), Kirchengeschichtliche Studien, FS H. Reuter, Leipzig 1888, 268–320, hier: 310 f.

4   G. Seebaß, a. a. O., 54; entsprechend etwa auch P. Tschackert, Die Entstehung der lutherischen und der reformierten Kirchenlehre samt ihren innerprotestantischen Gegensätzen (1910), Göttingen 1979, 282.

in der Befürchtung, es werde den Predigern, wie es heißt, der Zutritt zu den Reichstagsverhandlungen nicht gestattet, in einer kurzgutachtlichen Zettelnotiz verlangt hatte, „das solche meynung, darauff unsers teils bisanher gestanden und verharret, ordentlich In schrifften zusamen gezogen werden mit gründlicher bewerung derselbigen aus göttlicher schrifft" (Förstemann I, 40). Der Kurfürst machte sich dieses Verlangen seines Altkanzlers offenbar zu eigen, wobei er allerdings andere, stärker auf Vermittlung und Ausgleich bedachte Akzente setzte als dieser und die theologische Aufmerksamkeit auf die Frage konzentrierte, ob und inwieweit man in bestimmten Fragen protestantischerseits guten Gewissens nachgeben könne.

Nachdem die Wittenberger Gelehrten nicht, wie angeordnet, am 20. März persönlich in Torgau erschienen waren, weil sich ihre Besprechungen vermutlich wegen einer Visitationsreise von Justus Jonas verzögert hatten, wiederholte der Kurfürst tags darauf seinen Befehl und mahnte mit verstärktem Nachdruck zur Eile (vgl. Förstemann I, 112). Gleichwohl ist es fraglich, ob sich außer Melanchthon, der am 27. März bewiesenermaßen in Torgau war, einer der Genannten am kursächsischen Hof eingefunden hat. Fraglich ist ferner, welchen Umfang und genauen Inhalt die vom Kurfürsten erwünschten Arbeitsergebnisse der Wittenberger Theologen hatten, die wahrscheinlich von Melanchthon nach Torgau gebracht und seit dem 19. Jahrhundert in der Regel „Torgauer Artikel" genannt wurden. Fest steht lediglich, daß solche schriftlichen Ergebnisse vorlagen und nach Augsburg mitgenommen wurden.[5] Dies belegt zum einen das „Verzeichniß der Urkunden, welche der Kurfürst Johann von Sachsen mit sich auf den Reichstag nach Augsburg nahm" (vgl. Förstemann I, 134 ff.), in dem es

---

[5]   „Am Sonntage Judica, den 3. April 1530, verließen die Theologen Luther, Melanchthon und Justus Jonas Wittenberg, um, dem kurfürstlichen Befehle gemäß, ihren Landesherrn auf der Reise nach Augsburg zu begleiten. Am 4. April verließ der Kurfürst mit ihnen Torgau; in seine Begleitung traten unterwegs noch hinzu Georg Spalatin aus Altenburg, der Magister Johann Agrikola von Eisleben und Kaspar Aquila aus Saalfeld. Am 15. April war man in Koburg, an der südlichen Grenze des Kurfürstentums, wo acht Tage Rast gemacht wurde. Luther mußte hier zurückbleiben, weil man dem Kaiser nicht zumuten konnte, in seiner Reichsstadt einen geächteten Mann zu dulden." (P. Tschackert, a. a. O., 282) Am 22. April zog der Kurfürst nach Augsburg weiter, wo er am 2. Mai ankam (vgl. insgesamt Schirrmacher 464 ff.).

bezüglich der auf dem Kanzleiwagen mitgeführten „driten Roten beschlagenen laden" heißt, sie habe u. a. enthalten „der gelerten zu Witemberg bedencken, was kay^r Mat der Ceremonien halben unnd was dem anhengig anzuzaigen sein sold" (Förstemann I, 137 f.). Den zweiten Beweis liefert das Begleitschreiben vom 11. Mai 1530, mit welchem der Kurfürst Luther eine Vorform der CA zur Prüfung auf die Veste Coburg schickte und in dem es heißt: „Nachdem ir unnd andere unnser gelerten zu Witenberg auf unnser genedigs gesynnen und beger die artigkel, so der Religion halben streitig seind, Inn vorzaichnus bracht, Als wollen wir euch nicht bergen, das ißt alhie magister Philippus Melanchton dieselben weiter ubersehen und In ainen form gezogen hat, die wir euch hiebey ubersendenn." (Förstemann I, 190 f.)[6]

Was den fraglichen Umfang und Inhalt der vom Kurfürsten angesprochenen Artikel betrifft, die später üblicherweise die Torgauer genannt wurden, so hatte K. E. Förstemann unter den Beilagen einer von ihm edierten und bereits erwähnten Schrift des kursächsischen Altkanzlers Brück, in welcher dieser wohl im Auftrag seines Landesherrn die Geschichte der Religionsverhandlungen des Augsburger Reichstages aktenmäßig ordnete, um auf diese Weise erfolgten historischen Verfälschungen und ungerechtfertigten Angriffen auf die kursächsische Politik entgegenzuwirken, eine Sammlung von Einzelbeiträgen entdeckt, in denen er jene Aufsätze vorzufinden meinte, welche die genannten Wittenberger Theologen auf des Kurfürsten Befehl in der Zeit vom 14. bis 20. März 1530 ausarbeiteten und die zu Torgau übergeben wurden (Förstemann I, 66 ff.; vgl. 40 f.). Förstemann gab den betreffenden Aufsätzen, in denen er „die sichere Grundlage des 2. Theiles der Augsburg. Confession" gegeben sah (Förstemann I, 67), eine eigene Ordnung, versah sie mit den Buchstaben A bis F und veröffentlichte sie in dieser Form im ersten Band seines Urkundenbuches zur Geschichte des Augsburgischen Reichstags 1530 (Förstemann I, 66–108).[7] Als endgültig widerlegt galt damit fortan

---

6   Zur Interpretation dieses Briefs und seiner Konzeptvarianten vgl. J. v. Walter, Was sind die Torgauer Artikel?, in: ders., Christentum und Frömmigkeit. Gesammelte Vorträge und Aufsätze, Gütersloh 1941, 203–221, bes. 205 ff.

7   Daß sich Förstemann bei der Publikation der in der erwähnten (dritten) Beilage der Brückschen Reichstagsschrift vereinten (sieben) Einzelaufsätze „große Willkürlichkeiten" erlaubte, hat Gußmann zu Recht moniert:

zwar die früher häufig vertretene Annahme, im März 1530 habe
man in Torgau von seiten der Wittenberger Theologen nichts anderes als die längst vorhandenen Schwabacher Artikel vorgelegt
(vgl. Förstemann I, 40 f.); im Gegensatz zu dieser Annahme geht
man heute in der Regel davon aus, die Schwabacher Artikel seien
in Torgau nicht nur nicht allein, sondern überhaupt nicht eigens
übergeben worden.[8] Nicht durchsetzen konnte sich Förstemann
indes mit seiner Hypothese, die Aufsätze A bis F seien in ihrem
gesamten Umfang mit den sog. Torgauer Artikeln gleichzusetzen.
Dieser Hypothese hatte nach K. G. Bretschneider bereits E. Engelhardt[9] widersprochen mit dem Ergebnis, daß „aller Wahrscheinlichkeit nach der Aufsatz A. die Fixation jener Punkte enthält,
welche in der Wittenberger Versammlung beschlossen wurden"[10].
In E meinte Engelhardt eine Arbeit Bugenhagens erkennen zu
können, „welche er der Versammlung vorlegte und die vielleicht
als Grundlage der Besprechung diente"[11]. Die übrigen Aufsätze
kamen für ihn als „Torgauer Artikel" nicht in Betracht. Auch nach
Auffassung Th. Briegers[12] sind „die Aktenstücke F D B C ein für
alle Mal aus der wissenschaftlichen Verhandlung über die Torgauer Artikel zu verbannen". Verbleiben sonach nur noch A und
E, so muß nach Brieger bei genauerem Zusehen auch der Text E

„Denn wie er das sechste Bedenken (richtig muß es heißen: das vierte;
vgl. Förstemann I, 197 ff.) ohne ein Wort der Begründung ausschloß, so
stieß er die in den Akten gegebene Reihenfolge um, stufte den Wert der
Stücke nach seinem individuellen Geschmacke ab und gab ihnen eine
andere, selbsterdachte Ordnung, wobei er sie mit den lateinischen Buchstaben A bis F bezeichnete." (Gußmann I, 92; im Unterschied zu dieser
Klassifikation zählt Gußmann die Aktenstücke nach ihrer ursprünglichen
Ordnung, wobei gilt: 1 = D; 2 = A; 3 = B; 4 = Förstemann I, 197 ff.; 5 = E;
6 = F; 7 = C.)

[8]   Vgl. Th. Brieger, a. a. O. 310 f.

[9]   E. Engelhardt, Die innere Genesis und der Zusammenhang der Marbur-
       ger, Schwabacher und Torgauer Artikel, sowie der Augsburger Confessi-
       on, in: ZHTh 35/NF 29 (1865), 515–629, hier: 550 ff.

[10]   A. a. O., 561. „Da nun dieser Aufsatz seinem ganzen Charakter nach Me-
       lanchthon zugeschrieben werden muß, so ergäbe sich daraus zugleich
       das geschichtliche Resultat, daß die Torgauer Artikel von Melanchthon
       redigirt wurden." (561)

[11]   A. a. O., 561 f.

[12]   Th. Brieger, a. a. O., 289.

ausscheiden, in welchem Bretschneider einen originalen Teil, Engelhardt dagegen, wie gesagt, eine Bugenhagensche Vorarbeit der Torgauer Artikel erblickt hatte. Daß E nicht infolge der kurfürstlichen Aufforderung vom 14. März entstanden sein kann, geht nach Brieger aus Inhalt und Gestalt des Schriftstücks ebenso eindeutig hervor wie die Tatsache, daß es sich dabei um eine Antwort Luthers auf spezifische Anfragen des Kurfürsten im Zusammenhang der Augsburger Vergleichsgespräche handeln muß. So bleibt allein das Aktenstück A, in welchem Brieger tatsächlich das von den Wittenbergern aufgesetzte „Verzeichnis der Artikel, so der Religion halben streitig sind" erkennt. Als Verfasser kommt für ihn am ehesten Melanchthon in Betracht, dessen Niederschrift indes auf der Grundlage der vorausgegangenen Beratungen der Wittenberger Theologen erfolgt sein soll.

Die Resultate der Untersuchung Briegers haben sich als sehr einflußreich erwiesen und galten als allgemein anerkannt, bis W. Gußmann das Problem erneut aufgriff (vgl. Gußmann I, 93 ff.) und nicht nur, wovon zu reden sein wird, Briegers Urteile über F D B C im Detail modifizierte, sondern vor allem seine Einschätzung von E kritisierte mit dem Ziel, das Verhältnis von Artikel E und Artikel A wie folgt zu bestimmen: „Jener enthält eine knappe Zusammenfassung des in Wittenberg Besprochenen und Beschlossenen. Dieser stellt eine freie schriftstellerische Bearbeitung des unter den Gelehrten Vereinbarten durch Melanchthon dar. In ihm ist allerdings schon ein starker Zug zur ersten Gestalt der Augustana zu bemerken. Trotzdem bewegen wir uns noch ganz auf dem Boden der für den inneren Gebrauch der kurfürstlichen Kanzlei einverlangten Gutachten und ebendamit im Rahmen des Brückschen Vorschlages wie der kurfürstlichen Anordnungen." (Gußmann I, 99) Wie immer über Details zu urteilen sein mag: nach Auffassung Gußmanns bilden E und A in der angegebenen Reihenfolge „die Torgauer Artikel im eigentlichen Sinne des Wortes und vergegenwärtigen uns noch heute die beiden ersten Stufen, welche die Entstehung der Augsburgischen Konfession durchlaufen hat" (Gußmann I, 100 f.).

Dieser Annahme[13] hat sich im wesentlichen auch W. Maurer[14] angeschlossen. E[15] ist für ihn das Ergebnis der auf den 15. und

---

[13] Einwände gegen sie finden sich u. a. bei J. v. Walter: E identifiziert er als Gutachten Luthers, das mit Brieger und gegen Gußmann „in die Zeit der

Einigungsverhandlungen wahrscheinlich des August, vielleicht des Juli anzusetzen ist" (a. a. O., 214 f.). Das von Melanchthon verfaßte Gutachten A indes hält v. Walter für „eine Zwischenstufe zwischen den TA. und dem ersten Entwurf der Augustana ..., der Luther am 11. Mai übersandt wurde" (a. a. O., 210). Damit sind A und E als Kandidaten für die Torgauer Artikel ausgeschieden. Von Walter schließt seine Untersuchung indes nicht mit diesem rein negativen Ergebnis, sondern mit dem Versuch, das Förstemann I, 192 ff., abgedruckte Gutachten als eine aus der zweiten Märzhälfte stammende Vorlage zu A und als „Melanchthons Beitrag zu den Torgauer Artikeln" (a. a. O., 221) zu erweisen. Ferner wird aus der Beobachtung, daß Melanchthon in dem Abschnitt seines Beitrages über das Fasten einen Zusatz aus einem bei Förstemann I, 197 ff., abgedruckten, wahrscheinlich von Luther verfaßten Gutachten (bei dem es sich nach der Originalzählung Gußmanns um das vierte Stück handelt) entlehnt, gefolgert: „Die beiden Reformatoren haben also so gearbeitet, daß einer die Arbeit des anderen benutzen konnte bzw. benutzt hat, wie unser Fall beweist. Damit dürfte auch Luthers Gutachten, welches wir ... vielleicht nur als Torso besitzen, wie so und so viele Gutachten aus den Reichstagsakten, als Bestandteil der Torgauer Artikel erwiesen sein ..." (ebd.)

14   Vgl. bes. Maurer I, 27 ff.; ferner den wichtigen Beitrag von E. Koch, Die kursächsischen Vorarbeiten zur Confessio Augustana, in: ders., Aufbruch und Weg. Studien zur lutherischen Bekenntnisbildung im 16. Jahrhundert, Stuttgart 1983, 7–19, hier bes. 14 ff.

15   In E werden, so Maurer, „in neun Punkten zum Teil in derselben Reihenfolge dieselben Fragen wie in den späteren ‚spänigen Artikeln' behandelt: Art. 1 bis 3 entsprechen CA 22 bis 24; Art. 4 greift aus den später in CA 28 aufgeführten Rechtsfragen die der bischöflichen Weihegewalt heraus; Art. 6 bis 8 finden sich wieder in CA 27 (Von Klostergelübden), CA 25 (Von der Beicht) und CA 26 (Vom Unterschied der Speis). Ohne spätere Entsprechung sind Art. 5 ... und Art. 9." (Maurer I, 29) Ersterer Artikel (Art. 5) handelt vom Papsttum und lautet: „Wil der Babst her oder oberster sein, das lassen wir wol geschehen, dan wir achten nicht wie grosse ehre oder gut er hat, Sonndern begern, das er unnß das Euangelion (wie er schuldig ist) frei lasse, wilers selbs nicht predigen noch das wort foddern, wie es billich were, so mag er sein unnd thun auff sein gewissen, was er wil. Es gehet unnß nicht ann." (Förstemann I, 96) Der 9. Artikel hinwiederum enthält eine scharfe Absage an die Sakramentierer, die als irrende Ketzer zu verdammen sind. „Denn weil sie nicht wollen oder nicht konnen mit uns halten, so schaiden sie sich damit selbs von unns, unnd wil unnß nicht geburen, Ir erbiettenn anzunehmen, alls sey unnser leere noch ungewiß, Sonndern wir mussen In solchem gemeinen offenntlichen artickel, der Teglich Im brauch gehen muß, gewiß sein, Ist auch bißher gnugsam Ir einrede unnd grunndt gehoret, Erkennet unnd verlegt, das sie nicht Rhumen mugen, sie werden unuerhoret unnd unerkanndt verdampt." (Förstemann I, 97) Maurers historischer

16. März zu datierenden Beratungen der Wittenberger in Gestalt eines neun Punkte umfassenden Ratschlags an den Kurfürsten, der dann von Melanchthon Ende März bzw. im Laufe des April zu A umgearbeitet wurde. Die Jubiläumsausgabe der Bekenntnisschriften hingegen läßt E unberücksichtigt und geht davon aus, daß im „Zusammenhang mit der Conf. Aug. ... nur das zusammenfassende Stück A, auf das offenbar auch der Kurfüst in seinem Brief vom 11. Mai (WA Br V 311) zurückblickt, von Bedeutung (ist)" (BSLK XVI, Anm. 8). Stück A der von Förstemann (I, 68 ff.) veröffentlichten Akten gilt unter Berufung auf Brieger – die abweichenden Ergebnisse von Gußmann, Maurer und J. v. Walter werden lediglich erwähnt – als das möglicherweise nicht einzige, wohl aber umfassendste Bedenken, das von den Wittenberger Theologen gemäß Auftrag ihres Kurfürsten im März 1530 erstellt und von Torgau nach Augsburg mitgeführt wurde. Näher bestimmt wird A als ein Gutachten, „in dem Melanchthon offenbar auf Grund der Wittenberger Vorarbeiten und der Torgauer Verhandlungen dem Kurfürsten eine Anleitung für die dem Kaiser vorzulegende sächsische Verteidigungsschrift gibt. Wir pflegen", so heißt es weiter, „dies Gutachten etwas ungenau, aber im Kern zutreffend als Torgauer Artikel (genauer: Melanchthons Wittenberg-Torgauer Artikel) zu bezeichnen. Es beschäftigt sich nur mit den Kirchenbräuchen, während die Wittenberger vermutlich der Meinung waren, daß für die Glaubenslehren die Schwabacher Artikel genügten, die der Kurfürst auch Hans von Dolzig für seine Gesandtschaft an den Kaiser neben dem ‚Unterricht der Visitatoren' mitgegeben hatte." (BSLK XVI)

Überblickt man die komplexe Forschungslage, so kann man trotz verbleibender Differenzen, die namentlich die Stellung von E betreffen, doch immerhin sagen, daß die sog. Torgauer Artikel, deren präzise historische Erfassung so viel Mühe bereitet und bis heute nicht abschließend gelungen ist, zur Grundlage der weiteren Entwicklung der CA in der in Aktenstück A gegebenen Textgestalt geworden sind. Die Konzentration auf A im Apparat

---

Kommentar wertet diese Aussagen als einen weiteren Beleg für den seit Sommer 1529 bestehenden Ausgleichskurs Kursachsens, der nicht nur das Verhältnis dem Reich, sondern auch das Verhältnis Rom gegenüber bestimmt, wobei „alles ... in freier Übereinkunft der Wittenberger Theologen (geschehe), ohne politischen Druck, und im Beisein und mit Zustimmung Luthers" (Maurer I, 29).

der CA-Edition der Konk-Jubiläumsausgabe hat von daher ihre
Richtigkeit, auch wenn dies nicht daran hindern darf, die E-
Version vergleichend heranzuziehen.

Neben A werden in den BSLK ferner B (75,23 ff.) und der erste
Teil von C (120,16 ff.) berücksichtigt. Damit wird der Tatsache
Rechnung getragen, daß mit weiteren Entwürfen zu Einzelfragen
der CA im engeren oder weiteren Kontext der sog. Torgauer Artikel zu rechnen ist. Was B (Förstemann I, 84 ff.; vgl. BSLK 75,
Anm. 4) betrifft, so handelt es sich offenkundig um eine erste Gestalt des erst verhältnismäßig spät in die CA eingefügten Artikels
XX „Vom Glauben und von guten Werken". Engelhardt[16] und
Brieger[17] datieren das Aktenstück auf Anfang Juni 1530, worin ihnen Maurer anfangs gefolgt ist (vgl. aber Maurer II, 70). Indes
hatte schon Gußmann Bedenken gegen eine solche Spätdatierung
ausgesprochen und es für möglich erklärt, daß B „bereits in die
Märztage fällt oder längstens während des Aufenthalts zu Koburg
entstanden ist" (Gußmann I, 97). Gewichtige Gründe für diese
Annahme, daß nämlich B eine frühe Vorarbeit der CA darstellt,
die Melanchthon bereits nach Augsburg mitgebracht hat, sind in
jüngerer Zeit von B. Moeller[18] beigebracht worden. Nach seinem
Urteil wird man „in Zukunft wohl wieder davon ausgehen müssen, daß B ein früher Entwurf ist, der im engeren oder weiteren
Sinn mit den ‚Torgauer' Artikeln zusammengehört"[19].

Der erste Teil des Textes C, der in BSLK 120,16 ff. (vgl. Anm. 3) im
Anschluß an Förstemann I, 87 ff., abgedruckt ist, stellt nach allgemeiner Auffassung eine Vorarbeit von CA XXVIII dar. In der Frage
der Datierung wurde von seiten Briegers, der C textkritisch in drei
disparate Stücke zerlegt, die These vertreten: „Darauf, dass schon
in Torgau dieser Aufsatz (sc. C₁) vorgelegt sei, deutet nichts hin."[20]
Auch bezüglich der beiden folgenden Teile von C (Vom Bann/De
gradibus consanguinitatis), in denen Brieger Bruchstücke anderer
Niederschriften sieht, sei zumindest klar, daß sie „mit der Aufforderung des Kurfürsten an seine Wittenberger Theologen, ihn über

---

[16]   E. Engelhardt, a. a. O., 564 f.

[17]   Th. Brieger, a. a. O., 285.

[18]   B. Moeller, Augustana-Studien, in: ARG 57 (1966), 76–95, hier: 83 ff.

[19]   A. a. O., 86.

[20]   Th. Brieger, a. a. O., 286 f.

den Zwiespalt im Glauben und in den Ceremonien zu informie-
ren, in keinem ursächlichen Zusammenhange stehen" können.[21]
Im Gegensatz dazu hat Gußmann (I, 98) zum einen die Zerteilung
von C in drei Stücke zu einem „gewaltsamen hyperkritischen
Verfahren" erklärt, zu welchem die Kopie keinerlei Recht gewäh-
re. Was aber die Vorgeschichte von CA betrifft, so gelangt Gußmann zum anderen zur Annahme dreier Rezensionen: der
schließlichen Endgestalt, des Nürnberger Textes Na und des in C
vorliegenden ersten Entwurfs, den er – vereint mit den beiden
anderen Teilen von C – zeitlich „in die Nähe von Koburg oder
Torgau" rückt und als eng zugehörige Ergänzung von A (und E)
bestimmt.[22]

---

[21] A. a. O., 288.

[22] Zu den verbleibenden Aktenstücken der Brückbeilage ist folgendes zu
bemerken:

1. Der nach Gußmanns Zählung erste Ratschlag „De privata missa", den
Förstemann mit dem Buchstaben D bezeichnet hat, bildet ein selb-
ständiges Schriftstück, was äußerlich schon dadurch belegt wird, daß
er in der Beilagensammlung – von den übrigen Aufsätzen durch fast
zwei Leerseiten getrennt – für sich steht (vgl. Gußmann I, 91.95). Es
dürfte sich bei dem Text um einen Beitrag Luthers zur Vorbereitung
der Reichstagsausschußarbeit handeln, der Ende Juli oder im Laufe
des August entstanden ist und mit den Ereignissen in Torgau vom
März 1530 nichts zu tun hat (Th. Brieger, a. a. O., 283 ff.; Gußmann I,
95).

2. Der Beitrag F besteht aus zwei Teilen, in denen die in der wahren
Kirche Christi geforderten und die in der Papstkirche anzutreffenden
Stücke aufgezählt und einander kontrastiert werden. Diese alternative
Auflistung berührt sich inhaltlich mit einer gegen Schluß zu finden-
den Passage aus Luthers „Vermahnung an die Geistlichen, versammelt auf dem Reichstag zu Augsburg, Anno 1530" (vgl. WA 30, 345 ff.).
Zwar ist von ihr nichts in die Augustana übergegangen, doch kann
nicht ausgeschlossen werden, daß sie „in den Kreis der Torgauer Artikel gehört" (Gußmann I, 97. Gußmann hält dies sogar für wahrscheinlich; vgl. dgg. Th. Brieger, a. a. O., 282 f.).

3. Das von Förstemann ausgeschiedene bzw. in anderem Kontext abgedruckte (I, 197 ff.) vierte Aktenstück der Brückbeilage stammt vermutlich von Luther und bildet nach dem erwähnten These J. v. Walters
einen Bestandteil der Torgauer Artikel. Auch wenn es in zeitlicher Hinsicht gute Gründe für die Annahme eines solchen Zusammenhangs
gibt, so bewegt sich das Gutachten doch inhaltlich „auf einem völlig
andern Gebiete": „Es handelt weder vom Glauben noch von den Ze-

2. Reformapologie und Bekenntnis des Glaubens: zur Doppelpoligkeit der CA

In der lediglich in Grundzügen skizzierten und auf weiteren Ausbau hin angelegten („Inn hanc sententiam prodest preponere prefacionem longam et Rethoricam") Vorrede von A (Förstemann I, 68 f.)[23] werden gegenüber dem Vorwurf der Widersacher, der sächsische Kurfürst tue allen Gottesdienst ab und lasse heidnisches Leben und Ungehorsam zu mit der Folge einer Zerrüttung der ganzen Christenheit, zunächst die Rechtschaffenheit und Friedensliebe Johanns hervorgehoben; sodann wird betont, „das In seiner churfurstlichen gnaden lannden das hailig Euangelium mit allem vleisz gepredigt unnd Ceremonien demselbigen gemeß gehalden werdenn" (Förstemann I, 68 f.). Auch wenn den kirchlichen Neuerungen, die der rechten Lehre des Evangeliums entsprechen, noch die Bewilligung durch ein Konzil fehle, so müßten doch selbst die Gegner bekennen, „das die Leer ann Ir selbs recht" sei und von einer Verkehrung des Gottesdienstes nicht die Rede sein könne (Förstemann I, 69). Melanchthon zieht daraus die Schlußfolgerung: „Nu ist die zwietracht furnemlich vonn etlichen mißbreuchen, die durch menschen Leer unnd satzungen Ingefurt sindt"; davon soll im folgenden berichtet werden, um die Motive der kurfürstlichen Behebung von Mißbräuchen zu ergründen und zu rechtfertigen. Das Ganze läuft also auf eine „Apologie

---

remonien im Sinne des kurfürstlichen Erlasses, sondern beantwortet praktische Gewissensfragen, die Johann persönlich berührten, und hat daher keine Bedeutung für unsere Aufgabe." (Gußmann I, 96) Im einzelnen handelt es sich um Fragen kirchlicher Fastengebote, eines möglichen kaiserlichen Predigtverbots und der Teilnahme an römischen Kultushandlungen.

Aufs Ganze gesehen wird man nach wie vor mit Gußmann sagen müssen, „daß wir bei dem völlig ungenügenden Aktenmaterial über mehr oder minder begründete Vermutungen nicht hinauskommen werden und daß wir uns ebenso auf den Begriff der ‚Torgauer' Artikel nicht zu sehr versteifen dürfen" (Gußmann I, 95).

[23]   Am 4. Mai schreibt Melanchthon an Luther: „Ego exordium nostrae apologiae feci aliquanto ρητορικωτερον, quam Coburgae scripseram." (CR 2, 39 f.)

der Kursächsischen Großvisitationen" hinaus. „Noch ist der Blick keineswegs auf eine Reformation der gesamten Christenheit gerichtet: einer territorial begrenzten Teilreformation soll vielmehr Duldung verschafft werden." (Maurer I, 52)

Die Basis der Verteidigung der kursächsischen Kirchenreform bildet eine ausführliche Abhandlung über Menschenlehre und -ordnung (Förstemann I, 69–74), in der die beiden theologischen Grundsätze der späteren „spänigen Artikel" festgelegt werden: „Kirchliche Ordnung ist verpflichtend, weil und soweit sie der Schrift entspricht; kirchliche Ordnung kann und darf niemals heilsverbindlichen Charakter beanspruchen. Der Artikel von Rechtfertigung allein durch den Glauben gibt die Begründung ab für alle Aussagen über Kultus und Kirchenrecht." (Maurer I, 30) Auf der Grundlage solcher Antithese von göttlicher Lehre und Menschensatzung, welche für die Gattung reformatorischer Apologien insgesamt typisch ist[24], wird sodann „De coniugio Sacerdotum", „Von baider gestalt", „De myssa", „Von der Baicht", „De Jurisdiktione" und „Von der waihe" sowie „De votis" gehandelt; den Abschluß bilden die Artikel „De invocatione Sanctorum" und „Von Teutschem gesang".[25]

Aus der Konzeption von A geht klar hervor, „daß die praktischen, mit Kultus- und Rechtsreformen zusammenhängenden Fragen bei der Abfassung der CA zunächst im Vordergrunde standen". Dieser Sachverhalt hinwiederum „ergibt sich aus der kirchen- und reichsrechtlichen Lage. Mit großen Anstrengungen und nie ohne die Hilfe des weltlichen Armes hatte die römische Kirche die kultische Einheit des christlichen Abendlandes durchgesetzt; nur widerstrebend und nur für kurze Zeit hatte sie während des Baseler Konzils den Hussiten in den Prager Kompaktaten (1437) Zugeständnisse gemacht. Auf der einheitlichen gottesdienstlichen Praxis und den daraus abgeleiteten religiösen und sittlichen Erziehungsprinzipien beruhte der religiöse und kulturelle Zusammenhang der abendländischen Nationen. Und auf die reichsfürstliche Stellung der Bischöfe und ihre auch die weltlichen Territorien

---

[24]   Vgl. G. Seebaß, Die reformatorischen Bekenntnisse vor der Confessio Augustana, in: P. Meinhold, a. a. O., 52 f.

[25]   Diese beiden Artikel sind in E nicht enthalten. Dafür fehlen in A die Artikel E 5 (Vom Papsttum), E 8 (Vom Fasten und Unterschied der Speis) und E 9 (Von den Sakramentierern).

umgreifende Diözesangewalt gründet sich die Ordnung des Reiches, die Stellung des Kaisertums und die Ausgewogenheit der
politischen Verhältnisse." (Maurer I, 27)[26] Angesichts dieser Sach-
lage war es für die kursächsischen Theologen unumgänglich, sich
auf eine Verteidigung der in den Visitationen erzielten praktischen
Kirchenreformen zu konzentrieren, deren Bestreitung und mögliches Verbot auf dem Reichstag zu erwarten stand. Auch während
der Reise der sächsischen Delegation zum Reichstag standen nach
wie vor praktisch-rechtliche Fragen des Kultus und der Ordnung
im Zentrum der theologischen Reflexionen. Die Bemühungen
Melanchthons, der bis zur Abreise von Coburg in einem regen
Meinungsaustausch mit Luther gestanden haben wird, konzentrieren sich ganz auf die Weiterentwicklung der Torgauer Artikel in
ihrer in A gegebenen Gestalt. Folgt man Maurer, dann haben diese Bemühungen ihren wesentlichen Niederschlag gefunden in
dem A inhaltlich ergänzenden Dokument C[27], von dessen ursprünglicher Einheit Maurer ausgeht und das er um den 9. Mai zu
einem gewissen Abschluß gekommen sieht. Noch in den ersten
Tagen nach der Ankunft in Augsburg am 2. Mai dürfte demnach
in der sächsischen Delegation der Eindruck beherrschend gewesen sein, der Kurfürst könne sich darauf beschränken, die im Zu-

---

[26]   Vgl. W. Iserloh, Schicksalstage des Augsburger Reichstags, in: B. Lohse/
       O. H. Pesch (Hg.), Das Augsburger Bekenntnis von 1530 – damals und
       heute, München/Mainz 1980, 64–78, hier: 74: „Man war, besonders auf
       Seiten der katholischen Stände, eher bereit, in den dogmatischen Fragen
       Differenzen hinzunehmen oder ungeklärte Fragen offen zu lassen, als
       Verschiedenheit im Kult und im äußeren kirchlichen Leben zu dulden.
       Die Klärung der Lehrfragen konnte man zur Not bis zum Konzil in der
       Schwebe lassen. Verschiedenheit in den Bräuchen und im kirchlichen
       Leben in ein und demselben Ort war dagegen für damaliges Empfinden
       unerträglich."

[27]   In Ergänzung zu A enthält C, wie gesagt, Artikel über den Bann und zu
       Ehefragen. Im ersten Teil wird in Vorbereitung des späteren Artikels CA
       XXVIII der Unterschied zwischen geistlicher potestas clavium der Bi-
       schöfe und des Papstes und weltlichem Regiment dargelegt. Maurer
       nimmt auf der Grundlage einer Analyse einschlägiger Stellen aus Luther-
       briefen an, daß in der am 11. Mai vom Kurfürsten an den Reformator auf
       die Veste Coburg gesandten Handschrift C in Zusammenhang der umge-
       arbeiteten Artikelreihe A an der Stelle gestanden haben wird, an der sich
       jetzt CA XXVIII befindet (Maurer I, 41).

ge der Visitationen durchgeführten praktischen Kirchenreformen als evangeliumsgemäß zu rechtfertigen.[28]

Dieser Eindruck änderte sich allerdings im Laufe des Mai: Entscheidend mitverursacht wurde diese Veränderung sicherlich durch die Tatsache, daß am 4. Mai 1530 Ecks berühmt-berüchtigte 404 Artikel erschienen waren, in denen Luther, Zwingli, Taufgesinnte und Schwarmgeister als ketzerische Einheit behandelt wurden mit dem Ziel, der Reformation einen prinzipiellen Lehrgegensatz zur altgläubig-katholischen Tradition zu attestieren. Ecks Pamphlet verfehlte seine Wirkung nicht, auch nicht was den praeceptor Germaniae angeht: „Kaum war Melanchthon unter dem Gefolge des sächsischen Kurfürsten in der schwäbischen Reichsstadt eingezogen, als ihm ein Exemplar der Eckschen Flugschrift in die Hände fiel. Er las sie mit Schrecken, Abscheu und tiefster Entrüstung." (Eck, 48)

Schon damals mag es Melanchthon klar geworden sein, daß eine Verteidigung der evangelischen Position insgesamt und über die „spänigen Artikel" hinaus auf dem Reichstag nicht zu vermeiden, daß es vielmehr nötig sei, die Verteidigungsschrift für die im Kurfürstentum vorgenommenen praktischen Kirchenreformen zu einem Theorie und Praxis explizit integrierenden Glaubensbekenntnis zu erweitern und damit der Augustana jene Doppelgestalt zu geben, die sie bis heute kennzeichnet.[29] Zur Gewißheit

---

[28] Man darf dabei indes nicht die lehrmäßig höchst gewichtigen Implikationen übersehen, die bei den praktischen Streitfragen wie Priesterehe, Mönchsgelübde, Meßkanon und Communio sub utraque in ihrer Verbindung mit der Frage nach der Jurisdiktionsvollmacht der Bischöfe eine Rolle spielten. Deshalb kann man den „spänigen Artikeln" und ihren Vorarbeiten durchaus einen „eigenständigen Lehrcharakter" zubilligen (Maurer I, 32).

[29] Was die 404 Artikel Ecks betrifft, so bestimmten sie nicht nur die endgültige Abfassung der CA teilweise bis ins Detail mit (Eck, 49 f.), sie haben in ihrer Eigenschaft als dogmatische, kirchliche und politisch-soziale Anklageschrift auch „tief in den Gang der Reichstagsverhandlungen eingegriffen"; sie „suchten dabei namentlich Ton und Gehalt der Konfutation zu bestimmen, riefen dann aber auch entschiedene Gegner auf den Plan und errangen schließlich doch einen ausgesprochenen Sieg in dem Reichstagsabschied vom 19. November 1530" (Eck, IV; vgl. im einzelnen 46–91). Konzipiert sind die 404 Artikel im Stile umfangreicher Häresienkataloge, von denen es damals nicht wenige gab. Zunächst bietet Eck neben den einundvierzig Sätzen der Bulle „Exsurge Domine" seine

wurde die Notwendigkeit eines solchen Unternehmens im kursächsischen Lager spätestens zu dem Zeitpunkt, als Mitte Mai das Scheitern der Dolzig-Mission[30] in Augsburg bekannt wurde. Dabei handelte es sich um ein Unternehmen, das der Kurfürst wohl ohne Wissen seiner Theologen, zumindest ohne Wissen Luthers, auf Initiative der Grafen von Nassau und Neuenahr gestartet hatte, um den Kaiser seiner „kirchlichen Integrität und reichspolitischen Loyalität" (Maurer I, 24) zu versichern und ihm u. a. klar zu machen, daß es für eine weitere Vorenthaltung der noch anstehenden Belehnung ebensowenig Grund gebe wie für eine päpstliche Bannandrohung wegen angeblich notorischer Ketzerei. Zu diesem Zweck hatte Johann den kursächsischen Marschall und Rat Hans von Dolzig als Geheimgesandten nach Innsbruck geschickt: Seine Aufgabe bestand u. a. darin, dem Kaiser noch vor offiziellem Reichstagsbeginn neben dem „Unterricht der Visitatoren" (vgl. WA 26, 175 ff.)[31] die direkt mit Lehrfragen beschäftigten sog. Schwabacher Artikel, von deren Genese noch zu reden sein wird, als einen Beweis gegebener Rechtgläubigkeit auszuhändigen. Am 4. Mai traf der Kaiser in Innsbruck ein, am 8. Mai gelangten die Artikel „in einer überaus schlechten, an Mißverständnissen reichen, wohl erst an Ort und Stelle gemachten lateinischen Übersetzung"[32] an ihn; spätestens eine Woche danach war die Kunde

---

„Conclusiones" zur Leipziger Disputation vom Juli 1519, vom Religionsgespräch von Baden im Aargau vom Mai 1526 sowie nachträgliche Bemerkungen zu den Akten der Berner Verhandlungen vom Januar 1528. Danach folgen unter der Überschrift: „Errores novi et veteres iam ventilati" die Artikel 66 bis 404; sie sind dem Gliederungsvorschlag Gußmanns zufolge eingeteilt in einen dogmatischen (Art. 66–169), einen kirchlichen (Art. 170–331) und einen politisch-sozialen Abschnitt (Art. 332–404), wobei der eigentliche Schwerpunkt auf dem kirchlichen Gebiet liegt. Als Quellen seines Häresienkatalogs dienen Eck nahezu 250 gegnerische Schriften, die er aus zweiter Hand gekannt haben muß. Luther ist mit 103, Zwingli mit 20 Schriften vertreten; es folgen U. Rhegius mit 12, Erasmus, B. Hubmaier und Melanchthon mit je 8, Karlstadt und Oekolampad mit je 6, darüber hinaus noch eine ganze Reihe anderer Autoren, von denen 5 oder weniger Schriftstücke herangezogen wurden.

[30] Vgl. H. v. Schubert, Bekenntnisbildung und Religionspolitik 1529/30 (1524–1534). Untersuchungen und Texte, Gotha 1910, 237 ff.

[31] Vgl. a. a. O., 252.

[32] A. a. O., 259.

vom Scheitern der „sächsische(n) Extratour"[33] bereits zum kurfürstlichen Hof nach Augsburg gelangt: Auf Betreiben des päpstlichen
Legaten[34] hatte der Kaiser mit einer Zurückhaltung auf die Offerte
reagiert, „die einer Verwerfung gleichkam" (Maurer I, 24).[35]

Mit dem Scheitern der Dolzig-Aktion und der kaiserlichen Ablehnung der bisher weitgehend geheimgehaltenen Schwabacher Artikel hatte sich die Hoffnung endgültig zerschlagen, die kursächsische Schutzschrift auf die Apologie einiger Kultreformen zu beschränken. Es hätte also, um den Prozeß des Zusammenwachsens
der sog. Torgauer und Schwabacher Artikel zu einem kursächsischen Bekenntnis in Gang zu setzen, möglicherweise „gar nicht
des Antriebes bedurft, den inzwischen Melanchthon durch Ecks
neuestes Vorgehen, die Zusammenstellung der 404 Ketzereien,
erhalten hatte, und ebenso nicht des eigentümlichen Umstandes,
daß auch von anderer Seite die 17 Artikel und zwar als Luthers
Bekenntnis für Augsburg in die Öffentlichkeit gezerrt und in
Augsburg, auch schon im Mai, bei Freund und Feind verbreitet
und bekämpft wurden"[36].

Wie immer man über die Bewegursachen im einzelnen urteilen
mag, Tatsache ist, daß Ende Mai 1530 die ergänzende Erweiterung
der auf Kultreform beschränkten Apologie vollzogen und die
Zweiteiligkeit der Augustana grundsätzlich hergestellt ist. Der Beweis dafür ist die Na genannte Vorform der Augustana, die Th.
Kolde unter dem etwas mißverständlichen Titel „Die älteste Redaktion der Augsburger Konfession" publiziert hat (vgl. Lit.): In
ihr ist die Verbindung von praktischem Teil und Lehrteil vollzo-

---

[33]   H. v. Schubert, Der Reichstag von Augsburg im Zusammenhang der Re-
       formationsgeschichte, Leipzig 1930, 21.

[34]   Vgl. Campeggios Brief an Sanga vom 9./12. Mai, in: Nuntiaturberichte aus
       Deutschland 1533–1559, Erg. Bd. 1. 1530–1531. Legation Lorenzo Campeg-
       gios 1530–1531 und Nuntiatur Girolamo Aleandros 1531, Tübingen 1963,
       27 ff., hier: 29 f. Zur berüchtigten Instruktion der Kardinallegaten, derge-
       mäß hartnäckige Ketzer mit Schwert und Scheiterhaufen auszurotten sei-
       en, vgl. H. v. Schubert, Bekenntnisbildung und Religionspolitik, a. a. O.,
       260.

[35]   Zur betroffenen Reaktion des Kurfürsten, der die Möglichkeit einer Ab-
       reise aus Augsburg erwog, und zur weiteren Entwicklung vgl. H. v.
       Schubert, a. a. O., 265 ff.

[36]   H. v. Schubert, Der Reichstag von Augsburg, 22.

gen, auch wenn von einer wirklich organischen Einheit beider
weder jetzt noch in der schließlichen Endgestalt der CA die Rede
sein kann.

Näherhin handelt es sich bei der Augustanatextform Na um „die
in Nürnberg zur Informierung des Rates verfaßte *Übersetzung des
lateinischen Ratschlags ...,* den die Gesandten am 3. Juni in die
Heimat schickten" (Kolde, 33 f.). Die deutsche Übersetzung hat
Hieronymus Baumgartner angefertigt. Das lateinische Original war
am 31. Mai oder vielleicht schon am Abend des Vortages in die
Hände der Nürnberger gelangt. Allerdings fehlten noch Eingang
und Beschluß. Auf Drängen hin wurde schließlich auch die Vorrede ausgehändigt, so daß die Nürnberger Gesandten am 3. Juni
nach Hause schreiben konnten: „Hiemit schicken wir E. W. Abschrift des sächsischen Rathschlags lateinisch, und ist die Vorrede
oder Eingang darbei. Aber es mangelt hinten an einem Artikel
oder zweien, samt dem Beschluß, daran die Sächsischen Theologi
noch machen. So das fertig wird, soll (es) E. W. zugeschickt werden. Mittler Zeit mögen E. W. ihre Gelehrte und Prediger das
übersehen und rathschlagen lassen. So dann solcher Rathschlag
ins Teutsche gebracht, wird der E. W. auch unverhalten bleiben.
In allweg aber ist der Sächsischen Begehr, daß E. W. noch zur
Zeit diesen Rathschlag oder Verzeichniß geheim halten, und daß
niemand Abschrift widerfahren lassen, bis der zuvor an die Kais.
Maj. geantwortet werde. Deß haben sie ihre Ursachen. Darum
wollen E. W. deßhalb bei denen, dahin E. W. denselben gelangen
lassen, Fürsehung thun, und doch daran seyn, daß uns eine lateinische Abschrift wieder herauf geschickt werde." (CR 2, 83 f.) Dies
taten die Nürnberger Mitte Juni auch mit dem Erfolg, daß sich der
lateinische Originaltext nicht in den Ratsakten befindet, sondern
bedauerlicherweise als verloren gelten muß. Immerhin ist in Na
die Augustana, wenn auch nur in deutscher Übersetzung, nach ihrem Entwicklungsstand Ende Mai 1530 einschließlich der Vorrede
Melanchthons dokumentiert.

Das von Karl Schornbaum aufgefundene und von Th. Kolde publizierte Schriftstück ist unterteilt in die Vorrede, die Artikel der
Lehre und die, wie es heißt, „spenigen artickel, darin auch die
geenderten und abgethanen misbreuch erzelt werden" (Kolde,
16). Was die Lehrartikel betrifft, so fehlen in Na noch die späteren
Artikel CA XX und CA XXI. Im Vergleich zu den noch vorzustellenden Schwabacher Artikeln neu hinzugekommen sind hingegen

die Artikel Na 14 (= CA XIV: De ordine ecclesiastico), Na 17 (= CA XXVIII; De libero arbitrio) und Na 18 (= CA XIX: De causa peccati). Im Hinblick auf Na 14 ist anzumerken, daß für diesen Artikel in Na lediglich eine Zwischennummer veranschlagt ist, während der Text selbst fehlt. Kolde erklärt dies mit einem Versehen des Übersetzers; denn daß Artikel 14, so Kolde, „in seiner lateinischen Vorlage gestanden haben muß, ergibt seine Zählung, indem er von Art. 13 sofort auf Art. 15 überspringt" (Kolde, 47). Andere Forscher haben dem widersprochen und für eine spätere Entstehung von CA XIV plädiert. Maurer geht von der Annahme aus, daß sich Koldes These nicht widerlegen läßt, „obwohl solche Vergeßlichkeit bei einem so wichtigen Dokument schwer begreiflich scheint. Man könnte sich auch vorstellen, Na 14 sei zwar schon vorhanden, aber noch nicht endgültig redigiert gewesen, und die Nürnberger hätten auf die Schlußredaktion (die dann nach dem 31.5. erfolgt wäre) bei der Absendung des Schriftstückes nicht mehr warten wollen."[37]

Unter inhaltlichem Gesichtspunkt ist zu sagen, daß Na 14 den Artikel Na 4 (= CA V: De ministerio ecclesiastico) ergänzt, während Na 17 und Na 18 auf Na 2 (= CA II: De peccato originali) bezogen sind. Veranlaßt wurden solche präzisierende Fortschreibungen nicht zuletzt durch die bereits erwähnten Angriffe Ecks. Für Na 17 (= CA XVIII) und Na 18 (= CA XIX) ist das offenkundig. Bekanntlich hatte Eck an vielen Stellen gegen die reformatorische Erbsündenlehre polemisiert: „in Art. 60 f. und 229 im Hinblick auf Zwinglis Tauflehre; in Art. 31 f. und 48 in bezug auf die Leipziger Disputation, in Art. 172, 180, 331 in bezug auf Luthers Assertio, in Art. 171 gegen Melanchthon direkt, besonders gegen die Stelle der Loci von 1521, die Wiclifs und Luthers These von der Zwangsläufigkeit alles Geschehens wiederaufgenommen hatte."[38] Die im wesentlichen Melanchthons Loci von 1521 entnommene Stelle lautet in der Wiedergabe Ecks: „Omnia, quae eveniunt, iuxta divinam praedestinationem eveniunt. Ideo nulla est voluntatis nostrae libertas. Iuxta enim eius praedestinationem necessario eveniunt omnia omnibus creaturis." (Eck, Art. 171) Durch solche und ähnliche aus dem Zusammenhang gerissene Zitate – für die Willensfrage sind

---

37 W. Maurer, Studien über Melanchthons Anteil an der Entstehung der Confessio Augustana, in: ARG 51 (1960), 158–207, hier: 183, Anm. 75.

38 A. a. O., 192.

neben Art. 48 besonders die Art. 172 und 331 einschlägig – sah Melanchthon die reformatorische Lehre in deterministischem Sinne verunglimpft, wogegen er sich in Na 17 (= CA XVIII) zu wehren sucht.

Entsprechendes ist über das Abfassungsmotiv von Na 18 (= CA XIX) zu sagen. In Artikel 86 der erwähnten Augsburger Kampfschrift hatte Eck in freier Zusammensetzung verschiedener Stellen aus einer 1523 publizierten, vom Autor nicht nur nicht autorisierten, sondern als sehr fehlerhaft abgelehnten Nachschrift der Römerbriefvorlesung Melanchthons folgende Textmontage geboten: „Certa sententia, omnia a Deo fieri tam bona quam mala. Non solum permissive, sed proprie agit etiam mala, ut Davidis adulterium etc. Adeo ut sit eius proprium opus non minus Judae proditio, quam Pauli vocatio, Melanchthon. I(d est): Deus vult peccatum." (Eck, Art. 86) Gegen diesen ungeheuerlichen Vorwurf, den u. a. auch Cochläus in seiner 1524 unter der Überschrift „De libero arbitrio hominis" veröffentlichten Schrift mit dem Ziel erhoben hatte, die reformatorische Lehre als manichäisch zu erweisen, wendet sich Na 18 (= CA XIX). Vergleichbare Bezüge lassen sich schließlich auch zwischen Ecks Pamphlet und Na 14 herstellen. Unter der Überschrift „Ordo" und unter Berufung vornehmlich auf Luther hatte Eck in Art. 267f. folgende Sätze zusammengestellt: „Sacramentum ordinis ecclesia Christi ignorat ..., sed est figmentum ab hominibus inventum ..." „Omnes, quotquot baptisati sumus, aequaliter sacerdotes sumus. Et quilibet laycus potest ecclesias consecrare, pueros confirmare etc." (Eck, Art. 267f.) U. a. darauf will das „nisi rite vocatus" von CA XIV bezogen sein.

Diese Beispiele mögen genügen, um den Zusammenhang zwischen Ecks Artikelreihe und den Artikeln Na 17 und 18 sowie ggf. 14 zu beweisen, der mutatis mutandis auch für die späteren Artikel CA XX (vgl. bes. Eck, Art. 31, 195 sowie 198–202) und CA XXI (vgl. Eck, Art. 112–127) in Anschlag zu bringen ist. Daß Melanchthon die ergänzenden Texte in enger Verbindung mit der Gestaltung und Gliederung seiner Vorlage, den in ihrer Entstehungsgeschichte im Anschluß vorzustellenden Schwabacher Artikeln, geschaffen hat, wurde bereits angedeutet. Daß er die Ergänzungsbeiträge gleichwohl nicht in die Stammartikel eingearbeitet, sondern deren Bestand höchst konservativ behandelt hat, ist „wohl aus der offiziösen Bedeutung zu erklären, die die Schwabacher Artikel für Kursachsen besaßen". So wurden sie in Na zwar „neu gefaßt, zum Teil auch anders geordnet, aber sie blieben als ein geschlossenes Corpus zusammen"[39].

Im einzelnen stellt sich die Abfolge der Lehrartikel in Na wie folgt dar: „Art. 1 handelt, um die hergebrachte, wenn auch keineswegs genaue Bezeichnung beizubehalten, von Gott, Art. 2 von der Erbsünde, 3 von dem Sohne Gottes. Dann folgt aber als Art. 4 in einer von der späteren (5. Art.) völlig abweichenden Fassung die Lehre vom Wirken des Geistes durch Wort und Sakrament. Infolgedessen erscheint der Artikel von der Rechtfertigung erst an fünfter Stelle und der ‚vom neuen Gehorsam‘ an sechster. Ferner sind die späteren Art. 7 und 8 in einen, den 7., zusammengezogen, so daß der 8. Art. von der Taufe (richtiger von der Notwendigkeit der Kindertaufe) handelt, Art. 9 vom Abendmahl, Art. 10 von der Privatabsolution, Art. 11 von der Buße, Art. 12 von den Sakramenten, Art. 13 von den Menschensatzungen und der richtigen Haltung der kirchlichen Ordnung, während Art. 14, wie schon erwähnt, versehentlich ausgelassen ist. Art. 15 behandelt dann das bürgerliche Wesen, Art. 16 die Wiederkunft Christi, Art. 17 den freien Willen, Art. 18 die Sünde." (Kolde, 48)

Vergleicht man diese Artikelreihe mit der Schwabacher Vorlage, so lassen sich neben den erwähnten Zusatzbeiträgen Melanchthons drei wichtige Änderungen feststellen, die auch für die endgültige Fassung der Augustana bestehen bleiben und als selbständige Arbeit Melanchthons zu gelten haben: „1. Er (sc. Melanchthon) hat die Artikel über die bürgerlichen und kirchlichen Ordnungen, die die Schwabacher Artikel als Interimsordnung hinter die Aussagen über die Wiederkunft Christi gestellt hatten, in den heilsgeschichtlichen Zusammenhang hineingenommen (13–15 in Na, 14–16 in CA) und ihnen dadurch eine erhöhte Bedeutung gegeben. Zugleich ist er damit wieder auf das Vorbild Luthers von 1528 zurückgegangen. 2. In Na hat Melanchthon den Artikel von der Erbsünde zwischen die trinitarischen und christologischen Aussagen gestellt und damit den heilsgeschichtlichen Ablauf deutlicher markiert. Der Eingang zum Augsburger Bekenntnis behandelt nacheinander die Schöpfung, den Fall, die Wiederherstellung und damit das Versöhnungswerk Christi. Dieses, in Na 3 und CA 3 behandelt, wird dabei noch unmittelbarer

---

[39] A. a. O., 205.

mit den folgenden Artikeln von der Rechtfertigung verbunden.
Wiederum hat Melanchthon hier auf den Luther von 1528 zurückgegriffen. Auch bei diesem war die Erbsünde zwischen den 1. und
2. Artikel des Glaubensbekenntnisses gestellt worden und waren
Rechtfertigung und Versöhnung völlig miteinander identifiziert.
3. Für eine weitere Veränderung hat Melanchthon sich nicht unmittelbar auf Luther berufen können. Er hat in Na und CA die
Kirche als Stätte der Wortverkündigung und Sakramentsverwaltung unmittelbar hinter die Rechtfertigung gerückt und der Sakramentenlehre vorgeordnet. Hier ist wohl die Rücksicht auf die
Augsburgische Situation entscheidend gewesen. Den Altgläubigen
gegenüber wird so die Einheit der Kirche stärker betont, die eben
auf der reinen Lehre und der rechten Sakramentsverwaltung beruht."[40]

Was schließlich das Verhältnis von Na zu der Torgauer Reihe A
und damit die Frage der Entwicklungsgeschichte der „spänigen
Artikel" bis zum Nürnberger Text vom 30. Mai betrifft, so fällt zunächst die Verringerung der Artikelzahl und insbesondere das
Fehlen eines eigenen Einleitungsabschnitts „Von menschen Ler
unnd menschen Ordnung" (Förstermann I, 69 ff.) auf. Ausgefallen
sind in Na ferner die Beiträge über Heiligenanrufung und deutschen Kirchengesang (Förstemann I, 82 ff.), die in der späteren
Entwicklung allerdings wieder in Erscheinung treten (vgl. CA XXI

---

[40] W. Maurer, Melanchthon als Verfasser der Augustana, in: LR 10 (1960/61),
164–179, hier 172 f. Auch wenn er sie nicht frei geschaffen, sondern aus
amtlichem Material zusammengestellt und in immer neuer Redaktionsarbeit vervollständigt hat (vgl. a. a. O., 167 ff.) ist Melanchthon der eigentliche Autor der Augustana. „Abgesehen von den letzten 10 Tagen vor der
Übergabe hat er alles Entscheidende allein getan, höchstens in literarischen und technischen Dingen unterstützt von anderen Mitgliedern der
sächsischen Delegation. Erst nach dem 15. Juni sind befreundete Theologen und fürstliche Räte mitbeteiligt, um dem ursprüglich partikular-
sächsischen Bekenntnis die heutige Form zu verleihen." (A. a. O., 165)
Bemerkenswert ist im gegebenen Zusammenhang ferner die These Maurers, Melanchthon habe in Na und der fertigen CA trotz Beibehaltung des
von Luther gewählten trinitarischen Rahmens Christologie und Pneumatologie nicht in ein ausgewogenes Verhältnis zu setzen vermocht, sondern das pneumatologische Element zugunsten des christologischen verkürzt mit der Folge, daß die den ganzen Lehrgehalt der Augustana bestimmende Rechtfertigungslehre vorherrschend forensisch-imputative
Gestalt annimmt. Zu dieser Annahme wird in § 9,1.2 und § 10 inhaltlich
eingehend Stellung genommen.

sowie CA XXIV [BSLK 91,32 ff.]). Das Beispiel von den Speisegeboten (Förstemann I, 72 f.) ist dagegen zu einem selbständigen
Artikel geworden. Schließlich wird unter dem Titel „Von dem gewalt der kirchen" im Endartikel von Na einheitlich zusammengefaßt, was A über bischöfliche Jurisdiktion und Weihegewalt sagt
(Förstemann I, 78 ff.) und was in C „De potestate clavium" fortge-
schrieben wurde, um zur Grundlage der Weiterentwicklung zu CA
XXVIII zu werden. Unbeschadet dieser Veränderungen schließt
sich Na in der Artikelreihenfolge formal ziemlich eng an A an,
wobei bereits vorhandene Systematisierungstendenzen verstärkt
und alle Einzelfragen auf die Problematik kirchlicher Gewalt hingeordnet werden. Im übrigen aber ist „in Na wohl kein aus A
stammender Satz unverändert geblieben" (Maurer I, 43). Während
die Artikel über Messe und Beichte gestrafft werden, finden sich
erhebliche Erweiterungen in den Artikeln von Priesterehe und
von beiderlei Gestalt des Sakraments sowie vor allem in den beiden nach Maurer in der zweiten Junihälfte umgearbeiteten Beiträgen von Mönchsgelübden und bischöflicher Gewalt, welche auf
das Drei- bis Vierfache angewachsen sind. Inhaltlich verdient vor
allem die Tatsache bemerkt zu werden, daß Melanchthon in C
unter der Überschrift „Von vermoge der Schlüssel", „De potestate
Clavium" sich sehr deutlich mit der Gewalt des Papstes beschäf-
tigte, wovon im Artikel „Von der gewalt der Kirchen" in Na wie
auch fernerhin nichts mehr zu lesen ist. Damit wird nach Kolde
„bestätigt, woran man sich auf dem Tage zu Schmalkalden 1537
erinnerte, daß man auf dem Reichstage zu Augsburg ‚kaiserl. Majestät zu unterthenigem Gefallen und aus Ursachen' es unterlassen – also doch wohl beabsichtigt – hatte, ‚das Papstum heraus-
zustreichen'. Das war allerdings nach jenem Entwurf Melanchthons erste Absicht gewesen. Allein ‚aus Ursachen', die wir
nicht näher kennen, jedenfalls wohl aber in dem Bestreben, beim
Kaiser nicht anzustoßen, sah er davon ab und handelte nur von
der Gewalt der Bischöfe und begnügte sich damit, ohne die Päpste zu nennen, nur den Anspruch der Bischöfe (!), weltliche Reiche zu verändern und den Kaisern zu entziehen sc., zu verwerfen. Diese Form finden wir schon in Na." (Kolde, 63 f.)

Hinzugefügt sei, daß die „spänigen Artikel" in Na bereits in der
endgültigen Reihenfolge behandelt werden und gegenüber der
Endfassung zwar zahlreichere, aber inhaltlich weniger wichtige
Abweichungen aufweisen als dies bei den Lehrartikeln der Fall ist,

deren wichtigste Quelle im folgenden im Zusammenhang ihrer Ursprungsgeschichte vorgestellt werden soll.

3. Bekenntnis und Bündnis: die Schwabacher und Marburger Artikel

Bekenntnis ist ein Wesensmerkmal christlicher Kirche und gehört in elementarer Weise zu ihrem inneren und äußeren Leben.[41] Dem widerspricht die Tatsache nicht, daß aktuelles Bekennen vielfach durch externe Situationsfaktoren veranlaßt oder mitbedingt ist. Macht es doch gerade die spezifische Eigenart christlichen Bekenntnisses aus, sich in Affirmation und Negation, in Zustimmung und Abgrenzung in ein geklärtes Verhältnis zu setzen zu dem, was an der Zeit ist. Das trifft auch auf die Geschichte reformatorischen Bekenntnisses von Anbeginn zu.

Zusammenfassend dargestellt sind die Anfänge der evangelischen Bekenntnisbildung bis 1529/30 in dem gleichnamigen Vortrag Hans von Schuberts aus dem Jahre 1928.[42] Schubert unterscheidet drei zeitliche Abschnitte: „Einmal die Zeit bis 1525, sodann die Jahre bis 1529 und drittens die Vorgänge, die sich unmittelbar um die Entstehung der Augustana und Apologie 1530/31 gruppieren. Man könnte dann noch einen vierten Abschnitt hinzufügen, der den bekenntnismäßigen Zusammenschluß des ganzen deutschen Protestantismus gebracht hat, 1536."[43] Als die beiden Quellorte evangelischer Bekenntnisbildung ergeben sich für Schubert Wittenberg und die fränkischen Gebiete.[44] Obwohl er materialiter weithin an

---

[41]   Vgl. C. Andresen (Hg.), Handbuch der Dogmen- und Theologiegeschichte Bd. 2: Die Lehrentwicklung im Rahmen der Konfessionalität, Göttingen 1980, 64 ff.: Reformatio und Confessio sowie § 2,2.4 u. § 3,1.

[42]   H. v. Schubert, Die Anfänge der evangelischen Bekenntnisbildung bis 1529/30. Vortrag, Leipzig 1928; vgl. auch: W. Maurer, Motive der evangelischen Bekenntnisbildung bei Luther und Melanchthon, in: M. Greschat/ J. F. G. Goeters (Hg.), Reformation und Humanismus. FS R. Stupperich, Witten 1969, 9–43.

[43]   H. v. Schubert, a. a. O., 4.

[44]   Vgl. auch E.-W. Kohls, Zur Geschichte der Confessio Augustana, in: H. Jesse (Hg.), Das Augsburger Bekenntnis in drei Jahrhunderten 1530 –

Schuberts Darstellung orientiert ist und sie als den nach wie vor besten Überblick zur Thematik bewertet, hat G. Seebaß mit Recht sowohl gegen die Grundannahme lediglich zweier Quellorte reformatorischer Bekenntnisbildung als auch gegen die chronologische Einteilung Schuberts Bedenken angemeldet und vorgeschlagen, „von den verschiedenen Zusammenhängen auszugehen, in denen – unabhängig von zeitlichen Abschnitten – während der ersten Dekade der Reformation die Schriften entstehen, die bekenntnisartigen Charakter tragen und von daher für die Entstehung der Confessio Augustana von Bedeutung geworden sind"[45].

Als den ersten und wesentlichen Ansatzpunkt evangelischer Bekenntnisbildung wertet Seebaß die diversen Versuche, „die zentralen Aussagen des von Luther über der akademischen Arbeit an der Heiligen Schrift entdeckten Evangeliums in eine zusammenfassend lehrhafte und lehrbare Form zu bringen"[46]. Für die akademisch-theologische Lehre denkt er dabei vornehmlich an Melanchthons Loci communes von 1521 sowie an dessen verlorenes Enchiridion, für die Unterrichtung der breiten Schicht der Geistlichen u. a. an den „Unterricht der Visitatoren"[47] und für den wei-

---

1630 – 1730, Stuttgart 1980, 11–31, hier: 12, der die fränkischen Bekenntnisse des Jahres 1524 zur „entscheidende(n) Vorstufe für die Confessio Augustana" (12) erklärt.

[45] G. Seebaß, Die reformatorischen Bekenntnisse vor der Confessio Augustana, in: P. Meinhold (Hg.), a. a. O. (Anm. 1), hier: 28.

[46] Ebd.

[47] Auf die Bedeutung des von Melanchthon aus Anlaß der ersten kursächsischen Visitationen in Zusammenarbeit mit Luther verfaßten, 1528 gedruckten „Unterrichts der Visitatoren" (vgl. WA 26, 175–194 bzw. 195–240) für die Entstehungsgeschichte der CA hat namentlich G. Hoffmann hingewiesen (G. Hoffmann, Zur Entstehungsgeschichte der Augustana. Der „Unterricht der Visitatoren" als Vorlage des Bekenntnisses, in: ZSyTh 15 [1938], 419–490). Er vertritt die These, daß der „Unterricht" sich „bei näherer Betrachtung als eine wichtige, bei der Ausarbeitung des Augsburger Bekenntnisses verwertete Vorarbeit, ja geradezu als die Ausgangsgrundlage der werdenden Bekenntnisschrift" erweist (419). Diese These wird durch einen eingehenden Textvergleich (421 ff.) abgesichert, der zu dem Ergebnis führt: „Bei 16 von den 28 Artikeln des Bekenntnisses läßt sich die Benutzung des UdV entweder nachweisen oder wenigstens wahrscheinlich machen; zu 4 weiteren Artikeln finden sich im UdV immerhin Anklänge." (473) Unterstützt wird das Ergebnis des Textvergleichs durch Hinweise auf die Arbeitsweise Melanchthons und die ursprüngli-

tergehenden didaktischen Bereich namentlich an die Katechismen, die in ihrer von Luther geschaffenen Form „das zentrale
Zeugnis der Heiligen Schrift in den Kernstücken kirchlicher Überlieferung als das für das alltägliche Leben des Menschen Heilsame
und das für sein Leben und Sterben Entscheidende zur Geltung
bringen"[48].

Einen zweiten Ansatzpunkt reformatorischer Bekenntnisbildung
findet Seebaß im Zusammenhang mit dem Disputationswesen
sowie in der kirchenpolitischen Tatsache gegeben, daß man sich
aufgrund des Beschlusses des 3. Nürnberger Reichstages von 1524
auf das geplante Nationalkonzil mit Gutachten vorzubereiten gedachte, was nachgerade in Franken sehr ernst genommen wurde,
wie die Sammlung der sog. fränkischen Bekenntnisse[49] beweist.
Zu beachten ist allerdings, daß es „im Blick auf das Speyerer Nationalkonzil und den nach dessen Absage beschlossenen Ulmer
Städtetag vom Dezember 1524 nicht nur die Gutachten aus dem
fränkischen, sondern auch eine ganze Reihe aus dem städtischen
Bereich"[50] gibt.

Neben dem mit den städtischen und fränkischen Gutachten wie
dem großen Ansbacher und dem großen Nürnberger Ratschlag

---

che Zwecksetzung der Augustana als einer rein kursächsischen Schutzschrift.

[48]   G. Seebaß, a. a. O., 34. Unter Verweis auf W. Maurer, Zu Entstehung und
Textgeschichte der Schwabacher Artikel, in: S. Herrmann/O. Söhngen
(Hg.), Theologie in Geschichte und Kunst. FS W. Elliger, Witten 1968,
134–151, bes. 139, fährt Seebaß fort: „Es ist von daher unmittelbar verständlich, daß die Katechismen schon früh die Bekenntnisentwicklung
beeinflußten. Das läßt sich bereits, wie Wilhelm Maurer gezeigt hat, für
die Umarbeitung von Luthers persönlichem Bekenntnis aus dem Jahre
1528 zu den ‚Schwabacher Artikeln' feststellen. Und später sind die Katechismen nach dem Vorbild der Nürnberger Kirchenordnung nicht selten
neben den Abschnitten über Lehre und Zeremonien zum dritten und festen Bestandteil lutherischer Kirchenordnung geworden. Dem entsprach
es, daß Luthers Katechismen dann auch in die werdenden Corpora
doctrinae aufgenommen wurden."

[49]   Die fränkischen Bekenntnisse. Eine Vorstufe der Augsburgischen Konfession, München 1930. Vgl. § 6,4 sowie Anm. 44.

[50]   G. Seebaß, a. a. O., 39, unter Verweis auf M. Brecht, Die gemeinsame
Politik der Reichsstädte und die Reformation, in: ZSRG. K 63 (1977), 180–
263.

gegebenen Ansatzpunkt evangelischer Bekenntnisbildung erwähnt Seebaß als dritten die Auseinandersetzung mit den sogenannten Schwärmern. Ihr entstammt u. a. das feierliche private
Glaubensbekenntnis, das Luther als dritten Teil seiner gegen
Zwingli gerichteten Schrift „Vom Abendmahl Christi" im Frühjahr
1528 im Sinne einer letztwilligen theologischen Verfügung publiziert hat (vgl. WA 26, 499–509) und das zur Grundlage lutherischer Bekenntnisbildung in den beiden darauffolgenden Jahren
geworden ist, so daß mit Recht gesagt wurde: „Dieses persönliche
Bekenntnis bildet die Wurzel die CA." (Maurer I, 15; vgl. ferner
32 ff.)[51] Unter Todesahnungen und im Bewußtsein eschatologischen Gerichtsernstes (vgl. WA 26, 499 f.) legt der Reformator
darin in engem Anschluß an den trinitarischen Aufbau des Apostolikums bzw. des Nizänums ein testamentarisches Gesamtzeugnis seines christlichen Glaubens vor. Dabei fehlt bemerkenswerterweise ein besonderer Artikel zur Rechtfertigungslehre, deren
Thematik vielmehr wie in den Katechismen und später in den
Schmalkaldischen Artikeln dezidiert trinitätstheologisch entfaltet
wird.

Luthers persönliche Konfession ist, wie gesagt, zum wichtigsten
Anstoß evangelischer Bekenntnisbildung in den Jahren von 1528
bis 1530 geworden. Das gilt zunächst und vor allem für die in den
Sommermonaten 1529 im Kreise um Luther und unter dessen
maßgeblicher Beteiligung entstandenen und bis zur September-
mitte inhaltlich festgelegten, in ihrer Textgestalt freilich auch späterhin noch flexiblen sogenannten Schwabacher Artikel[52], die ih-

---

[51]   Eine eingehende Untersuchung der bekenntnismäßigen Vorstufen der
       Augustana, an welchen Luther Anteil hatte (Abendmahl Christi, Bekennt-
       nis. Zum Dritten [1528]; Der Große und Kleine Katechismus sowie die
       Neuausgabe des Betbüchleins als pädagogisch orientierte Fassungen des
       neuen Bekenntnisses [1529]; Die Schwabacher Artikel [1529]; Die Marbur-
       ger Artikel [1529]; Die Torgauer Artikel [1530]), unternimmt W. E. Nagel in
       der Absicht, Luthers Anteil an der Confessio Augustana nachzuweisen
       (W. E. Nagel, Luthers Anteil an der Confessio Augustana. Eine historische
       Untersuchung, Gütersloh 1930, 13 ff.).

[52]   Vgl. W. Maurer, Zur Entstehung und Textgeschichte der Schwabacher
       Artikel, in: a. a. O., 145 ff. sowie WA 30 III, 81–85; vgl. ferner den Revisi-
       onsnachtrag zu diesem Band, 13 ff. Fast jeder der 17 Schwabacher Artikel
       läßt sich auf Luthers professio fidei zurückführen. „Die Anklänge sind am
       deutlichsten und am häufigsten in den Parallelen zu Schwab. 1 bis 3, tau-
       chen aber auch in den späteren Artikeln auf. Das trinitarische Schema

rerseits zur Grundlage der Marburger Artikel wurden. Beide Artikelreihen, sowohl die Schwabacher als auch die Marburger, gehören reformationsgeschichtlich in den Zusammenhang diverser protestantischer Bündnisbestrebungen, in denen Seebaß den vierten und letzten Ansatz evangelischer Bekenntnisbildung vor

freilich, das Luther in seinem Bekenntnis benutzt hat, ist in der Reihenfolge der Artikel nicht festgehalten worden. Sie wurden neu geordnet." (W. Maurer, a. a. O., 136 f.; zum literarischen Einzelvergleich vgl. 137 ff.) Im einzelnen gilt folgendes: Nach trinitarischer Gotteslehre und der christologischen Lehre von Inkarnation und Versöhnung wird im vierten Artikel das Erbsündenverständnis entwickelt mit einer im fünften Artikel gezogenen rechtfertigungstheologischen Konsequenz, die im nächsten Artikel in bezug auf den Glaubensbegriff präzisiert wird. Um Glauben zu vermitteln, hat Gott das Predigtamt oder das mündliche Wort, nämlich das Evangelium gegeben (7. Artikel) und bei und neben solchem mündlichen Wort Taufe (9. Artikel) und Eucharistie (10. Artikel) als äußerliche Zeichen eingesetzt (8. Artikel). Es folgen der Artikel zur Beichte (11. Artikel) sowie der Kirchenartikel (12. Artikel) mit der entscheidenden Bestimmung, daß wahre Kirche dort sei, wo das Evangelium gepredigt wird und die Sakramente recht gebraucht werden. Die vorangegangene Definition der Kirche als einer Gemeinschaft der „Glaubigen an Christo, welche obgenannte Artikel und Stuck halten, glauben und lehren und daruber verfolgt und gemartet werden in der Welt" (BSLK 61,24 ff.), ist hingegen mit Recht als „Verengung des Kirchenbegriffes" beurteilt worden, die „von Luthers reformatorischen Grundgedanken stark abweicht" (WA 30 III, 85). Während der 13. Artikel diese thematisch integrierte Gedankenreihe in Erwartung des Jüngsten Tages beschließt, handeln die noch folgenden vier Artikel – unter dem gegebenen eschatologischen Vorbehalt – in vergleichsweise loser Argumentation und Reihenfolge von weltlicher Obrigkeit (Artikel 14), Priesterehe, Speisegeboten und Klostergelübden (Artikel 15), von Meßopfer und communio sub utraque (Artikel 16) sowie von kirchlichen Zeremonien (Artikel 17).

Vergleicht man die benannten Artikel mit Luthers Großem Bekenntnis von 1528, so fallen neben der Aufgabe des trinitarischen Schemas und der Änderung der Artikelabfolge zwar durchaus auch einige inhaltliche Akzentverlagerungen etwa bezüglich Stellung und Funktion der Pneumatologie auf, doch bilden „alles in allem genommen ... die Schwabacher Artikel ein Dokument von Luthers ursprünglicher Theologie" (a. a. O., 145). Man wird daher auch den Unterschied zwischen dem explizit trinitarischen Ansatz von Luthers Bekenntnis und der christologischen Konzentration der Schwabacher Artikel nicht übergewichten dürfen; von einer „ausschließlich christologische(n)" (W. Maurer I, 37), die trinitarischen Bezüge verdrängenden Begründung des Heilsgeschehens kann nach meinem Urteil weder im Blick auf die Schwabacher Artikel noch auf die spätere CA die Rede sein.

der CA entdeckt und die auch dann genaue historische Beachtung verdienen, wenn man mit W. Maurer die Auffassung vertritt, die Schwabacher Artikel verdankten ihre Wirkungen, die sie sowohl in der Vorgeschichte des Augsburger Reichstages als auch bei der Abfassung der Augustana ausgeübt haben, weniger den politischen Faktoren, die zu ihrer Abfassung im Sommer 1529 führten, als vielmehr ihrem genuin lutherischen Charakter.[53]

Noch vor der amtlichen Verlesung des Abschiedes des 2. Speyrer Reichstages von 1529[54], gegen dessen antievangelische Äußerungen sie zu protestieren gedachten, verabredeten Kursachsen, Hessen sowie die Reichsstädte Nürnberg, Straßburg und Ulm und einige andere protestantische Stände, ein Bündnis einzugehen und ein Beistandsabkommen zu treffen. „Die Bekenntnisfrage wurde erst nachträglich eingebracht, und zwar von zwei entgegengesetzten Seiten. Einerseits bemühte sich Landgraf Philipp um eine Beseitigung der Differenzen im protestantischen Lager – zu dem die Täufer auch von ihm nicht gezählt wurden, die in Speyer 1529 verurteilt worden waren –, andererseits schreckte man in Kursachsen vor einem Bündnis mit Ständen zurück, die als ‚Sakramentierer' verdächtigt wurden."[55] Der Realisierung der

---

53 Vgl. W. Maurer, Zur Entstehung und Textgeschichte der Schwabacher Artikel, 144.

54 Unter der Überschrift „Die Geburtsstunde des Protestantismus" schreibt H. Bornkamm, Das Jahrhundert der Reformation. Gestalten und Kräfte, Frankfurt a. M. 1983, zur Protestation bzw. zu den Protestationen von Speyer 1529: „Man kann den Augenblick nicht angeben, in dem aus der reformatorischen Bewegung die evangelische Kirche wurde. Wohl aber kann man die Stunde angeben, in der die Evangelischen ihre Verantwortung um das anvertraute Gut des Evangeliums und über die Stände hinweg, von den Städten bis zum Kurfürsten, ihre Zusammengehörigkeit auf Gedeih und Verderb erkannten und im vollen Bewußtsein der damit verbundenen Gefahren wahrnahmen. Das war in den Tagen des zweiten Speyrer Reichstags von 1529. Er ist noch vor dem formulierten Bekenntnis von Augsburg 1530 der erste Akt gemeinsamen Bekennens." (146) Gut zusammengefaßt sind die im folgenden geschilderten Ereignisse bei Maurer I, 18 ff.; vgl. ferner oben § 2,1.

55 G. Müller, Bündnis und Bekenntnis. Zum Verhältnis von Glaube und Politik im deutschen Luthertum des 16. Jahrhunderts, in: ders., Causa Reformationis. Beiträge zur Reformationsgeschichte und zur Theologie Martin Luthers. Hg. v. G. Maron u. G. Seebaß, Gütersloh 1989, 25–45, hier: 28.

Bündnispläne Philipps von Hessen sollte das Marburger Religionsgespräch[56] dienen; das Ergebnis gegenläufiger Intentionen der

[56]   Daß das vom 1. bis 3. Oktober 1529 veranstaltete Marburger Religionsgespräch im wesentlichen durch politische Motive veranlaßt wurde, ist offenkundig. (Vgl. H. v. Schubert, Die Vorgeschichte des Marburger Gesprächs, in: ders., Bekenntnisbildung und Religionspolitik, 1–20) „Luther hat es nicht gewünscht, Zwingli hat schließlich ebenfalls Bedenken, aber Philipp von Hessen hat darauf gedrungen, weil er es für seine politischen Pläne notwendig hielt." (K. Aland, Geschichte der Christenheit. Bd. II: Von der Reformation bis in die Gegenwart, Gütersloh 1982, 107) Um eine antihabsburgische Koalition aller evangelischen Stände einschließlich der Schweizer zustande zu bringen, mußte der Streit in der Abendmahlsfrage beigelegt werden. Im Zentrum der Kontroverse stand dabei erneut das Problem der leiblichen Gegenwart Christi im Altarsakrament: „hier vermochten biblische, philosophische und patristische Beweisführungen keinen Konsens herbeizuführen." (G. May [Hg.], Das Marburger Religionsgespräch 1529 [Texte zur Kirchen- und Theologiegeschichte Heft 13], Gütersloh 1970, 6; vgl. W. Köhler, Das Marburger Religionsgespräch 1529. Versuch einer Rekonstruktion, Leipzig 1929.) Um das Gespräch zwischen den Wittenbergern und den Schweizern nicht ergebnislos enden zu lassen und seine auf theologischen Ausgleich und gesamtprotestantische Integration zielende Religionspolitik nicht zu ruinieren, drang Philipp auf die Zusammenstellung eines Konvergenztextes, den Luther auf der Basis einer nicht genau bekannten Textgestalt der Schwabacher Artikel abfaßte. Daß die von Luther, Justus Jonas, Melanchthon, Osiander, Brenz und Agricola einerseits und Oekolampad, Zwingli, Bucer und Caspar Hedio andererseits unterzeichneten fünfzehn Artikel tatsächlich „eine echte Konkordie" darstellen, wird man indes bezweifeln dürfen; zwar heben die Marburger im Unterschied zu den eher auf Abgrenzung bedachten Schwabacher Artikeln durchaus das Gemeinsame hervor, doch läßt sich zeigen, daß sie von beiden Seiten je in ihrem Sinne interpretiert werden konnten und tatsächlich interpretiert worden sind (vgl. S. Hausammann, Die Marburger Artikel – eine echte Konkordie?, in: ZKG 77 [1966], 288–321). „Keiner der Gesprächspartner von Marburg war der Meinung, daß hier ein Kompromiß geschlossen worden sei. Beide behaupteten vielmehr, daß in den Punkten, in denen eine Einigung erzielt wurde, wenn überhaupt jemand, dann der Gegner von seiner ursprünglichen Lehre gewichen sei." (A. a. O., 321) Dies schließt nicht aus, das Marburger Gespräch in bestimmter Hinsicht als Anfang einer Union zu bezeichnen, wie das bei H. v. Schubert der Fall ist, wenn er schreibt: „*Die Württembergische Konkordie* ist nicht nur die sachliche Fortsetzung der in Marburg angefangenen Unionsbestrebungen, sondern *ruht formell auf Marburg, ist die Annahme einer in Marburg geschaffenen, aber nicht durchgedrungenen lutherischen Bekenntnisformel.*" (H. v. Schubert, Das Marburger Gespräch als Anfang der Abendmahlskonkordie, in: ders., Bekenntnisbildung und Religionspolitik, 96–116, hier: 115)

kursächsischen Politik waren die sogenannten Schwabacher Artikel.

Welch enger reformationsgeschichtlicher Zusammenhang von Bündnis- und Bekenntnisfrage in der Zeit zwischen der Speyrer Protestation und dem Augsburger Reichstag gegeben war und welch starke Impulse von der protestantischen Bündnispolitik für die evangelische Bekenntnisbildung ausgingen, kann spätestens seit den einschlägigen Forschungen Hans von Schuberts nicht mehr zweifelhaft sein.[57] Schubert war es auch, der Verlauf und wichtigste Stationen dieser Entwicklung auf die griffige Formel brachte: „Am Anfang 1529 hatte man ein Bündnis, aber kein Bekenntnis, am Ende ein Bekenntnis, aber kein Bündnis. Das Bündnis ohne innere Sicherheit hatte das Bekenntnis hervorgetrieben, aber das Bekenntnis hatte, als Stück der politischen Gegenaktion selbst von politisch-juristischem Charakter, das Bündnis zersprengt."[58] Was war geschehen?

Am 22. April 1529, dem Tage, an dem der Abschied des 2. Speyrer Reichstages von den Führern der Mehrheit unterzeichnet worden war, hatten sich die Repräsentanten der Minderheit unter dem Eindruck gemeinsamer Gewissensprotestation zu einem „vertrauliche(n) Verständnis"[59] zusammengefunden, das die Möglichkeit eines weitreichenden Bündnisses und die Einheit des nord- und

---

Was die äußere Form des Marburger Dokuments betrifft, so fallen gegenüber den Schwabacher Artikeln vor allem die starken Verkürzungen auf. Polemische Bezüge werden in der Regel getilgt, der Schriftbeweis fast überall weggelassen. Verschiebungen sind vor allem dadurch bedingt, daß der Abendmahlsartikel, über den man sich nicht verständigt hatte, an den Schluß gesetzt wurde. Daß Melanchthon bei seinen Vorarbeiten zur CA auch die Marburger Kurzvariante der Schwabacher Artikel zu Rate zog, ist vielfach belegbar und vor allem durch das noch zu erörternde Bemühen um „Rücksicht auf den hessischen Landgrafen und die oberdeutschen Städte" (Maurer, Melanchthon als Verfasser der Augustana, in: LR 10 [1960/61], 168) motiviert.

57 Vgl. bes. H. v. Schubert, Bündnis und Bekenntnis 1529/1530, Leipzig 1908 sowie ders., Bekenntnisbildung und Religionspolitik (Anm. 30); ferner: E. Fabian, Die Abschiede der Bündnis- und Bekenntnistage protestierender Fürsten und Städte zwischen den Reichstagen zu Speyer und zu Augsburg 1529 – 1530, Tübingen 1960.

58 H. v. Schubert, Bündnis und Bekenntnis, 23 f.

59 Ders., Bekenntnisbildung und Religionspolitik 1529/1530, 138 – 141, hier: 138.

süddeutschen Protestantismus zu eröffnen schien. Schon bald formierte sich indes unter Wittenberger Ägide innerevangelischer Widerstand gegen ein Bündnis ohne Bekenntnis bzw. gegen ein Bündnis, das sich gleichgültig gegenüber theologischen Differenzen verhielt, wie sie namentlich in der Abendmahlslehre bestanden. Die Motive für diesen Widerstand waren nicht nur theologischer, sondern auch politischer Natur, sofern ein Bündnis mit den Oberdeutschen, hinter denen die Schweizer standen, die Verständigung mit dem Kaiser nicht nur entscheidend zu erschweren, sondern bis auf weiteres unmöglich zu machen drohte. Theologische und politische Gründe, ein gesamtprotestantisches Bündnis zu hintertreiben, gab es übrigens nicht nur in Kursachsen, sondern etwa auch in Nürnberg, wo neben antizwinglischen Gesichtspunkten, wie sie z. B. Osiander in Übereinstimmung mit Luther und Melanchthon geltend machte, auch städtische Solidaritätsinteressen gegen die vom hessischen Landgrafen verfolgten Pläne sprachen. Über Nürnberg kam es dann auch „zur nahen und immer näheren"[60] Verbindung zwischen Kursachsen und Brandenburg-Ansbach, in dessen Markgrafen Georg Kurfürst Johann seit dem Rodacher Tag seinen eigentlichen Partner gefunden zu haben glaubte: „Fortan sucht er vorerst, neben und *vor* dem Landgrafen, mit diesem ins klare zu kommen."[61] Man kommt überein, ein gemeinsames Glaubensbekenntnis Wittenberger Reformation als Grundlage des politischen Bündnisses aufstellen zu lassen. Das Resultat der sächsisch-fränkischen Bekenntnisaktion sind 17 Glaubensartikel, die auf dem Schwabacher Tag Mitte Oktober 1529 von Kursachsen und Brandenburg-Ansbach nach Billigung von seiten Nürnbergs den Städten Straßburg und Ulm zur Annahme vorgelegt wurden und daher üblicherweise die Schwabacher Artikel genannt werden. H. v. Schubert hat den überzeugenden Nachweis geführt, daß die sogenannten Schwabacher Artikel nicht erst im Zusammenhang bzw. Anschluß des Marburger Religionsgesprächs zwischen dem 5. und 16. Oktober 1529 von Luther verfaßt wurden, wie das vormals geläufige Ansicht war, „sondern längst vorher, im Juli oder August, im Kreise der Wit-

---

60   Ders., Bündnis und Bekenntnis, 13.

61   A. a. O., 14. Zu der Tagung protestierender Fürsten- und Städtegesandter zu Rodach (6. bis 8. Juni 1529) sowie zu der Tagung protestierender Fürstengesandter zu Saalfeld (7./8. Juli 1529) vgl. E. Fabian, a. a. O., 29 ff.

tenberger entstanden sind"[62], wobei Melanchthon als der
Hauptautor zu gelten hat, während Luther, wie er später selbst
sagte, die 17 Artikel hat aufstellen helfen. Wann immer sie in den
Sommermonaten 1529 genau entstanden sein mögen, die Tatsache,
daß die Schwabacher Artikel den Marburgischen zugrunde liegen
und diese von jenen und nicht jene von diesen abhängig sind,
wird neben einer Reihe anderer Beobachtungen durch den Gang
des Marburger Religionsgesprächs selbst bestätigt, insofern dieses
von Wittenberger Seite aus ganz in der theologischen Perspektive
ihrer Artikelreihe geführt wurde. Deren politische Abzweckung
erhellt u. a. daraus, daß fast parallel zum Marburger Gespräch
vom 3. bis etwa 7. Oktober ein Konvent in Schleiz[63] stattfand, zu
dem sich sowohl Kurfürst Johann von Sachsen als auch Markgraf
Georg von Brandenburg-Ansbach begeben hatten, während
Landgraf Philipp in Marburg gebunden war. Auf dieser persönlichen Fürstenzusammenkunft gaben Johann und Georg ihrem lutherischen Bekenntnisernst entschieden Ausdruck und beschlossen, nur solche Bündnispartner zuzulassen, welche die zentralen
Bestände des Christentums – man wird hinzufügen dürfen: wie
sie in den sog. Schwabacher Artikeln formuliert sind – einhellig
bekennen. Der Verlauf der erwähnten Schwabacher Tagung, welche den 17 Artikeln den Namen gab, bestätigt diesen Entschluß
und zeigt, wie das sächsisch-fränkische Bekenntnis als politisches

---

[62] H. v. Schubert, Die Entstehung des sächsisch-fränkischen Bekenntnisses
(der sog. Schwabacher Artikel), in: ders., Bekenntnisbildung und Religionspolitik, 21–63, hier: 22; bei v. Sch. gesperrt; vgl. ders., Die Vorstufen
des sächsisch-fränkischen Bekenntnisses, in: a. a. O., 64–95, hier: 93:
„Von dem 16. Oktober 1529 an, da man in Schwabach bei Ansbach den
Städten Straßburg und Ulm die 17 Artikel zur Entscheidung vorlegte, läßt
sich eine deutliche Linie rückwärts verfolgen bis zu dem Schwabacher
Tage vom Juni 1528, da die nürnbergisch-brandenburgischen Visitations-
artikel vereinbart wurden, und zu dem Ansbacher Tage von 1524, da ‚die
Gelehrten' Brandenburgs ihren evangelischen Ratschlag vorlegten."

[63] Vgl. Th. Kolde, Der Tag von Schleiz und die Entstehung der Schwabacher Artikel, in: FS Köstlin (Beiträge zur Reformationsgeschichte), Gotha
1896, 94–115; K. Schornbaum, Zur Politik des Markgrafen Georg von
Brandenburg, München 1906; vgl. ders., Zur Politik der Reichsstadt Nürnberg vom Ende des Reichstages zu Speier 1529 bis zur Übergabe der
Augsburgischen Konfession 1530, in: Mitt. d. Vereins f. Gesch. d. Stadt
Nürnberg 17 (1906), 196 ff. Dokumentiert ist die Tagung des Kurfürsten
Johann von Sachsen und des Markgrafen Georg von Brandenburg sowie
hessischer Räte zu Schleiz bei E. Fabian, a. a. O., 63 ff.

Instrument fungierte und zur Bedingung eines militärischen Bündnisses gemacht wurde. Eindeutiges Ziel war es, Straßburg und Ulm auszugrenzen und gesamtprotestantische Einigungsversuche, wie Philipp sie unternahm, zu sprengen. Dieses Ziel und damit die einstweilige Zerstörung der Speyrer Bündnispläne war mit dem Tag zu Schmalkalden in den letzten November- und ersten Dezembertagen 1529 erreicht: „In Schwabach am 16. Oktober erfuhren die Städtegesandten von Straßburg und Ulm ... nur die Überraschung, daß man ihnen das Bekenntnis präsentierte: sie mußten sich daraufhin erst neue Instruktionen holen. In Schmalkalden hat Jakob Sturm dem Kurfürsten, der auch persönlich anwesend war, die ablehnende Entscheidung mitgeteilt: die Artikel seien weitläufig und disputierlich."[64] Man mag diese Antwort als einen Ausdruck der Gewißheit deuten, „daß das Evangelium als etwas Einfaches und Ganzes zu nehmen und so gegen Rom zu verteidigen sei"[65], und diese Überzeugung einem an einzelnen Satzwahrheiten orientierten Lehrverständnis kontrastieren, wie es angeblich im 12. der Schwabacher Artikel zum Ausdruck kommt, wo von der Kirche – in „juristische(r) Definition", wie es bei H. v. Schubert heißt[66] – gesagt wird, sie sei recht eigentlich nichts anderes als die Versammlung der Christgläubigen, welche die angeführten Artikel halten, glauben und lehren (vgl. BSLK 61,23 ff.). Auch wenn man diese Kommentierung nicht für angemessen hält und zu einer anderen Interpretation des 12. Schwabacher Artikels gelangt, so steht doch außer Frage, daß nach dem Schmalkaldener „Zwietrachtskonvent" (H. v. Schubert) von einem gemeinsamen Protestantismus nicht mehr die Rede sein konnte, weil das sächsisch-fränkische Bekenntnis von seinen Initiatoren zur Bedin-

---

[64]   H. v. Schubert, Bündnis und Bekenntnis, 22.

[65]   Ders., Die Sprengung der protestantischen Einigungsversuche durch das sächsisch-fränkische Bekenntnis (die sog. Schwabacher Artikel) auf dem Tag zu Schmalkalden, 2./3. Dezember 1529, in: ders., Bekenntnisbildung und Religionspolitik, 117–166, hier: 129. Zur Vor- und Nachgeschichte sowie zu den Abschieden der Tagungen zu Schwabach (16. bis 19. Oktober 1529) und zu Schmalkalden (28. November bis 4. Dezember 1529) vgl. im einzelnen E. Fabian, a. a. O., 88 ff.

[66]   Ders., Bündnis und Bekenntnis, 27.

gung der Möglichkeit evangelischer Einheit, ja sogar zur Voraussetzung gemeinsamer Aktionen beim Kaiser gemacht wurde.[67]

Damit waren einstweilen auch die hessischen Bemühungen um ein gesamtprotestantisches Bündnis erledigt, dem nachgerade das Marburger Religionsgespräch, das einer Verständigung doch immerhin sehr nahegekommen war, hatte dienen sollen. Die Schwabacher Artikel hatten ihr politisches Ziel erreicht. Ob sie neben ihrer Bündnisfunktion bzw. Bündnisverhinderungsfunktion ursprünglich noch weitere Aufgaben im Rahmen anderer Vorgänge jener Zeitepoche erfüllen sollten, ist eine in der Forschung umstrittene Frage. W. Steglich hat diese Frage entschieden bejaht und die These zu begründen versucht, „daß die Schwabacher Bekenntnisartikel von Anfang an eine Doppelfunktion hatten und sowohl das Bündnis mit den Zwinglianern verhindern als auch den in Speyer entstandenen Konflikt mit den Altkirchlichen überwinden helfen sollten"[68]. G. Müller hat diese These mit folgender Argumentation in Zweifel gezogen: „Wären die im Sommer 1529 entstandenen Schwabacher Artikel *auch* für die Überwindung des Konfliktes mit den Altkirchlichen bestimmt gewesen, dann hätten sie dafür auch eingesetzt werden müssen. Steglich vermag zur Begründung seiner These aber nur auf deren Übergabe an Karl V. zu verweisen, die doch wohl in den speziellen Zusammenhang der kursächsischen Sonderverhandlungen mit dem Kaiserhof und in die allgemeine Tendenz der evangelischen Versuche gehör(t), den als uninformiert oder falsch unterrichtet angesehenen Habsburger aufzuklären ...“[69] Trotz dieses bedenkenswerten Einwands

---

[67]   „Auf dem Nürnberger Tag zu Trium regum 1530 war der Gedanke eines Bündnisses zwischen den protestierenden Ständen tatsächlich aufgegeben, auch die Appellation war künftig an die Unterzeichnung der 17 Artikel geknüpft und selbst sie nicht definitiv aufgenommen worden. Mit dem Eindruck, daß jeder politisch für sich zu sorgen habe, endigte die ganze große Aktion, die sich an Speier angeknüpft hatte." (H. v. Schubert, Bekenntnisbildung und Religionspolitik, 238 f.) Zum zweiten Nürnberger Tag protestierender Fürsten- und Städtegesandter vom 6. bis 12. Januar 1530 vgl. E. Fabian, a. a. O., 118 ff.

[68]   W. Steglich, Die Stellung der evangelischen Reichsstände und Reichsstädte zu Karl V. zwischen Protestation und Konfession 1529/30. Ein Beitrag zur Vorgeschichte des Augsburgischen Glaubensbekenntnisses, in: ARG 62 (1971), 161–192, hier: 162 f.

[69]   G. Müller, Bündnis und Bekenntnis, in: ders., Causa Reformationis, 32.

wird man nicht leugnen können, daß die Schwabacher Artikel, gerade indem sie der bündnispolitischen Distanzierung von den „Sakramentierern" dienen sollten, auf indirekte Weise auch in den Dienst einer Politik gestellt wurden, die den Ausgleich mit dem Kaiser suchte und hinderliche Anstöße nach Möglichkeit beseitigen wollte. In diesem eher indirekten als nach Weise einer genuinen Funktion angestrebten Sinne sollten die Schwabacher Artikel „wohl auch die Übereinstimmung des kursächsischen mit dem allgemeinen christlichen Glauben im Blick auf ein mögliches Gespräch mit den Altgläubigen darlegen"[70].

Wie dem auch sei; was die Textgeschichte der Augustana im engeren Sinne betrifft, so war, wie gesagt, die Zeit einer kritischen Integration und modifizierenden Rezeption der Schwabacher Artikel gekommen, als das Erscheinen von Ecks 404 Artikeln in Verbindung mit dem Scheitern der Dolzig-Aktion eine kursächsische Globalverteidigungsstrategie und eine Darlegung der gesamten protestantischen Lehre ratsam und mehr als ratsam erscheinen ließ. Die Einzelheiten dieser Entwicklung sind ebenso umstritten wie die Frage, welchen genauen Fortgang die Textgestaltung in den ersten Maiwochen in Augsburg genommen hat. Während auf der einen Seite vermutet wird, die in Ausarbeitung befindliche Apologie habe schon „Anfang Mai 1530 ... Artikel über die Lehre und über die Kirchenbräuche enthalten"[71], nimmt man auf der

---

[70]   G. Seebaß, Die reformatorischen Bekenntnisse vor der Confessio Augustana, in: P. Meinhold (Hg.), a. a. O., 46 f.

[71]   B. Lohse, Art. Augsburger Bekenntnis I, in: TRE 4, 618. Lohse verweist in diesem Zusammenhang auf eine Luther gegenüber geäußerte briefliche Bemerkung Melanchthons vom 11. Mai, daß die „apologia" im Grunde eine „confessio" sei. (Vgl. CR 2, 45: „Mittitur tibi apologia nostra, quanquam verius confessio est. Neque enim vacat Caesari audire prolixas disputationes. Ego tamen ea dixi, quae arbitrabar maxime vel prodesse vel decere. Hoc consilio omnes fere articulos fidei complexus sum, quia Eckius edidit διαβολικωτατας διαβολας contra nos. Adversus has volui remedium opponere.") Aus dieser Veränderung der Bezeichnung, die sich in anderen Äußerungen jener Zeit ebenfalls finden läßt, folgert auch Seebaß, daß bereits die erste Ausarbeitung der sächsischen Apologie nach Melanchthons Ankunft in Augsburg „eine wahrscheinlich deutlich zweigeteilte Schrift" ergeben habe. Seebaß fügt hinzu: „Daß die Bezeichnung Confessio wesentlich am ersten Teil haftete, beweist auch die Entwicklung des Rahmenwerkes der werdenden Confessio Augustana, in dem zunächst der erste Teil als Confessio bezeichnet ist. Und von da aus wird er allmählich, vollends erst in der endgültigen Vorrede und dem

anderen Seite an, noch in dem am 11. Mai 1530 von Melanchthon an Luther auf die Coburg übersandten lateinischen und deutschen Entwurf sei „im wesentlichen um die in den Torgauer Artikeln behandelten praktischen Fragen"[72] gegangen. Auch wenn diese Kontroverse nicht nur durch unterschiedliche Beurteilungen historischer Details, sondern durch eine differente Gesamtsicht der Entstehung der CA bedingt ist, muß im gegebenen Zusammenhang die Feststellung genügen, daß nicht mit Sicherheit gesagt werden kann, welche Textfassung am 11. Mai 1530 an Luther geschickt wurde: das Manuskript ist verloren, und was es enthalten hat, läßt sich nicht mehr sicher feststellen. Fest steht allerdings, daß der Reformator „mit dem ihm übersandten Exemplar keinen Artikel in der endgültigen Fassung zu Gesicht bekommen hat" (Gußmann I, 103), da der Text noch fortdauernd und in entscheidender Weise verändert wurde, wobei die „wichtigste Zwischenstufe auf dem Wege zum heutigen Text"[73] durch die genannte Nürnberger Handschrift Na repräsentiert wird.

4. Kursächsischer Partikularismus und protestantische Integration: die Vorrede der CA und ihre Entwürfe

Im Laufe des Mai 1530 hatte sich die werdende Augustana von einer Reformapologie zu einem umfassenden Bekenntnis evangelischen Glaubens gewandelt. Das änderte indes vorerst nichts an ihrem partikular-sächsischen Charakter, der nicht nur nicht verlorenging, sondern eher stärker herausgestellt wurde.[74] Bewiesen

---

endgültigen Beschluß auf die ganze Schrift ausgedehnt." (G. Seebaß, a. a. O., 55)

[72] W. Maurer, Melanchthon als Verfasser der Augustana, 170. Maurer fährt fort: „In den theologischen Begründungen für die in Kursachsen vorgenommenen Änderungen im Gottesdienst und in der kirchlichen Ordnung muß Melanchthon auf die Einwände Ecks besonders eingegangen sein."

[73] Ebd.

[74] Die komplexe Entwicklungsgeschichte der CA tritt am offenkundigsten in den Vorreden sowie in den übrigen Rahmenstücken zwischen dem ersten und zweiten Teil und am Schluß zutage. „Hier, wo sich entschied,

wird dies zum einen durch die Eingangsformel der Artikel des
Glaubens („In dem churfürstenthumb Sachsen wirt einhellig gelert
und gepredigt") und die „spänigen Artikel", andererseits vor allem
durch die überlange Einleitung von Na (vgl. BSLK 39,16–43,43 sowie Kolde, 4–11), in der Melanchthon alles daran setzt, die kirchenpolitischen Aktionen seines Landesherrn Johann des Beständigen und die seines Vorgängers Friedrich des Weisen vor Karl V.
zu verteidigen und von ketzerischen Bewegungen abzugrenzen.
Mit der knappen Präfation von A (Förstemann I, 68 f.) hat die Vorrede von Na zwar noch das Grundschema und die besagte parti-
kular-sächsische Orientierung gemein; inhaltlich aber geht sie
ganz eigene Wege (vgl. Kolde, 35; Maurer I, 56 ff.).

Auch gegenüber den beiden Vorredenentwürfen, die in der Forschung mit Ja (vgl. BSLK 35–39; dazu 35, Anm. 2)[75] bzw. Wa (vgl.

---

was dieses Schriftwerk sein wollte und wie es verstanden wurde, haben
die Verfasser immer wieder neu angesetzt, an früheren Entwürfen zum
Teil drastische Veränderungen vorgenommen, die Richtung geändert und
sogar gewechselt; hier, wo die politische Funktion des Bekenntnisses
festgelegt wurde, wird auch der sonst kaum greifbare Anteil Brücks an
der Verfasserschaft manifest. In alledem kann man nicht bloß, allgemein,
einen Niederschlag des gedanklichen Ringens der protestantischen Führer mit der Aufgabe, die vor ihnen stand, finden, sondern es spiegelt sich
hierin auch der rasche Wechsel der politischen Umstände am Vorabend
und in der Frühzeit des Reichstages und der Wunsch der Protestanten,
ihr Bekenntnis der geschichtlichen Situation genau anzupassen."
(B. Moeller, Augustana-Studien, in: ARG 57 [1966], 76–95, hier: 77)

[75]   Die Vorrede von Ja beginnt mit einer wörtlichen Anspielung auf das kaiserliche Reichstagsausschreiben vom 21. Januar 1530 und bemüht sich, in
einem allgemeinen geschichtlichen Rückblick unter Bezug auf die Weisung der Schrift und der Vätertradition, das Beispiel christlicher Kaiser,
die Gravamina Deutscher Nation und sogar auf die Bestimmungen der
Päpste und des kanonischen Rechts die kursächsische Kirchenreform als
rechtens zu erklären und verständlich zu machen sowie ihre Notwendigkeit mit Mißbräuchen der Predigt und des gottesdienstlichen Lebens im
Zusammenhang namentlich mit dem Ablaßhandel zu begründen. Es wird
ferner angekündigt, „daß die Kaiserliche Majestat hernach stuckweis sehen und vornehmen werden, was in des Kurfürsten zu Sachsen Landen
gelehrt und gepredigt, auch wie es mit den Cerimonien und Sakramenten gehalten wirdet." (BSLK 37,7 ff.) Diese Ankündigung wird im Schlußsatz der Vorrede noch einmal in der gewissen Erwartung aufgegriffen,
der Kaiser werde „aus nachverzeichneten Berichten und den Artikeln
beruhrter Lehre spuren, wie es sich umb die Kirchenbräuche, Cerimoni-
en und anders in des Kurfursten zu Sachsen Landen halten ist, auch was

BSLK 36–39; dazu 36, Anm. 8)[76] bezeichnet werden, fallen Differenzen sogleich ins Auge. Was die zeitliche Abfolge der Texte betrifft, so wird in der Regel die Priorität von Ja gegenüber Wa behauptet. Schon B. Willkomm, der die in Jenaer Akten doku-

---

allenthalben dorinne gelehrt wirdet, und ob rechtschaffene christliche Werk und Ordnungen ader anders, das gottselig ist, niedergelegt, vorworfen und zuruttet werde ader nicht, und daß solche der Widerpart Angeben ein unnotdurftige und unerfindliche, unbillige Auflag ist, dann diese Lahr ist garnicht dohin gericht." (BSLK 39,9–15) Zur Programmatik der CA-Vorrede und ihrer Entwürfe vgl. zusammenfassend W.-D. Hauschild, Das Selbstverständnis der Confessio Augustana und ihre kirchliche Relevanz im deutschen Protestantismus, in: K. Lehmann/E. Schlink (Hg.), Evangelium – Sakramente – Amt und die Einheit der Kirche. Die ökumenische Tragweite der Confessio Augustana, Freiburg i. Br./Göttingen 1982, 133–163, hier: 134 ff.

[76] Zu beachten ist in Wa vor allem der Abschnitt über den Beginn der Reformation und Luthers Thesen gegen die Ablaßpredigten, in denen gelehrt worden sei, „wenn das Geld ins Becken fiel, so führe die Seel gen Himel" (BSLK 37,42 f.): „Als nu Luther dieses ungeschickt Predigen und Ausschreiben von Indulgentien, wie er schuldig gewesen, mit einer kurzen lateinischen Predigt gestraft hat, und doch Bäpstlicher Gewalt allenthalb mit allem Fleiß verschonet, haben die Widersacher so hart uf ihn gedrungen mit lateinischen und teutschen Schmähschriften, daß er seiner Meinung Grund und Ursach hatt mussen anzeigen. Darin er von vielen großen und wichtigen Sachen solchen Bericht getan, wie man die Gewissen durch Glauben an Christum trösten solle, daß viel gelahrter und redlicher Leut sein Lahr fur christlich und nötige gehalten und befunden, daß man zuvor viel falscher und unrechter Lahr von diesem Stuck, wie man Gnad und Vergebung der Sund erlangen soll, gepredigt und geschrieben hat, so doch dieses Stuck in der Christenheit die furnehmist Predig und Lahr sein soll von der Gnade Christi. So hat auch Luther erstlich keine andere Mißbräuch anruhret, sondern allein dieses Hauptstuck getrieben, welchs furnehmlich not ist zu wissen allen Christen. Aber die Widersacher haben nicht abgelassen sondern fur und fur widern Luther mit Zitiren, Bannen und unschicklichen Schriften gefochten und viel mehr Mißbräuch erregt und durch ihr eigene Unschicklichkeit ihnen selbs einen solchen Abfall gemacht, daß Änderung an viel Orten gefolget, darinnen sich doch Luther also gehalten, daß er untüchtige Lahr und unnötige Änderung uf das heftigest gewehret hat. Denn es haben auch vor Luthern etliche andere nicht allein der Geistlichen Leben, sonder viel Dogmata angefochten, daraus viel großer Unlust gefolget wäre, so Luther nicht gewehret hätte." (BSLK 38,37–39,41).

mentierte Handschrift Ja erstmals druckte[77], betrachtete das in
Weimar gefundene Fragment Wa „als Nachtrag oder Korrektur"[78]
zu Ja. W. Maurer schließt sich dieser Auffassung an: Ja gilt ihm als
„eine breite Ausführung und vertiefende Weiterführung der Anre-
gungen ..., die Melanchthon Ende März in der Einleitung zu A gegeben und die er damals schon als ergänzungsbedürftig bezeichnet hatte" (Maurer I, 53 f.); Wa hinwiederum versteht er als späteren Ersatz des Textstücks von Ja, das BSLK 36,60–39,5 abgedruckt
ist. Die Entstehung von Ja setzte Maurer im Laufe des April an,
während die Kombination von Ja und Wa nach seinem Urteil die
mit einem entsprechenden Schluß (vgl. BSLK 135 f.) versehene
Einleitung zu dem Entwurf darstellt, den der sächsische Kurfürst
am 11. Mai auf die Coburg sandte, woraufhin Luther mit seiner berühmten Antwort vom „Leisetreten" Melanchthons repliziert habe
(vgl. WA Br 5, Nr. 1568, 5 ff.). In Bestätigung seiner bereits mehrfach erwähnten Sicht des Entwicklungsprozesses der Augustana
im Mai 1530 merkt Maurer fernerhin an, daß die in Kombination
von Ja und Wa „postulierte Vorrede in keiner Wendung über die
praktischen gottesdienstlichen Fragen hinausgeht und daß nichts
uns nötigt, schon jetzt eine Doppelpoligkeit des Bekenntnisses
anzunehmen" (Maurer I, 55).[79]

B. Moeller hat nicht nur gegen diese – wie gezeigt, auch von anderer Seite kritisierte – Annahme Bedenken angemeldet, sondern
darüber hinaus der von Maurer geteilten üblichen Bestimmung
des Abhängigkeitsverhältnisses von Ja und Wa widersprochen. Er
datiert das Fragment Wa vor Ja und charakterisiert es als „Einschub oder Nachtrag einer älteren Version, die uns aber nicht
überliefert ist"[80]. Inhaltlich unterscheiden sich die beiden Fassungen nach Moeller wie folgt: „Wa besteht noch im wesentlichen

---

[77]   Vgl. B. Willkomm, Beiträge zur Reformationsgeschichte aus Drucken und
       Handschriften der Universitätsbibliothek in Jena, in: ARG 9 (1912), 240–
       262, 331–346, hier: 251 ff.

[78]   A. a. O., 338.

[79]   Zur Frage der Datierung der Entwürfe für die Vorrede vgl. ferner ders.,
       Studien über Melanchthons Anteil an der Entstehung der Confessio Au-
       gustana, in: ARG 51 (1960), 158–207, hier: 159 ff. Zu den politischen Impli-
       kationen der Vorredenentwürfe vgl. u. a. F. W. Kantzenbach, Augsburg
       1530–1980. Ökumenisch-europäische Perspektiven, München 1979, 47 ff.

[80]   B. Moeller, a. a. O., 78.

aus einer recht lockeren Kette von Argumenten, und der Kaiser
als Gesprächspartner ist nur an einer einzigen Stelle wahrgenommen; Ja hingegen ist streckenweise ganz als Gespräch mit dem
Kaiser stilisiert, auch in den mit Wa parallellaufenden Teilen
häufen sich nun die Bezugnahmen auf den Kaiser, der Zweck des
Schriftstücks ist sozusagen ständig gegenwärtig. Dagegen ist der
Name Luthers, der sich in Wa mehrfach findet, konsequent getilgt;
die evangelische Seite ist jetzt anonymer, objektiver, auch in dieser Hinsicht hat die Vorrede den privaten Charakter verloren. Sie
ist ein politisches Dokument geworden, und es ist vielleicht nicht
zufällig, daß uns gerade hier, nicht in Wa, die Handschrift Brücks
überliefert ist."[81]

Auch Maurer hebt hervor, daß an der Entstehung von Ja der kursächsische Altkanzler Brück offenbar beteiligt gewesen ist, und
betont in diesem Zusammenhang die vergleichsweise Objektivität
der Darstellung, welche die kirchlichen Reformaktivitäten des
sächsischen Kurfürsten nicht in überschwenglicher Rhetorik, sondern in realitätsnaher Sachlichkeit schildere, so daß das Gesamturteil nur lauten könne: „Eine würdige Apologie des kurfürstlichen Herrn und seiner landesherrlichen Reform! Die praktische Wirklichkeit wird darin ebenso ins Auge gefaßt wie die
Wahrheit des Evangeliums." (Maurer I, 53) Die spezifische Eigenart
von Wa erkennt Maurer indes nicht wie Moeller, dessen Datie-
rungsvorschlag er explizit zurückweist (vgl. Maurer I, 54), in dem
eher privaten Charakter des Vorredenfragments, sondern in der
Tatsache, daß in Wa gegenüber Ja „jeder Hinweis auf den Kurfürsten und sein Reformwerk verschwunden und Luther dafür in den
Vordergrund getreten" ist (Maurer I, 54). Maurer deutet diesen
Sachverhalt als Verstärkung einer im ersten Teil von Ja bereits
anfänglich vollzogenen Entwicklung, den partikular-sächsischen
Rahmen von A zu zerbrechen und, wie es heißt, „aus einer
kleinfürstlichen Apologie die Erzählung von einer zehnjährigen
Geschichte der deutschen Nation" zu machen. „Und wenn nun",
fährt Maurer fort, „Luthers Gestalt den Kurfürsten aus dem zweiten Teil von Ja verdrängte, war aus einer territorialen Verwal-
tungsmaßnahme die religiöse Erfahrung eines ganzen Volkes in
den Mittelpunkt des Interesses getreten; und Luther erschien als
Urheber und Verkörperung dieser Erfahrung. Indem Wa den

---

[81] A. a. O., 79.

Schluß des ersten und den zweiten Teil von Ja fast ganz ersetzte
(Wa trat an die Stelle von 36,30−39,5), ist aus der matten Verteidigung des Kurfürsten eine Fanfare für Luther und sein Werk geworden. In dieser Partie des Vorredenentwurfes taucht zum ersten
Male die Vision vom Sieg des evangelischen Bekenntnisses inner-
halb der gesamten Christenheit auf." (Maurer I, 54) Bestätigt findet
Maurer diese Deutung durch den BSLK 135 f. (vgl. Anm. 1) abge-
druckten Entwurf eines Bekenntnisschlusses, der nach ihm in den
Zusammenhang der Kombination von Ja und Wa gehört und
entweder gleichzeitig mit oder im Anschluß an Wa entstanden ist;
Maurer kann sich, wie er sagt, gut vorstellen, daß der unter der
Überschrift „ungeferlicher Beschluß" tradierte Text als „passende
Ergänzung zu Wa ... am Ende der für Luther bestimmten Sendung
vom 11. Mai einen eindrucksvollen Platz einnahm" (Maurer I, 56).

Sollte diese Deutung trotz der erheblichen Bedenken Moellers
und anderer Einwände, die gegen Maurers Rekonstruktion der
Entwicklungsgeschichte der CA vorgebracht wurden, zutreffen, so
ändert dies doch, um wieder von der Situation Ende Mai/Anfang
Juni zu reden, nichts daran, daß jedenfalls die Vorrede von Na als
signifikant partikular-sächsisch zu kennzeichnen ist. Diesbezüglich
läßt auch Maurer keinen Zweifel aufkommen. In der Präfation
von Na, so heißt es, „finden wir einen völlig neuen Entwurf[82] (BS
39−43,83 df.). Sein partikular-sächsischer Charakter fällt sofort in
die Augen: Der Kaiser soll den sächsischen Kurfürsten in Schutz
nehmen gegen die Vorwürfe, die man gegen sein kirchliches Reformwerk gerichtet hatte (39,17 bis 40,29)" (Maurer I, 56). In der
engen Beschränkung auf den eigenen kursächsischen Lebensbe-
reich kommt demnach die Einleitung von Na mit der ersten, von
Melanchthon verfaßten Vorredenskizze in A grundsätzlich über-

---

[82]   Dies betont auch B. Moeller, wenn er schreibt: Die Vorrede von Na „un-
       terscheidet sich von Ja beträchtlich. Obgleich man deutlich bemerken
       kann, daß die ältere Fassung bei der Neubearbeitung vorgelegen hat, ist
       diese doch insgesamt ein neu konzipiertes Schriftstück; direkt übernom-
       men sind aus Ja nur einige wenige Stellen, der ältere Entwurf erschien
       offenbar als ganzer als untauglich." (a. a. O., 79 f.) Die Differenzen zwi-
       schen den Vorreden von Na und Ja sieht Moeller in unterschiedlichen
       politischen Akzentsetzungen begründet: „Man kann, vielleicht ein wenig
       vereinfachend, sagen, in der älteren Fassung herrsche der Wunsch vor,
       die Reformation zu *erklären*, in Na derjenige, sie zu *rechtfertigen*."
       (a. a. O., 80)

ein. Lediglich darin mag im Anschluß an Maurer ein Unterschied entdeckt werden, daß die Präfation von A die christliche Haltung des Kurfürsten allgemein vor der christlichen Öffentlichkeit zu verteidigen sucht (Maurer I, 51), während sich die Vorrede von Na, wie schon diejenige von Ja, direkt an den Kaiser wendet, wobei sie mit einer keinen rhetorischen Aufwand scheuenden captatio benevolentiae Karls V. beginnt. Auf seine bewährte Milde und Güte setzt der sächsische Kurfürst nächst Gott alles Vertrauen angesichts gemeiner Verleumdungen, die er wegen der Zulassung einer, wie es heißt, Verbesserung einiger weniger Mißbräuche der Kirchenordnung erdulden müsse. Unter dem direkten Eindruck der Situation, wie sie namentlich mit dem Scheitern der Dolzigaktion und dem ergangenen Predigtverbot gegeben war, dürfte die Bitte des sächsischen Kurfürsten formuliert sein, „Kai. Mjt. wollt sich erstlich zu keiner Ungnaden oder Verdacht gegen ihme bewegen lassen und nachfolgend die Sachen dermaßen verhoren und bewegen, daß daraus die Ehr Gottes gefurdert und gemeiner Fried erhalten und gehandhabt werd, welches der Kurfurst von Sachsen nit allein in Ansehung seins Alters, sonder auch von wegen der Gefahr, so jedermann hierin zu gewarten hat, zum hochsten begierlich ist." (BSLK 39,31–40,4) Sodann wird in bezug auf die reformatorische Kirchenlehre erörtert, „was Gemuts der Kurfurst von Sachsen in dieser Sachen sei, damit nit geacht werd, als wollt er aus bosem Fursatz dieser neuen Lehr Furschub und Beistand ton" (40, 31–33). Das folgende Charakterbild Johanns und seines verstorbenen Bruders Friedrich weist beide als rechtschaffen, fromm und unüberbietbar reichstreu aus. Es sei also nicht Fahrlässigkeit, sondern Gehorsam gegen Gottes Gebot gewesen, wenn in Kursachsen im Zuge der von Luther (vgl. BSLK 41,47 ff.) initiierten reformatorischen Bewegung Maßnahmen gegen allgemein und selbst von Bischöfen heimlich beklagte Mißstände ergriffen wurden, um zum ursprünglichen Evangelium zurückzukehren. Gar nichts zu tun habe diese Reform mit der Ketzerei derjenigen, „die mit neuen und unchristlichen Schriften wider die heiligen Sakrament sich erhebt haben" (BSLK 42,3 f.) oder, wie die Wiedertäufer, „ein verfurische und aufruhrische Lehr ausgebreit (haben) wider das Eigentumb der zeitlichen guter, wider die Gericht, wider den Gewalt der Oberkeit, wider alle burgerliche Ordnung, wider die Predig, wider das heilig Sakrament" (BSLK 42,5–7). Im Gegenteil, wäre die Wittenberger Reformation nicht zu-

stande gekommen, hätten sich ketzerische Bewegungen im Zuge
kirchlichen Niedergangs noch weit mehr entfalten können.

Es folgt eine Apologie der kursächsischen Kirchenordnung unter
Bezugnahme auf die gottesdienstlichen Zeremonien samt lateini-
schem und deutschem Gesang, auf Sakramentsempfang, Beichtpraxis und Absolutionsglauben, auf Predigt, Psalmgebet und Lita-
nei, auf die rechte Heiligung des Feiertags, schließlich auf das
Schulwesen und insonderheit auf Katechismusunterricht und Kinderlehre. Die Auflistung schließt mit der Bemerkung: „Dies ist die
Ordnung der Kirchen in dem Kurfurstentum Sachsen, des meisten
Teils nach altem Gebrauch und Gewohnheit der römischen Kirchen nach Ausweisung der heiligen Lehrer, und wollten nit Lie-
bers, dann daß solche den Bischofen auch gefällig wär, sie sein
uns aber etwas zu härt, dieweil sie uns von wegen der Priester
Ehe und dergleichen also verfolgen." (BSLK 43,10–14)

Hinzugefügt wird, daß die Kirchenordnung eine Spaltung der Kirche ebensowenig beabsichtige, wie die reformatorische Lehre
„allein dahin gericht (sei), der Geistlichen Gewalt zu verdrücken"
(BSLK 43,17). Im Blick auf die Bischöfe wird ausdrücklich betont:
„Dann ihn wurd an ihrer Gewalt und Herrlikeit gar nichts abge-
hen, wo sie allein etliche neue, unbillige Beschwerden nachlie-
ßen, so bedurften sie auch ihrer Guter vor uns nit besorgen, wiewohl sich etlich andere hievor mehr dann zu einem Mal unter-
standen, in dem Schein einer Reformation den Geistlichen ihre
Guter abzudringen." (BSLK 43,18–21) Der aufrührerische Vorschlag, den Geistlichen ihr Eigentum zu nehmen, habe nichts zu
tun mit reformatorischer Lehre, „welche nit anders begehrt, dann
die Cristenheit mit reiner Lehr zu unterweisen und die gewissen
mit unchristlichen Satzungen unbeschwert zu lassen" (BSLK 43,
29–31). Solche kirchliche Loyalität habe in der politischen ihre
volle Entsprechung: „So lehren wir alle burgerliche Satzungen und
Ordnung unter geistlicher und weltlicher Gemacht als ein Ordnung Gottes zu halten von Friede und Einikeit wegen. Es ist nie
kein Reformation so gar ohn alle Gewaltsam furgenommen als
diese, wie dann am Tag ist, daß durch die Unsern andere zu Frieden gebracht sein worden, die schon allgereit in Rustung waren."
(BSLK 43,33–37) Letztere Bemerkung ist eine „Anspielung auf die
Friedenspolitik Sachsens in den Packschen Händeln 1528" (BSLK
40, Anm. 4).

Nach erfolgter Apologie des kirchlichen und politischen Verhaltens schließt die Vorrede von Na mit der Ankündigung, nun wolle man „von der Lehr reden und erstlich alle furnehmste Artikel des Glaubens erzählen, daraus Kai. Mjt. abzunehmen, daß der Kurfurst von Sachsen nichts Unchristlichs in seinem Gebiet zu predigen gestatt, sonder sich des gemeinen, lautern christlichen Glaubens mit allem Fleiß gehalten hab" (BSLK 43,39–43). Nach Maurer wird in dieser Schlußwendung „zum ersten Male die Doppelpoligkeit des werdenden Bekenntnisses deutlich ausgesprochen" (Maurer I, 57). Auch wenn diese Annahme nicht mit allgemeiner Zustimmung rechnen kann, so hat Maurer doch zweifellos mit dem Hinweis recht, in der Vorrede von Na habe der partikularsächsische Charakter des werdenden Bekenntnisses „noch einen letzten Triumph gefeiert" (Maurer I, 58).[83] Dabei fügt er hinzu und bestätigt damit seine skizzierte Verhältnisbestimmung der verschiedenen Vorreden zueinander, daß Wa den besagten partikularen Charakter „schon durchbrochen hatte" (Maurer I, 58). Man muß insofern nach Maurer mit einem Wechsel der textlichen Rahmenbedingungen dergestalt rechnen, daß nach einer anfänglich eindeutig partikular-sächsischen Konzeption, wie sie in Torgau A gegeben ist, in Wa bzw. der Kombination von Ja und Wa die Grenzen einer territorial beschränkten Perspektive gesprengt sind, um in Na erneut und verstärkt wiederhergestellt zu werden, bis sie schließlich in der Brückschen Vorrede in den Tagen vor dem 25. Juni endgültig überwunden werden.

Dieser eigentümliche Befund mag Anlaß sein, neben Maurer und Moeller noch auf eine weitere, von G. Seebaß vertretene Hypothese zum Rahmenwerk der CA hinzuweisen. Diese in der Forschung bisher nie erwogene Hypothese lautet, daß die Entwicklung von Na über Wa zu Ja verlaufen ist. Während Wa als verbesserte Neubearbeitung einen Teil und zwar den BSLK 41,11–45 abgedruckten Teil der Na-Vorrede ersetzen sollte, kommt Ja nach Seebaß nur als spätere Neubearbeitung von Na in Betracht. Die aus dem Textvergleich gewonnenen Ergebnisse bestätigen sich ihm angesichts der geschichtlichen Situation. Was Na betrifft, so „fügt sich die insgesamt auf das Lob des milden Kaisers, die Entschuldigung des Kurfürsten, die deutliche Absetzbewegung ge-

---

[83] Vgl. BSLK 83d,26 ff. („Summa von der Lehr im Kurfurstentumb zu Sachsen") sowie BSLK 84,26 ff.

464 §7 *Die Confessio Augustana*

Zwinglianern und Wiedertäufern und den Nachweis
weitestgehender Übereinstimmung der sächsischen Kirchenordnung mit der der allgemeinen Kirche gestimmte Vorrede ... aus-
gezeichnet zur kursächsischen Politik, solange diese noch Hoff-
nungen auf den Kaiser setzen konnte. Diese Möglichkeit aber
schwindet im Lauf des Mai und zu Beginn des Juni immer mehr.
Na ist also als Ausarbeitung Torgauer Vorstellungen schon Anfang
Mai gut denkbar, nicht aber Ja."[84] Die Vorrede Ja, welche trotz einiger verbleibender Erwähnungen Sachsens insgesamt die beginnende gesamtprotestantische Selbstbesinnung angesichts der
Haltung des Kaisers vor und nach seinem Einzug in Augsburg
wiederspiegelt, ist nach Meinung von Seebaß wahrscheinlich in
der ersten Junihälfte entstanden, während Wa kurz nach dem
3. Juni entworfen und als Verbesserung in Na eingefügt worden
sein dürfte. Danach ergibt sich folgender Entwicklungsgang: Zwar
kam es auf dem Weg von Torgau A zu Na im Laufe des Mai zu
wichtigen inhaltlichen Veränderungen, indem die Verteidigung
der Kirchenreform um Lehrartikel auf der Basis der Schwabacher
Artikel angereichert wurde, doch blieb der partikular-kursächsi-
sche Charakter ebenso erhalten wie der Charakter einer Apologie.
Die Vorrede von Na, so Seebaß, „ist absolut ‚apologetisch‘, auf
den Torgauer Entwurf A noch mühelos – wenn auch stark erweitert – zurückzuführen"[85]. Das ändert sich mit der in die erste Junihälfte gehörenden Vorrede und dem Schluß von Ja: Ja, so Seebaß,
„ist keine Apologie mehr, das ist die Darlegung der rechten, alten,
kirchlichen Lehre und der entsprechenden Zeremonien vor einem
Kaiser, der aufgefordert wird, seines Amtes schriftgemäß zu walten und entsprechend zu entscheiden"[86]. Damit sei der Übergang
von der Apologia zur Confessio, von der Verteidigungsschrift zum
Bekenntnis vollzogen, wie er durch die Brücksche Vorrede und
den Beschluß unter endgültiger Abstreifung des kursächsischen
Partikularismus ratifiziert werde.

---

[84] G. Seebaß, Apologie und Confessio. Ein Beitrag zum Selbstverständnis
des Augsburgischen Bekenntnisses, in: M. Brecht/R. Schwarz (Hg.), Bekenntnis und Einheit der Kirche. Studien zum Konkordienbuch, Stuttgart
1980, 9–21, hier: 13.

[85] A. a. O., 15.

[86] A. a. O., 16.

Auch wenn man die Differenz zwischen Apologie und Bekenntnis weniger scharf akzentuiert als Seebaß, was sich durch die auch von ihm erwähnte[87] Beobachtung naheliegt, daß Melanchthon die CA auch noch nach dem 25. Juni ausdrücklich als „Apologia" bezeichnen kann, so bleibt es doch ein bemerkenswerter Vorzug der entwickelten Hypothese, den Entstehungszusammenhang der Rahmenwerksentwürfe kontinuierlich und unter Vermeidung der etwa von Maurer angenommenen Strategiewechsel rekonstruieren zu können. Das gilt um so mehr, als der konstatierte, für das Selbstverständnis der CA entscheidende Übergang von Apologia zu Confessio nach Seebaß in einem sachlichen Zusammenhang steht mit dem Prozeß schwindenden kursächsischen Partikularismus und wachsender protestantischer Integration.

Zu einem jedenfalls vorläufigen Abschluß gebracht ist der Prozeß protestantischer Integration, wie immer man seine Stationen im einzelnen beurteilen mag, mit der von Brück entworfenen endgültigen Fassung des Rahmenwerks, das erst in den letzten Tagen vor der Übergabe der CA formuliert wurde. Nun wird nicht mehr nur für das Kurfürstentum Sachsen, sondern für alle unterzeichnenden Kurfürsten und Städte gesprochen. Den primären Grund für diese Entwicklung findet man in der Regel in einer Mitte Juni im Kontext des kaiserlichen Einzugs zustandekommenden innerprotestantischen Annäherung, die – veranlaßt durch gemeinsam erfahrene Repression – auf stärkere Integration hin orientiert war. Eine Abweichung davon stellt die Deutung von B. Moeller dar: Nach ihm ist das vorherrschende Motiv für die völlige Neukonzeption der Vorrede nicht im Verhältnis der protestantischen Stände zueinander, sondern in der protestantischerseits als chancenreich eingeschätzten Situation zu suchen, wie sie durch die günstigen Ausführungen der Reichstagsproposition vom 20. Juni über den kirchlichen Zwiespalt (vgl. Förstemann I, 308 f.) gegeben war: „Hier wurde nämlich nicht nur, dem Ausschreiben folgend, eine gütliche Anhörung der beiden Seiten angekündigt, sondern auch ein Verfahren hierfür angeordnet, und zwar die Vorlage von Schriften in deutscher und lateinischer Sprache durch beide Parteien, in denen sie ihre Standpunkte darlegten."[88] Moeller deutet dies als ein unverkennbares Entgegenkommen gegenüber den

---

[87] Vgl. a. a. O., 18, Anm. 4.
[88] B. Moeller, a. a. O., 81.

Protestanten, das er in Zusammenhang bringt mit den Geheim-
verhandlungen zwischen Melanchthon und dem kaiserlichen Sekretär Valdés. Die Aufgabe früherer Entwürfe und die völlige
Neukonzeption der Vorrede der CA ergibt sich nach Moeller folgerichtig aus dem Willen, die gebotenen Chancen der neuen Lage
entschlossen zu ergreifen. „Die Proposition", so Moeller, „stellte ja
nicht nur, wie das Ausschreiben, die Protestanten mit den Katholiken grundsätzlich auf eine Stufe, indem sie beide Parteien zu
untereinander gleichrangigen Verhandlungspartnern des Kaisers
machte, sondern sie fixierte auch das Mittel, in dem die Gleichrangigkeit manifestiert werden konnte, und gab diese Manifestation den Parteien in die Hand. Dieses Mittel aber lag auf seiten der
Protestanten in der Gestalt der sorgfältig vorbereiteten Bekenntnisschrift bereits da. So konnte Brück ... mit in keinem früheren
Entwurf feststellbarem Selbstbewußtsein auftreten, jede Erinnerung an Apologetik und Bittstellerei, ja überhaupt jede Erörterung
der Sachfragen unterlassen. Und er konnte dem Kaiser die eigene,
die evangelische Partei geradezu als die wahrhaft loyale empfeh-
len, da sie im Gegensatz zu den Gegnern das gewünschte Schriftstück präsentierte und sich auf das Schlichtungsverfahren ein-
ließ."[89]

Daß dies indes nicht ohne Vorbehalte bzw. nicht ohne voraus-
schauendes Bewußtsein der verfahrenstechnischen Gefahren geschah, beweist die möglicherweise auf Betreiben Philipps von
Hessen und gegen anfänglichen kursächsischen Widerstand erfolgte Ankündigung der Konzilsappellation, die Moeller ebenso
ausdrücklich erwähnt wie die Tatsache, daß Brücks − bei der
Abfassung der endgültigen Vorrede bewiesenes − Selbstbewußtsein auch damit zusammenhängt, daß „er nunmehr nicht bloß im
Namen Kursachsens, sondern der meisten evangelischen Stände
sprach"[90]. Vor allem letzteren Gesichtspunkt wird man bei einer
Würdigung der Brückschen CA-Vorrede auch fernerhin gebüh-
rend zu berücksichtigen haben, wie das in der Forschung üblicherweise auch der Fall ist. Als entscheidender chronologischer
Bezugspunkt kann dabei in der Tat der 15. Juni gelten, das Datum
kaiserlicher Ankunft in Augsburg.

---

[89]   Ebd.

[90]   Ebd.

Im Vergleich zur Milde des Reichstagsausschreibens war damals die Stimmung des Kaisers den Evangelischen gegenüber bereits eine sehr viel andere geworden. Das Scheitern der Dolzigaktion ist ein erster Beweis dafür. Verantwortlich für diese Entwicklung war vor allem der Einfluß des päpstlichen Legaten Campeggio und katholischer Fürsten wie Herzog Georgs von Sachsen auf den Kaiser. Auch Ecks 404 Artikel haben ihre Wirkung möglicherweise nicht verfehlt. Auf der anderen Seite hat wahrscheinlich auch Luthers schroffe „Vermahnung an die Geistlichen" zu einer Verdüsterung beigetragen; jedenfalls verlangte der Kaiser, daß die Vermahnung in Augsburg verboten werde. Die schließliche Ankunft Karls verschärfte die Lage weiter. Durch die gebieterische Forderung, an der Fronleichnamsprozession teilzunehmen, sowie die Erneuerung und strikte Durchführung des Predigtverbots versuchte er, die Protestanten in einschüchternder Weise merken zu lassen, daß er Änderungen des hergebrachten Kultus nicht zu dulden und am altgläubigen Traditionsgut strikt festzuhalten gedenke. Vor allem diese Haltung des Kaisers war es, welche die evangelischen Stände zu einer Abwehrfront zusammenzwang mit dem Erfolg, daß die werdende CA ihren spezifisch kursächsischen Charakter verlor und einen gesamtevangelischen Tenor erhielt (vgl. Kolde, 78 f.; Maurer I, 26; Gußmann I, 219 f. u. a.).

Erste Vorstöße in Richtung auf eine protestantische Integration gingen, wie nicht anders zu erwarten, vom hessischen Landgrafen Philipp aus, im Hinblick auf den Melanchthon bereits am 22. Mai schrieb: „Nunc Macedo agit, ut orationi nostrorum subscribat ..." (CR 2, 60)[91] Es folgten einschlägige Bemühungen der Nürnberger und der Ansbacher Räte, die anfangs allerdings wenig Gegenliebe auf seiten des sächsischen Kurfürsten fanden. Erst Mitte Juni war die Frage des Zusammengehens „im Prinzip entschieden" (Kolde, 43). Schon in dem in der Predigtfrage abgegebenen Gutachten des Ansbacher Kanzlers Georg Vogler (vgl. Förstemann I, 274 ff.) vom 16. Juni treten wenigstens die evangelischen Fürsten als „geschlossene Bekenntnisgruppe" (Kolde, 44) auf. „Am 18. Juni waren Nürnberg und Reutlingen von dem Markgrafen und dann auch von dem Kurfürsten unter die Zahl der Bekenner aufgenommen

---

[91]   Zum Begriff „oratio" vgl. B. Moeller, a. a. O., 93, Anm. 87; Kolde, 40, Anm. 1; anders W. Maurer, Studien über Melanchthons Anteil an der Entstehung der Confessio Augustana, in: ARG 51 (1960), 162 f., Anm. 10.

worden. Die beiden Fürsten selbst hatten sich, wohl in Gemeinschaft mit Lüneburg und Anhalt, schon etwas früher verständigt."
(Gußmann I, 113) Endlich folgte auch der hessische Landgraf, der
neben der angemessenen Regelung der Jurisdiktion der Bischöfe,
die etwa auch den Nürnbergern ein besonderes Anliegen war, ursprünglich zwei Bedingungen für sein Zusammengehen mit den
Wittenbergern gestellt hatte: erstens ein Entgegenkommen gegenüber den Schweizern und den Oberdeutschen in der Abendmahlsfrage, das ein gemeinsames Vorgehen ermögliche; zweitens
ein klares Festhalten an der Konzilsforderung und eine Ablehnung der Entscheidungskompetenz des Kaisers, dessen Amtsvollmacht sich lediglich auf Leib und Gut, nicht aber auf Seele und
Gewissen erstrecke. Im ersten Punkt konnte sich der Landgraf im
wesentlichen nicht durchsetzen. Zwar wurde, wie gesagt, ein im
Meßartikel von Na zu lesender Angriff auf die „Sakramentierer"
getilgt, doch behielt der entscheidende Artikel X seinen bisherigen Wortlaut, so daß eine Integration der Schweizer und Oberdeutschen nicht zustande kam. „Um so größeren Erfolg hatte er
hinsichtlich des andern Punktes." (Kolde, 46) Denn Philipp erreichte beides: „erstens, daß der Kaiser als Richter in Glaubenssachen abgelehnt, und zweitens, daß ebendeshalb die Berufung auf
,ein gemein frei christlich Concilium' in allen Formen des Rechts
erneuert wurde" (Gußmann I, 116).

Brücks zitierte und stereotyp als meisterhaft qualifizierte Vorrede,
die von Justus Jonas ins Lateinische übersetzt wurde, ist ein Beweis dafür. Die für frühere Vorredenkonzepte kennzeichnende
Unterwürfigkeit dem Kaiser gegenüber gehört der Vergangenheit
an. Brück verfährt, wie wiederholt betont wird, „rein geschäfts-
mäßig" (Gußmann I, 116) bzw. „in durchaus geschäftsmäßiger
Weise" (Kolde, 46). Der direkt an den Kaiser gerichtete Text beginnt mit einer Erinnerung an dessen Reichstagsausschreibung,
derzufolge neben der Türkenproblematik (BSLK 44,8–11) die Aufgabe der Augsburger Versammlung darin bestehen sollte, „wie
der Zwiespalten halben in dem heiligen Glauben und der christlichen Religion gehandelt muge werden, zu ratschlagen und Fleiß
anzukehren, alle eins jeglichen Gutbedunken, Opinion und Meinung zwischen uns selbst in Lieb und Gutigkeit zu horen, zu verstehen und zu erwägen, und dieselben zu einer einigen christlichen Wahrheit zu bringen und zu vergleichen, alles, so zu beiden
Teilen nicht recht ausgelegt oder gehandelt wäre, abzutun, und
durch uns alle ein einige und wahre Religion anzunehmen und zu

halten, und wie wir alle unter einem Christo sein und streiten, also auch alle in einer Gemeinschaft, Kirchen und Einigkeit zu leben" (BSLK 44,11–46,1). Nach Maßgabe dieser Aufgabenbestim-
mung und in Gehorsam gegenüber der zu Beginn des Reichstags
erfolgten kaiserlichen Anweisung, die einzelnen Reichsstände
sollten kraft des kaiserlichen Edikts ihre Meinung und Auffassung
„in Teutsch und Latein in Schrift stellen und uberantworten"
(BSLK 45,19–21), überreiche man, wie Brück im Namen der Kurfürsten, Fürsten und Stände, welche die CA unterschrieben haben,
unter Hinweis auf den vereinbarten Übergabetermin ausführt,
„unserer Pfarrner, Prediger und ihrer Lehren, auch unsers Glaubens Bekenntnus, was und welchergestalt sie, aus Grund gottlicher heiligen Schrift, in unseren Landen, Furstentumben, Herrschaften, Städten und Gebieten predigen, lehren, halten und Unterricht tun" (BSLK 45,30–46,3). Es folgt eine Erklärung gegebener
Bereitschaft zu friedfertiger und auf Ausgleich bedachter Verhandlung auf der Basis der geforderten schriftlichen Vorlagen,
wobei Brück die Auseinandersetzung als einen Parteienstreit
gleichberechtigter Partner zu charakterisieren bemüht ist und den
Kaiser an seine Äußerung zu binden sucht, in der strittigen Religi-
onssache keine Entscheidung fällen, sondern sich beim Papst für
die Einberufung eines Konzils einsetzen zu wollen. Ausdrücklich
verwiesen wird in diesem Zusammenhang auf die Zusatzinstrukti-
on des Kaisers an seinen Bruder Ferdinand vom Reichstag zu
Speyer von 1526, mit der eine Beschlußfassung in der Glaubensfrage verhindert werden sollte (vgl. BSLK 47, Anm. 2); zur Konzilsfrage wird ferner ausführlich und wörtlich aus der bei der Eröffnung des Reichstags zu Speyer am 15. März 1529 vorgetragenen
Proposition zitiert (BSLK 48,1–20; vgl. 48, Anm. 1). Für den Fall,
daß der Dissens zwischen den streitenden Parteien nicht in der
von der Ausschreibung geforderten christlichen Einigkeit beigelegt werden könne, wiederholt Brück die reformatorische Konzilsappellation und erklärt es zur Gehorsamspflicht der Augsburger Konfessoren gegenüber dem Kaiser, auf einem „solch gemein,
frei, christlich Concilium" (BSLK 48,26f.) zu erscheinen und ihre
Sache zu vertreten.

Während in den Übergangspartien, die den ersten und zweiten
Teil der Augustana miteinander verbinden (BSLK 83c,7–84,25),
keine spezifisch neuen Gedanken auftreten und der Zusammenhang mit Na im wesentlichen festgehalten wird, verdient das
Rahmenendstück besondere Beachtung u. a. deshalb, weil „nun

erstmals durch den Gesamtschluß (BSLK 134,31–135,2) die Bezeichnung Bekenntnis nicht auf die Darlegungen des ersten Teiles
beschränkt blieb, sondern ... jetzt auch die Artikel des zweiten
Teiles, die alte Apologie, als ‚eine Anzeigung unser Bekenntnus
und der Unsern Lehre‘ zu stehen kommen"[92]. Wie immer man dabei das Verhältnis von Confessio und Apologia terminologisch
und sachlich beurteilen mag, Tatsache ist, daß der Beschluß der
CA ihre beiden Teile zu einem Ganzen vereinen will. Der Beschluß endet mit dem Hinweis, daß man „fernern Bericht mit
Grund gottlicher heiliger Geschrift zu tun urpietig" (BSLK 135,1 f.)
sei. Das betrifft nicht nur, aber auch die Artikel des zweiten Teils.
„Dann wie wohl man", wie es heißt, „viel mehr Mißbräuche und
Unrichtigkeit hätt anziehen konnen, so haben wir doch, die
Weitläufigkeit und Länge zu verhuten, allein die furnehmsten
vermeldet, daraus die anderen leichtlich zu ermessen." (BSLK
133,8–134,4) Ablaßunwesen, Wallfahrten und Bannmißbrauch sowie Streitigkeiten zwischen Pfarrern und Mönchen wegen diverser
pfarrerlicher Rechte u. a. m. seien daher bewußt nicht angesprochen worden. Hier bleibt sonach „Raum für all das, was später die
Schmalkaldischen Artikel und der Tractatus de potestate papae
aufführten"[93]. Im übrigen sei das Ziel aller Erörterungen nicht
Verunglimpfung, sondern der Erweis, „daß bei uns nichts, weder
mit Lehre noch mit Ceremonien, angenommen ist, das entweder
der Heiligen Schrift oder gemeiner christlichen Kirchen zuentge-
gen (contra scripturam aut ecclesiam catholicam) wäre. Dann es
ist je am Tage und offentlich, daß wir mit allem Fleiß, mit Gottes
Hilf (ohne Ruhm zu reden) verhutt haben, damit je kein neue und
gottlose Lehre (nova et impia dogmata) sich in unseren Kirchen
einflochte, einreiße und uberhand nähme." (BSLK 134,21–30)

---

[92]   G. Seebaß, a. a. O., 17.

[93]   ‚   Ebd.

5. *Text und Variation:*
Endredaktion, authentische Gestalt
und Fortschreibung der CA

Als Anlage eines an Bürgermeister und Rat ihrer Heimatstadt gerichteten Schreibens vom 15. Juni 1530, dem Tag der Ankunft des
Kaisers in Augsburg, schickten die Nürnberger Gesandten Kreß
und Volkamer den, wie es heißt, „Sächsische(n) Begriff in des
Glaubens Sach teutsch gefertigt" (CR 2, 105 f., hier: 105) mit der Bitte um Beratschlagung und Rückmeldung nach Hause. In der Forschung wird dieser, vermutlich von Justus Jonas diktierte und von
einem Schreiber süddeutschen Dialekts eilig zu Papier gebrachte
Text, den W. Gußmann 1925 entdeckt und J. Ficker in einer Lichtdruckausgabe zum Augustanajubiläum 1930 herausgegeben hat
(vgl. Lit.), mit den Buchstaben Nb gekennzeichnet. Als ein wichtiger Markstein in der Geschichte der CA hat er deshalb zu gelten,
weil er die erste vollständige Gestalt des deutschen Bekenntnisses
bietet und die vollzogene Auflösung von dessen kursächsischem
Partikularismus dokumentiert, so daß gesagt werden kann: In der
„Rezension Nb ist der exklusiv sächsische Charakter zu Gunsten
eines gemeinlutherischen abgestreift"[94]. Um mit den Worten von
Kreß und Volkamer zu reden: „Nämlich wo im Lateinischen gesetzt ist, daß im Churfürstenthum Sachsen dieß oder das gepredigt
und gehalten werde, hat er hie im teutschen das Churfürstenthum
Sachsen ausgelassen, und ein gemein Wort, das sich auf alle
Stände ziehen mag, an die Statt genommen." (CR 2, 105) Vorausgeschickt wurde, daß Vorrede und Beschluß in Nb noch „nicht
dabei" seien; dem Vernehmen nach habe Philipp Melanchthon
„darum daran nichts verteutschen wollen, daß er sich versehe, es
möchte dieselbe Vorrede und Beschluß vielleicht nicht allein in
des Churfürsten, sondern in gemein in aller vereinigten Lutherischen Fürsten und Stände Namen gestellt werden, als er auch in
den verteutschten Artikeln, wie Ew. W. sehen werden, albereit
Aenderung gethan hat." (CR 2, 105)

---

94   W. Maurer, Zum geschichtlichen Verständnis der Abendmahlsartikel in
     der Confessio Augustana, in: FS G. Ritter, Tübingen 1950, 161–209, hier:
     168.

Abgesehen von Vorrede und Beschluß, die noch fehlen, ist die
endgültige Textgestalt der dem Kaiser übergebenen CA in Nb bereits weitgehend erreicht. „Weder an Zahl noch an Bedeutung lassen sich die ... Korrekturen der Dekade vom 14. bis zum 25. Juni
mit denen aus der ersten Hälfte des Monats vergleichen. Es sind
keine sachlichen Änderungen, keine eigentlichen Veränderungen,
sondern fast nur gelegentlich stärkere Akzentuierungen, im ganzen nur Besserung rein formalen Charakters: in der Verstärkung
ebenso der Berufung auf die Autoritäten, zumal der heiligen
Schrift, wie in der Bestimmtheit des Ausdrucks (auch in der Inhaltsangabe der letzten beiden Glaubensartikel) und der Ver-
ständlichkeit und Wirkung der Rede, wobei auch besondere Apo-
strophen an den Kaiser und an die humanistisch gebildeten Zuhö-
rer nicht fehlen. So läßt die neue Handschrift überblicken, in wie
eng begrenztem Umfang, zugleich auch in welcher stilistischen
Mannigfaltigkeit in jenen letzten bewegten, zumal für Melanchthon durch die Verhandlungen mit den kaiserlichen Sekretären
aufreibenden Tagen an der Konfession gearbeitet worden ist."
(Ficker, 12 f.; im einzelnen: 21 ff.)

Unvergleichlich bedeutender als die Unterschiede zwischen Nb
und der am 25. Juni überreichten Textgestalt der CA sind diejenigen zwischen Na und Nb, in denen sich die enorme Arbeitslei-
stung seit dem Anfang bis zur Mitte des Monats Juni spiegelt. Was
die wichtigsten sachlichen Abweichungen in den „spänigen Artikeln" betrifft, so bietet der 22. Artikel von Nb einen Satz grundsätzlicher Ablehnung gegen die Fronleichnamsprozession, der in
Na fehlt und auch noch in der vor den 15. Juni zu datierenden Rezension Spalatins, von der noch zu reden sein wird, und der
„ohne Zweifel erst in Rücksicht auf die bei der Ankunft des Kaisers darüber gepflogenen Verhandlungen hinzugefügt wurde"
(Kolde, 57).[95] In Nb 24 ist ferner der im Meßartikel von Na zu lesende scharfe Anathematismus gegen die „Sakramentierer" („hie
wirt auch verworfen die unchristlich leer, die da verneint, das der
leib und das blut christi warhaftig entgegen sey, und werden die

---

[95] Nach W. Gußmann darf daneben nicht außer Acht gelassen werden,
„daß sich ein großer Teil der Brandenburger Ratschläge ... gegen das
Teilen und Umtragen des Sakraments wendet. Das mag Melanchthon
noch besonders angetrieben haben, dem umstrittenen Punkt einige
Worte zu widmen." (Gußmann I, 237).

leut vermant, das sacrament oft zu empfahen"; Kolde, 20, 15 ff.)
getilgt bzw. durch eine auch im Vergleich zu der Fassung in Sp
(„Dabey geschicht auch unterricht wider die unrechte und irrige
lar vom sacrament." [Förstemann I, 331]) noch sehr abgemilderte
Kompromißformel ersetzt, „die in ihrer Allgemeinheit auch der
Landgraf, ja sogar ein Zwinglianer annehmen konnte" (Kolde, 46,
Anm. 2; vgl. Gußmann I, 223 f.): „Dopey geschicht auch unnter-
rycht wider anndere unrechte ler(e) vom sacrament", heißt es
nun. Schließlich verdient es bemerkt zu werden, daß Nb „auch
die bischöfliche Jurisdiktion in sehr bestimmter Form ... bedeu-
tend einschränkt" (Ficker, 12), wenn in dem BSLK 125,3 ff. entsprechenden Zusatz Na gegenüber gesagt wird, daß die Bischöfe ihre
Rechtsprechungsvollmacht in Fragen wie Ehe oder Zehntabgabe
lediglich „iure humano" haben und daß im Falle bischöflicher
Nachlässigkeit die Fürsten nolens volens verpflichtet seien, die Jurisdiktion in diesen Angelegenheiten der Erhaltung des Rechts-
friedens in ihren Ländern wegen zu übernehmen. Kolde hat diesen Sachverhalt wie folgt kommentiert: „Daß diese Auslassung,
welche die alleinige Jurisdiktion der Bischöfe gewaltig einschränkt und vor allem den allmählich in den evangelischen Gebieten entstandenen Rechtszustand festhielt, sich in Na nicht fand,
ist von nicht geringer Bedeutung für die Geschichte des Augsburger Bekenntnisses." (Kolde, 66; bei K. gesperrt)

Einschneidender noch als die den zweiten Teil der entstehenden
CA betreffenden Veränderungen sind die zwischen Na und Nb in
bezug auf die Glaubensartikel vorgenommenen Umgestaltungen.
Sieht man von den unverkennbaren Verschiedenheiten im Aufbau, von denen vor allem die Umstellung der Artikel 4 und 5
theologisch von Interesse ist[96], sowie von den Textveränderungen
(vgl. Kolde, 48 ff.) ab, die namentlich den Rechtfertigungsabschnitt

---

[96] Vgl. Th. Kolde, 49 f.: „Nachdem soeben gelehrt worden war, daß der
Sohn durch den heiligen Geist rechtfertigt, heiligt, lebendig macht, wird
in Na im 4. Art. von der *Erlangung des heiligen Geistes* gehandelt, während in der späteren Fassung, die den Art. von der Rechtfertigung in den
Vordergrund schiebt, das *Amt* des äußerlichen Wortes und des Sakraments als Vermittlung der göttlichen Gnadengabe und speziell des
rechtfertigenden Glaubens hervorgehoben wird." Kolde sieht darin sowie
in der Aufnahme des in Na noch fehlenden Passus „ubi et quando visum
est Deo" Melanchthons verstärkte Orientierung an den Schwabacher Artikeln wirksam.

und den Abschnitt über die letzten Dinge betreffen, so fällt vor
allem die in Nb gegenüber Na erfolgte Hinzufügung zumindest
zweier weiterer Glaubensartikel ins Auge. Es handelt sich zum einen um den Artikel, der in Nb „Vom glauben unnd wercken", in
CA XX dann bestimmter „Vom Glauben und guten Werken"
(BSLK 75,12) überschrieben ist, zum anderen um jenen, der in Nb
mit dem Themawort „Vonn denn verstorbenn heyligen", im endgültigen Text CA XXI mit der Wendung „Vom Heiligendienst"
(BSLK 83b,2) beginnt.[97] Zu CA XX[98] ist zunächst zu sagen, daß die
Thematik des Artikels in der Augustana bekanntlich auch im VI.
und XVI. Artikel berührt wird. Daß Melanchthon dem Gegenstand
noch eine dritte Ausführung widmet, hängt erneut damit zusammen, daß das Verhältnis von Glauben und Werken im Zentrum
der Angriffe Ecks gegen angebliche lutherische Ketzereien stand.
Der Sonderstatus von CA XX wird u. a. durch die Tatsache unterstrichen, daß die Konfutatoren die inhaltliche Auseinandersetzung
mit dem Hinweis beginnen, der zwanzigste Artikel der Augustana
sei nicht so sehr ein Bekenntnis der Fürsten und Reichsstädte als
vielmehr eine Entschuldigung ihrer Prediger. Auch verfügt CA XX
im Unterschied zu den übrigen Glaubensartikeln der CA über eine ursprüngliche Überschrift, die ihn „in Parallele zu den Torgau-

---

97   Im Unterschied zu Th. Kolde gehen einige Forscher davon aus, daß der
      in Na schon vorgesehene Artikel über das öffentliche kirchliche Amt (Nb
      14) erst jetzt neu hineingekommen ist.

98   „Eck hatte in seine 404 Artikel unter Nr. 31 auch den in der Bulle
      ‚Exsurge Domine' verdammten Satz Luthers angezogen (In omni bono
      opere iustus peccat), den Luther in seiner Assertio von 1520 verteidigt
      hatte. In Art. 195 und in der Artikelgruppe 198–202 hatte Eck dann An-
      griffe Melanchthons und Luthers gegen die römische Werkgerechtigkeit
      so interpretiert, daß man eine grundsätzliche Verwerfung alles sittlichen
      Handelns daraus entnehmen könnte. Gerade diese Vorwürfe konnten
      nur durch eine grundsätzliche Erörterung der Rechtfertigungslehre abge-
      wiesen werden und haben sicher die breite lehrhafte Darstellung von CA
      20 veranlaßt. Hinzugenommen werden muß auch Art. 398, in dem Eck
      Luthers Ablehnung meritorischer Leistungen als Bruch mit aller Moral
      und seine Ablehnung der scholastischen Spekulation als Wissenschafts-
      feindschaft erscheinen lassen möchte, ein Vorwurf, der den Humanisten
      in Melanchthon besonders hart treffen und im humanistischen Lager be-
      sonderes Aufsehen erregen mußte. Erst nachdem diese Angriffe Ecks be-
      kannt und wirksam zu werden begonnen hatten, kann man in Augsburg
      an die Abfassung der Vorlage von CA 20 herangetreten sein." (W. Mau-
      rer, Studien über Melanchthons Anteil an der Entstehung der Confessio
      Augustana, 201 f.)

er Artikeln" (Gußmann I, 435, Anm. 18) treten läßt. Die Nähe zu den Torgauer Artikeln kommt auch darin zum Ausdruck, daß CA XX zuerst auf deutsch geschrieben wurde. Das geht aus dem eingangs zitierten Schreiben von Kreß und Volkamer klar hervor, demzufolge CA XX am 15. Juni „im Latein noch gar nicht gemacht" ist, sondern erst „ungefährlich in zweien Tagen fertig werden" soll (CR 2, 105 f.). Die Urform des Artikels ist das bei Förstemann mit Buchstaben B bezeichnete und den Torgauer Artikeln zugerechnete Textdokument (vgl. Förstemann I, 84 ff.; BSLK 75,23 ff.). Wie bereits vermerkt, bestehen hinsichtlich der Datierung von B unterschiedliche Auffassungen. Das ändert indes nichts an der offenkundigen sachlichen und formalen Nähe von CA XX zu den Artikeln des zweiten Teils der CA, wie denn überhaupt CA XX zusammen mit CA XXI ein Übergangscharakter zu bescheinigen ist, der deutlich macht, daß eine scharfe Trennung zwischen Glaubens- und Kirchenreform für die CA nicht möglich ist.

Was die Heiligenthematik betrifft, bei der man sich mit ebensolchem Recht wie bei der Problematik von Glaube und Werken fragen kann, ob sie zu den Lehrartikeln oder zu den „spänigen Artikeln" über Kultus und Ordnung der Kirche gehört (vgl. Maurer II, 71), so war auch sie bekanntlich schon in den „Torgauer Artikeln" (A 9) enthalten (Förstemann I, 82 f.; BSLK 83b,18 ff.). Sie fehlt hingegen nicht nur in den Schwabacher und Marburger Artikeln – was nicht weiter verwunderlich ist, da diese in der Hauptsache innerprotestantische Probleme verhandeln –, sondern auch noch in der Textfassung Na von Ende Mai 1530. „Welche Erwägungen in der ersten Junihälfte dazu geführt haben, auf Torg. A 9 zurückzugreifen, läßt sich nicht mehr erkennen; die Erörterung der Heiligenverehrung vor dem Reichstag mußte ja den Konflikt mit der Volksfrömmigkeit und damit die Lage der protestantischen Bekenner verschärfen." (Maurer II, 73)[99] Wie immer man diese Frage beurteilt, Faktum ist, daß die Heiligenthematik in Nb enthalten ist und zwar in nahezu wörtlicher Übereinstimmung mit dem Text von CA XXI. Daran bestätigt sich die Richtigkeit der Annahme, daß Nb für die deutsche Fassung des offiziellen Textes den Abschluß bildet; die noch vorhandenen Textvarianten sind,

---

99 Hält man sich an W. Maurers eigene Erwägungen, so dürfte auch hier ein Hinweis auf Eck, insonderheit auf die Nummern 112–127 seiner 404 Artikel, naheliegen.

wie bereits angemerkt, im wesentlichen „ohne sachliche Bedeutung" (Maurer I, 47), zumal der Ausfall der Damnation gegen die
Donatisten in Nb 8 offenbar ebenso auf einem Schreibfehler beruht wie die sinnwidrige Wendung in Nb 7, derzufolge es „zu wa-
rer einnig(keit) der christliche(n) kirchenn (not ist) / das allenthalben gleichformig ceremonien / vonn (den) menschen eingesetzt / gehaltenn werdenn".

Anzumerken ist, daß für die Textgeschichte der deutschen Fassung der CA in der Endphase neben Nb auch jene Abschriften
wichtig sind, die Mitte bzw. kurz vor Mitte Juni für die Kanzleien
der protestantischen Landesherren angefertigt wurden, die maß-
geblich an der Bekenntnisaktion beteiligt waren. Bereits erwähnt
wurde Spalatins für Kursachsen bestimmtes Manuskript, das sich
unter den Reichstagsakten von 1530 im gemeinschaftlichen Archiv
zu Weimar befindet und bei Förstemann I, 310–343 (= Sp) publiziert ist. Sp bezeugt die Vorrede nicht und ist am Ende unvollständig. Daß die Handschrift der Zeit vor dem 25. Juni angehört,
ist bereits bei Förstemann bemerkt; aller Wahrscheinlichkeit nach
ist sie bereits vor dem Einzug des Kaisers in Augsburg als eine
Vor- bzw. frühere Nebenform von Nb entstanden. Die Nb noch
näher stehende, vom markgräflichen Kanzler Georg Vogler ver-
fertigte erste Ansbacher Handschrift der Glaubensartikel der lutherischen Fürsten und Städte (A I = Förstemann I, 343–355) ist zwar
später als die durch Sp repräsentierte Redaktionsstufe, aber auch
sie gehört „einer frühern Zeit an als den letzten Tagen vor der fei-
erlichen Uebergabe" der CA (Förstemann I, 343). Zu datieren ist A
I ebenso wie eine H I genannte hessische Abschrift vor dem
16. Juni. Näherhin handelt es sich um die Form der deutschen
Augustana, „die der brandenburgische Kanzler Vogler am 16. Juni
dem Kaiser im Streit um das Predigtverbot in Augsburg sofort ein-
zureichen vorschlug, um die Reinheit der evangelischen Lehre zu
erweisen; daher sind hier nur die Glaubensartikel überliefert."
(BSLK XVII unter Verweis auf Förstemann I, 280 f.) Allerdings
fehlen noch die Artikel XX und XXI, die beide wohl „noch nicht
offiziell genehmigt" (Maurer I, 48) waren. Dies ist in Sp anders,
wenngleich zu bemerken ist, daß der Lehrartikel über die Heiligenverehrung auf dieser Textstufe „noch recht unentwickelt und
schließlich von Spalatin selbst wieder durchgestrichen worden
(ist); der über Glauben und gute Werke wurde nachträglich hinzugefügt und hat noch keine ganz abgeschlossene Gestalt."
(Maurer I, 48) Hält man sich an die Erklärung Koldes, dann er-

folgte die Streichung des Heiligenartikels in Sp deshalb, weil dieser ursprünglich lateinisch geschrieben und in Sp nur Übersetzung aus dem Lateinischen ist (Kolde, 69.72 f.). Dabei sei es nicht auszuschließen, daß Spalatins Text „nur eine zu seinen Zwecken verfaßte *eigene* Übersetzung des damals erst lateinisch vorhandenen Artikels ist, die später vorliegende deutsche Bearbeitung als eine selbständige, nicht auf Überarbeitung der bei Spalatin zu lesenden Rezension anzusehen ist" (Kolde, 72; vgl. BSLK XVII). Artikel XX hingegen sei zuerst deutsch geschrieben; allerdings sei es auch hier unverkennbar, „daß der deutsche Text wesentlich Übertragung aus dem Lateinischen ist" (Kolde, 72).

Mit diesen Hypothesen ist das schwierige Problem des Verhältnisses der beiden Fassungen der CA und die Frage berührt, in welcher Sprache die einzelnen Artikel zuerst geschrieben sind. Dazu ist zunächst zu bemerken, daß die Theologensprache traditionell die lateinische, die Diplomatensprache die deutsche war (vgl. Maurer I, 47). Auch steht fest, daß die deutsche Fassung, deren Vorstadien durch Sp, A I (H I) und Nb bezeichnet sind, im wesentlichen am 15. Juni abgeschlossen war, während Melanchthon am lateinischen Text noch weiter experimentierte. Zu rekonstruieren ist die Entwicklungsgeschichte des lateinischen Textes indirekt durch Na und direkt über die Landgraf Philipp zur Kenntnisnahme übermittelte Handschrift Marburg I (= M I), die etwa gleichzeitig mit A I entstanden sein dürfte und in der Artikel XXI bereits fertiggestellt vorliegt. Zu vergleichen ist in diesem Zusammenhang die bei Förstemann I, 357–368 abgedruckte französische Übersetzung, die, wie der Herausgeber mit Recht vermutet (vgl. auch Kolde, 69), aus der Marburger Handschrift geflossen ist; wie diese enthält sie nur die Glaubensartikel der CA und weder die Präfation noch die streitigen Artikel (vgl. Förstemann I, 355 f.).

Was die Einzelheiten betrifft, so stellt sowohl die Rekonstruktion des lateinischen als auch die des deutschen Textes vor zum Teil unüberwindliche Probleme. Aufs Ganze gesehen dürfte es unmöglich sein zu sagen, „welche der beiden sprachlichen Fassungen man als die ursprüngliche anzusehen hat"[100]. Zwar liegt die von Maurer erwogene Differenzierung nahe, sich den ersten Teil der CA in lateinischer, den zweiten in deutscher Sprache konzi-

---

[100] B. Moeller, Augustana-Studien, 88.

piert zu denken. Doch läßt sich, wie das Beispiel des XXVII. Artikels zeigt, auch diese Annahme nicht generalisieren, so daß man
allenfalls sagen kann: „Meist ist der lateinische Text früher abgefaßt worden als der deutsche; jedoch ist zuweilen auch der deutsche Text der ältere."[101] Wichtig ist, daß mit Ausnahme der Vorrede in keinem Fall der eine Text lediglich die Übersetzung des anderen ist. Man wird also davon auszugehen haben, „daß der
lateinische und der deutsche Text der Augustana selbständig nebeneinander entstanden sind und beide gleiche Authentizität besitzen" (Kolde, 72). Es läßt sich von daher weder ein Vorrang des
deutschen noch des lateinischen Textes behaupten; beide sind
vielmehr als gleichrangig zu behandeln.[102] Wenn vielfach dem
deutschen Text der Autoritätsvorzug gegeben wurde, weil dieser
am 25. Juni verlesen wurde, so spricht gegen diese Auffassung
nicht nur „die gemeinsame Unterzeichnung der beiden Fassungen
durch die lutherischen Stände, die es ausschließt, eine von ihnen
für weniger rechtsverbindlich zu halten als die andere, sondern
auch die Tatsache, daß sie ja auf die Aufforderung der kaiserlichen Proposition hin eingereicht wurden, die Kontrahenten sollten ihre ‚Opinion unnd Meinung ... *zu Teutsch unnd latein* Inn
schrifft stellen unnd uberantworten'"[103]. Stimmt man dem zu,
dann lassen sich die – teilweise erstaunlichen (vgl. CA X) – Differenzen der beiden Textfassungen nicht durch Hinweis auf überlegene Geltungsansprüche erledigen. Allerdings wird man davon
ausgehen dürfen, „daß den Verfassern und Unterzeichnern die
Diskrepanzen der Texte als im Blick auf den eigentlichen Zweck
der Bekenntnisschrift, den Gegnern in bekenntnishafter Mitteilung
den evangelischen Standpunkt klarzumachen, nicht gravierend erschienen". Dabei muß man berücksichtigen, „daß in der Situation
des Augsburger Reichstags kein Anlaß bestand, daran zu denken,
daß das neue Schriftwerk einmal nicht der katholischen Partei
und dem Kaiser, sondern den Protestanten zugewandt sein und

---

[101]   B. Lohse, Art. Augsburger Bekenntnis I, 620.

[102]   „Der deutsche Text (sc. der CA) ist nicht als Übersetzung des lateinischen zu verstehen, sondern muß – ebenso wie der lateinische – als ursprüngliches Dokument, als Original, gelten." (H. Lubsczyk, Trinität und
          Inkarnation in der Augsburgischen Konfession. Bemerkungen zum lateinischen und deutschen Text, in: F. Hoffmann/U. Kühn, Die Confessio
          Augustana im ökumenischen Gespräch, Berlin 1980, 109–118, hier: 109)

[103]   B. Moeller, a. a. O., 93 unter Verweis auf Förstemann I, 309.

bei ihnen gar in Gestalt einer Rechtsurkunde über die Jahrhunderte hinweg in Geltung stehen könnte"¹⁰⁴.

In der ursprünglichen Situation der CA wird demnach auch die Frage nach dem genuinen und authentischen Text der beiden am 25. Juni vorgelegten Fassungen nicht die Aufmerksamkeit auf sich gezogen haben, wie sie neben dem juristischen insbesondere für das historisch-kritische Bewußtsein kennzeichnend und obligatorisch ist. Im einzelnen läßt sich folgendes ausmachen: Nachdem er im Kapitelsaal des bischöflichen Palais durch den sächsischen Kanzler Dr. Christian Beyer verlesen worden war, wurde der deutsche Text zusammen mit der lateinischen Version dem Kaiser übergeben, wobei hier nicht zu erörtern ist, ob Karl beide Originalhandschriften (vgl. BSLK XVII) selbst behielt oder ob er den deutschen Text sogleich dem Reichserzkanzler, dem Kurfürsten von Mainz, weiterreichte. Fest steht, daß die beiden Urexemplare der Confessio Augustana als verloren gelten müssen.¹⁰⁵ Während man in bezug auf das Schicksal des deutschen Originals auf bloße Vermutungen angewiesen ist, hat sich die lateinische Urkunde guter Überlieferung zufolge zunächst im kaiserlichen Archiv zu Brüssel befunden und ist von dort auf Anordnung Philipps II. vom 18. Februar 1569 durch Herzog Alba nach Spanien gebracht worden, „wo sie, wie es der Fanatismus Philipps beschlossen hatte, der Vernichtung anheimgefallen sein wird"¹⁰⁶. Ob es sich bei der betreffenden Urschrift der lateinischen CA ganz oder zu Teilen um Melanchthons Handexemplar gehandelt hat, wie der spanische König in seiner Order annimmt, kann hier unentschieden bleiben.

Die bisher bekannt gewordenen Abschriften (vgl. BSLK XIX f.), die beanspruchen, den endgültigen Originaltext der CA zu bieten, lassen sich sowohl in ihrer deutschen als auch in ihrer lateinischen Fassung im wesentlichen zwei Gruppen zuordnen: „Die eine Gruppe stammt in beiden Fällen aus den Archiven der Unterzeichner und anderer protestantischer Stände, die andere aus kaiserlichem und katholischem Besitz, insbesondere aus dem Kreis

---

¹⁰⁴ Ebd.

¹⁰⁵ Vgl. Th. Kolde, Historische Einleitung in die Symbolischen Bücher der evangelisch-lutherischen Kirche, Gütersloh ³1913, XXXff.

¹⁰⁶ Th. Kolde, Neue Augustanastudien, in: NKZ 17 (1906), 729–752, hier: 745.

der Mitarbeiter an der Confutatio, des Zwölferausschusses für die
Ausgleichsverhandlungen und anderer katholischer Reichsstände."[107] Beide Textgruppen unterscheiden sich lediglich durch
zahlreiche kleinere Abweichungen voneinander, während bedeutende Sinnvarianten nicht vorkommen. Die erste kritische Edition der deutschen und lateinischen CA, die 1901 Paul Tschackert
herausgab[108], orientiert sich grundsätzlich an Textzeugen, die aus
dem Besitze von Unterzeichnern der Konfession stammten. Für
den deutschen Text folgte Tschackert der Autorität von Kopien
Georgs von Brandenburg-Ansbach, Philipps von Hessen, Wolf-
gangs von Anhalt und der Städte Nürnberg und Reutlingen; für
den lateinischen Text schloß er sich den Lesarten des Codex
Dresdensis, Hannoveranus, Norimbergensis und Marburgensis an.
Diese insgesamt neun Handschriften hielt Tschackert „für völlig
ausreichend, den Originaltext wieder herzustellen"[109]. Demgegenüber vertrat H. Bornkamm, der jene Textfassung der deutschen
und lateinischen CA herausgegeben hat, wie sie der Jubiläumsausgabe der Bekenntnisschriften der evangelisch-lutherischen Kirche von 1930 zugrunde liegt und im folgenden stets verwendet
wird, im Anschluß namentlich an Ergebnisse J. Fickers[110] die Auffassung, daß die Handschriften aus katholischem Besitz die beste
Überlieferung bieten und dem übergebenen Originaltext am
nächsten stehen. Als Begründung hierfür macht er geltend, „daß
die Quelle der katholischen Handschriften die Originale gewesen
sein müssen, welche den Protestanten nicht mehr zugänglich waren. Und es ist uns wiederholt bezeugt, daß die übergebenen
Texte stark korrigiert waren; sie müssen sich also von den vorher
für die Unterzeichner angefertigten Abschriften in zahlreichen

---

[107]   H. Bornkamm, Der authentische lateinische Text der Confessio Augustana (1530), Sitzungsberichte der Heidelberger Akademie der Wissenschaften. Philosophisch-historische Klasse, Heidelberg 1956, 5f.

[108]   P. Tschackert, Die unveränderte Augsburgische Konfession deutsch und
lateinisch nach den besten Handschriften aus dem Besitze der Unterzeichner, Leipzig 1901.

[109]   P. Tschackert, Neue Untersuchungen über Augustana-Handschriften, in:
ARG 2 (1904/05), 56–77, hier: 66.

[110]   J. Ficker, Die Originale des Vierstädtebekenntnisses und die originalen
Texte der Augsburgischen Konfession, in: Geschichtliche Studien, FS
A. Hauck, Leipzig 1916, 240–251.

kleinen Einzelheiten unterschieden haben."[111] Bornkamms Textre-
konstruktion basiert demgemäß in erster Linie auf Zeugen der
katholischen Textgruppe.

Was die besonders umstrittene Herstellung des deutschen Textes
betrifft, so verdient es bemerkt zu werden, daß Bornkamm im
Anschluß an Ficker (vgl. BSLK XIX, Anm. 8) der wegen zahlreicher Schreib- und sonstiger Fehler vielfach unbeachteten oder
kritisierten Abschrift aus dem Mainzer Erzkanzlerarchiv (Mz) große Bedeutung beimißt. Diese Abschrift wurde zum textus recep-
tus des deutschen Konkordienbuches, nachdem Kurfürst August
von Sachsen ihre Kopie 1576 zum Zwecke einer authentischen
Textgestaltung erhalten hatte. Während nach dem Urteil etwa Th.
Koldes der besagte Text „sehr wenig Anspruch (hat), dem Original am nächsten zu kommen"[112], verdient nach Meinung Bornkamms Mz in Verein mit den Parallelzeugen („von denen W und
D1 die wichtigsten sind", BSLK XIX; vgl. das Abkürzungsverzeich-
nis 33 f., das für die Erschließung des textkritischen Apparats
grundlegend ist) „wieder in entscheidendem Maße herangezogen
zu werden, ohne daß dabei die unmittelbare Abstammung aus
dem Original mit Sicherheit ausgesagt werden kann" (BSLK XIX).

In bezug auf die Rekonstruktion des als authentisch anzusehen-
den lateinischen Augustanatextes fand Bornkamm die Richtigkeit
seiner Entscheidung, im wesentlichen Handschriften der sog. katholischen Textgruppe zu favorisieren, durch zwei Textfunde bestätigt, die noch nicht in der ersten, wohl aber in späteren Auflagen seiner CA-Ausgabe Berücksichtigung fanden und von nun an
als die wichtigsten Authentizitätszeugen gelten sollten: Es handelt
sich um „zwei Kopien notariell beglaubigter Abschriften aus dem
im Brüsseler Archiv aufbewahrten, später verschwundenen Exemplar" (BSLK XX), von dessen spanischem Schicksal bereits berichtet wurde. Zu verdanken sind die Abschriften des Brüsseler
Textes vor allem dem Leiter des dortigen Archivs, Vigilius van
Zwichem, der sich Alba gegenüber als „ein zäher Hüter seiner
Schätze"[113] erwiesen hatte.

---

[111]   H. Bornkamm, a. a. O., 6.

[112]   Th. Kolde, Historische Einleitung, XXXI.

[113]   H. Bornkamm, a. a. O., 7.

Vergleicht man den von Bornkamm rekonstruierten Originaltext der lateinischen CA mit vormaligen Ausgaben, so ergeben sich nach dessen eigener Einschätzung insbesondere folgende Einsichten: Die zahlreichen Abweichungen betreffen zwar nirgends die Substanz des Bekenntnisses, sondern lediglich kleine sachliche oder stilistische Veränderungen, beweisen aber gerade darin, „mit welcher Gründlichkeit und welchem Stilgefühl Melanchthon nicht nur die lateinische Übersetzung der Vorrede durch Jonas, sondern auch sein eigenes Werk in letzter Stunde nochmals durchgeprüft hat. Bei Art. XXVIII greifen diese Änderungen so tief, daß man auch hier ebenso wie bei der Vorrede mit einer neuen Reinschrift wird rechnen müssen, die dank des Aufschubes der Verlesung vom 24. auf den 25. Juni hergestellt werden konnte. Vielleicht hat sie Melanchthon selbst bei der Durchsicht verfertigt. Das würde die Behauptung des Bischofs Lindanus und der Brüsseler Kanzlei, das Original sei von Melanchthons Hand geschrieben, wenigstens für einen Teil stützen. Mit vielen dieser Änderungen weicht Melanchthon vom deutschen Text des Bekenntnisses ab, ohne sie etwa dort nachzutragen. Das unterstreicht, daß für ihn selbst offenbar der lateinische Text der wichtigere und ihm gemäßere war, erhärtet aber zugleich auch die vielfach zu belegende Tatsache, daß beide Texte oft relativ unabhängig voneinander formuliert sind. Es gibt zwischen ihnen auch keine feste Reihenfolge, wenn auch überwiegend der lateinische Text die Vorlage bildet. Diese von unserer Auffassung einer Urkunde so weit abweichende Freiheit im Umgang mit den Texten stimmt mit der Art überein, mit der Melanchthon auch später die beiden gedruckten Bekenntnisse von Auflage zu Auflage verändert hat."[114]

---

[114] A. a. O. 21 f. – Unter den gegenwärtigen revidierten Fassungen der deutschen CA sei lediglich der von G. Gaßmann hgg. Text (Das Augsburger Bekenntnis Deutsch 1530–1980, Göttingen/Mainz ⁴1980) eigens benannt. Eine neuhochdeutsche Übertragung der lateinischen Version findet sich bei H. Bornkamm, Das Augsburger Bekenntnis, Hamburg 1965. Diese Übersetzung wurde von L. Grane, Die Confessio Augustana. Einführung in die Hauptgedanken der lutherischen Reformation, Göttingen ³1986 übernommen und mit erläuternden Kommentaren versehen. Vgl. ferner: M. Keller-Hüschemenger, Die Augsburgische Konfession oder das Bekenntnis des Glaubens der Evangelisch-Lutherischen Kirche, Berlin/ Hamburg 1969. Eine Studienausgabe der deutschen und lateinischen CA hat J. Lorz (Das Augsburgische Bekenntnis. Studienausgabe, Göttingen 1980) besorgt. Zur näheren Information über neuere Textausgaben und

Die sog. Editio princeps der CA, in deren Gestalt die lateinische Rezension der Augustana als Normaltext in die alten Ausgaben des Konkordienbuches einging, erschien erst im Frühjahr 1531, und zwar gemeinsam mit der Apologie, „doch so, daß, weil die deutsche Bearbeitung der Apologie durch Jonas noch nicht fertig war, zuerst der *lateinische* Text allein ausgegeben wurde"[115]; die deut-

---

aktualisierende Auslegungen der CA vgl. W.-D. Hauschild, Vergegenwärtigtes Bekenntnis. Der literarische Ertrag des CA-Jubiläums, in: LM 20 (1981), 546–550; ferner: W. Beinert, Auf 2030 hoffen? Literarische Nachlese zum Augustana-Jubiläum, in ThGL 71 (1981), 1–16, sowie G. Müller, Die „Confessio Augustana" im Jahre 1980, in: LJ 50 (1983), 126–149; ders., Das Augsburger Bekenntnis: Ausgaben und Auslegungen, in: ThR 60 (1995), 87–95.

[115]   Th. Kolde, Neue Augustanastudien, 737. Zur Druckgeschichte von CA und Apol vgl. im einzelnen: W. H. Neuser, Bibliographie der Confessio Augustana und Apologie 1530–1580, Nieuwkoop 1987. Neusers Bibliographie führt nach eigenen Angaben H. E. Bindseils Prolegomena zu den Ausgaben von CA und Apol im Corpus Reformatorum (CA lat. Ed. 1–4: CR 26, 351–416; CA dtsch. Ed. 1–8: CR 26, 725–768) und J. Benzings Arbeit über „Die Ausgaben der Confessio Augustana (deutsch) des 16. Jahrhunderts" im zweiten Teil seiner Schrift „Eine unbekannte Ausgabe der Confessio Augustana vom Jahr 1557" (Wiesbaden 1956, 18–30) weiter, „indem sie auch die lateinischen und anderssprachigen Ausgaben einbezieht und über die selbständigen Drucke hinaus die Augustana- und Apologiedrucke in Sammelwerken berücksichtigt" (7). Die 117 Nummern enthaltende Bibliographie beginnt mit den Wilddrucken des Jahres 1530 und endet unter Verzicht auf Konk mit den Ausgaben von 1580. Im einzelnen unterscheidet Neuser fünf Epochen: „Auf die Zeit der ‚Editio antiquior seu ante Melanchthoniana' 1530 folgt als zweite Epoche die der Editio princeps 1531 und deren Abänderungen, beginnend mit der lateinischen Apologie noch im Jahr 1531, sich fortsetzend in den Ausgaben der deutschen Augustana und Apologie 1533 und endend mit der lateinischen Confessio Augustana 1540 und 1542. Die dritte Epoche setzt im Jahre 1540 bzw. 1542 mit dem Siegeszug der ‚Variata' ein. Sie gibt es nur in lateinischer Sprache; der Druck der deutschen Konfession und Apologie 1533, sowie der lateinischen Apologie 1531 geht weiter. Die vierte Epoche beginnt mit dem Rückgriff auf die Editio princeps 1531 im Jahr 1557 (dt.) und 1558 (lat.). Der Philippismus sträubt sich noch lange gegen diese Rückwendung zu dem ursprünglichen Wortlaut und ist höchstens zu einem Paralleldruck der Variata und Invariata bereit. Die fünfte Epoche setzt mit der Entdeckung des vermeintlichen Originals in der Mainzer Kanzlei ein. Erstmals wird über die Drucke hinaus nach einer autorisierten Handschrift gesucht. Der erste Abdruck des Mainzer ‚Originals' erfolgte im Corpus Doctrinae Brandenburgicum 1572, es folgen Georg Coelestins Abdrucke 1576 und 1577 und schließlich derjenige im Konkordienbuch

schen Versionen von CA und Apol folgten im Herbst 1531. „Eine
offizielle Sonderausgabe des Bekenntnisses, die schon im Jahre
1530 erschienen wäre, gibt es (demnach) nicht."[116] Hinzuzufügen
ist, daß die trotz des kaiserlichen Veröffentlichungsverbotes noch
während des Reichstages erschienenen Drucke (sechs deutsche
und ein lateinischer) wertlos sind. Hinzuzufügen ist ferner, daß
die Editio princeps namentlich in ihrem deutschen Text im Vergleich zu der rekonstruktiv erschließbaren Fassung vom Tag der
Übergabe bereits viele Umarbeitungen aufweist, ohne daß diese
als eigentliche Veränderungen des Lehrgehalts aufgefaßt werden
können. Beachtung verdienen diese in BSLK auswahlweise dokumentierten, „im Interesse der Lehrhaftigkeit und Deutlichkeit"
vorgenommenen Modifikationen und Zusätze vor allem deshalb,
weil es sich dabei um gewissermaßen „authentische Erklärungen
des Verfassers"[117] handelt. Beachtenswerte Erweiterungen enthält
unter den Drucken der CA sodann die deutsche Oktavausgabe
von 1533, welche sich, „indem Melanchthon um größerer Klarheit
willen Gedanken aus der Apologie herübernimmt"[118], bereits als
eine Art Vorarbeit der stark veränderten lateinischen Quartausgabe von 1540 erweist, die als Confessio Augustana variata (vgl. CR
26, 351–416 App.) in die Geschichte eingegangen ist. Die Textva-
riationen, die der Variata im Spätsommer bzw. Frühherbst 1540 ihren Namen gegeben haben, sind teils formaler Art, wie etwa die
vorgenommene Veränderung der „spänigen Artikel", teils bestehen sie in Erweiterungen, die sich um reicheren Schriftbeweis
sowie um stärkere kontroverstheologische Präzision und schärfere
Abgrenzung gegenüber Rom bemühen. Von besonderer Relevanz
für die Dogmengeschichte des Protestantismus sind die Modifikationen der Artikel IV, V und XX, in denen nach Maßgabe der
Rechtfertigungslehre der Loci von 1535 die Notwendigkeit von Buße und guten Werken herausgestellt wird mit der Konsequenz,
daß sich später ebenso wie in bezug auf den veränderten Artikel

---

1580 (vgl. H. E. Bindseil CR 26, 431–446). Die Situation hat sich grundlegend geändert: Das Augenmerk wendet sich von den verschiedenen
Wittenberger Drucken, die bis dahin die Vorlage aller Nachdrucke sind,
hin zu den ältesten Handschriften." (9)

[116]   Th. Kolde, Historische Einleitung, XXI. (Bei K. gesperrt.)

[117]   A. a. O., XXII.

[118]   A. a. O., XXIII.

XVIII von der Willensfreiheit Synergismusverdacht einstellen konnte. Am bedeutsamsten und folgenreichsten indes erwies sich die Umformulierung des Abendmahlsartikels CA X. Hatte er früher gelautet: „De coena domini docent, quod corpus et sanguis Christi vere adsint et distribuantur vescentibus in coena domini, et improbant secus docentes", so steht jetzt zu lesen: „De coena domini docent, quod cum pane et vino vere exhibeantur corpus et sanguis Christi vescentibus in coena domini." (BSLK 65,45 f.) Angesichts solcher Texteingriffe, auf die in polemischer Absicht hinzuweisen ein Mann wie Eck sich nicht nehmen ließ, mag es verwundern, daß die Ausgabe von 1540 im protestantischen Bereich nicht sogleich Anstoß erregte und Kritik hervorrief. Verständlich wird dies, wenn man bedenkt, daß die veränderte Gestalt der Variata keineswegs dem subjektiven Belieben Melanchthons zuzurechnen ist; obwohl dieser die CA zeitlebens durchaus auch als sein Privatwerk betrachtet und im Sinne seiner aktuellen theologischen Einsicht geformt hat, muß die Confessio Augustana variata, wie W. Maurer gezeigt hat, im wesentlichen als offizielle, amtlich verwendete Neuausgabe des Bekenntnisses im Auftrag des Schmalkaldischen Bundes gelten. Den Anlaß hierzu bildete die nötige Vorbereitung auf die von der kaiserlichen Diplomatie initiierten Religionsgespräche bzw. Einigungsverhandlungen mit den Altgläubigen in den Jahren 1540/41. Wollte man die Gefahr religiöser und politischer Zersplitterung vermeiden, konnte man die innere und äußere Entwicklung, die der Protestantismus im letzten Jahrzehnt durchgemacht hatte, nicht unberücksichtigt lassen. Das wiederum erforderte eine Fortschreibung bzw. Anpassung der CA als der grundlegenden Glaubensurkunde des Bundes, deren reichsrechtliche Anerkennung zu wahren war. Folgt man Maurer, dann waren für diesen Wandlungsprozeß vor allem zwei Ereignisse bestimmend: „a) Die Wittenberger Konkordie von 1536 hatte innerhalb des Schmalkaldischen Bundes nicht nur das ‚improbant' von CA 10 außer Kurs gesetzt ..., sondern auch in der Sakramentenfrage den Gegensatz gegen die römische Lehre und Praxis verschärft. b) Die Ablehnung des Konzils von Mantua und damit des antichristlichen Papsttums (Melanchthons Traktat von 1537) hatten die Trennung gegenüber Rom besiegelt; die konziliante Haltung der CA entsprach in diesem Punkte nicht mehr der Wirklichkeit, die betreffenden Stellen mußten außer Kraft gesetzt werden."119

119 W. Maurer, Confessio Augustana Variata, in: ARG 60 (1969), 97–151, hier:

Auf diese gewandelte Situation lassen sich nach Maurer die Veränderungen der Variata im wesentlichen zurückführen, wobei allerdings im Blick auf die Entwicklung von CA X anzumerken sei, daß die Wittenberger Konkordie der Invariata und der Apologie „viel näher"[120] stehe als CA variata.

Wie dem auch sei: Tatsache ist, daß an den Änderungen der Confessio Augustana variata protestantischerseits zunächst keine Kritik geübt wurde. Das änderte sich erst, „als die nach und nach entstandene Verschiedenheit der Lehrweise zwischen den speziellen Schülern Melanchthons und den später sogenannten Gnesiolutheranern nach Luthers Tode immer offenbarer wurde, die mit dem Kampf um das Interim beginnende unglückselige Periode der Lehrstreitigkeiten die Kluft zwischen beiden Parteien immer mehr befestigte, und die Ausgabe von 1540 (1542) von den Melanchthonianern und den oberländischen, jetzt vielfach schon von calvinischen Gedanken beeinflußten evangelischen Gemeinden zum Parteisymbol erhoben wurde"[121]. Nun erst wollte man im Luthertum nurmehr die Confessio Augustana invariata gelten lassen, wie an der Geschichte von Konkordienformel und -buch zu ersehen ist. Doch das ist ein Kapitel für sich.

6. Die Apologie der Confessio Augustana

Am 23. Juni 1530 versammelte man sich zur Schlußberatung über die Confessio Augustana, an der der sächsische Kurfürst, der hessische Landgraf, Markgraf Georg von Brandenburg-Ansbach, die Herzöge Ernst und Franz von Lüneburg, die Gesandten von Nürnberg und Reutlingen samt ihren Räten sowie zwölf Theologen und einige andere Gelehrte teilnahmen. Ursprünglich sollte tags

---

113. (Der Text ist wiederabgedruckt in: ders., Kirche und Geschichte. Gesammelte Aufsätze, Bd. I: Luther und das evangelische Bekenntnis, hg. v. E.-W. Kohls und G. Müller, Göttingen 1970, 213–266.) Eine neue deutsche Übersetzung der Confessio Augustana Variata hat W.H. Neuser vorgelegt: Das Augsburger Bekenntnis in der revidierten Fassung des Jahres 1540 (Confessio Augustana Variata), Speyer 1990.

120 A. a. O., 134.

121 Th. Kolde, Historische Einleitung, XXVII.

darauf die Übergabe des Bekenntnisses erfolgen; sie fand aber aus erwähnten Gründen erst am 25. Juni statt, so daß Melanchthon noch in der Nacht vom 24. zum 25. seine endredaktionellen Arbeiten fortsetzen konnte, die aber lediglich stilistische Verbesserungen betrafen. Unterzeichnet haben die Augustana Johann von Sachsen und sein Sohn Johann Friedrich, Philipp von Hessen, Markgraf Georg, die Lüneburger Herzöge, Fürst Wolfgang von Anhalt sowie die Reichsstädte Nürnberg und Reutlingen, zu denen Mitte Juli Windsheim, Heilbronn, Kempten und Weißenburg hinzutraten. Daß der hessische Landgraf seine Unterschrift nur widerstrebend gab, hat seinen wesentlichen Grund im Abendmahlsartikel, ohne den auch Straßburg der CA hätte zustimmen können und wollen, wodurch die am 9. Juli übergebene Confessio Tetrapolitana überflüssig geworden wäre.

Was die Aufnahme der Confessio Augustana betrifft, so hatten es die altgläubigen Stände abgelehnt, wie die Protestanten ein Bekenntnis ihres Glaubens vorzulegen, da sie, die Altgläubigen, niemals vom wahren christlichen Glauben und dem heiligen Evangelium christlicher Kirche abgefallen seien und das Wormser Edikt des Kaisers stets befolgt hätten. Ihr Vorschlag vom 27. Juni lautete daher, die Confessio Augustana dahingehend zu überprüfen, was in ihr dem Evangelium, Gottes Wort und der heiligen Kirche gleichförmig und was aufgrund der Lehre der Hl. Schrift als nicht kirchenkonform abzulehnen sei. Das Ergebnis dieses Vorschlags war schließlich nach langem Hin und Her die am 3. August an gleicher Stelle wie die CA und ebenfalls auf deutsch verlesene Confutatio.

Mit einer diesbezüglichen Reminiszenz beginnt die Vorrede der lateinischen Apologie der Confessio Augustana nach Maßgabe ihrer Editio princeps von Ende April oder Anfang Mai 1531, welche BSLK textlich zugrunde liegt: „Postquam confessio Principum nostrorum publice praelecta est, theologi quidam ac monachi adornaverunt confutationem nostri scripti, quam Caesarea Maiestas curasset etiam in consessu Principum praelegi, postulavit a nostris Principibus, ut illi confutationi assentirentur." (BSLK 141,5–11) Da die geforderte Zustimmung, so fährt Melanchthon fort, aus Gewissensgründen nicht habe gegeben werden können, sei um eine Abschrift der Confutatio gebeten worden, damit man eine entsprechende Antwort erteilen könne: „Et in tali causa, quae ad religionem et ad docendas conscientias pertinet, arbitrabantur fore,

ut non gravatim exhiberent suum scriptum adversarii." (BSLK
141,30−34) Entgegen dieser berechtigten Erwartung sei die Aus-
händigung einer Kopie von nicht annehmbaren Bedingungen abhängig gemacht worden (vgl. BSLK 141, Anm. 2). Nachdem auch
weitere Bemühungen um gütlichen Ausgleich erfolglos geblieben
waren, sei ihm selbst, Melanchthon, und einigen anderen aufgetragen worden (iusserant autem me et alios quosdam), eine Apologie der CA zu erstellen (parare apologiam confessionis), „in qua
exponerentur Caes. Maiest. causae, quare non reciperemus confutationem, et ea, quae obiecerant adversarii, diluerentur" (BSLK
142,29−32). Erfolgt sei diese Arbeit auf der Basis von Mitschriften,
welche man evangelischerseits während der Verlesung der Konfutation eilends angefertigt habe: „Quidam enim ex nostris inter
praelegendum capita locorum et argumentorum exceperant."
(BSLK 142,33−35) Die auf der gegebenen Grundlage erarbeitete
Apologie habe man schließlich dem Kaiser angetragen, damit er
die gewichtigen evangelischen Hinderungsgründe einer Anerkennung der Confutatio wahrnehme. „Verum Caes. Maiest. non rece-
pit oblatum scriptum." (BSLK 142,39 f.; vgl. Schirrmacher, 313 ff.,
bes. 314, 17 ff.) Geschehen ist dies, wie vermerkt, in der Reichstagssitzung vom 22. September. Da aber der Satz des vorgelegten
Abschiedsentwurfs vom selbigen Datum, wonach die CA „durch
die heiligen Euangelien und geschriften mit gutem grund widerlegt und abgeleint" (Förstemann II, 475) sei, evangelischerseits
nicht hingenommen werden und unkorrigiert stehenbleiben
konnte, hielt man am Unternehmen der Apologie auch nach ihrer
Nichtannahme durch den Kaiser fest, um durch ihre Veröffentlichung jedermann die Gelegenheit zu geben, sich selbst in der
strittigen Angelegenheit ein Urteil zu bilden.

Realisiert wurde Melanchthons Absicht, die Apologie zusammen
mit der CA im Druck herauszugeben, allerdings erst im Frühjahr
1531. Dabei wurde die Apologie nicht in ihrer Fassung vom 22.
September 1530, sondern in erheblich erweiterter Form publiziert.
Verantwortlich für diese Erweiterungen zeichnet allein Melanchthon, wie er in der zitierten Vorrede ausdrücklich bekundet,
wenn er schreibt: „Quamquam autem initio apologiam instituimus
communicato cum aliis consilio, tamen ego inter excudendum
quaedam adieci. Quare meum nomen profiteor, ne quis queri
possit sine certo auctore librum editum esse." (BSLK 143,12−17)
Bereits auf der Rückreise von Augsburg nach Wittenberg finden
wir Melanchthon mit der Arbeit an Ergänzungen und Verbesse-

rungen der Apol beschäftigt. Bald – wahrscheinlich gegen Ende Oktober – wird er durch Nürnberger Vermittlung auch eine vollständige Abschrift der Confutatio erhalten haben. Die zusammenhängende Lektüre ihres vollständigen Inhalts bekräftigte für ihn den Eindruck, die Confutatio sei „adeo insidiose et calumniose" geschrieben „ut fallere etiam cautos in certis locis posset" (BSLK 143,40–42). Offenkundig gehe es den Gegnern weder um Wahrheit noch um Einigkeit, sondern lediglich um Polemik. Im Unterschied dazu will sich Melanchthon um moderateste Ausdrucksweise („ac si quid videtur dictum asperius, hic mihi praefandum est, me cum theologis ac monachis, qui scripserunt confutationem, litigare, non cum Caesare aut Principibus, quos, ut debeo, veneror"; BSLK 143,34–38) bemühen und nach Möglichkeit die gängige Lehrweise, die, wie es heißt, forma usitatae doctrinae beibehalten, „ut facilius aliquando coire concordia posset" (BSLK 143,23 f.). Dabei kann es nach dem Urteil des Praeceptor Germaniae nicht darauf ankommen, auf alle spitzfindigen Sticheleien („cavillationes"; BSLK 143,45 f.) der Gegner einzugehen; methodisch erfordert sei vielmehr Konzentration auf die Hauptsache, auf die „praecipua argumenta" (BSLK 143,46 f.), um so den gegnerischen Anspruch, die CA theologisch widerlegt zu haben, als unbegründet zurückzuweisen. Um seines leitenden Argumentationszieles willen behält Melanchthon daher aufs Ganze gesehen die Artikelreihenfolge der Augustana und der Confutatio bei, selbst wenn er sachlich Zusammengehöriges z. T. gemeinsam verhandelt. Auch die für die CA kennzeichnende Doppelpoligkeit bleibt in der Apologie bestehen. Deren konfliktbegrenzende Funktion wird im Beschluß des ersten Teils der Apologie (zur Vorform vgl. BSLK 326,39–327,59) eigens hervorgehoben, wenn Melanchthon die Konfutatoren rügt, an keiner Stelle angemessen zwischen Glaubenssätzen und manifesten Mißbräuchen zu unterscheiden („Nullus est locus, in quo a dogmatibus suis discernant manifestos abusus"; BSLK 326,8 f.). Dies sei nicht nur undifferenziert, sondern stehe auch in einem eklatanten Widerspruch zur faktischen Reformbedürftigkeit der Kirche, auf die Luther nicht als erster und einziger öffentlich aufmerksam gemacht habe. Fänden sich doch selbst im altgläubigen Lager einige Vernünftigere, welche bestimmte Lehren der Scholastiker und Kanonisten sowie praktische Mißbräuche der Kirche beklagten. Auch seien solche Klagen schon alt und reichten hinter die Anfänge des Reformwerkes Luthers zurück.

Melanchthon zieht aus diesen und vergleichbaren Beobachtungen
den Schluß: „Quare non fecerunt candide adversarii, quod cum
vellent nos assentiri confutationi, dissimulaverunt abusus." (BSLK
327,1–3) Ausdrücklich benannt werden in diesem Zusammenhang
noch einmal die Mißbräuche der Messe, des Klosterwesens und
der Heiligenkulte sowie die Verkehrungen des Bußinstituts (BSLK
326,15–38). Durch bewußte Verkennung solcher Übelstände hätten
die Konfutatoren sowohl den Interessen der Kirche, als auch denen des Kaisers zuwider gehandelt; denn durch ihre Reformver-
weigerung würden sie faktisch dem revolutionären Umsturz des
gesamten Kirchenwesens (ecclesiastica politia, „quam nos maxime
cupimus conservare"; BSLK 327,29 f.) Vorschub leisten. Um solches
zu verhindern, appelliert Melanchthon erneut und in direkter
Form an den Kaiser, das Evangelium und seine Verkünder zu
schützen: „Quare te, optime Imperator Carole, propter gloriam
Christi, quam nihil dubitamus te cupere ornare atque augere,
oramus, ne violentis consiliis adversariorum nostrorum assentiaris,
sed ut quaeras alias honestas vias concordiae ita constituendae,
ne piae conscientiae graventur, neve saevitia aliqua in homines
innocentes, sicut hactenus fieri vidimus, exerceatur, neve sana
doctrina in ecclesia opprimatur." (BSLK 328,9–19) Nachdrücklich
und unter Verweis auf Psalm 82,6 wird Karl an seine Pflicht gegenüber Gott erinnert, die gesunde Lehre zu bewahren und der
Nachwelt zu übergeben sowie die rechten Lehrer zu schützen.
Dies nämlich sei die göttliche Aufgabe der Regenten, welche sie,
wie es heißt, „tamquam vicarii Dei" (BSLK 328,27 f.) wahrzunehmen hätten.

Die in der Apologie zu konstatierende fortschreitende Verschärfung des Tons betrifft also nicht Person und Amt des Kaisers, der
von Kritik bewußt ausgenommen wird, sie beschränkt sich vielmehr ausschließlich auf die Verfasser der Confutatio und die altgläubigen Theologen. Indes wird man den bleibenden Respekt,
den die Apologie trotz der Augsburger Enttäuschungen der Autorität des Kaisers entgegenbringt, nicht überschätzen dürfen; denn
daß seine Entscheidungskompetenz in Glaubensangelegenheiten
lediglich als eine relative zu achten sei, stand fest und wurde
nicht zuletzt durch die evangelische Reaktion auf den Reichstagsabschied und seinen Entwurf klar bezeugt. Bedarf es eines weiteren Zeugnisses, so ist dieses im Schlußsatz der Vorrede in der
ausgearbeiteten Apologie zu finden, wo die evangelische Sache
angesichts gegebener Gefährdungen von Leib und Leben, die

zwar nicht zu suchen, aber unter Umständen, die das Gewissen angehen, auch nicht zu scheuen seien, allein Christus anheimgestellt wird, „qui olim iudicabit has controversias" (BSLK 144,40 f.).

In analoger Weise argumentiert bereits die im Apparat von BSLK beigegebene Vorform der Apologie. Ohne eigene Vorrede wendet sich deren erster Satz sogleich und direkt an den Kaiser, dem zunächst anhand des Erbsündenartikels demonstriert werden soll, daß den Verfassern der Confutatio nicht nur die nötige Urteilskraft, sondern auch die gebotene Aufrichtigkeit abgeht („In ipso statim vestibulo deprehendet Caesarea Maiestas, defuisse non solum iudicium, sed etiam candorem istis, qui scipserunt Confutationem Confessionis nostrae." [BSLK 145,32–34]). Die Einleitung zur „secunda pars", die „wie eine nachgeholte Vorrede zur Apologie" wirkt, wird in dieser Hinsicht noch deutlicher und versucht nachdrücklich, „den Kaiser aus der Front der theologischen Gegner herauszulösen" (Brecht, 58). Nicht gegen ihn, sondern gegen die Confutatoren sei die Apologie gerichtet. Karl wird daher untertänigst gebeten, die Gründe für die Aufrechterhaltung des gegebenen Bekenntnisses gnädig anzuhören. „Nunquam enim nobis defuit voluntas obtemperandi Caesareae Maiestati in omnibus rebus, quae sine offensione conscientiae praestari possent." (BSLK 327,51–53) Die alten kirchlichen Mißbräuche erneut aufzurichten, sei indes ohne Verleugnung der Ehre Christi nicht möglich. Deshalb müsse man auf dem eingenommenen Standpunkt beharren. Begründet wird dies bemerkenswerterweise mit dem untrennbaren Zusammenhang zwischen praktischer Kirchenreform und der reformatorischen Lehre, namentlich der Lehre von der Glaubensgerechtigkeit, die zu wahren die Ehre gegenüber Gott und Christus selbst fordert. „Postea consecuta est quaedam in ritibus externis mutatio, quae quoniam habet causas in illis praecipuis articulis, quos supra recensuimus, non voluimus repugnare verbo Dei." (BSLK 327,41–43)

Ob bzw. inwieweit es sich bei der zitierten Vorform der Apologie tatsächlich um die Fassung handelt, die am 22. September dem Kaiser übergeben werden sollte und die im Falle ihrer Annahme neben Confessio Augustana und Confutatio „zu einem der bedeutendsten theologischen Dokumente des Reichstages geworden wäre" (Brecht, 50), ist neuerdings wieder verstärkt in die Diskussion geraten, wie denn der gesamte Verlauf der Entstehungsgeschichte der Apologie in den letzten Jahren Gegenstand intensiver

Einzelforschungen wurde.[122] Eine eigentümliche Schwierigkeit
stellt dabei die Tatsache dar, daß die direkte Überlieferung über

---

[122]   Die jüngste und detaillierteste Rekonstruktion der Genese des Apologietextes bis zum Erscheinen der ersten Druckausgaben hat Martin Brechts
Schüler Christian Peters vorgelegt. Ihm zufolge durchläuft die Textgeschichte der lateinischen Apologie im wesentlichen folgende Stationen:
Bereits in der Zeit vor deren öffentlicher Verlesung am 3. August sind im
Lager der CA-Unterzeichner sich verstärkende Neigungen erkennbar, der
zu erwartenden Confutatio mit einer Apologie der Augustana entgegen-
zutreten. Anfang August beginnen sodann ensprechende Arbeiten (vgl.
u. a. Schirrmacher, 314), zu denen man sich trotz kaiserlicher Mahnungen
bald auch öffentlich bekennt (vgl. Förstemann II, 180–183). Mag die Arbeit an der Verteidigungsschrift während der Ausschußverhandlungen
zumindest im kursächsischen Lager auch anfänglich geruht haben (vgl.
Th. G. Tappert, The Framing of the First Apology of the Augsburg Confession, in: LCQ 5 [1932], 36–53, hier: 38), so hielt man im Grundsatz
gleichwohl an den einmal gefaßten Erwiderungsplänen fest. Das belegt
nicht nur das von Osiander redigierte Confutatio-Widerlegungsgutachten
des Nürnberger Rates, das am 18. August nach Augsburg geschickt wurde, sondern auch die – wohl zwischen dem 13. und dem 15. August entstandene – sogenannte Reinschrift Spalatins, die den Ertrag der ersten
Arbeitsphase an der Apologie, den die Beratungen vom 4. bis 6. August
erbracht hatten, bündelt und den Grundtext der Wolfenbütteler Handschrift darstellt (Wolfenbüttel HAB Cod. Guelf. 77. Helmst. – Bei der
„Reinschrift Spalatins" handelt es sich nach Peters im wesentlichen um
den in CR 37 fett gedruckten Text. Sicher zu ihm gehören dort: 275,8;
275,12–279,36; 283,40–287,17; 288,17–301,14; 303,19–29; 305,21–34 und
306,37–316,14.). Eine weitere Arbeitsphase begann dann aller Wahrscheinlichkeit nach schon während der Verhandlungen im sog. Vierzehnerausschuß. Sie wurde spätestens nach dem Scheitern der Verhandlungen im sog. Sechserausschuß (24. bis 28. August) forciert fortgesetzt,
wofür u. a. Melanchthons – unter unmittelbarem Bezug auf die Ausschußverhandlungen vorgenommenen – umfängliche Randnotizen und
Ergänzungen der Spalatinschen Reinschrift ein Beleg sind. Nach Peters
gilt im einzelnen folgendes: „Sicher den Verhandlungen im 14er Ausschuß zuzuordnen sind ... z.B. eine Textergänzung zu Artikel 2 (zum
Problem des ,peccatum originis'), ein Exkurs zu den Artikeln 4 bis 6
(zum Problem der ,Verdienstlichkeit der Werke'), zwei Bemerkungen zu
den Artikeln 11 und 12 (zum Problem der ,Vollständigkeit der Beichte'
und dem Verhältnis von ,Beichte und Genugtuung') sowie zwei Eingriffe
in den Text von Artikel 13 (zur Frage der ,Sakramentalität des geistlichen
Standes' und zum Problem der ,Siebenzahl der Sakramente'). Deutlich
durch die Verhandlungen im Sechserausschuß geprägt sind demgegenüber vor allem vier Textkorrekturen zu Artikel 24 (zum Problem der
,applicatio gratiae pro aliis'; zur Auslegung von Num 28 im Blick auf das
Meßopfer; zum Problem des ,opus operatum' und zum Problem des
,Meßopfers')." An Belegen hierfür werden beigebracht: CR 27, 275, Anm.

ihre Abfassung „ausgesprochen schwankend" ist. „Es ist von einem Beginn der Abfassung in der ersten Hälfte des Augusts die
Rede, sodann vom festen Auftrag an Brück und ‚andere Sächsi-

3; 278, Anm. 17; 285, Anm. 40; 286, Anm. 44; 287, Anm. 51; 287f.; 297f.,
Anm. 18 und 21f.; 299f., Anm. 29f.; 300f., Anm. 36; 301, Anm. 38.

Schließlich schreibt Melanchthon an Camerarius: „scripsi his diebus apologiam confessionis nostrae, quae, si opus erit, exhibebitur: opponetur
enim confutationi adversariorum, quam praelegi audivisti. Scripsi accu-
rate et vehementer ..." (CR 2, 383f. [Nr. 908], hier 383; vgl. auch CR 2, 381–
383) Nachdem die erstellte Apologie am 22. September – wenngleich erst
im allerletzten Augenblick – vom Kaiser zurückgewiesen worden war,
arbeitete Melanchthon auf der Heimreise vom Reichstag und auch fernerhin unablässig am Text weiter (vgl. WA TR 2, 541,9f.: „Er hats immer
wollen besser machen ..."). Den Ausgangspunkt für Melanchthons Text-
arbeit bildete auch Peters die auch Codex Chytraeanus genannte Dres-
dener Apologiehandschrift (Dresden SA 10 182 Augsp. Handelung Anno
1530): „Sie war (genau wie die ältesten Stücke der Wolfenbütteler Handschrift) ein Werk Spalatins und bot eine Reinschrift des zur Übergabe an
den Kaiser bestimmten Apologietextes." Eine kritische Ausgabe dieses
Textes wird von Peters demnächst publiziert werden. Was Melanchthons
Verbesserungen betrifft, so zog sich der Abschluß der Arbeiten zum
Leidwesen des Autors außerordentlich in die Länge. Erst Ende April/
Anfang Mai 1531 konnte die BSLK zugrunde liegende sog. Quartausgabe
der lateinischen Apologie bei Rhau in Wittenberg erscheinen. Sie stellte
ihren Verfasser freilich noch immer nicht zufrieden, so daß es zu erneuten Überarbeitungen kam, bis endlich Anfang September 1531 die für
Melanchthon selbst theologisch maßgebliche sog. Oktavausgabe erscheinen konnte. (Vgl. insgesamt Chr. Peters, „Er hats immer wollen besser
machen [...]" Melanchthons fortgesetzte Arbeit am Text der lateinischen
Apologie auf und nach dem Augsburger Reichstag von 1530, in: H. Im-
menkötter/G. Wenz (Hg.), Sammelband [vgl. § 6, Anm. 112])

In seiner Habilitationsschrift (Apologia Confessionis Augustanae. Untersuchungen zur Textgeschichte einer lutherischen Bekenntnisschrift [1530–
1584], Stuttgart 1996), die bei Abschluß des Manuskripts noch nicht vorlag, weist Peters (gemäß brieflicher Mitteilung, die er mir freundlicher-
weise zukommen ließ) in rezeptionsgeschichtlicher Hinsicht nach, „daß
der in der BSLK gebotene Text der lateinischen Apologie der sog.
‚Quarttext' vom Frühjahr 1531, keineswegs der für das 16. Jahrhundert
(präziser: die Zeit bis 1584) maßgebliche gewesen ist. In einer von der
Kirchenkanzlei der EKU in Berlin herausgegebenen, neuen Ausgabe
evangelischer Bekenntnisschriften (in Übersetzung) ... wird deshalb auch
erstmals ein anderer Text, der sog. ‚Oktavtext' vom Herbst 1531, geboten."
Um den durchgängigen Anschluß an die Jubiläumsausgabe nicht aufge-
ben zu müssen, wird im folgenden gleichwohl in der Regel der Quarttext
gemäß BSLK 141ff. zitiert.

sche' am 29. August. Schließlich behauptet Melanchthon, vor dem 19. September die Apologie geschrieben zu haben." (Brecht, 53; vgl. 51 ff.) Nicht unkompliziert ist ferner der handschriftliche Befund. Bei der zitierten Vorform der Apologie, die im Apparat der BSLK im Anschluß an die fettgedruckten Textteile von CR 27, 275–315 abgedruckt ist, handelt es sich um den Grundtext der Wolfenbütteler Apologiehandschrift, näherin um eine lateinische Textfassung in der Reinschrift Spalatins. Der Herausgeber von CR 27, H. E. Bindseil, vermutete darin die Augsburger Gestalt der Apologie, während er die eingetragenen Korrekturen und erheblichen Erweiterungen Melanchthons einer späteren Zeit zurechnete (vgl. CR 27, 247 ff.). Dokumentiert sind Melanchthons Verbesserungen und Zusätze in einem kritischen, umfangreiche Textbeigaben umschließenden Apparat, der in Heinrich Bornkamms Apologieausgabe in BSLK aus Raumgründen allerdings nicht übernommen werden konnte. Nun fällt bei näherer Überprüfung des Bindseilschen Apparats zu CR 27, 275 ff. auf, daß Melanchthons Korrekturen und Ergänzungen meistens sowohl von der Ansbacher Handschrift, dem Codex Onoldinus Georgii Marchionis Brandenburg (vgl. CR 27, 262: Apologia confessionis so zu Augsburg ubergeben, aber nit angenomen hat wollen werden) als auch von der von Bindseil Codex Chytraeanus genannten Dresdner Handschrift (vgl. CR 27, 262 f.: Prima Delineatio Apologiae) übernommen worden sind. Hinzuzufügen ist, daß auch die in CR 27, 321–378 abgedruckte deutsche Übersetzung der Apologia prior, von der noch zu reden sein wird, den revidierten Langtext mit den Zusätzen Melanchthons bietet. Daraus ergibt sich für Martin Brecht folgendes: „Will man nicht von der umständlichen Annahme ausgehen, nachträglich sei eine Zwischenstufe von Melanchthons Bearbeitung nach Ansbach gesandt worden, die zudem auch noch ins Deutsche übersetzt worden sei ..., dann bleibt kein anderer Schluß, als daß die von Melanchthon korrigierte und ergänzte Reinschrift Spalatins sozusagen das Konzept der eigentlichen Augsburger Apologie war. Als Druckvorlage hätte Bindseil darum wohl besser wie Förstemann die Ansbacher Handschrift zugrundegelegt und dann in den Anmerkungen die Anteile der Reinschrift Spalatins und der Änderungen Melanchthons gekennzeichnet. Aufgrund dieser Deutung der Überlieferung muß man ferner annehmen, daß Spalatins Reinschrift lediglich eine Vorstufe der Augsburger Apologie war, die dem Kaiser übergeben werden sollte." (Brecht, 53 f.)[123]

Durch inhaltliche und andere Beobachtungen hat Brecht diese Behauptung weiter erhärten können. Er gelangt zu dem Ergebnis, daß die allererste Fassung der Apologie, wie sie in der gemäß CR 27, 275 ff. (Fettdruck) im Apparat der BSLK dokumentierten lateinischen Reinschrift Spalatins gegeben ist, die direkte Antwort auf die Confutatio wiedergibt, „wie sie wahrscheinlich vor dem 16. August verfaßt worden ist" (Brecht, 55). Bestätigt findet Brecht seine Annahme, daß die älteste Fassung der Apologie bereits aus der ersten Augusthälfte stammt, u. a. durch den BSLK 327,44 f. (vgl. CR 27, 291,2 ff.) zu entnehmenden, in der schließlichen Vorrede der Apol modifiziert aufgenommenen (vgl. BSLK 142,3–45, bes. 36; dazu Brecht, 51 f.) Verweis auf die „nuper", d. h. „neulich" abgegebene, wenngleich zurückgewiesene Erklärung der Lutheraner, man wolle die allgemeinen Kirchengebräuche um der Liebe willen achten, sofern dies ohne Sünde geschehen könne. Brecht bringt diese Erklärung nicht mit den eigentlichen Ausgleichsverhandlungen, sondern mit den Vorgängen Anfang August in Verbindung, bei denen protestantischerseits Vergleichsbereitschaft unter Gewissensvorbehalt signalisiert wurde, und datiert sie entsprechend auf den 5. August, um zu schließen: „Angesichts der verschiedenen grundsätzlichen Erklärungen, die von den Lutheranern im Laufe des Augusts und Septembers abgegeben wurden, muß sich diese Bemerkung auf einen relativ kurz zurückliegenden Vorgang beziehen, was wiederum darauf hinweist, daß auch dieser Abschnitt (sc. BSLK 327,44 f. samt Kontext) noch in der ersten Augusthälfte entstanden ist." (Brecht, 57)

Handelt es sich somit bei der Spalatinschen Reinschrift um die bereits frühzeitig entstandene unmittelbare Antwort auf die Confutatio (vgl. Brecht, 55 ff.), so zeichnet sich die durch Melanchthon überarbeitete Fassung der Augsburger Apologie nach Brecht u. a. dadurch aus, daß die Zusatzpassagen „im ersten Teil (Art. 2–21) gelegentlich auf die Verhandlungen des 14er-Ausschusses vom 16. bis 21. August und im zweiten Teil auf die des sich anschließenden 6er-Ausschusses vom 24. bis 28. August Bezug nehmen"

---

[123]   Vgl. Förstemann II, 483–529.

(Brecht, 55). Bestätigt findet Brecht dies bereits durch die erste größere Erweiterung der Spalatinschen Reinschrift durch Melanchthon (vgl. CR 27, 275, Anm. 3, sowie Förstemann II, 223), welche die Definition des peccatum originis betrifft und „einen wichtigen Hinweis für die Eigenart der Überarbeitung (bietet), indem sie sich mit einem Einwand Ecks im 14er-Ausschuß auseinandersetzt" (Brecht, 61). Wann die in mehrfachen Ansätzen sich vollziehende Textüberarbeitung Melanchthons erfolgt ist, läßt Brecht im einzelnen offen; fest stehe lediglich, daß es sich dabei um die Zeit zwischen dem 29. August und dem 19. September handle.

Wichtiger noch als diese Feststellung ist Brechts Vermutung, daß die „bemerkenswert gute" deutsche Übersetzung der Apologie, die nach Fertigstellung der lateinischen Augsburger Rezension vorgenommen wurde, darauf schließen läßt, „daß Brück, wäre es ihm erlaubt worden, wie am 25. Juni bei der Verlesung der Confessio Augustana, am 22. September den deutschen Text der Apologie vor dem Reichstag vorgetragen hätte" (Brecht, 54). Die in CR 27, 321–378 unter der ursprünglichen Überschrift „Antwurt der widerlegung auf unnser bekenntnus ubergeben"[124] abgedruckte deutsche Erstfassung der Apologie folgt wie der bei Förstemann II, 530–598, gebotene Text der Kasseler Handschrift, die der Kurfürst von Sachsen am 25. Oktober dem hessischen Landgrafen gesandt hat. Zwar bietet diese Handschrift einen revidierten Text, doch halten sich die Varianten, abgesehen vom letzten Artikel, in engen Grenzen, wie ein Vergleich mit zwei weiteren Textzeugen (Codex Coelestinianus und Schwäbisch-Haller-Fragment) belegt (vgl. Brecht, 54.64 ff.). Was das Verhältnis des deutschen Textes zu seiner Vorlage betrifft, so wurde die Übersetzung „zum Zweck des Vortrages vor dem Reichstag redigiert, durch Verdeutlichungen, Vereinfachungen, Modifikationen und verschärfende Zusätze.

---

[124]   „Nach dem Titel der deutschen Fassung sollte auf die Confutatio geantwortet werden. Von einer Verteidigung ist nicht ausdrücklich die Rede. Damit war vermutlich gemeint, das Gespräch über die Glaubensfrage sollte fortgeführt werden. Der deutsche Titel vermied es, die Lutheraner als Beklagte erscheinen zu lassen. Allerdings hatte Melanchthon schon am 27. Juli davon gesprochen, die Lutheraner wollten sich auf die Confutatio hin ‚antapologeisthai'. Dieser Ausdruck enthält sowohl das Element der Apologie wie das der Antwort, wie sie später im lateinischen bzw. deutschen Titel begegnen." (Brecht, 54 f. unter Verweis auf WA Br 5, 508, 5).

Dies entsprach der Situation am Ende des Reichstages." (Brecht, 65)

Zur Ehre einer offiziellen evangelisch-lutherischen Bekenntnisschrift[125] ist indes nicht die für den 22. September vorgesehene Rezension der Apologie gelangt, sondern deren erheblich erweiterte Fassung, wie sie zuerst mit der Ende April oder Anfang Mai 1531 vorliegenden (von der sog. Oktavausgabe bald erneut revidierten) Editio princeps gegeben ist (vgl. CR 27, 419–646), welche die Textgrundlage für die Jubiläumsausgabe von Konk (= BSLK) darstellt. In dieser Form war die Bekenntnisgestalt in den Hintergrund getreten und das Ganze mehr oder minder zu einem systematischen Traktat geworden, einem „Seitenstück zu den Loci Communes", welches die detaillierte „theologische Begründung der Augustana" nachlieferte, worin nach Kolde der Hauptwert der Apologie für alle Zeiten liegt.[126] Der relativ späte Erscheinungstermin, der ja auch die CA betraf, erklärt sich vor allem aus sachlichen Schwierigkeiten, wie sie Melanchthon ursprünglich nicht erwartet hatte. Namentlich die im Januar/Februar 1531 bearbeitete Rechtfertigungslehre machte ihm viel Mühe. „5 1/2 schon gedruckte Doppelblätter des Abschnitts ließ er wieder vernichten." (BSLK XXIII; vgl. CR 27, 460–478) Die von Justus Jonas angefertigte deutsche Übersetzung bzw. Paraphrase der Apologie (vgl. CR 28, 37–326)[127], die für die Artikel 7 bis 28[128] schon die Anfang Septem-

---

[125] „Der Schmalkaldische Bund sah bereits 1531 Confessio und Apologie gemeinsam als Lehrgrundlage an, so bei den Verhandlungen mit den kaiserlichen Unterhändlern am 1.9. in Schmalkalden und dann wieder in Schweinfurt April 1532, wo sogar die Oberdeutschen Confessio und Apologie als mit dem eigenen Bekenntnis übereinstimmend anerkannten ... Beim Schmalkaldischen Konvent (Februar 1537) galten die Unterschriften der versammelten Theologen schon ganz selbstverständlich Confessio und Apologie. Einer förmlichen Zustimmung bedurfte die Apologie nicht mehr (gegen BSLK XXIII)." (A. Sperl, Art. Augsburger Bekenntnis III. Apologie, in: TRE 4, 632–639, hier: 633)

[126] Th. Kolde, Historische Einleitung, XXXVIII.

[127] „Jonas war es nicht gewohnt, sich ... sklavisch an das Wort zu binden, sondern übersetzte frei." (G. Plitt, Die Apologie der Augustana geschichtlich erklärt, Erlangen 1873, 240) Eine bewußt wörtlich gehaltene deutsche Übersetzung der Apologie bietet H. Pöhlmann (Ph. Melanchthon, Apologia Confessionis Augustanae. Übersetzt und herausgegeben von H. G. Pöhlmann, Gütersloh 1967). In revidierter Form wurde diese Übersetzung in die Gemeindeausgabe der BSLK (Unser Glaube. Die

ber erschienene, stark umgearbeitete Oktavausgabe des lateinischen Textes benutzen konnte, zog sich gar bis zum Herbst 1531
hin. Angemerkt sei, daß Druckvarianten (vgl. CR 27, 419 ff. App.)
des lateinischen Textes seit der Oktavausgabe im Apparat der
BSLK ebenso berücksichtigt werden[129] wie Randbemerkungen
Luthers in einem Dresdner Exemplar der Editio princeps (= Ed.
Pr. D; vgl. WA 30 III, 487 ff.). Luther war es denn auch, der das
Motto lieferte, unter dem die Confessio Augustana unter Beifü-
gung ihrer Apologie seit 1531 regelmäßig im Druck erschien: „Et
loquebar de testimoniis tuis in conspectu Regum, et non confundebar." (Vgl. CR 26, 337 f.) Dieses Ps 118,46 entnommene Schriftwort dürfte aus Luthers offenem Brief an Kardinal Albrecht von
Mainz vom 6. Juli 1530 (vgl. WA 30 II, 398, 16 f.) ins Titelblatt der
Augustana gelangt sein. Am selben Tage schrieb der Reformator
an Conrad Cordatus, wie außerordentlich lieb es ihm sei, bis zu
dieser Stunde gelebt zu haben, in welcher Christus durch seine so
großen Bekenner in einer so großen Versammlung öffentlich gepredigt worden sei durch dies wirklich überaus schöne Bekenntnis. Und abermals wird die Psalmstelle zitiert, wenn es heißt: „Et
impletur illud ,Loquebar de testimoniis tuis in conspectu regum',
implebitur et id, quod sequitur: ,Et non confundebar'." (WA Br 5,
442, 14).

Bekenntnisschriften der evangelisch-lutherischen Kirche. Bearbeitet von
H. G. Pöhlmann, Gütersloh 1984; [3]1991) übernommen.

128   Vgl. W. Neuser, Bibliographie der Confessio Augustana und Apologie
      1530–1580, 17.

129   Vgl. allerdings die Kritik Neusers: „Im historischen Apparat zum Artikel X
      fehlt aber der Hinweis auf CR 27, 534, Anm. 71 und 72 ..." (Ebd.) Neuser
      bedauert dies insbesondere wegen der konfessionellen Bedeutsamkeit
      der Streichungen, die im Abendmahlsartikel der Oktavausgabe der latei-
      nischen Apologie gegenüber deren Quartausgabe erfolgt sind: „Die Ab-
      grenzung gegen das reformierte Verständnis der Präsenz Christi ist eben-
      so entfallen, wie die Berufung auf die Veränderung der Elemente in der
      römischen Messe." (Ebd.)

§ 8

LUTHERS STELLUNG ZUM AUGSBURGER BEKENNTNIS, DIE SCHMALKALDISCHEN ARTIKEL UND MELANCHTHONS TRAKTAT

Lit.:

E. Bizer, Zum geschichtlichen Verständnis von Luthers Schmalkaldischen Artikeln, in: ZKG 67 (1955/56), 61–92. – *F. Lau,* Luthers Schmalkaldische Artikel als eine Einführung in seine Theologie, in: ZThK 18 (1937), 289–307. – *Maurer I* und *II* (wie Lit. § 7). – *B. Moeller,* Das Reich und die Kirche in der frühen Reformationszeit, in: B. Lohse/O.H. Pesch (Hg.), Das „Augsburger Bekenntnis" von 1530 – damals und heute, München/Mainz 1980, 17–31. – *W.E. Nagel,* Luthers Anteil an der Confessio Augustana. Eine historische Untersuchung, Gütersloh 1930. – *H. Volz,* Luthers Schmalkaldische Artikel und Melanchthons Tractatus de potestate papae. Ihre Geschichte von der Entstehung bis zum Ende des 16. Jahrhunderts, Gotha 1931.

1. Der Reformator auf der Veste Coburg

Das im Novemberabschied des Augsburger Reichstags von 1530 faktisch erneuerte Wormser Edikt vom 8. Mai 1521 hatte die Reichsacht über Luther verhängt und die Lektüre und Verbreitung seiner Schriften bei Strafe verboten mit dem Ziel, die reformatorische Bewegung zu unterdrücken. Gemäß einem gleichsam sakramentalen Verständnis von der Einheit des Reichs und der Stellung des

Kaisers als eines advocatus ecclesiae[1] hatte Karl damals trotz obwaltender Rücksichten auf die Stände[2] das Reichsketzerrecht konsequent in Anwendung gebracht und dem Anfang des Jahres verhängten kirchlichen Bann die Reichsacht folgen lassen, womit der bisherige kirchliche Lehrstreit zu einem Streitfall des Heiligen Römischen Reiches deutscher Nation geworden war. Spätestens der Speyrer Reichstag von 1529 indes und die dortige „protestatio" evangelischer Stände, welche den Protestanten fernerhin ihren Namen geben sollte, hatten deutlich gemacht, daß die Reformation in Deutschland mittels des Wormser Edikts nicht zu beseitigen war und das traditionelle Ketzerrecht die Rechtswirklichkeit nicht länger effektiv zu gestalten vermochte. Auf seine Weise sollte das auch der Reichstag zu Augsburg 1530 bestätigen: Er „ordnet sich ein in die Phase von Durchsetzung und Behauptung obrigkeitlicher evangelischer Reformation und Landeskirchenregiments durch reichsrechtliche Anerkennung im Zeichen erstarkenden Territorialfürstentums, die eingeleitet wurde auf dem Speyrer Reichstag von 1529 in Auseinandersetzung mit dem Wormser

---

[1]   Vgl. W. Maurer, Bekenntnis und Sakrament. Ein Beitrag zur Entstehung der christlichen Konfessionen. Teil I: Über die treibenden Kräfte in der Bekenntnisentwicklung der abendländischen Kirche bis zum Ausgang des Mittelalters, Berlin 1939. Der III. Abschnitt über „Bekenntnis und Ketzerrecht" endet mit interessanten Erwägungen zu § 38 des Augsburger Reichstagsabschiedes (vgl. 122 f.).

[2]   „Daß Karl V. den in aller Form gebannten ketzerischen Mönch von Wittenberg gegen starkes kuriales Störfeuer nach Worms laden ließ, so daß die Reichsacht dem kirchlichen Bann nicht unmittelbar folgte, war ein unerhörtes Novum und Ausdruck notwendigen Entgegenkommens gegen die Stände und insbesondere der Rücksichtnahme auf die Volksstimmung ...., die auch durch Berichterstatter wie Aleander als ganz prolutherisch beurteilt wurde. Die Nachverhandlungen mit Luther nach dem Verhör (17./18. April) am 24. April verraten zwar nicht, daß auch nur *ein* deutscher Fürst sich zu Luther bekannt habe, jedoch, daß die Stände größtes Interesse zeigten, daß der Fall Luther friedlich bereinigt werde. Daß der Kaiser eine eigene, bestimmte Erklärung gegen den Ketzer abgeben ließ, ist nicht nur bedingt durch die Notwendigkeit, Leo X. vom Franzosen abzuziehen und sich mit ihm zu verbünden, sondern rührt aus eigener, innerster Bindung an den katholischen Glauben. Das erst nach Schluß des Reichstages formulierte und auf den 8. Mai rückdatierte Wormser Edikt, das die Acht über Luther enthält, ist nur der Form nach Beschluß der Stände des Reiches, in Wahrheit Elaborat der Umgebung des Kaisers bzw. des Nuntius Aleander." (F. Lau/E. Bizer, Reformationsgeschichte Deutschlands bis 1555, Göttingen 1964, K 17)

Edikt"[3]. Das vorläufige Ende dieses Prozesses markiert der Augsburger Religionsfriede von 1555, mit dem die sakramentale Einheit des Reichs faktisch zu existieren aufhörte. „Seitdem gibt es auch kein Reichsketzerrecht mehr."[4]

Sosehr das Ende des Reichstages von 1530 schon auf dieses Resultat vorausweist, sowenig war dieses Ergebnis bereits anfänglich klar. Von Anbeginn klar war ganz im Gegenteil, daß Luther aus Gründen des Reichsketzerrechts nicht persönlich in Augsburg erscheinen konnte.[5] Nachdem es der Nürnberger Rat in der – angesichts seiner exponierten Stellung – verständlichen Absicht, die Ungnade des Kaisers nicht mutwillig herauszufordern, abgelehnt hatte, den geächteten Reformator im reichsstädtischen Territorium aufzunehmen[6], mußte Luther auf kursächsischem Gebiet verblei-

---

3   R. Wohlfeil, Das Schicksal der Reformation vor und nach dem Augsburger Reichstag, in: B. Lohse/O. H. Pesch, Das „Augsburger Bekenntnis" von 1530 – damals und heute, München 1980, 79–98, hier: 83.

4   W. Maurer, a. a. O., 123. Korrekter müßte man sagen, daß durch den Religionsfrieden „das Ketzerrecht gegenüber der CA reichsrechtlich beseitigt (§ 20)" wurde (M. Heckel, Deutschland im konfessionellen Zeitalter, Göttingen 1983, 49): „Die Augsburger Konfession wurde ebenso wie das römisch-katholische Bekenntnis in den Schutz und die Anerkennung des Reiches einbezogen. Hingegen blieben alle anderen Bekenntnisse, insbesondere die Sekten, davon ‚gäntzlich ausgeschlossen' (§ 17); ihnen gegenüber bestand das mittelalterliche geistlich-weltliche Einheitszwangssystem fort." (A. a. O., 46)

5   Nach Th. Kolde, Nürnberg und Luther vor dem Reichstag zu Augsburg im Jahre 1530, in: ders., Beiträge zur Reformationsgeschichte, Leipzig 1888, 251–263, hier: 254, war sich der sächsische Kurfürst völlig im klaren darüber, „dass ohne eine besondere Erklärung des Kaisers Luther jedenfalls nicht mit nach Augsburg kommen durfte"; der letzte Grund für seine Zurücklassung auf Coburg war lediglich der, „dass die Nürnberger es ablehnten, ihn bei sich aufzunehmen".

6   „Übersieht man den ganzen Vorgang, so ergibt sich mit Sicherheit, daß hier wieder ein Stück der alten bedächtigen und loyalen Nürnberger Ratspolitik vorliegt, aber auch daß es ungerecht ist, nur von einer Rücksicht der Nürnberger auf die eigene Lage zu reden und diese schroff und scharf auf den Mangel an Glaubensfestigkeit und Glaubensmut zurückzuführen." (H. v. Schubert, Luther auf der Koburg, in: LJ 12 [1930], 109–161, hier: 115f.; vgl. ferner: Nagel, 46ff.) Es bestätigt sich, was K. Schornbaum in seinem gleichnamigen Beitrag „Zur Politik der Reichsstadt Nürnberg vom Ende des Reichstages zu Speier 1529 bis zur Übergabe der Augsburgischen Konfession 1530" (in: Mitteilungen des Vereins für Geschichte der Stadt Nürnberg 17 [1906], 178–244, hier: 182) bemerkt: „Es

ben. Auf dem Weg nach Augsburg konnte er daher seinen Landesherrn nur bis nach Coburg begleiten, der südlichsten Stadt des
damaligen Kursachsen. Dort traf Luther nach knapp vierzehntägi-
ger Reise am 15. April 1530 ein.[7] Noch vor Weiterreise des Kurfürsten wurde der Reformator in der Nacht vom 23. zum 24. April auf
die Veste über der Stadt gebracht, wo er bis zum 4. Oktober zusammen mit seinem Famulus Veit Dietrich und anfangs auch in
Begleitung seines Neffen, des Studenten Cyriacus Kaufmann, lebte. Nach Wittenberg zurückgekehrt ist Luther am 13. Oktober
„abends 7 Uhr"[8]; seinem Sohn Hänschen hat er zum Trost für die
lange Abwesenheit des Vaters ein – möglicherweise schon etwas
altbackenes – „Zuckerbuch" mitgebracht, das Cyriakus Kaufmann
Ende August in Nürnberg gekauft hatte.[9]

Die sonstigen Details, die das Luther-Kalendarium über die Coburger Monate berichtet, sind weniger erfreulich und belegen die
Klage des Reformators vom 23. September, „daß er die Hälfte seiner Muße durch Krankheit verloren habe": Nicht nur daß Luther
in der Nacht zum 28. April geträumt hat, „ihm sei ein großer Zahn
ausgefallen", er leidet späterhin auch höchst real „am Schienbein"
(29.4.), „am Schenkel und an Schlaflosigkeit" (4.5.), „muß wegen
Kopfschmerzen das Psalmendiktat aussetzen" (10.5.), kann über
Tage hinweg „nicht arbeiten" (12.5.), „weder schreiben noch lesen" (15.5.). Hinzu kommen „Ohrensausen" (19.6.), Magenschmer-
zen (4.7.), „Kopfschwäche" (1./3.8.), „Zahnschmerzen" (19.8.), „Katarrh" (24.8.), „Kopfsausen und Katarrh" (28.8.) usw. usf. Zahlreiche Besucher schaffen weitere Unannehmlichkeiten und lassen
Luther erwägen, zeitweilig die Veste zu verlassen (2.6.). Am

---

war ein Zug der Nürnberger Politik, jede prononzierte Stellung zu vermeiden."

7   Zu Luthers Coburg-Zeit vgl. im einzelnen: H. v. Schubert, a. a. O. sowie
R. Schwarz, Luther, Göttingen 1986, 175–180.

8   G. Buchwald, Luther-Kalendarium, Leipzig 1929, 77. Die z. T. minutiösen
Informationen zur gesamten Coburger Zeit finden sich a. a. O., 70–77;
zum Nachweis von Luthers Coburger Schriften vgl. G. Kawerau, Luthers
Schriften nach der Reihenfolge der Jahre verzeichnet, mit Nachweis ihres
Fundortes in den jetzt gebräuchlichen Ausgaben, Leipzig 1917, 40–43.

9   G. Buchwald, a. a. O., 75.

5. Juni erhält der Reformator die Nachricht vom Tode seines Vaters.[10]

In Anbetracht solcher physischer und psychischer Belastungen erscheint Luthers literarische Produktivität um so erstaunlicher: Neben der Prophetenübersetzung und der Psalmenexegese sowie einer Fragment gebliebenen Revision einer deutschen Fassung der Fabeln Äsops richtet Luther bereits in den ersten Coburger Wochen eine programmatische „Vermahnung an die Geistlichen versammelt auf dem Reichstag zu Augsburg" (WA 30 II, [237] 268–356), die noch vor der dortigen Ankunft des Kaisers publik und von diesem alsbald verboten wurde.[11] Darin hält er den Repräsentanten der geistlichen Reichsstände, von denen er Erzbischof Albrecht von Mainz später noch einmal eigens mit einem offenen Mahnbrief anschreibt (WA 30 II, [391] 397–412), vor, mit Ablaß, Beichtzwang, mißbräuchlichen Satisfaktionsleistungen wie Meßstiftungen, Wallfahrten oder bestimmten Gebetsbräuchen, Verweigerung des Laienkelchs und Zölibatsverpflichtung kraft episkopaler Autorität evangeliumswidrige Praktiken kirchlichen Lebens sanktioniert zu haben. Attackiert werden ferner der Mißbrauch der Kirchengüter durch den hohen Klerus sowie die bischöfliche Exkommunikationspraxis, die Luther in einer weiteren Schrift der Coburger Zeit zur Frage der Binde- und Lösegewalt noch besonders thematisiert (WA 30 II, [428] 435–507 und 30 III, 584–588). Unter den gegebenen kritischen Voraussetzungen, zu denen fernerhin Fegefeuervorstellung und Heiligenanrufung hinzuzurechnen sind (vgl. WA 30 II, [360] 367–390), macht Luther den altgläubigen Bischöfen folgendes Friedensangebot: „Sie sollten (1.)

---

[10]   Detailforschern sei fernerhin folgende Anmerkung nicht vorenthalten: „Übrigens ließ sich Luther, wie schon auf der Wartburg, einen Vollbart wachsen und benutzte zeitweilig eine Brille, über deren Untauglichkeit er am 5. Juni 1530 in einem Brief an Käthe klagt." (W. v. Loewenich, Martin Luther. Der Mann und das Werk, München 1982, 305)

[11]   „Inhaltlich stellt sich diese Schrift direkt als Seitenstück zum 2. Teil der Confessio dar. Nur ergänzt sie letztere in vieler Hinsicht, indem sie eben nichts von dem zurückhält, worin Luther je Kritik am katholischen Kirchentum geübt hat." (Nagel, 59) Freilich sind weder die „Vermahnung" noch die sonstigen Coburger Schriften Luthers „einfach von der Absicht diktiert, die CA zu ergänzen. Die Gesamtsituation forderte damals nach Luthers Urteil, daß den evangelischen Christen und ihren Nachkommen in Erinnerung gerufen würde, um welche Fragen der Reformationskonflikt entbrannt war." (R. Schwarz, a. a. O., 178)

die Evangeliumspredigt ... zulassen und nicht mehr mit Gewalt
verfolgen. Denn (2.) die evangelischen Gemeinden wollten nicht
bischöfliches Kirchengut für sich in Anspruch nehmen. (3.) Auch
die fürstlichen Titel und Herrschaftsrechte wolle man nicht antas-
ten. (4.) Sogar die bischöflichen Jurisdiktionsrechte (v. a. das
Pfarrstellenbesetzungsrecht wird angesprochen) könnten anerkannt werden, ‚sofern ihr uns das Evangelium frei lasset' (WA
30 II, 342, 20 f.)."[12]

Vergleicht man dieses Angebot mit dem offiziellen Augsburger
Verhandlungskonzept Melanchthons, wie es vornehmlich in CA
XXVIII dokumentiert ist, so zeigt sich weitgehende inhaltliche
Übereinstimmung.[13] Man hat daher vermutet, Luther und Melanchthon hätten noch während des gemeinsamen Coburger Aufent-
haltes vom 15. bis 23. April die Grundsätze jenes Kompromißvor-
schlages formuliert, den der CA-Artikel von der Gewalt der Bischöfe enthält, dem eine Schlüsselfunktion bei allen Verhandlungen zukam.[14] Auch wenn sich diese Vermutung, wie sie sich namentlich bei W. Maurer[15] findet, in chronologischer Hinsicht ebensowenig beweisen läßt wie die Annahme, Melanchthon habe in
Coburg „die Anordnung des Ganzen und des Einzelnen in dem
Bekenntnisse" zusammen mit Luther festgelegt[16], so ist doch ange-

---

12   R. Schwarz, a. a. O., 177.

13   Vgl. im einzelnen: B. Lohse, Luther und das Augsburger Bekenntnis, in:
      ders./O. H. Pesch (Hg.), 144–163, hier: 154–158.

14   Vgl. W. Maurer, Erwägungen und Verhandlungen über die geistliche Ju-
      risdiktion der Bischöfe vor und während des Augsburger Reichstags 1530,
      in: ders., Die Kirche und ihr Recht. Gesammelte Aufsätze zum evangeli-
      schen Kirchenrecht, Tübingen 1976, 208–253, bes. 210 ff.

15   Maurer I, 74: „Gegen Ende der gemeinsamen Reise nach Coburg, späte-
      stens aber am 23. April, müssen die beiden das Einigungsprogramm noch
      einmal durchgesprochen haben. Wenige Tage darauf hat Luther es in
      seiner ‚Vermahnung an die ganze Geistlichkeit zu Augsburg versammelt
      auf dem Reichstag Anno 1530' den deutschen Bischöfen in aller Öffent-
      lichkeit nahegebracht. Er hat damit nicht nur Melanchthons künftige per-
      sönliche Haltung, sondern auch CA 28 und damit die ganze Augustana
      sanktioniert und den Gang ihrer Verhandlungen vorherbestimmt."

16   Vgl. J. K. F. Knaake, Luther's Antheil an der Augsburgischen Confession,
      Berlin 1863, 71. Ein Überblick über die ältere Literatur zum Thema
      „Luthers Anteil an der CA" findet sich bei Nagel, 7–13; vgl. auch
      B. Lohse, a. a. O., 148, Anm. 18.

sichts der unzweifelhaft bestehenden Übereinstimmung eine Ab-
sprache wahrscheinlich.

Den Einfluß des Reformators auf die inhaltliche Grundkonzeption
der Confessio Augustana wird man also auch unter der Voraussetzung nicht gering schätzen dürfen, daß „von einem direkten
Anteil Luthers am fertigen Bekenntnis ... in keiner Weise" die Rede sein kann. Insofern muß auch W. E. Nagel, der die zitierte
These vertritt und einen unmittelbaren persönlichen Anteil Luthers sowohl für die Zeit bis zur Abreise des Kurfürsten und der
Theologen von Coburg als auch in bezug auf den brieflichen
Verkehr des Reformators mit Augsburg dezidiert leugnet, einräumen: „Indirekt steht ... das Bekenntnis unter seinem (sc. Luthers)
stärksten Einfluß, so daß man ihm einen umfassenden geistigen,
inhaltlichen Anteil zusprechen muß." (Nagel, 173) Das gilt um so
mehr, als „zu den wichtigen Vorformen des Augsburgischen Bekenntnisses auch Texte aus Luthers Feder gehören und diese
Texte bis hinein in die Schlußphase der Redaktion des Textes der
Confessio Augustana von Bedeutung gewesen sind"[17]. Auch wenn
sich keine direkten Beiträge Luthers zu bestimmten Formulierungen des Bekenntnisses und seiner Vorformen nachweisen lassen,
bleibt doch unbestreitbar, „daß Luther durch die von ihm verfaßten Texte einen beträchtlichen Einfluß auf die Confessio Augustana ausgeübt hat"[18]. Nicht zuletzt aus diesem Grund ist es unangebracht, die Unterschiede zwischen Luthers Theologie und den
Formulierungen der Confessio Augustana als einen sachlichen
Gegensatz zu deuten. Die Unangemessenheit dieser Deutung ergibt sich u.a. auch daraus, daß im Jahre 1530 bei Melanchthon

---

[17]   B. Lohse, a. a. O., 151. Vgl. Nagel, 14–43 sowie 62–174. Vermutlich in der
       ersten Maihälfte tauchte in Augsburg unter dem Titel „Bekenntnus Marti-
       ni Luthers auf dem itzigen angestellten reichstag einzulegen" ein in Co-
       burg gedrucktes Exemplar der Schwabacher Artikel auf, zu denen Luther
       eine die kolportierte Entstehungsgeschichte zwar korrigierende, den
       theologischen Inhalt aber rundweg affirmierende Vorrede schrieb, nach-
       dem ihm eine von Wimpina eilends verfaßte Widerlegungsschrift in die
       Hand gelangt war (vgl. WA 30 III, 183 ff.). H. v. Schubert nimmt dies zum
       Anlaß für die grundsätzliche Feststellung, „daß, noch ehe die Augustana
       ans Licht trat, Luther gezwungen wurde, durch diese eigentümliche Ver-
       kettung der Umstände auch zu der Essenz ihres ersten Teils, der ja auf
       den ‚Schwabacher Artikeln' ruht, öffentlich seine Zustimmung zu bekun-
       den." (A. a. O., 143)

[18]   B. Lohse, a. a. O., 152.

noch „im weitesten Maße eine wenigstens grundsätzlich ungetrübte Wiedergabe lutherischer Gedankengänge" zu erwarten ist (Nagel, 61).[19] Mögen sich auch Beispiele unterschiedlicher Akzentsetzung von Luthers Theologie und Einzelaussagen der CA finden lassen[20], so besteht doch kein vernünftiger historischer und sachlicher Grund, den späteren Konflikt zwischen Philippisten und Gnesiolutheranern ins Jahr 1530 zurückzuprojizieren. Der Konflikt ist unbeschadet der signifikanten Tatsache, daß er vornehmlich als Streit um die unveränderte Gestalt und rechte Auslegung der CA ausgetragen wurde, doch nur aus seiner Zeitsituation heraus korrekt zu verstehen. Was schließlich den Verlauf des Augsburger Reichstages selbst betrifft, so ändert auch die räumliche Distanz, die zu überbrücken ein Bote mehrere Tage benötigte, und eine ärgerliche Unterbrechung der Korrespondenz in den für die Umarbeitung der CA von einer Apologie zu einer Confessio so wichtigen Wochen vom 22. Mai bis zum 12. Juni nichts an der Tatsache, daß Luther sachlich hinter Melanchthon stand, dessen persönliche Mentalität und diplomatische Strategie er zwar kritisieren konnte, mit dessen Bekenntnistext, wie er in der Confessio Augustana vorliegt, er sich aber ohne verbleibende Grundsatzdifferenzen voll zu identifizieren vermochte.

In der Zeit der Endredaktion und Übergabe der Confessio Augustana finden wir Luther auf der Veste Coburg mit einer Auslegung des 118. Psalms beschäftigt, den er besonders schätzte[21] und dessen Eingangsvers („Danket dem Herrn, denn er ist freundlich") in der Vulgata mit den Worten „Confitemini Domino, quoniam bonus" beginnt. Das Ergebnis der exegetischen Arbeit vom 13. bis 26. Juni – „Das schöne Confitemini" (vgl. WA 31 I, [34], 65–182) – kann

---

[19]   Vgl. u. a. B. Lohse, Philipp Melanchthon in seinen Beziehungen zu Luther, in: H. Junghans (Hg.), Leben und Werk Martin Luthers von 1526 bis 1546, Bd. I, Göttingen 1983, 403–418 sowie 860–863, bes. 407ff., hier: 408: „Allein wegen der Benutzung von Texten Luthers kann Luther in eingeschränktem Sinne indirekt als Mitverfasser der ‚Confessio Augustana' gelten, obwohl an manchen Stellen eben typisch melanchthonische Formulierungen begegnen."

[20]   Vgl. B. Lohse, Luther und das Augsburger Bekenntnis, 158.

[21]   „Damit er ihn immer vor Augen hätte, schrieb er sich den 17. Vers: ‚Ich werde nicht sterben, sondern leben und den Herrn verkündigen', in Noten gesetzt, an die Zimmerwand, wo er noch lange zu sehen war." (H. v. Schubert, a. a. O., 131)

mit Fug und Recht „eine Art Bekenntnis Luthers"[22] genannt werden. Daß der Reformator mit diesem Bekenntnis nicht in sachliche Konkurrenz zur CA treten wollte, das beweisen neben dem
Inhalt der Schrift die Urteile in Luthers Coburgbriefen über das
Augsburger Bekenntnis. „Relegi heri tuam Apologiam diligenter
totam, et placet vehementer", kann Luther am 3. Juli Melanchthon
gegenüber äußern (WA Br 5, 435, 4 f.). An diesem grundsätzlichen
Urteil ändert auch die Fortsetzung des Schreibens nichts, wo es
heißt: „Sed erras et peccas in uno, quod contra Scripturam
sanctam facis, ubi Christus de se ipso dicit: ‚Nolumus hunc regna-
re super nos', et impingis in illum ‚lapidem angularem, quem re-
probaverunt aedificantes'. In tanta coecitate et pertinacia daemo-
num quid speres aliud quam reprobari?" (WA Br 5, 435 f., 5 ff.)
Nach Hanns Rückerts plausibler Interpretation[23] handelt es sich
bei dieser Passage weder um einen Tadel wegen der Auslassung
des Artikels „De antichristo Papa" noch überhaupt um eine Kritik
an der CA[24], deren Inhalt vielmehr vorbehaltlos begrüßt wird; kritisiert wird – so Rückert – eine existentielle Haltung, die nicht
wahrhaben will, daß gerade ein rechtes Bekenntnis zu Christus
von der Welt gewissermaßen zwangsläufig mißachtet und verworfen wird, statt – wie Melanchthon es will und erwartet – geachtet und anerkannt zu werden.

Luthers prinzipielle Zustimmung zur CA geht auch aus einer Reihe anderer brieflicher Äußerungen hervor, etwa aus dem bereits
erwähnten Schreiben an Conrad Cordatus vom 6. Juli, wo gesagt
wird: „Mihi vehementer placet vixisse in hanc horam, qua Christus
per suos tantos confessores in tanto consessu publice est praedi-
catus confessione plane pulcherrima. Et impletur illud: ‚Loquebar
de testimoniis tuis in conspectu regum', implebitur et id, quod se-

---

[22] M. Brecht, Martin Luther. Bd. II: Ordnung und Abgrenzung der Reformation 1521–1532, Stuttgart 1986, 377. „Entspricht die ‚Vermahnung' mehr den
Torgauer Artikeln, nur ins Lutherische übersetzt, so kann man dies Confitemini wohl Luthers Confessio nennen, ein Bekenntnis nicht in Artikel
oder Stücke des Glaubens gesetzt, sondern wie immer ganz aus dem
Mittelpunkt des Evangeliums von der Glaubensgerechtigkeit heraus ..."
(H. v. Schubert, a. a. O., 132)

[23] H. Rückert, Luther und der Reichstag zu Augsburg. Glossen zu drei
Briefen Luthers von der Coburg, in: ders., Vorträge und Aufsätze zur historischen Theologie, Tübingen 1972, 108–136, hier: 111.

[24] Vgl. dgg. H. v. Schubert, a. a. O., 151 f.

quitur: ,Et non confundebar'. Quia: ,qui me confessus fuerit (sic dicit, qui non mentitur) coram hominibus, confitebor et ego eum coram patre meo, qui est in coelis.'" (WA Br 5, 442, 12 ff.) Entsprechend kann Luther seinem Landesfürsten gegenüber seiner großen Freude Ausdruck verleihen über die anfänglich erschwerte, schließlich aber doch noch bewilligte Verlesung des Bekenntnisses, durch dessen Überantwortung mehr geleistet sei als durch viele Predigten. Mit Wohlgefallen hat der Reformator fernerhin das angeblich in einem Privatgespräch geäußerte Diktum des Augsburger Bischofs Christoph von Stadion aufgegriffen und wiederholt erwähnt, demgemäß die Confessio Augustana unleugbar die reine Wahrheit und nichts als die Wahrheit sei. In diesem Sinne verdienen es nach Luthers Urteil Melanchthon und seine Mitbekenner „discipuli Christi", „testes fidei", „martyres" und „confessores" genannt zu werden.

Was Melanchthon betrifft[25], so wird ihm gegenüber in bezug auf die CA überhaupt nur an einer Stelle verhaltene Kritik laut. „Accepi Apologiam vestram, et miror", schreibt Luther am 29. Juni, „quid velis, ubi petis, quid et quantum sit cedendum Pontificibus. De Principe est alia quaestio, quid illi concedendum sit, si huic periculum impendeat. Pro mea persona plus satis cessum est in ista Apologia, quam si recusent, nihil video, quid amplius cedere possim, nisi videro eorum rationes aut Scripturas clariores, quam hactenus vidi. Ego dies et noctes in ista causa versor, cogitans, volvens, disputans et totam Scripturam lustrans, et augescit mihi assidue ipsa πληροφορία in ista doctrina nostra, et confirmor magis ac magis, daß ich mir (ob Gott will) nu nichts mehr werd nehmen lassen, es gehe drüber, wie es wolle." (WA Br 5, 405, 17 ff.) Diese Zeilen sind Antwort auf einen Brief, den Melanchthon am Tag nach der Verlesung der CA an Luther geschrieben und in dem er die Meinung vertreten hatte, die dem Kaiser übergebene und zu Luthers Kenntnisnahme beigelegte Verteidigungsschrift sei ziemlich scharf, so daß es nun an der Zeit sei, sich darüber schlüssig zu werden, worin man den Gegnern gegebenenfalls nachgeben könne. Namentlich zu Priesterehe und Privatmesse möge sich Luther zum Zwecke künftiger Kompromißangebote äußern. Aus dem Antwortschreiben geht hervor, daß Luther das

---

25   Vgl. H. Fausel, Luther und Melanchthon während des Augsburger Reichstags, in: Theologische Aufsätze. FS K. Barth, München 1936, 405–416.

Ansinnen weiterer Zugeständnisse entschieden zurückweist, da im Bekenntnis bereits genug und nach Luthers persönlicher Auffassung mehr als genug nachgegeben sei.

Mit Ausnahme dieser einen Stelle beurteilt Luther Melanchthon gegenüber die CA uneingeschränkt positiv. Der vermeintliche oder tatsächliche, jedenfalls vielzitierte Vorwurf des „Leisetretens"[26] findet sich erstmals in einem Brief Luthers an seinen Landesherrn vom 15. Mai, wobei – wie gesagt – nicht einmal sicher ist, ob der Begriff kritisch verwendet wird. Nachdem ihm Melanchthon am 11. Mai eine unvollständige und weiterer Bearbeitung bedürftige (Na nahestehende) Vorform seiner Schutzschrift, deren genaue Gestalt wir nicht kennen, zur Revision zugeschickt und der Kurfürst mit einem Schreiben selbigen Datums ebenfalls eine Stellungnahme eingefordert hatte, schrieb Luther am 15. Mai an Johann von Sachsen die bekannten Worte, ihm gefalle Magister Philipps Apologie, die er überlesen habe, recht gut, und er wisse nichts daran zu verbessern noch zu verändern, was sich auch nicht schicken würde, da er nicht so sanft und leise treten könne („Gnad und fride ynn Christo unserm herrn! Duchleuchtigster, hochgeborner furst, gnedigster herr! Ich hab M. Philipsen Apologia uberlesen: die gefellet mir fast wol, und weis nichts dran zu bessern noch endern, Wurde sich auch nicht schicken, Denn ich so sanfft und leise nicht tretten kan. Christus unser herr helffe, das sie viel und grosse frucht schaffe, wie wir hoffen und bitten, Amen." [WA Br 5, 319, 3 ff.]).

Wie immer man den Begriff des Sanft- und Leisetretens für sich genommen beurteilen mag[27], offenkundig ist, daß er im gegebenen Kontext im Zusammenhang eines positiven Gesamturteils steht. In bezug auf ein Schreiben Luthers an Justus Jonas vom 21. Juli kann das allerdings nicht mehr ohne weiteres gesagt werden; hier scheint der Begriff des „Leisetretens" eindeutig kritisch ver-

---

[26] Zur Mehrdeutigkeit des Begriffs vgl. E. Iserloh, Vorgeschichte, Entstehung und Zielsetzung der Confessio Augustana, in: H. Fries u. a., Confessio Augustana. Hindernis oder Hilfe?, Regensburg 1979, 9–29, hier: 15.

[27] Vgl. H. v. Schubert, a. a. O., 145: „Das kann doch nur heißen: da meine ganze Weise – meus spiritus – solche Sachen auszudrücken eine andere ist, so will ich auch im einzelnen nichts ändern, es würde sich nicht zusammen ‚schicken' – melanchthonisch reden und lutherisch reden ist zweierlei -, sondern nur de toto scripto sagen: placet."

wendet und das um so mehr, als Luther seine Beanstandungen
spezifiziert, wenn er sagt, der Satan sei noch lebendig und habe
wohl gemerkt, daß die CA, die „Leisetreterin“, die Artikel vom Fegefeuer, vom Dienst der Heiligen und besonders vom Antichri-
sten, dem Papst, übergangen habe. Wörtlich heißt es im Original:
„Scilicet Satan adhuc vivit, et bene sensit Apologiam vestram leise
treten et dissimulasse articulos de purgatorio, de sanctorum cultu,
et maxime de antichristo Papa.“ (WA Br 5, 496, 7 ff.) Daß Luther
trotz CA XXI das Fehlen eines Artikels „De sanctorum cultu“ im
Augsburgischen Bekenntnis beklagt, mag damit zusammenhängen, daß er bei der von Melanchthon und dem Kurfürsten gewünschten genauen Prüfung jener Vorform der CA, die er in seinem genannten Schreiben an Johann von Sachsen vom 15. Mai
erwähnt, einen entsprechenden (tatsächlich erst auf einer späteren Textstufe angefügten) Abschnitt vermißt und ihn dann auch in
der Endfassung überlesen hat, was durch die Kürze des Heiligenartikels der CA eigens befördert worden sein könnte (vgl. Nagel,
149). Handelt es sich in diesem Punkt auf jeden Fall um ein Mißverständnis, so wird man im Blick auf die beiden anderen Monita
nicht vergessen dürfen, „daß man es hinsichtlich des Fegefeuers
und der Lehre vom Papste noch nicht mit offiziellen Lehren der
Kirche zu tun hatte“ (Nagel, 177). Bedenkt man ferner, daß Luthers Fehlanzeigen ausdrücklich Bezug nehmen auf die am 10. Juli
negativ beschiedene Anfrage an die Protestanten, ob sie neben
den überreichten Artikeln weitere einbringen wollten, so wird ihr
kritischer Gehalt nicht nur in sachlicher, sondern auch in persönlicher Hinsicht relativiert, was durch die Gesamtanlage des Briefs
ohnehin nahegelegt ist.

Luthers positives Gesamturteil wird sonach weder durch seinen
Brief an den Kurfürsten vom 15. Mai noch auch durch sein Schreiben an Justus Jonas vom 21. Juli in Frage gestellt oder gar aufgehoben. Vielmehr ergibt eine genaue Analyse von Luthers Coburger Briefstelle zur CA, daß der Reformator zu keiner Zeit eine inhaltliche Revision der Confessio, die er auch späterhin bedenken-
los als die seine annehmen konnte, anstrebte, sondern lediglich
dahingehend zu wirken versuchte, das gegebene Bekenntnis nun
auch wirklich konfessorisch und assertorisch zu vertreten und

nicht nach erasmischer Art und Weise zu neutralisieren.[28] Diese Intention muß keineswegs als prinzipielle Absage an religiöse Ausgleichsbemühungen gewertet werden, so skeptisch Luther zweifellos die Melanchthonsche Vermittlungsstrategie und die Augsburger Unionsverhandlungen vom August/September 1530 eingeschätzt hat. Denn unter bestimmten Bedingungen war auch Luther durchaus zu Kompromissen fähig und bereit, wofür Bucers nicht erfolgloser Besuch auf der Veste Coburg als Vorzeichen gewertet werden mag. Indes lassen sich nach dem Urteil des Reformators diese Bedingungen unter Zwang nicht nur nicht herstellen, sie werden vielmehr durch Androhung oder Anwendung von Gewalt schlechterdings unmöglich gemacht.[29] Von daher ist Luthers dringlicher Rat zu verstehen, die protestantische Reichstagsstrategie primär auf reichsrechtliche Sicherung der Reformation und das Erreichen eines politischen Friedens auszurichten, weil nachgerade die pax politica es ist, welche die Bedingung der Möglichkeit religiösen Ausgleichs darstellt, ohne unmittelbar von diesem abhängig gemacht werden zu dürfen. In diesem Sinne schreibt Luther in dem zuletzt zitierten Brief an Justus Jonas, es sei genug, „si pacem politicam possimus obtinere" (WA Br 5, 496, 16).

Die Bedeutung der Tatsache, daß Luther das politische Friedensziel nicht unmittelbar abhängig macht vom Gelingen religiöser Verständigung, vielmehr den politischen Frieden zur – um des Schutzes des Gewissens willen von der Religion selbst zu fordernden – Voraussetzung sinnvoller Verständigung in Glaubensangelegenheiten erklärt, liegt vor allem in den eröffneten Möglichkeiten der Konfliktlimitierung begründet.[30] Auf eine solche

---

[28]   Vgl. dazu meinen Beitrag: Luthers Streit mit Erasmus als Anfrage an protestantische Identität, in: F. W. Graf/K. Tanner (Hg.), Protestantische Identität heute. FS Tr. Rendtorff, Gütersloh 1992, 135–160 u. 275–281.

[29]   Mit der päpstlich unterstützten und forcierten Zwangsgewalt des Kaisers aber war in Augsburg bei allem Entgegenkommen durchaus zu rechnen.

[30]   Man kann daher nicht sagen, bei Luther sei im Unterschied zu Melanchthon „jedes Gespür der Verantwortung für die Folgen (zu vermissen), die mit dem Ausgang der Religionsverhandlungen auf dem Reichstag zu Augsburg für die Nachfahren verbunden sind" (V. Pfnür, Luther gegen die Confessio Augustana? Der Bekenntnisschrift kommt eine besondere Bedeutung zu, in: KNA, Ök. Inf., Nr. 35, 5–8; Nr. 36, 5–8, hier:

Konfliktlimitierung dürfte auch Luthers entschlossene Bereitschaft zielen, der Politik eine relative Selbständigkeit der Theologie und ihrer Gewissensverpflichtung gegenüber einzuräumen, wie das in dem zitierten Schreiben an Melanchthon zum Ausdruck kommt, wenn in bezug auf mögliche Konzessionen an das Verhalten des Fürsten ein anderer Maßstab angelegt wird wie an das der Theologen („De Principe est alia quaestio ..."). Nach H. Rückerts Analyse der Stelle rechnet Luther ausdrücklich mit der Möglichkeit, „es könne für den Kurfürsten eine Situation entstehen, wo er *mit gutem christlichem Gewissen* weiter nachgeben könne, als die Theologen mit gutem christlichen Gewissen nachgeben können, ja wo er nachgeben *müsse,* um ein gutes christliches Gewissen zu behalten, während die Theologen in derselben Situation *nicht* nachgeben *dürfen,* wenn sie ein gutes christliches Gewissen behalten wollen"[31].

Fest steht, daß Luther im Interesse der Konfliktbegrenzung vom Reichstag primär die Begründung und Sicherung eines äußeren politischen Friedens zwischen den nach seinem Urteil zu keinem inneren Ausgleich fähigen Streitparteien erwartet. Die dezidierte Ablehnung einer Richterfunktion des Kaisers als des Trägers der weltlichen Macht in Glaubensangelegenheiten gehört ebenso in diesen Zusammenhang wie die wiederholte Bitte und Mahnung, Karl möge die ihm anvertraute Schwertgewalt nicht zur Durchsetzung geistlicher Angelegenheiten mißbrauchen. Im Falle der Undurchführbarkeit eines zwanglosen Ausgleiches des Glaubensdissenses müsse er vielmehr eine friedliche Koexistenz der Religionsparteien in ihrem äußerlichen Nebeneinander nicht nur dulden, sondern tatkräftig fördern. Das Fundament dieser Forderung ist die Einsicht, daß politisches Handeln sich auf Sicherung und Be-

---

36, 7. Zustimmend zitiert bei: W. Eckermann, Die Confessio Augustana in katholischer Sicht, in: ThuG 68 [1978], 153–167, hier: 163).

[31]   H. Rückert, a. a. O., III. Die Lösung für diesen scheinbaren Widerspruch findet Rückert in Luthers Berufslehre, derzufolge der Theologe ausschließlich auf das Heil des inneren Menschen ausgerichtet und in diesem Sinne am Gewissen orientiert zu sein hat, während es Amt und von Amts wegen auch persönliche Gewissenspflicht des Fürsten sein muß, sich Leib und Leben seiner Untertanen angelegen sein zu lassen, was in seinem Fall eine weitergehende Kompromißbereitschaft auch in sog. religiösen Fragen möglich erscheinen läßt, als sie dem Theologen einzunehmen oder auch nur zu raten angemessen ist.

wahrung des leibhaften Daseins und der äußeren Sphäre der Freiheit zu beschränken hat. Diese Beschränkung macht Grenze und eigentümliche Würde allen weltlichen Geschäfts aus. Das im Gewissensbezug zu Gott begriffene Innere der Menschenseele indes kann und darf nicht zur Disposition der Politik und ihrer Machtmittel gestellt werden.

2. *Pax politica und Widerstandsrecht*

Luther war ebensowenig Revolutionär, wie die Reformation sich zutreffend als revolutionärer Akt qualifizieren läßt. Weder die These der marxistisch-leninistischen Geschichtsschreibung, der Zusammenhang von Reformation und Bauernkrieg sei dialektisch im Sinne einer deutschen frühbürgerlichen Revolution zu begreifen, noch der schon im 16. Jahrhundert von altgläubiger Seite erhobene Vorwurf, die gewaltsamen sozialen Umwälzungen der Zeit seien unmittelbare Folgen des reformatorischen Ansatzes, lassen sich historisch verifizieren und mit dem Selbstverständnis Luthers und der Reformatoren in Verbindung bringen, demzufolge ihr Wirken keine Revolution, sondern eine auf konservativem Bewahrungsstreben aufbauende und insofern kontinuierliche Erneuerung der Kirche bezweckte.[32] Was Luther betrifft, so ist seine konservative Grundhaltung nachgerade im Politischen offenkundig. Die politische Erfahrungswelt, in welcher der Reformator sich überwiegend bewegte, war der nach innen und außen sich ausbildende Territorialstaat, der im Falle des Kurfürstentums Sachsen schon ein vergleichsweise hohes Maß an Zentralisierung der Herrschaft und Behördenorganisation aufweist. Den Großteil sei-

---

[32] Vgl. im einzelnen W. Becker, Reformation und Revolution. Die Reformation als Paradigma historischer Begriffsbildung, frühneuzeitlicher Staatswerdung und moderner Sozialgeschichte, Münster ²1974; vgl. ferner Th. Nipperdey, Die Reformation als Problem der marxistischen Geschichtswissenschaft, in: ders., Reformation, Revolution, Utopie. Studien zum 16. Jahrhundert, Göttingen 1975, 9–37. Über den Verlauf der einschlägigen Fachdiskussionen informiert auch R. Wohlfeil, Einführung in die Geschichte der deutschen Reformation, München 1982, 169 ff. Bemerkenswerte Hinweise finden sich ferner bei K. Dienst, Die Reformation – Segen oder Last für Europa?, in: Luther. Zeitschrift der Luther-Gesellschaft 66 (1995), 23–39, bes. 34 ff.

nes Lebens verbrachte der Reformator in einer der dortigen land-
sässigen Städte, während ihm die Verhältnisse in den Freien
Reichsstädten Süddeutschlands nur durch briefliche Kontakte und
Kurzbesuche bekannt geworden sind. Luthers Urteil über die bestehenden strukturellen Verhältnisse seines Landes ist im wesentlichen affirmativ, wie sich u. a. an seiner Rezeption der „Drei-
Stände-Lehre" als eines Ausdrucks spätfeudaler Gesellschaftstheo-
rie beweisen ließe.[33] Kurzum: „Daß Luther der Reformator, nicht
der Reformer und auch nicht der Revolutionär des deutschen
16. Jahrhunderts war, sollte eigentlich keiner Unterstreichung
mehr bedürfen."[34]

Andererseits muß ebensowenig unterstrichen werden, daß die
von Luther initiierte Bewegung der Wittenberger Reformation das
Ordnungssystem und die Sozialstruktur des Mittelalters in grund-
stürzender Weise verändert hat, insofern sie „die Kirchenspaltung
mit ihren säkularen Folgen heraufführte und zugleich mit der Zerstörung des traditionellen geistlichen Standes und der Emanzipation der sich der Reformation anschließenden Obrigkeiten vom
Führungsanspruch einer geistlichen Institution, dem römischen
Papsttum, der überlieferten Gesellschaftsordnung wesentliche Le-
gitimationsgrundlagen entzog"[35]. Zumindest was die Kirchenspaltung anbelangt, so handelt es sich dabei allerdings um eine un-
gewollte und den intendierten Zielen äußerliche Folgewirkung
der Reformation. Namentlich bezüglich des der Kirchenspaltung
in Deutschland folgenden Dreißigjährigen Krieges, dessen kata-
strophales und weitgehend unentschiedenes Ende zu einem der
wichtigsten Ausgangspunkte für die Entstehung der modernen
Kulturwelt wurde, ist, wie schon gesagt (vgl. §2,3), zu konstatieren: „Dieses Resultat ist so von niemandem geplant worden. Es

---

33   Vgl. W. Elert, Morphologie des Luthertums II, 49 ff.; J. Küppers, Luthers
Dreihierarchienlehre als Kritik an der mittelalterlichen Gesellschaftsauf-
fassung, in: EvTh 19 (1959), 361–374; W. Maurer, Luthers Lehre von den
drei Hierarchien und ihr mittelalterlicher Hintergrund, München 1970;
R. Schwarz, Luthers Lehre von den drei Ständen und die drei Dimensionen der Ethik, in: LJ 45 (1978), 15–34.

34   V. Press, Martin Luther und die sozialen Kräfte seiner Zeit, in: E. Iserloh/
G. Müller (Hg.), Luther und die politische Welt, Stuttgart 1984, 189–217,
hier: 198; vgl. auch das Korreferat von K.-V. Selge, Luther und die gesellschaftlichen Kräfte seiner Zeit, a. a. O., 219 ff.

35   R. Wohlfeil, a. a. O., 174.

läßt sich nicht als direkte Wirkung dieser oder jener erhabenen Idee begreifen. Es hat die abendländische Kirchenspaltung zur Voraussetzung, die ihrerseits nicht das Ergebnis des Gelingens, sondern des Scheiterns der Reformation als gesamtkirchlicher Reformbewegung war. Auf diesem Felde, in ihren ungewollten Wirkungen, liegt der historisch wichtigste Beitrag der Reformation zur Entstehung der Neuzeit."[36] In politischer Hinsicht ergänzt und bestätigt wird dieses historische Urteil durch die Feststellung, die Linie zum Säkularismus des modernen Staates laufe „historisch nicht über Luther, sondern über den Neostoizismus katholisch-französischen und niederländisch-calvinistischen Denkens"[37].

Diese durch mannigfache ideengeschichtliche Beobachtungen nahegelegte Annahme darf allerdings nicht zu dem Mißverständnis führen, die Folgegeschichte der Reformation sei deren Ursprung und Selbstverständnis derart äußerlich, daß von einer in Kritik und Konstruktion geschichtsgestaltenden Kraft überhaupt nicht mehr die Rede sein könnte. Zwar ist es wahr, daß aus der ursprünglichen Einsicht der Reformation keine einlinigen Weltveränderungskonsequenzen folgen; solche einlinigen Konsequenzen aus ihrer ursprünglichen Einsicht zu ziehen, wäre im übrigen auch nicht im Sinne der Reformation, würde deren Intentionen vielmehr gründlich widersprechen. Doch geht hieraus und aus der Tatsache, daß der Reformator etwa „keine eigentliche Verfassungstheorie hinterlassen hat"[38], keineswegs hervor, daß die Reformation zu historisch-politischer Gestaltung und Ausgestaltung entweder unfähig oder nicht willens war. Einen Beweis für gegebenen Gestaltungswillen und gegebenes Gestaltungsvermögen stellen nach meinem Urteil auch und gerade Luthers Coburger Bemühungen um eine pax politica dar, die unter den Bedingungen eines aktuell nicht behebbaren konfessionellen Streits den äußeren Rechtsfrieden gewährleistet. Diese Bemühungen stehen in einem direkten Zusammenhang mit der später so genannten Zwei-Reiche-Lehre und belegen, daß die der Zwei-Reiche- oder besser: Zwei-Regimenten-Lehre Luthers zugrundeliegende refor-

---

[36] W. Pannenberg, Reformation und Neuzeit, in: H. Renz/F. W. Graf (Hg.), Troeltsch-Studien Bd. 3: Protestantismus und Neuzeit, Gütersloh 1984, 21–34, hier: 30.

[37] W. Becker, a. a. O., 108.

[38] A. a. O., 49.

matorische Rechtfertigungstheologie „nicht nur eine innertheologische Kategorie war, sondern Weiterungen zeitigte bis hinein in
den politisch-gesellschaftlichen Bereich"[39]. Die historische Dimension solcher Weiterungen wird spätestens dann erkennbar, wenn
man sich klarmacht, daß das geschichtliche Ereignis der religionspolitischen Friedensschlüsse der Jahre 1555 und 1648 als zweier
entscheidender Fluchtpunkte der Reformationsgeschichte unter
den von der sog. Zwei-Reiche-Lehre formulierten Bedingungen
sich nicht nur leichter, sondern auch anders hätte erreichen lassen, als das unter der Voraussetzung einer mehr und mehr zur
Fiktion werdenden Idee religiöser Einheitskultur faktisch möglich
und der Fall war.

Die Idee der unio imperii et ecclesiae mitsamt ihren für die Reformation bestimmenden ketzerrechtlichen Folgen ist, wie bereits
mehrfach angedeutet, entwickelt worden im Zusammenhang der
mittelalterlichen Vorstellung des Corpus Christianum. Ohne auf
die vom Ende des 19. bis ins erste Drittel des 20. Jahrhunderts
geführte Kontroverse um diesen Begriff und seine terminologische Herkunftsgeschichte näher eingehen zu können[40], soll mit
Corpus Christianum hier lediglich dies bezeichnet werden, was
man anderwärts die relative Einheitskultur des Mittelalters nennt,
die schon deshalb nicht mit „Staatskirchentum" gleichgesetzt werden darf, weil es die moderne Unterscheidung von Kirche, Staat
und Gesellschaft überhaupt noch nicht gab. Kennzeichnend für
das Corpus Christianum mittelalterlicher Einheitskultur ist die nur
mit Organismusmetaphern faßbare körperschaftsähnliche Zusammengehörigkeit aller Lebensbereiche und -funktionen, die sich
zueinander verhalten wie Glieder eines Leibes, welche unbeschadet aller Differenziertheit von letztlich einem Organisationszu-
sammenhang geleitet und bestimmt werden. In diesem Sinne bezeichnet Christianitas eine integrale Identität, welche die Gegebenheit anderweitiger Einheitsformen lokaler oder sonstiger Art
zwar nicht ausschließt, aber doch relativiert bzw. in den Zusammenhang einer gemeinsamen Welt einordnet, in der weltliche
und geistliche Zwecke aufs engste und untrennbar verbunden
sind. Die unio imperii et ecclesiae war Ausdruck und konsequente Folge dieser Verbundenheit. Das über die Jahrhunderte

---

[39]   R. Wohlfeil, a. a. O., 87.

[40]   Vgl. O. Köhler, Art. Corpus Christianum, in: TRE 8, 206–216.

höchst stabile Herrschaftssystem solcher unio imperii et ecclesiae war auch durch die sog. Reichsreform des ausgehenden 15. Jahrhunderts und deren Aufrichtung des Ewigen Landfriedens sowie die Institutionalisierung eines Reichskammergerichts, einer Reichssteuer und des Reichsregiments keineswegs aufgelöst, sondern eher bestärkt worden. Das beweist nachgerade der in dieser Form ebenfalls neuartige, die traditionellen Hoftage fortentwickelnde Reichstag, dessen Organisation die unio imperii et ecclesiae „in der unbefangensten Weise" darstellte, insofern in ihr der Unterschied der geistlichen und der weltlichen Reichsfürsten „so gut wie nie" (Moeller, 23) in Erscheinung trat.

Unter den skizzierten Bedingungen mußte die Reformation nach dem Urteil B. Moellers ein Reichsproblem insonderheit deshalb werden, weil in ihr „alles ... darauf hinaus (lief), die unio imperii et ecclesiae zur Disposition zu stellen" (Moeller, 24). Vielleicht sollte man, um diese These zu präzisieren, hinzufügen, daß keineswegs die Reichsidee und die Corpus-Christianum-Idee als solche es waren, welche von der Reformation zur Disposition gestellt wurden; zur Disposition gestellt werden mußten sie allerdings in der für die Reformation lebensbedrohlichen Gestalt, die Karl diesen Ideen nach Maßgabe seines Kaiserbegriffs in restaurativer – um nicht zu sagen: reaktionärer, nämlich auf ihren faktisch gewordenen Verfall bereits reagierender – Weise gegeben hatte. Denn in Konsequenz seiner Kaiserideologie und seines Programms universalmonarchischer Reichseinheit war der oberste Repräsentant des Reiches im Grunde permanent darauf aus, die reformatorische Bewegung reichsrechtlich auszugrenzen, wofür das über Jahrzehnte hinweg in Kraft bleibende Wormser Edikt der offenkundige Beweis ist. Während das Reich in seinem vielfältigen, die Einheitsgestalt des Kaisers relativierenden Gefüge die reformatorische Bewegung eher begünstigte, begegnete ihr Karl unbeschadet aller Kompromisse im Grundsatz stets feindlich, weil er in ihr eine manifeste Bedrohung seiner universalmonarchischen Einheitsidee sah. Mit Recht kann man daher sagen, daß Karl „auf der weltgeschichtlichen Bühne überhaupt der eigentliche Gegenspieler des Reformators" (Moeller, 26) war.[41]

---

[41]   Auch nach V. Press (Der Kaiser, das Reich und die Reformation, in: K. Löcher [Hg.], Martin Luther und die Reformation in Deutschland. Vorträge zur Austellung im Germanischen Nationalmuseum Nürnberg 1983,

Diesem Sachverhalt entspricht es, daß die Reformation entscheidende Unterstützung und Förderung namentlich von jenen politischen Kräften erhielt, die mit den kaiserlichen Interessen konfligierten. Im Reich waren das im wesentlichen die landesfürstlichen
Stände, die sich fortschreitenden Machtwachstums erfreuen
konnten, wobei dieser Machtzuwachs auf seine Weise einer gesamteuropäischen Entwicklung entsprach. Bezeichnet die Regierungszeit von König Franz I. (1494–1547) den Beginn einer neuen
Epoche französischer Geschichte, die in der Gestalt Ludwigs XIV.
ihren Höhepunkt finden sollte und in der die Strukturen mittelalterlicher Feudalherrschaft mehr und mehr sog. absolutistischen
Herrschaftsformen wichen[42], so sind bei allen gegebenen Unterschieden vergleichbare Tendenzen auch im Reich zu erkennen.
Zwar kam es im Ursprungsland der Reformation ähnlich wie in
Italien nicht zur Bildung eines eigenen Nationalstaats, doch lag
auch im Hl. Röm. Reich die wirkliche Macht selbst bei einem so
starken Regenten wie Karl weniger beim Kaiser als vielmehr bei
den Ständen, insonderheit bei den geistlichen und weltlichen Territorialfürsten. Karls Programm einer katholischen Universalmonarchie, das auf der restaurierten Idee einer unio imperii et ecclesiae basierte, mußte also nicht nur zu dem in den sog. Italienischen Kriegen ausgefochtenen, durch den Damenfrieden von
Cambrai 1529 nur kurzfristig unterbrochenen Dauerkonflikt Habsburgs mit dem Großmachtstreben Frankreichs führen, sondern im
politischen Zusammenhang des altertümlichen römisch-deutschen
Reiches auch das Spannungsverhältnis verschärfen zwischen dem
an der Stärkung der Zentralgewalt interessierten Kaisertum einerseits und den fürstlichen Territorialstaaten andererseits, die beharrlich nach wachsender Souveränität strebten. Namentlich die
größeren Territorialfürsten, die ihre eigene Landeshoheit längst
schon ausgebaut hatten, verteidigten sie hartnäckig gegen alle
monarchischen Gleichschaltungsbestrebungen des Kaisers.[43] Da

---

Schweinfurt o. J., 61–94, hier: 94) hat Karl „gleichsam als der wichtigste
Gegenspieler Martin Luthers" zu gelten.

42   Vgl. G. Ph. Wolf, Franz I., in: TRE 11, 385–389, hier: 385.

43   Vgl. H. Lutz, Kaiser, Reich und Christenheit. Zur weltgeschichtlichen
      Würdigung des Augsburger Reichstages 1530, in: E. Iserloh (Hg.), a. a. O.,
      7–35, hier: 16; ders. (Hg.), Das römisch-deutsche Reich im politischen

bei ist zu ergänzen, daß die katholischen Stände an Erhalt und Steigerung ihrer Macht dem Kaiser gegenüber nicht minder interessiert waren als die evangelischen. Das bekam Karl auf dem Augsburger Reichstag mehrfach zu spüren. So spricht z. B. manches dafür, „daß der Kaiser, seitdem die Hoffnung auf die Nachgiebigkeit der Protestanten sich als eine Illusion erwiesen hatte, die Sache am liebsten mit dem Schwert ausgetragen hätte. Aber seine Politik empfing ihr Gesetz von fremden Gewalten, vor allem doch von dem ständischen Geist des Deutschen Reiches. Es erhellt aus den Verhandlungen mit Deutlichkeit, daß die katholischen Fürsten die Treibenden bei der Konzilsforderung des Kaisers waren, und daß der Kriegsplan vor allem an ihrem Widerstand scheiterte. Diese Stellungnahme war für sie ein Gebot der Selbsterhaltung. Wäre die Macht der protestantischen Stände gemindert worden, so hätten auch die katholischen unter den Rückwirkungen zu leiden gehabt."[44]

Daß der Antagonismus kaiserlicher und ständischer Rechte, der auch auf dem Augsburger Reichstag den religiösen Gegensatz häufig überlagert hat, sowie die „föderative" Verfassungswirklichkeit des Hl. Römischen Reiches deutscher Nation der Ausbreitung und Konsolidierung der Reformation mehr genutzt als geschadet haben, ist bekannt und wird in einschlägigen Untersuchungen in der Regel unmißverständlich hervorgehoben. Weniger nachdrücklich betont wird demgegenüber die Tatsache, daß die reformatorische Bewegung keineswegs vorbehaltlos auf die Macht der Fürsten setzte. Das wird nicht nur daran deutlich, daß der landesherrliche Summepiskopat und die fürstlich angemaßte „cura animarum" Luther entschieden mißfielen, sondern auch an der nach Abschluß des Augsburger Reichstags 1530 im evangelischen Lager forciert geführten Debatte um ein legitimes Widerstandsrecht gegen den Kaiser, deren theologisch-politischer Sinn mit der

---

System Karls V., Wien 1982; ders., Das Ringen um deutsche Einheit und kirchliche Erneuerung. Von Maximilian I. bis zum Westfälischen Frieden 1490 bis 1648, Berlin 1983.

[44] E. W. Mayer, Forschungen zur Politik Karls V. während des Augsburger Reichstags von 1530. I. Krieg oder Konzil? Vorbereitende Untersuchungen. II. Die Zulassung des sächsischen Kurfürsten zur Königswahl, in: ARG 13 (1916), 40–73, 124–146, hier: 61.

Forderung einer pax politica zusammengehört und eigens bedacht zu werden verdient.

Nachdem der Novemberabschied des Augsburger Reichstages, der
für die reformatorische Sache nicht nur eine Unzahl von Reichs-
kammergerichtsprozessen, sondern auch ein gewaltsames Vorgehen des Kaisers zur Folge zu haben drohte, Anfang März 1531 in
Wittenberg der Öffentlichkeit vorlag, publizierte Luther – zum
Leidwesen nicht allein Herzog Georgs – neben einer „Glosse auf
das vermeinte kaiserliche Edikt" eine „Warnung an seine lieben
Deutschen", die er im wesentlichen bereits im Oktober 1530 konzipiert hatte. Der Wunsch nach einem politischen Frieden war
nicht erfüllt worden; offenkundig begnügte sich der Kaiser nicht
mit äußerem Frieden und Gehorsam seiner Untertanen, sondern
wollte die ihm anvertraute Gewalt des weltlichen Schwerts gegebenenfalls für die Durchsetzung geistlicher Angelegenheiten mißbrauchen. In dieser Situation hielt es Luther für dringlich geboten,
seine lieben Deutschen mit Nachdruck und unter Berufung auf
göttliches und kaiserliches Recht in der Gewißheit vollständiger
Illegitimität und Unzulässigkeit eines möglichen Krieges gegen die
Reformation zu bestätigen und zu bestärken. An einem solchen
Krieg sich zu beteiligen, gebe es weder Pflicht noch Recht. Vielmehr seien gegebenenfalls Gehorsamsverweigerung und passiver
Widerstand geboten. Selbst aktive Gegenwehr wollte Luther unter
den gegebenen Bedingungen nicht mehr schlechterdings als
gottlosen Aufruhr gewertet wissen, womit dem bewaffneten Widerstand gegen ein kriegerisches Vorgehen des Kaisers und der
katholischen Stände zumindest ein gewisser Raum eröffnet war.

In der Tatsache, daß Luther ein aktives Widerstandsrecht gegen
den Kaiser nicht mehr generell ausschloß, dokumentiert sich eine
Veränderung seiner Einstellung, die unzweifelhaft mit dem unglücklichen Ausgang des Reichstags von 1530 in Verbindung steht,
deren Reichweite und theologische Bedeutung im einzelnen aber
umstritten ist. Fest steht, daß Luther für den Fall des Übergriffs der
weltlichen Herrschaft über die ihr gesetzten Grenzen hinaus zunächst nur eine Möglichkeit für den Christen vorsah: leidenden
Ungehorsam. Ein aktives Widerstandsrecht der Obrigkeit gegenüber wird anfangs hingegen prinzipiell bestritten. Das bedeutete
im Konkreten, daß bewaffneter Widerstand gegen einen Angriff
des Kaisers auf die Reformation nicht nur nicht geboten, sondern
verboten war. Dieser Schluß resultiert notwendig aus Luthers ur-

sprünglichem Verständnis von Reich und Reichsverfassung. Vorauszuschicken ist dabei, was sich aus den Grundsätzen lutherischer Theologie von selbst ergibt und von Luther auch stets vertreten wurde, daß nämlich die weltliche Obrigkeit keine unterge-
ordnete Funktion des geistlichen Regiments darstellt, sondern
eine Größe von relativer Selbständigkeit und eigener gottgestifteter Legitimität. Abgewiesen ist damit u. a. die sog. Translation-
stheorie, derzufolge das oberste weltliche Regiment und mit ihm
alle weltliche Obrigkeit als vom Papst und kraft päpstlicher Souveränität eingesetzt zu gelten hätten. Vorausgesetzt ist fernerhin,
daß Luther einen prinzipiellen Superioritätsanspruch des Hl. Römischen Reiches deutscher Nation gegenüber anderen politischen
Machtgebilden ablehnt und mit einer nicht nur faktisch unaufhebbaren, sondern grundsätzlich achtenswürdigen und zu ach-
tenden Mehrzahl von sog. Staaten gerechnet hat. Demgemäß hat
der Kaiser nicht als Universalmonarch, sondern als Obrigkeit neben Obrigkeiten zu gelten. In dieser, die Außenbeziehungen des
Reiches betreffenden Hinsicht ist Luthers Haltung stets gleichgeblieben. Nicht gleichgeblieben ist seine Position hingegen „in der
Bewertung der Stellung des Kaisers innerhalb der Macht- und
Rechtsbeziehungen des Reiches"[45]. Ursprünglich und bis zum Jahr
1530 gilt das Amt des Kaisers als Inbegriff der Herrschaft im Reich.
„Gegenüber dem Kaiser als Spitze der irdischen Herrschaftspyra-
mide sind alle Amtsbefugnisse der ständischen Gewalten hinfällig;
er stellt die oberste Machtautorität im Reich dar, vor der alle weltlichen Hoheitsrechte erlöschen, da sein Gehorsamsanspruch der
definitive ist, während die ständischen Mediatgewalten in ihrer
nach zwei Seiten orientierten Stellung lediglich für ihre Untertа-
nen ‚Oberperson' ... sind, gegenüber dem Kaiser aber wie jeder
Untertan Einzelpersonen mit Gehorsamspflicht."[46] Von einem ak-
tiven Notwehrrecht der Reichsstände dem Kaiser gegenüber kann
unter diesen Bedingungen naturgemäß nicht die Rede sein; wird
die Person des Kaisers dem gottgegebenen Amt nicht gerecht, wie
das nachgerade im Falle mißachteter Unterscheidung weltlicher
und geistlicher Kompetenz und Vollmacht der Fall ist, verbleibt

---

45   E. Wolgast, Die Wittenberger Theologie und die Politik der evangeli-
      schen Stände. Studien zu Luthers Gutachten in politischen Fragen, Gü-
      tersloh 1977, 87.

46   A. a. O., 88.

nur die Möglichkeit leidenden Ungehorsams und passiven Widerstands.

Demgegenüber bezeichnet das Jahr 1530 eine Wende oder doch zumindest eine Modifikation von Luthers Haltung, sofern nun, wie gesagt, ein aktives Notwehrrecht der Stände nicht mehr prinzipiell ausgeschlossen wird. Die Motive, die zu dieser Wende führten, wurden in der Forschung nicht ganz einheitlich beurteilt. Nach H. Kunst war es im wesentlichen der Schock der Augsburger Reichstagsbeschlüsse, welcher Luther bei allem auch jetzt noch verbleibenden persönlichen Respekt vor Karl im Kaiser einen sein gottgegebenes Amt verkehrenden Vollstrecker päpstlicher Tyrannis erblicken ließ und welcher so die Wandlung in seiner Haltung zum Widerstandsrecht eigentlich verursachte: „Wenn der Kaiser, modern gesprochen: der Staat, seine Aufgabe, die ihm als ‚Obrigkeit' nach der Zwei-Reiche-Lehre zukommt, vergißt, wenn er seine Rolle als Ordnungsmacht aufgibt und sich zum Werkzeug von Kräften macht, die den wahren Glauben mit Gewalt ausrotten wollen, dann ist", so H. Kunsts Lutherauslegung, „die Gehorsamspflicht dahin, die bisher galt, und das Recht zum Widerstand – auch zum gewaltsamen – gegeben, ja zum Aufstand, wenn kein anderer Weg übrigbleibt. Nur so scheint mir Luthers ‚Warnung an seine lieben Deutschen' vollständig interpretiert."[47]

Sind es sonach die spezifischen Reichstagseindrücke, welche die Wende in Luthers Haltung zum Widerstandsrecht gegenüber dem Kaiser bewirken, so kommt nach dem Urteil Kunsts „der Argumentation der Juristen wie des Landgrafen Philipp ... nur zusätzliche, nicht eigentlich verursachende, Bedeutung zu"[48]. Was Philipp von Hessen betrifft, so hatte er Luther in einem Brief vom Oktober 1530 auf einen nach seiner Meinung verfassungsrechtlich höchst bedeutsamen Unterschied zwischen der Stellung des Kaisers einerseits und der der erblichen Reichsfürsten andererseits aufmerksam gemacht: Während sich dieser als Wahlfürst mittels einer Wahlkapitulation auf bestimmte Auflagen verpflichten müsse, übten die erblichen Reichsfürsten ihre Herrschaft souverän und ohne solche Wahlauflagen aus. Ein Widerstandsrecht der

---

47   H. Kunst, Evangelischer Glaube und politische Verantwortung. Martin Luther als politischer Berater seiner Landesherrn und seine Teilnahme an den Fragen des öffentlichen Lebens, Stuttgart 1976, 256.

48   Ebd.

Fürsten gegenüber dem Kaiser ergab sich für Philipp mithin „zwangsläufig dann, wenn der Kaiser gegen seine vertraglich festgelegten Wahlauflagen verstieß"[49]. Während sich die lutherischen Stände Frankens unter der Wortführerschaft insbesondere Lazarus Spenglers einer solchen Argumentation verschlossen und auch fernerhin lediglich das Widerstandsrecht leidenden Ungehorsams dem Kaiser gegenüber gelten lassen wollten, kamen die kursächsischen Juristen zu einem vergleichbaren Ergebnis wie der hessische Landgraf.[50] Auch sie betonten, daß die Fürsten gemäß der ständischen Struktur des Reiches nicht als Untertanen des Kaisers anzusehen, sondern mit diesem zusammen zur Regierung des Reiches berufen seien. In begründeten Fällen hätten sie daher das Recht, sich aktiv der Politik des Kaisers zu widersetzen.

Daß solche juristischen Auskünfte über die wahren Loyalitätsverhältnisse im Alten Reich dazu beigetragen haben, daß Luther zu der Annahme einer verfaßten Multizentrizität der Gewalten im Reich gelangte und infolgedessen seine ursprünglichen Bedenken gegen ein Widerstandsrecht gegen den Kaiser aufgab, ist klar ersichtlich.[51] Das leugnet auch H. Kunst nicht. In bezug auf die Argumentationen der sächsischen Juristen auf einer der Widerstandsfrage gewidmeten Tagung zu Torgau vom 26. bis 28. Oktober 1530 heißt es vielmehr ausdrücklich: „Diese Darlegungen haben Luther überwunden."[52] Wenn Kunst gleichwohl Wert auf

---

[49] H. J. Hillerbrand, Philipp von Hessen, in: M. Greschat (Hg.), Gestalten der Kirchengeschichte Bd. 6: Die Reformationszeit II, Stuttgart/Berlin/ Köln/Mainz 1981, 185–196, hier: 191; vgl. auch H. v. Schubert, Die Frage nach dem Recht des Widerstands gegen den Kaiser und der Briefwechsel zwischen Philipp von Hessen und Georg von Brandenburg, in: ders., Bekenntnisbildung und Religionspolitik 1529/30 (1524–1534). Untersuchungen und Texte, Gotha 1910, 183–236.

[50] Vgl. insgesamt: H. Scheible (Hg.), Das Widerstandsrecht als Problem der deutschen Protestanten 1523–1546 (Texte zur Kirchen- und Theologiegeschichte Heft 10), Gütersloh 1969, 6.

[51] „Ob die Reichsstände damit zu Obrigkeiten aus eigenem Recht werden, wie Philipp von Hessen postulierte, bleibt bei Luther trotz allem offen. Sie haben ihre Hoheitsfunktionen anscheinend weiterhin als vom Kaiser verliehen zu verstehen, aber nicht mehr auf dem unsicheren Fundament zurücknehmbarer Delegation, sondern kraft positiven Rechts, das der Kaiser nicht einseitig aufheben darf." (E. Wolgast, a. a. O., 93)

[52] H. Kunst, a. a. O., 243.

die Feststellung legt, „Luthers Schwenkung in der Frage des Wi-
derstandes gegen den Kaiser ... (sei) mindestens nicht ausschließlich von den Motiven bedingt, die in der Torgauer Erklärung genannt werden"[53], dann hat es seinen Grund in der richtigen Annahme, daß Luthers Wende nicht in der Weise einer
Fremdanpassung, sondern durch eigene, freilich situationsbezo-
gene Einsicht erfolgte. In Kürze umschreiben läßt sich diese Einsicht wie folgt: „Als Christ und Theologe tritt er (sc. Luther) für
Unterordnung unter eine unrechtmäßig handelnde Obrigkeit ein.
Aber er gesteht zu, daß das Recht der Obrigkeit Widerstand erlaubt, wenn die Gegner einen Krieg entfachen, durch den das
Evangelium unterdrückt werden soll. In diesem Fall kann die
evangelische Obrigkeit zur Notwehr aufrufen, und ihre Untertanen dürfen mit gutem Gewissen folgen."[54]

Mit der Annahme eines obrigkeitlichen Widerstandsrechtes gegen
einen Kaiser, der mit Gewalt die Verkündigung des Evangeliums
verhindern will, war – trotz aller verbleibenden theologischen Bedenken – eine wichtige Voraussetzung gegeben für eine aktive
protestantische Verteidigungspolitik sowie für den Abschluß eines
Schutzbündnisses, welches gegenseitige Wehrhilfe für den Fall
gewähren sollte, daß ein Partner aufgrund des Reichstagsabschiedes seines Glaubens wegen behelligt würde. Am 22./23. Dezember 1530 versammelten sich die Häupter der protestantischen
Stände bzw. ihre Vertreter in dem zwischen Kursachsen und Hessen gelegenen Schmalkalden, um neben dem Verhalten bei der
unmittelbar bevorstehenden Königswahl Ferdinands die besagte
Bundesangelegenheit zu besprechen. Die denkwürdige Versammlung endete „am letzten Tage des inhaltsschweren Jahres
1530 mit der Grundlegung der protestantischen Einigung, welche
bis zur Katastrophe des Schmalkaldischen Krieges eine der tonan-

---

53   A. a. O., 246 unter Verweis auf WA Br 5, 662.

54   G. Müller, Luthers Beziehungen zu Reich und Rom, in: H. Junghans
      (Hg.), Leben und Werk Martin Luthers von 1526 bis 1546, Göttingen 1983,
      369–401 und 849–860, hier: 387. Ein manifestes Zeichen für die Unrecht-
      mäßigkeit der von den Hintermännern des Kaisers notfalls mit Gewalt
      angestrebten Unterdrückung des Evangeliums sieht Luther in der gegen-
      über den Protestanten erfolgten Verweigerung einer Abschrift der Kon-
      futation. Die darin bewiesene Öffentlichkeitsscheu der Gegner belege ih-
      re Feindschaft gegen das Evangelium, welches – wie die CA bestätige –
      stets ein öffentliches und freies Bekenntnis hervorrufe.

gebenden Mächte Europas bleiben sollte"[55]. Die offizielle Gründung des Schmalkaldischen Bundes erfolgte sodann am 27. Februar 1531. Gründungsmitglieder des Beistandspaktes waren: Kurfürst Johann von Sachsen, Herzog Philipp von Braunschweig-Grubenhagen, Herzog Ernst von Braunschweig-Lüneburg, Landgraf Philipp von Hessen, Fürst Wolfgang von Anhalt-Bernburg, die Grafen Gebhard und Albrecht von Mansfeld und die elf Städte Straßburg, Ulm, Konstanz, Reutlingen, Memmingen, Lindau, Biberach, Isny, Lübeck, Magdeburg und Bremen. Bis Anfang 1532 kamen noch die Städte Braunschweig, Göttingen, Esslingen, Goslar und Einbeck hinzu. Brandenburg-Ansbach, Nürnberg und die Nürnberg befreundeten fränkischen Reichsstädte hielten sich wegen Gewissensbedenken in der Widerstandsfrage zurück. Wenngleich Zwinglianer im eigentlichen Sinne vom Vertragswerk ausgeschlossen waren und die innerevangelische Verständigung über das Abendmahl nicht recht vorankommen wollte, zeigten sich doch religiöse und politische Verbindungstendenzen, die durch den Tod Zwinglis am 11. Oktober 1531 in der Schlacht von Kappel und den wenige Wochen darauf erfolgten Tod Oekolampads zugunsten des Luthertums verstärkt wurden. Neben der fortschreitenden protestantischen Integration hat die Schmalkaldener Front fernerhin durch die nachgerade im Todesmonat Zwinglis statthabende Annäherung des zwar erzkatholischen, aber dezidiert antihabsburgischen Baiern wichtige Stärkung erfahren.

Die Erfolge der Schmalkaldischen Bündnispolitik ließen nicht auf sich warten: Das reformationsgeschichtlich entscheidende Jahr 1532 brachte nicht nur eine erste förmliche Bundesverfassung, sondern mit dem „Nürnberger Anstand" auch eine Art von Waffenstillstandsvertrag zwischen dem Kaiser und dem Bund, in welchem – gegen den erklärten Widerspruch des päpstlichen Nuntius am Kaiserhof[56] und trotz des Augsburger Moratoriums sowie der nachfolgenden Glaubensverurteilungen – in Form eines kaiserli-

---

[55]   O. Winckelmann, Der Schmalkaldische Bund 1530–1532 und der Nürnberger Religionsfriede, Straßburg 1892, hier: 58; E. Fabian (Hg.), Die Schmalkaldischen Bundesabschiede 1530–1532, Tübingen 1958 (= Schriften zur Kirchen- und Rechtsgeschichte, Bd. 7); K. Körber, Kirchengüterfrage und Schmalkaldischer Bund. Ein Beitrag zur deutschen Reformationsgeschichte, Leipzig 1913.

[56]   Vgl. G. Müller, Art. Aleandro, Girolamo (1480–1542), in: TRE 2, 227–231.

chen Erlasses festgelegt wurde, daß kein Reichsstand einen anderen um der Religion willen angreifen dürfe. „Das aber bedeutete nicht bloß eine wenigstens befristete rechtliche Sicherstellung und eine Reihe konkreter politischer Vorteile, die den Bund in den dreißiger Jahren attraktiv und zu einer weltpolitischen Potenz machten und ihm weitere Mitglieder zuführten. Vielmehr geschah im Grunde etwas viel Bedeutsameres. Indem die Protestanten, die Rebellen, die Ketzer, Vertragspartner des Kaisers wurden, kam, was schon im Auftreten Luthers vor dem Wormser Reichstag begonnen hatte, zu einer ersten Vollendung: Selbst ein so ganz ‚kaiserlicher‘ Kaiser wie Karl V. konnte seine Identifikation mit der Papstkirche nicht mehr voll aufrechterhalten. Auch im Bereich der Rechtsordnung ging das Mittelalter zu Ende."[57]

3. *Schmalkalden 1537*

Die religionspolitische Entwicklung, die sich in den Jahren nach 1530 im Zuge fortschreitenden Zerfalls der mittelalterlichen unio imperii et ecclesiae vollzog, wird exemplarisch belegt und eigentümlich beleuchtet durch die Rezeptionsgeschichte der CA, welche einen bemerkenswerten Funktionswandel dokumentiert. Aus einem Text, der ursprünglich lediglich die kursächsischen Kirchenreformen zu verteidigen hatte und schließlich doch noch zu einer Apologie bzw. Confessio vieler evangelischer Stände geworden war, der aber unbeschadet dieses Wandels auch und keineswegs in letzter Hinsicht einen Beweis dafür abgeben wollte, daß die Reformation den Begriff des Gemeinkatholischen reichsrechtlich nicht sprenge – aus diesem, durch Ständeunterschriften und offizielle Verlesung vor Kaiser und Reich zu einer „Staatsschrift" avancierten Text sollte im Laufe der Zeit die Lehrnorm

---

57   B. Moeller, Das Zeitalter des Ausbaus und der Konsolidierung der Reformation 1525–1555, in: R. Kottje/B. Moeller (Hg.), Ökumenische Kirchengeschichte. Bd. II: Mittelalter und Reformation, München ²1978, 349. Zur Vorgeschichte des Nürnberger Anstands 1532 vgl. auch R. Aulinger, Die Verhandlungen der Kurfürsten Albrecht von Mainz und Ludwig von der Pfalz mit Karl V. 1532 in Mainz. „Missing-Link" zwischen dem Reichstag 1530 und dem Nürnberger Anstand 1532, in: H. Immenkötter/G. Wenz (Hg.), Sammelband (vgl. § 6, Anm. 112).

und Bundesurkunde einer politisch konsolidierten Religionspartei
· werden.⁵⁸

---

⁵⁸ „Mit dem Akt der öffentlichen Verlesung vor Kaiser, Reich und den Vertretern der Kirche setzt ... eine synchron verlaufende Doppelentwicklung
ein. Einerseits wird die Augustana immer mehr, was sie mit der Verlesung vor dem Kaiser und den Ständen ja implizit schon war, ein *öffent-
lich-rechtlich-politisches Dokument*. Das gilt zunächst ... im Bereich des
nach Augsburg gegründeten Schmalkaldischen Bundes, dessen Bundesurkunde die Augustana wurde, gilt dann mit ihrer reichsrechtlichen Anerkennung (1555) auch darüber hinaus. ‚Phasengleich' wird die Augustana
zur *theologischen Lehrnorm* für evangelische Prediger und Lehrer. Die
Aufnahme der Augustana in die ‚Corpora doctrinae' der verschiedenen
territorialen Kirchenordnungen, in den Promotionseid und die Ordinati-
onsverpflichtung zeigt das ja ganz klar." (H. Meyer, Die Bedeutung der
Augustana in der Entwicklung des Luthertums, in: W. Reinhard [Hg.],
Bekenntnis und Geschichte. Die Confessio Augustana im historischen
Zusammenhang, München 1981, 145–163, hier: 160 f. unter Verweis auf
M. Kroeger, Das Augsburger Bekenntnis in seiner Sozial- und Wirkungsgeschichte, in: B. Lohse/O. H. Pesch [Hg.], a. a. O., 103.) Zur erwähnten
reichsrechtlichen Sanktionierung der CA im Augsburger Religionsfrieden
1555, die erst mit dem Reichsdeputationshauptschluß von 1803 ihr definitives Ende erreichte, vgl. § 2,3 und § 12. Mit dem 1555 erworbenen reichsrechtlichen Status ist die 1530 erstrebte Toleranz erreicht, „aber sie ist er-
kauft mit einer territorialen Beschränkung der Gültigkeit des reformatorischen Bekenntnisses, konkret – eben im Rückgriff auf 1530 – der Confessio Augustana. Eine solche Beschränkung war für beide miteinander
streitenden Religionsparteien theologisch nur möglich durch den Verweis
auf ein künftiges Konzil, das die Einheit im Glauben wieder herstellen
könnte. Gerade die Bindung an das so verstandene Bekenntnis auch in
einem rechtlich relevanten Sinn hat das Versinken evangelischen Kirchentums in reinen Provinzialismus verhindert. Denn in ihm liegt der
Ansatz zu einer die Territorien, die zu Landeskirchen werden, übergreifenden Einheit evangelischer Kirche im Rahmen des Reiches. 1648 ist
diese Möglichkeit ausgebaut worden. Das Corpus Evangelicorum als der
Zusammenschluß der evangelischen Stände stellt doch so etwas wie eine
föderative Kirchenleitung der Kirchen des Augsburgischen Bekenntnisses
in Deutschland dar." (G. Kretschmar, Die Bedeutung der Confessio Augustana als verbindliche Bekenntnisschrift der Evangelisch-Lutherischen
Kirche, in: H. Fries u. a., Confessio Augustana. Hindernis oder Hilfe? Regensburg 1979, 31–77, hier: 43. – Zu den wichtigsten späteren Phasen der
Wirkungsgeschichte der CA vgl. u. a. B. Lohse, Die Entstehung der Confessio Augustana und ihr Weg durch die Geschichte, in: L. Mohaupt
[Hg.], Wir glauben und bekennen. Zugänge zum Augsburger Bekenntnis,
Göttingen 1980, 9–24, hier: 19 ff.)

Erste Versuche, die CA zur Lehrnorm im innerevangelischen Bereich zu erheben, begegnen „in der Homberger Kirchenordnung für Hessen 1532 ... und in der Pommerschen Kirchenordnung 1535, die allerdings neben der Confessio Augustana auch die Apologie nannten. Der Wittenberger Doktoreid, der angeblich 1533 eingeführt wurde und eine Verpflichtung auf die Confessio Augustana sowie auf die ökumenischen Symbole vorsah, dürfte allerdings erst nach Luthers Tod aufgekommen sein ...“[59] Zu beachten ist ferner der enge Zusammenhang der Rezeption der CA mit der Geschichte des Schmalkaldischen Bundes. Nachdem die Augustana zunächst, nämlich bis 1532, zum Bundesbekenntnis mit der Einschränkung erklärt wurde, daß sie als mit der Confessio Tetrapolitana übereinstimmend anzusehen sei, wird 1535 „endgültig die Zustimmung zur Confessio Augustana, der – wie es im Bundesabschied heißt – ‚raynen Lehr und confessionn zu Augsburg‘, als Zulassungsvoraussetzung für den Bund durchgesetzt, woran z. B. der Eintritt Englands scheiterte. Auch die Anhänger der Tetrapolitana sind mehr und mehr bereit, die Augustana anzunehmen, was dann – im Mai 1536 – durch die Wittenberger Konkordie bestätigt wird.“[60] Der Schmalkaldische Bundestag von 1537 schließlich erhob die Augustana „endgültig in den Status einer die evangelischen Territorialkirchen verpflichtenden Bekenntnisschrift“[61]. Zugleich kam es zu einer bemerkenswerten Fortschreibung bzw. Ergänzung der CA, indem ihr neben der seit längerem offiziell etablierten Apologie in Gestalt des „Tractatus de potestate et primatu papae“ Melanchthons auch ein Artikel zur Papstfrage beigefügt wurde.[62] Diese Thematik hatte die CA 1530 mit Rücksicht

---

[59]   B. Lohse, Art. Augsburger Bekenntnis I, in: TRE 4, 616–628, hier: 625.

[60]   H. Meyer, a. a. O., 145 unter Verweis auf E. Fabian, Die Schmalkaldischen Bundesabschiede 1533 bis 1536, 69. Meyer skizziert am angegebenen Ort auch den Prozeß der außerdeutschen Rezeption der CA im weiteren nord- und mitteleuropäischen Raum.

[61]   A. a. O., 156.

[62]   Auf dem Tag von Schmalkalden vom Jahr 1537 wurde den Theologen der Auftrag erteilt, „Augustana und Apologie noch einmal zu übersehen und mit neuen Argumenten aus der Schrift und den Vätern zu befestigen ... Dies bezeugt, was wir auch sonst wissen, daß eine Erweiterung und Weiterbildung des Augustanatextes für durchaus nicht ausgeschlossen galt. So hätte es schon damals zu einer Änderung der Augustana und zwar zu einer offiziellen kommen können. Allein, wie es heißt, aus Mangel an Büchern verzichtete man darauf und begnügte sich, abgese-

auf die reichsrechtliche Lage und in dem vorsichtigen Bemühen, das intendierte Ausgleichsziel nicht zu gefährden, ausgespart. Diese Zurückhaltung, in der Luther, wie erwähnt, den schwerwiegendsten Mangel der CA entdeckt hatte, war unter den veränderten Bedingungen des Jahres 1537 nicht mehr notwendig, aber auch nicht mehr möglich, nachdem die Identität von Reich und Papstkirche offenbar unaufhaltsam in Auflösung begriffen war und auch vom Kaiser nicht mehr faktisch, sondern allenfalls noch fiktiv aufrechterhalten werden konnte.

Neben Melanchthons Traktat belegen das auf eigene Weise auch Luthers Schmalkaldische Artikel, die ebenfalls auf die Papstthematik konzentriert sind und von denen sogleich ausführlich die Rede sein wird.[63] Zuvor ist zu ergänzen, daß die angezeigte Fortschreibung der CA, die im Zusammenhang historischer Kontextveränderung zu würdigen ist, ohne einfachhin zu deren Funktion erklärt werden zu können, sich über das Jahr 1537 hinaus fortgesetzt hat, wofür nicht nur Variationsformen der Schrift selbst ein Beleg sind, wie etwa die bekannte Confessio Augustana variata von 1540 (vgl. § 7,5), sondern auch die Confessio Augustana Repetita[64] in Form der Formula Concordiae von 1577, ohne welche die

---

hen von der Annahme von Melanchthons Tractatus de potestate papae ..., durch Unterschrift von neuem die Zustimmung zu Augustana und Apologie zu bezeugen, und damit war das Bekenntnis – jedenfalls nach dem Texte der editio princeps – von neuem als gemeinsame Grundlage des Schmalkaldischen Bundes, ja materiell wenigstens als Symbol der beteiligten kirchlichen Gebiete bestätigt worden." (Th. Kolde, Historische Einleitung in die Symbolischen Bücher der evangelisch-lutherischen Kirche, Gütersloh 1913, XXIV). – Vgl. in diesem Kontext auch H. Meyers Ausführungen zur Stellung der Augustana im Zusammenhang der übrigen lutherischen Bekenntnisschriften sowie zu den geschichtlichen Verschiebungen in ihrer Funktion und ihrem Charakter, a. a. O., 156 ff. und 160 ff.

[63] Literatur zu Luthers Schmalkaldischen Artikeln und zu Melanchthons Traktat ist aufgelistet in: BSLK 1226–1228.

[64] „Confessio Augustana Repetita', das wäre sowohl nach dem Selbstverständnis der Formula Concordiae als auch nach dem, was sie in ihrem ersten Teil ... grundsätzlich über verbindliches kirchliches Lehren sagt, vielleicht die Kurzformel, mit der man ihr und möglicherweise überhaupt das lutherische Verständnis von verbindlichem kirchlichem Lehren in der weiteren geschichtlichen Entwicklung des Luthertums bezeichnen könnte." (H. Meyer, a. a. O., 159)

Entscheidung des Konkordienbuches für die Confessio Augustana invariata gar nicht verständlich ist. Infolgedessen darf die von der Konzeption des Konkordienbuches geforderte bekenntnishermeneutische Konzentration auf die CA nicht zu deren Isolierung führen – und das um so weniger, als im innerkirchlichen Raum historisch die CA als mit vielfältigen Kirchenordnungen und Lehranweisungen verbunden erscheint, die den Rahmen der klassischen Corpora doctrinae durchaus sprengen. Kontextuelles Verständnis ist daher sowohl in historischer als auch in systematischer Hinsicht nötig.

Was die geschichtliche Lage des Jahres 1537 betrifft, so ist sie nach wie vor gekennzeichnet durch den vom Nürnberger Anstand und dem Schmalkaldischen Bund ermöglichten Konsolidierungsprozeß des Protestantismus, der von 1532 bis 1547 reicht[65] und mit der Einführung der Reformation in Württemberg und weiteren Territorien sowie mit dem Einigungswerk der Wittenberger Konkordie vom Mai 1536, die den oberdeutschen Städten Anschluß an das Luthertum ermöglichte und später sogar in die Solida Declaratio der FC aufgenommen wurde, bereits zu bemerkenswerten Höhepunkten gelangt war. Bestimmend für den weiteren Verlauf der Ereignisse, namentlich für die Entwicklungsgeschichte lutherischen Bekenntnisses, sollte sodann die Tatsache werden, daß Papst Paul III. nach langen Jahren römischer Verzögerungstaktik auf abermaliges Drängen des Kaisers hin wenige Tage nach Abschluß der Wittenberger Konkordie sich endlich entschloß, seinen bereits auf dem Konklave geäußerten Konzilsplan zu realisieren und die Kirchenversammlung auf den 23. Mai 1537 nach Mantua auszuschreiben.[66] Das geschah durch die Bulle „Ad Dominici gre-

---

65   Vgl. im einzelnen: H. Kirchner, Reformationsgeschichte von 1532–1555/
      1566. Festigung der Reformation. Calvin. Katholische Reform und Konzil
      von Trient, Berlin 1987 (Kirchengeschichte in Einzeldarstellungen II, 6).

66   Der Ruf nach einem freien Generalkonzil (vgl. BSLK 48,23–49,12) mög-
      lichst in deutschen Landen wurde in der reformatorischen Bewegung
      bekanntlich schon frühzeitig laut, und zwar aus religiösen ebensosehr
      wie aus politischen Gründen. So appellierte Luther bereits im November
      1518 nach ergebnislosem Verlauf seiner Augsburger Unterredung mit Kar-
      dinal Cajetan an ein allgemeines Konzil. Knapp zwei Jahre später hat er
      diese Appellation in Reaktion auf die päpstliche Bannbulle erneuert. Da-
      bei ging er von der Voraussetzung aus, daß das Konzil in Glaubensfra-
      gen dem Papst übergeordnet sei, auch wenn er eine Infallibilität konzi-
      liarer Entscheidungen und Beschlüsse leugnete, wie das spätestens wäh-

gis curam" im Juni 1536.[67] Anzumerken ist, daß der Termin in der Folgezeit noch dreimal verschoben werden sollte, bis das Konzil endlich im Dezember 1545 in Trient eröffnet wurde.[68]

Das regste Interesse an der Konzilsangelegenheit nahm unter den deutschen Fürsten Johann Friedrich von Sachsen.[69] Während der Kurfürst selbst die Einladung zum Konzil unmittelbar abzulehnen gedachte, „weil eine Annahme der Citation schon eine Anerkennung des Papstes als Haupt der Kirche in sich schließe"[70], plädierten die Wittenberger Theologen und Juristen zur Unzufrie-

---

rend der Leipziger Disputation offenkundig geworden war (vgl. im einzelnen: H. J. Sieben, Die katholische Konzilsidee von der Reformation bis zur Aufklärung, Paderborn/München/Wien/Zürich 1988, 13 ff.; A. Ebneter, Luther und das Konzil, in: ZKTh 84 [1962], 1–48; a. a. O., Anm. 1 finden sich weitere Literaturhinweise).

67 Vgl. hierzu und zum folgenden H. Volz/H. Ulbrich (Hg.), Urkunden und Aktenstücke zur Geschichte von Martin Luthers Schmalkaldischen Artikeln (1536–1574), Berlin 1957; zur Ergänzung der dort gesammelten Dokumente vgl. H. Volz, Zur Entstehungsgeschichte von Luthers Schmalkaldischen Artikeln, in: ZKG 74 (1963), 316–320.

68 Vgl. R. Stupperich, Die Reformatoren und das Tridentinum, in: ARG 47 (1956), 20–63.

69 Nach E. Wolgast, Die Wittenberger Theologie und die Politik der evangelischen Stände. Studien zu Luthers Gutachten in politischen Fragen, Gütersloh 1977, 298, hängt dieses Engagement zusammen mit Johann Friedrichs „Bewußtsein landesherrlicher Verantwortung für seine Kirche und einer damit vermeintlich identischen Verantwortung für das Werk der Reformation generell", das ihn nachgerade auch ein „Aufsichts- und Akzeptationsrecht bei Beschlußfassungen über dogmatische Übereinkünfte" beanspruchen ließ. „Sowohl bei den Beratungen über die Konkordie 1536 wie bei den Verhandlungen mit der englischen Gesandtschaft über einen Lehrkonsens im gleichen Jahr werden Luther und die anderen Wittenberger Theologen von ihren Partnern in dogmatischen Fragen zu weit entgegenzukommen; gleichermaßen ergeht im Zusammenhang mit der Abfassung der Schmalkaldischen Artikel als Programm für eine evangelische Konzilsgesandtschaft die Weisung, das Ergebnis der Theologenberatung dem Kurfürsten vorzulegen, der sich die letzte Entscheidung vorbehält. Ein solches Mandat haben sich Friedrich und Johann von Sachsen nie zugesprochen; hier wird der Beginn des Weges sichtbar, der in der zweiten Hälfte des 16. Jahrhunderts zum Amtsverständnis der Fürsten als der Herren auch über die Kirche mit Entscheidungsrecht in theologischen Fragen führt."

70 Th. Kolde, Art. Schmalkaldische Artikel, in: RE³ 17, 640–645, hier: 640.

denheit ihres Regenten trotz gegebener Enttäuschung über die Wahl eines nichtdeutschen Konzilsortes sowie über die stillschweigende Beibehaltung bisheriger Grundsätze bei der Abhaltung römischer Konzilien und ungeachtet auch ihrer Befürchtung, daß in Mantua ein papsthöriges Ketzergericht und nicht das geforderte allgemeine, christliche und freie Konzil zu erwarten stehe, für eine grundsätzliche Teilnahmebereitschaft. Da Einzelheiten hier nicht mitgeteilt werden können, sei auf die inhaltsreiche Studie von H. Virck verwiesen, der genauere Auskünfte über die Beratungen der kursächsischen Protestanten anläßlich der Konzilsbulle sowie über die Reihenfolge der im dritten Band des Corpus Reformatorum gesammelten einschlägigen Aktenstücke zu entnehmen sind.[71] Seine Untersuchung kommt zu dem Ergebnis, „daß der Kurfürst an seiner Meinung festgehalten hat, daß das Konzil nicht zu besuchen sei; ihm ist es selbst fraglich gewesen, ob er auch nur die Einladung annehmen dürfe. Die Wittenberger dagegen vertreten den Standpunkt, daß man getrost auf das Konzil gehen soll, nicht weil sie es anders beurteilen als der Kurfürst, sondern im Sinne von Luthers Gutachten zu der Konzilsankündigung des Jahres 1533, weil man kein anderes bekommen könne, und man auch vor dieser Versammlung Rechenschaft vom Glauben zu geben habe."[72] An dieser Haltung haben die Theologen auch fernerhin festgehalten. So waren nicht sie es, „sondern die Politiker, die schließlich den Ausschlag gaben, daß auf dem Bundestag der intransigente Kurs eingeschlagen und das Konzil schlankweg abgelehnt wurde"[73].

Bevor es dazu kam, erteilte der Kurfürst im Rahmen seiner Maßnahmen im Vorfeld des Schmalkaldener Bundestages und unter Rückgriff auf einen bereits vorher gegebenen Auftrag Luther im Dezember 1536 den Sonderbefehl, eine Schrift zu verfassen, „worauf er in allen Artikeln, die er bisher gelehrt, gepredigt und geschrieben, auf einem Concilio, auch in seinem letzten Abschied von dieser Welt vor Gottes allmächtiges Gericht gedenkt zu beruhen und zu bleiben, und darinnen ohne Verletzung göttlicher

---

[71]   Vgl. H. Virck, Zu den Beratungen der Protestanten über die Konzilsbulle vom 4. Juni 1536, in: ZKG 13 (1892), 487–512.

[72]   E. Bizer, Die Wittenberger Theologen und das Konzil 1537. Ein ungedrucktes Gutachten, in: ARG 47 (1956), 77–101, hier: 77 f.

[73]   A. Ebneter, a. a. O., 40.

Majestät, es betreffe gleich Leib oder Gut, Frieden oder Unfrieden, nicht zu weichen" (CR 3, 140). Ebenso solle er angeben, in welchen Artikeln „um christlicher Liebe willen, doch außerhalb Verletzung Gottes und seines Worts ... etwas könnte und möchte nachgegeben werden" (CR 3, 140; vgl. BSLK 408,7–10). Welche kirchen- und theologiepolitischen Motive den Kurfürsten bezüglich seines Auftrags an Luther im einzelnen bewegten, ist in der Forschung umstritten. Während E. Bizer[74] nachdrücklich die Abhängigkeit des Artikelplans von der Konzilsproblematik betont, versucht H. Volz[75], der Bearbeiter der ASm in der Jubiläumsausgabe von Konk, die kurfürstliche Absicht zu beweisen, dem Protestantismus eine neue Bekenntnisschrift zu geben, und zwar unabhängig von der Frage, ob das Konzil dies erfordere oder nicht. Entsprechend kontrovers fällt die Beurteilung des Rezeptionsschicksals aus, welches den Artikeln auf dem am 15. Februar 1537 in Schmalkalden zusammentretenden Bundestag zuteil wurde. Fest steht, daß sie damals nicht allgemein angenommen und zur förmlichen Bekenntnisschrift erhoben wurden, wie Luthers Vorrede irrtümlich voraussetzt, wenn es im Blick auf die von ihm „zusammengebracht(en) und unserem Teil überantwortet(en)" Artikel heißt: „Die sind auch von den Unsern angenommen und einträchtiglich bekennet und beschlossen, daß man sie sollte (wo der Bapst mit den Seinen einmal so kühne wollt werden, ohn Liegen und Triegen, mit Ernst und wahrhaftig ein recht frei Concilium zu halten, wie er wohl schuldig wäre) offentlich überantworten und unsers Glaubens Bekenntnis fürbringen." (BSLK 408, 11–409,1)

Zur offiziellen Bekenntnisschrift wurde „die Lutherschrift, welche seit dem Jahre 1553 den Namen: ,Schmalkaldische Artikel' führt" (WA 50, 160), erst in der Folgezeit: Nachdem sie in einem Gutachten der hessischen Theologen aus dem Jahre 1544 erstmals der CA gleichgestellt worden war, fand sie im Zusammenhang der dogmatischen Wirren der fünfziger Jahre als geachtetes Zeugnis genuinen Luthertums Aufnahme in zahlreiche territoriale Corpora doctrinae und schließlich auch ins Konkordienbuch. Die BSLK

---

74   Vgl. Bizer (Lit.) sowie ders., Noch einmal: Die Schmalkaldischen Artikel, in: ZKG 68 (1957), 287–294.

75   Vgl. Volz (Lit.; vgl. auch ThStKr 103 [1931], 1–70) sowie: ders., Luthers Schmalkaldische Artikel, in: ZKG 68 (1957), 259–286.

463–468 abgedruckten Unterschriften, von denen acht bereits vor
dem Bundestag, die übrigen auf Bugenhagens Betreiben wenige
Tage nach Abschluß der eigentlichen Verhandlungen gegeben
wurden, sind daher historisch zunächst als Ausdruck persönlicher
Zustimmung einzelner ohne darüber hinausgehenden amtlichen
Charakter zu werten. Folgt man H. Volz, dann waren es vor allem
zwei Umstände, welche die Annahme der ASm als offizielle Bekenntnisurkunde auf dem Bundestag zu Schmalkalden verhinderten: Zum einen die schwere Erkrankung Luthers[76], der sämtli-
chen Verhandlungen fernbleiben mußte; zum anderen eine, wie
es schon bei Th. Kolde hieß, „kleine Intrige Melanchthons"[77] gegen Luther sowie die Absicht des sächsischen Kurfürsten, Luthers
Artikel in Schmalkalden von den Gelehrten der verbündeten Territorien und Städte offiziell unterzeichnen zu lassen, um sie damit
„als Bekenntnisschrift in eine Reihe mit der Confessio Augustana
und Apologie zu rücken" (BSLK XXXV). Als Motiv für diese Intrige und seinen gleich zu Beginn des Bundestages dem Landgrafen
von Hessen überbrachten Ratschlag, die ASm unter Verweis auf
CA und Wittenberger Konkordie für überflüssig zu erklären, wird
Melanchthons Furcht vor dem Ausbruch von Lehrstreitigkeiten innerhalb des evangelischen Lagers benannt. Mit der Ablehnung der
von Melanchthon durch den Landgrafen instruierten Städtevertre-
ter, über die Frage theologischer Konzessionen zu verhandeln,
weil dies falsch gedeutet werden könnte und man im übrigen
keine genauen Instruktionen habe, so daß man es lieber bei CA
und Apologie belassen wolle, war nach Volz auf dem Schmalkaldener Bundestag „das Schicksal der Lutherschen Artikel besiegelt"
(BSLK XXV).

Gegen diese Sicht hat E. Bizer aus seiner Perspektive einige kritische Einwände vorgebracht, die im Falle ihrer Richtigkeit eine
Teilrevision der Einleitung in ASm in BSLK XXIV-XXVII erforderlich machen. Ausgegangen wird von der Tatsache, daß das
Hauptthema der Schmalkaldischen Artikel die Frage war, ob und
gegebenenfalls unter welchen Bedingungen man das Konzil von
Mantua besuchen wolle. Nach Bizer ist die Entscheidung über

---

76   Vgl. im einzelnen O. Clemen, Luther in Schmalkalden 1537, in: ARG 31
      (1934), 252–263.

77   Th. Kolde, Zur Geschichte der Schmalkaldischen Artikeln, in: ThStKr 67
      (1894), 157–160, hier: 157.

diese Frage gleich zu Anfang im Sinne einer Ablehnung des Konzilsbesuchs durch die Verbündeten gefallen.[78] Damit aber habe auch das Artikelproblem seine Aktualität verloren. Daß die ASm am Widerstand der Städte infolge einer vermeintlichen Intrige Melanchthons gescheitert seien, könne daher nicht gesagt werden. Denn die Absicht, die Artikel in Schmalkalden unabhängig von der Konzilsfrage durchzusetzen, habe auch und gerade beim sächsischen Kurfürsten niemals bestanden; vielmehr könne von einer solchen Absicht nur im Zusammenhang mit dem ausgeschriebenen Konzil oder dem zeitweise geplanten protestantischen Gegenkonzil die Rede sein.

Wie immer man in dieser historischen Kontroverse entscheidet, die Tatsache, daß es sich bei den ASm um „ein Vermächtnis Luthers an die Kirche"[79] bzw. eine Art von theologischem Testament mit Bezug auf ein zu erwartendes gegenreformatorisches Konzil handelt, bleibt von dem Streit, inwieweit ihr förmlicher Bekenntnisstatus zur Zeit des Schmalkaldener Bundestages offiziell intendiert war, weitgehend unberührt. Ihr gleichsam testamentarischer Charakter ist nicht zuletzt dadurch bedingt, daß Luther Teile der Artikel unter dem Eindruck schwerer Erkrankung und im Bewußtsein geschrieben hat, sich und seinen Glauben bald vor Gottes ewigem Richterthron verantworten zu müssen. Bereits in der Osterzeit des Jahres 1536 hatte sich Luther in einem äußerst kritischen Gesundheitszustand befunden. Nachdem er vom Sonderauftrag seines Kurfürsten vom 11. Dezember erreicht worden und sogleich an die Arbeit gegangen war, erkrankte er abermals bereits nach einer Woche sehr schwer. Dem eschatologisch angespannten Empfinden zeitlicher Beschränktheit irdischen Daseins, wie es die Ursprungssituation der ASm kennzeichnet, gibt auch noch das Vorwort zum Erstdruck vom Sommer 1538 beredten Ausdruck. Vornehmlicher Zweck der Veröffentlichung ist es nach Luther, daß für den Fall, er werde noch vor dem Zustandekom-

---

[78] Vgl. dazu die Bemerkung von Chr. Ziemssen, Die welthistorische Bedeutung des Convents zu Schmalkalden im Jahre 1537, in: ZHTh 10 (1840), 74–94, hier: 89: „Es ist überhaupt nicht sowohl die Ablehnung des Concils im Allgemeinen, als vielmehr die Ablehnung mit feierlicher und öffentlicher Verwerfung des Ansehens des Papstes, was zu Schmalkalden welthistorisch Wichtiges geschah."

[79] Vgl. M. Willkomm, Ein Vermächtnis Luthers an die Kirche – Schmalkalden 1537, Zwickau 1937.

men eines Konzils sterben, diejenigen, „so nach mir leben und
bleiben werden, mein Zeugnis und Bekenntnis haben vorzuwen-
den" (BSLK 409,19–21). Zwar gibt Luther damit auch zu erkennen,
daß er mit einem zeitigen Beginn des Konzils nicht mehr rechnet.
Doch im Vordergrund steht die testamentarische Absicht, die
schon im Schlußwort der Originalversion deutlich zum Ausdruck
kam, wenn es hieß: „Dies sind die Artikel, darauf ich stehen muß
und stehen will bis in meinen Tod, ob Gott will, und weiß darinne nichts zu ändern noch nachzugeben. Will aber imand etwas
nachgeben, das tue er auf sein Gewissen." (BSLK 462,5–8)

Der betonte Verweis auf das Gewissen, durch das sich der Christ
schon jetzt vor den einstigen „Richtstuel Christi" (BSLK 411,8) gestellt und dem eschatologischen Urteil Gottes unterstellt weiß,
wird äußerlich dadurch unterstrichen, daß Luther seine ASm in
der Vorrede dezidiert neben den Schlußteil seiner Schrift „Vom
Abendmahl Christi" von 1528 stellt (BSLK 409,22 ff.: „... darauf ich
auch noch bisher blieben bin und bleiben will mit Gottes Gnaden"). Hingewiesen wird in diesem Zusammenhang ferner auf die
zahlreichen, bereits zu Luthers Lebzeiten zu beklagenden Verkehrungen und Mißdeutungen seiner Lehre im gegnerischen, aber
zum Teil auch im eigenen Lager (BSLK 410,8 f.: „Was will doch
immermehr nach meinem Tode werden?"), die eine testamentarische Klarstellung sub specie aeternitatis nötig machten. Was
schließlich die Konzilsfrage anbelangt, so steht Luther dem Gedanken einer freien Kirchenversammlung grundsätzlich positiv
gegenüber, da es in kirchlichen, aber auch in weltlichen Angelegenheiten vieles zu klären und zu regeln gebe. Um dies angemessen zu leisten, müsse man sich freilich auf Elementares konzentrieren, weshalb er selbst nur wenig Artikel aufgestellt und sich
auf das beschränkt habe, was heilsamem Glauben zu wissen notwendig ist (vgl. das ursprüngliche Motto BSLK 407,2 ff.: „His satis
est doctrinae pro vita aeterna ..."). Indes hatte Luther im Sommer
1538 die Hoffnung bereits mehr oder minder aufgegeben, daß das
ausgeschriebene Konzil, wenn es denn überhaupt je zustande
komme, zu solcher Konzentration fähig sei. Er gibt daher der
Befürchtung Ausdruck, Gott „möcht' einmal ein Engelconcilium
lassen gehen über Deutschland, das uns alle in Grund verderbet
wie Sodom und Gomorra, weil wir sein so frevelich mit dem
Concilio spotten" (BSLK 412,7–10). Nicht zuletzt diese Erwartung
treibt Luther zu der Bitte: „Ah, lieber Herr Jesu Christe, halt du

selber Concilium und erlöse die Deinen durch deine herrliche Zukunft." (BSLK 414,1 ff.)

Mag Luthers Konzilserwartung im Dezember 1536 auch noch stärker irdischer Natur gewesen sein, so ändert das doch nichts an der alle irdischen Bezüge transzendierenden eschatologischen Ausrichtung seiner Artikel. Der desolate Gesundheitszustand war für diese erhöhte endzeitliche Spannung wenn auch nicht der Grund, so doch der naheliegende äußere Anlaß. Luthers akute Erkrankung am Abend des 18. Dezembers hatte u. a. zur Folge, daß der Reformator lediglich die ersten 16 Blätter seiner Artikel eigenhändig zu Papier bringen konnte, während er den Rest diktieren mußte. Auf Blatt 17ᵃ des Originals setzt bei der Überschrift: „Vom Evangelio" (vgl. BSLK 449,5) „eine zweite, der Lutherischen sehr ähnliche, unbekannte Hand ein, die den Text bis Blatt 19ᵃ (‚Vom Bann') und von Blatt 20ᵇ (‚Wie man fur Gott gerecht wird') an bis zum Schluß geschrieben hat. Auf Blatt 19ᵇ–20ᵃ (‚Von der Weihe und Vocation', ‚Vonn der priester ehe', ‚Von der Kirchen') wird sie von einer ebenfalls nicht ermittelten dritten Hand abgelöst." (Volz, 6)[80]

Eine weitere Folge von Luthers Erkrankung bestand darin, daß die Ende Dezember auf Weisung des Kurfürsten anberaumten Wittenberger Beratungen Luthers mit Agricola, Nikolaus von Amsdorf, Spalatin sowie Bugenhagen, Cruciger, Jonas und Melanchthon sich länger als geplant hinzogen. Dazu trug allerdings auch die Tatsache bei, daß es neben Ergänzungswünschen, die indes gegenüber der ersten Niederschrift Luthers (= O) lediglich die Einfügung eines kurzen Absatzes über die Heiligenanrufung erbrachten (vgl. BSLK 424,10–15), zu abweichenden Auffassungen und zum Austrag theologischer Differenzen kam. Was Melanchthon betrifft, so wollte er vor allem Luthers Urteil über das Papstamt modifiziert wissen. Davon zeugt der Vorbehalt, mit dem er seine Unterschrift unter die von Spalatin angefertigte Kopie (= Sp) der um den Heiligenpassus ergänzten Originalfassung versah: „Ich Philippus Melanthon", so heißt es, „halt diese obgestallte Artikel auch fur recht und christlich, vom Bapst aber halt ich, so er das Evangelium wollte zulassen, daß ihm umb Friedens und gemeiner Einigkeit willen derjenigen Christen, so auch unter ihm

---

[80]   Etwas anders wird WA 50, 190 f. von O. Reichert geurteilt; dazu Volz, 6, Anm. 5.

sind und kunftig sein möchten, sein Superiorität uber die Bischöfe, die er hat jure humano, auch von uns zuzulassen (und zu geben) sei." (BSLK 463,10–464,4)

Als ein weiterer problematischer Punkt der Artikelreihe wurde die
Abendmahlsfrage empfunden. Wird auch die Änderung der Ur-
sprungsfassung des Abendmahlsartikels durch Streichung der Präposition „unter" (vgl. BSLK 450,14) schon vor der Wittenberger
Theologenkonferenz vollzogen worden sein und daher in keinem
direkten Zusammenhang mit ihr stehen (H. Volz gegen Th. Kolde), so hat jedenfalls Melanchthon bei seinem erwähnten Besuch
des Landgrafen vom 10. Februar 1537 ausdrücklich und kritisch auf
sie Bezug genommen, wobei er allerdings fälschlicherweise vor-
aussetzte, Luther habe ursprünglich und dem Wortlaut der Wittenberger Konkordie gemäß geschrieben, daß mit dem Brot der
Leib des Herrn gegeben werde.[81] Melanchthon interpretierte daher
die Textänderung als eine Verschärfung der lutherischen Position,
von der er nachteilige Folgen für den eben erst erlangten Konsens
befürchtete. Zu einer anderen Beurteilung wird man gelangen,
wenn man sich Melanchthons Irrtum und die Tatsache vor Augen
hält, daß die ursprüngliche Version nicht „mit", sondern „unter"
lautete, was dem Text der Konkordie nicht nur nicht entspricht,
sondern für die Oberdeutschen in der Tat nicht annehmbar gewesen wäre, sofern sich für sie mit der Präposition „unter" ebenso
wie mit der Präposition „in" unweigerlich die inakzeptable Vorstellung einer räumlichen Einschließung Christi in den Elementen
verband („daher ist denn auch das ‚unter' in der Konkordie ausdrücklich ausgeschlossen worden" [Bizer, 74]). Unter diesen Bedingungen stellt sich der Sachverhalt nämlich so dar, wie Bizer
ihn – ohne daß ihm von Volz hierin widersprochen worden wäre – dargestellt hat: „Luther hat ... nicht eine der Konkordie gemäße Formulierung in eine ihr entgegengesetzte umgeändert,
sondern eine ganz unannehmbare in eine mindestens tragbare,
sofern er ja einfach zum biblischen ‚est' zurückgekehrt ist, über
dessen Interpretation man in den vergangenen Jahren genug geredet hatte, und das auch in der Konkordie, zusammen mit But-
zers Erklärung ausdrücklich zugelassen worden war." (Bizer, 74)
Von einer Absicht Luthers, die eben erst zustande gebrachte Wit-

---

[81]   Vgl. Th. Kolde, Zur Geschichte der Schmalkaldischen Artikel in: ThStKr
67 (1894), 157–160.

tenberger Konkordie durch ASm zu sprengen, kann also nicht die
Rede sein und das um so weniger, als er des weiteren nicht einfach die manducatio impiorum lehrt, sondern durchaus kompro-
mißbereit formuliert, der wahrhaftige Leib und Blut Christi werde
im Abendmahl „nicht allein gereicht und empfangen von frommen, sondern auch von bosen Christen" (BSLK 451,1 f.).

In den ersten Januartagen des Jahres 1537 wurden die ASm in der
durch Spalatins Abschrift dokumentierten und von den acht erwähnten Theologen unterzeichneten Fassung dem Kurfürsten
übergeben. Dieser äußerte bereits wenige Tage darauf in einem
eindrucksvollen Brief[82] seine Freude über die Artikel und deren
Übereinstimmung mit der CA; Melanchthons Papstklausel indes
mißfiel ihm und wurde ausdrücklich gerügt. Wie die weiteren
Pläne des Kurfürsten mit ASm zu beurteilen sind, wurde als in der
Forschung umstrittenes Problem bereits angesprochen. Faktum ist,
daß eine Unterschriftenaktion unter den Predigern des eigenen
Landes im Vorfeld des Schmalkaldener Konvents nicht recht in
Gange kam; und Tatsache ist auch, daß Luthers Artikel auf dem
Bundestag von Schmalkalden nicht als offizielle Bekenntnisur-
kunde verabschiedet wurde, während der dort in Auftrag gegebe-
ne Traktat Melanchthons „auf gleiche Stufe mit Augustana und
Apologie gestellt wurde"[83].

Zum Druck kamen die ASm unter dem Titel: „Artickel / so da
hetten sollen auffs Concilion zu Mantua / oder wo es würde
sein / uberantwortet werden" (= A) im Sommer 1538 in Wittenberg, wobei Luther sein Original neben einer Vorrede in den Abschnitten über Messe, Fegefeuer, Heiligenanrufung, Buße und
Beichte mit fünf größeren Zusätzen versah, die neben stilistischen
und teils stark polemisch geprägten sachlichen Änderungen im
Text der Jubiläumsausgabe rechtsspaltig wiedergegeben werden,
während auf der inneren Spalte die Textform hergestellt ist, die
Luther auf der Wittenberger Theologenkonferenz Ende Dezember
1536 vorlegte. WA 50, 192–253 sind in Paralleldruck Luthers Manuskript und der Urdruck wiedergegeben. Beigefügt sind die Unterschriften der Theologen aus Sp (WA 50, 253 f.). Der lateinische

---

[82]   Vgl. Analecta Lutherana. Briefe und Actenstücke zur Geschichte Luthers.
      Zugleich ein Supplement zu den bisherigen Sammlungen seines Brief-
      wechsels. Hg. v. Th. Kolde, Gotha 1883, 285–288.

[83]   Th. Kolde, Art. Schmalkaldische Artikel, in: RE³ 17, 644.

Text in BSLK folgt dem lateinischen Konkordienbuch von 1580. Über weitere Textausgaben und das Variantenverzeichnis informiert BSLK XXVI f. (vgl. H. Volz, 32 ff.).

Zu ergänzen ist, daß gegen die Schmalkaldischen Artikel in den Jahren 1538/39 drei Widerlegungsschriften von altgläubiger Seite verfaßt wurden, nämlich von Johann Cochläus, Georg Witzel und Johann Hoffmeister.[84] Luther hat darauf nicht reagiert. Was schließlich den auf dem Tag zu Schmalkalden 1537 zur offiziellen Bekenntnisschrift erhobenen „Tractatus de potestate et primatu papae" Melanchthons betrifft, so schließt er zwar im Konkordienbuch unmittelbar an ASm an, ist aber gleichwohl nicht, wie man früher vielfach irrig annahm, als Anhang zu diesem, sondern „als Zusatz und Ergänzung zur Confessio Augustana zu betrachten" (BSLK XXVI; vgl. im einzelnen Volz, 42 ff.). Veranlaßt wurde er durch den von Kanzler Brück in seiner Bundestagseröffnungsrede vom 10. Februar unterbreiteten und von den Städteboten unterstützten Vorschlag, angesichts des zu erwartenden Konzils die 1530 in Augsburg abgebrochene Verhandlung über des Papstes vermeintliche Hoheit und Monarchie und der in Glaubenssachen angemaßten Jurisdiktion der Bischöfe wiederaufzunehmen und einen entsprechenden Text dem Bekenntnis zu integrieren. Mag dieser Vorschlag primär auch durch beschäftigungstherapeutische Absichten bestimmt gewesen sein (vgl. Volz, 44), so war er doch sachlich insofern sinnvoll, als Luther schon 1530 das Fehlen eines Artikels zum päpstlichen Primat in der Augustana vermißt hatte. Die am 12. Februar mit der beschriebenen Aufgabe betrauten Theologen bildeten zunächst einen dreizehnköpfigen Ausschuß, der wiederum Melanchthon, Bucer, Rhegius, Brenz und Osiander mit der Abfassung der Schrift beauftragte. „Melanchthon verfaßte sie jedoch ganz allein." (Volz, 46) Dabei handelte er nicht nur, wie der geläufige Titel vermuten lassen könnte, „de potestate et primatu papae", sondern dem ursprünglichen Auftrag gemäß auch „de potestate et jurisdictione episcoporum". In der Primatsfrage nahm Melanchthons Traktat entsprechend der papstfeindlichen Stimmung, wie sie auf dem Schmalkaldener Konvent geherrscht hatte, eine abweisendere Haltung ein, als es seinem Autor nach Maßgabe des Zusatzes zu seiner ASm-Unterschrift eigentlich lieb

---

[84]   Vgl. H. Volz (Hg.), Drei Schriften gegen Luthers Schmalkaldische Artikel von Cochläus, Witzel und Hoffmeister (1538 und 1539), Münster 1932.

sein konnte. Wie um seinen Traktat zu entschuldigen, schreibt Melanchthon daher am 23. Februar an Justus Jonas: „Id scripsi paulo, quam soleo, asperius." (CR 3, 271) Abgeschlossen war das Schriftstück bereits am 17. Februar, so daß der Text noch am selben Tag von Bucer in der Versammlung aller Theologen verlesen werden konnte, deren Zustimmung er fand. Die von Spalatin angefertigte Abschrift (Spal) des verlorenen lateinischen Originals unterzeichneten mittels eines angefügten Aktenstücks am 24. Februar abgesehen von dem erkrankten Luther alle in Schmalkalden anwesenden Theologen (vgl. BSLK 496 ff.; zu Blaurer vgl. Volz, 49 f.). Spal bildet auch die Grundlage des in der Jubiläumsausgabe abgedruckten Textes. Die deutsche Fassung basiert auf der Übersetzung von Veit Dietrich, die noch während der Schmalkaldischen Tagung angefertigt wurde.

Im Unterschied zu ASm hat Tract als eine von den Ständen offiziell gebilligte Bekenntnisurkunde des Schmalkaldener Bundestages zu gelten, in dessen Abschied vom 6. März 1537 entsprechend zu lesen steht: „Dieweil wir unsere treffliche gelerten der heiligen Biblischen geschriefft alhie zesamen gesetzt, die sich vonn allen Artickeln unser Confession Cristlichen underredt, so seind sie durch gnedige verleihung gottes einhelliglichen mit ainander ubereinkommen in allen puncten unnd Artickeln, inmaßen unnser confession und Apologia, die wir uff dem Reichstage zu Augsburgk haben ubergeben, einhelt, Allein das sie einen Artickel, belangend des Bapsts zu Rom primat, etwas weither unnd besser gestellt, wie derselbige inhelt ..." (zit. n. Volz, 51)

Erstmals im Druck (vgl. im einzelnen BSLK XXVII und Volz, 52 ff.) erschien der Traktat zusammen mit einigen anderen kleinen Melanchthon-Schriften 1540. Bald jedoch verschwindet Melanchthons Name des öfteren aus dem Titel und macht der schließlich auch in Konk anzutreffenden Wendung „durch die Gelehrten zusammengezogen zu Schmalkalden. Anno 1537" Platz. Das erklärt sich nicht zuletzt daraus, daß der Auftrag zur Abfassung des Traktats an sämtliche in Schmalkalden versammelte Theologen erging und als Kollektivarbeit von den Ständen entgegengenommen wurde (vgl. Volz, 47). „1553 wird die Bekenntnisschrift als Anhang zu Luthers Artikeln gedruckt und so ist sie auch in das Konkordienbuch eingegangen."[85]

4. *Fragen der Gliederung und dogmatischen Organisation*
(Zwischentext)

Abgesehen von dem Motto des handschriftlichen Originals[86] und der Vorrede der Druckausgabe (BSLK 407–414) sind Luthers Schmalkaldische Artikel in drei Teile gegliedert. Formal werden Artikel unterschieden über die zwischen beiden Seiten kein Streit herrscht, Artikel, von denen man unter keinen Umständen weichen kann, und Artikel, über die mit Gelehrten und vernünftigen Katholiken gegebenenfalls eine Verständigung möglich ist. Die erste Artikelgruppe bezieht sich inhaltlich auf die „hohen Artikel der gottlichen Majestät", nämlich die Dreieinigkeit Gottes und die Menschwerdung Gottes. Unter die vier Artikel des II. Teils der ASm, die das Amt und Werk Jesu Christi oder unsere Erlösung betreffen und an welchem die Päpstlichen nach Luthers abschließendem Gesamturteil genug zu verdammen haben werden, weil sie seiner gewissen Erwartung gemäß „nicht das geringst Geliedlin von der Artikel einem uns lassen können noch wollen", rechnet der Reformator neben dem christologischen Haupt- und Grundartikel (II,1) den Artikel von der Messe und ihren Folgemißständen (II,2), von den Stiften (II,3) und Klöstern sowie vom Papsttum (II,4). Dem dritten und letzten Teil hat Luther, wie erwähnt, die Überschrift gegeben: „Folgende Stücke oder Artikel mugen wir mit gelehrten, vernunftigen oder unter uns selbs handeln, denn ... der Bapst und sein Reich achten derselben nicht viel, denn conscientia ist bei ihn nichts, sondern Geld, Ehr und Gewalt." (BSLK 433,7–10) Gehandelt wird hier von der Sünde (III,1), vom Gesetz (III,2), von der Buße (III,3), vom Evangelium (III,4),

---

[85]   R. Oeschey, Fragen der Kirchenordnung in den Schmalkaldischen Artikeln und dem Tractatus de potestate et primatu papae, Leipzig 1937, 6.

[86]   Zum Entzifferungsproblem vgl. BSLK 407, Anm. 3; ferner: Th. Kolde, Luther's Motto zu den Schmalkaldischen Artikeln, in: ZKG 8 (1886), 318 f.; G. Kawerau, Luther's Motto zu den Schmalkaldischen Artikeln, in: ZKG 9 (1888), 184 f.

von der Taufe (III,5), vom Sakrament des Altars (III,6), von den Schlüsseln (III,7), von der Beichte (III,8), vom Bann (III,9), von der Weihe und Berufung ins geistliche Amt (III,10), von der Priesterehe (III,11), von der Kirche (III,12), von der Gerechtigkeit vor Gott und den guten Werken (III,13), von Klostergelübden (III,14) und schließlich von Menschensatzungen (III,15).

Aufbau und Gliederung der ASm entsprechen also offenbar genau jenem Auftrag, den Luther von seiten seines Landesherrn erhalten hat. Nichtsdestoweniger sind die Artikel des dritten Teils ebensowenig wie die der beiden anderen Kompromiß- und Ausgleichsformeln. Das beweist nicht nur das bereits zitierte Schlußwort der Originalversion der ASm (BSLK 462,5–8), das „sich entweder nur oder jedenfalls auch auf die dritte Gruppe der Artikel, also die (angeblich) diskutabeln, bezieht" (Lau, 293), sondern auch die offenkundige Tatsache einer systematischen Einheit, welche die Dreigliederung umgreift und welche darin besteht, „daß jeder einzelne theologische Artikel auf die Lehre von der Rechtfertigung aus dem Glauben zurückgeführt wird" (Lau, 299; bei L. gesperrt). Denn mag auch der Rechtfertigungsartikel äußerlich als „sehr kurz und dürftig" (Lau, 297) erscheinen, so bestimmt er doch als „Hauptartikel" und organisierende Mitte den Gesamtzusammenhang des Ganzen. Dabei verdient neben der christologischen Konzentration auch der enge „innere Zusammenhang von Rechtfertigung und 1. Gebot" (Lau, 301) besondere Beachtung, wie er u. a. auch von Luthers Katechismusauslegung her vertraut ist. Nicht zuletzt dies macht den theologischen Rang der ASm aus, deren Bedeutung sich keineswegs in zeitgebundener Polemik erschöpft. Auch wer dem Urteil nicht zustimmt, die Schmalkaldischen Artikel seien als „innerer Höhepunkt" der lutherischen Bekenntnisschriften zu betrachten[87], wird zugestehen müssen, daß Luther in ihnen „seinem Glauben einen abschließenden Ausdruck gegeben" hat.[88] In diesem Sinne verdienen sie neben und im Zusammenhang mit CA und Apologie mindestens dieselbe Beachtung, wie sie Melanchthons Traktat gebührt, der bekanntlich von

---

[87]   H. Lilje, Die Schmalkaldischen Artikel. Eine Erinnerung an den Februar 1537, in: Die Furche 23 (1937), 76–82, hier: 82.

[88]   J. Stier, Luthers Glaube und Theologie in den Schmalkaldischen Artikeln, Gütersloh 1937, 5.

Anfang an als Ergänzungsschrift der Augsburgischen Konfession konzipiert war.[89]

Was die Gliederung der CA und analog die ihrer (aufbaumäßig etwas gestrafften) Apologie angeht, so besteht die Augustana aus zwei deutlich voneinander unterscheidbaren Teilen, wobei die Artikel I-XXI vor allem Lehr-, die Artikel XXII-XXVIII[90] insbesondere praktische Kirchenordnungsfragen betreffen. Diese Unterteilung ist durch die dargestellte literarische Entwicklungsgeschichte bedingt und hängt unter anderem mit unterschiedlichen Akzentsetzungen in Theologie und Politik zusammen: Während für die Theologen die Sorge um die Lehre vorherrschte, hatten unter den Politikern die rechtlichen Organisationsprobleme Vorrang, „die sich aus der Neuordnung des Kultus ergaben" (Maurer I, 22). Dennoch darf die historisch gegebene Unterschiedenheit der beiden Teile der CA nicht zur systematischen Trennung ihrer Inhalte führen. Denn es ist klar und sachlich keine Frage, daß die protestantische Reform der Kirchenpraxis ihren Grund hat in der ursprünglichen theologischen Einsicht der Reformation, deren Lehrgehalt hinwiederum an sich selbst auf praktische Gestaltung hin angelegt ist. In der nachfolgenden Behandlung der Inhalte der CA, denen diejenigen der ASm und des Tract nach Sachgesichtspunkten zugeordnet werden, soll daher die im wesentlichen situativ bedingte formale Aufteilung von Lehr- und Praxisfragen aufgegeben werden zugunsten einer stärker an gegenwärtigen

---

[89]   Dabei wird sich zeigen, daß die Bekenntnisschriften der Jahre 1530 und 1537 in ihrem theologischen Gehalt durchaus zusammenstimmen und daß es – bei allen Unterschieden der Tonlage – in sachlicher Hinsicht ein Vorurteil ist, zu sagen: „Die Schmalkaldener Artikel sind ... die Selbstbefreiung Luthers gegenüber Melanchthons Leisetreterei von 1530; der Rückschlag des genuinen Luthergeistes gegen die absichtlich nivellierende Augustana Melanchthons ..." (WA 50, 161).

[90]   Gehandelt wird von beiderlei Gestalt des Sakraments (De utraque specie; CA XXII), vom Ehestand der Priester (De coniugio sacerdotum; CA XXIII), von der Messe (De missa; CA XXIV), von der Beichte (De confessione; CA XXV), vom Unterschied der Speisen (De discrimine ciborum; CA XXVI), von den Klostergelübden (De votis monasticis; CA XXVII) und schließlich von der Gewalt der Bischöfe (De potestate ecclesiastica; CA XXVIII). Ziel der Artikelfolge ist es, vor dem Kaiser die Abänderung bzw. die Aufhebung überkommener zeremonieller und sonstiger kirchlicher Mißbräuche, die entweder durch Gewohnheit oder Zwang aufgerichtet wurden, als dem Gebot Gottes entsprechend zu rechtfertigen.

Rezeptionsbedürfnissen und nicht zuletzt an Zentralthemen des gegenwärtigen ökumenischen Diskurses orientierten Systematik. Daß damit Akzentverlagerungen im Vergleich zur Entstehungssituation und historischen Ursprungsgestalt der CA verbunden sind, ist nicht zu leugnen; doch sind solche Akzentverlagerungen keineswegs äußerer Art, sondern notwendiges Implikat einer lebendigen Bekenntnishermeneutik, zu der u. a. die Einsicht gehört, daß – trotz nach wie vor gegebener Wichtigkeit – weder der Streit um die Amtsfunktionen und theologischen Kompetenzen von Fürstbischöfen noch auch die Auseinandersetzungen um Meßopfer, Empfang des Abendmahls unter beiderlei Gestalt und Zölibat die innerste Mitte aktueller Theologie bestimmen. In der Konsequenz dieser Einsicht wird eine vorrangig an gegenwärtigen Geltungsansprüchen interessierte Darstellung den Artikeln des zweiten Teils der CA, „in quibus recensentur abusus mutati" (BSLK 84,1), in denen die Mißbräuche, „welche zum Teil mit der Zeit selbs eingerissen, zum Teil mit Gewalt aufgericht" (BSLK 84,8 ff.), verhandelt werden, nicht die konzentrierte Aufmerksamkeit zuwenden können, die ihnen ein primär historisch orientierter Kommentar zuwenden muß. Im Zentrum der Aufmerksamkeit werden vielmehr naturgemäß solche theologischen Fragen stehen, wie sie vor allem im ersten Teil der CA erörtert werden. An dessen thematischem Aufbau wird sich daher – dem Vorgang der Konkordienformel folgend – auch die Gliederung der nachfolgenden Ausführungen primär ausrichten, ohne daß deshalb die Themenbestände des zweiten Teils der CA unberücksichtigt blieben, die vielmehr im Sachzusammenhang der Artikel I-XXI bzw. I-XVII erschlossen und mitverhandelt werden sollen. In ökumenischer Hinsicht wird durch ein solches Verfahren die kontroverstheologische Brisanz der zu erörternden Sachfragen eher verstärkt: Denn begreift man die CA von Anfang an als eine sachliche Einheit, dann stellt sich die Frage mit gesteigerter Dringlichkeit, ob es denn wahr ist, was Melanchthon zum Beschluß des ersten Teils der CA sagt: „Haec fere summa est doctrinae apud nos, in qua cerni potest nihil inesse, quod discrepet a scripturis vel ab ecclesia catholica vel ab ecclesia Romana, quatenus ex scriptoribus nobis nota est. Quod cum ita sit, inclementer iudicant isti, qui nostros pro haereticis haberi postulant. Tota dissensio est de paucis quibusdam abusibus, qui sine certa autoritate in ecclesias irrepserunt, in quibus etiam, si qua esset dissimilitudo, tamen decebat haec lenitas episcopos, ut propter confessionem, quam modo recensuimus, tolerarent nostros, quia ne canones quidem tam duri sunt, ut eosdem ritus ubique esse postulent, neque similes unquam omnium ecclesiarum ritus fuerunt." (BSLK 83c,7 – 83d,6)[91]

Auch wenn von einzelnen bestritten wurde, daß dem ersten Teil der CA eine beabsichtigte Ordnung und ein kompositorischer Plan zugrunde liegt, so stellt die Abfolge der Artikel doch zweifellos keine wahllose Aneinanderreihung dar.[92] Offenkundig ist zumindest der innere Zusammenhang der Artikel I-XVII. Während es sich bei den folgenden vier Artikeln (De libero arbitrio; De causa peccati; De fide et bonis operibus; De cultu sanctorum) um

----

[91] Hinzugefügt wird, daß der Vorwurf, in den evangelischen Gemeinden würden alle Zeremonien und alten Sitten abgeschafft, verleumderisch sei. Richtig sei vielmehr, daß die meisten von ihnen gewissenhaft eingehalten würden. In gewissem Maße (aliqua ex parte) korrigiert worden seien gewisse Mißbräuche (in vulgaribus ritibus), die guten Gewissens nicht gebilligt werden konnten. Solche Mißbräuche behandelt sodann der zweite Teil der CA. Er wird in der deutschen Fassung mit dem Satz eingeleitet: „So nun von den Artikeln des Glaubens in unseren Kirchen nicht gelehrt wird zuwider der heiligen Schrift oder gemeiner christlichen Kirchen sonder allein etlich Mißbräuche geändert sind, welche zum Teil mit der Zeit selbs eingerissen, zum Teil mit Gewalt aufgericht (Cum ecclesiae apud nos de nullo articulo fidei dissentiant ab ecclesia catholica, tantum paucos quosdam abusus omittant, qui novi sunt et contra voluntatem canonum vitio temporum recepti ...), fordert unser Notdurft, dieselbigen zu erzählen und Ursach anzuzeigen, warumb hierin Änderung geduldet ist, damit Kaiserliche Majestät erkennen mugen, daß nicht hierin unchristlich oder frevenlich gehandelt, sonder daß wir durch Gottes Gebot, welches billig hoher zu achten dann alle Gewohnheit, gedrungen seind, solch Änderung zu gestatten." (BSLK 84,4 – 18) Der ausführlichere lateinische Paralleltext wendet sich darüber hinaus noch gegen Verleumdungen und üble Nachrede, mit denen Haß geschürt und Zwietracht gesteigert werde. Im übrigen gibt er dem Gewißheit Ausdruck, der Kaiser werde sich von der Tolerabilität der evangelischen Form der Lehre und Gebräuche ohne Zweifel überzeugen. Ferner wird betont, es sei leicht einzusehen, daß nichts zur Bewahrung der Würde der Zeremonien und zur Erhaltung der Ehrfurcht und Frömmigkeit im Volke mehr beiträgt, als wenn die Zeremonien in den Gemeinden in der rechten Weise gehalten werden.

[92] Zur Diskussion um die CA-Disposition vgl. V. Pfnür, Einig in der Rechtfertigungslehre? Die Rechtfertigungslehre der Confessio Augustana (1530) und die Stellungnahme der katholischen Kontroverstheologie zwischen 1530 und 1535, Wiesbaden 1970, 97 ff.

Zusatzartikel handelt, die – veranlaßt namentlich durch Eck – einzelne Sachprobleme je für sich näher ausführen, weisen die Artikel I-XVII ein sachliches Gliederungsgefüge auf, das entscheidend durch das Credo bestimmt ist und auf die eine und andere Weise durch die Anordnung der Schwabacher und Marburger Vorformen der CA-Lehrartikel sowie insonderheit durch Luthers Bekenntnis von 1528 vorgeprägt wurde.[93] Auch läßt sich eine Abhängigkeit des Aufbaus von den Sentenzen des Petrus Lombardus[94], dem am meisten benutzten Lehrbuch der abendländischen Dogmatik vom 12. bis zum 16. Jahrhundert, erkennen[95], wie sie auch für die systematische Struktur von Melanchthons Loci[96] anzunehmen ist.

Überblickt man die Abfolge der ersten 17 Artikel der CA, so zeigt sich „eine deutliche Zäsur zwischen Artt. 4 und 5. Die CA 5 einleitenden Worte: Ut hanc fidem consequamur ... verweisen auf den vorhergehenden 4. Art. von der Rechtfertigung. Und dieser 4. Art. ist seinerseits wiederum der Abschluß der ersten drei Fundamentalartikel von der Trinität, vom gefallenen Menschen und von Christus. Dieser auf die Lehre von Gott, Mensch und Christus gegründete rechtfertigende Glaube wird in den Artt. 5–17 unter den Gesichtspunkten des Amtes der Gnadenmittel, der ethischen Früchte, der Kirche, der einzelnen Sakramente, der Kirchenordnung, des Lebens in der Polis und des Jüngsten Gerichts expliziert."[97] CA IV erweist sich sonach bereits unter formalen Ge-

---

93 Vgl. im einzelnen G. Plitt, Einleitung in die Augustana. II. Entstehungsgeschichte des evangelischen Lehrbegriffs bis zum Augsburger Bekenntnisse, Erlangen 1868, 1–10.

94 Zum Dispositionsschema des Lombarden vgl. O. Baltzer, Die Sentenzen des Petrus Lombardus. Ihre Quellen und ihre dogmengeschichtliche Bedeutung, Aalen 1972 (Neudruck der Ausgabe Leipzig 1902), 12 ff.

95 Vgl. F. Winter, Confessio Augustana und Heidelberger Katechismus in vergleichender Betrachtung, Berlin 1954, 19 ff.; F. Hoffmann, Theologisch-systematische Strukturen in der Confessio Augustana. Ihre Bedeutung für das ökumenische Gespräch, in: ders./U. Kühn (Hg.), Die Confessio Augustana im ökumenischen Gespräch, Berlin 1980, 63–72.

96 Vgl. W. Maurer, Zur Komposition der Loci Melanchthons von 1521, in: LJ 25 (1958), 146–180.

97 A. Kimme, Die ökumenische Bedeutung der Augsburgischen Konfession, in: Die Aktualität des Bekenntnisses, Hamburg 1971 (Fuldaer Hefte 21), 9–74, hier: 14. Zum Aufriß des ersten Teils der CA vgl. weiterhin W. Pannenberg, Die ökumenische Bedeutung der Confessio Augustana. Sit-

sichtspunkten als organisierendes Zentrum und „beherrschende(r)
Mittelpunct des Bekenntnisses, wie die Apologie es geradezu ausspricht und wie die Behandlung aller einzelnen Lehren leicht erkennen lässt"[98]. Dies gilt übrigens nicht nur für die Artikel I-XVII
bzw. XXI, sondern, wie gesagt, auch für den zweiten Teil der CA:
„Auch hier begegnen Aussagen über die Rechtfertigung, ja es bildet folgerichtigerweise deren Interpretation die Norm für das, was
Mißstand in der Kirche sei."[99] Bei alledem fungiert die Rechtfertigungslehre indes nicht als abstraktes Theorem oder axiomatisches
Prinzip, wofür die vorhergehende trinitätstheologisch-christologi-
sche Grundlegung und der konkrete hamartiologische Bezug der
beste Beweis sind. Bemerkenswert ist in diesem Zusammenhang
ferner die Tatsache, daß die Augustana in Abweichung von ihren
Vorlagen den Erbsündenartikel „bereits *vor* dem christologischen
Artikel und unmittelbar nach dem trinitarischen abhandelt"[100]. Der
sachliche Grund hierfür ist das Bemühen um heilsgeschichtliche
Konkretion, die durch die Stellung von CA XVII („De reditu Christi ad iudicium") und die durch sie bedingte eschatologische Ge-
samtausrichtung der Artikelfolge bestätigt und bewährt wird, was
nachgerade auch für das Verständnis der „res civiles", von denen
CA XVI handelt, nicht ohne Bedeutung ist. Für die an CA IV anschließenden Artikel ist im übrigen die Einsicht bestimmend, daß
der Rechtfertigungsvorgang, dem gute Werke selbstverständlich
nachzufolgen haben (vgl. CA VI), begründet ist in Gottes gegen-
wärtigem Geisthandeln mittels und in der Evangeliumsverkündigung durch Wort und Sakrament, in welcher das wesentliche Amt
der Kirche besteht, wie CA V es besagt. Dies wird in den Artikeln
IX-XIII näher entfaltet, deren Umrahmung durch die Artikel VII
und VIII sowie XIV und XV die ekklesiologische Verfaßtheit der
Heilsvermittlung entsprechend zur Geltung bringt. Indem der
grundlegende Kirchenartikel VII, sofern er von der reinen Lehre

---

zungsbericht der Bayerischen Akademie der Wissenschaften, Phil.-hist.
Klasse, 1981, H. 6, 12−15.

[98]   G. Plitt, a. a. O., 6.

[99]   G. Müller/V. Pfnür, Rechtfertigung – Glaube – Werke, in: H. Meyer/
H. Schütte (Hg.), Confessio Augustana – Bekenntnis des einen Glaubens.
Gemeinsame Untersuchung lutherischer und katholischer Theologen,
Paderborn/Frankfurt a. M. 1980, 105−138, hier: 110.

[100]   K. Lehmann/H. G. Pöhlmann, Gott, Jesus Christus, Wiederkunft Christi,
in: Confessio Augustana, a. a. O., 47−78, hier: 48.

des Evangeliums und der rechten Sakramentsverwaltung spricht, implizit auf Artikel V und die dort gekennzeichneten Aufgaben des Predigtamts zurückkommt, wird ferner nicht nur der elementare Zusammenhang der ekklesiologischen Aussagen der CA mit dem Rechtfertigungsartikel, sondern auch die grundlegende und unveräußerliche Bedeutung erkennbar, die dem ministerium docendi evangelii et porrigendi sacramenta für die Kirche zukommt.[101]

Die gewählte Gliederung der nachfolgend zu behandelnden Themenbestände sucht unter Integration der Inhalte von ASm und Tract der sachlichen Differenziertheit von CA gemäß der skizzierten Gesichtspunkte systematisch zu entsprechen, ohne die vorgegebene Artikelreihenfolge einfachhin zu übernehmen. Gehandelt wird zunächst vom dreieinigen Gott und der Vermittlung des Heils (§ 9). Es folgt die Erörterung zur Rechtfertigung des Sünders als Inbegriff reformatorischer Theologie (§ 10). Die Darstellung der Gehalte evangelischen Glaubens schließt mit der Thematisierung der Kirche und ihres Amtes (§ 11). Über den genaueren Aufbau der bezeichneten Paragraphen unterrichtet das Inhaltsverzeichnis.

---

[101] Vgl. W. Pannenberg, Die Augsburger Konfession und die Einheit der Kirche, in: H. Fries u. a., a. a. O., 259–279, hier: 268.

§ 9

DER DREIEINIGE GOTT
UND DIE VERMITTLUNG DES HEILS

Lit.:

E. Bizer, Die Abendmahlslehre in den lutherischen Bekenntnisschriften, in: ders./W. Kreck, Die Abendmahlslehre in den reformatorischen Bekenntnisschriften, München 1955, 3–42. – *Brunstäd* (wie Lit. § 3). – *E. Honée,* Die theologische Diskussion über den Laienkelch auf dem Augsburger Reichstag 1530. Versuch einer historischen Rekonstruktion I, in: NAK NS 53 (1972/73), 1–96. – *Fagerberg* (wie Lit. § 3). – *H. Fagerberg/H. Jorissen,* Buße und Beichte, in: H. Meyer/H. Schütte (Hg.), Confessio Augustana – Bekenntnis des einen Glaubens. Gemeinsame Untersuchung lutherischer und katholischer Theologen, Paderborn/Frankfurt a. M. 1980, 228–255. – *Immenkötter* (wie Lit. § 6). – *Kolde* (wie Lit. § 7). – *H.-O. Kvist,* Der Heilige Geist in den Bekenntnisschriften der evangelisch–lutherischen Kirche, in: KuD 31 (1985), 201–211. – *K. Lehmann/ H. G. Pöhlmann,* Gott, Jesus Christus, Wiederkunft Christi, in: H. Meyer/H. Schütte (Hg.), a.a.O., 47–78. – *Maurer I* und *II* (wie Lit. § 7). – *Mildenberger* (wie Lit. § 3). – *G. Müller,* Um die Einheit der Kirche. Zu den Verhandlungen über den Laienkelch während des Augsburger Reichstages 1530, in: E. Iserloh/K. Repgen (Hg.), Reformata Reformanda. FS H. Jedin. Erster Teil, Münster 1965, 393–427. – *Peters IV* und *V* (wie Lit. § 4). – *R. Prenter,* Das Augsburgische Bekenntnis und die römische Meßopferlehre, in: KuD 1 (1955), 42–58. – *D. Sattler,* Gelebte Buße. Das menschliche Bußwerk (satisfactio) im ökumenischen Gespräch, Mainz 1992. – *Schlink* (wie Lit. § 3)

1. Gott in Christus

Die Reformation wollte keine neue Kirche schaffen, sondern die bestehende nach Maßgabe des wiederentdeckten Evangeliums von der Rechtfertigung des Sünders aus Gnade um Christi willen durch Glauben umgestalten. Dabei wußten sich die reformatorischen Väter in Kontinuität zu dem originären christlichen Zeugnis, wie es in der Hl. Schrift beurkundet und durch das Bekenntnis der Kirche in apostolischer Nachfolge seit alters beständig verkündet wurde. Das Augsburger Bekenntnis will entsprechend „nicht das Bekenntnis einer Partikular- oder Konfessionskirche sein; es erhebt den Anspruch, daß in ihm die una sancta catholica et apostolica ecclesia spricht."[1]

Das wird bereits im Eingangsartikel der Confessio Augustana explizit deutlich, dessen Überschrift: „Von Gott" – „De Deo" wie die der meisten Artikel nicht ursprünglich, sondern erst bei der Drucklegung hinzugefügt worden ist. Zwar ist bei der einleitenden Wendung „ecclesiae magno consensu apud nos docent" (CA I,1; BSLK 50,3 f.: „erstlich wird einträchtiglich gelehrt und gehalten ..."), durch welche das Subjekt aller nachfolgenden Aussagen bezeichnet wird[2], zweifellos an bestimmte, von den Unter-

---

[1]   W. Kasper, Das Augsburger Bekenntnis im evangelisch-katholischen Gespräch, in: B. Lohse/O. H. Pesch (Hg.), Das „Augsburger Bekenntnis" von 1530 – damals und heute, München/Mainz 1980, 164–180, 165 f. Über „die Grundentscheidung der Alten Kirche" und ihre reformatorische Rezeption vgl. im einzelnen Mildenberger, 46–65, hier: 46: „Die Reformation hat sich in Kontinuität zur Alten Kirche und ihrer Glaubensüberlieferung gesehen. ... Die drei altkirchlichen Symbole sind nach dem Vorbild anderer Corpora doctrinae selbstverständlicher Bestandteil auch des Konkordienbuchs. Im Eingang der CA und der ASm wird Trinitätslehre und Christologie in Anlehnung an die altkirchlichen Konzilsentscheidungen als evangelische Lehre und Bekenntnis formuliert. Die Katechismen Luthers lehren den Glauben in Auslegung des Apostolicums ..." Vgl. hierzu auch die unter der Titelfrage „Katholische Anerkennung des Augsburgischen Bekenntnisses?" (Frankfurt a. M. 1988) vereinten Texte, die auch in englischer Sprache erschienen sind: J. A. Burgers (Ed.), The Role of the Augsburg Confession. Catholic and Lutheran Views, Philadelphia 1980. Aus dem französischsprachigen Raum vgl. bes. den Sammelband „La Confession d'Augsbourg. 450e anniversaire" (Paris 1980), in dem Beiträge eines internationalen ökumenischen Kolloquiums vertreten sind.

[2]   Vgl. F. Kattenbusch, Das Subjekt der Rede in der Augustana, in: ThStKr 93 (1920/21), 115 f.

zeichnern vertretene Kirchentümer zu denken, die durch ihren Konsens „de doctrina evangelii et de administratione sacramentorum" (vgl. CA VII,2), durch einträchtige Lehre und Praxis „zu wahrer Einigkeit der christlichen Kirchen" (BSLK 61,8 f.) vereint sind. Aber gerade indem sie derart vereint sind, wissen sich die in der Confessio Augustana lehrenden und bekennenden ecclesiae untrennbar verbunden mit der una sancta ecclesia, von der CA VII sagt, daß sie alle Zeit sein und bleiben müsse (BSLK 61,2 f.).

An diesen ekklesiologischen Einigkeits- und Kontinuitätszusammenhang schließt CA I ausdrücklich an, wenn auf die trinitätstheologische Entscheidung der alten Kirche, auf das, wie es heißt, „decretum Nicaenae synodi de unitate essentiae divinae et de tribus personis" (CA I,1) Bezug genommen[3] und gesagt wird, dieses, das Nizänische Dekret, sei wahr und ohne allen Zweifel zu glauben („verum et sine ulla dubitatione credendum esse"). Letztere Wendung wurde Gegenstand häufiger Kritik, da sie nicht nur ein Glaubensgesetz zu proklamieren, sondern zugleich einen Syn-

---

3   „Vom Nicaenum wird die Formulierung übernommen, daß Gott alles, ‚das Sichtbare und Unsichtbare', geschaffen hat (CA I,2), die Aussagen aber, daß Gott *ewig* ist *(aeternus), unermeßlich (immensus)* und daß die drei Personen der Gottheit *untereinander gleich ewig* sind, stammen aus dem Athanasianum." (Fagerberg, 117; vgl. BSLK 26.) Dem Athanasianum entspricht schließlich auch „die Betonung der *Einheit* des göttlichen Wesens" (Lehmann/Pöhlmann, 57; vgl. Fagerberg, 117; Schlink, 101), die in CA I,2 zusätzlich dadurch unterstrichen wird, daß das Werk der Schöpfung und Erhaltung ausdrücklich der ganzen Gottheit zugeschrieben wird. Das ändert freilich nichts daran, daß CA I die antimodalistische Lehre von der Tripersonalität Gottes dezidiert und ohne Vorbehalte übernimmt. Zu gegebenen Bezügen zur abendländisch-römischen Tradition vgl. die Aufstellung bei V. Pfnür, Einig in der Rechtfertigungslehre? Die Rechtfertigungslehre der Confessio Augustana (1530) und die Stellungnahme der katholischen Kontroverstheologie zwischen 1530 und 1535, Wiesbaden 1970, 101, Anm. 609. Ob bzw. inwiefern Gott „aus seinem Walten in der Schöpfung erkennbar" (Brunstäd, 32; vgl. Schlink, 67 ff., bes. 81.) ist, läßt sich nicht lediglich auf der Textbasis von CA I entscheiden, sondern nur aus dem Gesamtzusammenhang der Augustana und dabei insbesondere aus dem Zusammenhang der Artikel I-IV. Er belegt, wovon noch eigens die Rede sein wird, die Richtigkeit von Schlinks These: „Die Erkenntnis der Schöpfergüte Gottes ist nur möglich im Glauben an das Evangelium." (Schlink, 91; bei Sch. gesperrt) Damit verbietet sich jede Isolation des I. vom II. und III. Artikel, und es gilt: „Das Bekenntnis zu Gott dem Schöpfer ist notwendig das Bekenntnis zum dreieinigen Gott." (Schlink, 96; bei Sch. gesperrt)

odalbeschluß als Gegenstand des Glaubens zu bezeichnen scheint. Um Werner Elert zu zitieren: „Daß der lateinische Text hier ausgerechnet den Begriff des *decretum* mit dem *credendum* verbunden hat, kann nur als Fehlgriff bezeichnet werden."[4] Daß dieser Fehlgriff lediglich terminologischer Art ist, zeigt indes nicht nur der entwickelte reformatorische Glaubensbegriff, sondern bereits der deutsche Paralleltext von CA I,1, der den Lehr- und Praxisbezug (BSLK 50,3f.: „gelehrt und gehalten") zur altkirchlichen Trinitätstheologie mit der bloßen Formel „laut des Beschluß Concilii Nicaeni" (BSLK 50,4f.) herstellt, ohne im gegebenen Kontext den Glaubensbegriff überhaupt zu verwenden.[5]

Umschrieben wird der mit der eigenen Lehre für konform erachtete Konzilsbeschluß dabei mit der Wendung, „daß ein einig gottlich Wesen sei, welchs genennt wird und wahrhaftiglich ist Gott, und seind doch drei Personen in demselben einigen gottlichen Wesen, gleich gewaltig, gleich ewig, Gott Vater, Gott Sohn, Gott heiliger Geist, alle drei ein gottlich Wesen, ewig, ohn Stuck, ohn

---

4 W. Elert, Morphologie des Luthertums. I. Theologie und Weltanschauung des Luthertums hauptsächlich im 16. und 17. Jahrhundert, München 1931, 178.

5 Während im ersten Schwabacher Artikel (vgl. Maurer II, 13) der explizite Bezug auf das Nizänum noch fehlt und als Beweisgrund der Trinitätslehre ausschließlich Schriftbelege angegeben werden (vgl. BSLK 52, 15ff.: Joh 1,1ff., Matth. 28,19 „und dergleichen Spruche mehr, sonderlich im Evangelio S. Johannis"; ferner Apol I, wo es in bezug auf den Artikel „De Deo" heißt: „Hunc articulum semper docuimus et defendimus et sentimus, eum habere certa et firma testimonia in scripturis sanctis, quae labefactari non queant."), beschließt der erste Marburger Artikel das Trinitätsbekenntnis mit dem Hinweis: „allermaßen wie im Concilio Nicaeno beschlossen und im Symbolo Nicaeno gesungen und gelesen wird bei ganzer christlicher Kirchen in der Welt." (BSLK 52,30f.) „Also nicht nur verlesen, sondern auch vor Gott gesungen! Es wird auf das Stück unserer Liturgie geblickt, in dem sich die Gemeinde Gott anbetend, gedenkend und hoffend zuwendet und in dem sie dies mit allen anderen Glaubenden tut ... Ohne diesen Blick auf den Gottesdienst und sein Gotteslob hätte das Augsburger Bekenntnis keinen Boden unter den Füßen gehabt." (G. Sauter, Ermutigung zum Reden von Gott. Lehrpredigt über den ersten Artikel des Augsburger Bekenntnisses, in: EvTh 40 [1980], 472–477, hier: 473) Na setzt mit folgender Formulierung ein: „In dem Kurfürstenthumb Sachsen wird einhellig gelehrt und gepredigt, den Beschluß des concilii Nicaeni von Einigkeit des gottlichen Wesens und dreien Personen onzweifelich zuhalten und zu glauben ..." (BSLK 52,3–7)

End, unermessener Macht, Weisheit und Gute, ein Schöpfer und Erhalter[6] aller sichtbarn und unsichtbarn Ding" (BSLK 50,5–14). Entsprechend heißt es im lateinischen Text, „quod sit una essentia divina, quae et appellatur et est deus aeternus, incorporeus, inpartibilis, immensa potentia, sapientia, bonitate, creator et conservator omnium rerum, visibilium et invisibilium; et tamen tres sint (Apol I,1 fügt ein: distinctae) personae, eiusdem essentiae et potentiae, et coaeternae, pater, filius et spiritus sanctus" (CA I,2 f.). Hinzugefügt wird, daß das Wort Person bzw. persona in der Bedeutung genommen werde, in der es von den Vätern („scriptores ecclesiastici") im gegebenen thematischen Kontext gebraucht worden sei, „ut significet non partem aut qualitatem in alio, sed quod proprie subsistit" (CA I,4; BSLK 50,15–17: „nicht ein Stuck, nicht ein Eigenschaft in einem andern, sondern das selbs bestehet").

Der trinitarische Personbegriff wird also mit dem Begriff der *Subsistenz* erläutert, „mit welchem der Rhetor Victorinus Afer das griechische Hypostasis wiedergab"[7]. Der Begriff der Person bezeichnet danach nicht einen Teil oder eine Qualität an etwas anderem, sondern etwas, „das selbs bestehet" (BSLK 50,17; CA I,4: „proprie subsistit"). Damit sind, worauf die nachfolgende Damnation direkt Bezug nimmt, modalistische Vorstellungen abgewehrt, denenzufolge Sohn und Geist lediglich Erscheinungsweisen der göttlichen Wesenheit sind, die in ihrer Fülle eigentlich nur Gott dem Vater eigen sei. Dessen unbeschadet hat zu gelten, daß die Personalität der trinitarischen Personen die Einheit des göttlichen Wesens nicht auflöst; keine der „proprie" subsistierenden trinitarischen Personen hat daher sein Wesen für sich; ist doch der trinitarische Gott ein ungeteiltes und einiges göttliches Wesen, wobei Wesen im Sinne Luthers nicht als ruhende Substanz, sondern „immer als eine wirkende Aktualität" (Maurer II, 23) zu denken ist. Bi- und tritheistische Lehren sind deshalb ebenso abzuwehren

---

6 „Weil Gott einst Schöpfer war und täglich Schöpfer ist, aber nicht nur ‚ist', sondern einst schuf und täglich als Schöpfer handelt, sind im Wort ‚Schöpfer' die creatio ex nihilo seu immediata zu Anfang der Welt und die creatio continuata Tag für Tag zusammengefaßt und geeint." (Schlink, 69)

7 A. Peters, Die Trinitätslehre in der reformatorischen Christenheit, in: ThLZ 94 (1969), Sp. 561–570, hier: 568. Gemeint ist C. Marius Victorinus, wie er gewöhnlich genannt wird.

wie modalistische Verkehrungen. Dem entsprechen die Damnationen in CA I: Unter den in ihrer Gesamtheit zu verwerfenden Ketzereien, „so diesem Artikel zuwider seind" (BSLK 51,2; CA I,5: „omnes haereses, contra hunc articulum exortas"), werden eigens benannt: die Manichäer, „qui duo principia (,zween Gotter') ponebant, bonum et malum" (CA I,5), die Valentinianer, die Arianer, die Eunomianer, die Mahometisten, wie es heißt, und alle ihresgleichen. Verdammt werden ferner die alten und neuen Samosatener, welche nur eine Person (,,tantum unam personam") annehmen und in bezug auf das Wort, nämlich Christus, und den Heiligen Geist daherschwätzen (,,astute et impie rhetoricantur"), „quod non sint personae distinctae, sed quod Verbum significet verbum vocale (,leiblich Wort oder Stimm') et spiritus motum in rebus creatum (,erschaffene Regung in Kreaturen')" (CA I,6).[8]

Unmittelbar veranlaßt worden sind der von den Konfutatoren ohne Einwände gebilligte erste Artikel der Confessio Augustana[9] und die in ihm in Affirmation und Negation erfolgte eingehende Behandlung der Lehre von der Dreieinigkeit Gottes namentlich durch J. Eck. Dieser hatte im 82. (vgl. auch 145 f.) seiner 404 Artikel kritische Äußerungen Luthers über das Wort „homousios" aus dessen Schrift gegen Latomus angeführt (,,Anima mea odit hoc verbum: ,hom[o]usion', hoc est, quod pater et filius eiusdem sint essentiae.") in der Absicht, den Reformator selbst als einen Vertreter der eben virulent gewordenen Häresie des Antitrinitarismus erscheinen zu lassen (vgl. Lehmann/Pöhlmann, 51 f.). Um so mehr mußte Melanchthon daran gelegen sein, die Übereinstimmung des reformatorischen Bekenntnisses mit dem altkirchlichen Dogma hervorzuheben. Ein Indiz für dieses Interesse ist nicht zuletzt in der wachsenden Bedeutung zu sehen, welche den Damnationen im Zusammenhang des Entstehungsprozesses von CA I zukommt.

---

[8]   Bei den neuen Samosatenern wird vor allem an antitrinitarische Spiritualisten, möglicherweise aber „auch an die 1525 auftretende niederländische Sekte der Loisten" (BSLK 51, Anm. 7) zu denken sein. Die Damnation gegen die sog. Mahometisten richtet sich gegen deren Leugnung der Trinität Gottes.

[9]   Apol I,2 konnte es daher bei der Feststellung belassen: „Hunc articulum semper docuimus et defendimus et sentimus, eum habere certa et firma testimonia in scripturis sanctis, quae labefactari non queant. Et constanter affirmamus, aliter sentientes extra ecclesiam Christi et idolatras esse et Deum contumelia afficere."

Dabei spielten reichsrechtliche Überlegungen und Beweggründe sicher eine Rolle; gehörte doch die altkirchliche Trinitätslehre zusammen mit der Christologie gemäß der Ketzergesetzgebung des Theodosius und nach Maßgabe des Codex Justinianus zur unantastbaren Rechtsgrundlage des Hl. Römischen Reiches deutscher Nation. Gleichwohl wäre es falsch zu sagen, die Rezeption des altkirchlichen Dogmas in CA I (und III) verdanke sich nur oder doch im wesentlichen juridisch-politischen Motiven. Dieser u. a. von Albrecht Ritschl und Adolf von Harnack vertretenen Auffassung ist neben anderen Karl Thieme mit dem Nachweis entgegengetreten, daß die Reformatoren nicht nur an den altkirchlichen Symbolen, sondern auch an den, wie Thieme sagt, „objektiven Dogmen vom dreipersönlichen Gott und vom Gottmenschen" festgehalten und zwar vor allem aus theologischen Gründen festgehalten haben.[10] Das ist, wie zuletzt und in sehr detaillierter Weise Wilhelm Maurer nachgewiesen hat, tatsächlich der Fall. Die Übernahme des altkirchlichen Dogmas in die Augustana läßt sich keineswegs „bloß aus rechtlich-taktischen Erwägungen begründen, mag auch die Rücksicht auf das der Reichsverfassung zugrunde liegende, auf dem Nicänum basierende Recht Justinians immer einen bestimmenden Einfluß ausgeübt haben. Jedenfalls stand diese Rücksicht nicht am Anfang der evangelischen Bekenntnisentwicklung und besaß weder für Luther noch für Melanchthon ausschlaggebende Bedeutung."[11]

---

[10] K. Thieme, Die Augsburgische Konfession und Luthers Katechismen auf theologische Gegenwartswerte untersucht, Gießen 1930, bes. 125–143, 144–190, hier: 144. Thiemes eigener „unitarischer" Monotheismus steht hier nicht zur Debatte; vgl. Schlink, 99, Anm. 22.

[11] W. Maurer, Studien über Melanchthons Anteil an der Entstehung der Confessio Augustana, in: ARG 51 (1960), 158–207, hier: 168; vgl. dazu auch Maurers – in Auseinandersetzung mit den Forschungsergebnissen Hans von Schuberts vorgetragene – Ausführungen über „Motive der evangelischen Bekenntnisbildung bei Luther und Melanchthon", in: M. Greschat/ J. F. G. Goeters, Reformation und Humanismus. Robert Stupperich zum 65. Geburtstag, Witten 1969, 9–43. „Nicht politische Erwägungen über ihre rechtliche Gültigkeit, sondern der Glaubenskampf, in dem er steht", führen Luther nach Maurer dazu, die Wahrheit der altkirchlichen Symbole zu bekennen (a. a. O., 16). „Viel stärker" trete „die politische Seite der Bekenntnisbildung" hingegen bei Melanchthon hervor (a. a. O., 24). Doch bleibe davon unberührt, daß die Rezeption des altkirchlichen Dogmas in der Augustana primär theologisch begründet sei. „Die Augustana hat die Texte, in denen die Christenheit seit Konstantinopel 381 ih-

Der manifeste Beleg hierfür ist Luthers persönliches Bekenntnis, das als dritter Teil seiner Abendmahlsschrift von 1528 angefügt ist und den wichtigsten Ausgangspunkt reformatorischer Bekenntnisentwicklung darstellt: Indem er sein Bekenntnis in die drei Artikel des Apostolikums bzw. Nizäno-Konstantinopolitanums eingebettet hat, hat Luther „die theologische Verbindung zwischen reformatorischem Bekenntnisstand und altkirchlichem Dogma zuerst vollzogen. Melanchthon hat sie festgehalten und für die evangelische Bekenntnisentwicklung bestimmend gemacht."[12] Dabei tritt zwar der trinitarische Gedanke als formales Gliederungsprinzip der Bekenntnisentwürfe mehr und mehr in den Hintergrund, wie denn auch die Themenorganisation der Augustana nicht im strengen Sinne trinitätstheologisch konzipiert ist. Inhaltlich jedoch bleibt die auf Gottes in der Kraft seines Geistes mächtige Gegenwart in Jesus Christus konzentrierte Trinitätslehre durchweg bestimmend. Dabei dient die Trinitätslehre auch im Kontext der CA im wesentlichen dem Ausdruck dessen, was die Gotteslehre der lutherischen Bekenntnisschriften insgesamt kennzeichnet und in der Auslegung des zweiten Artikels in GK eingangs so gesagt wird: daß nämlich Gott „sich ganz und gar ausgeschüttet hat und nichts behalten, das er nicht uns gegeben habe" (BSLK 651,13–15).[13] Gott,

---

ren Glauben offiziell ausgesprochen hat, nicht einfach wörtlich übernommen, sondern sie interpretierend umgebildet. Schon dieser Tatbestand läßt erkennen, daß hier keine formale Repristination, sondern eine theologische Erneuerung stattfand, die von einem Gesamtverständnis der reformatorischen Theologie ausging und auf dieses zurückwirkte. Der Rückgriff auf das altkirchliche Bekenntnis geschieht weder unter dogmatischem noch unter staatskirchenrechtlichem Zwang." (Maurer II, 11)

[12] W. Maurer, Studien über Melanchthons Anteil an der Entstehung der Confessio Augustana, 170 ; zu den einzelnen Stationen dieser Entwicklung von Luthers Großem Bekenntnis über die Schwabacher Artikel bis zur Augustana vgl. a. a. O. 171 ff. Maurer berücksichtigt dabei vor allem die Gliederung der einzelnen Bekenntnisentwürfe, wobei er insonderheit die tendenzielle „Reduktion der Pneumatologie auf die Christologie" (180) beklagt, wie sie nach seinem Urteil für die abendländische Tradition insgesamt charakteristisch ist.

[13] Vgl. H. G. Pöhlmann, „Er hat sich ganz und gar ausgeschüttet und nichts behalten, das er uns nicht gegeben hätte". Die Gotteslehre der lutherischen Bekenntnisschriften, in: KuD 39 (1993), 48–63, hier: 48: „Wenn das obige Motto aus dem Großen Katechismus und in ihm das Werk der ,zweiten Person der Gottheit' umschreibt ..., über die ganze Gotteslehre der lutherischen Bekenntnisse als Überschrift gesetzt wird, soll dadurch

der sich im auferstandenen Gekreuzigten ganz für uns dahinge-
geben hat, welche Hingabe im göttlichen Geist vermittelt und
manifest wird, ist als der Dreieinige an sich selbst ganz und gar
hingebungsvolle Liebe, in welcher Einheit und Verschiedenheit
keine Gegensätze sind, sondern untrennbar zusammengehören.
Die unteilbare Wesenseinheit der trinitarischen Personen hinwiederum ist nirgends anders faßbar als in der Gestalt dessen, der für
uns gekreuzigt und für uns auferstanden ist, auf daß der Sünder,
der in der Kraft des göttlichen Geistes glaubt, durch Gottes Gnade
gerechtfertigt werde. Orientiert man sich an diesem für die Artikelabfolge von CA I bis CA IV und darüber hinaus bestimmenden
Elementarzusammenhang von immanenter und ökonomischer
Trinitätslehre[14], dann läßt sich mit Recht schließlich auch dies sagen: „Die Reformation hat die trinitarischen und christologischen
Entscheidungen der ersten vier ökumenischen Konzile und der
drei altkirchlichen Glaubensbekenntnisse so rezipiert, daß sie sie
im Sinne der reformatorischen Rechtfertigungslehre als der soteriologischen Mitte der Heiligen Schrift interpretierte."[15]

---

signalisiert werden: die *Kondeszendenz* oder der Abstieg Gottes ans
Kreuz ist nach ihnen nicht nur Grundmotiv der Christologie, sondern
auch der *Gotteslehre*, ja der *ganzen Theologie* und ihrer *Methodik.*"

[14]   Vgl. Schlink, 104: „Die Lehre von der immanenten Trinität darf nicht gelöst werden von der ökonomischen Trinität, die Lehre von den opera
trinitatis ad intra nicht von den opera trinitatis ad extra."

[15]   E. Kinder, Die soteriologischen Motive der altkirchlichen Glaubensbekenntnisse, in: LR 11 (1961), 20–27, hier: 20. „Die altkirchliche Christologie mit dem entscheidenden ‚Gott in Christus' (Nizänum) und der sogenannten ‚Zwei-Naturen-Lehre' (Chalzedonense) ist der reformatorischen
Rechtfertigungslehre grundsätzlich vorgegeben. Sie wird nach Meinung
der Reformatoren freilich nur *mit* der Rechtfertigungslehre im richtigen
Sinne interpretiert. Denn sie ist der Überzeugung, daß es *Heils*absichten
und *Heils*handeln Gottes sind, die die Christuswirklichkeit so, wie sie im
altkirchlichen Credo bekannt wird, geschehen ließen, so daß nur der,
der von diesen Heilsintentionen und -motiven getroffen wird, die Christuswirklichkeit richtig sieht. Aber es ist eben diese *Wirklichkeit*, in der
sich Gottes Heilsintentionen und sein Heilshandeln manifestieren." (20 f.)
Vgl. ferner Schlink, 99 ff., hier: 103: „Die Trinitätslehre ist ... die Grundlage der lutherischen Bekenntnisschriften, die die Struktur aller ihrer Lehraussagen bestimmt ... Ebenso wird sich ergeben, daß die Rechtfertigungslehre im strengsten Sinne trinitarisch ist, was noch dadurch unterstrichen wird, daß Versöhnung und Rechtfertigung unlösbar miteinander
verbunden, ja zum Teil begrifflich miteinander identifiziert werden. Das

Diese Annahme wird, wie durch CA I so auch durch CA III bestätigt, welcher Artikel durch seinen Zusammenhang mit dem ersten zugleich unauflöslich mit CA II und CA IV sowie dem folgenden peumatologischen Artikel CA V verzahnt ist. Da sowohl in CA I wie in CA III das altkirchliche Dogma „ziemlich summarisch und ohne irgendwelche bemerkenswerte Besonderheit"[16] angeeignet zu werden scheint, sei dessen Genese zunächst in groben Zügen skizziert: In Auseinandersetzung mit Adoptianern und Arianern hatte die Alte Kirche zunächst dogmatische Bestimmungen über die wahre Gottheit Jesu Christi im Unterschied zu allem Geschaffenen zu formulieren. So hebt das Konzil von Nizäa 325 dezidiert die Weseneinheit des Vaters mit dem Sohne hervor und wendet sich mit Nachdruck gegen die Vorstellung einer zeitlichen Zeugung des Sohnes (vgl. DH 125). Das Symbolum Constantinopolitanum von 381 übernimmt die nizänische Bekenntnisformel, um sie endgültig zu bestätigen (vgl. DH 150). Im christologischen Dogma von Chalcedon 451 werden sodann in Abwehr des Monophysitismus und des Nestorianismus dogmatische Aussagen über die wahre Menschheit Jesu Christi hinzugefügt: „Wir bekennen", so das Symbolum Chalcedonense, „einen und denselben Christus, den Sohn, den Herrn, den Einziggeborenen, der in zwei Naturen unvermischt, unverwandelt, ungetrennt und ungesondert besteht" (vgl. DH 302). Indes bleiben die Begriffe *Natur* (Physis), *Prosopon* und *Hypostasis,* mit deren Hilfe das Konzilsdekret seine Entscheidung getroffen hatte, sowie deren Verhältnis zueinander strittig. Während das 5. Ökumenische Konzil zu Konstantinopel 553 im Anschluß an die neuchalcedonische Christologie des Ostens stärker die Einheit der Hypostasis, zu der die beiden Naturen zusammengehen, betont und damit die cyrillische Deutung des Chalcedonense favorisiert (vgl. DH 421 ff.), bekräftigt das erneut in Konstantinopel tagende 6. Ökumenische Konzil von 681 das Mo-

---

Werk Jesu Christi wäre für uns wertlos, wenn er nicht Sohn Gottes und als solcher Gott selbst wäre, und unser Glaube wäre nur wieder ein neues Werk der Selbstgerechtigkeit, wenn in ihm nicht Gottes Geist und damit wiederum Gott selbst tätig wäre, in dessen Kraft allein wir Christi Werk ergreifen können. Wir haben einen gnädigen Gott als dreieinigen Gott, oder wir haben keinen gnädigen Gott. Die Struktur aller Lehrstücke der Bekenntnisschriften ist trinitarisch."

[16] C. Stange, Die Christusfrage in der Augsburgischen Confession, in: ZSTh 8 (1931), 293–307, hier: 293.

ment der Zweiheit, und zwar durch seine dyotheletische und dy-
energetische Christologie, dergemäß zwei natürliche Willen und
zwei natürliche Wirkweisen ungetrennt, unverändert, ungeteilt
und unvermischt in Christus sind (vgl. DH 550 ff., hier: 556). Das
System des Damasceners (ca. 670–750) brachte schließlich den
scholastischen Abschluß der christologischen Lehrentwicklung in
der Alten Kirche: Johannes „verband den Dyotheletismus mit dem
neuchalcedonischen Begriff der Enhypostasie (sc. der menschlichen Natur in der Person des Logos) und baute die Lehre von der
communicatio idiomatum aus", indem er sie „nicht nur auf das
Verhältnis der Naturen zur Person, sondern auch auf das der Naturen zueinander"[17] ausdehnte.

An diesen dogmengeschichtlichen Zusammenhang schließt CA
III – wie zuvor schon CA I – kontinuierlich an[18], wobei die Verbindung von Trinitätslehre und Christologie analog zur altkirchlichen Lehrentwicklung eine untrennbare ist, wie nachgerade die
Vorgeschichte der genannten Augustana-Artikel beweist (vgl. im
einzelnen Mauer II, 11 f.): „Überall ist die Menschwerdung des
Sohnes Manifestation des Dreieinigen Gottes." (Maurer II, 16) Weniger eindeutig ist der Stellenwert des Motivs einer Annahme der
menschlichen Natur durch die zweite Person der Gottheit: „die
Vorstellung findet sich noch nicht in Schwab., sondern ist erst in
Na übernommen, in Nb ausgemerzt und nur in der lateinischen
Fassung des offiziellen Textes erhalten." (Maurer II, 30) Dort heißt
es: „Item docent, quod verbum, hoc est, filius Dei, assumpserit
humanam naturam in utero beatae Mariae virginis ..." (CA III,1;

---

17   W. Pannenberg, Christologie II. Dogmengeschichtlich, in: RGG³ 1, Sp.
      1762–1777, hier: 1772.

18   „Neben der Berufung auf das ,Symbolum Apostolorum' am Schluß des
      Artikels fällt auf, daß der erste Abschnitt in verhältnismäßig engem An-
      schluß an das ,Decretum pro Jacobitis' (DS 1337 f.) des Konzils von Flo-
      renz (1442) formuliert worden ist, so daß die Rezeption der altkirchlichen
      Christologie bis zu einem gewissen Grad und unbeschadet neuer Ak-
      zente über die abendländisch-mittelalterliche Theologie und die entspre-
      chenden Konzilien führt." (Lehmann/Pöhlmann, 59 unter Verweis auf
      V. Pfnür, a. a. O., 102, demzufolge die Anlehnung an das Dekret für die
      Jakobiten in CA III viel stärker ist als die an das Chalcedonense. Zu
      denkbaren Einflüssen von seiten des Athanasianum vgl. Lehmann/Pöhl-
      mann, 63 f. Eine genaue Quellenanalyse findet sich bei M. Petzoldt, Chri-
      stologisches Bekenntnis und ethische Entscheidung. Die ethischen Kon-
      sequenzen von Conf. Aug. III, in: KuD 28 [1982], 142–151, hier: 143 ff.)

vgl. Apol III: „confitemur duas in Christo naturas, videlicet naturam humanam, assumptam a verbo in unitatem personae suae"). Das entspricht der Formulierung in Na 3, wo gesagt wird, „daß der Sohn Gottes hab an sich genommen die menschlich Natur in dem Leib der heiligen Jungfrauen Maria" (BSLK 55,1–3). Aus diesen Wendungen eine spezifische Assumptionschristologie der Augustana zu folgern, wie das bei Brunstäd[19] und Fagerberg[20] der Fall ist, dürfte insofern inadäquat sein, als der Annahmebegriff ohne jede Näherbestimmung verwendet wird, wenn er denn nicht überhaupt fehlt, wie im deutschen Text von CA III, wo es – weitgehend wortgleich mit Schwab 2 und Nb 3 – heißt, „daß Gott der Sohn sei Mensch worden, geborn aus der reinen Jungfrauen Maria" (BSLK 54,2 f.). Will man aus dieser Formulierung mehr herauslesen als eine allgemeine Umschreibung der Menschwerdung, dann wird man vor allem die Wendung „Gott der Sohn" (CA III,1: „verbum, hoc est, filius dei") zu betonen und die Subjektstellung der zweiten Person der Gottheit hervorzuheben haben. Diese Akzentsetzung ist durch die Vorgeschichte von CA III insofern nahegelegt, als Schwab 2 in entschiedener Kritik des modalistischen Monarchianismus der Patripassianer (vgl. BSLK 55,7) ausdrücklich geltend macht, daß „allein der Sohn ... und nicht der Vater oder heiliger Geist sei Mensch worden" (BSLK 55,2 ff.). Entsprechend bekennt sich Marb 2 zu dem Glauben, „daß nicht der Vatter noch heilger Geist, sondern der Sohne Gotts Vatters, rechter naturlicher Gott, sei Mensch worden" (BSLK 55,32 f.). Wenn demnach im ersten Satz von CA III spezifische Differenzierungen überhaupt zu erwarten sind, dann sind diese vermutlich am ehesten trinitätstheologischer, den Zusammenhang mit CA I betreffender Art,

---

[19] Vgl. Brunstäd, 36 f. Nach Brunstäd schließt die „Assumptio-Christologie" von CA III an die vom Johannesprolog herkommende Logoschristologie an, die zu der unter starker Einwirkung antiker Metaphysik entstandenen chalcedonischen Zwei-Naturen-Lehre in Spannung stehe. Wie immer man diese dogmengeschichtliche These sowie die Relevanz einer sog. Assumptionschristologie beurteilen mag, richtig ist, daß es der Christologie der CA nicht um eine „an sich seiende Einheit" von göttlicher und menschlicher Natur als zweier Abstrakta geht, „sondern um die Einheit der Person, des Konkretums" (36).

[20] Vgl. Fagerberg, 122 unter Verweis auf CA III,1 und Apol III,1 („naturam humanam, assumptam a verbo in unitatem personae") sowie auf Symb. Athanasii 33: „Unus autem non conversione divinitatis in carne, sed adsumptione humanitatis in Deo." (BSLK 30,3–5)

während das Faktum der Menschwerdung zunächst nur konstatiert und selbst durch die im lateinischen Text begegnende Formulierung „assumpserit" nicht eigentlich genetisch entwickelt
wird; analog behaupten auch die Hinweise auf Jungfrauengeburt
bzw. jungfräuliche Empfängnis lediglich deren Tatsache, ohne sie
näher zu begründen oder gar mariologisch zu entfalten.[21] Was in
CA III hingegen pointiert hervorgehoben und als inkarnations-
theologischer Skopus herausgestellt wird, ist die Einheit Christi
(CA III,2: „unus Christus"; BSLK 54,7: „ein Christus"), in dessen –
„einer" (BSLK 54,6) – Person (CA III,2: „in unitate personae") die
zwei Naturen, die göttliche und die menschliche, „unzertrennlich
vereiniget" (BSLK 54,6; CA III,2: „inseparabiliter coniunctae") sind.
Daß hierauf und damit auf der Einheit des differenzierten Zusammenhangs von „vere Deus et vere homo" (CA III,2; BSLK
54,7 f.: „ein Christus ..., welcher wahr Gott und wahr Mensch ist")
das Gewicht der inkarnationstheologischen Aussagen von CA III
liegt, belegt im lateinischen Text die Einleitung der entsprechenden Aussagen durch ein markantes, an zentralen Stellen des folgenden Textes noch drei weitere Male begegnendes „ut", das bereits in Na 3 den argumentativen Verlauf des Gedankens bestimmt
(BSLK 55,4: „also daß"). Mit Recht wird im gemeinsamen Augusta-
na-Kommentar lutherischer und katholischer Theologen zu CA III
gesagt: „Der Aufbau des Artikels muß ... von dem dynamischen,
vierfachen ‚ut' (‚daß', 2,3,4,6) her verstanden werden ..." (Leh-
mann/Pöhlmann, 57)

Im Hintergrund der dezidierten Einheitschristologie der Augustana
steht zweifellos die Auseinandersetzung mit dem Nestorianismus
Zwinglis[22], auch wenn die Form der Darstellung in CA III eine
gänzlich unpolemische und ausschließlich an der Übereinstimmung mit der altkirchlichen Orthodoxie interessierte ist. Die innerreformatorische Zwietracht in der Abendmahlslehre hatte bekanntlich auch zu Differenzen im Verständnis des Natur- und Per-

---

21 Wenn im Hinblick auf CA III überhaupt von Mariologie zu reden ist,
    dann im Sinne einer „streng christozentrische(n) Mariologie" (Lehmann/
    Pöhlmann, 65; zu Grund und Grenzen theologischer Aussagen über Ma-
    ria in den BSLK vgl. Lehmann/Pöhlmann, 64 f.).

22 Vgl. Lehmann/Pöhlmann, 58; ferner L. Grane, Die Confessio Augustana.
    Einführung in die Hauptgedanken der lutherischen Reformation, Göttin-
    gen ³1986, 41 ff.

sonbegriff des christologischen Dogmas geführt. Dabei war der
Vorwurf der Wittenberger Reformatoren gegen die Züricher, daß
unter der metaphysisch begründeten Voraussetzung trennender
Scheidung göttlicher und menschlicher Natur deren wirkliche
Einheit in der Person Christi, von welcher die Theologie ihren
Ausgang zu nehmen habe, heillos verkannt werde und verkannt
werden müsse. In Schwab 3 ist dies ausdrücklich angesprochen,
wenn gesagt wird, „daß man nicht glauben noch lehren soll, daß
Jesus Christus als der Mensch oder die Menschheit für uns gelitten
habe, sondern also: Weil Gott und Mensch hie nit zwo Person,
sonder ein unzertrennliche Person ist, soll man halten und lehren,
daß Gott und Mensch oder Gottes Sohn wahrhaftig für uns gelitten hat" (BSLK 55,25 ff. unter Verweis auf Röm 8,32 sowie 1. Kor 2,8
„und dergleichen Spruch mehr"; vgl. Marb 3: BSLK 55,36 ff.). Zwar
ist dieser Satz in seiner kritischen Gestalt in CA III nicht erhalten
geblieben; erhalten geblieben ist aber das dezidierte Bekenntnis
zur „unzertrennliche(n)" (BSLK 55,23.27) und „onzertrennte(n)"
(BSLK 55,36) Person Jesu Christi, in deren Einheit göttliche und
menschliche Natur „unteilbar" (BSLK 55,5), „unzertrennlich" (BSLK
54,6), „inseparabiliter" (CA III,2) vereint sind. Unterstrichen wird
dieses Bekenntnis durch das zweimalige „idem" (CA III,4.6; vgl.
BSLK 54,13.23: „derselbig"), welches erneut die Identität und Selbigkeit Jesu Christi einschärft, dessen personale Einheit durch die
notwendige Unterscheidung menschlicher und göttlicher Natur
nicht aufgehoben, sondern bestätigt wird. Es wäre daher ein elementares Mißverständnis, wollte man die assumptionschristologi-
schen Anklänge in CA III,1 bzw. die Rede von der Menschwerdung des Sohnes Gottes am Anfang des deutschen Christologie-
Artikels der Augustana im Sinne von Annahmen deuten, welche
die Faktizität der in Jesus Christus gegebenen personalen Gott-
Mensch-Einheit spekulativ zu hintergehen suchen, etwa indem sie
von der Vorstellung eines für sich zu nehmenden, von der Tatsache der Menschwerdung abzulösenden *logos asarkos* ihren Ausgang nehmen. Daß solche und analoge Vorstellungen auf eine
heillose Verkehrung sowohl der Christologie als auch der Trinitätslehre hinauslaufen müssen, wird in Schwab 3 bemerkenswerterweise dadurch deutlich gemacht, daß der Begriff des Sohnes
Gottes sogleich mit dem „vere deus et vere homo" gleichgesetzt
wird (BSLK 55,28: „Gott und Mensch oder Gottes Sohn"), durch
welche Identifikation mit der Selbigkeit der Person Jesu Christi
zugleich deren Selbigkeit mit dem Logos als der zweiten Person

der Gottheit ausgesagt und der Zusammenhang von Trinitätslehre und Christologie als ein zwar differenzierter, aber einiger und nach keiner Seite hin auflösbarer bestimmt wird. Der Sohn Gottes, von dem in CA I trinitätstheologisch die Rede ist, ist daher der „unus Christus" von CA III und kein anderer. Dies wahrzunehmen ist die Voraussetzung dafür, zu einem theologisch angemessenen und infolgedessen soteriologisch heilsamen Verständnis der Gottheit Gottes zu gelangen, welches deren Dreieinigkeit als Inbegriff des Evangeliums erfaßt.

Um zu einem rechten evangelischen Verständnis des Seins Gottes in Christus zu gelangen, ist es ferner nötig, des zwar ebenfalls differenzierten, aber nichtsdestoweniger untrennbar einigen Zusammenhangs von Christi Person und Werk, von Inkarnation und Versöhnung gewahr zu werden. Dieser Zusammenhang wird, wie L. Grane zutreffend bemerkt hat, durch den Aufbau von CA III „absichtlich unterstrichen"[23]. Wie schon in Schwab 3 und Marb 3 wird die Zweinaturenlehre bzw. die Lehre von der Personeinheit Jesu Christi „nicht isoliert dargestellt ..., sondern von Sätzen über das Werk Christi eingerahmt"[24]. Eigens erwähnt werden nach dem „natus ex virgine" zunächst (CA III,2) Passion, Kreuzigung, Tod und Begräbnis, wobei die entsprechenden Aussagen des Apostolikums durch ein vorgeschaltetes, dem vere deus et vere homo korrespondierendes „vere" (CA III,2: „vere passus, crucifixus, mortuus et sepultus") akzentuiert werden, das im deutschen Text – wie in Na (vgl. BSLK 55,7) – als ein bereits vor dem Bekenntnis zur Geburt des Gottmenschen eingefügtes „wahrhaftig" begegnet (BSLK 54,8f.: „wahrhaftig geboren, gelitten, gekreuzigt und begraben"), mit welcher Wendung analog zu entsprechenden Passagen in Schwab 2 und 3 (BSLK 55,2.21f.28)[25] jeder doketische

---

23   L. Grane, a. a. O., 41.

24   Ebd.

25   Vgl. in diesem Zusammenhang auch die unter Bezug auf den Irrtum der Photiner (vgl. BSLK 55, Anm. 2) und mit Verweis u. a. auf Mt 26,38 vorgetragene Bemerkung in Schwab 2, daß „der Sohne nicht allein den Leib ohn Seele angenommen" habe, sondern „mit Leib und Seele vollkommen" „wahrhaftiger Mensch" geworden sei (BSLK 55,2ff.). Auch Marb spricht davon, daß Gottes Sohn Mensch geworden und zur Welt gekommen sei „leiblich vollkommen mit Leibe und Seele wie ein ander Mensch". Dabei wird hinzugefügt, daß die Menschwerdung „durch Wirkung des heilgen Geists ohn Zutun männlichs Samens" geschehen und

Schein von Menschwerdung und Heilswerk des mit Jesus Christus identischen Sohnes Gottes ferngehalten werden soll. Es folgt eine mit einem pointierten, den Argumentationszusammenhang gliedernden zweiten „ut" eingeleitete Einschaltung, welche das pro nobis (vgl. BSLK 55,26.28.37: „fur uns") der Gesamtwirklichkeit Jesu Christi rekonziliations- und opfertheologisch entfaltet und damit neben der Betonung der inseparablen Personeinheit des Gottmenschen einen zweiten, mit dem ersten sowohl formal („ut") als auch sachlich innigst verbundenen Schwerpunkt setzt, der mit der Zusammengehörigkeit von Person und Werk Jesu Christi zugleich die Notwendigkeit soteriologischer Konzentration der Inkarnationstheologie und eines staurologischen Verständnisses der Menschwerdung des Sohnes Gottes erkennen läßt. Es folgt sodann in erneuter Orientierung am Apostolikum das Bekenntnis zur Höllenfahrt, Auferstehung und Himmelfahrt Jesu Christi. An diese Reihung, wie sie durch besagtes „idem" eingeleitet und durch das gegenläufige, österlich vermittelte Nacheinander von Deszendenz und Aszendenz gekennzeichnet ist (CA III,4: „Idem descendit ad inferos et vere resurrexit tertia die, deinde ascendit ad coelos"), schließt im lateinischen Text ein weiteres, nämlich das dritte „ut" an, durch welches eine längere Zwischenpassage über die Herrschaft des zur Rechten des Vaters sitzenden Gottessohnes eingeleitet wird, von der einschließlich ihrer deutschen Parallele ebenso noch zu reden sein wird, wie von dem die Wiederkunft Christi und das Gericht betreffenden Schlußsatz von CA III, dessen lateinische Version ein zweites „idem" und ein viertes „ut" enthält.

Was die einzelnen Stationen und Momente der Wirklichkeit und des Wirkens des Sohnes Gottes betrifft, so ist hinsichtlich der Höllenfahrt (BSLK 54,13 f.: „abgestiegen zur Helle") zu bemerken, daß sich der descensus Christi ad inferos, jenes „dunkle, späte Einschiebsel im Apostolikum" (Brunstäd, 47), in der Vorgeschichte von CA III erst in Na (BSLK 55,11 f.; vgl. dgg. Maurer II, 33), nicht hingegen in Schwab 3 und Marb 3 finden läßt. Der Zusammenhang mit dem ascensus ad coelos ist durch das Bekenntnis zu Christi Auferstehung von den Toten am dritten Tage vermittelt, deren Tatsächlichkeit durch ein erneutes antidoketisches „vere"

Jesus Christus „von der reinen Jungfrauen Maria" als ein Mensch „ohn alle Sonde" geboren worden sei (BSLK 55,33 ff.).

bzw. „wahrhaftig" (CA III,4 bzw. BSLK 54,14) mit Nachdruck betont wird. Beachtenswert ist fernerhin die durch die besagte ut-Einschaltung erfolgte Abhebung des Topos der Höllenfahrt Christi von dem seines Begräbnisses. Wollte man aus CA III eine Ständelehre herauslesen, dann ergäbe sich folgende Reihung: „Erniedrigung – natus ex virgine Maria, ... passus, crucifixus, mortuus et sepultus; Erhöhung – descendit ad inferos, ... resurrexit tertia die, ... ascendit ad coelos, ... sedeat ad dexteram patris, ... iudicet vivos et mortuos."[26] Doch ist der spätere, innerreformatorische Streit über die Höllenfahrt im Zusammenhang der Lehre von den status Christi im Frühjahr 1530 „noch nicht bekannt" (Maurer II, 33).

Sind damit Rezeption und Ausgestaltung der an den zweiten Artikel des Apostolikums anschließenden christologischen Bekenntnismomente im wesentlichen beschrieben, so bedarf die erwähnte versöhnungstheologische Einschaltung noch genauerer Erläuterung, derzufolge die Sendung des wahrhaft menschgewordenen Gottessohnes über Geburt, Leiden, Kreuz, Tod und Begräbnis sich darin vollendet, „ut reconciliaret nobis patrem et hostia esset non tantum pro culpa originis, sed etiam pro omnibus actualibus hominum peccatis" (CA III,3; vgl. Na), „daß er ein Opfer wäre nicht allein für die Erbsund, sunder auch für alle andere Sunde und Gottes Zorn versohnet" (BSLK 54,10–12). In welchen dogmatischen Kontext diese Wendung gehört, zeigt eine analoge Formulierung im Meßartikel der Augustana, derzufolge es ein greulicher Irrtum sei zu lehren, „unser Herr Christus hab durch seinen Tod allein für die Erbsund genuggetan und die Messe eingesetzt zu einem Opfer für die anderen Sunde, und also die Messe zu einem Opfer gemacht für die Lebendigen und die Toten, dardurch Sund wegzunehmen und Gott zu versuhnen" (BSLK 93,6–13; CA XXIV, 21: „quod Christus sua passione satisfecerit pro peccato originis et instituerit missam, in qua fieret oblatio pro cotidianis delictis, mortalibus et venialibus."). In Apol XXIV wird dieser Irrtum auf Thomas zurückgeführt, welcher geschrieben habe: „corpus Domini, semel oblatum in cruce pro debito originali, iugiter offeri pro cotidianis delictis in altari, ut habeat in hoc ecclesia munus ad placandum sibi Deum." (Apol XXIV,62) Es ist hier weder die (nicht gegebene) Authentizität des referierten Zitats (vgl. BSLK 367, Anm. 1; 93, Anm. 1), noch die Frage zu verhandeln, ob bzw.

---

26   M. Petzoldt, a. a. O., 145.

in welchem Sinn Entsprechendes von altgläubiger Seite je gelehrt wurde. Was letzteres Problem betrifft, so sei lediglich vermerkt, was bereits in der „Catholica Responsio" vom Juli 1530 als Antwort an die Adresse der CA-Konfessoren zu lesen stand: „Imponunt catholicis asserere passionem Christi factam pro originali peccato, missam fieri pro actualibus. At hic concionatores principes suos decipiunt, dum catholicis errorem et heresim imponunt inauditam. Ostendant nobis eum qui sentiat Christum solum pro peccato originis in passione satisfecisse. Et nos tam adversabimur ei quam Luthero. Nunquam ita docuere catholici, sed dicimus Christum satisfecisse pro omnibus peccatis."[27] Mag es sich damit verhalten, wie es will, im gegebenen christologischen Zusammenhang genügt es, als affirmativen Sinn der erwähnten, kontroverstheologisch zugespitzten Aussage von CA III festzuhalten, daß Christi Versöhnungswerk in jeder Hinsicht suffizient und in seiner soteriologischen Vollgenügsamkeit keiner Ergänzung bedürftig ist, welcher Grundsatz auch unter abendmahls- bzw. meßtheologischen Aspekten prinzipiell zu beachten ist.

Was die Näherbestimmung des von Christus – nicht allein für die Erbsünde, sondern auch für alle anderen Sünden erbrachten – Heilswerkes anbelangt, so steht im Zentrum des lateinischen Textes von CA III neben dem auf Kreuz und Abendmahl zugleich hindeutenden[28] hostia-Begriff die in Apol III erneut aufgegriffene Wendung: „ut reconciliaret nobis patrem." Im Unterschied zu der mit dem Terminus hostia verbundenen Präposition pro (vgl. BSLK 54,10: „Opfer ... fur"), die in der Formel „fur uns" (vgl. BSLK 55,26.37) in der Vorgeschichte von CA III,3 bereits mehrfach begegnet, ist von Rekonziliation weder in Schwab noch in Marb ausdrücklich die Rede. Auch in dem in BSLK 55,9–11 wiedergegebenen und gegenüber Schwab und Marb bereits entscheidend fortentwickelten Na-Text heißt es lediglich: „zu einem Opfer nit allein fur die Erbsund, sonder auch fur die wirkliche Sund aller (sic!) Menschen." Theodor Kolde ist allerdings der Meinung, „pa-

---

[27]   J. Ficker, Die Konfutation des Augsburgischen Bekenntnisses. Ihre erste Gestalt und ihre Geschichte, Leipzig 1891, 100, 12 ff. Zum Thema vgl. im einzelnen den Beitrag von N. Paulus über „Die angebliche Lehre, Christus sei nur für die Erbsünde gestorben", in: Der Katholik. Zeitschrift für katholische Wissenschaft und kirchliches Leben 76 (1896), 229–249.

[28]   Vgl. Lehmann/Pöhlmann, 60.

trem (reconciliaret) ha(be) sicher dagestanden, denn Baumgartner wollte zuerst übersetzen: ,das es ver(sünte)'" (Kolde, 49).[29] Wie dem auch sei, fest steht, daß sowohl im lateinischen als auch im deutschen Endtext von CA III explizit sowohl von Opfer als auch von Versöhnung gesprochen wird (vgl. dgg. Maurer II, 32), wobei die erwähnte lateinische Formel im Deutschen allerdings nicht wörtlich wiederholt wird, sofern von Jesus Christus und der Bestimmung seines Werkes statt „ut reconciliaret nobis patrem" gesagt wird: „daß er ... Gottes Zorn versohnet" (BSLK 54,10ff.; so schon in Nb).

Läßt sich auch textgeschichtlich nicht mehr präzise rekonstruieren, wie sich beide Formeln genau zueinander verhalten[30], so ist doch nichtsdestoweniger – und zwar im Hinblick sowohl auf den deutschen als auch auf den lateinischen Text – sachlich klar, daß das Heilswerk Jesu Christi primär in versöhnender Sühne besteht. „Nicht nur *wir* sollen versöhnt werden, sondern der *Vater* soll mit uns versöhnt werden. Die Versöhnung ist Versühnung." (Lehmann/Pöhlmann, 61) Oder anders: „Das Werk Christi ist die Versöhnung mit dem Vater, die Stillung des Zorns, die Sühne." (Brunstäd, 37) Wollte man die einschlägigen Passagen in CA III „in das Schema G. Auléns einordnen, dann läge es am nächsten, sie zu dem lateinischen Typ zu zählen"[31]. Während das altkirchli-

---

[29] Vgl. aber Kolde, 12, Anm. 1 sowie Maurer II, 32.

[30] Maurer rechnet damit, daß Melanchthon bei der Schlußredaktion von CA III,3 auf Luthers Bekenntnis von 1528 zurückgegriffen hat, wo es heißt, daß wir als Adamkinder aufgrund unserer Sünde allesamt des ewigen Todes schuldig sein müßten, „wo nicht Jhesus Christus uns zu hülff komen were und solche schuld und sund als ein unschüldigs lemlin auff sich genomen hette, für uns durch sein leiden bezalet und noch teglich für uns stehet und trit als ein trewer, barmhertziger mitteler, heiland und einiger priester und Bischoff unser seelen" (WA 26, 502, 30f.). Ist an dieser Passage vor allem der – CA III,3 vorausgesetzte – dezidierte Zusammenhang von schuldbezahlendem Sühneleiden Jesu Christi und seinem täglichen Mittlerdienst bemerkenswert, so kann doch auch der Bezug auf sie nach Maurer „gewisse Unklarheiten" (Maurer II, 32, Anm. 71) nicht beseitigen, die Melanchthons endredaktionelle Textbearbeitungen hinterlassen haben.

[31] Fagerberg, 123 unter Verweis auf G. Aulén, Den kristna försoningstanken, Stockholm/Lund 1930; vgl. ders., Die drei Haupttypen des christlichen Versöhnungsgedankens, in: ZSTh 8 (1931), 501–538; ferner: H. Alpers, Die

che, von Luther, aber auch von Melanchthon häufig rezipierte
Christus-Victor-Motiv, welches soteriologisch auf den Kampfakt
der Erlösung von den Verderbensmächten konzentriert ist, zurücktritt und lediglich über den Kontext präsent ist[32], ist die Nähe
zu Anselm offenkundig. In CA IV, dessen „propter Christum"
CA III entfaltet, wird der Satisfaktionsbegriff denn auch ausdrücklich aufgegriffen, wenn von Christus, um dessentwillen uns Gnade vor Gott zuteil und die Sünde vergeben wird, gesagt ist: „qui
sua morte pro nostris peccatis satisfecit" (CA IV,2). Christi Passion
und Kreuzestod sind Opfer, Sühne, Satisfaktion. Das kann eindeutig gesagt werden, auch wenn eine ausgearbeitete und vollständige Versöhnungstheorie in CA III nicht zu finden ist, weil
alles daran gelegen ist, „Christus allein als unseren Versöhner und
Mittler herauszustellen" (Fagerberg, 123).[33]

Gesagt werden kann und muß dann freilich auch: „Gott ist nicht
nur Subjekt, sondern Objekt der Versöhnung." (Lehmann/Pöhl-
mann, 61) Richtig im Sinne von CA III ist dieser Satz freilich nur,
wenn er das Subjektsein Gottes im Versöhnungswerk nicht einschränkt oder verdunkelt. Dazu ist es nötig, im Bewußtsein zu
halten, daß es nicht etwa seine für sich zu nehmende menschliche Natur, sondern der „unus Christus" (idem!) selbst in der untrennbaren Einheit seiner gottmenschlichen Person ist, auf welchen die Versöhnungsaussagen in CA III zu beziehen sind. Subjekt des reconciliare ist Christus, wenngleich sein Subjektstatus
nachgerade der des Opfers, des wahrhaft Leidenden, Gekreuzigten, Gestorbenen und Begrabenen („vere passus, crucifixus,
mortuus et sepultus") ist. Es ist also *nicht* so, daß *irgend jemand*
Gott etwas abgerungen habe. Es bleibt bei 2 Kor 5,19 f.: *Gott* hat
in Christus die Welt mit sich selbst versöhnt. Man muß dieses
,Gott in Christus' nur ernst nehmen. Wer meint, hier werde von
außen auf Gott eingewirkt, verkennt, *daß hier Gott auf Gott*

Versöhnung durch Christus. Zur Typologie der Schule von Lund, Göttingen 1964.

[32]   Vgl. Lehmann/Pöhlmann, 62 f.

[33]   „*Sola mors Christi* bildet eine Parallele zu dem *sola fide* und zugleich
seine Voraussetzung." (Fagerberg, 124)

‚einwirkt' – ein innertrinitarisches Geschehen."³⁴ Bleibt zu fragen, wie solche „Einwirkung" Gottes auf Gott theologisch genauer zu fassen ist. Denn daß „von einem versöhnenden Einwirken Christi auf Gott zu sprechen" ist, kann in Anbetracht von CA III und des sonstigen Befundes der Augustana (sowie der BSLK insgesamt) nicht zweifelhaft sein.³⁵ Der erste und wichtigste Grund, theologisch von einer tatsächlichen, in ihrer Tatsächlichkeit nachgerade als abgründiges Passionsleiden statthabenden „Einwirkung" Christi auf Gott sprechen zu müssen, ist nach Hinweis des deutschen Textes von CA III die Realität von „Gottes Zorn" (BSLK 54,12). Dabei stellt der Kontext klar, daß es Gottes Zorn über die Sünde des Menschen ist, auf welchen die Versöhnung in ihrer notwendigen Tatsächlichkeit – welche Tatsächlichkeit, wie gesagt, nicht weniger ist als der wirkliche Tod des Gottmenschen Jesus Christus – bezogen ist. Christi Werk der Versöhnung ist also offenbar nicht lediglich als eine belehrende Bewußtseinsaufklärung vorzustellen im Sinne äußerer Beseitigung eines durch die Sünde erzeugten falschen Scheins vom Sein Gottes als eines zürnenden. Denn die durch die Sünde gesetzte Verkehrung des menschlichen Gottesverhältnisses pervertiert, eben weil sie Verkehrung des Gott-Mensch-Verhältnisses ist, für den Menschen das innerste Wesen seiner selbst sowie der ursprünglichen Schöpfungsordnung und verstellt dadurch wie die Durchsichtigkeit des Verhältnisses von Sein und Bewußtsein, dessen guter Sinn durch die Sünde nicht nur nicht erkannt, sondern verkannt und ins widrige Gegenteil gewendet wird, so auch die Schöpfungsgegenwart Gottes als ei-

---

34 G. Voigt, Christologie und Rechtfertigung nach dem Augsburger Bekenntnis, in: G. Klapper (Hg.), Zur bleibenden Aktualität des Augsburger Bekenntnisses, Hamburg 1981 (Fuldaer Hefte 25), 29–42, hier: 40.

35 Vgl. E. Kinder, Christus als Hoherpriester nach Luther und den lutherischen Bekenntnisschriften, in: Dank an Paul Althaus, Gütersloh 1958, 99–120, hier: 99. Bei Kinder finden sich eine Reihe von Einzelbelegen, wie etwa der Hinweis auf CA XX,9, wo es von Christus heißt: „qui solus positus est mediator et propitiatorium, per quem reconcilietur pater". Auch die häufig und betont wiederholte Formel „propter Christum" enthält nach Kinder eindeutig ein Moment stellvertretenden Handelns Christi auf Gott hin. Es könne daher nicht zweifelhaft sein, daß unbeschadet der sog. Alleinwirksamkeit Gottes in der Versöhnung „der Opferbegriff und der Gedanke der satisfaktorischen Sühne *an* Gott durchaus ihre notwendige Geltung und ihre unentbehrliche und unaufgebbare Bedeutung (behalten)" (a. a. O., 105).

nes gütigen mit der Folge, daß Gott für den Sünder nur mehr als
zürnender, nicht mehr mit seinem guten Schöpferwillen, sondern
nur mehr mit seinem allmächtigen Unwillen, nicht mehr als Vater,
sondern nurmehr als unversöhnlicher Richter da ist. Es ist die
Hölle, aus der es für den in sich verkehrten und dem bodenlos-
teuflischen Abgrund seiner Sünde verfallenen Sünder keine Rettung gibt – es sei denn, Gott selbst nimmt die Schuld der Sünde
auf sich, um stellvertretend für den Sünder Tod und Verwerfung
zu erleiden: Gott gegen Gott – für den Menschen; ohne eine ins
Extreme reichende Trinitätstheologie ist das pro nobis soteriologisch nicht zu fassen. Es hat daher seine Richtigkeit und Notwendigkeit zu sagen, daß Versöhnung nicht nur menschliche Mißverständnisse behebende Kundmachung und Erweisung göttlicher
Liebe ist, „sondern auch die wirkliche Überwindung des eben
auch von seiten Gottes wirklich Trennenden: reale Überwindung
des realen Zornes Gottes. Darum geht das versöhnende Handeln
Gottes in Christus nicht so einfach ungebrochen zum Menschen
hin, vielmehr schließt es das versöhnende Handeln auch auf Gott
hin in sich."[36]

Damit ist die Subjektstellung Gottes im Werk der Versöhnung
nicht aufgehoben. Aber diese Subjektstellung läßt sich angemessen nicht in Kategorien unmittelbarer Selbstbestimmung und
Selbstdurchsetzung aussagen, sondern – ebenso wie die Einheit
des göttlichen Wesens – nur auf trinitarische Weise. „In Christus
erleidet zutiefst Gott selbst sein eigenes Zorngericht, damit es den
Menschen nicht treffe ... In der Versöhnung in Christus gilt tatsächlich beides: daß *Gott* versöhnt, und daß Gott versöhnt *wird;*
Gott wird durch Gott selbst versöhnt, Gott steht gegen Gott – für
den Menschen."[37] Daß Gott gegen Gott versöhnend für den Menschen eintritt, ist zugleich der entscheidende Sinn des theologischen Stellvertretungsgedankens; um noch einmal Ernst Kinder zu
zitieren: „Gott tritt an die Stelle des Menschen vor Gott und für
ihn in Beziehung zu Gott; dadurch ist menschlich erfülltes Leben
in Wahrheit, Richtigkeit und Freiheit vor Gott verwirklicht. Erschließt sich von dem ersten Motiv her, wonach Gott zu sich
selbst ins Gegenüber tritt, die Trinitätslehre von innen, so wird im
Lichte dieses zweiten Motivs, daß dadurch wahres Menschsein

---

[36]   E. Kinder, a. a. O., 105 f.

[37]   A. a. O., 108.

erfüllt ist, die sogenannte Zwei-Naturen-Lehre mit der Lehre von der Anhypostasie und der Enhypostasie von innen her lebendig fruchtbar gemacht."[38]

Die Wirklichkeit gottmenschlicher Versöhnung könnte indes nicht als eine in Jesus Christus ein für allemal vollbrachte vorgestellt werden, würde nicht auch dies in Geltung stehen, daß nämlich derselbe, der für uns wahrhaft gestorben ist, nach Grablegung und Abstieg zur Hölle in seiner einigen Selbigkeit am dritten Tage wahrhaftig auferstanden und gen Himmel aufgefahren ist, damit er zur Rechten des Vaters sitze und als König herrsche in Gottes Reich. Hohepriesterliches und königliches Amt gehören daher christologisch-soteriologisch untrennbar zusammen, wie denn auch Jesus Christus selbst es ist, der sein einmal für uns erbrachtes Versöhnungwerk in der Kraft des göttlichen Geistes als ein für allemal gültig ratifiziert.[39] In CA III ist das durch eine weitere, erneut mit „ut" („daß") eingeleitete und dem Satz über das Versöhnungswerk parallel gestaltete Einschaltung zum Ausdruck gebracht, welche das dem Apostolikum entnommene Bekenntnis zur Auferstehung und Himmelfahrt Christi fortführt mit den Worten, „ut sedeat ad dexteram patris, et perpetuo regnet ac dominetur omnibus creaturis, sanctificet credentes in ipsum, misso in corda eorum spiritu sancto, qui regat, consoletur et vivificet eos ac defendat adversus diabolum et vim peccati" (CA III,4 f.).[40] Während sich in Schwab noch keine Anklänge an diese, im deutschen Text von CA III zumindest anfangs analog begegnende Passage finden lassen, beinhaltet Marb 3 das ausdrückliche Bekenntnis zu Christus als „Herr(n) über alle Kreaturen" (BSLK 55,38). Der deutsche und lateinische Endtext schließen offenbar direkt an diese Wendung an, wenn es von Christus heißt, „daß er ewig (perpetuo) herrsche über alle Kreaturen und regiere" (BSLK 54,16 f.).[41]

---

38 A. a. O., iii.

39 Vgl. a. a. O., 102.

40 In Apol III ist die entsprechende Passage kürzer gefaßt, wenn es im Anschluß an das Bekenntnis zum Auferstandenen heißt, „ut regnet, iustificet et sanctificet etc." In der Übersetzung von Justus Jonas sind die letzten beiden Satzglieder umgestellt: „daß er ein ewig Reich besitze, alle Gläubigen heilige und gerecht mache etc."

41 Auf die ethischen Implikationen der CA III-Passagen über Königtum und Wiederkunft Christi zum Gericht hat M. Petzoldt aufmerksam gemacht (vgl. Anm. 18). Zu beachten sind ferner die Bezüge zu CA XXVIII (vgl.

Regnum und dominatio des erhöhten Herrn beziehen sich, so ist
damit gesagt, auf die gesamte Schöpfung. Vom regnum externum
über alle Kreatur wird dann allerdings, ohne daß die termini
technici ausdrücklich Verwendung finden würden, das regnum
internum Christi über „alle, so an ihne glauben" (BSLK 54,18), unterschieden. Christi Herrschaft über die Gläubigen vollzieht sich,
um es im Anschluß an Na zu sagen (BSLK 55,17 f.), „durch Sendung des heiligen Geists in ihre Herzen" (vgl. CA III,5: „misso in
corda eorum spiritu sancto"). Zielbestimmung und Konsequenz
dieser Geistsendung sind nach Maßgabe des deutschen Textes
von CA III Heiligung, Reinigung, Stärkung und Trost sowie Austeilung von Leben und allerlei Gaben und Güter an die Gläubigen
und Schutz und Schirm wider den Teufel und die Sünde. In der
lateinischen Version begegnet eine ähnliche, auf den Begriff der
sanctificatio konzentrierte Reihung (vgl. Na 3: „rechtfertig, heilig"
[BSLK 55,15]). Dabei ist die Satzkonstruktion so, daß der Heilige
Geist nicht lediglich als Instrument und Vollzugsmedium Jesu
Christi fungiert, sondern als eigenes Handlungsorgan in Erscheinung tritt, nämlich als ein solcher, „qui regat, consoletur et vivificet eos (sc. credentes in Christum) ac defendat adversus diabolum
et vim peccati" (CA III,5). Dies mag als ein Beleg dafür gelten,
daß von einer unmittelbaren Gleichschaltung von Pneumatologie
und Christologie mit der Folge eines tendenziellen Ausfalls der
Pneumatologie in der Augustana nicht die Rede sein kann. Melanchthon verfügt durchaus über Mittel und Möglichkeiten, zwischen
Jesus Christus und Heiligem Geist zu differenzieren und die CA I
im Grundsatz formulierten trinitätstheologischen Zusammenhänge
und Unterscheidungen konkret zur Anwendung zu bringen. Das
zeigt nicht nur CA III,5, sondern ebenso die Geistlehre von CA V,
welche den gesamten Realisierungsvollzug des in Jesus Christus,
dem auferstandenen Gekreuzigten, begründeten göttlichen Heils
als pneumatologischen Prozeß ins Auge faßt.[42]

R. Prenter, L'Interprétation de la doctrine des deux règnes, in: RHPhR 43
[1963], 239–249): Von einem Gegensatz einer Lehre von der Königsherrschaft Christi und einer sog. Zwei-Reiche-Lehre kann in der Augustana
keine Rede sein.

[42] Nachfolgende Analyse wird zeigen, daß in CA V *nicht das Amt, sondern
der Heilige Geist im Vordergrund steht"* (Kvist, 207). Indem er durch Wort
und Sakrament den rechtfertigenden Glauben wirkt, realisiert der Heilige
Geist Christi Werk für uns, um den österlich erstandenen Gekreuzigten

Zu seiner Vollendung gebracht ist dieser Prozeß, in welchem der Hl. Geist – Gott in Christus bezeugend – sich selbst realisiert, im endgültigen Kommen des Reiches Gottes, in der sich die Herrlichkeit Christi als die des Richters über Lebende und Tote sichtbar und öffentlich manifestieren wird. Auf diesen eschatologischen Schluß hin ist nicht nur der Christologie-Artikel der Augustana, sondern deren Lehrteil in seiner Ursprungsform insgesamt angelegt, insofern CA XVII, der letzte unter den Stammartikeln, von der Wiederkunft Christi zum Gericht handelt. Was den Schluß von CA III betrifft, so folgt er, wie schon Marb 3 (BSLK 55,38: „zukunftig zu richten die Lebendigen und Toten etc.") im wesentlichen und unter Verzicht auf alle „phantastischen, unbiblischen Ausschmückungen" (Maurer II, 41) der einschlägigen Aussage des zweiten Apostolikum-Artikels über das Kommen Jesu Christi zum Gericht über Lebende und Tote, wie denn auch der Gesamtartikel mit der Bemerkung schließt: „iuxta symbolum Apostolorum" (CA III,6; BSLK 54,25 f.: „lauts des Symboli Apostolorum").[43] Auffällig ist neben der erneuten „idem"- bzw. „ut"-Einleitung lediglich die explizite Hervorhebung des „palam rediturus" bzw. des öffentlichen Kommens des Herrn Christus zum Gericht (BSLK 54,24). Dies findet sich so in CA XVII nicht. Gemeinsam ist den deutschen Ausführungen zur Wiederkunft Christi in CA III und CA XVII indes die betonte Rede vom „Herr(n) Christus" (BSLK 54,23) bzw. „Herr(n) Jesus Christus" (BSLK 72,3 f.). C. Stange hat darauf

pfingstlich zu verherrlichen und ihm eine Kirche zu bereiten auf Erden, welcher das Reich Gottes nicht fern ist. Der pneumatologische Prozeß, dem die Genealogie des christlichen Glaubens korrespondiert, ist so seiner Mission und Bestimmung nach Wegbereiter des zweiten Advents Jesu Christi, dessen Ankunft wiederum mit der vollendeten Geistwirklichkeit koinzidiert. Die christologisch-eschatologischen Aussagen sind daher immer zugleich pneumatologisch zu verstehen. Kurzum: Der Heilige Geist gehört, auch wenn er seltener explizit erwähnt wird, in den trinitätstheologisch begründeten und heilsgeschichtlich-eschatologisch ausgespannten Zusammenhang von CA I bis CA XVII nicht weniger hinein als Vater und Sohn. Das gilt umso mehr, als ohne das gläubige Bekenntnis zum Hl. Geist als wirksamer trinitarischer Person das Geschehen der Rechtfertigung des Sünders aus Gnade um Christi willen durch Glauben, auf welche die CA alle theologische Aufmerksamkeit konzentriert, „*nicht mehr* (als) *ein souveränes Werk Gottes*" (Kvist, 208) verstanden werden könnte.

43   Vgl. insgesamt F. Beißer, Hoffnung und Vollendung, Gütersloh 1993.

aufmerksam gemacht, daß sich dieser christologische Hoheitstitel
„in den Lehrartikeln des Bekenntnisses nur an diesen beiden
Stellen und sonst nirgends findet"[44]. Er hat daraus und aus ihrer
Doppelthematisierung in CA III und CA XVII geschlossen, daß die
Augustana die Wiederkunft Christi zum Gericht offenbar „als ein
besonders wichtiges Lehrstück"[45] betrachtet hat. In der Tat kann
man sagen, daß alles, was CA III und CA XVII inhaltlich und in
heilsgeschichtlicher Orientierung zwischengeschaltet ist, auf den
Erweis der eschatologischen Herrschaft Jesu Christi aus ist und
damit auf das endgültige Kommen des Reiches Gottes zielt. Diese
Ausrichtung auf die Zukunft des Gekommenen (dessen sichtbare
und öffentliche Verherrlichung zu betreiben das theologisch und
soteriologisch schlechterdings unverzichtbare Werk des Hl. Geistes ist) ist für das Verständnis des Gesamtzusammenhangs daher
von elementarer und entscheidender Bedeutung, und zwar nicht
nur im Hinblick auf die in CA XVI thematisierten weltlichen Bezüge, die bereits durch die offensichtlich bewußt gewählte Stellung des Artikels (vgl. die Artikelreihenfolge in Schwab) zu vorletzten Angelegenheiten erklärt werden.

Ein „erste(r) Ansatz" zu den eschatologischen Ausführungen von
CA XVII findet sich in Schwab 13, welcher Artikel seinerseits „bis
ins einzelne" (Maurer II, 41) von Luthers Bekenntnis von 1528 abhängig ist. Dort hatte der Reformator in paraphrasierendem Anschluß an das Apostolikum seinen Glauben der „Auferstehung aller Toten am jüngsten Tage" bekannt – „beide der Frummen und
der Bösen" – und hinzugefügt: „daß ein jeglicher daselbs empfahe
an seinem Leibe, wie ers verdienet hat, und also die Frummen
ewiglich leben mit Christo und die Bösen ewiglich sterben mit
dem Teufel und seinen Engeln." Es folgt eine Absage an die Lehre
von der Wiederbringung aller: „Denn ichs nicht halte mit denen,
so da lehren, daß die Teufel auch werden endlich zur Seligkeit
kommen." (BSLK 72, Anm. 1; WA 26, 509, 16 f.) Diese Schlußbemerkung ist in Na zu einer förmlichen Damnation derer ausgebaut, „so lehren, daß zuletzt auch die Verdammbten und Teufel
aus der Pein erlöst werden" (BSLK 72,27 f.; vgl. BSLK 72, Anm. 2).
Identifiziert werden die besagten Irrlehrer als „Nachfolger Orige-
nis und die Wiedertaufer" (BSLK 72,27). Der Endtext beschränkt

---

44   C. Stange, Die Christusfrage in der Augsburgischen Confession, 303.

45   A. a. O., 302.

sich sowohl in seiner lateinischen als auch in seiner deutschen
Version auf die Nennung der Anabaptisten, die als die zeitgenössischen Origenisten galten und „damals gerade in Augsburg"
(Kolde, 54) von sich reden machten. Wie in anderen Lehrstücken
so zeigt sich also auch im Kontext der Eschatologie das Bestreben
der Augustana, „jeden Zusammenhang mit wiedertäuferischen
Lehren abzuweisen" (Kolde, 54).[46] Abgewiesen und förmlich verworfen werden in Na ebenso wie in den beiden Endversionen
von CA XVII ferner die aktuellen Vertreter des Chiliasmus, der „uf
judische Meinung" (BSLK 72,28) zurückgeführten Lehre vom Tau-
sendjährigen Reich, derzufolge zu gelten habe, „quod ante resur-
rectionem mortuorum pii regnum mundi occupaturi sint, ubique
oppressis impiis" (CA XVII,5), „daß vor der Auferstehung der Toten eitel Heilige, Fromme ein weltlich Reich haben und alle Gottlosen vertilgen werden" (BSLK 72,16 – 18). Na hatte in diesem Zusammenhang auch noch diejenigen verworfen, die behaupteten,
„die Verheißung von Eroberung des gelobten Lands müssen leiblich verstanden werden" (BSLK 72,28 f.). Als historischen Hintergrund dieser in CA XVII nicht mehr vorhandenen Damnation
vermutet Th. Kolde die nach dem Bericht Melanchthons an Camerarius vom 19. Juni 1530 (vgl. CR 2, 119) als verbürgt bezeichnete
und während des Augburger Reichstags verbreitete Nachricht,
„daß die Juden ein ungeheures Heer zusammengezogen hätten,
um Palästina zu erobern" (Kolde, 55; vgl. ebd., Anm. 3).

Was die Affirmativa der Lehre von der Wiederkunft Christi zum
Gericht betrifft, so hat sich die Grundstruktur der Bekenntnisaus-
sagen Luthers über Schwab 13 und Na 16 bis zu CA XVII durchgehalten. Ausgangspunkt ist, um den Endtext zu skizzieren, das Bekenntnis, daß Christus „am jungsten Tag" („in consummatione
mundi") zum Gericht erscheinen und „alle Toten" („mortuos omnes") auferwecken wird. Auf der Basis dieser Grundaussage wird
sodann nach Maßgabe des zu erwartenden eschatologischen Rich-
terspruchs geschieden zwischen den „Glaubigen und Auserwählten" („piis et electis"), denen der Herr „ewigs Leben und ewige
Freude" („vitam aeternam et perpetua gaudia") geben, und den
gottlosen Menschen und Teufeln, die er „in die Helle und ewige

---

[46] Ob dies, wie Kolde meint, der einzige Grund für die Aufnahme eines
besonderen Artikels zur Lehre von den Letzten Dingen war, ist eine andere Frage.

Straf verdammen" wird („condemnabit, ut sine fine crucientur").
Na 16 hatte in dieser Hinsicht noch betonter herausgestellt, was
freilich der Sache nach auch im Endtext gesagt und durch die
Damnation der Anabaptisten bestätigt wird, daß nämlich „die ver-
dammten Menschen sambt den Teufeln aus hellischer Pein nimmer in Ewikeit erlost werden" (BSLK 72,23 f.). Anzumerken ist ferner, daß aus den zu ewiger Seligkeit bestimmten „Auserwählten"
von Na 16 (vgl. BSLK 72,23) in CA XVII die „pii et electi" geworden sind, was zwar ebenfalls keine eigentliche sachliche Änderung darstellt, was aber als ein Hinweis darauf genommen werden darf, daß als Kriterium eschatologischer Erwählung der Glaube fungiert, wie denn auch der deutsche Text ausdrücklich von
„Glaubigen und Auserwählten" (BSLK 72,6) spricht, darin die Aussage von Schwab 13 bestätigend, daß der Herr Jesus Christus
„seine Glaubigen erlosen von allem Übel und ins ewige Leben
bringen" (BSLK 72,22–24) wird. Im übrigen fällt auf, wie nachdrücklich in Na 16 die Identität des Auferstehungsleibes mit dem
irdischen Leib betont wird, wenn gleich zu Beginn zu lesen steht,
„daß alle verstorbene Menschen mit demselben ihren Leib, darin
sie gestorben, wiederumb werden auferweckt werden zu dem
Gericht Christi" (BSLK 72,19–22). Man hat das damit erklärt, „daß
Melanchthon auch in diesem Punkte möglichst scharf die Übereinstimmung mit der tradierten Kirchenlehre zum Ausdruck bringen wollte" (Kolde, 54).[47] Daß dieses Interesse auch nach Streichung und völliger Neukonzeption des entsprechenden Absatzes
erhalten blieb, zeigt die Tatsache völligen Fehlens jeglicher Polemik etwa gegenüber der altgläubigen Lehre vom Purgatorium.
Luther hat das bekanntlich eigens moniert und durch seine explizite Fegfeuerkritik, wie sie sich beispielsweise in ASm II,2 findet
(vgl. BSLK 420 f., aber auch die Apologie-Aussagen etwa in: BSLK
255 f., 286 ff., 367, 374), wettzumachen versucht. CA XVII hingegen
bewegt sich in Affirmation und Negation ganz „im Rahmen der
traditionellen Lehre von den Letzten Dingen" (Lehmann/Pöhl-
mann, 73).[48] Die Konfutatoren haben daher den Artikel „sine
exceptione" (Apol XVII,1) angenommen, so daß Melanchthon sich
in Apol XVII darauf beschränken konnte, den gegebenen Lehrin-
halt zusammenfassend und in gekürzter Form zu wiederholen.

---

47   Vgl. DH 801: „qui omnes cum suis propriis resurgent corporibus".

48   Ebd. finden sich auch zwei Hinweise auf mögliche Neuakzentuierungen.

2. *Das Wirken des Geistes im leiblichen Wort*

Im Anhang seiner letzten großen Abendmahlsschrift hat Luther 1528, wie bereits mehrfach erwähnt, in testamentarischer, eschatologisch gespannter Form niedergeschrieben, welchen Glauben er als den seinen und den aller rechten Christen im Leben und Sterben mit Gottes Hilfe beharrlich zu bezeugen erhoffe (vgl. WA 26, 499, 26 ff.). Mit diesem Glaubenstestament hat der Reformator nicht nur den wichtigsten Anstoß protestantischer Konfessionsbildung gegeben, sondern zugleich „seinen Anschluß an die bisherige Bekenntnisentwicklung der Kirche vollzogen" (Maurer II, 11), deren christologisch-trinitätstheologische Gehalte, wie er sie neben dem Nizäno-Konstantinopolitanum und Athanasianum vor allem im Apostolikum bezeugt fand, Luther als schriftgemäß erkannt und anerkannt hat. Am Anfang steht das dezidierte und gegen diverse Irrlehren abgegrenzte herzliche Bekenntnis zum „hohen Artikel der gottlichen Majestät, daß Vater, Sohn, heiliger Geist drei unterschiedliche Personen, ein rechter, einiger, natürlicher, wahrhaftiger Gott ist, Schepfer Himmels und der Erden, aller Dinge ..., wie das alles bisher, beide in der romischen Kirchen und in aller Welt bei den christlichen Kirchen gehalten ist" (BSLK 50, Anm. 1). Es folgt ein ausführlicher christologischer Teil mit detaillierten positiven und negativen Bestimmungen zur Inkarnations- und Zwei-Naturen-Lehre, welche hinführen zu der soteriologischen – durch Erwägungen u. a. zur Lehre von Sünde, Willensfreiheit und Rechtfertigung ratifizierten und bekräftigten – Zentraleinsicht, „das solcher Gotts und Maria son / unser herr Jhesus Christus / hat fur uns arme sunder gelidden / sey gecreutzigt / gestorben und begraben / Damit er uns von der sunden / tod und ewigem zorn Gotts durch sein unschuldig blut erloset / Und das er am dritten tage sey aufferstanden vom tode und auffgefaren gen hymel // und sitzet zur rechten hand Gottes des all mechtigen Vaters / ein herr uber alle herren konig uber alle konige / und uber alle Creaturn ym hymel / erden und unter der erden / uber tod und leben uber sunde und gerechtickeit" (WA 26, 501, 18 ff.). Den Abschluß bildet der pneumatologische Artikel: Durch den Heiligen Geist, so heißt es, „als eine lebendig, ewige, göttliche gabe und geschencke werden alle gleubigen mit dem glauben und andern geistlichen gaben gezieret, vom tod auff erweckt, von sunden gefreyet und frölich und getrost, frey und sicher ym gewissen gemacht, Denn das ist unser trotz (sic!), so wir solchs geists zeugnis ynn unserm hertzen fulen, das Gott wil unser Vater sein, sunde vergeben und ewiges leben geschenckt haben." (WA 26, 505, 32 ff.)

In ökonomischer Perspektive wird der trinitätstheologische Argumentationsgang sodann noch einmal rekapituliert: „Das sind die drey person und ein Gott, der sich uns allen selbs gantz und gar gegeben hat mit allem, das er ist und hat. Der Vater gibt sich uns mit hymel und erden sampt allen creaturen, das sie dienen und nütze sein mussen. Aber solche gabe ist durch Adams fal verfinstert und unnütze worden, Darumb hat darnach der son sich selbs auch uns gegeben, alle sein werck, leiden, weisheit und gerechtickeit geschenckt und uns dem Vater versunet, damit wir widder lebendig und gerecht, auch den Vater mit seinen gaben erkennen und haben mochten. Weil aber solche gnade niemand nütze were, wo sie so heymlich verborgen bliebe, und zu uns nicht komen kündte, So kompt der heilige geist und gibt sich auch uns gantz und gar, der leret uns solche wolthat Christi, uns erzeigt, erkennen, hilfft sie empfahen und behalten, nützlich brauchen und austeilen, mehren und foddern, Und thut dasselbige beide, ynnerlich und eusserlich: Ynnerlich durch den glauben und ander geistlich gaben. Eusserlich aber durchs Euangelion, durch die tauffe und sacrament des altars, durch welche er als durch drey mittel odder weise zu uns kompt und das leiden Christi ynn uns ubet und zu nutz bringet der seligkeit." (WA 26, 505, 38 ff.)

Es ist hier nicht zu erörtern, wie Luther diesen Zusammenhang im Jahre 1528 unter stetiger Konzentration auf den evangelischen Zuspruch der Sündenvergebung ekklesiologisch und bis zum letzten Ende der Eschatologie hin theologisch entfaltet hat; der Sache nach wird dies die Aufgabe der nachfolgenden Abschnitte sein, welche im Anschluß an das reformatorische Bekenntnis, wie es namentlich in der Augustana dokumentiert ist, die inhaltlichen Einzelmomente des Zeugnisses von Gott in Christus zu bedenken haben werden. Festgehalten werden soll zunächst lediglich dies, daß das Bekenntnis zu dem in Jesus Christus zum Heil von Menschheit und Welt vorstellig gewordenen dreieinigen Gott unbeschadet unterschiedlicher Akzentsetzung die Konfessionsgeschichte der Reformation insgesamt prägt, wie es denn auch für Luthers eigene Theologie zeitlebens und in elementarer Weise bestimmend war. Mit W. Maurer zu reden: „Luthers trinitarisches

Bekenntnis ist die Grundlage seiner Theologie, gerade auch in ihren reformatorischen Aussagen." (Maurer II, 12) Ein hervorragender Beweis hierfür sind die Schmalkaldischen Artikel von 1537, mittels derer der Reformator sein Testament aus dem Jahre 1528 wiederholt und erneuert hat – abermals unter Bedingungen einer gleichsam physisch und psychisch aktuell geworden eschatologischen Anspannung. Der Grundsatz, mit denen der „von den hohen Artikeln der gottlichen Majestät" handelnde erste Teil der ASm eingeleitet wird, besagt im Anschluß an die traditionellen Wendungen, daß Gott, der Schöpfer Himmels und der Erden, dreieiniger Gott sei (vgl. BSLK 414,10 ff.). Hinzugefügt werden knappe Formeln zu den trinitarischen Personenunterschieden, wobei das filioque westlicher Tradition gemäß ausdrücklich vertreten wird (BSLK 414,17: „der heilige Geist vom Vater und Sohn ausgehend"). Hinzugefügt wird ferner, daß die Menschwerdung Gottes, deren Faktum und Konsequenzen unter Berufung und im Anschluß an Apostolikum, Athanasianum und die Tradition der allgemeinen Kinderkatechese beschrieben werden, allein von der zweiten trinitarischen Person auszusagen ist (vgl. BSLK 414,18 ff.). Lediglich angemerkt sei, daß einzelne Wendungen von ASm I in der reformatorischen Bekenntnistradition vielfach begegnen, so etwa wenn es in offenkundiger Anlehnung an Marb 2 (vgl. BSLK 55,33 f.) heißt, der Sohn Gottes „sei also Mensch worden, daß er vom heiligen Geist ohn männlich Zutun empfangen und von der reinen, heiligen Jungfrau Maria geporn sei" (BSLK 414,20 – 22). Wichtiger noch als dieser Hinweis ist die Tatsache, daß Luther in den hohen Artikeln von der göttlichen Majestät keinen Zank noch Streit gegeben sah, „weil wir", wie es heißt, „zu beiden Teilen dieselbigen bekennen" (BSLK 415,1 f.). Sieht man sich diesen Passus im Autograph Luthers an, dann stellt man fest, daß dieser zuerst „dieselbigen glauben und bekennen" geschrieben, dann aber das „glauben und" mit einem kräftigen Strich wieder getilgt hat. Als Grund für diese Streichung wird in der Regel angegeben, daß der Reformator „den Katholischen den Glauben nicht zutraute" (BSLK 415, Anm 1). Zwar würden in der Papstkirche die hohen Artikel der göttlichen Majestät mit dem Munde äußerlich bekannt, doch fehle das rechte innere Vertrauen auf den dreieinigen Gott, wie sich spätestens an dem Artikel von Jesus Christus und unserer Erlösung erweise.[49]

---

[49]   In der zur Jahrhundertwende (Leipzig 1900) erschienenen Schrift K. Thie-

Was immer man von derlei Mutmaßungen halten mag, sie ändern selbst im kritischsten Falle nichts daran, daß Luther sich hinsichtlich der hohen Artikel von der göttlichen Majestät in Bekenntniseinheit mit seinen katholischen Gegnern wußte. Wahr ist freilich, daß der Reformator das Bekenntnis zu jenen Artikeln nur dann für heilsam, nämlich glaubensgemäß und glaubensförderlich erachtete, wenn er es verbunden wußte mit dem rechten evangelischen Zeugnis vom Erlösungswerk Jesu Christi, von dem ASm II,1 handelt. Ist doch „das Wort von der Dreieinigkeit ... nicht isolierte offenbarte gegenständliche Wahrheit über den Gegenstand ‚Gott‘, sondern die im Denken des Glaubens vollzogene Entsprechung zur Gegenwart Gottes in Jesus als Erfüllung seiner Verheißung an Israel"[50]. Als Summe des Evangeliums, von dem sie herkommt

---

mes, Luthers Testament wider Rom in seinen Schmalkaldischen Artikeln, stellt sich die Sache so dar: „Luther muß nach dem ersten Teil mit dem leidigen Papst und seinem Reich den Zank und Streit über den christlichen Hauptartikel beginnen. Das gemahnt ihn, daß es drüben auch um die hohen Artikel der göttlichen Majestät, die in keinem Zank noch Streit sind, dennoch schief steht, daß man sie nur mit dem Munde bekennt, aber nicht im Herzen fühlt, sondern auch sie verleugnet, weil man Christum als alleinigen Erlöser verleugnet. Fehlt's an diesem Stück, so fehlen alle Stücke. Darum streicht er geschwind wieder jenes ‚glauben und‘." (58) Eine analoge Interpretation wurde anläßlich des 400jährigen Gedächtnisses der Schmalkaldischen Artikeln von C. Stange vertreten, etwa wenn es heißt: „Die Nebeneinanderstellung des ersten und des zweiten Teils der Schmalkaldischen Artikel hat ... für Luther nicht die Bedeutung, als ob er die christliche Lehre halbieren und von der einen Hälfte, nämlich den hohen Artikeln göttlicher Majestät, die Übereinstimmung zugeben, von der anderen Hälfte aber, nämlich dem Artikel von der Erlösung durch Christus, den unversöhnlichen Gegensatz behaupten wolle. Die Nebeneinanderstellung der beiden Teile hat für Luther vielmehr den Sinn, daß die vom Papsttum vollzogene Verleugnung der Heilsmittlerschaft Christi die Anerkennung der hohen Artikel göttlicher Majestät durch das Papsttum als nur scheinbar erweist. Der im zweiten Teil der Artikel erfolgende Nachweis, daß die römische Kirche die Erlösung durch Christus nicht bestehen läßt, zeigt, daß sie auch die hohen Artikel göttlicher Majestät nur mit dem Munde bekennt, aber ihres eigentlichen Glaubensinhaltes entleert, und also in Wirklichkeit vom Christentum abgefallen ist." (C. Stange, Die Schmalkaldischen Artikeln Luthers, in: ZSTh 14 [1937], 416–464, hier: 421)

50 J. Baur, Die Trinitätslehre als Summe des Evangeliums, in: ders., Einsicht und Glaube. Aufsätze, Göttingen 1978, 112–121, hier: 115. Baur fährt fort: „Die Wahrheit, um die es hier geht, erschließt sich nur, ist in Kraft allein, wo das Evangelium mächtig ist als Kraft Gottes zur Rettung (Rö 1,16), wo

und das sie erschließen soll, erweist sich die Trinitätslehre demnach nur in strenger Konzentration auf den auferstandenen Gekreuzigten. Analog zur Verzahnung von CA I und CA III[51] ist daher auch die Beziehung von ASm I und ASm II,1 eine unauflösli-
che: Die trinitätstheologischen Basisartikel und der christologische
„Häuptartikel" (BSLK 415,6), von dem „man nichts weichen oder
nachgeben (kann), es falle Himmel und Erden oder was nicht
bleiben will" (BSLK 415,21 f.), gehören zusammen und können nur
in ihrer untrennbaren Zusammengehörigkeit recht und auf heilsame Weise verstanden werden. In diesem Sinne trifft es zu, daß
auf dem besagten „Häuptartikel" von Christi Amt und Werk als
unser Erlösung schlechterdings alles beruht, was reformatorische
Theorie und Praxis ausmacht.[52]

Formuliert hat Luther den christologisch-soteriologischen Hauptartikel in Zusammenfassung von vier zentralen Bibelworten (Röm
4,24; Joh 1,29; Jes 53,6 und Röm 3,23 ff.), wonach zu gelten hat:
„Daß Jesus Christus, unser Gott und Herr, sei ,umb unser Sunde
willen gestorben und umb unser Gerechtigkeit willen auferstan-

---

menschliches Leben, das in Selbstbesorgung an sich verfallen ist und
unter dem Gesetz der Identitätssuche weder zur Freiheit noch zur Kommunikation findet, überwunden wird von dem Gott, der nicht bei sich
bleibt, der im Sohn aus sich heraustritt und im Geist zu sich herführt."
(119)

[51]   Vgl. H. Lubscyk, Trinität und Inkarnation in der Augsburgischen Konfession. Bemerkungen zum lateinischen und deutschen Text, in: F. Hoff-
mann/U. Kühn (Hg.), Die Confessio Augustana im ökumenischen Gespräch, Berlin 1980, 109–118.

[52]   BSLK 416,3 ff.: „Und auf diesem Artikel stehet alles, das wir wider den
Bapst, Teufel und Welt lehren und leben. Darum mussen wir des gar
gewiß sein und nicht zweifeln. Sonst ist's alles verlorn, und behält Bapst
und Teufel und alles wider uns den Sieg und Recht." Hinzuzufügen ist,
daß Luther in allen Folgeartikeln von ASm recht eigentlich „immer nur
von dem einen ,Häuptartikel' (redet), mit dem der zweite Teil des Ganzen lapidar beginnt" (M. Doerne, Luthers reformatorisches Bekenntnis in
den Schmalkaldischen Artikeln, in: AELKZ 70 [1937], Sp. 930–938 u. 954–
961, hier: 935. Dabei geht es, wie Doerne meint, stets um „ein sehr einfaches und radikales Entweder-Oder: entweder Gott oder der Mensch,
entweder menschliche Selbstmächtigkeit oder Glaube an das Evangelium, das die Zerstörung dieser Selbstmächtigkeit und eben dadurch die
Erlösung des Menschen ist" [a. a. O., 961]. Vgl. ferner: E. Schott, Christus
und die Rechtfertigung allein durch den Glauben in Luthers Schmalkaldischen Artikeln, in: ZSTh 22 [1953], 192–217).

den', Ro 4., und er allein ,das Lamm Gottes ist, das der Welt Sunde
trägt', Joh. 1., und ,Gott unser aller Sunde auf ihn gelegt hat',
Isaiae 53., item: ,Sie sind alle zumal Sunder und werden ohn Verdienst gerecht aus seiner Gnade durch die Erlosung Jesu Christi in
seinem Blut' etc., Ro. 3.'" (ASm II,1; BSLK 415,7–13) In Fortführung
des Zitats aus Röm 3 wird sodann klargestellt, daß allein der
Glaube an Christus uns gerecht macht und kein Werk, Gesetz
noch Verdienst. Solus Christus und sola fide gehören zusammen.
Wie unsere Erlösung einzig auf Jesus Christus steht, so wird sie
allein durch den Glauben heilsam zu eigen. Die Antwort, wie
solch heilsamer Glaube zu erlangen sei, ist für Luther keinen Augenblick zweifelhaft und daher wie in bezug auf seine Gesamttheologie, so auch bezüglich der ASm unschwer zu geben, auch
wenn dort im Unterschied zum testamentarischen Bekenntnis von
1528 der trinitarische Gedanke nicht gliederungsbestimmend und
daher der konstitutive Zusammenhang von Christologie und
Pneumatologie nicht unmittelbar ersichtlich ist: Es ist das Werk
des Geistes in Wort und Sakrament, durch welches der Glaube
gewirkt und erhalten wird.[53] Das in Jesus Christus offenbare göttliche Heil wird dem Glauben durch den Hl. Geist also nicht unmittelbar, sondern auf vermittelte Weise zuteil. Der Geist wirkt
den Glauben durch Medien des Heils. Darin zeigt sich an, daß die
Wirklichkeit des Geistes von derjenigen Jesu Christi zwar zu unterscheiden, nicht aber zu trennen ist. Deshalb steht alles
Geistwirken im Zeichen Jesu Christi und seiner Heilsmittlerschaft.
Sie zu verherrlichen ist das Wesen der Geistsendung und das Ziel
des pneumatologischen Prozesses, dessen christologische Herkunft nachgerade daraus erhellt, daß der Geist sein Werk nicht
durch irgendwelche Medien, sondern durch solche wirkt, die in
der Erscheinungsgestalt Jesu Christi als des göttlichen Evangeliums in Person begründet sind. Indem er mittels des Evangeliums
Jesu Christi einer sündig verkehrten Menschheit und ihrer vom
Übel gezeichneten Welt Anteil gibt am Gottesverhältnis des Soh-

---

[53]   Auch wenn im Vergleich zu Luthers Bekenntnis von 1528 formale Umor-
        ganisationen, aber auch inhaltliche Akzentverschiebungen unleugbar
        sind, wird man doch nicht sagen können, daß sich die gesamte lutheri-
        sche Bekenntnisentwicklung im Anschluß an Schwab unter fast völliger
        Beiseitelassung des pneumatologischen Anliegens „auf das Verhältnis
        von Vater und Sohn beschränkt" und damit „die Grundlage ... für ein
        ,binitarisches' Glaubensbekenntnis gelegt" hat (Maurer II, 15).

nes, erschließt er als dritter im göttlichen Bunde dieses Verhältnis zum Heil aller Kreatur, auf daß die im auferstandenen Gekreuzigten offenbare Vatergüte Gottes sich als universal wirksam erweise.

Damit ist, um auf die Augustana zurückzukommen, der durch CA I und CA III vorgegebene, mit den Themen von CA II und CA IV sowohl formal als auch inhaltlich aufs engste verzahnte christologisch-trinitätstheologische Zusammenhang umschrieben, der bedacht sein will, soll die pneumatologische Heilsmittellehre von CA V recht verstanden werden. Sind doch, wie von den Auslegern wiederholt betont wurde, die in CA V getroffenen Aussagen über Wort und Sakrament nur dann richtig zu interpretieren, wenn sie in das „heilsökonomische Gefüge des dreieinigen Gottes, seines rettenden Werkes in Christus durch den vom Heiligen Geist geschenkten Glauben hineingestellt werden"[54]. Dabei markiert CA V seinerseits das innere Zentrum der Artikelreihe CA IV bis CA VI, welche im Aufbau der Augustana ebenfalls eine zusammengehörige Einheit darstellt. Mit gutem Grund kann daher der fünfte Artikel des Augsburger Bekenntnisses als dessen „sachliche Mitte" bezeichnet werden, „weil er sowohl über das Verständnis des rechtfertigenden Glaubens (CA IV) wie über das der guten Werke (CA VI) entscheidet"[55].

---

[54] E. Iserloh/V. Vajta, Die Sakramente: Taufe und Abendmahl, in: H. Meyer/H. Schütte (Hg.), Confessio Augustana. Bekenntnis des einen Glaubens, Paderborn/Frankfurt a. M. 1980, 198–227, hier: 199.

[55] O. Bayer, Leibliches Wort. Öffentlichkeit des Glaubens und Freiheit des Lebens, in: ders., Leibliches Wort. Reformation und Neuzeit im Konflikt, Tübingen 1992, 57–72, hier: 58. In dem Beitrag „Gesetz und Evangelium", in: a. a. O., 33–56, hier: 38 und 40 hat Bayer mit Recht auf den beachtenswerten Zusammenhang von FC V und VI mit CA V hingewiesen: „FC V und VI entsprechen genau dem Artikel V der CA, deren wichtigstem Artikel. Er bezeugt, daß der rechtfertigende Glaube in seiner Unmittelbarkeit zu Gott konkret vermittelt ist: Der den Glauben schenkende Heilige Geist kommt, wie gegen die Spiritualisten geltend gemacht wird, allein durch das ‚leibliche Wort' ... Er schwebt nicht in allgemeiner Innerlichkeit, sondern bindet sich an eine ‚mündliche' und ‚äußerliche' ... Zueignung ..." Indem er sich auf die Externität des verbum externum verläßt, ist der Glaube, was er ist. Solch exzentrische Verfaßtheit des Glaubens vor Selbstverkehrung zu bewahren, ist nach Bayer die wesentliche Aufgabe der Lehre von Gesetz und Evangelium. Die Unterscheidung von Gesetz und Evangelium dient „dem rechtfertigenden Glau-

Die Zusammengehörigkeit der Artikelreihe CA IV-VI und die
Schlüsselstellung von CA V in ihr wird durch die Vorgeschichte
der Augustana klar bestätigt. Nicht nur daß ihre Reihenfolge
wechselte, auch in inhaltlicher Hinsicht zeigen sich vielfältige
Überschneidungen zwischen den genannten Artikeln. Zu einer
endgültigen Fixierung der jetzigen Anordnung und einer entsprechenden Abgrenzung des Materials kam es erst Mitte Juni 1530.
Gleichwohl läßt sich das Differenzierungsschema, das für die
Endgestalt des Textes bestimmend werden sollte, schon in
Schwab 6 entdecken, wo in bezug auf den Rechtfertigungsglauben deutlich zwischen seiner Ursache und seiner Wirkung oder
„Frucht", wie es heißt (BSLK 59,19; vgl. auch BSLK 59,6)[56], unterschieden wird. Dieses Anordnungs- und Abgrenzungsschema ist,
wie gesagt, für die Darbietung des Themenmaterials in CA IV-VI
schließlich bestimmend geworden, insofern im Anschluß an den
Rechtfertigungsartikel im engeren Sinne (CA IV) zunächst vom
Vermittlungsgrund der Rechtfertigung (CA V) und sodann von deren Folgen (CA VI) gehandelt wird. In diesem Sinne heißt es in
der Textfassung Nb 5, die von minimalen, sachlich völlig unbe-
deutsamen Abweichungen abgesehen bereits wörtlich den Text

---

ben ..., der sich, will er nicht verkannt werden und in sein Gegenteil
umschlagen, weder mit einem Wissen noch mit einem Tun identifizieren
läßt, wohl aber beides neu qualifiziert. In dieser Hinsicht", so Bayer,
„erweist sich der auf die Unterscheidung von Gesetz und Evangelium hin
interpretierte Artikel V der CA als entscheidend sowohl für das Verständnis des rechtfertigenden Glaubens (CA IV) wie für das der guten Werke
(CA VI)."

[56]	BSLK 59,16 – 21: „Daß solcher Glaube sei nicht ein menschlich Werk noch
aus unseren Kräften muglich, sondern es ist ein Gotteswerk und Gabe,
die der heilige Geist durch Christum gegeben in uns wirket, und solcher
Glaub, wo er nit ein loser Wahn oder Dunkel des Herzens ist, wie die
Falschgläubigen haben, sondern ein kräftiges, neues, lebendigs Wesen,
bringet er viel Frucht, tut immer Guts gegen Gott mit Loben, Danken,
Beten, Predigen und Lehren, gegen dem Nächsten mit Lieb, Dienen,
Helfen, Raten, Geben und Leiden allerlei Ubels bis in den Tod." (Vgl.
Marb 6: BSLK 59,26 – 29) Angesichts der Tatsache, daß Schwab 6 und 7
sich teilweise wie „Dubletten" zueinander verhalten und einige „Pleonas-
men und Unklarheiten" zu konstatieren sind, ist es verständlich, „daß
Melanchthon in den ersten Wochen in Augsburg an den beiden Artikeln
starke Kürzungen und Umarbeitungen vornahm" (Maurer II, 132 f.) und
sich in Na 4 ausschließlich auf die Vermittlung der Geistgabe durch Wort
und Sakrament konzentrierte.

der deutschen Version von CA V enthält: „Solchen Glauben zu erlangen, hat Gott das Predigtamt eingesetzt, Evangelium und Sakrament geben, dadurch er als durch Mittel den heiligen Geist gibt ..." (BSLK 58,2–5) Durch die im lateinischen Text analog begegnende Anschlußwendung (CA V,1: „ut hanc fidem consequamur") wird ein direkter Bezug zu dem in CA IV Erörterten hergestellt und unmißverständlich gezeigt, daß der Rechtfertigungsglaube nicht in sich gründet, sondern allein in dem CA V Thematisierten jenen Grund findet, dessen Konsequenz er ist. Dieser externe Grund, auf den sich zu verlassen das Wesen des Glaubens ausmacht, ist durch „Evangelium und Sakrament" (BSLK 58,3 f.) bezeichnet, mittels derer Gott den Hl. Geist gibt.

Damit ist zugleich das zentrale Thema von CA V benannt. Zwar steht der Artikel seit der Drucklegung der Augustana unter der Überschrift „Vom Predigtamt" („De ministerio ecclesiastico"), doch spricht er, wie unschwer zu erkennen ist, im wesentlichen „über das Wirken des Heiligen Geistes in Wort und Sakramenten"[57], denen das Predigtamt dienend zugeordnet ist. Dies bestätigt zweifellos auch der lateinische Text von CA V, dessen erster Satz lautet: „Ut hanc fidem consequamur, institutum est ministerium docendi evangelii et porrigendi sacramenta." (CA V,1) Zwar mag dieser Satz für sich genommen den Eindruck erwecken, entscheidendes Thema des folgenden sei das ministerium ecclesiasticum, von dem schließlich auch die spätere Überschrift spricht. Aber die im Vergleich zum deutschen Text auffällige Verselbständigung der Eingangswendung verdankt sich doch weniger inhaltlichen Erwägungen als dem Interesse, das schwerfällige deutsche Satzgefüge im Lateinischen aufzulösen. Der nachfolgende Anschlußsatz macht denn auch unzweifelhaft deutlich, worum es thematisch vor allem geht. Vom Amt ist im gesamten Artikel überhaupt nur einmal die Rede, während sich die Aufmerksamkeit ansonsten ausschließlich auf Gottes glaubenstiftendes Geistwirken durch Wort und Sakrament konzentriert. In diesem Zusammenhang verdient es ferner bemerkt zu werden, daß sich noch Na 4 auf die Aussage beschränkt, „daß der heilig Geist geben werd durch das Mittel des Worts und der Sakrament" (BSLK 59,1–3 unter Berufung auf Röm 10,17). Daß in der Endgestalt von CA V das Predigtamt eigens erwähnt wird, ist im wesentlichen dadurch bedingt, daß

---

57 E. Iserloh/V. Vajta, a. a. O., 199.

Melanchthon in Nb deutlich zu Luthers Fassung in Schwab 7 zu-
rücklenkt (vgl. Kolde, 50; Maurer II, 133), wo gesagt ist: „Solchen
Glauben zu erlangen oder uns Menschen zu geben, hat Gott eingesetzt das Predigtambt oder mundlich Wort, nämlich das Evangelion ...“ (BSLK 59,2–5) Zu beachten ist, daß in dem zitierten
Text das „Predigtambt“ mit „mundlich Wort“ synonym verwendet
wird. Auch wenn solch direkte Gleichsetzung nicht mehr zu erkennen ist, wird doch auch in CA V das Predigtamt nicht zu einer
dritten Instanz neben oder gar über Wort und Sakrament, sondern
zu deren Funktion erklärt, ohne im folgenden eigens thematisch
zu werden. Der amtstheologische Aspekt von CA V soll deshalb
erst in späterem Zusammenhang Aufmerksamkeit finden, wobei
vor allem das Verhältnis des ministerium docendi evangelii et
porrigendi sacramenta von CA V zu dem CA XIV behandelten
kirchlichen Amt zu erörtern sein wird.

Der erwähnte Einfluß von Schwab 7 läßt sich auch noch in den
Folgepassagen von CA V[58] beobachten, wo der Hl. Geist, den
Gott durch Wort und Sakrament als durch Mittel (CA V,2: „per
verbum et sacramenta tamquam per instrumenta“) gibt, als derjenige bezeichnet wird, „welcher den Glauben, wo und wenn er
will, in denen, so das Evangelium hören, wirket“ (BSLK 58,5–7;
CA V,2: „qui fidem efficit, ubi et quando visum est Deo, in his, qui
audiunt evangelium“). Die Aufnahme des Passus „ubi et quando
visum est Deo“, der in Na fehlt[59], erklärt sich zweifellos aus dem
in Nb enger werdenden Anschluß an Schwab 7 (BSLK 59,5–10:
„durch welches [sc. das Evangelium] er [sc. Gott] solichen Glauben und seine Macht, Nutz und Frucht verkundigen läßt, und gibt
auch durch dasselbige als durch ein Mittel den Glauben durch
seinen heiligen Geist, wie und wo er will.“ Vgl. Maurer II, 150)
bzw. Marb 8 (BSLK 59,22–25: „Zum achten, daß der heilig Geist
ordentlich zu reden, niemands solchen Glauben oder seine Gabe
gibt, ohn vorhergehend Predigt oder mundlich Wort oder Euangelion Christi, sonder durch und mit solchem mundlichen Wort
wirkt er und schafft den Glauben, wo und in welchem er will. Ro
10.“). Zum Sinn der rezipierten Wendung und zum Wortlaut ihres

---

[58]   Vgl. die Textvarianten in BSLK 58,20 ff.

[59]   Die Wendung „ubi et quando visum est Deo“ fehlt auch in der erheblich
       umgearbeiteten Textfassung der Variata (vgl. BSLK 59,30–43; ferner:
       BSLK 58, Anm. 3).

Kontextes ist zu bemerken, daß es in CA V nicht heißt, „daß der Heilige Geist durch Wort und Sakrament gegeben werde, wo und wann er will ..., als ob der Heilige Geist nicht *immer* bei Wort und Sakrament sei ...; ... der Heilige Geist *ist* bei Wort und Sakrament immer und kommt allen zu, die Wort und Sakrament empfangen. Das ubi et quando visum est Deo steht bei qui fidem efficit; ob er Glauben wirkt, das ist von Fall zu Fall verschieden." (Brunstäd, 115) Damit ist kein nominalistischer Willkürsvorbehalt Gottes seinem Gnadenangebot gegenüber formuliert, der Vertrauen wenn nicht überhaupt unmöglich machen, so doch erheblich vermindern müßte; es wird auch keine rationalisierende theologische Erklärung möglichen menschlichen Unglaubens geliefert. Was mit der Wendung „ubi et quando visum est Deo" (CA V,2), die nach W. Maurer (II, 148) den „Schlußstein für die Rechtfertigungslehre der CA" darstellt, gesagt werden soll, ist vielmehr insonderheit dies, daß nämlich der Glaube sein ursprüngliches Wesen nur als göttliches Werk zu begreifen vermag, das durch kein Denken und Tun des Menschen zu erlangen ist. Selbst das reine Empfangen noch, das er seiner Bestimmung nach ist, versteht der Glaube als Geschenk, das er Gott verdankt, dessen Allmacht alle Ehre restlos gebührt. Indes bliebe auch und gerade dieser Gedanke noch dem heillosen Mißverständnis einer nominalistisch-voluntaristisch verstandenen Alleinwirksamkeit Gottes ausgesetzt, stünde nicht dies zuvor und als erstes fest: daß nämlich Gott in Christus kraft seines Hl. Geistes die Ehre seiner göttlichen Allmacht einzig und allein darauf setzt, den Menschen und seine Welt in Gnaden zu rechtfertigen. Genau das aber ist der Inbegriff des Evangeliums, auf das sich zu verlassen, wie gesagt, das Wesen des Glaubens ausmacht. Dieses Evangelium „lehret", will heißen: es verspricht in vollmächtiger Zusage, „daß wir", um den deutschen Text von CA V zuerst zu zitieren, „durch Christus Verdienst, nicht durch unser Verdienst, ein gnädigen Gott haben, so wir solchs glauben" (BSLK 58,8–10). Charakteristisch für diesen Passus ist die betonte Kontrastierung menschlichen Verdienstes und des Verdienstes Christi, von dem „in diesem Zusammenhang ... in der Augustana zum ersten Male die Rede (ist)" (Maurer II, 133). Leicht abweichend und mit deutlichen Anklängen an CA IV,2 formuliert der lateinische Text: „quod Deus non propter nostra merita, sed propter Christum iustificet hos, qui credunt se propter Christum in gratiam recipi" (CA V,3). Zum Beleg wird in

Ersatz des Na-Verweises Röm 10,17 auf Gal 3,14 verwiesen („Ut promissionem spiritus accipiamus per fidem." [CA V,3]).

CA V schließt mit einer Damnation der Wiedertäufer und anderer, „so lehren, daß wir ohn das leiblich Wort des Evangelii den heiligen Geist durch eigene Bereitung, Gedanken und Werk erlangen" (BSLK 58,12–15; CA V,4: „qui sentiunt spiritum sanctum contingere hominibus sine verbo externo per ipsorum praeparationes et opera"). Diese Verdammung, die in Schwab 7 zwar nicht explizit begegnet, wohl aber analog zu Luthers Bekenntnis inhaltlich vorgebildet ist (BSLK 59,10–14: „Sonst ist kein ander Mittl noch Weise, weder Wege noch Stege, den Glauben zu bekommen; dann Gedanken außer oder fur dem mundlichen Wort, wie heilig sie scheinen, seind sie doch eitel Lugen und Irrtumb."), ist trotz einiger Abweichungen und Anreicherungen im wesentlichen aus Na 4 übernommen, wo es hieß: „Hie werden verworfen die Wiedertaufer und ihrsgleichen, die das Wort und die Sakrament verachten, meinen, der heilig Geist werd erlangt durch menschlich Zubereitung." (BSLK 59,4–8) Damit ist noch einmal in der nötigen Deutlichkeit klargestellt, was den Skopus und wesentlichen Inhalt von CA V bildet: daß nämlich der den Rechtfertigungsglauben begründende Hl. Geist nicht unmittelbar, sondern im Medium des leiblichen Wortes des Evangeliums – der lateinische Text spricht von „verbum externum" (vgl. CA V,4) – wirkt. Der Sache nach findet sich diese Aussage bereits in Luthers Bekenntnis von 1528. War auch „das in CA 4 bis 6 vorliegende Gedankengefüge noch nicht entwickelt" (Maurer II, 131), so stand doch unzweifelhaft fest, daß der Hl. Geist sein Werk, die in Jesus Christus manifeste göttliche Gnade für uns zu erschließen, in untrennbarer Einheit inneren und äußeren Wirkens durchführt: „Ynnerlich durch den glauben und ander geistlich gaben. Eusserlich aber durchs Euangelion, durch die tauffe und sacrament des altars, durch welche er als durch drey mittel odder weise er zu uns kompt und das leiden Christi ynn uns ubet und zu nutz bringet der seligkeit." (WA 26, 506, 8–12) Der sachliche Kontext, dem dieses Zitat entnommen ist, macht unmißverständlich deutlich, daß inneres und äußeres Wirken des Geistes einen Zusammenhang ausmachen, da man der Wirklichkeit des Hl. Geistes nur innewird, wenn man sich auf die Externität der Heilszusage in Wort und Sakrament verläßt.[60]

Dies hebt mit besonderem Nachdruck auch der Zusatz hervor, den Luther seinen Schmalkaldischen Artikeln von der Taufe, vom Altarsakrament sowie von den Schlüsseln und der Beichte beigegeben hat und in dem mahnend festgestellt wird, daß Gott seinen Geist oder seine Gnade nicht gibt und mit uns Menschen nicht handeln will „ohn durch oder mit dem vorhergehend äußerlichem Wort" (BSLK 453,18 f.) bzw. ohne sein äußerliches Wort und Sakrament. „Alles aber, was ohn solch Wort und Sakrament vom Geist gerühmet wird, das ist der Teufel." (BSLK 456,3–5) Belegt wird dies neben 2. Petr 1,21 am Beispiel des Mose (vgl. Ex 3,2 u. 4 ff.), der Propheten Elia und Elisa sowie Johannes des Täufers (vgl. Lk 1,13 ff.41.44). Abgewiesen werden damit die enthusiastischen Schwarmgeister, welche „sich rühmen, ohn und vor dem Wort den Geist zu haben, und darnach die Schrift oder mündlich Wort zu richten, deuten und dehnen ihres Gefallens" (BSLK 454,1– 3). Exemplifiziert wird solch scharfrichterlich (BSLK 454,5 f.: „scharfe Richter") urteilende Trennung von Geist und Buchstaben neben Müntzer und anderen am Papsttum, welches „auch eitel Enthusiasmus" (BSLK 454,7 f.) sei; rühme sich doch der Papst, alle Rechte seien „im Schrein seines Herzen" (BSLK 454,9; vgl. BSLK 454, Anm. 3): „und, was er mit seiner Kirchen urteilt und heißt, das soll Geist und Recht sein, wenn's gleich über und wider die

---

60 Es ist deshalb irreführend und lediglich durch eine Fragestellung bedingt, die sich einseitig und vorschnell auf die Problematik kircheninstitutioneller Verwaltung von Wort und Sakrament fixiert, wenn W. Maurer in bezug auf die einschlägigen Ausführungen in Luthers Bekenntnis schreibt: „Das innerliche Wirken des Geistes durch das Mittel des Glaubens bleibt auch da im Vordergrund, wo die äußere Vermittlung durch das mündliche Wort und die leiblichen Sakramente auf den Geist zurückgeführt wird." (Maurer II, 131; vgl. auch 131, Anm. 405) Die in dieser Formulierung vorausgesetzte Scheidung zwischen Innen und Außen entspricht der Pointe von Luthers Argumentation nicht nur nicht, sie verfehlt sie vielmehr. Denn nach Luther besteht das Werk des Hl. Geistes eben darin, eine Christusgemeinschaft des Glaubens zu stiften, in der Christus und sein göttliches Werk in ihrer Externität und als externe, nämlich in der Weise äußerer Vermittlung durch Wort und Sakrament sich dem Menschen ganz zu eigen geben, um einen Glauben zu begründen, dessen inneres Wesen nachgerade dadurch bestimmt ist, sich ganz und ohne Vorbehalt zu verlassen auf das extra se, wie es in Christus bzw. in dem in ihm offenbaren Gott gegeben ist.

Schrift oder mündlich Wort ist" (BSLK 454,9–12). Die Abkehr vom äußerlichen Wort wird im folgenden als Werk des Teufels bezeichnet, der schon Adam und Eva zu Enthusiasten gemacht habe, indem er sie vom äußeren Wort weg auf Schwarmgeisterei und eigenes Gutdünken führte. Die Verkehrtheit solcher Abkehr zeigt sich nach Luther u. a. darin, daß sie in selbstwidersprüchlicher Weise durch andere äußere Worte bewirkt wurde, wie denn auch die gegenwärtigen Enthusiasten zwar das äußere Wort verdammen und sich rühmen, der Geist sei ohne die Predigt der Schrift in sie gekommen, ohne doch selbst aufzuhören zu predigen und zu schreiben, so als könnte der Geist nur durch ihr Wort und ihre Schrift, nicht aber durch das Wort Gottes und seine Hl. Schrift sich vermitteln. „Summa: der Enthusiasmus sticket in Adam und seinen Kindern von Anfang bis zu Ende der Welt, von dem alten Trachen in sie gestiftet und gegiftet, und ist aller Ketzerei, auch des Bapststums und Mahomets Ursprung, Kraft und Macht." (BSLK 455,27–31) Demgegenüber wird affirmativ festgehalten, daß das äußere Wort dem Glauben vorangeht: „Denn auch die, so vor der Taufe gläuben oder in der Taufe gläubig werden, haben's durchs äußerliche vorgehende Wort." (BSLK 455,6–8) Exemplifiziert wird die Allgemeingültigkeit dieses Satzes am Beispiel des Cornelius (Apg 10,1 ff.).

Der paraphrasierend wiedergegebene Zusatz zu den Schmalkaldischen Artikeln von Taufe, Abendmahl, Schlüsselamt und Beichte ist nicht zuletzt deshalb beachtenswert, weil er einleitend die genannten Stücke als jene benennt, „so das mündlich, äußerlich Wort betreffen" (BSLK 453,16 f.)[61]. Diese Wendung mag als ein Hinweis darauf verstanden sein, daß Wort und Sakrament in Luthers Theologie zusammengehören, ja daß es geboten ist, vom gepredigten Wort als Sakrament und vom Sakrament als Wort zu sprechen in der Einsicht, daß es sich beide Male recht eigentlich um eines handelt: um „Jesus Christus selbst in der konkreten Ge-

---

[61]   Vgl. ferner ASm III,4, wo unter der Überschrift „Vom Evangelio" vier Weisen benannt werden, in denen Gottes überreiche Gnade evangelischen Rat und evangelische Hilfe wider die Sünde gibt: „erstlich durchs mundlich Wort, darin gepredigt wird Vergebung der Sunde in alle Welt, welchs ist das eigentliche Ampt des Evangelii, zum andern durch die Taufe, zum dritten durchs heilig Sakrament des Altars, zum vierden durch die Kraft der Schlussel und auch per mutuum colloquium et consolationem fratrum." (BSLK 449,8–14 mit Verweis auf Mt 18,20)

stalt, in der er sich hören und greifen läßt, in der er sich ‚leiblich‘ mitteilt"[62].

Daß alle Wege und Mittel geistgewirkten Heils im verbum externum Jesu Christi ihren einheitlichen Grund finden, braucht freilich nicht daran zu hindern, in bezug auf die Wirkweise jenes leiblichen Wortes bestimmte Differenzierungen kosmologisch-anthropologischer Art vorzunehmen. Um eine klassische Form solcher Differenzierung handelt es sich etwa bei den Unterscheidungen, die Augustin im Rahmen seiner allgemeinen Zeichenlehre vorgenommen hat, wobei er von der Unterscheidung von signa naturalia und signa data seinen Ausgang nimmt. Natürliche Zeichen sind solche, die absichtslos und ohne bewußten Willen etwas außer sich selbst erkennen lassen, wie etwa der Rauch die Nähe des Feuers oder die hinterlassene Spur den Vorbeigang eines bewegungsfähigen Wesens. Gegebene Zeichen hingegen sind jene, die bewußt und willentlich gesetzt werden, um z. B. Gemütsbewegungen, Gefühle oder Kenntnisse unterschiedlichsten Inhalts anzuzeigen. Zeichen dieser Art sind vorrangig bei Menschen anzutreffen, wenngleich sich im Tierreich vorbereitende Ansätze finden lassen. Die menschlichen Mitteilungszeichen unterscheidet Augustin des weiteren danach, auf welche Sinnesorgane sie sich beziehen. Dabei zeigt sich, daß die überwiegende Mehrzahl der menschlichen signa data den Gehörsinn (sensus aurium) in Anspruch nehmen, während den Gesichtssinn (sensus oculorum) nur einige und die übrigen Sinne die wenigsten affizieren. Die auf den Gehörsinn bezogenen Zeichen wiederum sind insbesondere Wörter. Den Wörtern kommt sonach die herausragende Stellung

---

[62]   O. Bayer, Leibliches Wort, 59; E. Kinder, Zur Sakramentslehre, in: NZSTh 3 (1961), 141–174, hier: 159, schlägt vor, statt von Wort und Sakrament etwa „von dem mündlich gepredigten Wort und dem durch die Handlung mit dem äußerlichen Element wirkenden Wort (zu sprechen), hinter denen beiden das *eine* Wort Gottes (das Christus ist und in der Heiligen Schrift urbezeugt wird) steht, das durch beide Gestalten im Zusammenhang miteinander am Menschen wirken will." Zu den Katechismen vgl. Peters IV, 28 ff.: Das Wort als „sacramentum audibile" und das Sakrament als „verbum visibile" sowie 38 ff.: Wort und Sakrament als leibhafte Begegnungsgestalten der Christusgnade. Zu Bayers Konzeption und zur Deutung der reformatorischen Entdeckung des sakramentalen Charakters des Wortes bei E. Bizer und seiner Schule vgl. D. Korsch, Das rettende Wort. Zu Gestalt und Entwicklung der Theologie Oswald Bayers, in: ThR 60 (1995), 192–203.

im menschlichen Zeichenschatz zu, der principatus significandi
inter homines. Augustin bestätigt dies dadurch, daß er die auf den
Gesichtssinn bezogenen Zeichen verba visibilia, sichtbare Wörter
nennen kann.[63]

Daß die lutherische Lehre von den Wirkmitteln des Geistes deren
medialen Charakter nicht nur im Sinne von signa data, sondern
unter besonderer Akzentuierung verbaler Zeichengebung bestimmt hat, ist offenkundig. Daß die äußeren Zeichen, mittels derer der Geist Christi wirkt, bzw. die durch diese Zeichen elementar geprägten Handlungen stets vom Wort her und nicht die
Worte von der Eigenbedeutung des natürlichen Zeichens her zu
verstehen sind, ist klar. So gilt etwa (was im einzelnen noch aus-
zuführen und zu belegen sein wird) im Hinblick auf Taufe und
Abendmahl in analoger Weise, daß „Wasser schlecht Wasser"
(BSLK 516,17) und „an ihm selbst Brot Brot ist" (BSLK 713,7). Tendenzen zu einer Art von natürlichem Symbolismus finden sich im
Zusammenhang lutherischer Lehre von den Wirkmitteln des Geistes daher auch nicht ansatzweise. Zu Wirkzeichen des Geistes
werden die natürlich gegebenen Zeichen erst durch das Wort.
Nicht von ungefähr gehört Augustins Wendung „verbum accedit
ad elementum et fit sacramentum" zu den am häufigsten zitierten
Formeln reformatorischer Bekenntnistradition. Daß dabei nicht an
ein unbestimmtes Schallerzeugnis, auch nicht an irgendein, sondern an ein ganz bestimmtes Wort gedacht ist, steht unzweifelhaft
fest: Es ist das Stiftungswort als ein in der Sendung Jesu Christi
inbegriffenes Wort freier Selbsterschließung Gottes, welches dem
leibhaften Wort des Evangeliums und der Sakramente seine Sinnbedeutung zuweist. Dabei kommt dem Stiftungswort, das für alle
Gestalten des besagten verbum externum konstitutiv in Anschlag
zu bringen ist, sowohl eine elementar auf die gewählten Heilszei-
chen, als auch eine auf die Hörer des Worts bezogene Doppelfunktion zu, die gleichwohl als in sich eins zu gelten hat. Das
Stiftungswort ist, wenn man so will, stets elementare Sinnbedeutung stiftendes Konsekrationswort und solche Sinnbedeutung
vermittelndes Zusagewort in einem.

Gilt dies – um die übliche Nomenklatur trotz ihrer Problematik
ein weiteres Mal zu verwenden – für Wort und Sakrament glei-

---

[63]   Vgl. dazu im einzelnen meine Einführung in die evangelische Sakramen-
       tenlehre, Darmstadt 1988, 13 ff.

chermaßen, so bleibt zu fragen, ob beiden unbeschadet ihrer grundsätzlichen Einheit ein je spezifisches Proprium zukommt. Dabei ist davon auszugehen, daß die Mittel, vermöge deren der persönliche Gott das in Jesus Christus personhaft erschlossene Heil mitteilt, nach lutherischer Auffassung stets auf bewußten Glauben als die erfüllte Gestalt geistigen Personlebens zielen. Da es die Eigenart verbaler Zeichen ist, durch eine spezifische Nähe zur Geistigkeit menschlichen Personlebens charakterisiert zu sein, kommt ihnen auch im Zusammenhang der Vermittlung des in Jesus Christus offenbaren göttlichen Heils und in der Konstituierung geistgewirkten Glaubens eine unersetzbare Bedeutung zu, die es in bestimmter Weise nahelegt, den sich vermittelnden Glaubensgrund selbst als im verbalen Sinne worthaft verfaßt vorzustellen. Indes darf dadurch im Sinne lutherischer Tradition kein Personalismus favorisiert werden, der in spriritualisierender Weise vom Sein der leibhaft gegebenen Welt und der Tatsache abstrahiert, daß in Jesus Christus Gott selbst in leibhafter Weise auf die Welt gekommen ist, um sich dergestalt als leibliches Wort durch den Geist zu vermitteln, daß Welterfahrung als unveräußerliches Moment im Konstitutionsprozeß des Glaubens zu gelten hat.

Indes geht das leibliche Wort der Heilsvermittlung nicht darin auf, Anlaß und Wirkmedium einer bestimmten Welt- oder Selbsterfahrung zu sein, wie denn auch der Glaube, den das verbum externum Jesu Christi durch den göttlichen Geist hervorruft, Selbst und Welt transzendiert, ohne deshalb aufzuhören, in einem Bezug zu beiden zu stehen. Die Externität des verbum externum hat in diesem Sinne als eine in der Transzendenz Gottes selbst gründende zu gelten, die von der in sich unvergleichlichen Singularität des Namens Jesu Christi nicht ablösbar ist und die sich nur im Hl. Geist für den Natur und Wesen von Leib und Seele ebenso transzendierenden, wie beide vereinenden Glauben erschließt. Daß es sich bei der Externität des leiblichen Wortes nicht lediglich um eine kosmologisch-anthropologische, sondern um eine im strengen Sinne theologische, in der Gottheit Gottes gründende und nur von ihr her, will heißen: von der göttlichen Stiftung des verbum externum her erschließbare Kategorie handelt, dürfte der entscheidende Grund dafür sein, daß in lutherischer Bekenntnistradition stets von der konkreten Einsetzung gegebener Wirkzeichen des Geistes her argumentiert wurde, während das Interesse an einer generalisierenden Perspektive der Heilsmittellehre ebenso gering ist wie das Interesse an einem den gestifteten einzelnen

Zeichenvollzügen der Kirche vorgeordneten allgemeinen Sakramentsbegriff.[64]

Die Skepsis gegenüber der üblichen Verwendung des Sakramentsbegriffs als eines zusammenfassenden Oberbegriffs kirchlicher Zeichenvollzüge wurde bei den Reformatoren zusätzlich
durch die exegetische Beobachtung bestärkt, daß der neutestamentliche μυστήριον-Begriff, der in den altlateinischen Bibel-
übersetzungen in der Regel mit „sacramentum" wiedergegeben
wurde, ohne direkten Bezug zu den später Sakramente genannten
Zeichenvollzügen ist und, namentlich bei Paulus, vorzugsweise
das Christusereignis kennzeichnet. „Unum solum habent sacrae
literae sacramentum", sagt Luther, „quod est ipse Christus Domi-
nus." (WA 6, 86, Th. 18; vgl. WA 6, 96, 26 – 97, 24)[65] Zwar haben
er und die lutherische Tradition daraus nicht die Konsequenz gezogen, auf den Sakramentsbegriff als übliche Bezeichnung bestimmter kirchlicher Riten generell zu verzichten; gleichwohl
bleibt die streng christologische Ausrichtung des lutherischen Sa-

---

[64]   Vgl. meinen Beitrag: Die Sakramente nach lutherischer Lehre, in:
W. Pannenberg (Hg.), Lehrverurteilungen – kirchentrennend? III. Materialien zur Lehre von den Sakramenten und vom kirchlichen Amt, Freiburg i. Br./Göttingen 1990, 72 – 98.

[65]   Zur christologischen Grundlegung der Sakramententheologie Luthers vgl.
bes. E. Roth, Sakrament nach Luther, Berlin 1952. Zu Melanchthon vgl.
etwa dessen „Loci communes" von 1521: „Quae alii sacramenta, nos signa
apellamus aut, si ita libet, signa sacramentalia. Nam sacramentum ipsum
Christus Paulus vocat. Quodsi signi nomen displicet, σφραγίδας appelles,
quo propius vis sacramentorum signetur." (8,19; vgl. zur Stelle die Erläuterungen von H. G. Pöhlmann, der die „Loci communes" von 1521 übersetzt und mit kommentierenden Anmerkungen versehen hat [Gütersloh
1993; hiernach wird zitiert]. Zur Gesamtwürdigung der Loci als einer
„theologische[n] Programmschrift der werdenden Reformation" vgl. bes.
E. Bizer, Theologie der Verheißung. Studien zur theologischen Entwicklung des jungen Melanchthon [1519–1524], Neukirchen 1964, 34–85, hier:
34. Bezüglich der Sakramentenlehre der Loci ist kritisch vor allem dies zu
vermerken, daß „Melanchthon die Sakramente nur als neben den promissiones hergehende Zeichen gelten läßt" [71]. Auch in dieser Hinsicht
bestätigt sich das Urteil W. Maurers: Zwar ist mit den Loci von 1521 „die
wissenschaftliche und die religiöse Entwicklung des jungen Melanchthon ... zu einem vorläufigen Abschluß gekommen", doch fühlte er
sich „seiner theologischen Aufgabe selbst nicht ganz gewachsen"
[W. Maurer, Der junge Melanchthon zwischen Humanismus und Reformation. Bd. 2: Der Theologe, Göttingen 1969, 139.145].)

kramentsbegriffs insofern erhalten, als die schließlich durch ihn bezeichneten Handlungsvollzüge der Kirche niemals aus einer allgemeinen Definition und Wesensbestimmung des Sakramentalen abgeleitet, sondern stets gewissermaßen positivistisch, d. h. mit dem nicht deduzierbaren, allein in persönlicher Freiheit sich erschließenden Stiftungswillen Jesu Christi begründet wurden, wie er sich in den durch die Hl. Schrift urkundlich bezeugten Einsetzungsworten ausgesprochen hat. „Auf die Frage: ‚*Warum* Taufe und Abendmahl?' war Luthers erste und grundlegende Antwort stets der Hinweis auf ihr Gestiftet- und Befohlensein durch Christus als sein ‚Testament' und nicht prinzipielle Erweisungen ihrer Notwendigkeit und Nützlichkeit von einer einleuchtenden Idee her."[66] Die lutherische Bekenntnistradition teilt diese Perspektive, was sich schon daran erkennen läßt, daß in CA IX bis CA XIII zuerst von Taufe, Abendmahl, Beichte und Absolution und erst im XIII. Artikel „De usu sacramentorum" gehandelt wird. Ausgangspunkt ist die konkrete, durch Jesus Christus ursprünglich gesetzte Einzelhandlung und ihr theologischer Eigenwert.[67] Wenngleich es Ansätze zu einer allgemeinen Sakramentenlehre durchaus gibt, so dient der Sakramentsbegriff doch nur „als heuristischer und hinweisender *Hilfsbegriff*", nicht aber als ein „*Interpretationsbegriff* ...", der durch den ihm immanenten Eigengehalt die Bedeutung der Handlungen, die ihm subsumiert werden, a priori präjudiziert, statt nur den Rahmen dafür zu geben, daß der kontingente

---

66 E. Kinder, a. a. O., 144. Auch in den Schmalkaldischen Artikeln verzichtet Luther, wie gezeigt, ganz auf eine die verschiedenen Heilsvollzüge „zusammenfassende Vokabel, er spricht von Predigt, Taufe, Abendmahl, Schlüsselamt und brüderlichem Trostzuspruch nebeneinander und weist einfach auf die Tatsache der Nichtuniformität des Ergehens des Evangeliums und den Reichtum der Gnade Gottes hin, ohne zu versuchen, die verschiedenen Gestalten seines Gnadenhandelns in ihrem Verhältnis zueinander zu bestimmen" (a. a. O., 168; vgl. ferner: Peters IV, 48 ff.). Den „positivistischen" Charakter lutherischer Sakramentenlehre hat mit besonderem Nachdruck W. Elert betont, etwa in seinem Werk: Der christliche Glaube. Grundlinien einer lutherischen Dogmatik, Berlin 1941, bes. 433 ff.

67 Vgl. H. Sasse, Wort und Sakrament, Predigt und Hl. Abendmahl, in: F. W. Hopf (Hg.), In Statu Confessionis. Gesammelte Aufsätze von Hermann Sasse, Berlin/Hamburg 1966, 73–90.

Eigengehalt dieser konkreten Handlungen selbst zur Geltung kommt"[68].

In diesem aposteriorischen, nachträglich zusammenfassenden Sinn wird in CA XIII,1[69] „vom Gebrauch der Sakramente" („De usu sacramentorum") gelehrt, die Sakramente seien eingesetzt „non modo ut sint notae professionis inter homines, sed magis ut sint signa et testimonia voluntatis Dei erga nos, ad excitandam et confirmandam fidem in his, qui utuntur, proposita"[70] (BSLK 68,3 – 8: „nicht allein darum, daß sie Zeichen seien, dabei man äußerlich die Christen kennen muge, sondern daß es Zeichen und Zeugnus seien gottlichs Willen gegen uns, unseren Glauben dadurch zu erwecken und zu stärken"). Diese Bestimmung richtet sich insbesondere gegen Zwingli, der unter Berufung auf den antiken Ursprungssinn des Begriffs sacramentum unter Sakramenten vornehmlich Bekenntnis- und Verpflichtungszeichen des einzelnen und der Gemeinde verstand, während er ihren Charakter als Gnadenmittel weitgehend in Abrede stellte: „Sunt ergo sacramenta signa vel ceremoniae ..., quibus se homo ecclesiae probat aut candidatum aut militem esse Christi, redduntque ecclesiam totam potius certiorem de tua fide quam te." (CR 90, 761) Gegen diese und ähnliche Wesensbestimmungen, die sich in der reformierten

---

68 E. Kinder, a. a. O., 148.

69 Vergleichbar mit der Tauflehre in GK gliedert sich der Aufbau von CA XIII so, daß nach einem Einleitungssatz zunächst eine Aussage über das Wesen, sodann in enger Verbindung damit über den Zweck und schließlich über den rechten Gebrauch der Sakramente gemacht wird. (Vgl. F. Hahn, Die Sakramente der Kirche in der Confessio Augustana auf dem Grund der apostolischen Tradition, in: KuD 27 [1981], 287 – 308, hier: 290 f.)

70 In Na fehlt noch die Wendung „ad excitandam", die in Anschluß an Marb 8 in den schließlichen Text kam. Zur Genese von CA XIII vgl. im einzelnen Maurer II, 175 ff., 200 ff. Die Wendung „signa et testimonia voluntatis Dei erga nos" findet sich nahezu wortgleich schon in den „Loci communes" von 1521 (8,1.5.13), deren Kenntnis für die Sakramentenlehre der CA insgesamt bedeutsam ist, auch wenn sich Akzentverschiebungen unschwer erkennen lassen. In der ersten Gestalt seiner Loci behandelt Melanchthon unter der Überschrift „De signis" die Taufe (8,26 – 60), die Buße einschließlich der Formen der Beichte (8,61 – 111) sowie das Herrenmahl (8,112 – 124). Zur Buße wird gesagt, daß ihr Sakrament oder Zeichen nichts anderes sei als die Taufe (8,61: „sacramentum eius vel signum, non aliud nisi baptismus est.").

Bekenntnistradition, aufs Ganze gesehen, wohlgemerkt nicht durchsetzen konnten, wendet sich CA XIII. Dies wird auch durch Apol XIII,1 bestätigt, wenn es heißt, Sakramente seien „nicht schlechte Zeichen, dabei die Leute unter einander sich kennen, wie Losung im Kriege und Hof-Farbe etc., sondern sind kräftige Zeichen und gewisse Zeugnis göttlicher Gnade und Willens gegen uns, dadurch Gott unsere Herzen erinnert und stärket, desto gewisser und fröhlicher zu gläuben" (BSLK 291,50 ff.; Apol XIII,1: „non esse tantum notas professionis inter homines, ut quidam fingunt, sed magis esse signa et testimonia voluntatis Dei erga nos, per quae movet Deus corda ad credendum"). Entsprechende Bestimmungen lassen sich, wie noch zu zeigen sein wird, in Apol XIII auch anderwärts finden: Stets wird der göttliche Gabencharakter und in entschiedener Abgrenzung gegen den Zwinglianismus betont, Sakramente seien nicht allein menschliche Erkennungszeichen, sondern Zeichen des in Jesus Christus offenbaren göttlichen Gnadenwillens gegen uns. Besteht hierin grundsätzlicher Konsens mit Rom, so legt CA XIII,2 allerdings Wert auf die Feststellung, Sakramente seien so zu gebrauchen, „ut fides accedat, quae credat promissionibus, quae per sacramenta exhibentur et ostendentur"; kürzer und ohne die Verheißungen ausdrücklich zu erwähnen formuliert der deutsche Text: „derhalben sie auch Glauben fordern und dann recht gebraucht werden, so man's im Glauben empfähet und den Glauben dadurch stärket." (BSLK 68,8−11)

Trotz dieser impliziten Kritik an Tendenzen altgläubiger Theologie[71] hatten die Konfutatoren an den Ausführungen von CA XIII

---

[71] Die Editio princeps enthält zusätzlich eine explizite Damnation, in der diejenigen verworfen werden, „so lehren, die Sakrament machen gerecht ex opere operato ohne Glauben, und lehren nicht, daß dieser Glaub dazu getan soll werden, daß da Vergebung der Sünde angeboten werde, welche durch Glauben, nicht durchs Werk erlangt wird" (BSLK 68, App. zu Z. 11). „Damnant igitur illos, qui docent, quod sacramenta ex opere operato iustificent, nec docent fidem requiri in usu sacramentorum, quae credat remitti peccata." (Vgl. Apol XIII,18: „Hic damnamus totum populum scholasticorum doctorum, qui docent, quod sacramenta non ponenti obicem conferent gratiam ex opere operato sine bono motu utentis.") Anzumerken ist, daß die zitierte Verwerfung nicht nur in dem übergebenen Augustana-Exemplar vom 25. Juni, sondern auch in Na (vgl. BSLK 68,13−20) fehlt. „Das ist insofern wichtig, als damit feststeht, daß der betreffende Passus nicht etwa, um nicht zu sehr zu verletzen, in der letzten

Redaktion getilgt und bei der Drucklegung wieder aufgenommen wurde,
sondern in keiner bisher bekannt gewordenen Rezension des Bekenntnisses gestanden hat." (Kolde, 52)

Nach V. Pfnür (Die Verwerfungen der Confessio Augustana, der Apologie und der Schmalkaldischen Artikel hinsichtlich der Rechtfertigungslehre, in: K. Lehmann [Hg.], Lehrverurteilungen – kirchentrennend? II. Materialien zu den Lehrverurteilungen und zur Theologie der Rechtfertigung,
Freiburg i. Br./Göttingen 1989, 191–209, hier: 204) zielt die Verwerfung
von CA (Ed. pr.) XIII „auf ein durch Gabriel Biel vermitteltes Bild der
skotistischen Sakramentenlehre", womit „nicht die katholische Position
überhaupt getroffen" ist. Wie immer man diese Zuweisung beurteilen
mag, sachlich gilt folgendes: Als ins Wort gefaßtes Zeichen zielen die
Sakramente auf den Glauben und damit auf das bewußte Personleben
des Empfangenden. Nach gemeinreformatorischer Auffassung würde daher das Wesen der Sakramente gründlich verkannt, wenn man mit ihnen
gewissermaßen magisch-naturhafte Wirkungen verbinden oder von der
Annahme ausgehen wollte, daß „Unpersönliches aus sich heraus auf Persönliches wirkt, ohne personal in der Weise der Freiheit geleitet zu sein"
(H. Gollwitzer, Coena Domini. Die altlutherische Abendmahlslehre in ihrer Auseinandersetzung mit dem Calvinismus, dargestellt an der lutherischen Frühorthodoxie, München 1937, 63; vgl. auch G. Ebeling, Worthafte
und sakramentale Existenz. Ein Beitrag zum Unterschied zwischen den
Konfessionen sowie Erwägungen zum evangelischen Sakramentsver-
ständnis, in: ders., Wort Gottes und Tradition. Studien zu einer Hermeneutik der Konfessionen, Göttingen 1964, 197–216 bzw. 217–226. Ferner:
Peters IV, 166: „Die Entscheidung über Tod und Leben fällt im Bezugs-
gefüge Wort – Glaube – Herz.") Eine solche Auffassung vermuteten die
Reformatoren insbesondere hinter der für mittelalterliche Scholastik geläufigen Formel, die Wirksamkeit der Sakramente sei „ex opere operato"
gewährleistet. Die Polemik gegen diese Formel, in der man den Inbegriff
des Römischen gegeben sah, findet sich deshalb in ihren Schriften allenthalben und zumeist in heftigster Form. Dabei versteht man unter
opus operatum den bloß äußerlichen Vollzug des Sakraments, ein Werk
ohne Christus, ohne Glauben, ohne innere Beteiligung des Herzens (vgl.
etwa BSLK 199,86; 255,12; 352,12). Dem wird entgegengehalten, die Sakramente seien wie das Wort eindeutig auf Glauben im Sinne der fiducia als
eines persönlichen Vertrauens hin ausgerichtet. Nicht zuletzt dies will die
ständige Betonung, daß das Sakrament worthaft verfaßt sei, einschärfen.
Indes soll durch den Hinweis, „daß zum rechten Brauch der Sakramenten der Glaube gehöre" (Apol XIII,20; BSLK 295,21ff.), der Glaube keineswegs zu einem die Sakramentsgnade ergänzenden Zusatz oder gar zu
einer vom Menschen beizubringenden Voraussetzung erklärt werden,
welche die Sakramentsgnade allererst konstituiert. Daß die Wirklichkeit
der sakramentalen Gnade durch die stiftungsgemäße Verwaltung des Sakraments, also durch das gültig gesetzte Zeichen und nicht durch subjektive Bedingungen auf seiten des Spenders oder des Empfängers zustande kommt, hat lutherische Theologie ebenso entschieden festzuhal-

ebensowenig auszusetzen wie an denen von CA V.[72] Gefordert wurde lediglich, „ut quod hic in genere de sacramentis perhibent, speciatim quoque de septem sacramentis ecclesiae fateantur et a subditis suis observari procurent" (Immenkötter III,10 f.). In seiner Apologie von CA XIII (vgl. CR 27, Sp. 286 f. [=BSLK 292,42–53]; CR 27, Sp. 336–338) nimmt Melanchthon auf diese Forderung gleich eingangs Bezug und betont, daß es im wesentlichen nicht auf die Zahl bzw. Zählung der Sakramente ankomme[73], die durchaus un-

---

ten versucht, wie sie das wirksame Zuvorkommen des gnädigen Handelns Gottes vor allem menschlichen Eigenvermögen betonte. Das Kürzel „sola fide" ist mithin stets von der in CA IV genannten unmißverständlichen Formel „propter Christum per fidem" und deren Interpretation in der Apologie her zu verstehen, wo es heißt: „Und durch das Wort SOLA, so wir sagen: allein der Glaube macht fromm, schließen wir nicht aus das Evangelium und die Sakrament, daß darum das Wort und Sakrament sollten vergeblich sein, so es der Glaub alles allein thut, wie die Widersacher uns alles gefährlich deuten; sondern unsern Verdienst daran schließen wir aus" (BSLK 175,11–16; Apol IV,73: „Excludimus autem opinionem meriti. Non excludimus verbum aut sacramenta, ut calumniantur adversarii."). Die Polemik gegen das „ex opere operato" ist also keineswegs nur und auch nicht primär gegen eine magisch-naturhafte Deutung der Sakramente gerichtet, sondern gegen ein meritorisches Verständnis ihrer Wirksamkeit. Man darf die stereotypen Zusätze, mit denen Melanchthon in der Apologie die Formel „ex opere operato" erläutert (sine bono motu accipientis, sine bono motu cordis, sine bono motu utentis), deshalb nicht mißverstehen: Sie verweisen den Glauben nicht auf sein Eigenvermögen, sondern auf das Zuvorkommen der – nun freilich personhaft und damit worthaft verfaßten – göttlichen Gnade, welche sich gefallen zu lassen und anzunehmen das Wesen des Glaubens ausmacht. In diesem Sinne gilt: „sine bono motu utentis, hoc est, sine fide in Christum" (Apol XII,25).

[72]   In bezug auf CA V stimmen die Konfutatoren der Annahme, „quod spiritus sanctus per verba et sacramenta detur tamquam per instrumenta" (Immenkötter, 87,17 f.) ausdrücklich und unter Verweis auf Apg 10,44 und Joh 1,33 zu und fügen lediglich an, daß der Glaubensbegriff, wie er in CA V Verwendung finde, im Sinne des durch die Liebe wirksamen Glaubens (Gal 5,6) verstanden werden müsse, um akzeptabel zu sein. Die Wendung sola fide wird in diesem Zusammenhang von den Konfutatoren ausdrücklich kritisiert, sofern sie mit ihr die Vorstellung eines gewissermaßen lieb- und hoffnungslosen Glaubens verbinden. Da diese Kritik primär die Rechtfertigungslehre betrifft, geht Apol in deren Zusammenhang und nicht in einem eigenen, auf CA V bezogenen Artikel auf sie ein.

[73]   Innerhalb der lutherischen Bekenntnistradition lehnte man zwar die herkömmliche Siebenzahl der Sakramente ab, ohne deshalb zu einer klar fi-

602 §9 Der dreieinige Gott

terschiedlich sein könne (Apol XIII,2: „Nec veteres eodem modo numeraverunt."), wenn nur – wie es heißt – „res et ceremoniae in scripturis institutae" („res in scriptura traditae") nicht vernachlässigt, sondern recht bewahrt würden („quotcunque sunt"). Man wird die anschließende Näherbestimmung des Sakramentsbegriffs deshalb auch nicht im Sinne einer fixen Definition zu verstehen haben. Gesagt wird lediglich: „Si sacramenta vocamus ritus, qui habent mandatum Dei et quibus addita est promissio gratiae, facile est iudicare, quae sint proprie sacramenta." (Apol XIII,3) Nach dieser Umschreibung können von Menschen eingeführte Riten („ritus ab hominibus instituti") nicht im eigentlichen Sinne („proprie") Sakramente genannt werden: „Non est enim auctoritatis humanae promittere gratiam. Quare signa sine mandato Dei instituta non sunt certa signa gratiae ..." (Apol XII,3) Daraus folgert Melanchthon, daß es eigentlich („vere") nur drei Sakramente gebe, nämlich „baptismus, coena Domini, absolutio, quae est sacramentum poenitentiae" (Apol XIII,4). Diese Riten haben Gottes Befehl („mandatum Dei") und die Verheißung der Gnade („promissio gratiae"), wie sie dem Neuen Testament eigentümlich („propria") ist. „Certo enim debent statuere corda, cum baptizamur, cum vescimur corpore Domini, cum absolvimur, quod vere ignoscat nobis Deus propter Christum." (Apol XIII,4) Hinzugefügt wird unter Berufung auf Röm 10,17 („Fides ex auditu est"), daß Gott die Herzen durch Wort und Ritus zugleich (Apol XIII,5: „simul per verbum et ritum") zum Glauben bewegt, wobei das Wort durch die Ohren, der Ritus durch die Augen zum Herzen geht („ut feriat corda"; „ut moveat corda"). Von der Wirkung her

---

xierten und einheitlichen Alternativzählung zu gelangen. Neben den erwähnten Vorbehalten gegenüber einem generellen Sakramentsbegriff ist dafür vor allem die Tatsache verantwortlich, daß die Reformatoren den Zeichenbegriff unterschiedlich verwendeten: Während er bei Melanchthon die ganze rituelle Handlung (ritus; ceremonia; opus) umfaßt, konzentrierte ihn Luther stärker auf die sichtbaren Elemente, was zu einer engeren Fassung des Sakramentsbegriffes und zu seiner Beschränkung auf Taufe und Herrenmahl führen konnte. Indes konnte Luther, wie sein KK (BSLK 517 ff.) beweist, auch die Beichte durchaus in einem Zusammenhang mit Taufe und Abendmahl nennen und damit zu einer entsprechenden Zählung gelangen wie Apol XIII, wo Taufe, Abendmahl und die in der Buße statthabende Absolution ausdrücklich Sakramente im strengen Sinne von göttlich gebotenen Gnadenzeichen genannt werden. (Zum Katechismusbefund vgl. Peters IV, 11 ff., 22 ff., 48 ff., bes. 59)

sind Wort und Ritus identisch („idem effectus est verbi et ritus"), weshalb Augustinus das Sakrament ein sichtbares Wort („verbum visibile") genannt habe, welches dasselbe bezeichne („idem significans") wie das Wort und nichts anderes vor Augen stelle („est quasi pictura verbi"), als was dieses zu Gehör bringe.

Von den im strengen Sinne des Wortes „Sakramente" genannten Riten, „qui habent expressum mandatum Dei et claram promissionem gratiae" (Apol XIII,6), hebt Melanchthon im folgenden solche ab, für welche dies nicht in der besagten Weise gilt. Dies betrifft zunächst Firmung („confirmatio") und letzte Ölung („extrema unctio"), welche als von den Vätern überkommene Riten qualifiziert werden, „quos ne ecclesia quidem tamquam necessarios ad salutem requirit, quia non habent mandatum Dei" (Apol XIII,6). Ausführlicher geht Melanchthon auf das Priesteramt („sacerdotium"; Apol XIII,7) ein. Unter Aufnahme der Grundargumente reformatorischer Meßopferkritik (Apol XIII,8 ff.), wie sie in CA XXIV (par Apol) expliziert sind, tadelt er an den Gegnern (Apol XIII,7), daß sie das sacerdotium nicht vom Amt der Darreichung des Wortes und der Sakramente („de ministerio verbi et sacramentorum"), sondern vom Opfer her („de sacrificio") verstehen („quasi oporteat esse in novo testamento sacerdotium simile levitico quod pro populo sacrificet et mereatur aliis remissionem peccatorum"). Die Kritik richtet sich also nicht eigentlich gegen die Sakramentalität der Ordination, sondern gegen eine falsche Bestimmung des ordinationsgebundenen Amtes. Das wird durch die Feststellung bestätigt: „Si autem ordo de ministerio verbi intelligatur, non gravatim vocaverimus ordinem sacramentum." (Apol XIII,11) Als Begründung hierfür wird unter Verweis auf Röm 1,16 und Jes 55,11 geltend gemacht, daß der Dienst am Wort („ministerium") Gottes Befehl und herrliche Verheißungen habe. Wirke und erleuchte doch der Heilige Geist mittels des Worts und nicht auf unmittelbare Weise oder eigener Vorbereitungen wegen, wie einst die Enthusiasten und nun die Anabaptisten lehrten (Apol XIII,13). Infolgedessen sei die Kirche durch göttliches Mandat gehalten, Diener des Wortes einzusetzen. Werde die Handauflegung („impositio manuum"; Apol XIII,12) als sichtbares Zeichen solcher Einsetzung verstanden, könne sie bzw. der ordo ohne Beschwernis ein Sakrament genannt werden.

Was schließlich die Ehe betrifft, so sei sie nicht erst im Neuen Testament, sondern zugleich nach Erschaffung des Menschenge-

schlechts eingesetzt; zwar habe sie neben dem göttlichen Befehl
auch göttliche Verheißungen, welche indes recht eigentlich nicht
neutestamentlicher Art, sondern auf das leibliche Leben („ad vitam corporalem"; Apol XIII,14) bezogen sind. „Quare si quis volet
sacramentum vocare, discernere tamen a prioribus illis debet,
quae proprie sunt signa novi testamenti et sunt testimonia gratiae
et remissionis peccatorum." (Apol XIII,14) Melanchthon plädiert
also auch in diesem Zusammenhang zunächst nur für differenzierte Bestimmungen und nicht gegen die Anwendung des Sakramentsbegriffs als solchen. Wolle man ihres göttlichen Manda-
tes und bestimmter Verheißungen wegen fortfahren, die Ehe ein
Sakrament zu nennen, dann dürfe der Sakramentsbegriff freilich
auch allen anderen gottgegebenen Ständen und Ämtern („sicut
magistratus"; Apol XIII,15) nicht vorenthalten werden. Schließlich
hindere prinzipiell nichts, Almosen („eleemosynae"), Drangsale
(„afflictiones"; Apol XIII,17) und namentlich das Gebet („oratio ...,
quae verissime potest dici sacramentum"; Apol XIII,16) mit dem
Sakramentsbegriff in Verbindung zu bringen, sofern auch sie einen göttlichen Auftrag haben und nicht ohne göttliche Verheißungen sind. „Sed omittamus ista. Nemo enim vir prudens de
numero aut vocabulo magnopere rixabitur, si tamen illae res reti-
neantur, quae habent mandatum Dei et promissiones." (Apol
XIII,17)

Wichtiger als die Frage von Begriff und Zählung der Sakramente
sind Melanchthon die abschließenden Erwägungen (Apol XIII,18–
23) zum rechten Empfang der Sakramente, der ohne Glauben
nicht denkbar sei. Unter Glauben wird dabei die fides specialis
verstanden, „quae praesenti promissioni credit, non tantum quae
in genere credit Deum esse, sed quae credit offerri remissionem
peccatorum. Hic usus sacramenti consolatur pias et pavidas mentes." (Apol XIII,21 f.) In scharfer Form abgewiesen und als ebenso
schrift- wie traditionswidrig verworfen (Apol XIII,18: „damnamus")
wird dagegen die „fanatica opinio de opere operato sine bono
motu utentis" (Apol XIII,23), derzufolge die Sakramente jedem,
der kein Hindernis („obex") entgegensetzt, von selbst und ohne
daß es zu innerer Beteiligung, d. h. zum Glauben kommen müßte,
die Gnade vermitteln. Diese Annahme wird als völlig äußerlich
abgetan und mit der Lehre konfrontiert, „quod in usu sacramentorum fides debeat accedere, quae credat illis promissionibus et ac-
cipat res promissas, quae ibi in sacramento offeruntur" (Apol
XIII,19). Begründet wird dies mit dem paulinischen Verständnis

der Beschneidung Abrahams (Apol XIII,19; vgl. Röm 4,9 ff.) sowie an späterer Stelle u. a. mit dem Diktum Augustins, „quod fides sacramenti, non sacramentum iustificet" (Apol XIII,23; vgl. BSLK 296, Anm. 1). Ausdrücklich wird gesagt: „Promissio est inutilis, nisi fide accipiatur. At sacramenta sunt signa promissionum. Igitur in usu debet accedere fides ..." (Apol XIII,20) Hinzuzufügen ist, daß der Inbegriff solcher fides der Glauben an die Gnade der Sündenvergebung ist, welcher allein die ängstlichen Gewissen aufrichtet.

3. Die Taufe

Der Taufartikel der Augustana enthält drei affirmative Lehraussagen (CA IX,1 f.; BSLK 63,2–6): Gelehrt wird erstens, daß die Taufe „nötig sei", wobei der lateinische Text klarstellt: „necessarius ad salutem", also heilsnotwendig; zweitens „daß dadurch Gnad angeboten werde" („quodque per baptismum offeratur gratia Dei"); und drittens „daß man auch die Kinder taufen soll, welche durch solche Tauf Gott uberantwort und gefällig werden" („et quod pueri sint baptizandi, qui per baptismum oblati Deo recipiuntur in gratiam Dei"). Letztere Lehraussage wird mit einer Damnation (CA IX,3; BSLK 63,7–9) versehen, in der die Wiedertäufer verworfen werden, „welche lehren, daß die Kindertauf nicht recht sei" („qui improbant baptismum puerorum"); im lateinischen Text wird noch eigens auf die verwerfliche Behauptung der Anabaptisten verwiesen, die Kinder würden ohne die Taufe gerettet („affirmant sine baptismo pueros salvos fieri").[74]

Die kritische Zuspitzung auf die Verwerfung der sog. Anabaptisten zeigt, daß der inhaltliche Hauptakzent von CA IX auf dem Bekenntnis zur Kindertaufe liegt. Dies wird durch die literarische Vorgeschichte bestätigt und unterstrichen. Sie belegt, daß Melanchthon „anfänglich nicht die Absicht (hatte), im Bekenntnis

---

[74] Vgl. hierzu und zu den übrigen antianabaptistischen Damnationen die instruktive „Materialsammlung über die Täuferbewegung und die gegen sie gerichteten Verwerfungen der lutherischen Bekenntnisschriften", die P. Godzik aus Anlaß der lutherisch-mennonitischen Gespräche in Deutschland 1989–1992 zusammengestellt hat, in: Texte aus der VELKD 54 (1993), 1–44.

von der Taufe überhaupt zu handeln, sondern von der *Notwendigkeit der Kindertaufe*" (Kolde, 51). So besagt der Artikel in der Textgestalt von Na unter Verwerfung der Wiedertäufer lediglich, „daß man die Kindlein taufen soll und da(ß) sie durch die Tauf Gott furgetragen und zu Gnaden angenommen werden" (BSLK 63,11–14), was im Lateinischen so gelautet haben wird: „quod pueri sint baptizandi et quod baptismo Deo offerantur et in gratiam Dei recipiantur" (Kolde, 51). Diese Pointierung wird u. a. durch Eck veranlaßt worden sein, der in der Absicht, die Reformatoren den Anabaptisten gleichzustellen, in seinem Häresienkatalog Luther mit dem – in der „Catholica Responsio" wiederbegegnenden – Satz zitierte: „Baptismus non prodest infanti, nisi habeat propriam fidem." (Art. 227)

Da die altgläubigen Gegner CA IX nach dezidiert erfolgter Verteidigung der Kindertaufe ohne Einwände billigten[75], konnte sich Melanchthon in seiner Apologie darauf beschränken, die scharfe Anabaptistenkritik der Konfutatoren seinerseits zu unterstreichen und zu betonen, „quod in ecclesiis nostris nulli extiterunt Anabaptistae, quia populus verbo Dei adversus impiam et seditiosam factionem illorum latronum munitus est" (Apol IX,2). Als wichtigster Irrtum der Wiedertäufer wird sodann noch einmal verdammt, daß sie die Kindertaufe für unnütz erklären. Begründet wird dies mit dem Taufbefehl Christi Mt 28,19 und dem Hinweis, daß dem universalen Heilsangebot eine universale Heilsbedürftigkeit entspreche, von der auch Kinder nicht auszunehmen seien, weil sie

---

[75] Vgl. Immenkötter, 98 f. Schon in der „Catholica Responsio" hatte es geheißen: „Per omnia hic principes cum ecclesia Romana et catholica conveniunt." Diese grundsätzliche Billigung war aber mit einem Zusatz von Vorbehalten und kritischen Anfragen versehen worden: „Sed eorum concionatores varia et pugnantia hic docuerunt quae forte non fuerunt ausi principibus manifestare. Nam quod per baptismum hic principes dicunt offerri gratiam baptizato, cur patiuntur Lutherum et Melanchthonem docere: Baptismus neminem iustificat nec ulli prodest? Cur Luther predicavit populo lavacrum baptismi non tollere peccatum originale? Baptismum parvulorum recte admittunt. Cur autem patiuntur Lutherum declamare plebi: Baptismus non prodest infanti nisi habeat propriam fidem?" (J. Ficker, Die Konfutation des Augsburgischen Bekenntnisses. Ihre erste Gestalt und ihre Geschichte, Leipzig 1891, 38) Zu dem Vorbehalt, die Taufe nehme nach reformatorischer Lehre die Erbsünde nicht hinweg, vgl. die nachfolgenden Ausführungen zu CA II, in deren Zusammenhang das Verhältnis von Taufe und peccatum originale behandelt wird.

zusammen mit erwachsenen Männern und Frauen einer Mensch-
heitsgattung zugehören. Im übrigen werde die Wirksamkeit der
Taufe von Kindern allein schon durch die Tatsache hinreichend
bewiesen, daß Gott unter der Bedingung der Kindertaufe in der
Kraft seines heilsamen Geistes Kirche faktisch geschaffen habe.
Anzumerken ist, daß Apol IX den Kindern (pueri) ausdrücklich
die infantes und parvuli, also die Kleinkinder hinzurechnet (vgl.
etwa BSLK 247,21–24).

Im Vergleich zur Verteidigung der Kindertaufe, der eindeutig das
Hauptinteresse gilt, sind die über Na hinausgehenden Ansätze einer allgemeinen Tauflehre in CA IX sehr knapp gehalten, so daß
„das Bekenntnis nur einen kleinen Ausschnitt der lutherischen
Tauflehre sichtbar macht" (Maurer II, 187): Um so mehr ist es geboten, neben den Schwabacher und Marburger Artikeln[76], auf die
hier nur hingewiesen werden soll, das detaillierte Zeugnis der
Katechismen zu berücksichtigen. Unbeschadet einer nicht völlig
übereinstimmenden Gliederung des Stoffes, die u. a. dadurch bedingt ist, daß der vierte Abschnitt des GK über die Kindertaufe in
KK keine Parallele hat[77], handeln die beiden Katechismen in der
Hauptsache gemeinsam von Wesen und Gabe sowie vom rechten
Brauch der Taufe bzw. vom angemessenen Wandel in ihr. Die
Frage nach dem Wesen der Taufe als jenem „von unsern zweien
Sakramenten" (BSLK 691,5 f.), „dadurch wir erstlich in die Chri-
stenheit genommen werden" (BSLK 691,12 ff.; 704,22 f.), beantwor-
tet KK mit der bündigen Feststellung, sie, die Taufe, sei nicht al-

---

[76] Nachdem Luther bereits in seinem Bekenntnis von 1528 unter Verwerfung
anabaptistischer und donatistischer Lehre klargestellt hatte, daß die Taufe
„nicht falsch noch unrecht (sei), ob sie gleich etliche ohn Glauben empfingen oder gäben oder sonst missebrauchten" (BSLK 63, Anm. 2), wird
in Schwab 9 konstatiert und biblisch belegt, „daß die Tauf, das erst Zeichen und Sakrament, stehet in zwei Stucken, nämlich im Wasser und
Gottes Wort", wobei zu gelten hat, daß „solche Tauf auch den Kindlein
zu reichen und mitzuteilen sei" (BSLK 63,11ff.). Entsprechend lehren die
Marburger Artikel „zum Vierzehenden, daß der Kinder Taufe recht sei
und sie dadurch zu Gottes Gnaden und in die Christenheit genommen
werden" (BSLK 63,30 f.).

[77] Vgl. im einzelnen: Peters IV, 71. Da Peters IV, 71–126 nicht nur eine genaue Inhaltsangabe bietet, sondern auch auf die Genese von Luthers
Taufaussagen eingeht, braucht dies im gegebenen Zusammenhang nicht
wiederholt zu werden. Lediglich erwähnt werden soll Luthers dem Katechismus häufig als Anhang beigegebenes „Taufbüchlin" (BSLK 535–541).

lein schlicht Wasser, sondern das „Wasser, in Gottes Gebot gefasset und mit Gottes Wort verbunden" (BSLK 515,26 f.). Der Hinweis auf „Matthäi am letzten" (BSLK 515,30 f.; Mt 28,18 f.), der in GK
durch Nennung von Mk 16,16 ergänzt wird, macht klar, an welches Gebot und Wort Gottes dabei zu denken ist.[78] Hält man sich
daran, dann läßt sich sowohl erkennen, daß die Taufe keine auf
Menschensatzung gründende Äußerlichkeit, sondern eine göttliche Stiftung darstellt. Außerdem ist einzusehen, daß man sich
taufen lassen muß, um selig zu werden. Dabei verweisen die
Worte der Taufeinsetzung nicht nur auf einen klar bestimmten
und bezeichneten Akt, sondern immer auch darauf, daß die Taufe, auch wenn ein Mensch sie vollzieht, doch „wahrhaftig Gottes
eigen Werk" (BSLK 693,1) ist und bleibt, wie denn der Text lautet:
„,Gehet hin, täufet', aber nicht ‚in Euerm', sondern ‚in Gottes Namen'" (BSLK 692,31 f.).

Als ein solches alle Menschenwerke unvergleichlich übertreffen-
des und in Schranken weisendes Gotteswerk ist die Taufe nicht
weniger als „ein Gotteswasser", freilich nicht darum, „daß das
Wasser an ihm selbs edler sei denn ander Wasser, sondern daß
Gottes Wort und Gepot dazu kömmpt" (BSLK 693,36 ff.). Wort und
Gebot Gottes sind es sonach, welche die Taufe begründen und
heiligen, gemäß dem Diktum Augustins: „Accedat verbum ad
elementum et fit sacramentum." Getrennt vom Gotteswort wäre
das Bad der Taufe allerdings nichts weiter als eine Begegnung mit
Wasser nach Weise einer „Badertaufe": „aber wenn es dabei ist,
wie es Gott geordnet hat, so ist's ein Sakrament und heißet Christus' Taufe." (BSLK 695,23 ff.) Entscheidendes Anliegen von Luthers Wesensbestimmung der Taufe ist es, Wort und Wasser nicht
zu sondern und zu trennen, sondern als ein nach Gottes Gebot
und Ordnung Zusammengehöriges zu betrachten. Er kommt in
diesem Zusammenhang zu dem verallgemeinernden Schluß, „man
solle die Sakrament und alle äußerlich Ding, so Gott ordnet und

---

[78] A. Peters hat gezeigt, daß sich die beiden Schriftworte Mt 28,18 f. und
Mk 16,16 „in den reformatorischen Katechismusversuchen erst langsam
als die zentralen Tauftexte heraus(kristallisieren)" (Peters IV, 76). Zu ergänzen ist, daß Gott die Taufe nicht nur mit Worten, sondern auch mit
Werken gelehrt hat, „dazu mit Wunder von Himmel bestätigt. Denn mei-
nest Du, daß ein Scherz war, da sich Christus täufen ließ, der Himmel
sich auftäte, der heilige Geist sichtiglich erabfuhr, und war eitel göttliche
Herrligkeit und Majestät." (BSLK 695,12 ff.)

einsetzet, nicht ansehen nach der groben äußerlichen Larven, wie man die Schalen von der Nuß siehet, sondern wie Gottes Wort darein geschlossen ist" (BSLK 694,37 ff.). Zu bemerken ist ferner, daß ASm III,5 die Wesensbestimmung der Taufe in konzentrierter Weise wiederholt, wenn unter Verweis auf Eph 5,26 („lavacrum in verbo") und die sakramentstheologische Standardformel Augustins gesagt wird, die Taufe sei nichts anderes als „Gottes Wort im Wasser, durch seine Einsetzung".[79]

Ist das Wesen der Taufe soweit skizziert, so läßt sich die Frage nach ihrer Gabe mit den Worten des KK folgendermaßen beantworten: „Sie wirket Vergebung der Sunden, erlöset vom Tod und Teufel und gibt die ewigen Seligkeit allen, die es gläuben, wie die Wort und Verheißung Gottes lauten." (BSLK 515,38–516,2) Belegt wird dies mit Mk 16,16. Dieses Schriftwort fungiert auch als Leitvers der einschlägigen Passage des GK, in der „Kraft, Werk, Nutz, Frucht und Ende" der Taufe ebenfalls dahingehend bestimmt wird, „daß sie selig mache", wobei selig werden „nichts anders heißet, denn von Sunden, Tod, Teufel erlöset in Christus' Reich kommen und mit ihm ewig leben" (BSLK 695,42 ff.). Daher sei die Taufe mit Tit 3,5 ein „Bad der Wiedergeburt" zu nennen (vgl. KK 9 f.; BSLK 516,10 ff.) und nicht in der besserwisserischen Annahme zu verachten, „der Glaube mache allein selig, die Werk aber und äußerlich Ding tuen nichts dazu" (BSLK 696,27 ff.). Zwar treffe es zu, „daß freilich nichts in uns tuet denn der Glaube"; doch muß der Glaube etwas haben, „das er glaube, das ist, daran er sich halte und darauf stehe und fuße. Also hanget nu der Glaube am Wasser und gläubt, daß die Taufe sei, darin eitel Seligkeit und Leben ist, nicht durchs Wasser, wie gnug gesagt, sondern dadurch, daß mit Gottes Wort und Ordnung verleibet ist und sein

---

79   Bemerkenswert sind in diesem Zusammenhang zwei Abgrenzungen: Abgewehrt werden sowohl Thomas von Aquin mitsamt den Dominikanern als auch Duns Scotus einschließlich der Franziskaner; erstere weil sie „des Worts (Gottes Einsetzung) vergessen und sagen, Gott habe eine geistliche Kraft ins Wasser gelegt, welche die Sunde durchs Wasser abwasche", letztere weil sie lehren, „daß die Taufe die Sunde abwasche aus Beistehen gottliches Willens, also daß diese Abwaschung geschicht allein durch Gottes Willen, garnicht durchs Wort oder Wasser" (BSLK 450,2 ff.). Inwieweit diese Kritik den dogmengeschichtlichen Sachverhalten entspricht, kann hier unerörtert bleiben. Zur Approbation der Taufe auf den Geist sowie das Christusopfer bei Luther vgl. Peters IV, 86 f.

Name darin klebet" (BSLK 696,33 ff.; vgl. KK 9 f.). Der Glaube darf
daher nach Luther nicht geschieden werden von dem „Ding, daran der Glaube haftet und gebunden ist, ob es gleich äußerlich ist.
Ja, es soll und muß äußerlich sein, daß man's mit Sinnen fassen
und begreifen und dadurch ins Herz bringen könne, wie denn
das ganze Evangelion ein äußerliche mündliche Predigt ist. Summa, was Gott in uns tuet und wirket, will er durch solch äußerliche Ordnung wirken." (BSLK 697,2 ff.)

Unbeschadet dessen gilt, wie Luther anhand der Frage, „wer die
Person sei, die solchs empfahe, was die Taufe gibt und nützet",
und unter erneutem Bezug auf Mk 16,16 des weiteren ausführt,
daß „der Glaube die Person allein wirdig (macht), das heilsame,
göttliche Wasser nützlich zu empfahen. Denn weil solchs allhie in
den Worten bei und mit dem Wasser furgetragen und verheißen
wird, kann es nicht anders empfangen werden, denn daß wir
solchs von Herzen gläuben. Ohn Glauben ist es nichts nütz, ob es
gleich an ihm selbs ein göttlicher überschwänglicher Schatz ist"
(BSLK 697,34 ff.). Das Werk Gottes, welches die Taufe ist, wird
allein durch herzlichen Glauben und nicht durch Menschenwerk
empfangen (vgl. GK 35 ff.) gemäß der Devise: „Nu kann solchs die
Faust noch der Leib nicht tuen, sondern das Herz muß es gläuben." (BSLK 698,20 ff.) Zu sagen ist ferner, daß solche Unterscheidung von herzlichem Glauben und leibhaftem Tun und Handeln
nicht als Trennung von anthropologisch Zusammengehörigem
mißverstanden werden darf; daß Leib und Seele, Herz und Sinne
zusammengehören, dafür bietet vielmehr die Taufe selbst die
Gewähr: „Denn darümb geschicht solchs beides in der Taufe, daß
der Leib begossen wird, welcher nicht mehr fassen kann denn
das Wasser, und dazu das Wort gesprochen wird, daß die Seele
auch könne fassen. Weil nu beide Wasser und Wort eine Taufe
ist, so muß auch beide Leib und Seele selig werden und ewig leben, die Seele durchs Wort, daran sie gläubt, der Leib aber, weil
er mit der Seele vereinigt ist und die Taufe auch ergreifet, wie er's
ergreifen kann. Darümb haben wir an unser Leib und Seele kein
größer Kleinod. Denn dadurch werden wir gar heilig und selig,
welchs sonst kein Leben, kein Werk auf Erden erlangen kann."
(BSLK 700,4 ff.)

Ist damit gesagt, was über Wesen und Gaben der Taufe zu wissen
nötig ist, so ist für den rechten Wandel in ihr Luthers Sicht des
Christenlebens als einer täglichen Taufe (BSLK 704,34 f.: „einmal

angefangen und immer darin gegangen") entscheidend, wie er sie
„in Anknüpfung und Widerspruch zu Praxis und Lehre der
Beichtbuße entwickelt" (Peters IV, 94). Bestimmend ist dabei der
in Orientierung an der paulinischen Taufparänese Röm 6,1 ff. formulierte Grundsatz, „daß der alte Adam in uns durch tägliche Reu
und Buße soll ersäuft werden und sterben mit allen Sunden und
bösen Lüsten, und wiederumb täglich erauskommen und auferstehen ein neuer Mensch, der in Gerechtigkeit und Reinigkeit für
Gott ewiglich lebe" (BSLK 516,32 ff.). Daß solch tägliches Sterben
und Auferstehen mit Christus, an dessen Tod und Auferstehung
die Taufe Anteil gibt[80], im und nur im Glauben recht wahrgenommen wird, macht Luther klar, wenn er GK 41 sagt: „Darümb
hat ein iglicher Christen sein Leben lang gnug zu lernen und zu
uben an der Taufe; denn er hat immerdar zu schaffen, daß er fe-
stiglich gläube, was sie zusagt und bringet: Überwindung des
Teufels und Tods, Vergebung der Sunde, Gottes Gnade, den ganzen Christum und heiligen Geist mit seinen Gaben." (BSLK
699,27 ff.) Christliche Buße ist mithin nach Luther im wesentlichen
Übung des Taufglaubens.[81] Einen dauerhaften Anhalt findet solche

---

[80]   Vgl. u. a. C. Stange, Der Todesgedanke in Luthers Tauflehre, in: ders.,
       Studien zur Theologie Luthers. Bd. 1, Gütersloh 1928, 348–434. Stange
       weist mit Recht auf den von Luther nachdrücklich hervorgehobenen Zu-
       sammenhang von Taufe und jüngstem Gericht und die eschatologische
       Bedeutung des Taufgeschehens hin. Vom Verständnis der Taufe als Ster-
       be- bzw. Sterbebereitungssakrament (420 ff.) dürften sich u. a. auch evan-
       gelische Möglichkeiten einer tauftheologischen Interpretation dessen er-
       schließen, was als biblischer Sinn der Krankensalbung bzw. extrema
       unctio zu gelten hat (vgl. dazu meine Einführung in die evangelische Sa-
       kramentenlehre, Darmstadt 1988, 128–133). Apol XIII,6 rechnet die extre-
       ma unctio wie die confirmatio nicht zu den eigentlichen Sakramenten,
       sondern zu den kirchlichen Zeremonien, die zur Seligkeit nicht nötig
       seien, da ihnen Gottes Befehl und Gebot fehle (vgl. BSLK 293,9–16).

[81]   Vgl. dazu meine Einführung in die evangelische Sakramentenlehre, 118–
       128. Demgemäß kann Luther in GK sagen, die Buße sei „eigentlich
       nicht(s) anders ... denn die Taufe. Denn was heißet Buße anders, denn
       den alten Menschen mit Ernst angreifen und in ein neues Leben treten?
       Darümb wenn Du in der Buße lebst, so gehest Du in die Taufe, welche
       solch neues Leben nicht allein deutet, sondern auch wirkt, anhebt und
       treibt; denn darin wird geben Gnade, Geist und Kraft, den alten Men-
       schen zu unterdrücken, daß der neue erfurkomme und stark werde.
       Darümb bleibt die Taufe immerdar stehen, und obgleich jemand davon
       fället und sundigt, haben wir doch immer ein Zugang dazu, daß man
       den alten Menschen wieder unter sich werfe. Aber mit dem Wasser darf

Übung christuskonformen Mitsterbens und -auferstehens im äußerlichen Zeichen bzw., wie es auch heißen kann, in Werk und
Gebärde der Taufe, nämlich darin, „daß man uns ins Wasser sen-
ket, das über uns hergehet, und darnach wieder erauszeucht. Diese zwei Stück, unter das Wasser sinken und wieder erauskommen, deutet die Kraft und Werk der Taufe, welchs nichts anders
ist denn die Tötung des alten Adams, darnach die Auferstehung
des neuen Menschens, welche beide unser Leben lang in uns gehen (= vor sich gehen) sollen, also daß ein christlich Leben nichts
anders ist denn eine tägliche Taufe, einmal angefangen und immer darin gegangen. Denn es muß ohn Unterlaß also getan sein,
daß man immer ausfege (GK 4,65: „repurgentur"), was des alten
Adams ist, und erfürkomme, was zum neuen gehöret. Was ist
denn der alte Mensch? Das ist er, so uns angeboren ist von Adam,
zornig, hässig, neidisch, unkeusch, geizig, faul, hoffärtig, ja un-
gläubig, mit allen Lastern besetzt und von Art kein Guts an ihm
hat. Wenn wir nu in Christus' Reich kommen, soll solchs täglich
abnehmen, daß wir je länger je milder, gedüldiger, sanftmütiger
werden, dem Geiz, Haß, Neid, Hoffart je mehr abbrechen." (BSLK
704,24 ff.)

Damit ist der rechte Brauch der Taufe, wie er durch das äußere
Zeichen angezeigt ist, umschrieben. Den alten Menschen in sei-

---

man uns nicht mehr begießen. Denn ob man sich gleich hundertmal ließe ins Wasser senken, so ist's doch nicht mehr denn eine Taufe, das
Werk aber und Deutung gehet und bleibt. Also ist die Buße nicht(s) anders denn ein Wiedergang und Zutreten zur Taufe, daß man das wieder-
holet und treibt, so man zuvor angefangen und doch davon gelassen
hat." (BSLK 706,2 ff.) Es folgt eine Kritik der auf Hieronymus zurückgeführten Deutung der Buße als der zweiten Rettungsplanke nach dem
durch erneute Sünde bedingten (Tauf-)Schiffbruch: „denn das Schiff (sc.
der Taufe) zubricht nicht, weil es ... Gottes Ordnung und nicht unser
Ding ist. Aber das geschicht wohl, daß wir gleiten und erausfallen, fället
aber imand eraus, der sehe, daß er wieder hinzuschwimme und sich
dran halte, bis er wieder hineinkomme und darin gehe, wie vorhin angefangen" (BSLK 707,3 ff.). Hinzugefügt sei, daß Luther auch das Abendmahl in direkte Beziehung zur Taufe setzt, etwa wenn er sagt: „durch die
Taufe werden wir erstlich neu geboren, aber darneben ... bleibt gleichwohl die alte Haut in Fleisch und Blut am Menschen, da ist so viel Hindernis und Anfechtung vom Teufel und der Welt, daß wir oft müde und
matt werden und zuweilen auch strauchlen. Darümb ist es (sc. das
Abendmahl) gegeben zur täglichen Weide und Futterung, daß sich der
Glaube erhole und stärke ..." (BSLK 712,13 ff.)

nem Sinnen und Trachten ungehindert fortfahren und gedeihen lassen, hieße dagegen der Taufe zu widerstreben und tägliche Rückschritte im Sinn fortschreitender Verschlechterung zu machen. „Denn die außer Christo sind, können nicht anders tuen, denn täglich ärger werden ..." (BSLK 705,13 ff.) Luther illustriert dies in biographischer Perspektive, wenn er sagt: „Ein junges Kind hat kein sonderliche Untugend an sich; wo er (sc. der Mensch der Sünde) aber erwächst, so wird er unzüchtig und unkeusch; kommpt er zu seinem vollen Mannesalter, so gehen die rechten Laster an, je länger je mehr. Darümb gehet der alte Mensch in seiner Natur unaufgehalten, wo man nicht durch der Taufe Kraft wehret und dämpfet, wiederümb, wo Christen sind worden, nimmpt er täglich abe, solang bis er gar untergehet. Das heißet recht in die Taufe gekrochen und täglich wieder erfürkommen. Also ist das äußerliche Zeichen gestellet nicht allein, daß es solle kräftiglich wirken, sondern auch etwas deuten. Wo nu der Glaube gehet mit seinen Früchten, da ist's nicht ein lose Deutung, sondern das Werk dabei. Wo aber der Glaube nicht ist, da bleibt es ein bloß unfruchtbar Zeichen." (BSLK 705,21 ff.)

Die wichtigsten Grundzüge der Tauflehre der Katechismen sind damit skizziert. Dabei zeigt sich, daß Luthers Tauflehre mit Recht „seine Rechtfertigungslehre in konkreter Gestalt"[82] genannt werden kann; begründet die Taufe doch nicht weniger als die Gotteskindschaft des Menschen und damit die Identität des Christen, wie er sie im gläubigen Vertrauen auf die Taufverheißung wahrnimmt. In solchem gläubigen Vertrauen weiß sich der Getaufte, der seine Taufe im Glauben sich gefallen läßt, sowohl mit der „communio sanctorum" der Kirche vereint, deren Glied er durch die Taufe geworden ist[83], als auch von der Gewißheit getragen, in Gemeinschaft mit Christus als dem Haupt der Kirche selbst zu stehen, durch welche Gemeinschaft er in der Kraft des Hl. Geistes Anteil hat an Jesu Christi Sohnesverhältnis zum Vater und damit an der Wirklichkeit des dreieinigen Gottes selbst. Indem sie ihm auf zeichenhaft-wirksame, im Glauben zu ergreifende Weise zusagt, Kind des lebendigen Gottes selbst zu sein, leistet die Taufe

---

[82]   P. Althaus, Die Theologie Martin Luthers, Gütersloh ²1963, 305.

[83]   Nach Brunstäd, 118 koinzidiert die CA VII vorgenommene Wesensbestimmung der Kirche als congregatio sanctorum mit ihrer Umschreibung als congregatio baptizatorum. Zur Begründung vgl. Brunstäd, 127.

sonach am Menschen ein Doppeltes, das sich trotz und unbeschadet seiner Differenziertheit als in sich einiges Gut darstellt: Sie
sozialisiert ihn auf theologisch elementarste Weise, indem sie ihn
mit den Christen aller Orte und aller Zeiten zur Gemeinschaft des
Glaubens, welche die Kirche ist, zusammenschließt; und sie indi-
vidualisiert ihn zugleich in unvergleichlich singulärer, unveräußerliche Einmaligkeit vor Gott begründender Weise, weshalb
denn auch die Taufe ihrem Wesen nach als unwiederholbar zu
gelten hat und jeder je für sich zu taufen ist. Solch gottbegründete
Individualität, welche die Taufe dem Glaubenden wirksam zuer-
kennt, steht zwar in einer unlösbaren Verbindung zu dessen irdi-
schem Dasein, bedeutet aber zugleich die radikale Konversion
und Umkehrung dieses Daseins, da durch die Taufe der natürliche Mensch aus der Verkehrtheit des peccatum originale erlöst
wird, zu welcher er gattungsmäßig und doch auf eine distanz-
los-unentschuldbar ihn selbst betreffende Weise pervertiert ist. In
diesem Sinne hat, um es zu wiederholen, die Taufe als die konkrete Ursprungsgestalt der Rechtfertigung zu gelten, deren wiederholte Zusage, auf welche der Christ bis zur eschatologischen
Vollendung, d. h. lebenslang angewiesen bleibt, folgerichtig als
reale Vergegenwärtigung des in der Taufe Grundgelegten wirksam ist. Fügt man hinzu, daß die Rechtfertigungszusage sich als
Absolutionswort erfüllt, dann bestätigt sich der entwickelte Gedanke auch in dem von Luther selbst nahegelegten bußtheologischen Zusammenhang, dessen Implikationen im folgenden im
Verein mit den Gehalten der Rechtfertigungslehre nur dann recht
entfaltet werden können, wenn der konstitutive Bezug zum Tauf-
geschehen ständig präsent ist.

Handelt es sich sonach bei der Taufe um einen in jeder theologischen Hinsicht schlechterdings grundlegenden Vollzug, auf welchem nicht weniger als das Christsein des Christen selbst basiert,
so kann die Annahme nicht überraschen, daß jenes heilsame Geschehen im Grundsatz allen Menschen unabhängig von ihrem Le-
bensalter zu gewähren und im Prinzip niemandem – er sei Mann,
Frau, Kind oder Kleinkind – vorzuenthalten sei. Wie Christus befiehlt: „Baptizate omnes gentes. Ubi sicut offertur omnibus salus,
ita offertur omnibus baptismus, viris, mulieribus, pueris, infanti-
bus." (Apol IX; BSLK 247,21–24) An dem entschlossenen Willen,
den kirchlichen Brauch der Kindertaufe gegen ihre Bestreiter als
rechtmäßig zu verteidigen, läßt, wie unschwer zu zeigen ist, die
gesamte lutherische Bekenntnistradition keinen Zweifel aufkom-

men. Das zeigt CA IX und das zeigen ebenso die Schmalkaldischen Artikel, wo die Forderung, die Kirche solle den Kindern die
Taufe gewähren, mit dem knappen Hinweis begründet wird, daß
diese auch der verheißenen Erlösung zugehören, die durch Christus geschehen ist (ASm III,5). Eine ausführliche Begründung der
Praxis der Kindertaufe gibt Luther in GK 47 ff. (BSLK 700,30 ff.)[84]
Wenngleich er den Einfältigen empfiehlt, sich auf die Frage am
besten gar nicht erst einzulassen und sie den Gelehrten zuzuwei-
sen, so hält er für sie doch einen gleichsam ekklesiologischen
Beweis bereit, der aus dem dauerhaften Bestand der Kirche und
der unleugbaren Geistbegabung vieler, die durch die Kindertaufe
Glieder der Kirche geworden sind, die Gottwohlgefälligkeit dieser
Übung folgert. Ergänzt wird dieser an der Erfahrung orientierte
Beweis durch das theologische, auch im Bekenntnis von 1528 begegnende (vgl. BSLK 63, Anm. 2) Argument, daß „nicht die größte
Macht darin liegt, ob, der da getauft wird, gläube oder nicht gläube; denn darümb wird die Taufe nicht unrecht, sondern an Gottes
Wort und Gepot liegt es alles." (BSLK 701,30 ff.) Zu gelten habe,
daß der Glaube die Taufe nicht macht, sondern empfängt: „Nu
wird die Taufe davon nicht unrecht, ob sie gleich nicht recht
empfangen oder gebraucht wird, als die (wie gesagt) nicht an unsern Glauben, sondern an das Wort gebunden ist." (BSLK
701,43 ff.) Selbst im Falle manifester Glaubenslosigkeit ist deshalb
die Taufe an sich selbst nicht unrecht. „Wie kämen wir dazu, daß
Gottes Wort und Ordnung darümb sollt' unrecht sein und nichts
gelten, daß wir's unrecht brauchen? Darümb sage ich: hast Du
nicht gegläubt, so gläube noch und sprich also: ‚Die Taufe ist
wohl recht gewesen, ich habe sie aber leider nicht recht empfangen.'" (BSLK 702,24 ff.) Im übrigen gilt, daß die Taufe nicht durch
unseren Glauben, sondern durch Gottes Gebot und Verheißung
konstituiert ist: „Also tuen wir nu auch mit der Kindertaufe; das
Kind tragen wir erzu der Meinung und Hoffnung, daß es gläube,
und bitten, daß ihm Gott den Glauben gebe, aber darauf täufen
wir's nicht, sondern allein darauf, daß Gott befohlen hat." (BSLK
702,44 ff.)

---

[84] Vgl. im einzelnen Peters IV, 103–124. 125 f. sind im Anschluß an K. Brin-
kel, Die Lehre Luthers von der fides infantium bei der Kindertaufe, Berlin 1958, 19–23, Worte Luthers zur Unmündigentaufe und zum Kinderglauben zusammengestellt.

Ist in diesem Sinne die Folgerung abzuweisen, daß die Taufe nicht recht sein müsse, wo der Glaube nicht recht ist, so ist damit der Praxis einer Wiedertaufe vorweg die theoretische Basis entzogen. Es gilt das Rechtssprichwort: „Abusus non tollit, sed confirmat substantiam." (BSLK 703,26 f.) Entsprechend seien diejenigen, die nicht schon mit dem Akt ihrer Taufe, sondern erst im nachhinein zum Glauben fänden, nicht wieder zu taufen. Denn es steht fest, „daß die Taufe allezeit recht und in vollem Wesen bleibt, wenn gleich nur ein Mensch getauft würde und dazu nicht rechtschaffen gläubte. Denn Gottes Ordnung und Wort lässet sich nicht von Menschen wandelbar machen noch ändern." (BSLK 703,34 ff.) Untermauert wird diese Argumentation durch den abschließenden Hinweis, daß die Taufe nicht „ein bloß ledig Zeichen" sei, „wie die Schwärmer träumen" (BSLK 704,11 ff.). Auffällig ist ferner, daß Luthers tauftheologische Schwärmerkritik mit dem gottgeforderten Obrigkeitsgehorsam in Verbindung gebracht wird (BSLK 704,2 ff.), der vorher bereits im Zusammenhang mit dem 4. Gebot zur Illustration und Exemplifizierung der entwickelten Tauftheologie herangezogen wurde (vgl. BSLK 694,43 ff.; 698, 39 ff.).

Bedenken hat Luthers Lehre von der Kindertaufe nicht nur wegen der letztgenannten, für die Gesamtargumentation eher marginalen Bemerkung hervorgerufen. In Anbetracht der Häufigkeit solcher Bedenken und angesichts der nicht minder häufigen Annahme, gerade am „Extremfall" der Unmündigentaufe lasse sich der „tragende Grund" von Luthers Taufverständnis erschließen (Peters IV, 103), empfiehlt es sich, abschließend Luthers Kindertauflehre insgesamt und in systematischer Perspektive in Betracht zu ziehen und nach möglichen Begründungsaporien zu fragen. Folgt man E. Roth, der der Sakramentenlehre Luthers eine kleine, aber bemerkenswerte Studie gewidmet hat[85], dann weist die Tauflehre des Reformators im wesentlichen vier Aporien auf: „Sie bewegen sich um die Fragpunkte des stellvertretenden Glaubens, des Säuglingsglaubens, der Notwendigkeit des Glaubens bei der Zuwendung der Taufe und der Verbindung von Wort und Wasser in usu sacramenti."[86] Es ist unschwer zu sehen, daß zumindest die

---

[85]   Vgl. E. Roth, Sakrament nach Luther, Berlin 1952.

[86]   E. Roth, Aporien in Luthers Tauflehre, in: ZSTh 22 (1953), 99–124, hier: 99. Die nachfolgenden Seitenverweise im Text beziehen sich hierauf.

ersten drei Aspekte in den unmittelbaren Kontext des Problems der Kindertaufe gehören. Um anläßlich ihrer Verteidigung nicht den Zusammenhang von Taufe und Glaube aufzulösen, sah sich Luther anfangs zur Annahme eines stellvertretenden Glaubens gedrängt. Später hat er diese Auffassung allerdings revidiert, am ausführlichsten in der Fastenpostille von 1525. „Es gibt", so lautet das entscheidende Argument, „Stellvertretung überall da, wo es sich um eine Leistung handelt, wo ein menschliches Wirken und Werken an einem Geschehen teilhat. Es gibt *stellvertretendes Handeln* und *Leiden*, auch und gerade im profanen Bereich. Und es gibt ein Beten für den andern, eine Leistung des Heiligen Geistes, die jenem andern die Verantwortung vor Gott allerdings auch nicht abnimmt und darum auch nicht im strengen Sinn als stellvertretendes Gebet bezeichnet werden kann. Von der Vertretbarkeit des *Glaubens* wird man nur reden können, wenn man diesen in einem verfälschenden Sinn eben auch als Leistung versteht. Doch ist der Glaube nach Luther, vom Menschen aus betrachtet, kein *Objekt*, er ist Subjekt." (105) Anders und kürzer gesagt: Die Gewissensgewißheit des Glaubens ist von prinzipieller Individualität und als solche unteilbar und ohne Stellvertretungsmöglichkeit die je eigene. Dabei ist, wie gezeigt, vorausgesetzt, daß die unvergleichliche Individualität des Glaubens, wie das Gotteswort der Taufe sie sozusagen namentlich hervorruft, nicht ohne weiteres gleichzusetzen ist mit der natürlich gegebenen Ich-Identität des Menschen. Die gegebene Ich-Identität wird durch die auf die Taufverheißung bezogene Subjektivität des Glaubens vielmehr dergestalt transformiert, daß sie ihrer Selbstverkehrung entnommen und im göttlichen Geist Jesu Christi neu konstituiert wird. Die durch solche Neukonstitution begründete Gotteskindschaft des Glaubenden ist es, von der prinzipielle Individualität und unteilbare Singularität auszusagen ist.

Mußte Luther daher, um den Glauben von Vorstellungen der Ersetzbarkeit freizuhalten, zwangsläufig auf die Annahme einer möglichen fides aliena verzichten, so konnte der notwendige Zusammenhang von Taufe und Glaube offenbar nurmehr durch das Postulat eines Kinderglaubens aufrechterhalten werden. Bestimmend für den Begriff einer fides infantium ist dabei freilich nicht die für Luthers Theologie schlechterdings inakzeptable Unterstel-

lung einer der Kindnatur innewohnenden Glaubenspotenz[87], als
vielmehr der Gedanke, daß die Taufe in der Kraft des ihr verbundenen Gottesgeistes den Glauben des Kindes ermöglicht. In dieser Hinsicht bestätigt sich insofern nur, was für Luthers Tauflehre
generell gilt: Die Wirklichkeit der Taufe als einer gottgegebenen
Gabe ist zwar unveräußerlich hingeordnet auf gläubige Annahme,
aber in keiner Weise so von subjektiven Befindlichkeiten des
menschlichen Spenders oder Empfängers abhängig, daß sie dadurch konstitutiv bedingt wäre. So unzweifelhaft für Luther dieser
Grundsatz feststeht, so unangemessen wäre es indes, daraus die
generalisierende Schlußfolgerung zu ziehen, „als sei die Taufe
ohne Glauben nicht nur rite *vollzogen*, sondern auch rite *empfangen*; als erfolge nicht nur die Heilszusprechung, sondern auch die
Heilsaneignung, Sündenvergebung und Wiedergeburt ohne und
außerhalb des Glaubens" (114 f.). In verhängnisvoller Weise nahegelegt wird eine solche Schlußfolgerung nach Roth nicht zuletzt
durch die traditionelle Lehre „von der *gratia irresistibilis*, welche
geschenkt wird *non modo non ponentibus, sed etiam obstinatis-
sime ponentibus obicem* (WA 6, 638). Es entsteht der Eindruck, als
werde bei der Unmündigentaufe dem Kind die promissio nicht
nur offeriert, sondern um der Unwiderstehlichkeit der Gnade
willen – ohne Glauben – exhibiert." (115) Daß ein solcher Eindruck, wäre er begründet, als höchst fatal zu gelten hätte, bedarf
keiner Betonung. Indes handelt es sich bei ihm um die Folge einer Alternative, die Luther nicht nur nicht vertritt, sondern dezidiert zu überwinden sucht. Sosehr er nämlich auf dem Vorgege-
bensein der Taufgabe insistiert, sowenig läßt er Zweifel daran

---

[87]   In diesem Zusammenhang verdient die Einsicht von Paul Althaus (Martin
      Luther über die Kindertaufe, in: ThLZ 73 [1948], Sp. 705–714) betont zu
      werden, daß Luther „*keinen Erfahrungsbeweis*" für den Kinderglauben zu
      führen versucht; im Gegenteil: „den Versuch, den Glauben im Menschen
      festzustellen, lehnt er ja gerade bei den Täufern aufs schärfste ab; der
      Kinderglaube ist ihm wegen des Rechtes der Kindertaufe gewiß und
      durch nichts anderes. So denkt Luther auch nicht daran, seine *Wirklich-
      keit* aufzuzeigen, er verteidigt nur gegenüber der Polemik der Täufer
      seine *Möglichkeit*." (Sp. 709) Gegen die Täufer macht Luther vor allem
      zwei Argumente geltend: 1. 'Will man das Taufen von dem Glauben des
      Täuflings abhängig machen, so bleibt man *immer ungewiß* über das
      Recht, jetzt zu taufen." 2. 'Das Taufen und Sich-taufen-lassen auf den
      Glauben hin macht nicht nur ungewiß, sondern ist auch Abgötterei ...
      Der Glaube, auf den ich mich verlasse, wird eben dadurch zu einem
      ,Werke'." (Sp. 711 f.)

aufkommen, daß die Heilsaneignung allein durch den und im Glauben erfolgt. Von einer aus theologischen Unsicherheiten in der Frage der Kindertaufe bzw. der fides infantium resultierenden „Zurückstellung des Glaubens zugunsten einer objektiven Wirkung der Taufe" (116; bei R. gesperrt) kann sonach recht besehen ebensowenig die Rede sein wie von einer mangelnden Unterscheidung zwischen Darbietung und rechtem Empfang der Taufverheißung.

Indes verhalten sich Zuwendung und Rezeption der Heilsgabe nicht so, daß mit Roth gesagt werden könnte: „Das *exhiberi* ... ist ohne den dazu geschenkten Glauben nach reformatorischen Grundsätzen so wenig möglich, als es möglich ist, etwa Gedanken ohne Denkapparat zu haben." (117) Der Vergleich verstellt, worauf es Luther im entscheidenden ankommt, nämlich daß der Glaube, so unentbehrlich er für den rechten Empfang der media salutis ist, doch recht eigentlich keine Zutat zu der durch die Heilsmittel in der Kraft des Geistes wirksamen Heilsvermittlung darstellt, sondern deren integriertes Moment dergestalt, daß dem Glauben jeder Schein eigener Verdienstlichkeit abgeht. Nimmt man dies als Pointe der Gedankenführung Luthers wahr, dann erkennt man zugleich, daß es verfehlt ist, sein Argumentationsinteresse mit einer unüberwundenen Neigung zu quasi sakramentsmagischen Vorstellungen in Verbindung zu bringen, die – wie das gerne geschieht – als präreformatorischer Restbestand überkommener mittelalterlicher Dunkelheiten zu qualifizieren wäre. Eine solche Neigung läßt sich in seinen Ausführungen zur Verbindung von Wort und Wasser nicht erweisen. Denn Luthers tauftheologische Betonung des innigen Zusammenhangs von Wort und Wasser zielt – abgesehen davon, daß im Unterschied zum Abendmahl von einem Insein Jesu Christi im sinnenfälligen Zeichen ohnehin nirgends die Rede ist – nicht auf eine mysteriöse Verzauberung des Wassers, sondern darauf, daß Gottes Heilsgabe sich nicht nur auf die Seele, sondern auch auf den Leib, besser: auf den Menschen als psychosomatische Einheit bezieht.

In dieser Perspektive erscheinen schließlich auch Luthers Überlegungen zum Kinderglauben in einem neuen Licht. Zunächst mag es scheinen, als sei angesichts des Problems der Kindertaufe folgendes Dilemma unausweichlich: Entweder die Taufe wirkt Vergebung der Sünde und Wiedergeburt zu ewigem Leben auch ohne persönlichen Glauben oder die genannten Heilsgaben lassen

sich vom Vollzug der Taufe jedenfalls prinzipiell ablösen. Erklärtes Ziel von Luthers Theologie ist es, eine Stellung jenseits dieser
Alternative einzunehmen: Eine mögliche Trennung von Taufe und
Sündenvergebung bzw. Wiedergeburt kommt für ihn nicht in Frage, weil nach seiner Überzeugung die äußere Handlung der Taufe
nicht nur Zeichen, sondern Wirkmittel der Heilsgabe ist. Luther
hält daher an der Heilsnotwendigkeit der Taufe ausdrücklich und
entschieden fest, ohne deshalb in Abrede zu stellen, daß Gott
noch über andere, uns unbekannte und der Kirche nicht zur Darbietung aufgetragene Weisen und Mittel verfügt, um Menschen zu
erretten. Sowenig die Behauptung der Heilsnotwendigkeit der
Taufe die Annahme zur Folge hat, jeder Nichtgetaufte büße
zwangsläufig das Heil ein[88], sowenig schränkt dies für Luther die
behauptete soteriologische Nezessität der Taufe ein. Die nicht
ausgeschlossene Ausnahme hat vielmehr die göttliche Regel zu
bestätigen, daß das Heil durch das äußere Medium des ins Wort
gefaßten Taufbads gewirkt werden soll. Empfangen werden kann
dieses in der Taufe vermittelte Heil wiederum nicht anders als
durch Glauben. Nur ihm werden Vergebung der Sünde, Leben
und Seligkeit geschenkt. Auch dies will Luther unmißverständlich
festhalten, und eben dies ist der Grund für seine Annahme einer
fides infantium, welche nicht nur auf einen künftigen Glauben
der Kinder hindeutet, sondern einen im und mit dem rechten
Empfang des Sakraments gegebenen Glauben meint, der sich
vom Glauben der Erwachsenen einzig und allein dadurch unterscheiden soll, daß er noch über kein reflexiv ausgebildetes Bewußtsein seiner selbst verfügt. Mag der Gedanke eines gewissermaßen präreflexiven Glaubens auch Schwierigkeiten bereiten,
theologisch unvergleichlich bedenklicher wäre es, die Möglichkeit
des Heilsempfangs in den natürlichen Fähigkeiten des sog. Er-
wachsenenbewußtseins aufgehen zu lassen mit der Folge, daß –
um von krankhaften Bewußtseinsformen usw. zu schweigen – mit
den infantilen nicht nur alle un- und unterbewußten Bestände,
sondern tendenziell auch alle senilen Anteile menschlichen Lebens aus der göttlichen Heilssphäre ausscheiden müßten. Die

---

[88] P. Brunner, Die evangelisch-lutherische Lehre von der Taufe. Eine kontroverstheologische Anfrage an das Dogma und die Dogmatik der römisch-katholischen Kirche, Berlin 1951, 41: „Die Heilsnotwendigkeit der
Taufe ist also nicht eine *necessitas absoluta,* sondern eine *necessitas or-
dinata.*“

Konsequenz wäre eine theologisch nur kontraproduktiv zu nennende Anthropologie des Glaubens, die u. a. auch dies nicht mehr zu fassen vermöchte, daß der Taufglaube sich nicht im Moment aktueller Entschiedenheit erschöpft, sondern die allen Einzelhandlungen zugrunde liegende Identität des menschlichen Gesamtlebens in der Einheit von Kindheit, Erwachsenenalter und Greisentum betrifft. Ohne ihrer – gleich der Werke, die ihm zu tun aufgegeben sind – entbehren zu können, kommt der Glaube daher auch der Reflexion in bestimmter Weise stets zuvor, so wahr das Selbstbewußtsein des Gläubigen auf der Gottesgewißheit des Glaubens gründet und nicht umgekehrt.[89]

Leuchtet dies ein, dann ist zugleich klar, daß ein reflexiv ausgebildetes Selbstbewußtsein des Glaubens nicht die Zulassungsbedingung zur Taufe sein kann. Das Fehlen eines solchen Selbstbewußtseins, wie es im Falle von Kleinkindern vorauszusetzen ist, kann deshalb auch kein grundsätzlicher Hinderungsgrund kirchlicher Spendung der Taufe sein. Zwar sind Kinder zweifellos auf bewußten Glauben hin zu taufen, doch gilt umgekehrt nicht minder, daß bewußtseinsbegabte Erwachsene, deren erklärter, im Bekenntnis des Glaubens der Kirche auszusprechender Wille die ebenso selbstverständliche wie notwendige Voraussetzung für den Vollzug des Taufakts ist, nicht aufgrund bestimmter Qualitäten eines gegebenen Eigenvermögens getauft werden. In diesem

---

[89] In diesem Sinne hat es dann auch seine Richtigkeit zu sagen, „daß Gottes Wirken am Menschen sich nicht an die Enge und Grenze unseres Bewußtseins von uns selber bindet", wie denn auch gute theologische Gründe für die Warnung bestehen, die Gewißheit des Glaubens unmittelbar vom Wissen des Gläubigen um seinen Glauben abhängig zu machen. (R. Hermann, Die Kindertaufe bei Luther, in: LM 1 [1962], 67–73, hier: 69; vgl. auch P. Brunner, a. a. O., 34: „Der Glaube ist also auf die Sache gesehen primär ein Akt des Pneuma im Menschen, freilich in der Personmitte des Menschen. Man darf den Glauben als Akt des Pneuma in der Personmitte des Menschen nicht ohne weiteres in eins setzen mit selbstbewußten Akten der menschlichen Person. Der selbstbewußte Akt der menschlichen Person ist, wo es sich um den Glauben handelt, nichts, wenn dieser Akt nicht primär eine *actio spiritus sancti* ist und bleibt. Glaube als *actio spiritus sancti* ist sehr wohl an die Personmitte des Menschen gebunden, aber als die *actio* des Geistes ist der Glaube nicht an das der Reflexion fähige Selbstbewußtsein gebunden. Die Person ist weiter und umfassender als das Selbst." Kurzum: „Es ist zweierlei: tatsächlich glauben und: um seinen Glauben wissen." [P. Althaus, a. a. O., Sp. 714])

Sinne hat es für die Kirche seine Richtigkeit zu sagen: „Wir taufen
die Kinder, als ob sie Erwachsene wären, genauso wie wir Erwachsene taufen, als ob sie Kinder wären ... Der Mensch ist
Mensch, ist Adamskind oder Gotteskind ohne Rücksicht auf sein
Alter."[90]

Gilt diese Devise, dann ist damit nicht nur die grundsätzliche Legitimität der Kindertaufe, sondern zugleich dies angesagt, daß
zwischen Kindertaufe und Erwachsenentaufe letztlich kein wesentlicher theologischer Unterschied besteht. Aus der grundsätzlichen Legitimität der Kindertaufe, die im Sinne lutherischer Bekenntnistradition theologisch zu behaupten und gegen Bestreitungen, namentlich in Form der Praxis des Wiedertaufens,
entschieden zu verteidigen ist, läßt sich insofern nicht folgern, sie
sei die einzig mögliche Weise der Taufpraxis überhaupt. Eine solche Annahme ist allein schon durch den biblischen Zusammenhang von Tauf- und Missionsbefehl und die Tatsache, daß unter
Missionsbedingungen die Erwachsenentaufe als der Normalfall
anzusehen ist, als in sich unhaltbar erwiesen. Sie wird in den lutherischen Bekenntnisschriften denn auch nirgends vertreten. Behauptet wird allerdings – und dies mit Bestimmtheit –, daß Kindern das Heil der Taufe nicht vorzuenthalten, sondern im Bewußtsein geordneter Notwendigkeit zu gewähren ist, wenn sie
von ihren Eltern oder denen, welchen sie als Kinder anvertraut
sind, unter Bekenntnis des christlichen Glaubens vor Gott gebracht werden. Daß dabei die Hinordnung der Taufe auf gläubige
Annahme durch den Täufling zu beachten ist[91], begründet eine

---

[90]   H. Sasse, Zur Lehre von der heiligen Taufe, in: F. W. Hopf (Hg.), In Statu
       Confessionis. Gesammelte Aufsätze von Hermann Sasse, Berlin/Hamburg
       1966, 91–100, hier: 98 f.

[91]   Auf die der Taufe elementar zugehörige gläubige Wahrnehmung ihrer
       Gabe ist neben und zusammen mit der bereits erwähnten Buße auch die
       Konfirmation ihrem evangelischen Sinn gemäß hingeordnet. Ihre Sakra-
       mentalität wurde zwar Apol XIII,6 in Abrede gestellt; ferner wurde re-
       formatorischerseits stets die Heilssuffizienz der Taufe betont und jedwe-
       de Möglichkeit und Notwendigkeit ihrer Ergänzung oder Steigerung – sei
       es durch Konfirmation, Ordination oder Mönchsprofeß – heftig bestritten.
       Das schloß und schließt aber nicht aus, daß der Konfirmation als einer
       konzentrierten Gestalt des Taufgedächtnisses auch innerhalb evangeli-
       schen Kirchenwesens eine besondere Bedeutung zukommt (vgl. dazu im
       einzelnen meine Einführung in die evangelische Sakramentenlehre, 111–
       118).

unerläßlich wahrzunehmende Aufgabe, die auf die eine oder andere Weise allen gestellt ist, die für die betreffenden Kinder nachgerade während ihrer Unmündigkeit besondere Verantwortung tragen. Diese Aufgabe steht aber ihrerseits im Dienst der in der Taufe angebotenen Gabe, deren gottgestifteter Gegebenheit sie in menschlicher Folgsamkeit zu entsprechen hat. Im übrigen gilt auch in dieser Hinsicht als tauftheologischer Grundsatz: Die Gefahr möglichen Mißbrauchs hebt die Notwendigkeit gebotenen Gebrauchs nicht auf.

4. Die Forderung allgemeiner Kelchdarreichung

Neben dem Streit um Meßopfer und Priesterehe gehört die Auseinandersetzung um den sog. Laienkelch zu den Hauptgegenständen der Augsburger Ausschußverhandlungen im Sommer 1530.[92] Dabei ist es die Kontroverse um Recht und Gebot der communio sub utraque, an der sich der konkrete Verlauf des Glaubensdisputs in exemplarischer Weise studieren läßt. Nicht ohne Grund nämlich kann man sagen, daß nachgerade die zähen Ausgleichsbemühungen um den Laienkelch „das deutlichste Beispiel für das Ringen um die Einheit der Kirche" (Müller, 394) darstellen. Klar markiert wurde die bestehende Differenz bereits durch die Verurteilung des Luther zugeschriebenen Satzes in der Bulle „Exsurge Domine" vom 15. Juni 1520: „Consultum videtur, quod Ecclesia in communi Concilio statueret, laicos sub utraque specie communicandos: nec Bohemi communicantes sub utraque specie sunt haeretici, sed schismatici." (DH 1466) Mit der Nennung der böhmischen Utraquisten[93] ist angesprochen, was das Konzil

---

92 Vgl. im einzelnen meinen Beitrag: CA XXII und der Streit um den Laienkelch. Ein historisches Beispiel mißlungenen Ausgleichsbemühens, in: B. J. Hilberath/D. Sattler (Hg.), Vorgeschmack. Ökumenische Bemühungen um die Eucharistie. FS Th. Schneider, Mainz 1995, 258–276.

93 Infolge gegebener sakramentstheologischer Bezüge zu den böhmischen Utraquisten wurde vereinzelt behauptet, die Ausbildung von Luthers gesamtem reformatorischen Kirchenbegriff sei im wesentlichen durch Hus motiviert gewesen. Demgegenüber hat J. Gottschick deutlich gemacht, „daß Luther seinen eigentümlichen Kirchenbegriff nicht einer Anregung

von Konstanz bezüglich der Kommunion unter der Gestalt des Brotes dekretiert hatte (DH 1198–1200), nämlich daß es irrig und verwerflich sei, zu sagen, daß der Gesetzesbrauch der communio sub una, also des Kelchvorbehalts für den Priester, gottlos und unerlaubt sei. Damit war der kirchliche Wille lehrmäßig festgeschrieben, an der Übung festzuhalten, das Sakrament den Laien lediglich unter der Brotgestalt zu reichen.

Dieser Praxis hält CA XXII entgegen, daß die von den Reformatoren geforderte Darreichung des Laienkelchs dem eindeutigen Mandat des Herrn nach Mt 26,27 entspreche, wo Christus mit klaren Worten (manifeste) gebiete, daß alle aus dem Kelch trinken sollen (CA XXII, 2: „ut omnes bibant"). Ferner belege 1. Kor 11, 20 ff. „daß die ganze Versammlung der Korintherkirchen beide Gestalten gebraucht hat" (BSLK 85,12–14; CA XXII, 3: „totam ecclesiam utraque specie usam esse"). Dieser Brauch sei lange Zeit in

---

von Hus verdankt, sondern ihn von seiner Heilslehre aus hinsichtlich seiner religiösen Grundgedanken völlig selbständig entwickelt hat, und daß auch die später eingetretene Bekanntschaft mit Hus ihm keinerlei wesentliche Förderung hat gewähren können" (J. Gottschick, Hus', Luther's und Zwingli's Lehre von der Kirche mit Rücksicht auf das zwischen denselben bestehende Verhältnis der Verwandtschaft oder Abhängigkeit, in: ZKG 8 [1886], 345–394, 543–616, hier: 574). Dessen ekklesiologische Bestrebungen sind im wesentlichen „auf die Verwirklichung der Herrschaft des Gesetzes Christi oder des evangelischen Gesetzes im ganzen Leben der empirischen kirchlichen Gemeinschaft" (368) gerichtet, welches Ideal in genauer Korrespondenz zu seinem Begriff der Kirche als universitas praedestinatorum steht. Das Gesetz Christi stellt für Hus die unverrückbare Norm für alles kirchliche Handeln und namentlich das Kriterium rechter Wahrnehmung des rechtlich institutionalisierten Amtes der Kirche dar. Anstelle der formellen Autorität der kirchlichen Rechtsanstalt proklamiert er die formelle Autorität der Schrift als des Inbegriffs des Gesetzes Christi (377), mit dem übereinzustimmen für ihn die Bedingung der Möglichkeit eines ekklesiologisch legitimen Gehorsamsanspruches ist. Zu einer evangelischen Deutung der Schrift im Sinne der Rechtfertigung des Sünders aus Gnade um Christi willen durch Glauben, wie CA IV sie in Übereinstimmung mit Luthers ursprünglicher Einsicht vertritt, ist Hus indes nicht durchgedrungen. Deshalb kann er nur unter theologischen Vorbehalten als Vorreformator gelten, und die seit Eck und den Tagen der Leipziger Disputation nachgerade von altgläubiger Seite immer wieder vertretene Behauptung einer sachlichen Koinzidenz Luthers mit den Hussiten gibt sich als das zu erkennen, was sie von Anbeginn war – eine kontroverstheologische Taktik in häresiomachischer Absicht.

der Kirche üblich geblieben, „wie man durch die Historien und
der Väter Schriften beweisen kann" (BSLK 85,15–17). Ausdrücklich
erwähnt werden Cyprian (vgl. BSLK 85, Anm. 3), Hieronymus (vgl.
BSLK 85, Anm. 4) sowie Papst Gelasius (vgl. BSLK 85, Anm. 5).
Wann an die Stelle des alten Brauchs, den Laien das Abendmahl
in beiderlei Gestalt zu reichen, die Gewohnheit getreten ist, den
Kelch dem Priester vorzubehalten, wird offengelassen (vgl. BSLK
86, Anm. 1). Hingegen stehe es eindeutig fest, daß diese auch von
den alten Canones (vgl. Decretum Gratiani I, d.8.c.4; BSLK 86,
Anm. 3) nicht legitimierte Gewohnheit Gottes Gebot widerspreche. Es sei daher unzulässig, die Gewissen derjenigen zu be-
schweren, welche das Hl. Sakrament seiner Einsetzung gemäß zu
empfangen begehren, und sie zu zwingen, gegen die Ordnung
Christi zu handeln. Hinzugefügt wird in einem gegenüber Na sekundären Satz (vgl. BSLK 86, Anm. 2), daß bei den Konfessoren
die übliche Prozession mit dem Sakrament unterlassen wird, weil
die Teilung des Sakraments der Einsetzung Christi widerspreche.
Unmittelbarer Anlaß für diesen Zusatz dürfte die Haltung der
evangelischen Fürsten zur Fronleichnamsprozession am 16. Juni
1530 gewesen sein, bei der, wie üblich, nur die Hostie mitgeführt
wurde und nach evangelischer Auffassung der stiftungsgemäße
Mahlcharakter des Altarsakraments verwischt zu werden drohte.[94]

Überblickt man den entwickelten Argumentationsgang, dessen
kritische Quintessenz bereits in Torg A 3 knapp und bündig formuliert ist (BSLK 85,27–31 = Förstemann I, 74f.)[95], so drängt sich
der Eindruck auf, daß er „von vornherein jede Möglichkeit eines
wirklichen Gesprächs über den Kommunionsritus ausschloß. Ge-
naugenommen enthielt der Artikel eine scharfe Verurteilung der
communio sub una und erzwang von der Gegenpartei ein fun-

---

94 Es verdient bemerkt zu werden, „daß gegen die Prozession mit dem Sa-
    krament nicht mit der Beschränkung der Gegenwart auf das ‚in usu' ar-
    gumentiert wird oder damit, daß der Leib Christi nicht zur Verehrung ge-
    genwärtig sei, sondern (daß) darauf verwiesen wird, daß die eine Gestalt
    nicht von der anderen isoliert werden dürfe, was ja bei der Prozession
    mit dem Brot allein der Fall ist" (E. Iserloh, Die Abendmahlslehre der
    Confessio Augustana, ihrer Confutatio und ihrer Apologie, in: Catholica
    34 [1980], 15–35, hier: 24).

95 Zur Vorgeschichte von CA XXII vgl. im einzelnen W. Maurer, Zum ge-
    schichtlichen Verständnis der Abendmahlsartikel in der Confessio Augu-
    stana, in: FS G. Ritter, Tübingen 1950, 161–209, hier: 169 ff.

damentales Zugeständnis, nämlich die Anerkennung, dass nur
dem Ritus sub utraque ein von Gott garantiertes Daseinsrecht zukam. In der Tat sollten die katholischen Kontroverstheologen
Melanchthons Ausführungen in diesem Sinn verstehen, sicherlich
nicht zu Unrecht. Dennoch stand alles, was der Verfasser des Artikels über das ius divinum des Laienkelchs und die Unrechtmä-
ßigkeit der communio sub una zu sagen hatte, letzten Endes, wie
der Schluß der Darlegung zeigt, im Dienste einer Apologie für die
Gewissensfreiheit der *Empfänger* des Abendmahls." (Honée, 8 f.)
Mit diesem Skopus, der überlegt intendiert war, wie die Entstehungsgeschichte der (in Torg A 3 noch nicht enthaltenen und erst
nach Na durch den erwähnten Zusatz ergänzten) Schlußbetrach-
tung beweist, wollte sich Melanchthon bewußt künftige Aus-
gleichsoptionen und Verhandlungsmöglichkeiten offenhalten. Das
entspricht der Tendenz des XXVIII. Artikels der CA, auf den alle
vorhergehenden abgestimmt sind: „Hatte sich im Schluß von Art.
22 der Akzent von der evangelischen Lehre über die communio
sub utraque auf die Gemeinden verschoben, die sich durch diese
Lehre gebunden wussten, so nahm Art. 28 bis zu einem gewissen
Grade das Unverständnis der Bischöfe für die Lehre des Evangeliums in Kauf, sofern sie nicht länger die Gemeinden, die sich für
diese Lehre entschieden hatten, ‚dominiren' würden." (Honée, 20)

Melanchthons Vermittlungsstrategie zeitigte nach Verlesung und
Übergabe der CA in der Tat eine ganze Reihe von diplomatischen
Folgewirkungen. Zu erwähnen wäre ein einschlägiger Brief an
Campeggio vom 4. Juli und ein am nächsten Tag eingereichtes
Gutachten sowie die daraufhin erfolgte Reaktion von Cochlaeus.
Zu nennen wäre ferner Johann Ecks versuchte Widerlegung von
CA XXII und des lutherischen Utraquismus insgesamt, welche die
sachliche Basis der Antwort der Konfutatoren darstellt; deren
(zwischen dem 22. Juli und dem 3. August noch mehrfach vorge-
nommenen) Umarbeitungen sind in verhandlungsstrategischer
Hinsicht nicht minder interessant als Melanchthons entsprechende
Bemühungen. All dies ist von E. Honée genauestens analysiert
worden. Im gegebenen Zusammenhang genügt es festzuhalten,
daß bei aller Deutlichkeit und gelegentlichen Schärfe der Stellungnahmen nicht jegliche Aussicht auf gütliches Einvernehmen
verstellt werden sollte.

Was die schließliche Konfutation vom 3. August[96] anbelangt, so gilt im einzelnen folgendes: Daß die communio sub utraque in der Alten Kirche und darüber hinaus im gesamten ersten christlichen Jahrtausend nicht unüblich war, wird – wie schon im erwähnten Konstanzer Dekret „Cum in nonnullis" (DH 1198 ff.) – ausdrücklich zugestanden (vgl. Immenkötter, 136,24 f.). Indes sei daneben von Anfang an immer auch die Laienkommunion unter einer Gestalt gepflegt worden, wie neben einer Reihe von Vätern und frühkirchlichen Autoritäten die Schrift selbst bezeuge, wenn sie, was nicht selten der Fall sei, im eucharistischen Zusammenhang lediglich die Brotgestalt erwähne. Belegt wird dies mit Apg 2,42 und 20,7, Lk 24,30 sowie Joh 6,32 – 35. Ferner wird auf 1. Sam 2,36 verwiesen, wo am Beispiel der Nachkommen Elis figurativ abzulesen sei, daß sich die Laien mit der Brotgestalt zu begnügen hatten. Für diese Beschränkung, die sich auch Päpste und Kardinäle, Bischöfe und Priester beim Empfang des viaticum stets hätten gefallen lassen, spricht nach Meinung der Konfutatoren zusätzlich eine Reihe praktischer Gründe, durch welche die Kirche legitimiert sei, die Laienkommunion unter einer Gestalt zu gebieten. Bestehe doch ansonsten neben hygienischen Problemen stets die Gefahr, konsekrierten Wein zu verschütten, „aus welchen und anderen Ursachen, on zweifel nit durch die gaistlichen, sondern durch eingebung Gotts des Heiligen Gaists, die kirchen, in welchen der brauch ist gewesen, das man diß sacrament den layen under beiden gestalt gegeben hadt, bewegt sein worden, das man dasselbig hinfur allein under ainer Gestalt geben solt; sonderlich diweil innen nichts daran abgieng, so der gantz Christus ist under yeder gestalt." (Immenkötter, 138,1 – 7)

Mit diesem Hinweis nehmen die Konfutatoren auf die sog. Konkomitanzlehre Bezug, welche verbindlich zu glauben aufgibt, daß der ganze Leib und das ganze Blut Christi unter der Brotgestalt allein, wie unter der Weingestalt allein wirklich enthalten ist („integrum Christi corpus et sanguinem tam sub specie panis quam sub specie vini veraciter contineri" [DH 1199; vgl. 1321]). Stehe daher fest, daß nach der Weihe durch den Priester unter der bloßen Gestalt des Brots, ohne die Gestalt des Weins, das wahre Fleisch Christi, sein Blut, seine Seele und seine Gottheit, der ganze Christus da sei, und zwar derselbe Leib vollständig und unter jeder

---

[96]   Vgl. auch J. Ficker, a. a. O., 75 – 82.

dieser Gestalten für sich genommen („quod facta consecratione per sacerdotem, sub sola specie panis tantum, et praeter speciem vini, sit vera caro Christi et sanguis et anima et deitas et totus Christus, ac idem corpus absolute et sub unaqualibet illarum specierum singulariter" [DH 1257]), so sei damit zugleich klargestellt, daß den Laien durch den Kelchentzug nichts Wesentliches genommen werde. Hingegen sei die Kirche nicht nur berechtigt, sondern verpflichtet gewesen, die communio sub utraque in bewährter Weise (vgl. Immenkötter, 138,15 ff.) zu verbieten, als der ursprünglich durchaus mit kirchlicher Zustimmung geübte Brauch der Doppelkommunion in ketzerischer Weise für heilsnotwendig erklärt wurde. Von dieser Basis aus hatten die Konfutatoren die Praxis der communio sub utraque von Anfang an „mer fur einen mißbrauch und ungehorsam" erachtet (Immenkötter, 132,9 f.). Sie verbinden diese Einschätzung zuletzt mit einem dringlichen Appell an die evangelischen Stände, sich nicht „von der gemainen christenhait" (Immenkötter, 138,25) abzuscheiden. Dazu berechtige sie keines der Argumente, welche in CA XXII aufgeführt worden seien. Denn mag auch bei den Korinthern, in Karthago und etlichen anderen Kirchen der Brauch der Laienkommunion unter beiderlei Gestalt geübt worden sein, so sei es doch unbeschadet von Mt 26,27 und Mk 14,23 weder von Christus geboten noch vom Evangelium je behauptet worden, „das die layen bey irer selen saligkait dis sacrament under baider gestalt zu empfachen schuldig sein" (Immenkötter, 140,3 f.). Irreführend und ohne jegliche Beweiskraft sei in diesem Zusammenhang auch die Zitation von Papst Gelasius, da der herangezogene Text die geltend gemachte Auffassung nicht decke. Als gänzlich verfehlt wird schließlich die in dem erwähnten Zusatz von CA XXII vorgetragene Kritik der traditionellen Fronleichnamsprozession beurteilt, in bezug auf welche von einer unstatthaften Teilung des Sakraments nicht die Rede sein könne, wohingegen zur Ehrerbietung gegenüber dem in jeder eucharistischen Gestalt ganz präsenten Christus jedermann verpflichtet sei.

Trotz solch harter Invektiven war man auf altgläubiger Seite Kompromissen keineswegs gänzlich abgeneigt. Das beweist neben neu entdeckten Briefen aus der umfangreichen Korrespondenz des Kardinallegaten Lorenzo Campeggio mit der römischen

Kurie[97] vor allem ein von der Forschung lange Zeit unbeachtet gebliebenes Gutachten, das wahrscheinlich kurz nach der Verlesung der Confutatio, jedenfalls vor Beginn der offiziellen Beratungen des sog. Vierzehnerausschusses über das Abendmahl am 19. August 1530 entstanden ist. Es enthält zehn Bedingungen, unter denen den lutherischen Fürsten und Städten von altgläubiger Seite aus der Laienkelch zugestanden werden könnte. Diese Bedingungen lauten: „1. Wo bisher das Abendmahl unter einer Gestalt gefeiert wurde, soll es dabei bleiben. 2. Wo der Laienkelch ausgeteilt wird, soll gepredigt werden, daß man unter den beiden Gestalten nicht mehr empfängt als lediglich unter der einen des Brotes, da der ganze Christus in jeder der Gestalten gegenwärtig sei. 3. Es wird von Christus der Laienkelch nicht als heilsnotwendig bezeichnet ... 4. Wer nur das Brot im Abendmahl gereicht haben will, soll daran nicht gehindert werden; ebenso soll niemand zur Kommunion unter beiden Gestalten gezwungen werden. 5. Die Konsekration soll in der gewohnten Form und nur durch einen ‚*rite et legitime*‘ ordinierten Priester vollzogen werden, und die geweihten Elemente sollen in Ehren gehalten werden. 6. Der Kommunion soll die Ohrenbeichte vorausgehen. 7. Diese Konzession soll nur bis zur Entscheidung der ganzen Frage durch das Konzil gelten, dem man sich ‚fest und treu‘ fügen muß. 8. Die Kommunion soll nicht den Kindern gereicht werden, die noch nicht die ‚*anni discretionis*‘ erreicht haben. 9. In der Osterzeit soll man sich dem Osterbrauch angleichen, ‚was auch die Böhmen zu tun sich angewöhnten‘. 10. Schließlich wird noch einmal höchste Ehrfurcht vor dem ‚Sakrament des Kelches‘ gefordert. Abschließend wird behauptet, daß diese Bedingungen ‚zum größeren Teil‘ mit den böhmischen ‚Konkordaten und Kompaktaten‘ übereinstimmten." (Müller, 413 f.)[98]

---

97 Vgl. G. Müller, Die römische Kurie und die Reformation 1523–1534. Kirche und Politik während des Pontifikates Clemens' VII. (QFRG 28), Gütersloh 1969, 92–112.

98 Der genaue Wortlaut des Gutachtens findet sich a. a. O., 425 ff. Die bereits von Müller geäußerte Vermutung, das Gutachten könnte von dem Kontroverstheologen Johann Fabri verfaßt worden sein, wurde von E. Honée bestätigt. (Die römische Kurie und der 22. Artikel der Confessio Augustana. Kardinal Lorenzo Campeggios Verhalten zur protestantischen Forderung des Laienkelches während des Augsburger Reichstages 1530, in: NAK NS 50 [1969/70], 140–196, hier: 141; dazu: G. Müller, Kardinal Lo-

renzo Campeggio, die römische Kurie und der Augsburger Reichstag von
1530, in: NAK NS 52 [1972], 133–152; wiederabgedruckt in: ders., Causa
Reformationis. Beiträge zur Reformationsgeschichte und zur Theologie
Martin Luthers. Hg. v. G. Maron u. G. Seebaß, Gütersloh 1989, 194–213.)
Honée hat unter Bezug auf eine Notiz Melanchthons ferner die Frage
aufgeworfen, „ob Fabri nicht auf Anregung einer höheren Instanz diese
spezielle Vorarbeit für die Vergleichsverhandlungen geleistet habe"
(E. Honée, a. a. O., 142). Anders als Müller, der keinen Einfluß des Ver-
treters der Kurie auf den Inhalt von Fabris Gutachten vorsieht, denkt
Honée bei dieser Instanz namentlich an Campeggio, dessen diplomati-
sches Verhältnis zu den Einigungsbestrebungen er minutiös rekonstruiert
mit dem Ergebnis, zwar habe der Legat um der Wahrung seiner und der
Kurie Unabhängigkeit willen sich weitgehend von den Ausschußverhandlungen ferngehalten, doch sei dies in der Absicht geschehen, sich
die nötige Distanz zu verschaffen, „um das ganze Religionsgespräch diri-
gieren zu können" (a. a. O., 193). Dabei wurde die Strategie Campeggios
nach Honées Urteil nicht unwesentlich von Melanchthon mitbestimmt,
dessen von Beginn der Reichstagsverhandlungen an mit dem Vertreter
des Hl. Stuhls angeknüpften Kontakte nach Verlesung der Confutatio von
besonderer Bedeutung geworden seien. Als diplomatisch höchst bedeutsam wurde vor allem Melanchthons Versicherung erachtet, man ver-
damme reformatorischerseits nicht die Praxis der anderen Seite und halte
im übrigen auch an der Realpräsenz Christi unter jeder der beiden Gestalten fest. Daher könne die Kelchkommunion römischerseits gefahrlos
geduldet werden und das umso mehr, als der Ritus sub utraque beim
Kirchenvolk die Verehrung des Sakraments und einen häufigeren Kom-
munionsempfang fördere. Geflissentlich übergangen wurde hingegen das
Hauptargument, das die CA für die Wiederherstellung der communio sub
utraque angeführt hatte, nämlich daß diese durch Christi Stiftung göttlich
geboten, der Ritus sub una infolgedessen theologisch inakzeptabel sei.
Zwar beurteilte Melanchthon die Frage des Laienkelchs keineswegs als
eine indifferente Angelegenheit, er hielt sie vielmehr für von der Schrift
verpflichtend geboten. Doch glaubte er nicht, die Gegner davon überzeugen zu können, und so wollte er als Gesprächsresultat wenigstens eine Duldung der communio sub utraque von seiten der Altgläubigen erreichen. Dieses Ziel ist ihm hohen strategischen Aufwand und alle Mühe
wert, so daß es naheliegt zu sagen: „Melanchthon ... wurde wahrscheinlich mehr geplagt von der Sorge, ob sein Vermittlungsvorschlag den Katholiken genügen würde, als von der Frage, ob er mit den eigenen Ziel-
setzungen zu vereinbaren sei." (Honée [vgl. Lit.], 58) Im Sinne einer lediglich stillschweigenden Tolerierung des Laienkelchs scheint sich
Campeggio zu Melanchthons Vorschlägen nach Honées Auffassung nicht
gänzlich unaufgeschlossen verhalten zu haben, wenngleich er in Übereinstimmung mit kurialen Weisungen von einer eigentlichen Legitimati-
onserklärung und prinzipiellen Genehmigung offenbar nichts wissen
wollte. Eben dies ist nach Honée auch die Haltung, die aus Fabris Gut-

Dieses Memorandum, als dessen Autor Johann Fabri zu gelten hat, bestimmte schließlich auch den von den altgläubigen Abgeordneten der Vierzehnerkommission am 19. August offiziell eingereichten Vorschlag zur Regelung der Kommunionsfrage, in dem es heißt: „1. Die *communio sub utraque* wird nur dort gestattet, wo sie schon seit Jahren üblich ist, und sie wird auch nur den ansässigen Gemeindemitgliedern gewährt. 2. Die (vorhergehende) Beichte bleibt wie bisher. 3. Es wird den Leuten gesagt, daß der Laienkelch nicht auf Grund eines göttlichen Gebotes ausgeteilt wird. 4. Es wird gelehrt, daß der ganze Christus auch in *einer* Gestalt genommen wird. 5. Es wird gepredigt, daß die nicht sündigen, die nur die *communio sub una* genießen. 6. Die lutherischen Obrigkeiten sorgen dafür, daß die *communio sub una* denjenigen Untertanen, die sie begehren, gereicht wird. 7. Der Wein wird (im Gegensatz zum Brot) nicht aufbewahrt und auch nicht bei der Krankenkommunion verwandt, sondern nur bei der Abendmahlsfeier selbst ausgeteilt." (Müller, 416) Hervorzuheben ist, daß die unter Punkt 1 in Aussicht gestellte Konzession als eine Dispens gekennzeichnet wird, „die der Hl. Stuhl oder sein in Augsburg anwesender Vertreter erteilen würde. Alle übrigen Bestimmungen können als nähere Charakterisierung dieser Dispens gelesen werden." (Honée, 71)

Die protestantische Reaktion auf diesen Vorschlag belegt nicht nur das Dilemma der Strategie Melanchthons, „ob das, was er auf dem Weg der Diplomatie erreicht hatte, auch als Resultat dieser Diplomatie hingenommen werden dürfe" (Honée, 74 f.); sie ist zugleich ein Indiz dafür, daß sich theologische Fragen auf strategische Weise letztlich nicht lösen lassen: nicht von ungefähr waren „die Protestanten kaum geneigt ..., die in Aussicht gestellte Konzession des Laienkelchs als besondere Gunst oder Dispens des Hl. Stuhls aufzufassen. Sie zeigten sich höchstens bereit, vorläufig nicht gegen die Art und Weise zu protestieren, wie die Katholiken ihr Angebot formuliert hatten." (Honée, 75) Indes blieb auch dies Episode; der weitere Verlauf der Verhandlungen im Vierzehner- bzw. im anschließenden Sechserausschuß hat das schließliche Scheitern des gesamten Vermittlungsversuches offenkundig werden lassen. Nachdem sich im Laufe der Verhand-

---

achten und aus dem nachfolgenden Verhandlungsdokument von altgläubiger Seite spricht.

lungen die Positionen immer mehr versteift hatten, erklärten die
Protestanten unmißverständlich, sich nicht mit dem bloßen Zugeständnis der zweiten Gestalt zufrieden geben zu wollen; sie for-
derten sie vielmehr als unter regulären Bedingungen „unabding-
bar, weil allein der Einsetzung Christi gemäß. Sie ließen zwar Ent-
schuldigungsgründe für den Empfang nur einer Gestalt gelten,
lehnten es aber ab, sie in der Predigt zu nennen, aus Furcht, das
gläubige Volk zu verwirren. Aus dem gleichen Grund vermied
man ein klares Ja zur Konkomitanzlehre, die man an sich nicht
bestritt."[99] Als schließlich der Papst in einem Schreiben vom
30. August seine grundsätzliche Bereitschaft zu stillschweigender
Duldung des reformatorischen Kommunionsritus signalisierte, war
dies in Augsburg bereits kein aktuelles Thema mehr.

Protestantischerseits konzentrierte man sich wieder auf den harten
Kern der eigenen Position, wie man sie bereits Anfang des Jahres
bezogen hatte: „Diese Gewohnheit, allein ein Gestalt des Sakraments zu nehmen, mag auch ahn Sund nicht gehalten werden.
Denn Christus gebeut: Ex hoc bibite omnes." (Torg A 3; BSLK
85,27 f.) Mit dem Verweis auf die klaren und vom Apostel Paulus
bestätigten (1. Kor 11,23 ff.) Einsetzungsworte Christi ist schließlich
auch das Zentralargument benannt, mit welcher die Apologie
(vgl. auch CR 27, 291 f. = BSLK 328,48 ff. und CR 27, 343 ff.) CA XXII
gegen die Angriffe der Konfutatoren verteidigt: „Christus enim instituit utramque partem et instituit non pro parte ecclesiae, sed
pro tota ecclesia. Nam non presbyteri solum, sed tota ecclesia
auctoritate Christi, non auctoritate humana utitur sacramento ..."
(Apol XXII,1) Pflichten dem die Gegner bei, dann stürzen nach
Auffassung Melanchthons alle ihre Argumente zusammen; denn
sie erweisen sich recht eigentlich als gegen die testamentarische
Anordnung Christi selbst gerichtet, derzufolge das ungeteilte Sakrament für die ganze Kirche eingesetzt sei, welche göttliche
Ordnung sich nicht nur in der Praxis der griechischen Kirchen bis
zum heutigen Tage erhalten habe, sondern auch von vielen Autoritäten der alten lateinischen Kirche bekräftigt werde. Demgegenüber seien die von den Konfutatoren vorgebrachten Gründe für
den Kelchentzug unzulänglich und Produkt herrschsüchtiger Will-

---

[99]   E. Iserloh, a. a. O., 25. Zur protestantischen Haltung zur Konkomitanzlehre vgl. etwa den X. Artikel der Apologia Confessionis Augustanae prior:
CR 27, 285 ff. (BSLK 247, 48–50) und CR 27, 333.

kür. So bleibe die Behauptung gänzlich unbewiesen, daß es in der Urkirche irgendwo üblich gewesen sei, nur die Brotgestalt darzureichen. Zwar sei nicht zu leugnen, daß die erwähnten neutestamentlichen Stellen, die vom Brotbrechen sprechen, ohne den Kelch zu erwähnen, auf das Abendmahl hin zu deuten seien; doch folge daraus nicht, daß nach urchristlicher Abendmahlspraxis nur eine Gestalt gegeben worden sei, weil man durch die Nennung des einen „Teils" nach allgemeinem Sprachgebrauch auch den „Rest", mithin das „Ganze" zu benennen pflegte. Fallen sonach die neutestamentlichen Belege für die Legitimität des Kelchentzugs weg, so sei der Hinweis auf die Kinder Elis 1. Sam 2,36 lediglich als schlechter Scherz zu betrachten, dem allerdings, sofern er die Bestrafung Elis als figurativen Vergleich für den geübten Kelchentzug heranziehe, bei näherem Zusehen der wahre Grund für das Verbot der Laienkommunion sub utraque zu entnehmen sei: dieser in der CA noch nicht explizit genannte Grund bestehe recht eigentlich darin, einen theologischen Standesunterschied („ordinis discrimen"; Apol XXII,13) zwischen Laien und Priestern zu installieren und zu zementieren. Bei G. Biel sei das unverschämterweise auch offen ausgesprochen (vgl. BSLK 330, Anm. 5). „Et credibile est hanc praecipuam causam esse, cur defendatur prohibitio unius partis, ut dignitas ordinis religione quadam fiat commendatior." (Apol XXII,9)

Daß das Verbot des Laienkelchs im wesentlichen priesterlichem Herrschaftsverlangen entspringe, darüber können nach Melanchthon weder die geltend gemachten pragmatischen Aspekte, noch die aufgebotenen Traditionsargumente hinwegtäuschen. Diese Tatsache aber verbiete es zugleich der evangelischen Seite, das Verbot des Laienkelchs zu akzeptieren, und zwar selbst für den Fall, daß es nach neutestamentlichem Zeugnis freigestellt wäre, nur den einen oder beide Teile zu empfangen, was freilich eine rein fiktive Annahme sei, weil sich die Kirche das Recht weder nehmen dürfe noch könne, aus den Anordnungen („ordinationes") Christi indifferente Gepflogenheiten („res indifferentes") zu machen (Apol XXII,15). Das Fazit kann daher nur lauten: „Nos quidem ecclesiam excusamus, quae hanc iniuriam pertulit, cum utraque pars ei contingere non posset, sed auctores, qui defendunt recte prohiberi usum integri sacramenti, quique nunc non

solum prohibent, sed etiam utentes integro sacramento excom-
municant et vi persequuntur, non excusamus." (Apol XXII,16)[100]

Dieses Fazit entspricht der Sache nach den einschlägigen Aussagen in den Schmalkaldischen Artikeln, wo Luther lehrt, „daß man
nicht soll einerlei Gestalt allein geben" (ASm III,6; BSLK 451,3). Die
Konkomitanzlehre, derzufolge „unter einer Gestalt soviel sei als
unter beiden", wird, ohne daß im einzelnen über ihren Wahrheitsgehalt entschieden würde, jedenfalls unter dem Gesichtspunkt abgewiesen, daß „die eine Gestalt nicht die ganze Ordnung
und Einsetzung (sei), durch Christum gestift und befohlen". In
Gottes Namen verdammt und verflucht aber werden diejenigen,
„so nicht allein beide Gestalt lassen anstehen, sondern auch gar
herrlich daher verbieten, verdamnen, lästern als Ketzerei und setzen sich damit wider und über Christum, unsern Herrn und Gott
etc." (BSLK 451,4 ff.)

5. Eingestifteter Sinn und evangelisches Wesen des Herrenmahls

Analog zur Taufe behandelt Luther das Abendmahl als fünftes
Hauptstück seines Großen Katechismus unter drei Frageperspek-
tiven: „was es sei, was es nutze und wer es empfahen soll" (BSLK
708,2 f.).[101] Dabei wird vorausgesetzt, daß alles, was zu Wesen,

---

100   Apol XXII schließt unter Verweis auf Hes 7,26 mit einer eindringlichen
       Warnung vor einem kirchlichen Entscheidungsmonopol der Kleriker.

101   Vgl. hierzu im einzelnen Peters IV, 129 ff. Ferner: Bizer, 3–14. Bei Peters
       ist auch die in GK als vierter Abschnitt (BSLK 715,27–725,21) der Abend-
       mahlslehre angefügte, thematisch mit der Beichtvermahnung (BSLK
       725,30–733,24) konvergierende „Vermahnung und Reizung" (BSLK
       715,29 f.) ausführlich besprochen (Peters IV, 173–187). Gegliedert ist sie
       nach den Aspekten von Gottes Gebot (BSLK 716,50–720,32) und Verhei-
       ßung (BSLK 720,42–722,4) sowie unserer Not (BSLK 722,8–724,41), deren
       drastische Schilderung das „Proprium der Abendmahlsvermahnung ge-
       genüber der Adhortation zur Beichte" (Peters IV, 175) ist. Mit Recht be-
       dauert Peters, daß „Luthers eindrucksvolle Sakramentsvermahnung ... ei-
       nen Textzusammenhang verdrängt (hat), welcher den lutherischen Be-
       kenntnisschriften zur Ehre gereicht hätte und in ihnen schmerzlich
       vermißt wird, die Ausführungen des Reformators über das Abendmahl
       als ‚Koinonia' unter dem altkirchlichen Stichwort der ‚Significatio'"

Nutzen und Gebrauch des Altarsakraments gehört, auf dem Worte gründet, „dadurch es von Christo eingesetzt ist, welche auch ein iglicher wissen soll, der ein Christ will sein und zum Sakrament gehen. Denn wir sind's nicht gesinnet, dazuzulassen und zu reichen denen, die nicht wissen, was sie da suchen oder warümb sie kommen." (BSLK 708, 4–10) Damit ist klargestellt, daß lutherische Abendmahlslehre in allen ihren Aspekten auf den Stiftungsworten des Herrn basiert, wie sie die Einsetzungsberichte der Schrift dokumentieren (vgl. BSLK 708,16–32; 558,21–34 sowie Anm. 5; ferner 520,5–21)[102]. Seine Fundierung in „Gottes Wort und Ordnung oder Befehl" (BSLK 708,38 f.) ist es, die das Abendmahl allem Tun und Denken des Menschen überlegen sein läßt und gewährleistet, „daß ihm nichts abgebrochen noch genommen wird, ob wir's gleich unwirdig brauchen und handlen" (BSLK 708,47 ff.); und solche Fundierung ist es zugleich, die das Wesen des Herrenmahls ausmacht und über dessen Sinngehalt entscheidet. „Was ist nu das Sakrament des Altars? Antwort: Es ist der wahre Leib und Blut des HERRN Christi, in und unter dem Brot und Wein durch Christus' Wort uns Christen befohlen zu essen und zu trinken." (BSLK 709,22–26) Im Kleinen Katechismus lautet die Antwort analog: „Es ist der wahre Leib und Blut des HERRN Jesu Christi,

---

(Peters IV, 181). Geprägt sind diese Ausführungen von dem Grundgedanken, daß die Teilhabe an Leib und Blut Christi, wie sie im Abendmahl statthat, uns untereinander zu einer untrennbaren Glaubens- und Liebesgemeinschaft zusammenschließt, zum Leib Christi, der zu sein die Kirche bestimmt ist. Auch wenn dieser Gedanke, wie gesagt, in den Katechismen nicht explizit entfaltet wird, so ist er doch für sie wie für die übrigen Bekenntnisschriften sachlich vorauszusetzen. Stets wurde von lutherischer Theologie der gemeinschaftsstiftende Charakter des Abendmahls und die in solchem (auf die ganze Welt zielenden) Gemeinschaftscharakter gründende ethische Verpflichtung des Christenmenschen gesehen. Wie aber der moralische Imperativ eine Folge des Gnadenindikativs Gottes ist, so darf auch die Gemeinschaft mit dem Herrn keineswegs zu einer bloßen Funktion der Gemeinschaft der Christen bzw. der Menschen untereinander erklärt werden. Vielmehr gilt: „Die echte communio untereinander kann nur aus der communio an dem einen Herrn erwachsen." (A. Peters, Realpräsenz. Luthers Zeugnis von Christi Gegenwart im Abendmahl, Berlin/Hamburg 1966, 158)

[102] Zur Neufassung des Wortlautes der verba testamenti sowie zu deren Auslegung durch Luther vgl. Peters IV, 151 ff., sowie die dort angegebene Literatur.

unter dem Brot und Wein uns Christen zu essen und zu trinken von Christo selbs eingesetzt." (BSLK 519,41 ff.)[103]

Im Sinne dieser Wesensbestimmung, welche zugleich eine implizite Antwort auf die Frage nach Nutzen und Gebrauch des Altarsakraments enthält, wird eine Behandlung lutherischer Abendmahlslehre vor allem drei Konstitutionsmomente des sakramentalen Geschehens zu erörtern haben: „a) (die) Gegenwart Christi in seinem *Leib und* seinem *Blut;* b) diese Gegenwart in Verbindung mit dargereichtem *Brot und Wein;* c) in Verbindung mit dem *Essen* dieses Brotes und dem *Trinken* dieses Weines." Zu fragen ist entsprechend, „was Gegenwart von ‚Leib und Blut‘ Christi bedeutet; was Gegenwart (von) Leib und Blut in bezug auf dargereichtes Brot und Wein bedeutet; und was Gegenwart von Leib und Blut Christi im Blick auf das Essen dieses Brotes und das Trinken dieses Weines bedeutet"[104].

In der Frage, was in lutherische Bekenntnistradition mit den Begriffen Leib und Blut Christi gemeint ist, geht der Auslegungsstreit vor allem darum, ob Gegenwart von „Leib und Blut" Christi im Abendmahl die Gegenwärtigkeit der Person des ganzen Christus einschließt oder nicht. Um hier nicht vorschnell in Alternativen zu verfallen, muß zunächst folgendes festgehalten werden: Daß Christus im Abendmahl nur qua spiritus, nicht aber qua corpus gegenwärtig sei, wird durchweg und im Bewußtsein der Übereinstimmung mit altkirchlicher Tradition abgelehnt, wie beispielsweise das lange Cyrillzitat in Apol X,3 beweist: „Sed nullam nobis coniunctionis rationem secundum carnem cum illo (sc. Christo) esse, id profecto pernegamus." Auf der anderen Seite wird kein Zweifel daran gelassen, daß die sakramentale Gegenwart „praesentia vivi Christi" (Apol X,4) ist: „Neque nos fingimus, mortuum

---

[103] Vgl. zu dieser umfassenden Umschreibung des Altarsakraments im einzelnen Peters IV, 133 ff. Zu den abendmahlstheologischen Präpositionen „in", „unter" sowie „mit" vgl. Peters IV, 137 ff. Ferner: Th. Brieger, Die angebliche Marburger Kirchenordnung von 1527 und Luther's erster katechetischer Unterricht vom Abendmahl. Eine kritische Untersuchung, in: ZKG 4 (1881), 549–603, bes. 569 f.

[104] E. Kinder, Die Gegenwart Christi im Abendmahl nach lutherischem Verständnis, in: P. Jacobs/E. Kinder/F. Viering, Gegenwart Christi. Beitrag zum Abendmahlsgespräch in der Evangelischen Kirche in Deutschland, Göttingen 1960, 33–65, hier: 35.

corpus Christi sumi in sacramento, aut corpus exsangue, aut sanguinem sine corpore sumi, sed sentimus integrum et vivum Christum adesse in qualibet parte sacramenti."[105] Die abendmahls-

---

[105] CR 27, 285 = BSLK 247,48–50; vgl. CR 27, 333. Auf die Bedeutung dieser Formel für die Beurteilung der sog. Konkomitanzlehre wurde bereits hingewiesen. Diese durch das Trienter Konzil endgültig dogmatisierte Lehre (DH 1640 f.) besagt, daß nach der Weihe der wahre Leib Jesu Christi und sein wahres Blut unter der Gestalt von Brot und Wein zugleich mit seiner Seele und mit der Gottheit anwesend ist, so daß der Gottmensch unter jeder der beiden Gestalten ganz gegenwärtig ist: „Quapropter verissimum est, tantundem sub alterutra specie atque sub utraque contineri. Totus enim et integer Christus sub panis specie et sub quavis ipsius speciei parte, totus item sub vini specie et sub eius partibus exsistit." (DH 1641; vgl. Can 3, DH 1653 sowie DH 1725 ff.) In diesem Sinne hatte bereits das Konstanzer Konzil auf die von den Schülern von Johannes Hus erhobene Forderung der Kommunion unter beiden Gestalten reagiert (vgl. DH 1198 ff.). Indes ist die Lehre, daß Christus unter den beiden Gestalten, und zwar in jedem ihrer Teile, ganz da sei (vgl. auch DH 1321), nicht erst eine historische Folge des Kelchentzugs, vielmehr umgekehrt eine ihrer Ursachen. Primär ist der Gedanke der Konkomitanz durch das theologische Interesse bestimmt, die eucharistische Gegenwart von Leib und Blut als die Präsenz des totus Christus zu fassen, um so die Sakramentsgabe vor einer Depersonalisierung zu bewahren.

Es läßt sich unschwer zeigen, daß Luther diese ursprüngliche Intention sachlich keineswegs undifferenziert abgelehnt hat. Zwar weicht die beiläufige, bis etwa 1521 zu registrierende Anerkennung der Konkomitanzlehre in späterer Zeit einer ausdrücklichen Polemik gegen sie. Aber auch für diese Zeit finden sich Äußerungen, in denen Luther seinen Gegnern das totus sub una konzediert und nur die daraus gezogene Schlußfolgerung der communio sub una als der Einsetzung Christi strikt zuwider verwirft. In diesem Sinne dürfte auch die knappe – bereits erwähnte – Bemerkung in den Schmalkaldischen Artikeln zu verstehen sein, wo es heißt: „Und wir bedurfen der hohen Kunst nicht, die uns lehre, daß unter einer Gestalt soviel sei als unter beiden, wie uns die Sophisten und das Concilium zu Konstanz lehren; denn ob's gleich wahr wäre, daß unter einer soviel sei als unter beiden, so ist doch die eine Gestalt nicht die ganze Ordnung und Einsetzung, durch Christum gestift und befohlen." (BSLK 451,3 ff.) Das Motiv der Ablehnung der Konkomitanzlehre ist demnach nicht die sachliche Bestreitung des totus in una specie; entschieden abgewiesen wird allein die ihr nachträglich zugedachte Funktion, den stiftungswidrigen Kelchentzug zu legitimieren. Man darf also Luthers Betonung der substantiellen Gegenwart Christi in Leib und Blut nicht von vornherein gegen die Intention der Konkomitanzlehre wenden; denn historisch und sachlich ist sie primär gegen die schwärmerischen „Sakramentierer" gerichtet, die die eucharistische Teilhabe an der Person Christi einseitig spiritualisieren und so den Realismus dieser Teil-

theologische Rede von Leib und Blut Christi kann also sicherlich
nicht bedeuten, „daß es sich um zwei verschiedene ‚Substanzen'
Christi handle, erst um eine Leibes-Substanz und dann um eine
Blut-Substanz"[106]. Denn Leib und Blut Christi dürfen niemals als
vom totus Christus abgelöste Stücke[107] betrachtet werden, die mit
der Person des Herrn in keinem lebendigen Zusammenhang stehen. Zwar lassen sich bei Luther und in lutherischer Bekenntnistradition zweifellos Belege finden, in denen Leib und Blut Christi
ding- oder substanzhaft bzw. als res vorgestellt werden – eine
Vorstellung, welche die übliche Rede von der Realpräsenz allemal
nahelegt. Gleichwohl wird stets vorausgesetzt, daß sich die personale Einheit Jesu Christi nicht in äußere Bestandteile und stoffli-
che Sachen zerlegen läßt. Die Realpräsenz Jesu Christi im
Abendmahl ist also unzweifelhaft als Persongegenwart zu bestimmen. Abzuweisen ist dabei freilich ein Verständnis, welches
Person nicht in der Einheit von Person und tatsächlichem Wirken
denkt, Personalität mithin „spiritualistisch" loslöst von der konkreten Bestimmtheit eines leibhaften Lebens. Der Personbegriff
darf entsprechend nicht abstrahiert werden von der Tatsächlichkeit des persönlich Gewirkten und Erlittenen, soll er die sakramentale Gegenwart Jesu Christi im Abendmahl angemessen zum
Ausdruck bringen. Die abendmahlstheologische Betonung von
Leib und Blut Christi hat entsprechend darin ihren wesentlichen
Sinn, deutlich zu machen, daß der Herr im Sakrament des Altars
persönlich wirksam gegenwärtig ist, in der Fülle seiner Geschichte, in welcher er ist, was er ist. „So muß nach lutherischer Auffassung *beides* gesagt werden: Gegenwart von Leib und Blut Christi
und von Christus selbst, also: Gegenwart Christi selbst in Leib und
Blut."[108] In dieser Aufassung stimmen Luther und Melanchthon
völlig überein, auch wenn nicht zu leugnen ist, „daß im Gesamt-

---

habe auflösen – eine Tendenz, die von der römischen Konkomitanzlehre
gewiß nicht gedeckt ist.

106   W. Schilling, Christus unter Brot und Wein. Zur Kritik an den lutheri-
         schen Bekenntnissen über das Abendmahl, München 1960, 48.

107   „Der Reformator spricht zwar an einigen wenigen Stellen, wo er 1. Kor
         11,27 auslegt, von Christi Leib und Blut als ‚Stücken' seiner Person, doch
         bringt er diesen Unterschied zwischen dem Geber und der Gabe niemals
         in eine Disjunktion ..." (Peters IV, 148)

108   E. Kinder, a. a. O., 42.

zusammenhang der Melanchthonischen Theologie ein unmittelba-
reres Interesse an der Person Jesu Christi vorliegt, in deren Anwesenheit auch Christi Leib und Blut anwesend sind, während Luthers Abendmahlslehre gerade in der Anwesenheit von Leib und
Blut den anwesenden Christus bekennt" (Schlink, 226).[109]

Was die üblicherweise im Zentrum reformatorischer Abendmahlslehre stehenden Fragen des Modus der Präsenz Christi und
der Verbindung von Leib und Blut Christi mit den Mahlelementen
Brot und Wein betrifft, so lassen sie sich nach lutherischem
Selbstverständnis, wie gesagt, nur durch strenge Konzentration
auf den Wortlaut und Gehalt der biblischen Einsetzungsberichte
beantworten.[110] Das Interesse, das sich mit dieser Antwort verbin-

---

[109] Schlink weist im gegebenen Zusammenhang ferner darauf hin, daß die
Worte „für Euch gegeben und vergossen" „nicht nur auf Christi Sterben
am Kreuz, sondern auch auf den Akt der Darreichung von Christi Leib
und Blut im Abendmahl bezogen" (Schlink, 223) werden. Er findet darin
die Überzeugung ausgedrückt, daß „in dem Akt der Darreichung des
Abendmahls ... das Kreuzesereignis gegenwärtige Wirklichkeit (ist). Derselbe Christus, der einst auf Golgatha seinen Leib dahingab, gibt jetzt
seinen Leib dahin im Abendmahl und macht uns seinem Kreuzestod
gleichzeitig." (ebd.) Indes sei diese Identität der einstigen Hingabe des
Leibes am Kreuz und seiner jetzigen Hingabe im Abendmahl nicht kult-
mythologisch, sondern durch die Einsetzungsworte und die Einheit des
Gekreuzigten und Auferstandenen begründet, von welcher Einheit alle
theologische Argumentation auszugehen habe. Zu vermeiden ist deshalb,
so läßt sich folgern, eine isolierte Loslösung des Kreuzes bzw. des Gekreuzigten und seines dahingegebenen Leibes und Blutes aus dem Gesamtzusammenhang des Offenbarungsgeschehens. Wie der leibhaftig
Auferstandene kein anderer ist als Jesus von Nazareth, der Tischgemein-
schaft hielt mit den Sündern und am Kreuz sein Leben für sie gab, so ist
der Gekreuzigte als der Auferstandene zu verkünden, wenn anders das
Kreuz als Liebeszeichen des lebendigen Gottes gelten soll. Leib und Blut
des Gekreuzigten und Leib und Blut des Erhöhten dürfen deshalb auch
abendmahlstheologisch nicht getrennt werden. „Die Frage, ob im Abendmahl der gekreuzigte oder der auferstandene Leib empfangen wird, ist in
jeder Hinsicht falsch gestellt. Denn der verklärte Leib ist derselbe Leib,
der zuvor am Kreuz hing. In der Abendmahlslehre ist zu betonen: Der
erhöhte Christus ist leiblich gegenwärtig *als* der Gekreuzigte, und der
Leib und das Blut des erhöhten Christus sind gegenwärtig *als* der am
Kreuz dahingegebene Leib und *als* das am Kreuz vergossene Blut."
(Schlink, 224 f.)

[110] „Es ist nicht der ehemalige römische Priester und Mönch, nicht der in der
Schule Occams und der Occamschen Konsubstantiationslehre gebildete
Theologe, sondern es ist der Schriftforscher Martin Luther, der erkannt

det, ist entsprechend kein spekulatives, sondern ein ausschließlich am freien Stiftungswillen Christi orientiertes. Wo das Gegebensein der sakramentalen Gabe, das sich im stiftungsgemäßen
„Est" zur Geltung bringt, festgehalten, die Gabe mithin als Gabe
wahrgenommen wird, ist im Sinne lutherischer Bekenntnistradition das Entscheidende gewahrt. Die Bestimmung der Art und Weise elementarer Mahlpräsenz Christi ist demgegenüber sekundär.
Das wird durch die zitierten Katechismusbefunde belegt, denenzufolge Leib und Blut Christi im Abendmahl „unter" Brot und
Wein („sub pane et vino" [BSLK 519,42 f.]) bzw. „in und unter" („in
et sub pane et vino"; BSLK 709,24 f.) zugegen sind, ohne daß die
entsprechenden präpositionalen Wendungen begrifflich näher bestimmt werden.[III] Das bestätigt aber offenkundig auch der

---

hat, daß die Worte ‚Das ist mein Leib‘ nicht als Gleichnis verstanden
werden können." (H. Sasse, Der Schriftgrund der lutherischen Abendmahlslehre, in: F. W. Hopf [Hg.], In Statu Confessionis. Gesammelte Aufsätze von H. Sasse, Berlin/Hamburg 1966, 101–114, hier: 102 f.) Die Einsetzungsworte „hoc est corpus meum" sind es, auf deren Wortsinn sich der
Reformator stets beruft, wenn er gegen die Annahme ankämpft, die Behauptung der Identität des Brotes mit dem Leib sei unvernünftig, unmöglich und unnütz (vgl. a. a. O., 107 f.). Zu den exegetischen Aspekten
der Einsetzungsfrage und zum historischen Ursprungssinn des Letzten
Mahles Jesu mit seinen Jüngern vgl. zusammenfassend meine Einführung
in die evangelische Sakramentenlehre, Darmstadt 1988, 156–158.

[III]   Namentlich gegen die abendmahlstheologische Präposition „in" wurde
von reformierter Seite geltend gemacht, sie führe zwangsläufig zu der
Annahme einer localis inclusio Jesu Christi in den Elementen. Schon im
Marburger Religionsgespräch von 1529 kam man an diesem Punkt zu
keiner Verständigung, obwohl die Lutheraner durchaus Entgegenkommen zeigten, wie die sog. Unionsformel vom 3. Oktober beweist. Danach sollte zur Einigkeit des Glaubens das Bekenntnis genügen, „dz ausz
vermög diser wort: ‚Das ist min lib, dz ist min blut‘ der leib und dz blut
Christi warhaftiklich, hoc est: substantive et essentialiter, non autem
quantitative vel qualitative vel localiter, im nachtmal gegenwertig sey
und gegeben werd" (G. May [Hg.], Das Marburger Religionsgespräch
1529, Gütersloh 1970, 66). Damit glaubte man den Bedenken Zwinglis
Rechnung getragen, dessen bestes Argument nach dem brieflichen Be-
scheid Luthers an seinen „freundlichen lieben herrn Katharina" dies gewesen war, „daß corpus non potest esse sine loco, ergo Christi corpus
non est in pane ..." (a. a. O., 72) Indes lehnt Zwingli den angebotenen
Vergleich als mißverständlich ab. Der Verdacht, die lutherische Abend-
mahlstheorie laufe trotz gegenteiliger Beteuerungen nolens volens auf
die Vorstellung einer localis inclusio Christi in den Elementen hinaus,
blieb im übrigen auch bei jenen reformierten Theologen erhalten, die

X. Artikel der Augustana, der im übrigen allerdings schon von seiner Textgestalt her einige schwerwiegende Verständnisprobleme aufwirft. Seine lateinische Version lautet kurz und bündig: „De coena Domini docent, quod corpus et sanguis Christi vere adsint et distribuantur vescentibus in coena Domini; et improbant secus docentes." Der deutsche Text zeigt demgegenüber „an nicht weniger als drei Stellen der dogmatischen Aussage gewichtige Erweiterungen: 1. Leib und Blut Christi werden als wahrer Leib und Blut bezeichnet; 2. es wird nicht nur gesagt, daß sie ‚wahrhaftiglich' gegenwärtig seien, sondern die Gegenwart wird näher bestimmt durch die Worte: ‚unter der Gestalt des Brots und Weins'; 3. es wird nicht bloß gesagt, daß sie ausgeteilt, sondern hinzugefügt, daß sie auch ‚genommen' werden. Dafür hat der deutsche

---

Zwinglis Sakramentsauffassung ansonsten keineswegs vorbehaltlos teilten. So lehnte etwa auch Calvin (vgl. Inst. IV, 17, 16 ff.) die lutherische Formel „in, mit und unter" als unangemessen ab, weil er mit ihr den Gedanken einer lokalen Anwesenheit Christi an der bestimmten Raumstelle des Brotes bzw. des Weines zwangsläufig verbunden glaubte.

Luther und die Seinen haben, wovon im einzelnen noch zu reden sein wird, demgegenüber geltend gemacht, daß der Leib und das Blut Christi sich nicht localiter und circumscriptive, sondern illocaliter und definitive am Ort der Brot- und Weingestalt befinden. So sehr für Luther die Beziehung zu einem „Da" zur Lehre von der Realpräsenz notwendig hinzugehört, wenn anders die sakramentale Gegenwart Christi wirkliches Da-Sein bedeuten soll, so wenig kann das sakramentale Dasein nach ihm mit der allgemeinen Art und Weise des Daseins von körperlichen Gegenständen unmittelbar identifiziert und mit dem Gegebensein von Brot und Wein, wie es sich in der allgemeinen Welterfahrung darstellt, direkt gleichgesetzt werden. Auch das „Da" des sakramentalen Daseins Christi ist ein singulare tantum, will heißen: aus allgemeinen Erfahrungsdaten nicht ableitbar, sondern durch Jesus Christus in seiner Unvergleichlichkeit selbst gesetzt. Von der theoretischen Ausgestaltung dieser Auffassung wird, wie gesagt, noch zu reden sein. Bereits jetzt ist deutlich zu machen, daß die Spekulationen zur räumlichen Gegenwartsweise Jesu Christi im Abendmahl für Luther niemals zum Selbstzweck wurden. Luther konnte durchaus „jemand als seinen Bruder aufnehmen, auch wenn er nicht alle Vorstellungen über die Gegenwart Christi mit ihm teilte, solange der Charakter des Abendmahls als der Trost des verzagten Gewissens bestehen blieb" (E. Bizer, Studien zur Geschichte des Abendmahlsstreits im 16. Jahrhundert, Gütersloh 1940, 20). In der Wittenberger Konkordie von 1536, die das Verhältnis von Brot bzw. Wein und Leib bzw. Blut Christi bekanntlich mit der Präposition „cum" bestimmte (BSLK 977,20), wurde dies erfolgreich unter Beweis gestellt.

Text kein Äquivalent, für das ‚(distribuantur) vescentibus' des lateinischen." (Bizer, 16 f.)

Für die Beurteilung dieser auffälligen Unterschiede zwischen der
lateinischen und der deutschen Fassung von CA X ist die Kenntnis der Entstehungsgeschichte nicht unerheblich. Dabei ist von
der Beobachtung auszugehen, daß der Text vom 31. Mai im wesentlichen mit der lateinischen Endversion übereinstimmt.[112] Wörtlich heißt es in Na: „Zum 9. daß der Leib und das Blut wahrhaftig
sei und ausgeteilt werde in dem Abendmahl, und werden die, so
ein anders lehren, verworfen." (BSLK 65,5–8) Es wird daher vermutet, daß es sich bei den Erweiterungen in der endgültigen
deutschen Version um Zusätze handelt, die im Laufe der ersten
Junihälfte der einfacheren Textform beigefügt wurden. Kirchenpolitisches Ziel dieser Beifügungen ist es nach W. Maurer gewesen, den hessischen Landgrafen zu zwingen, sich definitiv von
den sog. „Sakramentierern" zu distanzieren und infolgedessen
auch seine gesamtprotestantischen Einigungspläne aufzugeben,
um ganz auf die kursächsische Linie einzuschwenken. Daß dieses
Ziel im wesentlichen erreicht wurde, beweist Philipps Unterschrift
unter das Bekenntnis, welche nicht – wie vielfach angenommen –
nur bedingungweise, sondern durchaus ohne förmlichen Vorbehalt erfolgte. Die Äußerung des Landgrafen, „daß er sich nur widerwillig der inneren Logik der Verhältnisse und der sächsischen
Unerbittlichkeit gebeugt habe"[113], steht dem nicht entgegen, zumal
da sie lediglich gesprächsweise und nach vollzogener Unterzeichnung erfolgte.

Der kirchenpolitischen Absicht, Philipp von seinen Zwingli zugeneigten Freunden zu distanzieren, entspricht die unschwer zu erkennende theologische Tendenz der Zusätze der deutschen Endversion von CA X, die Differenz zu den „Sakramentierern" klar zu
markieren und den Text streng lutherisch zu gestalten, was durch
das explizite Verwerfungsurteil bestätigt wird, mit dem der deut-

---

[112]   Zu der Wendung „vescentibus" vgl. Bizer, 17 ff., sowie Kolde, 51 und
        B. Moeller, Augustana-Studien: ARG 57 (1966), 76–95, hier 91 f., Anm. 83.

[113]   W. Maurer, Zum geschichtlichen Verständnis der Abendmahlsartikel in
        der Confessio Augustana, 194; in seinem historischen Kommentar zur CA
        (vgl. Maurer II, 187–195) konfrontiert Maurer CA X mit ungefähr gleichzeitigen Aussagen Luthers.

sche Text im Unterschied zum lateinischen schließt[114], welcher – anders als noch Na – anstelle des üblichen „condemnant" ein abschwächendes „improbant" gesetzt hatte.

Die besagte anti-sakramentiererische Tendenz hinwiederum koinzidiert mit dem offenkundigen Bemühen um größtmögliche Nähe zur altgläubigen Lehre. Das wird insbesondere an der eingefügten Wendung „unter Gestalt des Brots und Weins" (BSLK 64,4 f.) deutlich. Mit hoher Wahrscheinlichkeit ist damit zu rechnen, daß Melanchthon bei ihrer Formulierung das Innocentianum von 1215 vor Augen hatte, wo es heißt (DH 802), daß Leib und Blut im Sakrament des Altars unter den Gestalten von Brot und Wein („sub speciebus panis et vini") wahrhaft („veraciter") enthalten seien, wenn durch göttliche Macht das Brot in den Leib und der Wein in das Blut wesenhaft verwandelt sind („transsubstantiatis pane in corpus, et vino in sanguinem").[115]

Es kommt daher nicht von ungefähr, daß „die Frage, ob der deutsche Text des 10. Artikels der Augustana im Sinne der lutherischen Abendmahlslehre oder in dem der römischen Transsubstantiationslehre zu verstehen sei, ... trotz ihrer scheinbaren Widersinnigkeit seit den Tagen des Naumburger Fürstenconvents (1561) oft und viel erörtert worden (ist)"[116]. Damals hatte neben dem hessischen Landgrafen namentlich der Kurfürst Friedrich von der Pfalz Bedenken geäußert, es werde durch die Worte „unter der Gestalt des Brots und Weins" die Rechtmäßigkeit des römischen Transsubstantiationsdogmas zugestanden.[117] Die CA wurde

---

[114] Anzumerken ist, daß der deutsche Endtext das Verwerfungsurteil nicht auf die secus docentes, sondern auf die, wie es heißt, „Gegenlehr" (BSLK 64,7) bezieht, „so daß die Möglichkeit der Trennung von Lehre und Person mindestens in den Blick kommt" (Bizer, 23).

[115] Vgl. K. Thieme, Die Augsburgische Konfession und Luthers Katechismen, 265–270; W. Maurer, Zum geschichtlichen Verständnis der Abendmahlsartikel in der Confessio Augustana, 163–166; ferner: B. Moeller, Das Innocentianum von 1215 in der Confessio Augustana, in: ZKG 75 (1964), 156–158.

[116] O. Zöckler, Der wahre Sinn der Worte: „unter Gestalt des Brods und Weins" in Artikel 10 der Augsb. Confession, in: EKZ 68 (1871), Sp. 801–814, hier: 801.

[117] Diese Bedenken wurden auch in der Folgezeit immer wieder laut: So vertrat beispielsweise ein Autor der von W. Beyschlag herausgegebenen „Deutsch-evangelischen Blätter" im Zusammenhang seiner Suche nach

so dem Verdacht ausgesetzt, abendmahlstheologisch in eklatantem Widerspruch zur Auffassung Luthers zu stehen. Nun hatte der Reformator, um die Schmalkaldischen Artikel (ASm III,6) zu zitieren, zwar stets in der nötigen Eindeutigkeit gelehrt, „daß Brot und Wein im Abendmahl sei der wahrhaftige Leib und Blut Christi" (BSLK 450,14 f.), wobei er hinzufügte, daß Leib und Blut Christi „nicht allein gereicht und empfangen (werden) von frommen, sondern auch von bosen Christen" (BSLK 451,1 f.; vgl. Bizer 35 – 41). Zugleich aber hatte er in der Frage des Modus der sakramentalen Präsenz Christi die Transsubstantiationstheorie insofern als „spitze Sophisterei" abgelehnt, als sie behaupte, „daß Brot und Wein verlassen oder verlieren ihr natürlich Wesen und bleibe allein Gestalt und Farbe des Brots und nicht recht Brot" (BSLK 452,1 ff.); gegen diese Annahme wird eingewandt, es stimme mit der Schrift aufs beste zusammen, „daß Brot da sei und bleibe" (BSLK 452,5 mit Verweis auf 1. Kor 10,16 und 11,28). Verträgt sich diese Lehre mit derjenigen von CA X? Um diese Frage recht zu beantworten,

---

Unstimmigkeiten und Widersprüchen in der Abendmahlslehre der lutherischen Bekenntnisse zu Beginn dieses Jahrhunderts mit Nachdruck die steile These, die Abendmahlslehre der Augustana sei „nicht die sonst sogenannte lutherische ..., sondern bis auf i=Titelchen die römische" (W. Meyer, Unstimmigkeiten und Widersprüche in der Abendmahlslehre der lutherischen Bekenntnisschriften. Ein Beitrag zu ihrer richtigen Würdigung, in: Deutsch-evangelische Blätter 32 [1907], 623–638, hier: 629). Nachgerade der deutsche Text gebe „eigentlich *wörtlich die römische Abendmahlsauffassung* wieder, nach der ja in der Tat gar nicht mehr Brot und Wein vorhanden sind und genossen werden, sondern nur noch Leib und Blut Christi. Es heißt da (X,1) nämlich, daß der wahre Leib und Blut Christi wahrhaftig unter der Gestalt des Brots und Weins im Abendmahle gegenwärtig sei. ,Unter der Gestalt', lateinisch ,sub specie', wie es die Konkordienformel (B. VII, 9) selbst übersetzt; dies ist ja aber gerade die eigentlich katholische Formel, wie sie auch im römischen Katechismus des Tridentiner Konzils angewendet wird, und sie besagt, daß nicht mehr wirkliches Brot und wirklicher Wein vorhanden seien, sondern nur noch die Gestalt, der Anschein von ihnen, so daß man sie für die Sache selbst auch ebensogut unerwähnt lassen könnte, wie das im lateinischen Texte der Unveränderten geschehen ist." (628) Zur Bestätigung dieser Auffassung wird auf einzelne Wendungen und Väterzitate der Apologie verwiesen, in denen „die Verwandlungslehre, nach der Brot und Wein aufhören Brot und Wein zu sein und statt dessen, allerdings unter dem fortdauernden Schein oder Gestalt von Brot und Wein, selber zu Leib und Blut Christi werden, ganz klipp und klar ausgesprochen (sei)" (628).

ist als erstes festzuhalten, daß im gegebenen Kontext des deutschen Abendmahlsartikels der Augustana der Terminus „Gestalt"
entsprechend der altkirchlichen Verwendungsweise des lateinischen Äquivalents „species" lediglich den sichtbaren Teil, die äußere Erscheinung des Sakraments bezeichnen soll, ohne daß dafür schon Grundsätze aristotelischer Philosophie in Anschlag gebracht werden müßten. Was konstatiert werden soll, ist zunächst
nichts anderes als dies, was üblicherweise mit den Präpositionen
in, mit und unter zum Ausdruck gebracht wird, nämlich die elementare Realität der wahren Präsenz des Leibes und Blutes Christi, wie sie für römische wie für lutherische Abendmahlslehre
gleichermaßen bestimmend ist. Analoges ist im Hinblick auf die
beiden (in Ed. 2 [1531; Oktav] der lateinischen Apologie bereits ge-
tilgten[118]) Apologiezitate (Apol X,2; vgl. BSLK 248, Anm. 1 und 2)
aus dem griechischen Meßkanon einerseits („ut mutato pane ipsum corpus Christi fiat") und aus Theophylact andererseits („pa-
nem non tantum figuram esse, sed vere in carnem mutari") zu sagen: Sie mit einem differenziert entwickelten und lehramtlich
festgeschriebenen Transsubstantiationsbegriff in Verbindung zu
bringen, wäre schlicht anachronistisch. Wahrscheinlich freilich
dürfte es sein, „daß Melanchthon *absichtlich* solche Zeugnisse der
älteren Kirche beibringen wollte, welche eine gewisse mutatio als
mit den Abendmahlelementen vor sich gehend bekennen, daß er
also in der That den Urhebern der katholischen Confutation bis
auf einen gewissen Punkt entgegenkommen und die Wohlverein-
barkeit des lutherischen Abendmahlsbegriffes, wenn nicht mit der
Transsubstantiationslehre, doch mit jener altgriechischen Wand-
lungstheorie darthun wollte"[119]. Diese Vermutung wird dadurch
bestätigt, daß Melanchthon, wie erwähnt, die Bezüge auf die mutatio panis wegließ, „sobald die schonende Rücksichtnahme auf
die römischen Gegner ... überflüssig geworden war"[120].

---

[118] Vgl. W. H. Neuser, Bibliographie der Confessio Augustana und Apologie
1530–1580, Nieuwkoop 1987, 17 unter Verweis auf CR 27, 534, Anm. 71 und
72.

[119] O. Zöckler, a. a. O., Sp. 812.

[120] A. a. O., Sp. 814.

Die Frage: „Kann der 10. Artikel der Augustana im Sinne der Transsubstantiation verstanden werden?"[121], läßt sich sonach nur differenziert beantworten. Zu bejahen ist diese Frage insofern, als sich in CA und Apol in der Tat „*kein* Ausdruck (findet), der geradezu *gegen* die Fassung der Transsubstantiation spräche, und hinwiederum *keiner,* der nicht auch von den Gegnern in *ihrem* Sinne für die Transsubstantiation gedeutet werden *könnte*"[122]. Indes folgt daraus nicht, daß CA X im Sinne der Transsubstantiationslehre verstanden werden muß oder auch nur – nach Maßgabe des Selbstverständnisses des Autors – in diesem Sinne verstanden werden will. Man mag diese Auskunft als Indiz einer sachlichen „Schaukelstellung"[123] beurteilen; das ändert nichts an folgendem Fazit: Ohne für die Vernunft des Glaubens unerläßlich oder gar exklusiv verbindlich zu sein, kann die Transsubstantiationslehre nach Maßgabe der CA gegebenenfalls auch unter den Bedingungen reformatorischer Abendmahlslehre als eine mögliche Theorievariante, die Verbindung von Leib und Blut Christi mit Brot und Wein auszusagen, akzeptiert werden.[124] Dies widerspricht der Auffassung Luthers nicht nur nicht, es entspricht ihr vielmehr; denn dessen Nein zur Transsubstantiationstheorie, wie es beispielsweise in den Schmalkaldischen Artikeln ausgesprochen ist, wertet man „nur dann recht, wenn man es versteht als Nein zur Heilsnotwendigkeit dieser Lehre. Ob man nun die Transsubstantiation lehrt oder nicht, daran liegt ihm nicht viel, nur soll kein Glaubensartikel daraus werden. Wer glaubt, Brot und Wein blieben auch nach der Konsekration, darf nicht mit dem Bann belegt und aus der Glaubensgemeinschaft ausgeschlossen werden."[125]

---

[121] Vgl. R. Calinich, Kann der 10. Artikel der Augustana im Sinne einer Transsubstantiation verstanden werden?, in: ZWTh 16 (1873), 541–559.

[122] A. a. O., 548.

[123] B. Spiegel, Der 10. Artikel der Augustana, in: ZWTh 15 (1872), 113–122, hier: 114.

[124] Anders W. Maurer, Zum geschichtlichen Verständnis der Abendmahlsartikel in der Confessio Augustana, 196 ff.

[125] A. Peters, Zur Kritik an den Abendmahlsthesen von Arnoldshain, in: NZSTh 2 (1960) 182–219, hier: 205 f. Auch das Interesse an einer sog. Konsubstantiationslehre bleibt zuletzt marginal. Was den Begriff betrifft, so hat schon F. Kattenbusch (Luthers Idee der Konsubstantiation im Abendmahl, in: FS J. Ficker, Leipzig 1931, 62–86) bemerkt, daß Luther nirgends von „consubstantiatio" spricht. Man wird deshalb zu fragen ha-

Bleibt, um zu CA X zurückzukehren, zu fragen, wie das Nebeneinander der lateinischen zu der mit den besagten antispiritualistischen (und um größtmögliche Nähe zur altgläubigen Lehre bemühten) Zusätzen versehenen deutschen Fassung historisch und theologisch präzise zu werten ist. Folgt man W. H. Neuser[126], dann hat Melanchthon bei der Abfassung des lateinischen Abendmahlsartikels der Augustana nicht wie üblich die Schwabacher bzw. Marburger Vorlage benutzt, sondern eine eigene Formel zugrundegelegt, wie er sie in Auseinandersetzung mit Zwingli aus den Kirchenvätern zusammengestellt und seit dem Jahre 1526 vertreten hat. „Dieses Ergebnis besagt, daß Melanchthon alle fremden Abendmahlsdefinitionen – auch die Luthers – unbeachtet gelassen hat. Der lateinische Abendmahlsartikel entstammt seiner eigenen Theologie und ist von ihr her zu verstehen." (434f.) Neuser geht also von der Selbständigkeit des lateinischen Abendmahlsartikels gegenüber der deutschen Fassung aus, wobei er dezidiert die Auffassung vertritt, „daß die weitere lateinische (Fassung) die engere deutsche nicht ein-, sondern ausschließt" (471). Der lateinische Abendmahlsartikel sei typisch melanchthonisch in dem Sin-

---

ben, ob die von ihm favorisierte, wenngleich nicht im einzelnen präzisierte Auffassung einer koexistenten Gegenwart der Brotsubstanz mit der Substanz des Leibes Christi überhaupt zutreffend als Konsubstantiationslehre zu bezeichnen ist, zumal da der Begriff der Konsubstantiation gegen das Mißverständnis der unio sacramentalis als einer die Menschwerdung wiederholenden Impanation nicht hinreichend gesichert scheint. Hilgenfeld hat nicht unbegründet vermutet, der Begriff könnte in kritischer Absicht von der „antignesiolutherischen Streittheologie" (H. Hilgenfeld, Mittelalterlich-traditionelle Elemente in Luthers Abendmahlsschriften, Zürich 1971, 468) geprägt worden sein. Wie dem auch sei; daß Luther mit der Möglichkeit oder Wirklichkeit einer postkonsekratorischen Weiterexistenz der Brot- und Weinsubstanz und sonach mit einer simultanen Koexistenz von Brot und Leib, Wein und Blut Christi gerechnet hat, ist richtig. Daß er das Verhältnis der beiden Substanzen zueinander im Sinne einer die Inkarnation multiplizierenden Impanation bestimmt, die Unterscheidung von Leib Christi und Brot aufgehoben und eine Vermischung beider gelehrt habe, wird man hingegen unbeschadet gelegentlicher Analogisierungen des Verhältnisses der beiden Naturen in der Person Christi zu dem Verhältnis von Leib und Blut des Herrn zu Brot und Wein keineswegs sagen dürfen.

126 W. H. Neuser, Die Abendmahlslehre Melanchthons in ihrer geschichtlichen Entwicklung (1519–1530), Neukirchen 1968. Die nachfolgenden Seitenverweise im Text beziehen sich hierauf.

ne, daß er sich zum einen scharf von der zwinglischen Lehre ab-
hebe und zugleich bestimmte Merkmale der lutherischen ausgren-
ze. Als spezifisches Kennzeichen des selbständigen melanchthonischen Lehrtypus gilt Neuser dabei „die Bindung der Realpräsenz
an die ganze Abendmahlshandlung statt an die Elemente Brot und
Wein" (473). Damit nehme Melanchthon einen Platz zwischen den
Fronten ein: „Mit *Luther* stimmt er in den Hauptpunkten überein:
in der Lehre von der leiblichen Gegenwart des Leibes Christi und
von der Austeilung desselben im Abendmahl. Von Luther trennt
ihn die Annahme eines räumlichen Himmels, die Ablehnung des
Konsekrationswortes, die lockere Bindung der Abendmahlsgabe
an die Elemente und die Annahme allein einer manducatio spiritualis. Mit *Zwingli* stimmt er umgekehrt in der Ansicht über den
Himmel überein und in der Spiritualisierung der Abendmahlsgabe. Ihn trennt von Zwingli die Lehre von der Gegenwart des Leibes Christi und die Austeilung der Abendmahlsgabe zusammen
mit den Elementen." (470) Mit dieser Kennzeichnung verbindet
Neuser, wie gesagt, die Annahme eines theologischen Gegensatzes zwischen den beiden Fassungen von CA X. Die lateinische
Fassung habe im Unterschied zur deutschen einen genuin melanchthonischen (vgl. 450–452), aber antilutherischen (vgl. 452–
456) Charakter. Daß die Differenzen zur römischen Lehre unver-
merkt blieben, dafür sind nach Neuser nicht dogmatische, sondern vor allem religionspolitische Gründe ausschlaggebend gewesen.

Von dieser Sicht weicht die Auffassung etwa W. Maurers erheblich ab. Maurer erklärt den eigentümlichen Sachverhalt des un-
ausgeglichenen Nebeneinanders der lateinischen und der deutschen Fassung im wesentlichen mit dem „verschiedenen Zweck,
dem die beiden Textrezensionen dienen sollten"[127]. Sei die deut-

---

[127] W. Maurer, Zum geschichtlichen Verständnis der Abendmahlsartikel in
der Confessio Augustana, 194. Vgl. aber B. Moeller, Augustana-Studien,
92 f., wo es – wie auszugsweise bereits zitiert – unter Verweis auf Förstemann I, 309 heißt: „Man wird jedenfalls nach den Ergebnissen dieser
Studie kaum noch annehmen können, die beiden Fassungen der CA
hätten jede für sich einen zusammenhängend-einheitlichen Zweck verfolgt; andernfalls müßte man schließen, das sei nur unter häufigem
Wechsel der Tendenzen geschehen. Man ist aber m. E. ebensowenig berechtigt, aus juristischen Gründen einer der beiden Fassungen, und zwar
dann am ehesten der deutschen, die Priorität zuzuweisen, wie man das
in früheren Zeiten auf lutherischer Seite häufig versucht hat; denn es ist

sche Version „der offizielle, diplomatische Text, der die Unterzeichner rechtlich dem Reich gegenüber bindet"[128], so die lateinische von vorneherein auf Disputation (mit Eck) und Kommentierung berechnet gewesen. „Der lateinische Art. 10", so Maurer,
„läßt erst in einer ausführlichen theologischen Erklärung, die ihn
in seinem Zusammenhang betrachtet, seinen reformatorischen
Sinn erkennen ... Die deutsche Fassung bildet schon einen vorläufigen Kommentar, der nach keiner Seite hin vollständig ist,
immerhin aber unüberhörbar deutlich die Richtung bezeichnet,
auf die eine nähere Erläuterung des Artikels zielen muß."[129]

E. Bizer bietet im Widerspruch dazu noch einmal eine andere In-
terpretationsvariante; er geht von der Voraussetzung aus, „daß
nach der Meinung der Verantwortlichen beide Texte dasselbe sagen, so daß der deutsche nur eine Erklärung des lateinischen ist,
die zur Not auch fehlen könnte. Daß der ‚wahre' Leib gemeint sei,
kann man in dem ‚vere' bereits ausgedrückt finden; daß er
‚genommen' werde, mag in dem distribui vescentibus enthalten
sein; und daß es ja die Elemente sind, die ausgeteilt werden, mag
man auch darin schon finden, daß der Leib und das Blut ‚unter
der Gestalt des Brotes und Weines' sein müssen." (Bizer, 24) Das
bleibende Interesse an dem lateinischen Text, der keineswegs
zufällig neben dem deutschen rezipiert worden sei, wird von Bizer mit einer größeren dogmatischen Unbestimmtheit erklärt, welche künftige Möglichkeiten der Verständigung mit den secus
docentes bewußt offenhielt.

Wie dem auch sei, festzuhalten ist, daß Maurer und Bizer im Unterschied zu Neuser übereinstimmend betonen, daß ein aus-
schließender Gegensatz zwischen den beiden Textgestalten von

---

nicht nur, wie schon öfters bemerkt wurde, die gemeinsame Unterzeichnung der beiden Fassungen durch die lutherischen Stände, die es ausschließt, eine von ihnen für weniger rechtsverbindlich zu halten als die
andere, sondern auch die Tatsache, daß sie ja auf die Aufforderung der
kaiserlichen Proposition hin eingereicht wurden, die Kontrahenten sollten ihre ‚Opinion vnnd Meinung ... zu Teutsch vnnd latein Inn schrifft
stellen vnnd vberanntworten'."

[128] W. Maurer, a. a. O., 194.

[129] A. a. O., 196.

CA X nicht besteht.[130] Diese Sicht dürfte den Vorzug verdienen; denn tatsächlich ist gerade in der Abendmahlslehre der CA die Gefahr groß, daß „von einer späteren Problemstellung her Unterschiede hochstilisiert"[131] werden. Zusammenfassend läßt sich daher am ehesten folgendes sagen: Was die beiden Varianten von CA X bezeichnen, sind „die Ausgangspunkte eines Spannungsbogens, innerhalb dessen sich das lutherische Abendmahlsverständnis in Augsburg hin und her bewegte und den es seitdem nicht verlassen hat; gerade in der gegenseitigen Zuordnung der beiden Textformen des Artikels kommt diese Spannung zum Ausdruck."[132]

Was schließlich Melanchthons Verteidigung des zweigestalteten Abendmahlsartikels der Augustana in Apol X betrifft, so lautet die – den zusammenfassenden Befund bestätigende – zentrale Formel nun, „quod in coena Domini vere et substantialiter adsint corpus et sanguis Christi et vere exhibeantur cum illis rebus, quae videntur, pane et vino, his qui sacramentum accipiunt" (Apol X,1; BSLK 247,46ff.; vgl. Apol X,4). Die Unterschiede gegenüber dem lateinischen Text der CA sind folgende: „1. statt vere heißt es nun vere et substantialiter, womit der Ausdruck: ‚der wahre Leib‘ aus der deutschen CA aufgenommen wird; 2. statt ‚et distribuantur‘ sagt er (sc. Melanchthon) jetzt: ‚vere exhibeantur‘; dazu wird 3. das Verhältnis zwischen Zeichen und Sache ausgedrückt durch die Formel: ‚cum illis rebus, quae videntur, pane et vino‘; statt dem einfachen ‚vescentibus‘ heißt es jetzt: ‚his qui sacramentum accipiunt‘." (Bizer, 30) Vor allem die Hinzufügung des „et substantialiter" (vgl. Immenkötter 101,3 f.) zeigt den deutlichen Willen zur Abgrenzung gegenüber den Zwinglianern und den Straßburgern. „Gegenüber der Gegenwart contemplatione fidei, die für Melanchthon keine richtige Gegenwart, sondern nur eine Scheingegenwart ist, muß die Körperlichkeit dieser Gegenwart hervorgehoben werden." (Bizer, 30 f.) Daß er das Verhältnis zwischen Zeichen und Sache schließlich durch die Präposition „cum" näherbestimmt, darf keinesfalls als eine Bestreitung der elementaren

---

[130] Auch B. Moeller gelangt zu der Annahme, daß die Diskrepanzen der beiden Textgestalten von CA X Verfasser(n) und Unterzeichnern als „nicht gravierend erschienen" (Augustana-Studien, 93).

[131] E. Iserloh, Die Abendmahlslehre der Confessio Augustana, ihrer Confutatio und ihrer Apologie, 21.

[132] W. Maurer, a. a. O., 161.

Gegenwart des Leibes und Blutes Christi interpretiert werden, will vielmehr nur das Mißverständnis fernhalten, als sei die Gegenwart Christi in den Elementen als räumliche Einschließung zu denken.

Zu ergänzen ist, daß die Confutatio an CA X nichts auszusetzen hatte und die erfolgte Damnation (unter Erwähnung der Kapernaiten) ausdrücklich belobigte: „Decimus articulus in verbis nihil offendit, quando fatentur in eucharistia post consecrationem legitime factam corpus et sanguinem Christi substantialiter et vere adesse ..." (Immenkötter, 101,1–3) Allerdings machen die Konfutatoren ihre grundsätzliche Zustimmung von der Annahme der Konkomitanzlehre (Immenkötter, 101,4–6: „sub qualibet specie integrum Christum adesse, ut non minus sit sanguis Christi sub specie panis per concomitantiam quam est sub specie vini et e diverso") sowie der Lehre von der Transsubstantiation abhängig (Immenkötter, 101,11: „omnipotenti verbo dei in consecratione eucharistiae substantiam panis in corpus Christi mutari"). Apol X geht darauf lediglich in der Weise ein, daß noch einmal das Bekenntnis zur wirklichen und leibhaften Gegenwart Christi im Sakrament und die völlige Übereinstimmung sowohl mit der lateinischen als auch mit der griechischen Kirche in dieser Frage unterstrichen wird.

Das Bekenntnis zur Realpräsenz, wie es für alle Gestalten lutherischer Abendmahlslehre kennzeichnend ist, wäre nicht nur unvollständig, sondern mißverständlich ohne Beantwortung der Frage, was die Gegenwart von Leib und Blut Christi in bezug auf Essen und Trinken des gesegneten Brotes und Weines bedeuten. Über den Status dieser Frage ist zunächst zu sagen, daß sie nicht marginal und anhangsweise, sondern ebenso zentral wie grundlegend zur Abendmahlstheologie hinzugehört. Denn die elementare Gegenwart Christi im Abendmahl ist, was sie ist, als Gegenwart für uns. „In den lutherischen Bekenntnisschriften wird die Realpräsenz niemals isoliert und absolut bekannt, niemals statisch als Eigenwert, vielmehr immer unmittelbar auf Essen und Trinken hin, und aller sonstiger Umgang mit der Realpräsenz wird abgelehnt ... Immer erscheint das Bekenntnis zur Realpräsenz in unmittelbarer Abzielung auf realen Empfang, und es will nur gelten daraufhin."[133]

---

[133] E. Kinder, a. a. O., 58.

Dies wird durch die Befunde der Katechismen eindeutig bestätigt (vgl. Peters IV, 160 ff.). Zwar unterscheiden sie, wie eingangs vermerkt, zwischen dem, was das Altarsakrament „an ihm selbs ist und was es bringet und nützet" (BSLK 714,18 f.); doch wird zugleich betont, daß das ganze Sakrament stets beides ist, nämlich Christi Leib, „durch und in dem wir Vergebunge der Sunde überkommen" (BSLK 711,41 f.; vgl. Schlink, 231 ff.). Seinen Grund findet dies in der Tatsache, daß die wesentliche Gabe des Abendmahls der Geber selbst ist, was durch die Stiftungs- und Spendeworte „Für Euch gegeben und vergossen" deutlich zum Ausdruck kommt: „Denn darin hast Du beides, daß es Christus' Leib und Blut ist und daß es Dein ist als ein Schatz und Geschenk." (BSLK 713,15–17) Daraus erhellt: Die Gegenwart Christi im Abendmahl ist als gegebene und vorgegebene schlechthin und vorbehaltlos für uns gegeben. Das An-sich der Realpräsenz läßt sich von ihrem Für-uns nicht trennen.[134]

Verwirklicht ist der zum Wesen des Abendmahls gehörige Für-Bezug namentlich in der auf Glauben zielenden und zeichenhaft wirksamen Vermittlung dessen, was die Reformation Sündenver-

---

[134] Insofern ist es, jedenfalls im Blick auf den Reformator selbst, irreführend zu behaupten: „Vom Wesen des Abendmahls sprechen heißt – nach lutherischer Auffassung – nicht von seinem Sinn und Ziel sprechen. Sondern es heißt von seinem gottgewollten Bestand sprechen." Zwar ist es richtig, daß die exegetische und dogmatische Unterscheidung von substantia und usus „für die lutherische Abendmahlslehre von fundamentaler Tiefe und fundamentaler Bedeutung" ist (H. Gollwitzer, Coena Domini. Die altlutherische Abendmahlslehre in ihrer Auseinandersetzung mit dem Calvinismus, dargestellt an der lutherischen Frühorthodoxie, München 1937, 97). Aber die damit verbundene Absicht, die sakramentale Gabe in ihrem Gegebensein nicht so vom Empfang abhängig zu machen, daß dessen gläubiger respektive ungläubiger Vollzug über die Wirklichkeit dieses Gegebenseins entscheidet, will und darf nicht davon ablenken, daß die Gabe des Altarsakraments an sich selbst vorbehaltlos als für uns gegeben auszulegen ist, so daß ohne diesen Für-Bezug, der zur Gabe wesentlich zugehört, vom Gegebensein der Gabe gar nicht die Rede sein kann. Das hat Konsequenzen sowohl für die Frage rechten Umgangs mit den sog. Restelementen als auch für das Problem der Dauer der Realpräsenz. Vgl. dazu meine Studie: Für uns gegeben. Grundzüge lutherischer Abendmahlslehre im Zusammenhang des gegenwärtigen ökumenischen Dialogs, in: M. Garijo-Guembe/J. Rohls/G. Wenz, Mahl des Herrn. Ökumenische Studien, Frankfurt a. M./Paderborn 1988, 223–338, hier bes. 269 f.

gebung nennt. Dabei muß allerdings, um naheliegende Mißverständnisse zu vermeiden, zugleich klargestellt werden, daß Sündenvergebung nichts anderes und nicht weniger bezeichnet als die Aufnahme des Sünders in die Christusgemeinschaft. Sündenvergebung hat deshalb nicht als eine Gnadengabe unter anderen, sondern als Inbegriff aller Gnadengaben zu gelten. Entsprechend belehrt uns KK: „wo Vergebung der Sunde ist, da ist auch Leben und Seligkeit" (BSLK 520,29 f.). Wie in der Rechtfertigungslehre, so darf auch in der Lehre vom Nutzen des Altarsakraments der Vollzug der Sündenvergebung nicht als ein äußerer Rechtsformalismus vorgestellt werden, der die innere Lebensthematik des Menschen nicht betrifft. Hier wie dort darf der forensische Aspekt des Rechtfertigungsgeschehens gegen den effektiven nicht ausgespielt werden. Sündenvergebung bedeutet deshalb nicht nur Nichtanrechnung der Sünde, sondern zugleich Stärkung und Befestigung im täglichen Kampf gegen sie, Schutz und Hilfe wider die Macht des Teufels. Ja, Luther kann die effektive, alle Lebensbereiche des Menschen durchdringende Wirkung des Altarsakraments so weit fassen, daß er das Abendmahl zu einer „Hülf und Ärznei" (BSLK 723,18 f.) wider „Sunde, Tod und alle Unglück" (BSLK 712,4 f.) erklärt, zu einer Heilskraft also, die hineinwirkt bis in die leiblichen Dimensionen menschlichen Seins: „der mund, der hals, der leib, der Christus leib isset, sol seinen nutz auch davon haben, das er ewiglich lebe und am iungsten tage aufferstehe zur ewigen selikkeit" (WA 23, 258, 4 ff.). Weil die Christusgemeinschaft, an der das Abendmahl Anteil gewährt, nicht nur eine spirituelle, sondern eine durchaus leibliche ist, besser: eine Gemeinschaft, die den Gegensatz von Geist und Leib hinter sich läßt, deshalb lassen sich auch die Wirkungen des Altarsakraments nicht auf eine geistige Sphäre beschränken, sie reichen vielmehr hinab bis in die somatischen Dimensionen menschlichen Seins. So empfiehlt Luther das Abendmahl „als eitel heilsame, tröstliche Ärznei, die Dir helfe und das Leben gebe beide an Seele und Leib" (BSLK 721,16 ff.).[135]

---

[135] Man hat solche und vergleichbare Aussagen nicht selten als Rückfall kritisiert in eine durch die westliche Tradition bereits grundsätzlich überwundene Anschauung, welche die Abendmahlsgabe als ein „φάρμακον ἀϑανασίας" und „die Wirkungsweise des gegessenen Leibes Christi so vorstell(e), daß unserm Leib auf naturhaft-physische Weise eine inhärierende Qualität mitgeteilt (werde)" (H. Grass, Die Abendmahlslehre bei Luther und Calvin. Eine kritische Untersuchung, Gütersloh [1940] ²1954,

Bleibt in bezug auf den Gebrauch des Abendmahls bzw. auf die Person, die Kraft und Nutzen des Sakraments empfangen soll, nur noch anzumerken, was im Kontext der Konkordienformel im einzelnen zu entfalten ist und von Luther in KK bündig so gesagt wurde: „Fasten und leiblich sich bereiten ist wohl eine feine äußerliche Zucht; aber der ist recht und wirdig und wohl geschickt, wer den Glauben hat an diese Wort: ‚Fur Euch gegeben' und ‚vergossen zur Vergebung der Sunden'. Wer aber diesen Worten nicht gläubt oder zweifelt, der ist unwirdig und ungeschickt; denn das Wort ‚fur Euch' fodert eitel gläubige Herzen." (BSLK 521,3–11) Ziel dieser Sätze ist zum einen Skrupulantenseelsorge, zum anderen konsequenter „Kampf gegen das Vertrauen auf unsere Vorbereitung" (Peters IV, 161), welches zur Selbstsicherheit verleitet. Dabei ist vorausgesetzt, was schon im Rahmen der Wesensaussagen zum Abendmahl gesagt wurde, daß nämlich dessen sakramentale Gültigkeit allein in Gottes Treue zu seiner Stiftung und nicht in menschlicher Würdigkeit gründet. Mit Luther zu reden: „Obgleich ein Bube das Sakrament nimmpt oder gibt, so nimmpt er das rechte Sakrament, das ist Christus' Leib und Blut, ebensowohl als der es aufs allerwirdigst handlet. Denn es ist nicht gegründet auf Menschen Heiligkeit, sondern auf Gottes Wort." (BSLK 710,39–45) Damit ist die Abendmahlslehre wieder dort angelangt, wo sie ihren Ausgang genommen hat, bei dem göttlichen Stiftungswort „Für Euch gegeben", „Für Euch vergossen": „Wer nu ihm solchs lässet gesagt sein und gläubt, daß wahr sei, der hat es. Wer aber nicht gläubt, der hat nichts, als der's ihm lässet ümb-

---

109). Indes muß man, um hier nicht zu Fehlurteilen zu gelangen, den gesamten Argumentations- und Begründungszusammenhang im Auge behalten. Will man sich einer in der Dogmengeschichtsschreibung des 19. Jhd.s gebräuchlichen Gegenüberstellung bedienen, wird man sagen müssen, daß in Luthers Soteriologie der Erlösungsgedanke vom Versöhnungsgedanken her entwickelt wird und nicht umgekehrt. Die Sündenschuld ist es, die den Menschen am tiefsten von Gott trennt. Sünde und Tod bzw. das sonstige physische Verderbensgeschick verhalten sich gewissermaßen wie innerer und äußerer Abgrund. Dem am biblischen Zeugnis geschulten Gewissen des Reformators war hinreichend bewußt, daß es noch Schlimmeres gibt als das physische Verderben: „viel grosser", sagt Luther, „ist schuld denn peyn, sund denn tot." (WA 10 I/1, 718, 8 f.)

sonst furtragen und nicht will solchs heilsamen Guts genießen."
(BSLK 714,36 – 41)[136]

6. Der Streit um das Meßopfer

Der Streit um den Opfercharakter der Messe[137] ist unmittelbare
Konsequenz der ursprünglichen Einsicht der Reformation und gehört ins Zentrum der theologischen Kontroverse des 16. Jahrhunderts. Vehement und mit allen Mitteln der Polemik bekämpfte
Luther die ihm begegnende Theorie und Praxis des römischen
Meßopfers als einen gottlosen Mißbrauch des Altarsakraments,
welcher das Innerste der Glaubenswahrheit verkehrt, indem er,
anstatt sich den verheißungsvollen Zuspruch der Versöhnung
durch Christi Tod gefallen zu lassen, einen unseligen Anspruch
auf menschliche Selbstrechtfertigung erhebt. Darin sah der Reformator einen fundamentalen und unaufhebbaren Widerspruch gegen die reformatorische Grundeinsicht, dergemäß der Mensch al-

---

[136] Auf die Konsequenzen hinsichtlich der Frage einer manducatio infideli-
um wird, wie gesagt, erst an späterer Stelle eingegangen werden. Angezeigt sei lediglich, was ebenfalls noch eingehenderer Erörterung bedarf,
daß Luther unbeschadet seines Hinweises, daß der Schatz des Abendmahls allein in herzlichem Glauben und nicht „mit der Faust" (BSLK
715,11) ergriffen und angeeignet werden könne, die Einheit von leiblicher
und geistlicher Nießung in den Katechismen niemals auflöst.

[137] Zur reformatorischen Kontroverse um das Meßopfer vgl. u. a.
R. Slenczka, Opfer Christi und Opfer der Christen, in: K. Lehmann/
E. Schlink (Hg.), Das Opfer Jesu Christi und seine Gegenwart in der Kirche. Klärungen zum Opfercharakter des Herrenmahls, Freiburg i. Br./
Göttingen 1983, 196–214, bes. 201 ff. sowie die Beiträge von W.-D. Hau-
schild, a. a. O., 96–118 (Lutherische Abendmahlslehre nach der Confessio
Augustana) und E. Iserloh, a. a. O., 119–137 (Die Abendmahlslehre der
Confessio Augustana als Anfrage an die Konfessionen im 16. Jahrhundert
und heute). Ferner ist heranzuziehen meine erwähnte Studie „Für uns
gegeben", bes. 227 ff.; während es im folgenden primär um textnahe Information zu tun ist, wird a. a. O. der materiale Befund unter besonderer
Berücksichtigung des Verhältnisses von Kreuz und Abendmahl (vgl. die
Kontroverse zwischen P. Brunner und E. Bizer) systematisiert und für
den gegenwärtigen ökumenischen Dialog fruchtbar gemacht. Vgl. auch:
G. Wenz, Die Lehre vom Opfer Christi im Herrenmahl als Problem ökumenischer Theologie, in: KuD 28 (1982), 7–41; ferner: ders., Einführung
in die evangelische Sakramentenlehre, Darmstadt 1988, 134–155.

lein durch Glauben und nicht durch verdienstliche Werke gerechtfertigt wird. Alle lutherischen Verdikte gegen die römische
Messe lassen sich auf diesen elementaren Vorwurf zurückführen[138], der in der These seine Bestätigung fand, das Meßopfer widerspreche der Einzigkeit und Vollgenügsamkeit des Kreuzesopfers Jesu Christi, welches einer multiplizierenden Wiederholung
ebensowenig bedürfe wie einer additiven Ergänzung.

Luther hat dies in den Schmalkaldischen Artikeln (vgl. ASm II,2)
in schärfster Form zum Ausdruck gebracht. Wie alles, „das wir
wider den Bapst, Teufel und Welt lehren und leben" (BSLK
416,3 f.), so folgt auch die Kritik an der Messe als „großeste(n) und
schrecklichste(n) Greuel" (BSLK 416,8 f.) des Papsttums konsequent aus dem Artikel von der Rechtfertigung durch Christus aus
Glauben und nicht aus des Gesetzes Werken, von welchem Artikel „man nichts weichen oder nachgeben (kann), es falle Himmel
und Erden oder was nicht bleiben will" (BSLK 415,21 f.).[139] Da die
römische Meßopfertheorie und -praxis mitsamt des von ihr her-
vorgebrachten „Unziefers und Geschmeiß mancherlei Abgotterei"
(BSLK 419,19), welches da sind: Fegfeuer[140], Wallfahrten, Bruder-

---

[138]   Die ständig wiederholte Kritik an der Formel „ex opere operato" will
        ebenfalls aus dem Zusammenhang der Kritik der Messe als eines Werkes
        verstanden sein. Vgl. im einzelnen: H. Hennig, Die Lehre vom opus ope-
        ratum in den luth. Bekenntnisschriften, in: US 13 (1958), 121–135.

[139]   Unbeschadet dessen erklärt sich der Reformator dazu bereit, mit ver-
        nünftigen Papstanhängern ruhig und freundlich darüber zu reden, daß
        die Messe (1.) nicht von Gott geboten und daher „ein lauter Menschen-
        fundlin" (BSLK 416,20 f.; vgl. Mt 15,9) sei, welches (2.) als etwas Unnöti-
        ges ohne Sünde und Gefahr unterlassen werden könne und das umso
        mehr, als man (3.) das Sakrament auf viel bessere und heilsamere Weise,
        ja auf allein heilsame Weise nach der Einsetzung Christi bekommen und
        (4.) durch den Verzicht auf die Messe zugleich die unzähligen Mißbräu-
        che abstellen könne, die durch das Kaufen und Verkaufen der Messe in
        aller Welt entstanden sind (vgl. BSLK 416–418).

[140]   Die Fegfeuervorstellung wird von Luther vor allem deshalb kritisiert,
        weil sie in einem Folgezusammenhang mit der Meßopferpraxis steht und
        deren Funktion darstellt: „Da hat man mit Seelmessen, Vigilien, dem Sie-
        benden, dem Dreißigsten und jährlichen Begängnis, zuletzt mit der Ge-
        meindwochen und Allerseelentag und Seelbad ins Fegfeur gehandelt,
        daß die Messe schier allein für die Toten gebraucht ist, so Christus das
        Sakrament allein für die Lebendigen gestiftet hat. Drumb ist Fegfeur mit
        allem seinem Gepränge, Gottsdienst und Gewerbe für ein lauter Teufels-
        gespenst zu achten; denn es ist auch wider den Häuptartikel, daß allein

schaften, Reliquiendienst und Ablaß[141] etc. (vgl. BSLK 420 ff.), „stracks und gewaltiglich wider diesen Häuptartikel strebt" (BSLK

Christus und nicht Menschenwerk den Seelen helfen soll ..." (BSLK 420,1 ff.) Im übrigen und abgesehen davon sei uns, wie Luther hinzufügt, nichts hinsichtlich der Toten anbefohlen noch geboten. Diese Zurückhaltung wird durch die ernste Warnung vor allerlei gespenstischem Unwesen im Zusammenhang der Meßopferpraxis unterstrichen (BSLK 422,1 ff.: „daß die bosen Geister haben die Buberei angericht, daß sie als Menschenseelen erschienen sind, Messe, Vigilien, Wallfahrten und andere Almosen geheischt mit unsaglichen Lugen und Schalkheit, welchs wir alle haben fur Artikel des Glaubens halten und darnach leben mussen, und der Bapst solchs bestätiget wie auch die Messe und andere alle Greuel"). Auch hier gebe es kein Weichen und Nachlassen. Das heißt allerdings nicht, daß für Luther ein sakramentales Totengedenken prinzipiell und generell nicht in Frage kommt. Das belegt der Einschub, in dem Luther sich mit einschlägigen Verweisen der Gegner auf Augustin und sonstige Väter auseinandersetzt (BSLK 420,13 ff.). Zwar wird den Gegnern das Recht bestritten, sich auf Augustin zu berufen, da dieser die Frage des Fegefeuers unentschieden gelassen habe und im übrigen von dem „fegfeuerischen Messenjahrmarkt" (BSLK 421,14) sich nichts habe träumen lassen. Ferner schärft Luther als unumstößlichen Grundsatz ein: „Es gilt nicht, daß man aus der heiligen Väter Werk oder Wort Artikel des Glaubens macht ... Es heißt, Gottes Wort soll Artikel des Glaubens stellen und sonst niemand." (BSLK 421,19 ff.) Um einen Glaubensartikel im strengen Sinne könne es sich demnach bei der Frage sakramentalen Totengedenkens nicht handeln, da eine eindeutige Weisung der Schrift fehle. Dennoch ist der Reformator gesprächsbereit für den Fall, daß der „schändliche ..., lästerliche ..., verfluchte ... Jahrmarkt von Seelmessen, ins Fegfeuer zu opfern etc." (BSLK 421,11 f.), abgetan sei.

[141] Vom Wallfahrten wird gesagt, daß es nicht nur durch Gottes Wort nicht geboten und überdies unnötig sei, sondern häufig auch von Nötigem und Gebotenem (BSLK 422,13 f.: „eigen Pfarr, Gottes Wort, Weib und Kind etc.") abhalte. Die Spitze der Ablehnung (BSLK 422,20: „kein Weichen oder Nachgeben etc.") richtet sich dagegen, daß Wallfahrten von Christus ablenken und zu falschem Vertrauen auf eigene Werke (BSLK 422,18: „welchs das Ärgeste dran ist") verleiten. Unter der Voraussetzung, daß man dabei „Messen, Vergebung der Sunden und Gottes Gnaden" (BSLK 422,8 f.) sucht, ist das Wallfahrtswesen als „schädlich Ding" (BSLK 422,19) zu beurteilen. In analoger Weise wird gegen die Verschreibung von Verdiensten in Bruderschaften (vgl. BSLK 422,21 ff.; vgl. Anm. 7) argumentiert sowie gegen den Reliquiendienst (BSLK 423,6: „das Heiligtum", „darin so manch offentliche Lugen und Narrwerk erfunden" (BSLK 423,6 f.) – „von Hunds- und Roßknochen" (BSLK 423,2 f.), wie Luther hinzufügt. Konzentriert ist der Protest auch hier auf „den ersten Artikel der Erlosung" (BSLK 423,4 f.), dessen Verletzung unter keinen Umständen zu dulden sei. Im übrigen seien die kritisierten Praktiken „ohn Gottes Wort"

416,9 f.), müsse sie kompromißlos verdammt und verworfen werden: denn „wenn sie aufs beste wird gehalten", sei sie nichts anderes und könne sie nichts anderes sein als Menschenwerk,
„damit einer sich selbs und andere mit sich gegen Gott versuhnen, Vergebung der Sunden und Gnade erwerben und verdienen
kann" (BSLK 418,6 ff.).

Sachlich analoge Einwände gegen die Meßopferpraxis werden
reformatorischerseits bereits auf dem Augsburger Reichstag geäußert, an den Luther in den Schmalkaldischen Artikeln ausdrücklich erinnert, wenn es heißt: „wie der Campegius zu Augspurg gesagt: er wollt' sich ehe auf Stucken zureißen lassen, ehe er wollt'
die Messe fahren lassen. So werde ich mich auch mit Gottes Hulfe
ehe lassen zu Aschen machen, ehe ich einen Messeknecht mit
seinem Werk lasse meinem Heilande Jesu Christo gleich oder hoher sein. Also sind und bleiben wir ewiglich geschieden und wi-
dernander." (BSLK 419,10 – 15) Indes war die kontroverstheologische Situation 1530 noch nicht zur intransigenten Alternative verfe-
stigt und der Ton der Kritik infolgedessen wesentlich moderater
und defensiver als in den Jahren 1536/37. Bevor CA XXIV (vgl. Bizer, 26 – 34) sich mit den Mißbräuchen der Gegner auseinandersetzt, wird zunächst mit Entschiedenheit der Vorwurf zurückgewiesen, die Evangelischen hätten die Messe abgeschafft. Richtig
sei vielmehr das Gegenteil: die Messe werde nicht nur beibehalten, sondern mit höchster Ehrfurcht zelebriert, ja – wie es in der

---

(BSLK 423,11), „weder gepoten noch geraten, ganz unnotig und unnutz
Ding" (BSLK 423,7 f.). Was schließlich den Ablaßhandel betrifft, wonach
der Papst (BSLK 424,1: „der leidige Judas") „die Verdienst Christi sampt
den ubrigen (= überschüssigen) Verdiensten aller Heiligen und der ganzen Kirchen" (BSLK 424,2 f.) Lebenden und Toten gegen Geld verkauft,
so dürfe auch dies nicht geduldet werden, und zwar weil es ebenfalls
nicht bloß ohne Gottes Wort, unnötig und ungeboten, sondern dem ersten Artikel zuwider sei; „denn Christus' Verdienst nicht durch unser
Werk oder Pfenning, sondern durch den Glauben aus Gnaden erlanget
wird ohn alles Geld und Verdienst, nicht durchs Bapsts Gewalt, sondern
durch die Predigt oder Gottes Wort furgetragen." (BSLK 424,5 – 9) Zur
fernerhin erwähnten Kritik der Heiligenanrufung vgl. unten § 11,3. Als
Quintessenz seiner Auseinandersetzung mit den Folgeirrtümern der
Meßopferlehre und -praxis stellt Luther fest: „Was die Messe ist, was
draus kommen ist, was dran hanget, das konnen wir nicht leiden und
mussen's verdammen, damit wir das heilige Sakrament rein und gewiß,
nach der Einsetzung Christi durch den Glauben gebraucht und empfangen, behalten mugen." (BSLK 425,26 – 30)

und die Vermittlung des Heils 659

deutschen Version heißt – mit größerer Andacht und mit mehr Ernst gehalten als bei den Gegnern. Belegt wird dies im deutschen Text zunächst mit der eindringlichen Unterrichtung des Kirchenvolks über Sinn und Mißbrauch des Sakraments. Auch habe man an der gebräuchlichen Meßzeremonie nichts geändert, außer daß da und dort den lateinischen einige deutsche Gesänge beigemischt worden seien, was ebenfalls mit dem Zweck christlicher Unterweisung begründet wird, dem alle Zeremonien zu dienen hätten. Die lateinische – zum Teil (BSLK 91,21–26) mit Melanchthons Vorrede zu Na identische – Version unterstreicht dies unter Verweis auf Paulus (1. Kor 14,9 ff.19), wobei in bezug auf das Abendmahl hinzugefügt wird: „Nulli enim admittuntur nisi antea explorati et auditi." (Apol XXIV,6) Im übrigen stimmen deutsche und lateinische Version differenzlos darin überein, daß im Trost der erschrockenen Gewissen der stiftungsgemäße Sinngehalt und Gebrauch des Abendmahls sich erfülle (Apol XXIV,7).

Den Trost der erschrockenen Gewissen zu entziehen, ist denn auch der wesentliche Vorwurf gegen die Meßpraxis der Gegner. Die Kritik wendet sich namentlich gegen die Privat- (Apol XXIV,13: „privatae missae") bzw. Kauf- und Winkelmessen (BSLK 92,24 f.), deren ersatzlose Streichung zu fordern und von den Evangelischen bereits realisiert sei. Schon früher und nicht erst seit reformatorischer Zeit sei dieser (von vielen Priestern gar wider kanonisches Gebot geübte) Mißbrauch angeprangert worden, und die Kirche (vgl. Apol XXIV,14–20) hätte gut daran getan, ihn getreu der Warnung des Apostels Paulus (1. Kor 11,27) zu unterbinden. Dabei wird dann auch sachanalog zu CA III jener „greulich Irrtumb" (BSLK 93,5; CA XXIV,21: „opinio, quae auxit privatas missas in infinitum") angeprangert, daß nämlich Christus durch seinen Tod nur für die Erbsünde (CA XXIV,21: „pro peccato originis") Genugtuung geleistet und die Messe als Opfer für die anderen Sünden („oblatio pro cotidianis delictis mortalibus et venialibus") eingesetzt habe.[142] Die Messe sei damit zu einem Sühnopfer für Lebende und Tote gemacht worden (CA XXIV,22: „opus delens peccata vivorum et mortuorum ex opere operato"), wobei man disputiere, ob eine Messe, die für viele gehalten werde, genauso viel Gnade verdiene, wie eine, die man gesondert für einen

---

[142] Vgl. oben § 9,1 sowie N. Paulus, Die angebliche Lehre, Christus sei nur für die Erbsünde gestorben, in: Der Katholik 76 (1896), 229–249.

einzelnen hält. Die Folge war jene den rechten Glauben und Gottesdienst verdrängende unzählige Menge von Messen.

Gegen solchen der Schrift widerstreitenden und die Ehre der Passion Christi verkehrenden Mißbrauch wird *erstens* unter Verweis auf Hebr 10,10.14 geltend gemacht, daß es kein Opfer für die Erbsünde und für andere Sünden gebe, als allein den Tod Christi (CA XXIV,25: „Nam passio Christi fuit oblatio et satisfactio non solum pro culpa originis, sed etiam pro omnibus reliquis peccatis ...“). Zum *zweiten* lehre die Schrift und namentlich Paulus, daß wir Gerechtigkeit und Gnade vor Gott durch Glauben an Christus und nicht durch Werke erlangten, also auch nicht durch das für Lebende und Tote dargebrachte und angeblich ex opere operato wirksame Werk des Meßopfers. Zum *dritten*: Die Messe sei von Christus nicht als Sühnopfer eingesetzt, welches Sühnopfer er vielmehr bereits am Kreuz vollbracht habe; sie sei vielmehr gestiftet zu seinem Gedächtnis (CA XXIV,30: „in sui memoriam“), wobei solches Gedächtnis als reale Zueignung der die Gewissen tröstenden Wohltaten Christi für den Glauben verstanden werden müsse. „Nam id est meminisse Christi, beneficia meminisse ac sentire, quod vere exhibeantur nobis. Nec satis est historiam recordari, quia hanc etiam Iudaei et impii recordari possunt.“ (CA XXIV,31f.) CA XXIV schließt mit dem zusammenfassenden Hinweis, daß die Messe kein Sühnopfer für andere Menschen – seien es Lebende oder Tote – sei, sondern ein Gemeinschaftsmahl, in welchem die Kommunikanten einschließlich des Priesters die sakramentale Gabe für sich in Empfang nehmen. Nach dieser Ordnung werde die Messe in den evangelischen Gemeinden gehalten, womit ihr ursprünglicher Sinn wiederhergestellt sei, wie er von Paulus 1. Kor 11,33 und vielen Vätern und alten Canones belegt werde. Von einer unstatthaften Neuerung könne daher nicht die Rede sein und das um so weniger, als an den öffentlichen Zeremonien der Messe keine tiefgreifenden Änderungen vorgenommen wurden.

Faßt man die entwickelte Lehre von CA XXIV zusammen, so ergibt sich folgender Befund: Hauptsächlicher Gegenstand der Kritik ist die Lehre, „daß der Leib und das Blut Jesu Christi in der Messe als ein Sühnopfer für Lebendige und Tote dargebracht werden, d.h. für solche, die nicht einmal anwesend zu sein brauchten, das Evangelium zu hören und die Gaben der Mahlzeit zu empfangen. Die liturgische Folgerung aus dieser Lehre waren die sogenannten Privatmessen, abgehalten nur mit dem Zweck, das Sühnopfer für die Abwesenden, in der Regel für die im Fegefeuer sich aufhaltenden Seelen, darzubringen." (Prenter, 45 f.) Die Verwerfung der Privat- und Kaufmessen war bereits in den Vorformen von CA XXIV die kritische Pointe der Argumentation, wie sich namentlich aus dem BSLK 96,1–53 abgedruckten Text Torg A 4 (vgl. Förstemann I, 75–77) ersehen läßt.[143] Darüber hinaus enthalten die sogenannten Torgauer Artikel bereits einen Text (vgl. Förstemann I, 83 f.), der die CA XXIV unterstrichene gottesdienstliche Bedeutung deutschen Gesangs würdigt und gegen die zeremonielle Alleingeltung der lateinischen Sprache verteidigt. Dagegen wiederum richtete sich der erste Einwand der Konfutatoren (vgl. Immenkötter, 158,14 ff.). Begründet wird er unter Zurückweisung des mit 1. Kor 14,9 gegebenen Schriftbelegs mit der – dem universalen Charakter des Lateinischen entsprechenden – gesamtkirchlichen Funktion des Priesters sowie mit dem Hinweis, daß es „dem hörer gnung und hailsam (sei), so derselbig die meeß in dem glauben der christlichen kirchen höret" (Immenkötter, 158,25 f.), wobei die andächtige Teilnahme bei der lateinischen Messe erfahrungsgemäß größer sei als bei der deut-

---

[143] Die Vorgeschichte von CA XXIV hat W. Maurer parallel zu der von CA XXII von den sogenannten Torgauer Artikeln bis hin zu den in Augsburg etappenweise entstandenen Formulierungen in Na (vgl. BSLK 97,1–31), Sp und Nb sowie zu dem endgültigen lateinischen Text detailliert rekonstruiert (vgl. Zum geschichtlichen Verständnis der Abendmahlsartikel in der Confessio Augustana, 169 ff.). Während sich die deutsche Fassung nach Maurers Urteil „als ein stehen gebliebenes Stück" (a. a. O., 182) aus der Zeit erweist, da die Konzeption des Bekenntnisses noch ausschließlich von sächsischer Seite bestimmt war, ist die lateinische Endredaktion „das Ergebnis einer weiteren Bearbeitung, die den Gesetzen der bisherigen Entwicklung folgt" (ebd.). Bezeichnend für diese Entwicklung sind nach Maurer folgende Punkte: In der Begründung der Verwerfung der Privat- und Opfermesse verbleibt Melanchthon in dem Rahmen, wie er durch die in Torg dokumentierte Wittenberger Theologenberatung bereits frühzeitig abgesteckt war. Seine Eigenleistung bezieht sich vornehmlich auf die Präzisierung des Schrift- und Traditionsbeweises sowie auf Glättungen des Ausdrucks. Angestrebt wird dabei eine immer entschiedenere Konzentration auf den rechtfertigungstheologischen Gehalt der Abendmahlslehre. Schließlich beobachtet Maurer eine fortschreitende Tendenz zu milderer Beurteilung der Sakramentierer, deren Verdammung immer schwächer werde. Für die Gesamtargumentation von Art. XXIV sei dann vor allem der entschiedene Rückgriff auf die in Art. IV entfaltete Rechtfertigungslehre bestimmend geworden.

schen und mit einem „Amen" gemäß 1. Kor 14,16 hinreichend besiegelt werde. Im übrigen sei es – wie die in der Alten Kirche auch unter Nichtjuden geübte Praxis der hebräischen Messe belege – gar nicht vonnöten, daß einer alle Wörter in der Messe höre und verstehe: „Praestat enim intellegere et attendere finem, quia missa celebratur, ut offeratur eucharistia in memoriam passionis Christi." (Immenkötter, 161,5 f.) Mag schließlich auch der Gebrauch der Volkssprache in der Messe angesichts der Missionssituation der frühen Kirche Vorteile gebracht haben, so gilt dies nicht mehr unter Bedingungen vollzogener Christianisierung, wo jeder die kirchlichen Gewohnheiten und Bräuche und mithin auch den rituellen Ablauf der Messe von Jugend auf kenne.

Der zweite Kritikpunkt betrifft die Bestreitung des Opfercharakters der Messe und umfaßt den Hauptteil der Antwort der Konfutatoren. Vorausgeschickt wird, es könne nicht für einen Mißbrauch erachtet werden, daß die Diener des Altars für ihren Dienst den nötigen Unterhalt empfingen (vgl. 1. Kor 9,7.13; Lk 10,7). Ferner wird die Abschaffung der sog. Privatmessen mißbilligt und deutlich gemacht, „das die sunden, so durch die puß als ain aigenhafte artzenney uffgehebt, mit oder durch die messe nit abgethan, sonder allain die straffe fur die sunden aufgehept, die genugthuung erfult, die gnaden gemert, ain hailsame beschutzung der lebendingen und zuletzte in allen unsern geprechen und noidten ain hoffenung des trosts und gottlicher hilfe erlangt wirdet" (Immenkötter, 162,13 ff.). Der zentrale Widerspruch richtet sich sodann gegen die Behauptung, „das Christus in der hailigen meeß nit geopfert werde" (Immenkötter, 162,19 f.), welcher Irrtum der alten Ketzerei des Aerios (vgl. LThK 1, Sp. 164 f.) gleichkomme und bereits durch das Zeugnis Maleachis (Mal 1,10 f., 3,3 f.) hinreichend widerlegt sei. In diesem Zusammenhang wird den Evangelischen vorgeworfen, „das taglich und immerwerendt opfer der christen" (Immenkötter, 164,22; 165,14 f.: „Iuge ... sacrificium") abgeschafft und zudem Form und Würde des Gottesdienstes zerstört zu haben, so daß sich die Prophezeiung Daniels (Dan 12,10 f.) nun gemäß Mt 24,15 ff. erfülle. Dem wird kontrastiert, daß das äußerliche Priestertum in dem neuen Gesetz (Immenkötter, 167,6: „in nova lege") nicht aufgehört habe, sondern nur zum besseren verwandelt worden sei. „Ergo et hodie pontifex et totum sacerdotium offeret in ecclesia sacrificium externum, quod non est nisi unum, eucharistia scilicet." (Immenkötter, 167,6–8)

Weil die Messe seit Zeit der Apostel in der gesamten Christenheit bis zum heutigen Tage als Opfer für Lebende und Tote gepflegt wurde, was durch das Zeugnis der Väter reichlich bestätigt und durch Hebr 10,10 keineswegs widerlegt werde, sei es recht und billig, an dieser Praxis auch fernerhin festzuhalten. Bleibt anzumerken, daß der Opfercharakter der Messe darüberhinaus mit der Begriffsgeschichte von „missa" und dem angeblichen sakrifiziellen Bedeutungsgehalt von „facite" („dies tut zu meinem Gedächtnis") begründet wurde, welcher argumentative Fehlgriff besonderen Spott von reformatorischer Seite nicht zuletzt deshalb auf sich zog, weil der Meßartikel der Confutatio infolge eines bereits erwähnten Versehens bei der öffentlichen Verlesung an dieser Stelle abbrach. Was auf der Lage, die in dem für den Vortrag bestimmten Exemplar irrtümlicherweise ausfiel, des weiteren zu lesen stand, betrifft zum einen die bereits gegen CA V geltend gemachte These, daß wir eigentlich nicht durch den Glauben, sondern durch die Liebe gerechtfertigt werden, zum zweiten den Zusammenhang von Meßopfer und Gedächtnis des Leidens Christi und zum dritten die Frage von Kommunion und Meßhäufigkeit. All dies endet mit dem dringlichen Aufruf an die Unterzeichner der CA, Neuerungen abzutun und die gegebene Praxis beizubehalten. Da man dazu reformatorischerseits nicht bereit war, galt es die gewonnene Einsicht erneut zu verteidigen.

Wie schon CA XXIV, so beginnt auch der entsprechende Artikel der Apologie (vgl. auch CR 27, 295–306; 349–362) mit dem betonten Hinweis, daß die Messe bei den Evangelischen nicht abgeschafft, sondern gewissenhaft beibehalten werde. Nicht nur werde das Sakrament an den einzelnen Sonntagen und sonstigen Festtagen den Empfangswilligen gereicht, nachdem sie vorher geprüft und losgesprochen wurden (Apol XXIV,1: „postquam sunt explorati atque absoluti"), auch seien die üblichen öffentlichen Meßriten („usitatae ceremoniae publicae") beibehalten worden: „ordo lectionum, orationum, vestitus et alia similia". Das gelte selbst für den Gebrauch der lateinischen Sprache. Indes dürfe dadurch nicht das Verständnis und mithin das gläubige Einverständnis der Hörer behindert werden. Daher seien den lateinischen Lesungen und Gebeten deutsche Gesänge beigegeben worden, damit auch das einfache Volk in die Inhalte der Schrift und durch Gottes Wort in rechten Glauben, Gottesfurcht und Gebet eingewiesen werde: „nam hi sunt fines ceremoniarum" (Apol XXIV,3). Von einem Nutzen der Zeremonien ex opere operato (Apol XXIV,5:

„non quia doceant vel admoneant, sed ... quia sic fiant, quia spectentur") könne hingegen nicht die Rede sein. Im übrigen sei der Gebrauch der Volkssprache stets kirchliche Sitte gewesen, wohingegen das Werk des Anhörens unverstandener Lesungen für niemanden hilfreich sei. Was hinwiederum die Abschaffung der Privatmessen zugunsten der alleinigen Beibehaltung der öffentlichen und gemeinsamen Messe betrifft, so geschehe damit nichts „contra catholicam ecclesiam" (Apol XXIV,6), wie das Beispiel der griechischen Kirche bezeuge, die hierin die Tradition auf ihrer Seite habe: „Nusquam enim veteres scriptores ante Gregorium mentionem faciunt privatarum missarum." (Apol XXIV,6) Erst in späteren Zeiten hätten die insbesondere aus mönchischem Gewinnstreben und gegen den Widerspruch aller „boni viri" (Apol XXIV,6) betriebenen Privatmessen jene Unzahl von Meßfeiern herbeigeführt, die im Widerspruch zu aller überkommenen, durch das Beispiel des Kirchenvaters Epiphanius (vgl. BSLK 351, Anm. 3) klar belegten Praxis stehe. Die Gegner hingegen veränderten nach Belieben die Ordnungen der Vorfahren, um solche Veränderungen anschließend selbst als Traditionsautorität geltend zu machen.

Die Spitze der protestantischen Kritik an Theorie und Praxis des Meßopfers richtete sich wie schon in CA XXIV, so erneut in Apol XXIV gegen die Annahme, „quod missa ex opere operato conferat gratiam, aut applicata pro aliis mereatur eis remissionem venalium et mortalium peccatorum, culpae et poenae" (Apol XXIV,9). Der Beweis für die Rechtmäßigkeit dieser Annahme sei weder durch die Confutatio noch durch die sonstigen Schriften der Gegner erwiesen. Mit ihr aber stehe und falle die Streitsache (Apol XXIV,10: „et hic causae status est ..."); Abschweifungen dürften daher nicht zugelassen werden. Sei die Kontroverse nämlich einmal eindeutig fixiert, dann sei ihr Entscheid auch schon ausgemacht: „quia impossibile est consequi remissionem propter opus nostrum ex opere operato, sed fide oportet vinci terrores peccati et mortis, cum erigimus corda cognitione Christi, et sentimus nobis ignosci propter Christum ac donari merita et iustitiam Christi" (Apol XXIV,12 unter Verweis auf Röm 5,11). Sofern dies so unerschütterlich gewiß ist, daß es gegen alle Pforten der Hölle Bestand hat, kann die strittige Angelegenheit im Grunde als bereits erledigt erachtet werden.

In Anbetracht der unseligen Wirkung der gegnerischen Lehre auf
das unverständige Volk und wegen ihrer Verdrehung des Schriftzeugnisses zum Zwecke der Verteidigung ihrer Irrtümer, sieht sich
Melanchthon gleichwohl veranlaßt, noch einige Argumente anzufügen. Das erste betrifft die Frage, was ein Opfer sei. Im Augsburger Bekenntnis habe man den Opferbegriff „propter ambigui-
tatem" (Apol XXIV,14), seiner Doppeldeutigkeit wegen absichtlich
gemieden.[144] Da er aber von den Gegnern laufend in mißbräuli-
cher Weise im Munde geführt werde, ohne je klar definiert worden zu sein, sei es angebracht, ihn unter Beachtung präziser Dif-
ferenzierungsregeln eindeutig zu bestimmen. Als grundlegend hat
dabei die traditionelle Unterscheidung zwischen Sakrament
(„sacramentum") und Opfer („sacrificium") zu gelten (vgl. Apol
XXIV,16 ff.). Heißt deren genus proximum entweder eine Zeremonie oder ein heiliges Werk (Apol XXIV,18: „vel ceremonia vel
opus sacrum"), dann läßt sich die spezifische Differenz wie folgt
umschreiben: „Sacramentum est ceremonia vel opus, in quo Deus
nobis exhibet hoc, quod offert annexa ceremoniae promissio ...
Econtra sacrificium est ceremonia vel opus, quod nos Deo reddi-
mus, ut eum honore afficiamus." (Apol XXIV,18) Was hinwiederum die Opfer betrifft, so gibt es vor allem zwei Arten (Apol
XXIV,19: „species proximae duae") und nicht mehrere: Die eine ist
das Sühnopfer („sacrificium propitiatorium"; Apol XXIV,19), will
heißen: ein Werk der Genugtuung für Schuld und Strafe, welches
Gott versöhnt und seinen Zorn besänftigt und für andere Sündenvergebung verdient. Die andere Art ist das Dankopfer („sacrificium εὐχαριστικόν"; Apol XXIV,19), das nicht Sühne leistet, sondern von denen, die Sündenvergebung und Versöhnung empfangen haben, zum Dank für diese und andere Wohltaten abgestattet
wird, welchen Dank das lateinische Original der Apologie (vgl.
Apol XXIV,19) sowohl mit „gratias agere" als auch mit „gratiam
referre" umschreibt. Diese unter Vermeidung jeglicher Konfusion
festzuhaltende Unterscheidung sei nicht nur im Brief an die He-
bräer und anderswo hinreichend bezeugt, sie erlaube es auch,
alle levitischen Opfer unter sich zu subsumieren, wobei die in der
Tora begegnende Rede von Sühnopfern nicht auf die Erlangung
der Sündenvergebung vor Gott, sondern lediglich zeichen- und

---

[144] Vgl. G. Bader, Die Ambiguität des Opferbegriffs, in: NZSTh 36 (1994), 59–74.

gleichnishaft (Apol XXIV,23: „propter significationem seu similitu-
dinem") bzw. als Hinweis auf Zukünftiges (Apol XXIV,24: „ad si-
gnificandum futurum piaculum") zu deuten sei, sofern sie lediglich den Geltungsbereich des Gesetzes und nicht den des heil-
bringenden Evangeliums betreffe. Das wird durch detaillierte
Erörterungen der Opferterminologie und in eingehender Exegese
(vgl. auch Apol XXIV,52 ff.) von Hebr 10,4 und 10 sowie Jes 53,10
in Verein mit Röm 8,3 bestätigt mit dem Ergebnis, daß mit der
Offenbarung des Evangeliums die levitischen Opfer enden mußten, womit zugleich erwiesen sei, daß sie nicht eigentlich Versöh-
nungen („propitiationes") waren, „cum evangelium ideo promis-
sum sit, ut exhibeat propitiationem" (Apol XXIV,24). Entsprechend
habe das levitische Priestertum als bloßes Abbild des Priestertums
Christi zu gelten, so daß, wenn im Neuen Testament von einem
Sühneopferpriestertum gesprochen werde, damit stets und ausschließlich Christus gemeint sei.

In Wahrheit gab es daher nur ein einziges Sühnopfer in der Welt:
den Tod Christi. Die übrigen Opfer sind Dankopfer (Apol
XXIV,25: „sacrificia εὐχαριστικά, quae vocantur sacrificia laudis"),
nämlich: die Predigt des Evangeliums („praedicatio evangelii"),
der Glaube („fides"), die Anrufung („invocatio"), der Dank („gratiarum actio"), das Bekenntnis („confessio"), die Drangsale der
Heiligen („afflicitiones sanctorum"), ja alle guten Werke der Heiligen („immo omnia bona opera sanctorum") (vgl. Apol XXIV,25;
auch 30). „Haec sacrificia non sunt satisfactiones pro facientibus,
vel applicabiles pro aliis, quae mereantur eis ex opere operato
remissionem peccatorum seu reconciliationem. Fiunt enim a re-
conciliatis." (Apol XXIV,25) Solche Opfer seien wahrhaft geistliche
Opfer (Apol XXIV,26: „hostiae spirituales") und ein in der Kraft
des Geistes erbrachter vernünftiger Gottesdienst (Apol XXIV,26:
„cultus rationalis"), welcher nicht in Tieropfern oder dargebrach-
ten menschlichen Werken, sondern in herzlicher Glaubensgerechtigkeit und in der Frucht des Glaubens (Apol XXIV,27:
„iustitia fidei in corde et fructus fidei") bestehe. Belegt wird dies
nicht nur mit neutestamentlichen (1. Petr. 2,5; Röm 12,1; Hebr 13,15;
Joh 4,23 f.), sondern ferner mit einer Reihe von alttestamentlichen
Schriftzeugnissen (Jer 7,22 f.; Ps 50,13.15; Ps 40,7; Ps 51,18 f.; Ps 4,6;
Ps 116,17). Auch die beiden von den Konfutatoren geltend gemachten Maleachistellen (1,11 und 3,3) werden unter Bezug auf
Röm 15,16 gegen die Vorstellung eines ex opere operato wirksamen Sühnopfers der Messe und für die Annahme in Anspruch

genommen, das dem Menschen gebotene Opfer bestehe recht eigentlich im Lobpreis Gottes. Solcher Lobpreis könne gegebenenfalls durchaus eine Zeremonie genannt und neben der Predigt des
Evangeliums auch im Empfang des Abendmahls zum Ausdruck
gebracht werden, ohne daß deshalb das Abendmahl als ein ex
opere operato wirksames Sühnopfer zur Vergebung eigener und
fremder Sünden bezeichnet werden dürfte. Denn damit wäre es
zu einer Zeremonie nach Art des levitischen Opferkults herabgesetzt, wohingegen der evangelische Sinn aller Zeremonien im
Opfer des Herzens, will heißen: in dem Ersterben des alten und
im Beginnen des neuen Menschen bestehe.

In solcher „mortificatio et vivificatio" (Apol XXIV,39), wie sie im
Glauben sich vollzieht, bestehe denn auch recht eigentlich das
tägliche Opfer, welches abgeschafft zu haben die Evangelischen
völlig zu Unrecht beschuldigt würden. Indes sei jenes „iuge sacrificium" im besagten Sinn ein „iuge sacrificium cordis" (Apol
XXIV,39) und nicht das von den Konfutatoren verteidigte tägliche
Meßopfer. Zwar sei es akzeptabel, auch die Messe als „iuge sacrificium" zu verstehen, wenn man darunter nur die ganze Zeremonie fasse mit Evangeliumspredigt, Glauben, Anrufung und Dank.
Das gelte aber nicht für ihren Mißbrauch im Sinne eines ex opere
operato wirksamen Sühnopfers. Solcher Mißbrauch werde auch
durch das tägliche Opfer, wie es die Tora vorschreibe, nicht gedeckt. Denn bei rechtem Verstand des im Gesetz schattenhaft Ab-
gebildeten bestätige sich die evangelische Auffassung, wie sie an
Num 28,4 f. ausführlich exemplifiziert wird (vgl. Apol XXIV,36).
Die Gegner hingegen seien mit den Anhängern des Königs Antio-
chus IV. Epiphanes zu vergleichen, der im Tempel von Jerusalem
anstelle des jüdischen Gottesdienstes zwangsweise den Zeuskult
eingeführt habe. „Nam adversarii in missa solam retinent ceremo-
niam, eamque conferunt publice ad sacrilegum quaestum." (Apol
XXIV,42) Von der das Gewissen tröstenden Evangeliumspredigt
von der um Christi willen umsonst geschenkten Sündenvergebung
lassen sie hingegen nichts verlauten. Selbst die Erträglicheren unter ihnen lehren das Gesetz und nicht das Evangelium. Diese
Ignoranz dem Evangelium gegenüber stelle die eigentliche, weil
den Kern der christlichen Lehre betreffende Verödung der Kirche
dar. Darauf und nicht auf Fragen der äußeren Ornamentik seien
Dan 11,31 und 12,11 zu deuten. Denn: „... verus ornatus est ecclesiarum doctrina pia, utilis et perspicua, usus pius sacramentorum,

oratio ardens et similia. Candelae, vasa aurea et similes ornatus
decent, sed non sunt proprius ornatus ecclesiae." (Apol XXIV,51)

Nachdem Apol XXIV,52 ff. noch einmal (insonderheit unter Bezug
auf den Hebräerbrief) geltend gemacht hatte, daß das Neue Testament nur ein wahres Sühnopfer bzw. ein wahres Sühnopfer-
priestertum kenne, nämlich dasjenige Jesu Christi, so daß die levitischen Opfer keine Fortsetzung fänden, hält Apol XXIV,60 die
Ursache für aufgezeigt, warum die Messe nicht ex opere operato
rechtfertige und warum sie nicht, wenn sie anderen zugewendet
werde, für diese die Sündenvergebung verdiene. Beides widerspreche der Gerechtigkeit des Glaubens (Röm 5,1). Verbunden
wird diese Zusammenfassung mit einer expliziten Verwerfung diverser Irrtümer, nämlich erstens und vor allem der Behauptung,
daß der einmal am Kreuz für die Urschuld geopferte Herr in der
Messe täglich für die täglichen Sünden geopfert wird, zweitens,
daß die Messe dem, der sie vollzieht, ex opere operato Gnade
verschafft bzw. daß sie, nachdem sie anderen zugewendet wurde,
auch Ungerechten, wenn sie nur nichts dagegen haben, die Vergebung der Sündenschuld und die Aufhebung der Strafen zuteil
werden läßt. All dies sei falsch, gottlos und eine das Leiden Christi und die Glaubensgerechtigkeit entehrende Neuerung ungebil-
deter Mönche, welche eine Reihe von Folgeirrtümern hervorgebracht habe, wie die Aufstellung genauer Verdienstgrade der Messe, zuletzt die Übertragung der Messe auf Tote zum Zwecke ihrer
Befreiung von Fegfeuerstrafen. All dies, wie gesagt, widerspreche
nicht nur der Schrift, sondern ebenso der Lehre der Väter, die,
wenn sie die Messe als Opfer bezeichnen, damit stets eine Dan-
keshandlung meinen.

Diesen Negationen wird sodann die Entwicklung der positiven
Lehre vom Abendmahl kontrastiert. Der wesentliche, den Glauben
betreffende und die Perpektive weltlich-verständiger Betrachtung
übersteigende Sinngehalt und Nutzen des Altarsakraments ist
noch nicht mit der Annahme erfaßt, es sei als Indiz und Bekenntnis eines Berufes oder als ein Kennzeichen wechselseitiger Verbundenheit und Freundschaft unter den Christen eingesetzt. Denn
im Sinne ihrer neutestamentlichen Bestimmung als Gnadenzeichen sind Sakramente nicht bloß Kennzeichen der Menschen untereinander, sondern auch und vor allem Zeichen göttlichen Willens gegen uns. Dabei ist von zwei Bestandteilen des Sakraments
auszugehen, nämlich von signum und verbum, wobei das Wort

im Neuen Testament die hinzugefügte Verheißung der Gnade bzw. der Sündenvergebung ist, wie dies an den verba institutionis (Lk 22,19 f.) exemplarisch gezeigt wird (vgl. Apol XXIV,69). Die Zeremonie hinwiederum ist gleichsam eine Abbildung des Wortes (Apol XXIV,70: „pictura verbi") oder ein Siegel der Verheißung und ihre augenfällige äußere Gestalt darf nicht vom Wort gelöst werden, sondern zielt in untrennbarem Zusammenhang mit diesem auf den die Zusage der Sündenvergebung ergreifenden Glauben. Zu diesem mortificatio und vivificatio umfassenden geistlichen Zweck habe Christus das Abendmahl eingesetzt und befohlen, es zu seinem Gedächtnis zu vollziehen: „Nam meminisse Christi non est otiosa spectaculi celebratio, aut exempli causa instituta, sicut in tragoediis celebratur memoria Herculis aut Ulyssis; sed est meminisse beneficia Christi, eaque fide accipere, ut per ea vivificemur." (Apol XXIV,72) Insofern aber der Dank vom realen Empfang der Wohltaten untrennbar ist, so gehört das Lobopfer zur Gesamtzeremonie unmittelbar hinzu, so daß die Zeremonie selbst und als Ganzes ein Lob- und Dankopfer wird. Sacramentum und sacrificium sind in diesem Sinne zu einer differenzierten Einheit zusammengeschlossen. Von daher erklärt und legitimiert sich auch die Bezeichnung der Abendmahlsfeier als Eucharistie. Die Annahme, das Abendmahl sei ein ohne Glauben durch den bloßen Vollzug wirksames Sühneopfer, läßt sich daraus freilich ebensowenig ableiten wie aus den sonstigen traditionellen Abendmahlsbezeichnungen, auf welche sich die Gegner berufen. Das gilt für den Terminus der Liturgie (Apol XXIV,79 ff.), der eigentlich nicht ein Opfer, sondern eher einen öffentlichen Dienst bezeichnet (Apol XXIV,80) und das gilt auch für den Begriff der Messe (Apol XXIV,84 ff.) selbst. Wann immer die Messe in der Tradition der Alten Kirche als Opfer bezeichnet wurde, dann im Sinne einer das gesamte gottesdienstliche Geschehen umfassenden Danksagung. Am griechischen Kanon wird dies exemplarisch aufgezeigt. Auch er sage vieles aus über das Opfer; doch sei deutlich, daß es ihm dabei nicht eigentlich „de corpore et sanguine Domini, sed de toto cultu, de precibus et gratiarum actionibus" (Apol XXIV,88) zu tun sei.[145]

---

[145]   Auf den griechischen Kanon wird noch einmal Bezug genommen (vgl. Apol XXIV,93 ff.), wo es um die Ablehnung der Totenmessen für Verstorbene geht, von welcher der Schlußabschnitt Apol XXIV,89 ff. handelt. Eine Darbringung der Eucharistie für die Toten im Sinne einer Danksa-

7. Die Bußbeichte

Gegenüber rigoristischen Tendenzen, die Möglichkeit der Kirchenbuße für bestimmte schwerwiegende Sünden, die nach der in der Taufe erfolgten Bekehrung und Sündenvergebung begangen wurden, überhaupt zu verwehren (vgl. Hebr 6,4–6; 10,26–31; 12,16 f.; 1. Joh 5,16), setzte sich in der Alten Kirche weitgehend die

gung, wie der griechische Kanon sie zum Ausdruck bringt, lehnt Melanchthon ebensowenig ab wie das Gebet für die Toten überhaupt (Apol XXIV,94). Mißbilligt wird lediglich die ohne Glaubensbezug vollzogene Zuwendung des Herrnmahls für die Toten zum Zwecke der Sühnung ihrer Sünden und Sündenstrafen. Auszugehen habe man davon, daß das Abendmahl zur Erinnerung und Verkündigung unter den Lebenden eingeführt wurde. Im übrigen sei es wohl richtig, daß der Herr es primär um der Vergebung der Schuld willen gestiftet habe: „Et tamen pro culpa non satisfacit, alioqui missa esset par morti Christi. Nec remissio culpae accipi potest aliter nisi fide. Igitur missa non est satisfactio, sed promissio et sacramentum requirens fidem. Ac profecto necesse est omnes pios acerbissimo dolore affici, si cogitent missam magna ex parte ad mortuos et ad satisfactiones pro poenis translatam esse." (Apol XXIV,90 f.) Eine solche Zuwendung für die Toten aber ist nach Melanchthon als nutzlos erkannt, sobald deutlich ist, daß die Messe keine ex opere operato, d. h. ohne Glauben wirksame Genugtuung leistet. Das heißt, um es zu wiederholen, nicht, daß das Gebet für die Toten verboten wird. Entschieden wendet sich daher Apol XXIV,96 ff. gegen die Absicht der Gegner, die reformatorische Meßopferkritik in einen Zusammenhang mit Aerios zu bringen, der nach dem Zeugnis des Epiphanius geglaubt haben soll, daß die Gebete für die Toten nutzlos seien. Nicht dies sei die Streitsache, sondern die die Relation von Versöhnungszusage und Glaube sprengende Theorie und Praxis einer Zuwendung der Meßfrüchte ex opere operato. Gegen sie sei anzukämpfen, wie einst Elia gegen den Baalskult angekämpft habe. (Vgl. Apol XXIV,99) Zur Näherbestimmung der von Melanchthon Apol XXIV,99 und anderswo ins Auge gefaßten „adversarii" verdient beachtet zu werden, was E. Iserloh unter Verweis auf V. Pfnür (Die Wirksamkeit der Sakramente sola fide und ex opere operato, in: Gemeinsame römisch-katholische/evangelisch-lutherische Kommission [Hg.], Das Herrenmahl, Paderborn 1978, 99) sagt: „Der ‚Haufe der Scholastiker', gegen den die Apologie polemisiert, dürften nicht die altkirchlichen Gegner der zwanziger Jahre und nicht die Theologen auf dem Reichstag zu Augsburg bzw. die Confutatoren sein, weil sie solche Ansichten nicht vertreten haben. Damit können höchstens die Nominalisten des ausgehenden Mittelalters gemeint sein, die eine ‚durch die Brille Biels gesehene skotistische Sakramentenlehre' vertreten haben." (Die Abendmahlslehre der Confessio Augustana, ihrer Confutatio und ihrer Apologie, 31 f.)

Auffassung durch, einem rückfällig gewordenen Getauften sei nach erfolgtem Sündenbekenntnis noch einmal Buße als Zeichen der Aussöhnung mit Christus und der Kirche zu gewähren. Kennzeichnend für diese im Verhältnis zur Taufe sogenannte zweite Buße war über Jahrhunderte hinweg neben ihrer Öffentlichkeit die Einmaligkeit. Seit dem 6. Jahrhundert verbreitete sich dann im Zuge der iroschottischen Mission ein neues Bußverständnis, das die gesamte Praxis der mittelalterlichen Kirche prägen sollte: charakteristisch hierfür ist zum einen die weitgehende Individualisierung der Buße in Form der Einzelbeichte, die parallel geht mit einer fortschreitenden „Entwertung der öffentlichen Rekonziliation"[146], zum anderen die Annahme einer jederzeitigen Wiederholbarkeit des Beicht- und Bußvollzugs.

Die Reformation setzt diesen Entwicklungsprozeß voraus und schließt in seinen bestimmenden Momenten affirmativ an ihn an. Was ihre Wiederholbarkeit betrifft, so wird von der Buße (vgl. Apol XII,148: poenitentia quasi poenae tenentia) im XII. Artikel der CA gelehrt, „daß diejenigen, so nach der Tauf gesundigt haben, zu aller Zeit (CA XII,1: „quocumque tempore"), so sie zur Buße kommen, Vergebung der Sunden erlangen, und ihnen die Absolution von der Kirche nicht soll geweigert werden" (BSLK 66,10−15). Hervorgehoben werden Möglichkeit und Notwendigkeit der wiederholten Buße durch die Verwerfung der im lateinischen Text auf die Anabaptisten[147] zurückgeführten Annahme,

---

[146] I. W. Frank, Art. Beichte II. Mittelalter, in: TRE 5, 414−421, hier: 415. Umformung und Weiterbildung der mittelalterlichen Bußliturgie „werden trotz der Vielfalt der äußeren Formen von einem Entwicklungsgesetz mit innerer Folgerichtigkeit vorangetrieben und bestimmt. Dieses besteht in der Eingliederung bzw. Ausscheidung von Elementen der tradierten öffentlichen Buße in die geheime und jederzeit wiederholbare Privatbuße. In der kirchlichen Praxis ist dieser Prozeß zu Beginn des 12. Jahrhunderts im wesentlichen abgeschlossen." (A. a. O., 414) Frank ergänzt: „Die Zersetzung der altkirchlichen öffentlichen und einmaligen Buße durch die Privatbuße ist als Bedingung zur Ermöglichung der periodisch vorgeschriebenen Pflichtbeichte anzusehen. Gefördert wurde diese Entwicklung durch die monastische Praxis des häufigen Sündenbekenntnisses und der Vergebungsbitte in der Privatbuße." (A. a. O., 417 f.)

[147] „Damnant Anabaptistas, qui negant semel iustificatos posse amittere spiritum sanctum." (CA XII,7) Diese Damnation wird durch eine weitere, im deutschen Text nicht erwähnte ergänzt, welche sich gegen diejenigen richtet, „qui contendunt, quibusdam tantam perfectionem in hac vita contingere, ut peccare non possint" (CA XII,8). In Na ist diese Erweite-

„daß diejenigen, so einst seind fromm worden, nicht wieder fallen
mugen" (BSLK 67,12–14), sowie durch die Verdammung der No-
vatianer, „welche die Absolution denen, so nach der Tauf gesün-
digt hatten, weigerten". (BSLK 67,18 f.; CA XII,9: „Damnantur et
Novatiani, qui nolebant absolvere lapsos post baptismum red-
euntes ad poenitentiam.") Letzteres Verdikt ist aus Luthers Bekenntnis von 1528 übernommen (WA 26, 507, 14 ff.; vgl. Maurer II,
197), wo in bezug auf die „Kontroverse über die Berechtigung,
den Umfang und den Erfolg der kirchlichen Schlüsselgewalt"[148],
die Mitte des 3. Jahrhunderts die Kirche erschütterte, eine dezidiert antinovatianische Stellung bezogen wird. Die ausschließlich
innerhalb der Christenheit zu findende Sündenvergebung, so
heißt es, sei „nicht auff ein mal als ynn der tauffe zu gewarten ...,
sondern so offt und viel mal man der selbigen bedarff bis ynn
den tod" (WA 26, 507, 14–16).

Der lebenslange Bedarf an Sündenvergebung als der Grund der
Notwendigkeit wiederholter Buße wird von Luther sodann in einem Zusatz seines Bekenntnisses auch zu der Ursache seiner
Hochschätzung der Privatbeichte erklärt („Auß diser ursache halt
ich vil von der heimlichen Beicht ..." [WA 26, 507, 17]). Sie sei als
„theuer nützes ding ... für die seelen" (WA 26, 507, 21) beizubehalten und zu fördern unter der Bedingung der Freiheit ihres Gebrauchs von gesetzlichem Zwang. Diese Haltung bestimmt im
wesentlichen auch Luthers sonstige Äußerungen zum Thema.[149]

---

rung abgesehen von sonstigen Text- und Stellungsdifferenzen der Re-
probatio noch nicht enthalten. Auch dürfte der Anfang des Artikels in Na
noch eine im Vergleich zum lateinischen Endtext etwas andere Form gehabt haben. „Wahrscheinlich stand: quod lapsi (oder qui peccaverunt,
vgl. dazu den deutschen Text von A) post baptismum quocunque tempore poenitentia reparari possint – es fehlte also cum convertuntur und
wohl auch (sc. ad poenitentiam) redeuntibus nach talibus, was freilich
auch vom Übersetzer, als unbequem wiederzugeben, fortgelassen sein
kann -, eine Aussage, die vielleicht, weil sie dahin verstanden werden
konnte, daß schon der Gebrauch des Bußsakraments opere operato diese Erneuerung bewirke, später umgearbeitet wurde." (Kolde, 52; zum
Begriff „conversio" vgl. Maurer II, 199)

[148]   A. Harnack, Art. Novatian, in: RE³ 14, 223–242, hier: 225.

[149]   Vgl. im einzelnen: B. Lohse, Die Privatbeichte bei Luther, in: KuD 14
(1968), 207–228. Ferner: K. Aland, Die Privatbeichte im Luthertum von ihren Anfängen bis zu ihrer Auflösung, in: ders., Kirchengeschichtliche
Entwürfe, Gütersloh 1960, 452–519; L. Klein OSB, Evangelisch-lutherische

Beichte, Paderborn 1961; E. Roth, Die Privatbeichte und Schlüsselgewalt
in der Theologie der Reformatoren, Gütersloh 1952, sowie E. Fischer, Zur
Geschichte der evangelischen Beichte. Bd. 1: Die katholische Beichtpraxis bei Beginn der Reformation und Luthers Stellung dazu in den Anfängen seiner Wirksamkeit. Bd. 2: Niedergang und Neubelebung des Beichtinstituts in Wittenberg in den Anfängen der Reformation, Aalen 1972
(Neudruck der Ausgabe Leipzig 1902/1903). Nach Fischer hat sich bis Ende 1521 eine Beichtauffassung Luthers ausgebildet, die zusammenfassend
etwa folgendermaßen zu umschreiben ist: „Die Ohrenbeichte kann auf
eine göttliche Anordnung nicht zurückgeführt werden. Was nach dieser
Seite an angeblichen Schriftbeweisen vorgebracht wird, ist in keiner
Weise als stichhaltig anzuerkennen. Bei alledem bleibt das Beichtinstitut
eine überaus heilsame Einrichtung, deren sich jeder rechte Christ willig
und dankbar bedienen wird. Allerdings darf dabei in keiner Weise ein
Zwang ausgeübt werden. Es ist durchaus unberechtigt, wenn man ein bis
ins einzelnste gehendes Beichtbekenntnis und das Ablegen desselben
vor den Priestern fordert; zu diesen Forderungen ist man auch nur aus
Geldgier, Herrschsucht und übler Neugierde gekommen. Überhaupt aber
ist jedwedes Beichtgebot und aller Beichtzwang unerlaubt. Die Beichte
muß frei bleiben und in das Belieben jedes einzelnen gestellt werden;
insonderheit muß die Beichte vor Laien ausdrücklich gestattet sein. Was
aber dem entgegensteht, jede Art von Zwang, den man hinsichtlich der
Beichte ausübt, wirkt verderblich, dient zur Belastung der Gewissen und
führt zu Sünde und Verderben. Das gilt insonderheit auch hinsichtlich
der Zeit und des Umfangs der Beichtbekenntnisse. Man darf da keinerlei
bindende Vorschriften aufstellen. Notwendig ist überhaupt nur die
Beichte vor Gott. Wer diese in rechter Weise ablegt, wird sich allerdings
auch getrieben fühlen, einem christlichen Bruder zu beichten, und wird
davon reichen Segen haben. Aber er soll einem Priester dann auch nur
als einem christlichen Bruder, nicht als einem mit besonderen Privilegien
ausgestatteten Amtsträger beichten." (Bd. 2, 82) Im übrigen betone Luther, daß allein reuiger Glaube, der alles Vertrauen auf die Zusage der
Absolution setze, über den Wert der Beichte entscheide und notwendig
zur Buße gehöre. Zum namentlich durch Karlstadt veranlaßten Niedergang des Beichtinstituts in Wittenberg und zu seiner schließlichen Neubelebung durch Luther vgl. Bd. 2, 85 ff. Zwar bestreitet Fischer, „daß Luther durch die Einführung des Glaubensverhörs die Beichte in ihrer früheren Ausgestaltung wiederherstellen oder auch nur etwas Analoges an
ihre Stelle setzen wollte. Doch aber werden wir die Einführung dieser
neuen Einrichtung mit Fug und Recht als einem neue Neubelebung des Beichtinstituts bezeichnen können." (Bd. 2, 184) Zu dem „noch von Luther als
nicht unbedingt notwendig angesehene(n) Zusammenhang von Beichte
und Abendmahl" (E. Bezzel, Art. Beichte III, in: TRE 5, 421–425, hier: 424;
ders., Die Privatbeichte in der lutherischen Orthodoxie, Diss. Erlangen
1975) vgl. K. Harms, Die gottesdienstliche Beichte als Abendmahlsvorbe-
reitung in der Evangelischen Kirche in Geschichte und Gestaltung,
Greifswald 1930.

So kritisiert er – um ein ins Konkordienbuch eingegangenes Beispiel zu wählen – in der „kurze(n) Vermahnung zu der Beicht",
die dem Großen Katechismus seit dessen zweiter Auflage beigegeben ist[150], einerseits scharf den tyrannischen Beichtzwang, die
unerfüllbare Forderung umfassender Sündenaufzählung wie überhaupt die Unkenntnis bzw. völlige Verkennung, die im Papsttum
in bezug auf Trost und Nutzen der Beichte geherrscht habe (vgl.
BSLK 725,30 ff.). Andererseits rechnet er nicht minder scharf mit
jenen ab, welche die gewonnene evangelische Freiheit in dem
Sinne mißdeuten und mißbrauchen, „als sollten oder dürften sie
nimmermehr beichten" (BSLK 726,29 f.). Solchen – wie es heißt:
Säuen (BSLK 726,35; vgl. 502,7) – wird die christliche Pflicht zur
Beichte eindringlich vorgehalten.

Im einzelnen denkt Luther, wenn er von der Beichte spricht, neben dem allgemeinen Sündenbekenntnis aller Christen gegenüber
Gott und den Nächsten, wie es lebenslang geboten und im
„Vaterunser" exemplarisch zum Ausdruck komme, auch und nicht
minder an die Privatbeichte, die er insonderheit dem gewissens-
geplagten und trostbegehrenden Herzen als eine gewisse Zuflucht
empfiehlt, „da es Gottes Wort findet und höret, daß ihn Gott
durch ein Menschen von Sunden entbindet und lossprecht" (BSLK
729,2 f.). Dabei hebt er als das theologisch Entscheidende die
rechte Unterscheidung von Gottes- und Menschenwerk hervor,
aus welchen beiden die Beichte besteht: „Das erste ist unser Werk
und Tuen, daß ich meine Sunde klage und begehre Trost und Er-
quickung meiner Seele. Das ander ist ein Werk, das Gott tuet, der
mich durch das Wort, dem Menschen in Mund gelegt, lossprecht
von meinen Sunden, welchs auch das Furnehmste und Edelste ist,
so sie (sc. die Beichte) lieblich und tröstlich machet." (BSLK
729,12–20)[151] Als Grundschaden überkommener Beichtpraxis seiner Zeit wird sodann die Tatsache angegeben, daß man allein auf
das zu fordernde menschliche Werk geachtet und von seiner ge-

---

[150]   Vgl. im einzelnen A. Peters V, 14 ff.

[151]   Vgl. BSLK 517,11–17: „Die Beicht begreift zwei Stück in sich. Eins, daß
        man die Sunde bekenne, das ander, daß man die Absolutio oder Verge-
        bung vom Beichtiger empfahe als von Gott selbs und ja nicht dran
        zweifel, sondern feste gläube, die Sunde seien dadurch vergeben für
        Gott im Himmel." Zur literarischen Geschichte des Beichtabschnitts in
        KK vgl. BSLK XXX sowie 517, Anm. 2.

leisteten Durchführung die Wirksamkeit der Absolution abhängig gemacht habe. Dadurch sei nicht nur das christliche Beichtgebot in gesetzlichen Zwang verkehrt, sondern der Verheißungscharakter der Beichte aufgelöst und das Gewissen in höllische Verzweiflung getrieben worden. Zu verhindern sei das nur, wenn alle Aufmerksamkeit auf das Werk Gottes und gerade nicht auf das eigene Vermögen oder Unvermögen (BSLK 731,29−31: „Wir aber sagen nicht, daß man sehen solle, wie voll Unflats Du seiest, und sich darin spiegeln ...") gerichtet werde. Es gilt: „Wer nicht willig und ümb der Absolution willen zur Beicht gehet, der lasse es nur anstehen. Ja, wer auch auf sein Werk hingehet, wie rein er seine Beicht getan habe, der bleibe nur davon. Wir vermahnen aber, Du sollt beichten und Deine Not anzeigen nicht darümb, daß Du es fur ein Werk tuest, sondern hörest, was Dir Gott sagen lässet. Das Wort, sage ich, oder Absolutio sollt Du ansehen, groß und teuer achten als ein trefflichen großen Schatz, mit allen Ehren und Dank anzunehmen." (BSLK 730,25−37) Ihrer elementaren Bedeutung wegen kann der Reformator solche Vermahnung zur Beichte mit der Vermahnung, ein Christ zu sein (BSLK 732,42), gleichstellen, wie er denn auch trotz und unbeschadet der konsequenten Ablehnung jedes Beichtzwangs (BSLK 732,22 f.: „Summa, wir wollen von keinem Zwang wissen.") keinen Zweifel daran aufkommen läßt, daß diejenigen, welche die Beichte verachten, nicht für Christen zu halten seien.[152]

Die im Blick auf Luthers Reformation der Beichte charakterisierten theologischen Grundsätze, welche die Beichtvermahnung des Katechismus bündig zusammenfaßt, sind wie für die ganze Wittenberger Bekenntnistradition[153], so auch für die Argumentation bestimmend und kennzeichnend geworden, mit welcher der Torgauer Artikel (A) „Von der Beicht" (BSLK 97,38 ff.; vgl. Förstemann I, 77 f.) die einschlägigen kursächsischen Reformmaßnahmen verteidigt. Um Mißverständnisse schon im Ansatz zu vermeiden, betont der erste Satz sogleich, was dann auch durch die folgenden Aussagen bestätigt wird: „Die Beicht ist nit abgetan ..." (BSLK

---

[152]   Vgl. L. Fendt, Luthers Reformation der Beichte, in: Luther. Mitteilungen der Luthergesellschaft 24 (1953), 121−137.

[153]   Vgl. E. Kinder, Beichte und Absolution nach den lutherischen Bekenntnisschriften, in: ThLZ 77 (1952), Sp. 543−550.

97,39)[154] Belegt wird der Ernst dieses Grundsatzes mit dem Hinweis, es sei „den Pfarrherrn befohlen, niemand das heilig Sakrament zu reichen, der nicht zuvor verhort und Absolutio begehrt hat." (BSLK 97,39–41) Diese auch Luther geläufige und häufig zur Geltung gebrachte Verbindung zwischen Beichte und Empfang des Altarsakraments[155] begegnet, wie das meiste in Torgau A „Von der Beicht" Gesagte auch in CA XXV[156], dem einschlägigen Artikel des zweiten Teils der Augustana, während sich CA XI mit der einleitenden Feststellung begnügt: „Von der Beicht wird also gelehrt, daß man in der Kirchen privatam absolutionem erhalten und nicht fallen lassen soll ..." (BSLK 66,2–4; CA XI,1: „De confessione docent, quod absolutio privata in ecclesiis retinenda sit ...")[157] Indes sei es, so wird hinzugefügt, „in der Beicht nicht not ..., alle Missetat und Sunden zu erzählen". Dies wird entsprechend schon in Schwab 11 gelehrt („sei auch nicht not alle Sunde zu erzählen, man mag aber anzeigen die, so das Herz beißen und unruhig machen" [BSLK 66,23 f.]), und zwar im Zusammenhang mit einer Ablehnung gesetzlichen Privatbeichtzwangs überhaupt, welche sich auch in Marb 11 findet. Im Unterschied dazu konzentriert sich CA XI wie vorher schon Na 10 ausschließlich auf die Kritik geforderter Aufzählung aller Vergehen („omnium delictorum enumeratio"), deren Notwendigkeit mit dem Hinweis auf ihre Unmöglichkeit abgelehnt wird (CA XI,2: „Est enim impossibilis ..."). Belegt wird die attestierte Unmöglichkeit vollständiger Sündenenumeration mit dem Psalmwort: „Delicta quis intelligit?"

---

[154] Vgl. CA XXV,1: „Confessio in ecclesiis apud nos non est abolita." – „Die Beicht ist durch die Prediger dieses Teils nicht abgetan." (BSLK 97,33 f.)

[155] „Im Abendmahl liegt das Entscheidende in der Verheißung der Sündenvergebung; sie besteht in einer Absolution. Auf dieser Gleichung und nicht auf kirchlichem Gesetz beruht der enge und der Sache nach notwendige Zusammenhang zwischen Sakrament und Absolution." (Maurer II, 198)

[156] Vgl. CA XXV,1: „Non enim solet porrigi corpus Domini nisi antea exploratis et absolutis." – „Dann diese Gewohnheit wird bei uns gehalten, das Sakrament nicht zu reichen denen, so nicht zuvor verhort und absolviert seind." (BSLK 97,34–37; vgl. Anm. 2)

[157] Zur Textform in Na vgl. Kolde, 51 f.: „Wie in Art. 8 und 9 und sonst die den späteren Text einleitenden Worte: de baptismo, de coena domini docent gefehlt haben dürften, so wird auch in Art. 10 (11) de confessione nicht gestanden haben, so daß der Art. de privata absolutione handeln sollte."

„Wer kennet die Missetat?" Während dieses Schriftzitat (Ps 19,13) in Na fehlt, findet es sich nicht nur in CA XXV, sondern bereits in dessen Vorlage aus Torg A, wo es ebenfalls zum Beleg für die Unmöglichkeit einer, wie es heißt, „Erzählung der Sunden" (BSLK 98,32 f.) aufgeführt wird. Man wird im Sinne der Logik der Argumentation davon auszugehen haben, daß mit der besagten Wendung nicht die confessio oris als solche für unnötig und unmöglich erklärt ist, was konsequenterweise die faktische Aufhebung der ausdrücklich als erhaltenswert deklarierten Privatbeichte bedeuten müßte. Gemeint ist mit der Formulierung „Erzählung der Sunden" vielmehr wie in CA XI und analog im „Unterricht der Visitatoren" (vgl. WA 26, 220)[158] die besagte enumeratio omnium delictorum. Es gilt, was Luther auf die Frage, welche Sünde man denn beichten solle, im KK antwortet: „Fur Gott soll man aller Sunden sich schuld geben, auch die wir nicht erkennen, wie wir im Vaterunser tun. Aber fur dem Beichtiger sollen wir allein die Sunden bekennen, die wir wissen und fühlen im Herzen." (BSLK 517,20–26)

Der Aspekt eines expliziten Sündenbekenntnisses, das bewußte Verfehlungen ausdrücklich namhaft macht, ist also in lutherisches Beichtverständnis durchaus integriert, wie eben auch das Institut der Einzelbeichte und „sonderlich Absolution" (BSLK 66,16 f.) nicht abgetan, sondern beibehalten werden soll. Wahr freilich ist, daß das Hauptaugenmerk lutherischer Bußtheologie nicht diesem Gesichtspunkt, sondern der Absolution bzw. dem Gesichtspunkt von Sündenbekenntnis und Beichte nur insofern gilt, als beide streng auf die Absolution hingeordnet werden, um von dort her ihrer Bestimmung zugeführt und in dieser Bestimmung erkannt zu werden. In gewisser Weise relativiert sich durch diesen für die gesamte Buße konstitutiven Absolutionsbezug in der Tat der Unterschied zwischen sog. Einzelbeichte und allgemeiner Beichte, ohne doch deshalb einfach aufzuhören. Denn als ein menschendienlicher und ausschließlich durch solche Menschendienlichkeit bestimmter Unterschied kann und muß er gerade dann aufrecht-

---

[158] Vgl. hierzu und zu den einschlägigen Texten des Konkordienbuchs B. Lohse, Beichte und Buße in der lutherischen Reformation, in: K. Lehmann (Hg.), Lehrverurteilungen – kirchentrennend? II. Materialien zu den Lehrverurteilungen und zur Theologie der Rechtfertigung, Freiburg i. Br./Göttingen 1989, 283–295.

erhalten werden, wenn er als ein für die Absolution nicht grundlegender, sondern durch sie bedingter in Betracht kommt. Besteht
sonach keine absolute, will heißen: absolutionskonstitutive, sondern nur eine relative, von der Absolution bedingte und ganz auf
ihre Menschendienlichkeit hin angelegte Notwendigkeit expliziten
Sündenbekenntnisses, so gilt dies entsprechend für die Institution
der Einzelbeichte überhaupt. Ihre Ordnung hat ausschließlich an
besagter Menschendienlichkeit ihren Maßstab und darf unter keinen Umständen zum Zwangsgesetz ausarten.

Während dieser vergleichsweise allgemeine Aspekt, wie gesagt,
im XI. Artikel der CA und in seiner Vorform in Na im Interesse
verständigen Ausgleichs zugunsten konsequenter Konzentration
auf die Kritik geforderter Aufzählung aller Vergehen als dem
praktischen Hauptschaden des überkommenen Beichtinstituts
ausgeblendet wird, kommt er wie in Schwab II[159] und Marb II[160]
so auch in Torg A „Von der Beicht" explizit zur Geltung: Abgelehnt wird nicht nur die für verpflichtend erklärte enumeratio
omnium delictorum, abgelehnt wird es ferner, den Leuten bestimmte Zeit und bestimmtes Maß zu setzen, „wenn sie peichten
sollen" (BSLK 99,27). Begründet wird dies im wesentlichen mit einer im Falle kirchenrechtlicher Beichtverpflichtung drohenden
Verunehrung des Altarsakraments. Diese Begründung basiert ihrerseits auf dem für bindend erklärten und erneut eingeschärften
Zusammenhang von Absolutionsbegehren und Abendmahlsemp-
fang, in dessen Folge gesetzlicher Beichtzwang Sakramentsmiß-
brauch – nämlich Empfang durch Unwürdige, will heißen: abso-
lutionsunwillige, zur Beichte lediglich gezwungene Sünder – unweigerlich zur Konsequenz haben müßte. Statt gesetzliche
Forderungen im Blick auf Maß und Zeit der Beichte zu erheben,
habe man sich deshalb mit der ernstlichen Mahnung zu begnügen, „daß wer Christen sein will, schuldig sei, das Sakrament zu
brauchen" (BSLK 99,36). Diese Mahnung impliziert, wie man aufgrund des besagten Zusammenhangs von Beichte und Altarsakrament annehmen darf und muß, die andere, daß es nämlich

---

[159] BSLK 66,17 f.: „Daß die heimliche Beicht nicht solle erzwungen werden
       mit Gesetzen ..."

[160] BSLK 66,26 f.: „daß die Beicht oder Ratsuchung bei seinem Pfarrherr oder
       Nähsten wohl ongezwungen und frei sein soll ..."

unveräußerliche Christenpflicht sei, die Absolution und damit auch die Beichte zu begehren.

In CA XXV ist diese nicht hinreichend ausgereifte Argumentation weggelassen. Wie in CA XI liegt der entscheidende kritische Akzent wieder und fast ausschließlich auf der Bestreitung der notwendigen Pflicht, „die Sünde namhaftig zu erzählen" (BSLK 99,10 f.). Als Ps 19,13 ergänzender Schriftbeleg für das Recht dieser Bestreitung wird Jer 17,9 (CA XXV,8: „Pravum est cor hominis et inscrutabile.") aufgeführt, woraus sich der Schluß ergibt: „Die elend menschlich Natur steckt also tief in Sunden, daß sie dieselben nicht alle sehen oder kennen kann, und sollten wir allein von den absolviert werden, die wir zählen konnen, wäre uns wenig geholfen." (BSLK 99,4–9) Bestätigt findet man diese Auffassung auch bei den Vätern; so werde Chrysostomos im Decretum Gratiani (vgl. BSLK 99, Anm. 1) mit den Worten zitiert: „Non tibi dico, ut te prodas in publicum, neque apud alios accuses te, sed oboedire te volo prophetae dicenti: Revela ante Deum viam tuam. Ergo tua confitere peccata apud Deum, verum iudicem, cum oratione. Delicta tua pronuntia non lingua, sed conscientiae tuae memoria." (CA XXV,11) Zwar wird der kritische Ertrag dieses Traditionsbeweises erneut auf die rechtmäßige Ablehnung des Zwangs, „die Sunde namhaftig zu erzählen" (BSLK 100,1) beschränkt, doch scheint CA XXV noch weitergehende Folgerungen zu ziehen, wenn unter Berufung auf die Glosse zu Decret. Grat. De poen. 5,1 (vgl. BSLK 100, Anm. 1) im deutschen Text allgemein gesagt wird, „daß die Beicht nicht durch die Schrift geboten, sondern durch die Kirchen eingesetzt sei" (BSLK 100,3–5). Zu beachten ist allerdings nicht nur, daß diese „scharfe Aussage"[161] im lateinischen Text keine unmittelbare Entsprechung hat, wo es statt dessen lediglich heißt: „humani iuris esse confessionem" (CA XXV,12); zu bedenken ist vielmehr auch und vor allem, daß eine als pauschal und generell beabsichtigte Bestreitung der Schriftgemäßheit der Einzelbeichte in einem eklatanten Widerspruch zu der mehrfach und nachdrücklich geäußerten Absicht stünde, das überkommene Beichtinstitut zwar reformieren, aber keineswegs abschaffen zu wollen.

---

[161] B. Lohse, a. a. O., 288, Anm. 28.

Die eigentümliche theologische Neuerung reformatorischer Lehre
von der Beichte besteht also nicht in deren kircheninstitutioneller
Auflösung, sondern in der konsequenten Hinordnung der Beichte
auf die Absolutionszusage, von der her ihr heilsames Wesen allererst sich erschließt und zwar so, daß der Unterschied zwischen
Einzelbeichte und anderen Beichtformen nicht aufgehoben, wohl
aber relativiert wird. Als – absolutionsbestimmtes – Kriterium der
Unterscheidung hat dabei die von Fall zu Fall seelsorgerlich zu
erhebende Menschendienlichkeit der jeweiligen Beichtform zu
gelten, deren wesentliche Funktion sich in der Gewißheit des
Sünders, von seiner Schuld absolviert zu sein, erfüllt. In diesem
Sinne will die reformatorische Lehre, „daß die Beicht von wegen
der Absolution, welche das Hauptstuck und das Furnehmbst darin
ist, zu Trost der erschrockenen Gewissen darzu umb etlicher anderer Ursachen willen, zu erhalten sei" (BSLK 100,6–11; CA XXV,
13: „Verum confessio, cum propter maximum absolutionis beneficium tum propter alias utilitates conscientiarum, apud nos reti-
netur.").

Während die Konfutatoren[162] den Hinweis auf die in der vielbe-
nutzten Ausgabe von Lyon (1506) enthaltene, aber umstrittene
Glosse im Dekret des Gratian, derzufolge die Beichte mehr in der
Tradition der Gesamtkirche als in der Heiligen Schrift des Alten
und Neuen Testaments begründet sei, in einem Nebensatz abtun,
gehen sie auf das Chrysostomoszitat ausgiebig ein mit dem Ziel,
CA XXV eine Fehlinterpretation nachzuweisen. Sei in dem zitierten Text doch von der öffentlichen (publica confessio) und nicht
von der sakramentalen und priesterlichen Beichte (sacramentalis
et sacerdotalis confessio) die Rede. Ein Beweis gegen die Notwendigkeit der confessio oris vor dem Priester sei von Chrysostomos also nicht zu erlangen und das um so weniger, als er
sich anderwärts ausdrücklich zur Dreiteiligkeit der sakramentalen
Buße bekenne. Auf einer expliziten mündlichen Beichte der Sünde, die schon den Montanisten widerstrebte, sei daher zu bestehen, zumal da eine confessio integra nicht nur zum Heil notwendig, sondern auch für christliche Zucht und Gehorsam förderlich
sei. Zu einem ähnlichen Schluß waren die Konfutatoren bereits in

---

[162] Vgl. auch J. Ficker, a. a. O., 102,15 ff. sowie H. Immenkötter, Der Reichstag
zu Augsburg und die Confutatio. Historische Einführung und neuhochdeutsche Übertragung, Münster 1979, 84, Anm. 42.

ihrer Replik auf CA XI gekommen. Nachdem sie das Bekenntnis zur Beibehaltung der „sonderlich und priesterlich absolution sambt der haimlichn priesterbeicht" (Immenkötter, 102,5 ff.; vgl. auch J. Ficker, a. a. O., 42 f.) grundsätzlich begrüßt hatten, erinnerten sie zunächst an die vom 4. Laterankonzil (vgl. DH 812: „omnis utriusque sexus fidelis") im Anschluß an den allgemeinen Kirchenbrauch auferlegte Pflicht, mindestens einmal im Jahr zur Osterzeit zu beichten. Sodann schärfen sie ein, daß mit dem Beichtwillen die Bereitschaft, nach Möglichkeit alle begangenen Sünden zu benennen und zu bekennen, prinzipiell verbunden sein muß. Erst unter dieser Bedingung sei es statthaft, unbewußte Schuld mit Ps 19,13 der Gnade Gottes anzuempfehlen.

Apol XI[163] greift diese Kritikpunkte ausdrücklich auf und begegnet ihnen zunächst mit dem Hinweis, daß durch die reformatorische Einsicht das beneficium absolutionis und die potestas clavium zum Trost der Gewissen neu ans Licht gebracht und verherrlicht wurden, nachdem die Bedeutung der Absolution durch die Lehre von den Werken unterdrückt worden waren. Trotz solcher Hochschätzung des Absolutionssakraments, dessen Bezug zum Herrenmahl nachdrücklich betont wird, hält Apol XI,3 ff. die einmal jährliche Beichte für nicht erzwingbar. Zu bestreiten sei auch, daß die vollständige Aufzählung der Sünden in der Beichte nach göttlichem Recht und somit zum Heil notwendig sei (Apol XI,6 ff.). Zwar könne die Anleitung zur enumeratio peccatorum in manchen Fällen nützlich sein, doch dürfe den Gewissen durch Verordnungen kein Zwang auferlegt werden. Das grundsätzliche Urteil über die Beichtbestimmungen des 4. Laterankonzils („Nec tantum habet incommodi textus per se, quantum postea affixerunt Summistae, qui colligunt circumstantias peccatorum." [Apol XI,7]) steht damit fest: „Omnis utriusque, de qua perinde iudicamus, ut de aliis traditionibus humanis, de quibus sentimus, quod non sint cultus ad iustificationem necessarii." (Apol XI,8) Auch wird erneut betont, daß es unmöglich sei, alle oder auch nur die meisten Sünden zu beichten. Der schlimmste Übelstand aber liege darin, daß in der Unmenge von kirchlichen Verordnungen, Glossarien, Summarien und Konfessionalien alles auf die Berechnungen der Sünde (supputationes peccatorum) ausgerichtet werde,

---

163   Vgl. auch die Ausführungen der Apologia Confessionis Augustanae Prior CR 27, 285 = BSLK 249,23–37 und CR 27, 333 f.

während von Christi Absolutionszusage und vom Rechtfertigungsglauben nichts zu lesen stehe mit der Folge, daß die erschrockenen Gewissen ohne Trost blieben (vgl. Apol XI,9 f.).

Apol XII,102 ff. bestätigt dieses Urteil und hebt erneut hervor, daß
eine genaue Aufzählung der Sünden in der Beichte nach göttlichem Recht nicht nötig sei. „Nam quod obiiciunt quidam iudicem
prius debere cognoscere causam, priusquam pronuntiat, hoc nihil
ad hanc rem pertinet, quia ministerium absolutionis beneficium
est seu gratia, non est iudicium seu lex. Itaque ministri in ecclesia
habent mandatum remittendi peccata, non habent mandatum cog-
noscendi occulta peccata." (Apol XII,103 f.) Als Ergebnis wird festgehalten, daß sich die Absolution auch auf Sünden bezieht, an die
wir uns nicht erinnern oder die wir nicht erkennen, daß mithin
die Absolution („quae est vox evangelii remittens peccata et con-
solans conscientias" [Apol XII,105]) eine Kenntnis der Sünden
nicht zwingend erfordert. Der Versuch, dagegen mit Spr 27,23 zu
argumentieren, wird als lächerlich zurückgewiesen. Auch der
Verweis auf Jak 5,16 erbringe nichts, weil dort nicht von der
Beichte vor Priestern, sondern allgemein von der wechselseitigen
Versöhnungsbeichte der Brüder untereinander die Rede sei (Apol
XII,109). Nicht beweiskräftig sei schließlich auch der Hinweis auf
die altkirchlichen Väter: denn diese erwähnen zwar die Beichte,
sprechen dabei aber nicht von der Aufzählung verborgener Sünden in der Privatbeichte, sondern vom Ritus der öffentlichen Buße
(de ritu publicae poenitentiae; vgl. Apol XII,112). Hingegen zeige
das Beispiel von Ps 32,5, daß die Beichte vor Gott mit dem Herzen
geschehen müsse und nicht allein mit der Stimme, „sicut fit in
scenis ab histrionibus" (Apol XII,107). Die der Herzensbeichte eigentümliche Gestalt aber ist die contritio, „in qua sentientes iram
Dei confitemur Deum iuste irasci, nec placari posse nostris operibus, et tamen quaerimus misericordiam propter promissionem
Dei" (Apol XII,107 unter Bezug auf Ps 51,6). Als Quintessenz ergibt
sich folgendes Resultat: „Quamquam ... confessionem probamus
et quandam examinationem prodesse iudicamus, ut institui homines melius possint: tamen ita moderanda res est, ne conscientiis
iniiciantur laquei, quae nunquam erunt tranquillae, si existima-
bunt se non posse consequi remissionem peccatorum, nisi facta
illa scrupulosa enumeratione. Hoc certe falsissimum est, quod adversarii posuerunt in confutatione, quod confessio integra sit
necessaria ad salutem. Est enim impossibilis. Et quales laqueos hic
iniiciunt conscientiae, cum requirunt integram confessionem!

Quando enim statuet conscientia integram esse confessionem?"
(Apol XII,110 f.)

Dieses von Melanchthon formulierte Ergebnis stimmt bruchlos mit
den Auffassungen Luthers[164] überein, wie er sie im Zusammenhang seiner Katechismen und später etwa in den Schmalkaldischen Artikeln entwickelt hat, wo es in III,8 unter der Überschrift
„Von der Beicht" zwar heißt, daß im Hinblick auf die Aufzählung
der Sünden „soll frei sein einem idern, was er erzählen oder nicht
erzählen will", wo aber zugleich gesagt wird, daß Beichte und
Absolution (absolutio privata) nicht zu verachten und abzuschaf-
fen, sondern als ein von Christus im Evangelium gestiftetes Amt
der christlichen Kirche hochzuschätzen und beizubehalten seien
zu Hilfe und Trost gegen die Sünde und das böse Gewissen,
„sonderlich umb der bloden Gewissen willen, auch umb des jungen, rohen Volks willen, damit es verhoret und unterrichtet werde
in der christlichen Lehre". Im vorhergehenden Artikel (ASm III,7)
hatte Luther bereits mit ekklesiologischem Nachdruck betont, daß
die potestas clavium eine der Kirche von Christus selbst gegebene
Amtsvollmacht sei, „zu binden und zu losen die Sunde". Dabei
handle es sich nicht allein um die groben und wohlbekannten,
sondern auch um die subtilen und heimlichen Sünden, die Gott
allein kennt, dem allein das Urteil darüber zukommt, „welche,
wie groß und wieviel die Sunde sind" (ASm III,7 unter Verweis
auf Ps 19,13 u. Röm 7,25 sowie Ps 143,2 u. 1. Kor 4,4).

Bleibt hinzuzufügen, daß die von Christus gegebene potestas clavium als die kirchliche Vollmacht, Sünden zu binden und zu bü-
ßen, gemäß lutherischer Bekenntnistradition potentiell der Gesamtkirche eingestiftet und als Mandat aufgetragen ist, wenngleich
sie aktuell in der Regel „iuxta vocationem", also von dem mit dem
Amt der öffentlichen Evangeliumsverkündigung und der Sakramentsverwaltung betrauten Ministerium wahrgenommen wird,
dem auch der Dienst der Gemeindeleitung und Kirchenzucht einschließlich der Zuständigkeit für die Zulassung zum Abendmahl
oder für den Ausschluß von ihm in besonderer Weise obliegt. Die

---

164   A. Peters, Glaube und Werk. Luthers Rechtfertigungslehre im Lichte der
heiligen Schrift, Berlin/Hamburg 1962, 262 u. a. sagt mit Recht, daß sich
Erkenntnis totaler Sündigkeit des Menschen vor Gott und Bekenntnis
einzelner Sünden vor dem Beichtiger für den Reformator nicht ausschließen, sondern gegenseitig erfordern.

anfängliche Annahme, daß neben dem rite vocatus jeder Christ
Beichte abnehmen und absolvieren könne, wird zwar auch später
nicht grundsätzlich ausgeschlossen, wie ja auch die Praxis der
Laienbeichte in bestimmten Fällen bis ins Mittelalter hinein unan-
gefochten lebendig war. Doch ändert das nichts an der Tatsache,
daß die insonderheit in den Auseinandersetzungen mit den
Schwärmern verteidigte und wiederbelebte evangelische Ohrenbeichte eng und immer enger verbunden wurde mit dem ordinationsgebundenen Amt und seinen spezifischen Dienstfunktio-
nen.[165] Als den Regelfall, wie er in den einschlägigen Argumentationen der lutherischen Bekenntnistradition vorausgesetzt ist, wird
man insofern denjenigen anzusehen haben, in dem die Beichte
vor dem Amtsträger als dem verordneten Diener der Kirche geschieht. Abgelehnt wird in Apol XI,8 denn auch nicht die gebotene Ordnung, vor einem ordentlich ins besondere Amt der Kirche
Berufenen, also einem Ordinierten zu beichten, sondern lediglich
„die Forderung des 4. Lateranense, unbedingt ‚proprio sacerdoti'
zu beichten ... Und wenn AC XII,109 sagt, daß es sich in Jak. 5,16
nicht um die Beichte vor dem Priester, sondern um das Unrecht
handele, das man dem Bruder zugefügt habe und diesem einge-
stehen solle, so ist deutlich, daß ersteres als etwas Besonderes
angesehen wird. So kennt auch Luther im AS: CIV *neben* der
‚Kraft der Schlüssel' ‚auch per mutuum colloquium et consolationem fratrum', also den brüderlichen Trostzuspruch als etwas von
dem Schlüsselamt Verschiedenes."[166]

8. *Das Sakrament der Absolution und*
seine Wahrnehmung in reuigem Glauben

Daß es ein charakteristisches Kennzeichen der Reformation ist,
das Volk von der tröstlichen Kraft der Absolution und dem Glauben an das Absolutionswort fleißigst (CA XXV,2: „diligentissime")
zu unterrichten[167], hatten der Torgauer Beichtartikel und im An-

---

[165]   Vgl. E. Bezzel, Art. Beichte III, in: TRE 5, 421–425, hier: 423.

[166]   E. Kinder, a. a. O., Sp. 549.

[167]   Zur Geschichte von Luthers Erkenntnis der Absolution als des sakra-
       mentalen Bestimmungsgrundes der Buße vgl. W. Schwab, Entwicklung

schluß an ihn CA XXV mit Nachdruck hervorgehoben (vgl. BSLK
97,41 ff.; CA XXV,2; BSLK 97,37 ff.). Während die Prediger vorzeiten
„die Gewissen mit langer Erzählung der Sunden, mit Genugtun,
mit Ablaß, mit Wallfahrten und dergleichen gemartert" (BSLK
98,19 – 22) hätten, ohne sie entsprechend „de fide absolutionis"
(CA XXV,2) zu unterrichten (CA XX,2: „magnum erat silentium"),
so werde jetzt mit großem Engagement und in einer Weise, der
auch die Widersacher ihre Anerkennung nicht versagen könnten
(vgl. CA XXV,6), gelehrt, „wie trostlich das Wort der Absolution
sei, wie hoch und teuer die Absolution zu achten" (BSLK 98,1 – 3).

Begründet wird die Hochschätzung der Absolution im wesentlichen mit der Tatsache, daß sie nichts anderes und nicht weniger
ist als das göttliche Evangelium der Sündenvergebung für den
Menschen, das „verbum Dei quod de singulis auctoritate divina
pronuntiat potestas clavium", wie Melanchthon in Apol XII,99
sagt.[168] In ihrer Funktion als göttliche Evangeliumszusage der
Sündenvergebung kann die Absolution von Melanchthon auch
Sakrament genannt werden. Für die Buße gilt das entsprechend
bzw. insofern, als sie durch die Absolution konstituiert und we-
sensbestimmt ist und daher qua absolutio als Sakrament bezeichnet werden kann. Wie es in Apol XII,41 heißt: „Et absolutio proprie dici potest sacramentum poenitentiae ..." (vgl. die Wiedergabe von Justus Jonas: „und die Absolution, das selige, tröstliche
Wort, sollt billig das Sacrament der Buß heißen" [BSLK 259,25 –

---

und Gestalt der Sakramententheologie bei Martin Luther, Frankfurt a. M./
Bern 1977 sowie H. Jorissen, Die Sakramente – Taufe und Buße, in:
E. Iserloh (Hg.), CA und Confutatio. Der Augsburger Reichstag 1530 und
die Einheit der Kirche, Münster ²1980, 524 – 544, hier: 526: „Das Ergebnis
dieser Entwicklung liegt im ‚Sermon vom Sakrament der Buße‘ (1519) vor.
Es hat seinen adäquaten Niederschlag in der Augustana und in Melanchthons Apologie gefunden, wie Luthers Schrift ‚Von den Schlüsseln‘
aus dem gleichen Jahr (1530) belegen kann." Es trifft zu, wenn Jorissen
hinzufügt: Mit der „Neuentdeckung des Absolutionswortes ist Luthers
reformatorisches Anliegen erst voll zum Durchbruch gekommen ..." (526;
vgl. auch Fagerberg/Jorissen, 232 ff.)

[168] Nicht als „des gegenwärtigen Menschen Stimme oder Wort" sei daher die
Absolutionszusage, wie sie „an Gottes Statt und aus Gottes Befehl ge-
sprochen" (BSLK 98,4 ff.) wird, zu erachten; sie sei vielmehr „vox Dei"
(CA XXV,3), welcher man glauben müsse, „denn so Gottes Stimme vom
Himmel erschulle" (BSLK 98,12 f.).

27]).[169] Die mit der zitierten Wendung explizit eingeräumte Möglichkeit („potest"), die Buße kraft des wirksamen Zuspruchs göttlicher Sündenvergebung ein Sakrament zu nennen, wird nicht nur durch Apol XIII ausdrücklich bestätigt (Apol XIII,4: „Vere igitur sunt sacramenta baptismus, coena Domini, absolutio, quae est sacramentum poenitentiae."), sondern im Grunde schon von der CA implizit vorausgesetzt. Jedenfalls trifft das unter der Voraussetzung zu, daß man den XIII. Artikel „Vom Brauch der Sakrament" („De usu sacramentorum") nicht isoliert betrachtet, sondern auf die Artikel IX (Taufe), X (Abendmahl) sowie XI (Beichte) und XII (Buße) rückbezieht und in ihren Kontext integriert. Dann gilt: „In der CA ist die Sakramentalität der Buße durch die Stellung von CA 11 und 12 nach den Artikeln über Taufe (CA 9) und Abendmahl (CA 10) sowie vor CA 13 (Vom Gebrauch der Sakramente) hinreichend deutlich zum Ausdruck gebracht." (Fagerberg/Jorissen, 235)[170]

Die Feststellung, daß die Absolution eigentlich das Sakrament der Buße genannt werden könnte, ist in Melanchthons Apologie mit dem um Traditionskontinuität bemühten Hinweis versehen, daß dies auch von den gelehrteren scholastischen Theologen (Apol XII,41: „scholastici theologi eruditiores") behauptet wurde. Untersucht man die vorreformatorischen Bußtheologien des Mittelalters daraufhin, so zeigt sich, daß sich ihre gedanklichen Bemühungen und Differenzen hauptsächlich auf die Frage bezogen, „wie im Sakrament der Buße die subjektiv-persönliche Bußbemühung des einzelnen und die objektiv-kirchliche Intervention zusammenwirken. Übereinstimmung herrschte über die Notwendigkeit von Reue, Sündenbekenntnis und Genugtuung auf seiten des Pönitenten. Unterschiedliche Auffassungen bestanden hingegen über die Art der geforderten Reue (*attritio-contritio*), über die nähere Zuordnung der Akte des Pönitenten zur priesterlichen Absolution, vor allem aber über die Funktion der (in ihrer Notwendigkeit unbestrittenen) priesterlichen Absolution." (Fagerberg/Jorissen, 228f.)

---

[169]   „Die Absolution, das dem einzelnen konkret und persönlich zugesprochene Vergebungswort, ist ... für Luther und die Bekenntnisschriften das eigentliche Sakrament der Buße." (H. Jorissen, Die Sakramente – Taufe und Buße, 527)

[170]   Vgl. ferner schon „Unterricht der Visitatoren": „Die Busse ist auch zum sacrament gezelet ..." (WA 26, 217, 29)

Während der durch Petrus Lombardus wirksam gewordene sogenannte Kontritionismus der priesterlichen Absolution lediglich deklaratorische Funktion zuerkennen konnte, weil für den Fall, daß
sie mit dem Willen zu confessio und satisfactio, also der Gehor-
samsbereitschaft gegenüber der kirchlichen Schlüsselgewalt verbunden sei, bereits der contritio sündentilgende Kraft attestiert
wurde, bilden nach Thomas die Akte des Pönitenten (contritio,
confessio, satisfactio) die materia, die Lossprechung hingegen die
forma des Bußsakraments, womit der absolutio eine ursächlich-
wirkkräftige und nicht nur deklaratorische Bedeutung für die
Sündenvergebung zukommt. Zuvor schon wurde in der Viktori-
nerschule versucht, durch Unterscheidung von culpa und poena
die Absolution mit einer realen Tilgungsmacht bezüglich der Sündenstrafe auszustatten. Die an Duns Scotus und Ockham anschließende spätmittelalterlich-nominalistische Bußtheorie führte
diese Entwicklung zwar insofern fort, als sie das eigentliche Wesen des Bußsakraments ganz und gar auf die Absolution konzentrierte; doch wurde die Wirkung der Absolution nicht selten, wie
etwa bei Biel, „nicht auf die Tilgung der Schuld *coram Deo*, sondern lediglich in *facie ecclesiae*" (Fagerberg/Jorissen, 232) bezogen
mit der Folge, daß die Hauptfunktion der Schlüsselgewalt in der
Auferlegung der Satisfaktionsbuße zum Zwecke der Tilgung zeitlicher Sündenstrafen gesehen wurde, während zum Maßstab der
eigentlichen Schuldvergebung und Gnadenzuteilung doch wieder
unterschiedliche Reuegrade in der Weise wurden, daß man etwa
zwischen einem Gnadenverdienst de congruo und de condigno
unterscheiden konnte.

Namentlich gegen diese spätnominalistische Gestalt mittelalterlicher Bußtheologie ist der reformatorische Protest gerichtet.[171] Bi-

---

[171] Die kirchenoffizielle Definition der Buße als des vierten Sakraments ist
im wesentlichen im florentinischen „Lehrdekret für die Armenier" von
1439 (vgl. DH 1323) enthalten. Demzufolge haben als Spender der Buße
der bevollmächtigte Priester, als ihre Form die Absolutionsworte („ego te
absolvo"), als ihre Wirkung die Lossprechung von den Sünden zu gelten,
während die Funktion der Bußmaterie („quasi materia") erfüllt wird
durch Reue des Herzens („cordis contritio") in der Form von Sünden-
schmerz und Besserungsvorsatz, mündliches Bekenntnis („oris confessio") in Form einer vollständigen Offenlegung aller bewußten Sünden
sowie durch Genugtuung („satisfactio"), welche nach Maßgabe priesterli-
cher Entscheidung vor allem in Form von Gebet, Fasten und Almosen zu
geschehen hat. Im Anschluß an diese Elementardefinition besteht das

blische Leitlinie wurde dabei das Verheißungswort Mt 16,19 (vgl.
Mt 18,18; Joh 20,23): „Ich werde dir die Schlüssel des Himmelrei-
ches geben; ... was du auf Erden lösen wirst, wird auch im Himmel gelöst sein."[172] Im Unterschied zur Tradition deutete Luther
dieses Wort nicht als „Vollmacht zum richterlichen Handeln der
Kirche gegenüber dem Sünder, sondern als Botschaft von der
Sündenvergebung, die die Kirche im Namen des Herrn zu verkünden und auf die der Sünder sich ohne Vorbehalt zu verlassen
hat. Diese Betonung des göttlichen Handelns am Menschen führt

Tridentinum (vgl. DH 1667 ff.) auf der wahren und notwendigen Sakramentalität der Buße, deren Einsetzung mit dem Joh 20,22 f. überlieferten Worte des Auferstandenen an die Apostel begründet wird:
„Empfanget den Heiligen Geist. Denen ihr die Sünden nachlaßt, denen
sind sie nachgelassen, und denen ihr sie behaltet, denen sind sie behalten." (vgl. DH 1670) Des weiteren wird der wesentliche Unterschied zwischen dem Sakrament der Taufe und dem der Buße eingeschärft und
betont, die Buße trage im Unterschied zur ersten Rechtfertigung und
Sündenvergebung, wie sie in der Taufe statthabe, den Charakter eines
kirchlichen Gerichts mit Anklage, Urteil und Genugtuung an sich. Der
Gehalt der Buße dürfe deshalb nicht auf innere Gewissenspein oder den
bloßen Glauben an die in der Verkündigung zugesprochene Sündenvergebung reduziert werden, sie sei vielmehr ein förmliches Rechtsverfah-
ren mit den notwendigen Wesensbestandteilen von Reue, Bekenntnis
und Genugtuung auf seiten des büßenden Sünders. Was die Reue betrifft
(vgl. DH 1676 ff.), so sei zu differenzieren zwischen vollkommener Reue
(„contritio perfecta"), die von sich aus die Vergebung der Sünden bewirken kann, sofern sie mit der Absicht verbunden ist, das Bußsakrament zu
empfangen, und unvollkommener Reue („contritio imperfecta, quae at-
tritio dicitur"), die zum gültigen Empfang des Bußsakraments genügt,
wenngleich sie von sich aus nicht zur Rechtfertigung führt. In bezug auf
Bekenntnis und Genugtuung (vgl. DH 1679 ff. u. 1689 ff.) wird bestätigt
und differenziert, was im Florentinum gesagt wurde: Das vollständige
Bekenntnis insbesondere von Todsünden hat als heilsnotwendig und
göttlich verordnet, die Erstattung von auferlegten Satisfaktionsleistungen
für läßliche Sünden und zeitliche Strafen als verbindlich zu gelten. Die
Vollmacht der Absolution schließlich wird, unabhängig von deren sittlicher Verfassung, den geweihten Priestern und in bestimmten Fällen den
Bischöfen bzw. dem Papst vorbehalten, die Lossprechung selbst zu einem richterlichen, vom Dienst der Verkündigung klar zu unterscheidenden Akt erklärt (vgl. DH 1684 ff.). Hinzuzufügen ist, daß die einzige Stelle, an der das Tridentinum (1551) in den Canones ausdrücklich auf einen
Artikel der CA Bezug nimmt, CA XII betrifft (vgl. DH 1704).

[172]   Zu Luthers Neuentdeckung des Verheißungswortes Mt 16,19 vgl. Fager-
berg/Jorissen, 232 f.

nicht bloß zu einer neuen personalen Vertiefung des Bußgeschehens, sondern auch zu einer kritischen Relativierung des kirchlichen Ritus und des menschlichen Beitrags: Nicht die Leistung einer vollkommenen Reue des Herzens, nicht das Werk eines vollständigen Sündenbekenntnisses, erst recht nicht das Vollbringen äußerer Bußwerke ist entscheidend, sondern der feste Glaube an das Herrenwort von der Sündenvergebung."[173] Gottes Wirken in der Lossprechung und nicht menschliche Aktivität ist der entscheidende Faktor, welcher die innere Sinnmitte des Bußsakraments bestimmt. Absolution und Absolutionsglaube machen so das Wesen des Bußsakraments aus. In dem Maße aber, in dem Luther die gläubig zu empfangende Absolutionszusage präsentischer Sündenvergebung als Mitte der Buße verstehen lernt, in dem Maße gelangt er zu seiner reformatorischen Einsicht. Die Bußthematik ist insofern mit Recht zum „Kristallisationspunkt der Rechtfertigungslehre"[174] erklärt worden. Zugleich läßt sich an der Bußlehre in exemplarischer Weise der differenzierte, die reformatorische Gesamttheologie elementar strukturierende Zusammenhang von Gesetz und Evangelium entwickeln (vgl. Fagerberg/Jorissen, 235), insofern die bußtheologische Unterscheidung von Reue und Glaube derjenigen von lex und evangelium analog ist. Es gilt: „Die Reue ist Gottes Werk im Menschen und Ausdruck dafür, daß Gott durch das Gesetz den alten Menschen tötet, um den neuen zum Leben zu erwecken. Während Gott aber in der Reue zunichte macht und erschrickt, macht er im Glauben das erschrockene Gewissen lebendig. Damit hängt die Unterscheidung von *opus alienum* und *opus proprium,* von Gottes fremdem und Gottes eigenem Werk, zusammen. Das fremde Werk Gottes besteht im Werk des Gesetzes: das ist die Reue. Gottes eigenes Werk ist der Glaube. Diese beiden Werke liegen nicht unverbunden hinter- oder nebeneinander, sondern Gott wirkt sein eigenes Werk in seinem fremden Werk. Gottes Wirken durch Gesetz und Evangelium entspricht so den beiden (innerlich verbundenen) unerläßlichen ‚Teilen' des Bußaktes: der Reue und dem Glauben."[175] Dabei ist es der die im Absolutionswort ausgesprochene

[173] H. Heinz, Die Feier der Versöhnung, Einführung in die christliche Bußliturgie, in: ders. u. a. (Hg.), Versöhnung in der jüdischen und christlichen Liturgie, Freiburg i. Br./Basel/Wien 1990, 11–31, hier: 21.

[174] H. Jorissen, Die Sakramente – Taufe und Buße, 526.

[175] A. a. O., 532 f.

Vergebungszusage Gottes ergreifende Glaube, welcher die Reue nicht in der Verzweiflung versinken läßt, sondern heilshaft bestimmt; und es ist wiederum und eben darin der Glaube, welcher die Voraussetzung bußfertiger Werke der Besserung darstellt, wie sie aus der Reue über begangene Sündenschuld hervorgehen sollen. In diesem Sinne hat nicht nur die Reue als „conditio sine qua non" des Glaubens, sondern auch der Glaube als die „perfectio sine qua non" der Reue zu gelten. Buße ist von daher zu bestimmen „als die für den Vollzug des Glaubens vorbereitete und den Vollzug des Glaubens vorbereitende, als durch den Vollzug des Glaubens allererst zu integrierende und nur im Vollzug des Glaubens integrierte Situation des Glaubens"[176].

Mit Reue und Vergebungsglauben als den Gesetz und Absolutionsevangelium entsprechenden Momenten des Bußvollzugs ist benannt, was nicht nur bei Luther, sondern auch gemäß CA XII,3 das wahre Wesen der Buße ausmacht: „wahre rechte Buß" ist, wie es heißt, „nichts anderes dann Reue und Leid oder Schrecken[177] haben über die Sünde und doch daneben glauben an das Evangelium und Absolution, daß die Sünde vergeben und durch Christum Gnad erworben sei, welcher Glaub wiederum das Herz tröstet und zufrieden machet" (BSLK 66,15 – 67,7). Wörtliche Anklänge beweisen den engen Zusammenhang dieser Passage mit der Lehre „Von der rechtschaffen christlichen Buße" im „Unterricht der Visitatoren", die wie die folgenden Kapitel von der Beichte und der Genugtuung starken Einfluß Luthers verraten. Als „das erste Teil der Busse" werden dabei „Reuw und leid" bestimmt (WA 26, 219, 24). Rechte Buße sei es, „hertzlich rew und leid über seine sunde haben und hertzlich erschrecken für Gottes zorn und gericht" (WA 26, 218, 26 f.). Auch mit „Tötung des Fleisches" (vgl. WA 26, 218, 28) kann im Anschluß an die Schrift der erste Teil der

---

176 H.-G. Geyer, Von der Geburt des wahren Menschen. Probleme aus den Anfängen der Theologie Melanchthons, Neukirchen 1965, 371; bei Geyer gesperrt.

177 Daß die Termini „Leid" und „Schrecken" im Zusammenhang reformatorischer Lehre von der Reue – analog etwa zum Trostbegriff im Kontext der Lehre von der fides – primär theologische Kategorien darstellen und sonach vor allem den Gottesbezug des Menschen betreffende „Sachverhalte" bezeichnen, hat H. Jorissen mit Recht gegen psychologisierende Deutungen geltend gemacht (Die Sakramente – Taufe und Buße, 533, Anm. 32).

Buße umschrieben werden. Ihr „ander teil" aber ist „Gleuben, das die sunde umb Christus willen vergeben werden, Welcher glaub wirckt guten fürsatz" (WA 26, 219, 24 ff.). Diese Bestimmungen sind in Na 11, welcher Artikel den Beichtartikel Na 10 über Schwab 11 und Marb 11 hinausgehend ergänzt, fast wörtlich übernommen worden (vgl. Maurer II, 196 ff.), wenn es heißt: „Die Buß aber stehet in zweien, erstlich in der Reue oder Schrecken des Gewissens, so man die Sund erkennt, zum andern in dem Glauben, den man aus dem Evangelio oder Absolution empfähet, so man glaubt, daß uns die Sund durch Christum vergeben werden und also das Gewissen getrost und gestärkt wird." (BSLK 67,26–29) Mit dem anschließenden Satz (BSLK 67,29 f.): „Alsdann sollen folgen die guten Werk als Fruchte der Buß", wird die Lehre von den Bußfrüchten akzentuiert, die im lateinischen Text von CA XII in der besagten knappen Form (CA XII,6: „Deinde sequi debent bona opera, quae sunt fructus poenitentiae.") aufgenommen wird und „in Nb 12 bzw. CA 12 deutsch ihren vollkommensten biblisch begründeten Ausdruck" (Maurer II, 197) erhält, wenn gesagt wird: „Darnach soll auch Besserung folgen, und daß man von Sünden lasse; dann dies sollen die Fruchte der Buß sein wie Johannes spricht Matth. 3.: ‚Wirket rechtschaffene Frucht der Buß.'" (BSLK 67,7–11; vgl. Mt 3,8) Ansonsten bringen Nb und die deutsche Fassung von CA XII kaum Textveränderungen gegenüber Na 11, abgesehen davon, daß sie „die von Luther und Melanchthon übernommene Polarität zwischen Reue und Leid über die Sünde und ‚doch daneben' den Trost des Evangeliums als Zentralpunkt stärker heraus(stellen)" (Maurer II, 197). Im lateinischen Text ist die parallele Passage in klassischer Bündigkeit formuliert: „Constat autem poenitentia proprie his duabus partibus: altera est contritio seu terrores incussi conscientiae agnito peccato, altera est fides, quae concipitur ex evangelio seu absolutione et credit propter Christum remitti peccata et consolatur conscientiam et ex terroribus liberat." (CA XII,3–5)

Vergleicht man die entwickelte reformatorische Lehre von der Zweiteiligkeit der Buße mit der vorhergehenden Lehrtradition, so ergeben sich vor allem zwei eng miteinander verbundene Fragen, nämlich erstens, ob die Zweiteilung der Buße dem traditionellen Aufriß von contritio, confessio und satisfactio unvermittelt „entgegengesetzt" (vgl. BSLK 67, Anm. 1) ist, und zweitens, wie sich in der reformatorischen Konzeption das erwähnte scholastische Zentralthema gottmenschlichen Zusammenwirkens im Bußvollzug darstellt. Was letztere Frage betrifft, so läßt sie sich auf das Problem konzentrieren, ob unter reformatorischen Bedingungen Reue und Glaube in ihrem Verhältnis zum Bußsakrament der Absolution ohne weiteres als menschliche Bußakte bestimmt werden können. Diese Bestimmung muß spätestens dann als problematisch erscheinen, wenn unter Bußakten „die menschlichen Voraussetzungen, die subjektive Bereitung zur Erlangung der Sündenvergebung" verstanden werden soll, wie das in der Interpretation von H. Jorissen der Fall ist.[178] Jorissen macht allerdings selbst auf das bestehende Problem dadurch aufmerksam, daß er Reue und Glaube nicht nur als menschliche Bußakte, sondern zugleich als Werke Gottes im Menschen bezeichnet, deren Verhältnis er im Sinne von opus Dei alienum und opus Dei proprium bestimmt, um schließlich zu folgender Ausgleichsformel zu gelangen: „In dem Maße als für Luther (sc. und analog für die lutherische Bekenntnistradition) das Vergebungswort in den Mittelpunkt des Bußgeschehens rückt, verlieren ... Reue und Glauben den Charakter einer vom Menschen her vorausgesetzten Bedingung oder Disposition. Sie bleiben zwar ‚vorausgesetzt', aber als Voraussetzungen, die Gott selbst seinem Handeln am Menschen im Menschen voraussetzt, ohne daß sie dadurch aufhören, Akte des Menschen zu sein ..."[179]

Auch wenn man nicht sagen kann, daß mit dieser Formel das Bedürfnis theologischer Begriffsklarheit bereits hinreichend befriedigt ist, so macht sie doch darauf aufmerksam, daß es sich bei Reue und Glaube nach reformatorischem Verständnis offenkundig nicht um menschliche Bußakte unter anderen, sondern um die elementaren Momente jenes durch das göttliche Absolutionswort bestimmten Konstitutions- bzw. Restitutionsvorgangs handelt, in welchem menschliche Bußaktivität allererst hergestellt wird, so daß es sowohl für wahre Reue als auch für wahren Glauben cha-

---

[178] A. a. O., 531; vgl. 532: „Reue und Glaube sind ... für Luther und die Bekenntnisschriften die unerläßliche Voraussetzung der Absolution."

[179] A. a. O., 534; vgl. auch: Fagerberg/Jorissen, a. a. O., 234 ff., bes. 239, wo als Ergebnis der Untersuchung folgendes formuliert wird: „Erstens, zum Gesamt der christlichen Buße ... gehört auch das Sakrament der Buße, die Absolution. Zweitens, von seiten des Sünders sind zur Erlangung der Sündenvergebung durch die Absolution Reue und Glaube unabdingbare Voraussetzung. Dem bleibt drittens hinzuzufügen: Reue und Glaube sind kein eigenverdienstliches Werk, sondern Gottes Werk im Menschen ..."

rakteristisch ist, contritio mere passiva bzw. fides mere passiva zu
sein. Wird aber reformatorischerseits eine contritio activa ebenso
wie eine fides activa nicht nur nicht gelehrt, sondern entschieden
als selbstgemacht abgelehnt, so können Reue und Glauben nur in
sekundär-vermitteltem Sinne menschliche Bußaktivitäten genannt
werden, da sie primär und in einer alles weitere bestimmenden
Weise den allein und ausschließlich auf Gottes Werk zurückzu-
führenden Vollzug bezeichnen, in welchem es, wie gesagt, um
Konstitution und Restitution des in der Sünde heillos verkehrten
Menschen geht, die von diesem in schlechthinniger Abhängigkeit
nur hinzunehmen, nicht aber aktiv zu gestalten sind, weil sie
sein – des Menschen – Aktzentrum selbst betreffen. Kurzum: Reue
und Glaube sind nicht, jedenfalls nicht primär aktive Selbstvollzü-
ge des Menschen, weil sie das menschliche Selbst, das allen Vollzügen zugrundeliegt und sie zur Einheit zusammenschließt, unmittelbar und an sich betreffen. Nur wenn dies wahrgenommen
wird, werden Reue und Glaube als theologische, den Gottesbezug
des Menschen betreffende Kategorien gedacht, wie das für reformatorische Bußlehre obligat ist. Wie aber der Gottesbezug des
Menschen alle seine Selbst- und Weltbezüge bestimmt, so sind
Reue und Glaube die gottbezügliche Basis für alle Bußaktivitäten
des Menschen. Es ist deshalb zu wenig gesagt, wenn Reue und
Glaube lediglich „die vorrangigen Teile des Bußaktes"[180] genannt
werden. Denn in der Entsprechung zu Gottes Wort in Gesetz und
Evangelium, wie es in der Absolution wirksam zugesagt wird,
sind Reue und Glaube nicht nur Bestandteile des Bußaktes, sondern dessen fundamentale, weil das Aktzentrum selbst betreffende, den Büßer allererst zum Büßer machende Konstitutionsmomente.

In anderer, sekundärer, den vom Gottesbezug bestimmten Selbst-
und Weltbezug des Menschen eigens ins Auge fassender Hinsicht
können Reue und Glaube dann allerdings durchaus auch Bestandteile des menschlichen Bußaktes genannt werden, sofern
nämlich contritio und fides in je unterschiedlicher Weise auch,
wenngleich niemals primär, reflexiv verfaßte Selbstbeziehungs-
und Selbstwahrnehmungsgestalten des Menschen bezeichnen. Indes sind Reue und Glaube, um es zu wiederholen, als solche

---

[180] H. Jorissen, Die Sakramente – Taufe und Buße, 533; vgl. Fagerberg/Joris-
sen, 240.

Selbstbeziehungs- und Selbstwahrnehmungsgestalten theologisch
nur dann angemessen zu erfassen, wenn die ihnen eigene Reflexivität kategorial differenziert wird vom ursprünglichen Gottesbezug, der als allein von Gott bedingter und ausschließlich von ihm
eröffneter sowohl den fundierenden Grund von Reue und Glaube
als auch deren eigentliches Wesen ausmacht. Negativ ist damit
gesagt, daß das ursprüngliche Wesen von Reue und Glaube nach
Maßgabe reformatorischer Theologie der Selbstreflexion des Menschen, wie sie seiner irdischen Erfahrungswelt angehört, nicht
unmittelbar zugänglich ist und von ihr nicht gründlich genug ermessen werden kann. Dazu bedarf es einer nur von Gott zu lei-
stenden Vermittlung. Das ist gemeint, wenn Reue und Glaube zu
Funktionen des Wortes Gottes als der manifesten göttlichen
Selbstvermittlung erklärt werden. Das Wort Gottes ist es mithin, in
dem der Sinn von Reue und Glaube nach dem Urteil der Reformation wesentlich gründet. Weil aber das Wort Gottes seinem
durch Jesus Christus in der Kraft des Geistes offenbaren göttlichen
Wesen gemäß Entsprechung hervorzurufen intendiert, kommt es
in seiner Folge notwendig zu menschlichen Selbsterfahrungen,
die ihrerseits in einem Zusammenhang stehen mit der dem Menschen kreatürlich eigenen Reflexivität. Insofern kann von Reue
und Glaube auch als von menschlichen Selbsterfahrungsgrößen
und Bestandteilen menschlicher Bußaktivität die Rede sein. Als
Bestandteile menschlicher Bußaktivität hinwiederum gehören
Reue und Glaube grundsätzlich zusammen mit confessio oris und
jenen menschlichen Bußwerken, welche die scholastische Tradition in einem noch zu erörternden Sinn satisfactio nennt.

Damit ist bereits angedeutet, was auf die noch offene Frage nach
dem Verhältnis reformatorischer Zweiteiligkeit der Buße zur traditionellen Trias von contritio, confessio und satisfactio zu antworten ist. Daß es sich dabei nicht um ein Verhältnis kontradiktori-
schen Gegensatzes handeln kann, dürfte bereits die Behandlung
der Beichtthematik gezeigt haben, in bezug auf welche reformatorische Theologie trotz der Schärfe theoretisch und praktisch ge-
übter Kritik sich durchaus um Integration bemüht zeigte. Ausdrücklich wird betont, daß die Beichte, auch und gerade in ihrer
Gestalt als Einzelbeichte, beibehalten werden soll. Schon daraus
ergibt sich, daß Reue und Glauben, insofern sie unter dem Gesichtspunkt menschlicher Bußaktivität in Betracht kommen, keineswegs als die einzigen Bußakte zu gelten haben. Zwar können
sie mit Recht die hervorragenden Anteile menschlicher Bußakti-

vität genannt werden, insofern das Empfinden innerer Reue die Voraussetzung rechter Äußerung im Sinne expliziter Sündenbeichte und das Selbstbewußtsein des Glaubens die Basis aller tätigen Bußwerke ist. Doch sind Reue und Buße unbeschadet ihrer vorrangigen Stellung unter den menschlichen Bußakten keineswegs „die (im ausschließenden Sinne) einzigen"[181].

Kann sonach die Zweiteiligkeit reformatorischer Bußlehre deren traditioneller Dreiteiligkeit offenbar nicht unvermittelt konstrastiert werden, so legt sich die Vermutung nahe, daß sich der bußtheologische Sinn des reformatorischen Duals nicht nur nicht erschließt, sondern verschließt, wenn man ihn im Sinne eines Abbildungsverhältnisses unmittelbar mit der trias von contritio, confessio oris und satisfactio in Beziehung setzt. Solches zu tun, hieße Unvergleichbares zu vergleichen. Der Irrtum eines solchen Unternehmens wird schon daraus ersichtlich, daß lediglich die contritio in beiden Begriffsreihen auftaucht, während ansonsten keine Korrespondenzbegriffe begegnen. Daran bestätigt sich, was im wesentlichen bereits gesagt wurde, daß nämlich die auf Reue und Glaube konzentrierte Bußlehre der Reformation weder eine neue Zählung der bestimmenden Momente menschlicher Bußaktivität einführen will noch in erster Linie darauf aus ist, Rangfolgen innerhalb der Bußakte des Menschen festzulegen. Ihr Interesse gilt primär gar nicht dem menschlichen Bußvollzug, sondern den durch Gottes Wort, wie es in der auf Glauben zielenden Absolution sich erfüllt, hervorgerufenen Konstitutionsmomenten, welche das personale Aktzentrum des Menschen bestimmen müssen, damit der Vollzug der Buße nach Weise einzelner Bußakte überhaupt möglich und theologisch sinnvoll erfaßt werden kann. Es spricht daher viel für den Vorschlag, den XII. Artikel der Augustana in bezug auf seine Zweiteilung der Buße so zu lesen, „daß er gar nicht von der institutionellen Ordnung des Sakraments, sondern von dem theologischen Gehalt der Buße spricht"[182]. Dadurch bleibt unbestritten, daß der theologische Gehalt der Buße mit einer bestimmten Ordnungsgestalt ihres Vollzugs sich verbin-

---

181 H. Jorissen, a. a. O., 535.

182 W. Pannenberg, Die Augsburgische Konfession als katholisches Bekenntnis, in: H. Meyer u. a. (Hg.), Katholische Anerkennung des Augsburgischen Bekenntnisses? Ein Vorstoß zur Einheit zwischen katholischer und lutherischer Kirche, Frankfurt a. M. 1977, 17–34, hier: 33.

den muß und verbinden wird. Der Dual von Reue und Glaube,
wie CA XII ihn entwickelt, steht denn auch der Trias von contritio, confessio und satisfactio trotz der Unmöglichkeit eines direkten Vergleichs nicht beziehungslos gegenüber. Sucht man nach
einem möglichen Verbindungs- und Vermittlungsglied der zwei-
teiligen und der dreiteiligen Buße, so legt sich von selbst der
contritio-Begriff als der einzige in beiden Schemata vertretene
Terminus nahe. Nicht von ungefähr bezieht die Apologie „in der
Verteidigung von CA 12 die *duae partes*, insbesondere die Notwendigkeit des Glaubens, auf den ‚ersten Akt‘ des Pönitenten. Sie
beschließt die entsprechenden Ausführungen mit der Bemerkung:
‚Das geschieht im ersten Akt‘ (Apol 12,1–11), und setzt sich anschließend mit Beichte und Genugtuung auseinander." (Fager-
berg/Jorissen, 253) Bereits im „Unterricht der Visitatoren" begegnet
ein entsprechendes Argumentationsverfahren, wenn es am Schluß
des Artikels „Von der rechtschaffenen Christlichen Buße", dem eigene Artikel „Von der rechten Christlichen Beicht" (WA 26, 220)
und „Von der rechten Christlichen Genugthuung für die sunde"
(WA 26, 220–222) folgen, heißt: „Man hat zuvor geleret, es seyen
drey teil der Busse, Als nemlich Rew, Beicht und Genugthuung.
Nu haben wir vom ersten teil geredt, das Rew und leid sol alle-
weg gepredigt werden, und das erkenntnis der sunde und Tötung
heissen Rew und leid." (WA 26, 219, 31–34) Aus dieser Bemerkung
geht nicht nur erneut hervor, daß es die – bereits im „Unterricht"
mit dem Glauben zur Zweiteiligkeit der Buße verbundene – Reue
ist, über die sich der Dual von contritio und fides mit der Trias
von contritio, confessio und satisfactio vermittelt; es wird zugleich
ersichtlich, auf welche Weise und mit welchen Gründen eine solche Vermittlung zu vollziehen ist. Denn es wird deutlich gesagt,
was Reue ihrem Wesen nach ist: „Tötung" und damit definitives
Ende allen Tuns und Vermögens des Sünders, dem nichts als
Heillosigkeit vor Gott verbleibt. Statt als erster Akt des Bußvollzu-
ges gelten zu können, müßte die Reue daher auch definitives und
heilloses Ende in dieser, die menschlichen Bußaktivitäten betreffenden Hinsicht bedeuten. Zum entscheidenden und grundlegenden Beginn menschlicher Bußaktivität, der zu sein sie allerdings
bestimmt ist, kann sie daher überhaupt nur dann werden, wenn
ihr kraft ihres durch Glauben vermittelten Bezugs zur Absolution,
ohne welchen sie nichts ist als schiere „verzweivelung" (WA 26,
219, 29), eine ebenso gründliche wie heilsame Umbestimmung
zuteil wird. Diese – allem aktualen Vermögen des Sünders entzo-

gene und allein von der bedingungslosen und unbedingten göttlichen Vergebungszusage zu leistende und im Glauben mere passive wahrzunehmende – Umbestimmung ist nicht weniger als die Bedingung der Möglichkeit dafür, daß aus Reue, deren charakteristische Position als entscheidende Schnittstelle bußtheologischer Argumentation und als Angelpunkt der Vermittlung des Duals von contritio und fides mit der Trias von contritio, confessio und satisfactio deutlich geworden sein dürfte, ein Bußakt wird, aus dem weitere Bußaktivitäten hervorgehen.

9. Die Früchte der Buße und das Problem zu leistender Satisfaktion

Daß mit Bußaktivitäten des Pönitenten zu rechnen ist, die aus jenem reuigen Glauben folgen, der sich ganz auf die sakramentale Zusage der Absolution verläßt und in solcher vertrauensvollen Hingabe die elementare Gestalt der Buße ausmacht, hat reformatorische Theologie nicht nur nicht geleugnet, sondern stets ausdrücklich behauptet. Das zeigte sich in bestimmter Hinsicht bereits am Beispiel der Bußbeichte, die nach Lehre der CA einerseits grundsätzlich beizubehalten ist, andererseits nur dann recht gepflegt werden kann, wenn sie in Beziehung steht zu reuigem Absolutionsglauben, dessen Explikationsform sie ihrer theologischen Bestimmung gemäß ist und zu sein hat.[183] Schwieriger als im Hinblick auf die confessio oris stellt sich die Angelegenheit in bezug

---

[183] Analog zu seiner bereits skizzierten Argumentation in Apol XI kommt Melanchthon in Verteidigung von CA XII noch einmal auf dieses Thema zurück, wobei er den Hauptakzent erneut auf die bereits mehrfach angesprochene Diskrepanz zwischen der mühevollen Pflicht zur Aufzählung aller begangenen Sünden und der Geringschätzung (Apol XII,12: „frigide loquuntur") der Absolution legt, um seinen Gegnern sodann vorzuwerfen: „Fingunt ipsum sacramentum ex opere operato conferre gratiam sine bono motu utentis, de fide apprehendente absolutionem et consolante conscientiam nulla fit mentio." (Apol XII,12) In Konsequenz dessen verwirft Melanchthon nicht nur, „quod enumeratio delictorum in confessione, de qua praecipiunt adversarii, sit necessaria iure divino" (Apol XII,23), sondern auch „quod susceptio sacramenti poenitentiae ex opere operato sine bono motu utentis, sine fide in Christum consequatur gratiam" (Apol XII,25).

auf die von der traditionellen Bußtheologie geforderte satisfactio
dar. Denn das reformatorische Urteil über das mögliche und nötige Zusammenbestehen von Genugtuungsleistungen, wie sie von
der traditionellen Bußtheologie den Pönitenten abverlangt wurden, mit dem gekennzeichneten reuigen Absolutionsglauben
scheint von vornherein klar und – im Unterschied zur Ohrenbeichte – eindeutig negativ zu sein. Schließt doch die Damnatio-
nenreihe von CA XII mit der ausdrücklichen Verwerfung derer,
„so nicht lehren, daß man durch Glauben Vergebung der Sünde
erlange, sondern durch unser Genugtun" (BSLK 67,20–23).[184] Entsprechend heißt es im lateinischen Text: „Reiiciuntur et isti, qui
non docent remissionem peccatorum per fidem contingere, sed
iubent nos mereri gratiam per satisfactiones nostras." (CA XII,10)
Damit ist noch einmal zum Ausdruck gebracht und in Form eines
Verwerfungsurteils abgrenzend bestätigt, was im „Unterricht der
Visitatoren" so gesagt wurde: „Genugthuung fur unser sunde sind
keine unsere werck, Denn allein Christus hat für unsere sunde
genug gethan, Und dieses stücke der Busse gehört zu vergebung
der sunde und zum glauben, das wir wissen und glewben, das
uns unsere sunde umb Christus willen vergeben werden." (WA
26, 220, 21 ff.)

Um solches Wissen und solchen Glauben zu fördern und vor
Mißverständnissen zu bewahren, hatte Luther seit den zwanziger
Jahren die Rede von „Genugtuung" als Bezeichnung menschlicher
Bußaktivität mehr und mehr aufgegeben mit der Folge, „daß der
Begriff ‚satisfactio' in der evangelischen Bußlehre im Gegensatz
zu den Begriffen ‚contritio' und ‚confessio' bald aus dem Gebrauch kam"[185]. Theologisch begründet war dieser Verzicht in der
von Luther „zunächst als ‚Gefahr', später als Gegebenheit deklarierten Annahme, durch die Verwendung des Wortes ‚satisfactio'
solle zum Ausdruck gebracht werden, der Mensch könne ‚deo pro
peccato satisfacere', Gott durch menschliche Werke versöhnen"

---

[184]   Vgl. H. Jorissen, Die Sakramente – Taufe und Buße, 539 ff. Zu Stellung
und Textgestalt der Damnation in Na vgl. BSLK 67,31 f.; zu nachfolgenden
Erweiterungen bzw. Umformulierungen vgl. BSLK 68, Anm. 4 sowie den
Textapparat zu S. 67.

[185]   S. Hausamann, Buße als Umkehr und Erneuerung von Mensch und Gesellschaft. Eine theologiegeschichtliche Studie zu einer Theologie der
Buße, Zürich 1974, 126.

(Sattler, 159). Daß diese Annahme angesichts kirchenoffiziell nicht nur geduldeter, sondern geförderter Bußpraxis der Zeit nahelag, ist unbestreitbar, auch wenn die theoretische Verwendung des Satisfaktionsbegriffs in scholastischer Theologie durchaus differenzierter erfolgte, wie schon ein kurzer dogmengeschichtlicher Rückblick beweisen kann.

Die Anfänge der bußtheologischen Karriere des in der lateinischen Sprache häufig vieldeutig verwendeten Begriffs „satisfactio"[186], der in den biblischen Schriften ohne eigentliches Äquivalent ist, liegen bei Tertullian, der die Vokabel vergleichsweise unspezifisch und an vielen Stellen nahezu synonym mit „paenitentia" verwendet.[187] Mit der Vorstellung einer präzise geregelten rechtlichen Handlung im Sinne von Forderungen und Ersatzleistungen ist der Begriff auch bei anderen bußtheologischen Autoren der Väterzeit noch nicht verbunden. Auffällig ist ferner, „daß der Erstnachweis für eine Dreizahl der vom Pönitenten zu fordernden Taten bei *Gregor dem Großen* ohne den Begriff ‚satisfactio' auskommt und somit indirekt die in der Frühzeit noch ungefestigte Terminologie belegt: ‚Tria quippe in unoquoque consideranda sunt veraciter poenitente, videlicet, conversio mentis, confessio oris, et vindicta peccati'."[188] Zu einer schärferen bußtheologischen Fixierung des Satisfaktionsbegriffs kam es erst in den mittelalterlichen Theologenschulen: Nun wird er nicht mehr allgemein und analog zum Begriff der Buße überhaupt auf die Tilgung der Sündenschuld („reatus culpae"), sondern speziell auf die Tilgung der Sündenstrafe („reatus poenae") bezogen. Begründet ist dieser Wandel im wesentlichen durch eine veränderte Bußpraxis. Im Laufe der erwähnten „Privatisierung" der Buße, für die im Unterschied zur Frühzeit Nichtöffentlichkeit und Wiederholbarkeit charakteristisch wurden, verlagerte sich die mit dem Satisfaktionsbegriff bezeichnete Tatbuße fortschreitend hinter die Absolution, um lediglich in bezug auf die Tilgung der Sündenstrafen, hingegen recht eigentlich nicht in bezug auf die Sündenschuld wirksam zu werden, wie sie durch Reue bzw. Absolution

---

[186] A. Deneffe, Das Wort „satisfactio", in: ZKTh 43 (1919), 158–175.

[187] Vgl. G. Hallonsten, Satisfactio bei Tertullian. Überprüfung einer Forschungstradition, Malmö 1984.

[188] Sattler, 69 unter Verweis auf Gregor d. G., In primum regum expositiones (15,30) Lib. VI, c. II, n.33 = PL 79,439.

behoben wird. Die für diese Entwicklung vorauszusetzende Unterscheidung von Sündenschuld und Sündenstrafe, welche namentlich Thomas von Aquin theoretisch fundiert hat, ist ihrerseits auf vielfältige Weise verbunden oder überlagert worden von Differenzierungen wie ewige und zeitliche Sündenstrafen oder läßliche und tödliche Sünden, welche hinwiederum mannigfache Bezüge eröffneten etwa zur Vorstellung des Purgatoriums sowie zu Theorie und Praxis des Ablasses.

Was den Ablaß betrifft, von dessen Kritik die Reformation – selbst wenn der Thesenanschlag nicht stattfand[189] – ihren Ausgang nahm, so korrespondiert er einem abgestuften System (dem Pönitenten abverlangter) kirchlicher Bußleistungen, die nach festen, bestimmten Verfehlungen entsprechenden Strafmaßtarifen taxiert wurden und deren Erleichterung bzw. Erlassung unter ebenfalls mehr oder minder präzise definierten Bedingungen vom Träger des kirchlichen Amtes gewährt werden konnte. Ohne auf Einzelheiten einzugehen, kann festgehalten werden, daß wesentlicher Sinn und Zweck des Ablasses in einer Verkürzung der Bestrafung der Sünde durch Gott begründet lag. Vorausgesetzt war dabei, wie gesagt, daß zwischen Sündenschuld und Sündenstrafe zu unterscheiden sei: „auch wenn der Gläubige nach seiner Beichte und nach der priesterlichen Absolution im Bußsakrament sicher sein durfte, daß ihm Gott seine Sünden vergeben und die ihm angedrohten ewigen (Höllen-)Strafen aufgehoben hatte, so hatte er doch noch immer die zeitlichen Sündenstrafen Gottes auf Erden und im Fegfeuer zu gewärtigen. Den allzu verständlichen Wunsch nach Milderung oder Aufhebung auch dieser zeitlichen Sündenstrafen unterstützten die Priester mit ihrem Gebet (*per modum deprecationis*). Ihre anfangs rein geistlich verstandene Hilfestellung für das Beichtkind wurde ... allmählich als eine regelmäßig wirksame, vor Gott und Menschen verbindlich gültige, autoritative und jurisdiktionelle Maßnahme aufgefaßt. Ohne daß der genaue Umfang ihrer Wirkung vor Gott bestimmbar gewesen wäre, brachte man ihn doch zuversichtlich, nach Art der Redemptionen, in irdisch-diesseitigen, meßbaren Leistungszahlen zum Ausdruck."[190] Besteht sonach der Ablaß im wesentlichen in einem von

---

189   Vgl. E. Iserloh, Luther zwischen Reform und Reformation. Der Thesenanschlag fand nicht statt, Münster ³1968.

190   G. A. Benrath, Art. Ablaß, in: TRE I, 347–364, hier: 348.

der Kirche ausgesprochenen und vor Gott gültigen Nachlaß zeitlicher Sündenstrafen, so fügt sich die Fegfeuervorstellung in den skizzierten bußtheologischen Kontext dergestalt ein, daß sie den durch Ablaß zu verkürzenden, auf endgültige Läuterung zielenden Bestrafungsprozeß ins Jenseits prolongiert, ohne ihn deshalb seiner prinzipiell zeitlichen Verfaßtheit zu entnehmen und die Annahme seiner grundsätzlichen Beendbarkeit, ohne welche von der Läßlichkeit bestimmter Sünden nicht die Rede sein könnte, zu gefährden. Das Fegefeuer hat sonach als Sühnort für jene zu gelten, die als grundsätzlich Gottbegnadete das Zeitliche segneten und deshalb der Hölle nicht mehr anheimfallen werden, obwohl sie der göttlichen Gerechtigkeit zu ihren irdischen Lebzeiten noch nicht vollständig Genüge geleistet haben, was im Purgatorium nach Maß des verbleibenden Sündenrestes, wenn man so sagen darf, nachzuholen ist.

Wie die seinerzeit übliche Praxis des Ablasses, der nach Luthers früher, schon in seinen 95 Thesen ausgesprochenen Einsicht weder Vergebung der Schuld vor Gott, noch auch Verkürzung der Bestrafung des Sünders, sondern einzig und allein die von der Kirche verhängten kanonischen Strafen zu mildern und zu mindern vermag, so wurde bekanntlich auch die Fegefeuervorstellung von reformatorischer Theologie heftig bekämpft und aus Lehrsystem und Kirchenordnung ausgeschieden. Die lutherische Bekenntnistradition enthält hierzu genügend Belege, auf die z. T. bereits eingegangen wurde (vgl. § 9,6).[191] Wichtiger als die Auflistung solcher Belege und wichtiger auch als die in diesem Zusammenhang zu übende Kritik an mannigfachen Mißbräuchen in der Kirche des frühen 16. Jahrhunderts ist es, sich auf den harten theologischen Sachkern der Kontroverse um das menschliche Bußwerk einschließlich Ablaß und Purgatorium zu konzentrieren. Er ist inbegriffen und gegeben in der erwähnten Unterscheidung von Sündenschuld und Sündenstrafe oder besser gesagt: in der genauen Bestimmung dieser Unterscheidung und der mit ihr verbundenen Festlegung dessen, was Bestrafung der Sünde in theologisch recht verstandenem Sinne eigentlich ist und sein kann. Für diese Interpretationsannahme spricht nicht zuletzt der in den Ge-

---

[191] Vgl. ferner BSLK 67, Textapparat: „Auch werden verworfen diejenige, so lehren, daß canonicae satisfactiones not seien zu Bezahlung der ewigen Peen oder des Fegfeuers. Ed. pr."

sprächen im Augsburger Vierzehnerausschuß erzielte bußtheologische Teilkonsens. Aus Spalatins Protokoll (vgl. Förstemann II,
228) wissen wir, daß in den Ausschußverhandlungen nach im
großen und ganzen einvernehmlichen Debatten über die Zwei-
oder Dreiteiligkeit der Buße („Vom XIIten artickel von der Buß
sagt Doctor Eck, der haubtartickel sey auch nicht ungleich der
christlichen kyrchen und sey recht, Halts auch nur fur eyn wort-
kampff") auch „uber dem wort Satisfactio oder Genugthuung ... vil rede erg(ing)en". Das schließliche Gesamtergebnis ist
nachzulesen im Bericht des Kanzlers Brück, welcher schreibt: „Im
Zwolfften artickel von der Buß wegern wir uns nicht drey stucke
der Buß zusetzen, Als nemlich: Contritio, Rew, die ist erschrek-
ken, so man die sunde erkenneth. Beicht: Doch soll man hierInn
sehen auf die absolution und derselbigen glauben, daß uns die
sunde umb Christus verdienst vorgeben wirt. Der dritt teyl ist Satisfactio, gute fruchte der Buß. Doch wirt die sund vergeben
nicht durch verdienst der Satisfaction. Also halden wir zu gleich.
Aber dess sind wir nicht eynig, Ob Genugthuung not sind zu vergebung der pene." (Förstemann II, 231 f.) Der verbleibende Dissens läßt sich sonach auf das Problem der Notwendigkeit einer
satisfactio zur Tilgung der Sündenstrafen reduzieren, eben auf
die – zum Vergleich nach dem Libell des Hieronymus Vehus zitierte – Frage, „ob die satisfaction, das ist genugthuung, vonnotten
sey zu nachlassung der sunden, sovil die peen belanget"[192].

Um Sinn und theologischen Grund dieser in Augsburg nicht behobenen Kontroverse richtig werten zu können, ist es nötig, sie in
Zusammenhang zu bringen mit den altgläubigen Angriffen auf
den Schlußsatz des XII. Artikels der CA und dessen Verteidigung
durch Melanchthon. Während sich die Confutatio unter Verweis
auf eine Reihe von Schriftstellen und Väterzeugnissen mit dem
knappen Hinweis begnügt, die Leugnung der zur Buße gehörenden Genugtuungen sei unstatthaft und nicht zuzulassen, geht die
Catholica Responsio ausführlicher auf das bestehende Problem
ein. Zunächst wird pauschal festgestellt: „At ultima pars per concionatores affixa nullo pacto cum ecclesia catholica convenire
potest. Nam et tertiam partem penitentie reiicit, catholicis falsum

192   Der Libell des Hieronymus Vehus zum Augsburger Reichstag 1530. Untersuchung und Texte zur katholischen Concordia-Politik von E. Honée,
Münster 1988, 218,10 f.

imponit et fidei tribuit quod non habet nisi formata."[193] Zum
zweiten Gesichtspunkt, daß nämlich der Schlußsatz von CA XII
den Katholiken Falsches unterstelle, wird ergänzend bemerkt:
„Concionatores ... catholicis imponunt ac si per satisfactiones iu-
beremus gratiam mereri. Verum longe aliter sentimus. Nam culpa
peccati per penitentiam remissa diluimus penam peccato debitam
per satisfactiones et ita per peccata in satisfactione intelligere de-
bemus penam peccatis debitam, sicut ecclesia pro mortuis orat ex
Machabeis ut a peccatis solvantur id est penis peccatorum."[194] Entscheidend an dieser Argumentation ist das nachdrückliche Insi-
stieren auf der Unterscheidung der Vergebung der Sünden von
dem Nachlaß der Sündenstrafen. Auch wenn die Confutatio diese
Differenzierung nicht explizit aufgreift, wird man sie doch für eine angemessene Würdigung der Melanchthonschen Entgegnung
zu berücksichtigen haben, wie sie insonderheit Apol XII,113 ff. und
zuvor schon Apol XII,13 ff. ausführlich entwickelt ist.

Vorauszuschicken ist, daß Melanchthon nie in Abrede gestellt hat,
daß der Buße Früchte zu folgen haben und ihr unveräußerlich
zugehören. Insofern war der Praeceptor Germaniae bereit, die der
Buße folgende tätige Besserung neben Reue und Glaube gegebenenfalls als deren dritten Bestandteil gelten zu lassen (vgl. etwa
Apol XII,45). Der Sache nach jedenfalls gilt folgendes: „Nos dicimus, quod poenitentiam, hoc est, conversionem seu regeneratio-
nem boni fructus, bona opera in omni vita sequi debeant. Nec
potest esse vera conversio aut vera contritio, ubi non sequuntur
mortificationes carnis et boni fructus." (Apol XII,131) Christi Ruf
zur Buße (Mt 4,17) umfaßt in diesem Sinne auch den Folgezusammenhang von Reue und Glaube (Apol XII,132; vgl. Mt 3,8; Röm
12,1). Indes haben die unentbehrlichen Früchte der Buße nach
Melanchthons Urteil nichts gemein mit jenen satisfactiones, „quas
fingunt scholastici tum quoque valere ad compensationem poenae purgatorii aut aliarum poenarum, cum fiunt ab his, qui sunt
in peccato mortali" (Apol XII,132). Solche Genugtuungsleistungen

193 J. Ficker, Die Konfutation des Augsburgischen Bekenntnisses. Ihre erste
   Gestalt und ihre Geschichte, 46,16–19.

194 A. a. O., 48,3–8. Vgl. V. Pfnür, Einig in der Rechtfertigungslehre? Die
   Rechtfertigungslehre der Confessio Augustana (1530) und die Stellung-
   nahme der katholischen Kontroverstheologie zwischen 1530 und 1535,
   Wiesbaden 1970, 240 ff., bes. 243 f. sowie Sattler, 17 ff.

gehören der christlichen Buße nicht nur nicht hinzu, sie verkehren vielmehr ihren Sinn.

Unter dieser Voraussetzung wird bereits Apol XII,13 ff. heftige Kritik geübt an der satisfactio als dem dritten Akt der Buße, durch
welchen man nach gegnerischer Lehre und kanonischer Satzung
mittels überschüssiger Werke (Apol XII,14: „opera supererogationis") in Form von Wallfahrten, Rosenkränzen und ähnlichen Ob-
servationen Nachlaß purgatorischer Sündenstrafen erlangen könne. Die Implikationen und Konsequenzen dieser Lehre sind nach
Melanchthons Urteil mehr als verwirrend: Nicht nur daß die Möglichkeiten der Genugtuung von den Unkundigen häufig auf die
Sündenvergebung überhaupt ausgedehnt werden (vgl. Apol XII,
24, auch 17), auch die sonstigen, zum Teil hochoffiziellen Folge-
gestalten wie Ablaß- und Reservationsunwesen hätten den ursprünglichen Sinngehalt christlicher Buße gründlich verkehrt. Ausdrücklich verworfen werden in diesem Zusammenhang die Thesen, „quod potestate clavium per indulgentias liberentur animae
ex purgatorio" (Apol XII,26) sowie „quod in reservatione casuum
non solum poena canonica, sed etiam culpa reservari debeat in
eo, qui vere convertitur" (Apol XII,27). Insgesamt und grundsätzlich gilt, daß es unstatthaft sei zu behaupten, „quod per bona
opera extra gratiam facta mereamur ex pacto divino gratiam"
(Apol XII,17).

In Apol XII,113 ff. wird diese Kritik erneut aufgegriffen und in epi-
scher Breite expliziert. Einleitend weist Melanchthon darauf hin,
daß der Satisfaktionsbegriff aus dem in der Alten Kirche üblichen
Ritus der öffentlichen Buße stammt, in dessen Zusammenhang
satisfactiones als Kirchenzuchtsmittel dienten. Abgesehen davon,
daß diese Sitte längst veraltet und nicht zu restituieren sei, hätten
die Väter mit ihr niemals den Anspruch verbunden, daß durch sie
Sündenvergebung verdient werden könne. Genau dies aber werde von den „satisfactiones canonicae" (Apol XII,116) behauptet,
welche die Gegner als „opera non debita" (Apol XII,115), wie sie
sagen, als ungeschuldete Werke den Poenitenten abverlangten. In
Verkennung der Tatsache, daß satisfactiones in der Alten Kirche
lediglich als Mittel der äußeren Disziplin fungierten, sei – wie so
oft – Geistliches und Weltliches vermischt worden mit der Folge,
daß ursprünglich als reine Kirchenzuchtsmaßnahmen geübte
Bräuche zu heilsnotwendigen Vollzügen erklärt wurden: „Ideo
superstitiose finxerunt eas (sc. satisfactiones) non ad disciplinam

coram ecclesia, sed ad placandum Deum valere." (Apol XII,120)
Dem hält Apol XII,116 entgegen, „quod satisfactiones canonicae
non sint necessariae iure divino ad remissionem peccatorum". Für
sie gilt also entsprechendes wie für die vollständige Aufzählung
der Sünden in der Beichte. In beiden Fällen muß der Grundsatz
über den Glauben aufrechterhalten bleiben, „quod fide consequamur remissionem peccatorum propter Christum, non propter
nostra opera praecedentia aut sequentia" (Apol XII,116).

An der Kritik der kanonisch geforderten Bußleistungen als Werke
der Versöhnung mit Gott hält Melanchthon selbst unter der Voraussetzung fest, daß der Satisfaktionsnutzen auf den Nachlaß der
zeitlichen Purgatoriumsstrafen beschränkt und nicht auf den Erlaß
der Sündenschuld überhaupt ausgedehnt wird. Auch unter den
Bedingungen jener scholastischen Lehrdifferenzierung, welche
Melanchthon in Apol XII,118 skizziert, bleibt es bei dem Verdikt:
„Haec tota res est commentitia, recens conficta sine auctoritate
scripturae et veterum scriptorum ecclesiasticorum." (Apol XII,119)
Belege hierfür bzw. Widerlegungsgründe der Schriftbeweise der
Gegner werden in Apol XII,122 ff. beigebracht, in welchem Zu-
sammenhang die Confutatio ihrer dürftigen theologischen Qualität
wegen heftig kritisiert und der päpstliche Legat Campeggio mit
eindringlichen Worten (Apol XII,125 ff.) an seine religiöse Verantwortung gemahnt wird. Im einzelnen werden folgende Einwände
geltend gemacht: Während die Gegner sich einbilden, daß die
Genugtuung aus ungeschuldeten Werken bestehe, verlange die
Schrift durchweg geschuldete, will heißen: gebotene und durch
Gesetz geforderte (Apol XII,133). Während die Schrift würdige
Früchte der Buße verbindlich fordert und vorschreibt, erklären die
Gegner, daß satisfactiones gegebenenfalls ohne Sünde und lediglich unter Anrechnung verschuldeter Fegfeuerstrafen verweigert
werden können (Apol XII,134). Während Ablässe nach gegnerischer Lehre von Genugtuungsleistungen entbinden können,
kommt nach biblischem Urteil ein Dispens von den gebotenen
Früchten der Buße nicht in Frage (Apol XII,135). Aufgrund dieser
und ähnlicher Überlegungen kommt Melanchthon zu dem Schluß:
„Constat enim scripturam loqui de operibus debitis, de tota novi-
tate vitae, non de his observationibus operum non debitorum, de
quibus loquuntur adversarii." (Apol XII,137)

Verantwortlich für die schriftwidrige Auffassung der Gegner ist
nach Apol XII,142 ff. insbesondere deren eklatante Fehlbestim-

mung des göttlichen Gesetzes und seines Verhältnisses zum Evangelium. So werde vom Gesetz gesagt: „Deus condescendens nostrae infirmitati constituit homini mensuram eorum, ad quae de necessitate tenetur, quae est observatio praeceptorum, ut de reliquo, id est, de operibus supererogationis possit satisfacere de commissis." (Apol XII,142) An dieser Unterscheidung von gebotenen und gleichsam überschüssigen Werken ist nach Melanchthons Auffassung ein Doppeltes falsch: Zum einen wird die Behauptung nicht nur der vollständigen Erfüllbarkeit, sondern der Überbietbarkeit des Gesetzes durch die Verharmlosung der Ansprüche des Gesetzes erschlichen, insofern diese mit den Forderungen der iustitia civilis gleichgesetzt werden; demgegenüber hat zu gelten, daß das göttliche Gesetz nicht nur äußeres Wohlverhalten verlangt, sondern herzliche Liebe zu Gott usw. „Itaque nemo tantum facit, quantum lex requirit. Ridiculum igitur est, quod fingunt nos amplius facere posse." (Apol XII,142) Die Lächerlichkeit der Annahme möglicher opera supererogationis ist für Melanchthon, um auf den zweiten Gesichtspunkt seiner Kritik zu kommen, nachgerade dadurch erwiesen, daß es sich bei Werken, die nicht vom göttlichen Gesetz geboten sind, um „inutiles cultus" (Apol XII,144) handelt, die weder Gott dienen noch dem Menschen nützen. Als ein Beispiel für solche ebenso überschüssigen wie überflüssigen Werke wird das an Absurditäten reichhaltige (vgl. Apol XII,144: „alius facit iter cataphractus, alius facit iter nudis pedibus") Wallfahrtswesen der Zeit benannt. Grundsätzlich aber gilt, daß alle über das göttliche Gesetz mit Überbietungsanspruch hinausgehenden Forderungen als Gebotsübertretungen zu bewerten sind, wie denn auch Menschensatzungen nur dann ihren Sinn erfüllen, wenn sie sich Gottes Gebot unterordnen, will heißen: nichts anderes sein wollen als Menschensatzungen, an deren Befolgung sich manches entscheiden mag, nicht aber das ewige Heil.

Entsprechend kontrovers wie das Verständnis der Bußleistung ist zwischen Melanchthon und seinen Gegnern das Verständnis der Bußstrafe[195] und ihres Vollzugs bzw. ihrer Behebung. Daß Buße

---

[195]   Zum Problem rechter Verhältnisbestimmung von Sünde und Sündenstrafe vgl. schon die Ausführungen in Apol II,46ff. zum Zusammenhang von Taufe und Erbsünde: Die Abgründigkeit der Sündenstrafe wird erst dann erkannt, wenn man diese nicht als der Sünde äußerlich vorstellt, sondern entdeckt, daß die Sünde in ihrer Verkehrtheit durch fortschreitende Selbstverstrickung ihre eigene Strafe in sich enthält. Die Sünde be-

und Strafe in bestimmter Weise zusammengehören, behauptet auch Melanchthon. Dennoch ist er weit davon entfernt, der Theorie und Praxis der Gegner zuzustimmen, denenzufolge Sündenstrafe durch satisfaktorische Leistung ungeschuldeter Werke zu kompensieren ist. Im einzelnen wird die gegnerische Auffassung wie folgt wiedergegeben (vgl. Apol XII,118.138 ff. etc.): Eingeräumt werde, daß Satisfaktionsleistungen zur Vergebung der Sündenschuld (Apol XII,118: „ad remissionem culpae") nichts nützen, da diese und damit auch die Erlösung von ewiger Strafe allein Gott zukomme. Allerdings sei es der göttlichen Gerechtigkeit angemessen, Sünde zu strafen (Apol XII,118: „convenit iustitae divinae punire peccatum") und sie nicht ohne weiteres gut sein zu lassen. Bewerkstelligt werde dies durch Umwandlung ewiger in zeitliche Sündenstrafe im Vollzug der Absolution, wobei ein Teil zeitlicher Strafen durch die Schlüsselgewalt vergeben, der Rest durch Genugtuungen losgekauft werde, wobei solche Genugtuungen auch dann wertvoll sein sollen, wenn sie von Todsündern erbracht werden. Nach Melanchthons Urteil spricht gegen diese Lehre nicht nur, daß Beleidigungen Gottes niemals von Todsündern besänftigt werden können (Apol XII,118). Auch sei in der Schrift weder etwas von dem Auftrag der potestas clavium zu lesen, Strafen umzuwandeln, noch einen Teil der Strafen zu vergeben; vielmehr richte sich die Absolutionsvollmacht auf die Vergebung der Sünde und die durch sie erfolgende Erlösung vom ewigen Tod, während sie mit der Auferlegung von Strafen an sich nichts zu tun habe, sofern dies in den Bereich des Kirchenrechts und pfarramtlich-episkopaler Jurisdiktion falle. Werde dies verkannt und der Unterschied zwischen kirchlicher Absolutions- und Jurisdiktionsvollmacht nivelliert, dann sei zuletzt der Eindruck unvermeidbar, daß die göttliche Schuldvergebung von nachfolgenden Satisfaktions-

---

reitet sich sonach selbst ihre Hölle. Dies bestätigt auch die Genesis (vgl. Gen 3,15), wenn sie die „poena imposita pro peccato originis" (Apol II,46) nicht allein mit dem Tod und anderen körperlichen Übeln, sondern mit dem „regnum diaboli" (vgl. ebd.) in Verbindung bringt. Die Herrschaft des Teufels aber, von der die Weltgeschichte zeugt und der sich die Sünde durch ihren Eigensinn selbst versklavt hat, vermag der Mensch nicht aus eigenen Kräften, sondern nur mit Christi Hilfe aufzuheben (vgl. Apol II,47: „Defectus et concupiscentia sunt poenae et peccata; mors et alia corporalia mala et tyrannis diaboli proprie poenae sunt." Apol II,51: „Scimus enim nos recte et cum catholica ecclesia Christi sentire.").

leistungen abhängig sei und daß die ewigen Strafen nur um der
Strafe des Fegfeuers oder der kirchenrechtlichen Genugtuungen
willen erlassen werden (Apol XII,139: „nisi propter poenam purgatorii aut satisfactiones canonicas"). Diesem Mißverständnis nicht
nur nicht gewehrt, sondern es gefördert zu haben, ist der Haupt-
vorwurf Melanchthons gegen die Buß- und Satisfaktionslehre der
Gegner. Denn dadurch sei der Kreuzestod entehrt, welcher nicht
nur die Genugtuung für die Schuld, sondern gemäß Hos 13,14
auch die Genugtuung für den ewigen Tod sei (Apol XII,140: „non
solum satisfactio pro culpa, sed etiam pro aeterna morte"). „Quid
est igitur monstri, dicere, quod Christi satisfactio redimat culpam,
nostrae poenae redimant mortem aeternam?" (Apol XII,140) Werde
doch der ewige Tod nur durch Glauben an Christus und die Genugtuung seines Todes und nicht durch Werke menschlicher Satisfaktion überwunden.

Durch seine Kritik der gegnerischen Lehre von der Bußstrafe will
Melanchthon, wie gesagt, nicht in Abrede stellen, daß Strafe und
Buße zusammengehören; er behauptet deren Zusammengehörigkeit vielmehr ausdrücklich, jedoch so, daß die Bußstrafe nicht die
Sündenvergebung verdient (Apol XII,56). In diesem Sinne heißt es
Apol XII,148 unter Bezug auf Augustin (vgl. BSLK 284, Anm. 1)
und Duns Scotus (vgl. BSLK 284, Anm. 2): „Concedimus vindictam
seu poenam in poenitentia necessariam esse non tamquam meritum seu pretium, sicut adversarii fingunt satisfactiones, sed vindicta formaliter est in poenitentia, hoc est, quia ipsa regeneratio
fit perpetua mortificatione vetustatis." Dabei sei primär nicht an
äußerliche Abtötungen des Körpers (vgl. Apol XII,148: „mortificationes externae corporis"), sondern an die schrecklichen Gewis-
sensängste (Apol XII,149: „horribiles terrores conscientiae") der
Reue zu denken. In ihr, der contritio, ist die eigentliche Strafe der
Sünde enthalten (vgl. Ps 18,5), im Vergleich zu der sich die von
den Gegnern geforderten satisfaktorischen Bußstrafen wie lächer-
liches, nur der Verdrängung des Wesentlichen dienendes Beiwerk
ausnehmen: „Quis non malit loricatus et cataphractus quaerere
templum Iacobi, Basilicam Petri etc., quam sustinere illam ineffa-
bilem vim doloris, quae est etiam in mediocribus, si sit vera poenitentia." (Apol XII,149; vgl. auch 163)

Besteht die Bußstrafe demnach recht eigentlich in der Reue, in
deren Schrecknissen Gott den Zorn seiner Gerechtigkeit walten
läßt (vgl. Ps 6,2; Jer 10,24) und von der selbst die Gegner beken-

nen, sie könne so groß sein, daß weitere Genugtuung nicht gefordert wird (Apol XII,150), so ist des weiteren des Todes und aller allgemeinen Drangsale („communes afflictiones") zu gedenken, denen auch und gerade (vgl. 1. Petr 4,17) die Heiligen, die
ihr Vertrauen auf das Evangelium setzen, unterworfen sind. Sind
diese Drangsale zumeist („plerumque") auch Strafen der Sünde
(„poenae peccatorum"), so haben sie doch bei den Frommen einen anderen und wichtigeren Zweck zu erfüllen, nämlich sie gegen das wiederkehrende Mißtrauen („diffidentia") ihres Herzens
zu beständigem Gottvertrauen zu erziehen (Apol XII,152; vgl.
2. Kor 1,8 f.; Jes 26,16) und durch Züchtigung wegen gegenwärtiger
Sünde („praesens peccatum") die im Fleisch verbliebene Konku-
piszenz abzutöten mit dem Ziel, die im Glauben begonnene Erneuerung des Geistes zu befördern und zu vollenden (Apol
XII,153; vgl. Röm 8,10). In diesem Sinne seien die ängstlichen Gewissen zu belehren, daß es wichtigere Aufgaben der Drangsale
gibt als den Strafzweck, „ne sentiant se a Deo reiici, si in afflictio-
nibus nihil nisi poenam et iram Dei videant" (Apol XII,158).
Drangsale sind keineswegs immer Strafen für bestimmte begangene Taten, sondern fremde Werke Gottes, durch welche er uns
zugute sein eigentliches Werk ausführt, um in unserer Ohnmacht
seine Macht sichtbarer zu erweisen (Apol XII,160 unter Bezug auf
Jes 28,21, Joh 9,2 f., Jer 49,12, 2. Kor 12,5.9; vgl. BSLK 287, Anm. 1).
„Itaque corpora nostra debent esse hostiae, propter voluntatem
Dei, ad obedientiam nostram declarandam, non ad compensan-
dam mortem aeternam, pro qua aliud pretium habet Deus, scilicet
mortem filii sui." (Apol XII,160) Durch den Tod Christi und den
Glauben an ihn sind damit alle Drangsale einschließlich des Todes des Menschen einer neuen Bestimmung zugeführt.

Was den Tod selbst betrifft, so dient er insonderheit dazu, dem
Fleisch der Sünde gänzlich abzusterben, um völlig neugeboren
wiederzuerstehen. Dabei hängt der Strafcharakter des physischen
Sterbens am Bewußtsein göttlichen Zornes über die Sünde, so
daß gilt: „Illa potentia peccati, ille sensus irae vere est poena, do-
nec adest; mors sine illo sensu irae proprie non est poena." (Apol
XII,153 unter Verweis auf 1. Kor 15,56) Im Blick auf den Glaubenden bedeutet dies, daß ihm im Vertrauen auf Christus die Höllen-
pein des Todes zwar grundsätzlich vergangen ist, ohne daß das
physische Sterben deshalb seinen Schrecken für ihn einfachhin
verloren hätte: denn auch der Glaubende bleibt, solange er unter
irdischen, und d. h. unter postlapsarischen Bedingungen existiert,

zwangsläufig und gleichwohl schuldhaft in Sünde verstrickt mit
der Folge, daß er gemäß seiner empirischen Erscheinungsgestalt,
ja selbst in bezug auf sein gläubiges Selbstbewußtsein nicht dem
Zusammenhang des Menschengeschlechts und der gattungsmäßi-
gen Todesangst entnommen werden kann. Hinzuzufügen ist, daß
jene allgemeinen Drangsale, welche der Glaubende trotz ihrer
Transfinalisation im Glauben gemäß seiner unvollendeten Existenz mit der gesamten Menschheit teilt, nach Melanchthon weder
durch die Schlüsselgewalt noch durch sonstige kirchliche Instanzen aufgehoben werden können. Auch treffe es in Wirklichkeit
nicht zu, daß einzelnen Sünden genau proportionierte Übel als
Strafen zugeordnet seien. Zwar gebe es durchaus solche exemplarische Entsprechungszusammenhänge zwischen physischem Unglück und Sündenschuld, wie das Beispiel Adams und Davids
beweise. Doch lasse sich aus solchen Einzelbeispielen nicht die
allgemeine Regel folgern, „quod singulis peccatis respondeant
propriae poenae temporales in remissione peccatorum" (Apol
XII,155; vgl. Hi 2,3.10). Melanchthon lehnt es daher ab, im Zusammenhang der kirchlichen Bußlehre neben den allgemeinen
Drangsalen mit graduell abgestuften Sündenstrafen zu rechnen,
deren Festsetzung und Aufhebung in die jurisdiktionelle Kompetenz der Kirche fällt. So wenig von den kanonisch verordneten
Satisfaktionswerken Aufhebung der allgemeinen Mißgeschicke zu
erwarten sei, so wenig dürfe das göttliche Bußgericht dadurch
verächtlich gemacht werden, daß man es mit den kirchengesetzlich geforderten Genugtuungen identifiziere. Gottes Strafgericht
durchwirkt nach Melanchthon vielmehr die ganze Buße. Allein
Reue, Glaube und Lebensänderung sind schließlich auch geeignet, die öffentlichen und privaten Mißgeschicke abzumildern, wie
das Beispiel der Bewohner Ninives beweist (vgl. Apol XII,164 f.
unter Verweis auf Jona 3,10 und Jes 1,17–19). Den von den Gegnern geforderten Satisfaktionsübungen wird allenfalls die Funktion von Kirchenzuchtsmaßnahmen zugebilligt, in deren Zusammenhang die Väter in der Regel den Genugtuungsbegriff verwenden (Apol XII,167 ff.). Daß solche Maßnahmen zur Vergebung der
Schuld und Strafe der Sünde notwendig sind, wurde von ihnen
niemals behauptet. Auch deuten sie, wo sie das Fegfeuer erwähnen, dieses nicht als satisfaktorische Kompensation ewiger Strafen, sondern als Reinigung unvollkommener Seelen. Die reformatorische These von der Überflüssigkeit überschüssiger Werke befindet sich so im Sinne Melanchthons in Übereinstimmung mit der

Tradition, und das umso mehr, als auch reformatorischerseits stets bezeugt wurde, daß auf Reue und Glauben gute Werke folgen müssen, die ihrer Bestimmung allerdings nur dann entsprechen, wenn sie eine Verbesserung des ganzen Lebens intendieren. Welches solche guten Werke und Früchte der Buße sind, darüber belehren die Gebote, die uns zeigen, was wir schuldig sind (vgl. Apol XII,174). Hingegen sei die Annahme ungeschuldet zu erbringender Werke in sich unhaltbar, sofern Werke als ungeschuldete nicht verpflichtend gefordert werden, als verpflichtend geforderte hinwiederum nicht ungeschuldet sein können (vgl. Apol XII,173). Apol XII schließt mit dem Hinweis, daß die potestas clavium in der Sündenvergebung und der Exkommunikation jener besteht, die sich nicht bekehren wollen, nicht aber in der Auferlegung von Zucht- und Kultübungen, durch welche die ewige Strafe kompensiert und ewiges Leben erlangt werden soll. Das Urteil über Ablaßwesen (vgl. Apol XII,175) und Reservationspraxis (vgl. Apol XII,177) ergibt sich daraus folgerichtig. Sei der ursprüngliche Sinn des Ablasses mißverstanden, wenn er von der Kompensation der Strafe her verstanden werde, so sei die in bestimmten Fällen vorgesehene Absolutionsreservation für den Papst oder für Bischöfe lediglich eine weltliche Sache, da es sich hierbei um den Vorbehalt der kirchenrechtlichen Strafen handelt, nicht um den Vorbehalt der Schuld vor Gott im Hinblick auf die, welche sich wirklich bekehren.

Auch wenn Melanchthon den Anspruch erhebt, mit der skizzierten Argumentation des XII. Artikels seiner Apologie die Summe reformatorischer Bußlehre exponiert zu haben (Apol XII,178), wird man doch nicht behaupten können, daß er dies in einer in systematischer Hinsicht rundum befriedigenden Weise getan hat. Daran hat ihn nicht zuletzt der – durch die epische Breite des Referats bewußt hervorgehobene – apologetische Charakter seines Werkes gehindert, der durch vielfältige Bezüge auf die zeitgenössische Kontroverse gekennzeichnet ist, wobei im einzelnen schwer entschieden werden kann, wie sich die Anteile berechtigter Theoriekritik zu solchen verhalten, die durch praktische, von der offiziellen Theorie abweichende Mißbräuche oder lediglich durch Mißverständnisse hervorgerufen wurden. Um so wichtiger ist es, sich zusammenfassend das Grundanliegen der von Melanchthon verfochtenen reformatorischen Kritik der traditionellen Lehre von der Satisfaktionsbuße zu vergegenwärtigen. Die nötigen Strukturierungshilfen können dabei den knappen Ausführungen der Apologia Confessionis Augustanae Prior entnommen werden (vgl. BSLK 249,38–55 = CR 27, 285 f.), deren deutsche Version in CR 27, 334–336 vorliegt. Auszugehen ist davon, daß nach reformatorischer Ansicht, die zumindest hierin mit der altgläubigen völlig übereinstimmt, die Buße nicht folgenlos bleiben darf, sondern Früchte hervorzubringen hat, die in unveräußerlicher Weise zu ihr gehören. Verbindliches Maß und alleiniges Kriterium zu erbringender Bußfrüchte ist dabei das göttliche Gebot, dem der Mensch – und nachgerade auch der bußfertige Mensch – vorbehaltlosen Gehorsam schuldet. Bußwerke sind demnach wie alle rechten Werke des Menschen stets „opera debita", von Gott gebotene und ihm geschuldete Werke. Für „opera indebita" hingegen oder „opera supererogatoria" ist in reformatorischer Bußlehre ebensowenig Platz wie in reformatorischer Ethik im allgemeinen. Die Lehre von möglichen ungeschuldeten und überschüssigen Werken des Menschen wird daher von Melanchthon kompromißlos abgelehnt. Sie wird nicht nur als eine Verharmlosung des göttlichen Gesetzes gebrandmarkt, die zu allerlei, namentlich am Wallfahrtswesen exemplifizierten „inutiles cultus" führte, sie wird letztlich als eine Fundamentalverkehrung abgewiesen, die zur Mißachtung des göttlichen Gesetzes und faktischer Gebotsübertretung verleitet. Festzuhalten ist demnach als erstes nicht nur, daß christliche Bußwerke von Gott geboten, sondern recht und christlich nur dann sind, wenn sie den Maßstab des göttlichen Gebotes, wie es allgemeinverbindlich und allen Menschen verpflichtend auferlegt ist, nicht durch Überbietungsansprüche zu sprengen suchen. Von einer christlichen Separatmoral kann und darf daher auch unter bußtheologischen Gesichtspunkten nach reformatorischem Urteil nicht die Rede sein.

Mit dieser Einsicht ist vorbereitet, was in Wahrnehmung und Bestätigung der reformatorischen Lehre von Gesetz und Evangelium als zweites zu sagen ist, daß nämlich wie menschliche Werke überhaupt, so auch die Werke der Buße Sündenvergebung und Aufhebung der Schuld nicht – und zwar weder im voraus noch nachträglich – zu bewirken vermögen, weil solches allein von der Wirkmacht der Absolution als des Inbegriffs des Evangeliums, wie nur der Glaube es wahrzunehmen vermag, zu erwarten ist. Darauf legt Melanchthon das entscheidende Gewicht seiner Argumentation; der wesentliche Vorwurf gegen die altgläubigen Widersacher ist entsprechend der, durch ihre bußtheologische Satisfaktionslehre das Evangelium und damit das Verdienst und

Sühnewerk Christi, welchem der Satisfaktionsbegriff ausschließlich vorzubehalten sei, verdunkelt und verstellt zu haben. Dabei ist Melanchthon durchaus in der Lage, traditionelle Lehrdifferenzierungen, wie sie insonderheit mit der Unterscheidung von Sündenschuld und Sündenstrafe bzw. mit der Näherbestimmung des Strafbegriffs vorgenommen wurden, zur Kenntnis zu nehmen. Indes sind diese Differenzierungen, wie sie sich für ihn darstellen, nicht in der Lage, den Elementarvorwurf einer Verkennung evangelischer Absolution zu entkräften. Sie sind es deshalb nicht, weil sie nach Melanchthons Urteil der Logik eines „teils – teils" folgen und zuletzt auf die Annahme hinauslaufen, „das die Sunde vorgebenn werdenn partim propter Mortem Christi, partim propter Nostras satisfactiones, aynn tail umb Christus sterben willen, ain tail umb unser genugthuung willenn" (CR 27, 335).

Es bleibe dahingestellt, ob Melanchthon damit dem Differenzierungsniveau altgläubiger Bußtheologie hinreichend gerecht geworden ist. Zweifel in dieser Richtung sind durchaus angebracht. Zu prüfen wäre insbesondere, ob Melanchthons Kontrastierung der durch Christi Tod behobenen Sündenschuld und der durch menschliche Satisfaktionswerke aufzuhebenden Strafe ewigen Tods (BSLK 249,44–46: „Quanta impietas est fingere, quod culpa propter meritum Christi tollatur, verum mors aeterna tollatur propter nostra opera, cum Christus sit victor mortis et peccati.") tatsächlich der Lehre seiner Gegner gerecht wird. Wie verhält sich diese Kontrastierung, so wäre etwa zu fragen, zu der mit den Gegnern verbundenen und als Erdichtung disqualifizierten Lehrmeinung einer – wie man annehmen darf: durch die Absolution bewirkten – Verwandlung der Strafe des ewigen Todes in eine zeitliche Strafe, welche vermöge des Amts der Schlüssel von der Kirche den Pönitenten aufzuerlegen sei? (BSLK 249,40 f.: „Et quod fingunt mutari poenam mortis aeternae in poenam temporalem, imponendam potestate clavium, nunquam probari poterit.") Relevanter als die Klärung solcher Fragen ist es im gegebenen Zusammenhang, aus dem entwickelten – durchaus nicht unpolemischen – Argumentationskontext Melanchthons eigene Lehrmeinung zu erheben, wie sie in die lutherische Bekenntnistradition eingegangen ist. Ihre wesentliche Pointe besteht darin, unmißverständlich deutlich zu machen, daß das Versöhnungswerk, in welchem die im Absolutionswort zugesprochene Sündenvergebung gründet, ganz und gar und in einer Weise, die jede nur denkbare Unterscheidung von Sündenschuld und Sündenstrafe umgreift, von Christus bewirkt ist. Hat sonach auch die Sündenstrafe, mit welcher es menschliche Buße zu tun hat, als grundsätzlich von Christus erlitten und behoben zu gelten, so kann auch sie, die Strafe der Sünde, recht eigentlich nicht mehr dem Pönitenten und seinem Bußwerk auferlegt werden, jedenfalls nicht ohne ihre durch die Absolution bewirkte Umbestimmung in Betracht zu ziehen. Diese Umbestimmung nicht sachgemäß erfaßt zu haben, ist der Kern des Melanchthonischen Vorwurfs gegen die bußtheologische Satisfaktionslehre seiner Gegner. Nicht daß nach seiner Auffassung Strafen nichts mit Buße zu tun hätten; das Gegenteil ist der Fall: Strafe ist ein Moment der Buße und – wie ausdrücklich gesagt wird – als unveräußerliches Implikat in ihr enthalten. In ihrer von Gott distanzierenden Abgründigkeit wird die poena erlitten in der Gewissenspein der Reue, in welcher der Sünder geistlich stirbt und in dem das, was er aus sich selbst heraus ist, gänzlich abgetötet wird. „Poena legis" ist sonach nicht weniger als eine „mortificatio", die alles Eigenvermögen des Sünders zunichte macht und nur jene höllische Heillosigkeit zurückbeläßt, die er sich durch die Schuld seiner Sünde selbst bereitet hat.

Erfährt sonach der Sünder in der durch die Konfrontation mit dem göttlichen Gesetz hervorgerufenen contritio die Strafe der Sünde in einer unüberbietbaren, weil sein Ureigenes distanzlos betreffenden und vernichtenden Weise, so kann ihm Heil nur von einem gänzlich anderen und gänzlich Neuen her zuteil werden: vom Evangelium, das vom Gesetz ebenso kategorial zu unterscheiden ist wie die Absolution, in der das Evangelium dem Sünder konkret zugesprochen wird, von der Strafe der Sünde. Von daher will die Zentralthese Melanchthons verstanden sein, daß die Absolution mit der Auferlegung von Strafen an sich nichts zu tun hat und auch nichts zu tun haben darf, weil sie nichts ist als reiner und unbedingter Gnadenerweis Gottes. Das eigentümliche Wesen der Absolution darf daher auch nicht in der Umwandlung ewiger in zeitliche Sündenstrafe gesucht werden. Denn das durch die Absolution zugesprochene Heil ist vorbehaltlos und hebt mit der Sünde auch deren Strafe auf. Melanchthon legt daher nachhaltigen Wert darauf, genauestens zwischen kirchlicher Absolutions- und Jurisdiktionsvollmacht zu unterscheiden mit dem Ziel, den Zuspruch der Sündenvergebung nicht mit Strafrechtsmaßnahmen der Kirche zu vermischen. Gleichwohl schließt Melanchthon Kirchenzuchtsvollzüge aus dem bußtheologischen Folgezusammenhang der Absolution ebensowenig generell aus, wie er leugnen würde, daß nach erfolgter Sündenvergebung, die den Nachlaß der Strafe grundsätzlich beinhaltet, mit göttlichen Erziehungsmaßnahmen zu rechnen ist. Gedacht ist dabei insonderheit an mancherlei Anfechtungen, mit denen Gott seine Heiligen in Demut übt, um ihr gläubiges Vertrauen zu stärken und zu fördern. Melanchthon scheut sich nicht, derlei „afflictiones" Strafen zu nennen, wie am Beispiel Davids ersichtlich wird (BSLK 249, 48f.: „David post adulterium punitus est.".). Indes wird ausdrücklich hinzugefügt: „Haec pena non erat pro peccato necessaria ..." (BSLK 249,49); „dise straff war nit ain genugtuung dazu vonnöten, das die Sunde vergebenn wurde ..." (CR 27, 335) Entsprechendes gilt für die erwähnten Kirchenzuchtsmaßnahmen: „Quod autem in synodis facti sunt canones poenitentiales, hi nihil pertinebant ad remissionem peccatorum. Sed erant quaedam publica disciplina exempli causa instituta, vel ut probarentur, etiam isti redibant ad Ecclesiam, ritus erat humanus, ad remissionem culpae aut poena non necessarius." (BSLK 249,52–55)

Mit der These, daß „satisfactiones canonicae" nicht iure divino geboten seien, sondern daß es sich bei ihnen lediglich um eine menschliche Sitte handle, die für Sündenvergebung und auch für Straferlaß nicht notwendig gefordert werden könne, mußte reformatorische Theologie zwangsläufig mit Theorie und Praxis kirchlicher Jurisdiktionsvollmacht in Konflikt geraten. Insofern spricht vieles dafür, daß der entscheidende Kern der bußtheologischen Kontroverse ekklesiologisch bestimmt ist. Dieser Kern der Kontroverse ist gewiß noch nicht beseitigt, wenn man zu der übereinstimmenden Auffassung gelangt, rechte Früchte der Buße hätten nichts gemein mit äußerlichen Kompensationsleistungen, die – wie Melanchthon kritisiert – selbst von Todsündern erbracht bzw. von jedermann ohne Sünde auch unterlassen werden könnten. So richtig diese Auffassung und eine ihr entsprechende Kritik einschlägiger Mißbräuche im Reformationszeitalter ist, zu einer angemessenen Beurteilung der bußtheologischen Kontroverse des 16. Jahrhunderts gelangt man nur, wenn man sich ekklesiologisch Rechenschaft darüber gibt, wie sich kirchliche Absolutions- und Jurisdiktionsvollmacht genau zueinander verhalten. Davon wird unter § 11,8 ausführlich die Rede sein.

Die Lehre von der Buße ist allerdings nicht nur mit der Ekklesiologie, sondern im Zusammenhang mit dieser auch mit dem

716   *§ 9 Der dreieinige Gott*

Rechtfertigungsartikel als dem – nach reformatorischer Auffassung – „articulus stantis et cadentis ecclesiae" verbunden. Liegt doch, wie häufig betont wurde, der kirchliche Sitz im Leben reformatorischer Rechtfertigungsthematik in den Auseinandersetzungen um die rechte Theorie und Praxis von Beichte und Buße begründet. Nachgerade deshalb hat eine Erörterung der Rechtfertigungslehre stets bußtheologisch zu erfolgen, wobei der der Bußtheologie elementar zugehörige ekklesiologische Aspekt insonderheit im Blick auf die Frage zu berücksichtigen ist, wie die rechtfertigende Gnade dem Sünder vermittelt wird. Die Antwort auf diese Frage wird – unbeschadet reformatorischer Hochschätzung der Ohrenbeichte und des ehrlichen Wunsches einer Beibehaltung des kirchlichen Bußinstituts in gereinigter Form – nur lauten können, daß das Rechtfertigungsevangelium nach Maßgabe reformatorischer Theologie nicht prinzipiell an ein kirchengesetzlich fest umschriebenes und priesterlich-jurisdiktionell verwaltetes Bußsakrament gebunden ist.[196] Auch wenn man aus bereits erwähnten Gründen nicht eigentlich von einer Entsakramentalisierung der Buße in reformatorischer Rechtfertigungstheologie reden kann, so trifft doch unzweifelhaft zu, daß die Bußthematik durch die Reformation radikal entschränkt wurde: Für das reformatorische Denken ist die Buße jedenfalls nicht mehr nur „ein auf besondere sakramentale Akte materialer und formaler Art beschränkter Vorgang, der durch die Gnadenanstalt der Kirche verwaltet wird; vielmehr soll die Buße die Konstitution des Christseins in der Weise kennzeichnen, daß das ganze Leben des Chri-

---

[196] In seiner von Augustin über Gregor den Großen, Bernhard von Clairvaux, Wilhelm von Auvergne und Gabriel Biel bis hin zu Johannes von Staupitz entfalteten „Vorgeschichte der reformatorischen Bußtheologie" (Berlin 1968) hat R. Schwarz im einzelnen zu zeigen versucht, daß das in der für die 1. Psalmenvorlesung charakteristischen iudicium-Auslegung enthaltene Bußverständnis des jungen Luther „nicht wesenhaft an die sakramentale Buße gebunden (ist)" (3). Nach Schwarz hat „in dem Ansatz des reformatorischen Bußverständnisses, wie er in Luthers 1. Psalmenvorlesung vorliegt, das Bußsakrament keine tragende Funktion" (15). Entscheidend für die weitere Entwicklung der Bußtheologie Luthers werde die Tatsache, „daß im Zuge der Paulus-Exegese die Elemente der Buße – sowohl das iudicium sui (agnitio und confessio peccati, accusatio sui etc.) als auch die Affektbewegung – in immer stärkerem Maße von der fides durchdrungen werden, so daß die fides selber zu einem umfassenden Selbstverständnis der Buße wird" (299 unter Verweis auf seine Studie ‚Fides, spes und caritas beim jungen Luther, Berlin 1962, 259 ff.).

sten als Vollzug der die Taufgnade aktualisierenden und realisie-
renden Buße verstanden werden kann ... In der Buße fallen Konstitution und Realisierung des Christseins so zusammen, daß der
Christ in Ergreifung des rechtfertigenden Glaubens und Evangeliums die Abkehr von der gesetzlich verfaßten Selbstgerechtigkeit
und Eigenliebe vollzieht. Der Vorgang der Buße kann insofern
der terminologischen und sachlichen Differenzen zum Trotz mit
den Vollzügen der Rechtfertigung, Bekehrung, Wiedergeburt und
des neuen Lebens auf eine Stufe gestellt werden. Denn auch für
die Buße ist grundlegend, daß durch sie das Christsein wie durch
die Einheit von Reue und Glaube so zugleich durch die von Gericht und Gnade, Gesetz und Evangelium konstituiert wird."[197]

So gesehen fällt der Vollzug der Buße nach reformatorischer
Theologie mit der allgemeinen Gestaltwerdung des Christseins
zusammen, wie die Rechtfertigungs- und Heiligungslehre sie bedenkt. Sie, die evangelische Rechtfertigungs- und Heiligungslehre,
hätte sonach als Ersatz für den die gesamte mittelalterliche Frömmigkeit elementar prägenden Bußsakramentalismus zu gelten.[198]
Für diese Sicht spricht, daß etwa in Melanchthons „Loci communes" von 1521 Buße und Rechtfertigung (8,67: „Non aliud enim
poenitentia est nisi iustificatio."), Buße und christliches Leben
(8,63: „Neque aliud est vita christiana nisi haec ipsa poenitentia,
hoc est, regeneratio nostri."), Buße und Taufe (8,61: „Est enim
poenitentia vetustatis nostrae mortificatio et renovatio spiritus,
sacramentum eius vel signum, non aliud nisi baptismus est.") um-
standslos identifiziert werden.[199] Auf der anderen Seite dürfen solche Identifizierungen nicht mit differenzlosen Gleichsetzungen

---

197 F. Wagner, Art. Buße VI. Dogmatisch, in: TRE 7, 473–487, hier: 473 f.

198 „(N)icht nur hat die Reformation an einer Kritik der mittelalterlichen
Bußlehre ihren Anfang genommen, man kann vielmehr die zentralen
und wesentlichen Gedanken derselben als einen Ersatz des Bußsakra-
mentes bezeichnen ... Indem also das Bußsakrament von dem Protestantismus gesprengt wurde, wurde die ganze mittelalterliche Auffassung
des religiösen Lebens aufgehoben, und war es notwendig, für dieselbe
einen entsprechenden Ersatz aufzustellen. Der liegt aber in der evangelischen Rechtfertigungs- und Heiligungslehre vor." (R. Seeberg, Die Theologie des Johannes Duns Scotus. Eine dogmengeschichtliche Untersuchung, Leipzig 1900, 397 f.; zustimmend zitiert von G. A. Benrath, Art. Buße V. Historisch, in: TRE 7, 452–473, hier: 465 f.)

199 Vgl. G. A. Benrath, a. a. O., 467.

verwechselt werden. Unterscheidungen werden unzweifelhaft
vorgenommen; so hat etwa zu gelten: „Das Absolutionswort
ist ... eindeutig nicht mit dem Wort der allgemeinen Predigt identisch."[200] Ist zwar der entscheidende Gehalt hier wie dort eins,
nämlich die Zusage des Evangeliums der Sündenvergebung, so ist
die jeweilige Gestalt doch durchaus verschieden. Zwar macht
evangelische Lehre den Empfang rechtfertigender Gnade nicht
prinzipiell von bestimmten kirchenrechtlichen Regeln wie etwa
der als notwendig vorgeschriebenen Ohrenbeichte abhängig,
doch kennt auch sie die, wenn man so will, Spezialbeichte und
Spezialabsolution, welche sie ausdrücklich zu bewahren trachtet.
Offenbar bedarf konkretes Christsein, so unzweifelhaft seine allgemeine Konstitution und Realisierung mit dem Bußvollzug generell koinzidiert, bestimmter Spezifizierungen und Differenzierungen, wie etwa der Unterscheidung zwischen der einmaligen Tauf-
buße und wiederholten Bußvollzügen[201], die in ihrer Wiederholbarkeit nicht nur von der Taufe verschieden, sondern auch unter
sich selbst separat und somit Vollzüge von identifizierbarer Besonderheit sind: nur so nämlich kann dem in der Taufe zum
Christen bekehrten Menschen lebensgeschichtlich klar werden,
daß er aus dem Vollzug der Umkehr niemals entlassen ist.

Diesen differenzierten Zusammenhang von allgemeiner und besonderer Perspektive, welche beide sich nicht ausschließen, sondern gegenseitig erfordern, gilt es zu berücksichtigen, wenn im
Anschluß an die Thematik von Beichte und Buße die Lehre von
der Rechtfertigung behandelt wird, mit der nach reformatorischem
Urteil die Kirche steht und fällt. Soll diese Lehre Kirche nicht auflösen, sondern zur Wahrheit ihres Wesens führen, dann darf sie
sich nicht in abstrakten Generalisierungen erschöpfen, sondern
muß sich – gerade in ihrer alle einzelnen Lehrartikel nach Art einer organisierenden Idee umfassenden Allgemeinheit – aufgeschlossen erweisen für das christliche Leben in seiner spezifischen

---

[200]   H. Jorissen, Die Sakramente – Taufe und Buße, 528; vgl. Fagerberg/Joris-
         sen, 237: „Wenngleich in der Absolution die *vera vox evangelii* ertönt, so
         identifizieren die Bekenntnisschriften aus diesem Grunde jedoch nicht
         die Absolution mit der Predigt."
[201]   Vgl. H. Jorissen, Die Sakramente – Taufe und Buße, bes. 544.

Besonderheit, zu welcher die kirchliche Gestalt elementar hinzugehört.[202]

---

[202] Besteht hierin zwischen Luther und Melanchthon grundsätzliche Einigkeit, so gilt dies prinzipiell auch für die Problematik der Zuordnung des
Buß- bzw. Rechtfertigungsvorgangs zu einem bestimmten Vollzug der
Heilsvermittlung. Daß Melanchthons Rechtfertigungslehre nichts anderes
als ein Gegenstück zur katholischen Bußlehre sei und lediglich auf ein
evangelisch modifiziertes Bußsakrament ziele, trifft ebensowenig zu wie
die Behauptung, Luther habe die traditionelle Bußlehre nur zur Schema-
tisierung seines allgemeinen Rechtfertigungsgedankens bemüht, während
er am konkreten Bußsakrament allenfalls äußerlich interessiert war. Auch
in diesem Zusammenhang verstellen historisch-typisierende Kontrastie-
rungen das Problem, dessen rechte Wahrnehmung gerade darin besteht,
zwischen dem Prinzipienstatus des Rechtfertigungsheils und seiner Me-
diatisierung in konkreten Heilsvollzügen nicht zu trennen. Auch nach
evangelischer Lehre gilt, daß das Rechtfertigungsurteil stets in zeichenhaft wirksamer Gestalt – sei es des bestimmten Wortes oder des spezifischen Sakraments – begegnet, ohne deshalb aufzuhören allumfassend zu
sein. Es wäre daher genauerer Überlegung wert, ob das vermeintliche
Schwanken in der Frage konkreter Sakramentalität der Buße am Ende
weniger eine Verlegenheit reformatorischer Theologie darstellt, als vielmehr einen Hinweis darauf enthält, daß Allgemeinheit und Besonderheit
des Heils, seine Universalität und seine konkrete Vermittlung zusam-
mengedacht werden müssen, um dem Wesen der in Jesus Christus manifesten Offenbarung Gottes gerecht zu werden.

```
W
DE
G
```

Walter de Gruyter
Berlin • New York

Wilfried Härle

Dogmatik

20,5 × 13,5 cm, XXVIII, 719 Seiten, 1995.
Kartoniert DM 78,– / öS 609,– / sFr 77,–
ISBN 3-11-014895-1

Gebunden DM 118,– / öS 921,– / sFr 114,–
ISBN 3-11-012686-9

de Gruyter Lehrbuch

Die Dogmatik stellt das Wesen des christlichen Glaubens in begrifflicher Sprache dar und reflektiert das christliche Gottes- und Weltverständnis auf seinen Wahrheitsgehalt und seine Bedeutung hin. Wesentliche Anliegen dieser Dogmatik sind: Klarheit der Begriffe, Anknüpfung an die biblische und kirchliche Tradition sowie Vermittlung mit der Erfahrung und dem Denken der gegenwärtigen Lebenswelt.

Preisänderung vorbehalten

Walter de Gruyter & Co • Berlin • New York • Genthiner Straße 13
D-10785 Berlin • Telefon: (030) 2 60 05-0 • Telefax: (030) 2 60 05-2 22